ISBN 978-0-260-99744-9
PIBN 10999915

ANNUAIRE

HISTORIQUE UNIVERSEL

ou

HISTOIRE POLITIQUE

POISSY. — TYPOGRAPHIE ARBIEU.

ANNUAIRE

HISTORIQUE UNIVERSEL

ou

HISTOIRE POLITIQUE

POUR 1854

Avec un *Appendice* contenant les actes publics, traités, notes diplomatiques, tableaux statistiques, financiers, administratifs et judiciaires,
documents historiques officiels et non officiels, et un article *Variétés*
renfermant des chroniques des événements les plus remarquables,
des travaux publics, des lettres, des sciences et des arts, et des notices
bibliographiques et nécrologiques.

RÉDIGÉ PAR A. FOUQUIER

FONDÉ PAR

C.-L. LESUR

Prix : 15 fr.

PARIS

LEBRUN ET Cⁱᵉ, LIBRAIRES,

8, RUE DES SAINTS-PÈRES, 8

—

1855

TABLE CHRONOLOGIQUE

DES

ÉVÉNEMENTS LES PLUS REMARQUABLES

DE L'ANNÉE 1854.

———

ANNUAIRE

HISTORIQUE UNIVERSEL

POUR 1854.

LA QUESTION D'ORIENT.

CHAPITRE 1er.

DERNIÈRES NÉGOCIATIONS.

La guerre. Son caractère général. De quel côté est la civilisation. Alliance anglo-française. Sens supérieur des événements. — Résumé rapide de la question, situation des choses au commencement de l'année. — Dernières tentatives de négociations : protocole du 5 décembre 1853, l'existence de la Turquie devenue une question européenne ; conséquences de l'affaire de Sinope, nécessité de protéger la Turquie ; adhésion de la Porte aux principes fixés à Vienne, protocole du 13 janvier. — L'heure des faits a sonné : ordre aux flottes alliées de s'emparer de la mer Noire, leur entrée dans l'Euxin, effet produit en Europe par cet acte ; notifications de cet acte à Saint-Pétersbourg et à Sévastopol ; demande d'explications de M. de Nessel-rode ; réponse de M. Drouyn de Lhuys ; ce n'est plus de la neutralité. — Contre-propositions officielles de la Russie, missions secrètes du comte Orlof et du baron de Budberg ; attitude singulière du comte Orlof, exigence hautaine d'une neutralité garantie ; ce qui avait encouragé ces prétentions de la Russie, pensée autrichienne d'une neutralité allemande ; réponse très-nette de la Prusse ; analyse de la réponse autrichienne ; valeur de l'énergie dé-ployée par les puissances allemandes ; irritation de la Russie ; rejet définitif des contre-propositions officielles ; les engagements de l'Autriche.

L'année 1854 s'ouvre sur un des changements les plus pro-fonds qui soient depuis longtemps intervenus dans la politique de l'Europe. A une paix longue et féconde va succéder une

1

guerre incertaine. Après trente-huit ans de prospérité relative, le vieux monde voit s'engager entre ses plus grandes puissances une lutte qui ne finira peut-être que par un remaniement général des grandes circonscriptions territoriales, par un déplacement d'équilibre et d'influences, qui, à coup sûr, compromettra bien des intérêts.

Le caractère le plus général de cette rupture entre ces grands empires, c'est l'horreur même, vraie ou feinte, que la guerre inspire à ceux qui vont la déchaîner sur le monde. On se défend de tous côtés, comme d'un crime, de l'avoir provoquée : on s'en rejette la lourde responsabilité, et les gouvernements les plus absolus, les plus ennemis de la publicité, en appellent à l'opinion publique et la font juge de leurs intentions pacifiques, au moment même où ils tirent l'épée du fourreau.

Et cependant cette guerre est inévitable. La fatalité pousse les uns contre les autres, non pas seulement des armées, des rois, des peuples, mais des idées contraires. Derrière le prétexte, derrière l'occasion de la lutte, se dressent menaçantes des doctrines ennemies qui se disputent le monde. C'est toujours le vieux duel de l'autorité et de la liberté : seulement, c'est l'autorité sous sa forme la plus absolue, la plus théocratique, qui défie et attaque la liberté, représentée par la civilisation de l'Occident. Chacun des adversaires donne à son ennemi le nom qui détermine le sens de la lutte : pour l'un, l'autre se nomme despotisme ; pour celui-ci, celui-là s'appelle révolution.

On voit quel pas immense a fait la question d'Orient, depuis le jour où elle était encore tout entière dans l'affaire des Lieux Saints.

Au commencement de 1853, il ne s'agit que d'une querelle entre la Russie et la Turquie : au commencement de 1854, la Russie est seule en Europe. Le différend s'est déplacé. L'affaire de la Turquie est devenue une affaire européenne, et il s'agit de savoir si l'une des grandes puissances prendra dans le monde une place incompatible avec la grandeur et la sécurité des autres. L'histoire de 1854 sera surtout dans le combat d'influences qui se disputeront la société européenne, au nom de la civilisation tolérante ou de l'unité monarchique. C'est pour cela que, soit en

Allemagne, soit même dans l'Occident, la Russie trouvera des partisans inattendus, ralliés à son drapeau par la haine du désordre, par la passion bien ou mal comprise de l'autorité. Les excès récents de la liberté combattront pour elle et feront oublier à beaucoup les dangers d'une extension nouvelle de cette puissance déjà démesurée.

Avoir posé ainsi les termes de la question, c'est peut-être l'avoir déjà résolue à l'avance : la civilisation, la liberté ne peuvent jamais avoir tort, et ceux-là ont choisi le drapeau de l'avenir, l'enseigne fatalement victorieuse, qui marchent guidés par le drapeau de la liberté, par l'enseigne de la civilisation.

L'alliance inattendue, l'alliance loyale et sans réserve des deux peuples qui représentent le mieux dans le monde européen, celui-ci la liberté, celui-là l'égalité, tous deux la civilisation, donne à la lutte un caractère nouveau et rend plus inévitable encore le triomphe de leur cause. Force morale, force matérielle, tout est de leur côté. La plus grande nation maritime des temps modernes unie de cœur et de bras à la plus grande nation militaire, tous les peuples intéressés à leur victoire, la science et l'industrie venant en aide au droit, tel est le spectacle inouï que cette guerre va donner au monde. Aussi l'agresseur sera-t-il en un instant réduit à la défensive. Ses forces immenses, mais confuses, mal réglées, auxquelles manque l'esprit de vie et de progrès, se consumeront en pure perte dans cette partie inégale, et plus la lutte se prolongera, plus sa défaite sera décisive.

Quant à la civilisation occidentale, cette crise terrible lui sera sans doute salutaire. Les esprits abâtardis dans les douceurs de la paix s'y relèveront par le sacrifice. Acquérir et jouir ne seront plus les seuls buts de l'activité humaine. La guerre, pour la première fois dans l'histoire du monde, ne sera plus le jeu sanglant de la force et du hasard.

Contentons-nous d'avoir indiqué rapidement le sens supérieur des événements, et racontons au jour le jour les incidents de cette grave affaire qui, cette année encore, domine l'histoire des divers États.

Rien de plus simple, en apparence, que la matière même du

différend. Le protectorat de l'Église grecque en Turquie est-il ou non compatible avec l'indépendance et les droits souverains du Sultan? Telle est la question superficielle élevée entre la Porte et la Russie. Cette question, posée immédiatement après l'escarmouche des Lieu-xSaints, a donné l'éveil à la France. Son chef, guidé par le sûr instinct d'un pouvoir qui s'élève, a pénétré les desseins de cette politique immuable que dénoncent des siècles d'ambition tenace. Le *parvenu* qu'on affectait de mépriser a compris que le moment a paru bon à la Russie pour réaliser un plan caressé si longtemps, poursuivi si obstinément à travers les agitations de l'Europe. L'éveil donné, l'Angleterre enfin convaincue qu'on l'a jouée, Napoléon III rejetant loyalement la politique égoïste de Tilsitt, a tendu la main à ce peuple longtemps ennemi, dont l'alliance doit déjouer toutes les tentatives dangereuses pour la liberté de l'Europe. Pour la première fois, depuis bien des années, la diplomatie française a parlé un langage net, ferme, sincère. Les défiances dissipées, le but commun bien défini, il a fallu encore travailler à convaincre des cours à la politique moins indépendante, aux traditions plus défiantes, aux institutions moins libérales, aux positions plus engagées. De là ces conférences de Vienne, dont le résultat obtenu à force de loyale patience, a été de réunir l'Autriche et la Prusse à l'Angleterre et à la France, dans un accord commun, dans un blâme commun de l'agression tentée, dans la commune affirmation de ce principe désormais placé au-dessus de toute atteinte : l'indépendance de l'empire ottoman est d'intérêt européen, et l'existence de la Turquie est une des conditions nécessaires de l'équilibre général en Europe.

Ce principe, on se le rappelle, avait été hautement consacré par le protocole du 5 décembre 1853. (*Voyez* l'Annuaire précédent, p. 191.) C'était là toute la part que pût prendre encore au différend l'Europe centrale ; quant aux deux puissances occidentales, elles avaient fait un pas de plus. Pas décisif. La nouvelle de la destruction de Sinope par une flotte russe avait enfin déterminé les gouvernements de France et d'Angleterre à passer de la médiation à l'intervention, et à protéger plus sûrement que par des protocoles l'intégrité de l'empire ottoman.

Comment, par quelles hésitations, par quelles incertitudes était-on arrivé à ce résultat, c'est ce qu'il serait peu utile de considérer. On y était arrivé, c'était là l'essentiel. Modération honorable ou faiblesse dangereuse, qu'on appelât de l'un ou de l'autre de ces deux noms la politique temporisatrice suivie par l'Angleterre, elle avait, le même jour que la France, donné à ses vaisseaux l'ordre de s'emparer par leur seule présence de la mer Noire (*take the command of the Black sea*).

À toutes les accusations de timidité, d'irrésolution, de patience coupable, le ministère anglais avait répondu, non sans quelque apparence de vérité : Parler haut, c'est-à-dire menacer plus tôt, c'eût été être prêt pour la guerre. Or, nous ne l'étions pas ; et la France, l'Autriche, la Turquie surtout, ne l'étaient pas. *Notre* patience a permis de faire apparaître en Turquie une puissante armée, animée d'un esprit national admirable ; elle a été, aux yeux de l'Allemagne, une marque de déférence pour ses intérêts ; elle a donné à la guerre un caractère incontestable de justice et de nécessité. « Nous avons mis en ligne contre la Russie une somme de force morale et matérielle telle qu'aucune nation de la terre n'a jamais eu à combattre la pareille, et c'est là le résultat de six mois de longanimité et de modération. » (Lord Clarendon, Chambre des lords, 23 février.)

Oui, disait encore le cabinet britannique, nous avons évité la guerre, tant qu'elle a pu être évitée, et ce n'est pas là à nos yeux une conduite honteuse. Cette modération que les uns taxent de crédulité, les autres de complicité, nous a valu l'alliance cordiale de la France. Ce n'est pas tout ; nous avons réussi à associer l'Autriche et la Prusse à la partie la plus importante de nos négociations. N'est-ce rien d'avoir acquis le concours de la Prusse et de l'Autriche et l'alliance effective de la France et de l'Angleterre à l'appui de l'interprétation donnée aux anciens traités par la Turquie et contre l'interprétation donnée par la Russie à ces mêmes traités ? C'est ce que nous avons obtenu tout en maintenant la paix jusqu'à ce jour. Il y a plus, nous avons obtenu le consentement de l'Autriche et de la Prusse à cette déclaration que les conditions proposées par la Turquie sont raisonnables. Enfin, nous avons obtenu le con-

cours des quatre puissances à la déclaration que les conditions
proposées sont telles que la Russie devrait les accepter, et la déclaration des quatre puissances portant que le contre-projet
proposé par la Russie est inadmissible. Nous avons isolé la
Russie ; elle est seule en Europe.

Telle était la situation des choses à la fin de l'année 1853.

Dès les premiers jours de l'année 1854, on sent que la période
des négociations est à peu près terminée. On négocie encore à
Constantinople et à Vienne, mais les faits vont parler plus haut
que les notes et les protocoles.

C'est ainsi qu'à Constantinople, les délibérations du grand
conseil, pendant les derniers jours de décembre 1853, avaient
été conduites avec la plus louable modération. Du *masbata* de
ces séances (procès-verbal), il résultait que le gouvernement était
autorisé à traiter avec les ambassadeurs des quatre puissances
sur les bases suivantes :

Rétablissement des relations entre la Turquie et la Russie sur
le même pied qu'avant l'ambassade du prince Menchikof; confirmation de tous les anciens traités résumés et corroborés par
un traité nouveau ; évacuation des Principautés (condition pour
laquelle le gouvernement turc paraissait être décidé à accepter la
garantie de l'Europe); réunion, dans une ville neutre, d'une conférence appelée à discuter les détails sur ces bases ; ratification des
privilèges accordés aux chrétiens ; renouvellement enfin du traité
de 1841, par lequel les grandes puissances s'engageraient de nouveau à garantir l'intégrité et l'indépendance de l'empire ottoman,
et, en considération de cette garantie, la Porte s'obligerait à introduire dans l'administration toutes les réformes désirables,
c'est-à-dire améliorerait le sort de ses sujets chrétiens.

Mais la base sur laquelle s'appuyaient ces résolutions pacifiques s'était déjà écroulée. Pendant que le grand conseil répondait ainsi aux négociations du 5 décembre, l'ordre arrivait de répondre par l'entrée des flottes alliées dans l'Euxin au massacre
de Sinope. Le protocole de Vienne et la note turque du 31 décembre, rédigés conformément aux résolutions du grand conseil,
tels sont les deux derniers legs faits par l'esprit de négociation
pacifique à l'année qui commence. Pendant quelques jours en-

esse l'œuvre de paix semble se poursuivre avec succès. Les principes déjà solennellement posés dans le protocole du 5 décembre, reçoivent une haute confirmation dans un nouveau protocole du 13 janvier 1854 (1). Ce protocole répondait aux propositions de paix formulées à Constantinople. La Porte avait dit aux quatre puissances réunies à Vienne : « Vu les grandes relations de cet empire avec les gouvernements européens, la Sublime-Porte a le plein droit d'entrer dans le cercle d'une sécurité collective, et de se trouver comprise dans le concert européen, et pour cela, il sera nécessaire de confirmer et de compléter dans ce sens le traité de 1841. Ainsi on a la confiance que les puissances alliées voudront bien employer leurs bons offices à cet égard. »

La réponse à cet appel était dans le protocole du 13 janvier. Ce protocole exprimait la satisfaction que la conférence de Vienne avait éprouvée de l'acceptation par la Porte ottomane des propositions qu'elle avait préparées à Vienne le 5 décembre. La réponse de la Porte ayant été considérée comme suffisante, elle fut transmise à Saint-Pétersbourg avec de pressantes instances pour qu'elle y fût favorablement accueillie.

C'était là un acte qu'on pouvait juger de plusieurs manières différentes, en se plaçant à divers points de vue. Quant à l'heure présente, il était frappé de nullité par les événements qui le dépassaient avec une rapidité foudroyante. Quant à l'avenir, il conservait une importance suprême et donnait une consécration dernière à l'entrée de la Turquie dans la famille européenne.

Veut-on maintenant juger cet acte au point de vue des engagements pris par la plus grande des deux puissances allemandes, le protocole du 13 janvier, dans lequel, conjointement avec les trois autres membres de la conférence, M. de Buol déclarait que les conditions consenties par la Porte étaient conformes au vœu de l'Europe, et qu'il fallait en recommander vivement l'acceptation au gouvernement russe, était une preuve nouvelle des loyales intentions de l'Autriche. Mais on eut le tort peut-être de s'exa-

(1) *Voyez* cette pièce à la page 1 de l'*Appendice*. Nous renvoyons une fois pour toutes au petit texte pour tous les documents essentiels relatifs à la question d'Orient.

gérer la portée de ces déclarations et de trop compter dès lors sur l'Autriche, pour l'accuser injustement plus tard. Pour elle, et plus encore pour la Prusse, le temps seul pourrait combler l'abîme qui sépare les déclarations de principes de l'acte énergique qui les réalise.

Mais, pour la France et pour l'Angleterre, l'abîme était comblé. L'occupation de la mer Noire était décidée : l'heure des négociations était passée.

Rappelons en quelques mots les premières phases de cette situation nouvelle.

La Russie, on le sait, s'était donné le facile avantage de forcer la Porte à lui déclarer la guerre. Les Principautés une fois envahies, le gage placé entre ses mains, elle avait déclaré vouloir rester sur la défensive, *les bras croisés*. La France et l'Angleterre avaient pris au sérieux cette déclaration et les instructions données, le 18 octobre 1853, aux amiraux des deux puissances, ne prévoyaient que vaguement l'éventualité d'une attaque faite par les forces russes sur les possessions ottomanes. Toutefois, le 27 octobre, le ministre d'Angleterre à Saint-Pétersbourg avait très-clairement exprimé l'intention de son gouvernement de protéger le territoire turc contre toute attaque par mer. L'affaire de Sinope (30 novembre) ouvrit les yeux aux puissances occidentales et montra ce que M. de Nesselrode entendait par la guerre défensive. Il fallut dès lors se décider à protéger efficacement la Turquie. On résolut, d'abord, d'occuper la mer Noire, puis, sur l'énergique initiative de la France, à l'interdire au pavillon russe. Le 27 décembre 1853, le représentant de l'Angleterre à Saint-Pétersbourg reçut enfin l'ordre de signifier au gouvernement russe que les flottes combinées requerraient et au besoin contraindraient (*will require, and if necessary, compel*) les flottes russes à retourner à Sévastopol.

C'est le 2 janvier 1854 que sir Hamilton Seymour fit pressentir au chancelier russe l'entrée des flottes alliées dans la mer Noire. Dans une conversation amicale à ce sujet, M. de Nesselrode se borna à exprimer sa conviction que, dans l'état actuel de la saison, la flotte russe ne quitterait probablement pas le port de Sévastopol. Le chancelier ajouta que si les flottes devaient empêcher les Russes d'attaquer les Turcs, il serait juste que, de l'autre côté, elles empêchassent les Turcs d'attaquer les côtes russes.

C'était, on le voit, faire un accueil bien facile à une communication bien grave. Cependant, à quelques heures de distance, le fait décisif s'accomplissait. Les flottes alliées appareillèrent de Béïkos le 3 janvier, et entrèrent le 4 au matin dans la mer Noire, escortant un convoi turc chargé de ravitailler l'armée turque et les places occupées par elle sur la côte orientale de l'Euxin.

Le 6, au matin, les escadres arrivèrent en vue de Sinope, à quarante-deux lieues marines de Sévastopol, éclairées par la frégate à vapeur française le *Gomer*, contre-amiral Le Barbier de Tinan, et par le vaisseau de ligne à hélice anglais l'*Agamemnon*, contre-amiral sir Edmund Lyons. A Sinope, les forces alliées se divisèrent. Les transports turcs, au nombre de six, continuèrent leur route le 8 vers Trébizonde et Batoum, escortés par les vaisseaux français le *Charlemagne*, le *Gomer* et le *Descartes*, et par les vaisseaux anglais l'*Agamemnon*, le *Sans-Pareil* et le *Terrible*. Le reste des deux escadres jeta l'ancre en rade de Sinope, point favorable pour observer les mouvements de la flotte russe.

Ainsi enfin, après tant d'irrésolutions, après tant de preuves données d'une modération et d'une patience qui avaient pu tromper l'Europe et la Russie elle-même sur la possibilité d'une résolution énergique, cette résolution éclatait par un acte complet, franc et ferme. L'Europe entière s'en émut. Les intérêts menacés accusèrent de précipitation ceux qu'ils accusaient naguère d'outrer la prudence. L'Europe officiellement intéressée au débat, c'est-à-dire l'Allemagne, se trouvait dans cette situation singulière d'avoir à tenir compte à la fois des déclarations réitérées du tsar, qui affirmait n'avoir aucun désir de conquête ni aucune intention de porter atteinte à l'intégrité et à la souveraineté de la Porte ; et en même temps des protestations solennelles des gouvernements de France et d'Angleterre, qui déclaraient n'envoyer leurs flottes dans la mer Noire que pour hâter le retour de la paix et circonscrire dans un cercle plus étroit le choc des forces russes et ottomanes.

D'ailleurs, on craignait tellement la guerre qu'on était toujours porté à blâmer tout acte susceptible de la faire éclater. La

seule possibilité d'un conflit entre les grandes puissances pouvait
paraître terrible à la génération présente, élevée au milieu des
douceurs et des progrès d'une paix qu'elle considère à bon droit
comme la meilleure garantie de l'ordre, de la prospérité, de la
civilisation générale. La solidarité qui s'est établie entre les intérêts économiques et moraux des peuples européens faisait,
d'une guerre sérieuse et sans doute prolongée, un danger qu'on
eût voulu voir écarté au prix des plus grands sacrifices.

En Turquie, l'impression fut différente. Le départ des flottes
pour l'Euxin redoubla l'enthousiasme des Turcs pour la guerre
nationale. Les enrôlements volontaires, les dons en chevaux, en
armes, en vêtements, en munitions affluaient. Les maisons de
commerce refusaient de vendre à d'autres qu'au gouvernement
les objets pouvant servir aux troupes, et elles lui faisaient les conditions les plus avantageuses. Jamais la Turquie n'avait révélé
plus d'énergie.

En Russie, l'intervention des puissances occidentales fut accueillie par une explosion de fureurs inquiètes. C'est surtout
contre la Grande-Bretagne que furent dirigées les colères officielles ou autorisées. A Saint-Pétersbourg, la *Gazette de la Cour*
présenta le cabinet britannique « comme la cause principale de
toutes les commotions européennes et le malveillant entremetteur
qui a inspiré et soufflé aux Turcs un esprit absurde et bizarre
d'indépendance. »

Le 17 janvier, sir Hamilton Seymour annonça, officiellement
cette fois, au chancelier l'entrée des flottes, et, en lui exprimant
« son regret d'avoir à lui faire une communication pénible, » il
lui déclara « que les flottes entreraient dans la mer Noire et requerraient tout navire russe qu'elles rencontreraient de rentrer
dans un port russe. Il est pénible pour moi, monsieur le comte,
ajouta le ministre anglais, d'exprimer cette hypothèse ; mais si
cette sommation n'est pas obéie, on aura recours à la force. D'un
autre côté, comme le gouvernement anglais est toujours aussi
désireux qu'auparavant d'arriver à une solution pacifique, des
mesures seront prises pour empêcher les vaisseaux de guerre
turcs de faire des descentes sur les côtes de Russie. »

M. de Nesselrode exprima alors son regret qu'on eût pris des mesures aussi décisives dans le moment même où on redoublait d'efforts à Vienne pour arriver à la paix ; à quoi le ministre anglais répondit que cela ne serait pas arrivé sans l'affaire de Sinope, et que le gouvernement anglais était toujours aussi désireux de la paix que par le passé.

De son côté, M. Drouyn de Lhuys fit notifier officiellement au gouvernement russe, par l'entremise de M. le général de Castelbajac, l'entrée des flottes dans l'Euxin. Il continuait toutefois à exprimer, dans cette dépêche, l'espoir que cette mesure ne ferait qu'empêcher toute collision nouvelle.

Après avoir reçu cette double notification, M. de Nesselrode demanda des explications. Le ministre russe dit que, s'il avait bien compris le sens des déclarations qu'on venait de lui faire, il s'agissait pour les deux puissances d'établir une sorte d'armistice moral, mais un armistice dans lequel la neutralité serait également imposée aux deux parties belligérantes. « Il est essentiel, ajoutait M. le chancelier, que ce point soit nettement établi. » S. M. l'Empereur de Russie regrettait le système de pression adopté envers lui par les deux puissances, par cette raison qu'un hasard suffisait dès lors pour amener une conflagration générale, et « il repoussait d'avance la responsabilité de l'initiative qui aurait donné le signal. »

Pendant que ces graves communications se faisaient de cour à cour dans la forme diplomatique, elles avaient aussi lieu sur le terrain même de la guerre future.

Une frégate anglaise, la *Rétribution*, fut chargée de porter à Sévastopol la notification des ambassadeurs de France et d'Angleterre. Ce navire arriva devant Sévastopol au point du jour, et, favorisé par un épais brouillard, pénétra jusqu'au milieu du port sans avoir été signalé par les forts. Mais alors, le brouillard s'étant dissipé, on l'aperçut de tous côtés et des coups de canon à poudre lui ordonnèrent de s'arrêter. Porté par cette chance heureuse aussi loin qu'il pouvait le désirer, le commandant anglais fit stopper et jeta l'ancre. Aussitôt, un canot portant un officier russe s'approcha et informa le commandant anglais qu'il n'était permis à aucun navire d'entrer aussi loin, et lui signifia de rétrograder. Le capitaine Drummond répondit qu'il était porteur de dépêches et qu'il avait la mission spéciale de les remettre aux autorités supérieures. L'officier répliqua qu'on ne pouvait pas même l'entendre jusqu'à ce qu'il eût quitté l'intérieur du port et qu'il se fût retiré hors de portée de canon des batteries extérieures. Le commandant répondit poliment qu'il serait très-fâché de rien faire en contravention aux règlements établis; et en effet il donna aussitôt ordre d'appareiller. Mais l'ancre semblait si bien tenir au fond, qu'il fallut beaucoup de temps et d'efforts avant de pouvoir déraper. Étant enfin parvenue à appareiller, *la Rétribution*, marchant fort doucement, longea toutes les fortifications avant de sortir, et alla prendre au large le mouillage qui lui avait été désigné. Là un officier russe vint le long du bord s'informer du but de son arrivée, et répondit que l'amiral et le gouverneur étaient tous deux absents, mais que l'on aurait tout le temps de les faire avertir pendant que la frégate anglaise purgerait sa quarantaine. Le commandant refusa, disant que sa mission se bornait à remettre ses dépêches, ce qu'il fit contre reçu, et il partit aussitôt pour aller rejoindre les flottes combinées à Sinope.

C'était la première fois qu'un navire de guerre étranger pénétrait dans le port de Sévastopol, et cette visite hardie eut pour résultat de donner aux marines alliées une connaissance générale des fortifications maritimes, ainsi que la certitude que la flotte russe croisait en ce moment dans la mer Noire. Car cinq ou six vaisseaux, en partie désarmés, se trouvaient seulement dans le port.

Voici la communication officielle que le commandant de *la Rétribution* avait portée au gouverneur de Sévastopol :

Au gouverneur de Sévastopol.

« Conformément aux ordres de mon gouvernement, l'escadre anglaise (française), de concert avec celle de France (d'Angleterre), est sur le point de faire son apparition dans la mer Noire. Ce mouvement a pour objet de protéger le territoire ottoman contre toute agression ou acte hostile.

» J'en informe Votre Excellence afin d'empêcher toute collision tendante à troubler les relations amicales existant entre nos gou-

vernements, relations que je désire conserver, et que, sans nul
doute, Votre Excellence a non moins à cœur de maintenir.

» Je serais, en conséquence, heureux d'apprendre que Votre
Excellence, animée de ces dispositions, a jugé utile de donner à
l'amiral commandant les flottes russes les instructions nécessaires pour *prévenir* tout incident de nature à troubler la paix.

> « REDCLIFFE.

» BARAGUEY-D'HILLIERS. »

Les communications faites au nom des cabinets de Londres et
de Paris avaient donc pour objet de porter à la connaissance de
la cour impériale de Russie les ordres donnés aux escadres
d'entrer dans la mer Noire et les instructions envoyées aux
amiraux.

A cette notification, la chancellerie russe répondit par une
question : elle demanda à son tour des explications sur la neutralité qu'observeraient les flottes alliées, sur celle qu'elles paraissaient attendre des parties belligérantes. Et d'abord, cette
neutralité qui prétendait interdire aux Russes d'attaquer les
ports, les côtes et les vaisseaux de la Turquie, interdirait-elle
également aux Turcs d'attaquer les ports, les côtes et les vaisseaux de la Russie ? En second lieu, cette neutralité devait-elle
être entendue dans ce sens que si les Russes avaient à s'interdire
d'aller de leurs ports d'Europe à leurs ports d'Asie, pour porter
à leurs armées d'Asie des secours en hommes, en armes, en
munitions, en approvisionnements de toute espèce, les Turcs
devraient aussi de leur côté s'interdire de naviguer de leurs
ports d'Europe à leurs ports d'Asie pour porter des secours à
leurs armées d'Asie ?

A la première question la réponse était facile : il était bien
entendu, en effet, que Turcs et Russes devraient également s'abstenir d'attaquer les ports, les côtes ou les vaisseaux de l'adversaire. Mais la seconde question ne pouvait être comprise dans
le sens de la note russe. Le doute exprimé n'était pas sérieux.
Un ordre général de l'amiral Dundas, à l'entrée des flottes
dans l'Euxin, avait proclamé sa ferme intention de protéger les
vaisseaux et le territoire turc sur tous les points de cette mer. Le

message spécial envoyé à Sévastopol avait annoncé le départ d'un convoi turc pour Batoum, sous la protection des marines alliées. D'ailleurs, le cabinet de Saint-Pétersbourg avait été antérieurement informé par sir Hamilton Seymour, et par la circulaire de M. Drouyn de Lhuys, de la conduite que l'Angleterre et la France étaient décidées à suivre.

En présence de ces informations officielles et de ces faits notoires, ce n'était pas aux gouvernements anglais et français qu'il appartenait d'apprécier leur position : la Russie seule avait à décider de quelle manière elle devait interpréter cette attitude.

Pour parler clairement, la seule réponse à faire par le cabinet de Saint-Pétersbourg, c'était une déclaration de guerre, et déjà, en effet, M. de Brunnow à Londres, et M. de Kisséleff à Paris, faisaient ostensiblement leurs préparatifs de départ. S'ils ne reçurent pas des ordres plus péremptoires, c'est que, cette fois encore, la politique russe voulait se donner les apparences de la modération, et rejeter sur les puissances alliées la responsabilité d'une rupture.

Il y avait dans la note russe, qui demandait ces explications, une séduisante apparence de modération. Par cette communication, la chancellerie russe semblait accepter virtuellement le principe de l'entrée des flottes alliées dans la mer Noire, leur droit à imposer un armistice maritime, mais à la condition d'imposer aux deux parties belligérantes des restrictions semblables. Pour qui eût oublié d'où était partie l'agression, pour qui eût fermé les yeux sur la disproportion des forces, sur l'invasion injustifiable des Principautés et sur l'acte récent de Sinope, cette dernière proposition ne paraissait pas dépourvue de justice.

En acceptant l'arbitrage armé des alliés, si toutefois elle l'acceptait sincèrement, la Russie n'eût, au reste, consenti qu'une suspension d'armes sur un terrain où elle devenait la plus faible, sur le terrain maritime. Le Danube lui restait, où elle n'avait affaire qu'aux troupes ottomanes.

Quelle serait la réponse faite par les deux gouvernements à ce document adroit et réservé? S'abaisseraient-ils à déguiser leur protection armée sous l'apparence d'une neutralité fallacieuse?

Mais la neutralité, c'est l'indifférence ou l'impuissance, et, par leurs actes comme par leurs paroles, les deux gouvernements repoussaient ce rôle de neutres et s'engageaient hautement à défendre l'empire ottoman contre un dangereux agresseur.

M. Drouyn de Lhuys répondit (1er février) que les marines unies des deux puissances empêcheraient les vaisseaux turcs de diriger aucune agression contre le territoire russe, et que ces vaisseaux ne devraient être employés qu'au ravitaillement des côtes de la Roumélie et de l'Anatolie, c'est-à-dire ne feraient que contribuer à la défense du territoire turc. Le désastre de Sinope avait prouvé que, sans l'assistance matérielle des flottes alliées, les côtes de l'Asie-Mineure seraient exposées à des attaques faites par des forces supérieures, et que l'armée turque d'Arménie pourrait être sérieusement compromise. On intervenait donc pour protéger ces côtes et pour escorter les renforts nécessaires. On ne voulait pas attaquer le territoire russe, mais les amiraux avaient plein pouvoir d'intercepter les communications maritimes des arsenaux russes. C'était là, pour la Russie, la conséquence naturelle de l'agression qu'elle avait opérée.

Quoi qu'on pût dire, ce n'était plus là de la neutralité, c'était de l'intervention. Cette dépêche de M. Drouyn de Lhuys à M. de Castelbajac (1er février), beaucoup plus explicite que sa réponse à M. de Kisélef, jeta sur la question son jour véritable. Il n'était plus conforme à la dignité des deux grandes nations d'affirmer une neutralité dérisoire. « Il n'y aura pas, dit-on, écrivait M. Drouyn de Lhuys dans cette dépêche du 1er février, d'égalité entre les positions si la flotte russe est retenue dans les bassins de Sévastopol, et si la flotte turque sort librement du Bosphore. La remarque est vraie; mais il n'y a pas non plus d'égalité entre les moyens généraux de l'attaque et de la défense. »

C'était une anomalie, sans doute, que cette conduite si différente vis-à-vis de l'une des parties belligérantes; mais c'était une nécessité. Il y avait d'ailleurs des précédents, et la Russie elle-même avait ainsi agi envers la Prusse lorsque, en 1830, elle voulut peser sur les résolutions de cette puissance allemande, et requit une flotte anglaise de croiser avec une flotte russe dans la Baltique, afin de prouver que les grandes puissances étaient décidées à maintenir, même par la force, la paix entre la Prusse et l'Autriche.

Assurément, dit plus tard lord John Russell, parlant de ces injonctions courtoises mais irrésistibles, de pareils procédés équivalaient *presque* à des opérations de guerre.

On le voit, du côté des puissances occidentales la rupture était à peu près consommée. Des paroles, on avait passé aux actes. La Russie ne s'émut cependant de cette situation nouvelle qu'en considération des craintes que pouvait lui donner l'Allemagne. Les protocoles du 5 décembre et du 13 janvier portaient quatre signatures. L'Autriche, la Prusse elle-même, allaient-elles donc passer du rôle de médiatrices à celui d'adversaires ? On résolut à Saint-Pétersbourg d'aller hardiment au sphinx et de lui arracher son énigme. Il s'agissait de savoir si des cours, qu'on avait pris l'habitude de considérer comme inféodées à la politique russe, oseraient avoir une initiative et secouer le joug du tsar.

Le jeu joué à cette occasion par la chancellerie russe fut double. Elle s'adressa officiellement à l'Allemagne des conférences de Vienne, secrètement à l'Allemagne des vieilles amitiés, des alliances absolutistes.

A la première, elle fit une réponse dérisoire.

Sans même s'occuper des propositions que lui soumettaient les quatre grandes puissances, et avec ce que le bienveillant et modéré lord John Russell appela lui-même « une absence complète d'égards pour la paix de l'Europe, un dédain absolu pour l'opinion, un manque de procédés vis-à-vis des souverains alliés, » le gouvernement russe envoya à Vienne des contre-propositions où se retrouvaient les anciennes exigences, où s'en formulaient de nouvelles, et, entre autres, une demande d'expulsion des réfugiés de toutes nations actuellement domiciliés en Turquie. Cette réclamation avait pour but de préparer un prétexte à d'incessantes remontrances.

M. le comte de Buol, en communiquant ces contre-propositions à la conférence de Vienne, déclara expressément qu'il n'en recommandait pas l'adoption.

Les propositions envoyées de Saint-Pétersbourg à Vienne par le ministre autrichien en Russie, M. le baron Lebzeltern, étaient

·ainsi conçues en substance : 1° la Russie demandait qu'un plénipotentiaire turc fût envoyé soit à Saint-Pétersbourg, soit au quartier général russe pour négocier la paix ; 2° les ministres étrangers auraient eu le droit d'assister le négociateur turc de leurs conseils, mais toute forme de conférence en commun devait être écartée ; 3° il devait y avoir un protocole séparé pour confirmer les priviléges de l'Eglise grecque en Orient, quelque chose comme un acte distinct ou indépendant qui définît clairement le dernier firman du Sultan relatif à cet objet. En même temps, serait stipulée l'évacuation des Principautés aussitôt que possible. Enfin, un dernier article était relatif au droit d'asile accordé par la Turquie aux réfugiés étrangers, qualifiés par le contre-projet russe d'agitateurs et de révolutionnaires.

Ce contre-projet une fois connu à Vienne, une conférence fut convoquée par M. de Buol, et les termes des propositions nouvelles lui furent soumis. On les compara tout d'abord avec ceux qui avaient été approuvés par la conférence et transmis à Saint-Pétersbourg. Ils furent trouvés si complétement dissemblables, que la conférence rédigea un protocole déclarant que les conditions nouvelles n'étaient pas acceptables par le Sultan, et qu'elles ne pouvaient pas même être transmises à Constantinople.

Telles furent les propositions officielles de la Russie. Mais on savait à l'avance qu'elles n'avaient aucune chance de succès et elles n'avaient d'autre but que de masquer l'intrigue mystérieuse. Celle-ci consista en une mission extraordinaire qui ne fut pas sans rapports avec celle du prince Menchikof, et dont les incidents montrèrent à la fois et ce que craignait et ce qu'espérait la Russie.

L'homme chargé de cette mission, M. le comte Orlof (aide de camp général, membre du conseil général de l'empire), était un des membres les plus distingués de l'aristocratie russe, honoré de la confiance la plus intime de l'empereur Nicolas, et assez puissant auprès de lui pour avoir une opinion. Le choix d'un pareil envoyé paraissait donc, à tout prendre, avoir une signification pacifique. Mais les allures de ce haut personnage donnèrent à sa mission un tout autre caractère. Il commença, une fois arrivé à Vienne et assez bruyamment pour qu'on attendît ses ouvertures avec une curiosité inquiète, par se renfermer plusieurs jours dans un silence d'un goût douteux.

Le 30 janvier enfin, le comte Orlof fut reçu en audience particulière par l'Empereur d'Autriche et lui remit une lettre autographe de son souverain, dans laquelle S. M. renouvelait l'assurance plus d'une fois donnée qu'elle ne voulait porter aucune atteinte à l'intégrité de la Turquie et qu'elle était prête à conclure une paix honorable. Puis venait l'objet véritable de la mission. C'était une demande hautaine faite à l'Autriche d'avoir à s'engager à observer envers la Russie une neutralité absolue et de donner à cette neutralité armée la valeur d'une alliance offensive et défensive conclue entre la Russie et les puissances allemandes.

En même temps, un autre représentant de la Russie, M. le baron de Budberg, remettait à S. M. le Roi de Prusse, par l'intermédiaire du ministre de la maison du Roi et sans en prévenir M. de Manteuffel, une lettre autographe à peu près semblable. M. de Budberg proposait à la Prusse ce que M. le comte Orlof n'eût osé proposer aussi clairement à l'Autriche, une alliance intime qui eût affecté pour la Russie la forme d'une protection par terre et par mer contre les conséquences de cette alliance.

C'est que, malgré le mauvais résultat des conférences d'Olmütz et de Postdam, malgré les déclarations faites par les souverains d'Autriche et de Prusse, qu'ils ne suivraient, en cas de guerre européenne, d'autre politique que celle que leur dicterait l'intérêt général de l'Allemagne, le tsar connaissait trop bien la confédération germanique pour croire à l'indissoluble union des deux grandes puissances allemandes.

En même temps encore, la diplomatie russe cherchait à amener quelques-uns des Etats secondaires de l'Allemagne à une déclaration de neutralité qu'on eût fait présenter à la Diète, à l'insu de la Prusse et de l'Autriche. C'est surtout à la Bavière qu'on s'adressait pour obtenir ce résultat.

Il faut le dire, une faute commise par l'Autriche avait contribué à encourager le tsar dans ces tentatives singulières. Le cabinet de Vienne avait eu, un moment, la pensée égoïste d'un système de neutralité dans lequel seraient entrés tous les Etats de la confédération germanique. La Prusse, plus par défiance de son puissant confédéré que par entente supérieure des intérêts européens, avait refusé son assentiment à cet acte. Aujourd'hui les missions de M. le comte Orlof et de M. le baron de Budberg suffisaient à montrer la signification véritable d'une neutralité allemande. C'était tout ce que pouvait désirer la Russie.

Fidèle à sa pensée du moment, le gouvernement prussien n'eut pas un instant d'hésitation : il déclara aussitôt et de lui-même la demande de la Russie inacceptable. M. de Manteuffel assura que le Roi de Prusse ne renoncerait point aux engagements qu'il avait pris avec les puissances maritimes et l'Autriche, d'autant qu'il considérait la politique des protocoles de Vienne comme la seule qui fût sûre et honorable pour l'Europe : bien qu'il en coûtât à la Prusse de ne pas rester en alliance intime avec la Russie, elle ne pouvait maintenir cette alliance aux conditions proposées et pour l'objet qu'avait eu en vue la politique russe.

La réponse était d'autant plus verte que le caractère de la demande avait été plus hautain. Choqué par l'étrange procédé de M. de Budberg, M. de Manteuffel avait, dès le premier moment, donné sa démission qui ne fut pas acceptée. Puis, fort de sa position, il avait repoussé avec dignité les ouvertures russes et répondu que la Prusse n'avait pas besoin de protection étrangère ; qu'elle n'accepterait aucune alliance à des conditions semblables, et qu'en tout cas la Russie offrait ce qu'elle ne pouvait donner, étant hors d'état de défendre les côtes et les ports du royaume contre la marine anglaise, pas plus que les provinces rhénanes contre les armées de la France.

La réponse de l'Autriche fut à peu près semblable à celle de la Prusse : mais elle mérite d'être étudiée de plus près. Pour bien comprendre la pensée un peu confuse et les actes souvent contradictoires de cette puissance allemande, il est bon de se reporter à l'origine de cette velléité de neutralité qui avait saisi le cabinet de Vienne et qui lui attirait aujourd'hui une démarche blessante de la part de son puissant voisin.

Qu'on se rappelle l'entrevue d'Olmütz, le rapprochement opéré à ce moment entre les souverains allemands et le tsar, le langage des feuilles allemandes, inspiré visiblement à cette époque par une sympathie assez hautement avouée pour la Russie, et on comprendra que l'échec subi par le tsar à Olmütz avait consisté surtout dans l'impossibilité d'obtenir de l'Europe centrale une coopération active. Mais il y avait eu là un pas de fait vers l'obtention d'une neutralité rassurante. Ce qui le prouve, c'est la diminution assez considérable que le gouvernement autrichien décréta quelque temps après dans l'effectif de l'armée. Diminuer ses ressources militaires au début d'une lutte imminente, n'était-ce pas un peu déclarer qu'on n'avait aucune envie de s'y associer? N'était-ce pas donner un gage à la Russie? On avait donc justifié à l'avance le langage hautain des envoyés du tsar.

Qu'était-il donc arrivé pour que l'Autriche se refusât à renoncer d'une manière plus formelle à sa liberté d'action? Étudions, dans une dépêche substantielle du comte de Clarendon (18 février), les propositions du comte Orlof et la réponse autrichienne telles que les analyse une dépêche fort curieuse de M. de Buol au comte Colloredo.

Et d'abord voici comment le premier ministre d'Autriche rend compte au chef du *Foreign-Office* de la mission extraordinaire du comte Orlof près la cour de Vienne.

Le comte de Buol dit dans sa dépêche que l'identité du but de l'Autriche et des trois autres puissances, identité constatée par le protocole du 5 décembre, impose au gouvernement autrichien le devoir d'une entière franchise envers elles, relativement à cette mission.

Il dit que le comte Orlof avait reçu l'ordre d'insister de la manière la plus pressante, auprès de l'Empereur d'Autriche, pour qu'il s'engageât, avec la cour de Berlin, à observer la plus stricte neutralité dans le cas où les puissances maritimes prendraient une part active à la guerre entre la Turquie et la Russie. Et comme preuve de l'entière confiance qui existe entre les cabinets de Vienne et de Londres, il communique au gouvernement de Sa Majesté la dépêche du ministre d'Autriche à Saint-Pétersbourg, dans laquelle il expose les motifs qui ont fait repousser par l'Empereur d'Autriche les propositions de la Russie.

Dans cette dépêche, adressée au comte d'Esterhazy, il fait observer, au sujet des proportions considérables que semble sur le point de prendre la guerre entre la Russie et la Turquie, que la cour de Russie propose à celles d'Autriche et de Prusse de prendre des arrangements dans lesquels la position des trois gouvernements soit clairement définie, soit entre eux, soit envers les puissances occidentales qui sont sur le point de s'engager dans le conflit.

L'Empereur de Russie propose la neutralité la plus stricte comme l'attitude que doivent prendre les deux principales puissances allemandes et leurs confédérés, et une défense armée de cette neutralité contre quiconque tenterait de la violer. La Russie s'engagerait à assister cette politique de toutes ses forces,

dans une mesure qui serait plus tard déterminée par une convention à conclure par des commissaires militaires. Elle entreprendrait, en outre, dans le
cas où les événements de la guerre modifieraient l'état de choses qui existe en
Turquie, de n'adopter aucune résolution définitive sur ce point, sans s'être
au préalable entendue avec les gouvernements de Vienne et de Berlin.

Tel est, en substance, le plan indiqué par la cour de Saint-Pétersbourg,
sur lequel, après mûr examen, le comte de Buol a conclu de la manière suivante :
Le Roi de Prusse, comme on le sait déjà, a repoussé les propositions de la Russie :
ce fait seul suffirait à enlever toute chance d'application à ces propositions fondées sur l'accord des trois puissances.

Mais, indépendamment de cette circonstance, la franchise qu'elle s'est imposée dans ses communications avec le cabinet de Saint-Pétersbourg ne lui permet pas de laisser ignorer à ce cabinet les graves objections qu'en tout état de
choses elle élèverait contre ce projet.

Et ici, M. de Buol insistait surtout pour que la Russie s'engageât
formellement à ne pas étendre ses opérations dans la Turquie
d'Europe, à n'acquérir aucun territoire, à ne pas s'ingérer dans
les affaires intérieures de l'empire ottoman, et à ne demander aucun droit que ne lui conférassent déjà ses anciens traités avec
la Turquie. Le ministre autrichien indiquait la portée de l'intérêt de son pays dans les résultats possibles d'une lutte inégale
entre la Turquie et la Russie, et il en faisait découler la nécessité pour l'empire autrichien d'une intervention militaire au cas
de succès positifs remportés par une armée russe ou d'un soulèvement grave des populations du rite grec soumises à la Turquie. Ainsi donc, disait-il, que la Russie s'engage à borner ses
opérations offensives, qu'elle s'engage à ne faire dans les contrées musulmanes aucune conquête, qu'elle s'engage à respecter
le libre arbitre du Sultan, qu'elle ne réclame aucun droit nouveau d'ingérence dans ses affaires intérieures, qu'elle s'en tienne
aux anciens traités, et l'Autriche n'aura aucune raison pour refuser les garanties qu'on lui demande. Mais si la Russie se refuse
à prendre ces engagements, comment pourrait-elle attendre de
l'Autriche assez de complaisance pour contracter un engagement
qui ne lierait qu'elle et pour se désarmer au point de vue d'une
médiation future !

Le représentant de la Russie avait insisté sur cette idée, très-
puissante, on le sait, sur l'esprit des cours allemandes, de la nécessité de sauvegarder l'alliance conservatrice des trois grandes

-puissances du Nord. Ici, M. de Buol récriminait avec juste raison. De quel côté étaient donc l'esprit de conservation, le respect des traités ? Était-ce du côté de celui qui avait envahi déjà, en pleine paix, deux provinces soumises à la domination du Sultan, de celui qui s'apprêtait à s'avancer encore plus près du cœur de l'empire ottoman, ou de ceux qui proclamaient l'intégrité de l'empire ottoman nécessaire au maintien de l'équilibre en Europe ?

Tels étaient, fortement et loyalement déduits, dans la dépêche qui nous occupe, les motifs qui auraient porté l'Autriche à refuser une promesse de neutralité absolue, tant que la Russie ne s'engagerait pas de son côté d'une manière complète et décisive. Tels étaient les motifs qui justifiaient la concentration d'un corps de troupes dans les provinces autrichiennes limitrophes du théâtre de la guerre.

L'Empereur d'Autriche ne saurait prendre d'engagement de ce genre avec la perspective d'événements dont il est impossible de prévoir les conséquences, sans que l'Empereur de Russie s'engageât de son côté à limiter l'étendue de son action. Les résultats d'une longue guerre entre la Russie et la Turquie seraient si incertains, que l'Autriche, si directement intéressée dans la question d'Orient, ne saurait s'engager à suivre une politique de stricte neutralité.

Le succès des armées russes et les vœux des populations soumises à la Turquie pourraient amener un état de choses si fatal aux intérêts de l'Autriche, que l'empereur François-Joseph pourrait se trouver placé dans la nécessité d'intervenir militairement, ou de rester dans une inaction incompatible avec sa dignité et les intérêts les plus vitaux de son empire.

A l'origine, on pouvait considérer cette affaire comme une querelle entre la Russie et la Turquie seulement, et tant que la Russie professait et gardait une attitude défensive, l'Autriche pouvait, de son côté, garder une attitude expectante. Mais malheureusement la question était devenue européenne et avait pris une telle importance, que l'Autriche ne pouvait se dispenser de se réserver à ce sujet son entière liberté d'action.

Si l'empereur Nicolas voulait s'engager à ne pas pousser plus loin ses opérations militaires dans la Turquie d'Europe, à ne rechercher ni un agrandissement territorial, ni un droit d'intervention dans les affaires intérieures de la Turquie, ni des droits nouveaux et autres que ceux qui résultent des anciens traités, — et le comte de Buol croit qu'un tel engagement serait conforme aux intérêts de la Russie, — l'Autriche lui donnerait volontiers la garantie qu'il lui demande ; mais, s'il en est autrement, le cabinet russe doit voir combien il serait difficile à l'Autriche d'indiquer à présent la ligne de conduite que les événements peuvent lui imposer. En outre, le gouvernement russe doit comprendre que l'effet inévitable d'un engagement aussi positif que celui qu'on

lui propose, serait de faire échouer l'Autriche dans ses vues de conciliation,
de gâter ses relations avec quelques-uns des gouvernements engagés dans la
guerre.

L'idée dominante du plan proposé par la Russie est de maintenir intacte,
pendant la crise actuelle, l'alliance conservatrice qui a existé entre les trois
cours, au plus grand avantage du parti de l'ordre social.

Mais s'agit-il de conservation? Ne s'agit-il pas, au contraire, d'entrer dans
des combinaisons nouvelles qu'il serait impossible de définir, et dont on ne
saurait déterminer les conséquences? Ce n'est pas sur ce terrain que la question a été placée par le protocole de Vienne, qui a fait une si pénible impression à Saint-Pétersbourg. L'accord des quatre puissances, défini par ce
protocole, repose sur l'importance qu'elles attachent à l'intégrité de l'empire
ottoman comme élément de l'équilibre européen. Sur ce point, l'intérêt de
l'Autriche est conforme à l'intérêt général de l'Europe. Aussi le comte de Buol
apprend-il avec un profond regret que l'Empereur de Russie semble prêt à renoncer à l'intention qu'il avait annoncée, de garder une attitude défensive sur
la rive gauche du Danube. Plus les conséquences du passage du Danube peuvent
être graves, plus le comte de Buol trouve qu'il agit amicalement envers la Russie
en conjurant le cabinet de Saint-Pétersbourg de bien réfléchir dans sa sagesse
avant de prendre un parti décisif.

Si le comte de Buol ne cache pas au gouvernement russe les sentiments pénibles
que causent au cabinet de Vienne les différences d'opinion qui existent entre
eux relativement au meilleur parti à prendre dans les circonstances actuelles,
il n'a aucune pensée qui puisse être considérée comme hostile à la Russie.

Le comte de Buol pense qu'il était de son devoir de déclarer, avec une entière
franchise, l'attitude que l'Autriche se réserve pour l'éventualité, qu'elle espère encore ne pas voir se réaliser, où la lutte prendrait des dimensions plus
considérables. Il pense toutefois que ces observations que le comte Esterhazy
est chargé de transmettre au comte de Nesselrode contribueront à mettre fin à
un état de tension qui alarme l'Europe et nuit à un grand nombre d'intérêts.
Il déclare que l'Autriche a sincèrement cherché à maintenir la paix dans les
conjonctures actuelles.

Le comte de Buol déclare qu'il n'a rien à ajouter à cette dépêche au comte Esterhazy, qui définit clairement l'attitude de l'Autriche dans les conjonctures actuelles.

L'Empereur d'Autriche ne se liera point les mains par un traité de neutralité absolue, tant qu'il n'aura pas de garanties suffisantes que les intérêts de
son empire ne seront pas compromis par la dissolution de la Turquie d'Europe. Le comte Orlof n'était pas autorisé à donner ces garanties. D'ailleurs,
ajoute le comte de Buol, comment la Russie pourrait-elle donner à l'Autriche des
garanties contre les conséquences incalculables que peut avoir un soulèvement
de la population chrétienne dès que l'Empereur de Russie prendra la résolution de pousser la guerre avec vigueur au delà du Danube?

En renouvelant ses représentations contre l'extension de la guerre au delà
du Danube, le gouvernement autrichien n'a pas caché à la Russie qu'en présence
des dangers dont elle est menacée par la prolongation du conflit, l'Autriche
doit se réserver une entière liberté d'action. C'est pourquoi un corps de troupes
a été concentré dans les provinces autrichiennes qui touchent au théâtre de

la guerre, et le nombre de ces troupes sera augmenté si les événements rendent une augmentation nécessaire.

Cette mesure, au sujet de laquelle on a donné à la Porte des déclarations rassurantes, ne doit être considérée comme hostile à aucune des parties belligérantes. Son but est seulement de défendre contre toute insulte la frontière autrichienne, et, s'il est nécessaire, de la défendre aussi de la contagion d'une insurrection des provinces turques adjacentes, et, lors même qu'une intervention armée de l'Autriche deviendrait indispensable, elle aurait lieu avec l'intention arrêtée de maintenir intact, sous tous les rapports, le *status quo* établi par les traités. Le comte de Buol pense que cette intention est celle de toutes les puissances qui ont pris part à la conférence de Vienne.

Ainsi, les deux grandes puissances germaniques avaient, sans entente préalable, repoussé absolument, et par les mêmes motifs, les propositions russes réclamant d'elles l'engagement d'observer une neutralité absolue. Une semblable demande leur avait paru blessante, et d'ailleurs, c'était engager aveuglément leurs intérêts propres et ceux de l'Allemagne.

Il faut, pour apprécier à sa juste valeur la ferme attitude des deux puissances allemandes en ces circonstances, faire la part de leurs relations étroites avec la Russie, de leur désir quelquefois excessif d'accommoder ce différend à sa naissance. Leurs représentations, et, pour ainsi parler, leurs remontrances, leur refus de tout céder à une influence si longuement, si solidement établie, ne sauraient être trop honorablement jugés, surtout si on les rapproche de leur confiance persistante dans la haute raison et dans la loyauté de l'empereur Nicolas.

Entre leurs déclarations et les nouvelles propositions russes, l'Autriche et la Prusse n'avaient pas à choisir, sans un sacrifice de dignité, d'honneur politique. Elles maintinrent donc honorablement la parole donnée : mais qu'on ne croie pas que ce fût sans déchirements profonds, sans vives inquiétudes, qu'à Berlin et à Vienne on voyait se rompre peu à peu les relations intimes qui avaient si longtemps uni ces cours à la cour de Saint-Pétersbourg.

Quant à la cour impériale de Russie, elle était si habituée à voir tous les scrupules de l'Allemagne tomber devant l'appel magique fait à la conservation, toutes les résistances plier devant une parole du tsar, que cette persistance dans la résistance, que ces velléités d'initiative et d'indépendance y causèrent une colère mal déguisée.

On considéra comme une preuve d'irritation assez puérile l'ordre donné aux régiments russes qui portaient les noms des souverains d'Autriche et de Prusse de changer leurs dénominations, et l'interdiction faite aux officiers russes de porter des décorations autrichiennes et prussiennes.

Parti de Vienne le 8 février, le comte Orlof revint à Saint-Pétersbourg le 14, porteur des propositions du cabinet impérial autrichien en réponse à ses exigences. En même temps, il fallut reconnaître que l'Autriche était prête à faire concorder ses actes avec ses paroles. Car c'est de la cour de Vienne que partit alors la première idée d'une sommation à bref délai à adresser à la Russie pour qu'elle eût à évacuer les Principautés. Il semblait donc que les quatre grandes puissances fussent unies dans un même sentiment et que la cour de Saint-Pétersbourg n'eût plus qu'à céder, à moins qu'elle ne voulût se préparer à une lutte inégale contre toute l'Europe. Mais le tsar connaissait trop bien l'Allemagne pour se tromper à ces apparences d'énergie, et il savait bien qu'il trouverait toujours, au moment suprême, des défiances, des scrupules, des terreurs ou des intérêts à exploiter.

Quoi qu'il en soit, le terrain des négociations était désormais abandonné. Il n'y avait plus qu'à en faire disparaître une dernière base de négociations que personne ne prenait plus au sérieux.

Restaient les propositions soumises officiellement à la conférence de Vienne. Nous l'avons dit, bien que le contre-projet du comte Orlof n'eût pas paru acceptable, M. de Buol le soumit pour la forme à une nouvelle conférence des représentants des quatre puissances qui eut lieu le 2 février ; ce dépôt fut accompagné de l'avis formel que le gouvernement autrichien ne considérait pas les nouvelles propositions de la Russie comme admissibles, ou même comme étant de nature à être présentées à la Porte. Conformément à cette opinion, qui fut unanimement partagée, un protocole fut, sur-le-champ, rédigé et signé, pour y être consignée la décision des quatre puissances, c'est-à-dire leur refus de prendre en considération le contre-projet.

Et maintenant, pour que le lecteur puisse juger mieux encore de la nature des propositions faites par M. le comte Orlof, et de la portée des réponses itératives faites à l'envoyé russe par la cour d'Autriche, nous disposons sous ses yeux les principaux passages des dépêches anglaises les plus explicites à ce sujet.

C'est d'abord le comte de Wesmoreland qui écrit au comte de Clarendon :

Le comte de Buol a annoncé à l'ambassadeur de France et à moi que la proposition du comte Orlof à l'Empereur d'Autriche était que l'Empereur d'Autriche s'engageât à une stricte neutralité en cas de guerre entre la Turquie et la Russie, guerre à laquelle il paraissait que la France et l'Angleterre allaient participer. L'Empereur d'Autriche a répondu au comte Orlof : « L'Empereur de Russie confirmera-t-il ses engagements de ne pas passer le Danube, d'évacuer les Principautés après la guerre, et de ne pas troubler la combinaison générale actuellement existante des provinces turques ? »

Le comte Orlof a répondu que l'Empereur de Russie ne prendrait pas d'engagement. L'Empereur d'Autriche a répliqué que, dans ce cas, il ne pouvait pas prendre l'engagement qu'on lui proposait. Il a ajouté qu'il resterait fidèle aux principes qu'il avait adoptés de concert avec les trois autres puissances, et qu'il serait guidé dans sa conduite par les intérêts et la dignité de l'empire. Votre Seigneurie ne sera pas étonnée, après avoir appris l'issue de la mission du comte Orlof et avoir reçu le protocole de la conférence signé d'hier, d'être informée que le gouvernement autrichien a décidé immédiatement d'augmenter le cordon qu'il a sur les frontières de Transylvanie, jusqu'à concurrence de 30,000 hommes.

Ceci est écrit au lendemain de la signature du protocole du 2 février et les mesures militaires prises par l'Autriche sont présentées comme la conséquence immédiate de l'attitude du cabinet de Vienne.

Quatre jours après, une conférence nouvelle avait lieu à Vienne, sur l'invitation de M. de Buol, et le ministre autrichien reconnaissait lui-même que l'heure des négociations et des propositions était passée. Il exposait, avec toute sincérité, aux trois autres représentants des grandes cours, la marche ascendante des déclarations énergiques faites par l'Autriche en réponse aux propositions singulières de l'envoyé de Saint-Pétersbourg. Voici comment le ministre d'Angleterre, à Vienne, rend compte de ces derniers incidents.

Milord, je quitte à l'instant la conférence à laquelle le comte de Buol m'avait invité le matin ainsi que mes collègues. Le comte de Buol nous a dit n'avoir

confédéré que par entente supérieure des intérêts européens, avait refusé son assentiment à cet acte. Aujourd'hui les missions de M. le comte Orlof et de M. le baron de Budberg suffisaient à montrer la signification véritable d'une neutralité allemande. C'était tout ce que pouvait désirer la Russie.

Fidèle à sa pensée du moment, le gouvernement prussien n'eut pas un instant d'hésitation : il déclara aussitôt et de lui-même la demande de la Russie inacceptable. M. de Manteuffel assura que le Roi de Prusse ne renoncerait point aux engagements qu'il avait pris avec les puissances maritimes et l'Autriche, d'autant qu'il considérait la politique des protocoles de Vienne comme la seule qui fût sûre et honorable pour l'Europe : bien qu'il en coûtât à la Prusse de ne pas rester en alliance intime avec la Russie, elle ne pouvait maintenir cette alliance aux conditions proposées et pour l'objet qu'avait eu en vue la politique russe.

La réponse était d'autant plus verte que le caractère de la demande avait été plus hautain. Choqué par l'étrange procédé de M. de Budberg, M. de Manteuffel avait, dès le premier moment, donné sa démission qui ne fut pas acceptée. Puis, fort de sa position, il avait repoussé avec dignité les ouvertures russes et répondu que la Prusse n'avait pas besoin de protection étrangère ; qu'elle n'accepterait aucune alliance à des conditions semblables, et qu'en tout cas la Russie offrait ce qu'elle ne pouvait donner, étant hors d'état de défendre les côtes et les ports du royaume contre la marine anglaise, pas plus que les provinces rhénanes contre les armées de la France.

La réponse de l'Autriche fut à peu près semblable à celle de la Prusse : mais elle mérite d'être étudiée de plus près. Pour bien comprendre la pensée un peu confuse et les actes souvent contradictoires de cette puissance allemande, il est bon de se reporter à l'origine de cette velléité de neutralité qui avait saisi le cabinet de Vienne et qui lui attirait aujourd'hui une démarche blessante de la part de son puissant voisin.

Qu'on se rappelle l'entrevue d'Olmütz, le rapprochement opéré à ce moment entre les souverains allemands et le tsar, le langage des feuilles allemandes, inspiré visiblement à cette époque par une sympathie assez hautement avouée pour la Russie, et on les deux puissances doivent écrire au comte de Nesselrode pour demander le commencement immédiat de l'évacuation, tout devant être fini à la fin de mars. Le silence ou le refus sera considéré comme une déclaration de guerre par la Russie.

C'est à la suite de cette entente, si complète en apparence , entre les quatre puissances représentées à Vienne, c'est à la suite de ce protocole du 2 février sur lequel nous aurons à revenir, qu'on convint de sommer la Russie d'évacuer les Principautés danubiennes et de fixer un délai dont l'expiration serait le signal des hostilités.

Telle était la situation au commencement de février : mais pendant ces derniers efforts de la diplomatie, la question avait marché dans le domaine des faits.

CHAPITRE II.

LA LUTTE SUR LE DANUBE.

Le théâtre de la lutte, forces et positions respectives des puissances belligérantes, difficultés éprouvées par la Russie. — Affaire de Tchétate, combats heureux pour les Turcs, effet moral de ces succès ; chicanes sur le Danube ; situation mauvaise des Turcs en Asie, importance minime des échecs sur ce terrain. — Caractère de la guerre ; influence de l'attitude protectrice des puissances occidentales ; les flottes dans la mer Noire, leur retour, craintes exagérées ; petites expéditions ; elles suffisent à annihiler la puissance maritime de la Russie ; effet puissant de la protection accordée à la Turquie.

Au moment où l'obstination de la Russie ne laisse plus aux puissances occidentales d'autre voie que celle de la guerre, au moment où les cours allemandes elles-mêmes semblent disposées à faire succéder les actes aux protocoles, il faut se rendre compte de l'état des choses sur le théâtre primitif de la querelle.

Depuis que, à la fin d'octobre 1853, la guerre avait été ouverte sur les bords du Danube et en Asie, les choses avaient tourné d'une façon toute différente de celle qu'espérait le gouvernement de Saint-Pétersbourg. Au lieu d'une Turquie impuissante, aux places démantelées, aux caisses vides, aux armées indisciplinées, prêtes à se disperser au premier choc, les généraux russes avaient rencontré sur le Danube une Turquie énergique, prête au besoin à prendre la défensive, des fortifications restaurées, des places de guerre improvisées, une armée compacte, bien exercée à l'européenne, plus que tout cela, un patriotisme ardent à la fois et calme. A Kalafat, les troupes ottomanes se montraient résistantes ; à Oltenitza, elles avaient vaincu en ligne. La réforme avait porté des fruits inattendus.

Il était arrivé, au contraire, que l'agresseur, qui depuis dix mois se préparait ouvertement à l'attaque, n'avait pu développer que lentement ses moyens d'action. Sans doute, si la Turquie avait dû être abandonnée à ses propres ressources, l'inégalité de la lutte aurait apparu chaque jour avec plus d'évidence; sans doute, après leurs premiers succès, il eût fallu que les forces ottomanes reculassent pied à pied, défendant avec le courage du désespoir chacune de leurs lignes, chacune de leurs places ; mais chaque jour, au contraire, engageait davantage leurs alliés dans la lutte future, et la Russie sentait se dresser contre elle des ennemis inattendus.

C'est ce qui explique les tâtonnements, l'impuissance de l'armée russe depuis le commencement de la campagne.

Dans les derniers jours de 1853, le prince Gortchakof avait reçu de l'empereur Nicolas l'ordre de rejeter les Turcs sur la rive droite du Danube et de s'emparer des positions de Kalafat. Le corps d'armée du général Osten-Sacken, si longtemps attendu, avait enfin passé le Pruth et s'avançait péniblement, par des chemins affreux, semant de ses malades les boues profondes de la Moldavie. En attendant que ce renfort important pût être concentré à Bucharest, les Russes se tenaient en observation à Craïova, et sur la route de cette ville à Kalafat.

De son côté, fortement établie derrière les solides quoique récentes fortifications de Kalafat, sûre de n'en pouvoir être chassée que par un siége en règle, mis par une armée considérable et munie de canons de gros calibre, l'armée d'Omer-Pacha dominait de là une grande étendue de terrain dans la Petite-Valachie. Soixante à quatre-vingts villages valaques étaient en communication avec elle, et leurs habitants, irrités des vexations de toute nature que faisaient souffrir à la Valachie les envahisseurs, se joignaient en foule aux défenseurs de Kalafat. Les soldats du bataillon provincial, habituellement cantonné sur la double frontière de Bulgarie et de Serbie, servaient en grand nombre dans les rangs de l'armée turque.

En présence de pareilles dispositions et en face des complica-

lui propose, serait de faire échouer l'Autriche dans ses vues de conciliation, de gâter ses relations avec quelques-uns des gouvernements engagés dans la guerre.

L'idée dominante du plan proposé par la Russie est de maintenir intacte, pendant la crise actuelle, l'alliance conservatrice qui a existé entre les trois cours, au plus grand avantage du parti de l'ordre social.

Mais s'agit-il de conservation? Ne s'agit-il pas, au contraire, d'entrer dans des combinaisons nouvelles qu'il serait impossible de définir, et dont on ne saurait déterminer les conséquences? Ce n'est pas sur ce terrain que la question a été placée par le protocole de Vienne, qui a fait une si pénible impression à Saint-Pétersbourg. L'accord des quatre puissances, défini par ce protocole, repose sur l'importance qu'elles attachent à l'intégrité de l'empire ottoman comme élément de l'équilibre européen. Sur ce point, l'intérêt de l'Autriche est conforme à l'intérêt général de l'Europe. Aussi le comte de Buol apprend-il avec un profond regret que l'Empereur de Russie semble prêt à renoncer à l'intention qu'il avait annoncée, de garder une attitude défensive sur la rive gauche du Danube. Plus les conséquences du passage du Danube pourrait être graves, plus le comte de Buol trouve qu'il agit amicalement envers la Russie en conjurant le cabinet de Saint-Pétersbourg de bien réfléchir dans sa sagesse avant de prendre un parti décisif.

Si le comte de Buol ne cache pas à son gouvernement russe les sentiments pénibles que causent au cabinet de Vienne les différences d'opinion qui existent entre eux relativement au meilleur parti à prendre dans les circonstances actuelles, il n'a aucune pensée qui puisse être considérée comme hostile à la Russie.

Le comte de Buol pense qu'il était de son devoir de déclarer, avec une entière franchise, l'attitude que l'Autriche se réserve pour l'éventualité, qu'elle espère encore ne pas voir se réaliser, où la lutte prendrait des dimensions plus considérables. Il pense toutefois que ces observations que le comte Esterhazy est chargé de transmettre au comte de Nesselrode contribueront à mettre fin à un état de tension qui alarme l'Europe et nuit à un grand nombre d'intérêts. Il déclare que l'Autriche a sincèrement cherché à maintenir la paix dans les conjonctures actuelles.

Le comte de Buol déclare qu'il n'a rien à ajouter à cette dépêche au comte Esterhazy, qui définit clairement l'attitude de l'Autriche dans les conjonctures actuelles.

L'Empereur d'Autriche ne se liera point les mains par un traité de neutralité absolue, tant qu'il n'aura pas de garanties suffisantes que les intérêts de son empire ne seront pas compromis par la dissolution de la Turquie d'Europe. Le comte Orlof n'était pas autorisé à donner ces garanties. D'ailleurs, ajoute le comte de Buol, comment la Russie pourrait-elle donner à l'Autriche des garanties contre les conséquences incalculables que peut avoir un soulèvement de la population chrétienne dès que l'Empereur de Russie prendra la résolution de pousser la guerre avec vigueur au delà du Danube?

En renouvelant ses représentations contre l'extension de la guerre au delà du Danube, le gouvernement autrichien n'a pas caché à la Russie qu'en présence des dangers dont elle est menacée par la prolongation du conflit, l'Autriche doit se réserver une entière liberté d'action. C'est pourquoi un corps de troupes a été concentré dans les provinces autrichiennes qui touchent au théâtre de

Les renforts n'arrivaient aux Russes qu'à grand'peine. Les troupes qui se dirigeaient sur les Principautés y arrivaient lentement, exténuées de fatigue, après des marches difficiles sur des routes défoncées par le dégel. Aussi l'attaque générale contre les positions turques à Kalafat était toujours annoncée mais toujours suspendue : l'insuffisance des forces russes expliquait cette inaction qui avait aussi peut-être un but diplomatique. On eût désiré à Saint-Pétersbourg un succès qui rehaussât l'attitude de l'empire, mais on craignait en même temps qu'un événement de ce genre, en alarmant les puissances allemandes, ne diminuât les chances du comte Orlof à Vienne.

Toutefois, l'ordre formel étant donné, les généraux russes se décidèrent à une action décisive.

Après un premier engagement d'avant-postes, près de Tchétate, le 31 décembre 1853, le général Aurep (le comte Aurep-d'Elmpt, général-adjudant), avait disposé à Tchétate et dans quelques villages voisins la division placée sous ses ordres, afin de resserrer de plus en plus ses opérations contre Kalafat. Tchétate est situé à trois heures et demie de distance de Kalafat. Là, les troupes russes commencèrent à élever des retranchements.

Les défenseurs de Kalafat se résolurent à attaquer l'ennemi, avant qu'il ne se fût solidement établi. Le 6 janvier, les généraux de division Ismaïl-Pacha et Mustapha-Pacha et les généraux de brigade Osman-Pacha et Ismaïl-Pacha, à la tête de treize bataillons d'infanterie, de trois régiments de cavalerie et de vingt-huit pièces d'artillerie marchèrent sur Tchétate. Le général de division Ahmet-Pacha commandait la réserve. Sélim-Pacha commandait en chef la forteresse de Kalafat, sur laquelle les Russes devaient se retirer en cas d'insuccès.

Les Turcs arrivèrent en deux colonnes, l'une par la route qui longe le fleuve, l'autre dans des barques qui remontèrent jusqu'à Tchétate. Attaqués par des forces supérieures, les Russes résistèrent avec courage, et les deux régiments qu'ils avaient à opposer aux Turcs furent décimés à la baïonnette : les trois quarts de leurs officiers restèrent sur la place. Mais bientôt, une brigade russe de renfort étant accourue, les Turcs durent plier, abandonnant deux canons. Ils ne se retirèrent toutefois que derrière Tchétate, sur les bords du Danube, tandis que les Russes se concentraient à Radovan, sur la route de Craïova.

Le 7, l'engagement recommença. Les Russes, cette fois, avaient la supériorité du nombre, mais les Turcs avaient plus de cavalerie, et ce jour, ainsi que les jours suivants jusqu'au 10, une série de combats acharnés mit en présence des forces à peu près égales, 15,000 hommes environ de chaque côté.

La perte des Turcs dans ces engagements fut évaluée à 1,000 hommes tués et blessés ; celle des Russes à 3,000. (*Voyez* à la chronique une relation du combat de Tchétate par Omer-Pacha.) Le résultat final pour les Russes fut une retraite. En somme donc, et malgré les assertions contraires des bulletins russes, le gain de ces journées avait été pour les troupes ottomanes. Si les résultats positifs n'en étaient pas très-importants, au moins ressortait-il de ces affaires qu'à forces presque égales des deux côtés, les Turcs s'étaient rencontrés pour la première fois en Europe en rase campagne vis-à-vis des Russes, et que non-seulement ils avaient soutenu le choc sans désavantage, mais qu'encore ils avaient forcé leurs adversaires à la retraite et les avaient forcés à abandonner leurs positions de Tchétate, tout en gardant les leurs.

La petite victoire de Tchétate donna aux Turcs une nouvelle confiance : elle surprit de nouveau l'Europe.

On n'avait pu considérer sans un certain étonnement la lenteur des mouvements, l'indécision, la faiblesse numérique de l'armée russe. Depuis sept mois elle avait passé le Pruth, depuis quatre mois la guerre était déclarée, et cependant elle ne commençait qu'avec difficulté des opérations offensives que le succès ne couronnait pas. Le gouvernement turc, avec des ressources infiniment moins grandes, pris à l'improviste, et presque dénué de moyens de transport, réussissait à amener rapidement sur le théâtre de la guerre ses contingents d'Égypte et de Syrie, à s'enfermer sur le territoire envahi dans des positions inexpugnables et à menacer l'ennemi en rase campagne.

En outre de cette affaire, relativement importante, de Tchétate, des combats partiels étaient incessamment livrés sur les bords du Danube. Des partis traversaient le fleuve par détache-

3

ments; on se disputait la possession de quelques îles bien
situées pour l'attaque ou pour la défense. Le plus sérieux de
ces petits engagements eut lieu le 14 janvier dans le voisinage
de Roustchouck. Cette fois encore les Turcs prirent l'initiative
de l'attaque. Le général de division Haled-Pacha envoya un détachement s'emparer de l'île de Niama, en amont de Roustchouk.
Les Russes opposèrent à ce mouvement deux bataillons d'infanterie et deux escadrons de cavalerie ; mais ce corps, malgré les
renforts envoyés à la hâte de Giurgevo, fut refoulé, après trois
heures de combat, par l'artillerie des forts de la rive droite et
des embarcations.

Les Russes tentèrent aussi, sous la protection de leur flotille,
une forte attaque sur Isatcha et Matchin : mais ils furent repoussés avec perte. Ils essayèrent ensuite d'établir des fortifications
sur l'île située en face de Matchin. Dans ce but, ils vinrent descendre sur l'île avec deux bataillons d'infanterie et six pièces de
canon ; mais, après un engagement d'une heure et demie, ils en
furent chassés avec une perte de 150 morts et blessés. Les Turcs
détruisirent les ouvrages commencés par les Russes, ainsi qu'un
petit pont qui unissait l'île à la rive gauche.

Ainsi, les deux armées s'inquiétaient mutuellement par des
descentes et par de petits combats d'avant-postes. Roustchouk
bombardait Giurgevo : la flotille russe canonnait les petites forteresses ottomanes.

En Asie, il n'en allait pas de même. La situation des forces
turques y était devenue assez critique. Depuis les désastres es-
suyés sur la route d'Akhalzick (Akhiska) et de Gumri (Alexan-
dropol), l'armée d'Anatolie s'était pour ainsi dire dissoute. Une
grande partie de cette armée se composait de bachi-bozoucks
(irréguliers), pillards incapables de discipline. Les Kurdes,
après ces échecs, avaient repris le chemin de leurs montagnes.

Mais, au fond, cette situation n'avait rien de bien grave pour
l'empire ottoman. Depuis l'agression de Sinope, la présence des
flottes anglaise et française le couvraient, de ce côté, mieux que
ne l'eût pu faire une armée nombreuse et bien disciplinée. Les
forces russes étaient impuissantes à profiter de leur victoire, et

la Turquie possédait encore un point du territoire russe, le fort Saint-Nicolas.

Il arrivait de plus, contrairement aux prévisions du tsar, que cette guerre, soulevée par lui sur un prétexte purement religieux, prenait de jour en jour un caractère purement politique. C'était au moins là le résultat général, car, sur le théâtre même de la lutte, quelque soin qu'on prît pour enlever à la guerre le caractère religieux que la Russie cherchait constamment à lui donner, il était impossible de ne pas mettre en présence sur les champs de bataille des éléments religieux ennemis. Ainsi, à Roustchouk, on avait vu des latins (chrétiens catholiques) se rendre, la croix en tête, sur les remparts et servir les batteries turques avec ardeur. On comptait dans l'armée d'Omer-Pacha 8 à 10,000 volontaires catholiques albanais, et l'Égypte y envoyait des Maronites du Liban.

Le point essentiel à noter dans cette phase de la guerre entre la Porte et la Russie, c'est l'action exercée sur les deux puissances belligérantes par l'apparition des flottes alliées dans les eaux de l'Euxin. Dès ce moment, toutes les prévisions sont bouleversées, tous les plans détruits, les attitudes transformées, les chances déplacées. Et cependant, les vaisseaux anglais et français n'avaient fait qu'y montrer un instant leur pavillon.

L'amiral anglais avait trouvé dangereux de rester davantage, dans cette saison, en rade de Sinope, et il s'était décidé, dès le 22 janvier, après six jours d'évolutions, à rentrer dans le Bosphore et à envoyer de temps à autre des bâtiments à vapeur dans la mer Noire. L'amiral français partagea cette opinion. Mais cette conduite était en désaccord avec les instructions des ambassadeurs et il en résulta des froissements regrettables. L'ambassadeur britannique à Constantinople et l'amiral de la flotte anglaise durent en référer à leur gouvernement qui, d'accord avec le gouvernement français, approuva la résolution des amiraux.

On donnait pour excuses à cette étrange résolution les vents et les courants si variables de cette mer, les épais brouillards de la saison. Il est juste de dire que la véritable force des flottes alliées consistait en vaisseaux de ligne à voiles, dont les opérations

sont moins certaines par le mauvais temps que celles des bâtiments à vapeur. Toutefois, on exagérait peut-être la prudence.
Les hommes les plus compétents, les marins les plus instruits se
faisaient des idées assez peu justes des conditions d'une navigation dans la mer Noire. On croyait les côtes de la Crimée à peu
près inaccessibles avant le printemps, et on craignait de gaspiller
les forces maritimes des deux grandes puissances dans une guerre
inutile contre les vents et les flots.

On se contenta donc d'expéditions partielles destinées soit
à montrer le pavillon allié aux établissements russes, soit à
convoyer des bâtiments turcs destinés à ravitailler les points les
plus menacés de la Turquie d'Asie.

Le 7 février, après le retour dans le Bosphore de quelques
frégates anglaises et françaises chargées de faire la reconnaissance des côtes de Crimée, un second convoi turc, destiné à l'armée d'Asie, et comptant huit frégates à vapeur, dix-neuf bâtiments à voiles et un transport français à hélice, partit sous l'escorte d'une division anglo-française. Trois vaisseaux de ligne à
hélice et sept frégates à vapeur répondaient suffisamment de la
sécurité de ce convoi.

Partie le 7 février, la division anglo-française, sous le commandement de sir Edmund Lyons, débarqua le 12, à Batoum,
8,000 hommes et une grande quantité de munitions de guerre ;
puis elle poussa une reconnaissance jusqu'à Redout-Kalé, à la
frontière russe, où elle ne rencontra aucun bâtiment de guerre
de cette nation. Assaillie, au retour, par une tempête, elle se
rallia à Sinope, d'où elle revint dans le Bosphore le 21, confirmant ainsi les amiraux dans leur croyance de l'inutilité et des
dangers d'une croisière sans objet déterminé dans une mer ré-
putée très-redoutable.

Quoiqu'il en soit, les deux marines des puissances occidentales
dominaient l'Euxin, même sans le parcourir, et leur présence à
la porte du Bosphore suffisait à interdire à la Russie des opérations agressives semblables à celles des campagnes précédentes.
Et ce qui se passait dans la mer Noire allait se reproduire au
nord de l'Europe. Là aussi, la présence des pavillons de l'Angleterre et de la France suffirait à annihiler la marine de la Russie.

Les armements qui se faisaient dans les ports de Brest, de Cherbourg, de Plymouth et de Portsmouth, ne devaient pas non plus rester sans influence sur les péripéties de la guerre des bords du Danube; car l'entrée prochaine des flottes combinées dans la Baltique, comme aussi l'attitude douteuse des puissances allemandes, retenait les meilleures troupes de la Russie au centre et au nord de l'empire, et leur défendait de prendre part à la campagne du Danube.

Là est l'immense différence qui, dès les premiers jours, existe entre les positions respectives de l'assaillant et de l'assailli : la Turquie, pour la première fois, se sent sérieusement défendue.

Pour comprendre l'énergie déployée par l'empire ottoman dans sa résistance aux obsessions de la Russie, il faut ne pas oublier que, jusqu'à présent, l'appui de l'Europe avait été à peu près *stérile*, et que la Russie seule avait fait succéder l'action aux paroles.

« Les puissances occidentales, dissait le sultan Mahmoud, m'ont offert, il est vrai, sans cesse leur appui contre la Russie ; mais comme jusqu'à présent leurs offres d'appui n'ont pas eu, quand j'avais besoin d'elles, plus d'effet que leurs menaces envers la Russie, quand elles protestaient contre le traité d'Unkiar-Skelessi *qu'elles m'ont laissé imposer* ; comme elles ont montré des flottes, passé des notes, mais que finalement j'ai vu la Russie prévaloir et maintenir son traité, je ne prendrai confiance dans la parole des puissances que quand leurs flottes auront passé les *Dardanelles*. Ce sera alors, mais seulement alors, que je manifesterai mes sentiments, parce qu'auparavant je ne pourrais le faire sans me perdre ; et jusqu'à ce moment-là, quelles que soient les exigences de la Russie, j'y céderai. »

CHAPITRE III.

EST—CE LA GUERRE ?

Le protocole du 2 février, valeur de la participation des puissances allemandes à cet acte collectif. — Démarche personnelle de l'empereur Napo'éon III; il écrit à l'empereur Nicolas. — Interruption des rapports diplomatiques, départ des ambassadeurs russes de Paris et de Londres, ordre de départ envoyé aux ambassadeurs de France et de Grande-Bretagne à Saint-Pétersbourg, différence d'attitude de la chancellerie russe envers ces deux représentants. — Est-ce la guerre? Faiblesse morale du cabinet britannique; pourquoi on ne déclare pas la guerre; contraste de l'énergie de l'opinion publique et de la timidité des ministres en Angleterre; discours d'ouverture du parlement, manifestation hostile contre le prince Albert. — Réponse de l'empereur Nicolas à la lettre de l'empereur Napoléon : assertions injustifiables, récriminations; c'est une véritable déclaration de guerre; la diplomatie impuissante, il faut recourir à *des moyens plus efficaces.*

Pendant que les événements se pressaient ainsi, la conférence de Vienne avait dû, une fois de plus, formuler, en réponse aux prétentions persistantes de la Russie, les principes déjà si souvent posés par elle. Le protocole du 2 février avait écarté les propositions officielles envoyées de Saint-Pétersbourg, comme les deux monarques allemands avaient décliné les propositions secrètes apportées par M. le comte Orlof et par M. le baron de Budberg.

Rien de plus net, de plus explicite dans sa rédaction que ce protocole du 2 février : « Les représentants de l'Autriche, de la France, de la Grande-Bretagne et de la Prusse se sont réunis en conférence pour entendre la communication que M. le plénipo-

tentiaire autrichien a bien voulu leur faire des propositions présentées par le cabinet de Saint-Pétersbourg en réponse à celles
qu'il s'était chargé, le 13 janvier, de faire parvenir au gouvernement impérial, revêtues de l'approbation des puissances représentées dans la conférence de Vienne. La pièce qui les contient
est annexée au présent protocole. Les soussignés, après avoir
soumis à l'examen le plus attentif les propositions susdites, ont
constaté dans leur ensemble et dans leurs détails des différences
tellement essentielles avec les bases de négociations arrêtées le
31 décembre à Constantinople, et approuvées le 13 janvier à
Vienne, qu'ils ne les ont pas jugées de nature à être transmises
au gouvernement de sa majesté impériale le Sultan. »

Quelle était la valeur de l'adhésion des puissances allemandes,
et surtout de l'Autriche, à cette détermination collective? Il ne
fallait y voir sans doute que ce qu'y mettaient ces puissances
elles-mêmes. Dès le 20 juillet 1853, M. de Buol déclarait à
lord Westmoreland que le cabinet autrichien se regardait comme
entièrement uni à la politique du gouvernement britannique,
relativement à l'empire turc; qu'il s'attacherait par tous les
moyens en son pouvoir à « maintenir l'indépendance et l'intégrité » de cet empire ; qu'il ne s'engagerait nullement envers la
Russie à ne pas la combattre par les armes ; mais que si on l'in-
vitait à effectuer une intervention armée sur la frontière , ce
serait « pour appuyer l'indépendance et l'autorité du Sultan. »
Le cabinet autrichien avait toujours été, était encore fidèle à ces
assurances, bien qu'il eût paru plus d'une fois hésiter à les réaliser.

Mais inférer de ces déclarations itératives et incontestablement
loyales que l'Autriche fût prête à passer à l'action, non plus pour
protéger la Turquie dans un moment suprême, mais pour diminuer l'agresseur, c'était se méprendre sur les intentions du gouvernement de Vienne. Sa politique, entravée par mille difficultés
intérieures, se limitait volontairement à un danger pressant,
immédiat, couru par l'empire ottoman.

Après la déclaration de la Grande-Bretagne et de la France au
sujet de la mer Noire, après la réponse de la Russie aux propositions turques, une rupture paraissait inévitable. La diploma-

tie ne pouvait plus rien pour prévenir la guerre. Pour mieux
marquer la répugnance des puissances occcidentales à engager
une lutte aussi grave sans avoir épuisé tous les moyens de conciliation, l'empereur Napoléon III tenta un dernier effort. Il prit
l'initiative d'une démarche personnelle auprès de l'empereur Nicolas et, le 29 janvier, il lui écrivit une lettre dans laquelle il
résumait les conditions auxquelles la paix était encore possible.

Mais, en loyal allié, avant de faire personnellement ce dernier
appel à l'Empereur de Russie, l'Empereur des Français en communiqua une copie au gouvernement britannique : celui-ci sug-
géra quelques modifications qui furent adoptées, et la démarche
de Napoléon III fut entièrement approuvée à Saint-James. Au
reste, cette lettre était strictement rédigée dans l'esprit des propositions de la Porte, approuvées par la conférence de Vienne.
Seulement, la lettre impériale proposait l'évacuation des Principautés comme démarche préliminaire, indispensable. Une autre
différence consitait dans la marche indiquée pour les négociations ultérieures. Tandis que les propositions de la Porte de-
mandaient que les plénipotentiaires russe et turc négociassent
en présence des représentants des quatre puissances, sans définir la part d'action et d'importance à attribuer à ces derniers, les
propositions de l'Empereur des Français, en autorisant le Tsar à
traiter directement avec la Turquie, stipulaient que la convention
qui pourrait intervenir serait entièrement soumise à une conférence des quatre puissances.

Que si l'Empereur de Russie voulait traiter à ces conditions, les
Principautés une fois évacuées, les flottes d'Angleterre et de France
quitteraient la mer Noire et renonceraient à cette occupation
exclusive des eaux de l'Euxin qui n'était que l'équivalent des garanties matérielles prises par la Russie. Que si ces propositions étaient
accueillies par un refus, la France et l'Angleterre, unies dans les
armes comme dans les négociations, remettraient au sort de la
guerre ce qui pouvait être encore décidé par la raison et par la
justice.

Tel était le sens de cet important document.

En voici les principaux passages :

« Si Votre Majesté désire autant que moi une conclusion paci-

fique , quoi de plus simple que de déclarer qu'un armistice sera
signé aujourd'hui, que les choses reprendront leur cours diplomatique , que toute hostilité cessera , et que toutes les forces
belligérantes se retireront des lieux où des motifs de guerre les
ont appelées ? Ainsi les troupes russes abandonneraient les Principautés, et nos escadres la mer Noire. Votre Majesté préférant
traiter directement avec la Turquie, elle nommerait un plénipotentiaire qui négocierait avec un plénipotentiaire du Sultan une
convention qui serait soumise à la conférence des quatre grandes
puissances. Que Votre Majesté adopte ce plan, sur lequel la reine
d'Angleterre et moi sommes parfaitement d'accord, la tranquillité
est rétablie et le monde satisfait. Rien, en effet , dans ce plan ,
qui ne soit digne de Votre Majesté , rien qui puisse blesser son
honneur. Mais si, par un motif difficile à comprendre, Votre Majesté opposait un refus, alors la France comme l'Angleterre serait
obligée de laisser au sort des armes et aux hasards de la guerre ce
qui pourrait être décidé aujourd'hui par la raison et la justice.

» Que Votre Majesté ne pense pas que la moindre animosité
puisse entrer dans mon cœur ; il n'éprouve d'autres sentiments
que ceux exprimés par Votre Majesté elle-même dans sa lettre
du 17 janvier 1853, lorsqu'elle m'écrivait : « Nos relations doivent être sincèrement amicales, reposer sur les mêmes intentions :
maintien de l'ordre, amour de la paix, respect aux traités et bienveillance réciproque. » Ce programme est digne du souverain qui
le traçait, et , je n'hésite pas à l'affirmer, j'y suis resté fidèle. »

Il fallait quinze jours au moins avant qu'on pût avoir une réponse à cette lettre. Mais déjà les rapports diplomatiques étaient
interrompus entre les puissances occidentales et la Russie.

Le 3 février, on apprit à Londres et à Paris d'une manière
positive la réponse de la Russie aux propositions de Vienne :
cette réponse était négative, comme tout l'annonçait à l'avance.
Le 6 seulement, arriva de Vienne l'exposition officielle des faits.
Ce jour-là, une même note fut remise par M. de Kissélef à
M. Drouyn de Lhuys, et par M. de Brunnow à lord Clarendon :
on y déclarait que la neutralité n'étant plus observée par les
puissances alliées, les rapports diplomatiques devaient cesser.
On rejetait sur les deux puissances la responsabilité d'un conflit

que le hasard seul pouvait désormais amener. Les deux ambassadeurs quittèrent immédiatement Paris et Londres avec tout le personnel de leurs légations. Voici les termes mêmes dans lesquels le gouvernement russe exposa cette résolution.

Le 13 février, le *Journal de Saint-Pétersbourg* fit connaître la réponse des gouvernements de Grande-Bretagne et de France au gouvernement russe. La feuille officielle ajoutait que l'attitude prise par les deux puissances occidentales constituait aux yeux de l'empereur Nicolas de grandes atteintes à ses droits comme souverain belligérant, et une coopération active à la guerre dont ces puissances étaient jusque-là restées spectatrices. La feuille officielle ajoutait :

« Le Tsar a cru devoir protester dès aujourd'hui contre une pareille atteinte, se réservant d'adopter telle conduite qu'il lui conviendra de suivre dans les futurs contingents. En attendant, il a jugé que, provisoirement, la position faite à ses représentants près les gouvernements de Paris et de Londres ne pouvait se concilier plus longtemps avec ce qu'il se doit à lui-même et d'anciennes relations qui, quoique délicates dans ces derniers temps, n'avaient point encore perdu le caractère d'une amitié et d'une bienveillance mutuelles. En conséquence, les rapports diplomatiques se trouvent suspendus entre la Russie et les deux gouvernements d'Angleterre et de France. »

La réponse des deux puissances ne pouvait se faire attendre. Une dépêche de lord Clarendon, en date du 7 février, donna à sir Hamilton Seymour l'ordre de quitter immédiatement Saint-Pétersbourg avec toute sa légation. M. de Castelbajac reçut en même temps un ordre semblable. L'attitude de la chancellerie russe eut sa portée à ce dernier moment. Signification fut faite au ministre d'Angleterre et d'une façon assez leste : ses passeports étaient prêts, il n'avait plus qu'à partir sans délai. Les procédés dont on usa envers l'ambassadeur français furent moins expéditifs. C'était encore là une tentative assez transparente pour diviser les deux gouvernements : mais cette différence d'attitudes avait été prévue à Paris et, dès que le général Castelbajac fut informé de la signification faite à son collègue, il demanda ses passeports.

Et maintenant était-ce la guerre? L'Europe avait une telle horreur de ce fléau, un tel besoin de calme et de prospérité, que c'est à peine si elle voulait y croire encore. On se rattachait à toutes les espérances : on attendait la réponse de l'empereur Nicolas à la lettre de l'empereur Napoléon ; on se disait que le départ d'un ambassadeur n'impliquait pas la nécessité d'une lutte.

Sommes-nous en guerre, sommes-nous en paix , demandait anxieusement l'opinion publique. La guerre n'est pas déclarée, et cependant nous ne sommes pas absolument en paix , répondait en Angleterre le comte de Clarendon.

Vous dites que nous sommes en paix avec la Russie, s'écriait l'opposition britannique! Qu'est-ce donc que cette paix? Est-ce celle que vous auriez eue si vous aviez déployé plutôt une utile énergie? Ne parlez pas de paix, tant que vous aurez l'air de considérer comme existant encore ces traités qui ont amené la crise actuelle, tant que vous n'aurez pas obtenu une garantie sérieuse, absolue, de la paix à venir et de l'indépendance de l'Europe. Osez donc déclarer hautement vos intentions , montrez que vous êtes disposés aux plus vigoureux efforts pour atteindre ce but.

Après le protocole du 2 février, il semble, en effet, qu'il n'y avait logiquement qu'une chose à faire. Les négociations étaient terminées; les puissances occidentales devaient prendre l'initiative d'une injonction faite à la Russie d'avoir à évacuer les Principautés danubiennes , et, en cas de refus, déclarer la guerre. L'agresseur réel était connu : le reproche d'une agression ne pouvait être encouru par ceux qui avaient tout fait pour pallier la conséquence d'une violence dont ils n'étaient pas les auteurs. Il fallait donc déclarer hardiment, hautement la guerre, à qui la faisait sans la déclarer. Il fallait agir rapidement, énergiquement. Celui qui frappe les premiers coups s'assure ordinairement l'avantage.

Pourquoi les puissances occidentales ne tinrent-elles pas cette conduite? C'est, sans doute, parce qu'elle était matériellement impossible. On n'était pas prêt.

Après avoir parlé de la chance très-légère qui restait encore de conserver la paix, ce que le comte Fitz-William appelait spirituellement l'ombre même d'une ombre d'espérance (*the shadow of the shadow of a hope*), lord Clarendon avait dit que les négociations étaient closes à Vienne.

Et lord Beaumont ajoutait : « Puisque les négociations sont closes et que nous sommes obligés de soutenir la Porte, ne sommes-nous pas tenus à honneur de faire la guerre, après avoir suivi si long-temps les négociations/pour aboutir à un échec? Ne sommes-nous pas arrivés à un de ces moments où, si nous ne nous mettons pas à la guerre, nous nous couvrons de honte? »

Faiblesse de tempérament ou nécessité de position, le cabinet britannique était bien loin de cette énergie batailleuse. Il voulait espérer encore; il se cramponnait à la paix.

« Plusieurs nobles lords, dit le comte Aberdeen, ont l'air de croire que nous sommes positivement en guerre. Non-seulement je dois dire que cela n'est pas, mais pour ma part je nie, quoiqu'on affirme ici le contraire, que la guerre soit inévitable. Au contraire, quoique j'admette que les circonstances exigent qu'on fasse tous les préparatifs de guerre, cependant je n'abandonne point tout espoir de maintenir la paix... La guerre en elle-même est déjà une grande cause de calamités pour le genre humain, mais elle est un double malheur quand elle arrête tous les projets d'amélioration sociale. Je ne puis admettre que l'appréhension de la guerre suffise pour nous délier des engagements que nous avons pris envers le pays. »

Mais alors, objectait lord Clanricarde, il y a donc aujourd'hui encore quelques négociations poursuivies. « Non, répondait lord Aberdeen ; un état de guerre existe entre la Russie et la Porte, mais j'ai encore à apprendre que l'Angleterre soit en guerre avec aucune puissance. Je dis que la guerre n'est malheureusement que trop probable, mais je dis qu'elle n'est pas inévitable, et, tant que la paix durera, je n'abandonnerai point l'espoir de la maintenir et, Dieu aidant, je n'épargnerai aucun effort pour cela. — Eh bien, s'écriait lord Derby, vous êtes le seul homme en Angleterre qui ne croyez pas à la guerre. »

Il est beau, sans doute, de craindre et de détester la guerre; il est honorable pour un gouvernement de tout faire pour l'éviter, tout, excepté des fautes. Or, si la diplomatie russe, oubliant de quel côté était partie l'agression, rendait, elle aussi, un hommage involontaire à l'esprit de modération et de paix en affectant la défensive, au moins elle ne compromettait pas ses intérêts, elle n'allait pas contre son but. Le cabinet britannique, au contraire, en exagérant l'excellent sentiment qui le portait à éloigner la guerre, ne faisait que la rendre plus inévitable.

Accusé injustement de partialité pour la Russie, à laquelle les passions politiques le représentent comme vendu, lord Aberdeen, au lieu de laisser tomber à terre avec le mépris qu'elle mérite une calomnie de cette espèce, plaide sa cause devant le parlement, dans des termes empreints d'une exagération peu adroite. « Il y a peu d'hommes pourtant, s'écrie-t-il, qui aient autant que moi et avec autant d'antipathie que moi écrit sur le gouvernement russe. » Et il ajoute que sa correspondance officielle a pu être plus d'une fois justement qualifiée *d'acrimonieuse*, et qu'elle a été en une occasion si offensante pour la Russie qu'on n'a pas jugé prudent de la publier.

Nous ne relevons pas certainement ce qu'il y avait de puéril et de peu digne dans une justification semblable, pour faire le procès à un homme d'État de la valeur de M. le comte d'Aberdeen ; mais nous voulons seulement marquer par un trait de plus le caractère et, pour ainsi dire, le tempérament politique des ministres chargés de conduire la Grande-Bretagne dans la voie des résolutions énergiques.

C'était après tout un singulier spectacle que celui de cette administration anglaise traînée, pour ainsi dire, à la remorque de l'opinion publique. Le contraste étrange qu'offraient la décision de l'opinion publique et l'irrésolution du cabinet éclata surtout après l'ouverture du parlement britannique (31 janvier).

Le discours prononcé par S. M. la Reine d'Angleterre parut assez pâle en égard à la gravité des circonstances. Sans exiger d'un document public, émanant d'un gouvernement responsable, les virulentes dénonciations, les énergiques appels d'une presse libre jusqu'à la licence, au moins s'attendait-on à trouver dans ce discours plus de force réelle dans la modération. S. M. la Reine y disait simplement que ses espérances de rétablir la paix avaient été jusqu'alors déçues, qu'elle continuait de faire des efforts dans le même but, et que, pour donner plus de poids à ses représentations, elle demandait au parlement une augmentation de ses armées de terre et de mer.

Comme pour marquer la différence profonde qui existait, en Angleterre, entre ce langage officiel et l'opinion publique, des sifflets se firent entendre sur le passage de la Reine et du prince Albert, pendant qu'ils se rendaient à la séance d'ouverture du parlement. Ces sifflets furent, il est vrai, couverts par des applaudissements ; mais enfin c'était la première fois qu'une démonstration de cette espèce était dirigée contre la reine Victoria. L'exaltation des esprits allait jusqu'à accuser le mari de la Reine de peser dans les conseils de S. M. dans un sens favorable à la Russie. Cette calomnie avait un sens : elle signifiait au fond que l'attitude du gouvernement n'avait pas répondu jusque là aux espérances et aux susceptibilités de la nation.

Était-ce donc que les ministres anglais n'acceptaient qu'avec répugnance la responsabilité de la guerre future? Mais alors, pourquoi ne pas laisser à d'autres le soin de la conduire ? N'était-ce pas plutôt parce que, en dehors de leurs très-honorables sentiments de modération et de philantropie, ils sentaient que l'Angleterre était prise au dépourvu par une lutte de cette importance, parce qu'ils s'exagéraient peut-être les ressources et la puissance de l'ennemi à combattre.

L'opinion publique, elle aussi, comprenait la gravité des événements futurs; mais elle puisait dans ces dangers une vigueur qui manquait aux chefs de l'administration.

« Nous sommes, dit un ancien ministre, lord Ellenborough, au commencement d'une des guerres les plus formidables que ce pays-ci ait jamais eu à soutenir. Je regrette profondément que le peuple de ce pays ne semble pas du tout comprendre les grandes proportions, et la durée probable, et les conséquences terribles de cette guerre. » Mais, en homme de cœur et de résolution, lord Ellenborough termine en pressant vivement le gouvernement d'activer les préparatifs militaires. Il n'a voulu montrer ce que sera cette guerre que pour engager l'Angleterre à y entrer d'une façon digne d'elle.

Lord Clanricarde reprend la parole : « Je suis entièrement

d'accord, dit-il avec le noble lord, et je pense comme lui que la guerre que nous sommes à la veille d'engager sera probablement une des plus désastreuses que nous ayons jamais vues. » Mais, lui aussi, veut la guerre d'autant plus énergiquement conduite qu'elle doit être plus grave. D'ailleurs, dit à son tour lord Fitz-William, jamais le pays n'aura plus cordialement soutenu le gouvernement dans une guerre.

La guerre était suspendue à la réponse de S. M. l'Empereur de Russie : cette réponse, écrite le 28 janvier (8 février), ne fut connue à Paris que le 12 février. Elle ne laissait plus aucun espoir d'une conclusion pacifique. Cette lettre était, sous la froide politesse des formes, sous la modération calculée des expressions, une véritable déclaration de guerre. Nous en mettons sous les yeux du lecteur tous les passages importants :

Sire,

Je ne saurais mieux répondre à Votre Majesté qu'en répétant, puisqu'elles m'appartiennent, les paroles par lesquelles sa lettre se termine : « Nos relations doivent être sincèrement amicales et reposer sur les mêmes intentions : maintien de l'ordre, amour de la paix, respect aux traités et bienveillance réciproque. » En acceptant, dit-elle, ce programme tel que je l'avais moi-même tracé, elle affirme y être restée fidèle. J'ose croire, et ma conscience me le dit, que je ne m'en suis point écarté. Car, dans l'affaire qui nous divise et dont l'origine ne vient pas de moi, j'ai toujours cherché à maintenir des relations bienveillantes avec la France ; j'ai évité avec le plus grand soin de me rencontrer sur ce terrain avec les intérêts de la religion que Votre Majesté professe : j'ai fait au maintien de la paix toutes les concessions de forme et de fond que mon honneur me rendait possibles ; et en réclamant pour mes coreligionnaires en Turquie la confirmation des droits et privilèges qui leur ont été acquis depuis longtemps au prix du sang russe, je n'ai demandé autre chose que ce qui découlait des traités. Si la Porte avait été laissée à elle-même, le différend qui tient en suspens l'Europe eût été depuis longtemps aplani. Une influence fatale est seule venue se jeter à la traverse. En provoquant des soupçons gratuits, en exaltant le fanatisme des Turcs, en égarant leur gouvernement sur mes intentions et la vraie portée de mes demandes, elle a fait prendre à la question des proportions si exagérées, que la guerre en a dû sortir.

Votre Majesté me permettra de ne point m'étendre trop en détail sur les circonstances exposées à son point de vue particulier dont sa lettre présente l'enchaînement. Plusieurs actes de ma part, peu exactement appréciés, suivent moi, et plus d'un fait interverti, nécessiteraient, pour être rétablis, tels au moins que je les conçois, de longs développements qui ne sont guère proprès à entrer dans une correspondance de souverain à souverain. C'est ainsi que Votre Majesté attribue à l'occupation des Principautés le tort d'avoir subitement transporté la question du domaine de la discussion dans celui des faits. Mais elle perd de vue que cette occupation, purement éventuelle encore, a été devancée, et en grande partie amenée, par un fait antérieur fort grave, celui de l'apparition des flottes combinées dans le voisinage des Dardanelles, outre que déjà bien auparavant, quand l'Angleterre hésitait encore à prendre contre la Russie une attitude comminatoire, Votre Majesté avait la première envoyé sa flotte jusqu'à Salamine. Cette démonstration blessante annonçait certes peu de confiance en moi. Elle devait encourager les Turcs, et paralyser d'avance le succès des négociations, en leur montrant la France et l'Angleterre prêtes à soutenir leur cause à tout événement. C'est encore ainsi que Votre Majesté attribue aux commentaires explicatifs de mon cabinet sur la Note de Vienne l'impossibilité où la France et l'Angleterre se sont trouvées d'en recommander l'adoption à la Porte. Mais Votre Majesté peut se rappeler que nos commentaires ont suivi, et non précédé, la non acceptation pure et simple de la Note, et je crois que les puissances, pour peu qu'elles voulussent sérieusement la paix, étaient tenues à réclamer d'emblée cette adoption pure et simple, au lieu de permettre à la Porte de modifier ce que nous avions adopté sans changement.

D'ailleurs, si quelque point de nos commentaires avait pu donner matière à difficulté, j'en ai offert à Olmütz une solution satisfaisante, qui a paru telle à l'Autriche et à la Prusse. Malheureusement, dans l'intervalle, une partie de la flotte anglo-française était déjà entrée dans les Dardanelles, sous prétexte d'y protéger la vie et les propriétés des nationaux anglais et français, et pour l'y faire entrer tout entière, sans violer le traité de 1841, il a fallu que la guerre nous fût déclarée par le gouvernement ottoman. Mon opinion est que si la France et l'Angleterre avaient voulu la paix comme moi, elles auraient dû empêcher à tout prix cette déclaration de guerre, ou, la guerre une fois déclarée, faire au moins en sorte qu'elle restât dans les limites étroites que je désirais lui tracer sur le Danube, afin que je ne fusse pas arraché de force au système purement défensif que je voulais suivre. Mais du moment qu'on a permis aux Turcs d'attaquer notre territoire asiatique, d'enlever un de nos postes frontières (même avant le terme fixé pour l'ouverture des hostilités), de bloquer Akhalzick et de ravager la province d'Arménie; du moment qu'on a laissé la flotte turque libre de porter des troupes, des armes et des munitions de guerre sur nos côtes, pouvait-on raisonnablement espérer que nous attendrions patiemment le résultat d'une pareille tentative? Ne devait-on pas supposer que nous ferions tout pour la prévenir? L'affaire de Sinope s'en est suivie : elle a été la conséquence forcée de l'attitude adoptée par les deux puissances, et l'événement ne pouvait certes leur paraître inattendu. J'avais déclaré vouloir rester sur la défensive, mais avant l'explosion de la guerre, tant que mon honneur et mes intérêts me le permettraient, tant qu'elle resterait dans de certaines bornes. A-t-on fait ce qu'il fallait faire pour que ces bornes ne fussent pas dépassées? Si le rôle de spectateur ou celui de médiateur même ne suffisait pas à Votre Majesté, et qu'elle voulût se faire l'auxiliaire armé de mes ennemis, alors, Sire, il eût été plus loyal et plus digne d'elle de me le dire franchement d'avance en me déclarant la guerre. Chacun alors eût connu son rôle. Mais nous faire un crime après coup de ce qu'on n'a rien fait pour empêcher, est-ce un procédé équitable? Si les coups de canon de Sinope ont retenti douloureusement dans le cœur de tous ceux qui, en France et en Angleterre, ont un vif sentiment de la dignité nationale, Votre Majesté pense-t-elle que la présence menaçante, à l'entrée du Bosphore, des trois mille bouches à feu dont elle parle, et le bruit de leur entrée dans la mer Noire, soient des faits restés sans écho dans le cœur de la nation dont j'ai à défendre l'honneur? J'apprends d'elle pour la première fois (car les déclarations verbales qu'on m'a faites ici ne m'en avaient encore rien dit) que, tout en protégeant le ravitaillement des troupes turques sur leur propre territoire, les deux puissances ont résolu de nous interdire la navigation de la mer Noire, c'est-à-dire apparemment le droit de ravitailler nos propres côtes. Je laisse à penser à Votre Majesté si c'est là, comme elle le dit, faciliter la conclusion de la paix, et si dans l'alternative qu'on me pose, il m'est permis de discuter, d'examiner même un moment ses propositions d'armistice, d'évacuation immédiate des Principautés, et de négociation avec la Porte d'une convention qui serait soumise à une conférence des quatre cours. Vous-même, Sire, si vous étiez à ma place, accepteriez-vous une pareille position? Votre sentiment national pourrait-il vous le permettre? Je répondrai hardiment que non. Accordez-moi donc à mon tour le droit de penser comme vous-même. Quoi que Votre Majesté décide, ce n'est pas devant la menace que l'on me verra reculer. Ma confiance est en Dieu et dans mon droit, et la Russie, j'en suis garant, saura se montrer en 1854 ce qu'elle fut en 1812.

Si toutefois Votre Majesté, moins indifférente à mon honneur, en revient franchement à notre programme, si elle me tend une main cordiale, comme je le lui offre en ce dernier moment, j'oublierai volontiers ce que le passé peut avoir de blessant pour moi. Alors, Sire, mais alors seulement, nous pourrons discuter, et peut-être nous entendre. Que sa flotte se borne à empêcher les Turcs de porter de nouvelles forces sur le théâtre de la guerre. Je promets volontiers qu'ils n'auront rien à craindre de mes tentatives. Qu'ils m'envoient un négociateur, je l'accueillerai comme il convient. Mes conditions sont connues à Vienne. C'est la seule base sur laquelle il me soit permis de discuter.

Je prie Votre Majesté de croire à la sincérité des sentiments avec lesquels je suis, Sire, de Votre Majesté, le bon ami.

On retrouvait dans cette pièce cette assertion étrange, inouïe, déjà formulée dans une circulaire de M. de Nesselrode, que l'occupation des Principautés avait été « devancée et *en grande partie amenée* par un fait antérieur fort grave, celui de l'apparition des flottes combinées *dans le voisinage* des Dardanelles. » Justifier une violation flagrante des traités, une invasion effective, violente, une prise de possession de la chose d'autrui, par l'appui moral donné à l'adversaire au moyen du *voisinage* des flottes anglo-françaises à Salamine ou à Bechika , cela n'était-il pas vraiment trop extraordinaire?

Faut-il le répéter encore (*Voyez* l'Annuaire pour 1853, p. 115),
le seul énoncé des dates donnait à cette assertion le plus complet démenti. L'*ultimatum* russe est du 31 mai 1853 et on y
laisse pressentir clairement l'occupation des Principautés ; le 11
juin, une circulaire de M. de Nesselrode annonce officiellement
cette occupation à l'Europe ; le 17 juin seulement, on apprend
à Saint-Pétersbourg la nouvelle de l'envoi des flottes combinées
dans la baie de Bechika. En présence de faits aussi clairs, de
rapprochements aussi incontestables, comment comprendre
qu'un souverain laissât tomber de sa bouche, en un moment
aussi grave, une accusation aussi éloignée de la vérité? C'est,
sans doute, que la passion et l'orgueil blessé ne raisonnent pas
et transforment les objets aux yeux de ceux qu'ils dominent.
L'orgueil ! ce mot fait le fond de toute la réponse de S. M. l'empereur Nicolas, ainsi que de toute sa conduite depuis le commencement de la querelle. Le vrai mot de ce document étrange
est celui-ci : Que ne me laissiez-vous faire, et de quoi vous mêlez-vous? Le Tsar a-t-il des comptes à rendre de sa conduite?
J'eusse, sans votre intervention, arrangé cette affaire avec la
Turquie; elle eût cédé, parce qu'il faut qu'on me cède. Votre
appui moral lui a été plus nuisible qu'utile : il a valu la guerre
à la Porte, par cela seul que vous vous êtes déclarés ses cham-
pions.

Un autre argument mis en avant par S. M. l'Empereur de
Russie était celui-ci : « Votre Majesté attribue aux commentaires explicatifs de mon cabinet sur la note de Vienne l'impossibilité où la France et l'Angleterre se sont trouvées d'en recommander l'adoption à la Porte. Mais Votre Majesté peut se rappeler que nos commentaires ont suivi et non précédé la non-acceptation pure et simple de la Note, et je crois que les puissances,
pour peu qu'elles voulussent sérieusement la paix, étaient tenues à réclamer d'emblée cette adoption pure et simple au lieu
de permettre à la Porte de modifier ce que nous avions adopté
sans changement. »

Eh ! quoi, la Russie elle-même démontrait que le document
dont elle exigeait la signature attentait, aussi bien que les exi-

gances primitives du prince Menchikof à l'indépendance de l'empire ottoman, et les quatre puissances médiatrices, ainsi éclairées sur la portée d'une pièce qu'elles avaient eu l'imprudence de patroner, auraient dû aller contre leur but en continuant à en recommander l'adoption à la Porte!

Bien que, dans cette lettre, le Tsar s'abstînt avec un soin remarquable de toute expression équivalant à une déclaration de guerre, il déclarait pourtant que, dans la situation où on le plaçait, il ne pouvait discuter, ni même examiner un seul instant les conditions qu'on lui présentait.

Sans doute la dignité d'un grand empire doit être soigneusement maintenue par son chef; mais comment alors avait-on pu penser à Saint-Pétersbourg que le Sultan pouvait discuter ou même examiner des conditions accompagnées de menaces d'abord, de violences ensuite? Ceux qui avaient envoyé le prince Menchikof à Constantinople, pouvaient-ils se plaindre à bon droit d'un manque de respect pour leur dignité et pour leur indépendance?

Cette influence fatale, à laquelle faisait allusion la lettre du Tsar, c'était celle de l'ambassadeur anglais à Constantinople, lord Stratford de Redcliffe. Irritation sincère, ou secret désir de jeter des semences de discorde entre les deux grandes nations alliées, cette accusation concordait avec tous les détails d'une conduite qui cherchait et qui chercherait encore à faire à l'Angleterre la plus grande part de responsabilité dans la guerre future.

Dans cette lettre, le Tsar discutait les conditions d'arrangement qui lui avaient été proposées, et déclarait qu'il ne pouvait entrer en négociation que sur les bases qu'il avait fait connaître. Cette réponse ne laissait plus de chances à une solution pacifique. Le gouvernement français constata cette situation dans un article du *Moniteur* (20 février) qui s'adressait à la fois au patriotisme de la France et aux sympathies encore un peu voilées de l'Allemagne.

« La France, y était-il dit, doit se préparer à soutenir, par les moyens les plus efficaces, la cause que n'ont pu faire prévaloir les efforts persévérants de la diplomatie.

» En défendant plus énergiquement les droits de la Turquie, l'Empereur compte sur le patriotisme du pays, sur l'alliance intime de l'Angleterre et sur les sympathies des gouvernements d'Allemagne.

» Ces gouvernements ont constamment déclaré qu'ils voulaient, aussi résolûment que nous, maintenir l'équilibre européen, faire respecter l'intégrité et l'indépendance de l'empire ottoman. Il n'y a pas d'autre question engagée dans le débat.

» L'attention se tourne vers l'Autriche, que sa position appelle à jouer un rôle actif et important. L'Autriche s'est toujours prononcée avec une grande fermeté en faveur des points qui ont été établis dans le protocole de la conférence de Vienne du 5 décembre dernier.

» Nous avons toute confiance dans la loyauté et le caractère chevaleresque du jeune Empereur d'Autriche ; nous trouvons, en outre, une garantie des dispositions de son gouvernement dans les intérêts de ses peuples, intérêts qui sont identiques aux nôtres.

» Dans les circonstances générales de la politique européenne, la France, forte de ses intentions loyales et désintéressées, n'a rien à redouter de la lutte qui se prépare. Elle sait d'ailleurs qu'elle peut compter sur l'énergie autant que sur la sagesse de l'Empereur. »

Il ne s'agit plus, on le voit, de demander si c'est la paix, si c'est la guerre. La situation est éclaircie, les sous-entendus ne sont plus de mise, les efforts de la diplomatie sont restés impuissants, il faut recourir à *des moyens plus efficaces.*

CHAPITRE IV.

LA GUERRE DÉCLARÉE.

Récriminations, appels aux peuples, préparatifs de guerre : manifeste du Tsar, modération diplomatique et mysticisme fanatique. — Sommation d'évacuer les Principautés adressée à la Russie par la France et l'Angleterre; l'Autriche l'appuie ; la Prusse s'y refuse; oscillations continuelles des puissances allemandes; projet d'un traité à quatre ; l'Autriche veut interdire à la Russie le *statu quo*, la Prusse se refuse à signer. — Insinuations du gouvernement russe relatives à l'Angleterre, réponse du gouvernement britannique, production des correspondances secrètes, effet de cette publication, essai de justification. — Déclarations semi-officielles de l'Autriche et de la Prusse, nuances d'attitude. — Discours de S. M. Napoléon III à l'ouverture des Chambres, annonce prématurée de l'alliance autrichienne, silence gardé sur la Prusse ; inquiétudes de l'Autriche, ses armements, on cherche à la rassurer, ce ne sera pas une guerre révolutionnaire ; hésitations de la Prusse, ses scrupules dans l'affaire de la sommation, encouragements donnés à l'obstination russe. — Réponse de la Russie à la sommation des puissances, on ne répondra pas, on ne déclarera pas la guerre; déclaration indirecte à ce sujet, l'intervention passionnée. — Messages des gouvernements de France et d'Angleterre dénonçant l'état de guerre, dernière protestation en faveur de la paix ; adhésion unanime en France, récriminations peu dignes dans le parlement anglais. — Principes posés au début de la guerre, le droit des neutres, les lettres de marque, la guerre civilisée.

Entre les derniers jours de mars, époque de la déclaration de guerre, et les derniers jours de février marqués par l'abandon de toute espérance de paix, se place une période de temps remplie par les récriminations, par les appels aux peuples dont les armées vont s'entrechoquer, par les préparatifs de guerre.

Le lendemain même du jour où le *Moniteur* a constaté l'impuissance des négociations et la nécessité de la guerre, l'empereur

Nicolas adresse à ses sujets un manifeste habilement calculé pour simuler la modération aux yeux des puissances étrangères et pour exciter le fanatisme religieux des populations russes. A l'Europe, il ne parle que des procédés insultants des puissances protectrices de la Turquie et de ses ambassadeurs qu'il a fallu rappeler ; à ses sujets, il montre la Russie *orthodoxe* prête à combattre les ennemis de la chrétienté, parmi lesquels il compte désormais la France et l'Angleterre. Et il rappelle, dans un langage mystique, *les fastes mémorables de l'année 1812* !

Nous, Nicolas Ier, empereur et autocrate de toutes les Russies, roi de Pologne, etc., etc.,

Nous avons déjà fait connaître à nos bien-aimés et fidèles sujets les motifs de nos différends avec la Porte ottomane.

Depuis lors, malgré le commencement des opérations militaires, nous n'avons pas cessé de désirer sincèrement, comme nous désirons encore aujourd'hui, le rétablissement de la paix. Nous avons même nourri l'espoir que la réflexion et le temps convaincront le gouvernement turc de son erreur, provoquée et entretenue par les intrigues astucieuses qui représentaient nos justes exigences, fondées sur les traités, comme des actes attentatoires à son indépendance, et cachant des desseins sur son intégrité.

Les gouvernements anglais et français ont pris fait et cause pour la Turquie, et l'apparition des flottes combinées à Tsargrad (Constantinople) a encouragé encore plus la Porte dans son entêtement.

Enfin les deux puissances occidentales, sans déclaration de guerre préalable, ont fait entrer leurs flottes dans la mer Noire, en affichant leur intention de défendre les Turcs et d'empêcher notre flotte militaire de naviguer librement pour la défense de nos propres côtes.

Après une conduite pareille, sans exemple parmi les puissances civilisées, nous avons rappelé nos ambassades de l'Angleterre et de la France, et nous avons rompu nos relations politiques avec ces deux États.

Ainsi donc l'Angleterre et la France se placent à côté des ennemis de la chrétienté, et contre la Russie qui combat pour l'orthodoxie !

Mais la Russie ne faillira pas à sa mission ; et si ses ennemis attaquaient son territoire, nous sommes prêts à les recevoir avec la fermeté que nos ancêtres nous ont léguée. Est-ce que nous ne sommes plus le même peuple dont l'année 1812 témoigne les hauts faits ? Que le Tout-Puissant nous offre l'occasion de le prouver ! C'est dans cette pensée que nous allons combattre pour nos frères opprimés, et qui professent la religion du Christ.

Unissons nos cœurs, et de la voix la plus forte de la Russie, écrions-nous : « Notre Seigneur, notre défenseur, qui pourra nous faire peur ? Que Dieu ressuscite, et ses ennemis s'en iront en poussière ! »

Le 27 février partirent de Paris et de Londres deux dépêches identiques contenant sommation formelle à l'Empereur de Russie d'ordonner, dans les six jours qui suivraient la réception de cette communication, l'évacuation des Principautés danubiennes pour le 30 avril au plus tard. Le refus de S. M. l'Empereur de répondre ou d'obtempérer à cette communication, serait considéré comme une déclaration de guerre.

On se rappelle que le représentant autrichien, à la conférence de Vienne, avait eu le premier l'idée de cette sommation à bref délai. M. de Buol la fit appuyer à Saint-Pétersbourg, par le ministre d'Autriche. Il n'en fut pas de même de la Prusse. Il semblait déjà que son gouvernement regrettât l'énergie avec laquelle il avait repoussé, sans même les attendre, les propositions de M. le comte Orlof. Était-ce donc que, des deux puissances allemandes, l'une s'arrêterait toujours à temps pour paralyser l'autre ? Tout à l'heure, c'était l'Autriche qui formulait un projet de neutralité allemande, et la Prusse persistait loyalement dans ses engagements de Vienne. Maintenant, c'était la Prusse qui revenait aux idées de neutralité égoïste, et l'Autriche faisait accorder honorablement ses actes avec ses paroles. M. de Buol alla même plus loin : les ministres de France et d'Angleterre avaient proposé à la conférence un traité à quatre, dont les stipulations positives eussent engagé l'action de chacune des puissances signataires et qui eût présenté à la Russie la barrière infranchissable d'une formidable coalition. La Prusse refusa sa signature : le cœur lui avait manqué au moment de participer à un acte qui, accompli d'un commun accord, rendait sans doute la guerre impossible. L'Autriche, au contraire, ne trouva pas assez formelles les stipulations de ce traité, et demanda qu'on y introduisît une clause rendant impossible, pour la Russie, le rétablissement du *statu quo ante*.

Tandis que, par les défaillances de la Prusse, s'évanouissait une fois encore cette ligue européenne que tant d'efforts cherchaient à constituer, un incident étrange venait jeter sur les prétentions secrètes et sur la feinte modération de la Russie une lumière inattendue.

Nous avons raconté l'année dernière, à leur ordre de date, (*Voyez* l'Annuaire précédent, p. 66), les ouvertures faites à partir du 9 janvier 1853 par l'empereur Nicolas au représentant de

la Grande-Bretagne à Saint-Pétersbourg. Mais ce que nous ne
pouvions dire alors, c'est de quelle manière furent révélés ces
secrets qu'on eût pu croire ensevelis à jamais sous la poussière
des chancelleries. C'est une récrimination du gouvernement
russe qui mit sur la trace de ces documents confidentiels et qui
en nécessita la publication.

On aura déjà remarqué la différence d'attitude de la chancellerie russe à l'égard de l'Angleterre et de la France. Cette irritation, particulièrement dirigée contre l'Angleterre, fut plus ouvertement encore manifestée dans un document semi-officiel que
son importance nous a engagé à joindre aux autres pièces rap-
portées par nous dans l'*Appendice*. C'est un article du *Journal de
Saint-l'étersbourg*, à la date du 2 mars, dans lequel le gouvernement russe se plaignait avec amertume des épithètes un
peu vives, appliquées à sa conduite par lord John Russell, dans
la séance de la Chambre des communes du 17 février. On y attribuait la marche fatale des événements à une regrettable méfiance contre la Russie. Mais si cette méfiance était jusqu'à un
certain point excusable dans le gouvernement français, comment
la comprendre dans le gouvernement britannique ?

Vous du moins, disait-on à l'Angleterre, vous n'aviez aucune
raison de douter de nos intentions, puisque, à une époque antérieure à la mission du prince Menchikof, l'empereur Nicolas
communiquait spontanément avec la Reine d'Angleterre et ses
ministres, afin d'établir entre eux un accord intime, dans le cas
d'une dissolution de l'empire ottoman. On ajoutait que, pas plus
tard qu'en janvier 1853, pendant la courte administration de
lord John Russell au foreign-office, l'ambassadeur britannique à
Saint-Pétersbourg avait eu, sur le même sujet, avec l'Empereur
de Russie, des conversations particulières et détaillées qui
avaient servi de point de départ à une correspondance secrète.

Cette fois encore, l'habileté fut déjouée par la loyauté. Si on
avait espéré à Saint-Pétersbourg que ces demi-révélations jette-
raient entre l'Angleterre et la France des germes de division, l'é-
vénement prouva qu'on s'était bien trompé. Interpellé dans le
Parlement, le cabinet britannique n'eut, pour se disculper, qu'à
produire les pièces auxquelles on avait fait allusion.

La production de cette correspondance secrète eut, par toute l'Europe, un singulier retentissement. Plus d'un cabinet du continent fut mis à même de rectifier son opinion sur les intentions véritables et sur les procédés de la diplomatie russe ; car, tandis que S. M. l'Empereur de Russie faisait à sir Hamilton Seymour ces communications étranges, ses ministres tenaient près des cours étrangères un langage bien différent. Il s'en suivit un revirement d'opinion en faveur des puissances occidentales. La coïncidence des dates et le rapprochement facile des dépêches rassurantes de la chancellerie russe avec ses propositions secrètes, suffisaient à éclairer ceux qui, jusqu'alors, s'étaient refusés à croire au danger contre lequel s'armaient la Turquie, la France et l'Angleterre. Les expressions dédaigneuses, ou le silence plus dédaigneux encore employés à l'égard des deux grandes puissances allemandes blessèrent profondément le sentiment national en Prusse et en Autriche.

L'effet était trop grand pour qu'on ne cherchât pas à l'affaiblir. Le 13 avril parut, dans le *Journal de Saint-Pétersbourg*, un article semi-officiel dans lequel on essayait une justification de la diplomatie russe.

Nous avons longuement reproduit l'accusation, il est juste que nous reproduisions la défense.

« Sans examiner, disait l'article semi-officiel, jusqu'à quel point l'envoyé anglais avait pu se laisser, à son propre insu, influencer par les impressions et les préventions qui le dominent, l'esprit de parti et la mauvaise foi n'ont pas manqué de tirer de sa relation les conséquences les plus hasardées et les interprétations les plus fausses. S'emparant d'expressions dont le rapporteur lui-même avoue n'être pas toujours sûr d'avoir bien exactement retenu la teneur précise, abusant de quelques idées fugitives jetées au hasard dans la chaleur et l'abandon d'une conversation sans contrainte, on a voulu voir dans les paroles de l'Empereur, telles qu'elles ont été formulées, la preuve de projets d'avance arrêtés, d'arrangements territoriaux à l'égard de la Turquie, en un mot, d'un plan de partage que Sa Majesté aurait proposé à l'Angleterre sans la participation et à l'exclusion des autres cours.

» Cependant, à plusieurs reprises, dans le cours de ses entretiens avec le représentant anglais, l'Empereur ne cesse de répéter qu'il ne veut conclure avec l'Angleterre ni traité ni protocole; qu'il n'est pas question d'un plan par lequel les deux cabinets disposeraient, sans le concours et à l'insu des autres puissances, des provinces régies par le Sultan; qu'il s'agit dans sa pensée d'une entente purement générale sur des éventualités que chacune des deux parties s'efforcera d'écarter autant qu'il sera possible; enfin d'un simple échange d'idées, *d'une parole de gentilhomme* à engager de part et d'autre, avec l'intention d'éviter les combinaisons politiques qui seraient contraires aux intérêts mutuels. Ces assurances se retrouvent consignées, sous une forme et dans des termes non moins positifs, dans le memorandum que l'Empereur a fait rédiger par son cabinet, en réponse aux communications écrites que les rapports de sir H. Seymour avaient provoquées de la part du ministère britannique.

» Il est donc souverainement injuste, pour ne pas dire déloyal, d'aller chercher, dans le motif qui a porté l'Empereur à entamer avec l'Angleterre les pourparlers dont il s'agit, l'intention d'engager cette puissance à disposer d'avance avec lui des possessions turques. Rien n'a été plus loin des pensées de Sa Majesté que l'idée d'un *partage*, et d'un partage effectué par anticipation. Les regards de l'Empereur se portaient sur l'avenir, non sur le présent. Ses vues étaient tout éventuelles. Le but de Sa Majesté a été seulement, en s'énonçant aussi franchement, de conjurer tout incident qui fût de nature à affecter l'intimité qu'elle voulait conserver à ses relations avec l'Angleterre, de prévenir tout différend, tout malentendu, toute espèce de divergence enfin, que des événements incertains, mais possibles, auraient amenés subitement entre la Grande-Bretagne et elle, s'ils avaient été laissés entièrement en dehors de leurs prévisions réciproques.

» Les deux cours ont pu différer d'opinion sur le plus ou moins d'imminence de la catastrophe à prévoir; mais, pour le cas même de cette catastrophe, quelles ont été les vues émises par l'Empereur ? Il a désavoué hautement pour lui-même tout désir ou intention de posséder Constantinople. Il a pris d'avance l'engagement de ne point s'y établir d'une manière permanente. Ce désaveu, cet engagement, les pièces de son cabinet les confirment. Conçoit-on dès lors qu'en face de déclarations verbales et écrites si formelles, si obligatoires, les ministres anglais aient eu le courage d'accuser en plein Parlement Sa Majesté de convoitise ambitieuse, de projets de conquête sur la capitale de l'empire ottoman ? Un pareil oubli de la parole de l'Empereur, ajouté à celui de toutes convenances dans le langage qu'ils ont employé envers son auguste personne, était fait assurément pour autoriser le gouvernement impérial à adresser un appel direct à leur conscience, en se référant à des confidences qui attestent si évidemment le désintéressement et la pureté des vues politiques de Sa Majesté. »

Puis, on cherchait à pallier l'importance de ces *épanchements intimes* adressés à une seule puissance à l'insu des autres. Pour l'Autriche et pour la Prusse, on affirmait avoir rendu compte de ces propositions secrètes faites à l'Angleterre. Pour la France, on excipait de la froideur existant à cette époque entre les deux cours à cause de l'affaire des Lieux-Saints.

« Non-seulement le caractère et le motif de ses ouvertures ont été volontairement méconnus et envenimés, mais encore on a cherché à s'en faire une arme, en tentant de persuader aux autres puissances que si l'Empereur, en cette occasion, s'était adressé plus particulièrement à l'Angleterre, c'est qu'il ne tenait aucun compte de leurs opinions et de leurs intérêts. Nous nous contenterons de remarquer que les pourparlers dont il s'agit ont été portés confidentiellement à la connaissance des souverains de l'Autriche et de la Prusse. Et pour ce qui concerne la France, il est essentiel de se souvenir que l'époque où ils s'entamèrent était celle précisément où cette puissance nous suscitait à Constantinople, à propos de la possession des Saints-Lieux, les difficultés qui successivement ont amené la crise actuelle, et où son ambassadeur en Turquie venait d'employer toute son activité à y supplanter notre influence.

» Dans des circonstances pareilles, et plus tard, au moment où la France faisait tout pour entraîner l'Angleterre dans une action hostile contre nous, il est assez naturel que l'Empereur n'ait pas jugé opportun de mettre le cabinet des Tuileries de moitié

dans ses épanchements intimes avec le gouvernement britannique, sans qu'on puisse pour cela prétendre qu'il eût l'intention
d'une entente relative au sort éventuel de l'Orient, puisque,
ainsi qu'on l'a vu, il ne s'agissait nullement d'un partage de la
Turquie, pas même d'une transaction quelconque à conclure sous
forme de protocole ou de traité. »

Quoi qu'on pût dire, il ressortait, aux yeux de tous, de ces
communications confidentielles, un plan suivi de longue main,
et la coïncidence de ces propositions détournées avec les prétentions si graves et si inattendues, élevées par le prince Menchikof, l'évident contraste qui existait entre le langage secret et le
langage officiel, suffisaient à mettre en lumière les desseins de la
politique russe.

En même temps que paraissait cette pièce étrange, deux communications quasi-officielles étaient publiées par les gouvernements d'Autriche et de Prusse, dans leurs organes respectifs et
en la forme ordinairement donnée aux déclarations ministérielles de ces puissances.

L'Autriche, dans un langage assez clair, assez ferme, bien
que peu explicite au fond, reconnaissait que la sommation pé-
remptoire faite par les puissances occidentales à la cour de
Russie, était fondée en droit si elle était dure par la forme. La
cour de Vienne avait adhéré, adhérait encore aux principes posés
par l'Angleterre et par la France. Quant à sa position personnelle, l'Autriche, jusqu'alors, s'était attachée à concilier, autant
qu'elle le pouvait, les intérêts généraux de l'Europe avec les
devoirs que lui imposaient son amitié et son alliance avec la
Russie ; mais, lors de la déclaration de guerre, elle consulterait
ses propres intérêts, qui l'obligeaient à prendre sur-le-champ
des mesures contre les dangers imminents de la guerre et de
l'insurrection.

Si l'on considère les circonstances où était placée l'Autriche,
si l'on fait attention que ses rapports diplomatiques avec la
Russie n'étaient pas rompus, ce langage était peut-être tout ce
qu'on pouvait attendre en ce moment de la cour de Vienne en face
des embarras que lui suscitaient les tergiversations de la Prusse
et les intrigues des petits États allemands. Il était remarquable,

du reste, que le mot de neutralité ne fût pas prononcé dans cette
pièce. D'ailleurs, les actes semblaient devoir bientôt répondre
aux paroles. Le gouvernement autrichien poursuivait activement
ses préparatifs de guerre ; des détachements nombreux se dirigeaient vers la frontière sud-est : le général Coronini portait son
quartier général de Temesvar à Semlin, et la Russie commençait
à voir avec inquiétude ses troupes de la petite Valachie exposées
à une attaque de flanc, en cas de rupture.

Au contraire, l'article semi-officiel de la *Correspondance
prussienne* indiquait l'intention de se tenir à l'écart dans une
attitude expectante, et comme en réserve pour le jour d'une réconciliation. On y masquait l'irrésolution et la faiblesse sous une
apparente indépendance.

« J'avais toujours pensé, dit lord John Russell, en parlant de
cette pièce, que la Prusse était une puissance européenne ; je
l'avais *toujours* considérée comme l'une des grandes puissances
de l'Europe. Mais, dans ce document, il n'est question que des
intérêts allemands et des devoirs de la Prusse envers l'Allemagne,
et ses devoirs envers l'Europe sont complétement passés sous
silence... Si la Prusse entend maintenant sa position en Europe,
distinguée ainsi qu'elle l'a été, distinguée comme elle l'est, dans
les arts et dans la guerre, elle ne peut souffrir que le dérange-
ment de l'équilibre européen, et l'immense agrandissement de la
Russie qui en résulterait, soient indifférents à l'Allemagne, encore
moins à l'Europe. » (Chambre des communes, 31 mars.)

Quelles que fussent les dispositions réelles de l'Allemagne, la
politique des deux grandes puissances occidentales n'en était pas
moins entrée hardiment dans la voie de l'action. Il ne tenait pas
à la France que leur marche ne fût aussi prompte que loyale.

Le discours prononcé par l'Empereur des Français, à l'ouverture de la session des Chambres, le prouva une fois de plus. Précision, mesure et dignité de langage, voilà pour la forme de ce
remarquable discours ; le fond, en ce qui touchait la question
d'Orient, portait le caractère de la plus haute qualité qui puisse
distinguer la politique moderne, la probité : seulement, peut-
être la part y était-elle encore faite trop large aux illusions et aux
espérances. Il semblait que Sa Majesté annonçât formellement,

un peu prématurément peut-être, l'entrée de l'Autriche dans
l'alliance des puissances occidentales.

« L'année dernière, disait l'Empereur, je promettais de faire
tous mes efforts pour maintenir la paix et rassurer l'Europe. J'ai
tenu parole. Afin d'éviter une lutte, j'ai été aussi loin que me le
permettait l'honneur. L'Europe sait maintenant, à n'en plus douter, que si la France tire l'épée, c'est qu'elle y aura été contrainte.
Elle sait que la France n'a aucune idée d'agrandissement. Elle
veut uniquement résister à des empiétements dangereux; aussi,
j'aime à le proclamer hautement, *le temps des conquêtes est passé
sans retour*; car ce n'est pas en reculant les limites de son territoire qu'une nation peut désormais être honorée et puissante,
c'est en se mettant à la tête des idées généreuses, en faisant prévaloir partout l'empire du droit et de la justice. Aussi voyez les
résultats d'une politique sans égoïsme et sans arrière-pensée!
Voici l'Angleterre, cette ancienne rivale, qui resserre avec nous
les liens d'une alliance de jour en jour plus intime, parce que
les idées que nous défendons sont en même temps celles du
peuple anglais. L'Allemagne, que le souvenir des anciennes
guerres rendait encore défiante, et qui, pour cette raison, donnait depuis quarante ans peut-être trop de preuves de déférence
à la politique du cabinet de Saint-Pétersbourg, a déjà recouvré
l'indépendance de ses allures et regarde librement de quel côté
se trouvent ses intérêts. L'Autriche surtout, qui ne peut pas voir
avec indifférence les événements qui se préparent, entrera dans
notre alliance et viendra ainsi confirmer le caractère de moralité
et de justice de la guerre que nous entreprenons.

» Voici, en effet, la question telle qu'elle s'engage. L'Europe,
préoccupée de luttes intestines depuis quarante ans, rassurée
d'ailleurs par la modération de l'empereur Alexandre en 1815,
comme par celle de son successeur jusqu'à ce jour, semblait méconnaître le danger dont pouvait la menacer la puissance colossale qui, par ses envahissements successifs, embrasse le Nord et
le Midi, qui possède presque exclusivement deux mers intérieures, d'où il est facile à ses armées et à ses flottes de s'élancer
sur notre civilisation. Il a suffi d'une prétention mal fondée à
Constantinople pour révolter l'Europe endormie.

» Nous avons vu en effet en Orient, au milieu d'une paix profonde, un souverain exiger tout à coup de son voisin plus faible des avantages nouveaux, et, parce qu'il ne les obtenait pas, envahir deux de ses provinces. Seul, ce fait devait mettre les armes aux mains de ceux que l'iniquité révolte. Mais nous avions aussi d'autres raisons d'appuyer la Turquie. La France a autant et peut-être plus d'intérêt que l'Angleterre à ce que l'influence de la Russie ne s'étende pas indéfiniment sur Constantinople ; car régner sur Constantinople, c'est régner sur la Méditerranée, et personne de vous, Messieurs, je le pense, ne dira que l'Angleterre seule a de grands intérêts dans cette mer qui baigne 300 lieues de nos côtes. D'ailleurs, cette politique ne date pas d'hier ; depuis des siècles, tout gouvernement national, en France, l'a soutenue : je ne la déserterai pas.

» Qu'on ne vienne donc plus nous dire : Qu'allez-vous faire à Constantinople ? Nous y allons avec l'Angleterre pour défendre la cause du Sultan, et néanmoins pour protéger les droits des chrétiens ; nous y allons pour défendre la liberté des mers et notre juste influence dans la Méditerranée. Nous y allons avec l'Allemagne pour l'aider à conserver le rang dont on semblait vouloir la faire descendre, pour assurer ses frontières contre la prépondérance d'un voisin trop puissant. Nous y allons enfin avec tous ceux qui veulent le triomphe du bon droit, de la justice et de la civilisation. »

Que l'on compare ces deux documents qui marquent une situation suprême, le manifeste du Tsar et le discours de l'Empereur des Français, et on reconnaîtra, par le contraste même des deux langages, la différence des situations. L'un clair, droit, facile à comprendre par le dernier paysan, montre cette guerre amenée par une agression incontestable, par une violation patente du droit des gens, par la résistance générale à des vues qui menacent les intérêts de tous et de chacun ; l'autre ne saurait indiquer, même vaguement, la cause et le but de la querelle, et tourne la question en représentant la Russie comme forcée, on ne sait trop pourquoi, de défendre son territoire et la religion chrétienne.

Le discours impérial, on l'aura remarqué, se taisait sur la

conduite de la Prusse, tandis qu'on y disait compter fermement
sur la coopération de l'Autriche. C'est que le langage du cabinet
de Berlin avait eu jusqu'alors quelque chose de peu net, de peu
décidé : on y sentait l'intention secrète de jouer un double jeu
dans chacun des camps opposés. L'irrésolution naturelle au caractère de S. M. le roi Frédéric-Guillaume se reproduisait dans
les actes de sa politique. Après le langage assez ferme tenu lors
de la proposition de M. de Budberg, après l'ordre donné de faire
marcher quelques troupes vers la frontière orientale du royaume,
on s'était pris tout à coup à réparer avec ardeur les fortifications
des places rhénanes, comme si quelque danger eût été imminent
de ce côté. La neutralité tendait à certains moments à se changer en connivence. Ce rôle assez mince en définitive ne méritait
donc pas une mention spéciale.

L'Autriche, elle aussi, armait, on l'a vu et dans des proportions importantes. Mais ces précautions n'étaient évidemment pas
à l'adresse de la France. Après les déclarations réitérées de
Vienne, après l'allure énergique de M. de Buol, après la récente
participation à la sommation d'évacuer les provinces danubiennes, une trahison était impossible. Mais il fallait tenir grand
compte des craintes légitimes, des embarras sérieux du cabinet
autrichien.

Également inquiétée par la prépondérance russe violemment
imposée aux Principautés et par le réveil de l'esprit national
roumain, l'Autriche protestait surtout contre la formation des
corps francs de Valachie et contre les menées tentées en Serbie
en faveur du prince Milosch. On ne pouvait ignorer à Vienne
que le parti slave du sud travaillait pour déterminer une levée
de boucliers qui, sans doute, s'étendrait aux provinces autrichiennes si rien n'en arrêtait l'explosion.

En outre d'un corps de 25,000 hommes déjà levé dans les
provinces du Banat serbe et des autres réserves de l'intérieur, il
fut mis sur pied, pour observer les frontières sud-est, un autre
corps de 25,000 hommes.

Le gouvernement français crut devoir donner à l'esprit révolutionnaire un avertissement, à l'esprit conservateur un gage de
plus. Dans un article du journal officiel (22 février), après avoir

montré les principales puissances de l'Europe se réunissant chaque jour davantage dans un sentiment unanime contre l'ambition russe, il déclarait hautement que l'esprit de désordre ne trouverait d'appui ni en Italie, ni en Grèce. Voici les passages de cet article, qui s'adressaient le plus directement au cabinet de Vienne.

« .... Dans la lutte qui a éclaté en Orient, la France, étroitement unie à l'Angleterre, s'est déclarée pour le bon droit et en faveur d'une cause qui est celle de toute l'Europe. L'indépendance des États serait en effet menacée si l'Europe permettait à la domination ou à l'influence russe de s'étendre indéfiniment. Cette vérité frappe tous les yeux : l'Autriche, malgré les liens d'amitié intime qui l'attachaient à la cour de Russie, se prononce chaque jour davantage pour la politique que nous défendons, et la Prusse, nous n'en doutons pas, conformera la sienne au vœu et à l'intérêt de toute l'Allemagne.

» Aussi ce conflit, dans lequel on peut dire que toutes les puissances du continent sont ouvertement ou tacitement engagées contre la Russie, n'offrirait-il aucun danger s'il n'y avait à redouter des complications venant de l'esprit révolutionnaire, qui essaiera peut-être en cette occasion de se montrer sur quelques points. C'est donc le devoir impérieux du gouvernement de déclarer loyalement à ceux qui voudraient profiter des circonstances présentes pour exciter des troubles soit en Grèce, soit en Italie, qu'ils se mettraient en opposition directe avec l'intérêt de la France. Car, comme nous le disions plus haut, jamais le gouvernement n'aura une politique à double face ; et de même que, défendant l'intégrité de l'empire ottoman à Constantinople, il ne pourrait pas souffrir que cette intégrité fût violée par des agressions parties de la Grèce, de même il ne pourrait pas permettre, si les drapeaux de la France et de l'Autriche s'unissaient en Orient, qu'on cherchât à les diviser sur les Alpes. »

Ces loyales assurances, ces avances de tous les jours, et, qu'on nous passe le mot, ces coquetteries semblaient devoir amener bientôt le résultat qu'on se félicitait déjà d'avoir obtenu. L'une au moins des deux puissances allemandes s'engageait de plus en plus. Mais, plus l'Autriche se compromettait dans l'alliance de l'Occident, plus la Prusse se retranchait dans l'intérêt allemand. Les deux pièces suivantes montrent bien ces nuances diverses de position. La première est une dépêche du 14 mars, adressée par M. de Buol aux représentants de l'Autriche près les autres gouvernements de l'Allemagne.

La dépêche circulaire jetait un coup d'œil rétrospectif sur l'insuccès de ces tentatives de médiation et continuait ainsi : « L'Autriche ne se dissimule pas que la lutte qui se prépare pourrait prendre une tournure capable de compromettre ses intérêts. Tant que les circonstances le permettront, elle ne participera point à la lutte ; mais elle ne saurait perdre de vue le cas éventuel d'une intervention active. En conséquence, l'Autriche éspère que la Prusse et les autres États de l'Allemagne joindront leurs forces aux siennes ; alors la confédération germanique serait appelée à prouver que, outre sa position défensive dans le système européen, elle est aussi appelée à y jouer un rôle actif. Aussitôt que la déclaration de guerre des puissances occidentales à la Russie aura eu lieu, l'Autriche fera une communication à la diète. S'il existe encore un moyen de conjurer le danger dont l'Europe est menacée, ce moyen ne peut se trouver que dans un concours loyal de la Prusse et de l'Autriche et de leurs confédérés. » La seconde pièce adressée, à la même date du 14 mars, par M. de Manteuffel aux ambassadeurs du Roi près les cours étrangères, était ainsi conçue : « Le gouvernement du Roi a pris avec satisfaction connaissance des mesures que l'Autriche a adoptées à sa frontière du sud-est, particulièrement en ce qui concerne la garantie des intérêts allemands. Il voit dans ces mesures une garantie que la lutte qui se prépare conservera un caractère local. Le gouvernement pense que cette manière de voir sera partagée par tous les autres États de l'Allemagne. On se réserve de fixer ultérieurement la participation du reste de l'Allemagne à la lutte qui est à la veille de s'engager. »

Si nous avons insisté sur ces nuances, et la politique allemande nous habituera à en signaler de plus subtiles, c'est que la réponse de la Russie à la sommation d'évacuer les Principautés devait être d'autant plus résolûment négative que la cohésion de l'Europe était moins grande. Si l'on reconnaissait à Saint-Péters-

bourg, dans la conduite de l'une des puissances allemandes, des
symptômes suffisants d'incertitude, d'angoisse inquiète, de scrupules timorés, on devait s'enhardir d'autant dans le refus. Or,
qu'on examine avec soin les deux documents qui suivent, et on
verra ce qu'il y avait à attendre de la Prusse pour une coalition
des quatre puissances. C'est d'abord lord Bloomfield qui, le 25
février, écrit de Berlin à lord Clarendon :

La dépêche télégraphique de votre seigneurie (dépêche par laquelle le
comte de Clarendon exprime la pensée que le gouvernement prussien se joindrait aux autres puissances pour sommer l'Empereur de Russie d'évacuer les
Principautés), cette dépêche m'est parvenue aujourd'hui J'ai eu sur-le-champ
une conférence avec le baron de Manteuffel, et je lui ai communiqué la
substance de votre dépêche, en le priant de prendre les ordres du Roi à
ce sujet. Il m'a dit qu'il ne pensait pas que le Roi fît obstacle à participer à
l'injonction que l'on se propose d'adresser au gouvernement russe pour
qu'il ait à évacuer les Principautés ; mais il ne pensait pas, a-t-il ajouté,
que le Roi prît une part active aux hostilités en cas de refus par la Russie.

J'ai répliqué : L'injonction serait de peu d'importance si la Prusse refusait
d'appuyer sa demande les armes à la main ; mais j'avais l'espoir que, si le
gouvernement autrichien, comme nous avions le droit de le croire, se joignait
à nous, cette résolution pourrait produire quelque effet sur le Roi. La Prusse
ne voudrait pas sans doute demeurer en arrière alors qu'il s'agirait d'accomplir une œuvre de cette importance. Son Excellence m'ayant dit avoir écrit à
Vienne, je n'ai pas insisté davantage, espérant qu'un peu de réflexion la porterait à modifier ses opinions actuelles.

Ainsi, M. de Manteuffel croit pouvoir affirmer, le 25 février,
que la Prusse se joindra pour la sommation aux trois autres puissances ; mais elle limite à cette injonction un concours qui, en
aucun cas, ne doit aller jusqu'à l'hostilité effective. Et l'envoyé
britannique à Berlin dit, avec raison : Qu'est-ce donc qu'un
concours dont la sanction matérielle n'existe pas ?

Huit jours après, les trois puissances ont passé outre à la
sommation. Que fait le Roi de Prusse ? Il se contente d'adresser
au gouvernement russe des observations, rédigées, dit-on, dans
un langage très-pressant ; mais ce ne sont, en fin de compte, que
des observations sur les dangers auxquels un refus exposerait la
paix générale et sur la responsabilité qui incomberait en pareil
cas à la Russie. Que l'on ajoute, après de semblables conseils,
que l'on se rattachera à tout ce qui pourrait maintenir la paix du
monde, et l'injonction aura pris sa signification véritable. Une

seconde dépêche de lord Bloomfield à lord Clarendon, datée du
4 mars, est, en effet, conçue en ces termes :

Le baron de Manteuffel m'apprend qu'il a soumis au Roi la copie de la
dépêche de votre seigneurie et celle de votre lettre au comte de Nesselrode
pour demander l'évacuation des Principautés danubiennes, et que le Roi lui a
donné l'ordre immédiatement d'adresser une instruction au général Rochow dans
le sens que désire le gouvernement de la Reine.

Cette instruction a été envoyée hier au soir à Saint-Pétersbourg ; elle a été
rédigée dans un langage très-pressant ; elle presse le gouvernement russe de
considérer les dangers auxquels la paix du monde sera exposée par un refus,
et elle proclame que la responsabilité de la guerre qui pourra résulter de son
refus retombera sur l'Empereur.

Le baron de Manteuffel a ajouté que le Roi, en approuvant la rédaction
de la dépêche qui lui a été soumise, a fait observer qu'il jugeait de son devoir
de donner tout l'appui en son pouvoir à toute œuvre qui pourrait encore entretenir une espérance même très-légère du maintien de la paix.

Assistons maintenant au dernier acte du drame à Saint-Pétersbourg. Il est raconté d'une façon très-pittoresque dans une
dépêche de M. le consul Michele à lord Clarendon (19 mars). La
double sommation, on se le rappelle, est partie de Paris et de
Londres le 27 février. L'hiver est rude, les chemins sont détes-
tables, les courriers n'arrivent que le 13 mars à Saint-Pétersbourg, s'étant attardés d'ailleurs à Berlin et à Vienne. L'empereur Nicolas est absent : il inspecte les principales places fortes
de Finlande. Laissons maintenant la parole à M. Michele :

Une heure après l'arrivée du courrier, la dépêche qui m'était adressée
par S. Exc. lord Cowley (contenant une communication du gouvernement français à son consul ici) a été remise par moi aux mains de M. de Castillon, et
avant l'expiration d'une autre heure, M. de Castillon et moi, nous nous présentions au ministère impérial des affaires étrangères, et nous sollicitions
une audience du chancelier de l'Empereur, afin de présenter simultanément
les Notes des cabinets français et anglais. Le comte de Nesselrode, par
l'organe du directeur de sa chancellerie, nous a fait savoir qu'il ne lui était pas
possible de nous recevoir à ce moment. Il a désigné le lendemain, heure de
midi, pour recevoir nos dépêches. Nous convînmes, M. de Castillon et moi, que
je passerais le prendre le lendemain à onze heures et demie pour nous rendre
ensemble auprès du chancelier.

Le même jour, 13, à deux heures, j'avais remis aux mains de S. Exc. le
comte Valentin Esterhazy, ministre autrichien près cette cour, le paquet de
dépêches que m'avait apporté le capitaine Blackwood, de S. Exc. le comte
de Westmoreland à Vienne, et peu après je communiquai à S. Exc. le
général Rochow, ministre de Prusse ici, la substance de la dépêche de lord
Bloomfield, du 2 mars, à savoir qu'il n'avait pas été reçu de paquet, par sa

seigneurie, du ministre des affaires étrangères pour être transmis à Saint-Pétersbourg ; mais que les dépêches du gouvernement prussien seraient envoyées au représentant de la Prusse par un courrier spécial.

Le 14 mars, un peu avant midi, M. de Castillon et moi, nous arrivâmes au ministère impérial des affaires étrangères. Après une attente de quelques minutes, il me fut dit, par le directeur de la chancellerie, que le comte de Nesselrode recevrait le consul d'Angleterre : on me fit entrer. Le comte de Nesselrode me reçut avec sa courtoisie habituelle ; je lui remis votre lettre, et je spécifiai, d'après un memorandum que j'avais rédigé, les termes précis des instructions de votre seigneurie, relativement au retour en Angleterre du courrier de la Reine. Le comte de Nesselrode me demanda la permission de prendre lecture de ce memorandum, que je lui remis Il m'informa que l'Empereur n'était pas en ce moment à Saint-Pétersbourg ; qu'au retour de Sa Majesté, qui aurait probablement lieu le 5 (17) courant, la dépêche de votre seigneurie lui serait soumise, et qu'il prendrait ses ordres, et alors une réponse à votre seigneurie me serait envoyée.

Le chancelier me fit remarquer le long intervalle qui s'était écoulé entre la date de la dépêche de votre seigneurie (27 février) et le jour de son arrivée. Il me demanda ce qui avait retenu le courrier si longtemps en route. Je lui expliquai que le courrier de la Reine n'était pas venu directement de Londres à Saint-Pétersbourg ; qu'il avait porté des dépêches pour les ministres anglais à Paris, Berlin et Vienne ; que le capitaine Blackwood avait quitté cette dernière capitale le 7, et qu'il était arrivé à Saint-Pétersbourg le 13, faisant ainsi un rapide trajet, vu le très-mauvais état des routes.

En quittant le comte de Nesselrode, j'allais remporter mon memorandum, lorsqu'il me pria d'être assez bon pour le lui laisser.

Je lui dis que je n'avais transcrit les instructions de votre seigneurie que pour mon gouvernement et afin qu'il n'y eût pas d'erreur commise quant à l'époque fixée pour la rentrée du courrier de la Reine en Angleterre.

Je n'avais pas l'ordre de laisser d'instructions écrites, mais je ne voyais pas d'inconvénient, la communication ayant pour objet de rendre toute erreur impossible à l'égard du départ du courrier de la Reine, de laisser entre les mains du chancelier le memorandum dont j'envoie copie à votre seigneurie.

L'Empereur revint à Saint-Pétersbourg le 5 (17 mars), de Finlande, où il s'était rendu le 12, avec ses trois fils, les grands-Jucs Alexandre, Nicolas et Michel, pour inspecter les fortifications de Viborg, Helsingfors et Sveaborg, le grand duc Constantin s'étant rendu en Finlande quelques jours avant.

Hier au soir, à dix heures, j'ai reçu une invitation du chancelier de l'empire à me rendre auprès de lui aujourd'hui à une heure.

J'ai été exact, et lorsque j'ai envoyé mon nom au chancelier, j'ai appris que le consul de France était avec Son Excellence.

Après avoir attendu un peu, j'ai appris que le comte de Nesselrode allait me recevoir.

Lorsque je suis entré dans le salon, l'accueil de Son Excellence a été de la nature la plus amicale. Elle m'a dit : J'ai pris les ordres de Sa Majesté au sujet de la Note de lord Clarendon, et *l'Empereur ne juge pas convenable d'y faire aucune réponse.* J'ai dit : Monsieur le comte, dans une affaire d'une telle importance, je suis sûr que vous m'excuserez si je désire transmettre à mon gouvernement les expressions textuelles de Votre Excellence.

Le comte s'est servi de ces expressions : Sa Majesté ne croit pas convenable de donner aucune réponse à la lettre de lord Clarendon. Comme je répétais cette phrase après Son Excellence, son Excellence a dit : L'Empereur ne juge pas convenable, etc.; et lorsque je l'eus moi-même répétée une deuxième fois, le comte dit : Oui, telle est la réponse que je désire que vous transmettiez à votre gouvernement. Après m'avoir remis ce message officiel, le comte de Nesselrode m'a prié de m'asseoir, et il m'a expliqué qu'il avait dû attendre le retour de l'Empereur pour lui soumettre la lettre de votre seigneurie. Son excellence m'a demandé quand je comptais envoyer le courrier de la Reine. Je lui dis : Aujourd'hui même dans l'après-midi, si son passeport peut être prêt à temps. Le comte de Nesselrode m'apprit qu'il avait déjà envoyé un passe-port de courrier pour le capitaine Backwood au baron de Plessen. Il me demanda : N'est-ce pas aujourd'hui le sixième jour ? Je répondis : C'est le sixième jour depuis son arrivée à Saint-Pétersbourg ; mais si l'on m'avait laissé sans réponse ou sans l'avis que j'ai reçu aujourd'hui de Votre Excellence, je n'aurais fait partir le courrier que demain 20, à midi, au moment même où les six jours auraient été expirés depuis que j'avais remis en vos mains la dépêche de lord Clarendon. Dans le cours de notre conversation qui a suivi, j'ai demandé au comte de Nesselrode quelles étaient les intentions de son gouvernement relativement aux arrangements consulaires entre les deux pays en cas de déclaration de guerre. Son Excellence a répondu : Cela dépendra entièrement de la marche que le gouvernement de Sa Majesté Britannique pourra adopter : nous ne déclarerons pas la guerre.

« Nous ne déclarerons pas la guerre. » On reconnaît là cette politique qui s'attache aux apparences de la modération, tout en poussant fatalement l'Europe à la lutte. C'est ainsi qu'on s'était emparé violemment des Principautés; qu'on avait fait un acte de guerre, mais sans déclarer la guerre. On avait forcé la Turquie à la déclarer, comme si l'agression consistait dans cette formule et non dans l'acte qui la nécessite. Aujourd'hui, on s'obstinait à conserver le gage violemment usurpé, on refusait de répondre à la sommation des puissances protectrices, mais on ne déclarait pas la guerre.

Tout en se refusant à souscrire à la sommation des deux puissances, le gouvernement russe publia une déclaration qui répondait indirectement à l'*intervention passionnée* des cabinets de Paris et de Londres. Cette déclaration, sous forme de circulaire adressée par M. de Nesselrode aux agents russes près les autres puissances, examinait d'abord à quel titre l'Angleterre et la France prétendaient exiger l'évacuation des Principautés. Ce titre, elle le niait, effaçant ainsi d'un trait de plume les déclarations des puissances signataires des actes de Vienne et insultant froidement à l'approbation hautement exprimée par les deux puissances allemandes.

« Comment, disait le chancelier, évacuer les Principautés sans que l'ombre même des conditions auxquelles l'Empereur avait subordonné la cessation de cette occupation eût été remplie par le gouvernement ottoman? »

A cela la réponse était facile. Il ne fallait pas occuper les Principautés : vous n'auriez pas à les évacuer aujourd'hui et votre injuste violence ne vous a créé aucun droit. Si votre dignité souffre de céder à une injonction, pourquoi l'avoir exposée à cette humiliation? Les armées russes, ajoutait la déclaration, ne peuvent évacuer les Principautés au fort d'une guerre que le gouvernement ottoman a déclarée le premier. Ainsi, le cabinet de Saint-Pétersbourg persévérait dans cette étrange interversion des rôles qui consistait à faire de la Turquie l'agresseur et à ôter tout caractère agressif à l'invasion, en pleine paix, de deux provinces d'un royaume ami.

S'il était facile de réfuter ces assertions, il ne l'était pas moins de repousser les insinuations que le gouvernement russe dirigeait dans cette pièce contre les intentions des deux puissances. Il les accusait de menacer bien autrement que lui-même l'indépendance du gouvernement ottoman, et il en donnait cette preuve bizarre que le gouvernement ottoman avait renoncé par un traité à faire la paix sans ses alliés. Mais quoi de plus simple! Oui, la Porte avait pris cet engagement, et elle n'avait fait par là que contracter une obligation réciproque, sur le pied d'une parfaite égalité, conforme d'ailleurs à l'usage constant, général, du droit des nations, lorsque plusieurs s'associent pour poursuivre par les armes un même but.

Ces subtilités ne devaient pas embarrasser la marche des puissances occidentales. Elles avaient considéré à l'avance un refus de répondre à leur sommation comme une déclaration de guerre. Elles n'eurent qu'à constater solennellement la situation qui leur était faite.

Le 27 mars, M. le ministre d'Etat fit, au Sénat et au Corps

législatif de l'Empire français, la communication suivante, accueillie avec enthousiasme par les cris de *vive l'Empereur!*

« Messieurs les députés,

» Le gouvernement de l'Empereur et celui de Sa Majesté Britannique avaient déclaré au cabinet de Saint-Pétersbourg que, si le démêlé avec la Sublime-Porte n'était pas replacé dans des termes purement diplomatiques, de même que si l'évacuation des Principautés de Moldavie et de Valachie n'était pas commencée immédiatement et effectuée à une date fixe, ils se verraient forcés de considérer une réponse négative ou le silence comme une déclaration de guerre.

» Le cabinet de Saint-Pétersbourg ayant décidé qu'il ne répondrait pas à la communication précédente, l'Empereur me charge de vous faire connaître cette résolution, qui constitue la Russie avec nous dans un état de guerre dont la responsabilité appartient tout entière à cette puissance. »

Le même jour, en Angleterre, lord Aberdeen, à la Chambre des lords, et lord John Russell, à la Chambre des communes, présentaient un message de la couronne conçu en ces termes :

« Victoria, reine.

» S. M. juge à propos d'informer la Chambre que les négociations que S. M., de concert avec ses alliés, avait depuis quelque temps entamées avec S. M. l'Empereur de toutes les Russies, sont terminées, et que la Reine se regarde comme tenue de donner assistance active à son allié le Sultan contre une agression non provoquée.

» La Reine a donné l'ordre de déposer sur le bureau de la Chambre des copies de pièces, en sus de celles qui ont déjà été communiquées au Parlement, et qui fourniront les renseignements les plus complets touchant le sujet de ces négociations. C'est une consolation pour la Reine de réfléchir qu'aucun effort n'a été épargné de sa part pour conserver à ses sujets les bienfaits de la paix (1). La juste attente de la Reine a été trompée, et

_____

(1) Chose remarquable, cette phrase se trouvait textuellement dans le message du 16 mai 1803, annonçant le commencement des hostilités contre la France.

S. M. compte avec confiance sur le zèle et le dévouement de la Chambre et sur les efforts de ses braves et fidèles sujets, pour la soutenir dans sa détermination de consacrer la puissance et les ressources de la nation à la protection des Etats du Sultan contre les empiétements de la Russie. »

Une dernière fois, à ce moment solennel, les deux gouvernements renvoyaient à la Russie la responsabilité de la guerre. Noble sentiment, et qui n'avait rien, ou de la faiblesse ou de l'hypocrisie : c'était là rendre témoignage à la civilisation, et professer hautement le respect pour l'humanité, en présence des maux qui allaient se déchaîner sur le monde.

Constatons toutefois une dernière différence entre l'attitude des deux puissances occidentales : celle-ci tenait à la différence même de leurs institutions. En France, les Corps législatifs donnèrent au chef de l'État une adhésion explicite, absolue, sans conditions, sans récriminations. Il n'en fut pas de même en Angleterre : le ministère ne put obtenir qu'en présence d'une situation aussi solennelle, l'opposition s'abstînt des petites chicanes habituelles, des discussions oiseuses, des accusations rétrospectives, des personnalités, des théories bizarres. Lord Palmerston s'en plaignit avec quelque amertume : « En un moment aussi grave, dit-il, alors que la Reine demande à son Parlement de la soutenir dans cette grande lutte dont il est impossible de déguiser les proportions et l'importance, j'eusse désiré que l'on renvoyât à une occasion plus opportune et mieux appropriée des questions de détail. J'eusse préféré que la Chambre se bornât simplement à répondre à l'appel fait par sa souveraine, et qu'elle y répondît avec unanimité, sans mêler des considérations secondaires à ses assurances de dévouement et de loyauté. » (Communes, 31 mars.) Cette conduite eût été, en effet, plus digne.

La guerre était déclarée; mais il fallait que, du côté des puissances occidentales, elle gardât son caractère de justice, de modération, de civilisation. Or, pour la première fois, le gouvernement britannique se trouvait engagé dans une guerre avec une puissance alliée maritime, et cette puissance était celle-là même

qui si longtemps avait soutenu contre elle les salutaires principes de la liberté des mers et des droits neutres. La Grande-
Bretagne abandonna loyalement ses vieilles théories anti-libéra-
les, et les premiers moments de l'alliance définitive des deux
peuples furent marqués par un triomphe éclatant des grands
intérêts de la civilisation. Une déclaration fut publiée par les
deux gouvernements, qui fit disparaître à jamais les antiques fer-
ments de discorde et qui rassura tous les intérêts.

On ne saisirait pas la propriété de l'ennemi chargée à bord
d'un bâtiment neutre, à moins que cette propriété ne fût contrebande de guerre. On ne revendiquerait pas le droit de confisquer la propriété des neutres trouvée à bord des bâtiments ennemis. Enfin, on déclarait que, pour diminuer autant que possible les maux de la guerre et en restreindre les opérations aux
forces régulièrement organisées, on n'avait pas *pour le moment*
l'intention de délivrer des lettres de marque pour autoriser les
armements en course.

Par ces déclarations etait enfin abolie la vieille et honteuse
maxime que tout est légitime en état de guerre. La civilisation
chrétienne triomphait même sous le règne de la violence et les
maux inséparables de la guerre seraient au moins adoucis.

Aux États-Unis surtout, l'opinion se prononça énergiquement
en faveur des droits des neutres et, d'un bout à l'autre de l'U-
nion, on demanda avec instance que l'axiome : « Le pavillon
couvre la marchandise, » fût enfin une vérité. Sans doute, cette
réclamation n'était pas tout à fait désintéressée, et l'amour du lucre
la dictait plus que la passion de la justice. Mais enfin, quelques
fussent les motifs, le principe était excellent en soi. Seulement
on pouvait craindre à l'avance que les Américains n'attachassent
beaucoup plus d'importance aux droits des neutres qu'à leurs
devoirs. C'est assurément une belle page dans l'histoire de l'U-
nion américaine que sa lutte héroïque en faveur des droits des
neutres et des lois de l'équité naturelle : mais comment ne pas
avouer que l'esprit du plus brutal égoïsme, l'esprit mercantile
sans scrupule et sans loyauté, n'ait affaibli de nos jours chez
les Américains ces notions de probité supérieure qui firent la
splendeur si rapide de l'Union naissante.

L'opinion publique, en France et en Angleterre, se préoccupa un moment de la possibilité que des lettres de marque russes fussent délivrées dans certains ports des États-Unis pour faire la course contre le commerce des deux nations. Le gouvernement fédéral, consulté à cet égard par les ministres des deux gouvernements, leur donna l'assurance la plus formelle que des actes aussi contraires au droit des gens ne seraient pas tolérés sur le territoire de l'Union.

Ce n'était pas assez d'être juste, il fallait donner l'exemple de la générosité. Deux nations comme la France et l'Angleterre ne pouvaient user en toute rigueur de leurs droits les plus légitimes.

Pour concilier les intérêts du commerce avec les nécessités de la guerre, il fut décidé que, même après l'ouverture des hostilités, *on* protégerait, aussi largement que possible, les opérations engagées de bonne foi et en cours d'exécution avant la guerre. Il fut donc accordé aux navires de commerce russes un délai de six semaines pour sortir des ports anglais et français. On assura, en même temps, à ces navires, la possibilité de se rendre directement au port de destination en toute sécurité.

Les deux gouvernements firent également savoir aux Russes résidents, qu'ils pouvaient continuer à résider en toute liberté et sécurité, à la condition de se conformer aux lois du pays.

Que l'on compare ces mesures humaines, ces principes libéraux aux habitudes et aux principes de la guerre dans les premières années du siècle, et on verra quels progrès avaient faits en cinquante ans la morale politique et la civilisation.

CHAPITRE V.

ENTRÉE EN CAMPAGNE.

Préparatifs de guerre, ressources des belligérants au début de la lutte. — La Russie : elle était prête ; faiblesse maritime et puissance militaire ; son aptitude à la défensive, tout est prévu de ce côté ; ressources morales, patriotisme et sentiment religieux ; ressources financières, autre défaut de la cuirasse. — La Turquie, ses ressources. — La France militaire et maritime. — L'Angleterre, elle est prise au dépourvu. — On fortifie Constantinople ; règlement d'une action commune entre la France et l'Angleterre, instructions identiques aux officiers des deux nations ; règlement du concours prêté à la Porte, convention du 13 mars, elle respecte l'indépendance ottomane. — Appels de fonds : emprunt français, augmentation de la taxe sur le revenu en Angleterre, difficultés de crédit pour la Russie ; elle est mise au ban du commerce et de l'industrie occidentale ; emprunt prussien, manifestation parlementaire. — Départ de la flotte anglaise pour la Baltique : difficultés spéciales et forces respectives sur ce terrain ; sir Charles Napier. — La flotte de la mer Noire, sa présence force la Russie à évacuer les petits postes de la côte d'Abasie. — Préparatifs de départ des armées d'Angleterre et de France, difficultés en Angleterre, augmentation successive de l'effectif ; départ de l'armée française, proclamation du maréchal de Saint-Arnaud ; débarquement à Gallipoli. — Nouvelle phase de la lutte sur le Danube.

La guerre déclarée, il fallait se préparer activement, énergiquement à la lutte. On l'avait dit avec juste raison, cette lutte serait terrible. « Vous ne pouvez, disait dans le Parlement britannique le marquis de Clanricarde, vous engager dans une petite guerre ; si vous voulez avoir un résultat définitivement avantageux, il faut faire des efforts dignes de la grandeur de l'Angleterre. Milords, c'est une grande lutte que celle dans laquelle nous allons nous engager, et si vous ne voulez céder sur tous les points

et vous exposer aux humiliations d'une défaite, il faut regarder
la guerre en face et mettre en action, comme d'autres gouvernements l'ont fait avant vous, toutes les ressources de vos forces
militaires et navales. »

C'est qu'en effet la Russie était prête. Cette guerre ne la sur-
prenait pas; elle y comptait, elle y entrait avec toutes ses ressources. Si, un moment, en Angleterre, on crut pouvoir tenir peu
de compte de l'ennemi, c'est qu'il manquait du genre de puissance que l'Anglais sait le mieux apprécier, la puissance maritime.

Dès les premiers jours de la guerre, il serait même plus juste
de dire avant la guerre, l'impuissance absolue de la Russie sur
mer n'était plus un fait douteux. Ses deux issues maritimes du
Bosphore et du Sund une fois condamnées, ses deux mers intérieures une fois occupées par deux marines supérieures, il ne
lui restait plus qu'à laisser pourrir ses vaisseaux dans ses ports
de guerre les mieux défendus. C'était déjà un grave échec que
la révélation de cette faiblesse : car, s'il est une vérité consacrée
par les faits, et devenue plus incontestable encore depuis l'extension prodigieuse des relations maritimes et des progrès de la
navigation, c'est qu'on n'est réellement une grande puissance
que lorsqu'on se tient sur mer au premier rang. Comment donc
aspirer à l'empire du monde, quand au premier jour d'une
guerre, il faut renoncer à montrer son pavillon !

Mais, si l'on oublie un instant ce défaut de l'armure pour embrasser par la pensée les immenses ressources de la Russie militaire, la prévoyance de l'empereur Nicolas n'en avait oublié aucune. Aussi, quand ni la France, ni l'Angleterre, ni la Turquie,
encore moins l'Autriche ou la Prusse, n'étaient prêtes pour une
grande guerre, la Russie s'y était déjà préparée en silence. Son
armée immense, redoutable, mais si difficilement mobilisable et
si mal administrée, n'eût pu entrer en ligne au premier signal si
tout n'avait été disposé à l'avance.

De l'impossibilité évidente de lutter sur mer avec l'Angleterre
et la France, résultait pour la Russie la nécessité d'une guerre
défensive pour laquelle il lui faudrait tenir incessamment sous
les armes des corps nombreux et considérables, répartis sur

tous les points de l'empire vulnérables par mer. Son commerce, son industrie seraient profondément atteints par ce gigantesque blocus, et ses populations seraient enfermées comme des abeilles dans une ruche condamnée. Mais aussi, derrière ces fortifications élevées à si grands frais, sur des proportions inconnues partout ailleurs, on pourrait attendre ; on verrait, peut-être, s'user contre ces remparts de granit, les efforts d'un ennemi contraint à lutter loin de ses réserves ; on pourrait profiter de tout , on aurait pour soi les éléments, on aurait cette grande force, le temps, par qui les alliances les plus solides sont dénouées ou rompues. Pendant qu'on résisterait aux vaisseaux et aux soldats de l'ennemi, on l'attaquerait sur le terrain de la politique, on minerait, on diviserait.

Que coûterait cette stratégie , c'est ce que la politique russe n'est pas habituée à compter. Douée d'une grande puissance défensive , la Russie est infiniment moins forte pour l'agression. Les énormes distances que doivent parcourir ses troupes , se résument en énormes dépenses d'hommes et d'argent. Attaquée, comme elle allait l'être, sur toutes ses extrémités vulnérables, elle dépenserait autant d'hommes pour se défendre ainsi, que pour attaquer loin de ses frontières. Mais compte-t-on les hommes en Russie ?

Ce plan, une fois arrêté à l'avance, il faut avouer que le génie russe l'avait admirablement suivi. Pas un point de l'empire immense qui ne fût couvert; pas un détail qui eût été oublié.

La *Diana*, frégate russe de 50 canons et l'*Aurora*, de 46 canons, étaient en réparation à Portsmouth , pendant que les canons russes jetaient à Sinope un sanglant défi aux protecteurs de l'empire ottoman. Or, ces vaisseaux partis de Cronstadt bien avant qu'il ne fût question de guerre , allaient ravitailler et défendre les établissements russes du Kamschatka et de l'Amour.

Trois vaisseaux de guerre russes étaient à Trieste lors de la déclaration de guerre : ils durent être vendus. Mais leur mission était accomplie, et cette mission consistait dans le transport au Montenegro d'armes et de munitions en vue de la diversion que le cabinet de Saint-Pétersbourg préparait de ce côté depuis longtemps.

Telles étaient les ressources matérielles de la Russie au début de la guerre : quant à ses ressources morales, il serait injuste de méconnaître les qualités solides et énergiques de la race slave. Bien ou mal dirigé, le sentiment religieux est puissant et sincère en Russie, surtout dans le peuple. La guerre serait donc populaire, par tous les côtés qui touchent à l'orgueil et au fanatisme religieux.

Mais il n'en serait pas ainsi pour tous les éléments de la nation. On put le voir avant même que la lutte ne fût commencée. Le manifeste impérial du 21 février produisit, parmi les classes élevées et dans la bourgeoisie, une impression tout autrement profonde que celui de l'année précédente. Il ne s'agissait alors que d'un seul ennemi, peu redoutable ; cette fois, on prenait à partie les deux plus grandes puissances de l'Europe. Le sentiment national, surtout dans les classes inférieures, était prêt à tous les sacrifices, mais on ne voyait pas sans anxiété s'ouvrir une semblable guerre, malgré les souvenirs bruyamment rappelés de 1812.

Un dernier mot, mais un mot décisif, sur les ressources de la Russie. Elle voyait se lever contre elle les deux nations les plus riches de l'Europe, les deux plus gros budgets de l'ancien monde. Si la lutte devait se prolonger, si quelque heureuse complication ne détournait pas en partie les forces dirigées contre elle, la Russie ne finirait-elle pas par l'épuisement et ne donnerait-elle pas une preuve nouvelle de ce vieux axiome : l'argent est le nerf de la guerre.

Que si maintenant nous passons dans l'autre camp pour faire la revue des ressources dont pouvait disposer l'alliance anglo-franco-turque, nous voyons du côté de la Turquie une armée meilleure et plus nombreuse, plus cohérente et mieux disciplinée qu'on n'aurait pu le croire. Mais les éléments par lesquels se renouvellera cette armée sont facilement épuisables. Les chefs instruits sont peu nombreux, l'argent manque, le crédit est à peine né. Tout cela, c'est l'Europe qui le fournira.

La France ! On connaît ses ressources militaires : les armées, les chefs habiles ne lui manqueront pas plus que l'argent. Elle saura même improviser une marine digne de combattre côte à côte avec celle de l'Angleterre.

Quant à celle-ci, ses flottes inépuisables auraient bientôt dominé toutes les mers. Elle trouverait des millions tant qu'il en faudrait pour la guerre. Mais des hommes, mais des officiers, une longue paix et, avant toute autre cause, la constitution spéciale du royaume ne lui permettraient pas d'en trouver suffisamment dès la première heure.

· La première pensée des puissances occidentales fut de fortifier l'allié qu'elles n'étaient pas encore en mesure de défendre. Le représentant de la France à Constantinople, le général Baraguey-d'Hilliers, avait étudié rapidement les positions militaires que pouvait offrir le voisinage de Constantinople pour la défense de cette capitale. Il trouva dans le gouvernement turc les dispositions les plus confiantes.

Plus les résolutions des puissances occidentales devenaient énergiques, plus le Divan se rapprochait de ses alliés, plus il se livrait; il en était venu, ce qu'il n'avait pas encore osé faire, à accepter les conseils et le concours actif d'officiers européens. Il nommait le général Guyon, Anglais de naissance, chef d'état-major de l'armée d'Asie; il confiait des commandements dans ses régiments de cavalerie à deux officiers français, MM. Mercier et Dupuy; il sollicitait les conseils du général du génie sir John Burgoyne et du colonel français Ardant, qui, à peine arrivé à Constantinople avec son secrétaire, M. Pérignon, neveu du feu maréchal Dode de la Brunerie, était invité à faire l'inspection des places du Danube et des positions militaires des Balkans.

Sir John Burgoyne, inspecteur général des fortifications en Angleterre, assisté de plusieurs officiers anglais du génie, surveillait, de son côté, des travaux qui avaient pour but de fortifier les batteries des Dardanelles, moins contre des entreprises maritimes, que contre une force venue des Balkans. Des fortifications s'élevaient sur l'isthme de Gallipoli.

Au début d'une action commune, il était essentiel de contracter des engagements nets et précis, de bien établir le but de l'intervention et les moyens de l'atteindre. Il fallait aussi régler les positions différentes dans lesquelles les forces auxiliaires devraient être placées. Il fut dès lors question de consacrer par un traité l'accord des grandes puissances. Mais on avait encore, surtout à Paris, l'espoir d'amener à la commune alliance les deux puissances allemandes, et, par là, d'imposer la paix à la Russie, sans effusion de sang. Un simple échange de Notes eut donc lieu entre l'Angleterre et la France : ces deux puissances s'y engageaient à assister de concert la Turquie, et y déclaraient n'être mues ni par aucun intérêt égoïste, ni par aucun désir d'accroître leur territoire ou leur domination.

Il fallut ensuite régler les conditions du concours que les deux nations se prêteraient réciproquement dans la défense de l'empire ottoman. C'est ce qui fut fait sur la base de l'union la plus intime dans la politique, comme dans les moyens d'action. Les officiers des marines alliées furent invités à agir comme s'ils appartenaient à une seule et même nation, et à entourer d'une protection commune, sur tous les points du globe, les sujets et les intérêts de la France et de la Grande-Bretagne. (*Voyez* les *instructions* à l'Appendice.)

Quant à la protection que les deux puissances donneraient à l'empire ottoman, il était essentiel d'en arrêter immédiatement les bases et les conditions. C'est ce qui fut fait par une convention signée à Constantinople, le 13 mars, entre les trois gouvernements.

La convention ne contenait, et c'eût été un tort d'agir autrement, aucune stipulation concernant l'administration intérieure de la Turquie. On suggérait sans doute à la Porte les mesures les plus propres à améliorer la condition des chrétiens dans l'empire turc, mais on ne les lui imposait pas. La Russie était donc assez mal fondée à parler de la pression qu'exerçaient la France et l'Angleterre sur le divan, et de la prépondérance dangereuse qu'elles prenaient à Constantinople.

La première mesure à prendre en particulier par chacun des gouvernements engagés dans la guerre, c'était un appel de fonds. Toute guerre commence et finit par l'argent. Aussi, un des premiers soins du gouvernement et du Parlement britanniques, fut-il de s'assurer les subsides nécessaires. La dette anglaise, cette dette qui dépasse à elle seule celle de tous les États de l'Europe ensemble, ayant paru assez chargée, l'Angleterre eut recours à l'impôt. Sur la proposition de M. Gladstone, la taxe sur le revenu,

6

qui rapporte annuellement 6 millions 275,000 livres sterling. (156,875,000 fr.), fut doublée pour six mois.

De son côté, le 6 mars, le gouvernement français saisissait le Corps législatif d'un projet de loi ayant pour but d'autoriser le ministre des finances à contracter un emprunt de 250 millions. Le Corps législatif votait à l'unanimité ce projet, le 7 mars, en témoignage de « la confiance la plus entière et du concours le plus résolu. »

La Russie, elle, ne pouvait trouver qu'en elle-même ses éléments de crédit. La forte position occupée par ses nouveaux ennemis sur le marché financier de l'Europe lui interdisait à peu près tout emprunt à l'extérieur. Elle devait également renoncer en partie aux ressources que, puisaient jusque-là dans le grand courant commercial et industriel de l'Occident, son commerce lié par tant de règlements restrictifs et son industrie encore en enfance.

Le 18 février, une proclamation royale publiée à Londres avait interdit l'exportation de toutes armes, munitions, matériel naval ou militaire, machines à vapeur, etc. Cette mesure avait pour objet de priver la Russie de quantités énormes de munitions déjà chargées dans les ports britanniques à destination d'Odessa, et de machines à hélice depuis quelque temps en cours de fabrication pour le compte de l'arsenal militaire de Cronstadt.

Il n'y eut pas jusqu'aux puissances encore neutres qui ne crussent devoir se préparer des ressources pour toutes les éventualités que recélait l'avenir. La Prusse recourut au crédit, et cette mesure financière fut l'occasion d'une démonstration assez énergique de l'opinion parlementaire.

Le comité, à qui la Chambre avait renvoyé la demande faite par le gouvernement prussien d'un emprunt de 30 millions de dollars, recommanda à l'unanimité, par son rapport, le vote de l'emprunt. Mais la résolution qu'il adopta déclarait en termes exprès que, pour parer au danger imminent de la guerre, la Chambre ne pouvait refuser de voter les subsides nécessaires à la défense de l'honneur et de l'indépendance du pays, attendu que le gouvernement du Roi avait déclaré devoir persévérer, à l'avenir, dans la ligne de politique suivie jusqu'à ce jour, conjointement avec les cabinets de Paris, de Vienne et de Londres, mais plus spécialement d'accord avec l'Autriche et les Etats allemands, dans le but de travailler à rétablir la paix sur la base du droit, ainsi qu'elle avait été posée dans les protocoles de Vienne, le gouvernement se réservant la faculté de se prononcer en faveur d'une intervention active.

Il eût été plus désirable sans doute qu'une semblable déclaration émanât du cabinet que de la Chambre, et M. de Manteuffel s'était borné à dire que le cabinet prussien continuerait de faire tous ses efforts pour rétablir la paix de concert avec la France, l'Angleterre et l'Autriche. Il y avait pourtant, dans la résolution de la législature prussienne, une expression intéressante de l'opinion publique et une preuve d'un désir honorable de maintenir la position de la Prusse en Europe.

C'est au nord de l'Europe que les puissances alliées furent le plus tôt prêtes à entrer en campagne. Une redoutable flotte, rassemblée dans les ports anglais de la Manche, n'attendait plus, même avant la déclaration de guerre, qu'un ordre pour faire voile vers les côtes de Russie. L'ordre fut donné pendant ces quelques jours d'attente anxieuse où la situation était impossible à caractériser encore, où on ne savait si on était en paix ou en guerre.

« Je ne puis dire que nous soyons en guerre, disait encore sir Charles Napier, la veille même de son départ pour la Baltique, puisque, à la rigueur, nous sommes encore en paix ; mais je suppose que nous sommes bien près de l'état de guerre. »

La flotte de la Baltique, au commandement de laquelle fut appelé l'amiral sir Charles Napier, était certainement une des plus puissantes que jamais nation eût armées. Peut-être les magnifiques instruments de guerre dont elle se composait, étaient-ils encore peu assouplis, peu maniables, peut-être la nature de leur puissance était-elle peu applicable au terrain sur lequel elle devrait se déployer ; peut-être encore on eût pu désirer plus de cohésion, plus d'instruction pratique dans le personnel rassemblé un peu à la hâte : mais, pour qui connaît l'aptitude spéciale des Anglais aux choses de la mer, il est évident que ces inconvénients avaient peu d'importance.

La question du terrain en avait davantage. Pratiquée par toutes les grandes marines du commerce, et surtout par la marine anglaise, la Baltique se prête difficilement à la navigation des vaisseaux de haut bord. Que serait-ce lorsque cette mer peu profonde et toute hérissée d'écueils, verrait acc roître encore, pour des vaisseaux ennemis, les dangers qu'elle offre d'ordinaire.

Avant même qu'un seul vaisseau anglais eût franchi le Sund, avant que la Baltique et le golfe de Finlande ne fussent débarrassés de glaces, les phares des côtes étaient éteints, les bouées et balises étaient enlevées, et il faudrait des pilotes expérimentés pour se diriger dans ces grands lacs semés de rochers et de bancs de sable.

Parmi les obstacles qu'on allait rencontrer dans ces parages, fallait-il compter la marine de guerre de la Russie ? On pouvait le croire alors, car le nombre et l'échantillon des bâtiments dépassaient ce que les flottes alliées pourraient avoir à mettre en ligne.

La flotte russe de la Baltique se composait de trois divisions, d'environ neuf vaisseaux de ligne chacune (*Voyez* Russie), mouillées selon l'habitude dans les trois ports de guerre de Revel en Esthonie, d'Helsingfors (Sveaborg) en Finlande et de Cronstadt, tous trois dans le golfe de Finlande. De ces trois stations, Revel étant débarrassée de glaces la première, il importait d'empêcher la division qui y séjournait de se réfugier sous les canons de Cronstadt.

La première division de la flotte anglaise destinée à opérer dans la Baltique partit de Portsmouth le 11 mars. Elle se composait de 8 vaisseaux de ligne à hélice, dont 2 trois-ponts, de 4 vapeurs à aube d'un rang inférieur. Elle portait les pavillons des trois amiraux Napier, Chads et Plumridge, et comptait 887 canons, 8,887 hommes d'équipage et 7,570 chevaux-vapeur. Une seconde division se réunissait déjà sous les ordres de l'amiral Corry et, quand elle aurait rejoint la première, le commandant en chef, sir Charles Napier, aurait sous ses ordres une flotte de 44 navires, comptant 22,000 hommes d'équipage et 2,200 canons, mus par une force de 16,000 chevaux-vapeur. Sur les navires dont se composait cette flotte, la plus imposante que le monde eût encore vue réunie, six seulement seraient privés de cette nouvelle et formidable puissance, destinée à faire dans les opérations militaires une révolution aussi complète que dans la navigation commerciale.

S. M. la Reine d'Angleterre était venue assister au départ de cette flotte qui portait la véritable puissance et la fortune du pays. Du yacht royal, elle regarda longtemps ces redoutables instruments de guerre qui s'éloignaient à l'horizon et dont le sillage emportait pour ainsi dire les longues années de paix et de prospérité qui jusqu'alors avaient été accordées à son règne.

Au moment de mettre le pied sur son navire, sir Charles Napier adressa quelques paroles de remerciement et d'adieu au maire et aux aldermen de Portsmouth. « Nous allons, leur dit-il, à la rencontre de l'ennemi commun, d'un ennemi bien préparé. Je suis sûr que tout officier, tout matelot de la flotte fera glorieusement son devoir ; mais cependant, je vous le répète, n'en attendez pas trop. Cette flotte est de formation nouvelle : le système de guerre que nous allons suivre est nouveau, et il faut y réfléchir beaucoup pour trouver quel est le meilleur parti que l'on peut tirer d'une flotte à vapeur. Ce système est tout différent de l'ancien, mais nous ferons de notre mieux. »

Il y avait loin de cette modeste et grave allocution à certaines redomontades *après boire* qu'on avait attribuées à l'amiral. Un grand banquet avait été donné, à l'occasion du départ, en l'honneur de sir Charles Napier, alors le favori du public, et désigné familièrement sous le nom amical de *Charley* (Charlot). Lord Palmerston présidait ce banquet qui eut lieu au club de la Réforme : le spirituel ministre fit un éloge pompeux et mérité de l'amiral, rappela ses exploits de Portugal et de Syrie, et, les têtes s'échauffant, il fut à peu près convenu qu'en face d'une flotte telle que jamais l'Angleterre n'en avait vu une plus magnifique, les forteresses russes n'auraient rien de mieux à faire qu'à s'écrouler.

Nous n'avons pas parlé du contingent français dans les mers du Nord ; c'est que, malgré l'activité inouïe imprimée à la marine impériale par M. Théodore Ducos, la nécessité de garder dans

nos ports les réserves maritimes pour l'expédition des troupes
ne permettait pas encore de faire représenter notre pavillon par
une force plus imposante qu'un vaisseau de ligne et quelques
bâtiments légers.

En Orient, les flottes étaient depuis longtemps rendues sur le
théâtre de la guerre. Pendant les mauvais jours de la saison
d'hiver, et, comme nous l'avons dit, par suite d'une crainte un
peu exagérée des tempêtes de la mer Noire, elles avaient gardé
l'entrée de l'Euxin, envoyant seulement de temps à autre quelques bâtiments à vapeur pour observer l'ennemi ou pour convoyer des bâtiments turcs.

Mais déjà la marine russe s'était condamnée elle-même. Le
gros de la flotte était toujours prudemment à l'abri dans le port
de Sévastopol. Mais les frégates anglaise et française *le Samson*
et *le Cacique*, dans une excursion faite sur les côtes de Circassie,
rencontrèrent dans ces parages une division russe qui prit chasse
devant elles. Cette division avait pour mission de détruire et
d'évacuer toutes les petites forteresses occupées par la Russie sur
la côte d'Abasie. (*Voyez* plus loin, *Russie*, le détail de ces forteresses avant et après l'entrée des flottes alliées dans l'Euxin.)

Dès le 15 mars, tous ces petits postes, et entre autres ceux de
Navaghinsk, de Golovine, de Lazaref, de Véliaminof, de Teng-
hinsk, de Novotroïsk, du Saint-Esprit furent désarmés, évacués
et livrés aux flammes. Leurs garnisons, formant un effectif de
5,000 hommes, aguerris par un long service au centre de cette
Algérie russe, furent concentrées à Sévastopol.

La conduite tenue par la Russie était habile et prudente, mais
elle témoignait après tout d'une impuissance qu'on n'avoue qu'à
la dernière extrémité. Combien d'années, combien d'efforts,
combien d'hommes, combien de millions ne lui avaient pas coûté
ces établissements de l'Abasie, conquis un à un sur les Turcs ou
sur les Tcherkesses ! Et ce n'était là que le début. Que serait-ce
donc quand des armées ennemies s'avanceraient sur ces flottes
dont on évitait déjà la rencontre ou dont la seule présence faisait
tomber des remparts ?

Ces armées promises à la Turquie, on les rassemblait, on les
équipait en toute hâte tant en France qu'en Angleterre. A Lon-

dres, on avait eu d'abord l'idée d'envoyer 10,000 hommes. Mais que faire d'un pareil contingent, et que serait cette armée une fois transportée en Orient? On sait avec quelle rapidité les rangs s'éclaircissent au début d'une campagne. On se décida à envoyer 20,000 hommes sous le commandement d'un vétéran des armées britanniques, lord Raglan, plus connu sous le nom de Fitzroy-Somerset, qui avait fait la campagne d'Espagne sous les ordres du duc de Wellington, et avait perdu un bras à Waterloo. Les plus grands noms de l'aristocratie anglaise lui furent adjoints dans les divers commandements. L'opinion publique devançait l'administration dans toutes ces mesures. On eût voulu une démonstration militaire plus imposante, plus digne du pays. L'envoi de 20,000 hommes ne paraissait pas être l'indice d'une décision suffisante. On obtint, en effet, que le contingent britannique fût porté à 25,000 hommes.

La passion patriotique touchait à l'excès dans ces récriminations, dans ces plaintes qui eussent été bien plus justement dirigées contre l'organisation générale du royaume uni que contre l'administration elle-même.

Sans doute on eût pu trouver facilement en Angleterre des hommes capables de conduire la guerre dans laquelle on allait s'engager, avec plus d'énergie que ceux qui étaient en ce moment au pouvoir. Leurs antécédents politiques, leur passion bien connue de la paix pouvaient être considérés à l'avance comme des obstacles à une décision sans arrière-pensée, comme un encouragement aux prétentions de l'adversaire. C'est ce tempérament fâcheux du ministère anglais qui, malgré son incontestable loyauté, va l'affaiblir à l'avance en Angleterre et en Europe. Il conservera la gestion des affaires du pays, mais il sera dans un état de suspicion continuelle.

En France, les préparatifs militaires ne rencontraient pas ces obstacles. Une volonté unique, énergique, n'avait qu'à puiser dans les cadres de la meilleure armée qui soit au monde. Trois divisions, formant ensemble 50,000 hommes, furent dirigées sur les ports de la Méditerranée ou empruntées à cette vaillante armée d'Afrique qui allait devenir pour la France une pépinière de soldats éprouvés et de chefs habiles.

Un premier convoi de 20,000 hommes, réparti sur 24 bâtiments de guerre et suivi de 200 bâtiments du commerce emportant la cavalerie, l'artillerie, les munitions, les vivres et le matériel, partit de Toulon et de Marseille dans les derniers jours du mois de mars.

Le 29 mars, le maréchal de Saint-Arnaud adressait aux troupes françaises de l'Algérie, destinées à s'embarquer pour l'Orient, la proclamation suivante :

« Soldats !

» Dans quelques jours vous partirez pour l'Orient ; vous allez défendre des alliés injustement attaqués et relever le défi que le Tsar a jeté aux nations de l'Occident.

» De la Baltique à la Méditerranée, l'Europe applaudira à vos efforts et à vos succès.

» Vous combattrez côte à côte avec les Anglais, les Turcs, les Egyptiens ; vous savez ce qu'on doit à des compagnons d'armes : union et cordialité dans la vie des camps ; dévouement absolu à la cause commune dans l'action.

» La France et l'Angleterre, autrefois rivales, sont aujourd'hui amies et alliées ; elles ont appris à s'estimer en se combattant ; ensemble elles sont maîtresses des mers. Les flottes approvisionneront l'armée pendant que la disette sera dans le camp ennemi.

» Les Turcs, les Egyptiens ont su tenir tête aux Russes depuis le commencement de la guerre ; seuls ils les ont battus dans plusieurs rencontres ; que ne feront-ils pas, secondés par vos bataillons !

» Soldats ! les aigles de l'empire reprennent leur vol, non pour menacer l'Europe, mais pour la défendre. Portez-les encore une fois comme vos pères les ont portées avant vous ; comme eux, répétons tous, avant de quitter la France, le cri qui les conduisit tant de fois à la victoire : *Vive l'Empereur !* »

Le point de débarquement choisi pour les troupes européennes en Turquie fut Gallipoli, petite ville sur la presqu'île de ce nom, à l'entrée des Dardanelles.

Cependant, tandis que des convois successifs déposaient aux portes de Constantinople les soldats de l'Occident, la guerre allait prendre sur le Danube un nouveau caractère. L'arrivée prochaine sur le théâtre de la lutte des forces européennes devait modifier profondément les plans primitifs des généraux russes. Et d'ailleurs l'attitude de plus en plus prononcée des puissances allemandes dictait à la Russie une conduite nouvelle. C'est à Vienne qu'il nous faut retourner pour surprendre en partie le secret de ces mouvements.

CHAPITRE VI.

ALLIANCES ET NEUTRALITÉS.

Nouveau protocole du 9 avril, engagements positifs pris par les puissances allemandes, initiative de l'Autriche, répugnances de la Prusse, efforts faits par la diplomatie russe pour empêcher cet acte, mission du duc de Mecklembourg, mission opposée du baron de Hess, base d'une convention spéciale entre les puissances allemandes, traité offensif et défensif du 20 avril, l'intérêt allemand et l'intérêt européen. — Traité d'alliance offensive et défensive entre la France et l'Angleterre, à qui revient l'honneur de cette union définitive, loyauté intelligente du gouvernement français. — Efforts tentés par la Russie pour entraîner dans son alliance les puissances scandinaves, déclarations de neutralité de la Suède et du Danemark, mécontentement et menaces de la Russie, attitude énergique de la Suède. — Recherche d'une alliance avec la Perse, conséquences possibles d'une union de ce genre, nouvel échec de la Russie, déclaration de neutralité de la Perse. — Le seul allié de la Russie c'est l'insurrection grecque, efforts tentés par les puissances occidentales pour améliorer le sort des chrétiens, firman qui proclame l'égalité, comment on l'exécute, souffrances trop réelles des chrétiens, causes d'insurrection permanentes. — Insurrection grecque, son caractère, complicité de la cour d'Athènes; réclamations de la Turquie, rupture diplomatique, remontrances sévères des puissances occidentales; l'insurrection hâtive. — Menaces révolutionnaires de la Russie; le Montenegro, la Serbie. — A chacun ses alliances.

Pendant que les puissances engagées dans la guerre faisaient avec activité leurs préparatifs, les puissances allemandes, sans aller aussi loin que la France et l'Angleterre, crurent ne pouvoir se refuser à signifier à la Russie que l'état de guerre n'avait rien changé à leur manière d'apprécier les événements et les principes. Le 9 avril, à la demande des plénipotentiaires des deux puissances occidentales, la conférence de Vienne se réunit, et les représentants de l'Autriche et de la Prusse signèrent un protocole plus explicite encore que tous les précédents, et duquel il résultait que le changement survenu « dans l'attitude de deux des puissances représentées à la conférence de Vienne, par suite d'un parti directement adopté par la France et l'Angleterre, soutenues par l'Autriche et par la Prusse comme étant fondées en droit, avait été considéré par les représentants de l'Autriche et de la Prusse comme entraînant la nécessité d'une nouvelle déclaration de l'union des quatre puissances sur la base des principes consignés dans les protocoles du 5 décembre 1853 et du 13 janvier 1854. »

En conséquence, ils avaient « dans ce moment solennel, proclamé que leurs gouvernements demeuraient unis dans le double objet :

» 1° De maintenir l'intégrité territoriale de l'empire ottoman, dont le fait de l'évacuation des Principautés danubiennes est et sera toujours l'une des conditions essentielles ;

» Et 2° de consolider, dans un intérêt si conforme aux sentiments du Sultan, et par tous les moyens compatibles avec son indépendance et sa souveraineté, les droits civils et religieux des sujets chrétiens de la Porte.

» L'intégrité territoriale de l'empire ottoman, ajoutaient les signataires du protocole, est et demeure la condition sine qua non de toute transaction ayant pour objet le rétablissement de la paix entre les puissances belligérantes ; et les gouvernements représentés par les soussignés s'engagent à s'efforcer en commun de découvrir les garanties les plus propres à attacher l'existence de cet empire à l'équilibre général de l'Europe; de même qu'elles se proclament également prêtes à délibérer et à venir à une entente sur l'emploi des moyens calculés pour accomplir l'objet de leur convention. »

Et ils prenaient, en terminant, ces engagements significatifs : « Quelque événement qui puisse surgir par suite de la présente convention, basée uniquement sur les intérêts généraux de l'Europe, et dont l'objet ne peut être obtenu que par le retour d'une paix solide et durable, les gouvernements représentés par les soussignés s'engagent réciproquement à n'entrer, avec la cour

impériale de Russie, ni avec aucune autre puissance, dans aucun
arrangement en opposition avec les principes ci-dessus énoncés,
sans en avoir préalablement délibéré en commun. »

C'était surtout l'Autriche qui se rapprochait, par ce protocole,
des puissances occidentales. C'est à elle, on ne l'aura pas oublié,
que revenait l'honneur de l'idée d'un traité à quatre. Si la
Prusse avait refusé d'y apposer sa signature, au moins n'avait-
elle pas osé se retirer de l'accord commun, lorsqu'il ne s'agissait
que de confirmer solennellement des principes déjà affirmés
par elle. C'est à elle encore qu'il faut attribuer cette accession
de la Prusse à une déclaration nouvelle qui l'engageait plus
peut-être qu'elle ne l'aurait voulu.

La Russie avait fait, pour empêcher cet acte, un effort nouveau qui en déterminait la portée. Pour jeter de la désunion
entre les puissances occidentales et les puissances allemandes,
le duc Georges de Mecklenbourg-Strélitz avait été envoyé de
Saint-Pétersbourg avec de nouvelles propositions conciliantes
qui furent approuvées par la Prusse. Mettre en avant une proposition de paix assez plausible pour que les puissances allemandes s'en pussent faire un prétexte d'abandonner les intérêts de
l'Europe et de rétracter les principes proclamés à Vienne, tel
était l'objet de cette mission.

Pour contrebalancer l'effet de ces intrigues, le cabinet autrichien
avait envoyé à la cour de Berlin le feldzeugmestre baron de Hess,
chargé de proposer les bases suivantes : 1° Solidarité complète
entre la Prusse et l'Autriche avec le reste de l'Allemagne et les
autres États non allemands ; cette solidarité, qui pourrait être appuyée d'une armée de 400,000 hommes, créerait une force prête
pour toute éventualité et totalement indépendante de l'étranger;
2° stricte neutralité, en se tenant sur les principes établis dans le
protocole de la conférence de Vienne, vis-à-vis de la Russie, en
sorte que cette neutralité pourrait se traduire en une intervention
active contre la Russie si les forces des puissances occidentales ne suffisaient pas pour la faire rentrer dans les limites
tracées par la conférence de Vienne; 3° continuation des conférences de Vienne pour établir les bases de la paix future et
se concerter sur les mesures à prendre éventuellement; 4° accord

sur la mobilisation en général et sur les positions militaires.

Cette proposition fut agréée et, cette fois encore, l'influence russe subit un échec en Allemagne. A la suite de l'acte du 9 avril, les puissances allemandes s'unirent par une convention spéciale, un seul et même acte étant difficilement applicable à des résolutions déjà prises et à des faits éventuels. Cette convention affecta la forme d'un traité d'alliance offensive et défensive, qui fut signé à Berlin le 20 avril. Ce traité se composait d'une convention générale, d'une annexe et d'une convention militaire, dans lesquelles l'occupation prolongée de la Moldavie et la Valachie était considérée comme devant entraîner l'état de guerre avec la Russie, ainsi que toute tentative faite par l'armée russe pour passer les Balkans. Au cas prévu d'une offensive nécessaire, l'Autriche commencerait la lutte, et la Prusse s'engagerait à la soutenir au moyen d'une armée de 150,000 hommes.

Voici de quelle manière le gouvernement français interpréta la part prise par les puissances allemandes à l'acte du 9 avril. C'était, dit le *Moniteur*, un lien de plus entre les quatre cours ; l'union qui s'était formée entre elles dans le but de maintenir la paix menacée par la Russie, se fortifiait loin de se briser, au moment où la France et l'Angleterre jugeaient que leurs intérêts et leur dignité les forçaient à renoncer à des négociations captieuses. En affirmant la justice de la cause qui armait les deux puissances maritimes, l'Autriche et la Prusse comprenaient comme elles la nécessité d'imposer à la Russie des conditions qui la missent à l'avenir dans l'impossibilité de troubler le monde par un nouvel éclat de son ambition. ,

Que telle eût été la pensée intime des deux puissances allemandes, on pouvait en douter. La Prusse n'était arrivée à signer le protocole qu'avec une visible répugnance. L'Angleterre ne se montra pas aussi satisfaite que la France voulait bien l'être.

« Ce n'est pas là précisément, dit à la Chambre des lords le comte de Clarendon, ce n'est pas précisément ce que désirait le gouvernement anglais, et ce que le gouvernement autrichien était convenu de prendre pour base d'un traité ; on a donné à cet arrangement la forme d'un protocole pour accéder au vœu

du gouvernement prussien. Au reste, le protocole contient en
substance les mêmes dispositions que devait contenir le projet
de traité. »

En fait, le gouvernement prussien n'avait vu, dans la convention du 20 avril, et cette convention était le corollaire allemand
du protocole du 9, qu'un engagement isolé d'Allemands à Allemands, en vue d'un intérêt allemand. Les intérêts généraux de
l'Europe n'auraient pas eu assez de poids à ses yeux pour mériter une déclaration aussi grave. Serait-ce même calomnier les
deux puissances allemandes, que de dire que, bien qu'elles
eussent pris part à toutes les grandes déclarations de principes,
elles n'avaient pas même encore une résolution arrêtée pour le
cas probable où l'action deviendrait nécessaire. On cherchait
en vain à Berlin les symptômes d'une politique entièrement indépendante. L'Autriche avait plutôt des velléités d'énergie, qu'une
énergie véritable. Ainsi, avec d'immenses ressources, avec une
situation géographique qui leur permettaient de tenir la Russie en
échec, et des peuples dont l'opinion n'était pas douteuse, les
puissances allemandes semblaient paralysées, toutes les fois que
le monde s'attendait à les voir passer de la parole à l'action.

L'Angleterre et la France ne devaient plus donner le spectacle
de temporisations et de défaillances de ce genre. Elles aussi conclurent au lendemain du nouveau protocole, le 10 avril, un traité
d'alliance. Mais là, point d'ambages, point de sous-entendus. La
parole valait l'action.

Pour prévenir le retour des événements déplorables qui avaient
troublé la tranquillité de l'Europe, les deux puissances s'engageaient à maintenir des forces navales et militaires suffisantes
qu'elles emploieraient en conséquence d'un arrangement ultérieur.
Elles convenaient de délibérer de concert sur toutes les propositions relatives à la cessation des hostilités; elles renonçaient d'a-
bord, et de la manière la plus formelle, à toute espèce de vues
intéressées d'influence exclusive et d'agrandissement; elles déclaraient qu'elles étaient toutes prêtes à accepter la coopération
des autres puissances de l'Europe dans cette alliance.

L'histoire des alliances politiques, on peut le dire avec fierté,
n'en présente pas une seule qui ait été, comme celle-ci, fondée

sur le respect du droit, conclue pour la défense du faible, en vue de la paix du monde et sans aucune arrière-pensée d'ambition égoïste.

Pour la première fois, les deux peuples les plus civilisés, les deux puissances les plus redoutables de l'Europe, les deux budgets les plus riches, les deux industries les plus florissantes, les deux commerces les plus étendus confondaient leurs efforts, leurs ressources dans une action commune (1).

C'est avec un juste sentiment de fierté que nous le disons, une bonne part revient à la France dans cette heureuse alliance, qui paraît appelée à modifier les conditions de la vie politique en Europe. C'est à la patience, à la sage fermeté, à l'intelligence supérieure, à la loyauté de son chef, que la seconde moitié de ce siècle devra de présenter ce spectacle d'une union définitive entre deux grandes nations qu'un dernier malentendu pouvait peut-être séparer à jamais. Que la pensée se reporte aux injures que la presse et l'opinion publique dans la Grande-Bretagne prodiguaient, quelques mois auparavant, à notre pays et au chef qu'il venait de se donner, et on comprendra l'élévation de cette politique dont la sincérité constante avait triomphé de tant de vieux préjugés, de tant de défiances invétérées.

L'alliance une fois consommée, les hommages les plus éclatants sont rendus par les chefs politiques de l'Angleterre à celui qui a su opérer cette grande œuvre de réconciliation. Rassemblons ici quelques-uns de ces panégyriques arrachés à l'admiration des hommes les plus considérables de la Grande-Bretagne.

« Qu'il me soit permis de rendre un éclatant témoignage à la conduite loyale et honorable du gouvernement français dans toutes ces affaires, et qu'il me soit permis d'ajouter que le gouver-

(1) Il n'échappera pas aux lecteurs de l'Annuaire de Lesur que, rigoureusement parlant, l'alliance avec l'Angleterre a déjà deux fois, avant 1854, revêtu la forme précise d'un concours actif à un but commun, à un système politique arrêté. La première fois, ce fut lors du quadruple traité conclu pour défendre l'ordre constitutionnel de succession en Portugal et en Espagne ; la seconde fois, lorsque les deux États associèrent leurs forces et leur influence dans la Plata. Mais ces alliances d'un moment ne sauraient être comparées pour l'importance du but, des moyens, des résultats, à l'alliance définitive de 1854.

nement français a été on ne peut plus fidèlement représenté par
son ambassadeur ici. Les deux gouvernements ont été en communication presque journalière; ils ont formé pour ainsi dire
un seul cabinet, et je puis assurer qu'il y a 'eu entre eux beaucoup moins de dissentiments qu'il n'y en a quelquefois dans nos
propres cabinets. » (Lord Clarendon, Chambre des lords, 31
janvier.)

« L'Empereur des Français, dans toutes ces affaires, et pendant toute une année de communications presque quotidiennes,
a été si amical, si rempli de droiture, qu'il serait impossible de
ne pas mettre en lui la plus grande confiance. » (Lord John
Russell, Communes, 17 février.)

« Dans toutes ces négociations difficiles et compliquées, l'Angleterre doit beaucoup au gouvernement français et à l'Empereur
qui en est le chef. Sa conduite a toujours été excellente et telle
que nous n'avons pas eu le moindre sujet de nous en plaindre. »
(Sir James Graham, même séance.)

« Depuis le premier jour, nous avons conservé l'entente la
plus cordiale et la plus constante avec la France, et nous avons
tout motif d'être satisfaits de la parfaite loyauté, de l'honneur,
de la bonne foi et des sentiments cordiaux que nous a témoignés
le gouvernement français. Quelle que soit l'issue des négociations, nous serons toujours très-heureux d'avoir établi cette
alliance et cette amitié qui, je le crois, dureront longtemps. »
(Lord d'Aberdeen, Chambre des lords, 14 février.)

« Nous avons eu à traiter pendant plus de douze mois les
négociations les plus difficiles et les plus compliquées avec le
souverain de la France ; et je ne dis rien de plus que la stricte
vérité en déclarant que, pendant cette période, nous avons
trouvé chez lui la plus grande droiture et la plus parfaite
loyauté, jointes à la sincérité de caractère de la nature la plus
élevée, et une énergie d'intentions, une communauté de détermination qui nous ont inspiré la confiance implicite en sa personne que, je suis fier de le proclamer, il s'est toujours déclaré
disposé de son côté à avoir en nous. » (Lord Palmerston, banquet
donné le 8 mars au vice-amiral sir Charles Napier.)

L'opposition elle-même ne pouvait s'empêcher de payer au

chef de la France un juste tribut d'admiration et de reconnaissance. Le marquis de Clanricarde disait par exemple : « Je ne
puis me dispenser de parler dans les termes les plus honorables
de la loyauté, de la bonne foi et de l'honneur de l'Empereur des
Français. Le gouvernement français s'est conduit dans toutes
ces négociations de manière à lui gagner non-seulement le
respect, mais la reconnaissance de tous les habitants de ce
royaume. » (Chambre des lords, 14 février.)

« Milords, bien que je ne puisse pas me défendre d'un sentiment pénible en voyant l'Angleterre entreprendre une guerre
qui sera sans doute longue et coûteuse, je dois rendre hommage
à cette parfaite entente qui, fort heureusement, existe entre l'Angleterre et la France.

» Depuis le moment où les mémorables paroles « l'Empire c'est
la paix » ont été prononcées, jusqu'au moment où l'on a proclamé « que le temps des conquêtes était passé, » nous avons eu
de nombreuses occasions de nous convaincre de la parfaite
bonne foi de la France.

» Dans ma conviction, on peut mettre toute confiance dans la
loyauté de l'Empereur. Il est possible qu'à l'époque, peu éloignée
du reste, où il a été nécessaire d'augmenter les forces navales
et militaires de l'Angleterre, mesure qui, si elle n'avait pas été
prise alors, serait devenue urgente maintenant, il est possible,
dis-je, qu'à cette époque-là, il y ait eu des personnes qui doutassent, non pas des intentions de l'homme extraordinaire qui
sauva la France de l'anarchie et la plaça au premier rang parmi
les peuples de l'Europe, mais qui doutassent qu'il fût au pouvoir
d'aucun homme, quelque puissante que fût son intelligence, de
réunir et de dominer tous les partis, et surtout d'éteindre ce qui,
dans l'esprit de tout Français, occupait toujours la première
place, la soif de gloire et d'autorité militaire. » (Chambre des
lords, 31 mars, discours de lord Derby, ancien premier lord de
la trésorerie.)

- Ainsi, peu à peu, se formaient, en Europe, en vue de la lutte
qui s'ouvrait, des groupes d'alliances correspondants aux affinités,
aux intérêts, aux situations. La Russie, de son côté, cherchait à
contracter des unions secrètes ou ostensibles. On a vu comment

7

elle avait échoué en Allemagne. Elle ne fut pas plus heureuse sur
d'autres terrains.

Au moment où la Baltique allait devenir le théâtre d'une rencontre entre elle et les puissances occidentales, la Russie essaya
de peser sur les deux royaumes qui en possèdent les clefs. Mettre
dans ses intérêts le Danemark et la Suède, c'eût été fermer le
Sund aux flottes alliées. Pour échapper à ces obsessions, la Suède
et le Danemark firent une déclaration de neutralité. Dans ces
conditions, la neutralité des deux puissances scandinaves n'était
pas de la complicité comme celle qu'on attendait des puissances
allemandes. C'était de l'indépendance, avec une nuance de sympathie pour la cause des puissances occidentales.

Cette attitude n'empêcha pas, au reste, les deux gouvernements de se tenir prêts à faire respecter énergiquement leur
position. Les quatre États de Suède votèrent sur-le-champ et à
l'unanimité les sommes demandées par le gouvernement suédois,
et l'île de Gothland, l'un des points stratégiques les plus importants de la Baltique, fut renforcée par l'envoi de cinq régiments
d'infanterie et d'un régiment de cavalerie. (*Voyez* Suède.)

En même temps, les deux gouvernements adressaient aux cabinets de Londres et de Paris une liste des ports et des places fortifiées dans lesquels ils n'admettraient pas les vaisseaux de guerre.

En vain la diplomatie russe essaya-t-elle de modifier ces résolutions ; en vain se refusa-t-on, à Saint-Pétersbourg, à reconnaître ces neutralités gênantes.

Aux exigences de la Russie, présentées avec une hauteur qui
dissimulait à peine la menace, il fut répondu avec une dignité
énergique. Ce ne fut que le 7 mars que le gouvernement russe se
résolut à reconnaître sans conditions la neutralité de la Suède. Il
est permis de croire que l'attitude résolue du gouvernement suédois n'avait pas peu contribué à ce résultat.

Battue de ce côté, la politique russe avait paru un moment sur
le point de réussir en Asie. La Perse est, on le sait, le point de
rencontre des deux influences qui se disputent l'Asie. Le gouvernement russe avait, dès les derniers jours de 1853, envoyé en
mission extraordinaire à Téhéran M. Kanikof, directeur de la
chancellerie diplomatique de Tiflis. De son côté, après une rup-

ture momentanée, le représentant de S. M. Britannique à Teheran avait repris ses relations avec le gouvernement persan. L'envoyé russe prodiguait auprès du Divan de Teheran les promesses et les menaces; il semait l'or, et on sait si le Schah, ou plutôt ses ministres, sont insensibles à de pareils arguments.

Un moment, on put croire au succès de ces menées et le bruit courut qu'un traité d'alliance offensive et défensive avait été conclu entre les deux cours. C'eût été là, non pas une menace sérieuse, mais au moins une diversion inquiétante. Une semblable alliance eût au moins ameuté sur les derrières de la Turquie asiatique les Kurdes, ces brigands armés; elle eût surtout gêné dans les Indes l'action de l'Angleterre. Mais il n'en était rien. En réalité, quelle que fût la vénalité du gouvernement persan, il n'y avait pas lieu de craindre qu'il se départît sérieusement de la neutralité. Le Divan faisait grand bruit d'armements dirigés sur les frontières, du côté d'Erzeroum, de Bagdad, du Khorassan et du golfe Persique : mais l'argent manquait pour organiser et entretenir ces armées peu redoutables ailleurs que sur le papier. Toutes ces rodomontades belliqueuses finirent par une déclaration de neutralité. (*Voyez* Perse.)

La Russie ne réussit que sur un seul point à créer cette diversion qu'elle cherchait par le monde entier. C'est parmi les populations tueques ou slaves du rite grec qu'elle trouva des alliés.

Nous avons, plus d'une fois, insisté sur les efforts tentés par les grandes puissances pour améliorer le sort de ces populations. Il n'est pas une pièce diplomatique échangée en Orient qui ne révèle cette pensée généreuse.

Ainsi, dans une dépêche adressée, le 15 janvier, à M. le comte de Moustier à Berlin, M. Drouyn de Lhuys marquait le caractère civilisateur et chrétien de l'intervention des puissances occidentales en Turquie : ce protectorat amical ne devrait pas avoir seulement pour effet de conserver l'intégrité de l'empire ottoman, il devrait encore augmenter les garanties que, dans le double intérêt de la religion et de l'humanité, on doit désirer pour les sujets chrétiens du Sultan. Jamais non plus le gouvernement ottoman n'avait accepté plus ouvertement l'intervention amicale et civilisatrice des puissances chrétiennes.

Et M. le ministre des affaires étrangères insistait sur le droit de la France à cette espèce de compensation morale de son appui matériel, l'amélioration du sort des chrétiens en Orient. Protéger, ajoutait-il, et défendre la Turquie sans obtenir d'elle en retour des garanties pour nos Francs d'Orient, ce serait « comme un abandon des traditions religieuses de l'Europe, et je comprends que des consciences délicates s'en soient émues. » Ceci répondait à ceux qui accusaient la politique européenne de se faire musulmane. Le patronage de l'Occident aurait seulement ce caractère qu'il ne s'exercerait pas au profit de certains privilégiés, mais à celui des chrétiens de toutes les communions. La Russie elle-même aurait sa part dans le droit de patronage de l'Europe chrétienne ; mais elle n'en aurait pas le privilége exercé par elle « dans un esprit de secte que les autres communions ne sauraient ni comprendre, ni encourager. Convions la Russie, continuait la dépêche, convions-la à se réunir à nous dans un intérêt général pour la chrétienté, n'admettons pas qu'elle trouble le monde dans un intérêt particulier à une seule des branches de la religion du Christ. »

Le 25 février, lord Redcliffe écrivait à lord Clarendon : « J'éprouve une grande satisfaction à vous annoncer que le firman pour l'admission des chrétiens à déposer en justice sur le pied d'égalité avec les musulmans dans tout l'empire turc est prêt. Il a reçu la sanction du Sultan peu d'instants avant que je n'aie eu l'honneur de recevoir les instructions de vos seigneuries, touchant la question que le firman vient de résoudre et régler une fois pour toutes sur une base large et ferme. J'en ai reçu copie de la Porte. On ne perdra pas un moment pour promulguer ce firman. J'en enverrai une traduction par le paquebot de Trieste, qui part après-demain. J'ai lieu d'espérer que ce grand acte de justice, longtemps refusé, sera suivi d'autres preuves de la grande bienveillance du Sultan et de l'amélioration de l'esprit qui règne parmi ses sujets mahométans. C'est mon ardent désir que les chrétiens et les autres classes non musulmanes de la population de cet empire apprécient le bienfait qui leur est accordé, et justifient, par leur conduite paisible et loyale, le nouveau bon vouloir dont ils sont l'objet de la part du Sultan et de son gouvernement. Le Karatch (capitation) n'est plus levé d'une manière vexatoire pour les individus; mais c'est là une taxe injuste et dégradante pour l'abolition complète de laquelle je continuerai de faire les plus énergiques efforts. »

Ces nobles efforts montraient assez combien il était faux de dire que la guerre future dût être une guerre de religion. Au moins autant que la Russie, les gouvernements de France et d'Angleterre avaient revendiqué les droits des chrétiens d'Orient, sans distinction de communions. Avec autant d'énergie, mais sans égoïsme et sans arrière-pensée, ils réclamaient pour eux l'égalité devant la loi, devant la justice : aujourd'hui encore, ils ne donnaient à la Porte le concours de leurs soldats, de leurs flottes, de leurs budgets, qu'à la condition de voir les chrétiens de toutes les communions garantis contre toute brutalité, contre toute vexation, admis à l'égal des Turcs devant le tribunal, dans l'administration, dans l'armée.

Malheureusement, il y avait beaucoup à faire pour arriver à un pareil résultat, et les excitations de la Russie devaient trouver à remuer bien des colères légitimes, bien des souffrances sérieuses. Écoutons le consul anglais à Prevesa, M. Saunders. Voici comment, le 7 février, il dépeint l'état du pays :

« La population grecque, ne voyant aucune espérance de soulagement réel aux maux qui pèsent sur elle, et s'attendant au contraire à être victime d'une oppression plus sérieuse au fur et à mesure des succès des armes turques, est excitée par une impulsion irrésistible à saisir l'occasion actuelle de faire valoir les prétentions que tout individu, quelle que soit sa condition, est habitué à regarder comme fondées sur des droits inaliénables. En même temps, comme elle connaît très-bien les pernicieuses conséquences qu'aurait une occupation russe qui anéantirait toute espérance pour l'avenir, on doit croire que la prompte introduction de réformes sérieuses dans le système administratif pourrait faire beaucoup pour conjurer les périls qu'entraîneraient de plus longs délais. »

Au moment même où on annonçait solennellement aux chrétiens qu'ils allaient jouir enfin d'une égalité de droits complète avec les musulmans, ils avaient à endurer des souffrances plus cruelles que jamais. Aussi, le 3 mars, lord Clarendon écrivait à lord Stratford de Redcliffe : « Il est inutile de demander au gouvernement de ne pas pousser à l'insurrection des provinces turques, si cette insurrection est causée par la corruption et la négligence des autorités turques. »

M. Saunders mentionnait parmi les causes de l'insurrection : « Les actes intolérables d'oppression commis par les autorités locales de l'Épire pour contraindre une population réduite à la misère à payer des taxes qui ne sont pas encore dues, et en y forçant les chrétiens seulement, tandis que d'un autre côté la vicieuse organisation du service du Derbend, et la manière honteuse avec laquelle il en a appelé à ses devoirs pour en faire le prétexte de spoliations commises sur les pays qu'il aurait dû protéger, ont servi à encourager la révolte, à neutraliser tous les efforts pour rétablir la tranquillité sur la frontière. »

Et ce n'étaient pas les autorités seules qui se livraient à ces actes d'oppression. M. Saunders raconte qu'étant allé en compagnie du commissaire turc à Filiatès pour engager les chrétiens à prendre plus de confiance dans les promesses qu'on leur faisait, et pour persuader aux musulmans de s'arrêter dans la carrière des violences et des persécutions, il trouva que « trois villages avaient été complétement ravagés par les Turcs, qu'il avait été sacrifié beaucoup de victimes innocentes *dont les têtes étaient, en guise de trophées*, exposées sur un arbre de la place du marché ! » En cet endroit, une mère avait vu son fils et sa fille liés sous ses yeux et menacés des plus effroyables tortures, car on préparait de l'huile bouillante pour les en couvrir, s'ils ne donnaient pas à leurs persécuteurs une grosse somme d'argent que l'on croyait être en leur possession. « Il faut observer, ajoute M. Saunders, que les coupables sont de riches propriétaires musulmans qui ne regardent pas à commettre, en pareille occasion, toute espèce de barbaries. »

Quelques jours plus tard, il écrit encore : « La ville de Paramythia et un nombre considérable de villages voisins ont été pillés et souvent livrés aux flammes par les Albanais musulmans, agissant sous les ordres de certains chefs dont les noms sont connes; des églises et des monastères ont été ravagés; des femmes et des enfants ont été emmenés en captivité; un nombre considérable de bestiaux ont été enlevés; enfin beaucoup d'individus, particulièrement des vieillards, des enfants, des femmes, ont été torturés et tués avec des raffinements de cruauté trop brutaux pour que je veuille les décrire. »

Fallait-il accuser de ces criminelles violences le gouvernement du Sultan? Non, sans doute, mais seulement l'aveugle brutalité, la cupidité farouche de ses agents dans les provinces excentriques. Loin de l'œil du maître, des fonctionnaires ignorants et corrompus, des soldats indisciplinés infligeaient aux sujets du Sultan des vexations intolérables. Malgré les avis donnés en tout temps par les ambassadeurs des puissances occidentales et par leurs consuls, les populations les moins bien disposées pour la Turquie par le fait de leur origine et de leur religion, étaient en même temps les plus pressurées, et on employait chez elles ou contre elles les troupes les plus indisciplinées et les plus féroces.

On comprendra mieux maintenant les facilités que rencontrait en Grèce et parmi les rayas de l'empire ottoman, la cause de la Russie. L'idée de recourir à la protection du Tsar, et d'attaquer l'empire ottoman au profit de la politique de Saint-Pétersbourg, n'était inspirée, on le sent bien, par aucune sympathie romanesque, par aucun dévouement désintéressé pour le gouvernement ou pour la religion russe. Le gouvernement russe était, pour les insurgés, un instrument; quant au clergé russe, on sait avec quel mépris il est considéré par les membres de l'Eglise grecque. Le crédit du Tsar parmi les chrétiens grecs de Grèce et de Turquie, n'a pas tant pour origine la puissance de la Russie, que le souvenir des anciens griefs et le ressentiment des souffrances et des humiliations subies par le fait des ennemis naturels de l'empereur Nicolas.

C'est sur ce terrain si bien préparé que les agents de la Russie avaient jeté, depuis les derniers mois de 1853, les semences d'une insurrection qui éclata dans les premiers jours de cette année. Dès le 9 février, on apprit qu'un mouvement avait eu lieu à Salonique : les troupes turques avaient dû disperser les insurgés

par la force. Quelques jours après, le pacha de Janina se voyait
contraint à retirer les troupes de la ville, et à les concentrer dans
la citadelle sur le mont Sishanizza.

Les Souliotes avaient levé de nouveau l'étendard de la croix,
et des bandes armées menaçaient Janina. En plusieurs endroits,
les autorités ottomanes avaient dû s'enfuir, faute de troupes. On
craignait que la Serbie et le Montenegro ne s'associassent à ce
mouvement.

Un mois après, l'insurrection semblait avoir gagné toute
l'Epire et toute la Thessalie. Elle comptait environ 5 à 6,000
hommes répartis en quatre grandes bandes : la première, sous les
ordres de S. Karaiskakis, assiégeait la citadelle d'Arta, énergiquement défendue par le Derbend-Agha, Suleyman-Bey. La seconde, commandée par Théodore Grivas, occupait les défilés de
Karisassara. Sur les côtes de l'Albanie, une troisième bande
obéissait à Oikonomos, et, à la frontière de Laressa, Manolides
et Kokalis inquiétaient la garnison de Laressa, commandée par
Ismaël-Frassari.

Il fut bientôt impossible de douter que le mouvement ne fût
parti d'Athènes. Les chefs des insurgés étaient naguère au service du gouvernement hellénique : ils se recrutaient incessamment dans l'armée régulière du roi Othon. On allait jusqu'à favoriser ouvertement le départ des renforts envoyés à la révolte.
Congédiés par le recteur de l'université d'Athènes, bénis par
l'évêque, munis d'armes et de passe-ports, des étudiants quittaient ostensiblement la capitale par centaines. Quelques-uns
d'entre eux, mais non tous, appartenaient aux provinces grecques de la Turquie.

La presse d'Athènes laissa bientôt échapper le secret de ce
mouvement factice.

Un article étrange de l'*Observateur d'Athènes* (17 février),
après avoir exalté la *patience héroïque* du peuple grec au milieu
de circonstances qui le touchaient de si près, après avoir rappelé
ses *espérances légitimes*, ses *destinées présentes et à venir*, blâ-
mait l'agitation qui s'était manifestée dans la capitale et faisait
sonner bien haut les mesures énergiques prises par le gouvernement pour réprimer ce mouvement, le préfet de police cassé, le

sous-commandant de la place d'Athènes mis aux arrêts pour
huit jours, le chef de la musique militaire emprisonné : peines
bien sévères, disait-on, pour des employés qui n'avaient jamais
failli à leur devoir. Mais on se hâtait d'ajouter que l'émotion du
peuple grec était bien naturelle, à l'annonce des événements qui
s'étaient produits sur la frontière. Les provinces de Ratobitzi et
de Tsoumerka en Epire, avaient été *forcées* de prendre les armes
contre la domination ottomane : comment s'étonner qu'en Acar-
nanie et en Phtiotide, nombre de citoyens, ou émigrés de l'Épire,
ou liés aux Épirotes par des relations de famille et d'amitié, eussent songé à prendre les armes pour la même cause. Le gouvernement d'Athènes avait pris des mesures pour empêcher l'invasion du territoire ottoman : mais on avait soin d'ajouter que les
limites actuelles de la Grèce mettaient son gouvernement dans
l'impossibilité de garder ses frontières sans la coopération du
gouvernement ottoman qu'on accusait d'être mal servi et d'op-
primer ceux qu'il devait protéger.

Cet article habile et significatif était suivi de nouvelles de l'insurrection dans lesquelles on exagérait les succès des bandes
révoltées, sans épargner, bien entendu, les échecs aux forces
ottomanes.

L'âme de ces excitations, c'était la Reine , princesse d'un caractère énergique et d'une vive intelligence, dévouée par ambition aux intérêts de la Russie, et prête à courir les chances les
plus graves pour préparer l'extension de la royauté grecque. Oublions un instant les moyens employés, et ne regardons que le
but. Ne se faisait-on pas des illusions singulières? Après les déclarations si précises de l'Empereur de Russie à sir Hamilton
Seymour sur l'avenir qu'il permettrait à la Grèce, comment le
gouvernement hellénique pouvait-il encore conserver quelque
confiance dans un avenir patroné par la Russie ? Jamais celle-ci
ne souffrirait que la Grèce acquît une extension de territoire
qui en fît un état puissant en Orient.

Le mouvement sur lequel on comptait, qu'on avait préparé à
l'avance, dont on soudoyait les chefs et les soldats, ce mouvement qu'à Athènes et à Saint-Pétersbourg on croyait irrésistible,
se borna aux allées et venues de quelques bandes composées en

grande partie de brigands de diverses nationalités, et qui n'avaient guère en vue que le pillage. Dirigées sur des points différents avec une rapidité qui dissimulait leur faiblesse, elles pesaient sur les villages, et, par des menaces de mort et d'incendie, contraignaient les habitants paisibles à se joindre à elles.

En réalité, il fallut le reconnaître, il n'y avait pas d'insurrection grecque en Épire et en Thessalie ; il n'y avait qu'un mouvement factice, venu de la Grèce, dirigé par une main occulte à Athènes. En Épire, sur quarante-quatre villages sommés par les chefs de bandes de prendre les armes, un seul avait répondu à l'appel. Les Souliotes ottomans étaient demeurés tranquilles. La révolte n'apparaissait que sur les pas des aventuriers : elle disparaissait avec eux. Ces misérables faisaient, au reste, tout ce qu'il fallait pour détourner d'un mouvement les populations paisibles. Ils pillaient sans distinction Grecs et Turcs, enlevant les troupeaux, brûlant les fermes, gaspillant les récoltes, exerçant en un mot le brigandage sur une grande échelle, sous le masque de la liberté, de l'émancipation, de la foi religieuse.

Aussi, en Épire, l'insurrection resta-t-elle enfermée dans les montagnes près d'Arta, et en Thessalie près de Domoko (Thaumakoi), de Platana et d'Armyro. L'activité seule des bandits, favorisée par la nature montagneuse du pays et par la connaissance des localités, semblait multiplier leurs ressources. C'étaient des guérillas toujours en mouvement, mais incapables d'opérations sérieuses.

Les dissentiments, les jalousies qui existaient entre les chefs de bandes diminuaient encore leurs chances de succès. Théodore Grivas et Tsavellas, généralissimes tous deux, se contrecarraient mutuellement. Tsavellas se refusait à envoyer à Grivas les munitions venues d'Athènes.

Karaïskakis ; Tsavellas, favori du roi Othon ; Théodore Grivas ; le colonel Zaho Milio, aide de camp du Roi et frère de Spiro Milio, un des chefs du parti russe ; le colonel Vaja ; le général Rangos ; le général Zerva ; le colonel Kucjeniha ; Ralli : tels étaient les chefs de bandes en Épire. En Thessalie, le chef nominal était Papa-Costas ; les autres étaient Hadji-Petros et le général Panuria. Chacun de ces chefs n'avait sous ses ordres que

quelques centaines d'hommes au plus. En dehors de ces bandes
soi-disant organisées, il fallait compter quelques milliers de bandits travaillant pour leur propre compte et 300 forçats échappés
des prisons de Chalcis, par suite, avait-on dit, de la négligence
de leurs gardiens. M. Adam Ducas, envoyé à leur poursuite, eut
soin de ne pas les rencontrer avant qu'ils eussent passé la frontière.

La férocité même des insurgés dénonçait leur faiblesse et leur
indiscipline. A Tricala, en Thessalie, tous les habitants mâles
d'un village turc, hommes, enfants, vieillards, surpris pendant
la nuit, furent égorgés sans distinction d'âge. Les femmes, après
avoir subi les derniers outrages, furent emmenées en captivité
au delà de la frontière, sur le territoire grec. (Rapport officiel
des autorités de Tricala.)

On ne pouvait cependant laisser s'étendre à loisir ce foyer
d'incendie. Déjà, la piraterie, si naturelle aux populations grecques, reparaissait dans l'Archipel ; déjà on parlait de bâtiments
du commerce britannique pillés ou détruits. D'ailleurs, si on ne
se hâtait d'étouffer l'insurrection dans son germe, elle fournirait
sans doute, aux troupes russes des Principautés, une diversion
trop favorable. La Turquie et ses alliés avisèrent. Des bâtiments
légers des marines anglaise et française surveillèrent les îles et
la côte. En même temps, quatre frégates turques et plusieurs
corvettes quittaient le Bosphore, chargées de troupes de renfort
pour les pachas des frontières et allaient attendre une division
française dans les golfes d'Arta et de Volo.

Mais la mesure la plus sagement conçue fut l'envoi de Fuad-
Effendi, en qualité de commissaire extraordinaire dans l'Albanie,
avec les pouvoirs les plus étendus. Le premier soin de Fuad-
Effendi en arrivant à Janina, fut de proclamer une amnistie générale et la remise d'une partie de l'impôt. Cette modération,
alliée à une énergie bien connue, isola l'insurrection et la livra
à ses seules ressources.

Cependant, la complicité du gouvernement hellénique était
trop patente pour que la Porte pût se dispenser de faire entendre
ses protestations à la cour d'Athènes.

Le ministre du Sultan fut chargé par son gouvernement de

demander au cabinet hellénique des explications sur divers actes
qui attestaient la complicité de ce cabinet dans la révolte de l'É-
pire. M. Païcos, ministre des affaires étrangères, ne répondit que
par des récriminations, prétendant que la Grèce seule avait à se
plaindre, que des troupes turques avaient envahi la frontière
hellénique et commis sur le territoire du royaume des violences
sanguinaires.

Les ministres de France et d'Angleterre ayant, comme représentants des puissances protectrices, reçu communication de cette
réponse de M. Païcos aux représentations de Nechet-Bey, s'en-
tendirent pour faire procéder à une enquête scrupuleuse sur les
faits allégués par le gouvernement grec. Il résulta de la manière la
plus formelle de cette enquête que non-seulement aucun des griefs
formulés par M. Païcos n'était fondé, mais que la violation de
frontière et les actes sanguinaires dont il chargeait les autorités
turques appartenaient aux autorités et aux troupes grecques. Il
fut de plus démontré, par des détails recueillis de la bouche même
des individus qui avaient pris part à cette agression, que le gouvernement grec n'avait pas pu être induit en erreur, et qu'il avait
pleine et entière connaissance de tous les incidents de l'affaire
lorsqu'il avait, dans sa Note à Nechet-Bey, accusé les Turcs d'en
être les auteurs.

Le 26 mars, Nechet-Bey revint à Constantinople, et la Porte
fit remettre ses passe-ports à M. Metaxas, ministre de Grèce à
Constantinople, avec invitation de quitter le territoire ottoman
dans les dix jours. Le Divan avait déjà fixé ce même délai aux
sujets hellènes, très-nombreux dans la capitale; mais, sur les
instances du général Baraguey-d'Hilliers, il leur fut accordé trois
semaines. (*Voyez* Grèce.)

Malgré l'agression flagrante dirigée, en pleine paix, par le
gouvernement grec contre la Turquie, celle-ci ne déclara point
la guerre. Il entrait dans les vues des puissances occidentales de
ménager la Grèce, autant que cela serait possible. Elles avaient
le droit de parler sévèrement, et elles en usèrent. On verra, par
la suite des événements, combien le gouvernement d'Athènes
était encore éloigné de comprendre son intérêt véritable dans le
conflit qui partageait l'Europe. Disons ici seulement quelle fut la

fin de cette insurrection sur laquelle s'appuyaient tant d'espérances.

Le 1er avril, les insurgés furent battus sur plusieurs points à
la fois : entre Arta et Pola, sous les ordres de Tsavellas, par Za-
rif-Pacha ; ailleurs, sous Grivas, par Artim-Pacha et Bessim-
Pacha.

Le 25 avril, un des centres insurrectionnels, la ville de Peta,
fut prise par Osman-Pacha. Tsavellas et Karaiskakis furent de
nouveau complétement battus.

Ces échecs ne décourageaient pas l'aveugle imprudence du
gouvernement grec; il s'efforçait, par tous les moyens possibles,
d'égarer l'opinion ; il cherchait à faire croire que sa politique
avait l'approbation de toutes les puissances protectrices, et le
ministre des affaires étrangères cachait au pays et aux chambres
les représentations qui lui avaient été adressées de concert par
les ministres de France, d'Angleterre, d'Autriche et de Prusse.
MM. Forth-Rouen et Wyse durent parler un langage sévère. Ils
protestèrent avec indignation contre l'esprit de mensonge et
d'impudente calomnie qui travestissait une invasion du territoire
ottoman par des troupes grecques en une invasion du territoire
grec par des troupes ottomanes (*Note* du 20 avril).

A Chalcis, en Eubée, les autorités, on l'a vu, laissaient échapper
les prisonniers confiés à leur surveillance, et la désertion put se
faire impunément parmi les soldats qui allèrent grossir les rangs
des pirates. M. Thiesse, consul de France, fut menacé et des sujets
anglais furent inquiétés; il fallut que le contre-amiral Le Barbier de Tinan, après avoir visité plusieurs points du littoral,
vînt à Chalcis et tînt au nomarque et aux autorités militaires un
langage sévère.

A cette occasion, fidèle à ses habitudes d'impudente récrimination, M. Païcos osa adresser à M. Forth-Rouen une note dans
laquelle il dénaturait ces faits et prétendait accuser à son tour
l'agent consulaire français de menaces faites aux autorités de
Chalcis. M. Forth-Rouen répondit comme il convenait, en rejetant sur les ministres qui trompaient l'opinion publique en
Grèce la responsabilité de ce qui pourrait en advenir. (Documents à la date des 22 et 23 avril.)

Quelque caractère que dût prendre plus tard l'obstination hostile de la cour d'Athènes, quelques mesures qu'il fallût employer, même dans son intérêt, pour la vaincre, l'insurrection était désormais jugée (1), et c'est d'elle seule que nous avons à nous occuper en ce moment. C'était un allié qui échappait encore à la Russie : il lui restait la honte d'avoir recouru à de pareils auxiliaires.

Ainsi se continuait de plus en plus cette transformation étrange des attitudes et des situations en Europe. La France écartait de la guerre future, avec peut-être encore plus d'honnêteté que de prudence, l'intérêt révolutionnaire. La Russie ne reculait pas devant les formidables éventualités des soulèvements de races et d'ambitions; elle les comptait parmi ses avantages et se faisait des alliées des passions qu'elle eût écrasées la veille. Le souverain qui devait sa couronne aux hasards d'une révolution récente, se faisait le défenseur des droits établis, tandis que celui qui, pendant vingt-cinq ans, avait professé un respect voisin du fanatisme pour les institutions politiques existantes, apparaissait tout à coup comme un ennemi de la paix et de l'ordre en Europe.

L'empire ottoman, au contraire, et ses alliés, se gardaient avec soin de toute mesure dont on eût pu suspecter le caractère. Si les généraux turcs ouvraient les rangs de l'armée du Danube aux volontaires valaques, au moins dirigeaient-ils sur l'Asie les réfugiés polonais, hongrois ou autres qui offraient à l'empire ottoman le secours de leurs bras. Mais les autorités russes formaient sans scrupule, à Bucharest, une légion dite *gréco-slave*, destinée à être le noyau d'un corps insurrectionnel qu'on jetterait au besoin en Turquie pour soulever les populations grecques.

Quant à l'Europe, elle commençait à ouvrir les yeux sur ces menées et à comparer les deux conduites. Des copies des papiers saisis sur les conspirateurs arrêtés avaient été envoyées aux gouvernements de l'Occident par les ministres de la Porte,

(1) Nous avons réuni dans l'Appendice, à la suite des documents relatifs à la question d'Orient, toutes les pièces relatives à l'insurrection grecque.

et il en ressortait ce fait incontestable qu'une vaste machination
existait depuis plusieurs mois, qu'on s'efforçait de créer un
mouvement général, non-seulement en Grèce et dans les provinces grecques de la Turquie, mais encore en Bulgarie, en Serbie et dans le Montenegro.

De ce dernier côté, la Russie avait essayé, sans plus de succès, de créer une diversion utile à sa cause. Le 28 mars, sur les
excitations d'un envoyé russe, le colonel Kovalevski, le prince
Danilo adressait à tous ses capitaines un appel passionné à une
guerre à mort contre les Turcs; déjà plusieurs milliers d'hommes se réunissaient autour de lui et on n'attendait plus pour
courir au combat et au pillage que les derniers avis de Saint-
Pétersbourg.

Le capitaine autrichien du cercle de Cattaro fut envoyé auprès du prince Danilo pour lui faire des représentations très-
précises. Pour appuyer ces exhortations amicales, le général
Mamula était prêt à envahir le Montenegro au premier signal
d'un mouvement insurrectionnel. L'Autriche, d'ailleurs, possède
un excellent moyen de peser sur les féroces habitants de ce petit
pays stérile, c'est d'en bloquer les frontières et d'y interdire
l'importation des céréales.

La main qui tenait tous ces fils et qui soudoyait toutes ces
révoltes n'était pas difficile à reconnaître. Qui avait, par exemple, fourni à l'ex-prince Milosch, les sommes énormes qu'il avait
semées pour attirer les Serbes dans l'orbite de la Russie? Si les
efforts de ce chef avaient été inutiles, si pour tout résultat il
n'avait obtenu que quelques démonstrations stériles de la jeunesse de Belgrade, il n'en était pas moins vrai qu'une influence
occulte et puissante avait cherché à allumer un vaste incendie
aux portes mêmes de l'Autriche et parmi des populations de
même race que les siennes.

Ainsi, tandis que les alliances à ciel ouvert, fondées sur le
droit et sur l'intérêt général, réunissaient contre la Russie une
somme imposante de forces actives et de sympathies sérieuses,
la Russie ne trouvait à rattacher à sa cause que des alliances
douteuses et secrètes, fondées sur l'ambition mauvaise ou sur
l'esprit de désordre.

Nous ne ne suivrons pas plus loin ces tentatives révolutionnaires dont on avait cru embarrasser, sinon arrêter la marche
des partisans du bon droit. L'histoire de leur insuccès se retrouvera dans les chapitres suivants, par exemple dans le récit des
événements particuliers au royaume de Grèce. Qu'il nous suffise
d'avoir montré ici par la nature même des alliances conclues le
caractère de chacune des deux causes.

CHAPITRE VII.

L'ÉVACUATION.

Le secret des hésitations. — Passage du Danube par les Russes, sens de ce mouvement, est-ce une opération défensive ou une agression nouvelle ; prise d'Isatcha, de Matchin et de Toultcha ; commencement d'évacuation de la petite Valachie ; est-ce une satisfaction donnée à l'Autriche ; campagne de la Dobrutscha, ses résultats possibles. — Préparatifs des alliés, occupation du Pirée, reconnaissances maritimes, le corps expéditionnaire des Dardanelles. — Les premiers coups de canon, insulte au pavillon parlementaire, bombardement d'Odessa, la ville marchande épargnée, les bulletins du général Osten-Sacken. — L'évacuation des Principautés est décidée, on veut la couvrir par un succès ; siége de Silistria, force de la place, fautes commises, échecs successifs, pertes énormes, levée du siége. — Les alliés à Varna.

Retournons maintenant sur le théâtre de la guerre. C'est là que nous surprendrons le secret des hésitations diplomatiques, des négociations sans fin, des politiques expectantes.

Dès le 15 février, tout s'apprêtait dans l'armée russe à Braïla pour un passage du Danube ; des renforts considérables arrivaient incessamment de Reni et de Galatz, et les allées et venues des bateaux à vapeur et des chaloupes canonnières donnaient lieu de temps en temps à des combats d'artillerie avec les batteries turques de la rive droite. C'est ainsi que, dans les premiers jours de février, le feu des Russes détruisit, sous Routschouk, près de l'embouchure du Lom, une partie de la petite flottille que les Turcs y avaient rassemblée.

Le 23 mars, après une canonnade de trente-six heures ouverte

. 8

par les batteries russes des îles du Danube, au-dessous de Braïla
(en Valachie), contre les retranchements turcs placés en avant de
la petite forteresse de Matchin, la flottille russe protégea le débarquement de 24 grands bateaux et radeaux sur la pointe de Gidzeh,
au-dessous de Matchin. En même temps, le général Schilder faisait jeter un pont sur le fleuve. Pendant que s'effectuait le passage
vers Braïla, le général Luders passait de son côté près de Galatz
(en Moldavie) et le général Ouchakof près d'Ismaïl (en Bessarabie). Le général Luders n'éprouva aucune résistance, mais le
général Ouchakof eut à combattre à Tchatal-Bournou quelques
centaines d'hommes et éprouva des pertes sérieuses, ayant à traverser le fleuve vis-à-vis de Toultcha, dans sa plus grande largeur,
sous le feu très-vif de batteries bien servies.

Le lendemain, des ponts permanents étaient établis près de
Braïla, de Galatz et de Toultcha. La colonne partie de Braïla in-
vestissait aussitôt Matchin ; la division Ouchakof, venue de Satunov
près d'Ismaïl, occupait la petite ville de Toultcha, dont le fort
était encore occupé par les Turcs ; enfin, le général Aurep venant
de Galatz prenait position devant Isatcha. Les trois petites forteresses turques du bas Danube se trouvaient bloquées.

Le général turc chargé de la défense de cette ligne, Mustapha-
Pacha, trop faible pour opposer une résistance efficace à des forces
si supérieures, se replia sur Baba-Dagh, petit fort situé à dix lieues
au sud, dans une contrée montueuse près du lac Rassim.

Quelle était la signification de cette marche en avant? Était-ce
le commencement sérieux d'une campagne offensive qui mènerait
les Russes au Balkan, et de là à Constantinople ? L'imagination
des partisans ou des adversaires de la Russie voyait déjà le général
Gortchakof menaçant Andrinople et prenant à revers le Bosphore.
Mais quoi ! on oubliait que la Dobrutscha, cette vaste plaine
marécageuse, était défoncée par le dégel. Les Russes laisseraient-
ils Varna sur leur gauche, ou l'attaqueraient-ils sous le canon
des flottes alliées?

Il ne fallait voir sans doute dans ce mouvement qu'une opération
défensive nécessitée par l'attitude nouvelle de l'Autriche et par la
prévision d'une campagne des Anglo-Français vers les bouches du
Danube qui obligerait l'armée russe à se rapprocher de la Bessa-

rabie, à se fortifier sur le Séreth, sur le Pruth et à Soulina. Maîtres des rives du bas Danube, les Russes n'auraient plus à craindre qu'une escadrille anglo-française vînt dominer le cours du fleuve jusqu'à Galatz, et peut-être porter un corps de débarquement en Moldavie ou en Bessarabie, menaçant ainsi leurs derrières, tandis qu'Omer-Pacha les attaquerait de front en Valachie.

Tel fut le sens du mouvement en avant opéré par l'armée russe dans les derniers jours de mars. Mais, à distance, l'Europe crut à une opération agressive. Le siége nécessairement heureux et rapide des trois sentinelles du bas Danube passa pour une victoire sérieuse. Ces trois forteresses de Matchin, d'Isatcha et de Toultcha n'étaient, à vrai dire, que des postes d'observation destinés à surveiller la rive gauche, à protéger les flottilles turques et à canonner au besoin les bateaux russes. Mais l'héroïque et inutile résistance de quelques centaines de Turcs et d'Egyptiens qui s'y firent hacher, donna le change sur l'importance du résultat.

En même temps, il est vrai, une partie des forces russes quittait la petite Valachie, et quelques jours plus tard ce nouveau mouvement stratégique se prononçait clairement.

Le 16 avril, le général Liprandi reçut l'ordre d'abandonner l'investissement de Kalafat et de retirer ses forces sur la rive gauche de l'Aluta qui sépare la petite Valachie de la grande. Dès lors, toutes les troupes dirigées sur la petite Valachie reçurent contre-ordre et firent face au Danube dans la grande Valachie. L'aile droite de l'armée russe s'appuya à l'Aluta, son quartier général étant à Bucharest.

Était-ce là une réponse aux inquiètes susceptibilités de l'Allemagne?

L'attitude menaçante prise par l'Autriche sur la frontière de Serbie, la réclamation sérieuse élevée sur les menées slaves dans les Principautés, et contre la formation d'un corps franc valaque, tout cela sans doute devait avoir eu quelque influence sur la retraite des forces russes de la petite Valachie. Mais n'était-ce pas, après tout, inquiéter l'Autriche sur un autre point, que de passer le Danube? Aussi est-il permis de croire que l'évacuation de la petite Valachie n'avait pas été seulement déterminée par des motifs politiques. Il y avait là aussi, surtout peut-être un changement total dans le plan d'opération. Le prince Paskévitch avait jugé une concentration de forces nécessaire.

L'éclat donné à cette marche en avant montra bien qu'on s'inquiétait peu des susceptibilités politiques de l'Allemagne.

L'importance exceptionnelle attribuée à cette opération si peu disputée ne pouvait qu'exciter les défiances de l'Autriche. Le passage du Danube fut mis à l'ordre du jour à Saint-Pétersbourg, comme une victoire de premier ordre. Un rescrit impérial adressé au prince Gortchakof signala dans cette *audacieuse attaque*, dans cet *exploit*, « un gage des futurs succès contre les ennemis de la sainte religion de la patrie. » Dans la capitale de l'empire, une convocation extraordinaire fut adressée à tous les hauts fonctionnaires et aux membres du corps diplomatique pour assister, dans la chapelle du palais, à la lecture d'un bulletin triomphal. L'absence du ministre d'Autriche y fut remarquée.

Maîtresse désormais de tout le cours du Danube inférieur, jusqu'à Silistria, la flottille de guerre russe remonta le fleuve jusqu'à Hirsova, petite ville mal fortifiée que les Turcs avaient abandonnée, et jusqu'à Tchervanoda où s'appuie l'aile gauche du fossé de Trajan. A Hirsova s'établit une division russe destinée à lier le corps de la Dobrutscha avec l'armée russe de la Valachie.

Omer-Pacha avait compris bien vite qu'il n'y avait là qu'un piége ou une manœuvre diplomatique. Les Russes suivaient, à la vérité, leur route de 1828 : mais ils n'iraient pas loin. Confiant dans la nature du terrain, dans les places fortes de Silistria, de Schumla, de Varna, assuré du côté de la mer, le généralissime se contenta d'observer, de Rassova, les mouvements du général Luders.

La contrée envahie par les Russes est enclavée entre le Danube et la mer, à partir du coude que fait le fleuve vers le nord, à quelques lieues de Silistria jusqu'à la hauteur de Galatz où il reprend sa direction vers l'est pour se jeter dans l'Euxin. Cette contrée, de douze à vingt lieues de largeur en moyenne, est appelée Tartarie-Dobrutscha et dépend du pachalik de Silistria. En réalité, la Dobrutscha, surtout à cette époque de l'année,

n'est autre chose qu'un marais fangeux, patrie des fièvres palu-
déennes, où l'armée russe allait être inévitablement décimée.
Abandonner, presque sans coup-férir, ce terrain fatal à l'ennemi,
c'était un coup de maître.

Nous l'avons dit, ce mouvement de l'armée russe avait surtout pour cause l'imminence d'une expédition anglo-française.
Dans la première quinzaine de mars, la *Rétribution*, frégate anglaise et le *Caton*, corvette française, avaient reconnu les travaux faits par les Russes aux bouches du Danube. Le camp français de Gallipoli, le camp anglais de Scutari recevaient chaque
jour de nouveaux contingents. On parlait déjà d'un départ de
ces troupes pour Varna.

En France, l'Empereur décidait la formation de deux camps
de manœuvres. Le premier, de 100,000 hommes, serait établi
sur le rivage de la Manche, entre Montreuil et Saint-Omer ; le
second, de 50,000 hommes, serait formé près de Marseille.

Le gouvernement anglais préparait, de son côté, des troupes et
une flotte capable de transporter au besoin les forces qui seraient jugées nécessaires soit dans la Baltique, soit dans la mer
Noire.

Déjà, au reste, une première collision avait lieu entre les
forces alliées et la Russie.

Une frégate à vapeur anglaise, *le Furious*, s'étant rendue le 6
avril à Odessa pour réclamer les consuls et ceux des nationaux
anglais et français qui pouvaient désirer sortir de cette ville à
l'approche des hostilités avec la Russie, malgré le pavillon parlementaire arboré sur ce navire ainsi que sur son embarcation,
les batteries russes tirèrent sept coups de canon à boulet sur
l'embarcation, peu d'instants après qu'elle eut quitté le quai,
sans avoir pu entrer en rapport avec les autorités maritimes. Ce
procédé, sans exemple dans l'histoire des guerres entre nations
civilisées, ne devait pas rester impuni.

Le 22 avril au matin, huit frégates à vapeur, dont trois françaises et cinq anglaises, se dirigèrent sur le port impérial d'O-
dessa, et, à six heures et demie, quatre de ces frégates commencèrent le feu sur les batteries de terre.

Les deux môles ainsi que les batteries intermédiaires répon-

dirent vivement; à dix heures, quatre autres frégates se réunirent aux premières, et alors l'action devint générale. Elle continua jusqu'à cinq heures du soir, heure à laquelle l'amiral
Dundas et l'amiral Hamelin firent signe aux frégates de rallier
l'escadre. L'incendie avait gagné la batterie du môle impérial;
la poudrière avait sauté; une quinzaine de navires, à l'exception
de deux ou trois, étaient coulés ou en feu. Les établissements de
la marine étaient également en feu ou très-endommagés par les
obus. La ville et le port marchand, où se trouvait réunie une
grande quantité de navires de toutes les nations, avaient été
respectés.

Cette ville, qu'on voulut bien considérer comme ouverte,
était défendue par quatre batteries : la première de douze
pièces, placée sur le môle du port de quarantaine et défendant
l'entrée de la grande rade; la seconde de six pièces, défendant
l'entrée du port de quarantaine; la troisième de huit pièces,
croisant son feu avec celui de la seconde batterie et commandant
la rade; la quatrième de huit pièces, placée sur le quai du port
de pratique. En dehors de la ville avaient été établies trois autres batteries un peu plus excentriques.

Lorsque la flotte des alliés se retira, après cette exécution militaire, toutes ces batteries étaient réduites au silence.

Le but des amiraux était de châtier les auteurs d'un attentat
contre le droit des gens : ce but ne fut point dépassé. Les coups
portés par les flottes alliées n'atteignirent que la partie militaire
de la ville, ses établissements de guerre. « L'Europe remarquera,
dit le *Moniteur* français, avec quels scrupules d'humanité, avec
quelle précision de mouvements nos marins ont maintenu la
lutte en dehors de la ville marchande et épargné toute atteinte aux bâtiments de commerce ainsi qu'à la propriété des
neutres. »

Le commandant en chef de l'armée russe de Bessarabie, le
général Osten-Sacken, crut pouvoir tirer avantage de cette modération pour représenter la retraite des marines alliées comme
une fuite, et son bulletin triomphal, pris au sérieux à Saint-
Pétersbourg, égaya un instant l'Europe alarmée.

Les premiers coups de canon étaient tirés. L'énergique attitale des puissances occidentales se prononçait de plus en plus. En Grèce, elles avaient frappé à mort la révolte et la piraterie. Des troupes anglo-françaises occupaient le Pirée.

Une division navale, commandée par le contre-amiral français Le Barbier de Tinan, et composée de la frégate à vapeur et à hélice le Gomer, de la frégate anglaise à hélice le Highflyer et de la corvette française à vapeur le Héron, venait d'appuyer auprès du gouvernement du roi Othon les remontrances que les représentants des deux grandes puissances avaient dû lui adresser, et les soldats de l'Occident campaient aux portes d'Athènes.

C'était bien la guerre cette fois. Le provocateur voulut paraître seulement l'accepter.

Le 23 avril fut publié un nouveau manifeste de l'Empereur de Russie. Sa Majesté persistait à rejeter sur l'Angleterre et sur la France la responsabilité de la guerre, et continuait à donner à la lutte un caractère religieux : « Ce n'est pas, était-il dit dans cette pièce écrite pour exciter le fanatisme populaire, ce n'est pas pour des intérêts mondains que la Russie a pris les armes : elle combat pour la foi chrétienne. Nobiscum Deus ; quis contra nos! »

Dès ce moment, sans doute, tout s'apprêtait déjà au quartier général russe en Valachie pour une évacuation complète. A peine le corps de la petite Valachie, après avoir échoué dans toutes ses tentatives contre Kalafat, s'était-il replié sur l'Aluta, que des instructions étaient données à Bucharest pour commencer les préparatifs de la retraite.

Les autorités russes, craignant qu'on ne remarquât la coïncidence de ces préparatifs avec la concentration des troupes anglo-françaises sur le territoire ottoman, crurent nécessaire de masquer leur mouvement par une déclaration solennelle du baron de Budberg aux boyards, portant que « la petite Valachie n'était évacuée que provisoirement, et que la grande ne le serait pas. » Ces premiers symptômes d'évacuation avaient donné lieu à des manifestations non équivoques de satisfaction parmi les Valaques, et les autorités russes ne l'ignoraient pas ; mais, feignant néanmoins de croire que de pareils bruits étaient de nature à alarmer profondément les populations, le baron de Budberg avait choisi cette supposition bien gratuite pour prétexte de sa déclaration. « Rassurez-vous, leur avait-il dit, les troupes russes n'abandonneront pas votre territoire. » On disait cela aux malheureuses victimes qu'on pressurait sans pitié, qu'on écrasait de réquisitions, auxquelles on imposait le cours forcé du papier-monnaie russe et qu'on incorporait violemment dans les rangs de l'armée envahissante.

Dès lors, cependant, les ordres d'évacuer sur Jassy recevaient leur première exécution, notamment pour les corps que l'on retirait de la petite Valachie.

C'est ainsi que le général Liprandi, au lieu de diriger ses magasins soit au midi sur le Danube, soit à l'est sur Bucharest, les portait au nord de Slatina à Fokschani. Les malades et les blessés étaient, de leur côté, enlevés aux hôpitaux de Bucharest et transportés à Jassy. Enfin, le commissariat de guerre qui, depuis le commencement de l'occupation, était établi dans la capitale de la Valachie, fut lui-même transféré dans celle de Moldavie.

Mais, avant de se décider à ce mouvement, le maréchal Paskévitch, récemment appelé au commandement général de l'armée du Danube, crut pouvoir obtenir un succès capable de masquer la retraite et d'influer sur les résolutions de la politique allemande. Suivant son habitude de ne tenter les coups décisifs qu'avec de grandes masses, le maréchal avait réuni, dans le rayon de Silistria, une armée d'environ 100,000 hommes et une artillerie considérable.

Le siége de cette place fut décidé.

Nous l'avons dit dans le précédent *Annuaire* (*Voyez* p. 205), la force de Silistria consistait, non dans des fortifications régulières à la Vauban, mais dans des forts détachés, dont le principal, celui dit d'Abd ul-Medjïd, avait été construit par un officier prussien très-distingué, le colonel Kuczkowski. Sept autres forts, récemment construits, permettaient d'espérer pour cette place une resistance tout autrement sérieuse que celle de 1829. Mais, enfin, Silistria n'était pas, à beaucoup près, une place de premier ordre.

Sans doute c'eût été porter un coup sensible à la Porte que de lui enlever Silistria ; mais, après avoir rompu la ligne des places fortes du Danube, il restait encore à briser la ligne du Balkan depuis Varna jusqu'à la frontière de Serbie, ligne sur laquelle on rencontrerait Pravadi, Osman-Bazar, Ternova, Sumogh, tous points fortifiés récemment d'une manière sérieuse.

Toutefois, le commandant de Silistria, Moussa-Pacha, s'apprêta à faire une résistance désespérée.

Située au milieu d'un pays délicieux pendant l'été, Silistria est, pendant l'hiver, entourée de marais boueux. Les plaines verdoyantes s'y changent en lacs fétides; c'est l'inconvénient à la fois et l'avantage de sa position près du Danube, au point où il atteint sa plus grande largeur. Le fleuve fait là un coude vers le sud et se divise en plusieurs bras qui forment des îles nombreuses.

Quelques-unes de ces îles furent occupées par les Russes dans les derniers jours d'avril et dans les premiers jours de mai : le passage du Danube fut exécuté à Kalarach, et le général Luders investit la place. Le siége commença le 17 mai, sous la direction de l'aide de camp général Schilder.

Les opérations portèrent le cachet d'une précipitation funeste pour les Russes. En matière de siége, vouloir gagner du temps c'est inévitablement en perdre. L'armée assiégeante multiplia, sans préparations suffisantes, ses attaques et ses échecs.

En un seul jour, le 21 mai, trois assauts infructueux furent livrés contre Arab-Tabia. Le 25 mai, nouvelle attaque également repoussée. Le 29, autre effort aussi malheureux; c'est dans la nuit que les Russes firent cet effort suprême pour s'emparer des ouvrages extérieurs. Une division russe donna l'assaut, mais dut reculer devant l'énergique résistance des assiégés. Elle revint à la charge avec un courage désespéré; quelques soldats russes parvinrent même à s'introduire par les embrasures des batteries; on se battit corps à corps sur les parapets, mais il fallut se décider à la retraite et l'assiégeant rentra dans ses lignes, laissant plus de 1,500 morts dans les fossés des redoutes et sur les glacis, et emportant un nombre considérable de blessés.

Ces défaites continuelles, cette effroyable dépense d'hommes (car on sait ce que coûte un assaut repoussé), ne décourageaient pas l'obstination des Russes, il leur fallait à tout prix Silistria pour couvrir leur retraite. Le 31 mai et le 2 juin virent se renouveler ces attaques acharnées qui vinrent encore se briser contre les remparts de la forteresse ottomane. L'énergique défenseur de Silistria, Moussa-Pacha, trouva la mort dans cette dernière journée.

Les pertes immenses faites par les Russes dans cette série de coups de main contraires à toutes les règles de la guerre de siége, et dans lesquels l'arme russe du génie ne déploya pas l'instruction qu'on pouvait attendre d'elle, forcèrent le prince Paskévitch à renoncer à la satisfaction qu'il voulait se donner avant une retraite. Après deux autres assauts, efforts qui ne furent pas plus heureux (13 et 19 juin), le 22 juin le siége fut levé. Les Russes y avaient perdu des milliers d'hommes, plusieurs généraux, parmi lesquels le général Schilder qui, à vingt-cinq ans de distance, avait repris si malheureusement le siége de Silistria. Ils y avaient perdu plus encore que des hommes et des chefs, leur prestige militaire.

Dès le 9 juin, le maréchal prince Paskévitch, contusionné par un boulet sous Silistria, avait abandonné le commandement de l'armée du Danube au prince Gortchakof et avait été surveiller à Jassy le mouvement général de retraite des forces russes.

A cette heure, en effet, où les troupes alliées étaient prêtes, où les vaisseaux de guerre allaient les porter en deux jours sur les côtes bulgares, les Russes n'avaient plus qu'à renoncer à l'agression. Il leur fallait se concentrer sur leurs lignes de défense, s'apprêter à couvrir soit la Crimée, soit la Bessarabie, ou encore à faire tête à une armée descendant des Karpathes.

L'embarquement des troupes françaises de Gallipoli pour Varna s'effectuait dans les derniers jours de mai, avec une rapidité de mouvement singulière. La première et la seconde division de l'armée d'Orient, commandées par les généraux Canrobert et Bosquet, s'acheminèrent par la voie de mer. La troisième division, commandée par le prince Napoléon, prit, par terre, la route de Gallipoli à Constantinople.

Les Anglais, placés plus près du but, à Scutari, n'arrivèrent à Varna qu'après l'avant-garde française.

Varna, le meilleur port turc de la mer Noire, est, après Schumla, la place la plus forte de la région du Balkan. Malgré ses fortifications incomplètes, elle avait pu, en 1828 et 1829, soutenir un long siége : ces fortifications venaient d'être réparées et agrandies par ordre d'Omer-Pacha.

Le mouillage de Varna, celui de la baie de Kavarna à vingt milles plus au nord, les plus sûrs de la côte, permettaient aux flottes combinées de couvrir à la fois l'entrée du Bosphore et de menacer toute la côte septentrionale de la mer Noire.

On comprend mieux maintenant les mouvements désordonnés de l'armée russe du Séreth à l'Aluta et du Pruth au Danube. On les comprendra mieux encore si, du théâtre de la guerre armée, on se transporte par la pensée sur le théâtre de la guerre diplomatique.

CHAPITRE VIII.

LES QUATRE GARANTIES.

Comment exécutera-t-on le traité du 20 avril? Concours limité de la Prusse, déclaration faite le 24 mai à la Diète germanique ; coalition de Bamberg, prétentions du particularisme allemand, sympathies russes du tiers-parti; entente de la Prusse et de l'Autriche, elles réclament l'adhésion pure et simple des coalisés au traité de Berlin, sanction fédérale de ce traité ; sommation faite à la Russie par l'Autriche et appuyée par la Prusse d'avoir à évacuer les Principautés, entrevue de Teschen, communications officieuses faites au Tsar par les deux souverains; conditions faites par la Russie, elle évacuera moyennant sécurités, elle cherche à éluder les principes du protocole du 9 avril ; la base de résistance de la Russie est dans les petits États d'Allemagne, appréciation de la politique de ces États par les puissances occidentales. — Première indication des garanties exigées par la France et par l'Angleterre, différences de rédaction, la limitation de la puissance russe dans la mer Noire, valeur de l'adhésion de la Russie au protocole du 9 avril, il faut d'abord évacuer. — Protocole du 23 juin, solidarité établie entre les traités de Londres et de Berlin ; convention conclue entre l'Autriche et la Turquie pour l'occupation des Principautés, représentations et menaces de la Prusse, il faut ajourner l'occupation ; circulaire autrichienne du 28 juillet, mise en demeure adressée à la Diète germanique, c'est le prétexte d'un revirement ; la Prusse se déclare satisfaite. — Nouvel acte diplomatique, Notes du 8 août, elles posent définitivement les quatre garanties ; l'Autriche s'approprie les garanties, la Prusse les appuie. — Évacuation des Principautés par les Russes, portée de ce mouvement militaire. — Réponse de la Russie, elle rejette les quatre garanties, sophismes de la Prusse, l'intérêt allemand, la Prusse a peur. — L'Autriche réclame le concours de l'Allemagne, elle occupe les Principautés, caractères de l'occupation, ce qu'eût désiré la Prusse.

Après la signature du traité du 20 avril, il semblait que l'Allemagne fût enfin entrée dans la grande coalition de la paix, et que les deux puissances germaniques dussent être indissolublement unies dans une même pensée. Mais, pour qui connaît les incurables jalousies qui séparent l'Autriche et la Prusse, cet accord superficiel ne devait être que momentané. Assurément, on se diviserait bientôt en Allemagne sur l'exécution et sur l'interprétation de la convention.

C'est ce qui arriva bientôt en effet.

Il nous faut, avant de montrer les puissances vraiment viriles procédant énergiquement à la réalisation de leurs desseins, dérouler la triste histoire des tergiversations, des faiblesses, des subtilités misérables que devaient enfanter ces jalouses dissidences. (*Voyez* aussi Confédération Germanique.)

Plus le moment approchait de réaliser les conséquences de l'alliance, plus les hésitations, les anxiétés, les scrupules, les froissements allaient se multiplier en Allemagne. L'Autriche armait, il est vrai, d'une manière sérieuse, et le général baron de Hess organisait une armée imposante destinée à occuper les Principautés, au cas d'un refus de l'Empereur de Russie de les faire évacuer par ses troupes. La Prusse commençait la mobilisation de ses forces, mais en annonçant hautement son intention de ne pas faire, au cas d'une rupture, une guerre directe à la Russie. Son concours se bornerait à assister l'Autriche de manière à ce que celle-ci pût disposer de tout son effectif.

Le 24 mai, M. le baron de Prokesch-d'Osten, président de la Diète germanique, communiqua à la Diète une déclaration commune de l'Autriche et de la Prusse qui exposait la politique des deux grandes puissances allemandes et le programme de leur attitude future.

Rien de plus formel, de plus décisif en apparence, que ce mémorandum austro-prussien. On y rappelait d'abord les principes tant de fois affirmés par la conférence de Vienne; puis on déduisait de la gravité des circonstances, la nécessité qu'il y avait pour les cours de Vienne et de Berlin à s'unir dans ce danger commun, et à faire un commun appel à l'Allemagne.

« Il est impossible, y disait-on, de ne pas reconnaître que la prolongation du développement des forces militaires sur le bas Danube est incompatible avec les intérêts les plus graves et les plus immédiats de l'Autriche, ainsi qu'avec ceux de l'Allemagne...

Pénétrées de cette conviction, les cours d'Autriche et de Prusse s'adressent avec confiance à leurs alliés allemands... C'est à leurs yeux une nécessité de la politique de l'Allemagne, c'est un élément de sa politique conservatrice, une condition du développement naturel de sa richesse nationale, qu'il existe dans le pays du bas Danube un état bien réglé d'affaires qui s'accorde avec les intérêts de l'Europe centrale..... Les cours d'Autriche et de Prusse...... peuvent nourrir la ferme confiance que leurs hauts alliés fédéraux seront tout prêts à adhérer à la position prise en commun par elles. Leur mission est encore actuellement de se préparer à toutes les éventualités. Les deux augustes monarques s'estimeront certainement heureux que les événements à venir ne leur imposent pas la nécessité d'une autre intervention..... L'Autriche et la Prusse font les vœux les plus ardents pour obtenir la tranquillisante assurance que l'attitude par elles conservée pendant la gravité toujours croissante des négociations pendantes reçoive l'approbation de leurs alliés allemands. Il est devenu *de la plus urgente nécessité* que la décision de tous les membres de la Confédération soit connue par l'intermédiaire du représentant constitutionnel de leurs intentions et de leurs actes, et qu'ils demeurent fidèles les uns aux autres dans les épreuves qu'un prochain avenir peut appeler sur la commune patrie. »

Ne semblait-il pas qu'appuyées sur la convention d'alliance offensive et défensive, ces déclarations si nettes allaient entraîner naturellement l'Allemagne tout entière dans une intervention armée. Or, ces principes, les petits États réunis en conférence à Bamberg, les restreignirent dans de telles limites, qu'ils les réduisirent à une impuissante neutralité.

Ainsi ce n'était pas assez, pour annihiler la politique allemande, des jalouses influences des deux grands États : il fallait encore que les petits intervinssent avec leur personnalité inquiète, avec leurs sympathies secrètes et leurs tendances rétrogrades.

Les plus importants des États secondaires de l'Allemagne s'étaient réunis dans cette conférence de Bamberg. On y trouvait au premier plan les quatre royaumes de Bavière, de Hanovre, de Saxe et de Wurtemberg ; au second plan, les grands-duchés de Bade et de Hesse, l'électorat de Hesse et le duché de Nassau.

Il fut, tout d'abord, proposé à la conférence d'adhérer à la déclaration austro-prussienne du 24 mai ; mais on va voir quelles dissidences cachait cet apparent concours.

Après de nombreuses discussions, on déclara à l'unanimité qu'il était de l'intérêt de tous les Etats allemands d'adhérer purement et simplement à la convention du 20 avril, dans le cas où elle serait soumise à l'approbation de la Diète, en ajoutant que la résolution de la Confédération pouvant être prise en assemblée restreinte, les voix des huit gouvernements représentés à Bamberg garantissaient l'adoption du traité.

On rédigea en même temps un projet de Note qui servirait de base à la réponse des agents de ces différents Etats accrédités à Francfort, si la Prusse et l'Autriche se décidaient à faire à la Diète des communications plus complètes.

On s'engagerait volontiers à couvrir le territoire des deux puissances s'il se trouvait menacé par suite d'une attaque de l'une d'elles ou de toutes les deux contre la Russie ; mais on demandait d'avoir le droit de discuter le *casus fœderis*, s'il s'agissait de faire acte d'agression. On désirait aussi qu'en compensation du secours étendu que les Etats de la Confédération étaient disposés à prêter, dans cette circonstance, aux deux grandes cours, celles-ci s'engageassent à les défendre, si jamais cela devenait nécessaire, avec toutes les forces dont elles disposaient, et non pas seulement en se servant de leur contingent fédéral.

Enfin, on était tombé d'accord sur une réponse identique à adresser à la Prusse et à l'Autriche, dans le cas où les gouvernements approuveraient les conclusions de la Conférence. C'est au cabinet bavarois qu'ils devaient faire connaître leur volonté. M. Von der Pfordten avait essayé d'introduire dans la rédaction de cette réponse un paragraphe relatif à la Grèce, mais sa motion ne fut pas appuyée, et il dut la retirer immédiatement.

Le tiers-parti se dessinait en Allemagne. En sortirait-il une coalition sérieuse, indépendante, capable de disposer de ses voix pour peser tour à tour sur les résolutions des grandes puissances ? C'était au moins douteux. Mais enfin, pour le moment, la conférence de Bamberg était un embarras. Créée par l'Autriche

contre la Prusse, cette petite coalition se retournait aujourd'hui
contre l'Autriche pour la Prusse : c'est-à-dire que toutes les fois
qu'une des deux grandes puissances dégageait son intérêt particulier et manifestait une vitalité propre, les petits États s'empres-
saient de peser sur la bascule et d'entraver une politique
devenue plus ferme, plus active, plus indépendante. (*Voyez*
Allemagne.)

Dans la question d'Orient, il est facile de voir à qui profitait
ce rôle et pour quel intérêt on préparait l'obstacle. La prétention
exorbitante des petits États germaniques, d'imposer un armistice aux puissances belligérantes et d'intervenir dans les délibérations ultérieures, comme puissances collectives, n'avait rien de
sérieux sans doute au point de vue européen ; mais au point de
vue allemand, il pouvait y avoir là une source de difficultés
nouvelles.

Heureusement les deux grandes puissances allemandes réussirent à s'entendre à ce sujet, et, tout en ménageant l'amour-
propre des États secondaires, elles réclamèrent des coalisés de
Bamberg leur adhésion au traité du 20 avril, laissant entendre
que si cette adhésion n'était pas donnée sans condition, l'Autriche et la Prusse n'auraient plus qu'à s'entendre, en dehors de
la diète, avec les États allemands qui avaient déjà adhéré.

A cette mise en demeure assez nette, les États de Bamberg
répondirent en adhérant purement et simplement au traité de
Berlin, à l'exception du Mecklenbourg. Le 28 juillet, le traité
du 20 avril fut donc revêtu de la sanction fédérale.

Ce traité était signé, sanctionné ; il restait à l'exécuter. Il
laissait au cabinet de Vienne le soin d'adresser à la cour de
Saint-Pétersbourg des ouvertures, afin d'obtenir de l'empereur
Nicolas la suspension de la marche de ses armées et l'assurance de
l'évacuation prochaine des principautés danubiennes. Quelle suite
le cabinet de Vienne allait-il donner à cette stipulation du traité
de Berlin ? Agirait-il seul, ou bien les deux cabinets de Vienne et
de Berlin feraient-ils une démarche commune ? Sous quelle forme
les ouvertures seraient-elles présentées à l'empereur Nicolas, au
nom des deux puissances ou au nom de l'Autriche seule ? Et dans
quels termes rédigerait-on cette déclaration, qui semblait si voi-

sine d'une déclaration de guerre ? Que si l'Autriche exécutait le
traité à la lettre, il lui fallait faire elle-même et seule la démarche
convenue, la Prusse n'ayant pris d'autre engagement que celui
d'appuyer la démarche du cabinet de Vienne, et son attitude assez
molle et hésitante dans l'affaire de Bamberg ne pouvant faire
espérer de sa part un concours bien décidé. Cependant ce ne fut
pas ainsi que les choses se passèrent ; la chancellerie autrichienne,
après avoir préparé le projet de la Note qu'elle devait adresser à
la chancellerie russe, communiqua ce projet au cabinet de Berlin, ne voulant lui donner cours qu'après s'être assurée de l'approbation de ce cabinet ; sur cette communication éclata à Berlin
une crise ministérielle. Le projet autrichien avait trouvé tout
d'abord une vive opposition à la cour de Prusse, où il n'avait été
accepté qu'après avoir subi des modifications assez profondes.
Après cela, il fût renvoyé à Vienne, d'où il partit enfin le 2 juin
pour Saint-Pétersbourg.

C'étaient surtout des modifications de forme, des adoucissements de ton qu'on avait demandés à Berlin. C'est à l'aide de
ces atténuations qu'on espérait obtenir de l'empereur Nicolas
les ordres nécessaires pour arrêter les progrès de ses armées, des
assurances pour la prochaine évacuation des principautés danubiennes, et son consentement à traiter de son différend avec la
Porte dans un congrès qui serait chargé de résoudre, dans l'intérêt de la paix et de l'équilibre européen, toutes les questions
que ce différend avait soulevées ; étant bien entendu que l'on
demanderait la cessation des opérations de guerre aussitôt que
la proposition de l'ouverture du congrès serait agréée par la
Russie. L'Autriche n'avait point fixé le délai dans lequel les armées russes devraient repasser le Pruth ; le cabinet de Saint-Pétersbourg désignerait lui-même l'époque précise de l'évacuation
des Principautés, mais on insistait pour que cette opération
s'exécutât prochainement. On insistait aussi sur ce point, que
les Principautés seraient évacuées par les armées russes purement et simplement, et sans avoir égard à l'attitude militaire
de la France et de l'Angleterre et aux positions que les escadres
et les armées de ces deux puissances occupaient déjà dans la mer
Noire et sur les rivages de cette mer.

A une demande faite avec tant de précautions, avec tant d'émotions visibles, et qui cependant n'était au fond qu'une sommation, quelle réponse la Russie allait-elle faire ? Mais, d'ailleurs, la question, diplomatiquement adressée le 2 juin, se doublait d'une démarche moins ostensible, qui fut combinée, à Teschen, entre l'Empereur d'Autriche et le Roi de Prusse.

La rencontre des deux souverains avait été provoquée par l'Empereur d'Autriche qui avait invité son oncle, le Roi de Prusse, à visiter à Teschen sa nièce, la nouvelle impératrice. (*Voyez* Autriche.) Mais l'objet véritable de l'entrevue, c'était de s'entendre sur les questions posées par le traité du 20 avril, par la convention militaire qui en avait été la suite, et par la Note du 2 juin. Les deux souverains s'y décidèrent à de nouvelles et pressantes démarches en faveur d'une médiation.

A la suite de cette entrevue, il fut expédié de Prague et de Berlin des envoyés à Saint-Pétersbourg chargés de remettre à S. M. l'Empereur de Russie des lettres autographes de l'empereur François-Joseph et du roi Frédéric-Guillaume. C'était, disait-on, un dernier et solennel appel aux dispositions conciliantes du Tsar. On y exprimait les sentiments les plus affectueux, le plus vif désir de la paix ; on allait jusqu'à l'adjuration, jusqu'à la supplication amicale. Le Roi de Prusse proposait une entrevue dans une ville située sur la frontière des deux États comme un moyen de rapprochement qui pourrait aplanir toutes les difficultés et rétablir la bonne intelligence, qu'on ne troublerait pas impunément pour le repos de l'Europe et pour la sécurité des trônes.

Ainsi, toujours à la communication officielle s'ajoutait la communication réservée, intime, qui venait détruire, ou tout au moins atténuer l'effet de la première.

Une dépêche, en date du 29 juin, adressée par M. de Nesselrode au représentant de la Russie à Vienne, fut une première réponse du Tsar aux instances de l'Autriche et de la Prusse. Cette dépêche était presque exclusivement consacrée à l'appréciation des motifs qui pouvaient engager l'Empereur de Russie à accorder ou à refuser l'évacuation des Principautés. M. de Nesselrode y renouvelait la déclaration si souvent faite « que l'Empereur voulait la paix comme il l'avait toujours voulue, qu'il ne voulait ni prolon-

ger indéfiniment l'occupation des Principautés, ni s'y établir
d'une manière permanente, ni les incorporer à ses États, encore
moins renverser l'empire ottoman ; » et il ajoutait que, « sous
ce rapport, il ne faisait aucune difficulté de souscrire aux trois
principes déposés dans le protocole du 9 avril, et par conséquent
à procéder à l'évacuation des Principautés *moyennant les sécurités convenables.* »

Cette concession ne suffisait déjà plus. Tandis que l'empereur
Nicolas faisait, en apparence, un pas vers la conciliation, la situation s'était aggravée. La guerre avait imposé de si lourds sacrifices à la Turquie et à ses alliés qu'il devait en résulter des changements dans les conditions de la paix.

La dépêche du 29 juin ne pouvait pas ne pas tenir compte du
protocole signé à Vienne le 9 avril. Les deux puissances allemandes avaient insisté trop obstinément sur les engagements
contractés alors par elles, pour qu'on pût les discuter encore
ou les mettre en oubli. Mais on chercha à les éluder.

On se rappelle les déclarations si précises du 9 avril : Sur la
demande des plénipotentiaires de la France et de la Grande-
Bretagne, la conférence s'est réunie — pour entendre la lecture
des pièces qui établissent que l'état de guerre déjà déclaré entre
la Russie et la Sublime-Porte existe également de fait entre la
Russie d'une part et la France et la Grande-Bretagne de l'autre ;
— et pour constater de nouveau l'union des quatre gouvernements sur le terrain des principes posés dans les protocoles des
5 décembre 1853 et 13 janvier 1854 ; en conséquence, les quatre représentants s'accordent à déclarer :

Que les quatre gouvernements restent unis dans le double but
— de maintenir l'intégrité territoriale de l'empire ottoman qui
est et qui demeure la condition *sine quâ non* de toute transaction destinée à rétablir la paix entre les puissances belligérantes,
et dont le fait de l'évacuation des principautés danubiennes est
et restera une des conditions essentielles ; — de consolider, dans
un intérêt si conforme aux sentiments du Sultan et par tous les
moyens compatibles avec son indépendance et sa souveraineté,
les droits civils et religieux des chrétiens sujets de la Porte ;

Que les quatre gouvernements s'engagent à rechercher en

commun les garanties les plus propres à rattacher l'existence de
cet empire à l'équilibre général de l'Europe;

Que les quatre gouvernements s'engagent enfin réciproquement à n'entrer dans aucun arrangement définitif avec la cour
impériale de Russie ou avec toute autre puissance, qui serait
contraire aux principes énoncés ci-dessus, sans en avoir délibéré
en commun.

Rien de plus net, sans doute. La dépêche russe du 29 juin
« ne fit aucune difficulté de souscrire aux trois principes déposés
dans le protocole du 9 avril ; » mais, tout en y souscrivant, on
faisait disparaître le plus important. On admettait le maintien de
l'intégrité de la Turquie, l'évacuation des Principautés et tout
ce qui devait assurer la consolidation des droits des chrétiens
dans l'empire ottoman ; mais on n'avait garde d'aller avec le
protocole jusqu'à rechercher en commun les garanties les plus
propres à rattacher l'existence de l'empire ottoman à l'équilibre général de l'Europe. Là, la dépêche russe du 29 juin
enveloppait son adhésion dans les équivoques et dans les réti-
cences.

Les termes de cette adhésion soulevaient encore de graves
objections sous un autre rapport. M. de Nesselrode, en souscrivant au protocole en ce qui touchait à la consolidation des droits
des chrétiens en Turquie, expliquait comment ces droits devaient
être entendus. Il réunissait les droits civils et les droits religieux,
et, en acceptant pour les sujets chrétiens du Sultan les nouveaux priviléges qu'on voudrait leur accorder, il désirait que l'on
conservât les anciens. « S'il en était ainsi, ajoutait la dépêche,
les demandes que l'Empereur a faites à la Porte seraient remplies, le motif du différend écarté, et S. M. prête à concourir à
la garantie européenne de ces priviléges. »

A Londres et à Paris on repoussa cette interprétation comme
erronée et abusive; on répondit qu'il en résulterait un système
de protection incompatible avec l'indépendance et les droits souverains de la Porte.

L'apparente concession du 29 juin fut-elle mieux accueillie à
Vienne et à Berlin qu'à Paris et à Londres ? La réponse des deux
cours allemandes se trouve, pour l'Autriche, dans une circulaire

que M. de Buol adressa le 21 juillet aux ministres autrichiens à Paris et à Londres, et pour la Prusse dans une circulaire de M. de Manteuffel, du 24 juillet. M. de Buol se demandait « si la dépêche russe du 29 juin ne contenait pas quelque germe de conciliation qui permettrait de préparer une pacification définitive. » Il rappelait que la Russie ne faisait pas de difficulté de souscrire dans un certain sens aux principes consignés dans le protocole du 9 avril, et il concluait que « la triple base adoptée à Saint-Pétersbourg pourrait, comme le pense la cour de Russie, servir de point de départ à des négociations de paix qui seraient précédées d'une suspension générale des hostilités. »

M. de Buol allait même au devant de l'objection prise de ce que la Russie s'était abstenue de s'expliquer sur l'engagement que les quatre puissances signataires du protocole avaient contracté de rechercher les garanties propres à rattacher l'empire ottoman à l'équilibre général de l'Europe ; et il déclarait « qu'il lui paraissait indubitable que l'acceptation complète, sans réserve, des trois premiers points permettrait de faire un grand pas pour la solution de la question soulevée par le quatrième. »

A Berlin, on pensait comme à Vienne. M. de Manteuffel affirmait que les éléments d'entente que renfermait la réponse russe avaient une valeur réelle. Il ne doutait pas de l'intention sincère du cabinet de Saint-Pétersbourg d'accéder aux trois principes posés dans le protocole du 9 avril, et qui formaient la substance des garanties que ce protocole recommandait à la « sollicitude des puissances, dans le but de rattacher plus solidement encore l'influence de l'empire turc à l'équilibre général de l'Europe. »

Voilà ce que pensaient les signataires de ce protocole si net et si ferme du 9 avril, au moment même où la Russie cherchait à en éluder les déclarations les plus graves et quand les armées russes couvraient encore le territoire des Principautés.

On a vu la réponse faite par la Russie aux communications officielles des puissances allemandes. Les communications officieuses n'avaient pas eu plus de succès. A la demande d'entrevue formulée par le Roi de Prusse, il était répondu par l'envoi d'un officier général chargé de complimenter Sa Majesté ; et le

choix du prince Gortchakof comme envoyé extraordinaire près la
cour d'Autriche disait assez que le parti russe, c'est-à-dire le
parti de la guerre, triomphait à Saint-Pétersbourg.

La réponse solennelle de l'empereur Nicolas aux communications de l'Autriche et de la Prusse fut connue le même jour à
Vienne et à Berlin. A Vienne, elle fut apportée par le prince
Gortchakof, envoyé extraordinaire près l'Empereur d'Autriche;
à Berlin, par le lieutenant-colonel de Manteuffel. Cette réponse
avait été remise, avec une certaine solennité, par l'Empereur
lui-même à ces deux envoyés, le 28 juin. Le lieutenant-colonel
et le prince arrivèrent à Berlin et à Vienne le même jour, le 5
juillet. En même temps que M. de Manteuffel remettait au roi
Frédéric-Guillaume la réponse officielle du cabinet de Saint-
Pétersbourg, le Roi recevait une lettre autographe de l'Empereur, son beau-frère, destinée à développer, à expliquer, à justifier ses résolutions. La Russie se refusait à évacuer les Principautés si on ne lui assurait pas les sécurités indiquées par la
dépêche du 29 juin.

Évidemment, la base de résistance de la Russie en Allemagne
se trouvait, pour le moment, dans le tiers-parti de Bamberg.
Les puissances occidentales eurent donc à tenir compte de l'obstacle créé par les conférences tenues dans cette ville.

A la suite de ces conférences, les cabinets de Paris et de Londres adressèrent des observations aux puissances secondaires qui
y avaient pris part. M. Drouyn de Lhuys se contenta de relever un
seul point, la faculté revendiquée par ces États pour la confédération d'être représentée dans les négociations ultérieures. Lord
Clarendon, dans une dépêche adressée au ministre anglais à
Dresde, blâma, avec quelque mauvaise humeur, l'intervention
mal avisée (*ill-advised interference*) de ces États, et leur reprocha
de se faire les avocats de la Russie, par peur du fantôme révolutionnaire habilement évoqué par elle. Lord Clarendon avait
accusé les États secondaires « d'être aveuglés au point de ne
pas comprendre que dans une grande crise, les petites jalousies
doivent se taire, et de sacrifier les intérêts de l'Allemagne à des
intrigues russes. » Le ministre des affaires étrangères de Saxe,
M. de Beust, répondit à ces accusations d'une façon spirituelle

et piquante. Mais la forme ne pouvait là sauver le fond, et on vit trop clairement que cette réponse avait été élaborée dans une chancellerie russe. La justification de la politique de Saint-Pétersbourg y tenait la meilleure place , et le ministre allemand se contentait de dire, relativement à la question allemande : « Nous avons fait à Bamberg un acte fédéral, allemand ; de quoi vous mêlez-vous ? » (Dépêche du 9 juillet.)

Mais il n'y avait pas dans les sympathies transparentes des petits États allemands de quoi arrêter la marche des grandes puissances occidentales. L'Allemagne hésitait à tirer les conséquences de l'alliance du 20 avril : la France et l'Angleterre allèrent hardiment au protocole du 9 avril et en déduisirent les applications pratiques de façon à embarrasser les signataires de ce protocole en leur montrant ce que renfermaient les principes acceptés par eux avec tant de solennité.

Deux dépêches adressées en même temps, le 22 juillet, de Londres et de Paris à lord Westmoreland et à M. de Bourqueney, continrent une première énonciation des justes exigences de la France et de l'Angleterre. Mais on remarqua que ces dépêches n'étaient pas absolument identiques. Elles différaient en un point fort grave. Les deux gouvernements indiquaient à peu près dans les mêmes termes les garanties qui, dans leur opinion, étaient essentielles pour assurer la tranquillité de l'Europe contre les perturbations futures ; mais afin de rendre cette définition plus saisissante, la dépêche française ajoutait une rédaction par articles de ces garanties, qu'on ne trouvait pas dans la dépêche anglaise ; l'un de ces articles, le troisième, exigeait « la révision du traité du 13 juillet 1841, faite de concert par les parties qui y ont figuré, dans un intérêt d'équilibre européen et *dans le sens d'une limitation de la puissance de la Russie dans la mer Noire.* »

Les deux cabinets s'accordaient à repousser toute entente avant qu'on eût effectué préalablement l'évacuation des Principautés, avant qu'on eût replacé le différend sur le terrain diplomatique.

La dépêche de Paris disait : « Le cabinet de Saint-Pétersbourg adhère aux principes posés dans le protocole du 9 avril ;

mais la présence des troupes russes sur le sol ottoman enlève à cette déclaration la plus grande partie de sa valeur. » La dépêche de Londres disait de son côté : « Le comte de Nesselrode fait, il est vrai, profession d'accéder aux principes posés dans le protocole du 9 avril; mais sa déclaration est bien peu de chose tant que les troupes russes seront sur le territoire turc... L'Angleterre et la France doivent donc conserver leur attitude de puissances belligérantes d'autant que les Principautés ne sont pas évacuées. »

Il fallait prendre un parti. L'Autriche mit de côté les tergiversations et les ménagements qui lui avaient si mal réussi jusqu'alors. Déjà M. de Buol avait provoqué une réunion nouvelle de la conférence de Vienne (23 juin), dans laquelle avait eu lieu un acte significatif. Les quatre puissances s'étaient communiqué mutuellement les conventions de Londres et de Berlin, et un protocole nouveau avait établi entre ces deux traités une sorte de solidarité en constatant leur conformité commune avec les principes tant de fois affirmés par la conférence.

Un autre acte, particulier à l'Autriche, avait encore mieux donné la mesure de ses intentions résolues. Le 14 juin, lorsque la réponse de la Russie à la sommation d'évacuer les Principautés était encore attendue, l'internonce d'Autriche avait conclu à Constantinople un traité pour l'occupation éventuelle des Principautés.

Le cabinet de Vienne allait droit à l'action. On ne s'étonnera donc pas de voir le cabinet de Berlin se retrancher chaque jour davantage dans ces intérêts allemands, dans ce particularisme égoïste qui servaient de prétexte à son impuissance. Dès les premiers jours de juillet, l'Autriche, peut-être, eût prononcé son attitude et commencé un mouvement militaire vers les Principautés, si le mauvais vouloir jaloux de la Prusse n'y eût mis obstacle. Le cabinet de Berlin fit entendre des représentations au milieu desquelles perçait le désir de trouver dans l'initiative autrichienne un prétexte de rompre l'alliance du 20 avril.

Il fallut donc surseoir à l'occupation des Principautés. Mais le gouvernement autrichien montra son bon vouloir en concentrant un corps d'armée imposant sur la frontière de Transylvanie, et en ouvrant un emprunt national en vue d'une guerre sérieuse.

La Prusse, elle, n'avait jusqu'alors pris que pour la forme des mesures pour la mobilisation de son contingent; bien plus, elle usa de son influence sur les petits États pour les empêcher de mobiliser les contingents, comme le demandait l'Autriche.

Dans le traité du 20 avril, on s'était, on se le rappelle, réservé de déterminer, le cas échéant, le temps où les contractants devaient mettre sur pied des forces militaires, ainsi que le nombre des troupes à mettre sur pied; les représentants de l'Autriche et de la Prusse étaient donc tenus de proposer en commun à la Diète d'établir des fixations de même nature. C'est ce qu'annonça une dépêche circulaire de l'Autriche en date du 28 juillet. Suivant cette dépêche, l'Autriche s'engagerait à mobiliser de 150,000 à 250,000 hommes; la Prusse, de 100,000 à 200,000; les autres États allemands, la moitié de leur contingent fédéral. Les contingents des petits États formeraient deux corps d'armée, l'un composé des 7e et 8e corps de l'armée fédérale, l'autre des 9e et 10e chargés de maintenir les communications entre l'Autriche et la Prusse sur les points qui seraient indiqués. La dépêche faisait observer que le cas de nécessité qui justifiait ces armements militaires de l'Allemagne était réellement arrivé; que vis-à-vis de l'attitude et des armements de la Russie, on n'avait pas besoin d'en donner de nouvelles preuves.

« L'Autriche, ajoutait la dépêche, a déjà mis sur le pied de guerre deux de ses armées; la Prusse a donné les ordres nécessaires pour mobiliser les troupes qu'elle doit fournir. L'entrée des Autrichiens en Valachie fait craindre même la probabilité d'une collision prochaine avec la Russie. L'Allemagne doit donc prouver que toutes les forces de la Confédération germanique sont prêtes à défendre les frontières de l'Autriche contre toute attaque. Il est nécessaire, ne serait-ce qu'au point de vue de l'effet moral qui en résultera, que dans le moment où les cours de Vienne et de Berlin font à Saint-Pétersbourg une dernière démarche, mais décisive, cette mesure militaire soit décrétée sans hésitation par la Confédération et exécutée le plus promptement possible.

» C'est une question vitale pour la Confédération, ajoutait M. de Buol, de manifester une activité imposante partant du centre même de la Confédération. Mais il est nécessaire, pour que cette activité puisse se développer sans obstacle, que les représentants des gouvernements allemands auprès de la Diète soient munis des pouvoirs les plus étendus, afin que les délibérations puissent être simplifiées et facilitées ; en d'autres termes, la Diète, qui n'a été jusqu'ici qu'un organe d'enregistrement des résolutions des gouvernements, doit acquérir une activité propre pour pouvoir faire les fonctions d'une sorte de conseil de guerre central. »

La dépêche autrichienne du 28 juillet fut le prétexte choisi pour un revirement. Le mot d'ordre fut donné par toute l'Allemagne de signaler, dans cette pièce, un acte arbitraire, exécuté, pour ainsi dire, à l'insu de la Prusse. Et cependant, quoi qu'on en pût dire, la Prusse en avait été informée ; car, avant la fin de juillet, le gouvernement prussien avait donné les ordres nécessaires pour mobiliser le nombre de troupes répondant aux dispositions de la convention conclue à la suite du paragraphe final du troisième article du traité d'avril. Et, en outre, la Prusse et l'Autriche s'étaient mises d'accord sur les propositions qui devaient être présentées à la Diète germanique par les deux puissances à la fois, en exécution dudit article.

La Prusse qui avait, à contre-cœur, appuyé l'action de l'Autriche dans l'affaire des prétentions élevées à Bamberg, cherchait une occasion de se dérober aux conséquences de son alliance. Mais elle n'osait rompre brutalement en visière à ses propres déclarations si nettes et si réitérées. On commençait seulement à dire que les puissances occidentales ne voulaient pas la paix, que le cabinet russe avait accepté les principes de Vienne et qu'il y avait là une base de négociations honorable.

A Vienne, on parut comprendre, au contraire, que la politique russe n'avait fait aucune concession sérieuse et qu'elle avait donné la mesure de ses intentions ultérieures, en négligeant la seule disposition vraiment importante du protocole du 9 avril, celle qui impliquait la nécessité de faire réviser par l'Europe les conditions des rapports entre la Russie et la Turquie. Aussi,

M. de Buol ne fit-il aucune difficulté de coopérer à un nouvel
acte diplomatique avec les deux puissances occidentales.

Le 8 août, les représentants de la France et de la Grande-
Bretagne avaient remis simultanément à M. de Buol deux Notes
identiques dans lesquelles, tout en posant à nouveau les garanties exigibles, ils firent leurs réserves sur les conditions de la
paix, déclarant « qu'ils feraient connaître en temps opportun les
conditions particulières auxquelles chacun d'eux consentirait à
faire la paix avec la Russie, et qui apporteraient aux garanties
générales déjà spécifiées telles modifications que les événements
de la guerre rendraient nécessaires. »

Mais on remarqua que, bien que la formule de la dépêche
française du 22 juillet eût été exactement reproduite dans ces
Notes identiques, on en avait fait disparaître ces mots significatifs : « *Dans le sens d'une limitation de la puissance russe dans la
mer Noire.* » Ils étaient remplacés par ceux-ci : « Révision du
traité du 13 juillet 1841, dans l'intérêt de l'équilibre des pouvoirs en Europe. »

Arrêtons-nous un instant, en présence du pas nouveau fait par
la question diplomatique. Les actes du 8 août seront le point de
départ d'une politique européenne toute nouvelle. Il est donc utile
d'en bien préciser les principes. Ces principes étaient contenus
dans les garanties réclamées par les puissances occidentales. Ces
garanties étaient au nombre de quatre, sans préjudice des modifications et des compléments que les circonstances pourraient
rendre nécessaires :

1° L'abolition du protectorat exercé par la Russie sur les
Principautés, dont les priviléges seraient mis à l'avenir sous la
garantie collective des puissances, en vertu d'une convention
spéciale ;

2° L'affranchissement de la navigation du Danube à son embouchure, qui serait réglée par les principes que le Congrès de
Vienne a établis ;

3° La révision du traité du 13 juillet 1841 par les hautes parties contractantes dans l'intérêt de l'équilibre de l'Europe ;

4° La renonciation de la Russie au protectorat officiel qu'elle
prétendait exercer sur les sujets de la Sublime-Porte, à quelque

rite qu'ils appartinssent ; l'Autriche, la France, la Grande-Bretagne, la Prusse et la Russie devant se prêter désormais un mutuel concours pour obtenir de l'initiative du gouvernement ottoman la consécration et l'observance des priviléges religieux des diverses communautés chrétiennes, et mettre à profit, dans l'intérêt commun de leurs coreligionnaires, les généreuses intentions manifestées par le Sultan, sans qu'il en résultât aucune atteinte pour la dignité et l'indépendance de sa couronne.

Le cabinet de Vienne, au moment où lui furent soumises les Notes identiques de la France et de l'Angleterre, restait libre, s'il le jugeait convenable, de se prononcer à cet égard en son propre nom vis-à-vis de la Russie. Ce cabinet se prononça dans une dépêche du 10 août, avec laquelle il transmit à son représentant à Saint-Pétersbourg les Notes de la France et de la Grande-Bretagne. Il considérait que les garanties exigées partaient des principes posés dans les protocoles de Vienne, notamment dans celui du 9 avril ; que par conséquent elles étaient conformes à sa propre appréciation. Il ne voyait pas d'autre moyen pratique d'entrer dans la voie des négociations que leur acceptation par le cabinet de Saint-Pétersbourg, et les recommandait très-vivement à son examen sérieux. Il croyait que sans l'acceptation entière et sincère de ces garanties par la Russie, il ne serait pas possible de mettre un terme aux calamités de la guerre qui avait déjà coûté tant de sacrifices, et qui prendrait inévitablement une plus grande extension. Il ne voyait que dans la franche adhésion à ces garanties les conditions nécessaires d'une paix solide et la chance d'une entente générale.

Le cabinet de Berlin ne fut pas moins explicite dans une dépêche du 13 août ; il appuya avec force la demande de l'Autriche, qui lui paraissait dictée par le désir sincère de préparer la voie des négociations et une suspension d'hostilités de part et d'autre. Après s'être bien pénétré de l'ensemble des quatre conditions demandées, il n'y voyait rien d'incompatible avec ce que le cabinet de Saint-Pétersbourg s'était déjà déclaré prêt à admettre comme point de départ d'un arrangement pacifique, et désirait de tous ses vœux que ce cabinet acceptât comme base d'une négociation ultérieure les quatre garanties que l'Autriche avait formulées d'accord avec les cabinets de Paris et de Londres.

Et cependant l'ordre d'évacuation des Principautés était déjà connu à Berlin et à Vienne. En formulant en commun avec les puissances occidentales les conditions préalables de toute reprise des négociations, en contractant avec elles un lien nouveau, l'Autriche savait fort bien que les troupes russes se retiraient du Danube. En acceptant la solidarité des actes du 8 août, la Prusse n'ignorait pas non plus ce mouvement en arrière.

Étudions cette opération de l'armée russe dans les Principautés, afin d'en comprendre la portée véritable.

La retraite des Russes se faisait sur tous les points à la fois et avec une précipitation singulière. De Frateschti, de Kalugereni, d'Olténitza, de Bucharest, on dirigeait les troupes par des routes parallèles vers la Moldavie. L'évacuation se faisait par une chaleur accablante et les troupes, déjà démoralisées par la défaite et accablées des fatigues d'une campagne si pénible, jonchaient les chemins de cadavres et de malades.

Non-seulement on avait levé le siége de Silistria, mais on avait encore évacué en partie la Valachie, fait un changement de front qui portait la ligne de l'armée d'invasion de Bucharest à Fokschani, faisant face à l'Autriche plus encore qu'à la Turquie, et on avait pris position sur le Sereth, en Moldavie. Quelques jours après, il est vrai, on redescendait tout à coup vers le Danube, on annonçait l'intention de réoccuper la Valachie tout entière, et des partis de cavalerie étaient même poussés jusqu'à Slatina, sur l'Aluta, rivière qui sépare la petite Valachie de la grande.

Évidemment l'indécision, le désordre avaient régné jusque-là dans les conseils de la Russie, et l'armée s'en était tristement ressentie. A chaque instant on lui avait fait prendre ou abandonner les mêmes positions, avancer vers le Danube ou reculer. Un jour on appelait les réserves ; le lendemain, on les retirait en masse. C'est que les mouvements militaires étaient incessamment subordonnés à ce qu'on pensait devoir craindre ou espérer, soit de l'Allemagne, soit des armées alliées qui se massaient sur les côtes de la mer Noire.

Quels que fussent les motifs de cette retraite, la mesure était trop tardive, trop incomplète, trop évidemment nécessitée par une situation stratégique, pour qu'on pût y trouver même une ombre de satisfaction ; et cependant le cabinet russe, dans sa réponse à la notification des quatre garanties demandées, chercha à le représenter comme une concession faite aux intérêts allemands.

Cette réponse, à la date du 26 août, fut connue à Vienne et à Berlin le 1er septembre ; elle était ainsi conçue :

En accédant, comme il l'avait fait, aux principes inscrits dans le protocole du 9 avril, l'empereur Nicolas n'avait pas eu l'intention de leur attribuer la signification qu'on leur donnait.

L'Empereur croyait, dans sa position actuelle, avoir épuisé la mesure des concessions compatibles avec son honneur, et ses intentions sincèrement pacifiques n'ayant pas été accueillies, il ne lui restait plus qu'à suivre forcément la marche qui lui était tracée par ses adversaires eux-mêmes, c'est-à-dire à laisser comme eux aux chances de la guerre à déterminer la base définitive des négociations.

Le gouvernement autrichien était déjà, ajoutait M. de Nesselrode, informé que l'Empereur avait ordonné à ses troupes de se retirer derrière le Pruth. Ses armées se maintiendraient sur la défensive, et l'Empereur attendrait dans cette position que des ouvertures équitables lui permissent de faire concorder ses vœux pour le rétablissement de la paix avec le soin de sa dignité et de ses intérêts politiques. Il éviterait de provoquer de propos délibéré un accroissement des complications, mais il était décidé à défendre avec résolution son territoire contre toute attaque étrangère, de quelque part qu'elle pût venir.

Encore une fois, la question était nettement posée. L'Allemagne, et surtout l'Autriche, verrait-elle enfin dans cette réponse le *casus belli* qui, pour elle, reculait toujours? Qu'on lise la dépêche-circulaire adressée le 5 septembre par le cabinet de Berlin aux envoyés de la Prusse près les cours allemandes, et on pourra croire d'abord que les deux puissances germaniques sont enfin réunies dans une seule pensée. M. de Manteuffel regrette que la Russie « n'ait pas cru pouvoir accepter une base de négociations de paix qui, si elle l'avait été, eût mis fin aux hostilités et préparé la paix. »

Mais si l'on continue la lecture de cette pièce singulière, on verra bien vite que le rejet complet, absolu par la Russie des bases de paix qu'on lui propose, n'empêche pas la Prusse de se déclarer satisfaite. En effet, dit à peu près la dépêche prussienne, les troupes russes sont sorties des Principautés, on déclare qu'elles garderont désormais une position purement défensive ; cela est fort important au point de vue des intérêts allemands et, bien que la Russie allègue des motifs stratégiques pour justifier sa retraite, une attaque russe contre l'Autriche ne paraît plus à redouter ; le reste ne nous regarde plus. Peut-être, il est vrai, la Russie réoccupera-t-elle demain les Principautés, toujours par des motifs stratégiques ; mais quoi ! après avoir vu ces Principautés occupées sans pour cela déclarer la guerre à l'envahisseur ; la lui déclarerons-nous aujourd'hui parce qu'il les a envahies ou parce qu'il les peut envahir encore ?

De tous ces sophismes, M. de Manteuffel concluait que ces quatre garanties, après tout, ne répondaient peut-être pas tant qu'on paraissait le croire aux intérêts allemands, qu'il n'était peut-être pas utile de se les approprier comme base exclusive des négociations futures. Et qu'allez-vous faire en Valachie et en Moldavie, paraissait-on dire à l'Autriche? Les intérêts allemands ne souffriront-ils pas d'une occupation commune des Principautés par des troupes allemandes, turques et étrangères? Et quelles complications militaires ne pourraient pas résulter d'une situation semblable ! On avertissait donc les confédérés allemands qu'on ne leur recommandait pas l'acceptation des quatre garanties « d'une manière qui pourrait entraîner pour eux des charges et des engagements qui ne découlaient pas d'intérêts généraux allemands clairement reconnus. »

En bon français, la Prusse avait peur.

Le rejet des quatre garanties par la Russie fut apprécié plus fièrement par l'Autriche. Mais elle se contenta de constater que la retraite des soldats russes derrière le Pruth, et la déclaration d'une attitude défensive écartaient un obstacle à la paix future. (Dépêche du 12 septembre, M. de Buol au comte d'Esterhazy.)

En s'adressant aux confédérés allemands, M. de Buol fut plus explicite. Si le danger direct d'un conflit était écarté par la situation nouvelle, où était la garantie offerte par la Russie que ses entreprises ne se renouvelleraient pas? Elle promettait de se tenir sur la défensive : elle l'avait également promis à la Turquie, ce qui ne l'avait pas empêchée de lancer ses armées au delà du Danube. Qui répondait qu'elle ne reprendrait pas son *gage* aussitôt que cela lui serait possible? Il fallait donc rester armés et unis. L'occupation des Principautés par une armée autrichienne ne pouvait être un motif de rupture avec la Russie ; mais, dans ce cas, on espérait que l'Allemagne tout entière serait unie à l'Autriche.

On sait ce que l'Autriche devait attendre du concours de ses confédérés.

Triste spectacle que celui donné en cette occasion par les petits Etats allemands. Loin de s'occuper des intérêts si souvent invoqués de la patrie commune, ils ne pensaient qu'à s'assurer un protecteur puissant pour leur existence dynastique. Les sympathies russes de la pentarchie allemande, le vote négatif des deux Mecklenbourg, l'attitude de la Bavière et de la Saxe, tout cela n'était pas au fond plus favorable à la Prusse qu'à l'Autriche. Il ne s'agissait, pour les petits Etats allemands, que de vivre, et leurs défiances étaient tout aussi bien excitées par celle-ci que par celle-là des deux grandes puissances germaniques. Une fédération d'Etats de second ordre, après l'absorption préalable des plus petits, ayant la majorité des voix dans la confédération et un protecteur à Saint-Pétersbourg : tel paraît être le rêve, nous ne disons pas des peuples, on ne les consulte guère, mais des chefs des Etats secondaires.

Le cabinet prussien désirait qu'après avoir occupé les Principautés, l'Autriche s'y opposât à toute opération offensive des Turcs ou de leurs alliés ; et qu'elle promît de ne faire la guerre à la Russie que lorsque celle-ci l'attaquerait.

L'Autriche répondit catégoriquement. Elle déclara qu'elle ne pouvait attendre la paix d'autrui, ni supporter les sacrifices que lui imposait une attitude expectante et armée.

Cette fière réponse fut suivie de l'entrée des troupes autrichiennes en Valachie.

L'Autriche était enfin dans les Principautés. Mais y était-elle entrée en puissance médiatrice ou en puissance belligérante ? Les hésitations antérieures de la politique du cabinet de Vienne firent soupçonner tout d'abord à beaucoup qu'elle ne s'était décidée à cet acte que par suite d'un accord secret avec la Russie. Il n'en était rien. Cet acte si grave n'avait lieu qu'en vertu du traité signé, le 14 juin, entre l'Autriche et la Porte. Bien loin d'être la suite d'une connivence avec la Russie, l'occupation par les troupes autrichiennes n'était pas exclusive de la présence des troupes turques dans les Principautés ; elle n'y gênerait les mouvements des forces militaires, ni de la principale partie belligérante ni de ses alliés ; les Principautés resteraient ouvertes aux opérations de guerre contre la Russie, soit défensives, soit même offensives, des armées turque, française et anglaise ; il y aurait délibération, concert, entre le général en chef autrichien et les généraux en chef des armées alliées, régulièrement, habituellement, pour ces mouvements et ces opérations.

Telle était la situation complexe de l'Allemagne au moment où la guerre allait prendre des proportions nouvelles.

Lorsque M. de Nesselrode repoussait si fièrement les ouvertures de la Prusse et de l'Autriche ; lorsque, le 26 août, il déclinait les quatre garanties, on croyait à Saint-Pétersbourg à une campagne des alliés sur le Danube. Mais on ne se doutait guère que l'armée anglo-française se disposait à quitter Varna pour attaquer la Russie chez elle, et pour réaliser à coups de canon la limitation de la puissance russe dans la mer Noire.

CHAPITRE IX.

L'EXPÉDITION DE CRIMÉE.

La mer Noire et le Danube : blocus des côtes russes, excursion du *Vladimir* ; bataille de Giurgevo ; concentration des troupes alliées en Bulgarie, les Russes et le choléra ; tout est prêt pour une campagne, proclamation de l'Empereur des Français à l'armée d'Orient ; où frappera-t-on le premier coup ? — Campagne de la Baltique : les îles d'Aland, Bomarsund, embarquement d'un corps expéditionnaire, siège et prise de la place, encore le choléra, pourquoi on détruit Bomarsund, ce que la Russie en voulait faire. — Incendie de Varna ; proclamation du maréchal Saint-Arnaud, départ de l'expédition, sa force, reconnaissance des côtes de Crimée, débarquement à Vieux-Fort, succès de l'opération. — Les Russes sur l'Alma, leurs forces, leur position, attaque des alliés, défaite du prince Menchikof, caractère et qualités des Anglais et des Français, l'alliance cimentée par le sang ; pertes éprouvées, mort du maréchal Saint-Arnaud, son bulletin de triomphe. — Effet produit en Europe par la victoire de l'Alma, le récit du *Tartare*, la réalité. — Marche du prince Menchikof sur Batche-Seraï, marche tournante des alliés sur Balaclava, affaire d'arrière-garde, installation à Balaclava, travaux des assiégés, ils coulent une partie de leur flotte, conséquences de ce sacrifice. — Difficultés spéciales du siège, impossibilité d'un coup de main ; ouverture de la tranchée, ouverture du feu, impuissance du bombardement, on s'est trompé sur la force de la place. — Les assiégeants assiégés : journées de Balaclava, les Russes repoussés, héroïsme inutile de la cavalerie anglaise. — Bataille d'Inkermann, efforts désespérés, les fautes et l'héroïsme des Anglais, les Russes repoussés avec des pertes énormes. — Le siège continue, forces respectives, campagne d'hiver ; le froid et la tempête, attaque d'Eupatoria, ouragan terrible, misères et dévouements, les Français presque seuls, quelle sera l'issue ? — Les autres théâtres de la lutte : campagne peu fructueuse dans la Baltique ; les Anglais en Laponie ; insuccès à Petropolovski ; campagne d'Asie. — Caractère de la lutte.

Pendant que la Russie s'apprêtait à se dessaisir du gage violemment pris à l'ouverture de la querelle, pendant que l'Autriche massait ses forces sur les frontières des Principautés, la lutte continuait sur le Danube, et les forces alliées se concentraient à Constantinople et sur les côtes de la mer Noire.

Cette mer n'avait pas cessé d'être dominée par la flotte anglo-française, et le retour de la belle saison avait rendu plus sérieux le blocus des côtes russes.

Ce blocus n'était pas toutefois si exact que des bâtiments de guerre russes ne pussent l'éluder. C'est ce que fit, avec une heureuse audace, la belle frégate à vapeur *le Vladimir*, qui, passant au travers des vaisseaux alliés, put parvenir jusqu'à l'entrée même du Bosphore, alla couler sur la côte d'Asie plusieurs bâtiments turcs chargés de grains, enleva à Héraclée deux navires chargés de charbon, et donna la chasse au vapeur de guerre anglais le *Cyclope* qui, sans un hasard favorable, eût été surpris désarmé.

Sur le Danube, l'heureuse résistance de Silistria et la présence des premiers corps anglo-français en Bulgarie, donnaient aux troupes ottomanes un entrain tout nouveau et une solidité inespérée. Les premiers mouvements de retraite de l'armée russe furent le signal d'entreprises hardies.

Le 5 juillet, à quatre heures du matin, deux compagnies turques passèrent le Danube à l'île de Mokano, en aval de Giurgevo; elles ne trouvèrent qu'un petit parti de Cosaques, qui prit la fuite à l'approche des barques turques.

Une batterie russe de quatre canons, élevée à Smirda, sur la rive gauche, en face de l'île de Mokano, ne pouvait empêcher le débarquement, son feu n'atteignant pas le bord de l'eau.

A midi, trois bataillons d'infanterie et quatre canons étaient installés dans l'île de Mokano et y faisaient une petite redoute.

Le 6, Hassan-Pacha, commandant du corps d'armée de Roustchouk, informé par de fausses nouvelles que les Russes avaient évacué Giurgevo et qu'ils n'avaient laissé que très-peu de monde pour cacher et protéger leur retraite, se décida à passer le Danube en face de Slobozie, et à occuper l'île de Ramadan, entre Slobozie et Giurgevo.

Le 7, à neuf heures du matin, il lança sur l'île de Ramadan huit petites chaloupes portant environ 200 hommes, sous les

ordres de Belram-Pacha (général Cannon) et de Béher-Pacha.
Ces 200 hommes furent reçus par le feu d'un bataillon du 39e
régiment de la 10e division et le soutinrent seuls pendant une
demi-heure, jusqu'à ce qu'un nouveau renfort leur permît de
s'avancer dans l'île, en chassant ce bataillon.

Les Russes, qui croyaient à un débarquement à l'île de Mokano,
y avaient concentré toutes leurs forces. Bientôt, d'ailleurs, 8 bataillons d'infanterie, 6 pièces de campagne, 4 escadrons de
uhlans et 4 escadrons de hussards sortirent successivement de
Giurgevo et vinrent prendre part au combat sous le commandement du général Villebois et du général Selmonof.

Mais, en même temps, 9 bataillons d'infanterie et 1 bataillon
de chasseurs, sous les ordres d'Ali-Pacha et de Mehemet-Marali-
Pacha se trouvèrent réunis. Trois fois les Russes les attaquèrent
à la baïonnette pour les rejeter dans le Danube, mais trois fois
ils furent vigoureusement repoussés.

Un bataillon turc, qui avait été débarqué à l'extrémité ouest
de l'île, donna en plein contre une redoute de 4 canons dont la
mitraille l'écrasait, pendant qu'il était pris en flanc par 4 escadrons de uhlans. Deux fois les Turcs attaquèrent vigoureusement
la redoute, mais furent repoussés. Ce bataillon, ne pouvant faire
sa jonction avec les troupes de la droite, qui, de leur côté, en-
tourées de Russes, se battaient à l'arme blanche, il y eut une
lutte presque corps à corps qui dura jusqu'au soir. A sept heures,
une dernière charge repoussa les Russes jusqu'au milieu de l'île,
et alors ils commencèrent leur mouvement de retraite. A huit
heures, le feu avait complétement cessé, et les Turcs se retran-
chaient sur les bords du Danube.

La perte des Russes durant cette rude journée fut énorme;
elle fut évaluée à 5,000 hommes, morts et blessés compris. La
perte des Turcs avait été de 507 tués et de 605 blessés.

Tandis que le mouvement de retraite de l'armée russe se prononçait de plus en plus, les arrivages de troupes alliées se multipliaient à Varna. Déjà quelques corps poussaient des reconnaissances vers la Dobrutscha.

Le 29 juillet, eut lieu un petit engagement entre les Français
et les Russes, le premier de la campagne. Des bachi-bozoucks,

soutenus par quelques zouaves, firent plier un détachement de Cosaques réguliers de la garde.

Mais ce n'était pas là l'ennemi le plus sérieux que les Anglo-Français eussent à combattre.

Avant même d'avoir aperçu les Russes, les armées alliées furent cruellement éprouvées par la maladie. Le choléra, qui avait déjà exercé de grands ravages à Gallipoli et au Pirée, poursuivit les troupes au camp de Varna. De vastes hôpitaux, admirablement organisés par l'intendance française, furent installés dans des emplacements salubres. Le dévouement des chefs et la patience des soldats combattirent avec succès cet ennemi attendu. Le maréchal de Saint-Arnaud passait chaque jour plusieurs heures au milieu des malades, leur prodiguant les consolations et les encouragements.

« Partout, disait-il dans ses rapports, je retrouve la grande nation..., un moral de fer, un dévouement au-dessus de l'admiration. Tout le monde se multiplie ; les soldats sont devenus des sœurs de charité. » Officiers de santé, fonctionnaires de l'intendance et des différentes administrations, aumôniers de l'armée, tous se prodiguaient au chevet des malades. Des sœurs hospitalières étaient venues de Constantinople au Pirée, à Gallipoli et à Varna ; partout elles avaient été accueillies comme des anges consolateurs.

Les ravages du fléau n'empêchaient pas les chefs de l'armée alliée de réunir à Varna un matériel et des approvisionnements considérables. Une flotte de transport telle qu'armée n'en eut jamais à sa disposition, était réunie dans les ports turcs de la mer Noire. Tout s'apprêtait pour une campagne.

Le 21 août, l'armée française reçut de l'Empereur la proclamation suivante :

Soldats et marins de l'armée d'Orient,

Vous n'avez pas encore combattu, et déjà vous avez obtenu un éclatant succès. Votre présence et celle des troupes anglaises ont suffi pour contraindre l'ennemi à repasser le Danube, et les vaisseaux russes restent honteusement dans leurs ports. Vous n'avez pas encore combattu, et déjà vous avez lutté avec courage contre la mort. Un fléau redoutable, quoique passager, n'a pas arrêté votre ardeur. La France et le souverain qu'elle s'est donné ne voient pas sans une émotion profonde, sans faire tous les efforts pour vous venir en aide, tant d'énergie et tant d'abnégation.

Le Premier Consul disait, en 1799, dans une proclamation à son armée : « La première qualité du soldat est la constance à supporter les fatigues et les privations ; la valeur n'est qu'au second. » La première, vous la montrez aujourd'hui ; la deuxième, qui pourrait vous la contester ? Aussi nos ennemis, disséminés depuis la Finlande jusqu'au Caucase, cherchent avec anxiété jusqu'à quel point la France et l'Angleterre porteront leurs coups, qu'ils prévoient bien être décisifs, car le droit, la justice, l'inspiration guerrière sont de notre côté.

Déjà Bomarsund et 2,000 prisonniers viennent de tomber en notre pouvoir. Soldats, vous suivrez l'exemple de l'armée d'Egypte ; les vainqueurs des Pyramides et du Mont-Thabor avaient comme vous à combattre des soldats aguerris et la maladie ; mais, malgré la peste et les efforts de trois armées, ils revinrent honorés dans leur patrie.

Soldats, ayez confiance en votre général en chef et en moi. Je veille sur vous, et j'espère, avec l'aide de Dieu, voir bientôt diminuer vos souffrances et augmenter votre gloire. Soldats, à revoir.

NAPOLÉON.

À ce moment, le maréchal de Saint-Arnaud se trouvait en position de commencer, avec 80,000 hommes environ, des opérations importantes. Un système d'approvisionnement était établi. Les ports et rades de Varna, de Baltchik, de Mangalia pourraient fournir à l'embarquement presque immédiat de ces forces.

Mais quel serait le point choisi pour frapper un coup décisif ! Sur le Danube, on attaquerait une armée en retraite, il est vrai, mais qu'il faudrait suivre en s'éloignant chaque jour davantage de la base d'opération véritable. Cette base, c'était l'Euxin. Et d'ailleurs, ce serait frapper, sans grande utilité, la Russie au cœur même de ses ressources. Ce serait aussi déplacer la lutte, dont l'objet véritable était la limitation des forces ennemies dans la mer Noire.

Le centre vital de cette puissance, c'était évidemment la ville maritime qui servait de refuge à la flotte russe, c'était Sévastopol.

C'est dans la possession de la Crimée qu'on trouverait la clef de cette suprématie que la Russie avait acquise dans l'Euxin, et au moyen de laquelle il lui serait toujours permis, à un moment donné, de menacer la paix et l'équilibre du monde. On résolut dès lors l'expédition de Crimée. Sans doute les avis furent partagés, et la bouillante audace du maréchal de Saint-Arnaud trouva plus d'un adversaire dans les conseils militaires, comme dans les conseils politiques. On objectait, et c'était surtout l'opinion des Anglais, à l'exception peut-être de sir Edmund Lyons, que la saison était bien avancée, qu'un débarquement est toujours une opération fort délicate, et surtout quand il s'agit d'attaquer une forteresse de premier ordre, défendue par une armée nombreuse et par une flotte imposante. Que ferait-on si on subissait un échec ?

Si les uns en appelaient à la prudence, les autres exagéraient la sécurité. On n'avait pas encore assez de notions sur les ressources véritables de la Russie dans la mer Noire, pour localiser la puissance russe dans cette forteresse presque inconnue. Que se passait-il au fond de cette rade inaccessible dans laquelle un vaisseau anglais venait, pour la première fois, de promener à la hâte son pavillon parlementaire ? La Russie avait-elle, en effet, accumulé dans ces chantiers, dans ces arsenaux, tout ce qu'il lui fallait pour dominer un jour la Méditerranée ? On en doutait, et, en examinant la carte, on notait aisément les difficultés inouïes de transport pour les renforts et les approvisionnements, que rencontrerait l'ennemi. On se rappelait à peine qu'en 1805, une flotte était partie de là, portant en Italie 12,000 hommes destinés à combattre une armée française. Le bras de la Russie pouvait donc, de Sévastopol, atteindre l'Adriatique : mais, en réalité, quelles armes ce bras pouvait-il déployer ? Selon les uns, il n'y avait guère, abstraction faite des équipages de la flotte, que 20 ou 30,000 hommes en Crimée. Selon d'autres, la Russie pouvait y réunir aisément 200,000 hommes. On croyait savoir d'ailleurs que le Gibraltar russe, presque imprenable du côté de la mer, n'avait pas de défenses sérieuses contre une attaque par terre.

Tandis qu'on agitait ces résolutions si graves, la campagne de la Baltique était déjà commencée. Son ouverture eut lieu par un succès.

Après avoir reconnu Cronstadt et ses formidables défenses, après avoir établi le blocus des golfes de Finlande et de Bothnie, la flotte anglaise, qu'avait rejointe une division française sous les ordres du vice-amiral Parseval-Deschênes, vint croiser devant les îles d'Aland.

Cronstadt vu de près, étudié sous toutes ses faces, on avait jugé qu'il serait insensé de vouloir l'attaquer avec les moyens dont on disposait. Les deux amiraux ouvrirent cet avis et un conseil de guerre, composé d'un maréchal de France, d'un amiral français, d'un général du génie français et de trois amiraux anglais, décida qu'il n'y avait là rien à faire. On s'était rabattu sur les îles d'Aland. Là s'élevait une forteresse importante qu'on résolut d'attaquer. Le camp de Boulogne fournit un corps expéditionnaire de 10,000 hommes pour cette entreprise.

Embarquées à Calais le 16 juillet et les jours suivants sur des vaisseaux anglais, les troupes françaises furent mises à terre, sur les îles d'Aland, le 8 août. Les opérations du siége de Bomarsund furent conduites par le général français du génie Niel.

Les îles d'Aland sont découpées, dans la direction nord et sud, par des bras de mer qui s'enfoncent dans les terres et dans lesquels se jettent une foule de lacs qui, joints entre eux par des ruisseaux de déversement, permettent d'isoler presque entièrement quelques points de l'île principale. Ainsi, en partant de Bomarsund, cette forteresse, située sur le bord de la mer, a derrière elle un bras de mer et deux lacs ou marais qui en défendent les approches. A cette première enceinte ou défense naturelle s'en joint une seconde d'un rayon plus étendu, qui prend à Castelhom, va de là à Siby, et se relie à la mer par une langue de terre de peu d'étendue et facile à garder. Il fallait donc un corps assez considérable pour isoler la forteresse qui n'avait qu'une garnison de 2,400 hommes.

Bomarsund se composait de trois ouvrages séparés, deux tours et une longue ligne de batteries. Les tours, l'une ronde et l'autre octogone, étaient assises à distance, sur deux crêtes de roc entièrement nues et sans murailles pour se relier. L'approche de chacune n'était défendue que par un large fossé d'enceinte. Au pied du rocher qui portait la tour octogone se déployait, au bord de la mer, une longue façade circulaire moitié occupée à gauche

par des casernes, et moitié par des batteries casematées. C'était
là l'ouvrage le plus fort ; on y comptait 72 embrasures de canons.
Les Russes avaient commencé à construire une seconde ligne de
batteries en avant de la tour ronde ; mais elle était encore ina-
chevée. Une seule batterie en terre de 5 canons se montrait sous
les arbres à un mille en avant.

Le 8 août, les troupes furent débarquées ; on mit à terre le
matériel, on fit les approches, on construisit les batteries et, le
15 au matin, les travaux terminés du côté des Français, on put
ouvrir le feu de quatre pièces de 16 et de quatre mortiers. Les
Anglais n'étaient pas prêts encore.

La marine, de son côté, se disposait à prendre sa part de l'attaque, et cette part devait être décisive. A la suite de sondages
faits avec le plus grand soin sous le feu de l'ennemi, huit vaisseaux, quatre anglais et quatre français, avaient pris leur ligne
d'embossage.

Battue pendant vingt-quatre heures, la tour de l'Ouest fut en
partie abandonnée par ses défenseurs et surprise par les chasseurs
de Vincennes. Le 15, le feu fut ouvert des batteries anglaises et
françaises, contre la tour de l'Est. Le général Baraguey-d'Hilliers
établissait, en même temps, ses batteries de siège contre le grand
fort. Écrasés par les feux de terre et de la marine, les assiégés
se rendirent à discrétion : ils étaient 2,000 environ, sous le
commandement du général Bodisco. Les îles d'Aland et la forteresse construite dans la baie de Lumpar étaient au pouvoir
des alliés.

Les pertes des assiégeants furent insignifiantes : encore devaient-elles être, en grande partie, attribuées à une méprise qui
fit engager, pendant la nuit, les avant-postes du 2e régiment
d'infanterie légère contre les chasseurs de Vincennes. Mais si le
feu et le fer ne coûtèrent pas de sacrifices sérieux, la maladie fit
d'horribles ravages dans la flotte et dans le corps expéditionnaire.
Le choléra et la dyssenterie éprouvèrent les courages dans la Baltique comme dans la mer Noire.

Les deux gouvernements jugèrent qu'après ce succès si complet la mission des troupes était terminée. La saison était déjà
avancée, la maladie sévissait toujours sur des équipages encore

trop récemment formés ; on avait d'ailleurs fait dans la Baltique tout ce qu'on pouvait faire avec des vaisseaux de haut bord. On décida en conséquence que les fortifications de Bomarsund seraient détruites et les îles d'Aland évacuées. Les troupes furent immédiatement réembarquées pour la France.

Après tout, c'était un succès sérieux que la destruction d'une place semblable, obtenue au prix de pertes peu sensibles, après trois jours de feu.

La situation géographique d'Aland, son magnifique port, dont l'accès difficile augmente encore la valeur, tout permettait de deviner la pensée de l'Empereur de Russie de créer à Bomarsund un vaste établissement naval à cheval sur les deux golfes de Bothnie et de Finlande, menaçant la Suède et commandant la Baltique, dans des conditions bien supérieures à celles où se trouvent Cronstadt et Sveaborg.

L'intention de l'Empereur de Russie, disait le maréchal Baraguey-d'Hilliers dans son rapport, était de faire de Bomarsund un immense camp retranché pour ses armées de terre et de mer, dont l'abord eût présenté de grands obstacles, et qui eût été une constante menace pour les États riverains de la Baltique.

Depuis la prise de possession des îles d'Aland, la Russie n'avait cessé de travailler à augmenter les fortifications de Bomarsund ; et si, par ce qui existait, ou qui était en cours d'exécution, on jugeait des projets de cette puissance, Bomarsund paraissait destiné à devenir la sentinelle avancée et le port principal de la Russie dans la Baltique.

« La destruction de Bomarsund, disait le rapport, sera une perte considérable pour la Russie, non moins sous le rapport matériel que sous le rapport moral. Nous avons détruit en huit jours le prestige attaché à ces remparts de granit, que le canon, disait-on, ne pouvait ébranler. Nous savons maintenant, à n'en pouvoir douter, que rien, dans ces fortifications si belles, si menaçantes, n'est à l'abri d'un feu bien dirigé. »

Si la campagne de la Baltique était finie, celle de la mer Noire commençait à peine. Mais là le but était bien autrement important, et les difficultés étaient bien plus sérieuses.

Au moment où le choléra entrait aussi en décroissance à

Varna, un autre fléau menaça, dans ses ressources les plus in-dispensables, l'expédition projetée. Le 10 août, un épouvantable incendie éclatait dans Varna. Cent quatre-vingts maisons, de nombreux magasins militaires, furent détruits en quelques heures; les poudrières furent sauvées à force de dévouement. On accusa les Grecs de ce sinistre; le maréchal Saint-Arnaud affirma que le feu avait été mis par imprudence,

Tous les fléaux éprouvés et vaincus, l'armée expéditionnaire et la flotte de transport réunies, on déclara enfin le but de l'expédition projetée; ce but, c'était la Crimée, c'était Sévastopol. Le 25 août, le maréchal Saint-Arnaud adressa à son armée la procla-mation suivante :

« Soldats,

» Vous venez de donner de beaux exemples de persévérance, de calme et d'énergie au milieu des circonstances douloureuses qu'il faut oublier. L'heure est venue de combattre et de vaincre.

» L'ennemi ne nous a pas attendus sur le Danube. Ses co-lonnes démoralisées, détruites par les maladies, s'en éloignent péniblement, et c'est la Providence peut-être qui a voulu nous épargner l'épreuve de ces contrées malsaines. C'est elle aussi qui nous appelle en Crimée, pays salubre comme le nôtre, et à Sé-vastopol, siége de la puissance russe dans ces mers où nous allons chercher ensemble le gage de la paix et de notre retour dans nos foyers.

» L'entreprise est grande et digne de vous ; vous la réaliserez à l'aide du plus formidable appareil militaire et maritime qui se vit jamais.

» Les flottes alliées, avec leurs 3,000 canons et leurs 25,000 braves matelots, vos émules et vos compagnons d'armes, porte-ront sur la terre de Crimée une armée anglaise dont vos pères ont appris à respecter la haute valeur, une division choisie de ces soldats ottomans qui viennent de faire leurs preuves sous nos yeux, une armée française que j'ai le droit et l'orgueil d'appeler l'élite de notre armée tout entière.

» Je vois là plus que des gages de succès : j'y vois le succès lui-même.

» Généraux, chefs de corps, officiers de toutes armes, vous

partagerez et vous ferez passer dans l'âme de vos soldats la confiance dont la mienne est remplie.

» Bientôt nous saluerons ensemble les trois drapeaux réunis, flottant sur les remparts de Sévastopol, de notre cri national : *Vive l'Empereur!* »

Depuis plus d'un mois des indiscrétions nombreuses avaient averti la Russie et l'Europe, mais, jusqu'au dernier moment, l'expédition resta incertaine. Il fallut l'énergique obstination du maréchal pour la réaliser.

Résistant à de timides avis (lettre de l'Empereur à la maréchale de Saint-Arnaud), le commandant en chef de l'armée française et, on peut le dire, de l'expédition de Crimée, réussit enfin à vaincre tous les obstacles. La flotte française quitta Varna le 5 septembre; la flotte anglaise partit le 7 de Baltchik. Le point de rendez-vous était l'île d'Adass ou des Serpents.

L'armée de débarquement se composait de 70,000 hommes, dont 35,000 Français, 25,000 Anglais et 10,000 Turcs. Le premier convoi fut de 55,000 hommes environ. Les 25,000 marins des deux flottes pouvaient fournir au besoin 5,000 auxiliaires à l'armée. Outre la flotte, composée de 150 bâtiments de guerre de toute grandeur, dont 80 à vapeur, un convoi de 600 navires environ portait les vivres, les munitions et le matériel.

Le 8, la jonction des deux flottes étant opérée, les officiers généraux de terre et de mer allèrent, sur une petite division de quatre navires à vapeur, reconnaître les côtes de Crimée, pour constater les préparatifs de défense faits par l'ennemi. Le 10, ils reconnurent sur la presqu'île de Chersonèse un camp russe assez nombreux. Ils parcoururent lentement et à petite distance tout le littoral compris entre le cap Kherson et le cap Loukoul. Des camps munis d'artillerie étaient établis sur les positions principales, particulièrement aux embouchures des rivières Katcha et Alma. Les troupes réunies dans ces camps furent évaluées à 30,000 hommes.

Entre l'Alma et Eupatoria, on choisit pour lieu de débarquement une plage située près d'un ancien fort ruiné nommé Vieux-Fort.

Le 13, on jeta l'ancre à Eupatoria, petite ville où l'on résolut de prendre un point d'appui pour les armées de terre et pour les flottes. On n'y trouva que 200 soldats russes malades et des Tartares qui accueillirent avec empressement les visiteurs étrangers.

Le 14 au matin, les deux cent cinquante navires chargés de troupes se rangèrent en face de la plage du Vieux-Fort, dans un ordre parfait, et les premières divisions des armées combinées furent débarquées sans coup férir et avec une activité prodigieuse.

Pendant ce temps, une fausse attaque était dirigée sur le camp de la Katcha par des bâtiments à vapeur chargés de troupes.

Les deux jours suivants furent consacrés au débarquement du reste des troupes et du matériel.

C'était déjà un succès que d'avoir pu débarquer sans coup férir une armée de cette importance, et l'histoire des guerres ne présente pas un second exemple d'une opération semblable, que les progrès de la science moderne et la réunion des ressources de deux nations puissantes avaient seuls rendue possible. Les Russes n'avaient ni pu, ni dû s'y opposer. A l'exception de Sévastopol, aucune place, sur les côtes de la Crimée, ne pouvait sérieusement empêcher un débarquement opéré sous la protection de 3,000 bouches à feu. L'amiral prince Menchikof livra donc, de toute nécessité, tous les points de la côte aux armées alliées. La plaine symétrique qui s'étend entre Eupatoria et Simphéropol, le siége du gouvernement en Crimée, était d'ailleurs dépourvue de tout objet de défense, soit naturel, soit artificiel. Mais en suivant la côte, d'Eupatoria à Sévastopol, on rencontre des positions naturelles presque inexpugnables formées par les embouchures de plusieurs rivières profondément encaissées.

Parmi ces positions, le prince Menchikof avait choisi le passage de l'Alma, près Bourlouk, comme la plus forte position qu'offrit le pays sur la ligne de marche, et l'armée russe s'était retranchée sur les hauteurs qui formaient la rive gauche de cette rivière, dans une position formidablement défendue par une nombreuse artillerie de gros calibre. Sur ce point étaient concentrés 50,000 hommes, qui composaient la plus importante partie des forces russes dans la Crimée. Là, le prince Menchikof se faisait fort de tenir assez de temps pour que la mauvaise saison rendît un réembarquement nécessaire.

L'armée russe ne partageait pas la confiance de son général. De Sévastopol à l'Alma, la marche s'était accomplie dans un morne silence. Tous les visages, dit un témoin oculaire (*Voyez* le *Journal* publié par un médecin allemand au service de la Russie), portaient une austère empreinte et, par suite d'une vieille superstition, tous les soldats vidaient leurs poches, répandaient sur la route leurs jeux de cartes et leurs dés. On s'attendait à une bataille et on n'espérait pas la victoire.

Bientôt, il est vrai, des renforts nombreux venus de l'intérieur de l'empire par Pérécop, et de l'Abasie par Kaffa, rendirent quelque confiance à ces troupes. Après l'arrivée des corps nouveaux, l'armée russe, d'après les évaluations du maréchal Saint-Arnaud, se composait des 16ᵉ et 17ᵉ divisions d'infanterie russe, d'une brigade de la 13ᵉ, d'une brigade de la 14ᵉ division de réserve, des chasseurs à pied du 6ᵉ corps, armés de fusils à tige tirant des balles oblongues, de quatre brigades d'artillerie, dont deux à cheval, et d'une batterie tirée du parc de réserve de siége, comprenant 12 pièces de gros calibre. La cavalerie était forte d'environ 5,000 chevaux, et l'ensemble pouvait être évalué à 50,000 hommes environ, que commandait le prince Menchikof en personne.

Le 19, l'armée alliée arriva sur le Bulganack, en vue de l'Alma. Cette dernière rivière offre un cours sinueux, très-encaissé; les gués sont très-difficiles et rares. Les Russes avaient posté dans le fond de la vallée couverte d'arbres, de jardins et de maisons, et dans le village de Bourlouk une masse de tirailleurs bien couverts, armés de carabines de précision, et qui devaient recevoir les têtes de colonnes assaillantes par un feu très-vif. Sur la rive opposée s'élèvent des talus escarpés, coupés presque à pic, et se prolongeant jusqu'au bord de la mer.

Le 20 septembre, l'armée alliée s'ébranla. A midi et demi, disposée sur une lieue d'étendue, elle arriva sur l'Alma où elle fut reçue par un feu terrible de tirailleurs. Dès le matin, le général Bosquet avait, avec sa division renforcée de huit bataillons tres, qui au reste ne donnèrent pas, dessiné un mouvement tournant qui enveloppait la gauche des Russes. Ce mouvement fut favorisé par le feu de plusieurs bateaux à vapeur qui rendit intenables pour les tirailleurs russes les pentes abruptes du rivage.

Les Anglais avaient à se prolonger sur leur gauche pour menacer la droite des Russes pendant qu'on irait droit à leur centre : ils n'exécutèrent que lentement ce mouvement, qui resta d'ailleurs incomplet.

Bien que les alliés eussent à gravir, une fois l'Alma franchie, des falaises taillées à pic, nos soldats d'Afrique, et surtout les zouaves, que le maréchal proclama à bon droit les premiers soldats du monde, montèrent au pas de course. Grâce à ces prodiges d'intrépidité et de vitesse, grâce aussi à la terreur que les obus des bâtiments à vapeur inspiraient à la cavalerie ennemie sur son extrême gauche, la division du général Bosquet parvint à effectuer son mouvement avec le plus brillant succès, et elle se rabattait déjà sur le centre, une heure après le commencement de l'action. De leur côté, les deux divisions du maréchal, après avoir soutenu la vive fusillade des tirailleurs sur les bords même des rives où s'encaisse l'Alma, gravissaient avec audace et bonheur les murailles naturelles où le centre de l'ennemi se croyait inattaquable de vive force.

Pendant ce temps, l'armée anglaise avait renoncé à tourner l'extrême droite de l'ennemi et venait attaquer vigoureusement les fortes positions retranchées de sa droite. Là les Russes avaient disposé, non-seulement des pièces de campagne en batterie, comme sur tout le reste de leurs lignes, mais une batterie de douze bouches à feu de calibre de 32, que les Anglais finirent par enlever, mais non sans pertes cruelles.

Le mouvement général se prononça au moment où le général Bosquet, protégé par la flotte, apparut sur les hauteurs. Les jardins, d'où s'échappait un feu très-vif des tirailleurs russes, ne tardèrent pas à être occupés. L'artillerie des alliés s'approcha à son tour des jardins, et commença à canonner vivement les bataillons russes qui s'échelonnaient sur les pentes pour appuyer leurs tirailleurs en retraite. Les Français les suivirent sur les

falaises, et leur chef ne tarda pas à lancer sa première ligne à
travers les jardins. « Chacun passa où il put, » dit le maréchal,
et les colonnes gravirent les hauteurs sous un feu de mousqueterie et de canons qui ne put ralentir leur marche. Les crêtes
furent couronnées, et la deuxième ligne fut lancée à l'appui de
la première, qui se jetait en avant au cri de *Vive l'Empereur!*

L'artillerie de réserve s'était, à son tour, portée en avant avec
une rapidité que les obstacles de la rivière et la raideur des
pentes n'avaient pu faire espérer.

Les Anglais, cependant, rachetaient leur lenteur à force d'héroïsme et eux aussi apparurent sur le plateau. Alors l'armée
russe commença à plier; ses positions étaient débordées et la
victoire était acquise aux alliés.

Les qualités si-diverses des deux grandes nations s'étaient admirablement manifestées dans cette brillante affaire. Du côté des
Français, un entrain inouï, une audace rapide, une initiative
foudroyante; du côté des Anglais, une lenteur solide, un calme
inébranlable, des soldats marchant comme à la parade sous le
feu terrible qui les fauchait.

« Lord Raglan est d'une bravoure *antique*, » disait le maréchal
Saint-Arnaud dans son rapport. Le mot n'est pas juste. Cette
bravoure calme, sans élan, qui prend sa source dans un profond
sentiment du devoir, est toute moderne et toute chrétienne.

Ces qualités différentes étaient désormais unies par un lien indissoluble : l'alliance de la France et de l'Angleterre était cimentée
par le sang.

On attribua à lord Raglan un mot significatif. Les armées
étaient rangées en ligne, et l'officier français qui était placé auprès du général anglais pour les communications mutuelles faisait quelques observations sur l'aile française qui s'ébranlait pour
appuyer la droite des Anglais : « Oui, dit lord Raglan en étendant sa manche vide, la France me devait un bras et elle me le
rend aujourd'hui. »

Les pertes avaient été sérieuses des deux côtés, celles des Anglo-Français furent évaluées à 3,000 hommes environ; celles
des Russes dépassèrent 5,000 hommes. L'armée française eut un
général grièvement blessé, le général Thomas : mais sa perte la

plus regrettable fut celle de son général en chef, de l'homme énergique qui avait conçu, voulu, exécuté l'expédition de Crimée.

Atteint d'un mal incurable et qu'il avait dompté jusque-là avec une singulière énergie, le maréchal de Saint-Arnaud n'en était pas moins resté en selle pendant dix heures, soutenu par deux dragons. La victoire gagnée, il se sentit frappé à mort. Son bulletin de triomphe a un accent fébrile : « Le canon de Votre Majesté a parlé !... » s'écrie-t-il en annonçant la victoire. Et c'est dans un style ému, poétique, digne de l'épopée, qu'il raconte les péripéties de la bataille. Quelques inexactitudes se mêlent au récit : le maréchal y représente les Russes en déroute, jetant leurs fusils et leurs sacs pour mieux courir, tandis qu'en réalité l'armée battue avait opéré sa retraite avec assez d'ordre, sans abandonner un canon et protégée par sa cavalerie. « Si j'avais eu de la cavalerie, j'obtenais des résultats immenses et Menchikof (sic) n'aurait plus d'armée... » Et plus loin : « Je regretterai toute ma vie de ne pas avoir eu seulement mes deux régiments de chasseurs d'Afrique. »

On trouvait dans ce rapport quelques phrases regrettables, si elles avaient été écrites sous une autre inspiration, celles-ci par exemple... « Le prince Menchikof et ses généraux étaient bien hâfarons dans leur camp que j'occupe, le matin du 20. Je crois qu'ils ont un peu l'oreille basse. Le général russe avait demandé à Alma des vivres pour trois semaines ; j'ai dans l'idée qu'il aura arrêté le convoi en route.

» Votre Excellence pourra juger qu'il y a beaucoup de mirage dans toutes les affaires russes. Dans trois jours, je serai sous Sévastopol et je saurai dire à Votre Excellence tout ce que cela vaut au juste. »

Ces vivacités, ces aspirations énergiques, ces regrets sont autant d'indices de la mort qui s'approche. Le soldat vainqueur voudrait se rattacher à la vie par une victoire plus complète ou par une victoire nouvelle. Il voudrait vivre à force de volonté et il doute d'y réussir. « Ma santé est toujours la même, écrit-il le lendemain ; elle se soutient entre les souffrances, les crises et le désir. Tout cela ne m'empêche pas de rester douze heures à

11

cheval les jours de bataille... Mais les forces ne me trahiront-
elles pas ? »

Nobles paroles ! Une mort semblable peut racheter plus d'une
faute.

Le 27, le vainqueur de l'Alma s'embarquait sur le *Berthollet*,
laissant le commandement au général Canrobert, désigné à l'a-
vance : le 29, il expirait, enseveli dans sa gloire.

Démoralisés un instant par leur défaite et ne se fiant plus aux
positions choisies à l'avance, les Russes ne s'arrêtèrent ni sur la
Katcha, ni sur la Belbeck, positions formidables. Ils rentrèrent à
Sévastopol.

La bataille de l'Alma excita par toute l'Europe, chez les nombreux partisans de l'alliance nouvelle, un véritable enthousiasme. L'effet en fut d'autant plus grand qu'aussitôt après on
reçut, par un courrier tartare, une dépêche tout autrement grave.
Celle-là annonçait qu'à la suite de la bataille de l'Alma, Sévastopol s'était rendu aux armées alliées avec sa flotte, avec sa garnison, avec ses immenses munitions de guerre. Cette nouvelle
avait tous les caractères de l'authenticité : les détails en étaient du
plus explicites et se trouvaient d'ailleurs confirmés par des dépêches venues de trois points différents.

La nouvelle, arrivée le 30 septembre et le 1er octobre à Vienne
et à Berlin, produisit dans les populations une impression générale de joie et d'enthousiasme. Les suppléments de journaux qui
la contenaient furent lus à haute voix dans les lieux publics, et
l'émotion manifestée fut celle que l'on aurait pu montrer pour
une victoire remportée par des troupes allemandes. Les partisans de la Russie étaient consternés d'un succès si complet, si
imprévu. L'empereur Napoléon était alors au camp de Boulogne :
il annonça la double victoire à ses troupes, en ajoutant des paroles qui semblèrent la confirmation de la dépêche : « Les étendards alliés flottent peut-être en ce moment sur les murs de
Sévastopol. » L'Empereur d'Autriche s'empressa d'adresser ses
félicitations au chef du gouvernement français.

Mais bientôt il fallut reconnaître qu'on était dupe d'une illusion. Le récit du Tartare n'était que la bataille de l'Alma am-
plifiée. En réalité, le triomphe était assez beau, mais il parut

diminué de la déception subie. Sévastopol n'était pas pris, mais les alliés s'établissaient sans obstacle sous ses murs.

Bien que, par suite du manque de cavalerie, les armées alliées n'eussent pu disperser, ni même harasser l'armée vaincue, celle-ci n'avait pas tenté de disputer les autres points susceptibles d'être défendus entre l'Alma et Sévastopol, c'est-à-dire les positions des rivières de la Katcha et de la Belbeck. Le prince Menchikof, rentré dans Sévastopol, y avait laissé une garnison suffisante, avait passé la rivière Tchernaïa, et marchant sur Batché-Seraï, s'y établit dans la matinée du 25. Le prince assurait par là ses communications avec l'intérieur de l'empire et avec les renforts qu'il attendait.

De leur côté, les alliés, après avoir dépassé les positions abandonnées de la Belbeck, avaient reconnu le côté nord des fortifications de Sévastopol et avaient constaté que, ainsi que le maréchal Marmont l'avait indiqué longtemps à l'avance, la possession du fort de l'*Étoile* ou du *Nord* ne donnerait aucune action décisive sur la ville et sur ses défenses situées sur l'autre côté de la rade. D'ailleurs, où s'appuyer de ce côté ? où installer la flotte, dont la présence seule pouvait assurer la position de l'armée assiégeante. Il fut donc arrêté qu'on tournerait Sévastopol à l'est, qu'on passerait la vallée de la Tchernaïa et qu'on établirait la base d'opération à Balaclava.

Balaclava est un port situé sur la côte sud de la Crimée, à 7 milles en droite ligne de Sévastopol et à 11 milles à l'est du cap Chersonèse. L'entrée n'a que 30 mètres de largeur, il peut contenir néanmoins une douzaine de vaisseaux de ligne.

L'importance de la possession d'un port comme celui de Balaclava n'avait pas échappé à l'attention des officiers qui avaient d'abord reconnu la côte de la Crimée. Mais les hauteurs qui l'environnent et le protègent étaient alors fortement occupées par les troupes russes, et l'on avait prévu que toute tentative de débarquer sur ce point en présence de l'ennemi pourrait échouer devant la supériorité de sa position. On y arriva par les derrières, en suivant la route de Kadi-Mackensia ou ferme de Mackensie.

Le pays, entièrement inconnu aux alliés, est couvert de bois épais, à travers lesquels les troupes durent se frayer un chemin à la boussole. Dans cette route faite à tâtons et dans un assez grand désordre, on déboucha tout à coup sur la lisière de la forêt, non loin de Mackensie, et on se trouva sur le flanc d'une division russe ; c'était l'arrière-garde du prince Menchikof qui se rendait à Batché-Seraï. On ne laissa pas à ces troupes le temps de se reconnaître et on les mit en fuite, leur prenant quantité de chariots, de bagages et de munitions.

De là, l'armée descendit par un défilé escarpé dans les plaines qu'arrose la Tchernaïa.

Balaclava fut pris presque sans coup férir. On s'y établit au plus tôt et les débarquements de troupes et de matériel commencèrent. Pendant ce temps, une partie de la flotte, au nombre de 15 vaisseaux, formant escadre de combat, bloquait la passe de Sévastopol, pour le cas où la flotte russe tenterait de sortir pour contrarier le débarquement. Une réserve de 40,000 hommes et la cavalerie de l'armée, forte de 6,000 hommes, se tenaient prêtes à Varna et à Bourgas.

Les assiégés, de leur côté, ne restaient pas inactifs. Chaque jour voyait s'élever de nouveaux travaux de défense. Redoutes et parapets apparaissaient comme par enchantement. Les tours de pierre les plus exposées disparaissaient sous les glacis.

La garnison s'élevait à 20,000 hommes environ. Mais la défense la plus sérieuse de la place paraissait être dans la belle flotte enfermée dans ses ports. On y comptait 17 vaisseaux de ligne en état de prendre la mer, 9 frégates, corvettes et bricks, 12 bâtiments à vapeur dont 6 grands et 6 petits, et un ensemble de chaloupes canonnières et de transports qui montait à 75. En tout, à peu près 108 bâtiments et 2,200 bouches à feu.

Du côté de la mer, Sévastopol était considéré comme imprenable, mais la vapeur n'avait-elle pas changé les éléments d'une lutte semblable ? Au moyen de sacrifices que leur courage n'hésiterait pas à faire, les marines alliées ne pourraient-elles pas pénétrer dans les ports intérieurs et y aider puissamment une attaque de terre contre des fortifications encore incomplètes.

Ce fut sans doute une des pensées qui décida le prince amiral Menchikof à un sacrifice inouï. Pendant que l'escadre alliée bloquait la rade, le 23 septembre, on vit sept vaisseaux s'avancer et présenter le travers à l'entrée de la place. On crut qu'ils s'embossaient pour une défense désespérée ; mais bientôt on les vit disparaître un à un, coulés par leur propre équipage et opposant une barrière aux entreprises de l'ennemi, non pas en présentant leurs puissantes batteries, mais en obstruant les passes de leurs carcasses désormais inutiles.

C'était ruiner l'héroïque entreprise dont l'amiral Hamelin avait conçu le plan. Il voulait franchir la passe à travers les feux ennemis, pénétrer dans la rade et de là jusqu'au fond du port militaire, où il se serait trouvé en communication avec l'armée. Une fois là, il eût foudroyé à la fois la ville, l'arsenal et la flotte, et pris à revers les fortifications extérieures de la place.

La mesure prise par l'amiral prince Menchikof, si elle était un aveu d'impuissance maritime, était au moins d'une incontestable habileté. Elle changeait, en un instant, les conditions du siége, elle bouleversait les plans des alliés, elle doublait, en personnel et en matériel, les ressources déjà si grandes de la place.

On était devant Sévastopol : l'ennemi était incapable de gêner l'installation des troupes ; mais cette installation, il fallait y procéder. On n'avait rien de ce qui était nécessaire pour tenter une telle entreprise. Il fallait établir les troupes dans des camps provisoires, débarquer les provisions, le matériel, les munitions. Tout cela prit cinq jours, et c'était peu. Mais, pour les Russes, c'était beaucoup. Pendant ce temps, les renforts arrivaient du Nord, les canons de la marine prenaient place aux embrasures, les fortifications augmentaient de relief et d'étendue. Dès lors, il fallait se résigner à un siége en règle.

On a dit qu'à ce moment Sévastopol pouvait être enlevé par un coup de main, et on a affirmé que ç'avait été là l'audacieuse pensée du maréchal de Saint-Arnaud. On verra par la comparaison des ressources déployées de part et d'autre à la première heure, qu'une telle entreprise eût été insensée.

Les batteries anglo-françaises étaient garnies, comme à l'ordinaire en pareil cas, de calibres de 16 et de 24. Les fortifications de Sévastopol, au contraire, présentaient des calibres énormes, de 3 à 4 kilomètres de portée.

Les ressources de la place en personnel n'étaient pas moins considérables. Elle disposait de 20,000 travailleurs de la marine, militaires ou ouvriers civils. L'armée de secours, en libre communication avec la place, s'augmentait incessamment de renforts envoyés à la hâte. L'armée alliée, au contraire, réparait ses pertes, mais ne pouvait s'élever avant quelque temps à un chiffre supérieur à celui de 80,000 hommes.

La première difficulté sortait du développement anormal de la ville à attaquer. Sévastopol ne pouvait être bloqué, sa rade le divisant en deux parties bien distinctes. Il eût fallu deux armées considérables pour arriver à ce résultat.

L'armée anglaise ayant la première occupé les positions et le port de Balaclava, qui devenait sa place d'arrivage et de dépôt, se trouvait naturellement appelée à former l'aile droite du siége. L'armée française, qui était restée une demi-journée en observation sur la Belbeck pour donner aux Anglais le temps de défiler, occupa les baies du cap Chersonèse, au sud-ouest, pour le débarquement de ses approvisionnements et de son matériel.

Les forces très-insuffisantes dont les Anglais pouvaient disposer ne leur permirent pas, dès l'origine, d'embrasser dans leurs tranchées l'extrême droite de la ville assiégée, c'est-à-dire la partie du faubourg Karabelnaïa compris entre le bassin dit du Radoub et le petit port du Carénage. Quant à l'armée française, elle attaqua le travail du siége avec vigueur. Plusieurs jours se passèrent à transporter avec de vigoureux efforts, du port étroit et resserré de Balaclava, les canons de gros calibre aux hauteurs, car il fallait bien désormais imiter les Russes en leur opposant à terre les ressources des deux marines.

Mais les Russes, on l'a vu, ne restaient pas oisifs. En quelques jours une activité inouïe avait changé les conditions de la lutte. Là où, quelques jours auparavant, s'élevaient seulement des tours et des ouvrages en terre, avaient été construits comme par enchantement des remparts continus. Des vaisseaux à trois ponts avaient été placés dans la ligne de défense. A l'extrémité du port, le vaisseau amiral, le vaisseau modèle, les *Douze-Apôtres*, l'orgueil de la marine russe, protégeait de ses puissantes batteries les ravins qui de ce côté s'ouvrent sur Sévastopol.

La tranchée fut ouverte par les alliés, le 9 octobre. Malgré les difficultés exceptionnelles présentées par la nature du sol, et par les moyens formidables dont l'ennemi pouvait disposer, le feu put commencer le 17. Les alliés disposaient alors d'un équipage de siége de 170 bouches à feu environ, des calibres de 24 et de 30. Les canons de la marine n'étaient pas encore établis dans les batteries. C'était là un matériel suffisant contre toute autre place; mais ici, on avait à lutter contre des canons du calibre de 50 et de 68, et le nombre des bouches à feu de l'assiégé l'emportait aussi bien que leur force.

Aussi les tranchées durent-elles être ouvertes à 6 et 800 mètres de la place.

Dans ces conditions, il se trouva que le premier bombardement, qui dura deux jours (17 et 18 octobre) présenta l'anomalie d'un feu plus actif chez l'assiégé que chez l'assiégeant. Le courage et la science rachetèrent en partie cette infériorité, mais un résultat immédiat était impossible.

Pendant que le feu des batteries de terre commençait à foudroyer les bastions russes, les généraux et les amiraux, réunis en conseil, avaient jugé utile d'opérer par mer une diversion puissante pour obliger les Russes à faire face de tous côtés et à disséminer leurs canonniers. Les vaisseaux anglais et français avec deux vaisseaux turcs exécutèrent vigoureusement cette attaque contre les redoutables forts de pierre qui défendaient l'entrée de la rade, les Anglais et les Turcs battant le fort Constantin à gauche, et les Français le fort Alexandre et celui de la Quarantaine à droite. Les batteries de ce dernier fort furent un instant réduites au silence, et le fort Constantin vit une grande partie de ses embrasures démolies.

Après ce premier essai, il fallut continuer les travaux du siége et s'élever à la hauteur des difficultés qu'on venait de rencontrer.

Dès ce jour, le général Canrobet était obligé de reconnaître la supériorité de l'ennemi. « La place, dit-il dans son rapport du 18 octobre, a mieux soutenu le feu qu'on ne le croyait; l'enceinte, dans son énorme développement en ligne droite, portant tout ce qu'elle peut recevoir en gros calibre de marine, lui permet de prolonger la lutte. »

On s'était trompé sur la force véritable des défenses de la ville, on s'était trompé sur ses ressources en matériel ; on s'était trompé en supposant qu'il serait impossible au gouvernement russe de faire arriver en Crimée des renforts considérables et de les y nourrir. On était mal renseigné en partant de Varna, et même aussi après avoir reconnu la place. L'aspect des fortifications en terre, comparé à celui des forts en pierre de la rade, n'avait pu faire supposer que le fossé avec un épaulement ébauché qui les reliait fût un obstacle sérieux. Un simple mur crénelé semblait protéger la ville, en arrière de quelques fortifications de pierre telles que le fort de la Quarantaine, le bastion du Mât et la tour Malakof.

Mais ces ouvrages très-incomplets étaient, en réalité, formidables par leur armement, par le personnel de leur défense.

A partir du 18 octobre, l'armée assiégeante se consume en efforts héroïques. Le feu de ses batteries lutte incessamment contre un feu supérieur ; les canons russes sont démontés chaque jour par dizaines, mais ils sont remplacés pendant la nuit ; les épaulements et les embrasures dégradés sont réparés avant le lever du soleil. Sévastopol possède un approvisionnement inépuisable en bouches à feu et en munitions.

On n'attend pas de nous que nous racontions jour par jour les incidents de ce siége mémorable. Nous voulons seulement en faire comprendre le caractère et en rapporter les événements principaux.

Enhardis par leur position nouvelle, les assiégés conçurent le projet hardi de jeter l'armée assiégeante à la mer. Le général Liprandi fut chargé de s'emparer de Balaclava.

Les alliés occupaient entre Sévastopol et ce petit port, base de leurs opérations, une ligne très-fortement retranchée, formée par des collines naturelles. En bas de ces retranchements, et à peu près en droite ligne à travers la vallée, sont quatre monticules s'élevant successivement l'un plus haut que l'autre, et dont le dernier et le plus élevé, qui rejoint la chaîne de montagnes en face, avait reçu le nom de mont Canrobert, parce que c'est là que le général français joignit le général anglais après la marche sur Balaclava. Chacun de ces monticules était occupé par les

Turcs, parce qu'il n'y avait pas d'autres troupes disponibles. Les Turcs y avaient élevé, à la hâte, quatre retranchements en terre, et sur chacune de ces positions étaient deux ou trois canons de la flotte anglaise, servis par des artilleurs anglais.

Sur une éminence plus haute et plus éloignée, en face du village de Camara, en avant du flanc droit des Anglais, avait été établi un autre ouvrage un peu plus imposant, également défendu par des Turcs. Ces derniers n'étaient pas, il faut le dire, de vieux soldats d'Omer-Pacha, des hommes éprouvés de l'armée du Danube. C'étaient des milices à peine instruites et qui n'avaient encore vu le feu que de loin, à l'Alma, où on avait eu soin de ne pas les engager.

Depuis plusieurs jours, le général Liprandi avait reconnu la faiblesse de ces défenses, occupées d'ailleurs par un ennemi méprisé du soldat russe. Le 25 octobre, dès le matin, 30,000 hommes se jetèrent sur les redoutes occupées par les Turcs et les en chassèrent sans peine. Les divisions Cathcart et Cambridge, du côté des Anglais, accoururent pour arrêter les progrès de l'ennemi, et le général Canrobert envoya le général Bosquet avec de l'artillerie et 200 chasseurs d'Afrique. Le général Colin Campbell avait déjà rangé ses highlanders en bataille sur la route de Balaclava, et la cavalerie anglaise, sous les ordres de lord Lucan, était en mouvement.

Les Russes s'avançaient, précédés par une ligne d'artillerie d'une vingtaine de pièces. Deux batteries d'artillerie légère appuyaient le mouvement, puis venait la cavalerie composée de six carrés compacts. Les redoutes turques, enlevées presque sans coup férir, les Russes tournèrent contre les Anglais leurs propres canons, et forcèrent le régiment des montagnards à se replier. Mais, comme la cavalerie russe poursuivait son avantage, en donnant la chasse aux Turcs fuyards, elle vint se briser contre les highlanders du colonel Campbell.

Alors les deux cavaleries anglaise et russe se choquèrent. Les Écossais gris et les dragons d'Enniskillen chargèrent : ils avaient à enfoncer deux lignes de troupes d'élite, ils le firent avec une vigueur incomparable. Les Russes furent dispersés comme la paille au vent, après s'être reformés deux fois. Ils durent se retirer, mais en partant ils laissèrent de l'infanterie dans trois des redoutes dont ils s'étaient emparés. Ils avaient aussi placé des canons sur les hauteurs à leur gauche. Leur cavalerie joignait leurs réserves, en six divisions, derrière lesquelles se massaient six bataillons d'infanterie et une trentaine de canons.

L'affaire avait tourné à l'avantage des assiégeants : l'ennemi se retirait et renonçait à son projet. C'est alors qu'eut lieu un fatal épisode qui coûta cher à la cavalerie légère des Anglais. Lord Raglan désirait ne pas laisser à l'ennemi les canons anglais abandonnés par les Turcs : il envoya l'ordre à lord Lucan de les reprendre « *s'il était possible.* » Soit que cet ordre fut mal donné, soit qu'il fut mal compris, le général de cavalerie se crut obligé à exécuter un projet qu'il considérait comme insensé. Il donna donc l'ordre à lord Cardigan de charger ces canons. Une poignée d'hommes, 600 cavaliers environ, s'élancèrent à travers la plaine, essuyant les volées des redoutes et de l'artillerie de campagne, et piquèrent droit à toute l'armée russe rangée en bataille. Ils avaient un mille et demi à faire avant d'arriver aux redoutes. Ils arrivèrent, bien que décimés, sabrèrent les artilleurs ennemis sur leurs pièces, puis revinrent, traversant des corps d'infanterie, pris en flanc par la cavalerie russe et, une fois encore, hachés des volées de trente canons chargés à mitraille. 185 hommes seulement survécurent à cet acte d'héroïsme inutile.

Le lendemain, 26, les Russes attaquèrent de nouveau les positions des assiégeants, tant du côté de Balaclava que de celui de Sévastopol. Cette double attaque fut repoussée avec succès, et les Russes laissèrent environ 1,000 hommes sur le terrain.

En réalité, dès la fin d'octobre, l'armée assiégeante est elle-même assiégée dans ses lignes.

Dix jours après l'attaque de Balaclava, une tentative bien plus sérieuse fut faite par les Russes pour forcer l'assiégeant dans ses lignes. L'ordre formel du Tsar était arrivé de jeter l'ennemi à la mer. Deux fils de l'empereur Nicolas, les grands-ducs Nicolas et Michel, vinrent en personne surveiller l'exécution de cet ordre et imprimer aux troupes l'élan nécessaire. Ils amenaient des renforts énormes, tirés des provinces du Nord au prix des plus grands sacrifices.

Le plan, concerté à Saint-Pétersbourg, consistait à forcer la droite des Anglais, appuyée à une hauteur d'où l'armée de secours, si elle parvenait à s'en emparer, se ruerait sur le terrain du siège, coupant les communications de l'armée alliée avec Balaclava et prenant à revers la ligne de circonvallation, tandis que le général Liprandi, pénétrant par la route de Balaclava, opèrerait sa jonction avec l'armée russe, entre cette ligne et celle des tranchées. Les travaux de siège et les défenses extérieures ainsi prises à revers, l'armée alliée serait acculée à ses deux ports de Balaclava et de Kamiesch, où elle n'aurait plus qu'à se réembarquer. En même temps qu'auraient lieu ces deux attaques, la garnison de Sévastopol exécuterait une grande sortie contre la ligne des tranchées françaises.

Le plan était hardi, habile, les forces ne manquaient pas pour l'exécuter : il faillit réussir.

Du côté des Anglais, une grande faute avait été commise. Soit insuffisance de personnel, soit négligence, ils n'avaient pas convenablement fortifié la hauteur qui couvrait leur droite. Il n'y avait là qu'une petite redoute d'un faible relief et qu'on devait armer de deux canons seulement. C'était le seul point accessible pour les Russes, le reste des lignes étant couvert par une suite de monticules d'un escarpement inaccessible.

C'est par là que les Russes cherchèrent à déboucher. Le 5, au petit jour, favorisées par un brouillard intense et par une pluie fine et drue, qui mettait en défaut la surveillance des sentinelles anglaises, d'épaisses colonnes gravirent les hauteurs qui surplombent la vallée d'Inkermann, s'emparèrent aisément de la petite redoute, garnirent la hauteur de 42 pièces de canon, et commencèrent à foudroyer les postes avancés qui, après une lutte acharnée, furent écrasés tour à tour.

Plusieurs divisions anglaises accoururent. La petite redoute fut prise et reprise quatre fois; les Russes étaient quarante contre un : fanatisés par leurs prêtres, excités par l'eau-de-vie, encouragés par la présence des deux fils du Tsar, ils combattaient avec furie. L'obscurité était encore assez grande

pour qu'on ne sût pas trop bien où était et d'où venait l'ennemi.
Il y eut des mêlées affreuses, corps à corps. On n'avait pas le
temps de recharger les fusils, on se battait à la baïonnette, à
coups de crosse, à coups de pierre. Chaque fois que les Russes
étaient repoussés, ils laissaient des monceaux de morts, et c'é-
tait par-dessus des piles de cadavres qu'ils revenaient à l'assaut.

Cette lutte inégale, qui ne fut qu'une série d'assauts héroïquement donnés, héroïquement repoussés, dura deux mortelles
heures. Il avait fallu ce temps pour que le général Canrobert,
averti, pût accourir au secours de ses braves alliés. On vit apparaître enfin, sur le haut de la colline, les bonnets des zouaves
et une colonne d'infanterie française. Il était temps. Les Russes
recueillaient leurs forces pour un assaut décisif. Une attaque
terrible fut dirigée par le général Canrobert sur le flanc droit
des Russes qui durent exécuter un changement de front. La terrible carabine Minié faucha leurs rangs pendant quelques minutes, puis Français et Anglais se ruèrent sur les colonnes que
labourait une nombreuse artillerie de campagne.

Sur ces masses déjà ébranlées, mais qui revenaient sans cesse
à la charge, profondes, obstinées, avec de sauvages *hurrahs*,
bondissaient adroits, inévitables, les zouaves et les turcos. La
balle des carabines de précision faisait dans ces blocs d'hommes
entassés des trouées sanglantes, et la baïonnette de l'agile fantassin écornait les angles de ces vivantes murailles. Le lieu de
cette scène horrible conserva le nom sinistre d'*abattoir*.

Les Russes commencèrent à plier : l'avantage qu'ils avaient
trouvé dans la disposition du terrain tournait à présent contre
eux. Ils ne pouvaient se déployer en lignes assez étendues et
leur nombre même devenait pour eux un obstacle. Ils se retirèrent, mais lentement, s'arrêtant de temps en temps pour faire
des charges furieuses à la baïonnette. Ce ne fut qu'au troisième
choc de la division Bosquet, composée d'une partie des brigades
Bourbaki et d'Autemarre, que la retraite devint générale et
qu'on vit des masses profondes se retirer par le pont d'Inkermann et gravir dans un désordre épouvantable les collines opposées. Les boulets les broyaient au fond de la vallée.

5,000 Russes restèrent sur le champ de bataille : la perte gé-

nérale de l'assaillant fut de plus de 15,000 hommes. Le lieutenant général Seïmonof, tué, les généraux majors de Villebois et
d'Ochter-Lohne, les colonels Alexandrof, Poustovoltof, Bibikof,
Delvig, Véreuvkine-Scholuta II, blessés, 109 officiers touchés,
telle fut la perte avouée par le prince Menchikof.

Pendant qu'avait lieu cette terrible attaque sur la droite, conduite par le prince Menchikof et par le général Danneberg,
5,000 hommes de la garnison de Sévastopol effectuaient sur la
gauche des Français une sortie qui fut repoussée par les troupes de service à la tranchée, sous les ordres du général de la
Motterouge.

Le général de division Forey marcha au secours de ces
braves, et les Russes se retirèrent, poursuivis l'épée dans
les reins par le général de Lourmel qui, se laissant entraîner
par un courage chevaleresque, lança sa brigade jusque sous les
murs de place et tomba mortellement blessé.

Enfin, à la même heure, le prince Gortchakof exécutait sur
Kadikoï, du côté de Balaclava, un mouvement qui ne fût devenu
sérieux qu'en cas de succès des autres attaques.

En somme, 70,000 Russes au moins avaient été engagés et
17,000 hommes seulement de l'armée alliée avaient suffi à briser leurs efforts. C'était un beau succès que cette bataille d'Inkermann, succès dû à l'impassible solidité des Anglais et à la
brillante audace des Français. 8,000 Anglais avaient arrêté pendant deux heures des masses énormes, 3,000 Français les avaient
enfoncées. Mais ce succès coûtait cher.

Les Anglais avaient perdu dans cette terrible bataille, les
généraux Cathcart, Strangways et Goldie (le premier lieutenant
général, les deux autres brigadiers généraux); le lieutenant général sir George Brown, le major général Bentink, le major général Codrington, les brigadiers généraux Adams, Torrens et
Buller avaient été blessés. A cette liste il fallait ajouter 38 officiers et 412 soldats tués, 96 officiers et 1,763 soldats blessés,
en tout 2,339 hommes.

Les pertes des Français, naturellement moins considérables,
étaient encore sérieuses; elles consistaient en 1,726 hommes
tués ou blessés, et parmi les premiers figuraient deux officiers

des plus distingués de l'armée d'Afrique, le général de brigade de Lourmel et le colonel Camas du 6e de ligne.

La bataille d'Inkermann restera dans l'histoire des guerres comme un type à part de sanglante boucherie. La configuration du terrain, l'inégalité des forces, l'énormité du feu d'artillerie, l'emploi terrible de la carabine de précision, la rage des soldats poussée chez les Russes jusqu'à la sauvagerie, tout fait de cette action quelque chose d'inouï, d'effroyable. 20,000 hommes environ y furent mis hors de combat. Il y avait, aux flancs du plateau, une sorte de grotte dans laquelle furent entassés pêle-mêle des centaines de cadavres. Placé entre les avant-postes des deux partis, cet horrible ossuaire garda pendant plusieurs mois ces morts sans sépulture.

Les attaques si admirablement repoussées du 25 octobre et du 5 novembre avaient au moins eu ce résultat de forcer les assiégeants à ralentir leurs travaux d'attaque, pour couvrir leurs derrières par une ligne de contrevallation, à fortifier leurs positions du côté de Balaclava et de Kadikoï et à étendre leurs tranchées sur leur flanc droit.

Aussi, lorsque les alliés allaient se trouver en état de recommencer leurs approches, l'assiégé serait lui-même en position de conduire des contre-approches, de construire des logements et d'avancer ses fortifications jusque sous les batteries de l'assaillant.

L'état incomplet des tranchées, leur développement insuffisant, qui n'enveloppait pas la droite des fortifications russes du côté du Grand-Redan et du faubourg de Karabelnaïa, permettait à l'assiégé de créer les gigantesques ouvrages connus plus tard sous les noms de tour Malakof, Mamelon-Vert et ouvrages blancs, système qui s'étendait insensiblement du ravin de la Karabelnaïa jusqu'à l'embouchure de la Tchernaïa, jusqu'au fond du port de Sévastopol. C'est là qu'était véritablement la clef de la ville : on ne le reconnut que plus tard.

Lors de l'affaire d'Inkermann, l'effectif de l'armée russe n'était pas de moins de 100,000 hommes. Le corps expéditionnaire des alliés n'en comptait pas plus de 60,000. Aux efforts désespérés faits par la Russie, il fallait répondre par des efforts dignes de deux grandes puissances. L'Angleterre réunit une division de 8 à 9,000 hommes; on engagea des volontaires de la milice pour les former en régiments qui remplaceraient et laisseraient disponibles les garnisons des places anglaises de la Méditerranée. Deux divisions françaises de 11,000 hommes chacune furent expédiées dans les premiers jours de décembre : deux autres divisions iraient incessamment les rejoindre.

Mais dès lors il fallait se résoudre à une campagne d'hiver, et rien n'était prêt ! Le froid sévissait déjà, les hommes et les chevaux succombaient par centaines, que l'on s'occupait encore en France, et surtout en Angleterre, à préparer des abris en bois et des vêtements chauds pour le terrible hivernage. L'excellente organisation de l'armée française lui permit de supporter ces épreuves inouïes avec plus de facilité.

Outre le port de Balaclava et la rade de Kamiesch, les alliés n'avaient pas cessé d'occuper Eupatoria. Là aussi, il avait fallu repousser les attaques multipliées des Russes.

Le 12 octobre, quatre régiments de cavalerie avec quatre pièces d'artillerie de campagne vinrent attaquer Eupatoria et furent énergiquement repoussés par la petite garnison. Le 13 et jours suivants, on construisit des batteries en terre pour recevoir les pièces d'artillerie. L'armement de la place commença et on donna aux fortifications un certain développement. Les Russes alors bloquèrent la ville, établirent leurs postes et leurs vedettes à 2 kilomètres de l'enceinte, occupèrent les villages des environs et établirent leur quartier général à Oraz. Le 18 octobre, le 3 et le 7 novembre, de nouvelles tentatives furent repoussées par la garnison, alors composée de 1,200 hommes, dont 330 Français, 380 Anglais et 590 Turcs ou Égyptiens.

Après les hommes, après le froid, il fallut combattre la tempête. Un effroyable coup de vent jeta à la côte ou fit sombrer sur leurs ancres près de quarante navires, parmi lesquels le magnifique vaisseau de ligne français à hélice le *Henri IV* (14 novembre). La tempête sévit sur tous les mouillages qui abritaient les 300 bâtiments de tout genre des flottes alliées, depuis les rades d'Eupatoria et de la Katcha, jusqu'aux baies du cap Chersonèse et au port de Balaclava. (*Voyez* Chronique.)

Pendant cet horrible désastre, dont ils ne purent d'ailleurs tirer un parti plus sérieux, les Russes attaquèrent de nouveau la ville d'Eupatoria avec 7,000 hommes de troupes et 14 pièces d'artillerie. Après un engagement assez vif, ils se retirèrent en désordre. A partir de ce jour, ce point occupé sur la presqu'île fut définitivement mis à l'abri de toute insulte par des fortifications sérieuses; des redoutes fermées et isolées furent établies à 12 ou 1,500 mètres, sur une ligne de collines qui borde l'horizon, et les vieilles bandes d'Omer-Pacha furent appelées à garnir cette place devenue importante, et qui, outre sa garnison, renfermait 25,000 Tatars réfugiés.

A partir de ce moment, l'armée alliée poursuit avec une admirable persévérance ses rudes travaux, malgré les cruelles intempéries de la saison d'hiver. Les tranchées sont poussées, sur certains points, jusqu'à cent mètres de la place; de nouvelles batteries de fort calibre sont incessamment élevées. Les grandes opérations et le feu lui-même sont suspendus pendant le mois de décembre; une neige épaisse couvre la terre et les remparts d'un manteau uniforme.

Les boues sont si profondes, si tenaces, que les bêtes de somme deviennent inutiles, et qu'il faut employer chaque jour des corvées de 1,500 hommes à transporter des munitions de Kamiech aux tranchées. Bien d'autres nécessités imposent encore d'autres fatigues à ces admirables soldats. Il leur faut décharger les navires, entasser les provisions, chercher dans la campagne un peu de bois pour réchauffer leurs membres pendant les nuits glaciales. Pas un jour de repos : l'œuvre recommence incessamment.

Chaque jour voit tomber les Anglais par centaines, non pas tant seulement par les projectiles ennemis, que par l'excès de la fatigue. Les travaux qui leur sont imposés sont hors de proportion avec les forces humaines : le climat les dévore parce qu'ils n'ont rien de ce qui pourrait le faire supporter. Leur caractère national les rend peut-être encore plus accessibles à la souffrance : moins élastique, moins insouciant que celui des Français, il donne à leur courage le caractère d'une froide et sombre résignation. Ils s'éteignent et tombent sans murmurer, mais sans réagir contre la douleur.

Aussi, à la fin de l'année, il n'y a plus, à vrai dire, que deux adversaires en présence sous les murs de Sévastopol, la France et la Russie. Les Français seuls sont chargés du siége, parce que seuls, grâce à leur plus grand nombre, grâce aussi à l'excellence de leur administration et de leur organisation militaire, ils ont moins souffert que leurs alliés.

L'ennemi, de son côté, met à profit ces intermittences forcées pour augmenter ses défenses, et il semble faire parade de ses ressources énormes en consommant plus de poudre et de projectiles que n'en posséda jamais une place assiégée.

Quelle serait l'issue de ce siége anormal? En consultant les ressources des adversaires, on pouvait la prédire. Attaquer une fois Sévastopol et la Crimée, c'était, de la part de deux grandes puissances comme la France et l'Angleterre, s'engager à les conquérir. Réussir ou abandonner à la Russie l'empire d'Orient et la prépondérance en Europe, telle était l'alternative dans laquelle on venait de se placer.

Jetons maintenant un dernier coup-d'œil sur les autres points du monde où les adversaires se trouvaient en présence.

Dans la Baltique, la campagne avait été peu fructueuse. Sans les troupes de débarquement fournies par la France, et sans la destruction de Bomarsund, tout se fût réduit à un blocus très-incomplet. Aussi, le retour de sir Charles Napier fut-il moins bruyant que ne l'avait été son départ, et, à quelque temps de là, dans l'amertume de son insuccès, dans le dépit de sa popularité perdue, le brave amiral alla jusqu'à s'en prendre à cette belle flotte « la plus magnifique, disait-il autrefois, que l'Angleterre eût encore montrée sur les mers, » « très-mal équipée, disait-il aujourd'hui, et encore plus mal disciplinée. »

Dans la mer Blanche, le 18 juillet, la corvette anglaise à hélice la *Miranda* attaqua et brûla le monastère fortifié de Solovetski. Un mois après, le 23 août, une petite division anglaise alla détruire le fort de Kola, ville principale de la Laponie russe.

Dans le Kamchatka, quelques navires anglais et français avaient attaqué sans succès l'établissement russe de Pétropolovski (31 août. *Voyez* les rapports sur cette affaire à l'Appendice, p. 109).

En Asie, quelques avantages remportés par les Russes sur les

Turcs avaient été arrêtés par l'intervention de Schamyl, qui s'était jeté tout à coup sur la plaine mal défendue de Tiflis, avait ravagé toute la banlieue et s'était enfui, emmenant un butin considérable et de nombreux prisonniers. Le prince Beboutof, avec ses troupes, s'était vu obligé d'abandonner Kars et Kutaïs, et de revenir à marches forcées sur Tiflis. Son arrière-garde, attaquée le 17 août par les Turcs, perdit 3,000 tentes, ses bagages et des canons.

Partout la Russie était entamée : nulle part elle n'était complétement vaincue. Partout les alliés rencontraient plus de résistance qu'ils n'en auraient attendu, mais partout aussi ils s'apprêtaient à mesurer les moyens aux obstacles. Ainsi, il ne fallait pas s'y tromper, cette guerre n'était pas, ne serait pas une lutte d'enthousiasme, mais une lutte de persévérance. Les meilleures troupes du monde, mises en présence, n'auraient pas à décider de quel côté il y avait plus d'entrain patriotique, plus de passion, plus de foi, mais plus de ressources et d'haleine. Cette guerre serait la pierre de touche des forces secrètes et de la vitalité des États qui s'y engageaient.

CHAPITRE X.

TRAITÉ DU 2 DÉCEMBRE.

Négociations entre la Prusse et l'Autriche, les dissidences avouées, la Russie menace-t-elle l'Autriche ; mission de M. Von der Pfordten, instructions de M. de Prokesch, l'Autriche européenne et l'Autriche allemande, projets de résolutions à présenter à la Diète. — Rapprochement entre les deux cours allemandes, article additionnel du 26 novembre. — Quelles seront les exigences de la France et de l'Angleterre, réserves faites par l'Autriche, conclusion d'un traité d'alliance entre les trois cours de France, d'Autriche et de Grande-Bretagne ; stipulations de ce traité, encore les quatre garanties ; portée du traité, lord John Russell y voit une duperie. — Arrêté de la Diète fédérale, engagement sérieux en apparence ; pourquoi la Prusse n'adhère pas au traité ; nouveau manifeste du Tsar, appel au fanatisme ; comédie de modération à Vienne, les quatre garanties acceptées comme base de négociations, conférence du 28 décembre, interprétation des garanties. — Sera-ce la paix ou la guerre ?

A chaque phase nouvelle de la lutte, la diplomatie reprenait, en Allemagne, sa tâche brutalement interrompue par les faits. Pendant que les événements se pressaient en Crimée, et que l'Europe entière était comme suspendue aux émouvantes péripéties de la guerre, on travaillait à Vienne à rapprocher les deux grandes puissances germaniques.

A la fin d'octobre, voici quelles étaient, en résumé, les dissidences *avouées* entre les deux gouvernements. La cour de Berlin avait donné à l'évacuation des Principautés par les armées russes une signification que la cour de Vienne ne pouvait admettre ; la Russie ayant pris l'engagement de se tenir sur la défensive, la

cour de Berlin voyait dans cette déclaration des garanties que la
cour de Vienne n'y trouvait point; si la Russie rassemblait dans
la Pologne ses meilleures troupes et les rapprochait des frontières de l'Autriche, la cour de Vienne puisait dans ces mouvements des motifs d'inquiétude, et la cour de Berlin s'étonnait de
ces alarmes.

Voilà pour ce qui regardait spécialement les intérêts allemands. Quant aux intérêts européens, l'Autriche avait invité le
cabinet de Saint-Pétersbourg à accepter franchement les quatre
garanties; le cabinet de Berlin s'était associé, dans une certaine
mesure, à cette démarche. Mais l'Autriche désirait que la Diète
germanique s'appropriât ces quatre points : la Prusse s'y opposait.

Le cabinet de Berlin, beaucoup plus préoccupé de ce qui touchait à l'Allemagne que de ce qui concernait l'Europe, s'empressa de faire cesser les inquiétudes conçues par l'Autriche au
sujet des rassemblements de troupes effectués sur ses frontières.
Il réclama officieusement le retrait des forces réunies près de la
Gallicie, et le cabinet de Saint-Pétersbourg répondit que lorsqu'il avait voulu rassembler des forces dans le sud et dans le
sud-ouest de l'empire, il ne pensait pas que l'Autriche pût s'en
inquiéter et provoquer un mouvement agressif ou défensif de ses
armées; que par conséquent l'Empereur ne faisait aucune difficulté d'éloigner ses troupes des frontières autrichiennes et de
leur assigner d'autres lieux de rassemblement; cette promesse
reçut une exécution immédiate. Les régiments russes qui marchaient vers les frontières de l'Autriche reçurent l'ordre de s'arrêter, et ceux qui étaient déjà arrivés à leur destination rentrèrent dans l'intérieur. C'était une difficulté de moins. La Prusse
entreprit alors de faire disparaître les autres. Elle recourut à
l'intermédiaire du cabinet de Munich. M. Von der Pfordten, ministre bavarois, se rendit de Berlin à Vienne, chargé de promettre à l'Autriche le concours de la Diète germanique, mais au cas
où le cabinet de Vienne consentirait à prendre l'engagement de
ne pas attaquer la Russie et de décliner toute coopération à la
guerre, à moins que la Russie n'envahît de nouveau les Principautés ou le territoire même de l'Autriche.

La mission de M. Von der Pfordten n'eut pas de succès. La cour d'Autriche n'accepta pas les arrangements qui lui étaient proposés : elle consentait à se réunir à la Prusse pour demander à la Diète germanique son adhésion complète et sans réserve aux quatre conditions de garantie, mais elle prétendait se réserver sa pleine indépendance et se conserver vis-à-vis de la Russie toute liberté d'action, même le droit de prendre au besoin l'initiative des hostilités. Elle déplorait sans doute la dissidence qui la sé- parait de la Prusse, et elle insistait sur la nécessité de parvenir à une conciliation nécessaire à l'Allemagne et au succès de la politique qui convient aux intérêts communs. Elle avait même offert de renouveler les engagements généraux déjà consignés dans plusieurs notes précédentes, et particulièrement dans le projet des instructions destinées à M. de Prokesch, représentant de l'Autriche à la Diète, et président de cette assemblée ; de dé- clarer par conséquent « qu'en adressant à la Diète les proposi- tions que l'on connaît, l'Autriche n'a pas voulu se fortifier en vue d'une offensive quelconque ; qu'il ne s'agit point d'appeler l'Al- lemagne à une guerre d'agression contre la Russie ; que l'Au- triche ne désire pas une pareille guerre, puisqu'elle indique les moyens de l'éviter ; et que la Confédération, pas plus que l'Au- triche, ne s'obligera à prendre l'offensive contre la Russie pour faire prévaloir les quatre points de garantie, comme elle devra se garder d'exclure l'éventualité de l'offensive de ses résolutions futures. »

Mais enfin l'Autriche persistait à soutenir les quatre condi- tions de garantie ; elle les soutenait vis-à-vis de la cour de Berlin, dont elle combattait les subtilités ; devant la Diète germanique, à laquelle elle avait proposé de se les approprier ; et contre la cour de Saint-Pétersbourg, dont elle réclamait l'ac- ceptation comme indispensable et urgente. Mais M. de Buol dé- sirait peut-être avant tout que l'accord se rétablît entre la Prusse et l'Autriche, et que les deux puissances s'entendissent pour soumettre en commun une seule et même résolution à la Diète. Il communiquait confidentiellement au cabinet de Berlin son projet d'instructions, provoquait les observations de M. de Man- teuffel, et le prévenait qu'on ne ferait aucun usage de cette pièce

qu'après qu'il s'en serait expliqué. (Dépêche du 29 octobre à
M. d'Esterhazy.) Dans l'espérance de faciliter ce rapprochement,
M. de Buol avait déclaré encore une fois que l'Autriche n'avait
point le dessein de prendre l'offensive contre la Russie, même
lorsque la Russie persévérerait dans son refus. En ce cas, il y
aurait lieu à une nouvelle délibération de la Diète. Cependant,
comme le cabinet de Vienne entrevoyait que l'Autriche pourrait
bien un jour se croire dans la nécessité de recourir à des hostilités contre la Russie, M. de Buol en tenait la menace suspendue
et montrait son intervention belligérante dans une perspective
encore éloignée. Afin de mieux assurer le succès de ce moyen
d'intimidation, le cabinet de Vienne s'exprimait tout à la fois au
nom de l'Autriche puissance allemande de premier ordre, et au
nom de l'Autriche grande puissance européenne.

Cette double attitude éclate, en effet, dans le projet des instructions de M. de Prokesch, où il est dit « que si la résolution
préparée à Vienne n'est pas adoptée, l'Autriche renoncera pour
l'avenir à toute initiative devant la Diète et se renfermera dans
l'exercice de son action indépendante comme grande puissance. »
L'Autriche donc invoquait tour à tour ses deux qualités et les
fortifiait l'une par l'autre, afin d'entraîner la Diète. Mais l'énergie
même de cette loyale conduite devait effrayer la Prusse, qui, en
en tous cas, voyait pour conclusion à cette affaire l'établissement
de la prépondérance autrichienne en Allemagne.

Un projet de résolution avait été préparé à Vienne pour la
Diète; mais un autre projet avait été préparé à Berlin. Le rapprochement de ces deux projets fait ressortir tous les points qui
divisaient les deux cabinets. Ainsi l'Autriche demandait que la
Diète reconnût dès lors le danger d'une attaque de la Russie, et
qu'elle chargeât en conséquence sa commission militaire de préparer les contingents dont sa commission politique proposerait,
le cas échéant, la réunion effective. La Prusse, au contraire,
niait le danger actuel : à son avis, ce danger naîtrait le jour où
la Russie, sommée, au nom de l'Autriche, de la Prusse et de
la Confédération, d'accepter les quatre conditions de garantie,
ne se conformerait pas à cette sommation. Alors seulement
la commission militaire de la Diète commencerait son office, sous

la réserve des résolutions que l'assemblée aurait à prendre ultérieurement.

De plus, la Prusse demandait, si la Russie acceptait les quatre
conditions de garantie, que l'Autriche s'engageât à ne pas faire
de demandes ultérieures. Enfin la Prusse eût désiré que l'Autriche ne fît de nouvelles démarches dans la question de l'Orient
que de concert avec elle et avec la Confédération.

C'était, à peu près, pour la Prusse, s'engager à abandonner
enfin la cause de la Russie devant la Diète, si la Russie s'obstinait
à rejeter les quatre garanties. Mais que coûterait à la Prusse une
inconséquence de plus ?

Quoi qu'il en dut être plus tard, le rapprochement eut lieu
entre les deux cours allemandes. Le 26 novembre, M. de Buol
et M. d'Arnim, ministre du roi de Prusse, signèrent, sous la
forme d'un article additionnel au traité du 20 avril, une déclaration qui fit cesser, pour le moment du moins, toutes les dissidences entre les deux cours. Les deux cabinets s'étaient trouvés
d'accord, après quelques concessions réciproques. Ils avaient reconnu la nécessité d'agir en commun si l'on voulait faire adopter
par la Diète des points de départ convenables pour les futures
négociations de la paix. On avait trouvé ces points de départ
dans les quatre conditions de garantie demandées par les cabinets de Paris et de Londres, et recommandées à la cour de
de Saint-Pétersbourg par les cabinets de Vienne et de Berlin, et
le Roi de Prusse avait pris l'engagement d'assister l'Empereur
d'Autriche contre les armées russes si celles-ci rentraient dans
les Principautés ou si elles pénétraient sur le territoire autrichien.

L'article additionnel fut soumis immédiatement aux délibérations de la Diète, dont l'adhésion ne se fit pas attendre.

Une fois assurée de l'appui de l'Allemagne, l'Autriche put
faire un nouveau pas vers les puissances occidentales. Mais elle
ne le fit qu'avec une extrême réserve.

Consentiriez-vous encore, après tant de sacrifices faits, après
tant de sang versé, après deux batailles gagnées, après la destruction d'une partie de la flotte ennemie, lorsque déjà vous oc-
cupez sans conteste la mer Noire, et dans la Crimée deux points

du territoire ennemi, consentiriez-vous à ne pas exiger plus
qu'autrefois? Telle était la portée de la question adressée par
l'Autriche aux deux gouvernements de France et d'Angleterre.

Oui, sans doute, on pouvait, on devait peut-être, exiger plus
que les quatre garanties. On ne le fit pas et, qu'on le sache bien,
ce fut par le désir évident de ménager l'alliance de l'Autriche.
C'est devant ce scrupule, que l'Autriche ne saurait peut-être pas
apprécier à sa juste valeur, qu'on fit céder de légitimes exigences.

Sous le bénéfice de ces réserves, un traité fut conclu, le 2 décembre, entre les gouvernements d'Angleterre, d'Autriche et de
France.

Ce n'était pas, à proprement parler, une alliance offensive et
défensive, mais on espérait, pourquoi ne pas le dire, on comptait que cette alliance y était implicitement contenue. Dans ce
cas, il n'y eût eu qu'un moyen pour la Russie de détourner cette
conséquence, c'eût été de prendre, avant la fin du mois de décembre, l'engagement de négocier sur la base des quatre garanties stipulées dans les Notes anglaise et française du 8 août. Si ce
délai s'écoulait sans que la Russie s'engageât d'une manière positive, l'Autriche deviendrait, on le croyait du moins, puissance
belligérante.

Le traité se composait de sept articles. Dans le premier,
on répétait ce qui avait été si souvent dit sur le désir de conserver ou d'établir la paix, sur la nécessité de maintenir l'intégrité
de l'empire ottoman, sur l'équilibre européen. On rappelait les
principes qui avaient dirigé la conférence de Vienne et produit
ses protocoles ; les Notes du 8 août et les conditions de garantie
que la France et la Grande-Bretagne avaient exigées comme étant
les seules bases solides et durables sur lesquelles on pût établir
des rapports entre la Porte et la cour impériale de Russie ; ces conditions déjà adoptées par l'Autriche, qui les avait recommandées
au cabinet de Saint-Pétersbourg, comme la Prusse elle-même.

Quant aux autres articles, voici quels étaient leurs dispositions
essentielles :

Les trois puissances s'engageaient de la même manière, formellement et réciproquement, en ce qui concernait les garanties
indiquées ; elles les déclaraient encore une fois indispensables

se rétablissement de la paix. Ces garanties seraient proposées itérativement par l'Autriche à la Russie, qui serait sommée de les accepter et de faire connaître son acceptation avant le 1ᵉʳ janvier. Les quatre conditions de garantie étaient reproduites dans le traité, mais en termes plus précis et plus positifs; elles y étaient nettement spécifiées, et, pendant les conférences qui amenèrent le traité, on leur avait attaché les commentaires les plus explicites.

Rien de plus juste, rien de plus modéré, avaient dit les puissances alliées, rien de plus conforme aux droits et aux intérêts de l'Europe que ces quatre conditions.

La première, en faisant cesser le protectorat de la Russie sur les principautés de Moldavie, de Valachie et de Serbie, et en plaçant leurs priviléges sous la garantie collective des grandes puissances, enlève au cabinet de Saint-Pétersbourg les droits qu'il prétendait tenir des anciens traités, et qui n'étaient qu'un moyen d'assujettir ces populations, de dominer la Turquie, d'approcher l'Autriche par son côté vulnérable, et de troubler l'Europe entière.

La seconde, en stipulant la liberté de la navigation du Danube, dégage le commerce de toutes les nations, et principalement de l'Autriche, des obstacles moraux et matériels qui l'entravent, et laisse les bouches de ce grand fleuve ouvertes aux États dont il est la richesse et la défense.

La troisième a pour objet de faire cesser la prépotence de la Russie dans la mer Noire. La Russie a fait de cette mer un lac russe; elle y a lentement fondé des établissements de premier ordre; elle y a accumulé, avec autant de persévérance que de mystère, des forces navales considérables, et l'on peut dire que par cette domination exclusive de la mer Noire, elle a mis le siége en permanence devant Constantinople.

Cet état de choses n'est pas possible, parce qu'il est incompatible non-seulement avec l'intégrité de l'empire ottoman, mais avec la sécurité de l'Europe tout entière.

La France et l'Angleterre, en demandant à la Russie de limiter sa puissance dans la mer Noire, ou de neutraliser cette mer, sont donc complétement dans leur droit. Si ce résultat n'était pas

obtenu par la paix ou par la guerre, la paix serait éphémère et la
guerre serait stérile. Et 'qu'on le remarque bien, cette demande
de limitation de la puissance russe ou de neutralisation de la mer
Noire ne répond pas seulement à l'intérêt anglo-français, elle
répond aussi à l'intérêt de l'Autriche, pour laquelle le Danube,
fleuve commercial et militaire, est une magnifique route ouverte
à son activité vers le Pont-Euxin et l'Asie.

Quant à la quatrième condition, en affranchissant la Turquie
des prétentions de la Russie à un protectorat religieux sur les
sujets grecs du Sultan, elle assure cependant plus que jamais la
liberté de conscience en même temps qu'elle détruit la suprématie que les tsars se sont attribuée et dont le but politique,
pour mieux s'imposer, se dissimulait sous un intérêt religieux.

L'Autriche s'engageait envers la France et la Grande-Bretagne, comme elle s'y était engagée envers la Turquie par le
traité de 14 juin, à occuper les Principautés et à les protéger
contre les attaques de la Russie, sans que cette occupation pût
faire obstacle aux opérations des armées de la Turquie et de
ses alliés, qui conserveraient la plus grande liberté d'action,
aussi bien dans les Principautés que sur le Danube et sur le
Pruth.

Si les hostilités éclataient entre l'Autriche et la Russie, on se
promettait mutuellement alliance défensive et offensive, et on se
promettait réciproquement de n'accueillir aucune proposition de
paix sans s'être entendus préalablement ensemble.

Enfin, on chercherait d'un commun accord à provoquer l'adhésion de la Prusse.

A peine ce traité était-il signé, que les partisans de la Russie
cherchèrent à en atténuer l'importance et à en dénaturer le caractère. Sans doute, on ne pouvait pas nier qu'il établissait une
solidarité plus étroite entre l'Autriche et les puissances occidentales mais on prétendait qu'après tout il ne contenait rien de
plus que la Note du 8 août ; qu'il ne faisait que poser les quatre
garanties comme base des négociations futures, mais que lorsqu'il s'agirait de l'interprétation pratique de ces garanties, les
puissances signataires éprouveraient peut-être des difficultés à
s'entendre et à se mettre d'accord. Dans tous les cas, on ajoutait

qu'il faudrait pour cela de nouvelles délibérations et que, la Note du 8 août n'ayant pas été le signal d'une rupture entre l'Autriche et la Russie, le traité du 2 décembre ne le serait pas davantage.

La raison semblait démontrer l'erreur d'une pareille opinion. Lorsque trois États aussi considérables que la France, l'Angleterre et l'Autriche s'unissent par un traité d'alliance, il est absurde de supposer qu'ils n'ont pas défini à l'avance les conséquences de cet acte ; qu'ils ont laissé dans le vague quelque chose d'aussi important que la nature et les limites du but qu'ils se proposent. Il est non moins absurde de croire qu'ils consentent à contracter des engagements illusoires qui n'aboutiraient à aucun résultat décisif, et resteraient à l'état de vaine manifestation dans la lettre morte d'un écrit diplomatique.

Et pourtant l'événement sembla prouver bien vite que les stipulations mutuelles du 2 décembre n'avaient pas la portée qu'on s'était plu à leur attribuer d'abord. Lord John Russell alla jusqu'à dire, dans le parlement britannique, que le principal article du traité ne contenait rien de précis, que l'Angleterre et la France n'avaient réussi, après tant d'efforts, qu'à rendre l'Autriche arbitre de la paix aux conditions qu'il lui plairait d'approuver, sans engagement réciproque de sa part. En un mot, à entendre l'homme d'État britannique, c'était une pure duperie.

Quelques jours plus tard, il est vrai, lord John Russell rétractait ces accusations impolitiques et déclarait que si la Russie n'acceptait pas les conditions proposées, on pouvait compter, avant l'ouverture de la prochaine campagne, sur le concours offensif et défensif de l'Autriche.

L'Allemagne ne peut se refuser à sanctionner la position faite à l'Autriche vis-à-vis de la Russie par le traité du 2 décembre. Les termes de l'arrêté de la Diète fédérale du 9 décembre étaient précis : pour une nation moins subtile et plus simplement logique, ils eussent entraîné inévitablement l'action. La neutralité n'était plus possible après une déclaration semblable. La neutralité, en effet, dans la véritable acception du mot, impose à l'État qui l'adopte l'obligation de rester passif, sans rechercher de quel côté portera l'attaque entre les deux parties belligérantes.

La Diète fédérale, au contraire, avait décidé par son acte du 9 décembre, *qu'une attaque de la Russie contre l'Autriche, soit contre le territoire de l'empire, soit contre ses troupes dans les Principautés danubiennes, oblige l'Allemagne entière à la défendre par tous les moyens possibles.*

La Diète fédérale avait ainsi non-seulement posé le principe de la défense en faveur de l'Autriche, principe opposé à une stricte neutralité, mais en outre elle avait considérablement élargi la sphère de la défense, qui ne se bornait plus au cas où l'Autriche serait attaquée sur son propre territoire, mais qui comprenait désormais même une attaque dans les Provinces danubiennes, c'est-à-dire sur le territoire de l'empire ottoman, dont pourtant ne fait mention aucune disposition de la Constitution fédérale de l'Allemagne.

La Diète, au lieu de torturer le sens de la Constitution fédérale, ne s'était donc préoccupée que des intérêts généraux de l'Europe, menacée par l'ambition moscovite. Elle avait introduit dans son arrêté du 9 décembre, et de son propre chef, le droit de défendre l'Autriche, dans le cas d'une attaque russe sur le sol *étranger.*

Par là, la question était sortie en apparence des limites de la Constitution fédérale germanique, pour entrer dans le domaine des pricipes généraux du droit des gens.

Mais, bien qu'elle eût provoqué, de concert avec l'Autriche, l'arrêté fédéral du 9 décembre, la Prusse refusa son adhésion au traité du 2 décembre.

Le refus de la Prusse était fondé sur un double motif. D'abord, elle se plaignait qu'on eût traité sans elle ; elle se sentait blessée de la forme qu'on avait adoptée et s'étonnait qu'on eût traité son adhésion comme un accessoire sans importance. Puis, à cette question de dignitée blessée, s'ajoutaient quelques objections contre les stipulations qui formaient les articles 3 et 5 du traité de Vienne. Le cabinet de Berlin disait que la Prusse ne devait point promettre son alliance offensive et défensive à l'Autriche pour le cas où la guerre éclaterait entre cette puissance et la Russie, mais seulement si la Russie provoquait les hostilités. Il disait encore que la Prusse ne pouvait pas se lier d'avance relativement aux moyens

qu'on s'était réservé d'employer après le 1er janvier pour contraindre l'Empereur de Russie à accepter la paix aux conditions qu'on
lui avait proposées, parce que ces conditions ne lui paraissaient
point suffisamment définies et limitées.

Malgré ce refus, dont on tint peu de compte, les puissances
occidentales n'en continuèrent pas moins à compter sur la prochaine coopération de l'Autriche. Lorsqu'il ouvrit la session législative de 1855, le 26 décembre 1854, l'Empereur des Français
apprécia, en ces termes, le traité récemment conclu :

« Un grand empire, rajeuni par les sentiments chevaleresques de son souverain, s'est détaché de la puissance qui, depuis
quarante ans, menaçait l'indépendance de l'Europe. L'Empereur
d'Autriche a conclu un traité *défensif aujourd'hui, offensif bientôt peut-être*, qui unit sa cause à celle de la France et de l'Angleterre. »

De son côté, le Tsar, dans un nouveau manifeste du 26 décembre, faisait au traité du 2 décembre une réponse significative. Après la phrase banale, renfermant comme toujours l'assurance qu'il ne repousserait pas des conditions de paix
compatibles avec sa dignité, il accumulait contre les puissances
occidentales les accusations, les injures violentes : il faisait en
terminant un appel chaleureux à toutes les forces de son peuple.
« Nous tous, s'écriait-il, monarque et sujets, nous saurons, s'il
le faut, répétant les paroles prononcées par l'empereur Alexandre, dans une année d'épreuves semblable à celle d'aujourd'hui,
le fer à la main, la croix dans le cœur, faire face aux rangs de
nos ennemis pour défendre les biens les plus précieux au
monde : la sécurité et l'honneur de la patrie. »

C'était toujours le même fanatisme, toujours cette exaltation
religieuse, au moyen de laquelle on cherchait à donner le change
sur les motifs vrais de la guerre. Pourquoi ce nouvel appel au
dévouement d'un peuple ignorant et fanatique, si on voulait sérieusement, sincèrement, accéder aux justes réclamations de
l'Europe.

Et cependant, quelques jours après, on jouait à Vienne une
nouvelle comédie de modération.

Le prince Gortchakof avait déclaré, par une Note adressée au

comte de Buol , le 28 novembre, « que l'Empereur son maître
acceptait les quatre propositions du cabinet de Vienne pour
servir de point de départ à des négociations de paix. » M. de Buol
répondit le 30 novembre que l'empereur François-Joseph avait vu
cette communication avec une vive satisfaction, et que, « appréciant dans toute leur valeur les intentions qui avaient inspiré
cette importante résolution, l'Empereur ne croyait pouvoir mieux
y répondre de son côté qu'en s'empressant d'en faire l'objet
d'une communication auprès des cours de Paris et de Londres,
avec lesquelles il se trouvait engagé, pour obtenir une solution
franche et équitable de ces quatre points, reconnus comme le
préliminaire indispensable au rétablissement de la paix générale. »

Ces communications donnèrent lieu à une conférence qui fut
tenue à Vienne, le 28 décembre, entre M. de Buol, les représentants de la France et de la Grande-Bretagne, et le prince Gortchakof. Il s'agissait de faire connaître au ministre russe l'interprétation donnée par les trois cours de Paris, de Londres et de
Vienne aux quatre conditions formulées dans la note du 8 août.
Cette interprétation des quatre conditions de garantie fut consignée dans une sorte de *memento* que les plénipotentiaires des
trois cours rédigèrent séance tenante. Ce *memento* fut communiqué le même jour au prince Gortchakof, et le prince l'envoya
immédiatement à Saint-Pétersbourg , pour qu'il fût soumis
à l'approbation de l'Empereur.

Le *memento* ou protocole, renfermait sur les quatre garanties,
des commentaires officiels d'une véritable importance. Le protectorat de la Russie sur les Principautés devrait cesser : ceci avait
déjà été dit clairement. En ce qui concernait l'affranchissement du
Danube, il serait formé un syndicat commun aux cinq cours, dont
les pouvoirs et les attributions seraient réglés dans la suite des
négociations. Quant à la révision du traité de 1841 dans un intérêt d'équilibre européen, le protocole disait que cet équilibre
avait été troublé par la prépondérance que la Russie s'était assurée non-seulement au moyen du traité de 1841, mais encore
au moyen de plusieurs traités antérieurs: tous ces traités seraient annulés. La mer Noire serait libre ; mais les forces nava-

les que chacune des cinq puissances y pourrait posséder ou entretenir seraient déterminées, en partant du principe de parité qui serait sur ce sujet le fondement des stipulations futures.

Le protocole du 28 décembre disait aussi qu'on n'avait point l'intention de porter atteinte à l'intégrité du territoire de l'empire de Russie, et par conséquent de lui enlever aucune de ses provinces. Cependant les trois puissances signataires se réservaient de profiter de tous les avantages qui résulteraient des faits de guerre, lorsqu'il faudrait s'entendre définitivement sur l'importance et sur l'étendue des établissements militaires et maritimes que la Russie pourrait posséder désormais sur le littoral de la mer Noire.

Les commentaires verbaux, ajoutés à ces commentaires rédigés entraînèrent une discussion assez vive à la suite de laquelle le prince Gortchakof déclara qu'il n'avait point de pouvoirs pour accepter des conditions semblables. M. de Buol insista avec fermeté, et, c'est après quelques hésitations, que le prince demanda le délai nécessaire pour avoir une réponse.

Ce délai expirerait le 14 janvier.

La Russie accepterait-elle les conditions posées : le voudrait-elle, le pourrait-elle ? Elle avait, il est vrai, rejeté péremptoirement les quatres garanties. Mais la diplomatie a toujour soin d'ouvrir à temps des portes dérobées, et la dépêche de M. de Nesselrode, en date du 26 août, avait habilement attaché son refus principalement à une question de forme. Le langage employé pour obtenir l'accession de la Russie, est, disait alors M. de Nesselrode, « le moins convenable pour une adoption honorable. »

Là était la porte dérobée, et, par là, la dépêche du 26 août, pouvait se concilier avec une conduite nouvelle.

Au reste, que l'Allemagne tout entière s'accordât à faire des quatre garanties la base des négociations futures, que la Russie elle-même y accédât, il ne fallait pas espérer que par là la paix du monde serait inévitablement rétablie. Trop d'exemples avaient prouvé combien il y a de distance entre la parole et l'effet, entre les actes diplomatiques et leur interprétation. Et d'ailleurs, les événements marchaient ; l'énergie des puissances occidentales ne se démentirait pas : leurs sacrifices se multipliaient chaque jour, les résultats matériels ne tarderaient pas à être atteints, et il était bien entendu que les quatre garanties indiquées pourraient ne pas suffire à toutes les chances de l'avenir.

Pouvait-on espérer que le théâtre de la guerre s'élargît, que l'alliance des cours du Nord se brisât après quarante ans, que l'Europe centrale fût encore une fois agitée par la guerre, sans qu'il survînt des événements graves et imprévus, sans que bien des choses qui paraissaient vivantes ne tombassent et ne s'éteignissent à jamais. Qui sait même si ce qu'on croyait bien mort ne ressusciterait pas au bruit des batailles? Et c'était là ce qui retenait beaucoup de sympathies. Tant que la lutte resterait circonscrite entre la Russie d'un côté, la Porte, l'Angleterre et la France de l'autre, il n'y aurait d'anéantis que les traités existant entre ces puissances; les actes du congrès de Vienne resteraient debout, nulle question de territoire ne pourrait être soulevée, et les nationalités mortes ou opprimées ne pourraient être ni délivrées, ni tirées du tombeau.

HISTOIRE DE FRANCE

CHAPITRE 1er.

POLITIQUE, ADMINISTRATION, LÉGISLATION.

Épreuves et gloire : la guerre, le choléra, la crise alimentaire ; déclaration officielle de la guerre, l'opinion publique ; ressources de la France, son armée,
sa marine ; ouverture de la session législative de 1855, discours de l'Empereur. — Relations extérieures : avec les Etats-Unis, affaire Soulé, affaire
Dillon ; avec Haïti, règlement de l'arriéré, satisfaction reçue ; avec la Belgique, traité de commerce. — L'autorité à l'intérieur, l'opposition, sociétés
secrètes, la *Marianne*, attentat contre la vie de l'Empereur, voyage de
Biarritz.
Session législative : demande en autorisation de poursuites contre M. de Montalembert ; projet de loi sur l'instruction publique, résultats d'une inspection des établissements particuliers ; loi sur les livrets d'ouvriers ; loi sur le
droit de propriété littéraire et artistique ; loi sur le drainage ; loi sur la mort
civile.

L'année 1854 a été, à la fois, pour la France, une année
d'épreuves et de gloire. Au dedans, la cherté des subsistances
alimentaires, entraînant, comme toujours, la cherté de toutes
choses ; un ralentissement fâcheux du travail ; le choléra sévis-
sant sur les populations et faisant plus de cent mille victimes :
au dehors, la guerre.

Ces épreuves, le pays les a supportées avec courage, et son

13

gouvernement nouveau les a traversées avec bonheur. C'est ce
que ce gouvernement a su, par ses instincts généreux, par sa
sollicitude constante pour les intérêts de la masse déshéritée,
s'asseoir solidement sur les sympathies des classes qui sont la
moelle et les os du pays. Il a su flatter l'esprit de juste fierté nationale, sans entraîner inutilement le pays dans les aventures et
sans mentir à son programme politique des premiers jours :
L'Empire, c'est la paix.

Malgré Napoléon III, l'Empire c'est la guerre ; mais une guerre
nationale, féconde en influence future et en admirables résultats économiques ; c'est la guerre qui éprouve et relève. Nous
avons, dans les chapitres précédents, raconté trop longuement
les péripéties de la guerre d'Orient pour avoir à dire ici quelle
fut la part de la France dans la querelle et dans la lutte. Disons
seulement quel concours le gouvernement rencontra dans la
nation.

Le 27 mars, le Sénat et le Corps législatif reçurent la communication officielle qui constatait l'état de guerre. Cette communication fut accueillie par les cris enthousiastes de : *Vive
l'Empereur !* Le président du Corps législatif répondit à M. le
ministre d'État :

« L'Empereur peut compter sur le concours unanime du Corps
législatif comme sur celui de toute la France. »

Le président du Sénat dit, à son tour :

« Le Sénat donne acte à M. le ministre d'État de la communication qui vient de lui être faite, au nom du gouvernement, et
qu'il a entendue avec le sentiment profond du concours le plus
entier et le plus dévoué. Je crois être son interprète en ajoutant
que le Sénat se confie à l'Empereur, qui saura conduire la
guerre avec l'habileté et l'énergie qui ont présidé aux négociations. »

Si les assemblées législatives accueillirent l'annonce de la
guerre avec cette confiance dévouée, la nation ne montra pas
moins de fierté, moins d'enthousiasme. Les conscrits partaient
au son de refrains patriotiques, les engagements volontaires se
multipliaient, les souvenirs maladroitement évoqués de 1812
nationalisaient la guerre, et les déclarations désintéressées de

la France et de l'Angleterre la légitimaient aux yeux du monde.

A cette question faite par l'Allemagne : Jusqu'où voulez-vous aller dans cette guerre ? plus d'une réponse solennelle avait été faite. L'Empereur, en ouvrant la session législative de 1855, disait : « La France n'a aucune idée d'agrandissement... Le temps des conquêtes est passé sans retour. »

Le traité d'alliance qui unit définitivement les efforts, les pensées et, pour ainsi parler, l'âme de la France et de l'Angleterre, confirma de nouveau ces déclarations magnanimes. L'Allemagne, l'Europe, ne pouvaient donc concevoir, sur les intentions des deux puissances, aucun doute sérieux. M. Drouyn de Lhuys et lord Clarendon purent donc, tandis que les deux armées de l'Angleterre et de la France s'établissaient au cœur de l'ennemi, répondre sans détours, en formulant les conditions générales auxquelles on consentirait à traiter du rétablissement de la paix. On a vu si ces garanties portaient le caractère de désintéressement et d'intérêt européen : aussi pouvait-on s'attendre à voir les peuples suivre de leurs sympathies ces généreux efforts, et les gouvernements se rattacher peu à peu à une cause qui n'est que la cause de la liberté générale.

Cette guerre, dans laquelle la France est entrée sans empressement comme sans crainte, a eu pour résultat d'éprouver son énergie et ses ressources et d'en démontrer la valeur. On savait, avant l'expédition de Crimée, que la France est le pays militaire par excellence : on sait depuis les batailles d'Alma et d'Inkermann, depuis les épreuves du siège de Sébastopol, que son armée n'a pas d'égale au monde. Solidité, science, dévouement, initiative intelligente, mobilité, elle déploie toutes les qualités qui assurent le succès. Quelques mois d'instruction suffisent à créer des régiments capables de lutter contre les plus vieilles bandes. Écoutez le général Canrobert, parlant des héros d'Inkermann :

« L'armée, dit-il, devient d'une rare solidité, et vous ne sauriez imaginer à quel point nos jeunes gens, tout à coup mûris par la grandeur de la lutte, deviennent vite de vieux soldats. Vous n'auriez pas vu sans un vif sentiment de satisfaction des lignes déployées rester calmes et immobiles sous un feu de canon que lord Raglan m'a déclaré être supérieur à celui qu'il avait entendu à Waterloo. »

Ce n'est pas seulement par ses armées que la France a montré sa force et ses inépuisables ressources : l'heureuse rivalité d'efforts établie entre les deux grandes puissances alliées a été pour notre marine un stimulant énergique. Sous l'habile direction d'un administrateur de génie, M. Théodore Ducos, la marine française s'est tout à coup élevée au premier rang. Elle a pu, dans presque tous les cas par le nombre, toujours par les qualités de son personnel et de son matériel nautique, soutenir la comparaison avec la première marine du monde.

Aussi, c'est avec un légitime orgueil que, le 26 décembre, en ouvrant la session législative de 1855, l'Empereur rappela les grands faits accomplis pendant cette année glorieuse.

Dans un résumé rapide et brillant de cette année si bien remplie, le discours impérial passait en revue les résultats de sa politique. « Depuis votre dernière réunion, disait-il, de grands faits se sont accomplis. L'appel que j'ai adressé au pays pour couvrir les frais de la guerre a été si bien entendu que le résultat a même dépassé mes espérances. Nos armes ont été victorieuses dans la Baltique comme dans la mer Noire. Deux grandes batailles ont illustré notre drapeau. Un éclatant témoignage est venu prouver l'intimité de nos rapports avec l'Angleterre. Le Parlement a voté des félicitations à nos généraux et à nos soldats. »

Puis, après avoir annoncé l'alliance nouvelle du 2 décembre, comme une accession définitive de l'Autriche à la politique occidentale, l'Empereur insistait sur la solidité de cette alliance qui rapprochait deux adversaires faits pour s'estimer et confondre leurs ressources, l'Angleterre et la France.

« Ainsi, disait-il, plus la guerre se prolonge, plus le nombre de nos alliés augmente, et plus se resserrent les liens déjà formés. Quels liens plus solides, en effet, que des noms de victoires appartenant aux deux armées et rappelant une gloire commune, que les mêmes inquiétudes et le même espoir agitant les deux pays, que les mêmes vues et les mêmes intentions animant les deux gouvernements sur tous les points du globe ! Aussi, l'alliance avec l'Angleterre n'est-elle pas l'effet d'un intérêt passager et d'une politique de circonstance; c'est l'union de deux puissantes nations associées pour le triomphe d'une cause dans laquelle depuis plus d'un siècle se trouvent engagés leur grandeur, les intérêts de la civilisation en même temps que la liberté de l'Europe. Joignez-vous donc à moi en cette occasion solennelle pour remercier ici, au nom de la France, le Parlement de sa démonstration cordiale et chaleureuse, l'armée anglaise et son digne chef de leur vaillante coopération.

» L'année prochaine, ajoutait-il, si la paix n'est pas encore rétablie, j'espère avoir les mêmes remercîments à adresser à l'Autriche et à cette Allemagne dont nous désirons l'union et la prospérité. »

Puis le discours impérial passait en revue les éléments divers de puissance et de prospérité de la France. Il payait un juste tribut d'éloges à l'armée et à la flotte, à leur dévouement et à leur discipline.

« L'armée d'Orient a, jusqu'à ce jour, tout souffert et tout surmonté : l'épidémie, l'incendie, la tempête, les privations, une place sans cesse ravitaillée, défendue par une artillerie formidable de terre et de mer, deux armées ennemies supérieures en nombre, rien n'a pu affaiblir son courage ni arrêter son élan. Chacun a noblement fait son devoir, depuis le maréchal qui a semblé forcer la mort à attendre qu'il eût vaincu, jusqu'au soldat et au matelot dont le dernier cri, en expirant, était un vœu pour la France, une acclamation pour l'élu du pays. Déclarons-le donc ensemble, l'armée et la flotte ont bien mérité de la patrie.»

Cruels sacrifices, sans doute, ceux qu'il avait fallu demander à tant de braves gens, mais il fallait pousser la guerre avec vigueur et l'Empereur comptait sur le concours du Corps législatif. Hommes et argent, voici ce qu'il demandait encore au pays :

« L'armée de terre se compose aujourd'hui de 581,000 soldats et de 113,000 chevaux; la marine a 62,000 matelots embarqués. Maintenir cet effectif est indispensable. Or, pour remplir les vides occasionnés par les libérations annuelles et par la guerre, je vous demanderai, comme l'année dernière, une levée de 140,000 hommes. Il vous sera présenté une loi qui a pour

but d'améliorer sans augmenter les charges du trésor, la position des soldats qui se réengagent. Elle procurera l'immense
avantage d'accroître dans l'armée le nombre des anciens soldats
et de permettre de diminuer plus tard le poids de la conscription. Cette loi, je l'espère, aura bientôt votre approbation.

» Je vous demanderai l'autorisation de conclure un nouvel
emprunt national. Sans doute, cette mesure accroîtra la dette publique ; n'oublions pas néanmoins que par la conversion de la
rente l'intérêt de cette dette a été réduit de 21 millions et demi.
Mes efforts ont eu pour but de mettre les dépenses au niveau des
recettes, et le budget ordinaire vous sera présenté en équilibre ;
les ressources de l'emprunt seules feront face aux besoins de la
guerre. »

Ces dépenses extraordinaires, ces sacrifices incessants n'avaient
pas, au reste, atteint la vitalité du pays. « Vous verrez avec plaisir, disait le discours impérial, que nos revenus n'ont pas diminué. L'activité industrielle se soutient, tous les grands travaux
d'utilité publique se continuent, et la Providence a bien voulu
nous donner une récolte qui satisfait à nos besoins. Le gouvernement néanmoins ne ferme pas les yeux sur le malaise occasionné par la cherté des subsistances ; il a pris toutes les mesures en son pouvoir pour prévenir ce malaise, et pour le soulager
il a créé dans beaucoup de localités de nouveaux éléments de
travail.

» La lutte qui se poursuit, circonscrite par la modération et
la justice, tout en faisant palpiter les cœurs, effraye si peu les
intérêts, que bientôt des diverses parties du globe se réuniront
ici tous les produits de la paix. Les étrangers ne pourront manquer d'être frappés du saisissant spectacle d'un pays qui, comptant sur la protection divine, soutient avec énergie une guerre
à six cents lieues de ses frontières, et qui développe avec la
même ardeur ses richesses intérieures ; un pays où la guerre
n'empêche pas l'agriculture et l'industrie de prospérer, les arts
de fleurir, et où le génie de la nation se révèle dans tout ce qui
peut faire la gloire de la France. »

Ce n'est pas seulement en Orient, c'est dans le monde entier
que la politique impériale a pris ces allures fières et dignes, sans

provocation avec les forts, sans abus de la force avec les faibles. Si nous portons nos regards sur le nouveau monde, nous y voyons la France faisant respecter partout, dans les limites de la justice et de la modération, son pavillon ou son droit.

Ainsi, un incident provoqué par les allures turbulentes du représentant des États-Unis en Espagne, tourna à l'honneur du gouvernement français. M. Soulé ayant, une première fois, abusé de son caractère public pendant un voyage en France (*Voyez États-Unis*), on résolut de lui en interdire le séjour.

M. le ministre de l'intérieur jugea que des considérations d'ordre public exigeaient qu'à l'avenir ces voyages ne recommençassent point à son insu, et des ordres furent transmis à la frontière pour que M. Soulé ne pût pénétrer dans le territoire de l'Empire sans que le gouvernement en fût préalablement averti.

M. Soulé ayant débarqué le 24 octobre à Calais, le commissaire de police délégué pour la visite des passe-ports lui fit connaître, avec une extrême convenance, les instructions qui le concernaient, et lui annonça, en l'engageant à attendre, qu'il allait en référer à Paris. Ces offres ne furent pas acceptées, et, le jour même de son arrivée, M. Soulé repartait pour Londres.

M. le ministre de l'intérieur n'en envoya pas moins par le télégraphe ses instructions définitives aux autorités de Calais. Elles portaient que si M. Soulé entendait séjourner en France, cette faculté ne lui serait point accordée; mais que s'il devait simplement traverser notre territoire pour se rendre à son poste, à Madrid, son titre de voyage serait visé pour cette destination. Ainsi la route était libre pour M. le ministre des États-Unis en Espagne; seulement, la résidence était interdite à M. Soulé, conformément au pouvoir discrétionnaire que la loi confère au gouvernement sur les étrangers sans aucune exception, et qui, par sa nature, est à l'abri de toute contestation.

Dans la querelle diplomatique qui s'engagea à cette occasion, le gouvernement français sut maintenir son droit. (*Voyez* à l'Appendice les pièces relatives à cette affaire, p. 224.)

Une autre discussion s'éleva à propos des enrôlements de colons français pour la Sonora; M. Dillon, consul de France à San-

Francisco, ayant interposé ses bons offices en faveur de ces nationaux dont on entravait le départ, fut, contrairement aux conventions consulaires, sommé de comparaître comme témoin et,
sur son refus, arrêté par le *marshall* Richardson. M. Dillon pro-
testa contre cet acte inouï et fit amener le pavillon du consulat.
Un procès s'en suivit qui dut être abandonné sur les énergiques
représentations de la France, et des excuses furent faites à M. de
Sartiges, ministre de France à Washington.

Citons encore la conclusion d'un démêlé avec la République
haïtienne.

Depuis plusieurs mois le gouvernement français avait adressé
au gouvernement d'Haïti des réclamations en vue d'obtenir le
payement de solde de l'arriéré de 1853 de la dette coloniale de
ce pays envers la France, et une indemnité pour un sieur Gresse,
sujet français, sur lequel avait été commise une tentative d'assassinat par un sujet haïtien. Ces réclamations étant restées sans
réponses satisfaisantes, le commandant en chef de la division
navale des Antilles, M. le contre-amiral Du Quesne, se présenta,
le 6 mars, devant le Port-au-Prince, avec la frégate l'*Iphigénie*,
le brick le *Méléagre* et l'aviso à vapeur l'*Ardent*. Mis en demeure
de se prononcer définitivement, et averti que toutes les négociations diplomatiques étaient épuisées, le gouvernement haïtien
se décida à admettre la légitimité des réclamations françaises et
versa, pour combler l'arriéré de l'indemnité de 1853, la somme
de 1 million 562,500 fr. Il accorda, en outre, au sieur Gresse un
dédommagement de 10,000 fr. En même temps, il s'engageait
à s'entendre avec le gouvernement français, afin qu'il fût apporté
en commun à la convention de 1848 les modifications nécessaires pour prévenir désormais tout motif de contestation sur son
exécution.

L'année 1854 vit régler enfin les rapports de la France avec
a Belgique. On se rappelle que, depuis le 15 janvier 1853, la
convention provisoire du 9 décembre 1852 régissait ces rapports,
jusqu'à conclusion d'un traité de commerce définitif. Ce traité
fut signé le 27 février. (*Voyez* Belgique. De ce traité dépendait
l'exécution de la convention artistique et littéraire qui abolissait
la contrefaçon ruineuse faite à la France par la Belgique.)

La convention commerciale du 27 février fut promulguée en Belgique le 12 avril, et le traité littéraire fut mis à exécution un mois après jour pour jour.

Cette importante convention internationale confirmait, et, sous plusieurs rapports, étendait les concessions réciproques qu'avait réglées le traité de 1845, et à laquelle vint s'ajouter, quelque temps après, la convention littéraire dont les clauses avaient été également fixées. Résumons les principales dispositions du traité.

Parmi les stipulations consenties par la France en faveur de la Belgique, il faut citer le remaniement complet que subissait notre tarif des fils et toiles de lin ; c'était à beaucoup d'égards un retour au tarif antérieur à l'ordonnance du 26 juin 1842, et, par suite, une réduction dans les droits d'entrée actuels. De nouveaux types, en outre, étaient adoptés pour les nuances des toiles écrues et rendraient plus faciles, en général, l'importation des tissus belges. Le traité accordait à la Belgique la faculté qui, jusqu'alors lui avait été refusée, de faire passer en transit par la France les toiles de lin fabriquées en Belgique sous régime d'entrepôt, c'est-à-dire avec des fils anglais à charge de réexportation. Des garanties étaient accordées contre toute élévation de nos droits d'entrée sur les houilles, les fontes et les fers belges ; c'était là la clause à laquelle la Belgique attachait le plus d'importance. La chaux et les matériaux à bâtir belges seraient désormais admis en France en franchise ; diverses réductions étaient consenties en faveur des glaces et des tres-es et chapeaux de paille communs ; l'affranchissement de surtaxe en faveur des machines belges, qu'avait réglé le traité de 1845 était confirmé ; enfin la prohibition sur les poteries était remplacée par des droits de 33 fr. à 165 fr. par quintal.

La France avait obtenu de la Belgique, pour ses vins, ses soieries et ses sels, la garantie d'un traitement de faveur analogue à celui qu'elle accordait aux houilles et aux fers belges. Les taxes imposées en 1838 et en 1843 par divers arrêtés royaux sur les draps, casimirs, fils de laine, effets confectionnés cessaient d'atteindre les produits de nos fabriques, et la suppression demeurait confirmée pour nos tissus de coton ; les plus larges facilités

étaient accordées à notre transit, en faveur duquel étaient supprimés tous droits de douanes ; diverses réductions favorisaient
l'entrée de nos plâtres en Belgique, ainsi que l'importation en
France des pyrites de fer et charbons de bois belges ; enfin notre
navigation, admise aux avantages conférés aux bâtiments d'Angleterre par le traité du 27 octobre 1851 , voyait s'effacer pour
elle les droits différentiels qui en certains cas grevaient notre
pavillon.

Ces dispositions avaient pour caractère général de simplifier
et de rapprocher l'un de l'autre les systèmes qui, des deux parts,
régissent les transactions des deux pays. C'était donc à quelques
égards un nouveau traité d'alliance et d'amitié qui resserrerait
d'autant plus efficacement leurs liens commerciaux qu'il était
fondé sur leurs conditions et sur leurs affinités économiques. La
France ne saurait se passer des houilles , des lins et des fontes
de Belgique, comme ce pays a besoin de nos soieries, de nos vins,
de nos sels. La France a également besoin , pour son transit
vers l'Allemagne et la Néerlande, d'un large et facile passage à
travers les provinces belges. Sur 124 millions de marchandises
que, d'après ses propres tableaux, la Belgique recevait de nous
en 1852, elle n'en faisait entrer dans sa consommation nationale
que pour 55, laissant ainsi à notre transit une valeur de 69 millions. Ce n'était pas assez pour la France d'avoir deux grandes
lignes de fer du Nord et de l'Est, il lui fallait, pour en faire un
puissant véhicule de ses produits manufacturés sur les marchés
allemands, assurer à son transit tout avantage contre les voies
navigables de la Néerlande, contre la concurrence du Rhin. Enfin
la Belgique est sans contredit l'un de nos plus importants alliés
commerciaux; avec ses 4 millions d'habitants , elle fait plus de
commerce avec nous que les 100 millions d'Allemands et de
Russes réunis. Seuls l'Angleterre et les Etats-Unis la priment sur
nos tableaux du commerce, où elle s'inscrit pour un chiffre de
364 millions, soit pour plus des deux cinquièmes de tout notre
commerce de terre.

On ne pouvait donc que se féliciter de voir les deux peuples
élargir le cercle de leurs échanges.

A l'intérieur, le caractère du gouvernement impérial c'est le développement incontesté de l'autorité. Des aspirations vers une liberté d'action plus grande se font jour, il est vrai, dans les doctrines de quelques journaux, dans quelques brochures isolées, dans quelques discours littéraires ; mais il n'y a encore dans ces manifestations rien de bien net, de bien arrêté. C'est dans les bas-fonds de la population qu'il faut chercher l'esprit d'opposition persistante dans sa forme la plus hostile.

Les sociétés secrètes n'ont pas désarmé. Il en est trois surtout, celles dites la *Fraternité*, la *Méridienne* et la *Nouvelle Fraternité*, dont les chefs ou fondateurs sont les nommés Ramade, Pierre Guilbaud, Morin, Benier, Barré, Jacquot, Lecompte, Courfy, Noël, Pelletier, Crouzet, Vielle, Poisson. Tous ces hommes, parmi lesquels on compte des repris de justice, reparaîtront dans les tentatives diverses qui appelleront sur leurs auteurs la main de la justice.

La plus dangereuse de ces sociétés, la *Marianne*, étend, depuis 1850, ses ramifications dans les départements du Centre. C'est à son organisation que fut due la sanglante jacquerie de 1851 dans le département de la Nièvre. Quelque temps terrifiés par la répression, les membres de ces sociétés ont renoué leurs anciennes affiliations, repris leurs mystérieux conciliabules et ils se repaissent encore en espérance de révoltes et d'assassinats.

Les doctrines prêchées dans ces réunions dangereuses se traduisirent, au mois de septembre, par une tentative criminelle contre la vie de l'Empereur qui fut heureusement déjouée. Sa Majesté se rendait aux fêtes de Tournay : quelques misérables conçurent la pensée de faire sauter, au moyen d'une machine infernale, le convoi qui la portait. Neuf individus, soupçonnés de complicité dans cette odieuse tentative, furent décrétés d'arrestation. Mais, comme toujours, les plus coupables avaient réussi à se soustraire au châtiment par la fuite.

Malgré ces quelques velléités d'opposition, que leur caractère insensé ou criminel ne saurait permettre de confondre avec l'opinion publique, le gouvernement impérial avait quelque droit à se glorifier lui-même dans la situation intérieure, et à dire comme il le fit, à l'occasion d'un voyage fait par l'Empereur, au mois d'août, aux eaux de Biarritz : « Dix-huit mois sont à peine

écoulés depuis le rétablissement de l'Empire, et déjà dans cette
France trop longtemps agitée le calme est si bien rétabli, l'autorité est restaurée à ce point, que l'Empereur peut, à 200 lieues
de sa capitale, diriger par sa haute et puissante volonté toutes
les affaires du pays, sans que la marche en soit ralentie, sans
qu'aucun intérêt souffre, sans qu'aucune solution se fasse attendre.

» Et dans quel moment voyons-nous se réaliser cette action
d'un pouvoir fort et national? Alors qu'au Nord et au Midi, à
Rome, à Athènes, à Constantinople, sur la mer Noire et sur la
Baltique, se déploie le drapeau de la France; que notre diplomatie parle un si beau langage et remplit un rôle si glorieux!

» La volonté qui dirige ces flottes, ces armées, ces négociations; la force qui imprime le mouvement à tous ces ressorts est
à une des extrémités de la France! et sous l'impulsion de cette
volonté, sous l'action de cette force puissante, tout se meut, tout
marche vers le but si glorieusement poursuivi!

» Quel plus bel éloge peut-on faire de celui qui, en si peu de
temps, a créé une si forte organisation et dont la main ferme en
règle tous les mouvements? »

Session législative. — Le seul incident politique à noter dans
cette session utile et modeste, c'est une assez malheureuse entreprise contre un des membres les plus éminents du Corps législatif, M. le comte de Montalembert qui, sous tous les régimes, a
élevé une voix indépendante, s'attaquant tour à tour aux excès
de la liberté, ou aux abus de l'autorité. Une demande en autorisation de poursuites fut présentée à la Chambre contre l'élo-
quent apôtre de la liberté sans licence, et le motif de cette rigueur fut une conversation sur les choses du jour, tenue entre
M. de Montalembert et M. Dupin, l'ex-président de l'Assemblée
nationale, conversation reproduite en partie dans une lettre
assez libre d'allures, mais qui n'était pas destinée à la publicité.

La lettre incriminée avait été imprimée d'abord, le 5 décembre 1853, dans un journal publié à Liége. Peu après cette publication, elle fut colportée à un grand nombre d'exemplaires
dans les salons de Paris et des départements. Enfin, un journal

belge, répandu en France à près de 2,000 exemplaires, l'*Indépendance belge*, la reproduisit de nouveau.

Quelques paroles énergiques se firent entendre à la tribune à l'occasion des poursuites intentées.

« Il suffirait, dit en terminant sa défense le comte de Montalembert, il suffirait, pour comprendre la nécessité de la modération politique, de remarquer qu'il n'est pas un membre d'une assemblée dans ce pays qui ne puisse craindre de voir un jour invoquer contre lui les lois qu'il est appelé à voter ; jamais plus que dans ce siècle et dans ce pays on n'a pu appliquer la maxime : *patere legem quam ipse fecisti.* »

M. de Montalembert ne croyait pas que de ce fait que la France s'était jetée avec empressement, peut-être même avec amour, dans les bras du pouvoir absolu, on dût tirer la conséquence qu'elle l'aimerait et s'y confierait pour toujours ; Louis XIV et Napoléon Ier, ajoutait-il, ont voulu être sans contradicteurs dans la prospérité, et ils ont fini par se voir abandonnés du pays au jour de l'adversité. Au pouvoir absolu, l'illustre orateur préférait une constitution comme celle d'un pays voisin dans lequel circule librement la vie politique. Il rappela ce qu'il disait dans une discussion importante, sous le gouvernement de la république : « Vous pouvez dominer le corps de la France, mais n'oubliez pas de compter avec son âme ; cette âme, aujourd'hui engourdie, se réveillera un jour ; c'est la liberté. » Ce principe, qu'il invoquait alors, tantôt pour la religion, tantôt contre le socialisme, il l'invoquait « contre un commencement de despotisme. »

L'autorisation des poursuites fut accordée par la Chambre, par 184 voix contre 51 (5 avril).

Le plus important des projets de loi présentés et votés pendant cette session a trait à l'instruction publique. M. le ministre déclara formellement que la loi nouvelle ne touchait pas aux bases de celle de 1850 : « Le gouvernement, dit-il au début de son exposé des motifs, ne se propose nullement de remettre en question les droits consacrés par la loi du 15 mars 1850, et qu'il est d'usage de désigner par l'expression collective de liberté d'enseignement. »

Ce projet se composait de quinze articles partagés en deux

titres, dont le premier avait pour objet l'administration académique, dont le second réglait le régime financier des Facultés.
Sous cette forme simple et précise, sans affaiblir en rien les garanties que la loi du 15 mars 1850 avait accordées à la liberté de
l'enseignement, la loi nouvelle se proposait d'introduire dans le
gouvernement et dans le budget des Écoles de l'État des changements qui ne se présentaient ni comme une mesure politique ni
comme un expédient de circonstances. Il s'agissait de fixer, d'a-
près les principes fondamentaux sur lesquels reposent les intérêts
de l'instruction publique, l'organisation qui, en tout temps, dans
tout pays, convient le mieux à l'administration de l'enseignement. Les deux titres dont nous venons d'indiquer l'objet se résumaient dans cette question : Qu'a-t-on entendu faire en France
quand on a formé ces circonscriptions de l'instruction publique
qu'on appelle *Académies?* Quel sens faut-il donner à ce mot?
Quelle portée faut-il assigner à cette institution?

La loi du 15 mars 1850 avait établi quatre-vingt-six académies,
une par département. Lorsqu'elle avait été promulguée, il y avait
en France dix-neuf académies. L'Empire en avait institué vingt-
sept, une par ressort de cour d'appel. Le nouveau projet proposait d'en établir seize.

Une autre mesure également intéressante à noter, c'était la
création d'un certain nombre de Facultés nouvelles à Douai, à
Metz, à Nancy, à Rouen, à Clermont. « Il faudrait sans doute,
disait une circulaire ministérielle à cette occasion, un certain
temps avant que ces établissements prissent rang, devinssent
des foyers de lumière, et fissent circuler dans les provinces « la
vie intellectuelle de la France qui reflue tout entière vers le
cœur. » Mais enfin c'étaient là de bonnes pierres d'attente, et la
diffusion de l'instruction supérieure, si faible dans les provinces,
y gagnerait quelque chose.

Une enquête administrative permit, au reste, cette année, de
constater l'état satisfaisant de l'instruction dans les établissements privés.

Pour la première fois, dans tous les départements, les établissements particuliers d'enseignement étaient soumis à une
inspection régulière. Le rapport, à ce sujet, de M. le ministre

de l'instruction publique contenait des renseignements curieux.

Le nombre des établissements libres de toute nature consacrés à l'instruction secondaire dans les 86 départements s'élevait à 1,081. Dans ce nombre total étaient compris 825 établissements laïques, et 256 établissements ecclésiastiques.

Les établissements ecclésiastiques se partageaient en plusieurs catégories : les uns étaient placés directement sous l'autorité des évêques, et étaient de véritables écoles épiscopales. Ils étaient au nombre de 67. Les autres appartenaient soit à des congrégations enseignantes, soit à des prêtres séculiers et à des ministres des autres cultes reconnus. Les établissements dirigés par des prêtres séculiers et par des ministres étaient au nombre de 156, dont 149 pour le culte catholique et 7 pour les autres cultes.

Neuf congrégations différentes dirigeaient des établissements d'instruction secondaire. Sur les 33 établissements de cette catégorie, les pères jésuites en possédaient 11, les maristes 13, les basiliens 2, les picpuciens 2, les lazaristes 1, les doctrinaires 1, les prêtres de l'Adoration perpétuelle 1, les prêtres des Sacrés-Cœurs de Jésus et de Marie 1, les frères de Saint-Joseph 1.

Dans les 256 établissements ecclésiastiques n'étaient pas compris les petits séminaires soumis à un régime spécial. Ces établissements, au nombre de 123, formaient avec les autres écoles ecclésiastiques un total de 379 établissements placés sous l'autorité du clergé.

Au moment où la loi du 15 mars 1850 avait été mise à exécution, il n'existait que 914 établissements d'instruction secondaire ; on en comptait aujourd'hui 1,081, c'est-à-dire 167 de plus. Le département qui en possédait le plus grand nombre était celui de la Seine, où il en existait 174. Le département de la Corse n'en avait pas un seul.

Avant la loi de 1850, les évêques ne possédaient qu'un nombre très-restreint de maisons d'éducation. Ils en avaient aujourd'hui 67 qui réunissaient 8,054 élèves, dont 5,050 pensionnaires. On voit que l'épiscopat était entré résolûment dans la voie que lui ouvrait la loi nouvelle.

Presque tous les établissements dirigés par des congrégations religieuses, et notamment les onze établissements des pères jé-

suites, avaient été fondés depuis 1850. Le nombre total des élèves que réunissaient ces établissements était de 5,285. Dans ce
nombre, les établissements des jésuites figuraient pour 2,848
élèves, et les treize établissements des maristes, pour 1,449.

Les 256 écoles ecclésiastiques de toute nature renfermaient
21,195 élèves.

Le nombre total des élèves de l'enseignement libre était de
63,657, savoir : 21,195 pour les 256 établissements ecclésiastiques, et 42,462 pour les 825 établissements laïques.

Ainsi il y avait quatre fois plus d'établissements laïques que
d'établissements ecclésiastiques, et cependant les premiers ne
renfermaient que le double d'élèves.

La loi de 1850 n'avait encore que faiblement modifié le nombre des enfants qui participent à l'instruction secondaire. Au
moment où cette loi avait été mise à exécution, le nombre total
de ces enfants était de 99,623. Il n'était aujourd'hui que de
108,333, c'est-à-dire de 8,710 élèves de plus seulement.

Il existait 4 lycées de plus et 52 collèges communaux de moins
qu'en 1850, c'est-à-dire 48 établissements publics de moins;
cependant les écoles de l'État n'avaient perdu que 1,988 élèves,
et encore la perte portait-elle exclusivement sur les collèges
communaux, qui comptaient 3,795 élèves de moins. Quant aux
lycées, leur population, au lieu de diminuer, s'était accrue de
1,807 élèves. Le nombre des établissements libres s'était accru
de 167, et celui de leurs élèves de 10,683 seulement.

Ainsi, le résultat de la loi nouvelle avait été jusqu'à présent
d'augmenter le nombre des établissements libres sans accroître
notablement celui des élèves. Telle était la conclusion la plus
intéressante à tirer du rapport.

Le rapport était suivi d'un tableau détaillé contenant la statistique de l'enseignement libre pour l'année 1854.

Parmi les lois d'administration, nous trouvons une *loi sur les
livrets d'ouvriers* (22 juin). Cette loi, qui aurait force à partir
du 1er janvier 1855, rendait le livret obligatoire : les patrons n'y
pourraient inscrire que les dates d'entrée ou de sortie, et le
montant de leurs avances, sans y ajouter aucune note favorable
ou défavorable. Le livret servirait de passe-port.

Une loi du 6 avril prorogea de 20 à 30 ans le *droit de propriété* garanti aux veuves et aux enfants des compositeurs, auteurs et artistes.

Une loi du 10 juin réglementa le *drainage*.

Le drainage est, sans contestation, l'opération agricole qui produit l'amélioration la plus permanente du sol ; il augmente la production et améliore les produits ; il réchauffe les terres froides en les ameublissant ; il convertit en terres arables ou en prés de bonne nature les terrains marécageux.

L'insuffisance des récoltes en Angleterre comme en France a principalement conduit à s'occuper de cette question, et depuis quelques années la France s'en est occupée d'une manière toute particulière. La loi du 10 juin est la première qui ait réglementé la matière.

La loi était courte et claire, comme il convient, surtout en pareilles matières. Elle ne renfermait que peu de dispositions importantes. La première, qui ne faisait qu'appliquer au drainage le principe établi par la loi de 1845 pour les irrigations', accordait à tout propriétaire qui voudrait assainir son fonds par le drainage, le droit de conduire les eaux nuisibles à travers les fonds intermédiaires jusqu'à la rencontre du cours d'eau ou de toute autre voie d'écoulement qui doit les recevoir. En même temps, pour ne pas porter atteinte au droit de propriété, la loi refusait d'étendre à la servitude nouvelle qu'elle établissait le principe de l'immunité consacré par l'art. 640 du Code civil en faveur des servitudes naturelles. Elle accordait donc aux propriétaires des fonds traversés une juste et préalable indemnité. Les propriétaires des fonds sur lesquels ces travaux auraient été faits dans l'intérêt d'un autre fonds pourraient s'en servir à leur tour pour l'assainissement de leur propre fonds. Seulement, en ce cas, ils devraient rembourser une part proportionnelle dans le prix des travaux déjà faits, et contribuer aux dépenses nouvelles qui seraient nécessaires pour approprier ces travaux à l'écoulement d'une plus grande masse d'eau. Ils devraient supporter également une part dans les frais d'entretien. Toutes ces dispositions de détail s'expliquent d'elles-mêmes : leur justice et leur nécessité sont évidentes.

Une seconde disposition de la loi concernait les associations

14

de propriétaires qui pourraient se former pour entreprendre des travaux collectifs de drainage. La loi, dans le but d'encourager les travaux d'ensemble, accordait à ces associations les mêmes droits qu'aux propriétaires isolés, et elle les autorisait à se constituer en syndicat. Mais elle entendait que ces associations seraient toujours libres, c'est-à-dire que la majorité des propriétaires ayant le même intérêt à l'opération projetée ne pourra, jamais contraindre la minorité dissidente à s'y associer. Ainsi les auteurs de la loi n'avaient pas voulu sacrifier la liberté des propriétaires à la considération qui semblait donner en ce moment aux travaux de drainage un caractère d'intérêt général.

Toutefois il pourrait arriver que les départements, les communes et même les associations syndicales entreprissent de créer, dans des contrées qui en seraient dépourvues, des fossés ou d'autres canaux de décharge nécessaires pour l'évacuation des eaux provenant du drainage. Le législateur n'hésitait pas à considérer de pareilles opérations comme de véritables travaux d'utilité publique en faveur desquels il accordait le droit d'expropriation, en l'entourant de toutes les formalités prescrites par le droit commun.

Restait à décider la question de savoir quelle juridiction serait appelée à connaître des contestations qui pourraient s'élever sur l'établissement et sur l'exercice de la servitude créée en matière de drainage. A la juridiction des tribunaux de première instance, adoptée par la loi de 1845 sur les irrigations, les auteurs de la loi nouvelle avaient préféré la juridiction du juge de paix, plus rapprochée des justiciables, plus rapide et plus économique, et à tous ces titres mieux appropriée à la nature des litiges où l'agriculture est intéressée et où les parties ont plutôt besoin de conciliation que d'un jugement en forme. Les tribunaux de première instance ne prononceraient qu'en appel.

Telle était l'économie de la loi sur le drainage.

Notons enfin une loi portant abolition de la *mort civile*, et donnant satisfaction aux instincts de la civilisation moderne.

La mort civile est regardée par les jurisconsultes modernes comme un reste des vieilles barbaries, et ses dispositions forment un contraste choquant avec l'ensemble de la législation qui porte l'empreinte de l'humanité inspirée par le christianisme. Par la mort civile, on le sait, le condamné perd la propriété de ses biens; sa succession est ouverte au profit de ses héritiers, auxquels ses biens sont dévolus, de la même manière que s'il était mort naturellement et sans testament. Il ne peut plus ni recueillir aucune succession, ni transmettre à ses héritiers les biens qu'il aurait acquis depuis qu'il est frappé de mort civile. Il ne peut non plus en disposer soit par donation entre vifs, soit par testament. Ces biens, au moment de sa mort naturelle, sont dévolus à l'État par droit de déshérence. Ainsi, tous les liens de la famille brisés, le père légalement dépouillé par ses enfants, la confiscation rétablie, tels sont les effets de ces deux dispositions. Cependant ce ne sont encore là que les conséquences naturelles, traditionnelles de la mort civile. Le Code civil ajoute que le condamné est incapable de contracter un mariage qui produise aucun effet civil, et que le mariage qu'il aurait contracté précédemment est dissous, quant à tous ses effets civils. Sans doute il ne résulte pas rigoureusement de ce texte que le lien moral et religieux du mariage soit dissous; le législateur s'est limité aux effets civils, et n'a pas entrepris sur les droits de la conscience et de l'humanité. Mais enfin la qualité d'époux légitime et celle d'enfant légitime étant des effets civils du mariage, il en résulte que la femme du condamné devrait être considérée comme sa concubine, et que les enfants qui naîtraient de leur union seraient considérés comme enfants naturels. Cette conséquence odieuse et immorale a été signalée depuis longtemps et combattue avec autant d'énergie que de bon sens par le Premier Consul lui-même dans la discussion du Code civil; elle fut également attaquée dans la discussion de la loi qui a réformé le Code pénal en 1891 (Voyez l'Annuaire). Depuis cette époque, elle n'a cessé d'exciter les réclamations à peu près unanimes de tous les jurisconsultes.

Les seules peines qui emportent la mort civile, aux termes du Code pénal, sont les peines afflictives perpétuelles, c'est-à-dire la peine capitale, celle de la déportation et celle des travaux forcés à perpétuité. La loi sur la déportation votée par l'Assemblée législative en 1850 (Voyez l'Annuaire), avait déjà supprimé la mort civile à l'égard des condamnés à ce genre de peine: Il ne

s'agissait plus que d'étendre le même principe à la peine capitale
et à celle des travaux forcés à perpétuité. Le projet de loi soumis
au Corps législatif ne pouvait donc soulever de contradiction sérieuse.

Toutefois il ne s'agissait pas seulement de savoir si la mort civile serait maintenue ou supprimée. Comment la remplacerait-on?
Comment déterminerait-on pour l'avenir les effets civils des condamnations perpétuelles? D'après le projet de loi, les peines accessoires qui seraient attachées désormais à ces condamnations
seraient la dégradation civique, l'interdiction légale et l'incapacité
de donner ou de recevoir, soit par donation entre vifs, soit par
testament.

Jusqu'alors la dégradation civique et l'interdiction légale n'é-
taient attachées par la loi qu'à des condamnations temporaires.
Pouvaient-elles s'adapter aussi naturellement aux condamnations
perpétuelles? On n'y voyait aucun inconvénient à l'égard de la
dégradation civique qui frappe le condamné d'une incapacité
perpétuelle dont l'effet subsiste même après la libération, et ne
peut cesser que par la réhabilitation. Mais il en était autrement
de l'interdiction légale dont les effets sont limités par le Code
pénal à la durée de la peine principale ; en sorte que si l'individu
frappé d'une condamnation à perpétuité subissait sa peine entière, il resterait perpétuellement en état d'interdiction légale ;
mais s'il obtenait sa grâce ou la commutation de sa peine perpétuelle en une peine temporaire, la libération ferait tomber les
effets de l'interdiction légale. Il pourrait encore arriver que la
condamnation eût été prononcée par contumace, auquel cas le
condamné qui se serait soustrait à l'action de la loi ne pourrait
pas même être atteint, d'après le droit commun, de l'interdiction
légale.

Dans ces divers cas, il avait paru que le condamné serait
traité trop favorablement s'il reprenait immédiatement la plénitude et l'intégrité de ses droits civils. On avait donc voulu renforcer cette combinaison au moyen d'une dernière incapacité que le
projet empruntait au régime aboli de la mort civile, dont la durée
serait par conséquent perpétuelle et qui consisterait à retirer au
condamné le droit de disposer ou de recevoir à titre gratuit.

Néanmoins, pour éviter toute rigueur superflue, le projet réservait au gouvernement le droit de relever le condamné de cette incapacité sans l'astreindre aux longs délais et aux formalités compliquées de la réhabilitation.

Telle est la part de la session de 1854 dans l'ordre administratif et judiciaire.

CHAPITRE II.

ASSISTANCE, MORALISATION, RÉPRESSION.

Assistance, Moralisation. — Les trois institutions fondamentales de l'assistance et de la prévoyance : *Caisse d'épargne*, opérations pendant l'année 1854, diminution légère dans les recettes, vitalité de l'institution en France et en Europe. — *Caisse de retraite*, opérations pendant l'année 1854, situation, améliorations réalisées, améliorations désirables. — *Sociétés de secours mutuels*, situation en 1854, tendances matérielles et morales de l'institution. — *Sociétés de Charité maternelle*, rapport à l'Impératrice. *Répression.* — Résultats généraux de l'administration civile et commerciale pendant l'année 1853.

Qu'un gouvernement civilisé soit tenu de se consacrer, avec une sollicitude toujours croissante, aux améliorations populaires, c'est là une vérité désormais incontestable. Tel est l'esprit du siècle, et qui chercherait à s'y soustraire méconnaîtrait la première condition de la vie politique moderne.

Le gouvernement impérial n'a eu qu'à suivre, dans cette voie, les gouvernements qui l'ont précédé. Il l'a fait avec cette intelligence élevée des conditions de la vie sociale qui s'attache surtout à développer l'initiative particulière, et qui moralise l'assistance par la liberté.

Trois institutions constituent en France le système de la prévoyance publique : les caisses d'épargne, les caisses de retraite et les sociétés de secours mutuels. Par la première, l'économie entre dans la pratique de la vie, élève le niveau moral de l'ouvier et lui fournit son premier élément d'initiative et de force. Par la seconde, la vieillesse du pauvre trouve un abri et une indépendance matérielle qu'il ne doit qu'à lui-même. Par la troisième, il peut traverser sans crainte les vicissitudes de la maladie et les incapacités de travail qui en résultent. Combinées ainsi, ces trois institutions embrassent l'existence entière et ses conditions générales ; elles se complètent l'une par l'autre, et elles ont jusqu'ici réalisé assez d'améliorations sociales pour qu'on suive avec un vif intérêt le travail régulier de leur développement dans les masses.

Caisse d'épargne. — Nous résumons, comme d'habitude, les opérations de la caisse d'épargne de Paris pendant l'année 1854, d'après le rapport de son président, M. François Delessert (19 juillet 1855).

La caisse d'épargne de Paris avait reçu, en 1854. . 25,960,204 fr. 48 c.
Elle avait payé, par contre. 32,190,893 97

Excédant des paiements sur les recettes. . . . . 6,230,689 fr. 49 c.
Lesquels, déduits du solde dû à 211,149 déposants, à
la fin de l'année 1853. . . . . 54,415,164 97 c.

Réduisaient à. . . . . 48,182,475 fr. 48 c.
le montant des sommes dues, le 31 décembre 1854, à 212,308 déposants.

Les versements, qui s'étaient élevés à 30,749,289 fr., n'avaient été, en 1854, que de 23,723,311 fr., tandis que les remboursements, qui ne s'étaient élevés en 1853 qu'à 24,132,788 fr. 34 c., avaient atteint, en 1854, 26,902,189 fr. 41 c.

Il y avait, par conséquent, 7,025,978 fr. de diminution sur les versements, et 2,709,401 fr., 07 c. sur les remboursements ; soit, sur l'ensemble des opérations, une différence en moins d'environ 10 millions.

L'avoir des déposants, qui était le 31 décembre 1853, de 54,413,164 fr. 97 c., s'était trouvé réduit, au 31 décembre 1854, à 48,182,475 fr. 48 c.

La cherté des subsistances, l'élévation des loyers et la modicité du taux d'intérêt alloué aux déposants, comparé à celui des

autres placements, avaient contribué sans doute à cette diminution dans les placements aux caisses d'épargne. Mais la cause
principale était peut-être le nouveau mode d'emprunt par souscription nationale qui avait été si heureusement inauguré au
mois de mars 1854, puis renouvelé au 31 décembre de la même
année.

La facilité donnée par le trésor aux souscripteurs de ces emprunts de payer les nouvelles rentes par quinzièmes, puis par
dix-huitièmes, avait détourné beaucoup de capitaux des caisses d'é-
pargne, tandis que l'on venait se faire rembourser pour se procurer le dixième demandé par les emprunts.

Aussi, quoique les opérations des caisses d'épargne eussent
diminué en 1854, et que l'on dût s'attendre à un résultat pareil
pour l'année suivante, on ne pouvait que s'en féliciter, puisque
l'argent qui affluait aux caisses d'épargne recherchait désormais
les placements en rentes sur l'État, qui, à chaque nouvel emprunt, se trouveraient de plus en plus démocratisées et dissémi-
nées en minimes coupures de 10 à 50 fr. de rentes.

La statistique des classes de déposants n'avait presque pas
varié en 1854 sur l'année précédente. C'étaient à peu près les
mêmes proportions entre chaque classe de la société. Ainsi, sur
les 214,000 déposants on comptait :

> 111,000 ouvriers,
> 11,400 artisans, patentés et marchands,
> 42,000 domestiques,
> 38,500 employés,
>   6,000 militaires,
>   5,000 professions diverses,
>   100 sociétés de secours mutuels.
> _____
> 214,000

En outre, sur les 47 millions formant aujourd'hui la masse totale des dépôts, les ouvriers étaient possesseurs, à la caisse d'é-
pargne, de plus de 22 millions de francs.

M. le ministre du commerce et des travaux publics publiait en
même temps le compte rendu sur les caisses d'épargne de toute
la France pendant l'année 1853. Au 31 décembre 1853, le solde
dû aux déposants des 350 caisses était de 285,573,378 fr. 89 c.,

non compris les intérêts ; 16 caisses d'épargne n'avaient pas encore commencé leurs opérations, 4 ne les avaient pas reprises depuis 1848, et 7 n'avaient pas envoyé leurs états de situation. Tous les départements, sans exception, avaient des caisses d'épargne, et il n'y avait que 47 arrondissements qui n'eussent ni caisse ni succursale.

En rapprochant le nombre total des livrets (844,949) du chiffre légal de la population (35,781,628 habitants), on avait pour la France une moyenne d'un livret pour 42 habitants. Cette moyenne était, à Paris, de 1 livret par 6 1/2 habitants; de 1 par 15 habitants dans Seine-et-Oise, de 1 par 16 h. dans Seine-et-Marne, de 1 par 17 h. dans le Rhône, de 1 par 21 h. dans l'Oise, de 1 par 22 h. dans le Loiret, de 1 par 24 h. dans la Marne, de 1 par 25 h. dans la Moselle, de 1 par 27 h. dans les Bouches-du-Rhône, de 1 par 28 h. dans la Gironde, de 1 par 32 h. dans la Meurthe et la Meuse, de 1 par 33 h. dans Eure-et-Loir, de 1 par 35 h. dans le Nord, de 1 par 37 h. dans la Côte-d'Or, Hérault et Maine-et-Loire.

La proportion n'était que de 1 pour 458 habitants dans la Corrèze, pour 468 habitants dans l'Ariége, et pour 480 habitants (en 1854) dans la Corse.

Dans les départements, le nombre des déposants à 143 caisses s'était élevé, jusqu'au 31 décembre 1854, à 334,410 fr., contre 328,390 fr. en 1853. Sans doute une pareille augmentation avait eu lieu dans les autres caisses dont on n'avait pas encore reçu les comptes de situation pour 1854. Cette augmentation du nombre des livrets était remarquable dans une année pendant laquelle la cherté des subsistances avait dû amener une diminution dans les dépôts, car ce fait prouvait que, même dans les temps difficiles, les classes nombreuses n'abandonnent pas les caisses d'épargne.

Sur 300 caisses qui avaient fait parvenir des réponses, 58 avaient signalé, en 1854, une augmentation dans la proportion des ouvriers industriels, 116 étaient restées stationnaires, et 104 avaient éprouvé une diminution plus ou moins notable. Au nombre de ces dernières se trouvaient Lille, Amiens, Dunkerque, Strasbourg, Tours, Nancy, Lorient, Limoges et Valenciennes.

Les résultats étaient plus satisfaisants pour les ouvriers employés aux travaux agricoles. Sur les 300 caisses, 121 signalaient un accroissement notable, 106 étaient restées stationnaires, et 45 seulement avaient éprouvé de la diminution.

Les ouvriers agricoles présentaient, dans 60 caisses, un chiffre supérieur à celui des déposants de toutes les autres classes.

Le dernier emprunt national de 500 millions ne paraissait avoir diminué les versements que dans une vingtaine de caisses d'épargne. Il avait augmenté les remboursements dans 200 caisses, et n'avait produit aucun effet sensible dans les 70 autres établissements.

Sur 300 caisses auxquelles on avait demandé quelle était leur situation par rapport à celle de l'année précédente, 200 avaient répondu qu'elles se considéraient comme en voie de progrès très-satisfaisants. Une trentaine seulement révélaient un état de décroissance en 1854, et 70 étaient restées stationnaires.

Ainsi, le fait saillant de la circulation générale des caisses d'épargne en 1854, c'est une légère différence en moins sur les recettes. On serait tenté de croire au premier abord que cette différence accuse dans les masses un ralentissement du courant de l'épargne, produit par des nécessités plus impérieuses. Il n'en est rien. L'accumulation des capitaux de l'épargne continue sa marche ascendante. Seulement, comme ces capitaux trouvent dans les rentes sur l'État, dans les valeurs industrielles, ou dans d'autres institutions parallèles, des placements plus avantageux, ils se détournent de leur premier emploi pour aller fertiliser ces instruments nouveaux de civilisation. Cela est si vrai que, pour Paris par exemple, sur les 6 à 7 millions dont le solde s'est trouvé diminué à la fin de 1854, figure une somme de 4,843,102 fr. 25 c. qui représente les achats de rente effectués par la caisse d'épargne de Paris, pour le compte de ses déposants. De sorte que la balance des opérations de 1854 ne fait ressortir en réalité qu'une diminution de recettes de 1 à 2 millions.

Ce fait général de la vitalité des caisses d'épargne se manifeste aussi chez quelques nations étrangères. Les documents venus de l'Angleterre nous signalent une augmentation de 8 millions de francs et de 18,000 livrets en faveur de 1854. C'est une moyenne d'un livret pour 20 habitants sur toute la surface du royaume uni, et de 1 livret pour 16 habitants dans l'Angleterre seule. A Vienne, cette proportion est de 1 livret pour 2 habitants; résultat unique et tout à fait extraordinaire; en Bohême, elle s'élève à 1 livret sur 64 habitants; en Prusse, à 1 sur 40, Berlin excepté, qui donne 1 sur 12; à Leipzig, à Munich, 1 sur 5; à Francfort-sur-le-Mein, 1 sur 7; à Turin, 1 sur 34; à Madrid, 1 sur 35; à Bruxelles, 1 sur 51, etc. Mais nous devons dire qu'il y a presque partout diminution sur le chiffre des versements. L'Europe entière a subi, plus que la France, la conséquence des complications de ces deux dernières années. Comme la France aussi, elle a dirigé vers les entreprises industrielles une partie du courant qui alimentait les caisses d'épargne. Mais l'institution n'en est pas moins debout, jouissant de la confiance des masses, s'infiltrant de plus en plus dans les mœurs des populations rurales, et préparant ainsi pour l'avenir une source précieuse de capitaux dont les gouvernements ne sauraient trop encourager l'accumulation.

En France, il y a bientôt quarante ans que les caisses d'épargne ont pris rang parmi les grandes institutions du pays. Depuis 1818, date de la création de celle de Paris, elles ont subi bien des vicissitudes et traversé bien des épreuves, elles ont été exposées à bien des crises politiques et financières, à bien des critiques inintelligentes, à bien des remaniements législatifs; mais toujours la confiance publique et le sentiment général de leur utilité les ont sauvées. Grâce à elles, l'économie journalière est entrée dans les mœurs de la classe laborieuse. Nous lui devons ainsi d'énormes capitaux accumulés qui aujourd'hui s'ajoutent à la fortune nationale et vivifient toutes les branches de l'industrie. A tous ces titres, le mouvement annuel des caisses d'épargne de la France et de l'Europe ne saurait passer inaperçu. Leur histoire se lie étroitement à celle de la civilisation, à celle aussi de toutes les grandes entreprises financières et industrielles qui s'appuient sur le crédit, et qui, grâce à ce levier suprême, transforment chaque jour la société moderne.

Caisse de retraite. — L'article 14 de la loi du 28 mai 1853

prescrit la publication d'un rapport annuel sur la caisse de retraite. Le premier de ces rapports contenait les renseignements
les plus complets sur l'origine, le but, l'organisation de la caisse
et les résultats qu'elle avait produits jusqu'au 31 décembre 1853.
Un second rapport se borna à résumer les opérations de l'année
1854, et conclut en indiquant quelques améliorations à réaliser
dans la législation actuelle pour la mettre en harmonie avec les
nécessités de notre temps.

Le compte des opérations de 1854 présentait à la fois une légère et progressive augmentation sur le nombre des versements,
et une diminution très-considérable sur le montant des sommes
versées, et surtout sur la moyenne de ces capitaux déposés. Le
nombre des versements avait été, en 1852, de 28,346, et en
1853, de 32,359 ; il s'était élevé en 1854, à 33,570. Mais le
total des sommes versées avait suivi cette progression descen-
dante : 31,057,892 fr. 44 c. en 1852 ; 6,951,764 fr. 84 c. en
1853, et 1,583,801 fr. en 1854. D'où il résulte que la moyenne
des versements, qui était de 1,095 fr. en 1852, était tombée en
1853 à 214 fr., et en 1854 à 47 fr. environ.

Or, si l'on doit juger les institutions par leurs conséquences,
il ressort de ces chiffres que la caisse des retraites propage ses
bienfaits d'une manière continue ; mais que les restrictions apportées à ses opérations par la loi de sa création, et surtout par
celle du 28 mai 1853, paralysent son mouvement naturel et dépassent le but que s'était proposé le législateur.

Ces restrictions consistent principalement en ce que le montant des dépôts annuels est limité à 2,000 fr., et le maximum de
la rente viagère à 600 fr.; en ce que le tarif est arrêté à 60 ans,
et qu'il faut un intervalle de 2 à 3 ans entre chaque versement
et la jouissance de la rente afférente. On craignait sans doute, en
édictant ces dispositions, d'imposer à l'État une charge trop
lourde et d'ouvrir la porte à certains abus qui semblaient devoir
être encouragés par les avantages attachés à la caisse. Mais
l'expérience a prouvé qu'en voulant écarter l'abus on entravait
l'usage, et qu'au taux de 4 1/2 fixé pour les rentes viagères, il y
avait pour l'Etat un bénéfice largement rémunérateur des frais
d'administration.

La commission demandait donc la modification des restrictions imposées, d'abord celle relative au maximum de 600 fr., puis celle relative à la limite d'âge qu'elle eût voulu voir élever jusqu'à 65 ans, tandis qu'on reporterait de 3 à 10 ans le minimum d'âge des enfants sur la tête desquels on peut déposer.

Déjà, d'ailleurs, des améliorations importantes avaient été réalisées, soit par la loi, soit par l'institution elle-même. Les dépôts faits par les instituteurs aux caisses d'épargne avaient obtenu la faculté de se convertir en livrets de la caisse des retraites. Les sociétés de secours mutuels avaient commencé à faire des versements au profit de leurs membres. Ce sont celles de Paris qui avaient donné l'exemple. Celles de Sarlat, de Lunéville, de Bayonne, de Lyon, étaient aussi entrées dans cette voie. La classe ouvrière figurait pour les trois quarts dans les nouveaux comptes ouverts en 1854.

En somme, depuis le 11 mai 1851, date de sa mise en exercice, jusqu'au 31 décembre 1854, la caisse des retraites pour la vieillesse avait reçu 100,734 versements, montant à une somme de 40,805,914 fr. 98 c., dont 59,308 versements à capital aliéné pour 18,146,754 fr. 33 c., et 41,426 versements à capital réservé pour 22,659,160 fr. 65 c. Il en résulte que la moyenne des premiers avait été de 306 fr., et la moyenne des seconds de 547 fr.; moyenne générale 405 fr. Quant aux comptes individuels, ils s'étaient élevés à 37,619, comprenant 21,119 hommes et 16,500 femmes.

La situation de la caisse se composait donc, en recettes, de 40,805,914 fr. 98 c. de versements, auxquels il faut ajouter 2,582,377 fr. d'arrérages de rentes, total : 43,388,291 fr. 98 c. Sur cette somme il avait été remboursé 1,303,489 fr. 96 c., soit en capitaux versés après décès, soit en versements irréguliers et dépassant le maximum, et il avait été acheté 1,780,947 fr. de rentes représentant un capital de 42,084,784 fr. 24 c., ce qui donnait pour reliquat définitif au 31 décembre 1854 la somme de 17 fr. 78 c. à reporter sur l'année suivante.

Sociétés de secours mutuels.—Un rapport sur la situation de ces intéressantes associations, en 1854, présenté par la commission d'encouragement et de surveillance, offre les résultats suivants :

On comptait, au 31 décembre 1854, 2,940 sociétés, dont 2,835 avaient fourni des renseignements.

Ces 2,835 sociétés comprenaient 351,101 sociétaires, dont 35,300 honoraires et 315,801 participants. A la fin de 1853, le nombre des sociétaires était de 318,256, dont 28,810 honoraires et 289,446 participants. On ne comptait, au 1er janvier 1852, que 23,280 membres honoraires. Leur nombre s'était accru en trois ans de 15,108 ou de 75 0/0. Au 1er janvier, on ne comptait que 234,280 membres participants. Leur nombre s'était donc accru depuis de 81,521 ou de 35 0/0.

Les recettes de toute nature s'étaient élevées en 1854 à 5,720,911 fr. 53 c., et les dépenses à 4,535,206 fr. 01 c. L'excédent des recettes était de 1,185,705 fr. 55 c. Le capital de réserve, au 31 décembre 1854, était de 13,333,072 fr. 55 c. Il s'élevait, le 31 décembre 1853, à 12,089,361 fr. 05 c.

90,729 malades avaient été secourus en 1854.

La commission pensait qu'il ne serait pas impossible d'établir des sociétés de secours mutuels dans les communes rurales, et que les ouvriers agricoles ont autant besoin des bienfaits de l'association que l'ouvrier des manufactures. Elle demandait en conséquence de modifier l'article 1er du décret de 1852, d'après lequel l'union des communes n'est autorisée que lorsque chacune d'elles a moins de mille âmes. La commission supérieure pensait que toute latitude doit être laissée aux préfets pour autoriser l'aggrégation des communes rurales.

Telle était la situation générale de l'institution : il nous reste à montrer l'ensemble de ses tendances matérielles et morales.

L'organisation actuelle des caisses de secours mutuels ne date, on le sait, que du décret organique du 26 mars 1852. Ce décret les a élevées à la hauteur d'un principe d'ordre public et leur a donné pour plus de garantie le patronage direct du chef de l'État. Cette condition nouvelle devait étendre le réseau de la mutualité et lui imprimer d'autant plus de force qu'elle trouvait dans la direction supérieure un conseil toujours bienveillant et un auxiliaire toujours actif. Les sociétés de secours mutuels se sont en effet développées avec une grande rapidité, et elles promettent d'embrasser bientôt toute la France. Les conseils municipaux en réclament journellement l'établissement dans leurs communes, et journellement des sociétés nouvelles obtiennent de l'État l'approbation qui les constitue. Cette approbation surtout est devenue pour toutes un titre précieux qu'elles sollicitent avec instance. Il s'établit peu de sociétés privées indépendantes de l'organisation générale. Le sentiment public a compris que l'isolement de ces petites associations les exposait à des défiances légitimes et à des mécomptes souvent inévitables, et il s'est rallié sans hésiter à une solidarité nationale qui protége tous les intérêts et qui répare au besoin les erreurs individuelles.

Telle est donc en ce moment la tendance des sociétés de secours mutuels. Le décret du 26 mars 1852 produit son effet naturel sans violenter personne. Les sociétés approuvées gagnent du terrain, tandis que les sociétés privées restent stationnaires ; et l'esprit généreux qui préside au développement de l'institution fait comprendre de plus en plus les avantages d'une impulsion unique qui n'enlève rien à l'indépendance et à la virtualité locale. On sait qu'une subvention de l'État vient en aide à celles dont les circonstances ont compromis la sécurité. Mais jusqu'ici, nous devons le dire, elles n'ont pas abusé de cette dotation, et, si la commission supérieure s'est montrée généreuse envers les associations éprouvées par le choléra ou par d'autres malheurs, elle a maintenu pour les autres l'honorable nécessité de se suffire à elles-mêmes.

Quant aux résultats moraux obtenus, le rapporteur, M. le vicomte de Melun, constate que « d'heureuses tentatives ont été faites presque partout pour resserrer les liens qui unissent entre eux les sociétaires. Les assemblées générales prennent de plus en plus un caractère sérieux et moral ; le compte rendu de la situation matérielle n'y occupe plus que le second rang ; elles deviennent l'occasion de sages avis, d'avertissements fraternels, d'enseignements élevés ; les membres n'y apprennent pas seulement que la caisse a été bien administrée, que le règlement a été exactement suivi, ils y reçoivent en outre une grande leçon de moralité, de dignité et de respect. C'est ainsi que, dans plusieurs villes, les sociétés de Saint-François-Xavier, fondées sur la double base de la religion et de la mutualité, réunissent chaque mois leurs membres, leur présentent dans ces réunions ce qui peut à la fois échauffer l'âme, éclairer l'intelligence et piquer la curiosité, les attachent ainsi plus intimement aux principes de leur fondation, et exercent sur les habitudes de leur vie la meilleure et la plus salutaire influence. »

Il ne faudrait pas croire cependant que de si fécondes créations ne rencontrent dans leur marche aucune difficulté. Si beaucoup de conseils municipaux réclament l'établissement de sociétés de secours mutuels dans leurs communes, ce résultat n'est pas obtenu sans peine. En général la population des campagnes reste indifférente aux bienfaits de la mutualité. Les 90,729 malades secourus pendant l'année 1854 appartiennent presque tous à la classe laborieuse des villes. Un grand nombre même de conseils municipaux bien intentionnés ne croient pas le système applicable dans les communes rurales, et cependant l'expérience dément tous les jours cette prétendue impossibilité de l'association.

Heureusement le génie chrétien de la société moderne, la séduction de l'exemple et l'initiative des hommes de dévouement détruisent peu à peu cette force d'inertie. En confiant d'ailleurs au maire et au curé le soin d'organiser eux-mêmes leur société de secours mutuels, la loi a mis au service de l'institution le double levier irrésistible de la puissance civile et de la puissance religieuse. Les habitants des campagnes comprendront bientôt qu'ils sont aussi intéressés que les ouvriers des villes à l'adoption d'un lien moral et matériel qui les rattache au reste du pays, qui les assure contre les maladies et la misère, et qui les relève à leurs propres yeux en les dégageant du contrôle de l'assistance publique.

Une annexe au rapport publié le 25 juillet 1855 parut, au commencement d'octobre, sous la forme d'un résumé statistique de la situation des sociétés de secours mutuels pendant l'année 1854. Ce résumé contenait des chiffres intéressants, et classés avec un ordre qui permettait de suivre les progrès que la pratique de la mutualité avait faits en France dans l'espace de trois années.

L'accroissement des sociétés, le nombre des membres participaals, celui des pensionnaires, l'âge des associés, la proportion des malades, le nombre des journées de maladie et des décès, le chiffré des recettes, les dépenses, et plusieurs autres renseignements non moins essentiels à étudier étaient consignés dans ce remarquable travail dû à M. Cazeaux.

Nous ne pouvons mieux faire que d'en donner une analyse succincte, en suivant l'ordre établi par l'auteur.

Nombre des sociétés. — Au 31 décembre 1854, ce nombre était de 2,940. Dans le cours de l'année, 53 sociétés ont été dissoutes, les unes n'ayant pas les ressources suffisantes pour tenir leurs engagements, et les autres pour n'avoir pas rendu compte à l'autorité de leurs opérations financières.

Les dix départements qui ont le plus de sociétés mutuelles sont les suivants :

Seine, 349 ; Gironde, 243 ; Nord, 239 ; Bouches-du-Rhône, 204 ; Rhône, 157 ; Bas-Rhin, 133 ; Haute-Garonne, 113 ; Isère, 111 ; Haut-Rhin, 98 ; Tarn-et-Garonne, 83.

2,835 sociétés ont fourni des renseignements suffisants, et 105 n'ont donné que leur nom et celui de la commune où elles sont établies. Ces dernières appartiennent presque toutes au département des Bouches-du-Rhône.

Sur la totalité de ces 2,940 sociétés, l'on en compte 787 approuvées, c'est-à-dire dont les présidents sont nommés par le gouvernement, et dont le règlement est à peu près le même, 7 reconnues d'utilité publique, et 2,153 *privées* ou *libres*, c'est-à-dire s'administrant elles-mêmes sans recevoir aucun don, aucune subvention.

Membres honoraires. — Les membres honoraires sont ceux qui versent à la caisse de la société une cotisation annuelle ou mensuelle sans recevoir de secours. Au 31 décembre 1852, leur nombre était de 20,192 ; en 1853, il était de 28,810, et à la fin de 1853, il était de 35,300. La différence en plus entre la première et la dernière année a donc été de 73 0/0.

24,292 membres honoraires appartenaient aux sociétés *approuvées*, et 11,008 aux sociétés *libres*, ce qui donne 1 membre honoraire pour 4 sociétaires dans les associations de la première catégorie, et 1 membre pour 19 dans celles de la seconde.

Membres participants. — Les membres participants ou membres actifs sont ceux qui paient régulièrement leurs cotisations et reçoivent des secours lorsqu'ils sont malades. Leur nombre était de 234,280 au 1er janvier 1852, de 289,446 en 1853, et de 315,801 en 1854.

Pour bien juger ces chiffres, il faut les mettre en regard de ceux établis par M. Legoyt, dans la Statistique officielle qu'il vient de publier sur la population de la France.

D'après M. Legoyt, l'agriculture occupe 14,318,476 habitants, la grande industrie et le commerce en comptent 4,713,026, et la domesticité 906,666. Ces chiffres réunis donnent un total de 21,269,428 individus. Il n'est point ici question ni des professions libérales, ni des personnes sans profession, ni des mendiants, ni des détenus, qui forment aussi une population nombreuse. Ce nombre de 21,269.428 individus s'applique à tous ceux qui, en France, ou exercent un métier manuel ou occupent une fonction dans le commerce. N'est-il pas vrai alors, que ce nombre de 315,801 *sociétaires actifs* paraît bien faible en présence de celui donné par M. Legoyt ?

Revenons maintenant au rapport de M. Caseaux:

Les départements qui comptent le plus de membres *participants* sont les suivants :

Seine, 46,481 ; Gironde, 20,281 ; Nord, 20,347 ; Haut-Rhin, 17,703 ; Isère, 14,070 ; Bouches-du-Rhône, 13,115; Haute-Garonne, 12,955 ; Rhône, 12,546 ; Tarn, 10,001 ; Bas-Rhin, 9,468.

Les sociétés *approuvées* ont 104,033 membres et les sociétés *libres* en comptent 211,768.

En résumé, le mouvement des sociétaires entrés, sortis et morts a été de 75, 219 pour l'année 1854.

Nombre des femmes. — Le nombre total des femmes faisant partie des sociétés de secours mutuels était de 26,181 en 1852, de 33,482 en 1853, et de 36,332 en 1854. Il en résulte que la différence en plus a été de 10,151, soit 38 0/0.

Ce fait mérite attention ; car, si l'on s'en tenait aux chiffres précédents, on pourrait supposer que la condition des ouvrières s'est sensiblement améliorée en deux années. Ce sujet impor-

tout fait naître quelques réflexions. Les femmes d'ouvriers ma-
riés ou celles qui, sans être mariées, exercent une profession,
sont ordinairement peu disposées à entrer dans les sociétés de
secours mutuels. Leur éducation et surtout leur condition les empêchent de penser à l'avenir ; elles souffrent trop du présent
pour disposer d'une somme même minime qui, à un moment
donné, les garantirait contre les chances de la maladie. Lors
même qu'elles le désireraient, elles ne le pourraient pas. Leur
salaire est trop faible pour qu'il leur soit possible d'en distraire
une partie. Aussi, tandis que le nombre des hommes faisant partie
des sociétés de secours mutuels est de 313,801, celui des femmes
n'est-il que de 36,332. La statistique professionnelle n'ayant
point encore été établie à l'égard des sociétés mutuelles, il est
permis de supposer que la plupart des femmes qui en font partie
n'appartiennent pas à la classe ouvrière proprement dite, et
qu'elles sont plutôt domestiques, ou mariées à des employés recevant des appointements fixes. Nous citerons encore, à ce propos,
M. Legoyt, qui, dans la Statistique de la France, compte
2,883,206 femmes vivant du travail ou du revenu de leurs
maris.

Cette réserve faite, nous constatons comme un fait remarquable l'accroissement des femmes dans les sociétés mutuelles.

Il y a 122 sociétés composées exclusivement de femmes, qui
comprennent 12,444 sociétaires.

Voici les départements qui comptent le plus d'associations de
femmes :

Isère	26 sociétés pour 3,847 femmes.			
Tarn-et-Garonne . .	22	—	2,099	—
Tarn	13	—	2,079	—
Bas-Rhin	23	—	1,539	—
Basses-Pyrénées. . .	9	—	1,101	—
Seine	13	—	541	—

Les départements qui en comptent le moins sont : la Gironde, 4 ; les Landes, 2 ; la Haute-Garonne, 2 ; le Lot, l'Ardèche, le Haut-Rhin, le Maine-et-Loire, la Haute-Vienne, le Loir-
et-Cher n'ont chacun qu'une seule société.

Pensionnaires et infirmes ou incurables. — Leur nombre était de 3,443 en 1852, de 3,723 en 1853, et de 3,723 en 1854.

Certaines sociétés, dit M. Cazeaux, font figurer dans la colonne intitulée : « *Pensionnaires,* » des malades qui sont déclarés infirmes ou incurables après six ou même trois mois de maladie, et qui reçoivent à ce titre, jusqu'à parfaite guérison, une petite pension hebdomadaire. Ces pensions cessent d'être payées lors de la guérison.

En 1854, le nombre des pensionnaires était de 2,694 dans les sociétés *libres,* et de 648 dans les sociétés *approuvées.*

Cette différence s'explique par ce fait que les sociétés *approuvées* ne s'engagent point à donner de pensions, et que l'on en promet dans beaucoup de sociétés *libres.*

Age des membres participants. — Sur 307,321 sociétaires, 246,585 ont été classés par rang d'âge, année par année, de la manière suivante :

De 16 à 35 ans.	87,431
De 36 à 55 ans.	127,583
De 56 à 75 ans.	30,365
De 76 à 95 ans et au-dessus. .	1,206

Proportion des malades. — *Nombre des journées de maladie.* — 74,161 malades ont reçu des secours en 1854, ce qui donne 30,4 malades sur 100 sociétaires. En 1853, cette proportion n'était que de 28,9.

Les sociétés *approuvées* figurent dans ce nombre pour 24,902 malades, ou 32 sur 100 sociétaires ; et les sociétés *libres* ont eu 49,259 malades, ce qui donne la proportion de 29 malades sur 100 sociétaires.

La moyenne générale des journées de maladie ou des interruptions de travail a été de 6 jours et 132 millièmes pour chaque sociétaire. Dans les sociétés *approuvées,* la moyenne a été de 6 jours 122 millièmes par sociétaire, et de 19 journées par malade. Dans les sociétés *libres,* cette moyenne a été de 6 jours 139 millièmes par sociétaire, et de 21 jours par malade.

Cette différence peut s'expliquer ainsi : les éléments qui composent ces associations ne sont pas les mêmes. Beaucoup de sociétés *approuvées* se composent d'habitants des petites villes ou de la campagne, tandis que les sociétés *libres* se trouvent plutôt dans les grands centres industriels, où l'air est moins pur et les aliments moins sains. De plus, ces dernières sociétés étant presque toutes établies depuis longtemps, sont naturellement plus exposées aux chances de maladie. Il faut ajouter aussi que l'on n'admet que ceux qui sont valides et en état de parfaite santé ; les sociétés approuvées nouvellement, puisque, pour la plupart, elles ne datent que de 1851, n'ont donc pas eu à subir, à cet égard, les mêmes risques que les sociétés libres, qui existent depuis plusieurs années.

Décès. — En 1854, le nombre des décès a été de 4,848, ce qui, sur une moyenne de 307,321 sociétaires, donne la proportion de 1,58 0/0. En 1853, cette proportion a été de 1,16 0/0, et en 1852, de 1,33 0/0.

Le rapport ajoute qu'on doit attribuer au choléra la cause presque exclusive de cet accroissement.

Recettes et dépenses. — Les recettes des sociétés de secours se composent des éléments suivants : Subventions de l'État, des conseils généraux et des conseils municipaux, dons, legs, cotisations des sociétaires honoraires et des membres actifs, amendes, droits d'admission, intérêts des fonds placés.

En 1854, ces recettes se sont élevées à la somme de 5 millions 720,911 fr. 53 c. L'augmentation sur 1853 a été 758,906 fr. 29 c.

Les dépenses se décomposent ainsi : Honoraires ou visites des médecins, médicaments, secours en argent donnés aux malades, pensions aux infirmes ou aux vieillards, frais de gestion, frais généraux, matériel, etc. Ces dépenses se sont élevées à 4,535,206 fr. 11 c.

L'excédant de la recette sur la dépense a été de 1 million 185,705 fr. 52 c.

Telles sont les données principales de cette excellente étude. M. Cazeaux conclut en disant que les versements des participants surpassent les dépenses nécessitées par le service des maladies et des funérailles. « Ainsi, ajoute-t-il en terminant, la mutualité proprement dite se suffit partout à elle-même pour ses charges essentielles ; mais le concours bienveillant des membres hono-

raires, joint aux subventions de l'État, des départements et des
communes, *est nécessaire pour amener le développement de l'institution*, en lui fournissant les moyens de subvenir aux charges
accessoires et d'assurer l'avenir. »

Sociétés de charité maternelle. — C'est en 1853, on se le rappelle, que les sociétés de charité maternelle ont été placées sous
l'auguste patronage de l'Impératrice des Français. Le rapport sur
1853, présenté à Sa Majesté par M. le ministre de l'intérieur,
constate les plus heureux progrès de cette institution. Un don de
100,000 fr. avait inauguré la tutelle de Sa Majesté, et l'influence
de ces bienfaits s'était promptement manifestée par un accroissement notable de pauvres mères secourues ; de 9,703 en 1852,
ce nombre, en 1853, s'était élevé à 10,504.

Les sociétés de charité maternelle avaient pu ainsi étendre
leur bienfaisante action ; quelques-unes avaient en outre ménagé
des ressources pour l'avenir ; plusieurs s'étaient reconstitué un
capital de réserve qu'il avait fallu entamer ou même absorber
dans des temps difficiles.

La charité publique et la charité privée avaient heureusement
concouru à la réalisation de ces heureux résultats. Le nombre
des sociétés de charité maternelle, pendant l'année 1853, avait
été de 56.

Leurs recettes avaient été de.	625,780 fr. 99 c.
Cette somme se décomposait ainsi :	
1° Reliquat de l'année 1852.	87,062 fr. 53 c.
2° Don de l'Impératrice.	100,000 »
3° Crédit porté au budget de l'exercice 1853. . . .	117,179 80
4° Subventions accordées par les départements et les communes.	68,305 34
5° Montant des souscriptions particulières et des arré-rages des rentes possédées par certaines sociétés. . .	253,233 32
Total égal.	625,780 fr. 99 c.
Les secours accordés s'étaient élevés à.	445,386 fr. 52 c.
Les placements de capitaux de réserve à.	50,651 10
Les fonds en caisse au 31 décembre représentaient. .	129,743 37
Total.	625,780 fr. 99 c.

Les tableaux annexés au rapport de M. Billault faisaient connaître :

1° Les dix sociétés qui avaient secouru le plus grand nombre de personnes : à leur tête se plaçaient les sociétés de Paris, de Bordeaux et de Lille;

2° Les dix sociétés qui avaient obtenu les allocations les plus élevées, tant sur le don impérial que sur le crédit ouvert au budget du ministère de l'intérieur : celles de Paris, de Lyon et de Marseille avaient eu les plus fortes parts;

3° Les dix sociétés qui avaient recueilli le plus de souscriptions particulières : au premier rang étaient inscrites celles de Paris et de Lille;

4° Les sociétés qui avaient effectué des placements de capitaux : les placements les plus considérables avaient été faits par les sociétés de Paris, de Bordeaux et de Troyes;

5° Enfin, les sociétés, au nombre de dix-huit, qui n'avaient reçu aucune subvention départementale ou municipale.

Répression. — Justice civile et commerciale. — Étudions, cette année, les résultats généraux de l'administration de la justice au *point* de vue civil et commercial. Si ces résultats sont moins frappants que ceux de la justice criminelle, ils ne sont pourtant pas dénués d'intérêt.

Deux faits généraux ressortent du rapport pour l'année 1853 et méritent d'être signalés en première ligne : c'est d'abord une diminution notable dans le nombre des ventes sur expropriation forcée, et, d'autre part, l'augmentation progressive des travaux des juges de paix, spécialement dans leurs attributions conciliatrices. Cette augmentation avait eu pour heureuse conséquence de réduire le nombre des procès portés devant les tribunaux civils de première instance. Quant à la réduction du nombre des ventes sur saisie immobilière, elle est l'indice certain d'une amélioration dans l'état de la fortune publique et privée. En 1850, il y en avait eu 12,589; en 1851, 11,015; en 1852, 9,385; en 1853, 7,928 seulement. Une décroissance si régulière ne pouvait être attribuée au hasard; elle attestait hautement le rétablissement progressif de l'ordre et de la confiance.

Comme conséquence de ce fait principal, il faut noter la diminution du nombre des demandes en séparation de biens, qui, ayant pour objet de sauvegarder les intérêts des femmes contre les poursuites des créanciers du mari, se produisent nécessairement en plus grand nombre dans les moments de crise commerciale ou industrielle que dans les temps de prospérité. La réduction du nombre des procédures d'ordre doit être attribuée à la même cause ; il n'en avait été ouvert que 9,589 en 1853, au lieu de 10,574 en 1852 ; de 11,944 en 1851 et de 12,235 en 1850. C'est, en trois ans, une diminution de près d'un quart.

Les chiffres suivants, que nous extrayons de l'immense statistique publiée par M. le garde des sceaux, sont le tableau le plus vrai et le plus frappant des services rendus aux intérêts civils par les juges de paix. Pendant l'année 1853, ces magistrats n'avaient pas délivré moins de 2,805,283 billets d'avertissement pour appeler les parties devant eux sans frais, conformément à l'article 17 de la loi du 25 mai 1848. Plus de la moitié de ces billets d'avertissement paraissent être restés sans effet. Les autres avaient amené la comparution des parties devant les juges de paix en dehors de l'audience, et l'arrangement amiable de 994,228 contestations, soit les trois quarts.

Outre ces affaires, dans lesquelles la comparution des parties était volontaire, les juges de paix avaient été saisis, comme conciliateurs à l'audience, de 56,754 causes de la compétence des tribunaux civils de première instance dans lesquelles le préliminaire de la conciliation était obligatoire, aux termes des art. 48 et suivants du Code de procédure civile. Un peu moins de la moitié de ces affaires avait pu être concilié ; le reste avait été porté devant les tribunaux civils.

Enfin, à raison de leurs attributions judiciaires, les juges de paix avaient eu à statuer sur 550,403 affaires, environ 8,000 de moins qu'en 1852, mais 20,000 de plus qu'en 1851. Il ne restait à juger, le 31 décembre 1853, que 10,012 de ces affaires, moins de 2 p. 0/0.

De plus, les juges de paix, exerçant leurs attributions extrajudiciaires, avaient convoqué et présidé 76,287 conseils de famille, délivré 10,036 actes de notoriété et 7,414 actes d'émancipation, procédé à 16,304 appositions et à autant de levées de scellés.

Le nombre total des juges de paix ne s'élève pas, on le sait, à 4,000 pour tout le territoire de l'Empire français.

Les 361 tribunaux civils avaient eu à juger 165,117 causes du rôle général ; ils en avaient terminé 125,515, c'est-à-dire les trois quarts ; et, démonstration évidente de la possibilité d'améliorations nombreuses dans notre procédure civile, sur les 39,602 affaires restant à juger au 31 décembre 1853, on en comptait 5,326 qui étaient inscrites au rôle depuis plus de deux ans. Tous ces résultats diffèrent à peine de ceux de 1852.

Le nombre des procès en matière commerciale s'était de beaucoup accru. Il y avait là un indice nouveau de la reprise des affaires. Les tribunaux de commerce avaient été saisis de 156,922 causes nouvelles ; c'était une augmentation de 14,000 affaires sur 1852 et de 18,000 sur 1851. En y joignant 9,056 affaires anciennes, on arrivait au chiffre de 165,978 affaires, dont 158,277 avaient été expédiées. Les sinistres étant toujours en rapport avec l'importance des transactions, on ne doit pas s'étonner de l'augmentation du nombre des faillites ; il avait été de 2,671, soit 193 de plus qu'en 1852 et 366 de plus qu'en 1851. Ces faillites comportaient un passif de 112,023,647 fr. et un actif de 33,761,969 fr. Ainsi la perte totale des créanciers s'était élevée à 78,261,678 fr. C'est à peu près 10 0/0 des transactions commerciales de la France.

L'esprit d'association était en voie de développement. Il s'était formé, en 1853, 3,514 sociétés commerciales, plus 25 sociétés anonymes autorisées par décrets impériaux. Le nombre des nouvelles sociétés commerciales n'avait été que de 2,827 en 1852 et de 2,287 en 1851.

Passons maintenant aux juridictions supérieures. Les 27 cours impériales s'étaient occupées de 15,116 affaires, savoir : 9,767 affaires nouvelles et 5,349 affaires anciennes. Avant 1848, le nombre des causes nouvelles inscrites chaque année au rôle des cours s'élevait à 11,000 en moyenne. Ces 15,116 affaires comprenaient 11,314 appels de jugements des tribunaux civils, 3,098 appels de jugements en matière commerciale, 343 appels de sentences arbitrales et 361 affaires portées directement devant les cours (questions de frais ou d'interprétation d'arrêts précé-

dents). 10,085 affaires, juste les deux tiers, avaient été terminées.
Quelques cours avaient encore, au 31 décembre 1853, un arriéré
très-considérable. Pour quelques-unes de ces cours, l'arriéré ne
s'expliquait qu'imparfaitement par l'importance des travaux à accomplir.

Il avait été inscrit en 1853, au rôle de la chambre des requêtes
de la cour de cassation, 614 pourvois nouveaux en matière civile
et commerciale. Il n'en avait été inscrit que 489 en 1852 et 497
en 1851, déduction faite des recours en matière électorale. La
chambre avait statué sur 587 pourvois ; elle en avait rejeté 408
et admis 179. La chambre civile avait prononcé 99 arrêts de rejet et
150 arrêts de cassation. Le nombre des arrêts définitifs prononc-
cés tant par la chambre des requêtes que par la chambre civile
ou les chambres réunies était de 659, savoir : 507 arrêts de rejet
et 152 arrêts de cassation.

Les 659 arrêts définitifs de 1853 étaient intervenus, 309 (la
moitié environ) dans des matières régies par le Code Napoléon,
105 sur des questions de procédure civile, 53 sur des questions
commerciales, 52 sur des questions d'enregistrement, 24 sur des
questions d'expropriation forcée, et 116 en toute autre matière.

Comme on l'a vu, plus des sept dixièmes de ces arrêts prono-
çaient le rejet des pourvois ; mais la proportion du rejet à l'admission variait selon les matières. Un coup d'œil jeté sur l'état
général des arrêts de la cour de cassation annexé au rapport de
M. le garde des sceaux permet, en indiquant les principales de
ces variations, de signaler les points imparfaitement réglés par
la législation ou la jurisprudence.

Ce sont d'abord, dans le Code Napoléon, le titre des servitudes
et services fonciers (4 cassations contre 2 rejets) ; celui du mariage sous le régime de la communauté (6 cassations contre 2 rejets). Le titre de la prescription avait donné 16 rejets, 12 admissions, 4 cassations, dont 1 par les chambres réunies. En matières diverses, il y avait eu 4 admissions, 1 rejet et 1 cassation
sur des questions d'honoraires d'avoué ; sur des autorisations de
plaider pour l'administration des biens des communes, 6 rejets,
2 admissions, 3 cassations. Dans les questions d'enregistrement
et de timbre, la cour suprême paraissait avoir été en désaccord

presque constant avec la jurisprudence des cours impériales, car sa chambre des requêtes avait prononcé 34 admissions et 9 rejets seulement, et sa chambre civile 14 rejets et 35 arrêts de cassation.

CHAPITRE III.

MATIÈRES ÉCONOMIQUES.

Crise alimentaire, agriculture. — Les fléaux et leurs effets, mesures prises pour parer au déficit des récoltes; réduction des droits sur les vins et esprits; liberté des transactions; caisse de la boulangerie, organisation et situation de cette institution nouvelle. — Loi sur le drainage, mesures prises dans le même but, avenir du drainage en France; la culture par la vapeur; retour vers l'agriculture, progrès des méthodes.

Finances, revenu public. — Ressources du pays malgré ses épreuves; rentrée facile des impôts; revenus indirects, analyse par mois, progression constante de cette source de produits. — Banque de France : situations mensuelles. — Budget. — Emprunt de 250 millions, appel à la souscription directe et publique, réussite de ce nouveau mode; nouvel emprunt de 500 millions, accueil fait à cet appel dans les Chambres et dans le pays. — Établissements de crédit : crédit foncier, sa situation, ses difficultés spéciales; crédit mobilier, situation prospère, modifications dans son organisation, services rendus; comptoir d'escompte, situation prospère. — Législation financière : décrets sur la fabrication des monnaies; loi sur la taxe des lettres. — Budget de la ville de Paris, budget du département de la Seine.

Commerce. — Résultats généraux du commerce extérieur, résultats détaillés, mouvement maritime; transactions spéciales avec la Russie, importance secondaire de nos échanges avec ce pays; importance de nos échanges avec la Turquie et les Principautés, leur présent et leur avenir.

Navigation. — Situation présente, progrès à accomplir.

Tarifs. — Réductions insignifiantes, nécessité d'une réforme dans les tarifs des fers, impuissance de la production française privilégiée, mesures prises à ce sujet.

Travaux publics. — Recettes des chemins de fer, leur étendue; on se borne à exécuter les travaux entrepris; concession unique du chemin de fer de Montluçon à Moulins; ouvertures de sections et de lignes; l'industrie des fers et l'industrie des chemins de fer, le décret du 22 novembre 1853; tendances à la fusion entre les lignes d'un même système. — Télégraphie électrique : avenir

de cet agent nouveau, progrès à réaliser. — Travaux publics à Paris :
transformation de la capitale, démolitions et reconstructions, le Louvre, la
rue de Rivoli, le boulevard de Strasbourg, la rue des Écoles, les halles.
Industrie générale. — L'exposition universelle de 1855.

Crise alimentaire, l'agriculture. — Cette année, nous l'avons
dit dans le chapitre 1er, avait apporté avec elle plus d'un fléau,
le choléra, la rareté des subsistances alimentaires, enfin la guerre,
toujours suivie d'une dépression plus ou moins grande des affaires.

La récolte de 1853 avait été si médiocre que le déficit devait
naturellement peser sur la plus grande partie de l'année 1854 :
la récolte nouvelle ayant été elle-même inférieure à celle d'une
année moyenne, la continuation de la cherté en ressortit, avec
son cortége ordinaire de privations et de misères.

Il fallut donc laisser en vigueur le régime de la libre entrée
pour les substances alimentaires, afin d'atténuer les effets de cette
insuffisance que les entraves douanières malheureusement passées en habitude, eussent facilement changée en disette : prohibition de l'exportation des céréales de France en Algérie, continuation de l'abaissement des droits à l'importation des céréales
et des viandes, telles furent les mesures adoptées : on en trouvera l'indication complète à l'*Appendice*. (*Voyez* Titres de lois et
décrets divers.)

La vigne, cette source de richesse nationale, fut également
affectée dans sa production et il fallut, de ce côté aussi, abaisser
les barrières qui s'opposaient à l'approvisionnement du pays et
réduire les droits des vins et des esprits. A l'exception des vins
fins et des liqueurs, les droits sur les vins, fixés à 16 fr. 50 c.
l'hectolitre par douanes de terre et à 33 fr. par douanes de mer,
c'est-à-dire à près de 100 pour 100 de la valeur, furent réduits,
par décret du 30 août, à un simple droit de balance. Les eaux-
de-vie, tarifées à 50 fr. par hectolitre, furent réduites à 15 fr.
par décret du 22 septembre, et le droit de 50 cent. sur l'exportation fut entièrement supprimé. En même temps, on interdisait la distillation des substances féculentes servant à l'alimentation.

Cette dernière mesure avait, sans doute, pour but véritable

d'agir sur les imaginations inquiétées. C'est dans le même esprit que le gouvernement démentit hautement les bruits propagés par l'anxiété publique d'achats considérables de grains par lui faits au dehors. Il n'avait fait autre chose que se pourvoir prudemment à l'étranger pour les approvisionnements de la marine et de l'armée. Se transformer en pourvoyeur public est un rôle que ne saurait jouer aujourd'hui une administration intelligente : l'immixtion du gouvernement dans le commerce des matières alimentaires n'aurait d'autres effets que celui d'arrêter et de paralyser toutes les transactions. La liberté de l'industrie privée et du commerce, voilà le seul procédé efficace à employer pendant les crises alimentaires.

Une autre mesure, portée à la fin de l'année précédente (*Voyez* l'Annuaire pour 1853, p. 380), avait institué une caisse de service de la boulangerie, dans le but de maintenir le prix du pain au taux uniforme de 40 c.

L'organisation de la caisse de la boulangerie fut complétée, cette année, par un décret du 7 janvier qui régla d'une manière définitive les attributions de la caisse et institua une commission de surveillance composée, sous la présidence du préfet, de MM. d'Argout, gouverneur de la Banque ; Guillemot, directeur général de la caisse des dépôts et consignations ; Andouillé, directeur du mouvement des fonds ; Ledagre, président du tribunal de commerce ; Germain Thibaut, vice-président de la chambre de commerce, et Billaut, syndic des agents de change de Paris.

Un nouveau décret du 13 janvier suivant autorisa la caisse de service à emprunter sous la garantie solidaire de la ville, et jusqu'à due concurrence, une somme de 24 millions, afin de pouvoir commencer ses opérations. Pour effectuer cet emprunt, la caisse, en vertu d'un arrêté préfectoral du 1er février 1854, fut ensuite autorisée à émettre en une première fois 12 millions de valeurs de crédit, savoir : 6 millions en bons de la caisse à trois mois, avec intérêt à 4 1/2 pour 100, et 6 millions en bons à six mois et au delà, avec intérêt à 5 pour 100.

Bien qu'organisée le 7 janvier, la caisse de la boulangerie ne commença ses opérations de crédit que le 16. Ces opérations furent d'abord assez confuses, assez mal comprises, surtout dans

la banlieue. Faute d'écritures régulières, les déclarations d'a-
chats de farines, qui sont la base des opérations de paiement,
étaient inexactement faites. Mais bientôt tout se régularisa. Du
16 janvier au 31 juillet, le nombre des déclarations s'éléva à
13,786; les quantités déclarées avaient été pendant la même
période de 1 million 30,038 quintaux 87 kilogr., représentant
une valeur de 58 millions 930,195 fr. 94 c., savoir : 36 millions
840,741 fr. 68 c. pour Paris et 22 millions 89,454 fr. 26 c. pour
la banlieue. Ces chiffres, beaucoup plus exacts que ceux autrefois
recueillis à la halle au blé, seraient importants à constater; ils
formeraient un élément précieux pour la fixation régulière de la
mercuriale.

Pour faciliter les transactions commerciales et pour éviter les
déplacements, l'article 2 du décret du 7 janvier accordait aux
boulangers la faculté de se faire ouvrir des crédits sur leurs dépôts de garantie et de réserve et sur toutes les autres valeurs acceptées par la caisse. Un certain nombre de boulangers usèrent
de cette faculté; sur les 601 boulangers de Paris, 187 avaient
obtenu des crédits qui avaient atteint au 31 juillet le chiffre de
1 million 541,408 fr. 81 c.

Chaque boulanger pouvait aussi, aux termes de l'article 9 du
même décret, déposer en compte courant à la caisse de service
des sommes d'argent productives d'intérêt cinq jours après leur
versement; le solde créditeur de ces comptes, ouverts aux 596
boulangers de Paris en exercice, était au 31 juillet de 1 million
802,320 fr. 86 c., et de 795,446 fr. 5 c. pour le compte de 34
meuniers, auxquels avait également été étendu le bénéfice de
cette disposition. L'ensemble de ce système est des mieux ordon-
nés; outre qu'il permet d'apprécier la série complète des transactions opérées et d'établir la mercuriale à l'abri de l'action intéressée de l'agiotage, il donne en même temps aux boulangers
et aux meuniers la faculté de liquider leurs opérations sans déplacement et sans frais, par de simples virements.

Tels étaient les résultats de la caisse de la boulangerie au point
de vue du premier de ses services, le service d'avances et de crédit.
Le second service auquel la caisse est chargée de pourvoir est le
service de la compensation. Du mois de septembre 1853 au mois

de juin 1854, le prix de la farine avait éprouvé des variations
considérables, et les différences qu'avait dû subir la caisse s'é-
taient élevées à des chiffres importants. Pendant le mois de septembre 1853, époque à partir de laquelle avait commencé la compensation, la différnce n'était que de 6 centimes par kilogramme
de pain de 1re qualité, et le montant de cette différence, pour
11 millions 590,941 kilogrammes de pain consommés dans le
département, avait,été de 695,285 fr. 27 c. pendant la première
quinzaine du mois. Pendant la première quinzaine de février, au
contraire, la différence s'était élevée à 16 c. par kilogramme;
la consommation pour tout le département avait été de 12 millions 381,202 kilogrammes, et la somme à compenser avait atteint le chiffre de 1 million 980,992 fr. 32 c. Cette période
avait été celle pendant laquelle le prix du pain s'était élevé au
taux le plus important. Au mois de juin, la différence, qui en
février était de 16 c. par kilogramme, était descendue à 7 c.,
et ce chiffre, pour la deuxième quinzaine du mois de juin, n'a-
vait donné à compenser qu'une somme de 825,536 fr., au lieu
des 2 millions qu'avait coûté la première quinzaine de février.

En ce qui coucerne la consommation elle-même, c'est-à-dire
la quantité de pain employée par chaque individu, il était à
craindre, vu la cherté excessive de cette denrée dans les départe-
tements voisins, que les marchés de la Seine ne fussent envahis,
ou que l'exportation du pain dans les départements limitrophes
placés sur des lignes de chemin de fer ne vînt de beaucoup augmenter le chiffre de la consommation normale. De cette façon,
et sans avoir plus tard le moyen de rentrer dans ses avances, la
caisse de la boulangerie eût été obligée de payer pour d'autres
consommateurs que les habitants de la Seine. C'était là un grave
inconvénient qui avait frappé bien des esprits dans le conseil
municipal : heureusement ces craintes ne s'étaient pas réalisées,
grâce aux mesures de surveillance prises par l'administration.

Ainsi, au mois de septembre 1853, alors que la valeur réelle du
pain n'était que de 6 c. au-dessus de la taxe de 40 c., alors par
conséquent que chaque kilogramme devait coûter environ 50 c.
dans les départements voisins de Paris, la moyenne de la consommation dans le département de la Seine n'avait été par tête et par

jour que de 546 grammes ; soit, pendant le mois, de 22 millions
111,101 kilogrammes pour 1 million 375,328 habitants. Pendant le mois de février 1854 au contraire, lorsque la différence
atteignait 16 c. par kilogramme, c'est-à-dire représentait une
valeur réelle de 56 c., valeur dépassée et bien au delà à vingt
lieues de Paris, la consommation ne s'était pas élevée dans le
département à plus de 600 grammes par tête et par jour, soit
25 millions 329,646 kilogrammes pendant tout le mois de février. On le voit, ces différences sont relativement peu importantes, et, en fait, les dangers de l'exportation du pain et ceux
de l'agglomération des acheteurs sur le marché de Paris avaient
été heureusement prévenus.

En résumé, au 30 juin 1854, c'est-à-dire après neuf mois
d'exercice, les avances faites aux boulangers de Paris et de la
banlieue s'élevaient à 23 millions 411,013 fr. 29 c., savoir :
pour Paris, 14 millions 249,966 fr. 48 c., et pour la banlieue,
9 millions 161,046 fr. 81 c., et la consommation depuis le mois
de septembre 1853 jusqu'au 30 juin suivant avait atteint la
quantité de 245 millions 267,965 kilogrammes, soit 147 millions
400,891 kilogrammes pour Paris, et 98 millions 867,074 kilogrammes pour les communes rurales.

Cette somme de 23 millions n'était pas toutefois le dernier
mot des avances à faire par la caisse, car la taxe n'était pas encore en décroissance, et la sconde phase de la compensation n'é-
tait pas encore ouverte.

L'emprunt de 24 millions autorisé par le décret du 18 janvier
avait été facilité par la Banque, qui avait pris pour 5 millions des
bons de la Caisse ; par la Caisse des dépôts et consignations, qui
en avait pris pour 9 millions ; par la Société de crédit mobilier,
et enfin par plusieurs compagnies importantes, qui , dès le
principe, avaient versé à la Caisse de la boulangerie des capitaux
considérables. Grâce à ces avances, grâce aussi au concours du
public, qui, plus familiarisé avec cette institution , avait fini par
apporter son argent en échange des coupons de la Caisse , la
Caisse avait déjà pu rembourser à la ville de Paris la somme de
8 millions 656,399 fr. 73 c., montant de ses avances ; elle avait
pu aussi, avec les mêmes ressources, rembourser les autres som-

16

mes qui lui avaient été prêtées. En définitive, la somme des bons en circulation était au 31 juillet, y compris les intérêts, de 23 millions 598,518 fr. 47 c., avec échéances échelonnées jusqu'au 31 juillet 1855.

Tel était l'ensemble des opérations effectuées par cette nouvelle et utile institution pendant la crise que la France avait eu à traverser.

Le véritable remède à ces souffrances, qui reviennent avec une périodicité déplorable, était peut-être encore moins dans ces institutions de circonstance que dans une entière liberté des transactions, que dans les progrès de l'agriculture.

On a vu, dans le chapitre 1er, quelle pensée avait inspiré au gouvernement l'utile loi sur le drainage. Cette mesure fut complétée par des efforts administratifs dirigés vers le même but.

Ouverture au ministère de l'agriculture d'un crédit de 100,000 fr. ayant pour objet d'encourager les travaux de drainage; création d'un cours spécial de drainage dans chacune des écoles des ponts et chaussées et des mines; publication d'un manuel pratique, rédigé dans le but de fournir aux ingénieurs et aux cultivateurs eux-mêmes des notions précises sur l'application des meilleurs procédés d'assèchement; enfin, le concours gratuit des ingénieurs du service hydraulique et des agents placés sous leurs ordres, accordé aux propriétaires qui voudraient faire drainer leurs terres, telles sont les mesures intelligentes prises par l'administration pour généraliser une pratique qui a déjà produit, en Angleterre et en Belgique, des résultats immenses, et qui semble destinée à développer d'une manière inouïe le progrès de l'agriculture.

Il est impossible de ne pas voir sans un grand sentiment d'espérance pour l'avenir le perfectionnement du drainage, et aussi les premières applications de la vapeur aux travaux agricoles. Mais, il faut bien le dire, la constitution de la propriété, en France, oppose au développement de cette féconde méthode d'assainissement, et à l'application en grand d'une force nouvelle, des difficultés inconnues en Angleterre. Le drainage n'est guère facile que pour les grands propriétaires, assez riches pour le pratiquer sur une grande échelle, et avec le secours d'un ingénieur

labile. Les premiers frais de renouvellement du matériel très-primitif de la culture, les sacrifices nécessités par l'essai des machines à vapeur, seront peut-être aussi trop lourds pour les petits cultivateurs, qui sont en majorité énorme sur le sol de la France.

Un progrès général et qui n'exige au moins que des soins et l'esprit de suite, s'accomplit dans l'élève de toutes nos races de bétail, et se manifeste plus énergiquement chaque année par la perfection des animaux reproducteurs privés. La méthode des assolements alternes pour la culture des plantes fourragères, la pratique intelligente de l'engraissement, l'usage de la stabulation, s'étendent de plus en plus.

Enfin, demain peut-être, la grande propriété, seule capable de tenter des expériences et de ne pas compter avec les sacrifices, inaugurera cette révolution féconde, qui consistera à appliquer aux travaux agricoles la force qui a révolutionné déjà le commerce et l'industrie.

En un mot, l'agriculture devient intelligente et honorée. Il était temps, on peut le dire.

Diverses circonstances ont amené, en effet, dans la plupart des États de l'Europe, une agglomération trop considérable de travailleurs dans les cités manufacturières et dans les grands centres de population. Les campagnes ont vu leurs ouvriers détournés de leurs travaux par la construction et l'exploitation simultanée des grandes lignes de chemins de fer, des usines qui les desservent; les générations modernes ont été abâtardies et démoralisées par cette application factice de l'activité humaine, et cela au moment même où, par suite de la diffusion des lumières, un trop grand nombre d'intelligences étaient entraînées vers les professions libérales, bientôt encombrées. Le temps paraît être arrivé où les grands travaux mécaniques que réclame la société moderne une fois accomplis, la plus grande part de l'activité humaine doit être rendue à la terre, qui enrichit à la fois et moralise ceux qui la fécondent.

Les épreuves qui ont été réservées à la France auront eu au moins cet excellent résultat d'appeler l'attention publique sur l'agriculture, jusqu'à présent laissée un peu trop dans l'ombre. On a compris enfin que l'agriculture n'est pas autre chose que la première des industries, et qu'il serait au moins juste de la placer au niveau de toutes les autres.

Finances. — *Revenu public.* — Bien que la France eût été affectée dans les deux sources principales de sa production, les céréales et le vin; bien qu'elle eût eu à supporter les calamités du choléra, les charges de la guerre, elle avait traversé plus facilement qu'on n'eût osé l'espérer les rudes épreuves auxquelles elle avait été soumise.

On en aura la preuve dans les chiffres des deux revenus, direct et indirect.

La rentrée des impôts s'était déjà faite, en 1853, avec une facilité remarquable. Un progrès nouveau s'accomplit en 1854. Au 31 décembre, il y avait une avance volontaire montant à 16 millions. Le montant des frais de poursuite, très-faible pour l'exercice 1853, avait encore diminué en 1854.

Quant aux revenus indirects, étudions-en rapidement les chiffres par groupes de mois.

Comparé au trimestre correspondant de l'année précédente, le premier trimestre de cette année se résolvait en une diminution de recettes de 3 millions et demi, résultant d'une diminution de 10 millions 612,000 fr. et d'une augmentation de 7 millions 177,000 fr.

Les chapitres qui avaient fourni des excédants étaient les suivants : le timbre, qui figurait dans la colonne des augmentations pour 724,000 fr.; les céréales, pour 579,000 fr.; les sucres des colonies, pour 1 million 512,000 fr.; les sucres étrangers, pour 1 million 255,000 fr.; les tabacs, pour 1 million 713,000 fr.; les poudres, pour 507,000 fr.; la taxe des lettres, pour 745,000 fr.; les sels hors du rayon des douanes, pour 91,000 fr.; le droit de 2 pour 100 sur les envois d'argent, pour 53,000 fr. On voit que les sucres, tant des colonies qu'étrangers, entraient dans l'ensemble des augmentations pour près de 2 millions 800,000 fr. On va voir que les sucreries indigènes accusaient une diminution de 901,000 fr. En résumé, parmi ces chapitres, il en était deux dont les résultats étaient satisfaisants : la taxe des lettres, mais principalement la vente des tabacs qui avait fourni un accroissement de recettes de plus de 1 million 700,000 fr.

Voici maintenant les chiffres qui accusaient des diminutions : les droits d'enregistrement, 3 millions 384,000 fr.; les droits de douane à l'importation, 2 millions 561,000 fr.; les droits de douane à l'exportation, 222,000 fr; les droits de navigation 44,000 fr.; les sels, dans le rayon des douanes, 385,000 fr.; les boissons, 2 millions 476,000 fr.; les sucres indigènes, 901,000 fr., etc. Le chapitre le plus considérable était celui des droits d'enregistrement; mais il convient de rappeler que le premier trimestre de l'année 1853 avait profité des droits d'enregistrement provenant de la vente extraordinaire des forêts, qui eut lieu à la fin de 1852, ce qui produisit un accroissement de recettes tout à fait anormal. La diminution qu'on remarquait en 1854 était donc parfaitement prévue. Un résultat regrettable était celui qu'offrait le chapitre des droits sur les boissons, non pas tant à cause de la perte que subissait le trésor, mais parce qu'il montrait combien la mauvaise récolte de la vigne avait imposé de privations aux consommateurs.

Les résultats du trimestre se répartissaient entre les mois qui le composent de la manière suivante : mois de janvier, augmentation, 1 million 852,000 fr.; diminution, 6 millions 988,000 fr.; différence en moins, 5 millions 134,000 fr. Mois de février, augmentation, 3 millions 681,000 fr.; diminution, 1 million 735,000 fr.; différence en plus, 1 million 946,000 fr. Mois de mars, augmentation, 2 millions 789,000 fr.; diminution, 3 millions 36,000 fr.; différence en moins, 247,000 fr.

Si, maintenant, nous groupons ensemble les six premiers mois de l'année, l'état des revenus pendant cette période accuse une diminution de 6 millions 900,000 fr. par rapport à l'exercice correspondant de l'année précédente; cette diminution résulte d'une diminution de 21 millions 800,000 fr., compensée jusqu'à due concurrence, par une augmentation de 14 millions 900,000 fr.

Les chapitres qui ont fourni des augmentations sont les suivants : le droit de timbre, 980,000 fr.; les céréales, 968,000 fr.; le sucre des colonies, 1 million 900,000 fr.; le sucre étranger, 4 millions 300,000 fr.; les tabacs, 3 millions 750,000 fr.; la taxe des lettres, 1 million 680,000 fr.; la vente des poudres, 944,000 fr., etc.

Voici les chapitres qui accusent des diminutions : l'enregistrement, 6,800,0000 fr.; les douanes (marchandises diverses), 4,800,000 fr.; les droits de douane à l'exportation, 430,000 fr.; les boissons, 4,300,000 fr.; les sels dans le rayon des douanes, 1,600,000 fr.; les sucres indigènes, 2,200,000 fr.

La diminution de 6,900,000 fr. se partage également entre les deux premiers trimestres; mais il est à remarquer que le mois de mai fait ressortir une augmentation de 4 million 400,000 fr., et que le mois de juin ne présente qu'une diminution insignifiante de 83,000 fr.

L'état des perceptions des impôts et revenus indirects pendant le dernier trimestre de l'exercice présentait une augmentation de 7 millions 747,000 fr. sur la période correspondante de 1853, et une augmentation de près de 11 millions sur celle de 1852. Mais cette augmentation se répartissait très-inégalement entre les mois qui composent cette période ; nous bornons la comparaison à 1854 et 1853. Le mois d'octobre y figurait pour 4 million 324,000 fr. ; le mois de novembre pour 1 million 965,000 fr.; le mois de décembre, pour 4 millions 458,000 fr. Voici l'explication de cette différence : le mois de décembre 1853 avait été le plus mauvais mois de l'exercice ; tous les autres mois avaient donné des excédants sur les mois correspondants de 1852 ; le mois de novembre commença à se ressentir de l'influence que les affaires d'Orient devaient avoir sur les transactions et les consommations, il se solda toutefois par un léger excédant ; mais les recettes du mois de décembre baissèrent subitement et donnèrent 3 millions 379,000 fr. de moins que celles du mois de décembre 1853. Toutefois l'augmentation soutenue des trois derniers mois de l'année était un résultat très-remarquable qui méritait d'être accueilli avec satisfaction.

Les trois premiers trimestres de l'exercice 1854 accusaient une diminution de 7 millions 291,000 fr., le dernier fit entièrement disparaître cette diminution, et cette année 1854, qui semblait devoir produire moins que l'année antérieure, avait, en somme, produit tout autant et même un peu plus. Celle-ci avait donné 846 millions 800,000 fr. ; les recettes constatées de 1854 s'élèveraient à 847 millions 260,000 fr. On évaluait à près de 5 millions les restes à recouvrer. Si cette évaluation se réalisait, les prévisions du budget de 1854, qui avaient été fixées à 351 millions 256,000 fr., se trouveraient dépassées. Ce résultat était d'autant plus remarquable que les deux précédents exercices (1852 et 1853) avaient déjà donné environ 100 millions d'excédant sur l'exercice 1851. On voit que la guerre n'avait pas encore tari en France les ressources de la prospérité et du travail.

Le fait saillant qui ressort de la situation générale des finances de la France, c'est la progression constante des revenus indirects. L'expérience acquise montre que le produit des contributions indirectes s'accroît en moyenne de 18 à 20 millions par année. Sans doute, si aucune grande perturbation politique ou sociale ne vient arrêter ce développement normal, la progression ne fera que s'accélérer avec l'extension de la richesse publique. Ainsi, les années 1852 et 1853 ont réalisé, à elles seules, un progrès égal à celui de cinq années du gouvernement précédent, et l'année 1854 elle-même, malgré tant de circonstances contraires, n'a pas subi de mouvement rétrograde.

Étudions maintenant le mouvement de la fortune publique dans les oscillations diverses du plus important des établissements de crédit, de la Banque de France. C'est mois par mois que nous en suivrons les situations diverses.

Banque de France. — Aux premiers jours de l'année, l'encaisse métallique a encore diminué. Au 9 février, par exemple, la diminution était d'environ 16 millions. Malgré les restrictions que la Banque mettait depuis quelques semaines à l'admission des effets qui réclamaient le bénéfice de l'escompte, le portefeuille avait augmenté d'environ 8 millions. La Banque, résolue à réduire le montant de ses avances sur dépôt de rentes et d'actions de chemins de fer, avait informé ses clients de sa résolution en les invitant à s'y conformer; la diminution avait été, au commencement de février, de 16 millions. Ainsi, la banque s'était trouvée dans le cas de réduire, dans ce moment de gêne pour tout le monde, l'ensemble des secours qu'elle accorde au public. Il est vrai qu'elle était venue en aide au Trésor. La circulation des billets présentait une diminution de 19 millions et demi. Les comptes courants des particuliers avaient

augmenté de 9 millions à Paris , sans variations dans les succursales. Les effets non payés à la seule échéance du 8 février se
montaient à 721,579 fr. Depuis longtemps l'on n'avait pas vu ce
chapitre s'élever à un pareil chiffre. En résumé , la réserve métallique ne cessait de décroître; elle se composait de 480 millions au mois d'août 1853 : elle était, au commencement de 1854,
descendue à 280 millions. La Banque opposait à cet affaiblissement des restrictions gênantes pour le commerce , mais devenues nécessaires ; elle retirait peu à peu aux spéculateurs et au
public l'assistance des avances sur rentes et sur titres industriels,
assistance qui avait servi si bien, en 1852 , la hausse des fonds
publics. Enfin la Banque avait des engagements exigibles à vue pour
une somme de 859 millions, savoir : billets en circulation, 625
millions et demi ; billets à ordre ou récépissés payables à vue, 17
millions 250,000 fr.; compte courant du Trésor , 56 millions;
comptes courants des particuliers, 162 millions. Il convient d'a-
jouter à cette somme 30 millions restant à payer en vertu d'engagements contractés par la Banque envers le Trésor. Le montant des engagements exigibles était donc en réalité de 889
millions contre une réserve métallique de 280 millions.

Au commencement de janvier, le compte courant du Trésor
était de 48 millions et demi. A la date du 26 janvier, l'encaisse
du Trésor, qui se compose en grande partie, sinon uniquement,
du compte courant à la Banque, était brusquement descendu à
34 millions. Les états des revenus à cette époque accusaient une
diminution de 3 millions et demi pour le seul mois de décembre,
et annonçaient une réduction au moins égale pour le mois de janvier : elle avait été plus considérable. L'ensemble de ces circonstances, et l'approche du semestre du Quatre et demi qui exigerait une somme d'environ 80 millions avaient rendu manifeste
pour tout le monde la nécessité pour le gouvernement d'avoir recours à des voies et moyens extraordinaires. On songea dès lors
à négocier un emprunt de 200 millions ; mais ce projet fut renvoyé à un autre temps. Dans cette situation, le ministre s'adressa
à la Banque, qui s'engagea à prêter 60 millions contre dépôt de
bons du Trésor de pareille valeur. Le prêt, à la fin de janvier,
était déjà réalisé par moitié : le trésor avait délivré à la Banque

un bon de 30 millions, et la Banque versa pareille somme à son compte courant, qui se trouva, après cette addition, de 56 millions, bien qu'il fût encore au chiffre de 37 millions le 26 janvier. Il résultait de cette opération que la dette de l'État envers la Banque, qui était, par suite du traité de 1848, de 70 millions, se montait alors à 100 millions, et atteindrait bientôt 130 millions.

Quelle était la situation au moment de cet arrangement ? On se rappelle que le budget de 1854 avait été réglé à peu près en équilibre; mais « des besoins imprévus se sont déjà fait sentir, » disait le ministre des finances dans son rapport du 26 janvier. A côté des besoins imprévus il faut placer les déficits dans les recettes qu'il était aisé de prévoir. Les revenus indirects étaient évalués, au budget de 1854, à 851 millions. En 1853, ils avaient donné 852 millions. Or les derniers résultats connus ne permettaient guère d'espérer que les prévisions pour 1854 se réalisassent d'une manière absolue.

Reportons-nous maintenant à deux mois de là. Au commencement d'avril, l'encaisse métallique a augmenté de 44 millions à Paris et de 33 millions dans les succursales. Le portefeuille a augmenté de près de 5 millions à Paris et diminué d'autant dans les succursales. Les avances sur effets publics ont diminué de près de 3 millions et demi ; les avances sur actions et obligations de chemins de fer ont diminué de 8 millions. La circulation des billets a diminué de 3 millions et demi. Le compte courant du Trésor a augmenté de 17 millions. Les comptes courants des particuliers ont augmenté de 40 millions à Paris, et de 4 millions dans les succursales. Le chiffre des avances faites par la Banque sur bons du Trésor n'a ni augmenté ni diminué, et reste à 30 millions.

La situation est donc à ce moment satisfaisante, et l'on peut même remarquer comme un rassurant symptôme de l'état de la place que les sinistres du mois précédent, dont on s'était d'abord vivement ému dans la banque et dans le commerce, n'avaient pas eu les conséquences fâcheuses que l'on pouvait craindre.

Au 9 mai, les résultats sont plus intéressants encore. L'encaisse, dont la diminution incessante du mois d'août jusqu'au mois de mars avait paru si grave, présente un accroissement de

é de 9 millions à Pa...
es effets non pay...
ent à 721,579
re s'élever à
e ne cessai
au mois d
ndue à
nt de
es n
lic
is'

... qui s'était ... contraire ac-
... fois commencé à décroître de
..., a encore diminué de 46 mil-
... publics et sur titres industriels ont
... La circulation des billets a dimi-
... compte courant de Trésor a diminué
... reste à 74 millions 500,000 fr. Le chif-
... de 6 millions, mais il reste au chiffre
... millions.

... restrictives auxquelles la Banque avait eu
... produit l'effet inévitable qu'on devait en atten-
... excessive de l'encaisse et l'élévation rapide
... ande à la Banque sous forme d'escompte comme
... finances avaient mis la Banque dans l'obligation
... tation de son numéraire, ce qui ne peut se faire
... ait les secours accordés au public, en d'autres ter-
... le taux de l'escompte. La situation avait changé :
... revenu ; la Banque diminuait le taux de l'escompte.
... vier, elle élevait le taux de l'intérêt de 3 à 4 pour 100 ;
..., à ce moment, était de 295 millions ; il était remonté
... à 410 millions.

... Banque d'Angleterre élevait l'escompte de 1/2 pour 100,
... que la Banque de France l'abaissait de 5 à 4 pour 100.
... économiste distingué, M. Broët, explique par les chiffres
... ces deux résolutions différentes :

La Banque d'Angleterre avait en caisse, le . . . . 12,915,000 l.t.
... avril.
Mais d'après le bill de 1844, cette Banque
peut émettre de billets que jusqu'à concur-
... du montant de son capital augmenté de
... encaisse.
... 18 mars 1854, il ne lui restait de dispo-
..., en accroissement possible de sa circula- . . . . 8,038,000 l.t.
que. 4,668,000
29 avril, ce chiffre était descendu à . . .

◦ de France avait en caisse, le

· · · · · · · · · · · · · · · 313,000,000 fr.

· · · · · · · · · · · · · · 384,000,000

.1 mai. · · · · · · · · · · · · · 499,000,000

. disponibilité de la Banque d'Angleterre, indépendamment de son encaisse, s'était donc abaissée, en six semaines, de 3 millions 370,000 liv. sterl., soit de. · · · · · · · · · · 84,200,000

Dans le même espace de temps, l'encaisse de la Banque de France s'était élevé de. · · · · 71,000,000

Au commencement de mai, l'encaisse, comparé au passif exigible, représentait pour la banque de France une proportion de 47 pour 100. Le 29 avril précédent, cette proportion ne représentait à la Banque d'Angleterre que 35 pour 100. Les mesures contraires prises par les deux établissements s'expliquaient donc par la différence de leur situation.

Trois mois après, au 9 août, l'encaisse métallique a augmenté de 19 millions et demi à Paris, et de 3 millions dans les succursales. Le portefeuille a diminué de 4 millions un quart à Paris, et de 9 millions et demi dans les succursales. Les divers chapitres relatifs aux avances n'offrent pas de changements sensibles. La circulation des billets a augmenté de 2 millions à Paris et de 7 millions dans les succursales. Le compte courant du Trésor a diminué de 5 millions et demi. Les comptes courants des particuliers ont augmenté de 3 millions à Paris, et de 2 millions et demi dans les succursales.

Un mois s'écoule et, le 14 septembre, l'encaisse métallique a augmenté de 32 millions à Paris et diminué de 8 millions et demi dans les succursales. L'ensemble de l'encaisse atteint près de 500 millions. Qu'on se reporte au mois de février, il était de 280 millions et demi. Il a donc augmenté de près de 220 millions depuis cette époque. Le portefeuille a diminué de 7 millions et demi à Paris et de 11 millions un quart dans les succursales. L'ensemble des portefeuilles s'élève à près de 242 millions. Au mois de février précédent, il était de près de 411 millions. Il a donc diminué d'environ 169 millions depuis cette

époque. Le chiffre des avances ne présente pas de variations
sensibles. Le total des avances était, un mois auparavant, d'environ 78 millions et demi, il est de 79 millions et demi. Au mois
de février, il était de 119 millions. La circulation des billets a
peu varié. La masse de cette circulation s'élève à 606 millions et
demi. Le compte courant du Trésor a augmenté de près de
8 millions, et s'élève à 70 millions. Les comptes courants des
particuliers n'offrent pas de changement.

Mais arrive novembre : la situation est moins satisfaisante ;
l'encaisse métallique a diminué de près de 40 millions, somme
énorme pour un seul mois. Le portefeuille a augmenté de 14 millions et demi. Les avances sur effets publics ou sur titres industriels, tant à Paris que dans les succursales, ont augmenté de
2 millions et demi. La circulation des billets présente aussi une
légère augmentation : 4 millions environ. Les comptes courants
des particuliers n'offrent pas de variations intéressantes. Le
compte courant du Trésor a augmenté de 8 millions, mais le
Trésor qui avait retiré de la Banque les bons que la Banque lui
avait escomptés avant le dernier emprunt, a de nouveau négocié
à la Banque 30 millions, que la Banque lui a escomptés.

La progression décroissante de l'encaisse persiste avec le mois
de décembre. Au 14 de ce mois, il présente une diminution
nouvelle de 40 millions à Paris, de 2 millions et demi dans les
succursales. C'est plus de 80 millions en deux mois. En septembre, il touchait presque à 500 millions ; en décembre, il
n'est plus que de 395 millions. Le portefeuille avait augmenté
de 14 millions et demi d'octobre à novembre ; il a augmenté encore de près de 32 millions, et il dépasse 300 millions. Il y a,
dans ce dernier compte rendu de l'année, quelques augmentations sur les avances faites par la Banque sur dépôt de titres :
3 millions sur rentes, 2 millions et demi sur actions et obligations de chemins de fer. Le chiffre des avances est de 94 millions. Au mois de septembre, il était de 79 millions. La circulation des billets a peu varié ; il y a toutefois 6 millions et demi de
diminution par rapport au mois précédent, et 22 millions d'augmentation par rapport au mois de septembre. La masse des billets de la Banque en circulation dépasse 628 millions. Les

comptes courants des particuliers ont diminué de 10 millions à Paris et augmenté de 3 millions dans les succursales. Le compte courant du Trésor a augmenté de 9 millions et s'élève à 67 millions.

En somme, ces résultats présentaient-ils quelque chose d'inquiétant? Non, sans doute. La diminution de l'encaisse était forte il est vrai ; mais, dans ces limites, il n'y avait là rien qui sortît des habitudes de la vie commerciale et des variations ordinaires du mouvement financier. Si quelque chose pouvait éveiller l'attention sur cet appauvrissement, c'est qu'il était commun à la plupart des places de l'Europe. Les réserves de la Banque d'Angleterre s'épuisaient également avec rapidité.

L'élasticité des mouvements financiers en France n'est-elle pas prouvée par ce seul fait qu'après l'emprunt du mois de mars, en quinze jours, 77 millions étaient rentrés dans les caisses de la Banque.

L'élévation insolite du chiffre du portefeuille a aussi sa gravité. En février, il dépassait 410 millions, mais il avait commencé à décroître.

Ce chiffre même de plus de 400 millions n'établissait pas une disproportion par trop inquiétante entre le numéraire de la Banque et ses engagements exigibles.

Ainsi, les principales sources de la richesse publique avaient donné, en 1854, des produits sensiblement égaux à ceux de 1853, et le premier établissement de crédit du pays avait vu diminuer d'une manière assez sensible ses opérations. Après tout, il n'y avait pas eu de crise, mais seulement un ralentissement dans la marche de la fortune générale.

Budget. — Le budget, tel qu'il fut présenté au Corps législatif dans la séance du 13 mars, ne porta pas de traces notables d'une situation difficile.

L'exposé des motifs montrait un budget établi dans l'hypothèse du rétablissement de la paix, et l'évaluation des recettes indirectes y dépassait de 38 millions les produits de 1853. Le budget des dépenses présentait un accroissement à peu près correspondant.

D'après le projet de loi primitif, les recettes de l'exercice étaient évaluées à . . . .   1,559,914,440 fr.

Les dépenses à   1,553,922,375

D'où il resultait un excédant de recettes

de . . . .   5,992,065 fr.

Depuis lors, il avait été fait au projet de loi divers changements qui faisaient ressortir le budget ainsi qu'il suit :

Les recettes s'élevaient à . . . .   1,566,012,213 fr.

Les dépenses à   1,562,030,308

Ce qui laissait un excédant de . . . . .   3,981,905 fr.

Pour parer aux besoins exceptionnels, la commission proposa d'accorder au gouvernement l'autorisation d'émettre dans le courant de 1855 pour 250 millions de bons du Trésor.

Voici les chiffres du budget définitif :

DÉPENSES.
Service ordinaire.

Dette publique.	418,370,542
Dotations et dépenses du pouvoir législatif.	37,783,114
Ministère d'État.	6,596,400
— de justice.	27,463,380
— des affaires étrangères.	9,621,600
— des finances.	19,401,751
— de l'intérieur.	130,891,220
— de la guerre	315,897,782
— de la marine.	124,602,40
— de l'instruction publique.	21,208,786
— des cultes.	44,410,936
— de l'agriculture, du commerce et des travaux publics.	76,509,242
Frais de régie, de perception et d'exploitation des impôts et revenus.	158,712,217
Remboursements et restitutions, non-valeurs, primes et escomptes.	92,505,018
Total du service ordinaire.	1,483,634,300

Travaux extraordinaires.

Ministère d'État.	5,550,000
— de la marine.	3,000,000
— de l'agriculture, du commerce et des travaux publics.	69,825,999
Total des travaux extraordinaires. . .	78,375,999

RECETTES.

Service ordinaire.

Contributions directes..	421,220,048
Enregistrement, timbre et domaines..	310,427,407
Produits des forêts et de la pêche.	26,510,500
Douanes et sels..	182,594,000
Contributions indirectes..	359,788,000
Produits des postes..	56,349,000
Taxe annuelle sur les biens de mainmorte..	3,100,000
Produits universitaires. — Droits divers..	1,810,156
Produits éventuels affectés au service départemental.	18,300,000
Produits et revenus de l'Algérie.	15,575,009
Produit de la rente de l'Inde	1,050,000
Recettes des colonies..	4,262,445
Retenues et autres produits affectés au service des pensions civiles	10,962,560
Produits divers du budget..	27,005,000
Total des voies et moyens ordinaires..	**1,528,110,288**

Ressources extraordinaires.

Remboursements sur les prêts aux Compagnies de chemins de fer.	200,000
Versements de la Compagnie du chemin de fer du Centre..	5,232,333
Versements de la Compagnie du chemin de fer de Lyon à la Méditerranée..	3,233,334
Produits des obligations de la Compagnie du chemin de fer du Nord.	2,000,000
Produits des obligations de la Compagnie du chemin de fer de Paris à Lyon.	25,419,167
Produits des obligations de la Compagnie du chemin de fer de Paris à Strasbourg..	1,060,393
Produits des obligations de la Compagnie du chemin de fer de Paris à Cherbourg	555,698
Total des ressources extraordinaires.	**37,901,925**

Services spéciaux rattachés pour ordre au budget.

RECETTES ET DÉPENSES.

Légion d'honneur..	9,022,850
Imprimerie impériale..	3,298,500
Chancelleries consulaires..	500,000
Service de la fabrication des monnaies et médailles..	2,218,200
Caisse des invalides de la marine..	9,986,000
Total.	**25,025,350**

Ministère des finances. 23,000
— de l'intérieur. . . . . . . , ... 97,976,820
— de l'instruction publique. 5,767,000

Total. . . . : 103,766,820

Service colonial.

RECETTES ET DÉPENSES.

Service colonial. . . . : 21,631,280

Emprunts. — Mais, en dehors du budget normal, il fallut, par deux fois, recourir à l'emprunt.

En présence de l'élasticité singulière et des excellentes dispositions de la matière imposable, démontrées par la facilité avec laquelle rentraient les impôts, il eût été bien permis, pour faire face à des besoins extraordinaires, de demander à l'impôt des produits extraordinaires. C'est ainsi qu'on procède en Angleterre, et il y a peut-être sagesse à tout demander à l'impôt, rien à l'emprunt.

Quoi qu'il en soit, on décida l'émission d'un premier emprunt de 250 millions.

Le gouvernement n'avait pas voulu, disait le rapport de M, Bineau (11 mars), que les impôts fussent augmentés, c'est au crédit qu'il avait voulu demander les ressources extraordinaires dont la France avait besoin.

Pour la négociation de cet emprunt, aucune condition n'était fixée par la loi, liberté entière était laissée au gouvernement. M. le ministre des finances proposa d'y procéder par souscription publique.

De grands capitalistes, disait-il, de puissantes associations financières se sont présentés pour traiter de l'emprunt, soit directement, soit par adjudication. On n'avait qu'à choisir entre ces offres, mais on n'a voulu en accepter aucune ; on a préféré s'adresser au public directement et sans intermédiaires ; on a voulu réserver au public tout-entier le bénéfice que les capitalistes auraient réalisé sur la négociation de l'emprunt.

Jusqu'ici l'intervention de ces puissants intermédiaires avait paru indispensable , et tous les gouvernements précédents y avaient eu recours. Alors la rente était presque exclusivement concentrée à Paris et dans le portefeuille d'un petit nombre de capitalistes : aujourd'hui, elle s'était répandue dans les départements et elle avait pénétré jusque dans les fortunes les plus modestes.

Et ici, M. Bineau donnait, sur les développements de la rente, des chiffres significatifs.

En 1847, il n'y avait encore que 207,000 rentiers , dont les trois quarts à Paris. En 1854 , il y en avait 664,000, dont plus de la moitié dans les départements, et parmi eux il en était 94,000 dont la rente ne dépassait pas 20 francs.

Cette extrême diffusion de la rente, la connaissance que tout le monde avait acquise des avantages de cette valeur, aussi sûre que la terre, et qui, de plus, offre un intérêt élevé, invariable, et payé à jour fixe ; la faveur toujours croissante dont la rente jouissait dans les départements (1); tout concourait aujourd'hui pour permettre au trésor de s'adresser directement au public.

Il y avait, d'ailleurs, aujourd'hui, une circonstance particulière qui rendait éminemment opportune cette manière de contracter l'emprunt. Diverses causes avaient concouru depuis quelque temps à déprécier momentanément les rentes françaises. La cherté des subsistances avait ralenti l'essor de la fortune publique, les difficultés de la question d'Orient avaient fait naître quelques inquiétudes, peut-être même la spéculation avait-elle contribué aussi à faire fléchir les cours dans la prévision des besoins du trésor, et dans l'attente des moyens qu'il emploierait pour y pourvoir.

Toutes ces circonstances amenaient l'État à émettre des rentes à un prix très-avantageux pour ceux qui les souscriraient. C'était une raison de plus et une raison puissante pour admettre à les

---

(1) En 1853, les départements ont employé plus de 100 millions en acquisitions de rentes. La portion de ces acquisitions qui s'est faite par l'intermédiaire des receveurs généraux s'est élevée à elle seule à 85 millions, déduction faite des ventes.

souscrire le public tout entier. Si le trésor avait un sacrifice à faire, il le ferait sans regret, puisque ce serait au profit de tous.

Venaient les détails d'exécution de cette mesure. Dans quel fonds serait contracté l'emprunt? Si l'emprunt eût été fait par l'intermédiaire des capitalistes, il eût fallu sans doute choisir exclusivement le 3 p. 0/0.

Mais la préférence marquée des départements pour le taux de 4 1/2 avait conduit M. le ministre des finances à laisser le choix des deux taux aux souscripteurs. Le prix d'émission des rentes 3 p. 0/0 fut fixé à 65 fr. 25 c., et celui des rentes 4 1/2 p. 0/0 à 92 fr. 50 c.

« Rien de pareil n'a été tenté jusqu'ici, disait, en terminant le rapport, M. Bineau. Ce n'est pas, comme à d'autres époques, un sacrifice que l'État demande aux souscripteurs, c'est un avantage qu'il leur propose. La crise des subsistances, qui a si fortement déprécié toutes les valeurs publiques, touche à son terme; le numéraire cesse d'être exporté pour les acquisitions de céréales, et il revient à la Banque; les revenus publics, que la cherté du pain avait fait fléchir pendant les mois de décembre et de janvier, ont repris en février leur marche ascensionnelle (1), et tout permet d'espérer pour la rente des cours supérieurs à ceux auxquels elle est exceptionnellement descendue. Aussi le succès est-il assuré. »

Il fut grand, en effet. C'était à la France entière qu'on faisait appel; la France entière répondit. Chacun avait la faculté de prendre directement part à cet emprunt national; le plus modeste artisan, l'ouvrier même purent profiter de cette occasion pour placer avantageusement leurs épargnes sur le Grand-Livre de la dette publique.

Pour laisser à l'emprunt son caractère, le gouvernement impérial avait voulu que les petits souscripteurs fussent particulièrement favorisés. Les souscriptions qui ne dépasseraient pas 50 fr. de rente ne seraient point soumises à la réduction proportionnelle que devraient subir les demandes plus élevées, dans le cas

(1) Le produit des impôts et revenus indirects pendant le mois de février avait dépassé de 1,940,000 fr. le produit du mois correspondant de 1853.

probable où le total dépasserait la somme de 250 millions.

Le décret accordait tout le temps nécessaire pour que, des points les plus éloignés de la France, les souscriptions pussent arriver. Cette fois donc le pays entier pourrait participer aux avantages que l'ancien mode d'emprunt réservait presque exclusivement aux souscripteurs de Paris. « Quand les charges, disait le *Moniteur*, pèsent également sur tous les points du territoire, n'est-il pas juste que les avantages soient égaux pour tous? » D'un autre côté, il n'était pas sans importance que l'emprunt se divisât autant que possible. Plus les souscripteurs seraient nombreux, plus serait éclatante la sanction donnée à cette politique loyale et ferme que l'Empereur avait suivie au milieu de toutes les complications de la question d'Orient.

« Les industriels et les commerçants, les propriétaires et les agriculteurs, les classes laborieuses, tout le monde enfin comprendra que rien ne saurait mieux consolider le crédit, augmenter l'activité du travail et accroître la fortune publique que le succès de cet emprunt sur les plus larges bases. »

Toutes les facilités possibles furent données pour prendre part à l'opération. Des registres furent déposés dans tous les chefs-lieux de département et d'arrondissement, chez les receveurs généraux et particuliers.

Le placement de l'emprunt nouveau parut bien vite assuré : il y avait six ans que l'État n'avait eu recours au crédit ; la rente était définitivement classée ; les titres devenaient rares, et on les recherchait en proportion même de leur rareté ; on aimait d'ailleurs à s'imaginer que la guerre imminente ne durerait pas plus d'une campagne, et, qu'après un seul revers, la Russie s'empresserait de souscrire à des conditions de paix qu'on lui ferait honorables et faciles.

La première expérience de la souscription directe et publique réussit au delà des espérances conçues. 98,000 souscripteurs et 467 millions, tel fut le résultat de cet appel à la confiance publique.

Aussi, lorsque la guerre se prolongeant, il fallut faire une fois de plus appel aux souscripteurs (28 décembre), on n'hésita pas à employer, pour un emprunt de 500 millions, le même mode, qui produirait sans doute des résultats plus remarquables encore.

Les Chambres s'étaient, cette fois comme la première, associées avec empressement à cette manifestation nationale.

En présentant à Sa Majesté le projet voté à l'unanimité, M. de Morny dit au nom du Corps législatif :

« Le Corps législatif tout entier a voulu se joindre à son bureau afin de donner à la France et à l'Europe un témoignage éclatant de son dévouement à votre personne et du concours sans réserve qu'il est décidé à vous apporter.

» Il a désiré aussi que son président déposât entre vos mains l'expression de ses sentiments pour l'armée et la flotte anglaises et ses illustres chefs, ainsi que l'expression de sa sollicitude et de son admiration pour nos vaillantes armées de terre et de mer. »

L'Empereur répondit en ces termes :

« Le Corps législatif m'a déjà donné tant de preuves de son patriotisme, que je ne puis m'étonner de l'empressement avec lequel il a voté la loi qui doit m'assurer les moyens de poursuivre la guerre avec vigueur.

» Je vous remercie des sentiments que vous venez de m'exprimer par l'organe de votre président. Je chargerai mon ministre des affaires étrangères de transmettre au gouvernement de la Reine d'Angleterre les témoignages de sympathie et de reconnaissance du Corps législatif pour l'armée et la flotte anglaises ainsi que pour ses dignes chefs.

» La France, avec le loyal et énergique concours de ses alliés, peut attendre sans inquiétude l'issue de la guerre dans laquelle elle est engagée, et, appuyée sur ses vaillantes armées de terre et de mer, elle saura maintenir le rang qui lui est dû en Europe. »

Établissements de crédit. — Crédit foncier. — Nous avons dit, dans le précédent *Annuaire* (*Voyez* p. 398), comment la Banque foncière de Paris, limitée dès l'abord au ressort de la Cour impériale de Paris, s'était transformée en Crédit foncier de France. Le

premier rapport sur la situation de l'établissement nouveau
(25 avril 1854), rendit compte des difficultés qu'avait rencontrées
l'entreprise et des résultats qu'elle avait obtenus.

Les difficultés avaient été de deux sortes. Les unes tenaient à
la nature même des choses, et aux obstacles qui surgissent devant
toute institution qui commence. Les autres avaient été tout imprévues et tenaient à la crise financière. Malgré tout, le Crédit
foncier avait pu réaliser d'importantes ressources et rendre des
services incontestables : les préventions se dissipaient, l'excellence du mécanisme de l'amortissement appliqué aux dettes privées pénétrait dans les convictions, et le rapport faisait espérer
que bientôt le Crédit foncier pourrait accomplir sa mission, en
procédant sur une large échelle à la conversion de la dette hypothécaire de la France.

Les placements hypothécaires montent à 500 millions par an.
Dans le cours de sa première année d'existence active, le Crédit
foncier avait élevé ses opérations presque au dixième de cette
somme.

Les prêts autorisés montaient jusqu'alors au nombre de onze
cent trente-quatre. Ils s'élevaient à 56,239,000 fr. et atteignaient
près de 60 millions, en y comprenant le crédit de 3 millions ouvert aux sociétés de Nevers et de Marseille.

Sur ce total, trois cent quatre demandes d'emprunt, autorisées par la Compagnie, pour une somme de 7,279,500 fr.,
avaient été retirées ou annulées, faute de justifications suffisantes.

La situation présente de la nouvelle institution de crédit paraissait donc assez rassurante à M. de Persigny, pour lui inspirer, dans son rapport d'ensemble sur l'administration du ministère de l'intérieur, ce tableau plein d'espérances :

« A mesure que l'organisation du Crédit foncier sera mieux
comprise, et que les avantages qu'il procure seront mis en lumière par de plus nombreux exemples, il entrera davantage dans
les mœurs et portera des fruits plus abondants. Diminuer les
charges qui pèsent sur la production agricole, préparer l'extinction de la dette hypothécaire, mettre à la portée des cultivateurs
les capitaux nécessaires pour profiter des progrès de la science,

enfin, raffermir sur sa base la propriété immobilière en lui re-
donnant l'indépendance et la sécurité, et changer en réalité une
possession qui n'est trop souvent qu'une apparence, telle est
l'œuvre réservée au Crédit foncier ; telle est l'œuvre qu'il ac-
complira, mais avec le temps, sans le secours duquel rien de
grand, rien de fécond ne se fonde et n'arrive à maturité. »

Une des conditions les plus indispensables du succès de l'institution serait la confection de la loi, si impatiemment attendue,
sur la *transcription* des actes de vente et sur l'inscription de
l'*acte résolutoire*. Cette loi était encore soumise aux délibérations du Corps législatif. Elle mettrait un terme au triste état
d'irrégularité qui affecte la plupart des établissements de propriété dans les départements.

« C'est un fait à la fois important et triste à constater, disait
le rapport de M. Wolowski sur les opérations du Crédit foncier :
la majeure partie des immeubles situés dans les départements
sont dépourvus de titres conformes aux exigences de la loi ; à
leur égard, la propriété repose bien plus sur la tradition et sur
la confiance que sur le Code Napoléon. Or, si dans les transactions ordinaires, dans les prêts d'une durée limitée à quelques
années, on peut se contenter de la garantie que présentent des
renseignements individuels, il n'en est pas ainsi à l'égard d'une
institution qui prête pour un demi-siècle. Elle ne saurait, sans
un grave péril, se départir des règles du droit ; elle prête au sol,
et non à celui qui le détient temporairement ; elle ne saurait
fonctionner comme institution de crédit *personnel*, alors que son
essence lui prescrit de se renfermer exactement dans les limites
du crédit *réel*.

» Là se rencontre l'obstacle le plus sérieux au développement
de l'institution, en dehors des localités où la constitution de la
propriété est plus régulière. »

L'organisation du Crédit foncier fut profondément modifiée,
cette année, par deux décrets. Le premier retira la surveillance
de cette institution au ministre de l'agriculture, du commerce
et des travaux publics, et la donna au ministre des finances. Le
second (6 juillet) en changea la direction générale et les conditions de prêt.

Par ces modifications, l'institution devenait une administration publique et la main de l'État s'y faisait sentir plus complétement. Le prêt devenait plus facile par la suppression du *maximum* du taux de l'annuité et par la possibilité des prêts hypothécaires à court terme.

Crédit mobilier. — Société commanditaire de l'industrie ; société financière ; banque de placement, de prêt et d'emprunt ; banque d'émission : tels sont les divers aspects de cette institution née du besoin d'amener sur le marché le concours régulier de capitaux nouveaux, de centraliser le mouvement financier et administratif des grandes Compagnies, enfin d'introduire dans la circulation un nouvel agent, une nouvelle monnaie fiduciaire qui portât avec elle son intérêt de chaque jour et qui fît fructifier les épargnes les plus humbles et les capitaux les plus considérables. Une telle institution, qui combat l'exagération des conditions du prêt sur fonds publics, et qui donne à l'industrie et au crédit une aide sérieuse, devait être accueillie avec la plus grande faveur.

Dès son origine, le Crédit mobilier avait pu prêter son concours au Crédit foncier : il avait souscrit à ses obligations dans une forte proportion. Parmi les souscriptions reçues lors du premier emprunt de 1854, celle du Crédit mobilier avait été la plus forte. Enfin, au 31 décembre 1853, les résultats du premier exercice se résumaient comme suit :

	fr.	c.
Les sommes reçues sur le capital, presque entièrement entiè, s'élevaient à	56,503,875	»
Le solde des comptes courants et des obligations émises à moins d'un an de date était de.	65,839,059	74
Les dividendes et semestres restant à payer s'élevaient à	941,356	87
Enfin le solde des bénéfices réalisés, déduction faite des à-compte payés sur le dividende, était de.	3,594,161	27
Total.	126,878,452	88

L'importance des chiffres des comptes courants aura frappé l'attention du lecteur : ces fonds sont versés au Crédit mobilier par les grandes Compagnies avec lesquelles il est en relations, et, aux termes des traités, ne peuvent être retirés que pour les besoins de leur service.

Le seul examen de l'actif du Crédit mobilier témoigne de la prudence de ses opérations.

Au 31 décembre 1853, les placements fixes s'élevaient à la somme de 37,259,649 fr. 13 c., savoir :

	fr.	c.
Sur rentes et actions de chemins de fer	15,562,483	59
Sur obligations	21,697,165	54
	37,259,649	13
Les placements à échéance déterminée s'élevaient à. .	37,834,769	32
Il avait été consacré, en prêts sur report, une somme de.	45,445,539	45
L'acquisition et l'appropriation de l'hôtel de la Société avait absorbé un capital dé.	1,233,163	33
Enfin le solde en caisse ou à la Banque s'élevait à. .	5,105,331	35
Total.	126,878,452	58

Comptoir d'escompte. — Le Comptoir national d'escompte est, de toutes nos institutions de crédit, celle qui rend aujourd'hui au commerce et à l'industrie de la capitale les services les plus considérables ; d'année en année, il développe ses opérations sur une vaste échelle, et il est impossible, en présence des résultats obtenus et des perfectionnements projetés, de prévoir les limites que pourra atteindre ce développement. Le capital social du Comptoir s'élevait, en 1852, à vingt millions de francs, dont un tiers était fourni par des actionnaires, un tiers par l'État, un tiers par la ville de Paris. Le 22 janvier 1853, une assemblée générale décida que la portion de capital fournie par les actionnaires serait portée à vingt millions de francs, ce qui ferait trente-trois millions. Avec cette garantie, le Comptoir avait fait, pendant l'exercice expiré le 30 juin 1853, plus d'un demi-milliard d'affaires.

Le Comptoir avait escompté, pendant l'année 1852-53, près de cinq cent mille effets à deux signatures sur Paris et les départements, représentant une somme de deux cent quatre-vingts millions de francs environ ; ce qui donnait par jour ouvrable une moyenne de près d'un million de francs. C'était cent douze millions de plus que pendant l'année précédente.

L'escompte des effets sur Paris à une seule signature et accompagnés de récépissés de marchandises déposées dans des magasins publics où elles servent de garantie, s'était élevé seulement à huit millions de francs, chiffre supérieur d'un sixième à celui de l'année antérieure, mais dont l'exiguïté s'expliquait par le rôle que remplissent les sous-comptoirs d'escompte.

Quant aux effets à deux signatures sur Paris seulement, le Comptoir, qui n'en avait escompté l'année précédente que pour soixante-quatre millions, en avait escompté, en 1852-53, pour cent quarante-neuf, et il ne s'arrêterait pas là.

Les recouvrements sur Paris, les départements et l'étranger, commençaient à prendre de plus vastes proportions ; la somme s'en était élevée de vingt-six à trente-quatre millions. Les escomptes sur l'étranger tendaient à prendre aussi des développements immenses ; leur chiffre, qui n'était que de dix millions de francs, s'était élevé, pendant le nouvel exercice, à près de trente-trois millions ; il serait plus du double l'année suivante.

Il y avait une leçon donnée à la Banque de France dans le chiffre des pertes subies par le Comptoir. Bien qu'il n'exigeât pas trois signatures comme la Banque, le Comptoir n'avait sur cinq cents millions d'affaires que soixante-dix mille francs d'effets en souffrance.

Enfin, malgré l'accroissement du capital, le Comptoir avait pu distribuer à ses actionnaires un dividende qui représentait un intérêt de six et un quart pour cent.

Législation financière. — Parmi les lois et décrets concernant les matières de finance, nous trouvons deux décrets et une loi; les premiers sur la fabrication des monnaies, la seconde sur la taxe des lettres.

Les deux décrets, aux dates des 15 juillet et 12 décembre, autorisaient la fabrication des pièces d'or de 100, de 50 et de 5 francs. Les pièces de 50 francs remplaceraient celles de 40. On pouvait douter que le commerce adoptât facilement les deux grandes coupures.

La loi sur la taxe des lettres porte la date du 20 mai. Elle fut votée sans opposition.

Un excellent rapport de M. Monier de la Sizeranne exposa le

but du projet. Il s'agissait d'encourager et de généraliser l'usage de l'affranchissement des lettres. Pour cela, on abaissait de 25 à 20 centimes la taxe des lettres simples affranchies pour toute la France; en même temps on élevait de 25 à 30 centimes la taxe des lettres non affranchies. Ainsi la prime accordée à la lettre affranchie serait égale à la moitié de la taxe qu'elle devrait payer. La taxe des lettres non affranchies avait paru trop élevée à la commission, qui aurait voulu la réduire à 25 centimes. Cependant les membres du Conseil d'État chargés de soutenir le projet de loi avaient représenté que la taxe de 30 c., outre qu'elle n'était pas obligatoire, puisque l'on pouvait toujours s'y soustraire au moyen de l'affranchissement préalable, était beaucoup plus modérée que celle qui avait été adoptée en Angleterre, où les lettres non affranchies étaient taxées au double des lettres affranchies. Enfin il y avait lieu de craindre qu'une simple différence de 5 centimes entre la taxe des lettres affranchies et celle des lettres non affranchies ne fût pas un stimulant assez énergique à l'affranchissement, condition essentielle au succès et à la pleine efficacité de la mesure. Toutes ces considérations, dont il est impossible de se dissimuler l'importance, avaient prévalu sur les scrupules de la commission, et la taxe de 30 centimes, pour les lettres non affranchies, avait été maintenue au projet.

Parmi les dispositions secondaires du projet, nous devons signaler celle en vertu de laquelle le port des imprimés de toute nature non affranchis devrait être payé par l'expéditeur au prix du tarif des lettres, lorsque pour une cause quelconque il n'aurait pas été acquitté au point de destination. Il faut également citer la disposition d'après laquelle les lettres chargées et les lettres recommandées ne formeraient plus qu'une seule catégorie, sous le titre de lettres chargées.

Quels résultats financiers était-il permis d'attendre de cette réforme? M. Monier de la Sizeranne les exposait ainsi :

Le produit général de la taxe des lettres, journaux et imprimés, s'était élevé en 1853 à 45 millions 879,034 fr. ; mais dans ce chiffre la correspondance sur laquelle devait agir le projet ne figurait que pour 36 millions 855,048 fr.

S'il ne se manifestait dans cette catégorie aucun changement autre que l'augmentation normale de 4 p. 0/0 sur le nombre des lettres, l'élévation de la taxe actuelle à 30 centimes pour le cas de non affranchissement, combinée avec la réduction à 20 centimes pour celui d'affranchissement préalable, porterait la recette à 42 millions 622,123 fr.

Mais ce résultat ne pouvait pas être obtenu, car il ne se réaliserait que dans l'hypothèse, heureusement inadmissible, où les avantages de la prime accordée à l'affranchissement préalable n'engageraient personne à en profiter, et laisseraient par conséquent subsister les proportions qui existaient aujourd'hui entre les lettres affranchies et celles qui ne l'étaient pas. Il s'y manifesterait donc une réduction proportionnée à l'accroissement probable du nombre des lettres affranchies, puisque ces dernières ne paieraient désormais que les quatre cinquièmes de ce qu'elles payaient en ce moment.

Toutefois cette réduction serait en grande partie compensée par l'augmentation que le nouvel abaissement de taxe provoquerait dans la correspondance générale, ainsi que cela est toujours arrivé; elle le serait également lorsque la France aurait suivi, ne fût-ce que de loin, sa devancière dans l'emploi si universel du timbre-poste, et que la simplification apportée dans les rouages du service permettrait aux frais d'administration de demeurer stationnaires, tandis que les éléments de produits continueraient leur marche progressive.

La commission n'ignorait pas que néanmoins, de ce côté-là, on ne pouvait espérer une réussite aussi complète que celle qu'avait obtenue l'Angleterre, où le doublement de la taxe est une véritable pénalité infligée à la lettre non affranchie; mais elle s'empressait de reconnaître que le gouvernement avait agi avec équité et prudence en maintenant le principe posé par la loi du 7 mai 1853, relative au régime postal de la ville de Paris, c'est-à-dire en fixant à la moitié du prix du timbre la prime offerte à l'affranchissement préalable. Cette prime agirait d'ailleurs sur la correspondance des départements d'une manière plus efficace. En résumé, si la taxe différentielle avait produit à Paris, en 1853, une augmentation considérable dans la catégorie des lettres affranchies relativement à l'année 1852, il était permis d'espérer que, dans le reste de la France, l'accroissement aurait lieu dans des proportions bien plus considérables encore, et c'est alors seulement qu'il pourrait être apporté une très-grande célérité dans les opérations relatives au départ et à l'arrivée de la correspondance.

Budgets de Paris et de la Seine. — Les deux situations financières de la ville et du département présentent des éléments singulièrement dissemblables. D'un côté l'ordre le plus parfait, la balance la plus satisfaisante; de l'autre, la comptabilité la plus défectueuse et le déficit en permanence.

Voici les résultats généraux du compte administratif des recettes et des dépenses de la ville de Paris en 1854, d'après le mémoire présenté par M. le préfet de la Seine à la session ordinaire de 1855 :

Les ressources laissées libres par les exercices antérieurs à 1853 sur les fonds ordinaires se composaient, d'après le compte de 1853 :

		fr.	c.
1° D'un reliquat en caisse de..		14,941,220	76
2° De l'excédant des recettes à recou-vrer.	14,175,392 75		
Sur les restes à payer.	2,562,633 88		
Soit.		11,612,758	87
Ensemble, de.		26,553,979	63

Après décompte définitif, les restes à recouvrer avaient été ramenés de. 14,175,392 75

à. 13,913,601 40

D'où il résultait une non-valeur de. . . 261,791 35

D'un autre côté, la liquidation des restes à payer les avait portés de. 2,562,633 88

à.. . . . . 3,075,844 36

Ce qui faisait ressortir une augmentation de. . . . . , . . . 513,210 48

Les deux différences réunies formaient un mécompte de. 775,001 83

En sorte que le chiffre net des ressources libres de 1853, comprises au compte de 1854, était seulement de. . . . 25,778,977 80

Depuis la clôture de l'exercice 1854, on reconnut la légitimité des dettes arriérées des exercices antérieurs, montant à 224,908 fr. 10 c., qui réduisirent en réalité ce boni à 25,554,069 fr. 70 c.

	fr.	c.
Les recettes propres à l'exercice 1854, prévues au budget primitif, avaient été évaluées à.	55,075,130	»
La plus-value reconnue en fin d'exercice avait été de.. .	1,868,878	98
Ce qui avait porté le montant des droits constatés à. . .	56,944,008	98

Les articles de recette inscrits dans la première partie du budget supplémentaire, restreinte aux opérations imputables sur les ressources ordinaires de la Ville, se montaient à. 31,159,446 51

Une plus-value de. . . 1,737,623 09

Atténuée par une non-valeur de. 261,791,35

Et ramenée ainsi à. 1,475,831 74

En avait élevé la somme à. 32,635,278 25

Savoir :

1° Ressources provenant des exercices antérieurs :

Reliquat du compte de 1853. . . . . 14,941,220 76
Restes à recouvrer de 1853.. . . . . 13,913,601 40 } 28,854,822 16

2° Recettes supplémentaires de 1854. . 3,780,456 09

Somme égale. 32,635,278 25

D'où il suit que le total des ressources extraordinaires était de. 89,579,287 23

Mais les articles de recette inscrits dans la deuxième partie du budget supplémentaire, affectée aux opérations sur fonds d'emprunt et autres ressources spéciales, formaient une somme de. 24,164,454 71

Qui avait été portée, par une plus-value de. 1,644,000 16

à 25,808,454 87

L'ensemble des droits constatés au compte était donc de. 115,387,742 10

Les crédits de dépense alloués au budget primitif de 1854 se montaient à. 51,831,216 65

Ceux inscrits dans la première partie du budget supplémentaire, à. 12,798,683 76

Mais il avait été accordé, par des décisions postérieures, de nouvelles autorisations pour. 5,586,791 74

		fr.	c.
Réunion des crédits ouverts sur les fonds ordinaires. . .		70,216,692	15

Enfin les crédits alloués à la deuxième partie du budget supplémentaire sur les fonds spéciaux étaient de. 25,534,237 22

Ils avaient été augmentés, par des décisions spéciales, de. . . . . . . 393,441 » } 25,927,678 22

Total. . . . 96,144,370 37

Mais les annulations suivantes avaient eu lieu, faute d'emploi, à la clôture de l'exercice :

Crédits imputables sur les fonds ordinaires dont les causes subsistaient, et qui seraient à renouveler dans la première partie du budget supplémentaire de 1855. . . . . . . 2,981,831 82

Crédits de même nature abandonnés définitivement . . . 3,849,646 28 } 6,831,478 10

Crédits imputables sur fonds d'emprunt et autres ressources spéciales . . 2,406,019 33 } 9,237,497 43

De telle sorte que les dépenses effectuées n'avaient pas dépassé les sommes ci-après :

Sur fonds ordinaires. 63,385,214 05

Sur fonds spéciaux . . . . . . 23,521,658 89 } 86,906,872 94

En définitive, le compte de 1854 présentait les résultats suivants :

RECETTES.

Recettes provenant des exercices antérieurs 28,854,822 16

Droits constatés propres à l'exercice 1854 . . . . , . . . 60,724,465 07 } 115,387,742 10

Fonds d'emprunt et autres ressources spéciales 25,808,454 87

DÉPENSES.

Restes à payer de 1853 . . . . . 3,127,616 17

Dépenses propres à l'exercice 1854 . . 60,257,597 88 } 63,385,214 05

Dépenses spéciales . . . . . . 23,521,658 89 } 86,906,872 94

SOLDE ACTIF.

Fonds libres des exercices antérieurs. 25,727,205 99

Excédant des droits constatés sur les dépenses de 1854 . . . . 466,867 19 } 28,480,869 16

Excédant des ressources spéciales sur les dépenses de même nature.. . . . . 2,286,795 98

On arrivait au même résultat en rapprochant des perceptions réalisées et des payements faits les restes à recouvrer et les restes à payer constatés à la clôture de l'exercice 1854.

RECETTES.

			fr.
Fonds ordinaires.	Perceptions réalisées. .	83,384,058 39	
	Restes à recouvrer. . .	6,195,228 84	115,387,742 10
Fonds spéciaux.	Perceptions réalisées. .	24,956,910 39	
	Restes à recouvrer. . .	851,644 48	

DÉPENSES.

Fonds ordinaires.	Payements faits. . . .	60,082,722 91	
	Restes à payer. . . .	3,302,491 14	86,906,872 94
Fonds spéciaux.	Payements faits. . . .	23,510,591 94	
	Restes à payer. . . .	11,066 95	

SOLDE ACTIF.

Excédant des perceptions sur les payements formant le reliquat du compte de 1854 :

Fonds ordinaires. .	23,301,335 48	24,747,653 93	
Fonds spéciaux. . .	1,446,318 45		28,480,866 16

Excédant des recettes à recouvrer sur les restes à payer de 1854 :

Fonds ordinaires. .	2,892,737 70	3,733,215 23	
Fonds spéciaux. . .	840,477 53		

Le département de la Seine était loin de présenter une situation aussi prospère.

Ses recettes s'élevaient à . . . .   8,368,310 fr. 80 c.

et ses dépenses à. . . . .   9,243,541 fr. 45 c.

Ce qui constituait un déficit de. . . . . . .   875,230 fr. 05 c.

Cette situation, on l'a vu dans les précédents *Annuaires* (*Voyez* surtout celui pour 1853), n'est pas nouvelle, et elle a déjà depuis longtemps éveillé la sollicitude du gouvernement. On sait en effet que les budgets départementaux se composent de deux natures de dépenses : les dépenses obligatoires ou ordinaires, et les dépenses facultatives ; les premières sont à la charge de l'État, les secondes sont supportées par le département.

Aux termes de la loi du 10 mai 1838, qui règle la matière, il est pourvu chaque année au service des dépenses obligatoires,

1° au moyen d'une certaine quotité de centimes additionnels aux contributions foncière, personnelle et mobilière; 2° avec la part allouée à chaque département dans le fonds commun; 3° enfin, au moyen de produits éventuels. Quant au service des dépenses facultatives, il est assuré par le revenu des propriétés du département et par l'allocation de nouveaux centimes additionnels aux mêmes contributions. Ces ressources restreintes se trouvant toujours au-dessous des dépenses, il en est résulté que, vu l'insuffisance des fonds spéciaux affectés par le budget de l'État aux charges obligatoires, il a fallu faire face à ce déficit permanent par des imputations sur les ressources de la seconde catégorie, c'est-à-dire prendre pour les besoins de la 1re section ce qui était destiné à couvrir les dépenses facultatives. Or la part affectée à cette 2e section étant limitée comme on l'a vu, et le service des dépenses appelées facultatives par la loi étant cependant aussi indispensable que celui des dépenses réellement obligatoires; en outre les ressources de la 2e section ne pouvant combler l'insuffisance de celles de la 1re, il s'est produit tous les ans un déficit considérable.

Ce découvert, pour le budget de 1854, était de 740,064 fr. 95c.; le décret de règlement l'avait fait disparaître en réduisant d'une somme égale les crédits votés pour le service des enfants trouvés et des aliénés, et en chargeant l'administration de l'assistance publique de faire l'avance de ces fonds; mais cette satisfaction donnée aux règles financières, qui ne permettent pas d'arrêter un budget en déficit, en augmentant le chiffre de la dette départementale vis-à-vis les hospices (8 millions 418,173 fr.), n'avait pas supprimé les impérieuses nécessités du service, et la situation était restée la même pour le budget de 1855.

L'année précédente, M. le préfet de la Seine, en signalant cette situation au conseil, et en lui expliquant que, pour mettre un terme à tous ces embarras, il fallait accroître, par une combinaison quelconque le produit des centimes généraux et de fonds commun, avait proposé d'étendre aux contributions des portes et fenêtres et des patentes les centimes qui ne pèsent aujourd'hui que sur les contributions foncière, personnelle et mobilière. Cette combinaison n'avait pas eu de suite jusqu'à ce jour. Cependant, dans son Mémoire au conseil, M. le préfet de la Seine annonçait « que le ministre de l'intérieur l'a chargé formellement de donner l'assurance à la commission départementale que le gouvernement ne perdait pas de vue la nécessité de prendre un parti prompt et décisif pour balancer les charges qui pèsent chaque année plus lourdement sur tous les départements de l'Empire. » Et il ajoutait : « A quelque procédé que l'on s'arrête, le budget de 1855. sera le dernier, j'en ai le ferme espoir, qu'il n'aura pas été possible de présenter en équilibre. »

Telle était la situation générale indiquée dans l'exposé de situation fait par M. le préfet à la commission départementale. Il nous reste à examiner en détail les chapitres principaux du budget de la Seine.

La première section portait le titre de dépenses ordinaires et obligatoires. Ces dépenses étaient évaluées à 4 millions 850,119 fr. 58 c., savoir :

Préfecture de la Seine. . . . 3,003,611 fr. 17 c.

Préfecture de police. . . . . 1,846,508 　 41

Ce chiffre de 4 millions 850,119 fr. 58 c. était réparti en quinze sous-chapitres, parmi lesquels on trouvait les prisons départementales (1 million 799,096 fr.), les routes (403,728 fr.), les enfants trouvés (1 million 14,400 fr.), les aliénés (565,707 fr.), les cours et tribunaux (170,433 fr.), les travaux des bâtiments (157,515 fr.), les dettes ordinaires (82,957 fr. 58 c.). Quant aux routes départementales, leur longueur au 31 décembre 1855 était de 240,094 mètres, entretenus par 105 cantonniers.

Les recettes affectées à cette première section étaient ainsi divisées :

Fonds libres . . . . 31,390 fr. 84 c.

Produit des 10 c. 4/10ᵐ. . . . 1,373,084 　 85

Part dans le fonds commun . . 1,990,000 　 »

Produits éventuels . . . . . . 576,694 　 52

　　　　Total . . . . 3,971,170 fr. 21 c.

Les dépenses s'élevaient à. . . 4,850,119 　 58

Il en résultait un déficit de . . 878,949 fr. 37 c.

Ce déficit venait en accroissement de la dette contractée pour les enfants trouvés et les aliénés. Cette dette serait à la fin de 1854 de 8 millions 418,173 fr. 13 c.; avec le déficit prévu de 1855, elle s'élèverait à 9 millions 297,122 fr. 50 c., ce qui, à p. 0(0, représente un intérêt de 464,856 fr. 12 c.

La seconde section avait pour titre : dépenses facultatives. Ces dépenses s'élevaient à 1 million 283,414 fr. 26 c. Elles étaient divisées, quant à leur nature, en dépenses balancées par des produits spéciaux, dépenses obligatoires quant à leur caractère, mais classées par la loi dans la deuxième section, enfin, dépenses d'utilité départementale proprement dite. Cette section renfermait les subventions aux communes, 145,124 fr. 45 c., absorbées en grande partie par les dépenses d'état-major de la garde nationale dans les cantons ruraux, le renouvellement des plans du cadastre et les frais de la police municipale dans les communes. La même section affectait 100,030 fr. en encouragements et secours à dix-neuf associations charitables, telles que la colonie de Mettray, l'Œuvre du Bon-Pasteur, la direction des Nourrices, les Aveugles-Travailleurs, l'institution de la Jeunesse délaissée, la Société de Saint-François-Régis, l'asile-ouvroir de Gérando, l'asile-école de Fénelon, à Vaujours, etc., etc. On trouvait enfin au chapitre des secours pour remédier à la mendicité, 182,953 fr., affectés au dépôt de mendicité de Villers-Cotterets (Aisne), qui appartient au département de la Seine. Comme il eût été impossible à la deuxième section, grevée comme elle l'était de charges qui lui sont étrangères, de pourvoir à tous les services qui lui incombent, le préfet de la Seine avait proposé d'y consacrer le produit d'une imposition extraordinaire destinée à remplacer celle de 3 c. 7(10es, dont la perception devait cesser à la fin de 1854.

La troisième section avait pour titre : dépenses extraordinaires; elles montaient à 2 millions 535,460 fr. 55 c., ainsi divisés :

Travaux du Palais de Justice.	1,037,856 fr. 47c.
Amélioration de routes.	774,332 06
Remboursement d'emprunt	543,172 »
	2,335,460 fr. 55 c

La quatrième section, chemins vicinaux, montait à 551,312 fr.
82 c. Cette somme était affectée aux travaux d'assainissement et d'entretien. A cet effet, 2 centimes spéciaux avaient été
votés par le conseil sur les 5 que les départements ont la faculté
de s'imposer.

La cinquième section, instruction primaire, comprenait
158,982 fr. 29 c. La loi du 15 mars 1850 avait mis à la charge
du département certaines dépenses de ce service, et en même
temps l'avait autorisé à se charger d'une surimposition de 4
dixièmes de centimes. Ces ressources seraient employées en encouragements et secours et en subventions aux communes pour
l'entretien des écoles et pour le renouvellement du mobilier des
classes.

Sixième section : cadastre, 44,251 fr. 97 c. Le montant des
travaux d'art et d'expertise s'élevant à 44,251 fr. 97 c., et les
ressources de ce service étant portées à 47,970 fr. 69 c., il existait pour cette section un excédant de recette de 3,718 fr. 72 c.
qui venait diminuer d'autant le déficit de la première section,
qui en fin de compte n'était plus tiré en ligne que pour
875,230 fr. 65 c.

Tel était, dans son ensemble et dans ses détails, ce budget qui
présente chaque année une situation peu satisfaisante et qui ,
d'ailleurs, établi en conformité de la loi de 1838 , affecte une
division toute nominale en dépenses obligatoires et facultatives,
et, par ses services de centimes spéciaux , par ses sections hors
budget, est rempli d'obscurités regrettables.

Commerce. — L'année 1853, bien que moins favorisée que sa
devancière, avait pu être pourtant considérée comme une année
de prospérité relative. L'année 1854, éprouvée par ses propres
difficultés et par le contre-coup de celles de l'année précédente,
devait avoir gardé des traces d'une situation exceptionnelle. Re-
cherchons-les dans ses recettes de douane, dans son commerce
extérieur et intérieur, dans le mouvement de sa navigation.

Commerce extérieur. — Les résultats généraux des échanges
de la France empruntaient, cette année, un intérêt tout particulier aux circonstances au milieu desquelles la France se trouvait
placée. L'obligation de faire face aux dépenses de la guerre, d'en-

tretenir sur le pied de guerre deux escadres , l'une dans la mer
Noire, l'autre dans la Baltique, ainsi que l'armée nombreuse qui
campait sous Sévastopol ; les emprunts qu'il avait fallu contracter
pour faire face aux nécessités de la situation, toutes ces causes
réunies auxquelles il faut joindre le renchérissement des loyers
et des subsistances, avaient dû nécessairement exercer une influence fâcheuse sur le mouvement de nos échanges. Et cependant, au lieu de se traduire par une perte sèche, ces épreuves
subies par la France ne laissent dans son bilan commercial d'autre
trace qu'un arrêt dans l'augmentation.

Le mouvement général du commerce extérieur en 1854, importations et exportations réunies, embrasse une valeur officielle
de 3 milliards 497 millions, et une valeur réelle de 3 milliards
758 millions. Ce n'est, pour 1854, qu'une simple augmentation
de 4 millions sur 1853, tandis que l'exercice 1853 présentait,
sur 1852, une augmentation de 373 millions en valeurs officielles
et de 261 millions en valeurs réelles. (Les valeurs officielles, on
le sait, sont basées sur le tarif de 1826, et, depuis cette époque,
la valeur réelle de la plupart des marchandises a considérablement augmenté.)

Quelques chiffres peuvent donner une idée de la progression
naturelle du commerce extérieur de la France, surtout depuis
1851. En 1850, le mouvement général était de 2,705 millions,
dont 1,174 pour l'importation et 1,531 pour l'exportation. 1851
n'a donné que 82 millions de plus, soit 2,787. Mais, à partir de
cette date, nous arrivons aux résultats suivants : en 1852, 3,120
millions, dont 1,438 pour l'importation, et 1,682 pour l'exportation ; en 1853, 3,493, dont 1,632 et 1,861 ; et enfin en 1854,
3,497, dont 1,709 et 1,788.

Ce sont là les résultats d'ensemble de ce qu'on appelle proprement le *commerce général*. On sait que dans le *Tableau du commerce*, les résultats sont distribués sous deux catégories distinctes:
la première embrasse le *commerce général*, c'est-à-dire toutes les
entrées et toutes les sorties sans distinction d'origine et de destination. La seconde, sous la dénomination de *commerce spécial*,
ne comprend que les marchandises d'origine française pour l'exportation et celles qui entrent dans la consommation par l'im-

portation. Cette seconde catégorie représente seule, à proprement parler, le commerce de la France.

Au point de vue du commerce spécial, la somme totale de nos échanges en 1854 a été en valeurs officielles de 2,419 millions. C'est 48 millions de moins qu'en 1853, et 335 millions de plus que la moyenne de la période quinquennale. L'importation figure dans la somme ci-dessus indiquée pour 1,158 millions et l'exportation pour 1,261 millions.

En rattachant au mouvement du commerce spécial les matières brutes importées temporairement, soit pour recevoir un complément de main-d'œuvre, soit pour être ensuite réexportées, et les produits fabriqués exportés en compensation de ces matières brutes, on obtient comme expression du commerce spécial les chiffres comparatifs suivants :

Pour l'importation :

En 1854.	Valeurs officielles. . .	1,174 millions.
—	Valeurs actuelles. . .	1,313 —
En 1853.	Valeurs officielles. . .	1,123 —
—	Valeurs actuelles . . .	1,217 —

Pour l'exportation :

En 1854.	Valeurs officielles. . .	1,283 —
—	Valeurs actuelles . . .	1,445 —
En 1853.	Valeurs officielles. . .	1,386 —
—	Valeurs actuelles . . .	1,572 —

La somme de 3,497 millions, qui est l'expression en valeurs officielles de l'ensemble du mouvement commercial, se partage de la manière suivante entre les deux modes de transport, la voie de mer et la voie de terre :

Importations.	Valeurs officielles.	Valeurs actuelles.
Commerce par mer	1,041 millions.	1,100 millions.
Commerce par terre.	668	706 millions.
Exportations.		
Commerce par mer.	1,421	1,552
Commerce par terre.	366	400

C'est, comparativement à 1853, la même proportion, à 2 p. 0/0 près, entre les deux modes de transport.

Le tableau ci-après présente, pour chacune des dix puissances avec lesquelles le commerce de la France a eu le plus d'importance en 1854, le compte des importations et celui des exportations établi en prenant pour base le commerce spécial. On remarquera que les valeurs actuelles présentent surtout une augmentation considérable sur les valeurs officielles pour le commerce avec l'Angleterre.

	VALEURS OFFICIELLES.		VALEURS ACTUELLES.	
	Import.	Export.	Import.	Export.
Angleterre . .	133,000,000	279,000,000	149,000,000	356,000,000
Etats-Unis . .	193,000,000	182,000,000	166,000,000	17,000,000
Belgique. . .	133,000,000	124,000,000	168,000,000	43,000,000
Etats Sardes. .	104,000,000	52,000,000	103,000,000	62,000,000
Espagne. . .	51,000,000	65,000,000	65,000,000	61,000,000
Assoc. allem. .	57,000,000	48,000,000	76,000,000	54,000,000
Suisse . . .	35,000,000	51,000,000	40,000,000	58,000,000
Turquie. . .	41,000,000	26,000,000	47,000,000	28,000,000
Indes anglaises.	50,000,000	5,000,000	48,000,000	6,000,000
Brésil. . . .	15,000,000	32,000,000	18,000,000	31,000,000

Il résulte de ce tableau que notre marché intérieur a fourni à quatre des puissances qui y sont désignées, savoir : l'Autriche, l'Espagne, la Suisse et le Brésil, une somme de marchandises d'une valeur supérieure à la valeur des marchandises dont elles ont alimenté notre consommation. Le contraire a été constaté quant aux autres pays. En établissant le rapprochement entre les valeurs actuelles, on voit que les États-Unis passent de la seconde catégorie dans la première, et que la Suisse passe de la première dans la seconde.

La valeur des objets naturels de consommation à l'importation a atteint pour le commerce général 379 millions (valeurs actuelles), et celle des objets fabriqués a été de 366 millions. C'est pour les uns une augmentation de 19 p. 0/0, et pour les autres de 8 p. 0/0 sur 1853.

Les exportations de marchandises fabriquées ont diminué de 1,019 à 981 millions sur 1853. . . . .

Il est entré dans nos entrepôts, en 1854, 13,721,984 quintaux métriques de marchandises diverses valant ensemble 683 millions (valeurs officielles); c'est une augmentation de 7 p. 0/0 sur le poids et de 6 p. 0/0 sur la valeur. Les entrepôts de Marseille, du Havre et de Bordeaux occupent, au double point de vue du poids et de la valeur, les trois premiers rangs d'importance. Le premier a reçu 5,462,145 quintaux de marchandises estimées 240 millions (taux officiel); le second, 3,364,416 quintaux de la valeur de 245 millions, et le troisième 867,438 quintaux évalués 54 millions. Nantes, Paris, Lyon et Dunkerque viennent ensuite. Ces sept entrepôts ont absorbé les 80 centièmes du poids et les 95 centièmes de la valeur de la totalité des marchandises introduites dans les entrepôts en 1854.

Les droits de toute nature perçus par l'administration des douanes s'élèvent à la somme totale de 184,648,652 fr., et se décomposent ainsi qu'il suit :

Droits d'entrée 150,587,303
— de sortie. 1,507,838
— de navigation. 3,099,014
Droits et produits accessoires. 2,851,750
Taxe de consommation des sels. 26,602,747

Ces chiffres présentent sur 1853 une augmentation de 6,716,768 fr., qui porte entièrement sur les droits d'entrée.

Voilà les grands résultats : passons maintenant aux détails et choisissons dans les articles d'importation ceux qui présentent le plus de signification réelle au point de vue de la consommation ou de la production.

Il est naturel de s'arrêter d'abord aux denrées alimentaires. La demande faite à l'étranger a été forte, cela ne saurait causer d'étonnement. Cet article est dans les tableaux de douanes, le seul dont l'accroissement à l'importation révèle un état de souffrance. La mise en consommation des céréales importées de l'étranger est, en 1854, de 4 millions 743,247 quintaux métriques. En 1853, elle n'avait pas été de plus de 3 millions 850,255 quintaux, et, en 1847, autre année d'insuffisance dans les récoltes, elle avait atteint 8 millions 156,000 quintaux.

L'importation du bétail s'élève, de 1854 sur 1853, à 397,046 têtes contre 244,013 : pour la viande salée, c'est 13,721 quintaux contre 6,046 ; pour le vin, 121,390 hectolitres contre 4,478. (La libre entrée des vins étrangers, venus d'Espagne en grande partie, n'avait guère au 31 décembre que trois mois de date.)

Sur les articles coloniaux, le café, le sucre, le cacao, l'accroissement est également notable. Pour le sucre, c'est 120 millions de kilogr. contre 96 en 1853, et, sur ces 24 millions d'accroissement, 16 s'appliquent aux provenances des colonies françaises.

Des denrées alimentaires si nous passons aux matières premières de l'industrie, nous trouvons des différences sensibles pour certains produits. Les articles suivants ont éprouvé une diminution : coton, fils et toiles, soie et bourre, graines de lin, huiles, suif, plomb et étain, zinc, nitrate de potasse, bois d'acajou, cochenille. Il y a augmentation, au contraire, sur les articles suivants : fer, acier, fonte, cuivre, houille, saindoux, sel brut, nitrate de soude, sésame, indigo. Deux articles sont restés stationnaires, à savoir, la laine et les graines oléagineuses en général. Ici seulement l'état de guerre se révèle par un déplacement dans l'importation : les sésames du Levant remplacent les graines de lin de Russie, et les saindoux d'Amérique compensent la décroissance des suifs russes. En somme, le ralentissement d'une sorte de travail est marqué par la décroissance des importations en matières textiles, mais l'augmentation d'un autre genre de travail est indiquée par l'accroissement de la houille et des métaux.

En résumé, l'importation de 1854 a produit en douane environ 150 millions fr. C'est 7 millions environ de plus qu'en 1853, 9 millions de plus qu'en 1852. La force exceptionnelle des importations de sucre a, il est vrai, beaucoup contribué à ces excédants, qu'il faut plutôt porter ici pour mémoire, le Trésor ayant dû rembourser en primes de sortie une partie des acquittements. N'oublions pas cependant que d'importantes marchandises ont été dégrevées en 1854 ou l'avaient été dans le cours de 1853 : les céréales, les bestiaux, la viande, le vin, la houille, les fontes et les fers. L'accroissement de la recette semble donc

indiquer que dans son ensemble l'importation, eu égard surtout à la situation politique de l'Europe, a été plutôt satisfaisante que défavorable.

Il n'en est pas de même pour nos ventes à l'étranger. Ici la
balance n'est plus en notre faveur. A l'exportation, il y a augmentation sur les matières suivantes : fils de coton et de laine,
modes et articles de Paris, porcelaines, sucre raffiné, peaux
tannées, sel et garance. Il y a diminution sur les articles qui
suivent : toiles, soies et soieries, lainages, gants, cuirs ouvrés,
machines, vins et alcools, livres et gravures, cristaux et ver-
reries. Or, la diminution est du côté de nos articles d'exportation les plus forts. Quant aux cotons, ils sont stationnaires.

Le résultat général est peu favorable à l'exportation, surtout
pendant le second semestre.

Quant au mouvement maritime, il ne semble pas qu'il se soit
ressenti, quant aux transports, de la décroissance qui a, dans
une certaine mesure, affecté notre commerce de 1854. Il dénote
même une très-légère amélioration et se résume en un total de
34,210 navires (c'est-à-dire entrées et sorties de bâtiments
chargés), et de 4 millions 608,000 tonneaux de jauge officielle,
ce qui suppose environ 5 millions et demi de tonnes de chargement effectif. L'entrée, comme d'habitude, a eu les trois cinquièmes du tonnage général, la sortie trouvant chez nous fort
peu d'objets de poids à charger. Quatre de nos ports, sur les
160 qui bordent notre littoral des trois mers, effectuent à eux
seuls les deux tiers de ces transports. On en jugera par la comparaison ci-dessous, qui permet de préciser les progrès accomplis,
en dix ans, par ces principaux ports et par l'ensemble de notre
mouvement maritime :

	1844.	1854.
Marseille.	1,043,397 tonn.	1,356,460 tonn.
Le Havre.	556,596	937,723
Bordeaux.	232,701	317,761
Nantes.	108,281	166,229
Autres ports. . . .	1,347,013	1,830,002
Total. . .	3,287,988	4,608,175

Il ne s'agit là, nous le répétons, que des navires chargés, aux-

quels le mouvement sur lest, très-considérable à la sortie, ajouterait plus d'un million de tonnes de jauge. C'est donc du transport proprement dit que nous parlons. Or, l'examen des chiffres
fait voir que dans le cours des dix dernières années le mouvement
maritime général s'est accru de 40 p. 0/0. Pour Marseille et
Bordeaux, il n'a grandi que de 36 centièmes, tandis que pour le
Havre et Nantes il s'est accru de 69 et de 54 p. 0/0. Ces derniers progrès sont sans doute remarquables, et toutefois ils restent bien au-dessous de ceux qu'ont réalisés deux de nos ports
de la Manche, Dunkerque et Calais, dont le transport, en ces
mêmes dix années, est passé de 217,000 à 418,000 tonneaux, et
s'est ainsi accru de 92 p. 0/0.

Ainsi, en somme, si l'état de guerre avait paralysé le développement du commerce, il n'avait pas fait descendre les produits des
douanes au-dessous des chiffres obtenus pendant les années précédentes. Le progrès s'était arrêté, mais les produits étaient à
peine descendus au-dessous des dernières années de paix. Les
importations surtout s'étaient maintenues en 1854 au-dessus de
1853, et le déficit n'avait porté que sur les exportations.

Les éventualités d'une guerre avec la Russie donnent un intérêt tout nouveau à l'étude des transactions commerciales entre la
France et ce pays. Jusqu'à quel point notre commerce se trou-
verait-il atteint par l'interruption subite et prolongée de nos relations avec cette partie de l'Europe, c'est ce que nos tableaux de
douanes vont nous montrer.

Nos tableaux de douanes nous montrent que, parmi les puissances avec lesquelles nous commerçons, la Russie occupe le
dixième rang : elle y prend place immédiatement au-dessous de
la Turquie. On sait que notre commerce extérieur atteint aujourd'hui une valeur réelle de 3 milliards 72 millions ; or, sur ce
total, la Russie figure pour un peu moins de 69 millions, soit à
peine 2 p. 0/0, et sur ces 69 millions, 47 millions seulement
appartiennent à notre commerce spécial, à nos échanges propres,
le reste se composant de réexportation. Maintenant, sur ces 47
millions, 30 représentent nos importations de Russie, et 17 seulement nos exportations pour ce pays, et comme le total général
de l'exportation du commerce français se monte à 2 milliar

257 millions, il s'en suit que nos envois à la Russie comptent à peine dans ce chiffre pour 1 1/2 p. 0/0. Dans le placement de nos produits à l'étranger, la Russie vient au vingt et unième rang, et voit aussi passer avant elle nombre de pays qui n'ont pourtant que d'assez faibles relations avec les États d'Europe, tels que le Pérou, le Mexique, le Chili, la Toscane, etc. L'importance de nos affaires avec la Russie est, on le voit, peu considérable relativement.

L'intercourse maritime ne l'est guère davantage, et a en outre très-peu varié depuis huit ou dix ans : en 1845, il était de 152,730 tonneaux ; en 1852, il n'en compte pas au delà de 141,733. C'est le trentième environ du mouvement général de notre marine marchande. Notre pavillon, dans le premier de ces chiffres, comptait pour 29,845 ; dans le second, il obtenait 32,759.

Les besoins spéciaux, nés des mauvaises récoltes, apportent une extrême mobilité dans le chiffre de nos affaires avec la Russie. Ce chiffre, on se le rappelle, s'éleva, en 1847, année de déficit des récoltes, à 153 millions de francs, après avoir présenté, de 1835 à 1845, une moyenne annuelle de 56 millions. En 1846-47, nous avons tiré de Russie, pour notre consommation, 4 millions 803,747 hectolitres de blé, tandis qu'en 1835, par exemple, nous en importions à peine 2 hectolitres.

Quant à nos exportations pour la Russie, on vient de voir qu'elles se limitent à une valeur de 20 millions 600,000 fr., et nos propres marchandises ne comptent dans ce chiffre que pour 17 millions. Elles se composent principalement de vins et de sucreries, puis de faibles quantités d'articles fabriqués divers. 17 millions, voilà donc tout ce que l'industrie de France fournit à ce vaste empire qui touche aux limites extrêmes de l'Europe le nord et du sud, s'étend de l'est à l'ouest sur la moitié du continent européen, déborde sur toute l'Asie septentrionale, confine d'une part à la Perse et à l'Inde anglaise, de l'autre à la Chine, à la Tartarie, son origine et sa source, et aux mers glacées de l'Amérique polaire, et compte enfin de 65 à 70 millions d'habitants.

L'ensemble de ce mouvement d'échanges suit deux routes distinctes, l'une vers la Russie du Nord par la Baltique et le golfe

de Finlande, l'autre vers la Russie du Sud, par la mer Noire.
Voici comment se partagent entre ce double courant les 68 millions d'affaires faites en 1852.

La France importe de Russie (valeurs réelles exprimées en millions) :

	Mers du Nord.	Mer Noire.
1° Matières premières et denrées	30.8	16.7
2° Objets fabriqués	0.5	0.1
	31.3	16.8
Elle importe en Russie :		
1° Produits naturels	9.5	2.0
2° Objets fabriqués	6.6	2.5
	16.1	4.5
Total général.	47.4	21.3
	68.7	

Par la voie du Nord, elle reçoit principalement du lin et des
graines de lin, du chanvre, des suifs, du cuivre et du fer, du goudron, des bois, des cuirs, des potasses, de la laine. Par la voie
du Sud, elle importe également des graines de lin, de la laine,
mais surtout des grains destinés, soit à la réexportation de Marseille après mouture, soit à la consommation française dans les
années de cherté.

La France exporte principalement à destination de Russie des
vins et des soieries, et des articles fabriqués divers. Il ne s'agit là,
on le sait, que de 17 millions de francs. Il faut, il est vrai, ajouter à ce chiffre si minime les réexpéditions faites des produits
français aux provinces russes par les ports hanséates, prussiens,
danois et néerlandais, et aussi le transit par le Zollverein. C'est
par là sans doute, que malgré une guerre les échanges commerciaux subsisteraient entre les deux pays. Ce trafic intermédiaire
s'appliquerait facilement à nos articles fabriqués qui se présentent généralement sous un petit volume et avec un faible poids.
Ce qui ferait défaut à la France, en pareil cas, ce seraient les
lins, les laines, les suifs, les cuivres, les blés, articles qui pourraient, au reste, nous être fournis par l'Amérique, l'Allemagne,
la Grande Bretagne et la Belgique.

On le voit, le dommage spécial causé au commerce français par une guerre avec la Russie ne serait pas de première importance.

Avec la Turquie, nos échanges pourraient avoir une tout autre importance ; mais c'est là malheureusement encore une question d'avenir.

L'Angleterre fait avec l'empire Ottoman et les Principautés une somme annuelle d'échanges d'environ 180 millions de francs. Mais la part de la France est bien inférieure à ce chiffre : elle n'a été, par exemple, en 1852, que de 84 millions et demi, et cependant, dans les Principautés surtout, les produits français obtiennent une préférence marquée : la Valachie, la Moldavie et la Serbie consomment, en quantités notables, nos beaux produits de Paris, de Lyon, de Saint-Étienne, de Mulhouse. Mais ces produits, malheureusement, ne leur parviennent le plus souvent qu'à travers l'entremise du commerce anglais ou autrichien, et c'est là la cause habituelle, permanente, de la faiblesse de nos relations avec les provinces moldaves, serbes et valaques.

Navigation. — Le mouvement général de notre navigation a déjà été apprécié dans le tableau d'ensemble de notre commerce. En 1852, les importations par mer représentent près des 65 centièmes du chiffre total ; en 1853, 63 centièmes seulement. Sur 2,518 millions de valeurs officielles constatées en 1853, pour la voie de mer, le pavillon national obtient 1,127 millions, soit 45 centièmes, soit 1 centième de moins qu'en 1852 et 3 centièmes de moins que pendant la période quinquennale. On ne saurait donc dire que la navigation française soit en progrès véritable, bien qu'il ait été fait, qu'il soit fait encore des efforts incontestables pour l'améliorer.

L'augmentation relative du tonnage de nos bâtiments, depuis plusieurs années, est un fait digne de remarque. Il est incontestable aujourd'hui que les navires français offrent un chiffre moyen de jauge beaucoup plus élevé que celui qu'ils représentaient il y a dix ans. Toutefois, nous sommes loin encore d'être parvenus, sous ce rapport, au degré d'importance que la nécessité nous fait un devoir de chercher à atteindre. Nous possédons, sans doute, quelques grands bâtiments de 600 à 1,000 et 1,200 tonneaux, mais ces vastes constructions ne semblent avoir été jusqu'ici que le résultat d'une lutte d'amour-propre industriel entre nos constructeurs.

Il est une pensée cependant sérieuse et d'avenir qui doit les préoccuper, celle de lutter avec avantage contre les marines étrangères, et notamment contre les marines anglaise et américaine.

Depuis dix ans, il s'est accompli en Angleterre et aux États-Unis des progrès immenses dans le système des constructions pour la navigation au long cours. En augmentant considérablement le tonnage de leurs bâtiments marchands, les Anglais, par exemple, ont eu soin de leur conserver une force d'échantillon suffisante, tout en sachant leur donner des formes qui leur permettent aujourd'hui de lutter en vitesse avec nos meilleurs voiliers. Or, pour venir en concurrence avec le pavillon britannique sur quelques-uns des marchés du globe, et notamment dans les comptoirs de l'Inde, pour être prêts, surtout, à tenir tête à cette concurrence sur nos propres marchés, il est indispensable que nous puissions, à un moment donné, mettre en ligne de très-grands navires et que nous soyons même en mesure dès aujourd'hui de leur en opposer un certain nombre. Nous ne soutiendrons la lutte qu'à ce prix.

Mais il est une autre condition que nous devons également chercher à remplir, si nous voulons exercer, à l'égard du commerce maritime de l'Angleterre, une concurrence durable, sérieuse et digne. Tout en augmentant le tonnage de nos bâtiments, nous devons savoir leur donner, comme aux navires anglais, une force d'échantillon imposante, consolider leur système de liaison, et n'employer dans leur construction que des bois d'une qualité convenable. Le transport des denrées encombrantes, et particulièrement celui du riz auquel sont affectés ceux de nos navires qui font la navigation du golfe de Bengale, nécessite, d'ailleurs, d'une manière absolue, l'emploi de bâtiments construits dans de semblables conditions; et il est à remarquer que la plupart de nos avaries résultent presque toujours de cette seule circonstance, à savoir, que la solidité du bâtiment n'est nullement en rapport avec le poids de sa cargaison.

Tarifs. — C'est, on le sait, dans une réforme douanière qu'est la solution du problème de notre prospérité commerciale. L'année 1854 ne nous offre pas de progrès notables dans cette voie. Nous avons déjà montré la continuation du régime de la libre entrée des substances alimentaires, mais on a vu qu'il n'y avait, dans cet ensemble de mesures, qu'un expédient provisoire. Il en avait été de même pour la réduction des droits sur les vins et les eaux-de-vie, nécessitée par un déficit énorme dans la production française.

Nous chercherions en vain, dans l'ensemble des décrets des mesures vraiment considérables de dégrèvement. Nous ne trouvons que des réductions assez insignifiantes sur les graisses, les laines brutes, les viandes salées, la potasse, les betteraves, les matières tinctoriales et quelques autres produits exotiques.

Un décret, publié le 10 novembre, abaissa dans une notable proportion les droits d'entrée sur le quinquina en écorces importé de l'étranger. Ce décret établissait les différences suivantes entre l'ancienne et la nouvelle tarification : 1° par navires français, des pays hors d'Europe (exemption maintenue). Des entrepôts étrangers, 20 fr. au lieu de 40 fr. par 100 kilogr.; 2° par navires étrangers, de toute provenance, 50 fr. au lieu de 60 fr.

Aux droits jusqu'alors en vigueur on n'importait que d'assez faibles quantités de ce produit naturel, si précieux pour l'art médical, qui en extrait, comme on sait, le sulfate de quinine. C'est du Pérou, ainsi que de la Nouvelle-Grenade et du Venezuela principalement, que l'on tire ce végétal, dont, en 1853, il avait été importé en France 589,457 kilogr., soit pour une valeur de 2,358,000 fr. Une certaine partie toutefois venait des entrepôts belges et hollandais ; mais l'élévation du droit d'entrepôt qui, même sous pavillon français, représentait environ 20 p. 0/0 de la valeur vénale aux lieux de production, mettait naturellement obstacle aux achats que notre commerce pouvait en faire dans les ports d'Europe. La réduction de ce droit à moitié faciliterait certainement nos approvisionnements, ajouterait à la somme, souvent trop limitée, des articles de retour que peut trouver notre marine marchande dans les ports étrangers, et déterminerait sans doute une certaine baisse dans le prix d'un article de nécessité première, que sa cherté a rendu jusqu'ici presque inaccessible aux classes pauvres, à celles précisément qui en ont le plus besoin. Le kilogramme de quinquina (écorce) se vendait, en 1826, 8 fr. ; la Commission des valeurs, qui fonctionne à la Direction générale du commerce, en avait évalué, en 1853, le prix moyen général à 4 fr.

Il n'y avait rien là qui pût faire espérer encore de voir réaliser les vœux de réforme radicale exprimés par quelques conseils généraux, celui de l'Hérault, par exemple, et par quelques Chambres de commerce, entre autres celle de Boulogne.

Il est pourtant certains chapitres du tarif douanier qui révèlent une cause d'infériorité regrettable pour l'industrie française, le régime des fers, par exemple. On verra tout à l'heure, lorsque nous retracerons l'histoire des travaux publics pendant cette année, combien est désavantageuse la situation faite à l'industrie des fers par nos tarifs de douanes.

L'impuissance des maîtres de forges à fournir seuls aux besoins de la France fut si clairement constatée, que le gouvernement dut se décider à autoriser quelques Compagnies de chemins de fer à introduire des rails étrangers à des droits réduits et variables selon les positions des Compagnies. La base sur laquelle le droit fut établi dans chaque cas, était celle-ci : le droit serait tel que les rails étrangers, une fois entrés en France, reviendraient exactement au même prix que les rails de fabrication française, d'après les marchés effectivement-existants entre les Compagnies de chemins de fer et les maîtres de forges. Les droits fixés conformément à cette règle ne dépassèrent dans aucun cas 74 fr. par 1,000 kilogr.; ils descendirent même au-dessous de 60 fr.

Il en résultait que les droits de douane de 60 fr. à 74 fr. au plus, seraient tout ce qu'il faudrait pour garantir aux forges françaises, dans leur état actuel, non-seulement le maintien de leur fabrication et le monopole du marché intérieur, mais encore les beaux profits qu'elles s'étaient assurés par les marchés passés avec les Compagnies de chemins de fer, sous un tarif qui permettait aux producteurs de faire la loi. Or, le décret de novembre 1853 avait mis les droits sur les fers à 132 fr. jusqu'au 1er janvier 1855, et à 110 fr. au delà.

Comme le droit antérieur était de 206 fr., il était naturel que l'administration, dans son désir légitime de procéder par gradation, n'eût pas ' de prime-abord abaissé le droit d'une façon plus radicale; à 110 fr., la réduction était de près de moitié.

Il restait donc établi que, même dans les conditions du décret de novembre 1853, les fers étaient encore assez élevés pour qu'une importation étrangère ne pût avoir lieu dans des proportions sérieuses. D'où cette conclusion naturelle, que le décret avait été insuffisant, qu'il laissait encore une trop grande part au monopole; qu'il ne mettait pas la production française en présence d'une concurrence véritable; enfin, qu'après comme avant le décret, la cherté du fer, cet instrument de la civilisation moderne, resterait un obstacle au développement de la richesse et de la grandeur nationales.

Travaux publics. — L'année 1854 a été surtout consacrée à l'exécution des travaux entrepris de tous côtés, sur la plus grande échelle. La crise des subsistances et les charges de la guerre n'ont pu paralyser un seul instant le mouvement puissant de l'industrie privée, et les besoins des populations ont, au contraire, engagé le gouvernement à stimuler, par ses propres travaux, l'activité générale.

Chemins de fer. — Un tableau fort étendu et très-intéressant, publié par les soins de l'administration, présenta l'état des recettes brutes de l'exploitation des chemins de fer en France, pendant les deux années 1853 et 1854. Nous en résumons ici les principaux résultats.

Le nombre des lignes portées au tableau était, indépendamment de leurs embranchements ou prolongements, de seize, présentant au 31 décembre 1854, un développement total de 4,676 kilomètres, ou 1,169 lieues. C'était 599 kilomètres de plus qu'à la fin de 1853. Quatre lignes principales formaient les trois quarts de tout ce parcours, à savoir : Orléans et ses prolongements, 1,156 kilomètres ; Paris à Strasbourg, 863 ; le Nord, 707, et Lyon, 508. Lyon, dans le cours de l'exercice, s'était accru de 125 kilomètres ; Strasbourg de 77 ; Orléans de 47 ; l'Ouest de 88. Le Nord qui poursuivait l'achèvement de ses importants embranchements, n'avait rien ajouté en 1854 à son réseau, et tou-

19

tefois son revenu , comme nous le verrons plus loin , s'était considérablement accru.

La recette totale des seize lignes-mères dont nous venons de
parler s'était élevée en 1854 à 196 millions 534,803 fr. contre
165 millions 928,586 en 1853. Il y avait donc entre les deux
années une augmentation de plus de 30 millions, et le revenu kilométrique s'était, de l'une à l'autre année, élevé de
41,712 fr. à 45,025, ce qui donnait une différence en plus pour
1854 de près de 8 p. 0/0.

Voici, du reste, pour 1854, la recette des principales lignes et
le chiffre de l'accroissement :

Orléans.	44,867,330 fr.	7,235,228 fr.
Nord.	46,101,478	5,310,300
Est (Strasbourg).	33,786,015	5,012,213
Lyon (Paris à).	25,914,763	3,120,900
Lyon à la Méditerranée. . .	11,863,733	2,922,236
Rouen (Paris à).	11,322,995	221,915
Grand-Central.	9,312,648	1,601,849
Ouest.	7,892,608	1,448,285
Havre (Rouen au).	4,972,658	191,500
Saint-Germain.	2,112,600	494,786

En résumé, la progression des recettes brutes était restée en
1854 de fort peu inférieure à celle qu'on avait signalée l'année
précédente, 1852 ayant, pour un parcours de 3,710 kilomètres,
donné 132 millions 490,000 fr. En deux ans, les produits s'é-
taient ainsi accrus de 64 millions et témoignaient de l'ascendant
soutenu que prennent les transports de nos voies ferrées.

L'étendue des chemins de fer exploités, qui était, en 1852, de
3,710 kilomètres, avait été portée, en 1853, à 4,007. En outre,
dans cette même année, 2,134 kilomètres avaient été concédés,
dans des conditions avantageuses pour le Trésor, et en n'imposant à l'État qu'une charge de 20,909 fr. par kilomètre. Aussi,
l'année 1854 put-elle être uniquement consacrée à la réalisation de toutes ces entreprises.

La seule concession que nous puissions signaler cette année,
est celle du chemin de fer de Montluçon à Moulins. (Convention
du 16 octobre entre le ministre de l'agriculture, du commerce et

des travaux publics et MM. Bourbon-Busset, Denon, Jacques-Palotte et de Seraincourt ; décret du 17 octobre.)

Du 1er janvier au 31 décembre 1854, plus de 600 kilomètres de chemins de fer furent livrés au public. Nous ne citerons que les lignes les plus importantes.

L'ouverture de la section de Châlon-sur-Saône à Lyon (Vaise), vint enfin, cette année, relier la seconde ville de France à la capitale. Lyon n'était plus qu'à dix heures de Paris (10 juillet. La section de Valence à Avignon, 126 kil., avait été ouverte le 29 juin.)

Bien que cette nouvelle section comprît 124 kilomètres et traversât dans son parcours le chef-lieu du département de Saône-et-Loire, la compagnie n'avait pas voulu faire d'inauguration officielle ; elle réserva cette solennité pour l'achèvement définitif du chemin que le percement du souterrain de Saint-Irénée retarderait probablement jusqu'à la fin de 1855.

Le 15 février, la lacune de 17 kilomètres qui séparait la ligne principale du chemin de fer de Strasbourg de l'importante ville de Saint-Dizier, fut comblée par l'ouverture de la section de Blesmes à Saint-Dizier. C'était la première partie d'un embranchement qui pouvait être considéré comme le premier anneau de la chaîne qui plus tard rejoindra Lyon et Genève par Chaumont, Langres et Gray.

Ce n'est pas par sa longueur qu'il faut juger de l'importance de la section de Blesmes à Saint-Dizier, mais par le nombre et la grandeur des intérêts auxquels elle donne satisfaction. Saint-Dizier est le centre où affluent tous les produits métallurgiques de la Haute-Marne et ceux des campagnes et des forêts de l'Est destinés à Paris. C'est le grand marché des fers, des fontes, des bois et des grains de cette partie de la France.

C'est surtout en matière de chemins de fer qu'éclatent les désavantages du régime douanier qui prétend protéger les diverses industries françaises. Même après les adoucissements apportés à notre législation sur les fers par le décret du 22 novembre 1853, l'industrie si importante des chemins de fer est encore exposée aux inconvénients du monopole des maîtres de forges. Or, ces maîtres de forges dont les privilèges interdisent au consommateur l'achat des fers étrangers, se trouvent impuissants à fournir aux demandes de rails nécessitées par des travaux considérables.

. C'est ainsi que la compagnie de Strasbourg ne put ouvrir l'embranchement de Reims : celui de Thionville fut ajourné également jusqu'au 16 septembre, faute de rails. La pose de la seconde voie sur le chemin de fer de Bordeaux, l'ouverture des prolongements du centre sur Clermont et sur Limoges, de la ligne de Bordeaux à Bayonne furent ajournées pour la même cause. (La section de Châteauroux à Argenton fut ouverte le 2 mai.) Le chemin de fer de la Méditerranée eût pu être achevé dans le courant de l'année entre Lyon et Avignon, complétant ainsi la plus importante des lignes, celle de Paris à la Méditerranée : les rails manquaient.

Cette situation bien constatée força le gouvernement à accorder des exemptions partielles de droits à l'importation, au profit de quelques compagnies ; elle eut, on l'a vu, un autre résultat, celui de constater le peu d'importance du dégrèvement accompli par le décret du 22 novembre 1853.

Quelques organes de l'industrie des fers, ou plutôt du monopole établi en France par les lois prohibitives, pressentant les intentions libérales du gouvernement, s'étaient, à l'époque où fut rendu le décret, empressé d'affirmer hautement que les maîtres de forges étaient en mesure de répondre à toutes les demandes de l'industrie française, et qu'aucun intérêt public ne serait compromis si l'on maintenait dans leur intégrité ces droits prohibitifs. Ces assertions intéressées, si elles ne purent convaincre l'autorité, réussirent au moins à la paralyser. Le décret, tout en apportant aux droits établis une réduction notable, leur conserva encore le caractère prohibitif.

Mais enfin on avait touché à l'arche sainte. On l'avait fait avec une réserve peut-être excessive, mais on l'avait fait et l'impuissance flagrante de l'industrie des fers à fournir aux exigences des grandes industries comme celles du bâtiment et des chemins de fer, ne tarderait pas à démontrer les dangers de ce ruineux privilège.

Il nous reste à signaler une tendance nouvelle dans l'industrie des chemins de fer. Dans les entreprises privées, comme dans les institutions, tout s'achemine vers l'unité : la concentration

des forces individuelles et leur direction vers un but général paraît être désormais la loi de l'activité moderne.

C'est ainsi qu'à la fin de l'année se faisait un travail de fusion
gigantesque entre les divers chemins qui de Paris se dirigent
vers l'Océan et vers la Manche.

On comprend l'importance des lignes bretonne et normande,
fusionnées en une seule *ligne de l'Ouest*. Partant de Paris, où il a
deux gares à son service, ce réseau se déploie en éventail pour
arriver aux divers ports de la Manche et de l'Océan, sur une
étendue considérable du littoral, depuis Dieppe jusqu'à Nantes.

Quatre grandes lignes composent ce système :

1° Celle de Paris au Havre avec embranchement sur Dieppe ;

2° Celle de Paris à Rennes, par Chartres et le Mans, qui doit
être prolongée jusqu'à Brest, et se reliera par Tours et Angers à
la ligne d'Orléans ;

3° Celle de Paris à Caen et à Cherbourg, dont la première
section sera bientôt achevée;

4° Celle de Paris à Granville, par Dreux, Laigle et Argentan;
cette dernière n'est encore qu'à l'état de projet.

L'ensemble de ce réseau, qui ne comprendra pas moins de
2,000 kilomètres, sera complété par les embranchements déjà
concédés de Rennes à Saint-Malo, du Mézidon au Mans, de Ser-
quigny à Elbeuf. Les départements les plus riches, les plus peuplés de la France, ceux qui concourent dans la plus forte proportion à l'approvisionnement de la capitale, vont se trouver
desservis par le réseau normand-breton, qui, en outre, ouvrira
un triple débouché aux services maritimes transatlantiques.

La ligne de Paris à Cherbourg a sur les autres cet avantage
spécial qu'elle ne craint aucune concurrence sérieuse de la part
des voies navigables. Au lieu de suivre le même tracé qu'un canal ou un cours d'eau, comme les chemins de fer de l'Est, du
Nord, de Lyon et de la Méditerranée, elle coupe perpendiculai-
rement les rivières peu considérables, d'ailleurs, qui arrosent le
bassin de la Manche et celui de l'Océan, entre l'embouchure de
la Seine et celle de la Loire.

Télégraphie électrique. — Lorsque fut inaugurée la première
ligne de télégraphie électrique, le télégraphe aérien ne mettait

que 20 villes de France en communication avec Paris. A la fin
de 1853, cent cinq étaient ou allaient être rattachées à la capitale
de l'Empire. En 1854, tous les chefs-lieux de préfecture pouvaient communiquer avec Paris, qui serait bientôt en relation
directe avec la Corse et l'Algérie.

Antérieurement à 1852, les lignes télégraphiques françaises
n'étaient reliées qu'aux lignes belges et anglaises. Au commencement de 1854, presque toutes les frontières étaient franchies.
La France se trouvait en communication électrique directe avec
la Grande-Bretagne, la Belgique, la Suisse, la Bavière, le grand-
duché de Bade, la Prusse, l'Autriche et la Sardaigne; le fil français attendait à Irun que la ligne de Madrid à la frontière française fût terminée.

Diverses mesures législatives étaient venues réglementer la
télégraphie privée et favoriser son développement. Mais plusieurs
causes tendent encore à paralyser ce puissant agent d'activité et
de richesse. Et d'abord le personnel, malheureusement em-
prunté à l'ancienne administration de la télégraphie aérienne,
est dépourvu de l'intelligence et de l'initiative exigées par ce
nouveau service : il n'est d'ailleurs pas assez nombreux. Puis le
matériel est déjà insuffisant. Les poteaux, trop minces et trop
courts, sont en mauvais état ou trop faibles pour recevoir le
nombre de fils indispensable à la transmission.

Le commerce et les particuliers apprécient déjà vivement les
progrès réalisés, et se montrent de plus en plus empressés d'user
des communications électriques. Le nombre des dépêches privées, qui n'avait été que de 10,000 en 1851, et de 48,000 en
1852, a atteint, pendant l'année 1853, le chiffre de 200,000.
Les recettes qui, en 1851, ne montaient qu'à 75,000 fr., se sont
élevées en 1853, à 1,500,000 fr. Cette progression s'était maintenue en 1854.

On avait fait beaucoup, il restait encore beaucoup à faire. Il
faudrait multiplier les bureaux, pour que des villes importantes
par le chiffre de leur population, par leur commerce ou par leur
industrie, pussent profiter des avantages de la télégraphie, jusqu'ici réservés presque exclusivement aux chefs-lieux de préfecture. Il faudrait établir des fils supplémentaires sur plusieurs

lignes où le développement rapide des correspondances avait dépassé toute prévision. Il faudrait encore assurer le bon entretien du matériel par une inspection quotidienne qui rendrait impossible toute interruption prolongée du service.

Tels étaient les principaux résultats, les principaux progrès de ce nouvel et puissant agent d'activité sociale. En les indiquant, d'une façon sommaire, dans l'excellent rapport à l'Empereur où il retraçait l'ensemble de son administration (*Moniteur du 24 juin 1854*), M. de Persigny ajoutait ces réflexions judicieuses :

« L'usage de la télégraphie, en se régularisant, ne peut manquer d'apporter de grands changements dans les relations commerciales, et de seconder puissamment le développement des affaires. Je n'ai pas besoin de dire à Votre Majesté quel ressort utile il est déjà entre les mains de l'administration, et ce qu'il ajoute de promptitude et d'ensemble à l'action du pouvoir. Peut-être même les services de la télégraphie ne s'arrêteront-ils pas là : peut-être, par la contagion du bon exemple, et sous l'empire d'une heureuse nécessité, verra-t-on la netteté et la concision indispensables aux dépêches télégraphiques s'introduire dans le langage administratif, et en bannir les longues et oiseuses formules dont il est surchargé. »

Travaux publics à Paris. — Jamais la capitale de la France n'avait été, comme cette année, bouleversée, régénérée, transformée par des démolitions radicales, par des reconstructions grandioses exécutées avec une promptitude inouïe. On avait compris enfin les précieux avantages qu'on peut attendre de larges voies de circulation, pour les besoins présents d'abord, mais aussi, mais surtout pour les besoins de l'avenir prochain que nous prépare la vapeur.

Un Paris nouveau sortait des décombres de l'ancienne cité. Le Louvre s'achevait comme par enchantement, dégagé par avance des constructions qui l'eussent entouré de toutes parts, et pour ainsi dire déshonoré par leur voisinage ; la rue de Rivoli prolongée semblait une voie ouverte à travers la cité pour porter au milieu des quartiers jusque-là les plus tristes et les plus pauvres le mouvement et la gaieté des quartiers les plus brillants et les plus riches ; le boulevard de

Strasbourg, dignement terminé à l'une de ses extrémités par un édifice monumental, à l'autre par la voie la plus longue qui traverse la ville, plaçait pour ainsi dire au centre même de Paris l'une des lignes les plus importantes de notre réseau français; la rue des Écoles faisait disparaître en grande partie ces misérables réduits privés d'air et de lumière, où la population laborieuse et pauvre s'entassait pêle-mêle, au détriment de sa santé et de sa moralité, comme à la honte de notre civilisation; et, à la place de ces logements incommodes et malsains allaient bientôt s'élever des habitations salubres, bien aérées, abondamment pourvues d'eau.

Les halles de Paris, dans ce nouveau système, ne seraient plus seulement un établissement municipal, mais le marché commun et régulateur de la plus grande partie des départements français.

Aussi les reconstruisait-on sur un plan grandiose.

Un arrêté de M. le préfet de la Seine, en date du 11 janvier, prescrivit le dépôt d'un projet de chemin de fer qui relierait le chemin de fer de ceinture aux halles centrales de la capitale. Ce projet, dû à MM. Édouard Brame et Eugène Flachat, apporterait des facilités toutes nouvelles à l'approvisionnement de Paris.

Industrie générale. — Un moment on parut craindre que la guerre ne paralysât les intentions du Gouvernement et ne le forçât à reculer l'époque de l'Exposition Universelle. Mais le *Moniteur* s'empressa de rassurer les producteurs en déclarant que l'état de guerre ne changerait rien aux mesures décrétées les 8 mars et 22 juin 1853. Les travaux du palais destiné à cette immense exhibition étaient conduits avec activité, tout s'apprêtait dans le monde pour cette lutte pacifique.

On pouvait espérer que ce grand concours international aurait pour premier résultat de modifier la législation industrielle des peuples civilisés et en particulier de la France, dans le sens de l'unité des principes et de la solidarité des intérêts. L'Exposition de Londres avait déjà soulevé ce débat, mais il était peut-être réservé à l'Exposition de Paris de le résoudre au profit de notre pays.

CHAPITRE IV.

COLONIES.

ALGÉRIE. — Expédition du Sud, défaite de l'agitateur Mohammed-ben-Abd-Allah, par le khalifa Si-Hamza, soumission d'Ouargla, soumission des Beni-M'zab; réapparition de l'agitateur à Tuggurt, il est défait par le commandant Marmier, combat de Meggarin et prise de Tuggurt; la colonisation dans le Sahara; administration des tribus, modifications dans les habitudes des populations arabes; lenteurs de la colonisation européenne, l'administration militaire; décret qui fixe la propriété; entraves apportées à l'immigration; les grandes concessions, Compagnie de Brésillon, village d'Aïn-Benian; mouvement commercial de la colonie, les tarifs, insuffisance de la loi de douanes de 1850, restrictions douanières, le papier; l'agriculture, le coton, autres cultures exotiques, leur avenir; richesses minérales, les pierres, le cuivre; ce qui reste à faire, les routes; résumé de l'année. COLONIES TRANSATLANTIQUES. — Sénatus-consulte réglant la constitution des colonies, institution d'un comité consultatif. — Banques coloniales: rapport de la commission de surveillance, opérations et situation de ces établissements. — Antilles. Transformation du travail esclave en travail libre, immigration. — La Réunion. Progrès, travaux publics. — Sainte-Marie de Madagascar. Son importance, situation nouvelle au point de vue du commandement. — Mayotte. Ses ressources, la colonisation. — Guyane. Situation sanitaire des établissements. — Établissements de la côte occidentale d'Afrique. Expéditions militaires, Bakel, l'Alaghi-Oumar; modifications dans le commandement et l'administration de Gorée, ressources de cette station, législation restrictive. — Établissements de l'Océanie. Avenir de ces parages maritimes. Prise de possession de la Nouvelle-Calédonie, but de cet acte; constitution nouvelle des établissements français en Océanie; description de la Nouvelle-Calédonie, ses ressources, travaux de l'établissement militaire, nullité de l'établissement colonial. Tahiti, îles Marquises, leur situation nouvelle dans le groupe océanien.

ALGÉRIE. — C'est vers le sud que se reculent maintenant les opérations militaires en Algérie.

On se rappelle que la nécessité de soumettre les populations nomades du Sahara, et de les arracher à l'influence de quelques agitateurs, avait successivement conduit nos armes sous les murs de Zaatcha et de Laghouat. On n'avait d'abord voulu occuper ces oasis que le temps nécessaire pour achever l'organisation des tribus environnantes; mais on avait reconnu bientôt que, pour protéger efficacement le Sahara français, sans cesse exposé aux tentations de chérifs ambitieux ou fanatiques, il fallait donner à ces établissements un caractère de fixité.

L'impression produite par la prise de Laghouat fut considérable. Aïn-Madhi, la cité sainte, qui avait arrêté si longtemps les armes d'Abd-el-Kader, ouvrit d'elle-même ses portes, et les tribus s'empressèrent de faire accepter leur soumission. Dans toute la partie du Sahara située entre Laghouat et le Tell, le calme succéda à l'agitation, et il ne fut pas troublé depuis cette époque.

Cependant le chef de l'insurrection du sud, Mohammed-ben-Abd-Allah, échappé miraculeusement au désastre de Laghouat, était parvenu, avec quelques partisans, à se réfugier à Ouargla, à sept journées dans le sud-est. Rejeté à cette distance de nos avant-postes, placés eux-mêmes à plus de 300 kilomètres du Tell, le chérif n'était plus à craindre, et on n'eût pas songé à le poursuivre dans sa retraite, si lui-même n'avait rendu son châtiment indispensable.

En effet, au mois de septembre 1853, Mohammed-ben-Abd-Allah réunit ses partisans, jette la division dans la confédération des Beni-M'zab, qui traitaient déjà de leur soumission, et poussant des pointes hardies dans l'intervalle de notre première ligne d'occupation, il tombe sur les tribus récemment rangées sous notre autorité. Se fiant sur l'immensité du désert au milieu duquel il ne croyait pas que nous pourrions l'atteindre, l'ennemi prenait notre inaction pour de la timidité, et nous étions menacés de perdre l'influence due à nos succès de l'année précédente.

C'est alors que le gouvernement décida qu'un grand mouvement offensif serait fait simultanément par les contingents arabes des trois provinces, suivis à longue distance par des colonnes mobiles destinées à les protéger en cas de revers.

Cette opération présenta un fait remarquable.

Déjà on avait vu des corps arabes non organisés, commandés par des chefs indigènes, opérer en dehors de la protection directe de nos troupes régulières ; jamais encore on ne les avait fait combattre dans un rayon aussi éloigné.

Cet essai réalisa toutes les espérances.

Si-Hamza, notre khalifa des Oulad-Sidi-Cheikh, s'avance hardiment à la poursuite de Mohammed-ben-Abd-Allah, et, après un combat acharné, où bon nombre de ses partisans restent sur le terrain, il s'empare de tous les troupeaux du chérif, qui s'échappe à grand'peine, suivi seulement de quelques cavaliers.

Mais son prestige ne devait pas survivre à sa défaite. Dès qu'elle l'apprend, l'importante confédération des Beni-M'zab appelle nos colonnes et paye l'impôt ; Metlili, Ngouça, Ouargla, refusent de recevoir le chérif et nous ouvrent leurs portes ; Mohammed-ben-Abd-Allah, traqué de toutes parts, est contraint à se retirer du côté de Nefta, dans les oasis qui dépendent de la régence de Tunis.

L'agitateur était réduit pour quelque temps à l'impuissance, et on avait montré aux tribus que le bras de la France pouvait atteindre l'ennemi à deux cents lieues des côtes, dans des contrées jugées jusqu'alors inaccessibles.

Aussi, vit-on le chérif de Tuggurt, qui ne se croyait plus en sûreté dans sa ville, tenter de faire accepter sa soumission, en envoyant au gouverneur général des députés. Mais la France avait un compte trop sévère à demander de sa conduite à Selman, assassin de son neveu et usurpateur de son pouvoir, pour se contenter d'une semblable démarche, et, jusqu'à ce que le chef de Tuggurt eût accepté les conditions qui lui furent faites, il fut arrêté que les populations de l'Oued-Rir, bloquées dans leurs oasis, ne pourraient acheter dans le Tell le grain dont elles manquaient.

Cependant, l'infatigable Mohammed-ben-Abd-Allah n'entretenait plus de relations avec les Larbâa et les Ouled-Nayls ; ses principaux lieutenants étaient tombés sous nos armes ; le colonel Durrieu, commandant la subdivision de Mascara, avait couru à Ouargla rejoindre Si-Hamza, afin de consacrer, par l'apparition du drapeau de la France, la conquête que notre khalifa venait d'accomplir, et pour préparer les bases de l'organisation à donner aux villes et tribus nouvellement soumises.

Le 27 janvier, la jonction des goums et de la colonne française se fit dans le lit de l'Oued-M'zab inférieur.

Le colonel, dans le but de constater le plus ostensiblement possible la reconnaissance du drapeau de la France, s'arrêta avec son escorte sur l'une des dunes qui bordent la vallée. L'étendard aux couleurs nationales, surmonté de l'aigle impériale, flottait à ses côtés. Si-Hamza se détacha rapidement de son goum, mit pied à terre et vint le saluer avec empressement. Invité aussitôt à faire hommage à ce symbole de la domination française de tous les actes de la campagne qu'il venait d'accomplir : « Je n'ai qu'un drapeau, s'écria-t-il, c'est celui qui est devant moi. Je me suis battu pour la France, je suis prêt à mourir pour elle. »

L'éclat et la sincérité de cette profession de foi, au milieu de l'immensité où se trouvaient les quelques Français qui venaient, à plus de trente journées du littoral, et sans autre protection que l'influence morale de la France, prendre possession des villes et des tribus de cette vaste circonscription du sud algérien, émurent profondément tous les assistants. Le colonel Durrieu mit à son tour pied à terre, embrassa le khalifa, et leurs forces réunies se dirigèrent sur Ouargla.

L'oasis d'Ouargla est située au milieu d'un très-grand chott dont le bassin est fermé par une ceinture de dunes de sable entremêlées de rochers. Elle comprend, outre la ville d'Ouargla, les ksours de Rouissat, d'Aïn-Ameur, de Hadjedja et de Sidi-Touiled. C'est à Rouissat que les habitants de cette oasis avaient construit, trois ans auparavant, à force d'argent et de sueurs, une grande casbah où le chérif Mohammed-ben-Abd-Allah croyait avoir assis sa puissance sur des bases inébranlables.

L'expulsion du chérif d'un pays où on le supposait inexpugnable, l'entière soumission des populations qui faisaient toute sa force, l'apparition de notre drapeau sur les limites naturelles de l'Algérie, aux frontières du grand désert, et, par dessus tout, la présence d'un colonel français préparant seul, à une si grande distance de nos centres d'opérations, les bases de l'organisation

à donner à notre nouvelle conquête, étaient des faits trop considérables pour qu'on ne les entourât pas de quelque solennité.

C'est pour asseoir ces résultats sur des bases durables, ainsi
que pour imprimer le sceau de son autorité à ces nouvelles conquêtes de la France, que le gouverneur général quitta Alger
pour se porter à Laghouat. Il y arriva presque en même temps
que le colonel Durrieu, venu d'Ouargla, et que les commandants
Niqueux et du Barrail.

Cependant, nous l'avons dit, la soumission douteuse de Selman, cheik de Tuggurt, avait été déclinée. Le chérif Mohammed-ben-Abd-Allah vit, dans la position du cheik, une ressource nouvelle pour la résistance. Il sut entraîner Selman dans
une alliance ouvertement hostile à la domination française. Cette
réapparition de l'actif agitateur fut le signal de la chute de Tuggurt et de ceux qui s'appuyaient sur cette oasis.

Après un brillant combat, dans lequel M. le commandant
Marmier, à la tête de quelques spahis et d'un millier de cavaliers
arabes, mit en déroute les contingents réunis du cheïk de Tuggurt, Selman, et de l'ancien chérif d'Ouargla, Mohammed-
ben-Abd-Allah, tua ou blessa 500 hommes et prit 1,000 fusils,
Tuggurt, le dernier rempart de nos ennemis dans le sud de l'Algérie, nous ouvrit ses portes.

Cette importante conquête était la conséquence de l'habile
politique pratiquée depuis deux ans dans les affaires du sud par
le général Randon, gouverneur général de l'Algérie : cette politique nous avait valu successivement la soumission des Beni-
M'zab et celle d'Ouargla. L'expédition dans laquelle, l'année
précédente, M. le colonel Durrieu, à la tête de colonnes indigènes, alla promener le drapeau français dans ces contrées lointaines, semblait avoir été comme le prélude de l'heureux succès
de cette année.

Chassé de Laghouat et d'Ouargla, Mohammed-ben-Abd-Allah
était venu chercher un refuge près du cheïk de Tuggurt. Selman,
le meurtrier de toute sa famille, avait vainement demandé à la
France la reconnaissance de son usurpation et le pardon de ses
crimes. La terreur qu'il inspirait faisait seule sa force : il sentait

son pouvoir chanceler, et cherchait, en s'alliant à nos ennemis,
à retarder le moment de sa chute.

Tuggurt est le centre d'une vaste oasis habitée par une population nombreuse et guerrière. Une partie seulement reconnaît
l'autorité du cheïk de cette ville, tandis que l'autre obéit à celui
de Temacin, partisan de la France. C'est à Tuggurt que souvent
des expéditions s'étaient organisées contre les tribus nomades
soumises, et qu'après les avoir poursuivies quelquefois jusqu'à
la limite du Tell, l'ennemi se retirait avec son butin, à l'abri de
ses murailles. Il devenait urgent de mettre un terme à un pareil
état de choses, et de détruire ce repaire. Dans les derniers jours
de septembre, le gouverneur général de l'Algérie avait fait
connaître ses intentions à cet égard aux généraux commandant
les trois provinces, et il leur avait adressé des instructions
en conséquence.

Tout en visitant les tribus et les villes du sud récemment soumises, afin de les fortifier dans leur obéissance, le but de l'expédition projetée était de préparer les voies aux nouvelles conquêtes à faire, afin d'ouvrir à notre commerce le chemin de l'intérieur de l'Afrique. Des colonnes légères, composées en grande
partie de troupes indigènes, peu nombreuses, très-mobiles, devaient, s'appuyant sur les postes avancés que nous occupons
dans le sud, Biskra, Laghouat, Geryville, comme bases d'opérations, et se prêtant un mutuel appui, bien qu'indépendantes les
unes des autres, converger vers Tuggurt, inquiéter les partisans
de Selman, mettre à profit les haines soulevées contre lui, saisir
en un mot toutes les occasions de faire la conquête de cette ville
et de tout le pays. Cette pointe audacieuse dans le sud devait
agir sous la protection de réserves respectables, établies avec des
approvisionnements et des munitions sur des points convenablement choisis, pour observer le pays et prêter à nos colonnes légères un appui efficace.

Plein de confiance dans la direction que M. le général de Mac-
Mahon devait imprimer aux opérations, dans l'habileté reconnue
de M. le colonel Desvaux, commandant la subdivision de Batna,
comptant sur le dévouement et l'intelligence dont les officiers
des bureaux arabes commandant les colonnes indigènes ont

donné tant de preuves, le gouverneur général ne doutait pas des brillants résultats de cette campagne.

Le combat de Meggarin et la prise de Tuggurt qui en fut la conséquence justifièrent ces prévisions. Selman s'enfuit dans le désert et Tuggurt prit rang parmi les villes françaises.

Toutes ces opérations du sud comprennent un théâtre de plus de deux cents lieues de largeur et de cent lieues de profondeur, et s'exécutent, dans ces immenses espaces, par des éléments presque indigènes, sous l'énergique commandement de quelques officiers français assistés d'un petit nombre de spahis.

Le succès avec lequel elles s'accomplissent justifie complétement la haute pensée qui les a conçues et dirigées. Par ces hardies expéditions, aussi habilement ordonnées qu'heureusement conduites, M. le gouverneur général de l'Algérie a fait entrer notre domination dans une phase nouvelle ; grâce au parti utile qu'il a su tirer de nos auxiliaires indigènes et à leur concours isolément employé sans l'assistance de corps français, il lui a donné une extension pour ainsi dire indéfinie dans ces contrées méridionales, où naguère encore l'autorité de la France ne rencontrait que des hostilités, et où maintenant des populations soumises, et étonnées elles-mêmes de leur soumission, ont appris à la craindre et à la respecter.

Ce désert lui-même, que naguère on croyait inaccessible à la conquête, allait s'ouvrir à la colonisation.

Des cent vingt lieues qui séparent Alger de Laghouat, cette première étape du désert saharien, les soixante-quinze lieues qui s'étendent entre Boghar et Laghouat étaient peu connues encore. Une commission, composée de MM. les généraux Camou et Yussuf, du colonel de génie M. Tripier et du médecin inspecteur M. Baudens, fut chargée de reconnaître ces belles plaines pour y rechercher les points les plus propices à l'établissement de caravansérails. Déjà sont établies sur cette route les stations ou oasis de Djelfas, d'Amra et de Sidi-Maklouf. Le résultat de cette reconnaissance fut la constatation de la fertilité future de ces hauts plateaux, riches en terre végétale, sains, et où l'eau filtrée incessamment par les sables se retrouve limpide et pure à quelques mètres de profondeur, retenue par une couche argileuse imperméable.

Ces contrées sont éminemment propices à l'éducation de la race ovine, qui présente une laine d'une douceur et d'une finesse extrêmes. M. le général Yussuf est persuadé qu'un troupeau de 20,000 têtes de brebis, acheté au prix actuel de 140,000 fr., donnerait au bout de six ans un bénéfice net de 798,482 fr. Ce chiffre ne paraîtra pas exagéré si on réfléchit que, dans ces immenses steppes, la nourriture ne coûte rien et que l'Arabe est né pasteur.

Quant à la nature du sol saharien, les norias peuvent y être établies presque partout à peu de profondeur. Ce prétendu désert peut donc être facilement mis en culture.

Sous l'influence du calme assuré au Tell par ces brillantes et lointaines expéditions, partout la rentrée de l'impôt se faisait sans difficulté, partout la sécurité des routes était assurée, partout les ordres de la France étaient exécutés. La population arabe elle-même s'engageait plus franchement dans la voie des améliorations matérielles que nous ouvrons devant elle, et qui est la meilleure garantie contre toute agitation.

L'agriculture, encore si imparfaite dans les tribus, se ressentait de cette tendance. Les instructions des bureaux arabes étaient plus exactement suivies; les cultures se perfectionnaient, les plantations d'arbres, de tabac, s'augmentaient, et à peine connus, les premiers résultats donnés par le coton avaient amené de nombreuses demandes de graines de la part des Arabes.

Ainsi était assurée la tranquillité du pays, non par la force, mais par la prospérité et le bien-être. L'Arabe était surtout dangereux parce qu'il était insaisissable, parce qu'avec sa nature inconstante, la facilité de se mouvoir et de transporter rapidement avec lui ses principales ressources, il pouvait jusqu'à un certain point se considérer comme à l'abri de la répression. Mais que son état social soit peu à peu modifié, que nous parvenions à lui créer des intérêts qui seront comme la caution de ses écarts, il est trop bon calculateur pour le mettre en péril.

Le but constant de la politique du gouvernement, pendant ces dernières années, a été d'identifier au sol la fortune des tribus. Déjà, un premier résultat avait été obtenu par la substitution qu'avaient faite de la maison à la tente les Arabes les plus riches des trois provinces; un second résultat non moins important, puisqu'il rend un plus grand nombre d'intérêts solidaires de la tranquillité générale, a été constaté : c'est l'augmentation de la culture.

Aussi, est-il permis d'espérer que l'indigène comprendra de plus en plus que son intérêt aussi bien que le nôtre est la paix; que nous avons à son égard des vues d'amélioration et non de destruction; qu'enfin convaincu de cette vérité, il oubliera chaque jour, en s'en éloignant davantage, la période de guerre qu'il a eue à traverser avant d'entrer dans la période de calme ouverte devant lui.

Mais, il faut bien le dire, l'élément le plus sérieux de la conquête algérienne, la colonisation par colons français est loin de marcher du même pas que la conquête matérielle ou morale. Les difficultés spéciales inhérentes au régime militaire entravent l'élan de l'émigration.

A mesure, il est vrai, que les territoires se constituent définitivement, le régime militaire cède peu à peu la place. Les commissariats civils sont alors appelés à ménager la transition entre le gouvernement de la conquête et l'organisation municipale, dernier terme de la civilisation européenne. Mais peut-être l'administration apporte-t-elle trop de circonspection, trop de lenteurs dans ces transformations dont la dernière peut seule garantir complétement la libre occupation du sol.

La propriété elle-même était restée trop longtemps, en Algérie, douteuse et précaire. Un pas fut fait cette année pour la fixer d'une manière plus sérieuse.

Un décret impérial appliqua à l'Algérie les règles établies pour la métropole en matière de partage des propriétés indivises entre l'État et les particuliers. Le texte du décret était précédé d'un rapport adressé par le ministre de la guerre à l'Empereur sur le but et l'utilité de cette mesure. Les lois qui ont constitué la propriété dans notre colonie d'Afrique n'avaient rien statué sur le mode à suivre pour le partage des immeubles possédés indivisément par l'État et les particuliers. Dans l'absence de toute règle spéciale à cet égard, c'étaient les tribunaux civils qui étaient chargés de statuer sur les actions en partage introduites

20

soit par le domaine, soit par ses copropriétaires. Mais les longs
délais, les formalités compliquées et les frais ruineux qu'entraînait ce mode de procéder avaient l'inconvénient de paralyser le
gouvernement dans la distribution des terres aux nombreux demandeurs en concession.

Le décret nouveau avait pour but de remédier à cet état de
choses en appliquant à l'Algérie la législation en vigueur dans la
métropole sur cette importante matière. Le principe consacré
par cette législation, c'est que les partages des biens indivis entre
l'État et les particuliers appartiennent aux préfets, et que le
contentieux qui s'élève tant sur le fond que sur la forme des
partages doit être décidé par le conseil de préfecture, et porté,
en cas d'appel, devant le conseil d'État.

Dans la colonisation de l'Algérie, comme dans toutes les colo-
nisations accomplies par la France, la main de l'administration
se fait trop souvent, trop lourdement sentir. Elle règle tout, elle
surveille tout, au lieu de laisser aux colons l'initiative et la responsabilité qui seules assurent le succès des entreprises hasar-
deuses.

Il y a, sans doute, dans ces prescriptions méticuleuses de l'administration une sollicitude incontestable pour les colons :
mais cette sollicitude est funeste et va presque toujours contre
son but.

Ainsi, il avait été décidé, le 18 septembre 1853, que des permis
de passage gratuit en Algérie continueraient à être délivrés aux
étrangers, sur la foi de certificats émanant de leurs autorités
locales, mais que ces permis ne seraient admis comme valables
qu'après exhibition, par les titulaires, de sommes dont le minimum était fixé ainsi qu'il suit : — Futurs concessionnaires,
2,000 fr.; — ouvriers chefs de famille, 400 fr.; — ouvriers céli-
bataires, 100 fr.

On comprend le motif de ces dispositions propres à éloigner
des émigrants qui, au lieu de servir à la colonisation, deviennent
une charge pour la colonie. Mais pourquoi ne pas laisser aux colons eux-mêmes la responsabilité de leur prudence ou de leur
audace ? Ce n'est pas avec des propriétaires ou des rentiers qu'on
fonde des colonies.

Aussi, la population européenne ne s'accroît-elle pas, en Algérie, dans des proportions vraiment sérieuses. Toutefois, un élément nouveau de colonisation est désormais introduit dans l'Afrique française par les Compagnies. La Compagnie genevoise répond du succès futur d'entreprises semblables : la facilité d'acclimatation est un fait acquis aujourd'hui en dépit des assertions des pessimistes.

Les grandes concessions commencent à devenir moins rares. L'année précédente, c'était la Compagnie de Sétif qui obtenait une concession de 20,000 hectares pour fonder des villages peuplés de Suisses (*Voyez l'Annuaire pour 1853, p. 427*); cette année, un décret du 16 décembre accorda la concession à MM. Joly de Brésillon, Héraud et Marill, propriétaires et négociants à Constantine, d'une superficie de 2,000 hectares situés au territoire de l'Oued-Dekri (subdivision de Constantine).

La Compagnie de Brésillon s'engageait à créer sur ces terrains un village de 50 familles européennes, aux mêmes conditions que celles qui avaient été imposées à la Compagnie genevoise de Sétif, pour chacun des centres qu'elle avait à construire.

Ainsi, d'une part, la Compagnie s'obligeait à établir 50 maisons, qu'elle livrerait au prix de revient à un égal nombre de familles de cultivateurs choisis par elle, sous le contrôle de l'administration, et, d'un autre côté, sur les 2,000 hectares qui lui étaient concédés, 1,200 devraient être réservés tant pour la dotation communale du futur village que pour 50 concessions de 20 hectares chacune, que l'État devrait attribuer directement aux acquéreurs des maisons, dans la forme et aux conditions prescrites par le décret du 26 avril 1851.

Comme pour la Compagnie genevoise, le seul bénéfice de l'opération consisterait donc dans la concession définitive des 800 hectares restants aux entrepreneurs, s'ils remplissaient leurs engagements, c'est-à-dire s'ils construisaient et peuplaient leur village dans le délai déterminé.

C'était la première fois que des capitaux formés dans le pays, des capitaux algériens s'offraient à solder une vaste entreprise de colonisation. Le village projeté serait situé sur la route de Constantine à Sétif.

Un autre essai avait été fait dans un autre système.

Sur la demande de M. le préfet de la Haute-Saône, M. le ministre de la guerre décida que le village d'Aïn-Benian serait peuplé d'émigrants de ce département qui avait déjà fourni de nombreux colons à l'Algérie. 59 familles furent placées dans ce centre construit originairement aux frais de l'État sur le crédit spécial alloué en 1848 pour les colonies agricoles, et qui n'avait encore été occupé que par des transportés politiques. Le village d'Aïn-Benian est situé sur la route de Blidah à Milienah, à 18 kilomètres de cette dernière ville. Sa position sur le sommet d'un mamelon dont le pied est baigné par l'Oued-Ger, présente toutes les garanties désirables de salubrité. L'eau y est abondante et saine. Déjà étaient établis près de l'enceinte une fontaine, un lavoir et un abreuvoir; les principaux chemins d'exploitation étaient ouverts. La superficie du territoire était de 1,323 hectares, en terres propres au labour et à la culture de la vigne.

Malgré toutes les difficultés qu'y rencontre la colonisation, l'Algérie commence à compter sérieusement dans l'ensemble des échanges de la France.

Le tableau général des douanes consacrait un chapitre spécial pour l'Algérie. L'ensemble du mouvement commercial de la colonie s'était élevé, en 1854, à 30,724,817 fr., valeurs officielles, soit 80 p. 0⁄10 d'augmentation sur 1853. L'importation, qui ne figurait dans le chiffre de cette dernière année que pour 12,482,346fr., était comprise pour 17,944,897 fr. dans celui de 1854. L'exportation avait atteint la somme de 12,779,920 fr., au lieu de 4,578,170 fr. seulement, qu'elle représentait en 1853.

La première de ces différences s'expliquait par l'extension imprimée aux importations de peaux, de tissus de laine et de soie, de céréales, de vins et d'eaux-de-vie, de café, de houille, de bestiaux, de nattes et tresses de paille ou de sparte, de tabac en feuilles.

La seconde différence portait notamment sur les céréales, les chevaux et les tabacs fabriqués.

Il y avait encore des progrès importants à accomplir dans la voie de l'exonération des tarifs.

Sans doute la loi de douanes de 1850 fut, en son temps, une réforme féconde: mais tout va vite en fait de commerce et d'in-

dustrie, et cette législation qui ouvrit au colon algérien le marché
français pour son blé, ses laines, ses huiles, sa soie, ses bestiaux,
ses minerais, lui ferme encore les ports de la France pour la
plupart des produits fabriqués par son industrie. Le blé, par
exemple, ne peut être converti en farine ou en pâtes alimentaires : les bestiaux y sont nombreux, le tan y abonde, mais,
contradiction singulière, les peaux et le tan qui entrent isolément
en France, sont repoussés à la douane quand ils ont été traités
l'un par l'autre. En un mot, les divers produits du sol ne sont
admis qu'en leur état naturel, dans leurs conditions encombrantes.
Comment espérer, sous un semblable régime, un développement
énergique de l'industrie?

Quelle impulsion, au contraire, une révision libérale du tarif
des douanes ne donnerait-elle pas à l'industrie algérienne?
Ainsi, pour ne citer qu'un exemple, des fabriques de papier s'é-
lèveraient comme par enchantement sur le sol africain si le législateur exonérait de droits prohibitifs les substances végétales
capables de fournir la pâte à papier. Le papier manque en effet,
et le chiffon ne suffit plus à en fabriquer pour les besoins d'une
consommation incessamment croissante. Or la feuille du palmier-
nain et de l'alpha, sorte de sparte, qui croissent spontanément sur
tout le sol de l'Algérie, au grand détriment de l'agriculture, donneraient toutes deux une pâte à papier. Mais la législation douanière
paralyse l'usage de ces richesses naturelles. Elles sont à peu près
libres à la sortie, mais seulement à l'état brut, c'est-à-dire sous
un volume qui en rend l'exportation impossible. A l'état de pâte,
elles payeraient un droit prohibitif, au minimum 165 francs les
100 kilogrammes. Encore ne seraient-elles exportées qu'à destination de France : à destination d'étranger, la prohibition est
absolue.

Peu de pays, pourtant, possèdent plus que l'Algérie les éléments
nécessaires à la fabrication du papier. Le bananier, l'aloès, outre
le palmier-nain et l'alpha, bien d'autres plantes textiles encore
en fournissent abondamment la matière.

Malgré les mauvaises conditions faites à cette industrie, une
magnifique fabrique de papier a été élevée par M. Rifard sur les
bords de l'Arrach, près du gué de Constantine, à 12 kilomètres

environ d'Alger. C'est là, à vrai dire, le premier établissement
industriel proprement dit dont l'Algérie ait été dotée. La consommation locale, celle surtout de l'administration algérienne,
peut déjà défrayer largement une entreprise de ce genre.

Mais c'est dans l'agriculture, c'est dans la production des céréales et des végétaux des tropiques, qu'est l'avenir de notre conquête.

Parmi les cultures riches, celle qui fait concevoir les plus brillantes espérances, c'est la culture du coton.

Un habile filateur de Lille, M. Cox, accuse, dans les termes
suivants, réception, au département de la guerre, de la première
balle de coton sortie des ateliers d'égrenage de la province
d'Oran.

« Je viens de recevoir la balle de coton Géorgie longue soie
de la province d'Oran. Suivant votre désir, je m'empresse de
vous faire connaître mon appréciation : j'ai remarqué que mes
observations avaient été prises en considération ; ainsi l'embal-
lage, la forme de la balle, tout est bien. Le coton n'est pas en-
tassé, on peut prendre des échantillons jusqu'au centre, et c'est
un mérite. Malgré cette facilité, j'ai éventré la balle pour prendre
des échantillons dans les flancs, dans les bouts : j'ai comparé
toutes ces parties entre elles, et j'ai rencontré un coton de fort
belle apparence, présentant une égalité parfaite entre tous les
échantillons, d'une belle préparation. Jamais, dans la série
d'une qualité semblable d'Amérique, je n'ai rencontré plus d'é-
galité en longueur de soie, finesse, force, et un égrenage mécanique plus soigné. Ce coton n'est pas d'une espèce extra-fine,
mais c'est une très-belle qualité fine, très-convenable pour la
presque totalité des tissus fins. Je lui donne aujourd'hui, cours
du Havre, une valeur de 7 fr. 50 c. le kilogr. Le même coton,
l'an dernier, eût valu 9 fr. 50 c. Mais les cours des cotons
Géorgie longue soie ont été exceptionnels, et, en présence des
arrivages de la nouvelle récolte, les prix se raisonnent à un cours
plus normal. »

Aussi, les décrets impériaux du 16 octobre 1853, relatifs à la
culture du coton en Algérie, avaient-ils été accueillis avec un véritable enthousiasme sur tous les points du pays. Tous les colons,

agriculteurs, industriels, commerçants, avaient compris que les généreuses dispositions adoptées par le gouvernement avaient ouvert à leurs travaux une ère nouvelle, qui serait féconde en résultats d'une incalculable portée, et ils se montraient pleins d'empressement à répondre aux intentions de l'administration.

Que l'on se rappelle les développements rapides de la production cotonnière en Égypte, et on verra si l'Algérie a tort de compter sur cette culture. En 1820, le coton n'était cultivé, en Égypte, que comme plante d'ornement. Dès 1821, sur les indications d'un Français, M. Jumel, le sol égyptien rend 48,000 kilogrammes de coton en laine. La campagne de 1822 donne quarante fois plus, et l'exportation de 1823 s'élève à 13 millions de kilogrammes. Si cette production ne monte, en Égypte, après trente ans écoulés depuis ce premier succès, qu'à 20 millions de kilogrammes année moyenne, il ne faut s'en prendre qu'à l'inintelligent despotisme qui a pesé sur le cultivateur.

Mais il ne faudrait pas s'abuser jusqu'au point de croire à la facilité d'une concurrence avec les Etats-Unis d'Amérique. Lutter avec un pays où la terre est à bas prix, où le sol est en quantités presque indéfinies, où l'argent abonde, où la main-d'œuvre est à vil prix et assurée par l'esclavage, où la mécanique apporte à une expérience agricole déjà vieille des ressources nouvelles, où les transports coûtent peu de temps et d'argent, ce ne sera pas pour l'Algérie chose facile.

Le sol de l'Algérie est fécond, mais d'une fécondité mal réglée; les cours d'eau y sont variables et capricieux; la population agricole est presque imperceptible; la population ouvrière est nulle. Pas de canaux, pas de chemins de fer, pas de fleuves navigables; à peine des routes, d'où il suit que les transports sont chers. Enfin, l'argent manque (1).

---

(1) En parlant de l'introduction et de la culture du coton en Algérie, nous croyons juste de rappeler ici que la première pensée en appartient à M. Pelouze, père de l'habile chimiste qui dirige la Monnaie de Paris. Dès 1838, M. Pelouze présentait à l'Académie, sur la naturalisation du coton en Algérie, un mémoire étendu, dans lequel il démontrait que le cotonnier pouvait prospérer dans ce pays. Son travail, après avoir reçu l'approbation d'une commission composée de MM. Silvestre, de Jussieu, Turpin, Delessert et Mirbel, rapporteur, a été imprimé à cette époque, et distribué, par les soins du département de la guerre,

La province d'Alger est ordinairement le théâtre des premiers essais agricoles, des tentatives d'introduction de cultures riches et nouvelles. L'intelligent et énergique préfet d'Alger, M. Lautour-Mézeray, encourage par tous les moyens possibles ces fécondes expériences.

Parmi les produits textiles, le chanvre géant de la Chine, le chanvre de Piémont, la *corette* textile, le *phormium tenax* ne sont déjà plus à l'état d'essai, ils commencent à entrer dans les cultures générales. Quant à l'*abutilum indicum*, c'est une culture d'introduction récente. Le développement de cette plante se fait en trois mois; elle donne à l'hectare 2,000 kilogrammes d'une filasse blanche et brillante avec laquelle les Chinois fabriquent des étoffes du plus grand éclat. L'*urtica nivea* a été l'objet de soins tout particuliers, mais on n'a pu réussir, jusqu'à ce jour, à dégager le fil d'un produit gommeux qui a résisté à une multitude de préparations.

Plusieurs productions oléagineuses en dehors de l'olivier, qui a une si admirable végétation, donnent aussi de belles espérances.

Le *sésame*, le *ricin*, le *colza*, la *cameline*, ont été l'objet de plusieurs essais heureux. On distingue surtout l'*arachide* comme une culture appelée à un grand avenir en Algérie. Elle donne de 2,400 à 3,000 kilogrammes à l'hectare.

Pour les productions tinctoriales, la cochenille tient la première place. De notables améliorations ont été introduites dans l'éducation de cet insecte, dont l'acclimatation est définitive sur le sol de l'Afrique française.

Plusieurs colons ont aussi ensemencé d'assez grandes étendues de terrain en garance; cette culture paraît avoir un trèsgrand avenir dans les terres d'alluvion qui avoisinent presque toutes les rivières.

Dans les productions alimentaires, les *patates* ont obtenu une place remarquable.

aux principaux colons de l'Algérie. Mais alors la guerre entravait tous essais de cette nature; ce n'est que plus tard, il y a deux ou trois ans à peine, qu'ils ont pu être sérieusement entrepris. On sait que depuis cette époque, et surtout depuis l'année dernière, ils ont pris, dans chacune des provinces algériennes, de très-grands développements.

L'*igname* a été introduite tout récemment dans le jardin d'acclimatation d'Alger. Cette espèce donne des tubercules très-nutritifs, qui pourront entrer en concurrence avec la patate. On s'occupe activement de sa multiplication.

Des masses de primeurs sont journellement expédiées en France. Ce commerce allait prendre toute son extension, aujourd'hui que le chemin de fer de Paris à Marseille était presque entièrement terminé.

On sait quel développement prend le commerce des oranges. Plusieurs essais de culture du pavot somnifère, de la canne à sucre, du caféier et de la vanille, permettent d'espérer que ces productions exotiques seront bientôt acquises à l'Algérie.

Enfin, la richesse minérale ne le cède en rien à la richesse végétale. Le sol de l'Algérie renferme, presque partout, d'abondantes carrières de grès, de pierres à bâtir, de marbres et autres calcaires, de gypse, etc., etc. Le nombre de ces carrières, en exploitation, est déjà considérable, et il s'accroît de jour en jour sous l'heureuse influence du développement que prennent la colonisation et les travaux publics.

On sait l'insuffisance de la production française en ce qui concerne le cuivre, et l'accroissement considérable qu'a pris la consommation de ce métal. Par exemple, les importations de cuivre, dont la moyenne, durant la dernière période quinquennale, ne dépassait pas 15 millions de francs, s'élèvent, en 1852, à près de 23 millions.

Or, l'Algérie, richement dotée de grands.gisements cupréiformes, paraît devoir, sous ce rapport nouveau, exonérer encore la métropole d'un tribut qu'elle paye à l'étranger.

Les mines de Tenez et de Mouzaïas sont en pleine exploitation. Cette dernière est entre les mains d'une administration intelligente qui consacre à son exploitation des soins assidus et des sommes considérables. L'établissement de Mouzaïas-les-Mines forme aujourd'hui un des centres importants de la province d'Alger. La population est d'environ 400 ouvriers. Les minerais de Mouzaïas sont facilement expédiés vers les ports du littoral, d'où ils sont envoyés, soit à Marseille, soit directement à l'usine de Caronte, par le port de Bouc.

Jusqu'à ces derniers temps, les fonderies françaises étaient restées incapables de traiter les minerais extraits des mines algériennes. Les cuivres gris de Mouzaïas et de Tenez, de même que les cuivres noirs du Brésil et ceux de la Corse et de l'Espagne, allaient, pour la plupart, se transformer, à Swansea, en produits commerciaux. Ce monopole manufacturier de la Grande-Bretagne était si absolu que, depuis plusieurs années, le gouvernement français, sur la demande des compagnies concessionnaires de mines en Algérie, avait dû leur accorder l'autorisation d'exporter leurs minerais à l'étranger, malgré les conditions contraires de leurs titres de concession.

Cette regrettable infériorité allait enfin disparaître. La compagnie des mines de Mouzaïas possède depuis longtemps sur l'étang de Caronte, un établissement métallurgique destiné au traitement des cuivres algériens. Mais il avait fallu de longues et coûteuses expériences pour arriver à fabriquer le cuivre avec succès. Le but était atteint aujourd'hui, et l'usine de Caronte allait, tout en plaçant le commerce et l'industrie du cuivre en France dans des conditions d'indépendance et de bon marché toutes nouvelles, donner une heureuse impulsion à la production des mines algériennes.

Les rapports commerciaux de la métropole y gagneraient aussi sans doute ; car les cuivres du bassin de la Méditerranée et même de l'Amérique méridionale pourraient se faire traiter désormais avec avantage à l'usine de Caronte.

Malgré tous ces progrès, il est certain que l'Algérie coûte encore annuellement 70 millions à la métropole et que sa population européenne n'excède pas 150,000 âmes. Nous réunissons ces deux faits parce qu'ils sont corrélatifs : si, en effet, l'Algérie avec ses ressources multiples et presque infinies coûte encore à la France au lieu de lui rapporter, c'est qu'elle n'a pu encore détourner à son profit une partie de cet immense courant d'émigration qui entraîne tous les ans plus de 300,000 âmes vers les États-Unis.

Une population européenne suffisante pour se garder elle-même et pour développer les ressources du sol, aurait bien vite exonéré le Trésor des millions que lui coûte annuellement l'armée d'Afrique et nous rendrait rapidement en impôts et en produits plus que ne nous a coûté la conquête.

Mais quelle cause assigner à cette préférence des émigrants pour la lointaine Amérique, quand l'Afrique française, aussi salubre, plus fertile, plus riche en productions variées, est placée aux portes de l'Europe? Cette cause ne serait-elle pas la persistance de l'administration militaire, excellente pour la conquête, moins bonne pour la colonisation? Si l'Amérique attire l'émigration, c'est que la propriété y est plus qu'ailleurs facile à acquérir, c'est que les concédés de l'émigrant y sont plus franches, c'est que l'arbitraire et la bureaucratie n'interviennent jamais dans les rapports du gouvernement et des particuliers.

Que de choses à faire encore en regard de celles qu'il serait peut-être bon de ne pas faire. Et d'abord des routes. L'état de celles qui existent est le plus souvent déplorable, et ce n'est pas quand on voit un arrêté du gouverneur général défendre tous les hivers la circulation au roulage sur une partie des routes, notamment sur celle de Blidah à Medeah, l'artère vitale de la province du centre, que l'on peut tenir pour résolu le problème de la viabilité algérienne.

La route de Bougie à Sétif, construite par l'armée, se trouve dès aujourd'hui praticable aux voitures, mais seulement à celles d'un poids léger. Cette communication, qui assure à Sétif un débouché et à Bougie une banlieue, sera sans doute, une fois terminée et améliorée, un puissant instrument de civilisation et de pacification.

Après tout, quoi qu'il eût été fait, quoi qu'il restât à faire, l'année avait été bonne pour la colonie. Commencée par une heureuse campagne dans le sud lointain, elle s'était continuée dans le calme le plus profond, dans l'activité commerciale et agricole la plus satisfaisante.

Ainsi se terminait heureusement, malgré quelques contre-temps atmosphériques, l'année 1854, la meilleure que, depuis la conquête, l'Algérie ait encore connue. Les créations de l'administration n'avaient pas été très-nombreuses : elles se bornaient aux villages de Chebli et de la Rhégaïa au centre, de Aïn-Smara à l'est, de Bousfer à l'ouest ; mais l'initiative privée, soutenue par l'action du pouvoir, avait décuplé avec succès ses propres créations. Les céréales avaient repris le rang qui leur appartient dans l'agriculture algérienne ; les cotons y avaient conquis le leur. La crise alimentaire en France et la guerre d'Orient avaient révélé avec certitude les services que peut rendre l'Algérie, et levé les barrières des douanes en même temps que celles des préjugés. La vie communale avait pris naissance dans l'organisation des municipalités.

L'administration des indigènes, celle de la justice criminelle et correctionnelle, avaient reçu de notables améliorations. Les dernières résistances étaient tombées dans la Kabylie, et dans les oasis du sud. Les capitaux d'Europe et des familles émigrantes s'étaient tournés, quoique trop faiblement encore, vers cette nouvelle France qui se lève sur le rivage africain de la Méditerranée.

Parmi les plus remarquables dispositions prises dans le cours de l'année, citons d'abord les décrets qui avaient érigé en succursales les églises des communes de Saint-Ferdinand, Lodi, Teniet-el-Had, Bou-Medfa, Bou-Tlelis, Sainte-Léonie, Aïn-Tédelès, Biskra, Rovigo, Zeralda-Bouzareah, Crescia, l'Edough : qui avaient créé quatre nouveaux vicariats à Orléansville, Aumale, Tenès, Sidi-bel-Abbès ; et qui avaient doté Aïn-Arnat et Constantine d'un oratoire du culte réformé.

Un autre décret déterminait la compétence des justices de paix et des cours d'assises en Algérie ; d'autres encore réglaient l'administration de la justice indigène en territoire civil, créaient des justices de paix dans plusieurs nouvelles localités qui en étaient dépourvues, Sétif entre autres, et des caisses d'épargne à Bone, à Philippeville.

N'oublions pas un important décret sur le régime sanitaire ; celui qui instituait des bureaux arabes départementaux ; un décret relatif aux chemins vicinaux et qui intéressait à un haut point l'œuvre de la colonisation algérienne ; un arrêté qui réglait le recrutement du personnel des services administratifs en Algérie ; le décret sur le partage des biens indivis.

Avaient été érigées en communes pendant 1854, les villes de

Médéah, Milianah, Cherchell, Tenès, Mascara , Tlemcen, Bougie, Sétif, Guelma et Constantine.

Avaient été fixés les alignements et nivellements des villages de Saint-Cloud, Assi-ben-Okba, Damesme, Mefessour, Mangin, Penthièvre, Barral, Jemmappes, Robertville, Gastonville, Mondovi, Aboukir, Assi-Ameur, Assi-ben-Ferrach, Assi-bou-Nif, Fleurus, Saint-Louis, Rivoli , Petit, Saint-Leu, Sainte-Léonie, Teniain, Aïn-Tedelès, Sourk-el-Mitou , Karouba, Damrémont , Kléber, Saint-Antoine, Héliopolis, Aïn-Nouissy, Montpensier, Chebly, Beni-Mered , Bou-Sefer, Reghaïa.

Avaient été créés les villages de Chebly près Bouffarick, d'Aïn-Taya, de Rouiba, de la Reghaïa (province d'Alger), et d'Aïn-Smara, dans la province de Constantine. Il faut y ajouter la construction de quatre villages fondés par la Compagnie génevoise, près de Sétif : Ouricia, Bouhira, Messaoud, Mabouan.

Un arrêté ministériel du 22 décembre avait prononcé la remise à l'administration civile des colonies agricoles d'Aïn-Sultan et de Vezoul-Benian.

D'autres arrêtés avaient soumis au régime forestier diverses forêts, notamment celles de Bled-Aïn-Turqui , près de Milianah ; de Tigheirem, près de Ténès , et des étendues boisées situées près de Coleah.

En fait de concessions de mines , nous remarquons celle de 9 kilomètres carrés qui sont annexés à la concession Briqueler et Cᵉ, de l'Oued-Allalah , près de Ténès; celle des mines des Haractas, concédées à MM. Chirat et Cᵉ. Des permis de recherches de mines avaient été accordés pour des gisements de cuivre au Djebel-Sayefa , de mercure au Djebel-Maksem , de cuivre au marabout de Sidna-Oucha, de cuivre à l'Oued-Noukal, d'antimoine et de plomb près de Guelma , de cuivre dans la vallée de l'Oued-Soufray, près Milianah. Plusieurs prorogations de permis de recherches de mines avaient été accordées. Un arrêté avait prescrit les mesures d'ordre et de police que nécessitè l'exploitation des carrières.

Diverses grandes concessions de terres de 100 à 2,000 hectares avaient été faites par des décrets impériaux. De 50 à 99 hectares, le nombre des concessions accordées par les soins de

M. le gouverneur général s'élevait à plus de vingt, comprenant ensemble 1,500 hectares environ. Le nombre de celles au dessous de 50 hectares qui avaient été attribuées directement par les préfets en territoire civil, et par les généraux divisionnaires en territoire militaire, soit à des Européens, soit à des indignes, était considérable. Dans le seul département d'Alger, on avait alloti, cette année, les territoires de Dradhar, de Hensson, de Beni-Sala, Saouda, Sidi-Moussa, Ouled-Sidi-Kebir, Ouled-Mendil, Edde-Kakaa, Ouled-Chebel, territoires ou haouchs comprenant ensemble 14,000 hectares environ, dont la moitié avait été affectée à la colonisation européenne, à des concessions isolées et à la formation du territoire du village de Sidi-Hopachi.

Notons enfin la création, à Alger, d'une exposition permanente des produits de l'industrie, l'organisation de la milice dans plusieurs localités, l'établissement de dépôts de poudres à feu à Jemappes et à Nemours.

La télégraphie électrique étend en Algérie dans tous les sens le réseau de ses fils, mystère incompréhensible pour les Arabes qui les contemplent avec une terreur respectueuse. Sur la ligne d'Oran à Mostaganem, le capital dépensé rapporte déjà 10 p. 0/0. D'Alger à Medeah par Blidah, la ligne entière est en pleine et prospère activité. De Philippeville à Constantine, les travaux s'exécutent. Un crédit de 200,000 fr. a été alloué pour préparer le raccordement des lignes de terre avec le câble électrique, qui, de la Corse, plongeant sous la mer, abordera la côte d'Afrique, entre Bône et la frontière de Tunis. Ainsi, dans un an peut-être, la colonie et la métropole pourront, à une même heure, obéir à la même impulsion, confondre leurs intérêts et leurs pensées.

COLONIES TRANSATLANTIQUES. — Un sénatus-consulte, sanctionné par l'Empereur, le 3 mai, régla à nouveau la constitution des colonies françaises. Les attributions du gouvernement central et celles des gouvernements locaux y étaient précisées et délimitées. Le premier article du sénatus-consulte renfermait, comme de juste, la déclaration suivante : « L'esclavage ne peut jamais être rétabli dans les colonies françaises. »

Un comité consultatif fut établi près du ministre de la marine

et des colonies. Ce comité se composerait de quatre membres
nommés par l'Empereur et d'un délégué de chacune des colonies. Les conseils généraux de la Martinique, de la Guadeloupe
et de la Réunion choisiraient leurs délégués : l'Empereur désignerait ceux des autres colonies.

Banques coloniales. — On sait que la loi du 11 juillet 1851,
loi organique des Banques coloniales, a institué une commission
de surveillance de ces établissements. Conformément à l'article
15 de la loi du 11 juillet, cette commission doit présenter des
rapports sur les Banques de nos différentes possessions d'outre-
mer. Le premier de ces rapports, publié le 13 septembre 1855,
embrassait une période de deux années pour les Banques des
Antilles, et de dix-huit mois pour celles de la Réunion. Nous en
extrayons les renseignements qui suivent :

Les Banques coloniales de la Martinique, de la Guadeloupe,
de l'île de la Réunion, de la Guyane et du Sénégal, qui seules ont le privilége d'émettre du papier de circulation dans ces
possessions, sont des sociétés anonymes formées par l'État avec
un capital démembré de l'indemnité, coloniale et par conséquent
pour compte des intéressés à cette indemnité qui en sont devenus les actionnaires. Le capital est représenté par des rentes
sur l'État, qui, ne se réalisant qu'au fur et à mesure des besoins,
continuent à produire des arrérages. Il est de 3,000,000 de fr.
pour chacune des trois principales colonies; de 300,000 fr. pour
la Guyane et de 230,000 fr. pour le Sénégal. Les Banques sont
administrées dans chaque colonie par un directeur nommé par
le gouvernement, entouré d'un conseil d'administration formé à
l'élection, sauf le trésorier colonial qui en est membre de droit.
Toutes les affaires des Banques se dénouant en Europe sont cen-
tralisées aux mains d'une agence centrale ayant son siége à Paris,
instituée réglementairement sur le vœu exprimé par la commission de surveillance, et dont l'administrateur, nommé par l'État,
est le représentant légal des cinq établissements près du gouvernement et de la commission, en même temps que son manda-
taire près du commerce.

Au moyen de cet intermédiaire, les Banques coloniales avaient
pu ouvrir des relations avec la Banque de France et la Caisse des

dépôts et consignations, absolument comme si elles eussent fonctionné à Paris. De même leurs actions avaient pu se diviser en actions coloniales et en actions d'Europe pour les intéressés résidant dans la métropole qui pourraient ainsi les transférer et en recevoir les dividendes sans déplacement, en recourant à l'agence centrale. Le rapport constatait que ce mécanisme avait parfaitement répondu à l'attente du législateur des Banques coloniales. MM. de la Mussue, Daney et Desse, nommés directeurs pour la Martinique, la Guadeloupe et la Réunion (les établissements de la Guyane et du Sénégal, plus récemment constitués, ne sont pas compris dans le compte rendu), et M. Le Pelletier de Saint-Remy, administrateur de l'Agence centrale, s'étaient montrés tout à fait à la hauteur de leur tâche d'organisation. Bien secondés par des conseils d'administration recrutés dans l'élite du personnel commerçant de chaque colonie, et par l'assistance éclairée des gouvernements locaux, les directeurs, tout en procédant aux opérations constitutives de leur établissement, avaient pu, dès le mois qui avait suivi celui de leur arrivée, mettre la main aux affaires commerciales.

Les opérations statutaires des Banques coloniales consistent à escompter des lettres de change et autres effets à ordre, soit à deux signatures, soit à une seule signature appuyée d'un récépissé de marchandises déposées dans les magasins publics, ou d'un connaissement de denrées chargées sur l'Europe, ou d'un transfert de rentes, ou d'un dépôt de matières d'or et d'argent, ou enfin d'un engagement de récoltes pendantes. Cette dernière nature de garantie constitue une opération en quelque sorte spéciale, à cause de la législation particulière qu'il avait fallu combiner pour lui assurer sécurité. Disons dès ce moment qu'elle n'avait pris encore son développement véritable que dans la colonie de la Guadeloupe, où la Banque était parvenue à engager une forte partie de son capital dans les prêts sur récoltes faits directement à l'agriculture, sans qu'une seule des obligations souscrites pour cette cause fût demeurée en souffrance. La commission de surveillance faisait avec raison ressortir ce point dans son rapport.

Durant la période indiquée, les Banques avaient escompté

dans les proportions suivantes : Martinique, 14,451,942 fr.; Guadeloupe, 11,252,856 fr. (compris plus de 1,500,000 fr. de prêts sur récoltes); Réunion, 16,335,152 fr. Les deux premières colonies avaient émis chacune pour plus de cinq millions de papier sur l'Europe, payable à la Banque de France, après *visa* de l'agent central ; la Réunion, seulement pour 1,370,000 fr. Mais le rapport constatait que cette nature d'opérations tendait à prendre un grand développement dans cette colonie.

Le mouvement de fonds des trois Banques en Europe, mouvement qui s'effectue entre la Banque de France et les porteurs de leurs engagements, ou sur les ordres de virements émis par l'agence centrale entre la Banque de France et la Caisse des dépôts, *et vice versâ*, se résumait dans le chiffre de 32,601,039 fr.

Le compte *profits et pertes* des Banques coloniales avait répondu à ce qu'on pouvait attendre d'établissements administrés avec prudence, et strictement maintenus dans le cercle de leurs statuts. En effet, les dividendes distribués jusqu'ici représentaient comme intérêts du capital engagé pour chacune des trois Banques : Martinique, 7.35 p. 0/0 ; Guadeloupe, 6.20 p. 0/0 ; Réunion, 6.73 p. 0/0.

La commission terminait ainsi son rapport :

« Si l'on rapproche les résultats qui précèdent de la courte période d'existence des Banques coloniales, on est facilement conduit à reconnaître qu'elles ont répondu à ce que les populations et le gouvernement en pouvaient attendre, et qu'un intérêt sérieux doit désormais s'attacher à leur durée.

» Formés d'autorité, avec une part de la fortune individuelle des colons, ces établissements par l'impulsion qu'ils ont donnée aux transactions, ont fait promptement oublier ce que cette mesure avait d'anormal, et largement compensé ce sacrifice.

» Leur effet a été en quelque sorte instantané sur les habitudes des colonies. La rigueur des conditions ordinairement faites aux emprunteurs y avait fait perdre à beaucoup de ceux-ci les sages habitudes de la régularité dans l'exécution de leurs engagements. L'inflexibilité obligée et systématique des Banques sur ce point et l'abaissement du taux de l'argent ont promptement désarmé toutes les prétentions, fait disparaître les inconvénients de cette situation et ramené les uns à plus d'exactitude, les autres à plus de modération.

» Il est remarquable que, dans une période de près de deux ans, et dans trois colonies différentes sous tant de rapports et spécialement par leur degré de prospérité, pas un seul débiteur des Banques ne leur ait fait défaut.

» Le taux de 6 p. 0/0, adopté pour l'escompte, a exercé une prompte et utile influence sur les affaires. Il est devenu comme un niveau régulateur auquel ont dû se soumettre toutes les transactions honnêtes. Il a eu, en outre, pour corollaire de détourner une certaine part des capitaux de la voie des placements journaliers, et de la reporter sur la propriété foncière, qui s'est ainsi relevée de la dépréciation qu'elle éprouvait depuis les rudes épreuves de 1848.

» Enfin, ces établissements fondés au milieu d'une population dont le chiffre total n'excède pas 350,000 âmes, ont fait ressortir d'une manière plus saillante, par l'importance du mouvement de leurs affaires, tout ce que le commerce de nos colonies recèle de ressources; et c'est avec l'emploi du tiers seulement de leur capital qu'ils sont arrivés à ces remarquables résultats. »

Antilles. — La question capitale pour l'avenir de ces établissements est toujours celle de la transformation du travail esclave en travail libre. Des efforts sérieux ont été faits déjà pour le règlement des intérêts compromis par la brusque émancipation de 1848, et on a cherché à remplacer le travail insuffisant des noirs émancipés par celui des immigrants de l'Inde ou de la Chine. La cherté des transports a, jusqu'à présent, limité les bienfaits de cette mesure qui, largement appliquée par le gouvernement britannique, a sauvé ses anciennes colonies à esclaves.

La Réunion. — Voisine de la grande colonie anglaise, l'ancienne île de France (Maurice), la Réunion a pu, mieux que les Antilles, s'inspirer à temps des exemples donnés par le gouvernement britannique en matière d'émancipation. Aussi la culture s'y est-elle relevée plus vite que dans toute autre colonie.

De grands travaux allaient seconder cette heureuse impulsion.

Le 1er novembre, la colonie assista à une fête profondément sympathique au pays, et donnée pour l'inauguration de la route de ceinture. Cet immense travail, commencé en 1827, était enfin terminé; il avait fallu vingt-sept années pour confectionner 202,000 mètres de route à travers des obstacles considérables. La dernière portion de ce travail avait été faite avec une grande promptitude; en neuf mois, 9,000 mètres avaient été creusés sur un sol de laves; la communication entre toutes les localités de l'île était un fait accompli, et la population entière avait accueilli cet événement avec les témoignages de la satisfaction et de la reconnaissance les plus vives.

Un autre important travail se poursuivait : c'était l'étude et les premiers essais de l'établissement d'un port à Saint-Pierre. Les travaux de ce port se poursuivaient avec une grande activité; les résultats obtenus avaient même dépassé les prévisions les plus favorables; la partie la plus pénible serait le creusement de la passe de la rivière d'Abord; elle serait entreprise dès que l'enrochement à l'est serait terminé. Au point où en étaient les choses, on pouvait déjà entrevoir la prochaine terminaison du port de cabotage, et à mesure que la jetée, actuellement en construction, avançait, les bateaux trouvaient un abri plus sûr.

On peut considérer comme appartenant au groupe de la Réunion les îles *Sainte-Marie-de-Madagascar* et *Mayotte*.

Sainte-Marie, distraite du commandement de Mayotte par décret en date du 13 octobre 1855, et placée sous celui de la division navale de la Réunion, est plutôt une station militaire qu'une colonie. La terre y manque. Mayotte a plus d'importance au point de vue maritime, et offre au moins quelques possibilités de colonisation restreinte.

Depuis 1843, époque de la prise de possession, un certain nombre de concessionnaires de terrains se sont établis à l'île Mayotte. Ils y ont opéré des défrichements et ils ont obtenu de leurs cultures des produits plus ou moins considérables, selon le degré d'industrie et l'étendue des ressources qu'ils ont déployées dans leurs entreprises. Des rapports de M. le capitaine de frégate Bonfils, commandant de cette île, font connaître les progrès de la colonisation et contiennent sur l'avenir de Mayotte des données intéressantes.

On sait que l'île Mayotte, située dans le nord du canal de Mozambique, à moins de 50 lieues de Madagascar, a été occupée principalement à cause des avantages que paraissait offrir, sous le rapport maritime, la beauté de sa rade et de ses mouillages. Comme base de colonisation, elle n'offre , à cause de sa faible étendue, qu'une valeur secondaire. C'est un terrain de soulèvement récent, d'une forme allongée, qui représente environ 40,000 hectares de superficie, limités dans une longueur de 21 milles et une largeur variable de 3 à 9 milles. Les points culminants qui la dominent étendent irrégulièrement dans tous les sens leurs nombreux contre-forts, entre lesquels s'ouvrent de riches vallées où de grands amas de terreau, de détritus et de poussière végétale présentent des éléments de fertilité que l'on chercherait vainement à épuiser.

Des cours d'eau assez nombreux, peu profonds, mais qui n'assèchent jamais, serpentent du sommet des montagnes à la mer ; des arbres en grand nombre, des cocotiers, des tacamakas, des tamariniers, etc., etc., enlacés par de fortes lianes, élèvent leurs têtes au-dessus d'innombrables arbustes, impénétrable rempart vivifié chaque saison par la pluie et le soleil.

La surface de l'île offre peu de plateaux. Le sol y est extraordinairement tourmenté ; les pluies dénudent incessamment les pentes, et chaque trou, chaque interstice est le réservoir d'un terrain d'alluvion toujours riche et d'une facile exploitation.

Partout à Mayotte, les patates, le manioc et dix espèces de tubercules croissent spontanément ; les bananiers et les cocotiers se rencontrent çà et là , sans avoir exigé les soins de la culture ou de l'ensemencement.

Les parties de l'île exploitées par les Européens sont les vallées : ils ont eu peu d'efforts à faire pour obtenir les résultats les plus merveilleux.

La culture de la canne a été jusqu'à ce jour presque exclusivement la seule à laquelle ils se soient livrés. On a cependant essayé les cafés, qui peuvent offrir plus tard une ressource importante.

Cette culture du café a cela de particulièrement avantageux qu'elle n'exige qu'un petit nombre de travailleurs ; que la récolte a lieu précisément du mois de janvier au mois de juin, c'est-à-dire pendant l'époque de l'année où les bras sont le moins employés dans les ateliers sucriers. Elle ne demande pas une grande dépense de force, comme la coupe et la mise en terre des cannes ; elle admet le concours des femmes et des enfants. La surveillance dans les caféieries est facile en raison de l'espace restreint des plantations, un hectare de terrain ¦pouvant recevoir facilement 5,000 plants et produire 10,000 kilogr.

Tout peut croître et prospérer dans le riche terrain de Mayotte, mais il faudra probablement restreindre la colonisation aux deux cultures de la canne et du caféier. Cette obligation résulte principalement de la difficulté d'obtenir des indigènes employés aux cultures un travail suffisant.

A cet égard, l'administration de Mayotte est placée dans des conditions tout à fait exceptionnelles. Le vagabondage est inconnu dans l'île ; tout le monde possède une case et un terrain. Le plus mince cultivateur est propriétaire au même degré que le plus riche indigène.

Les colons se plaignent généralement de manquer de travailleurs. Ils déplorent cette mobilité, ces instincts de paresse qui dominent les noirs et qui rendent irrégulier le concours qu'on peut en attendre. Les ouvriers indigènes ne vivent pas sur l'habitation, et ils ne se rendent à l'usine que quand il leur convient de travailler. La culture de Mayotte réclame donc un renfort de bras. Il sera nécessaire que les habitants, au fur et à mesure que leurs exploitations s'étendront, s'occupent de subvenir à ce besoin et suivent à cet égard l'exemple qui leur est donné par les habitants de la Réunion, en allant recruter pour leurs ateliers les travailleurs africains ou asiatiques que les lois et l'état des relations internationales leur permettent d'engager. Il leur sera accordé par le Gouvernement, pour ces opérations, l'appui et le concours sur lesquels ils ont droit de compter.

Les ouvriers noirs admis sur les ateliers de Mayotte reçoivent une solde mensuelle de 10 fr., plus la nourriture quotidienne, qui se compose de 800 grammes de riz blanc et d'un peu de poisson salé qu'on peut évaluer à 5 fr. par mois.

Au résumé, l'île de Mayotte offre un champ restreint, sans doute, mais fertile, à l'industrie européenne. Les essais de cultures qui y ont été faits jusqu'à ce jour ont surpassé l'espoir des planteurs.

Une chose y manque encore, c'est la quantité et la régularité du travail. Le caractère de la population est inconstant; le climat développe son penchant naturel à l'oisiveté, et de vastes étendues de terrains, où la canne atteint de très-belles proportions, restent inexploitées à défaut d'un nombre suffisant de travailleurs. Les colons préviendront les conséquences funestes qui pourraient résulter de cette apathie des indigènes en allant chercher des bras au dehors, ainsi que le font aujourd'hui les planteurs de nos autres possessions coloniales.

On doit présumer aussi que, la production s'étendant à Mayotte, il s'établira entre cette île et la métropole un mouvement régulier de navigation qui lui a manqué jusqu'à présent. Dans l'ensemble, cet établissement naissant, qui a eu à lutter à ses débuts, non-seulement contre les difficultés inhérentes à tout essai de colonisation, mais encore contre le fléau inattendu d'une épidémie terrible, paraît entrer dans une phase nouvelle, et pour peu que les efforts tentés en ce moment persévèrent, on peut compter qu'il acquerra bientôt des conditions tout à fait assurées de durée et de prospérité.

Guyane. — Les essais d'établissement pénitentiaire s'y poursuivaient avec une persévérance intelligente.

La situation sanitaire des établissements nouveaux devenait, de jour en jour, plus satisfaisante. La mortalité décroissait chaque mois. Le progrès des installations matérielles et des plantations aux îles du Salut, à l'îlet la Mère, à la Montagne-d'Argent, et à Saint-Georges suivait son cours sous l'active impulsion donnée à tous les travaux par le gouverneur.

Un excellent rapport de M. Bard donne des détails curieux sur l'état sanitaire de l'établissement de la Montagne-d'Argent pendant l'année 1854 mise en regard de l'année 1853.

Cette comparaison indique, d'une manière frappante, les améliorations qu'ont apportées dans l'état sanitaire le changement de lieu, le perfectionnement des installations, les progrès de l'hygiène et de la discipline.

L'année 1853 présentait, en effet, un nombre de décès qui

s'élève à 405, dont 2 noirs et 2 noyés, sur un effectif blanc de 127.

L'année 1854 ne présente, au contraire, que 25 décès, dont 6 tués en réunion, par accident, sur un effectif moyen de 372 blancs.

La différence en faveur de 1854 est donc sérieuse.

Il faut remarquer que le nouveau camp n'ayant été habité que pendant les trois derniers mois de l'année, le progrès de l'état sanitaire signalé suivrait probablement sa marche ascendante.

On pourrait donc affirmer que la Montagne-d'Argent serait bientôt dans d'excellentes conditions de santé, et qu'elle ne serait guère inférieure, sous ce rapport, aux établissements sous le vent, qui sont d'ailleurs placés dans les conditions les plus favorables.

Établissements de la côte occidentale d'Afrique. — De petites expéditions militaires continuent à protéger et à étendre au Sénégal, la domination et le commerce de la France.

Quelques complications passagères survenues dans le haut fleuve furent terminées, cette année, de façon à faire espérer que la prochaine campagne commerciale s'accomplirait dans des conditions pacifiques, favorables à la transformation du mode de traite aux esclaves et au développement des échanges dans le pays de Galam.

M. le capitaine de vaisseau Protet remonta le fleuve jusqu'à Bakel pour visiter ce poste, situé à près de 200 lieues de Saint-Louis. Chemin faisant, il s'assura des dispositions des populations du Fouta, travaillées secrètement par un individu destiné peut-être à jouer un rôle important dans la Sénégambie.

Ce personnage était un peulh nommé Oumar, qui avait fait le voyage de la Mecque et qui, par suite, était connu dans la région du Fouta sous le nom d'Aleghi (pèlerin de la Mecque). Oumar avait profité de sa réputation de sainteté, jointe à une certaine éloquence, pour se former un parti puissant dans le Fouta-Diallon. Il avait d'abord adressé des envoyés au gouverneur du Sénégal pour offrir de rétablir la paix, encore troublée depuis l'expédition de Podor. Ses propositions avaient été écoutées avec bienveillance et ses délégués avaient reçu des présents. Mais ar-

rivé à Bakel, le gouverneur apprit que l'alaghi était à la tête de
bandes nombreuses, qu'il avait pour lieutenant un chef du Fouta
accusé d'assassinat sur la personne d'un traitant français, et que
les autres chefs et les guerriers du même pays, conduits par l'al-
mamy en personne, étaient allés le rejoindre. Enfin la présence
d'une partie de cette armée dans les environs de Bakel s'annonça
par le massacre de tous les habitants du village de Makana. Ces
malheureux Africains avaient été surpris dans leur sommeil et as-
sassinés jusqu'au dernier.

Bien que cet acte de barbarie ne pût être considéré comme
un commencement d'hostilités entre nous, la nouvelle de l'approche de l'alaghi suffit pour répandre l'alarme parmi les trai-
tants de Bakel.

Sans partager entièrement leurs inquiétudes, M. Protet prit
immédiatement les mesures nécessaires pour renforcer la garnison et pour compléter les moyens de défense de ce poste. Il suffit
de ces préparatifs pour déterminer l'alaghi à saisir les occasions
qui se présentèrent de protester de ses bonnes dispositions à
l'égard de l'autorité française. Des détachements de ses forces qui
parurent à Bakel n'y donnèrent point de sujets de plaintes ; ils
montrèrent au contraire des intentions amicales. L'alaghi lui-
même envoya son fils au poste français de Sénoudébou, sur la
Falémé, avec les assurances les plus conciliantes.

Dans cette situation, le gouverneur eut, à se féliciter d'avoir,
en remontant le fleuve, épargné les villages du Fouta, où d'ailleurs il ne restait guère que des femmes et des enfants. Un acte
de sévérité, dans de telles circonstances, aurait pu avoir des
conséquences regrettables. L'autorité du Sénégal aurait d'ailleurs
les yeux ouverts sur la conduite de l'alaghi, dont le caractère religieux était susceptible d'exercer un grand ascendant parmi les
populations riveraines, toutes adonnées au mahométisme.

Notre établissement de Bakel avait vu succomber, à peine arrivé sur les lieux, le lieutenant du génie Joris, qui venait en
prendre le commandement, et sous la direction duquel le progrès
de notre influence et de nos opérations dans le haut pays ne pouvait manquer d'acquérir une vive impulsion.

Par un décret impérial, en date du 1er novembre , le commandement et l'administration de Gorée et des établissements français au sud de cette île furent confiés, à dater du 1er janvier, à un commandant résidant à Gorée et placé sous les ordres supérieurs du commandant de la division navale des côtes occidentales d'Afrique.

Un sous-commissaire de la marine et le magistrat chargé du ministère public dirigeraient, sous les ordres du commandant de Gorée et dépendances, les différentes parties du service administratif et judiciaire. Un agent du commissariat y remplirait les fonctions de contrôleur. Un conseil d'administration, présidé par le commandant, et composé du chef du service administratif, du magistrat chargé du ministère public, du contrôleur colonial, de l'officier de la garnison le plus élevé en grade, ou le plus ancien à grade égal, et de deux habitants, serait consulté sur les affaires dans les cas déterminés par les règlements, et statuerait comme conseil du contentieux administratif. Dans ce dernier cas, le commandant lui adjoindrait un magistrat qui aurait voix délibérative.

Le commandement et l'administration de Gorée et dépendances seraient soumis, en tout ce qui ne serait pas contraire au décret du 1er novembre, aux dispositions prescrites pour le Sénégal par l'ordonnance organique du 7 septembre 1840 et par celle du 13 février 1846, relative au mode de remplacement du gouverneur.

La position et les facilités spéciales du port de Gorée semblent destiner cette île à devenir l'un des principaux centres commerciaux de la côte occidentale d'Afrique. Il est fâcheux que ces germes de prospérité soient étouffés par une législation restrictive.

Ainsi, le droit à payer à l'importation par navires étrangers y est fixé à 4 francs par tonneau. Cette lourde taxe a été établie, comme toujours, dans le but de *protéger* nos nationaux et de réserver des avantages spéciaux au pavillon français. Mais, en réalité, comme toutes les taxes protectrices, si elle éloigne d'une manière presque absolue les bâtiments étrangers, elle ne produit que fort peu de chose à la caisse coloniale et met obstacle à l'extension du mouvement commercial que le décret de

1852 avait surtout en vue en accordant la franchise de port à Gorée.

Établissements de l'Océanie. — Nouvelle-Calédonie, Tahiti, Marquises. — Ces parages lointains semblent être sur le point de devenir la grande route du commerce européen et l'importance inouïe récemment acquise par la Californie et par l'Australie y ont déjà créé un mouvement énorme de commerce et de civilisation. Jusqu'à la fin de 1853, la France ne possédait, dans ces mers fécondes, à titre de propriété ou de protectorat, que les groupes de Tahiti et des Marquises. Le 24 septembre, M. le contre-amiral Febvrier des Pointes, commandant supérieur des forces navales françaises dans l'Océanie, prit possession, au nom de l'Empereur, d'un groupe tout autrement important, celui de la *Nouvelle-Calédonie.*

Le gouvernement expliqua le but de cette prise de possession. Il avait voulu assurer à la France, dans l'océan Pacifique, la position que réclamaient les intérêts de sa marine militaire et commerciale, et ses vues sur le régime pénitentiaire. Cette position, il ne l'avait trouvée ni dans l'occupation du petit archipel des Marquises, ni dans le protectorat des îles de la Société.

Les Marquises, que la loi du 8 juin 1850 a désignées comme lieux de déportation politique, n'ont ni l'étendue, ni la fertilité, ni la situation géographique qui constituent les conditions indispensables à la création sérieuse d'un grand établissement maritime et colonial. A Tahiti, ces conditions ne se rencontrent que très-incomplétement, malgré les avantages incontestables du port et du climat, et on sait, d'ailleurs, que la France n'exerce pas sur cette île les droits de la souveraineté.

Dans la Nouvelle-Calédonie, la France aurait, dans un prochain avenir, un excellent point d'appui et une large base d'opérations dans des mers déjà devenues une route commerciale fréquentée par tous les pavillons du monde.

Désormais donc, les possessions françaises en Océanie se composent de trois groupes fort distants entre eux. La Nouvelle-Calédonie est à 800 lieues de Tahiti et des Marquises; Tahiti et les Marquises sont séparées par un intervalle de 300 lieues; les îles Pomotou, auxquelles s'étend le protectorat de Tahiti, sont à ne centaine de lieues de cette dernière île. Cependant, ces distances, dans les immenses régions de l'océan Pacifique, ne constituent pas un éloignement comparable à celui qu'elles formeraient dans d'autres mers.

La marine, surtout depuis les grands progrès de la navigation à vapeur, change, sous ce rapport, tous les anciens termes de comparaison. Il suffit, pour le comprendre, de songer qu'au moment même de cette prise de possession, deux lignes de communication se préparaient à travers l'océan Pacifique, l'une, de la Californie au grand archipel d'Asie et aux mers de Chine, l'autre de Panama à l'Australie, et que ces lignes n'auraient chacune plus de 2,500 lieues marines de développement.

L'espacement de nos possessions dans ces mers ne s'opposait donc pas à ce que le gouvernement des trois établissements fût organisé avec l'unité que réclament la similitude de leur position et l'analogie des intérêts que nous avons à y développer. Seulement, le gouvernement pensa que, pour réaliser sérieusement cette concentration de l'autorité et de l'action dans les mains d'un seul chef, il fallait que le chef n'eût provisoirement de résidence fixe dans aucun des trois groupes ; qu'il fût représenté dans chacun d'eux par un chef secondaire, et qu'il eût à la fois, comme commandant supérieur, l'autorité à terre et la disposition des forces maritimes destinées à la protection des établissements. Ainsi, la Nouvelle-Calédonie, Tahiti avec ses dépendances et les Marquises furent placés sous l'autorité d'un gouverneur commandant la station de l'Océanie qui forma, dès lors, une subdivision seule détachée, hormis le cas de guerre, de la station des mers du Sud et des côtes occidentales d'Amérique.

La Nouvelle-Calédonie est un groupe d'îles du grand Océan équinoxial situé à l'est de la Nouvelle-Hollande ou de l'Australie. Ce groupe s'étend, y compris l'île Walpole qui en est isolée, du 17e degré 53 minutes au 23e degré 4 minutes de latitude sud, et du 160e degré 17 minutes au 165e degré 6 minutes de longitude.

La plus grande de ces îles, appelée Balade par les indigènes, située presque sous le parallèle de l'Australie, dont elle est éloignée d'environ 350 lieues. Elle a 200 milles environ de longueur du sud-est au nord-ouest, et sa largeur, presque uniforme, serait de 25 à 30 milles. Elle possède le principal port du groupe, nommé de son nom Balade, et en outre le port Saint-Vincent, le havre Trompeur, etc. Ce dernier, vaste et excellent, où l'amiral d'Entrecasteaux dit n'avoir pu entrer, a été visité par le navigateur Kent. Il est masqué par une chaîne de rochers très-élevés qui bordent la côte occidentale. Le port Balade est le seul qui soit fréquenté par les navires européens.

Les autres îles du groupe calédonien sont les îles de l'Observatoire, Beaupré, Loyalty, des Pins, Botanique et Hohohua. Les trois premières forment un petit groupe séparé. La plupart de ces petites terres n'ont guère que cinq à six milles de circuit. L'île des Pins en peut avoir au moins trente.

Le grand récif qui borde la Nouvelle-Calédonie à l'ouest, et dont l'étendue vers le nord est estimée de 90 à 100 lieues, est excessivement dangereux pour les navigateurs qui y seraient poussés par les vents ou par les courants. D'ailleurs, de la Nouvelle-Calédonie à l'Australie la mer est semée de bancs de corail ou madrépores très-étendus à fleur d'eau, et offrant de nombreux périls. Ce fut sur un de ces récifs que Flinders fit naufrage. On remarque aussi dans la Nouvelle-Calédonie un rocher volcanique de forme pittoresque nommé volcan Mathieu, îlot de 2 milles de circuit et d'environ 500 pieds de hauteur, situé à l'est du groupe, et qui paraît être le plus petit des volcans isolés que l'on connaisse.

C'est à Cook que l'on doit la découverte de la Nouvelle-Calédonie ; c'est ce célèbre navigateur qui lui a donné le nom qu'elle porte aujourd'hui. Mais son nom véritable, son nom indigène, serait, comme nous l'avons déjà dit, Balade. Cook aperçut les montagnes de ce groupe d'îles le 4 septembre 1774, à la hauteur du havre de Balade, et il y passa huit jours seulement, pendant lesquels Forster parcourut une partie de la côte.

En 1792, l'amiral d'Entrecasteaux allant à la recherche de Lapeyrouse, compléta la reconnaissance de Cook. Il partit de l'île des Pins où Cook avait commencé ses observations, prolongea les brisants qui bordent dans toute son étendue la côte sud-ouest, et acquit la certitude que cette terrible barrière de madrépores s'étendait encore à près de 170 milles au nord-ouest de l'île principale.

En 1793, M. d'Entrecasteaux fit une seconde visite au port Balade, et à peu près à la même époque le capitaine Kent, commandant le *Buffalo*, découvrit à travers les affreux brisants de la partie sud-ouest un port excellent, mais dont l'accès est difficile, qu'il nomma port Saint-Vincent, et où il séjourna six semaines.

La Nouvelle-Calédonie paraît traversée par une chaîne de montagnes nues et arides, sauf dans la partie méridionale où elles sont couvertes de belles forêts. Le point culminant de ces montagnes serait élevé de 2,400 mètres au-dessus du niveau de la mer. Les vallons et les plaines, arrosés par de nombreux cours d'eau, sont assez fertiles. Les principales roches sont le quartz, le mica, le stéatite, etc. Longtemps avant la découverte de l'or en Australie, les naturalistes avaient pensé qu'il devait s'en trouver dans la plupart des groupes polynésiens et notamment dans la Nouvelle-Calédonie.

On connaît fort peu d'animaux à Balade. Cook y introduisit le chien et le cochon, qui s'y sont beaucoup multipliés. Les oiseaux ordinaires sont de gros pigeons, des espèces de corbeaux et de pie. Les côtes abondent en poissons.

Ce pays offre quelques rapports avec les Nouvelles-Hébrides et la Nouvelle-Galles du Sud; les habitants de ces trois contrées ont beaucoup de ressemblance entre eux. Les indigènes de la Nouvelle-Calédonie ont la peau noire, la chevelure laineuse, la peau grasse; ils sont laids, disgracieux et misérables, mais de haute stature. Le docteur Forster évaluait la population de la Nouvelle-Calédonie à 50,000 habitants; mais d'Entrecasteaux prétend que ce chiffre est trop élevé. Ils habitent des huttes dont la forme extérieure ressemble à des ruches. Les ressources de la culture du sol sont loin d'être, dit-on, suffisantes à leurs besoins. Il est vrai qu'elles se bornent à des ignames et à des patates.

Selon le docteur Forster, le compagnon de voyage de Cook, les indigènes seraient bons, humains, honnêtes, pleins de douceur et de confiance. Ce bon docteur a dépeint la Nouvelle-Calédonie et toutes les îles des mers du Sud comme autant de paradis

terrestres et leurs habitants comme des anges. Mais d'après d'Entrecasteaux et la Billardière, ils seraient aussi cruels, aussi perfides, aussi enclins au vol que la plupart des Polynésiens et des
Mélanésiens. Ils seraient anthropophages, comme le prouvent les
malheurs arrivés à la corvette l'*Alcmène*; et leur cupidité les entraîne à commettre les crimes les plus atroces. Leur abord est
froid, grave, taciturne, méfiant, et ce qu'on a de mieux à faire au
milieu d'eux est de se tenir constamment sur ses gardes. Plusieurs fois l'équipage de d'Entrecasteaux eut recours aux armes
à feu pour réprimer sévèrement les insultes et les vols de ces
sauvages.

Depuis Cook et d'Entrecasteaux, la Nouvelle-Calédonie a souvent été visitée par des navigateurs français et anglais. Une mission française y a été fondée pour l'instruction des peuplades de
Balade; des maisons et une église y ont été construites. Des plans
des ports divers ont été dressés. Une croix a été élevée sur la
petite île de Pedéona à la mémoire du capitaine Huon, second de
d'Entrecasteaux. On trouvera dans les *Nouvelles Annales de la
Marine*, tome II, page 264, d'utiles renseignements sur le port
Hienguène, où les navires d'un tirant d'eau au-dessous de 4 mètres pourraient mouiller sur un fond dont la tenue est bonne.
Le 3ᵉ volume des *Nouvelles Annales de la Marine* (1850) renferme
également de précieuses notices hydrographiques sur les ports de
Pouebo et de Mahamate (Balade).

Considérée comme lieu favorable à la déportation, la Nouvelle-
Calédonie occupe une superficie de 360 kilomètres de long sur
48 à 52 kilomètres de large. Si la partie nord de cette île est
stérile, la partie sud, couverte de bois de sandal et de vastes forêts, est susceptible d'être avantageusement mise en culture.
Les côtes de l'île présentent deux rades excellentes : l'une
d'elles, Mahamate ou Balade, est occupée depuis un certain
nombre d'années par les missionnaires français.

Un bateau à vapeur peut facilement aller de Balade à Sydney
et en revenir en huit jours. Or la colonie anglaise de Sydney
abonde en produits de toute nature et d'une valeur vénale. L'approvisionnement de la Nouvelle-Calédonie ne présenterait donc
aucune difficulté, et l'on pourrait bientôt acclimater les espèces

chevaline, bovine et ovine sur le sol de la colonie française. Quant à la température de l'île, elle est salubre, quoique chaude.

La nature du sol permet d'espérer qu'au bout de deux ou trois ans la colonie serait en état de suffire à ses besoins, et bientôt même d'entretenir un commerce actif avec les groupes d'îles voisines, de servir au ravitaillement des baleiniers, et d'offrir de nombreuses ressources aux navires qui trafiquent avec la Nouvelle-Zélande, la Nouvelle-Hollande, la terre de Van-Diémen, etc. La protection de la colonie pourrait être assurée par notre escadre du Chili et par les navires de guerre qui parcourent la mer du Sud et l'Océan.

Le bois sur pied se trouve facilement, et il ne faudrait pas plus de quinze jours ou trois semaines pour élever des maisons et des établissements, des hangars, des magasins, des blockhaus où les colons et leurs approvisionnements seraient à l'abri des intempéries des saisons et de toute attaque.

La fondation de cette colonie ne pourrait rencontrer d'obstacles sérieux. Bien que les indigènes soient anthropophages, comme ils ne connaissent pas les armes à feu et n'ont point de gouvernement régulier, comme à Tahiti, ils seraient vite domptés. D'ailleurs les missionnaires qui les ont visités les premiers et qui ont pu s'établir au milieu d'eux ont déjà modifié leurs penchants sauvages.

La Nouvelle-Calédonie pourrait recevoir facilement une population de 10 à 12,000 déportés avec leurs familles, non pas tout de suite, mais graduellement. Plus tard elle en nourrirait le double et même le triple avec facilité.

Le commandant en chef des forces navales dans l'Océanie se hâta d'établir fortement sur l'île une garnison respectable et de faire élever à Balade un blockhaus assez fort pour résister à toute attaque de la part des naturels. Aussitôt, sur ce terrain tout à l'heure encore désert, s'élevèrent comme par enchantement des briqueteries, des fours à chaux, des scieries et des forges. Le concours des missionnaires permit d'exécuter ces prodiges d'activité. Tout ce que la mission possédait fut mis à la disposition des travailleurs militaires. Grâce à ces auxiliaires inattendus, un blockhaus construit entièrement en pierres et briques était élevé à la fin de décembre. Ses créneaux défendaient un magasin pouvant contenir des vivres pour 200 hommes et dont le couronnement serait une caserne crénelée dont le feu, avec celui du blockhaus, rendrait toutes les approches inexpugnables.

Il fallait trouver un point où les navires pussent hiverner en toute sécurité dans ces parages. M. Febvrier des Pointes le trouva à l'embouchure de la rivière du Djahot, à douze milles au nord-ouest du mouillage de Balade. Là existe, formée d'une part par les hautes terres de la Nouvelle-Calédonie, et de l'autre par une île d'une assez grande étendue dont les sommets élevés l'abritent des vents d'ouest et de sud-ouest, une baie qui pourra donner un bon port à cheval sur la passe de l'est et du nord-ouest. La mer, qui vient du large, est toujours brisée dans la baie du Djahot par la ceinture de coraux qui environne l'île de Boulabio, et par un banc de sable qui ferme la baie dans la direction du nord. La rivière arrose de vastes plaines susceptibles de recevoir toute espèce de culture et est navigable pour la plus forte embarcation jusqu'à Bondé, village situé à plus de dix lieues dans l'intérieur.

L'œuvre militaire suffisamment commencée, l'œuvre de colonisation restait à accomplir. Ici, l'activité fit défaut et, au bout d'un an de possession, rien n'était fait encore.

Vers la fin de l'année 1854, M. du Bosquet, gouverneur de Tahiti, alla s'assurer par ses propres yeux du parti qu'on pourrait tirer de la nouvelle possession française et des établissements qu'on pourrait y former. En attendant une décision, les autorités françaises de l'Australie reçurent l'ordre de n'accorder aucun passeport pour l'île.

On reconnaissait dans ces lenteurs, dans ces tâtonnements, dans cet esprit prohibitif, les déplorables habitudes administratives qui paralysent à leur début tous les essais de colonisation faits au compte de la France. Si, au lieu de redouter leur présence, on avait fait appel aux Français d'Australie et de Californie, si on avait distribué la terre à tout venant, on eût eu bien vite un excellent noyau de colons. Mais, en fait de colonisation, rien de plus aventureux, de plus intelligent, de plus industrieux qu'un Français ; rien de plus prudent, de plus timoré, de plus inintelligent qu'une administration française. Dans dix ans peut-être, la Nouvelle-Calédonie ne sera encore qu'une colonie projetée : aux mains des Anglais ou des Américains, elle serait déjà une colonie prospère.

Tahiti. — Dans le système [général des possessions françaises de l'Océanie, l'autorité centrale étant remise aux mains d'un gouverneur commandant la station de l'Océanie, le commandant particulier de Tahiti est, comme commissaire du protectorat, le délégué habituel du gouverneur, qui remplira lui-même ces fonctions quand les diverses phases de son service multiple l'appelleront à résider à Papaété.

Marquises. — Depuis la prise de possession par la France de la Nouvelle-Calédonie, l'établissement des Marquises, que la loi du 8 juin 1850 affecte à un établissement pénitencier spécial, a été soumis à un système d'occupation, pour ainsi dire nominale, et les frais de garde y seront désormais réduits proportionnellement au degré d'importance du pénitencier, resté jusqu'à ce jour à peu près inoccupé. Un petit bâtiment y servira de stationnaire pour un petit poste militaire, et notre pavillon continuera de couvrir et de protéger la mission catholique qui a été fondée à Nouka-Hiva depuis quelques années par les courageux et persévérants apôtres de la congrégation du Saint-Cœur-de-Marie. Le personnel militaire retiré des Marquises a servi pour les premiers temps de l'occupation de la Nouvelle-Calédonie.

Telle est la situation particulière de chacune des colonies françaises en 1854. Un progrès s'est accompli, on le voit, pendant les dernières années du siècle au point de vue de la colonisation et, soit dans l'Afrique du Nord, soit dans l'Afrique occidentale, soit dans les parages de l'océan Pacifique, l'influence et les possessions de la France se sont singulièrement accrues depuis vingt-cinq années.

À ne considérer que les résultats matériels de cette extension, la France doit à ses colonies un mouvement de commerce spécial qui dépasse 250 millions de francs.

Voici la part de chacun des groupes coloniaux dans cet ensemble, en valeurs officielles :

Algérie.	121,100,000 fr.
Réunion	39,900,000
Martinique.	39,800,000
Guadeloupe	30,500,000
Sénégal.	14,900,000
Inde.	8,400,000
Guyane.	4,600,000
Total. . .	257,100,000

HISTOIRE ÉTRANGÈRE

CHAPITRE PREMIER

BELGIQUE.

Difficultés léguées à l'administration de Brouckère par le cabinet précédent : conclusion des différends commerciaux avec la France, la convention littéraire et artistique, les apôtres de la contrefaçon, assimilations singulières faites par M. Orts, réponse de M. Faerne ; considérations politiques au sujet du traité ; vote, les intérêts personnels et les principes; signification du traité au point de vue de l'industrie linière. — Question de l'enseignement religieux dans les établissements d'instruction secondaire ; refus de concours des évêques depuis la loi de 1850, conclusion d'un arrangement particulier relatif à l'Athénée d'Anvers et renfermant des bases satisfaisantes pour un arrangement général, vote de la convention d'Anvers. — Agitation pour une réforme électorale, catholicisme des campagnes, libéralisme des villes, proposition faite de créer des districts ruraux, ajournement. — Échec du ministère dans la question de l'extension territoriale de Bruxelles. — Questions économiques, code forestier, brevets d'invention, budgets pour 1854-1855. — Élections nouvelles, agitation, vivacité de la lutte entre les deux grands partis, abstention du ministère, échec des libéraux, offre de démission faite par le ministère de Brouckère, elle n'est pas acceptée, nouveau bureau de la Chambre des représentants pour la session de 1854-1855. — Neutralité de la Belgique, visite du prince Napoléon Jérôme, mariage de S. A. R. le duc de Brabant, fiançailles du roi de Portugal avec la princesse Charlotte. — Résultats généraux du commerce extérieur en 1853. — L'armée belge. — Congrès international de statistique.

Au milieu d'un calme intérieur profond, l'administration de M. Henri de Brouckère (cabinet du 31 octobre 1852) réglait une à une les difficultés assez nombreuses que lui avait léguées l'administration de MM. Rogier et Frère-Orban.

Au dehors, le ministère Rogier avait su créer entre la Belgique et la France une irritation réciproque : M. de Brouckère réussit à ramener les rapports des deux nations dans une voie plus conciliante. Malgré une opposition assez vive, une convention littéraire avait été conclue, qui abolissait en principe la contrefaçon et qui devait servir de pierre d'attente à un traité plus large. (*Voyez* l'Annuaire pour 1853, p. 444.) Le traité, comme on l'a vu plus haut dans l'histoire de France, fut signé le 27 février. Il était évidemment à l'avantage de la Belgique, et l'abolition de la déloyale industrie de la contrefaçon représentait pour la France l'avantage le plus sérieux de la convention commerciale nouvelle. Encore n'était-ce pas sans peine qu'on avait obtenu de quelques membres de la Chambre des représentants l'abandon d'une industrie en décadence. Dans la section centrale, M. Orts avait été jusqu'à comparer l'abolition réclamée à une « expropriation sans utilité publique et sans indemnité. » Il avait assimilé la production littéraire à toute autre production ou fabrication matérielle et, partant de cette confusion volontaire entre deux ordres de faits si différents, il s'était demandé si la France avait plus le droit de réclamer contre la contrefaçon de ses ouvrages d'art et de littérature, que la Néerlande contre l'imitation du genièvre de Schiedam par les distilleries de Hasselt ou le Brésil contre la production d'un sucre de betteraves en concurrence avec le sucre de canne.

Il y a quelque chose de singulièrement significatif dans une assimilation semblable. Le rapporteur près la section centrale, M. l'abbé de Haerne, repoussa ces grossières comparaisons. « Il y a, dit-il, dans les créations du génie, autre chose qu'une production matérielle dont le secret n'appartient à personne, parce qu'il est du domaine de tout le monde. Il y a dans ces nobles travaux autre chose même que ce qu'on découvre dans les inventions que la loi fait respecter par le brevet. Il y a non-seulement l'effort matériel auquel ces œuvres donnent lieu et qui seul peut être assimilé à un travail industriel, mais aussi l'invention, la conception, qui les met sur le même rang que les découvertes brevetées ; il y a en outre la forme, qui fait presque tout en matière d'art et de littérature et qui élève ce genre d'ouvrages non-seulement au-dessus des manipulations de l'industrie, mais même au-dessus des inventions industrielles. Cette forme est la pensée, l'âme, le cœur de l'artiste ; elle est spéciale, personnelle, inaliénable. C'est là ce que la convention veut faire respecter comme ce qu'il y a de plus grand, de plus beau et de plus sacré parmi les productions auxquelles l'activité humaine donne naissance. »

Les considérations politiques, tirées de l'état général de l'Europe, ne furent pas étrangères à la faveur que le traité rencontra dans les Chambres. « Si l'on considère, dit le rapporteur, les rapports d'amitié qui ont existé entre les deux nations depuis 1830, les nombreux échanges qui en ont été la conséquence et le bien-être réciproque auquel ils ont donné lieu, la rupture, la suspension même momentanée à laquelle au besoin le patriotisme de la nation saurait se résigner, aurait quelque chose de fâcheux et d'insolite pour la Belgique, quelque chose d'incompréhensible pour l'étranger qui, dans les circonstances actuelles surtout, ne manquerait pas d'y voir une tendance à nous détacher, contrairement à la neutralité qui fait loi pour le pays, des nations amies, unies entre elles, et qui ont garanti notre existence nationale. La Belgique, sans de graves motifs, ne peut rompre avec ses voisins. Sa prospérité, son bonheur comme état neutre et industriel sont à ce prix. On ne peut douter que le gouvernement français de son côté, par l'acte diplomatique soumis à la ratification du pouvoir législatif belge, donné à l'Europe un nouveau gage du maintien de la paix. Repousser l'arrangement conclu par les deux gouvernements, ce serait renoncer à tous ces avantages, qui peuvent être immenses pour l'avenir du pays et de l'Europe. »

Après une brillante discussion en comité secret (28 mars), la Chambre des représentants vota, le 31 mars, sur la convention du 22 août 1852 et sur le traité commercial du 27 février 1854. La majorité fut considérable. Sur 80 membres présents, 63 votèrent pour, 15 contre, 2 s'abstinrent. Ces derniers étaient MM. Orban et Allard, et on remarqua parmi les 15 opposants, M. Cans, l'un des chefs de la maison la plus considérable de contrefaçon typographique, la maison Méline et Cans. Deux autres opposants étaient personnellement intéressés à soutenir

l'industrie condamnée: c'étaient MM. de Wouters et de Perceval.
MM. Orts, Verhaegen, Thiéfry, Roussel et Prévinaire, tous députés de Bruxelles, apportaient leur vote au secours d'une industrie qui avait pour centre la capitale même de la Belgique.
Enfin, quatre représentants n'avaient apporté contre les conventions et traités d'autre intérêt que celui de principes peut-
être exclusifs, mais au moins purs de toute considération personnelle. Ils appartenaient au parti de la liberté commerciale.

Le 6 avril, le Sénat vota la convention et le traité par 27 voix
contre 10 et, le 12 avril, la loi fut promulguée.

Au point de vue des relations commerciales, le trait capital du
nouveau traité belge, c'est un retour aux tarifications de 1852,
et, par suite, un abaissement des droits de 15 p. 0/0 sur les
fils et toiles de lin. Il faut noter encore que la faculté d'introduction, soumise comme en 1842 à des taxes proportionnelles
aux quantités entrées, y est limitée, quant au droit minimum, à
2 millions au lieu de 3 ; enfin les types adoptés pour la perception des droits sur les diverses qualités de toiles demeurent ce
qu'ils étaient antérieurement.

Dans l'ordre des faits intérieurs, l'administration de Brou-
kère avait encore à réparer une des fautes nombreuses du cabinet Rogier.

On se rappelle que la Belgique, pays catholique par excellence,
avait été vivement agitée, en 1850, par les tentatives malheureuses
faites contre l'indépendance du clergé et contre l'immixtion militaire de ses membres dans l'enseignement religieux des établissements d'instruction secondaire. Concilier les exigences constitutionnelles avec le juste respect dû aux droits du clergé, telle avait
été l'œuvre de la loi du 1er juin 1850. Mais cette loi se trouvait
frappée d'impuissance par la présence au pouvoir de deux hommes notoirement ennemis de l'influence religieuse, MM. Charles
Rogier et Frère-Orban. Le clergé refusa donc son concours et la
constitution de 1831 lui en donnait le droit. L'attitude provo-
cante des ministres, les indiscrétions volontaires commises pendant les négociations entre le gouvernement et les évêques, la
publication de documents destinés à rester secrets, tout augmentait l'irritation et reculait le moment où les établissements d'in-

struction moyenne pourraient jouir enfin des bénéfices de l'instruction religieuse.

Le cabinet nouveau ne suivit pas ces errements. Tournant habilement les difficultés créées par ses prédécesseurs, M. de Brouckère réussit à conclure avec les chefs diocésains une convention particulière au sujet d'un certain nombre d'établissements, se réservant d'étendre successivement à tous les établissements de même nature l'intervention du clergé. Il commença par l'Athénée royal d'Anvers, et le 7 février, S. E. le cardinal archevêque de Malines approuva le règlement d'ordre intérieur de cet établissement. L'enseignement religieux y serait donné pour toutes les classes par un ecclésiastique à la nomination du chef du diocèse, sauf approbation du gouvernement. Les élèves des religions dissidentes seraient dispensés d'y assister. Le chef diocésain aurait seul le droit de désigner les livres à employer pour l'instruction religieuse et il ne pourrait être admis, dans les autres branches de l'instruction, aucun livre contraire aux principes de l'enseignement religieux. Des ecclésiastiques également nommés par le diocèse et approuvés par le gouvernement, seraient chargés d'inspecter l'Athénée.

On alla plus loin dès lors et, dans cet arrangement relatif à un établissement déterminé, on convint d'étendre à tous les autres établissements de même nature les principes de l'organisation nouvelle. On pouvait même penser que le moment n'était pas éloigné où l'arrangement conclu pour l'Athénée d'Anvers serait généralisé : car le ministre s'engagea à l'avance à admettre un ecclésiastique dans le conseil de perfectionnement de l'enseignement moyen.

L'arrangement fait pour Anvers fut soumis, le 14 février, à la Chambre des représentants, sous la forme d'un ordre du jour motivé proposé par M. le baron Osy. Seuls, MM. Frère-Orban, Verhaegen, Brouckart, Anspach, Lesoinne, Allard et de Pitteurs votèrent contre l'ordre du jour. 66 membres votèrent pour, et parmi eux on remarqua des noms significatifs, ceux par exemple de MM. Charles Rogier, Lebeau, d'Hoffschmidt et Deffosse.

Ce vote de conciliation fut un véritable triomphe pour l'administration de Brouckère.

Elle s'était trouvée, en même temps, en face d'une agitation électorale assez inquiétante, organisée contre le système des circonscriptions électorales actuelles. Nous avons déjà signalé plus d'une fois l'opposition marquée qui se révèle, en Belgique, entre les principes des électeurs des villes et ceux des électeurs ruraux. L'esprit d'ordre, de modération, de religion domine dans les campagnes, tandis que l'esprit de progrès aventureux, d'indiscipline morale n'est que trop fréquemment révélé par les votes des villes. Le parti catholique eût donc désiré faire voter les habitants des districts ruraux au chef-lieu de la commune, et non plus au chef-lieu d'arrondissement : on eût créé des districts de 40,000 habitants pour un représentant à élire et, par cet accroissement dans le nombre des électeurs de campagne, on eût neutralisé le parti libéral évidemment favorisé jusqu'alors.

La réclamation était peut-être juste, mais elle était dangereuse parce qu'elle mettait en présence les deux partis, sur tous les points du royaume, et parce qu'elle perpétuait l'agitation politique. Le gouvernement sut inspirer au parti catholique la sage pensée d'ajourner ses prétentions.

Le ministère fut moins heureux dans une importante question d'administration communale. La première commune de Belgique celle de Bruxelles, a pris, on le sait, une extension considérable et il arrivait aujourd'hui que sa banlieue était quatre fois plus importante en superficie que la ville elle-même. Les habitants des faubourgs égalaient en nombre les habitants de la capitale. Or, cette moitié de la population bruxelloise participa aux avantages de la capitale, mais n'en supportait pas les charges. C'est pour faire disparaître cette anomalie que l'administration présenta un projet de loi portant réunion des faubourgs à la ville. Ce projet dont on ne critiquait pas le principe échoua faute d'études suffisantes. On n'apportait aucun plan sérieux de délimitation nouvelle, et d'ailleurs on faisait dans l'organisation proposée une part trop grande au bourgmestre qui perdait son caractère de magistrat communal pour devenir un fonctionnaire révocable. Le projet fut rejeté, le 5 mai, par 67 voix contre 26.

Parmi les questions d'économie et d'administration intérieure agitées dans cette session bien remplie, on remarquera la rédaction définitive d'un code forestier et le règlement, par une loi du 24 mai, des brevets d'invention.

Le budget pour 1854 présentait les résultats suivants : les dépenses dans lesquelles, il est vrai, les crédits supplémentaires n'étaient compris que jusqu'au mois d'octobre, et à l'exception des services spéciaux des routes, chemins de fer et canaux, montaient en total à 130,720,770 fr.

Les recettes ne s'élevaient qu'à 126,502,150 fr.

Dans le détail des dépenses, la dette publique figurait pour 36,504,862 fr.; les dotations, pour 3,890,772 ; les non-valeurs et remboursements pour 2,048,000. Le reste était affecté aux services des divers ministères.

Parmi les recettes nous ferons remarquer celles des chemins de fer pour 18,175,000 fr.; celles comprises sous le titre foncier, personnel et patentes, pour 31,317,750 ; celles des douanes, pour 13,125,000.

Le projet de budget pour 1855 évaluait à l'avance les recettes à 127,256,150 fr., et les dépenses à 121,743,149 fr.

La session de 1853–1854 s'était terminée sous les auspices les plus favorables. On pouvait donc espérer que les élections qui allaient se faire au mois de juin pour le renouvellement partiel de la Chambre des représentants, auraient lieu dans le plus grand calme. Le cabinet eut, il est vrai, la sagesse de ne prendre aucune part à la polémique engagée à cette occasion entre les journaux des divers partis, restant ainsi fidèle aux principes de conciliation qui faisaient la base de son programme. Mais la lutte fut vive. Le parti catholique et le parti libéral n'y apportèrent aucune pensée de conciliation et de transaction. La violence des feuilles opposées, les injures personnelles, les diffamations, telles furent les armes employées, surtout par le parti libéral soumis à l'influence sans contre-poids des associations dites libérales qui couvrent le pays. Le résultat fut un succès pour l'opinion catholique. 54 représentants étaient soumis à la réélection : 10 succombèrent, parmi lesquels le parti catholique n'en perdait que trois. Il est vrai que le parti libéral obtint 5 députés sur les dix nouveaux à élire, ce qui ne constituait, en définitive, qu'un avantage de 2 voix pour le parti catholique. Mais la faiblesse numérique de ce gain était compensée par la signification éclatante des exclusions. Le parti libéral avait perdu son chef, M. Charles Rogier, un autre membre considérable de l'administration de 1847, M. Hoffschmidt, et MM. Ernest Vandenpeereboom, Moxhon, Jacques et Rousseel.

En présence de ce résultat, le ministère ne crut plus pouvoir compter sur la majorité et offrit sa démission, laissant ainsi la place au parti catholique dont il constatait la victoire. Mais cette victoire ne parut pas assez marquée, assez complète pour que le roi appelât un cabinet catholique aux affaires. L'administration de Brouckère, avec ses principes libéraux et son esprit de transaction et de conciliation religieuses, parut être encore à la hauteur de la situation et le *Moniteur* du 17 juin annonça officiellement que la démission de ses membres n'était pas acceptée.

Le 14 novembre, la Chambre des représentants procéda à la formation de son bureau. M. Delfosse, membre de la gauche, fut réélu président par 90 voix sur 97. M. Vilain XIIII, de la droite, fut réélu premier vice-président par 85 voix sur 97 votants. M. Veydt, de la gauche, fut réélu second vice-président par 59 voix sur 94 votants. Les quatre secrétaires, MM. Neumann, Laciens, Moreau et Dumon furent réélus.

Telle est l'histoire parlementaire du pays en 1854. L'histoire du pays lui-même est dans la continuation loyale de la politique de neutralité qui seule peut convenir à la Belgique, et qui n'est pas pour elle, comme pour d'autres États, un symptôme d'impuissance. Tout en conservant avec les puissances belligérantes des relations parfaitement amicales, le gouvernement du roi Léopold a pu, sans faire suspecter sa neutralité, accueillir avec la cordialité la plus empressée la visite du prince Napoléon Jérôme, cousin de S. M. l'Empereur des Français. Le mois d'août de l'année précédente avait vu un souhait de mariage S. A. R. le duc de Brabant avec une archiduchesse d'Autriche (*Voyez* l'Annuaire pour 1853, p. 413). Cette année, le roi de Portugal (*Voyez* plus loin l'histoire de son pays) vint faire à son oncle, le roi des Belges, une visite dont le but était de demander la main de la princesse Charlotte, sa cousine. La princesse n'étant encore âgée que de 44 ans, le mariage n'aurait lieu que deux ans après, lorsque le jeune Roi de Portugal aurait atteint sa majorité politique.

Voici les résultats généraux du commerce extérieur de la Belgique en 1853, d'après le tableau officiel, publié par l'administration.

Réunies, l'importation et l'exportation générales avaient donné, en valeurs permanentes, 1 milliard 194 millions, et, en valeurs variables ou réelles, 1,176,800,000 fr., savoir :

À l'importation. . . . . 589,800,000 fr.
À l'exportation. 587,000,000

Total égal. 1,176,800,000

Rapprochés de ceux de 1852, ces chiffres présentaient les augmentations ci-après : à l'importation, 78 millions; à l'exportation, 114. Total de l'accroissement, 192 millions ou 19 p. 0/0. L'année 1852 n'avait, en effet, donné que 985 millions.

Tous ces chiffres, on vient de le dire, se rapportent au commerce général, c'est-à-dire qu'ils comprennent la marchandise étrangère intervenant dans les transactions propres au pays. Quant à ces dernières ou *commerce spécial*, elles s'étaient ainsi composées (valeurs réelles) :

Importation. . . . . 306 millions.
Exportation. 295

Total. . . . . . . 505 millions.
Celui de 1852 avait été de. 497

Différence en plus pour 1853. . . . . . 96 millions.

Voici le mouvement par pays pour le commerce spécial : les échanges avec les États d'Europe représentaient 85 p. 0/0 du total des importations et des exportations réunies. Le reste (15 p. 0/0) concernait les relations avec l'Amérique, l'Asie et l'Afrique.

Le tableau suivant présente la répartition des échanges :

Europe	centrale.....	France..........	160.7	dont 62.» à l'imp.	et 93.7 à l'exp.
		Pays-Bas.......	92.7	50.6	42.1
		Zollverein......	73.2	35.8	37.4
		Autres pays...	8.5	1.2	7.3
	septentrio-nale.	Angleterre.....	106.7	46.7	60·»
		Russie..........	32.»	27.7	4.3
		Autres pays...	6.5	5.3	1.2
	méridionale...................		26.3	9.3	17.»
Amérique............................			79.1	54.»	25.1
Asie................................			5.3	4.5	0.8
Afrique............................			1.6	1.1	0.5
		Total....	592.6	298.2	294.4

L'Europe avait donc fourni, à elle seule, un mouvement de........	506.6	238.6	268.»
Lequel se divisait ainsi :			
Europe centrale................:..	335.1	149.6	185.»
— septentrionale........	145.2	79.7	65.»
— méridionale..........	26.3	9.3	17.»
Tandis que l'Amérique, l'Asie et l'Afrique n'avaient fourni que.	86.»	59.6	26.»

Quelle que soit la position faite à la Belgique par les traités, il n'est pas sans intérêt, en présence des éventualités si graves de la lutte européenne, de jeter un coup d'œil sur les ressources militaires au moyen desquelles la Belgique pourrait faire respecter sa neutralité.

L'infanterie se compose de 16 régiments, savoir :

1 régiment de carabiniers de 6 bataillons, dont 4 actifs et 2 de réserve, et d'un dépôt.

2 régiments de chasseurs de 5 bataillons, dont 3 actifs et 2 de réserve, et d'un dépôt.

12 régiments d'infanterie de ligne de 5 bataillons, dont 3 actifs et 2 de réserve, et d'un dépôt.

Les bataillons actifs des régiments de carabiniers, de chasseurs et de grenadiers comprennent chacun 6 compagnies de 3 officiers et 77 hommes de troupe, effectif moyen; les bataillons actifs des régiments de ligne comptent également 6 compagnies de même effectif, dont 1 de grenadiers, 1 de voltigeurs et 4 de fusiliers.

Les bataillons de réserve sont composés de 4 compagnies, dont 1 d'élite, ayant chacune 2 officiers et 7 hommes de troupe.

Les dépôts sont composés d'un état-major et d'une compagnie, ayant 3 officiers et 15 hommes de troupe.

L'infanterie comprend en outre :

2 compagnies sédentaires de sous-officiers et fusiliers, de 4 officiers et 113 hommes de troupe chacune.

1 compagnie d'enfants de troupe, de 5 officiers, 22 hommes de troupe et 250 enfants de troupe.

1 compagnie de discipline, avec cadre d'élite (grenadiers) composé de 5 officiers et 42 hommes de cadre, indépendamment des disciplinaires.

La cavalerie comprend : 2 régiments de chasseurs à cheval, 2 régiments de lanciers et 1 de guides, composés chacun de 7 escadrons, dont 1 de dépôt; plus, 2 régiments de cuirassiers, composés chacun de 5 escadrons, dont 1 de dépôt. En tout, 7 régiments.

L'artillerie comprend un état-major, un régiment à 11 batteries, dont 4 à cheval, 6 de siége et 1 de dépôt; 3 régiments à 12 batteries, dont 5 montées, 6 de siége et 1 de dépôt; 1 compagnie de pontonniers, 1 compagnie d'ouvriers et 1 d'armuriers; 1 division du train d'artillerie.

L'arme du génie comprend 1 état-major et 1 régiment à 2 bataillons ayant chacun 5 compagnies et un cadre de dépôt.

Cette organisation permet d'accroître l'effectif des régiments d'infanterie, en admettant un plus grand nombre de soldats dans les cadres des compagnies, et en rendant actives les compagnies de réserve; mais la faiblesse des cadres en sous-officiers et caporaux mettrait promptement des bornes à cette extension. Cet inconvénient se présenterait surtout pour la cavalerie, en raison de la difficulté de former les hommes à l'habitude du cheval et aux manœuvres de l'arme. Quant à l'artillerie et au génie, ce serait là surtout que la difficulté serait immense.

Un fait intéressant à noter, c'est l'ouverture solennelle, à Bruxelles, de la première session d'une réunion de savants, d'économistes, de hauts fonctionnaires, qui s'étaient donné pour mission de préparer et d'obtenir l'unité de méthodes dans la constatation mathématique de tous les faits sociaux : cette réunion a pris le nom de *Congrès international de statistique*.

La session de Bruxelles, tenue dans les derniers mois de 1853, avait obtenu l'attention sérieuse du monde scientifique. Vingt-cinq nations différentes y étaient représentées par leurs députés les plus illustres. M. Piercot, ministre de l'intérieur de Belgique, en avait accepté la présidence d'honneur et avait mis le *Moniteur belge* à la disposition de ses procès-verbaux. La famille royale elle-même avait voulu assister à quelques-unes des séances générales de l'assemblée, et la presse belge et étrangère avait suivi avec intérêt ces débats pacifiques qui témoignent si hautement des tendances généreuses de notre civilisation vers l'unité et la solidarité économique des peuples.

Cent cinquante délégués, appartenant à plus de vingt états différents, avaient répondu à l'appel de la commission centrale. Le congrès tint quatre séances générales. On chercha à s'entendre sur les principales bases d'une organisation des services de statistique applicables à tous les États. L'idée qui prévalut fut d'instituer dans chaque pays une commission centrale formée des représentants des principales administrations publiques, auxquelles on adjoindrait quelques hommes qui, par leurs études et leurs connaissances spéciales, pourraient apporter à la commission un utile concours. Tous les travaux devaient être centralisés entre les mains de cette commission directrice qui aurait des agents dans les diverses provinces, et se tiendrait en rapport avec les commissions analogues instituées dans les autres États.

D'autres résolutions furent arrêtées en ce qui concerne la forme, les divisions, les nomenclatures à employer dans la confection des tableaux statistiques, auxquels on s'était arrêté comme le meilleur moyen d'arriver à cette base uniforme, premier besoin de la science. Un grand nombre de questions furent ajournées à la session suivante qui, vu les facilités spéciales données par l'exposition universelle de Paris, devait avoir lieu dans cette ville.

CHAPITRE II.

NÉERLANDE.

Question religieuse : agitation factice, les partis, protestations contre ou pour le rétablissement de la hiérarchie catholique, historique de la question, loi de surveillance des cultes, adoption, concessions réciproques, ministère de M. de Lightenvelt. — Situation financière : budget de 1854. — Remaniement ministériel, session ordinaire, loi sur l'assistance publique, question de la surveillance de l'État, vote de la loi. — Élections nouvelles, composition des partis, échec du parti anti-révolutionnaire. — Ouverture de la session de 1854-1855, discours royal, questions à l'étude. — Situation économique, remaniement du tarif des douanes dans le sens libéral ; travaux publics, lignes de fer internationales, asséchement du lac de Harlem, projets nouveaux ; l'agriculture et l'émigration. — Colonies : réforme du système monétaire, convention avec la Société de commerce, fixation du boni colonial ; nouvelle organisation du système colonial, émancipation à terme des esclaves, la liberté de la presse aux colonies ; situation particulière de Java, le système colonial néerlandais.

La plus grande difficulté que rencontrait le ministère van Hall et Donker-Curtius était dans la question religieuse. Le droit incontestable du Saint-Siége à constituer l'église catholique de Néerlande n'eût sans doute pas excité d'émotions bien profondes, si les partis ne s'étaient emparés, comme d'un prétexte, de l'occasion fournie involontairement par la cour de Rome. Ces partis, aux Pays-Bas, se divisent, on le sait, en trois grandes catégories : les catholiques, les réformés et les libéraux ; les réformés se divisent eux-mêmes en réformés historiques ou anti-révolutionnaires, conservateurs par excellence. Les libéraux se divisent en radicaux et en modérés, ces derniers ralliés le plus souvent au ministère.

Ces partis avaient substitué à [la question fort simple soulevée par l'initiative papale, la question bien autrement brûlante des droits de l'État et de la liberté religieuse. Ils apportèrent dans le débat toute l'ardeur des passions politiques.

C'est ainsi que, dès le milieu de l'année précédente, la question du rétablissement de la hiérarchie catholique avait provoqué dans les Pays-Bas une agitation profonde. On avait, par tous les moyens possibles, surexcité les masses populaires protestantes. Le parti orthodoxe protestant, qui reconnaît pour chef M. Groen van Prinsterer, avait sonné l'alarme. De nombreuses et pressantes adresses avaient été envoyées au Roi par la ville et l'Université d'Utrecht, par Hattem, Zutphen, Schoonhoven, Driebergen, Elst, Ede, Bloxzyl, Maarsen, Zuilen, Brenkelen, Maartensdyk, Kockengen, Harmelen, Bilt, Blaauwkapel. Des adresses semblables circulaient à Rotterdam, à Amsterdam, à la Haye, à Zwolle, et dans toutes les villes principales du royaume. Mais c'est surtout à Utrecht que l'on fulminait avec le plus de passion contre l'allocution du Pape et contre le gouvernement, pous avoir favorisé le rétablissement de la hiérarchie catholique. Le journal de M. Groen, *de Nederlander*, se distinguait dans ce combat; M. le professeur Vreede, de son côté, publiait à Utrecht des articles véhéments pour engager le roi à ne pas sanctionner la nomination des archevêques et des évêques.

Rappelons en quelques mots l'origine de cette affaire.

En 1851, la cour de Rome demanda au gouvernement néerlandais s'il y avait des obstacles légaux à la réorganisation de l'Église romaine en Néerlande. Le Saint-Père ne demandait rien de plus, rien de moins. La réponse du gouvernement était indiquée. La Constitution ne s'oppose, en Néerlande, à l'organisation d'aucune Église, quelle qu'elle soit, pourvu qu'on se soumette aux lois du pays et qu'on ne trouble pas l'ordre public. Le culte protestant s'était récemment réorganisé ; ceux qui le professent avaient adopté un nouveau règlement pour leur synode. Les israélites s'occupaient, de leur côté, d'une réorganisation en quelque sorte radicale et surtout fort indépendante de leur culte.

Le gouvernement ne pouvait donc refuser à l'Église romaine un droit dont jouissaient les autres sectes. Pourtant, il mit comme condition de son adhésion à la demande de la cour de Rome, l'abolition du concordat. En outre, il exprima le désir que le Saint-Siège lui donnât connaissance, en temps opportun, de la manière dont il comptait rétablir la hiérarchie catholique dans le royaume, et de la date à laquelle il opèrerait ce rétablissement. Le cabinet ne cacha pas que son but, en adressant cette demande à la cour de Rome, c'était de juger si le moment choisi par cette dernière était opportun, et si le mode d'exécution n'était pas tel qu'il pût choquer ou froisser les protestants qui forment la grande majorité de la population du royaume.

La condition de l'abolition du concordat fut acceptée catégoriquement par le Saint-Siége ; quant au désir exprimé par le gouvernement néerlandais d'avoir connaissance de la date et du mode d'exécution, on prétendit qu'il n'y avait pas été donné satisfaction et que, par un singulier oubli des convenances, ce n'avait été que par la publication dans les journaux de l'allocution prononcée par le Saint-Père, que le gouvernement néerlandais avait appris le rétablissement de la hiérarchie catholique dans le royaume.

Nous l'avons dit dans le précédent Annuaire (*Voyez* p. 446), le démenti formel donné à cette assertion par Mgr le cardinal Antonelli, prouvait suffisamment qu'il n'y avait eu là qu'un malentendu regrettable.

Toutefois la crise produite par ce conflit avait entraîné la chute du ministère Thorbecke, remplacé par le ministère van Hall et Donker Curtius. La nouvelle administration avait hérité de la difficulté soulevée contre l'ancienne, et avait dû présenter aux chambres un projet de loi concernant la surveillance des cultes, dans lequel tout en reconnaissant pleinement le principe de la liberté des communions, on imposait aux cultes quels qu'ils fussent, la condition de l'approbation royale et du serment de fidélité et d'obéissance.

Pendant les longues discussions de ce projet, l'agitation religieuse continuait ; les catholiques et les protestants présentaient adresses sur adresses, pétitions sur pétitions ; les premiers contre, les seconds en faveur de la loi. Le projet rencontrait, au reste, une opposition à peu près aussi vive de la part des libéraux excessifs que de la part des catholiques eux-mêmes. Tout finit par une transaction, dont la Note conciliante du cardinal Antonelli avait jeté les premières bases. M. de Lightenvelt, ministre des affaires catholiques, fut envoyé en mission près du Saint-Siége, et fut chargé de rassurer le Saint-Père sur la portée de la loi.

Adopté par la seconde Chambre, à la majorité de 41 voix contre 27, et par la première Chambre, à la majorité de 22 voix contre 16, le projet fut converti en loi, et l'agitation se calma peu à peu au moyen de concessions réciproques. Le gouvernement obtint que la résidence de l'archevêque d'Utrecht serait fixée à Haren, près Bois-le-Duc ; les évêques furent reconnus, et des modifications furent introduites dans la formule du serment. Un arrêté royal du 3 novembre 1853 fixa, comme suit, la résidence des prélats catholiques : Haren, pour l'archevêché d'Utrecht ; Sassenheim, pour l'évêché de Harlem ; Hœven, pour l'évêché de Breda ; Ruremonde, pour celui de Ruremonde ; Haren, pour celui de Bois-le-Duc, comme pour l'archevêché.

La mission de M. de Lightenvelt eut pour autre résultat de mettre en lumière la sincérité du Saint-Siége. A son retour, le ministre néerlandais ne put se refuser à déclarer que la communication préalable de l'organisation nouvelle *en sens et en substance*, avait été faite *en temps opportun au moins à l'un des ministres néerlandais*. Et il produisit, en effet, une lettre du nonce apostolique à La Haye, où celui-ci donnait avis au gouvernement romain qu'il avait fait part aux ministres des affaires étrangères et du culte catholique de l'organisation projetée. La même communication avait été faite, par intermédiaire, au ministre de l'intérieur.

Ainsi avait été terminée cette grave difficulté qui avait un moment menacé la Néerlande d'une succession de crises intérieures. Consolidé par ce succès, le ministère van Hall et Donker Curtius put s'occuper des intérêts vitaux du pays. Le ministre des finances, M. van Doorn présenta un exposé de la situation financière assez rassurant.

Le budget néerlandais fut réglé comme suit pour l'année 1854 :

Dépenses. . . . . 70,703,711 fl. (1)
Recettes. 71,833,752
                                          _____
D'où ressortait un excédant de . . . . 1,130,041 fl.

Les dépenses se décomposaient ainsi : service de la dette, 36,209,485 (le capital de la dette publique a été fixé par une loi du 23 décembre 1853 à 1,200,968,330 fl. 70 c.) ; finances, 6,331,173 ; guerre, 10,400,000 ; marine, 5,655,000 ; affaires étrangères, 484,040 ; justice, 2,298,201 ; intérieur, 5,502,689 ; cultes, 2,251,235 (dont 573,329 pour le culte catholique et 1,677,906 pour le culte protestant) ; colonies, 114,709 ; maison du Roi, 800,000 ; hauts colléges de l'État et cabinet du Roi, 557,177 ; dépenses imprévues, 100,000.

Les recettes étaient ainsi composées : impôts directs, 18,860,875 ; impôts indirects, 9,453,000 ; accises, 19,619,298 ; droits d'entrée, de sortie et de navigation, 4,727,660 ; postes, 1,350,000 ; domaines, 1,137,801 ; loterie, 400,000 ; droits de chasse et de pêche, 81,500 ; recettes diverses, 1,119,424 ; rente belge, 400,000 ; intérêts à rembourser par les possessions d'outre-mer, 9,800,000 ; excédant des fonds de l'administration coloniale dans la mère-patrie, 4,700,000 ; garantie des ouvrages d'or et d'argent, 184,000 ; droit des mines, 193.

Le budget spécial des possessions coloniales de la Néerlande pour 1853 avait été ainsi arrêté :

Pour les Indes Orientales,

Recettes. . . . . 69,942,791 fl.
Se décomposant en 35,192,122
Et produit de la vente des denrées coloniales . 34,750,669
                                                 _____
                      Total égal. . . . 69,942,791 fl.

_____

(1) Le florin de 100 cent., nouvelle monnaie de compte, vaut, au pair, 2 fr. 14 c.

Dépenses. . . . .   69,942,791 fl.
    Ainsi décomposés :
Administration coloniale.   52,631,451
Dépenses dans la mère-patrie.   15,821,469
Excédant présumé. . . . . , .   1,489,871
                                         _____
            Total égal. . . .   69,942,791 fl.

Pour les Indes Occidentales et la côte de Guinée,

Surinam, 1,006,150 aux recettes, 1,106,150 aux dépenses, déficit 100,000 ;

Curaçao et dépendances, 219,779 aux recettes, 473,673 aux dépenses, déficit 253,894 ;

Côte de Guinée, 2,800 aux recettes, 72,300 aux dépenses, déficit 69,500.

C'est à l'aide des subsides fournis par la caisse des Indes Orientales que subsiste la caisse des Indes Occidentales et de la côte de Guinée.

Vu d'ensemble, le budget pour 1854 présentait, sur l'exercice précédent, une augmentation de 150,000 florins environ en dépenses; mais la nouvelle organisation postale avait surexcité le mouvement des correspondances dans le royaume, et la recette des postes promettait des progrès sérieux. Toutefois, M. van Doorn n'avait pas cru qu'on pût encore, malgré le vœu général, penser à dégrever l'impôt, et il fallait encore se renfermer dans les limites d'une sage économie.

A la fin de 1853, M. van Doorn quitta le ministère des finances pour entrer au conseil d'État, et M. van Hall réunit provisoirement ce portefeuille à celui des affaires étrangères, jusqu'au moment où M. Vrolik en prit possession définitive. M. de Lightenvelt fut remplacé au portefeuille du culte catholique par M. Mutsaert et fut appelé à la légation de Paris. Le ministère du culte réformé fut donné à M. van Rappard, secrétaire du cabinet du Roi, qui fut remplacé dans ces fonctions par M. de Kock.

Le ministère ainsi reconstitué, la session ordinaire de 1854 s'écoula sans autre incident notable qu'une assez intéressante discussion soulevée dans la seconde Chambre par un projet de loi sur l'assistance publique. La question de la surveillance de l'État s'y reproduisit avec des caractères politiques semblables à ceux du grand débat sur la liberté des communions religieuses. Le parti conservateur historique, avec son chef, le protestant Groen van Prinsterer, s'élevait, cette fois encore, contre l'intervention de l'État dans les œuvres de charité. Le principe de la surveillance, soutenu par le parti libéral, triompha avec la loi elle-même, qui fut votée par une majorité de 37 voix contre 28.

À la suite de ce débat, la session fut close et des élections nouvelles eurent lieu le 13 juin. Le parti libéral y triompha et le petit et énergique parti qu'on appelle des noms divers de réformé historique, de conservateur et d'anti-révolutionnaire, y perdit son chef, M. Groen van Prinsterer. Quant au ministère, dont l'opinion est libérale et modérée, il y gagna une supériorité de 13 voix sur le parti libéral avancé, dont le chef reconnu est l'ancien ministre, M. Thorbecke. Le parti catholique avait obtenu dans ces élections une quinzaine de voix et le parti anti-révolutionnaire s'y était trouvé réduit à 5. Il restait à savoir quelle serait la valeur réelle de la majorité ministérielle et quel concours ou quelle opposition le cabinet trouverait dans les 37 membres environ représentant les fractions dissidentes en face des 51 députés ministériels.

C'est ce que montrerait l'histoire de la session parlementaire de 1854-1855. Cette session s'ouvrit le 18 septembre par un discours prononcé par le Roi en personne. S. M. I. constatait une situation généralement satisfaisante et indiquait, comme devant être soumises prochainement à l'étude des États Généraux, plusieurs questions importantes, celle d'un dégrèvement de l'impôt, celle d'une réduction de la dette nationale et celle de l'enseignement des premier et deuxième degrés. (*Voyez* le texte aux Documents historiques, p. 166.)

La situation économique des Pays-Bas nous offre quelques faits d'une importance réelle.

Une loi, en date du 1er septembre, remania dans un sens libéral le tarif des douanes néerlandaises. C'était une promesse de plus d'accroissement dans les transactions commerciales : or, même sous l'empire de lois encore trop restrictives, ces transac-

tions se sont développées d'une façon remarquable. L'activité
qu'on déploie dans le département des travaux publics est un
nouveau gage de progrès. 1854 a vu inaugurer, bien avant l'époque fixée par la concession, la partie du grand chemin de fer
international hollando-belge, comprise entre Anvers et Rotterdam.
Bientôt serait achevée la lacune qui doit relier le système néerlandais aux lignes rhénanes.

Un autre grand travail qui rentre dans les habitudes traditionnelles de la Hollande, c'est l'entreprise du desséchement du lac
de Harlem. Les travaux ont été commencés en 1839, sur l'allocation d'une première somme de 8 millions de florins. Ils ont
été achevés le 4 août 1852, et bientôt la surface de ce lac sera
convertie en fécondes cultures. Le succès de cette entreprise a
donné l'éveil à l'esprit d'association, et des compagnies nombreuses se forment pour l'endiguement des crues intérieures,
pour l'irrigation des terres incultes du Brabant septentrional et
pour la construction d'un canal de navigation entre la Meuse et
l'Escaut.

Les richesses nouvelles développées par ces travaux féconds
auront sans doute pour résultat d'améliorer la situation assez
malheureuse des classes agricoles dans les provinces déshéritées
et, par suite, de les attacher au sol.

La Néerlande fournit à l'émigration européenne un contingent
qui, toute proportion gardée, n'est pas sans importance. En
1852, 1,184; en 1853, 1,646 émigrants ont quitté le sol des
provinces. C'est un trait de caractère du Hollandais que ces
exils volontaires aient souvent la religion pour cause déterminante. Ainsi, en Pensylvanie, ce sont des frères Moraves que les
Pays-Bas ont envoyés. Les Mormons ont également réussi à em-
baucher un certain nombre d'émigrants. Enfin, l'esprit de liberté individuelle ajoute incessamment quelques recrues aux
anciens Boërs du cap de Bonne-Espérance.

Colonies. — Déjà nous avons donné les résultats principaux
de la situation financière dans les deux Indes néerlandaises. La
part des travaux parlementaires relatifs aux Colonies, se résume
dans une réforme du système monétaire sur le pied du florin
d'argent, considéré comme étalon unique et identique à celui de

la mère-patrie ; dans la ratification d'une convention nouvelle passée avec la société de commerce, et qui entrera en vigueur le 1er janvier 1855, pour une période de vingt années ; enfin, dans la fixation à la somme de 4,700,000 florins du boni colonial de 1852. La législature nouvelle eut à étudier un projet d'organisation du gouvernement colonial. Les Chambres et le ministère se réunirent pour l'adoption d'un système dans lequel le gouvernement colonial serait aux mains d'un gouverneur général, représentant le Roi et assisté d'un conseil. Le principe de l'émancipation des esclaves fut introduit dans le règlement nouveau, et la limite d'extinction de l'esclavage fut fixée au 1er janvier 1860. La liberté de la presse que réclamait l'opposition libérale, fut concédée aux Colonies, mais sous la restriction d'une surveillance administrative et du régime des ordonnances.

Une polémique engagée sur l'administration coloniale de Java entre MM. Michel Chevalier et Itier d'un côté, et M. Bake magistrat et colon néerlandais de l'autre, a jeté quelques lumières sur cette importante colonie néerlandaise. Nous en extrayons quelques documents curieux, laissant de côté les récriminations plus ou moins exagérées, les accusations chargées et la défense patriotiquement passionnée de M. Bake.

L'île de Java, avec ses dépendances, ne compte pas moins de 9 millions 500,000 indigènes, contre une population européenne de 14,000 âmes, soutenue par une armée composée en grande partie d'indigènes et qui ne compte pas 6,000 européens.

L'île de Madure, gouvernée par des chefs indigènes, a une population très-clair-semée ; Souracarta et Djocjocarta ont respectivement 400,000 et 326,000 habitants, tandis que des provinces soumises au régime néerlandais, plusieurs, moins étendues que celles-là, ont une population plus nombreuse, comme Chéribon, 545,000 ; Samarang, 551,000 ; Bagelen, 535,000 ; Rembang, 462,000, etc., et pourtant ces deux premières provinces possèdent encore une grande étendue de terrain qui pourrait être facilement cultivée.

L'augmentation remarquable de la population semble être un indice d'une administration humaine et bien réglée. En 1824, le dénombrement donna 6 millions 368,090 âmes, celui de 1832

s'éleva à 7 millions 323,982; en 1834, on comptait 7 millions
511,106 ; en 1837, le chiffre est de 7 millions 981,284 ; en 1838,
de 8 millions 103,080, et en 1846 il atteint le chiffre de 9 millions
374,451 âmes.

L'impôt foncier communal se base à Java sur la récolte annuelle de chaque village et indique, par conséquent, la quantité
de riz produit annuellement dans la colonie. Cette céréale dont
le Javanais a la libre disposition, est cultivée chaque année dans
des proportions croissantes. En 1818, l'impôt foncier communal
rapportait 2 millions de florins ; de 1820 à 1830 il rapporta 5 millions ; il donnait 8 millions en 1840, 10 millions en 1843 ; de 1845
à 1850, le nombre de bouws (500 toises carrées font un bouw)
plantés de riz par la population monta de 1 million 478,200 à
1 million 547,841, augmentant donc de 69,641 bouws ; tandis
que les terres propres à la culture du riz, plantées de produits
pour le gouvernement, diminuèrent de 13,890 bouws. L'exporta-
tation du riz en 1851, pour la Hollande seulement, fut de 318,119
piculs de 59 kilogrammes.

La colonie est riche en bestiaux : leur nombre s'élève à plus
de 2 millions, dont plus de 1 million 321,000 buffles, 421,000
bœufs et près de 300,000 chevaux, etc.

Les marchandises importées à Java y sont, à une très-petite
quantité près, consommées, car les Moluques et les autres possessions néerlandaises dans l'archipel Indien sont alimentées par Ma-
cassar, qui est un port franc. Ces importations, y compris celles
du gouvernement, furent en 1835 de 20 millions 852,859 florins ; en 1842, de 37 millions 407,537 ; en 1843, de 32 millions
370,987 ; en 1844, de 36 millions 479,663 ; en 1846, de 36 millions 120,685 ; en 1847, de 29 millions 435,402 ; en 1848, de
31 millions 385,712 ; en 1849, de 32 millions 17,588 ; en
1850, de 31 millions 852,667 ; et en 1851 de 43 millions
631,090.

En 1835, l'importation pour le compte du gouvernement ne
fut que de 2 millions 987,025 florins ; en 1842, elle alla au chiffre
de 11 millions 326,334 ; en 1847, elle ne fut que de 5 millions
756,229, tandis qu'en 1851 elle s'éleva à 13 millions 476,371.

La grande différence qui existe entre 1835 et les autres années, à

commencer par 1842, provient de ce que, lors de la première
année, le système des cultures n'avait pas encore eu le temps de
faire sentir son influence, tandis qu'en 1842, après neuf ans d'existence, le bien-être du Javanais s'était considérablement augmenté. ·

« Mais il est étonnant, dit M. Bake, que la population javanaise consomme annuellement une si grande quantité de marchandises presque toutes européennes, quand on porte en ligne
de compte les sommes suivantes que le système des cultures procure annuellement aux habitants.

» Je ne poserai ici que les deux branches principales de produits, le café et le sucre :

» Pour une moyenne de 900,000 piculs de café par an, à
15 florins le picul, y compris le transport, la somme de 13 millions 500,000 florins ; pour le sucre, sur une moyenne de 1 million 500,000 piculs par an, coûtant au fabricant, y compris le
prix de la canne payé à la population, 8 florins le picul, une
somme de 12 millions de florins. »

En résumé, le système d'administration javanaise consiste à
forcer l'indigène au travail, tout en respectant ses institutions et
ses habitudes. Le Javanais est naturellement indolent, insouciant,
c'est un enfant qu'il faut prendre en tutelle. Faut-il maintenant
choisir entre le système du laisser-faire adopté par la Néerlande en matière de civilisation, et le système britannique? Nous
nous contentons d'en indiquer, d'après M. Bake, les différences
essentielles.

« L'Angleterre, dit-il, a eu constamment pour système colonial de remplacer les institutions des indigènes par celles de la
mère-patrie, chose que je ne trouve ni équitable ni pratique.
Aussi fut-elle partout et toujours la baïonnette au fusil ; à Java,
des séditions à comprimer; dans l'Inde, de longues guerres à
soutenir ; à Ceylan, elle dut à chaque moment prendre les armes.
Au cap de Bonne-Espérance , elle en est, depuis quarante-six
années d'occupation, à sa septième guerre contre les Cafres, tandis que les Hollandais, pendant leur longue occupation de presque cent soixante ans, ne se sont trouvés que *deux fois* sur le
pied de guerre déclarée avec les indigènes. Je suis grand partisan

d'institutions libérales, mais elles doivent être avant tout adaptées au peuple que l'on veut gratifier de ces institutions. J'aime les idées libérales objectivement, mais subjectivement surtout, et je prends volontiers pour les miennes les propres paroles de M. Chevalier quand il dit que *l'on doit perfectionner dans l'âme le ressort sans lequel la liberté est pour l'individu une dérision ou un présent funeste.*

» En augmentant le bien-être du Javanais par son travail, le gouvernement néerlandais lui fait faire un pas important vers la civilisation. Ce gouvernement n'a jamais empêché les Javanais d'apprendre le hollandais et beaucoup le comprennent ; il a établi de nombreuses écoles indigènes. Il existe au Modioen, à Fegalsari, un collège pour les prêtres javanais ; dans toutes les résidences se trouvent des vaccinateurs indigènes, et l'on peut dire que la vaccine, introduite par les Hollandais au Japon, est généralement adoptée à Java. Dans les hôpitaux militaires, on fait un cours de chirurgie et de médecine à des indigènes qui, après avoir passé leur examen, sont envoyés dans les différentes parties de l'île.

» Le gouvernement ne contrarie aucunement la propagation du christianisme. Seulement, je crois qu'avec beaucoup d'autres il est d'avis que les missionnaires commencent généralement un peu par la fin, et que les naturels ne seront propres à devenir réellement chrétiens que quand on leur aura, par l'exemple d'un gouvernement éclairé et paternel, donné des idées plus justes du bien et du mal ; quand surtout les Européens qui vivent parmi eux auront prêché d'exemple les vertus chrétiennes. L'expérience que les missionnaires ont jusqu'à présent faite dans les Moluques et à Java vient corroborer cette opinion. Le Ceylanais est bouddhiste et peut-être par là plus apte à embrasser le christianisme que le musulman. Baldacus dit sur Ceylan que les Hollandais y ont également mis en œuvre l'éducation et la civilisation, comme moyens de convertir ses habitants au christianisme, et M. Montgommery Martin, dans son *History of the British possessions*, est aussi d'avis que c'est par l'éducation et la civilisation qu'il faut préluder à l'introduction du christianisme. Ceylan a les trois quarts de l'étendue de Java, la même position géographique, un terrain très-fertile, et ne possède malgré cela que la neuvième partie de la population javanaise. Depuis cinquante-sept ans que cette île appartient aux Anglais, l'augmentation ni de la population, ni des produits, ni des revenus du gouvernement ne peut être comparée à ce que j'ai dit plus haut de Java, et le peu que j'en ai vu moi-même m'a paru au-dessous du bien-être et de la civilisation de cette dernière. »

On le voit, le système néerlandais en matière de gouvernement colonial est des plus simples : développer sans hâte excessive les populations indigènes, les attacher à la domination de la mère-patrie par une tutelle pacifique, améliorer avant tout leur situation matérielle et laisser faire au temps pour le reste. Les résultats obtenus jusqu'à présent sont loin d'être défavorables à ce système.

CHAPITRE III.

CONFÉDÉRATION GERMANIQUE.

CONFÉDÉRATION GERMANIQUE. — La confédération germanique dans la question d'Orient, jalousies intérieures, luttes d'influence, neutralisation de forces et impuissance définitive ; quel rôle eût pu jouer l'Allemagne ; coalition des Etats secondaires ; parallélisme des positions au point de vue économique, situations diverses créées par l'union douanière ; émigration allemande, ses causes et ses effets ; les chemins de fer allemands.

AUTRICHE. — Rôle de l'Empire dans la question d'Orient, ce qu'a fait l'Autriche et ce qu'elle eût pu faire ; la politique d'ingratitude, intérêts véritables et conduite traditionnelle. — Politique intérieure, crise de régénération ; nouveau Code de procédure criminelle, organisation de la représentation provinciale. — Finances : les deux emprunts, leur caractère national, succès ; traité relatif à la concession des chemins de fer de l'Empire ; progrès de la navigation et du commerce en Orient, le Danube ; marine impériale.

PRUSSE. — Son isolement dans la question générale, aggravation future de cette exclusion volontaire ; causes diverses de l'impuissance de la Prusse, le parti russe à Berlin. — Situation du cabinet Manteuffel, vote de l'emprunt ; concession à la Société maritime. — Nouvelle organisation de la première Chambre ou pairie prussienne. — Idées persistantes de développement maritime, le port militaire de la Jahde ; la force véritable de la Prusse, ce qu'a d'exagéré son établissement militaire. — Population, budget, Caisses d'épargne. — Inondations en Silésie.

BAVIÈRE. — Rôle effacé dans la question d'Orient, l'influence russe ; mort de la reine Thérèse ; exposition des produits de l'industrie à Munich, insuccès, ses causes ; budget, dette.

SAXE-ROYALE. — Mariage du prince Albert avec la princesse Charlotte Wasa ; mort du roi Frédéric-Auguste ; avènement du roi Jean ; finances : budget, les chemins de fer, dette ; le paupérisme et les Caisses d'épargne.

WURTEMBERG. — Son rôle dans la coalition de Bamberg. — Finances : budget, Caisses d'épargne.

BADE. — Conflit religieux, écho en Allemagne, excommunications prononcées par Mgr Herman de Vicari, arrangement intervenu avec le Saint-Siége par

Nous avons dit, en racontant les phases diverses de la question d'Orient, les sujets de division les plus ostensibles qui existent entre les deux principales puissances de l'Allemagne. Nous avons même laissé entrevoir les motifs secrets de désunion. Entre la Prusse et l'Autriche, en effet, il s'agit avant tout de la prépondérance. On dissimule des deux côtés ses espérances ou ses craintes : mais elles sont là. Là est l'explication des amertumes et des vivacités de langage qui se font remarquer dans les Notes où on ne traite, en apparence, que des grands intérêts allemands et européens.

S'il en était autrement, quoi de plus clair que la question posée à l'Allemagne ? Evidemment, ce n'est pas l'Autriche seule, c'est la Confédération tout entière qui trouverait son avantage dans l'affranchissement du Danube et de la mer Noire, dans l'indépendance de la Turquie, dans l'affaiblissement d'un trop puissant et trop ambitieux voisin.

Mais, du jour où l'Autriche veut prendre en main la querelle, disposer des forces allemandes, même dans l'intérêt allemand, la Prusse se dresse contre cette prétention qui contient en germe une suprématie redoutée. C'est pour cela que, même après la signature du traité du 20 avril, l'accord n'a pu durer.

Les sympathies des races germaniques ne sauraient être considérées comme aussi douteuses que celles de leurs gouvernements. Pour la plupart des peuples allemands, patriotisme et haine de la Russie sont des mots synonymes, et leur instinct indique aux gouvernements de quel côté sont leurs intérêts véritables. S'il est, en Allemagne, un certain nombre d'esprits qui fondent sur la Russie leurs espérances, c'est qu'ils voient en elle la base la plus solide de la conservation et de l'ordre européen.

Au fond, le peuple allemand est resté indifférent à la question, parce qu'on l'a maintenue dans le domaine de la diplomatie et entourée de subtilités inextricables. Mais si des phrases et des protocoles, on fût passé à l'action, si une armée allemande avait tenu la campagne, si le sang allemand avait coulé, nul doute qu'on n'eût vu l'Allemagne tout entière se passionner pour une cause qu'elle approuvait déjà en principe. Alors l'esprit allemand eût fait bon marché des petits intérêts, des petites intrigues, des honteuses hésitations, des sympathies inavouables.

Mais, il faut bien le redire, la constitution fédérale de la Confédération germanique en a fait, dans cette question, comme dans toutes les autres, un instrument négatif; l'Allemagne a été, non pas neutre, mais neutralisée. C'est pour cela que, parfaitement instruit par une longue pratique des hommes et des gouvernements de l'Allemagne, dès le début de la querelle, le gouvernement russe a montré dans la Confédération une confiance peu honorable pour elle, et c'est à l'appui patent ou secret qu'il se croyait sûr de trouver chez les puissances germaniques, qu'il faut attribuer l'essai malheureux qu'il a prématurément tenté pour s'assurer la prépondérance en Orient, et par là, en Europe. Cet appui, peut-on dire qu'il lui ait manqué? Un moment, on put le croire ; mais les rivalités intérieures qui éclatèrent, à l'heure de l'action, entre l'Autriche et la Prusse, assurèrent à la Russie la complicité de l'impuissance.

L'Allemagne, ou plutôt les deux grandes puissances germaniques, avaient dès le premier jour un grand rôle à jouer, celui de circonscrire ou même d'arrêter la guerre. La guerre déclarée, l'Autriche et la Prusse devaient y concourir, et ce concours eût limité l'action du fléau qui s'abattait sur l'Europe. La neutralité hésitante ou le concours restreint des deux puissances diminuèrent leur autorité politique et envenimèrent le débat.

Et cependant, quelle popularité, quelle influence durable n'eût pas acquise la puissance qui eût hautement, hardiment pris en main les intérêts européens de l'Allemagne au début de la querelle ! Elle se plaçait à jamais à la tête de l'agglomération germanique.

Tout l'effort des puissances secondaires a donc été dirigé vers ce but : entraver la marche isolée de l'une ou de l'autre des deux grandes puissances, et mettre obstacle à leur union. C'est pour cela qu'on a vu la coalition des États secondaires insister sur la nécessité de donner aux résolutions des divers cabinets allemands un caractère fédéral : c'est pour cela qu'on s'est montré si jaloux de sauvegarder la compétence de la Diète. Les idées de particularisme allemand, spécialement représentées par la Bavière et par la Saxe, ne sont au fond qu'une précaution prise contre les tentatives d'higémonie allemande.

Ce n'est pas la première fois que nous avons vu apparaître en Allemagne cette coalition des petits États, ce troisième parti qu'on a appelé la conférence de Bamberg. Déjà, on s'en souvient, il cherchait à peser sur l'Allemagne, lors du conflit élevé entre l'Autriche et la Prusse à propos du renouvellement de l'Union douanière. La coalition des petits États se forma alors sous l'inspiration de la Prusse. La lutte terminée par une transaction, la coalition de Bamberg continua d'exister et de faire à la Prusse une opposition assez gênante.

Sans doute l'influence réelle des États représentés à Bamberg eût été nulle si la Prusse et l'Autriche avaient réussi à s'entendre, et la preuve en est dans la mise en demeure assez nette adressée aux petits États par les deux puissances à la suite de l'entrevue de Teschen. Un seul des États coalisés refusa son adhésion au traité du 20 avril, et ce ne fut ni la Bavière, ni la Saxe, ni le Wurtemberg, ce fut le Mecklenbourg. Mais, bien que sanctionné par une décision fédérale du 28 juillet, le traité du 20 avril, on le savait assez en Allemagne, n'avait pas lié bien sérieusement la Prusse et on n'ignorait pas que le cabinet de Berlin eût repris volontiers sa signature.

Voilà les causes véritables de l'impuissance de l'Allemagne à prendre un rôle sérieux dans la question d'Orient.

Quoi qu'il en soit, on aura remarqué la position relativement supérieure prise par l'Autriche à toutes les phases de la question. En tenant compte des difficultés spéciales rencontrées par le gouvernement impérial, on reconnaîtra que seul il a apporté, dans tout le cours de ces négociations, quelque jeunesse et quelque énergie.

La position de l'Autriche est à peu près la même au point de vue économique. Le traité du 19 février 1853, entré en vigueur le 1er janvier 1854 pour une période de douze années, et le traité

du 4 avril 1853 qui ne doit expirer qu'au 1er janvier 1864,
a constitué en Allemagne une association de douanes dans laquelle se trouvent réunis à la fois les membres de l'ancien Zollverein, de l'ancien Steuerverein et l'Autriche. Par là, la situation de l'Autriche dans la Confédération germanique a été
singulièrement fortifiée et l'influence de l'empire s'accroîtrait
encore de toute l'autorité qu'il pourrait prendre en matière politique.

En dehors de ces luttes politiques ou économiques des divers
gouvernements, la situation matérielle de l'Allemagne ne saurait
être considérée comme satisfaisante. Le paupérisme sévit dans la
plupart des États, surtout dans ceux de la vallée du Rhin et, sous
l'influence multiple de conditions économiques déplorables,
d'un morcellement du sol allemand qui oblitère l'esprit de nationalité et aggrave les charges particulières, d'une révolution industrielle qui déplace les intérêts et modifie les instruments de
travail, un courant énorme d'émigration s'est créé en Allemagne.
Tous les ans, le sol germanique perd plus de 200,000 individus
qui emportent aux Etats-Unis une somme d'activité notable et
une valeur de plus de 100 millions de francs.

L'émigration allemande vers le Nouveau-Monde obéit encore
sur certains points à une impulsion plus politique qu'économique.
Elle a lieu sur une grande échelle dans des pays riches où la population n'est pas agglomérée, où le paupérisme est presque inconnu. Dans de telles conditions, il faut bien le reconnaître,
l'émigration est un mal pour le pays, auquel elle enlève incessamment une partie de son capital et surtout des bras, c'est-à-dire
le plus important des capitaux.

Le remède serait peut-être dans la concentration de plus en
plus grande et dans l'unification des intérêts et des ressources.
C'est à ce point de vue que le progrès du réseau des chemins de fer
allemands prend une véritable importance sociale.

Voici l'état de situation complet des chemins de fer allemands
au commencement de l'année 1854. Nous donnons, d'après l'Annuaire de M. Ott Hübner, les longueurs en milles de Prusse de
15 au degré.

Aix-la-Chapelle, 5,189 ; Aix-la-Chapelle-Dusseldorf-Ruhrort,

11,325 ; Altona-Glückstadt-Elmsborn , 2,222 ; Altona-Kiel , 14,68 ; Altona-Rendsburg-Neumünster, 4,341 ; Anhalt-Coethen-Bernburg, 2,744 ;

Badois (ch. de fer), 37,9 ; Bavarois (ch. de fer), 64,60 ; Berg et Marche, 7,732 ; Berlin-Anhalt, 30,857 ; Berlin-Hambourg, 39,500 ; Berlin-Postdam-Magdebourg, 19,552 ; Berlin-Stettin , 17,852 ; embranchement de Stargard, 4,576 ; embranchement de Stargard-Posen, 22,639 ; Bonn–Cologne, 3,894 ; Breslau-Schweidnitz-Fribourg, 11,161 ; Brunswick, 15,65 ; Budweis-Linz-Gemünden, 26,845 ;

Chemnitz-Riesa , 8,85 ; Cologne-Minden , 37,083 ; Cottbus-Schwielochsee, 4,123 ;

Dusseldorf-Elberfeld, 3,515 ;

Empereur Ferdinand (ch. de fer du Nord de l'), 54,481 ; Est (ch. de fer prussien de l'), 19,350 ;

Francfort-Hanau, 2,135 ; Frédéric-Guillaume du Nord, 19,2.

Guillaume (ch. de fer de) Cosel-Oderberg, 7,128 ;

Hambourg-Bergedorf, 3,100 ; Hanovre, 53,22 ;

Leipzig-Dresde, 15,5 ; Lœbau-Zittau, 4,53 ; Louis-du-Palatinat, 15,57 ; Lubeck-Büchen , 6,422 ;

Magdebourg-Coethen-Halle–Leipzig , 15,772 ; Magdebourg-Halberstadt, 7,745 ; Marche-Basse-Silésie, 51,730 ; embranchement de la Basse-Silésie, 9,500 ; Mayence-Worms, 6,500 ; Mecklembourg, 19,3 ; Mein-Necker, 11,604 ; Mein-Weser, 26,500 ; Münster-Hamm, 4,640 ;

Neisse-Brieg, 5,832 ; Nüremberg-Fürth, 9,875 ;

Prince-Guillaume (Steele-Vohwinkel), 4,390 ;

Rhénane (ligne), 11,395 ; Ruhrort-Crefeld-Gladbach, 5,061 ; Saarbrück, 4,600 ; Saxo-Bavaroise (ligne) , 24,021 ; Saxo-Bohémienne (ligne), 8,7 ; Saxo-Silésienne (ligne), 13,58 ; Silésie (Haute), 28,28 ;

Taunus, 5,84 ; Thuringe, 25,142 ;

Vienne-Brück, 5,500 ; Vienne-Glognitz, 11,00 ;

Westphalie, 10,100 ; Wurtemberg, 33,2.

On verra plus loin dans quelles proportions colossales l'Autriche a taillé sa part d'avenir en assurant l'achèvement de ses nouvelles voies de communication.

24

AUTRICHE.

Jamais peut-être l'empire autrichien n'avait rencontré une occasion plus favorable que la question d'Orient de reprendre, dans les affaires de l'Europe, la haute position qu'il occupa jadis. La bonne volonté n'a pas manqué à son gouvernement pour réaliser les espérances qu'avait fait tout d'abord concevoir son attitude.

En tout ce qui touchait aux menées révolutionnaires, l'Autriche avait montré, dès le commencement de l'année 1853, une énergie véritable. Ainsi, on l'avait vue intervenir vigoureusement pour couper court à la guerre engagée dans le Montenegro. Elle n'agit pas avec moins de résolution lorsque le péril d'une insurrection voisine de ses frontières lui fut suscité par les intrigues de la Russie. L'agent de la Russie dans le Montenegro, nous l'avons dit plus haut dans l'histoire de la guerre, était un certain colonel Kovalevski. Cet homme, après avoir chargé la mine dans sa mission près le prince Danilo, tenait à Vienne le fil qui devait la faire éclater. On le laissa séjourner paisiblement dans la capitale de l'Autriche, mais non sans le surveiller. Mais le colonel Kovalevski étant retourné en Russie pour prendre ses instructions dernières, partit, le 3 août, de Varsovie avec des dépêches pour l'ambassade russe, chargé en apparence d'un commandement de régiment en Moldavie. Quelques jours après, l'émissaire paraissait à la station frontière de Szezakova, annonçant l'intention de retourner à Vienne; il voulait, en réalité, se rendre en Moldavie par la Gallicie et Lemberg. On ne lui permit point de passer la frontière.

Cette forte attitude indiquait-elle la pensée secrète de réaliser la politique d'*ingratitude* hautement annoncée par le prince de Schwarzenberg? On l'espéra longtemps. Et ce n'eût pas été, en effet, méconnaître les tendances traditionnelles de l'Autriche. On sait quelle eût été, dans les affaires d'Orient, la politique de l'Autriche en 1840, si sa force eût répondu à ses intentions. Depuis longtemps l'âme de l'Autriche est acquise à l'influence

occidentale ; mais son corps est comme enchaîné aux volontés
de son puissant voisin du Nord.

L'alliance intime des deux gouvernements d'Autriche et de
Grande-Bretagne avait été, jusqu'en 1847, le fondement de la
politique séculaire des deux pays. Aussi, un rapprochement
pouvait-il être également désirable de part et d'autre, et l'Europe ne pouvait trouver dans ce retour à une alliance traditionnelle que des garanties nouvelles de paix et d'équilibre.

Toujours dirigée par la puissante intelligence et par la longue
expérience de M. de Metternich, la politique autrichienne voudrait bien jouer dans la querelle d'Orient le rôle important et
avantageux de médiateur et d'arbitre accepté des deux côtés :
mais elle voudrait en même temps prévenir toute explosion d'un
mouvement révolutionnaire, toute tentative d'un remaniement
de la carte de l'Europe. De là ces aspirations énergiques et ces
hésitations timides qui composent après tout un rôle marqué du
caractère de l'impuissance.

L'intérêt autrichien est évident. Faire régler au profit de l'empire la position des Principautés, assurer la liberté du Danube
et celle de la mer Noire, donner aux frontières de l'Autriche
plus de solidité et de sécurité, ce sont là ses secrets désirs. Mais
l'Autriche se sent retenue par les chaînes qu'elle s'est forgées à
elle-même. Elle sent sa faiblesse en Italie, en Hongrie. Sa diplomatie un peu cauteleuse en est singulièrement diminuée et, à
force de prudence, elle court le risque de voir régler sans elle les
destinées de l'Europe.

Le sentiment public en Autriche, comme dans l'Allemagne
tout entière, est pour une attitude plus énergique, et il a bien
fallu qu'il se traduisît enfin en une alliance avec les deux grandes
puissances maritimes de l'Europe occidentale. Les incertitudes
du cabinet autrichien, l'obscurité de sa politique, l'égoïste neutralité qu'on entrevoyait au fond de toutes les déclarations officielles, tout cela a réveillé l'antipathie traditionnelle du peuple
autrichien contre la Russie et aussi contre la Prusse, complice
de la Russie par ses irrésolutions et son mauvais vouloir.

Quoi qu'il en soit, le lien qui unit désormais l'empire aux
puissances occidentales se resserre chaque jour davantage et se

rapproche, sans jamais y arriver, d'une action commune. Cette situation bizarre a ses causes, non-seulement dans les jalousies d'influence, mais encore dans la situation économique de l'Autriche. La question de paix ou de guerre a peut-être été surtout une question de finances.

La déclaration collective du 28 décembre n'a donc pas dissipé tous les doutes. Les trois puissances y constataient l'unanimité de leurs vues sur l'interprétation à donner aux quatre garanties; une seule et même réponse avait été faite en leur nom aux explications demandées sur ce point par le prince Gortchakof. Mais entre ces déclarations si nettes et l'action, il y avait un abîme. L'avenir seul dirait si l'Autriche se sentait de force à le franchir.

· L'honneur du cabinet autrichien, c'est d'avoir, au début de la querelle, osé proclamer le principe de la solidarité européenne, et d'avoir battu en brèche la prétention singulière élevée par la Russie de régler seule à seule avec la Porte des questions d'intérêt commun. L'isolement de la Russie a été la conséquence de cette conduite. La faute de l'Autriche, c'est d'avoir souffert que la Russie employât impunément à son égard des procédés humiliants qui diminuent celui qui les accepte. Aux lettres autographes de l'empereur François-Joseph, le gouvernement russe répond par l'ordre envoyé à ses généraux de franchir le Pruth; aux communications pressantes de la chancellerie autrichienne, le Tsar répond par l'insultante mission du comte Orlof. Le protocole du 7 avril et le traité de Berlin font croire un instant à l'Europe que l'Autriche va jeter son épée dans la balance et la sommation d'évacuer les Principautés part de Vienne, comme de Londres et de Paris. Un emprunt national relève les finances de l'empire et lui fournit les moyens d'entrer en lutte, les troupes autrichiennes entrent enfin dans les Principautés, puis, tout à coup, lorsque l'Europe croit assister au dénouement belliqueux de la querelle, l'Autriche annonce qu'elle ne se croit pas obligée de déclarer la guerre, bien que la Russie ait rejeté péremptoirement les conditions qu'on lui impose.

Quoi qu'on dise, quoi qu'on fasse, une telle conduite n'est pas celle d'une puissance de premier ordre.

Encore une fois, c'est dans la situation intérieure de l'empire, au moins autant que dans ses relations politiques avec l'Europe et la Confédération germanique, qu'il faut chercher l'explication de ces défaillances. La révolution de 1848 a jeté l'Autriche hors de ses voies : elle y a tout changé, politique intérieure, administration, finances. Réorganiser est le premier besoin qui se soit fait sentir après ce grand bouleversement et, en attendant l'acomplissement définitif de la régénération qui commence, il faut peu s'étonner si la politique autrichienne recule devant la responsabilité d'une guerre qui s'ajouterait aux difficultés de la crise intérieure.

Toute l'activité du gouvernement autrichien est désormais concentrée dans un seul but : accomplir dans l'État toutes les réformes qui feront peu à peu disparaître la vieille Autriche et lui substitueront un Etat nouveau, affranchi des imperfections du passé. Cette vieille Autriche, débile, impuissante, livrée à la merci de la plus petite crise, a procédé à une refonte complète de toutes ses institutions et en est sortie grande, forte, unie, avec une nationalité distincte, bien qu'encore embarrassée par les difficultés sérieuses que lui créent des provinces dont l'assimilation semble impossible.

C'est à Sa Majesté l'Empereur qu'il faut désormais attribuer le mérite des actes politiques et de haute administration. C'est, on le sait, sa volonté qui domine, sa pensée qui conçoit et qui dirige. Aussi, pouvait-on espérer de l'intelligence élevée et du grand cœur de ce jeune monarque, un retour prochain à un ordre de choses plus régulier, plus conforme au droit commun. Déjà, il semblait que l'indulgence et la modération pussent s'exercer sans péril, et le gouvernement impérial se sentirait bientôt sans doute assez fort pour relâcher quelque chose de ses justes sévérités.

Un nouveau code de procédure criminelle, une nouvelle organisation de la représentation provinciale, telle est la part de l'année 1854 dans la régénération administrative de l'empire.

Pour apprécier ce nouveau code, il est bon de connaître l'état antérieur de la législation criminelle.

Sous Charles-Quint fut publié un règlement d'instruction criminelle, la *Carolina criminalis* qui, dit M. Jules Lévita (auquel nous empruntons en partie ce résumé), conserva son autorité jusqu'à une époque assez récente, malgré les efforts généreux faits par tous les jurisconsultes éclairés et même par plusieurs souverains pour abolir une législation fondée sur la méfiance, armée de la torture et procédant par audiences secrètes.

Une nouvelle loi de procédure criminelle fut publiée en Autriche en 1769. C'est la *Constitutio imperialis Theresina*, qui modifia en plusieurs points importants les anciennes rigueurs de la législation. Toutefois les principes généraux et la torture en particulier ne furent abolis ni par la constitution de Marie-Thérèse, ni par le nouveau règlement de la procédure criminelle publié en 1784 par l'empereur Joseph II.

Un nouveau *Code pénal* fut publié en Autriche le 3 septembre 1803. Les idées de réforme, appuyées par le gouvernement, et en partie mises à exécution par des juges éclairés, trouvèrent dans cette loi une expression plus complète et plus nette que dans les actes législatifs antérieurs. Toutefois, le code de 1803, si important qu'il fût au point de vue du droit pénal matériel, n'avait qu'une importance fort secondaire pour la procédure criminelle, qui ne subit pas de modifications essentielles jusqu'à 1818.

La première loi qui exerça une influence considérable sur la législation de la procédure criminelle, fut celle du 7 septembre 1818, dont l'objet principal était la suppression de la juridiction patrimoniale. Cette dernière espèce de juridiction repose sur l'idée féodale de la propriété des choses, entraînant à la fois certaines attributions de souveraineté sur les personnes. Malgré une surveillance très-active exercée par les tribunaux supérieurs, on ne pouvait pas remédier au grand nombre d'abus commis par des juges qui n'étaient que les instruments des seigneurs territoriaux et qui n'offraient pas les garanties d'un magistrat institué par le pouvoir central.

En 1849, le 4 mars, une nouvelle constitution fut publiée en Autriche. Plusieurs articles de cette constitution touchaient à l'organisation judiciaire et à la procédure criminelle. Une nouvelle législation s'y trouvait même annoncée, qui devait reposer sur le principe de la garantie la plus solide de la liberté persuelle, sur celui de l'égalité de tous les citoyens vis-à-vis de la loi, et sur ceux de la séparation des autorités judiciaires et administratives, et de la publicité des audiences. Enfin, une question qui préoccupa vivement les esprits politiques à cette époque, celle de l'institution du jury, fut résolue dans un sens favorable aux partisans de cette réforme. Les principes généraux des législations modernes furent sanctionnés par les lois du 14 juin 1849 et du 17 janvier 1850.

Le gouvernement autrichien s'empressa de mettre loyalement à exécution les dispositions de la nouvelle loi de procédure, et l'organisation fut accomplie dans le plus bref délai dans les parties si différentes de la monarchie. Cette nouvelle organisation judiciaire repose presque entièrement sur les principes français. La trigotomie, qui est la base des lois pénales françaises, c'est-à-dire la division de tous les actes punissables en crimes, délits et contraventions, a été adoptée par le législateur autrichien.

Les tribunaux qui statuent sur les contraventions, et qui ont une compétence analogue à celle des justices de paix françaises, sont appelés *Bezirksgerichte*.

Les tribunaux qui statuent sur les délits et qui répondent aux tribunaux correctionnels de première instance français sont appelés *Bezirkscollegialgerichte*. Ils sont composés d'un juge président et de trois à cinq juges assesseurs.

Les tribunaux dits *Landesgerichte* jugent en première instance dans les ressorts comprenant 70 à 90,000 âmes. En même temps, ils statuent sur l'appel interjeté contre les jugements des *Bezirkscollegialgerichte*. Ces tribunaux siégeant en première instance, sont composés d'un président et de deux conseillers statuant en appel ; le nombre de ces conseillers est porté à quatre : un ministère public est attaché à ces tribunaux.

Les tribunaux supérieurs, appelés *Oberlandesgerichte*, composés d'un président et de quatre conseillers forment la chambre d'accusation. Le magistrat chargé de présider la cour d'assises est pris parmi les membres de cette cour.

La cour de cassation ou la cour suprême (*Oberster Gerichtshof*) n'est pas une instance dans la hiérarchie judiciaire. Les recours en nullité contre les décisions de tous les tribunaux, sauf celles des *Bezirksgerichte*, sont portés devant cette cour.

Tels sont, en substance, les éléments de la nouvelle organisation judiciaire.

L'application des principes de la nouvelle organisation judiciaire a trouvé de nombreux obstacles dans les diverses parties de l'empire, peu préparées à un changement aussi profond. On sait que la partie allemande de la monarchie autrichienne, c'est-à-dire celle qui est la plus avancée au point de vue intellectuel, ne forme qu'une partie minime de ce vaste empire, dont les éléments principaux sont d'origine slave, avec leurs branches différentes.

Le gouvernement autrichien, qui poursuit par tous les moyens son œuvre de centralisation politique, a dû modifier complétement le nouveau système de juridiction pénale, de sorte qu'il pût être appliqué à toutes les parties de l'empire sans distinction. Il a mieux aimé sacrifier quelques réformes introduites à la suite des événements politiques, que d'abandonner son travail d'union entre les différents peuples de la monarchie.

La résolution impériale du 31 décembre 1851 contenait les nouveaux principes d'après lesquels la procédure criminelle devait être réglée. L'organisation judiciaire fut complétement réformée sur ces bases par les lois du 14 septembre 1852 et du 10 janvier 1853. C'est sur ces mêmes bases que le nouveau code de procédure criminelle fut publié le 29 juillet 1854.

La nouvelle organisation de la représentation provinciale a plus d'importance encore.

On se rappelle que, lorsqu'au mois d'août 1851 (*Voyez* l'Annuaire), l'empereur François-Joseph abolit la constitution de 1848, il annonçait solennellement aux peuples de son empire qu'une commission, dont la réunion était confiée aux soins de son premier ministre et du président du conseil d'État, allait élaborer un système d'institutions qui serait de nature à satisfaire aux besoins des populations. L'accomplissement de cette promesse fut entièrement réalisé cette année. Déjà le décret du 31 décembre 1851 avait, en posant les principes de la loi organique de l'empire, annoncé que des comités provinciaux seraient créés dans *tous les pays de la couronne*; ces conseils provinciaux furent organisés et on détermina leurs attributions.

Des états généraux et des comités constitueraient désormais la représentation provinciale particulière à chaque pays autrichien.

Les états généraux d'une province devraient se composer des grands dignitaires de la province qui auraient été maintenus dans leurs fonctions ou qui seraient nommés à l'avenir ; des dignitaires ecclésiastiques et présidents de corporations religieuses qui siégeaient autrefois dans les états de la province ou auxquels l'Empereur accorderait désormais ce droit ; des nobles qui avaient autrefois l'*incolat* dans le pays, et de ceux auxquels Sa Majesté voudrait bien accorder l'immatriculation de la noblesse héréditaire, sous certaines conditions qui seraient déterminées plus tard ; des dignitaires des universités, autrefois en possession de siéger aux États ou appelés dorénavant à en jouir par la volonté de l'Empereur ; des représentants des cités et des bourgs qui avaient ce même droit ou auxquels il serait conféré ; enfin des membres des comités de la province.

Les états généraux ne pourraient être réunis que sur l'ordre de l'Empereur pour des affaires déterminées et à certaines occasions ; ils n'auraient aucune influence à prétendre sur la direction des affaires générales, qui seraient soumises aux comités. Chaque membre des états serait convoqué individuellement par le chef politique du pays.

Les comités de la province seraient composés de membres pris parmi les dignitaires ecclésiastiques, les grands propriétaires, les représentants des villes, bourgs et corporations universitaires siégeant aux états généraux, ainsi que des représentants de la propriété foncière, et des municipalités, ces derniers devant posséder dans le pays, ainsi que les représentants de la noblesse héréditaire et des villes, des propriétés dont l'importance varierait suivant la province.

Les affaires qui seraient soumises aux délibérations des comités seraient celles concernant l'industrie, le commerce, l'agriculture de la province, les moyens de les encourager et de fortifier le crédit foncier, etc. ; les établissements ou institutions scientifiques, littéraires ou de bienfaisance, à la charge du budget du pays ; les mesures sanitaires ou destinées à combattre le paupé-

risme; les soins à donner à l'instruction publique, aux écoles et
aux instituteurs des villes et des campagnes; les travaux publics
spéciaux à la province, et en particulier ceux relatifs aux communications fluviales ou vicinales; les charges imposées à la province pour l'entretien, le logement de l'armée et des troupes de
police; enfin, et surtout les recettes et les dépenses de la province, ainsi que le développement de son crédit et l'état de ses
dettes.

Le but que le gouvernement impérial s'était surtout proposé
était d'appeler ces comités à donner leur avis sur tout ce qui
toucherait au bien-être de la province, dont ils devraient faire
connaître les besoins et les vœux.

Les comités étaient divisés en grands et petits : chaque province aurait un grand et un petit comité. Le nombre des membres du premier ne serait dans aucune moindre de douze, ni supérieur à quarante-huit : il serait formé par les membres du petit
comité et les personnes désignées à cet effet par le gouvernement.
Le chef politique de la province, ou, à son défaut, un commissaire impérial, en serait le président et dirigerait les délibérations, de même qu'il ouvrirait la session et en prononcerait la
clôture. Le grand comité se réunirait au chef-lieu de la province,
à des époques et pour un temps qui seraient ultérieurement
fixés. Les membres prêteraient serment de fidélité, d'obéissance
et d'observation des lois, entre les mains du gouvernement.

Ces décisions du grand comité seraient portées à la connaissance de l'Empereur par les soins du ministre de l'intérieur : il
leur était interdit de recevoir des députations et d'entrer en relations d'affaires soit avec les petits comités, soit avec toute autre
réunion; ils ne pourraient publier aucun avertissement ou proclamation.

Le petit comité serait permanent et siégerait aux côtés du chef
politique de la province qui présiderait ; le nombre des membres
serait de quatre à six et à huit personnes, non compris le président. Leurs fonctions dureraient un certain nombre d'années, et
le gouvernement se réserverait le droit de désigner un suppléant
à chaque membre pour le remplacer en cas de besoin.

Les fonctions du petit comité ne se borneraient pas à délibérer

sur les affaires, soit aux autorités de la province, soit au grand
comité. Les résolutions y seraient prises à la majorité des voix,
et le chef politique aurait le pouvoir, s'il croyait la résolution
prise en opposition avec les lois ou le bien général de l'Empire,
d'en arrêter le cours, à la condition toutefois de porter sa décision à la connaissance du ministère de l'intérieur, qui statuerait
sur le conflit après avoir pris les ordres de l'Empereur.

Il y avait là, en somme, un pas sérieux fait dans la voie des
institutions libérales. La représentation par provinces, telle
qu'elle serait constituée, serait un moyen pour les gouvernés de
faire connaître au gouvernement central leurs vœux et leurs besoins. Les comités, les états généraux offraient aussi, par leur
composition, des garanties plus réelles d'indépendance que n'en
donnaient autrefois les assemblées de ces mêmes provinces. Le
cercle de leurs attributions était considérablement agrandi, et
leurs résolutions auraient plus de poids sur celles du gouvernement central.

Deux grandes opérations financières furent menées à bonne fin
cette année : pour subvenir aux besoins extraordinaires créés par
les circonstances politiques, et aussi pour ramener le papier
monnaie à la valeur monétaire, deux emprunts furent faits, l'un
en mars, l'autre en juin, ce dernier de 500 millions de florins.
Enfin, un traité du 21 octobre concéda les chemins de fer autrichiens à une compagnie à la tête de laquelle étaient MM. Émile
et Isaac Pereire.

Revenons avec quelques détails sur ces mesures importantes.

La quotité du premier emprunt fut fixée à 50 millions de florins. La liste de souscription pour cet emprunt resterait ouverte
du 7 mars au 17 du même mois, et l'émission aurait lieu au cours
de 90 p. 0/0. Chaque obligation représenterait une somme de
250 florins, argent de convention, et l'intérêt en était fixé à
5 p. 0/0 par an. L'emprunt total devrait être remboursé dans
une période de cinquante années, et le mode de remboursement
adopté était le remboursement partiel par année d'un certain
nombre d'obligations, divisées en séries et désignées par le sort.
Ces séries étaient au nombre de 4,000, comprenant chacune 50
obligations. Chaque année, au 2 janvier et au 1er juillet, on tire-

rait au sort autant d'obligations que le déterminait le plan de remboursement publié en même temps que les conditions de l'emprunt, et, à chaque obligation sortante, était attachée une prime de 50 florins au moins, et qui pourrait s'élever jusqu'à une somme de 200,000. Le payement des primes et le remboursement des obligations aurait lieu deux fois par an, au 30 juin et au 31 décembre ; celui des intérêts, au 1er avril. Un dixième de chaque obligation devrait être payé au moment de la souscription, les neuf autres dixièmes dans le courant de l'année, jusqu'au 1er mars 1855, à des époques déterminées.

Dès son apparition, l'emprunt, bien qu'il eût naturellement pour premier résultat de faire fléchir un peu le cours des emprunts semblables faits en 1834 et en 1839 par le gouvernement impérial, fut accueilli favorablement par le monde financier. Le taux de son émission, qui portait en réalité l'intérêt annuel à 4 1/2 p. 0/0, et surtout le mode de remboursement par la loterie, avec des chances de gain considérable pour les porteurs d'obligations, expliquaient suffisamment cette faveur, et il était à remarquer, à propos du mode de remboursement adopté pour ce nouvel emprunt, que, de tous les papiers de l'État, les emprunts de 1834 et 1839, remboursables également par la voie du sort avec prime, avaient, dans les diverses crises financières de l'empire, subi la dépréciation la moins considérable.

L'espérance d'un accord plus complet de la politique du gouvernement autrichien avec celle des puissances occidentales, par rapport aux affaires d'Orient, n'avait pas non plus peu contribué à la faveur que rencontra l'emprunt.

Le second emprunt bien autrement considérable fut fixé à la somme de 500 millions de florins.

Les rescrits impériaux relatifs à ce nouvel emprunt national lui donnaient pour destination d'activer les armements qui devraient appuyer la politique extérieure de l'Autriche. La plupart des journaux se réunirent, en cette occasion, dans un même sentiment patriotique, et se félicitèrent de voir le pays maintenir avec énergie sa politique traditionnelle.

L'appel de l'Empereur fut entendu par toute l'Autriche, et, dans toutes les provinces, on rivalisa de zèle pour fournir les moyens de rétablir le cours normal des effets publics. Même avant que la souscription ne fût ouverte, la volonté ferme de remédier à la dépréciation des valeurs commençait à les relever.

Un autre acte, dont nous avons déjà apprécié la portée, augmentait en même temps la confiance et encourageait le patriotisme : c'était la publication 'des principes fondamentaux de la représentation nationale, dans les divers pays de la couronne, principes sanctionnés par Sa Majesté. C'est là la clef de voûte du nouvel édifice de l'empire d'Autriche. Dans les états provinciaux généraux, comme dans les comités de province, tous les intérêts historiques et tous les intérêts modernes sont désormais représentés. Au moyen de ces comités spéciaux, les gouvernements des divers pays de la couronne resteront dans une relation réciproque et continuelle avec les représentants de ces pays (1).

(1) Une ordonnance signée par les ministres de l'intérieur et des finances, en date du 15 septembre, fait connaître officiellement le résultat final de l'emprunt. Le total des sommes souscrites s'élève à 506,788,477 florins. Elles sont réparties ainsi qu'il suit entre les diverses provinces de la monarchie :

Basse-Autriche avec Vienne.	107,989,636 florins.
Haute-Autriche.	17,126,443
Salzbourg.	2,444,420
Tyrol et Voralberg.	11,428,592
Styrie.	11,419,552
Cariathie.	2,931,802
Carniole.	4,698,401
Littoral et Trieste.	22,098,219
Dalmatie.	1,631,611
Bohême.	70,808,003
Moravie.	30,574,256
Silésie.	6,293,019
Gallicie, administration de Léopold. . . .	11,724,530
Gallicie, administration de Cracovie. . . .	8,589,410
Bukovine.	2,753,620
Hongrie, administration de Buda-Pesth. . .	24,752,488
Hongrie, administration de Presbourg. . .	16,726,199
Hongrie, administration d'OEdenbourg. . .	21,683,511
Hongrie, administration de Kaschau. . . .	7,548,066
Hongrie, administration de Granwaradin. .	13,515,670
Vayvodie de Serbie et banat de Temes. . .	20,236,340
Croatie et Esclavonie.	5,579,750
Transylvanie.	13,434,354
Lombardie.	37,954,740
Vénétie.	24,616,761
Confins militaires et armée impériale. . .	8,229,066
Total.	506,788,477 florins.

La cession des voies de communication de l'empire à une compagnie puissante aurait sans doute une influence incalculable sur l'avenir industriel et commercial de l'Autriche. Le traité qui exonéra ainsi le gouvernement de la lourde charge des voies de fer en construction ou à construire, appartient par sa date au dernier jour de l'année 1854.

Ce traité, à la négociation duquel MM. Isaac Pereire, Ernest André et le duc de Galliera prirent part dans l'intérêt de la Société générale du Crédit mobilier et de ses principaux fondateurs, associés avec deux des plus puissantes maisons de banque de Vienne, MM. Simon, G. Sina et Arnstein et Eskélès, fut conclu le 31 décembre.

La Société était entrée immédiatement en jouissance et avait versé le même jour dans la caisse du Trésor impérial le montant des deux premiers termes de payement. Dès que son organisation serait terminée, elle prendrait possession de ses nouveaux domaines, qui, dans l'intervalle, resteraient administrés pour son compte par l'État.

La concession comprenait près de 1,200 kilomètres de chemins de fer, dont environ 1,100 étaient en exploitation ; la Compagnie construirait seulement une section de 80 kilomètres, le reste étant achevé par l'État, y compris la pose de la voie.

Le réseau de la Société, si l'on pouvait donner ce nom à un ensemble de chemins de fer dans lequel les embranchements formaient à peine la dixième partie du parcours total, desservirait toutes les relations intérieures de la Bohême et de la Hongrie, et mettrait ces deux pays de production si importants, l'un pour l'industrie manufacturière, l'autre pour les richesses agricoles, en relation avec la capitale, avec l'Allemagne et le bas Danube.

Le gouvernement avait en outre cédé à la Compagnie, en toute propriété, des mines de houille d'une grande étendue et des usines à fer, montées sur les plans les plus nouveaux ; ces établissements entraient en pleine exploitation.

Un vaste domaine de 30,000 hectares de terres cultivables et de 90,000 hectares de forêts était annexé aux mines et aux usines du Banat.

Le prix à payer par la Compagnie à l'État avait été fixé à 200 millions de francs à verser en trente-six termes mensuels, sans intérêt, et avec faculté de recouvrement anticipé par l'État, sous déduction de 4 p. 0/0 d'escompte pour les treize premiers.

L'État garantissait à 5 p. 0/0 l'intérêt et l'amortissement de cette somme de 200 millions.

Les cahiers des charges avaient été rédigés dans un esprit libéral qui montrait tout l'intérêt que le gouvernement autrichien apportait à encourager l'industrie nationale à l'aide de capitaux étrangers. Diverses facilités avaient été accordées à la Compagnie pour assurer dès l'origine le succès le plus complet à une entreprise que l'on regardait comme le point de départ d'une nouvelle ère industrielle et commerciale pour l'Autriche. Telles étaient l'exemption de l'impôt de 5 p. 0/0 sur le revenu net des chemins de fer pendant cinq années ; l'exemption de la moitié des droits de douane, pendant le même laps de cinq années, sur tous les rails et accessoires de la voie nécessaire, sur les chemins concédés, et de la totalité des droits sur une valeur de 3 millions 750,000 fr. de matériel et d'outillage ; l'exemption pendant dix années de l'impôt spécial sur les usines.

La Compagnie s'était en outre réservé la faculté de construire divers embranchements destinés à améliorer les conditions de son entreprise, et avait racheté le chemin de fer de Vienne à Raab.

Les statuts étaient appropriés à la composition de la *Société autrichienne impériale royale, privilégiée des chemins de fer de l'État* (c'était là son nom officiel) ; les actionnaires étrangers pourraient se faire représenter dans les assemblées générales. La moitié des administrateurs étaient Français, et formaient à Paris un comité concourant à toutes les décisions importantes ; les membres de ce comité pourraient d'ailleurs se faire représenter par des fondés de pouvoirs dans le sein du conseil d'administration siégeant à Vienne.

Il y a dans cet échange international de capitaux appliqués aux grandes industries un fait remarquable pour l'histoire de la solidarité future des intérêts, en même temps qu'un gage de prospérité future pour l'empire autrichien.

Ce n'est pas là d'ailleurs le seul progrès accompli par l'Autriche en matière de circulation, de commerce et de transit. L'intérêt autrichien dans la question de la liberté de l'Orient se développe tous les jours avec sa marine commerciale et ses échanges.

Le 1er mai, la société du Danube établit entre Vienne et Galatz un nouveau service accéléré par trois paquebots construits à Pesth avec le plus grand soin, et dont les machines d'une force de 140 chevaux, sortaient d'une des premières fabriques d'Angleterre. Cette nouvelle ligne accélérée, qui accomplirait sans transbordement son trajet de Vienne à Galatz en cent heures environ, y correspondrait avec les bateaux du Lloyd autrichien. On pourrait ainsi faire en sept jours, et à des prix modérés (315 et 225 fr., nourriture comprise) le voyage de Vienne à Constantinople.

Deux mesures également importantes pour la navigation du Danube furent arrêtées à la fin de l'année, par le gouvernement autrichien.

La première était la suppression des quarantaines, qui, depuis la consolidation du protectorat russe dans les Principautés, étaient imposées sur les rives valaque et moldave du fleuve aux provenances de la rive bulgare. Un bateau qui avait touché à Viddin, à Rutchuck, à Silistria, ne pouvait plus aborder librement à Giurgevo ou à Galatz : la Compagnie autrichienne de la navigation à vapeur était obligée de faire marcher parallèlement deux bateaux desservant, l'un la rive droite, l'autre la rive gauche. Ces entraves, savamment combinées par la Russie, tombaient aujourd'hui, et les deux rives allaient désormais se rapprocher et échanger librement leurs produits.

La seconde mesure regardait plus spécialement l'Autriche.

Le ministre de la guerre, sur la proposition du baron de Hess, ordonna aux compagnies du génie du corps d'occupation de déblayer les roches des Portes-de-Fer, afin de donner à ce passage dangereux le tirant d'eau normal du reste du fleuve; ainsi serait vaincue l'une des difficultés essentielles qui pouvaient gêner le commerce allemand sur cette importante voie fluviale.

Une tâche plus grande restait toutefois encore à poursuivre, c'était d'affranchir les embouchures du Danube et de les soustraire à la domination d'une puissance qui les tient fermées, pour mettre son commerce des grains à l'abri de la concurrence des provinces danubiennes, de la Hongrie et de l'Allemagne.

Au commencement de l'année 1854, la marine impériale comprenait 104 bâtiments achevés ou en construction, portant ensemble 781 canons. En voici le détail : 1° six frégates : *Schwarzenberg*, de 60 canons ; *Bellone*, de 50 ; *Novare*, de 42 ; *Vénus*, de 52 ; *Radetzky*, à hélice (en construction), de 31, et *Junon*, vaisseau-caserne, de 10 ; 2° six corvettes : *Caroline*, de 24 ; *Diane*, de 24 ; *Leipzig*, de 20 ; *Minerve*, de 14 ; *Titania*, de 12 ; une sixième, de 22 canons, à hélice (en construction) ; 3° sept bricks : *Montecuccoli*, *Oreste*, *Pylade*, *Pola*, *Trieste*, *Triton*, *Hussard*, de 16 can. chacun ; 4° 5 goëlettes : *Elisabeth*, de 12 can. ; *Phénix*, de 12 ; *Arethusa*, de 10 ; *Artemisia*, de 10 ; *Saida* (en construction), de 6 ; 5° deux prames : *Mongibello* et *Vésuve*, de 12 canons chacun ; une bombarde, *Saetta*, de 10 canons ; 6° trente-quatre péniches de 3 canons chacune : *Agile*, *Amazone*, *Andromaque*, *Amphitrite*, *Aigle*, *Astuta*, *Aspis*, *Bacchus*, *Bocchese*, *Brenta*, *Cérès*, *Diane*, *Hécate*, *Hélène*, *Hirondelle*, *Furiosa*, *Iris*, *Laibach*, *Lampreda*, *Léda*, *Leggera*, *Linca*, *Modeste*, *Marlecco*, *Najade*, *Pallas*, *Valma*, *Renard*, *Salona*, *Serpent*, *Sibylle*, *Sirène*, *Zara* ; 7° dix-huit chaloupes canonnières de 4 canons chacune : *Callige*, *Calypso*, *Concorde*, *Constance*, *Danaé*, *Didon*, *Fulminante*, *Galatée*, *Gelosa*, *Méduse*, *Mérope*, *Pandore*, *Proserpine*, *Stella*, *Tartare*, *Tremenda*, *Veruda*, *Viennoise* ; 8° cinq schooners-bricks de 4 canons chacun : *Bavo*, *Caméléon*, *Dauphin*, *Dromadaire*, *Fidros* ; 9° neuf trabacs ; 10° onze vapeurs : *Custozza*, de 6 canons ; *Lucie*, de 7 ; *Volta*, de 6 ; *Taurus*, de 5 ; *Achille*, de 4 ; *Curtatone*, de 4 ; *Hentzi*, de 4 ; *Volcan*, de 4 ; *Alnoch*, de 2, et le yacht à vapeur *Seemove*.

PRUSSE.

Le résultat le plus clair des tergiversations de la Prusse dans la question d'Orient, c'est d'avoir perdu les avantages de sa position en Allemagne, c'est de s'être exclue du concert européen. Faute immense pour une nation de premier ordre que de rester ainsi à l'écart. Depuis le 2 décembre 1854, la Prusse ne peut plus être admise aux conférences des grands États qu'à la condition d'adhérer purement et simplement au traité d'alliance entre la cour de Vienne et les puissances occidentales. Bien plus, dans les derniers jours de l'année, une nouvelle condition avait surgi pour elle de cette situation isolée. Il lui faudrait désormais approuver sans réserve l'interprétation donnée le 28 décembre aux quatre garanties, interprétation à laquelle elle n'avait point participé et qu'elle ne saurait prétendre désormais à faire modifier.

Nous avons trop longuement étudié l'action de chacune des puissances allemandes dans la querelle pour y revenir avec détail. Contentons-nous d'indiquer les situations particulières.

La Prusse avait été mise de côté, et il n'en pouvait être autrement. Voici, en effet, comment les choses s'étaient passées. Après l'échange des ratifications, le traité du 2 décembre avait été officiellement communiqué dans des Notes identiques au cabinet de Berlin par les envoyés d'Autriche, de France et d'Angleterre, ainsi que l'article secret adjoint à ce traité. La Prusse crut alors ou feignit de croire que les trois puissances s'étaient déjà entendues sur l'interprétation des quatre points, et, dans sa réponse identique aux cabinets de Paris et de Londres, elle fit valoir comme motif de son hésitation à adhérer au traité d'alliance, qu'elle devait être avant tout mise à même de pouvoir calculer la portée des engagements à prendre, par des explications confidentielles sur l'interprétation des quatre points.

A l'Autriche, le cabinet de Berlin répondit, d'une façon courte et sèche, que le comte de Buol trouverait sans doute fort naturel que la Prusse ne fût pas disposée à prendre des engagements dont elle n'était pas à même de calculer la portée. Le cabinet de Vienne, disait la dépêche, était *de préférence* en état d'éclairer le cabinet prussien sous ce rapport.

Or, les délibérations sur l'interprétation ne faisaient que commencer entre les trois puissances et n'auraient pas eu lieu sans la Prusse, si celle-ci eût adhéré au traité du 2 décembre. Aussi la réplique autrichienne, en date du 24 décembre, dit-elle que les communications que le cabinet de Vienne aurait à faire au cabinet prussien sur l'interprétation des quatre points dépendaient du résultat des négociations y relatives pendantes entre les trois puissances.

Après que les trois puissances se furent entendues à cet égard par le protocole du 28 décembre, il en fut immédiatement donné connaissance à la Prusse.

Le défaut d'adhésion de la Prusse au traité du 2 décembre l'avait donc isolée justement et elle ne pourrait assister aux conférences qui allaient avoir lieu, dans les premiers jours de 1855, avec le prince Gortchakof pour lui communiquer l'interprétation commune des quatre points.

Et cependant, en plus d'une occasion, le gouvernement du roi Frédéric-Guillaume avait déployé une énergie véritable. Un moment on put croire que la Prusse allait enfin entrer dans la voie de la fermeté : on entendit S. M. le roi Frédéric-Guillaume résumer ainsi ses devoirs publics et ses affections de famille : « Je ferai beaucoup pour l'empereur Nicolas que j'aime ; mais si je me souviens qu'il est mon beau-frère, je n'oublie pas que la Prusse n'est pas la belle-sœur de la Russie. »

Mais on a vu la puissance de l'esprit de rivalité germanique sur les deux grands États de la Confédération allemande. Si à cette cause, habilement exploitée par le Tsar, on ajoute les irrésolutions naturelles à l'esprit de S. M. prussienne et, par-dessus tout, les craintes exagérées de l'esprit révolutionnaire, on aura la clef de l'impuissance fatale qui a déclassé la Prusse en 1854.

C'est à la haine furieuse, aveugle, de la révolution que le parti russe doit d'exister en Prusse. Ce parti est naturellement celui de la féodalité. Son idéal serait la reconstitution du royaume en domaines à paysans. Il a pour organe officiel la *Nouvelle Gazette de la Prusse* et pour chefs MM. le comte de Grüne, le général Fiquelmont, Rechberg, Fetter, Hufstein. Ces chefs de l'aristocratie territoriale occupent, à la cour et dans l'armée, les plus hautes fonctions. C'est aux exagérations mêmes de ce parti que le parti mixte représenté par M. de Manteuffel doit d'avoir pu conserver le pouvoir au milieu des difficultés de la crise politique. On sent instinctivement que la chute de M. de Manteuffel serait le signal de l'avénement d'idées rétrogrades peu faites pour durer et qui amèneraient infailliblement une révolution nouvelle.

C'est à M. de Manteuffel et à son esprit de sage modération que la Prusse a dû de ne pas descendre plus bas encore. C'est à son attitude énergique, paralysée plus tard par tant de causes diverses, que fut dû le succès de l'emprunt de 30 millions de thalers, présenté le 18 mars à la seconde Chambre et voté en avril.

L'emprunt fut concédé définitivement, pour la moitié seulement, à la *Société pour le commerce maritime* (*See handlung*), dont M. Block était le directeur.

Cette Société avait été fondée par le grand Frédéric, en 1772, pour le commerce du sel avec la France, l'Espagne et l'Angleterre, au capital de douze cent mille thalers. La Société n'ayant pas d'abord répondu aux vues du fondateur, l'État, qui s'était réservé 2,100 actions à 500 thalers, en prit la direction exclusive en 1782. Elle fut annexée au ministère des finances en 1808, et passa dans les attributions du ministère d'État en 1817. En 1820, elle fut reconstituée sur de nouvelles bases, sous le titre de *Direction générale de la Société pour le commerce maritime.* Elle devint une institution commerciale de l'État, indépendante du ministère. Elle était administrée aujourd'hui par un commissaire royal responsable, muni de pleins pouvoirs illimités pour toutes les opérations. La Société dirigeait, comme autrefois, l'achat du sel d'Angleterre, de France et de Portugal, et livrait les quantités nécessaires aux entrepôts situés sur le littoral, d'où ensuite on le livrait aux débits. La Société s'occupait aussi, pour le gouvernement, de toutes les affaires de finances sans distinction, à l'étranger et même à l'intérieur. L'État garantissait entièrement toutes ses opérations et les engagements qu'elle prenait. Il avait sur elle un droit de surveillance exercé par une commission.

Cette Société, qui se chargea du nouvel emprunt à quatre et demi pour cent au taux de 96, fut autorisée à l'émettre au 1er juillet. On s'engagea vis-à-vis d'elle à ne pas concéder le surplus de l'emprunt avant le 1er octobre, mais on resterait libre de le concéder à qui on voudrait.

Le seul fait intérieur un peu important à signaler dans l'histoire de l'année 1854, c'est l'organisation nouvelle de la première

Chambre prussienne. Une ordonnance du 12 octobre constitua définitivement cette pairie du royaume.

D'après la constitution du 28 janvier 1852, la première Chambre devait se composer : des princes de la famille royale, des princes médiatisés, de soixante membres héréditaires appartenant à la grande noblesse, d'un nombre égal de grands propriétaires, et de dix membres à vie, abandonnés à la nomination du Roi.

La pairie, telle qu'elle fut décrétée par l'ordonnance du 12 octobre, se composait de la manière suivante :

1° Des princes de la famille royale ayant atteint leur majorité.

Les princes en état de siéger dès à présent sont : le prince de Prusse ; son fils, le prince Frédéric-Guillaume ; le prince Charles, second frère du Roi ; le prince Frédéric-Charles, son fils ; le prince Albrecht, troisième frère du Roi ; le prince Frédéric, cousin du Roi ; ses fils, le prince Alexandre et le prince Georges ; le prince Adalbert, grand-amiral et cousin du Roi. Ces princes doivent, du reste, être appelés à siéger par le Roi, comme les princes français sous l'empire de la charte de 1830 ;

2° Des princes de Hohenzollern-Hechingen et de Hohenzollern-Sigmaringen ;

3° Des chefs des familles princières médiatisés et reconnus par le congrès de Vienne.

La Prusse en compte seize ; ce sont :

Le duc d'Aremberg, le prince de Bentheim-Heinfurt, le prince de Bentheim-Rheden, le prince de Rommelberg, le duc de Croy, le comte de Kaunitz-Richtberg, le duc de Looz-Conwaren, le prince de Solm-Horstmar, le prince de Solm-Kyrburg, le prince de Solm-Solm, le prince de Sayn-Wittgenstein-Berleburg, le prince de Sayn-Wittgenstein-Hohenstein, le prince de Solms-Brasenfels, le prince de Solms-Lich et Hohen-Solms, le prince Wied-Neuwied, le prince de Wied-Runkel ;

4° Des princes, comtes et seigneurs qui, en vertu de la patente du 3 février 1847, représentaient, dans l'assemblée générale des États provinciaux réunis la même année, la curie des seigneurs.

On en compte cinquante. Parmi eux figurent des souverains et princes étrangers à la Prusse, en raison des terres qu'ils possèdent dans la monarchie.

Parmi les princes étrangers qui figurent dans cette catégorie se trouvent :

Le prince de Carolath, pour la seigneurie d'Antits ; le duc de Brunswick, pour Oels ; le prince de Lichtenstein, pour Troppau-Jagerndorf ; le prince Frédéric des Pays-Bas, pour Muskau ; le duc de Wurtemberg, pour Carlsruhe ; le prince de Hohenlohe, pour Koschentir ; le prince de la Tour et Taxis, pour Kroteschin ; le duc de Dessau, pour Walternienburg, etc. ;

5° Catégorie des pairs viagers. Cette catégorie en comprend huit autres dont plusieurs renferment des pairs qui ne le sont qu'en raison de leurs fonctions et pour leur durée seulement, et qui, ainsi, ne peuvent proprement être nommés pairs à vie. Voici ces huit catégories :

La vieille possession constituée en majorat.

Un comte choisi dans les huit provinces par ses pairs.

Les illustrations prussiennes.

Les villes. — On ne sait pas encore quelles sont les villes qui seront appelées à figurer dans la nouvelle assemblée, mais on pense que ce seront d'anciennes villes impériales, telles que Nordhausen, Erfurt, etc.

C'est le magistrat, c'est-à-dire le collège exécutif de la ville, qui choisira dans son sein le représentant de la cité. Les membres de ce collége sont nommés pour trois et six ans ; leur nomination est confirmée par le Roi. Dès qu'ils ne feront plus partie du collége, ils cesseront également de siéger dans la Chambre des pairs.

Les professeurs nommés par le sénat des universités.

Les personnes que le Roi se réserve de nommer.

Les syndics de la couronne.

Les chapitres. — Il existe encore en Prusse quatre chapitres, autrefois religieux, tels que le chapitre de Saint-Jean, et qui appartiennent aujourd'hui à des particuliers.

Tel est l'ensemble des éléments qui constituent la nouvelle pairie prussienne. (*Voyez* à l'Appendice le texte de la loi, p. 167.)

Malgré ses défaillances dans la grande politique, la Prusse n'en poursuivait pas moins avec ténacité ses plans d'agrandissement et d'influence. On retrouvera, dans le fait suivant, le désir persistant de créer une force qui fait défaut à l'action extérieure de la Prusse.

Le 9 janvier, le ministère communiqua à la diète un projet précédé du rapport suivant :

La situation d'Oldenbourg, sous le rapport du commerce et de la navigation, l'oblige d'attacher une grande importance au développement maritime et militaire de l'Allemagne. L'établissement d'une marine allemande trouve une sympathie générale dans le pays. Le projet de créer une flotte allemande n'ayant pu se réaliser, la Prusse a cru devoir consacrer une plus grande attention à sa flotte, afin que le nord de l'Allemagne ne demeure pas sans protection du côté de la mer. Les négociations avec le gouvernement d'Oldenbourg, pour cet objet, avaient été entamées par la volonté du grand-duc décédé. Un traité vient d'être conclu. Oldenbourg y est doublement intéressé, soit en ce qui concerne l'Allemagne en général, soit en ce qui concerne le grand-duché en particulier. Oldenbourg, par ce traité, sortira de son isolement. Le ministère propose, en conséquence, à la diète d'approuver le traité conclu le 20 juillet 1853 avec la Prusse pour l'établissement d'un port militaire prussien sur la Jahde.

Ce n'est pas diminuer injustement la Prusse que de constater que ce n'est ni le nombre de ses habitants, ni l'étendue de ses possessions, ni leur configuration, ni le développement de ses côtes, et par conséquent de sa marine, qui la placent au premier rang parmi les puissances européennes. C'est son effectif militaire, et encore, si de ce côté l'infériorité numérique de la Prusse disparaît vis-à-vis des autres grandes puissances, c'est grâce à une institution militaire spéciale, la *landwehr*. Au moyen de cette puissante réserve, elle peut porter tout à coup son armée à 500,000 hommes. Reste à savoir ce qui arriverait de l'état militaire prussien, une fois ce premier ban dévoré par la guerre. Et, autre point de vue qui ne manque pas d'importance, on évalue à 365,750,000 fr. les frais nécessaires pour mettre sur pied et pour entretenir, *la première année*, l'ensemble de la landwehr.

Il faut donc avouer qu'il existe une disproportion notable entre le chiffre de l'armée prussienne en cas de grande guerre et celui de la population, et aussi entre ce chiffre et celui du budget du royaume.

La population de la Prusse se compose actuellement de 16 millions 935,420 personnes, ce qui comparativement à la superficie du royaume, qui est de 5,104 milles carrés (11,229 lieues de France), fait terme moyen 3,318 habitants par mille carré (2 lieues et un cinquième de France.) Depuis le dernier dénombrement, qui eut lieu en 1846, la population prussienne s'est augmentée de 604,233 individus, c'est-à-dire de 3,76 p. 0/0 ou 104 individus par mille carré.

Le budget de 1854 fut fixé comme suit par une loi du 9 mai :

Recettes : 107,990,069 thalers.

Dépenses : 107,990,069.

Décomposons quelques-uns de ces chiffres.

Les recettes se divisaient en : 1° 102,090,484 thalers pour les recettes ordinaires ; 2° 4,065,000 thalers pour les recettes extraordinaires ; 3° 1,834,585 pour l'excédant des années précédentes.

Les dépenses se divisaient en : 1° dépenses permanentes, 101,410,477 ; 2° dépenses extraordinaires, 4,921,647 ; excédant des années précédentes, 1,657,945.

L'institution des Caisses d'épargne est très-repandue en Prusse : il en existe 235 et 70 succursales. La Caisse de Berlin devait, au 31 décembre 1852, à 30,929 déposants, 1 million 76,000 thalers, soit 3 millions 980,000 fr. Au 31 décembre 1853, le nombre des déposants s'était augmenté jusqu'à 34,842, qui possédaient ensemble la somme de 1 million 230,000 thalers, soit 4 millions 562,000 fr. Ce qui fait une augmentation sensible dans le nombre des déposants et les sommes des dépôts.

La Caisse de Berlin avait, au commencement de 1854, quinze succursales.

Les contrées les plus fertiles de la Silésie furent cruellement éprouvées, cette année, par des inondations désastreuses. Le Roi et ses ministres constatèrent par eux-mêmes l'étendue des dommages éprouvés et s'efforcèrent de pourvoir immédiatement aux nécessités les plus urgentes. En même temps se manifestait dans toute la monarchie et même dans le reste de l'Allemagne, le zèle le plus ardent pour secourir les misères causées par ces nombreux sinistres. Mais ce n'était pas assez, il fallait encore prévenir, s'il était possible, le retour de pareilles épreuves. En vertu d'une décision patriotique de la diète provinciale de Silésie, on se procura les ressources nécessaires pour porter des secours durables aux basses terres de l'Oder.

BAVIÈRE.

On sait les liens de famille qui unissent la maison royale de Bavière à la maison impériale d'Autriche, liens récemment resserrés par le mariage de l'empereur d'Autriche avec une princesse de Bavière. Le cabinet de Munich était donc un intermédiaire naturel pour une réconciliation entre Vienne et Berlin. Ce fut l'objet de la mission donnée au ministre des affaires étrangères de Bavière, M. von der Pfordten. On sait l'insuccès de cette mission.

La pierre d'achoppement pour la politique bavaroise, dans la question d'Orient, c'est le lien de parenté qui unit les deux couronnes de Bavière et de Grèce. C'est par là que l'influence russe a pu dominer ce royaume qui avait su, en plus d'une occasion, montrer quelque indépendance.

L'histoire intérieure de la Bavière nous présente un seul fait à noter : la mort regrettable de la Reine.

La Reine de Bavière, Thérèse-Charlotte-Louise-Frédérique-Amélie, était la mère du roi régnant Maximilien II Joseph, qui a succédé à son père, le roi Louis, par suite de l'abdication que ce prince fit de sa couronne le 21 mars 1848. Depuis son abdication, le roi Louis, si distingué par son goût pour les arts et par les lumières de son esprit, vit dans la retraite au sein de la capitale de son royaume, de cette ville de Munich qu'il a embellie, et dont on pourrait dire qu'il a fait la capitale artistique de l'Allemagne.

La reine Thérèse de Bavière était née princesse de Saxe-Altenbourg, fille du duc Frédéric. Elle était par conséquent la tante du duc régnant. De son mariage avec le roi Louis, contracté le 12 octobre 1810, sont issus huit enfants qui lui survivent, savoir : le Roi régnant, le roi Othon de Grèce, le prince Luitpold et le prince Adaldert, la princesse Mathilde, grande-duchesse de Hesse, la princesse Aldegonde, duchesse de Modène, la princesse Hildegarde, mariée à l'archiduc Albert d'Autriche, fils de l'archiduc Charles, si célèbre par la glorieuse part qu'il prit aux guerres de l'Empire, et la princesse Alexandrine.

La reine Thérèse était née le 8 juillet 1792, elle était âgée de soixante-deux ans.

Munich fut, cette année, le théâtre d'une exposition des produits de l'industrie ouverte le 15 juillet. 6,800 exposants se présentèrent : ils appartenaient, pour les deux tiers environ, au reste de l'Allemagne. Ce fut donc, toute proportion gardée, une exposition universelle des produits de la race germanique. Le succès de cette exhibition fut contrarié par le choléra qui détourna de Munich un grand nombre de visiteurs.

Le budget du royaume avait été établi en déficit, dès le 21 février 1852, pour les quatre années financières de 1851 à 1855. Les dépenses y étaient portées à 37,325,516 florins (de 2 fr. 16 cent.), et les recettes à 34,785,685.

La dette bavaroise était, au 1er octobre 1851, de 156,995,620 florins.

SAXE-ROYALE.

L'année 1853 avait vu s'accomplir, sous les plus heureux auspices, le mariage de S. A. R. le prince Albert, fils aîné du prince Jean, avec la princesse Charlotte, petite-fille du dernier Roi de Suède de la dynastie des Wasa. L'année 1854 vit, au mois d'août, le roi Frédéric-Auguste subitement enlevé à son peuple par une mort cruelle, une chute de voiture.

Frédéric-Auguste, Roi de Saxe, était né le 18 mai 1797, et était par conséquent âgé de cinquante-sept ans. Par suite de la renonciation de son père au trône, il avait succédé en juin 1836 à son oncle, le roi Antoine, après avoir exercé la corégence depuis le 13 septembre 1830.

Demeuré veuf, en 1832, de l'archiduchesse Caroline d'Autriche, fille de l'empereur François Ier et sœur de l'archiduchesse Marie-Louise, impératrice des Français, Frédéric-Auguste avait épousé en secondes noces Marie-Anne-Léopoldine, fille de feu le roi Maximilien-Joseph de Bavière.

Les filles de Maximilien-Joseph de Bavière étaient au nombre de sept ; les six autres avaient épousé : l'empereur François Ier d'Autriche ; l'archiduc François, son fils, père de l'Empereur actuel ; le Roi de Prusse ; le prince Jean de Saxe et le duc de Bavière Maximilien, dont la fille avait épousé récemment le jeune empereur François-Joseph d'Autriche. La plus jeune des sœurs de Frédéric-Auguste fut mariée en 1819 à Ferdinand VII, Roi d'Espagne, qui était déjà veuf pour la seconde fois. La reine Christine, qui lui succéda, était la quatrième femme de Ferdinand VII. Ainsi le roi Frédéric-Auguste était uni par les alliances les plus intimes et les plus rapprochées à la maison de Bourbon, à la maison impériale d'Autriche, à la maison royale de Prusse et à la maison de Bavière.

Frédéric-Auguste mourait sans enfants ; il laissait le trône à son frère Jean-Népomucène, qui en prit possession par une proclamation adressée à ses sujets. Le nouveau Roi était né le 12 décembre 1801 ; il était père de huit enfants, parmi lesquels deux princes et six princesses. L'aîné des princes, aujourd'hui héritier présomptif de la couronne de Saxe, avait été marié le 18 juin 1853 à la princesse Caroline de Vasa, petite-fille de la grande-duchesse Stéphanie de Bade, et la seconde de ses filles avait épousé le duc de Gênes, frère du roi Victor-Emmanuel de Sardaigne.

En montant sur le trône, le roi Jean s'empressa de prêter serment à la constitution et de déclarer que son gouvernement ne serait que la continuation de celui du roi Frédéric-Auguste. En conséquence, il maintint tous les conseillers de la couronne à leurs postes. Ces premiers actes, et le langage de la proclamation que Sa Majesté adressa aux Saxons, furent favorablement accueillis.

On attendait du nouveau souverain une politique conforme aux intérêts de la Saxe sur le Danube, intérêts impérieux pour un État dont l'industrie et le commerce ont acquis depuis quelques années de si grands développements.

Les finances du royaume de Saxe présentent une situation assez satisfaisante. Le nouveau budget fut, il est vrai, établi en déficit, mais seulement par suite d'un accroissement extraordinaire de dépenses produit par l'acquisition et l'achèvement des voies ferrées. Un crédit extraordinaire de 14 millions de francs, demandé partie à l'emprunt, partie aux ressources budgétaires, fut consacré à ces dépenses productives.

La dette de la Saxe-Royale s'élève en total à 42,781,523 thalers (de 3 fr. 90 c.). Elle se répartit comme suit :

Dettes anciennes (1764 et 1766), 39,348 ; obligations 3 p. 0|0 (1850), 8,098,175 ; billets du Trésor 4 p. 0|0 (1847), 9,794,000 ; billets du Trésor 4 1|2 p. 0|0 (1851), 15,000,000 ; billets du Trésor 4 p. 0|0 (1852), 5,850,000 ; actions du chemin de fer saxon-silésien, 4,000,000.

Parmi les pays affligés, en Allemagne, de la plaie du paupérisme, on cite souvent le royaume de Saxe. Il est pourtant un argument assez plausible à apposer à cette allégation ; c'est la situation des Caisses d'épargne de ce royaume. De 1844 à 1852, en neuf ans, le nombre de ces Caisses s'y est élevé de 29 à 71 ; l'augmentation des versements dans ces établissements entraîne nécessairement l'accroissement du bien-être dans toutes les classes, et surtout dans celles les plus nombreuses et les moins fortunées.

La progression des versements dans les Caisses d'épargne de Saxe a toujours été croissante d'année en année depuis 1844. La moyenne des versements par déposant s'élevait en 1852 (on n'a pas encore de renseignements sur 1853) à 200 fr. environ.

La population du royaume de Saxe est évaluée à 1,800,000 habitants ; le montant total des dépôts aux Caisses d'épargne était à la fin de 1852 de 7,100,000 thalers, soit environ 26 millions de francs. Le nombre des livrets, soit des déposants, était de 127,000.

On évalue qu'en Saxe un habitant sur seize possède un livret.

WURTEMBERG.

Comme la plupart des États secondaires de l'Allemagne, le Wurtemberg a pris dans la question d'Orient parti pour la Russie.

On a vu qu'il avait été jusqu'au bout dans les tentatives faites à Bamberg pour désunir l'Allemagne au profit de l'influence russe.

Les finances du royaume sont assez satisfaisantes.

Les États fixèrent, pour l'époque financière de 1852 à 1855, le budget du Wurtemberg de la manière suivante : 36,530,249 florins, 17 krentzers pour les dépenses ; 36,524, 815 florins, 8 krentzers pour les recettes. Le déficit serait donc de 5,434 florins (de 2 fr. 16 cent.), et 9 krentzers.

Les dépenses se répartissaient ainsi qu'il suit sur les années financières :

> 1852 à 1853, 12,446,214 fl. 06 kr.
> 1853 à 1854, 11,935,403 fl. 37 kr.
> 1854 à 1855, 12,148,631 fl. 34 kr.

Les recettes étaient ainsi réparties pour les trois années :

Domaine et chemins de fer.	13,216,913 fl. 47 kr.	
Impôts directs	10,200,000 fl.	
Impôts indirects	12,727,385 fl.	
Restant disponible. . . .	380,536 fl. 21 kr.	

La population du Wurtemberg était, au commencement de 53, de 1,733,203. La superficie du royaume est de 19,406 kilomètres carrés.

L'institution des Caisses d'épargne continue à prospérer dans le royaume de Wurtemberg. La Caisse d'épargne de Stuttgardt a eu, pendant l'année 1852 à 1853 :

De 18,023 déposants.	517,400 florins.	1,164,150 fr.	» c.

Elle a remboursé :

A 13,841 déposants.	424,307	954,690	75
Reste 4,182 déposants..	93,093 florins.	209,459 fr. 75 c.	

qui ont augmenté le solde d'autant.

Depuis le 1er juin 1818, les versements qui ont été reçus s'é-
lèvent à . . . .   11,007,524 fl.   24,766,929 fr. » c.
De 337,271 déposants,
les remboursements sont
de   8,698,262   19,574,089   50
payés à 238,902 per-   ——————   —————————
sonnes.
    Reste   2,309,262   5,195,839 fr. 50 c.
Plus les intérêts dus à
5 p. 0/0, 4 1/2 p. 0/0 et 4
p. 0/0 pendant l'année
courante   572,759   1,288,707   75
Solde dû aux dépo-   ——————   —————————
sants le 30 juin 1853 . .   2,882,021 fl.   6,484,547 fr. 25 c.

Le fonds de réserve s'élevait à 362,240 fl. (815,040 fr.).

BADE.

Le conflit religieux élevé dans le grand-duché, par suite des
persécutions exercées contre l'Église catholique, avait pris, on
l'a vu l'année dernière, des proportions sérieuses. L'écho des
justes plaintes du digne archevêque de Fribourg avait rempli le
Wurtemberg, la Bavière et l'Autriche elle-même. L'évêque de
Rottenbourg et les principaux dignitaires de l'Église bavaroise
réunis à Spire, s'associèrent aux protestations du chef de l'Église
catholique bavaroise.

Le 30 juin, Mgr Herman de Vicari prononça l'excommunica-
tion contre M. Maximilien Ruth, grand-bailli; M. Michel Eteisam,
bourgmestre, et M. Ignace Hoert, vicaire interdit de Kirrlech.

Enfin, sous l'influence de l'Autriche qui se plaça habilement en médiatrice entre le Saint-Siége et le gouvernement badois, une convention fut conclue avec le Saint-Siége, qui mit fin au
conflit religieux. Cette convention revêtit la forme de Notes
échangées entre S. E. le cardinal Antonelli et M. le conseiller
d'État Brunner. En voici les points principaux :

Mgr l'archevêque de Fribourg recouvrait sa liberté complète;
toutes les poursuites commencées et les peines prononcées con-

tre des ecclésiastiques qui n'avaient obéi qu'aux ordres de l'Église
étaient annulées ; il en serait de même des excommunications et
des peines ecclésiastiques prononcées par l'autorité ecclésiastique
contre les employés de l'État. L'archevêque aurait provisoirement
le droit de nommer aux fonctions ecclésiastiques ; mais il s'engageait à ne choisir que des sujets capables. Quant à ce qui concernait l'administration des biens ecclésiastiques, on s'en tenait au
statu quo ante.

La Diète du grand-duché fut close le 12 avril, dans les formes
indiquées par le programme. Le discours de clôture, d'ailleurs
assez pâle, prononcé par le prince régent, ne fit aucune allusion
à la crise du moment.

Les recettes et les dépenses du grand-duché avaient été évaluées,
pour les deux années réunies, 1854 et 1855, à 20,211,279 fl. (de
2 fr. 16 c.) pour les dépenses, et 20,176,561 fl. pour les recettes.

Les dépenses se décomposaient ainsi qu'il suit : ministère de
la maison du grand-duc et de l'extérieur, 221,200 ; ministère
d'État, 2,056,158 ; intérieur, 7,455,018 ; finances, 4,459,651 ;
guerre, 4,229,258 ; justice, 1,809,994.

Le budget des dépenses extraordinaires, pour les deux exercices, s'élevait à 2,086,175 fl. 16 kr. lesquels, d'après la loi
des finances du 20 avril 1854, devraient être couverts par une
subvention extraordinaire de la Caisse d'amortissement.

Les chemins de fer avaient leurs budgets à part, le budget de
la direction des constructions, et le budget de l'amortissement
des dettes contractées pour ces objets. Les chiffres des dépenses
pour les deux services montaient, pour le premier à 12,588,270
fl.; pour le second à 16,858,147.

La dette publique générale du grand-duché est de 51,420,393
florins. La dette spéciale pour la construction des chemins de
fer monte à 32,386,937 florins.

La misère est, dans le grand-duché de Bade, une des causes
déterminantes de l'émigration. Cette misère atteint quelquefois
des proportions vraiment affligeantes. Ainsi, d'après une autorité compétente, M. Horace Say, la journée du manouvrier est
en moyenne de 36 kreutzers, soit 1 fr. 40 c. Il n'y a là, en temps
ordinaire, que de quoi vivre misérablement. En temps de crise,

c'est la famine. Depuis la récolte insuffisante de 1846, depuis l'extension de la maladie des pommes de terre, depuis les désordres de l'insurrection badoise de 1849, l'émigration a augmenté en proportion de la misère. En 1852 , sur une population de 1,356,943 âmes, 14,400 Badois quittent le sol natal, soit 1 p. 0/0 du personnel, emportant nécessairement un capital considérable.

SAXE-COBOURG-GOTHA.

Ce petit duché occupa, un instant , une situation importante dans la question générale par la mission spéciale que remplit à Paris le duc Ernest.

Le duc Ernest de Saxe-Cobourg-Gotha est le souverain régnant du duché de Saxe-Cobourg-Gotha; il a succédé à son père, le duc Ernest Ier, le 29 janvier 1844; il est marié à la princesse Alexandrine, fille de feu Léopold, grand-duc de Bade, sœur du grand-duc régnant de Bade et du prince Frédéric régent. Le duc Ernest II n'a point d'enfants. Il est le frère aîné du prince Albert, mari de la reine d'Angleterre. La fortune de la maison de Cobourg, dont le duc Ernest est le chef, s'est singulièrement accrue depuis moins de trente ans. Le prince Léopold, frère du duc Ernest Ier, oncle du duc régnant, est devenu Roi des Belges en 1831: et le prince Ferdinand, fils d'un autre frère du duc Ernest Ier, cousin germain du duc régnant, est devenu Roi de Portugal en 1836, par son mariage avec la reine dona Maria. Le prince Auguste de Cobourg, frère du roi Ferdinand de Portugal, a épousé la princesse Clémentine, fille du roi Louis-Philippe , et une princesse de Cobourg, sœur du même Roi, a épousé M. le duc de Nemours. Le prince Auguste de Cobourg est quant à présent, et sauf les droits du prince Albert de la Grande-Bretagne et du roi Ferdinand de Portugal, l'héritier présomptif de la couronne du duc Ernest II.

REUSS.

La souveraineté de Reuss passa, le 19 juin, faute d'héritiers directs, au prince Henri LXVII, frère du prince Henri LXII, mort sans enfants dans son château de Schleitz. Le prince Henri LXII était né le 31 mai 1785, et avait succédé à son père le 11 avril 1818. Il avait, le 1er octobre 1848, pris le gouvernement des trois principautés de la branche cadette de Reuss, par suite de l'abdication de son corégent le prince Henri LXXII.

HAMBOURG.

Le port de Hambourg, ce grand entrepôt du Nord, ce vieil et puissant anneau de l'ancienne ligue hanséatique avec Brême et Lubeck, qui bien longtemps avant l'Angleterre (1723), arbora le drapeau de la liberté du commerce, n'a cessé de jouir d'une haute prospérité commerciale.

Pour la première fois, en 1854, une publication officielle, sortie du bureau central de statistique, nous permet d'apprécier à coup sûr le commerce extérieur de ce port pour l'exercice 1853.

L'ensemble du commerce de Hambourg, en 1853, a représenté une valeur de 866 millions de marcs-banco, soit 1 milliard 627 millions de francs, dont 834 à l'entrée et 793 à la sortie. C'est 189 millions de plus que l'année précédente, et 437 de plus que la moyenne quinquennale 1848-1852. Pour juger de l'importance relative d'un tel commerce, il suffira de remarquer qu'il égale la moitié du commerce français, qu'il approche de très-près celui du Zollverein, dépasse sensiblement la valeur du commerce de toute la monarchie autrichienne, excède de 300 et 400 millions ceux de l'Espagne et de la Belgique, et répond au double du commerce de tout l'empire de Russie. Tel est Hambourg avec sa population de 208,025 habitants et son budget qui n'atteint pas 10 millions de francs.

Evidemment, la production et la consommation propres de Hambourg ne sont que pour fort peu de chose dans cet énorme trafic, qui, en fait, se compose presque entièrement d'opérations de transit; l'exportation n'est donc guère, en réalité, sous une autre forme, que l'importation, ce qui atténue bien un peu le gros chiffre d'affaires dont on a parlé plus haut. Quoi qu'il en soit, sur ce total de 1 milliard 627 millions d'échanges, les opérations par mer comptent pour un peu plus de moitié, 876 mil-

26

lions; le reste appartient aux échanges par la frontière de terre
et par l'Elbe. Les marchandises venues par mer et par Altona
proviennent principalement d'Angleterre, de la Plata, des États-
Unis, des Pays-Bas, de France, des Antilles et de l'Australie. Sur
la provenance de terre, les chemins de fer allemands versent ou
prennent à Hambourg pour près de 360 millions, l'Elbe pour environ 100; enfin le mouvement, quant à la nature des marchandises, s'établit ainsi :

	Importat.	Exportat.
Denrées de consommation. . .	194 mill.	180 mill.
Matières brutes ou préparées . .	255	280
Produits manufacturés	156	140
Articles fabriqués	92	70
Valeurs et métaux précieux . .	137	125
	834	795

Hambourg effectue par mer, à l'entrée, un mouvement de
4,200 navires, qui y apportent environ 800,000 tonnes de marchandises. Son effectif maritime est très-considérable, moins par
le nombre que par l'importance croissante des bâtiments; il est
(marine côtière non comprise) de 408 gros navires, dont la moitié
jauge de 300 à 1,450 tonneaux; 25 des plus forts font l'office
de paquebots et desservent les lignes d'Amérique et les transports
d'émigrants. Si quelque chose peut expliquer les progrès remarquables qu'a réalisés la marine des ports hanséates, c'est surtout
l'extension qu'a prise l'émigration allemande pour l'Amérique,
le Brésil, l'Australie et la Californie. Il a fallu, pour transporter
ces nombreux colons, changer pour ainsi dire la nature des bâtiments, transformer en logements, en cabines une partie de leur
cale, tout en leur conservant une grande supériorité de marche,
et, à mesure que s'est accru le flot des émigrants, la capacité des
navires a dû s'augmenter aussi. L'émigration est donc pour
Hambourg, comme pour Brême, une bonne fortune, dont la
France eût dû plutôt savoir prendre sa part.

Voici comment s'était établi, au budget de la ville, le chiffre
des recettes pour 1852 :

Timbre.	850,000 marcs cour.		1,275,000 fr.
Douane.	1,110,000	—	1,665,000
Accise.	1,200,000	—	1,800,000
Péage des postes. .	300,000	—	450,000
Transfert des propriétés.	250,000	—	375,000
Successions collatérales.	170,000	—	255,000
Impôt du feu. . . .	680,000	—	1,020,000
Impôt pour la démolition des fortifications.	165,000	—	247,500
Autres produits. .	1,743,925	—	2,615,887
Total.	6,468,925	—	9,703,387 fr.
L'impôt foncier est de	1,400,000	—	2,100,000
Et les 4 p. 0/0 sur la valeur des immeubles.	471,000	—	706,500
Ensemble. . . .	1,871,000	—	2,806,500 fr.

Ce dernier produit étant réservé au paiement des intérêts de l'emprunt du feu, ne figure au budget que pour mémoire.

Dépenses honoraires du sénat.	290,000 marcs cour.		435,000 fr.
Frais diplomatiques.	45,000	—	67,500
Garnison.	574,300	—	861,450
Garde nationale. . .	115,400	—	173,100
Bâtiments et immeubles publics. . . .	602,000	—	903,000
Ponts et chaussées.	70,000	—	105,000
Subvention aux établissem. de bienfaisance et hôpit.	550,000	—	825,000
Ports et navigation. .	600,000	—	900,000
Intérêts de la dette. .	1,668,609	—	2,502,913
Autres dépenses. . .	1,985,661	—	2,978,492
Total. . .	6,500,970	—	9,751,455 fr.

Les droits d'accise perçus à Hambourg avaient produit, en 1852, savoir :

Céréales. . . .	434,656 marcs 11 1/2 schelins,	651,985 fr.
Viande. . . .	309,866 — 9 1/2 —	464,800
Beurre et fro-mage. . . .	183,726 — 1 1/2 —	276,589
Autres comes-tibles. . . .	37,108 — 2 1/2 —	55,662
Boissons. . . .	127,079 — 2 1/2 —	190,618
Combustibles .	86,766 — 13 1/2 —	130,150
Matériaux. . .	29,655 — 14 —	44,484
Savon noir. . .	355 — 12 1/2 —	555

1,209,215 marcs 3 1/2 schel. ou 1,813,821 fr.

L'impôt de l'accise représente ainsi, pour chaque tête, une charge de 6 marcs 14 schelins (12 fr. 32 c.), et par famille (à 5 personnes), de 34 marcs 6 schelins (51 fr. 54 c.).

CHAPITRE IV.

DANEMARK.

Politique danoise dans la question d'Orient, neutralité des deux royaumes scandinaves; éléments secrets sympathiques à la Russie, difficultés intérieures, crainte de la révolution, dangereuse reconnaissance. — Essai de reconstitution de l'autorité dans l'unité, entreprise sur la charte constitutionnelle; histoire de cette charte, octroi royal d'une constitution pour les affaires communes, création d'un conseil de l'Etat; opposition générale, votes du Folkething et du Landthing, adresse au Roi, protestations inutiles; élections nouvelles, hostilité de la Diète nouvelle, le ministère persiste dans ses projets inconstitutionnels; séance et travaux du nouveau conseil de l'Etat; récrudescence des manifestations hostiles, banquet de la société du Tir, procès politiques, résistance des tribunaux; le Roi cède, démission du ministère, administration nouvelle, réparations, mise en accusation de l'ancien cabinet, programme des nouveaux ministres; les difficultés ne sont qu'ajournées, esquisse des partis. — Contre-coup de l'état de guerre, décroissance notable des péages du Sund, contestation du principe du péage par les États-Unis. — Industrie, exposition de Copenhague. — Inauguration du chemin de fer de Tonningen à Flensbourg. — Situation économique de l'Islande, abolition du monopole commercial. — Situation du Groënland. — Les îles Féroë. — Les Antilles danoises.

La politique naturelle des royaumes scandinaves est évidemment d'assurer l'ouverture et la liberté de la Baltique, afin d'assurer en même temps leur indépendance. Dans la question d'Orient, cette politique devait se traduire par la neutralité. Si, pour des puissances de premier ordre, neutralité signifie impuissance, pour les États scandinaves, ce mot est synonyme d'indépendance. L'ascendant acquis sur la Baltique par les héritiers de Pierre le Grand est, pour le Danemark et pour la Suède, une menace incessante.

Aussi, les deux royaumes agirent-ils en commun et déclarèrent formellement leur neutralité en termes identiques aux divers cabinets de l'Europe. Ils s'abstiendraient de toute mesure susceptible d'être considérée comme directement ou indirectement favorable à l'une ou l'autre des parties belligérantes. Ils accueilleraient sans distinction dans leurs ports leurs navires de commerce ou de guerre, à l'exception des corsaires. Il n'y avait, en Danemark, qu'un seul port dans lequel ne fût pas admise cette absolue liberté de pratique : c'est le port de Christiansoe, qui sert de prison d'État.

Telle était la situation officielle prise par le Danemark dans la lutte des grandes puissances; mais, au fond, cette situation se compliquait d'éléments peu avouables et la neutralité des traités cachait une dépendance regrettable. Pour ne pas accuser légèrement le gouvernement danois de ses secrètes condescendances envers l'Allemagne et la Russie, il faut ne pas oublier les difficultés qui naissent pour lui de la diversité des nationalités réunies sous son sceptre et de la position qui lui a été faite en Europe, à l'issue de la guerre des duchés. On se rappelle qu'alors, après avoir fait appel à des droits prétendus, la cour de Russie offrit au roi Frédéric VII le secours de ses conseils et de son intervention, secours bien chèrement acheté par une protection assujétissante et par le poids d'une reconnaissance dangereuse. Par l'entremise des cabinets allemands, l'influence russe pèse sur le libre arbitre du gouvernement danois qu'on a su effrayer, comme tant d'autres, de la crainte du fantôme révolutionnaire.

Il y a d'ailleurs quelque chose de plausible dans les craintes du roi Frédéric VII et les difficultés créées par le régime représentatif ne sont que trop évidentes.

Le gouvernement danois a conçu la pensée de reconstituer pacifiquement, dans des conditions d'une autorité plus sérieuse, le pouvoir affaibli par la crise de 1848. Il pense, et peut-on l'en blâmer, qu'il serait utile aux intérêts de tous de sacrifier certains principes fondamentaux à un intérêt supérieur d'unité générale du royaume et de puissance royale.

Il est juste de le reconnaître, la constitution née du mouvement révolutionnaire de 1848, et qui porte la date du 5 juin 1849, est fondée sur les principes les plus radicaux. Le suffrage universel y est inscrit à côté de concessions un peu imprudentes faites aux idées qui régnèrent en Europe pendant les premiers mois de trouble et de terreur après la nouvelle convulsion de la France.

Fallait-il croire pour cela que le gouvernement danois méditât un coup d'État monarchique et que les libertés publiques fussent menacées par lui ? Non, sans doute.

Qu'on se reporte à l'origine de la charte due à l'évêque Monrad; qu'on en étudie le mécanisme et les applications, et on comprendra les perturbations politiques causées par cette loi fondamentale.

Le Danemark se compose, on le sait, du royaume proprement dit, et des trois duchés de Slesvig, de Holstein et de Lauenbourg, ces deux derniers allemands. C'est dans la nature de l'union entre les duchés et le royaume que sont les origines de la crise qui troubla le Danemark en 1854. Cette crise s'était déjà produite, en 1848, sous forme d'un soulèvement, appuyé par les excitations et par les secours de quelques gouvernements allemands. Le gouvernement danois remporta la victoire sur le champ de bataille, mais il fut vaincu par les chancelleries européennes, et on lui imposa la condition de laisser au Slesvig ses anciennes lois allemandes, sa Diète spéciale et ses autorités distinctes.

C'était introduire dans la constitution intérieure du Danemark une cause permanente de désordre et de dissolution. Car la charte Monrad, donnée à la partie fidèle de la nation danoise, au plus fort de la révolte des duchés, avait été élaborée par une assemblée constituante purement danoise, et cette loi fondamentale du royaume y avait remplacé l'ancienne assemblée d'États sans voix délibérative et sans influence sur les affaires publiques.

Tout avait marché régulièrement jusqu'au moment où, l'insurrection vaincue, la couronne avait été remise en possession des duchés. Ce n'était plus un royaume homogène que la charte

Monrad avait à gouverner, et cependant, entre les pays si divers dont se composait désormais la monarchie danoise il était des services communs, l'armée par exemple, la marine, la représentation diplomatique, les postes, la police. Ces services, ou au moins leurs budgets, sont, depuis la promulgation de la charte du 5 juin 1848, compris dans les attributions de la Diète du royaume. Aussi, les duchés ne tardèrent-ils pas à se plaindre de l'intrusion d'un parlement *étranger* dans leurs affaires, et ils accusèrent, en plus d'une occasion, le gouvernement de partialité pour le royaume. La Diète soutint hautement ses prérogatives, et, de ces froissements sortit, en 1852, la chute du ministère que remplaça l'administration de M. Oersted.

Le ministère nouveau débuta par la publication d'un Manifeste royal, dans lequel S. M. disait qu'il serait promulgué une constitution ayant exclusivement pour objet de régler les affaires communes aux différentes parties de la monarchie, mais qui en même temps respecterait tous les droits acquis, satisferait aux réclamations justes, et laisserait intactes les libertés consacrées par la charte du Danemark.

Le mécontentement fut grand dans les Chambres danoises et il redoubla encore lorsqu'on apprit que l'intervention du parlement ne serait pas invoquée.

Déjà, depuis quelque temps, le bruit courait à Copenhague que le gouvernement avait résolu de décréter, par ordonnance, une constitution pour les affaires communes de la monarchie. On n'accueillait ces rumeurs que par l'incrédulité la plus profonde, quand, tout à coup, on sut que, le 26 juillet, cette ordonnance avait été signée dans un conseil présidé par le Roi au château de l'Ermitage.

La nouvelle constitution, promulguée le 30 juillet, reposait sur la formation d'un conseil de l'Etat, qui serait chargé de connaître des affaires communes à tout le royaume.

Ce conseil aurait voix délibérative lorsqu'il s'agirait d'établir de nouveaux impôts, de modifier ou de supprimer les impôts existants, de contracter des emprunts ou d'apporter des changements au statut fondamental. Pour toutes les autres affaires, même pour le budget ordinaire des recettes et des dépenses de la monarchie, les attributions du conseil seraient purement consultatives. Les séances du conseil seraient secrètes, mais ses résolutions recevraient une publicité officielle. Le Roi renonçait au droit de dissolution du conseil, qui devrait être convoqué au moins une fois dans chaque période biennale. Ce conseil suprême de la nation serait composé de 50 membres, dont 20 à la nomination royale et 30 à celle des assemblées particulières, dans la proportion de 18 par la Diète du royaume, 5 par les Etats provinciaux du Slesvig, 6 pour les Etats provinciaux du Holstein, et 1 pour l'Ordre équestre de Lauenbourg. (*Voyez* le texte aux Documents historiques.)

Par une ordonnance en date du même jour, S. M. nomma les 20 membres dont le choix lui appartenait en vertu de l'article 16, à savoir : 12 pour le royaume, 3 pour le Slesvig, 4 pour le Holstein et 1 pour le Lauenbourg.

Ces membres formeraient seuls le conseil de l'État jusqu'au moment où il serait procédé à la nomination des membres éligibles par les assemblées séparées, au moyen d'une loi électorale qui leur serait présentée plus tard. Une ordonnance, également en date du 26, convoquait, pour le 1ᵉʳ septembre suivant, le conseil de l'Etat, à l'effet de recevoir les communications du gouvernement.

Mais l'ordonnance constitutive du 26 juillet ne disait pas comment on s'y prendrait pour obtenir du parlement danois le renoncement aux prérogatives qu'il tenait de la charte de 1849, ni à quel parti on s'arrêterait dans le cas où la Diète, résistant, continuerait à s'occuper de toutes les affaires relatives au Danemark, à côté du conseil de l'Etat appelé à la connaissance exclusive des affaires communes de la monarchie.

Tout était prévu de ce côté. Le gouvernement danois rassemblait, en effet, depuis quelque temps des forces considérables, sous le prétexte de garanties à prendre contre les éventualités de la guerre. Il était donc en état de s'opposer aux manifestations que pourraient tenter, soit les nombreuses associations constitutionnelles qui s'étaient formées dans tout le royaume, soit la population de Copenhague qui, quelques semaines auparavant, célébrait avec enthousiasme, sous l'autorisation du gouvernement, l'anniversaire de cette constitution qu'on supprimait aujourd'hui.

Mais si la force était du côté de la monarchie, où était l'esprit public? Avait-on pu croire qu'on se jouerait ainsi de l'opinion sans la blesser profondément? La douleur fut générale parmi les hommes les plus attachés à la monarchie danoise. Cette concentration dans une seule main et dans un seul conseil de toutes les affaires du pays, ce nom même d'affaires *communes*, nom vague, élastique et sous lequel on pourrait ranger à volonté tous les intérêts essentiels du pays, tout cela semblait d'un mauvais augure.

Le mécontentement éclata dans les duchés auxquels la nouvelle constitution n'accordait que treize représentants élus par eux-mêmes, c'est-à-dire le quart du nombre total.

Mais ce n'étaient pas seulement les duchés, c'était le droit de la nation tout entière qu'avait froissé la constitution octroyée du 26 juillet. On avait passé par-dessus le vote du *Folksthing* (24 février, 97 voix contre 1), qui avait repoussé le principe de l'octroi royal. On avait méprisé la déclaration formelle de la première Chambre (*Landthing*), qui s'opposait à toute modification de la constitution de 1848. On avait fermé l'oreille à la voix de deux mille électeurs de Copenhague, protestant solennellement le 28 février et demandant au Roi un autre ministère. Enfin, on n'avait tenu aucun compte d'une adresse votée le 13 mars par les deux Chambres, et portant 77 signatures pour le *Folksthing*, 31 pour le *Landthing*.

La constitution commune du 26 juillet une fois octroyée, il fallut convoquer la Diète pour lui demander son consentement aux restrictions que devait subir la loi fondamentale. De nouvelles élections furent faites. Elles s'accomplirent dans le plus grand calme ; à peine y eut-il quelques réunions préparatoires ; mais tous les électeurs définitifs dont les noms sortirent de l'urne appartenaient à l'opposition la plus tranchée. Les députés des deux Chambres furent choisis dans le même sens.

La Diète se réunit le 2 octobre. Dès sa première séance, ses actes furent systématiquement hostiles au ministère. La seconde Chambre avait nommé pour président M. l'évêque Monrad, qui avait rédigé la Charte ; elle avait fait donner lecture publique des nombreuses pétitions qui lui avaient été adressées contre la constitution générale, ainsi que de celles adressées au Roi pour le même objet, et que S. M., d'après le conseil du ministère, avait refusé de recevoir ; enfin, elle adopta un projet tendant à mettre le ministère en accusation.

Le ministère, de son côté, se montra peu conciliant. Lorsqu'il fut question du projet de le traduire devant la Haute-Cour du royaume, il laissa à entendre que l'adoption de ce projet pourrait avoir pour suite la prorogation et même la dissolution de la Diète.

Le ministre des finances, en présentant le projet concernant les restrictions à apporter à la Charte, dit que le ministère ne se retirerait que par un ordre exprès du Roi, paroles imprudentes qui tendaient à mettre en jeu la personne royale. Il déclara de plus que modifier la Charte ce serait rendre le gouvernement impossible en Danemark, mais que si la Chambre connaissait des modifications plus convenables qui menassent au même but, elle n'aurait qu'à les proposer.

Ce défi fut accepté par la Chambre, et la décision fut prise de présenter au Roi une Adresse dans laquelle on lui soumettrait les bases d'une constitution générale qui ne violât aucune des lois existantes.

Cependant l'institution nouvelle fonctionnait à huis-clos.

S. M. ouvrit, le 2 septembre, dans la salle du trône, au château de Christianborg, la session du conseil de l'État décrétée par l'ordonnance du 26 juillet. Sa Majesté, revêtue des insignes royaux, ayant à sa droite le prince héréditaire, à sa gauche les ministres et les grands dignitaires de la cour, prononça une courte allocution dont le texte ne fut pas rendu public. Le Roi rentra immédiatement après dans ses appartements, et le conseil de l'État se transporta dans le local que le gouvernement avait mis à sa disposition pour ses séances, dans l'un des palais de la couronne.

Les séances du conseil de l'État avaient été déclarées secrètes. Les trente membres qui composaient provisoirement ce conseil de la monarchie étaient présents, sauf le député du Lauenbourg, qu'une indisposition avait empêché de se rendre à Copenhague.

Toutes les personnes sur lesquelles le gouvernement avait fixé
son choix avaient accepté les fonctions de membres de ce conseil.
Un seul, M. Madvig, ancien ministre des cultes et professeur à
l'université, avait décliné ce mandat, qu'il avait cru incompatible avec ses convictions politiques. Le comte de Moltke
Bregentved, ancien président du conseil, fut nommé président de
l'assemblée.

Le nouveau conseil de l'Etat termina ses travaux le 12 octobre.
Divers projets d'administration intérieure, d'un intérêt secondaire, tels que des projets de loi sur les phares et la loterie, lui
furent soumis et reçurent son approbation. L'intérêt capital s'é-
tait concentré sur les attributions que le rescrit royal lui avait
dévolues. Comme on l'a vu, l'ordonnance du 26 juillet ne con-
férait au conseil de l'Etat aucun droit sur le vote du budget et sur
l'apurement des exercices écoulés. Son intervention n'était décisive que dans le cas où il s'agissait de modifier, de supprimer ou
d'augmenter l'assiette de l'impôt, ou bien de contracter des emprunts.

Deux partis s'étaient prononcés dans le sein du conseil : l'un
qui avait demandé une voix décisive dans le vote du budget et
des lois de finances, avec l'établissement d'une Cour des comptes
comme corollaire ; et l'autre, plus tranché dans ses vœux, ayant
M. Tsherning pour organe, qui, par un ensemble de propositions, publicité des séances, élévation du nombre des membres
du conseil au chiffre de 90, intervention législative dans les
affaires communes, voulait, contrairement au plan du gouvernement, fonder, au-dessus des Etats provinciaux de chacune des
fractions territoriales du pays, une Chambre constitutionnelle
réunissant en partie les pouvoirs dont la Diète danoise était investie. Ce système avait été écarté ; mais le conseil avait accueilli
à la presque unanimité les idées formulées dans le premier projet, dont M. Ussing, procureur général du royaume, s'était fait
le promoteur.

L'opposition, cependant, grandissait toujours. Parmi les
manifestations politiques les plus importantes, on remarqua celle
du 26 octobre. Elle eut lieu dans la grande salle de la société du
Tir et au nombre de trois cents spectateurs, on comptait environ

cent membres des deux Chambres de la Diète. Après un toast au *Roi*, porté par le président, M. Lind, on remarqua les suivants : « A la Diète ! A la loi fondamentale ! Aux présidents des deux Chambres ! Aux défenseurs du paragraphe 100 de la Charte ! (Celui qui dispose qu'aucune modification ne pourra être apportée à la Charte qu'avec le consentement de trois Diètes consécutives et la sanction royale.) Au courage civil, à l'énergie et à la persévérance du peuple danois ! A M. Tutein ! (C'était l'auteur d'une proposition de mise en accusation du ministère.) »

Une opposition bien faite pour éclairer la monarchie dans la voie où elle s'engageait, fut celle des tribunaux. Le ministère ayant fait poursuivre, sur tous les points du royaume, les rédacteurs des nombreux journaux qui attaquaient la Charte octroyée du 26 juillet, les prévenus furent tous acquittés par des sentences qui déclaraient en termes formels que les auteurs des articles incriminés n'avaient fait qu'user légalement de la liberté d'opinion et de discussion consacrée par les lois.

C'est alors que S. M. Frédéric VII reconnut la nécessité d'une transaction et, dans un conseil qui fut tenu dans le palais de l'Ermitage, il remit à ses ministres un projet de résolution rédigé par lui-même et portant en substance : 1° que la couronne ne mettrait aucun obstacle à la prise en considération de la décision primitive de la Diète concernant les modifications à faire à la loi fondamentale ; 2° que le gouvernement, de son côté, tâcherait de mettre l'ordonnance du 26 juillet en harmonie avec les principes posés dans les Adresses présentées respectivement par la Diète et par le Conseil du royaume.

Le Roi invita les ministres à examiner, séance tenante, ce projet, et à lui déclarer s'ils pouvaient ou s'ils ne pouvaient pas le prendre pour base de leur future administration ; ensuite S. M. se retira.

Lorsqu'au bout d'une heure Frédéric VII rentra dans la salle, les ministres lui firent respectueusement une réponse négative, et en même temps ils présentèrent au Roi leur démission collective, qui fut immédiatement acceptée par S. M.

Le premier ministre du cabinet qui succéda au cabinet Oersted était M. Bang, ancien directeur de la Banque, auteur ou promoteur d'utiles réformes dans diverses branches de l'administration financière. Aux cultes et à l'instruction publique, était appelé M. Hall, ancien professeur de droit romain à l'université, chef de l'opposition dans la dernière Diète. Aux finances, M. Andræ, officier distingué, destitué par le précédent ministère à cause de ses opinions libérales. M. de Sheel-Plessen, auquel fut offert le portefeuille des relations extérieures, ne crut pas devoir l'accepter.

La réparation fut complète. Le Roi congédia le chef de son secrétariat, M. Tillisch, et confia ce poste à M. de Liebenberg, avocat distingué qui avait défendu avec éclat plusieurs journalistes poursuivis par le ministère Oersted. Le poste important occupé par M. de Liebenberg a, en Danemark, dans ses attributions, toutes les affaires soumises exclusivement à la décision personnelle de S. M., et entre autres les nominations à la plupart des hauts emplois.

Enfin, le Roi décerna la croix du mérite de l'ordre du Danebrog au révérend M. Monrad, rédacteur de la constitution, révoqué par l'ancien ministère dans ses fonctions d'évêque du diocèse de Laaland et Falster.

A un dîner donné par le Roi aux membres de la Diète, le président de la seconde Chambre, M. l'avocat Rottwitt, porta un toast conçu en ces termes : « Au Roi! Nous remercions S. M. de » tout ce qu'elle a fait pour la patrie et pour les libertés publi- » ques! » A ce toast, le Roi fit la réponse suivante : « Messieurs, » j'ai le cœur danois, et je crois l'avoir prouvé dans les jours de » danger, et aussi par ce que j'ai fait il y a quinze jours. Je porte » un toast à tous les Danois depuis le Skager jusqu'à l'Eider! »

La seconde Chambre de la Diète, avant de se séparer, reprit et inscrivit en tête de son ordre du jour la proposition tendant à la mise en accusation du précédent ministère.

Quant au nouveau ministère, son premier acte avait été de faire cesser les poursuites encore pendantes contre vingt-deux journaux et d'autoriser la circulation de diverses autres feuilles prohibées par le précédent cabinet.

Le 19 décembre, le ministère fit connaître son programme à la Diète. Lecture en fut donnée au *Landthing* (première Chambre),

par le premier ministre, et au *Folkething* (seconde Chambre),
par le ministre de l'instruction publique et des cultes.

Et d'abord, le programme indiquait les vues de l'administration nouvelle relativement à l'affaire principale, c'est-à-dire au
règlement définitif de la constitution. Le ministère reconnaissait
l'urgente nécessité d'une solution, et ne croyait pas devoir se prononcer à l'avance en faveur d'aucun changement dans le projet déjà
adopté, qui avait pour objet de restreindre la loi fondamentale
du 5 juin 1849. Il ne trouvait pas non plus que ce projet, dans
la forme où il avait été adopté, offrît des difficultés, et cela d'autant moins que les modifications qui seraient à désirer, notamment au sujet de l'étendue des affaires qui se trouveraient placées sous le régime de la loi fondamentale particulière du
royaume, pourraient être déterminées plus tard moyennant une
loi.

A son avis donc, si le projet de loi fondamentale était adopté
sans modification par la Diète, le ministère proposerait au Roi de
permettre que ce projet, conformément au paragraphe 100 de la
constitution, pût être adopté pour la troisième fois par une Diète
qui serait nouvellement élue, pour recevoir enfin la sanction
de S. M.

Avant que le ministère demandât à la Diète de décider définitivement que la loi fondamentale du 5 juin 1849 fût restreinte
en conformité du paragraphe 5 de la nouvelle constitution, il
tâcherait d'obtenir que l'ordonnance suprême du 26 juillet 1854,
concernant le règlement définitif de la Constitution de la monarchie intégrale, reçût une modification qui donnât à cette ordonnance un caractère constitutionnel réel, et cela notamment
en ce que la représentation serait investie du droit de décision
en matières de finances et de législation, et que l'élément électif
(du Conseil de l'État) serait augmenté.

Sous ce rapport le ministère suivrait tout à fait la ligne tracée
par la proclamation royale du 28 janvier 1852, c'est-à-dire que
dans le règlement des affaires de la monarchie, tout en conservant et en développant les institutions qui comprennent toutes
les parties de la monarchie ou qui servent de base à chacune des
parties de celle-ci, il s'emploierait par tous les moyens à maintenir

et à améliorer l'état légal existant. En agissant ainsi, le ministère chercherait à atteindre le but posé dans ladite proclamation royale et qui était formulé en ces termes : « Faire en sorte que les » relations entre les diverses parties de la monarchie soient con- » servées et raffermies de manière qu'elle forme un tout bien or- » ganisé par le moyen d'une constitution commune pour les » affaires générales. »

Le ministère comptait qu'en suivant cette voie, la solution de la question constitutionnelle serait obtenue par la confiance et la bienveillante coopération de la Diète. C'est dans cet espoir qu'il avait accepté sa mission.

Quant à la politique étrangère, le programme se bornait à dé-clarer que, conformément à la volonté de S. M., elle serait diri-gée invariablement « d'après les principes que l'on a suivis jus-qu'à présent. »

Tout était-il fini par cet essai de transaction, c'est ce que di-rait l'avenir. La crise de 1854 n'a pas emporté avec elle les dif-ficultés inhérentes à la constitution même de la monarchie.

La plus grande difficulté pour le gouvernement danois sera dans la réalisation de son plan d'une réunion des divers États sous une constitution commune. Intérêts nombreux, passions, traditions, influences étrangères, tout s'oppose à cette assimilation du Slesvig, du Holstein et du Lauenbourg.

On l'a déjà vu dans nos précédents *Annuaires*, il existe entre ces États des situations différentes, des intérêts distincts, qui se sont formulés par l'organisation de partis opposés et influents.

Le parti de l'*Eyder*, qui a la prétention d'être le parti danois par excellence et qui compte de nombreux adhérents, repousse toute solidarité et toute union avec le parti des Duchés, lequel représente et défend avec obstination les intérêts allemands exclusifs. Ces deux factions rivales voient se grouper autour d'elles les autres oppositions, et surtout le parti des *Amis des paysans*, qui est essentiellement démocratique et qui combat énergiquement toute idée de modifications apportées au statut de 1849.

Or, le parti de l'Eyder et les partis allemands repoussent éga-lement la pensée d'une nouvelle constitution générale, le pre-

mier, parce qu'elle ferait entrer le Slesvig et le Laüenbourg dans
l'unité du royaume; les autres, parce qu'elle ne tiendrait pas
assez compte, d'après eux, des intérêts des duchés et ne leur ac‑
corderait qu'une représentation insuffisante.

Le Danemark a eu particulièrement à souffrir de la guerre
qui a éclaté en Europe. Le Sund, ce passage étroit qui voit s'ef‑
fectuer tous les ans un mouvement de plus de 20,000 navires ,
est, pour la douane danoise d'Elseneur, une source de produits
considérables. Les péages du Sund sont évalués à plus de 6 mil‑
lions de francs.

En 1853, le Sund avait vu passer 21,539 navires, dont 10,615
allant de la mer du Nord en Baltique, et 10,924 suivant la di‑
rection contraire. Or, voici les mouvements comparés des pavil‑
lons pour les deux dernières années.

	1853.	1854.
Anglais.	4,685	2,032
Prussiens.	3,463	3,095
Norvégiens.	3,391	3,328
Suédois.	1,978	2,583
Danois.	2,071	1,898
Autres États allemands. . .	2,280	1,643
Néerlandais.	1,888	1,460
Russes.	1,237	166
Français.	349	81
Américains.	99	36
Des autres pays	98	46
	21,539	16,368

Il y avait donc eu, en 1854, une décroissance de 5,171 na‑
, soit de 24 p. 0/0. Dans ce chiffre, deux marines sur‑
ut avaient été atteintes : celle de l'Angleterre , dont le mou‑
ent s'était affaibli de 2,563 navires, ou de 56 p. 0/0, et
de la Russie surtout, qui proportionnellement avait perdu
avantage, 1,071 navires ou 86 p. 0/0. La Prusse, au contraire,
t peu perdu; son pavillon avait pu couvrir bien des produits
provenance russe apportés par le transit de terre dans ses

ports de Kœnigsberg et de Memel. La Norvége avait maintenu presque tout son mouvement, et la Suède avait fortement accru le sien. Pour ce qui concerne la France, nos transports à travers le Sund sont d'habitude peu considérables; ils avaient sensiblement souffert aussi en 1854. Mais le trait le plus saillant, c'était la disparition presque complète du pavillon russe : elle donnait la mesure de la gravité des pertes que, malgré des opérations interlopes de Memel, avait dû subir le commerce maritime de la Russie du nord.

Au reste, le principe même du péage était contesté par la république des États-Unis, au nom de cet axiome incontestable que la mer appartient à tous et à personne, et que nul n'est fondé à imposer à son profit une redevance aux navires qui la sillonnent. Le Danemark invoquait l'usage qui, selon lui, a consacré son droit, et il alléguait que lors de sa séparation d'avec la Norvége, il lui fut imposé une charge de 40 millions d'écus banco, en compensation de laquelle il lui fut alloué le bénéfice des péages du Sund. Les États-Unis, de leur côté, annonçaient l'intention bien formelle de ne pas reconnaître plus longtemps ce prétendu droit et d'en affranchir leur marine, fût-ce même par la force. C'était une grave question qui commençait pour le Danemark.

L'industrie, les voies de communication, le commerce sont en progrès. En 1852 a eu lieu, à Copenhague, une exposition des produits de l'industrie danoise, la onzième depuis 1810. Elle a été entreprise par la Société d'encouragement pour l'industrie indigène, et, la première, elle a donné une idée assez complète de l'industrie de toutes les parties du royaume.

Le nombre des exposants des provinces, qui était à peine de 1 sur 11 en 1844, s'est élevé à 6 sur 15 en 1852, et il aurait été plus considérable, si quelques industriels du Jutland n'avaient entrepris, à la même époque, à Aarhuus, une exposition particulière des produits de cette province.

Après la clôture de l'exposition de 1852, un congrès de fabricants, d'industriels et de négociants, tant du royaume que des duchés, s'est réuni à Copenhague, dans le but de discuter les différentes questions qui intéressent plus particulièrement l'in-

dustrie et le commerce national, et de visiter les fabriques et
les ateliers les plus importants de la capitale.

Le 26 août eut lieu l'inauguration du chemin de fer de Ten-
ningen à Flensbourg, dans le duché de Slesvig. Ce chemin traverse le duché dans toute sa largeur et relie la mer du Nord avec
la Baltique. Il a été construit par M. Peto, ingénieur civil anglais, entrepreneur du chemin de fer de Balaclava, en Crimée.
(Voyez Chronique.)

Les établissements coloniaux du Danemark et ses possessions
du Nord de l'Europe sont assez peu connus, et les renseignements
officiels qui suivent ne manquent pas d'intérêt.

Islande. — Dans la période 1845-1849 (soit cinq années), il
est venu en Islande, en moyenne, 88 navires danois, 9 des duchés, 5 de la Norvége, jaugeant, les premiers 6,624 tonneaux,
les deuxièmes 574, les troisièmes 266.

Les exportations du Danemark pour l'Islande se sont élevées :

En 1849 à 457,470 rbd. (1) } soit en moyenne
En 1850 à 379,691   } à 1,297,000 fr.
En 1851 à 467,775   }

Et celles de l'Islande en Danemark :

En 1849 à 699,913 rbd. } soit en moyenne
En 1850 à 775,461   } 2,185,000 fr.
En 1851 à 857,603   }

La population de l'Islande est de 58,558 habitants.

L'Islande a vu enfin tomber cette année le monopole des
négociants de Copenhague qui jusqu'alors paralysait ses transactions au profit de quelques individualités opulentes. La liberté
du commerce allait sans doute ouvrir à cette île une ère nouvelle
de prospérité.

Groënland. — La pointe la plus méridionale du Groënland,
au cap Farewell, est située par 59° 45'. La côte orientale que
baigne la baie de Baffin compte à peine pour habitants quelques

(1) Le rigsbankdaler = 2 fr. 81 c.

familles d'Esquimaux. Ce n'est que sur les côtes ouest que les
Danois se sont établis. Ils s'y sont étendus vers le nord jusqu'au
73ᵉ degré. La population du Groënland était, en 1789, de 5,122
habitants; en 1805, de 6,046; en 1834, de 7,532; et, en 1850,
de 8,492.

Administrativement, le pays est divisé en deux districts ou
inspectorats. Le premier, qui comprend les établissements du
Sud : Sulienshanb, Frédérickshanb, Godthhanb, Sukerstoppen,
Holsteinborg et Fiskernasset, comptait, en 1850, 5,532 habitants. Dans le Nord, les établissements de Egedesminde, Chri-
tianshanb, Jacobsharn, Omanak, Ilpemovich, Godharn, en
comptaient 2,960. Sur ces 8,492 habitants, 234 étaient Danois
de naissance.

Les montagnes du Groënland renferment quelques gîtes de
charbon, des carrières de marbre, des mines de cuivre et du
plomb. Dans les endroits les plus abrités, au fond des baies du
sud, la végétation se compose à peine de quelques bouleaux,
d'aulnes et de saules. On y élève cependant un petit nombre de
vaches et de brebis. Mais les animaux les plus communs sont les
chiens, dont on se sert pour tirer les traîneaux, les rennes sauvages, les lièvres blancs, les ours, et, sur les côtes, les phoques
et chiens de mer, dont les Groënlandais mangent la chair et emploient les peaux pour leurs vêtements. Enfin, les baleines sont
encore assez nombreuses dans ces parages.

Le gouvernement danois s'est réservé le commerce du Groënland, ou du moins il n'a accordé qu'à une seule compagnie, la
Compagnie groënlandaise, l'autorisation de trafiquer avec ce
pays. Tous les ans, des navires de 200 à 250 tonneaux partent
de Copenhague, chargés de provisions de toute espèce pour le
Groënland, et rapportent, en retour, des peaux, des huiles, des
fanons de baleine, etc.

De 1847 à 1849, les importations du Danemark au Groënland
ont été de 155,000 rbd. ou 765,000 fr. par an. Elles se composaient surtout de grains et de farines, de viandes, d'eaux-de-vie,
de tabac, de café, de sucre, de bois de chauffage, etc.

Iles Féroë. — Le groupe qui porte ce nom se compose, non
compris quelques îlots sans importance, de dix-sept îles habi-

lées, d'une superficie totale de 23 milles carrés environ. Voici, d'après un recensement de 1845, les noms, l'étendue et la population des principales :

Stromo. . .	6 1/2 milles carrés.		2,162 habitants.
Ostero. . .	3	— —	1,156
Baago.. . .	3	— —	649
Sando. . .	2	— —	528
Bord.. . .	2	— —	304

Les autres sont encore plus petites et moins peuplées. Dans toutes, la végétation est extrêmement faible, et le sol, dont la roche forme le fonds, y est à peine recouvert d'une légère couche de terre végétale. Les côtes en sont abruptes, coupées à pic et très-élevées. De nombreuses montagnes y atteignent jusqu'à 2,000 et 2,500 pieds de hauteur. On y trouve quelques mines de charbon de terre d'une qualité médiocre, et de la tourbe, dont on fait un grand emploi pour le chauffage.

Dans ces îles, l'orge est de toutes les céréales celle qui seule réussit; encore souvent n'y mûrit-elle pas. La pomme de terre réussit mieux, et l'ont peut y élever d'assez nombreux troupeaux. Le travail de la laine y est même une des principales occupations des habitants.

De même qu'au Groënland, le gouvernement s'est réservé le monopole du commerce des îles Féroë. Pendant les années 1847-49 inclusivement, ce commerce a été, en moyenne, à l'exportation, comme suit :

Plumes.	(livres)	6,900
Suif.	(lispunds)	2,154
Morues. '.	(livres)	19,540
Huile de poisson.	(tonnes)	1,180
Camisoles de laine.	(pièces)	77,635
Bas de laine.	(paires)	18,635

La valéur officielle des exportations de ces îles en Danemark a été, en 1849, de 180,000 rbd.; celle des importations, de 72,564 rbd.; en 1850, de 164,728 et 54,590 rbd.; en 1851, de 162,055 et 77,452 rbd. Il a été employé à ces échanges en—

tre les deux pays, de 13 à 14 navires par an, jaugeant de 6 à
700 lasts, de 12 à 1,400 tonneaux.

Antilles danoises. — *Sainte-Croix.* — Cette île, ancienne
possession française, vendue en 1799 à une compagnie danoise
pour la somme de 750,000 livres, achetée depuis par le gouvernement danois, qui en a ouvert les ports à tous ses sujets, est
aujourd'hui une des mieux cultivées et des plus fertiles des Pe-
tites-Antilles. Son sol est plat et uni, sauf vers le nord, où l'on
trouve quelques montagnes. Les principales productions sont
le sucre et le rhum, dont la qualité est particulièrement estimée.
En 1850, 20,176 acres (de 6,277 mètres) ont été employées à
la culture de la canne. Cependant la récolte n'a été que de
11,058,000 livres de sucre et de 3,137,000 pots de rhum. C'est
la plus défavorable que l'île ait eue depuis 1845. Dans les bonnes années, elle s'élève à 20 millions de livres de sucre et à 4
ou 5 millions de pots de rhum. Le produit brut en a été estimé,
pour 1847, à 1,416,000 piastres espagnoles; en 1848, à 945,000;
en 1849, à 867,000, et en 1850, à 620,000. Elle aurait donc
présenté une diminution continue pendant ces quatre années.

Saint-Thomas. — *Saint-Jean.* — Ces îles sont beaucoup
moins importantes. La première a seulement un mille et demi
carré d'étendue et 13,666 habitants. Leurs principales productions sont également le sucre et le rhum; mais leur sol, plus
accidenté et moins fertile, ne se prête pas partout à la même
culture que Sainte-Croix. En 1850, 570 acres à Saint-Thomas
et 976 à Saint-Jean y ont été plantées de cannes. Par contre, on
y élève un plus grand nombre de bestiaux, mais leurs exportations sont fort peu de chose. L'importance de Saint-Thomas est
toute dans son port, qui est devenu, par sa position, l'entrepôt
d'une grande partie du commerce des Antilles.

CHAPITRE V.

SUÈDE ET NORVÉGE.

La neutralité suédoise, son caractère, efforts de la Russie pour modifier cette attitude, appel énergique du Roi au pays, l'opinion publique, les partisans de la Russie, vote des fonds réclamés pour faire respecter la neutralité. — Travaux de la Diète : règlement d'une difficulté constitutionnelle, régence provisoire du prince royal en cas d'absence de son père ; proposition contre la liberté de la presse, elle est repoussée, incidents curieux du vote ; composition future de la Diète ; modifications aux pénalités existantes, projet d'abolition des châtiments corporels et de l'amende honorable ; révision du tarif des douanes, réforme de la législation qui régit la fabrication des eaux-de-vie de grains ; agitation pour la réduction du tarif des droits d'entrée. — Intolérance religieuse, procès Lindholm, arrêt regrettable. — Inauguration de la statue du roi Charles-Jean XIV. — L'armée suédoise, la marine des royaumes unis. — Travaux du Storthing norvégien, nouvelle loi sur le recrutement ; inauguration du grand central de Norvége ; rapport officiel sur la situation économique du royaume norvégien.

Suède. — La nécessité, pour les États secondaires du littoral de la Baltique, de parer aux dangers d'une guerre entre les grandes puissances, a depuis longtemps réuni dans une action commune les deux royaumes scandinaves. En 1780, la Suède et la Danemark conclurent avec la Russie un traité de neutralité armée pour la protection du pavillon neutre. En 1800, ces deux États conclurent un second traité de neutralité armée, qui étendit les principes posés par celui de 1780.

Mais, en 1854, il ne pouvait être question d'une neutralité armée en communauté avec la Russie. Du jour où le conflit était transporté dans la Baltique comme dans la mer Noire, la Suède devait garder le plus scrupuleux équilibre entre les parties belligérantes, tout en réservant ses sympathies secrètes à celle qui représente les garanties futures de son indépendance.

A la fin de l'année précédente et à l'occasion de l'ouverture des États généraux, S. M. le Roi de Suède avait énergiquement caractérisé la politique imposée à son pays par la crise européenne. « Le sentiment de mon devoir, disait-il alors, en face de la situation politique de l'Europe, m'impose de vous présenter, Messieurs, un tableau détaillé des allocations nécessaires pour compléter notre système de défense, et des mesures propres à l'établir de manière à garantir l'indépendance du royaume. Tout ami sincère de la patrie ne pourra qu'accorder l'attention la plus réfléchie à ces graves intérêts. Jamais souverain de la Suède ne fit en vain un appel au patriotisme de ses sujets, dans l'intérêt de l'honneur et de la nationalité de son peuple. Vous vous montrerez, j'en suis persuadé, les dignes représentants d'une nation dont le courage et l'abnégation ont gravé le nom suédois avec des traits ineffaçables dans les fastes les plus glorieux de l'histoire. »

L'opinion favorable, en Suède plus encore qu'au Danemark, à la politique des puissances occidentales, se chargea de commenter les paroles du monarque. On n'a pas oublié, en Suède, la perte encore si récente de la Finlande et les tentatives faites par le Tsar pour s'assurer les sympathies ouvertes du royaume scandinave furent repoussées avec décision. La Russie avait commencé par réclamer une alliance, elle avait parlé, selon ses habitudes, un langage presque impérieux. La déclaration de neutralité fut la réponse à ses prétentions. Alors, comme toujours, la chancellerie russe changea de langage et se rabattit sur les détails, cherchant à donner à cette neutralité, qu'il lui fallait bien accepter, une attitude sympathique. Elle demanda la fermeture de certains ports aux vaisseaux alliés ; elle demanda que la houille fût comprise parmi les objets déclarés contrebande de guerre. Tout fut refusé.

Sans doute la guerre n'avait pas été menée assez sérieusement dans la Baltique, pour que la Suède pût se compromettre encore dans l'alliance ouverte de l'Angleterre et de la France. Mais déjà il était facile de comprendre que la neutralité deviendrait de jour en jour moins réelle et moins possible. Des manifestations sympathiques accueillirent l'apparition des pavillons alliés. Au mois d'août, les opérations contre les îles d'Aland vinrent donner une impulsion nouvelle à l'opinion publique ; enfin, la chute des remparts de Bomarsund, cette sentinelle avancée de la Russie, fit frémir de joie le peuple suédois, déjà secrètement satisfait de l'humiliante disparition de la flotte russe de ces mers où elle prétendait dominer.

Malgré tout, il y a en Suède un parti favorable à la Russie, et c'est parmi les hauts fonctionnaires que se rencontrent quelques-uns des plus chauds partisans de l'alliance russe. Ainsi le *Svencka-Tidning* (*Gazette de Suède*), journal de la cour, publia quelques articles dans lesquels cette alliance était vivement recommandée. On y représentait les Russes comme les pionniers de l'avenir et comme les fondateurs futurs de la civilisation nouvelle en Europe. Ces articles, que l'on attribua à un homme haut placé, furent sévèrement critiqués par la partie de la presse qui représentait le plus fidèlement l'opinion publique.

Les fonds réclamés de la Diète pour faire respecter la neutralité armée, furent votés avec un patriotique enthousiasme, et l'attention des législateurs put se porter sur les questions moins importantes de politique et d'administration intérieure.

Il fallut d'abord régler une difficulté constitutionnelle.

La constitution suédoise, on le sait, prévoit le cas où le souverain serait empêché, par suite de maladie ou de voyage à l'étranger, d'exercer le gouvernement, et attribue alors le pouvoir exécutif à un conseil de régence composé de vingt conseillers d'Etat, dont dix Suédois et dix Norvégiens. Ce mécanisme fonctionna, en 1852, lorsque l'état de santé du roi Oscar exigea que Sa Majesté se rendît aux eaux de Kissingen.

Durant toute l'absence de son père, le prince royal s'était vu réduit à l'inaction.

Afin de prévenir le retour d'une pareille situation, le Roi fit présenter à la Diète suédoise et au Storthing de Norvége une proposition tendante à modifier cette législation de manière qu'à l'avenir la régence fût exercée par le prince royal, ou bien, si l'héritier présomptif de la couronne n'avait pas l'âge de dix-huit ans, par tel autre prince suédois que choisirait le Roi, ou, à défaut de cette désignation, par le prince le plus rapproché du trône. Dans le cas où il n'existerait aucun prince de la maison régnante âgé de dix-huit ans, le pouvoir serait confié à un conseil de régence, lequel ne comprendrait plus que huit membres.

Une proposition fut soumise à la Diète par le gouvernement suédois, qui n'allait à rien moins qu'à retrancher de la constitution la loi sur la liberté de la presse, qui en forme une partie intégrante.

Cette loi fut rendue dans le mois de mars 1810, et bientôt après, la Diète d'alors en fit un article de la charte constitutionnelle afin de la mettre à l'abri des changements irréfléchis que pourraient lui faire subir les caprices et les passions du moment, car aucune des dispositions de la loi fondamentale ne peut être altérée ni supprimée sans le consentement de deux Diètes consécutives; et comme ces assemblées sont séparées l'une de l'autre par un intervalle d'environ trois années, et que pour chaque Diète on renouvelle en entier deux des quatre États, savoir celui de la Bourgeoisie et celui des Paysans, la constitution se trouve entourée de garanties de temps et de personnes contre toute tentative improvisée.

Le projet d'élaguer de la charte la loi sur la presse émut toutes les classes de la société; il souleva d'orageux débats dans chacun des quatre États de la Diète, ainsi que dans les journaux, et il aurait infailliblement causé une fermentation générale dans le pays, n'eût été le calme, l'admirable bon sens du peuple suédois, qui lui aussi possède parmi ses qualités innées cet amour de la légalité, ce profond respect pour les lois qui caractérisent à un si haut degré les divers peuples de la race anglo-saxonne.

Les États de la Noblesse, du Clergé et de la Bourgeoisie se déclarèrent en faveur du projet tendant à abaisser la loi de la presse au niveau des lois ordinaires, que le pouvoir législatif et le pouvoir exécutif ont le droit de défaire et de refaire à tout moment. L'État des Paysans le repoussa à une immense majorité.

Dans cette situation, le projet, aux termes de la constitution, avait à subir une dernière épreuve. Les quatre États de la Diète nommèrent ce qu'on appelle *le grand comité politique*, composé de trente-deux membres, huit de chaque État, comité chargé d'examiner de nouveau le projet et d'en décider le rejet ou le renvoi à la prochaine Diète.

Le grand comité discuta longuement le projet, puis il alla aux voix. Or, quant à cette opération, la loi prescrit que les bulletins de vote doivent être déposés dans une urne et dans l'ordre suivant : d'abord ceux des Paysans, puis ceux de la Bourgeoisie, ensuite ceux du Clergé, enfin ceux de la Noblesse, et, cela fait, ajoute la loi, le président du comité, qui est toujours le doyen de ceux de ses membres qui appartiennent à l'ordre de la Noblesse, tirera au hasard de l'urne un bulletin qui, sans être ouvert, sera mis sous le scellé, et qui, en cas de partage, sera prépondérant.

Au moment où le président du comité allait tirer le bulletin mystérieux, quelques membres demandèrent que préalablement l'urne fût secouée afin d'opérer le mélange des bulletins. Mais cette proposition échoua contre les objections de la majorité qui soutenait énergiquement qu'il fallait se conformer au sens littéral de la loi, laquelle ne dit pas que l'urne doive être remuée, ce qui du reste n'avait jamais été fait.

L'urne resta immobile. On procéda au dépouillement du scrutin qui constata une assez grande majorité en faveur du projet, de manière qu'il n'y eut pas besoin de recourir au bulletin cacheté, lequel fut brûlé sur-le-champ.

Ainsi le projet serait présenté à la prochaine Diète, qui se réunira le 16 novembre 1856, c'est-à-dire trois ans après le jour de la présente Diète, et qui statuerait définitivement.

A la nouvelle Diète, on pourrait espérer que l'État de la Bourgeoisie se trouverait modifié et augmenté par l'introduction dans son sein de nouveaux éléments. Actuellement cet État se compose de députés élus parmi les municipalités, les corporations des arts et métiers et d'autres corporations industrielles; mais la présente Diète avait voté un projet de loi dû à son initiative, et qui rendait éligibles à l'État de la Bourgeoisie les propriétaires d'immeubles de ville et les patentés de diverses classes. Ce projet, il

est vrai, n'avait pas encore reçu la sanction de la couronne, mais
on espérait qu'elle ne lui serait pas refusée, parce qu'il avait été
adopté à une forte majorité par chacun des quatre États.

La Diète générale du royaume de Suède fut saisie d'un projet
de loi présenté par le gouvernement et ayant pour objet : 1° d'a-
bolir les châtiments corporels (qui sont la bastonnade et les ver-
ges) et de les remplacer par un emprisonnement au pain et à l'eau;
2° d'abolir, sans équivalent, l'amende honorable publique dans
les églises, qui forme l'accessoire de plusieurs autres peines, et
notamment de celles qui punissent le vol.

L'État de la Bourgeoisie et celui des Paysans adoptèrent, à la
presque unanimité, ces deux mesures; l'État de la Noblesse re-
jeta la première et adopta la seconde. Ainsi l'abolition de l'a-
mende honorable était devenue certaine, puisque trois des quatre États l'avaient approuvée; mais quant au sort de la proposition tendante à supprimer les châtiments corporels, adoptée
par deux États et repoussée par un État, c'est l'État du Clergé qui
en déciderait en définitive. Si, comme tout portait à le croire,
il se rangeait du côté de la Bourgeoisie et des Paysans, on verrait
enfin disparaître de la législation suédoise ce reste des pénalités
barbares du moyen âge.

Dans l'ordre des questions économiques, la Diète s'était occupée d'une révision du tarif des douanes dans le sens libéral.
Elle effaça, cette année, un grand nombre de vieilles prohibi-
tions qui s'y étaient maintenues contrairement aux intérêts de
tous. Mais, en revanche, elle réforma la législation qui régit la
fabrication de l'eau-de-vie de grains, de manière à mettre un
frein à l'abus des spiritueux. Désormais la distillation ne serait
permise que pendant deux mois par an, au lieu de six, et la taxe
perçue par l'État serait portée d'un demi-skilling à 12 (53 cent.)
par *kanne* de 2 litres 1/2.

De tous les points du royaume des pétitions étaient adressées
au gouvernement pour le supplier de réduire le tarif des droits
d'entrée, qui pour un très-grand nombre de marchandises
étaient si élevés qu'ils équivalaient à une prohibition complète, et
qui frappaient même des objets de première nécessité pour les
classes populaires.

La presse libérale appuyait vivement ces réclamations et faisait observer que le gouvernement trouverait dans l'union de la Suède avec la Norvége un puissant motif pour accorder la demande des pétitionnaires. En Norvége, disait-elle, existe un système de douanes beaucoup plus équitable, ce qui donne à ce pays d'immenses avantages aux dépens du nôtre, sans compter qu'une diminution notable du tarif de Suède ferait cesser la guerre de douanes qui se fait continuellement sur les frontières des deux royaumes, éviterait les énormes frais du cordon douanier que le gouvernement est obligé d'entretenir sur toute la vaste étendue des frontières, multiplierait les relations commerciales et industrielles entre la Suède et la Norvége, et rendrait plus intime, plus franche et plus cordiale l'union des deux nations.

L'intolérance religieuse est toujours une tache à la civilisation si avancée de la Suède. Le protestantisme officiel y combat les progrès toujours croissants du catholicisme par les violences surannées de la loi. Un acte honteux d'intolérance est encore à noter dans l'histoire de cette année.

Un magistrat protestant, M. Herzman, avait reçu d'un ami, M. Fréderic Lindholm, établi depuis longtemps à Paris, mission de recueillir l'héritage de son père. M. Lindholm s'était converti au catholicisme, et le magistrat suédois, abusant de ce dépôt sacré, contesta à l'héritier le bien de son père en invoquant la vieille loi de 1606, abrogée de fait par la constitution de 1809. Cette indigne conduite fut approuvée par les juges devant lesquels l'illustre avocat, baron Cederstrœm, porta la réclamation de M. Lindholm. La décision suivante fut rendue par le tribunal :

« Considérant que des recherches, confirmées par *des lettres confidentielles* de M. Frédéric Lindholm à son frère, il résulte qu'après avoir quitté la Suède, sa patrie, il abjura en pays étranger, le 21 novembre 1835, la pure doctrine évangélique pour embrasser *une religion erronée ;*

» La Cour déclare que, d'après le § 21 de la loi R. P., la demande de M. Frédéric Lindholm sera regardée comme non-avenue, et que les frais du procès seront payés à parts égales par les deux frères. »

C'est une triste chose pour un pays quand ses magistrats peuvent impunément violer ainsi les lois du bon sens et de la justice.

Reportons nos regards sur un spectacle plus honorable pour la Suède, sur la solennité dont fut l'objet la statue votive du roi Charles-Jean XIV.

L'inauguration de cette statue fut une véritable fête nationale. Sa Majesté avait choisi pour cette solennité le 4 novembre, anniversaire de la réunion de la Norvége à la Suède. Des détachements de tous les régiments de l'armée suédo-norvégienne étaient rangés avec leurs drapeaux autour du monument. Les membres de la Diète et les différents corps de l'Etat y étaient également convoqués, et les populations étaient de toutes parts accourues pour assister à cette fête nationale. Sa Majesté tira l'épée; tous les assistants se découvrirent, et, au bruit des fanfares et des salves d'artillerie, le voile qui couvrait encore la belle statue coulée en bronze, d'après le modèle de Fogelberg, tomba, et elle fut saluée par de chaleureuses acclamations. En présence de ce bronze, qui reproduisait les traits énergiques de son illustre père, le Roi prononça, d'une voix émue, les paroles suivantes :

« Quarante ans se sont aujourd'hui écoulés depuis que la force et le génie du roi Charles-Jean élevèrent un monument dont la presqu'île scandinave forme la base inébranlable, et dont les vastes dimensions ne connaissent pas de bornes, puisqu'elles dépendent des progrès de deux peuples frères dans la voie des vertus et de l'honneur.

» L'union de la Suède et de la Norvége a ouvert pour le Nord une nouvelle époque, bénie jusqu'à présent des fruits et des bienfaits de la paix.

» Ses futures destinées se dérobent à la vue des mortels et reposent dans la main toute-puissante de Dieu. Puissent les peuples, unis dans leur sollicitude pour un bien-être réciproque, par leurs sacrifices pour une gloire mutuelle, par leur valeur dans un danger commun, se montrer toujours dignes d'un brillant avenir! Alors le libre sol de la Scandinavie ne cessera jamais de porter en égale abondance les riches moissons d'une prospérité croissante et de lauriers impérissables.

» Le souvenir des grands hommes se perpétue dans les annales de la postérité, et y obtient son hommage le plus éclatant; mais la reconnaissance est l'apanage des nobles nations, et c'est elle qui nous réunit en ce jour. Nos regards vont s'élever avec émotion vers la statue d'un Roi dont le règne aussi glorieux que bienfaisant justifia toujours la belle devise : *L'amour du peuple, ma récompense !* »

Le gouvernement ayant demandé à la Diète de nouveaux crédits pour l'armement des troupes et la construction de nouvelles fortifications, il ne sera peut-être pas sans intérêt de faire connaître l'état de l'armée suédoise quand elle se trouve sur le pied de guerre.

L'infanterie est divisée en 46 bataillons de ligne, 27 bataillons de réserve et 12 bataillons de dépôt ; total, 85,000 hommes.

La cavalerie se compose de 40 escadrons de ligne et de 10 escadrons de réserve ; en tout, 5,674 hommes.

L'artillerie compte 20 batteries de ligne et 5 de réserve, 4,416 hommes.

Total de l'armée, 94,980 hommes.

A cet effectif, il faut ajouter la milice nationale de Gothland qui compte 8,000 hommes, et les autres milices qui comptent 13,000 hommes.

Ainsi, toute la force armée de la Suède présente un effectif de 116,000 hommes, dont 60,000 peuvent être employés hors du royaume.

La marine des deux royaumes unis de Suède et de Norvége se compose de 15 vaisseaux de ligne, 16 frégates, 18 corvettes ou bricks, et 72 bâtiments inférieurs ; en tout, 121 bâtiments de guerre. La marine suédoise tient le premier rang parmi celles des États secondaires.

Au moment où s'ouvrirent les hostilités entre les grandes puissances, la Suède avait dans le port de Carlscrona, prêts à prendre la mer : 9 vaisseaux de ligne, 8 frégates, 4 corvettes dont 2 à vapeur, le *Golfe* et le *Thor*, 2 bricks, 2 schooners, 5 steamers, 7 chaloupes canonnières et 8 bombardes ; en tout, 45 bâtiments. En outre 2 vaisseaux de ligne mixtes, le *Stockholm* et la *Scandinavia*, étaient sur chantier et allaient recevoir des machines à hélice.

Norvége. — Le Storthing fut clos le 13 septembre. Il avait adopté une nouvelle loi sur le recrutement, calquée, en partie, sur celle qui, en France, régit la même matière. Cette loi, tout en admettant le remplacement, oblige au service militaire tous les citoyens indistinctement, tandis que la loi à laquelle elle succède ne soumettait à la conscription que les paysans proprement dits, et exemptait du service dans l'armée de terre et de mer tous les fils des personnes domiciliées dans les localités ayant rang de ville. La nouvelle loi, qui, sous ce rapport, établit une juste égalité entre tous les citoyens, fut accueillie avec une satisfaction générale.

La Norvége vit inaugurer, en 1854, la plus importante de ses voies ferrées, le Grand-Central, chemin de 67 kilomètres, qui unit Christiania au lac Mjoesen. Les concessionnaires de cette féconde entreprise étaient MM. Stephenson, Peto, Brassey et Ricardo.

Un document officiel d'une haute importance, un rapport présenté au Storthing au nom du Roi, donne sur la situation du royaume de Norvége les renseignements suivants, pour la période triennale de 1851 à 1854 :

Les récoltes avaient été généralement abondantes, et il n'avait pas été nécessaire de prendre, à cet égard, des mesures extraordinaires. L'agriculture était en progrès, et l'établissement prochain d'une école centrale d'agriculture hâterait encore cette marche ascensionnelle.

Le commerce et la navigation étaient dans une situation satisfaisante. Les conditions de la navigation s'étaient améliorées les frets avaient atteint, en 1853, une élévation jusqu'alors i connue.

L'accroissement de la flotte marchande était considérable ; à fin de 1849 elle ne se composait que de 3,587 bâtiments d' tonnage de 136,669 lasters de commerce (362,172 tonneaux à la fin de 1852, elle comptait 4,809 bâtiments, d'un tonnage 160,082 lasters de commerce (424,217 tonneaux). Le transp par fret de la Norvége se développait sans cesse ; le changem dans les lois anglaises sur la navigation avait beaucoup contrib à amener ce résultat. L'extension de la navigation norvégien avait nécessité la création de nouveaux consulats, et déterminé conclusion de plusieurs traités de commerce avec divers pays. Un nouveau code de navigation serait bientôt présenté au Storthing. L'exportation des bois s'était accrue d'une manière importante. Cette exportation, qui, en 1849, se montait à 195,000 lasters de commerce (516,750 tonneaux) avait été, en 1850, de 601,550 tonneaux; en 1851, de 981,050 tonneaux ; en 1852, de 715,500 tonneaux et en 1853, de 795,000 tonneaux environ. Pour faciliter le flottage dans les rivières, différents travaux avaient été exécutés avec le concours du gouvernement.

La pêche, en général, avait donné des résultats très-favorables; l'exportation avait été fort lucrative.

Les mines de fer et de cuivre se trouvaient dans des conditions satisfaisantes ; le débit de leurs produits avait été avantageux. La production des mines de nickel d'Espedalen s'était beaucoup augmentée ; l'état des mines de cobalt était moins favorable. Quatre permissions avaient été accordées pour l'exploitation de veines de cuivre, de fer, de nickel et de galène de plomb.

Le nombre des fabriques s'était accru ; le progrès de la fabrication engageait le gouvernement à présenter au Storthing un projet de loi tendant à l'établissement d'institutions techniques.

L'entreprise du chemin de fer et du télégraphe électrique qui suivait son parcours, commencée en 1851, se trouvait assez avancée pour que, dans le second semestre de l'année 1853, on eût pu se servir, d'une manière provisoire, de la ligne dans toute sa longueur pour le transport des marchandises. On vient de voir que quelques mois de plus avaient suffi pour l'ouvrir au transport des voyageurs.

Diverses routes avaient été achevées; d'autres avaient été améliorées; d'autres étaient en exécution. Beaucoup de canaux avaient été ouverts, et le draguage de plusieurs rivières avait eu lieu.

Le service des bateaux à vapeur dans le royaume avait subi des modifications favorables. Les communications avec l'étranger avaient été maintenues, non-seulement par les bateaux à vapeur des postes, mais par des bateaux particuliers qui, avec le concours du gouvernement, avaient opéré régulièrement le transport

des voyageurs et des marchandises entre Christiania et Hull , et
entre Bergen, Stavanger, Christiansand et Hambourg.

Un roulage avait été établi entre la Norvége et l'étranger par
la Suède, pour le temps de l'année où les communications par
mer deviennent impossibles.

On s'occupait d'un projet tendant à établir un réseau de lignes
télégraphiques électro-magnétiques, afin de mettre la Norvége
en rapport avec la Suède et le reste de l'Europe.

L'état de la santé publique avait été très-bon en 1851 et
1852; mais, en 1853, le royaume avait été de nouveau ravagé
par le choléra asiatique et épidémique; à la fin de l'année, le
fléau avait disparu.

Le nombre des malades attaqués par la spedalskhed (espèce
de lèpre) avait augmenté d'une manière regrettable. Des propositions seraient soumises au Storthing, au sujet de la défense à
faire aux personnes attaquées de cette maladie de contracter
mariage. Les établissements où ces malheureux sont soignés
recevraient une extension nécessaire.

L'hospice des aliénés à Ganstad, commencé en 1850, serait
bientôt achevé.

L'excédant total des droits perçus par les douanes pendant le
dernier semestre de 1851 et les deux années suivantes sur la
somme portée au budget, avait été de 620,000 spéciès (3 millions 441,000 fr.).

Les mines d'argent de Kongsberg, qui, de 1847 à 18
avaient donné un revenu annuel de 28,800 marcs d'argent
(pur) et un excédant annuel pour le Trésor de 1,026,750
avaient donné, de 1850 à 1852, 21,470 marcs d'argent fin
an et un excédant de 116,000 spéciès (643,600 fr.), tan
qu'au budget on n'avait porté cet excédant qu'à 100,000
(555,000 fr.) annuellement. A la monnaie de Kongsbe
avait été frappé, pendant les années 1850 et 1851, des
ces diverses pour une valeur de près de 300,000 s
(1,605,000 fr.).

La moyenne des droits sur la distillation de l'eau-de-vie,
les trois années, dépasserait le chiffre annuel porté au bu
des recettes.

L'encaisse ou la réserve du Trésor, qui, à la fin de 1850, se montait à 1,700,000 spéciès (9,435,000 fr.), était, à la fin de 1853, de 1,770,000 spéciès (9,823,500 fr.), non compris une partie de l'emprunt de 1851, formant environ 230,000 spéciès (1,276,500 fr.). A la fin de l'année 1853, une somme de 5,888,750 fr., provenant des ressources de l'État, avait été confiée aux comptoirs de prêt ou d'escompte. L'intérêt et l'escompte des sommes employées de cette manière avait presque toujours été de 5 p. 0/0 depuis l'automne de 1850 ; au commencement de 1853 seulement, il avait été, pendant une courte durée, de 6 p. 0/0, par suite des besoins d'argent plus considérables qui existaient alors : depuis l'automne de 1851 jusqu'à celui de 1852, le taux du comptoir de prêt et d'escompte de Christiania avait été de 4 1/2 p. 0/0, et il n'avait été, en 1854, que de 4 p. 0/0 depuis le mois d'août 1853, pour les sommes employées à l'escompte des lettres de change.

La dette publique, qui représentait une somme de 3,584,200 spéciès (19,892,310 fr.) à la fin de 1850, était montée à 4,580,760 spéciès (25,422,885 fr.) à la fin de l'année 1853. Cette augmentation résultait de l'emprunt fait en 1851, dont il restait, à la fin de 1853, 1,145,600 spéciès (6,358,080 fr.).

La banque hypothécaire, mise en activité en 1852, avait fait des prêts sur hypothèques pour une somme de 988,440 spéciès (5,485,842 fr.), et elle avait émis des obligations pour 988,500 spéciès (5,486,175 fr.), en même temps qu'elle avait touché une somme de 325,000 spéciès (1,803,750 fr.) sur le fonds de 500,000 spéciès (2,775,000 fr.) qui lui était accordé par le Trésor.

L'administration des deux départements militaires serait dorénavant jointe au commandement militaire.

Le nombre des officiers ayant passé les examens de l'école militaire supérieure avait suffi pour combler les lacunes dans les brigades du génie et de l'artillerie.

L'état-major avait été réorganisé. Sans compter les manœuvres annuelles ordinaires, il y avait eu, en 1853, un camp de manœuvres, afin de donner de l'élan à l'esprit militaire chez les officiers comme chez les soldats.

Le matériel de l'armée avait été augmenté ; les brigades d'infanterie avaient été pourvues de fusils se chargeant par la culasse. La réserve des arsenaux avait reçu 5,000 de ces fusils, commandés à l'étranger ou à la fabrique d'armes de Kongsberg.

Les travaux de fortification de Kaholmen avaient fait de grands progrès ; il y avait 66 mortiers montés dans les divers ouvrages terminés.

La frégate *Desideria* et la corvette à vapeur *Hidaros* avaient été achevées. Les deux remorqueurs *Ægir* et *Vidar* pourraient prochainement commencer leur service. On avait mis sur le chantier à Horten : une frégate (*Saint-Olaf*) devant porter 26 pièces de canon de 60 livres (30 kilogr.) et 24 pièces de 50 livres (15 kilogr.), qui serait munie d'une machine à vapeur de la force de 150 chevaux ; une corvette armée de 4 pièces de 60 livres (30 kilogr.) et 12 pièces de 30 livres (15 kilogr.), ce navire, qui recevrait le nom de *Nornen*, aurait une machine à vapeur de 90 chevaux ; un schooner, pourvu de 2 pièces de canon de 60 livres (30 kilogr.), de 4 pièces de 18 livres (9 kilogr.) et d'une machine de la force de 10 chevaux ; trois chaloupes, munies de mortiers, étaient achevées. Une machine à vapeur pour draguer, de la force de 10 chevaux, serait employée au printemps. Un nouveau bâtiment de transport (*Bjœrnen*) avait été construit.

CHAPITRE VI.

RUSSIE.

Force et faiblesse de l'empire, erreurs et préjugés à ce sujet; révélations de la guerre de 1854; l'armée russe, insuffisance dans les chefs militaires, le prestige du nombre, effectif vrai, circonstances défavorables; impuissance à dompter le Caucase, opinion de Marmont; situation de l'armée d'Asie à la fin de la campagne; la plaie de l'armée russe, concussions scandaleuses; la marine russe, impuissance radicale, l'évacuation des forteresses d'Abasie et de Circassie, causes de cette faiblesse maritime; ressources financières, budgets et dette; les points territoriaux vulnérables, rétablissement impopulaire de l'*indelta* en Finlande; le dernier mot de la situation politique.

L'histoire de la Russie est tout entière dans la lutte élevée à propos de l'Orient, et nous avons trop longuement étudié les péripéties de cette lutte pour avoir à y revenir encore. Mais il nous reste à faire connaître, au point de vue spécial de cette puissance russe si surfaite à la fois et si injustement diminuée, les ressources de l'empire, ses côtés vulnérables, et l'état vrai de l'opinion publique.

La plus grande force de la Russie est, peut-être, dans l'admirable esprit de suite, dans la persévérance obstinée de sa diplomatie. Quand on pense que l'empire russe n'était pas entré, il y a un siècle, dans le courant politique de l'Europe, on s'effraie à voir le chemin parcouru en si peu de temps. Nous avons fait assister le lecteur au spectacle de cette Allemagne qui se débat sous les mille liens qui la serrent, et qui ne peut encore se déshabituer de l'obéissance aux volontés de Saint-Pétersbourg.

Au commencement de 1854, la dépendance des États germaniques s'augmentait encore de tout le prestige d'une puissance non encore entamée. A la fin de l'année, le prestige était sinon détruit, au moins singulièrement amoindri. Dès le début de la querelle, le Tsar annonçait « que ses préparatifs de guerre seraient terminés à la fin du mois de mars, et qu'à cette époque il serait prêt à entrer en campagne avec une armée de sept cent mille hommes; maître, s'il le voulait, de marcher droit sur Constantinople et de s'en emparer malgré toutes les conférences et tous les projets de médiation. » Et, à Vienne comme à Berlin, à Paris comme à Londres, on était tenté de l'en croire sur parole. C'est à peine si on osa espérer que les flottes alliées arriveraient à temps pour sauver la capitale de la Turquie et la liberté du monde.

A la fin de l'année, les échecs nombreux éprouvés par les armées russes, l'impuissance singulière que le gouvernement russe avait laissé entrevoir dans la concentration de ses forces, son aveu flagrant d'infériorité maritime, tout concourait à désabuser l'Europe.

On s'est donc exagéré tour à tour la puissance et la faiblesse de l'empire. Il est permis de croire, après ce qu'a montré le premier choc de la guerre de 1854, que cette puissance est plus grande que ne se l'imaginaient les adversaires de la Russie, et aussi que cette faiblesse est très-réelle. Que la Russie manque d'argent, c'est ce qui ne saurait être mis en doute : qu'elle manque d'hommes, c'est un fait qu'on pourra trouver surprenant, tant qu'on n'aura pas réfléchi à l'immense développement de frontières que son immense population est forcée de couvrir.

Mêmes erreurs, sans doute, dans les assertions absolues qui représentent la Russie comme la source d'une civilisation nouvelle pour l'Europe affaiblie et dégénérée, ou qui nous montrent dans l'empire un abîme de corruption et de barbarie. Il est certain que la Russie, comparée à l'Europe occidentale, n'a qu'un vernis de civilisation d'autant moins sérieux que la Russie use davantage des ressources que la civilisation apporte aux peuples modarmes; mais il est certain aussi que le peuple de l'empire a conservé une énergie, un ressort qui lui assurent un sérieux avenir.

Mais il y a loin sans doute de la place que la Russie est appelée à occuper légitimement dans le monde, à celle que ses secrets désirs lui assignaient à l'avance. Ici pourtant il faut faire encore la part des fautes qui ne sauraient être attribuées sans injustice à la Russie. Qu'elle ait été encouragée dans ses prétentions par la complicité de l'Europe tout entière, depuis la fin du siècle dernier, par les longues hésitations des puissances, du jour où éclatent ses desseins, qu'il y ait eu pour l'empereur Nicolas une sorte de provocation dans les craintes trop marquées d'une guerre européenne, dans l'obstination des crédulités, dans les conseils énervants donnés à la Turquie, en un mot dans toute la conduite des négociations pendant les sept premiers mois de l'année 1853; c'est ce qu'on ne saurait nier.

Mais, pour donner sa mesure véritable, et pour ne pas déchoir dans l'opinion du monde, il semble que la Russie eût dû déployer des ressources plus sérieuses, après s'être si longtemps préparée à une agression qui prenait l'Europe au dépourvu. Or, la guerre de 1854 a prouvé jusqu'à l'évidence, que la force de la Russie est surtout une force de résistance. Voyez, par exemple, l'agression tentée contre les Principautés danubiennes. Que de lenteurs, que d'hésitations, que de plans pris, abandonnés, et repris, quelle difficulté de mouvements. L'armée russe est, il est vrai, loin de sa base d'opérations véritable, loin de ses ressources : mais, dans une guerre d'agression, ce sera toujours sa faiblesse.

Du jour où les Russes ont évacué les Principautés, on a pu se demander ce qu'ils y étaient venus faire. Pendant onze mois, ils avaient inquiété l'Europe, soulevé une coalition terrible et durable, forcé la Turquie et ses alliés à déclarer la guerre, pressuré ces malheureuses provinces, et tout cela pour se faire battre par un ennemi qu'ils affectaient de mépriser et pour appeler la guerre sur le territoire de l'empire. Ils avaient, dans des escarmouches malheureuses, et par suite de fatigues, de privations, de maladies, perdu près de 50,000 hommes (c'est l'évaluation la plus modérée). Ils avaient, enfin, échoué peu honorablement devant une bicoque, dont la prise même eût été un succès sans avenir.

Le choix des chefs militaires, l'instruction des officiers supérieurs, la valeur des armes spéciales, tout est dans cette guerre
au-dessous de ce qu'on avait cru pouvoir attendre ou redouter
de l'armée russe. Parmi tous les généraux usés dans cette courte
guerre, un seul a montré des qualités sérieuses, encore ne les a-
t-il déployées que dans la résistance, derrière les murailles d'une
forteresse de premier ordre. Plus d'un officier russe a perdu, en
quelques jours, les bénéfices d'une réputation militaire incon-
testée. Il faut citer, par exemple, la plus vieille gloire de l'empire, le prince Paskévitch. Nommer au commandement si important de toute l'armée russe du Danube un vieillard infirme, général
heureux autrefois contre les Perses, mais qu'on ne pouvait citer
comme éminent, n'était-ce pas d'ailleurs faire preuve de peu
de ressources en officiers généraux ?

Vues de près, les armées du Tsar ont perdu leur plus grand
prestige, celui du nombre. Sans doute, il y eut quelque imprudence à s'imaginer que la Russie ne trouverait pas, pour défendre la Crimée, plus de 50 ou 60,000 hommes. Mais, après plusieurs mois, n'avoir pu mettre en ligne plus de 150,000 hommes
sur un point si important à conserver, n'était-ce pas un aveu
d'impuissance ?

Les écrivains les plus prévenus en faveur de la Russie, M. de
Haxthausen par exemple, évaluent à 500,000 hommes environ,
l'armée russe d'effectif réel et disponible. A ces forces immédiatement mobilisables, selon eux, il faudrait ajouter 100,000
hommes de la réserve, 115,000 hommes de la deuxième levée, les troupes du génie, celles du train et la cavalerie irrégu-
lière.

Ce sont là des chiffres formidables à coup sûr ; mais voyons
s'il n'y aurait rien à en rabattre. Et d'abord, cet effectif réel et
disponible, M. de Haxthausen ne l'obtient qu'en comptant 360
bataillons *au complet*, donnant *juste et sans mécompte* 378,000
hommes d'infanterie mobilisables, non compris 5,000 tirailleurs,
82,800 hommes de cavalerie régulière, et 25,000 artilleurs.
Mais M. de Haxthausen n'admet aucun déchet, aucune réduction,
il va même jusqu'à dire que l'effectif réglementaire, en Russie,
est plutôt *au-dessus* qu'au-dessous du complet réglementaire.

Assertion injustifiable, énorme : c'est ici le cas de dire que qui veut trop prouver ne prouve rien.

S'il y a un fait incontestable, au contraire, c'est qu'en Russie les déchets, les mécomptes, toutes les causes de réduction qui, dans tous les pays du monde, abaissent bien au-dessous du chiffre officiel le complet réglementaire, agissent plus fortement qu'en aucune autre contrée.

Et d'ailleurs, ne l'oublions jamais, l'étendue des possessions russes et la généralisation de la guerre la forçaient aujourd'hui à couvrir tous les points menacés ou douteux, depuis la Finlande jusqu'à la Perse.

Déjà, même avant les révélations de la guerre d'Orient, les hommes compétents soupçonnaient l'impuissance militaire de la Russie, en voyant les vains efforts de ses généraux contre les populations du Caucase. Un homme de guerre considérable, le maréchal Marmont disait en 1834 :

« Aujourd'hui que ces populations sont complétement isolées, que de toutes parts l'empire russe les enveloppe, aujourd'hui que, privées de secours extérieurs, elles sont réduites aux faibles moyens qu'elles peuvent créer elles-mêmes, *on a peine à concevoir que leur soumission ne soit pas complète*, qu'il faille toujours être sur ses gardes pour les empêcher de sortir de leurs limites et de ravager les pays qui les environnent. Il me semble qu'il y aurait un système à adopter pour arriver à les soumettre, et que *quelques mois, ou à peine une année devraient suffire pour y parvenir.* »

Et, depuis que ces paroles ont été prononcées par un homme qui ne parlait pas à la légère, par un capitaine capable d'exécuter ce qu'il considérait comme facile, la conquête du Caucase est moins achevée que jamais. La lutte ouverte en Orient a trouvé les Tcherkesses encore prêts à combattre et les cavaliers pillards de Schamyl ont paralysé dans ses succès le prince Bebutof, forcé de couvrir Tiflis contre leurs attaques. Comment ne pas voir dans cette impuissance du gouvernement russe un signe de faiblesse ?

Cette armée russe du Caucase à laquelle la Turquie n'avait pu opposer que des milices indisciplinées, commandées par des

chefs incapables, quelle était sa composition, quelle était sa
force ?

À Gumri, en face de l'armée d'Anatolie, le prince Behutof
avait sous ses ordres 14 bataillons, 10 pièces de canon et 2 régiments de cavalerie. Le corps d'Akiska n'était pas plus nombreux :
les 10 ou 12 bataillons qui le composaient étaient échelonnés
depuis Akokhalki jusqu'à Souriam ; 2 régiments de cosaques du
même corps surveillaient le corps de Batoum et de Tcharuk-Sou.
En Mingrélie et en Iménétie, on comptait 20 à 22 bataillons (de
720 hommes) et 500 cosaques. Depuis la bataille d'Indjé-Déri,
l'armée russe n'avait pas reçu de renforts.

Ces forces peu considérables, et qu'un adversaire plus habile,
plus entreprenant et mieux pourvu eût facilement anéanti,
étaient concentrées entre Kutaïs, Redout-Kaleh et Ouroungel.
Il est juste d'ajouter que les corps les plus aguerris, que les vétérans du Caucase avaient dû être dirigés sur la Crimée, pour faire
face à l'invasion anglo-française.

La plaie qui ronge l'armée russe, comme l'empire tout entier,
c'est la corruption passée à l'état de système.

Nous avons parlant de la corruption dans l'empire, de la vénalité et de la rapidité des fonctionnaires de tous les ordres et de
tous les rangs, un écrivain peu suspect de partialité contre la
Russie, M. de Haxthausen (Études sur la situation intérieure,
la vie nationale et les institutions rurales de la Russie, par M. le
baron A. de Haxthausen, imprimé en français à Berlin, 1848-
1853). L'auteur est, par ses sympathies, allemand et russe à la
fois, et il est de ceux qui pencheraient pour une alliance ger-
mano-russe contre la France. Après s'être élevé avec force contre
la littérature russophage (le mot est de lui) ; après avoir réclamé
contre les accusations graves portées contre l'administration
moscovite ; après avoir affirmé que, grâce aux constants et énergiques efforts de S. M. l'empereur Nicolas, les malversations ont
à peu près disparu, il reconnaît bientôt que le mal est profond,
tenace, presque incurable. Il dit de cette corruption et de ses
abus qu'il voudrait en vain nier :

« Le souverain qui viendrait à bout d'une pareille tâche (celle
de déraciner la corruption), mériterait d'être placé à côté de

saint Georges, le patron de la Russie ; car ce mal est le ver rongeur le plus funeste à la Russie. L'empereur Nicolas du moins ne l'a jamais perdu de vue ; il l'a combattu partout où il l'a trouvé ; mais une génération d'hommes suffira-t-elle pour anéantir ce monstre ? *Les successeurs de l'empereur Nicolas hériteront-ils, avec sa couronne, de son énergie et de sa volonté noble et ferme ? Ce sont là des questions dont la solution décidera du progrès ou de la ruine de la Russie.* »

On le voit, de l'aveu même des partisans sincères de la Russie, la bataille du Tsar contre la corruption administrative est loin d'être gagnée. Peu importe, après cela, que M. de Haxthausen attribue la vénalité des fonctionnaires russes à l'influence démoralisatrice de la France au XVIII° siècle, et qu'il fasse remonter à nos écrivains philosophes « cet esprit pervers de la bureaucratie, qui devait causer à l'empire les préjudices les plus considérables, l'adresse et l'audace avec lesquelles l'employé russe sait couvrir d'un vernis trompeur les vices de son administration, et qui doublent encore les dangers de ses malversations. » L'excuse ne saurait être admise, à moins qu'on ne prouvât en même temps que le pays d'où sont sorties ces habitudes corruptrices, en est lui-même infecté. Or, qui ne sait la probité et la loyauté de l'administration française ?

Le prince Voronzof, l'un des personnages les plus considérables de l'empire, et auquel son intégrité donne des droits particuliers à l'influence et au respect, a signalé plus d'une fois avec une grande force à l'Empereur ces concussions qui affligent trop souvent l'administration russe et qui ont tant nui pendant cette dernière campagne au bien-être des corps d'occupation des provinces danubiennes.

Le côté le plus faible de la Russie, l'année 1854 l'a révélé suffisamment, c'est sa marine. Cacher son pavillon devant des forces numériquement inférieures, faire servir à la défense d'une forteresse les carcasses coulées de vaisseaux construits à grands frais, ce sont là des actes qui permettent de refuser à l'empire une des parts les plus importantes de la puissance moderne. C'est à cette impuissance radicale qu'est due, aux premiers jours de la campagne dans la mer Noire, la perte de tant de forteresses élevées à grands frais. De Saint-Nicolas à la mer d'Azof, sur toutes les côtes de l'Abasie et de la Circassie, il a fallu sacrifier en quelques jours Redout-Kaleh, Soukoum-Kaleh, Anacria, Gagri, Bouka, Soubachi, Sotcha, Touaps, Bombary, Psizouapi, Pshad. Anapa, Soudjak-Kaleh, Gelendjik, désormais isolés par mer, inquiétés du côté de la terre, ne tiendraient pas longtemps, et ainsi seraient perdus les efforts persévérants, les énormes dépenses à l'aide desquels avait été élevé ce vaste système d'occupation.

Il est difficile de trouver en Russie les éléments d'une bonne flotte : le peuple russe a peu de goût pour le service maritime. Mais, surtout dans la Baltique, le gouvernement impérial dispose d'un assez grand nombre de bons marins tirés des provinces allemandes, et en particulier des excellents matelots finlandais. Les équipages ont de plus l'avantage de connaître parfaitement les mers assez peu pratiquées dans lesquelles il faudrait aller les combattre. En Orient, c'est à la Grèce que l'empire russe pourrait demander des matelots et c'est là un des buts secrets du développement de l'influence russe.

A ces réflexions nées des faits eux-mêmes, nous ajoutons, sans les discuter, les opinions qui suivent sur les causes de faiblesse de la marine russe.

On sait peu de chose en Europe sur la marine russe, et le peu qu'on a publié sur ce sujet est tellement vague, incomplet, qu'il n'offre aucun intérêt. Nous croyons pouvoir, d'après nos propres observations, donner des renseignements positifs sur les forces navales de la Russie.

Pour qu'aucune armée navale soit bonne à autre chose qu'à se laisser incendier ou à pourrir dans les ports, il lui faut une ligne de côtes dans une mer ouverte et des abris assurés. La Russie a trois mers intérieures. La seule mer ouverte qu'elle possède, la mer polaire, est presque toujours fermée par les glaces. Le Sund et le Bosphore sont les deux issues les plus importantes de ces mers intérieures ; mais chacun de ces passages peut être facilement bloqué. Tous les ports russes, à l'exception de ceux de Cronstadt et de Sévastopol, ne sont point propres à recevoir des flottes de guerre. Helsingfors, le meilleur des ports finlandais, est petit. Le port de Rotchensalm, à l'embouchure du Kymen, est assez bien fortifié : c'est la station de ce qu'on appelle la flotte de la Baltique. Revel, dans l'Esthonie, est un port de commerce avec des fortifications à peu près démantelées. Baltishport, à l'embouchure du Padis, est assez grand, mais presque entièrement dépourvu de fortifications. Riga et Libau, dans la Courlande, sont des ports de commerce. Archangel a des docks et est très-fortifié, mais sa position le rend sans importance aucune dans une guerre maritime. Il en est de même des ports de la mer Caspienne.

Celui d'Astrakan est ruiné par un ensablement continu. Azof et Taganrok manquent de profondeur, et on peut en dire autant de tous les ports de la mer d'Azof, de Théodosia et de Cherson. Entre Cronstadt et Saint-Pétersbourg il y a si peu d'eau que les navires qui calent plus de sept pieds ne peuvent arriver à la capitale. Odessa est un magnifique port de commerce, et Sévastopol est le seul port de guerre de la mer Noire susceptible de recevoir des vaisseaux. Le port d'Odessa est vaste, profond, très-bien fortifié, et a le précieux avantage d'avoir des courants et des vents réguliers. Les ports de la Bessarabie sont tout à fait sans importance.

La police des ports, l'entretien des phares, des bouées, etc., sont, il faut en convenir, dans d'excellentes conditions, sans aucune dépense pour le Trésor russe. Mais quant à un système de stratégie arrêté, tels que ceux que l'Angleterre et la France peuvent se flatter de posséder, il n'en faut pas parler. Les flottes de la France et de l'Angleterre peuvent se livrer librement, dans leurs propres mers, à toutes les manœuvres les plus hardies et les plus savantes, et au besoin elles sont assurées de trouver des refuges sous les batteries de leurs ports fortifiés. La flotte russe, toujours forcée de retourner à Cronstadt ou à Sévastopol, court sans cesse le danger d'être coupée, et ne peut dans aucun cas prendre l'offensive. Ses services sont purement défensifs.

Jetons un coup d'œil maintenant sur les vaisseaux. La Russie a les meilleurs matériaux de construction qu'on puisse trouver. Ses forêts lui fournissent des chênes égaux à ceux du Canada, et qui servent à la construction des vaisseaux anglais. Mais, depuis ces dernières années, on en a tant abattu, que les forêts centrales de la Russie ne peuvent plus fournir aux demandes de la marine, et qu'on se voit dans l'obligation d'en prendre dans les forêts du Nord. Ce bois est naturellement fort humide et n'a pas acquis toutes ses bonnes qualités : aussi est-il promptement vermoulu ; et on dit généralement qu'un vaisseau russe ne dure que les deux tiers du temps que dure un vaisseau anglais. Il se peut faire aussi, surtout dans la Baltique, que les tempêtes, les glaces contribuent un peu à leur détérioration. La voilure et les cordages des vaisseaux russes sont d'excellente qualité. Les voiliers russes étaient déjà renommés du temps de Pierre le Grand, et aujourd'hui encore la toile de Russie est préférée à celle d'Écosse. Le chanvre de Russie est aussi recherché que le goudron et les peaux de ce pays. Les canons sont ce qu'on peut désirer de mieux. Les vaisseaux sont tenus avec beaucoup de propreté : ils témoignent encore que ce fut bien en Hollande que Pierre le Grand prit ses premières leçons de constructeur. Les cabines sont d'un luxe extraordinaire, appropriées d'ailleurs aux mœurs, aux habitudes de l'aristocratie des Russes. Les amiraux, les capitaines n'ont rien de cet air rude des vieux marins et ne sentent pas le goudron comme les Drake, les Tromp et les Ruyter. Au contraire, ils vivent au milieu de toutes les recherches du luxe élégant et confortable. Mais en général les officiers de la marine russe ont peu de goût pour leur profession, non pas qu'ils soient des ignorants, car les académies nautiques d'Oranienbaum, de Pétersbourg, de Cronstadt, d'Odessa et de Nicolaief enseignent tout ce qu'on peut apprendre théoriquement ; mais cela ne suffit pas, et dans une guerre maritime il serait bien vite prouvé que les vaisseaux russes sont mal commandés.

On peut en dire tout autant des équipages. Les Russes n'aiment pas la mer. La majorité des matelots vient de l'intérieur. Ce sont de véritables rats des champs. Ils n'ont jamais vu la mer avant d'être embarqués sur les vaisseaux de la marine impériale. Comme les matelots français et anglais, ils n'ont pas dès le berceau respiré les brises de la mer et bravé les tempêtes. Les Anglais proviennent du sang normand, du sang des plus vieux souverains de la mer. Les Russes sont originaires des steppes arides de la Mongolie. Les vaisseaux de l'Angleterre et de la France parcourent toutes les mers du globe, et il arrive rarement à un navire de guerre russe de se hasarder dans une mer ouverte. C'est le point important, et c'est ce qui fait dire que le matelot russe, peu accoutumé à une mer agitée, n'a pas le pied marin. Les flottes russes ont d'ailleurs bien peu d'engagements sérieux.

Le courage du soldat est stimulé par les souvenirs d'un passé glorieux. Dans la marine russe, le matelot n'a aucun passé à évoquer. Sa tenue à bord est roide, empesée, ses pieds forment toujours un angle de 45 degrés, et il affecte de conserver cette position, prescrite d'ailleurs par les règlements, soit qu'on l'envoie sur les vergues, soit qu'on l'emploie aux pompes ou aux canons. Les règlements du service déterminent seuls les mouvements du matelot russe.

Pendant une tempête, au plus fort du danger, il voudra aller relever son ancre, tandis qu'un Anglais coupera son câble, virera de bord, se couvrira de toiles et fuira le mauvais temps. Les batteries seules sont promptement et adroitement servies; cependant la manœuvre du canon est loin de valoir ce qui se pratique à bord des navires anglais. La petitesse des vaisseaux russes la rend difficile et le pointage est loin d'être parfait. En général, la construction des navires est grossière; les bordages sont fort épais, rappellent les murailles de bois de l'*Armada*.

Sur la flotte russe, les diverses manœuvres sont exécutées avec la plus grande précision, la régularité la plus rigoureuse. Chaque homme a son poste fixe et ne paraît propre qu'au service pour lequel il est commandé. Il fait donc parfaitement ce qu'on lui ordonne de faire. Mais la question est de savoir combien de fois dans un combat, lorsqu'il y a tant de morts et de blessés, ce service peut être dérangé? Le duc d'York insistait pour que les mêmes hommes, dans un équipage, fussent à la fois et bons canonniers et bons matelots; c'est assurément le meilleur système.

Dans la marine russe, tout a cette roideur mécanique qui transforme l'homme en machine. Le matelot russe travaille bien tout le temps qui lui est prescrit, mais quand il a fait son devoir il va se coucher. Il ne prend aucun intérêt au service général. Recevoir régulièrement ses rations est pour lui la plus importante chose de sa vie. Il ne s'attache pas à son navire comme le matelot anglais : ce n'est pas un enfant de l'Océan. Quand il voit un cordage détendu il ne s'en préoccupe nullement; il ne cherche pas à le replacer; il se contente de prévenir le lieutenant, et le lieutenant s'en réfère à son journal pour inscrire le nom du matelot coupable; puis, après l'avoir trouvé, il le tire par les oreilles pour le punir de sa négligence.

Tout cet ordre établi sur les flottes russes ne provient pas d'un régime sévère. La Russie n'a pas de Code pénal maritime. Chaque capitaine a ses règlements particuliers, son système pénitentiaire.

fate les ouvrages publiés et les rapports de l'amirauté, l'administration de la marine fonctionne très-régulièrement ; aussi ne hasarderai-je aucune opinion sur le véritable état des choses. Le gouvernement a montré depuis quelques années tant de sollicitude et a dépensé tant d'argent pour sa marine, qu'il est probable que ses arsenaux sont bien approvisionnés. Malgré tout cela, la Russie ne peut, sans se compromettre, s'engager dans une guerre maritime. Elle n'a pas de marine marchande. Son commerce est dans les mains des Allemands, des Anglais, des Grecs et des Suédois. Chez toutes les puissances maritimes, les flottes de guerre se recrutent sur les flottes marchandes. La flotte russe n'a pas cette ressource, parce que le commerce maritime n'est pas chez elle l'effet d'une inclination nationale. C'est quelque chose d'ordonné, de commandé ; et comme je l'ai déjà dit, la flotte russe peut être employée comme moyen de défense, mais elle ne pourra jamais devenir un instrument d'agression.

L'armée navale de la Russie est partagée en cinq divisions, dont trois dans la Baltique et deux dans la mer Noire. Dans la dernière guerre avec les Turcs, la Russie avait 32 vaisseaux de ligne, 25 frégates, 20 corvettes et bricks, 7 brigantins, 5 cutters, 54 schooners, 20 galiottes, 25 batteries flottantes, 121 chaloupes canonnières, etc.; en tout 464 navires et 6,000 canons.

Depuis cette époque, la plus grande activité a régné dans les docks russes, et la Russie possède aujourd'hui 50 vaisseaux de ligne de 70 à 120 canons, 57 frégates de 40 à 60 canons, 70 corvettes, bricks et brigantins, 40 steamers, 200 chaloupes canonnières et galiottes ; le tout monté par 12,000 matelots et 20,000 hommes de troupe, et portant 9,000 canons.

Ces observations prouvent que dans une guerre maritime avec l'une des puissances de l'Europe, la marine russe n'aurait aucune chance de . Les Turcs se sont obstinés à créer une flotte formidable, redoutable ; mais leurs efforts seront inefficaces, à moins que la Russie ne réussisse à conquérir et à s'approprier ou les côtes de la Turquie d'Europe, ou , ou la Suède, c'est-à-dire une mer ouverte, des ports et une po-maritime.

énement n'a-t-il pas justifié plus d'une des prévisions ex-dans cette étude ?

n'est pas seulement aux deux premières marines, c'est en-aux deux plus riches budgets de l'Europe que la Russie attaquée. Et ici encore, il nous faut constater sa fai-

rès les meilleurs auteurs de statistique, et en particulier -ki, le budget de l'empire de Russie et celui de la Pologne ot d'une manière effective en argent à 400 millions seule-. Mais à côté de l'impôt effectif se place l'impôt en nature qui trêmement considérable et multiplié, et l'impôt en corvée ou prestation, qui n'est pas moindre. Ce second budget peut être

évalué à 700 millions, ce qui porte à environ onze cents millions
de francs les revenus généraux de l'empire russe. Les sources des
recettes effectives sont les mines, les usines, les salines et autres
exploitations de l'État, l'impôt foncier, les capitations, les patentes, les impôts sur les boissons, les produits des douanes, la
régie du sel, la régie du tabac, la poste, le timbre, les droits de
navigation, le péage des ponts.

Le budget argent et le budget nature ou corvée sont, on le voit,
en disproportion flagrante avec les besoins extraordinaires d'une
guerre comme celle qu'a soulevée la Russie. Le premier serait à
lui seul absorbé par l'entretien de l'armée, si les sources de prestations ne venaient pas s'y joindre, dans cet objet spécial, par les
fournitures de grains, de graisse, de chanvre, etc. De là une gêne
perpétuelle pour l'empire et une dette qui va sans cesse en
croissant.

Cette dette se divise comme tout le monde le sait, en deux
parties bien distinctes. La première est la dette proprement dite
provenant des emprunts ou des fournitures non soldées. Elle est
d'environ un milliard deux cents millions. La seconde provient
de l'organisation financière elle-même de la Russie. Elle représente la valeur du papier-monnaie en circulation et dépassait, dès
la fin de 1852, la somme de six cents millions.

En 1853, le total de la dette, en roubles d'argent, montait à
788,573,112.

Tels sont les côtés faibles de l'empire. Est-ce à dire, pour
cela, qu'il soit condamné à perdre en quelques mois ses provinces excentriques ? Non, sans doute. Ses ressources, trop faibles
pour l'agression, se développeront pour la défense. Mal attaqué
en Asie, il s'y maintiendra probablement jusqu'au jour où une
armée européenne paraîtra sous les murs de Tiflis. En Crimée,
la longue résistance de Sévastopol a révélé plus de ressort et
plus d'énergie qu'on n'en avait supposé dès l'abord. Dans la
mer Baltique, un point isolé a pu être frappé par nos armes,
mais cette Finlande, si récemment annexée à l'empire, a trompé
les espérances des nations occidentales. On avait espéré que les
souvenirs de l'indépendance perdue, que les sympathies déclarées de la Suède détacheraient cette province de la Russie à

l'apparition des pavillons de l'Occident. Il n'en fut rien, bien que des mesures nécessitées par la guerre vinssent atteindre dans leurs droits les plus chers les populations du grand-duché.

Après la conquête du grand-duché de Finlande, l'empereur Alexandre suspendit pour cinquante ans l'obligation où les propriétaires ruraux avaient été, sous la domination suédoise, d'entretenir 18,000 hommes de l'armée dite *Indelta*. Une faible redevance fut substituée à cet impôt, et depuis 1810 l'armée russe ne comprenait d'autres troupes finlandaises que deux bataillons de 800 hommes chacun, recrutés par des enrôlements volontaires.

Or, un manifeste impérial, en date du 23 juin, rétablit en Finlande une partie de l'ancienne armée *Indelta*. Il ne s'agissait encore que de deux bataillons de tirailleurs de 600 hommes chacun, que les provinces riveraines du golfe de Bothnie auraient à mettre sur pied ; l'on ne demandait qu'un fantassin par deux des circonscriptions dites *rotes*, dont chacune fournissait jadis un *soldat* de campagne, et le premier équipement des nouveaux bataillons, aussi bien que leur entretien durant la guerre, seraient au compte du Trésor finlandais ; mais on pouvait tenir pour certain que les nécessités de la défense décideraient le gouvernement russe à rétablir successivement toute l'ancienne armée *Indelta*, et à priver ainsi la Finlande d'une des franchises auxquelles elle tenait le plus. Cette mesure produisit une fâcheuse impression dans le pays, et elle n'était pas de nature à rendre populaire un gouvernement imposé aux Finlandais par la conquête.

Le dernier mot sur la situation présente et sur l'avenir de la Russie dans cette affaire d'Orient, le gouvernement français l'a dit avec une netteté et une énergie qui n'excluent pas la modération :

« Ce que la Russie a perdu, ce qu'elle ne peut recouvrer par la guerre, fût-elle encore bien longue, c'est sa prépondérance sur l'Orient.

» Ce qu'elle peut légitimement demander, c'est sa part d'influence dans les affaires du monde. Elle trouverait au besoin une coalition de tous les États pour contenir son ambition ; mais personne ne veut l'humilier.

» Ce qu'on lui demande, l'Europe a le droit et le devoir de l'exiger d'elle. Si elle l'accorde, le repos du monde est assuré, le but des puissances alliées est atteint. Si elle le refuse, la guerre continuera et décidera. »

(Moniteur du 16 avril 1855.)

CHAPITRE VII.

TURQUIE, ÉGYPTE, PRINCIPAUTÉS DANUBIENNES, GRÈCE, PERSE.

TURQUIE. — L'avenir de la Turquie par la question d'Orient, difficultés spéciales qui s'opposent à l'introduction rapide de la civilisation européenne dans l'empire ; l'égalité des communions religieuses devant la loi, firman nouveau, sa valeur ; difficultés dans l'application, vices de l'administration ottomane ; abus de l'influence étrangère, lord Stratford de Redcliffe ; finances, emprunt nouveau, dette, budget ; l'avenir ottoman.

ÉGYPTE. — Concours apporté par le vice-roi au sultan ; mort d'Abbas-Pacha, son rôle politique ; Saïd-Pacha lui succède, premiers actes du gouvernement nouveau, amnistie, tendances libérales, réorganisation de l'armée, interdiction de l'esclavage, suppression du tour de barque à Suez, modification au régime des droits à l'importation.

PRINCIPAUTÉS DANUBIENNES. — Leurs épreuves dans le passé et dans le présent, leurs vœux et leurs espérances dans l'avenir, caractères de la vassalité moldo-valaque, neutralité future du royaume roumain.

GRÈCE. — Rôle de la Grèce dans la question d'Orient, complicité du gouvernement grec dans l'insurrection d'Épire, lettres du ministre de la guerre à Théodore Grivas ; protestation des puissances occidentales, réclamations de la Porte ottomane, réponse du gouvernement grec, rupture avec la Turquie, ultimatum des puissances occidentales, occupation du Pirée ; changement de ministère, attitude conciliante de M. Mavrocordato ; ouverture des Chambres, discours royal ; l'intérêt grec en Orient.

PERSE. — Déclaration de neutralité, impuissance politique.

TURQUIE.

La guerre d'Orient (1), on peut déjà le constater, a assuré définitivement la sécurité extérieure de l'empire ottoman, et

---

(1) Nous en avons raconté toutes les péripéties avec trop de détails, dans la première partie de l'*Annuaire*, pour avoir à y revenir ici.

l'a introduit dans la société européenne. Il reste à compléter l'œuvre de sa réorganisation et de sa régénération intérieures. Ce sera l'affaire de la paix et de la civilisation occidentale. Mais, ici peut-être, faudrait-il se garder d'exagérations regrettables.

Ne serait-il pas bon, quand on parle de la Turquie, de consentir à reconnaître que nos institutions occidentales ne sont pas absolument appropriées au sol ottoman, à la nature des populations qui l'habitent. Ne pourrions-nous admettre, une fois par hasard, qu'il est d'autres civilisations possibles que notre civilisation chrétienne et européenne.

Ce que les puissances chrétiennes, et surtout l'Angleterre, il faut le dire, n'ont jamais bien compris, c'est la légitimité parfaite des résistances de l'esprit religieux en Turquie aux réformes destinées à modifier l'état des chrétiens d'Orient. Lord Stratford de Redcliffe, par exemple, l'un des plus énergiques et des plus intelligents fauteurs de ces réformes, s'indigne quelquefois contre « la ténacité déraisonnable des docteurs de l'islamisme et la mauvaise application qu'ils s'obstinent à faire de leurs principes religieux. » N'y a-t-il pas là une philosophie occidentale qui en prend fort à son aise avec les convictions sincères des sectateurs du Koran, et ne faudrait-il pas admirer plutôt le bon sens et la tolérance des Turcs, qui chaque jour font à l'esprit nouveau quelque concession nouvelle. Au lieu de s'impatienter des lenteurs nécessaires d'une révolution semblable, n'y aurait-il pas lieu plutôt de s'étonner qu'elle puisse s'accomplir sans secousses.

On a fait grand bruit de l'intolérance ottomane : elle n'a pas disparu, il est vrai, dans les provinces éloignées de l'empire. Mais, à mesure qu'on se rapproche du centre, la condition des religionnaires de toutes les communions chrétiennes devient meilleure que dans la plupart des pays les plus civilisés de l'Occident.

La situation des Grecs sujets du roi Othon est si douce, la liberté dont ils jouissent est si illimitée, qu'un grand nombre de sujets du Sultan, qui de leur vie n'ont quitté le territoire turc, sont parvenus par des moyens irréguliers à se faire passer pour citoyens grecs, et c'est pour cela que l'ordre d'expulsion des

Grecs a dû être révoqué : il eût atteint en grande partie de véritables citoyens ottomans.

Voilà ce qui existe : il y a mieux à faire sans doute; mais il faut surtout laisser faire au temps. Établir l'égalité entre tous les citoyens du Sultan appartenant à des communions différentes, cela peut sembler facile à décréter, cela est très-difficile à faire passer en pratique. Il ne faut pas oublier, en effet, qu'en Turquie, l'État et la religion de l'État, c'est-à-dire le mahométisme, sont une seule et même chose.

Quoi qu'il en soit, c'est avec une sincérité parfaite que le Sultan a accordé aux puissances occidentales le firman impérial qui étend à tout l'empire le système des tribunaux criminels, et le règlement de procédure qui l'accompagne. C'est un premier pas vers la pratique de l'égalité de toutes communautés religieuses devant la loi. C'est ainsi, c'est-à-dire par voie de suppression des vieux priviléges, qu'il était habile de procéder. La loi nouvelle se rattache par les formules de son préambule au hatti-shérif de Gulhané, qui a proclamé ces principes comme un complément du *Tanzimat haïrié* (réforme et organisation nouvelle). On avait, du reste, dans la rédaction du firman de 1854, évité d'employer aucune expression qui pût blesser les susceptibilités religieuses; ainsi, au lieu du mot témoin, il est dit : Les personnes qui comparaissent pour faire connaître l'affaire, ceux qui viennent donner des informations, et autres locutions qui ne sont que des périphrases destinées à exprimer la même idée, et cela parce que les mots propres, *châhid* (témoin) et *châhâdet* (témoignage), sont consacrés par le Koran, et que l'on aurait craint en les employant de heurter les sentiments religieux du peuple et des ulémas. De même les mots *mékhémé* (tribunal) et *kadi* (juge) ne figurent pas dans ces documents, parce que le Koran les applique aux tribunaux et aux juges religieux, et que désigner ainsi un tribunal et des juges laïques, parmi lesquels peuvent s'asseoir des chrétiens, aurait presque été considéré comme un sacrilége. Du reste, depuis la réforme, on a toujours eu soin d'observer ces précautions; ainsi à Constantinople, qui possédait jusqu'ici une organisation judiciaire à part et infiniment plus libérale que celle du reste de l'empire,

on a appelé *medjilis* (conseils) et non *mékhémés* tous les tribunaux nouveaux qui ont été institués; et l'on dit *medjilis tidjaret*,
conseil de commerce, *medjilis zaptié*, conseil du zaptié ou de
police.

Voici quels sont les résultats qui découlent dans la pratique
de ce nouveau firman et des tribunaux qu'il institue. D'abord les
causes criminelles, celles du moins qui intéresseront les sujets
non musulmans, sont définitivement enlevées à la juridiction
des mékhémés ou tribunaux religieux, et transportées à des tribunaux civils dont l'organisation laissera nécessairement encore
à désirer, mais pourra être perfectionnée, tandis que les tribunaux religieux ne pouvaient pas l'être, puisque la loi religieuse
est immuable. Ensuite le témoignage des chrétiens est admis en
justice, même contre les musulmans, et leur égalité complète
devant la loi est un fait accompli. En troisième lieu, les personnes citées par l'accusé ou par une des parties comme témoins
seront forcées à comparaître, à quelque classe ou à quelque religion qu'elles appartiennent, tandis que jusqu'ici la comparution
des témoins était purement volontaire. De plus, et c'est peut-
être le point le plus important qui soit concédé, les membres du
tribunal criminel seront choisis parmi les membres du conseil
général des provinces, parmi les primats et autres personnes respectables ou d'un rang élevé. La proportion dans laquelle les chrétiens compteront parmi les juges de ces tribunaux n'est pas expressément indiquée ; mais il résulte du texte même du firman qu'un
certain nombre des juges sera pris parmi les chrétiens, puisque les
primats et une partie des membres des conseils généraux sont des
chrétiens. C'est donc des gouverneurs, auxquels appartient le
droit de nomination des juges, qu'il dépendra de faire entrer
les chrétiens dans cette nouvelle magistrature, et c'est dans les
instructions particulières que leur adressera le gouvernement, lors
de la remise des firmans, que la conduite à tenir sous ce rapport
leur sera prescrite. D'ailleurs le firman même dit expressément
que ces tribunaux seront établis sur le modèle de celui de Constantinople, et dans celui-ci il y a des membres qui sont chrétiens; donc la nomination de juges chrétiens ayant pouvoir de
juger aussi les musulmans est un fait acquis. Enfin les châtiments

corporels sont définitivement abolis ; c'est la preuve d'un grand progrès dans les idées du gouvernement et dans les mœurs.

Il est, sans doute, bien d'autres progrès à réaliser en Turquie : il faut que le Tanzimat ne soit pas une lettre morte ; il faut que dans le coin le plus reculé de l'empire on exécute les généreuses volontés du Sultan ; que l'égalité politique et religieuse soit partout établie, qu'il n'y ait qu'une justice pour les musulmans et les rayas, qu'on propage les écoles comme on l'a fait depuis dix ans, qu'on persévère dans les principes libéraux qui régissent le commerce, et on peut croire que la Turquie surprendra l'Europe par sa prospérité, comme elle l'étonne aujourd'hui par le réveil de son énergie.

L'administration appelle aussi des réformes nombreuses : un hat impérial du 7 septembre frappa de nombreux abus. La corruption y jouait le premier rôle. On ignore trop, en Occident, à quels précédents se rattachent les abus pécuniaires en Turquie, et combien ils étaient passés dans les habitudes gouvernementales. Il n'y a pas un très-grand nombre d'années que la plupart des fonctionnaires de la Turquie ne recevaient généralement aucun traitement, et devaient être payés par le public, comme cela avait lieu, il n'y a pas encore un siècle, en Europe.

Un vice intérieur des plus graves se révèle dans l'administration ottomane par les fréquentes évolutions ministérielles. Les intrigues, les rivalités personnelles, les luttes d'ambition apportent une incessante mobilité à la position des hauts fonctionnaires. La faveur ou la disgrâce portent aux affaires ou en éloignent sans motif ostensible, sans cause appréciable, les hommes les plus éminents ou les plus médiocres. Le caprice semble mener les affaires de l'empire. C'est chose regrettable que cette énervante instabilité : elle compromet à la fois l'autorité et la dignité du pouvoir. Il n'y a pas, en Turquie, de grands partis nettement dessinés, comme dans d'autres pays : mais il y a une foule de partis individuels, de personnalités ombrageuses et tracassières. Ces habitudes asiatiques sont un des obstacles les plus forts que rencontre l'esprit du progrès.

Parmi les influences étrangères qui se déploient à Constantinople, celle de la France est assurément la plus désintéressée.

Elle n'y recherche aucune prépondérance absorbante ; elle n'y poursuit que le repos futur et l'équilibre de l'Europe. Il n'en est pas de même, il faut bien le dire, de la Grande-Bretagne. Non pas, sans doute, que la politique anglaise puisse être accusée de tendances dangereuses pour l'indépendance ottomane ; mais le côté fâcheux de l'influence anglaise appartient tout entier à un seul homme, à l'éminent représentant de la diplomatie britannique, à Constantinople, lord Stratford de Redcliffe. Le nom de ce remarquable homme d'État se trouve malheureusement mêlé à toutes les modifications qui s'opèrent dans le gouvernement de la Porte : sa pression s'exerce sur toutes les intrigues locales. Son long séjour en Orient, sa connaissance approfondie des hommes et des choses, expliquent l'influence légitime de son caractère, mais ne sauraient justifier un ascendant regrettable. Ce sont là des traditions d'une époque où les puissances européennes avaient pris en quelque sorte Constantinople pour le théâtre de leurs luttes diplomatiques. Mais ces souvenirs devront être oubliés, et la Grande-Bretagne devra se résigner à n'exercer en Turquie que la juste et salutaire influence de la civilisation moderne.

Un autre des côtés faibles de la Turquie, c'est la question de finances. Malgré ses immenses ressources, l'empire n'a pu trouver qu'à grand'peine le moyen de subvenir aux énormes dépenses de la guerre. Mais ces nécessités mêmes auront été pour lui un bienfait véritable. Elles l'auront forcé d'entrer dans les routes du crédit moderne, et de recourir à l'emprunt.

La loyauté déployée par le gouvernement turc, dans l'affaire du premier emprunt de 1851, contracté sans son autorisation et néanmoins remboursé avec une prime de 3 p. 0/0 et l'intérêt, ne pouvait qu'aider à la conclusion de l'emprunt nouveau, dont le chiffre fut fixé à 2,200,000 liv. sterl. portant intérêt à 6 p. 0/0 et pris à 85.

La Turquie n'a point de dette, ou du moins elle n'a qu'une dette insignifiante. Elle a, en revanche, un budget de 180 millions de francs, qui se balance chaque année en équilibre ou à peu près, et qui, avec quelques changements dans l'assiette de l'impôt, grâce aux facilités du commerce et à la fécondité inouïe du sol, pourrait atteindre à une situation bien plus satisfaisante.

Les quatre provinces tributaires, l'Égypte, la Valachie, la Moldavie et la Serbie, ne fournissent que 8 millions, les capitations 10 millions. Évidemment ces deux termes ne représentent pas la puissance fiscale d'un empire de 35 millions d'habitants. De ce côté donc, la Turquie ne peut que s'enrichir par des améliorations successives. Chacun de ses pas dans la voie civilisatrice des États modernes sera pour elle une source nouvelle de revenus et de prospérité publique.

Tout commence en Turquie, mais rien ne peut s'y faire avec la rapidité d'évolutions à laquelle nous sommes accoutumés dans l'Occident. Mais on peut dire que pas un pays n'a progressé plus que l'empire ottoman pendant ces trente dernières années. Que l'on compare son état actuel avec sa condition sous le règne du sultan Mahmoud, et on reconnaîtra qu'il a droit d'espérer dans l'avenir.

ÉGYPTE.

La part de l'Égypte dans les luttes de la guerre d'Orient a été assez belle pour qu'on en fasse honneur à Abbas-Pacha, quelles qu'aient été les vues dynastiques qui lui ont fait donner au Sultan suzerain un concours aussi énergique. Vaincu dans sa résistance au Tanzimat, Abbas s'était tourné vers les espérances d'une situation plus indépendante et les avait fondées sur le mariage de son fils aîné, le prince Ilhami-Pacha, avec une fille du sultan Abd-ul-Medjid. Là est sans doute la raison qui lui fit prodiguer, au service de la Turquie, toutes les ressources militaires et navales de l'Égypte. Des troupes excellentes, une flotte médiocre, mais nombreuse, qui fut cruellement éprouvée à Sinope, tel fut le contingent du vice-roi.

Abbas-Pacha n'en était pas moins resté, dans le gouvernement intérieur de sa vice-royauté, le plus abruti, le plus soupçonneux, le plus avide des despotes. Il périt misérablement, au mois de juillet, dans son palais du désert, assassiné par deux de ses esclaves.

Vrai type du barbare asiatique, Abbas-Pacha s'était empressé d'éloigner tout ce qui venait de l'Europe, tout ce qui lui rappelait des idées européennes. Monté au pouvoir à trente-huit ans à peine, mais déjà épuisé par l'abus des plaisirs, il n'avait vu dans l'autorité dont il était revêtu qu'un moyen de satisfaire à ses grossiers appétits. Il n'avait conservé des créations de Mehemet-Ali que cette tyrannie fortement tissue, qui lui servait à pressurer l'Égypte au profit de son ambition personnelle et de son intérêt égoïste. Seulement, il avait employé ce terrible instrument à l'assouvissement des passions les plus méprisables, l'avarice et la luxure. Aussi, sa mort fut-elle celle d'un tyran vulgaire; sa dépouille mortelle fut ensevelie clandestinement, et à peine était-il mort que ses esclaves pillaient dans son palais du désert ses richesses honteusement et inutilement accumulées.

Saïd-Pacha, quatrième fils de Mehemet-Ali, succéda à son neveu, en qualité du plus âgé des membres de la famille. Telle est la loi d'hérédité dans le pachalik d'Égypte, et c'est cette loi qui avait fait passer l'autorité aux mains d'Abbas-Pacha, l'aîné des enfants du second fils de Mehemet-Ali, Tossoum-Pacha, à une époque où existaient encore des fils d'Ibrahim-Pacha.

Saïd-Pacha avait trente-deux ans, étant né en 1822. Le premier des princes de la maison de Mehemet-Ali, il avait reçu une éducation entièrement européenne. Aussi, son avénement fut-il salué par les espérances de l'Europe, comme par l'enthousiaste amour de l'Égypte. On savait la haine jalouse qu'Abbas-Pacha portait à son successeur, et cette haine elle-même était un titre. Avec le nouveau vice-roi, allait être reliée la chaîne des traditions européennes : une ère de progrès s'ouvrait pour l'Égypte.

Saïd-Pacha arriva dans sa capitale le 19 juillet. Tous les hauts fonctionnaires, tous les grands, les autorités civiles, militaires et religieuses l'attendaient à Choubrah, le kiaya Elfy-Bey en tête; et c'est, entouré de ce nombreux cortége incessamment débordé par les flots d'une foule innombrable et enthousiaste, dont les acclamations étaient au moins aussi énergiques que celles des Alexandrins, que le nouveau vice-roi fit son entrée dans la capitale de l'Égypte. Saïd-Pacha se rendit immédiatement à la citadelle, où la proclamation officielle de son avénement eut lieu au bruit des salves d'artillerie. Le soir, toutes les maisons du Caire étaient spontanément illuminées.

Les premiers actes de Saïd-Pacha furent d'un heureux présage pour l'avenir. Amnistie pleine et entière fut accordée à Elfy-Bey et à toutes les personnes compromises dans sa résistance.

Le vice-roi, tout en s'occupant de la réorganisation de l'armée, poursuivit avec persévérance son œuvre de réforme. Plusieurs décisions très-importantes furent prises par lui dans les derniers jours de l'année.

Et d'abord, il interdit l'introduction des esclaves dans toutes les provinces placées sous son administration. Les ordres les plus formels furent donnés à ce sujet dans les ports de la mer Rouge et sur tous les points de la frontière du sud, par lesquels se faisait l'importation des noirs ou des Abyssins. Quant aux esclaves qui se trouvaient encore en Égypte, ils resteraient provisoirement dans la même situation (un changement sur ce point eût trop profondément bouleversé l'économie de la famille musulmane); mais le principe était posé, et l'esclavage devait, dans un avenir peu éloigné, disparaître entièrement de l'Égypte.

Le tour de barque fut supprimé à Suez et à Kosreïr. Cette suppression assurait la liberté réelle et complète du commerce dans la mer Rouge, et faisait cesser une contribution dont les négociants et les voyageurs avaient eu à se plaindre jusqu'alors. Enfin il fut arrêté que tout objet qui aurait déjà payé les droits d'importation ne serait à l'avenir assujetti à aucun autre droit, quelque transformation qu'il eût subie. Cette décision tranchait dans le meilleur sens, en ce qui concerne l'Égypte, une question longtemps controversée.

PRINCIPAUTÉS DANUBIENNES.

Depuis près de cent ans, les provinces riveraines du Danube ont le triste privilége d'être le théâtre des luttes entre la Russie et l'empire ottoman. La Bulgarie, dans l'empire turc, la Moldavie et la Valachie, sur lesquelles le Sultan exerce un droit de suzeraineté, furent, une fois de plus, envahies cette année par les armées russes. Nous avons raconté leurs souffrances; espérons que la guerre d'Orient aura eu au moins pour elles cet heureux résultat de fixer leur avenir. On ne saurait songer, en procédant à l'œuvre de la réorganisation de l'Europe orientale, à replacer les Principautés sous le protectorat exclusif de la Russie, ou sous la dépendance unique et absolue de la Turquie.

La fusion des deux provinces de Valachie et de Moldavie dans un royaume roumain, tel est le vœu général des populations ; tel est peut-être l'intérêt de l'Europe.

C'était au reste, une situation singulière, anomale, que celle des Principautés depuis un demi-siècle. Placées sous le double protectorat de la Turquie et de la Russie, la Moldavie et la Valachie formaient une nationalité distincte, mais non un État indépendant. Les Roumains n'étaient sujets ni de l'une, ni de l'autre des deux puissances, mais de leurs hospodars. Et cependant ils reconnaissaient la suzeraineté de la Porte ; les deux Principautés étaient considérées comme un annexe de l'empire ottoman.

En fait, car les formules diplomatiques sont souvent en contradiction complète avec la réalité des choses, le plus puissant des deux protecteurs était le véritable maître sur la rive gauche du Danube. Si la Russie et la Turquie étaient en paix, la Russie exerçait dans les Principautés une prépondérance visible, souvent même trop marquée ; si les deux empires étaient en guerre, ou si seulement le bon accord était troublé entre eux, la Russie occupait violemment les Principautés. Prépondérance ou occupation, tels étaient les deux termes inévitables de l'influence russe en Moldo-Valachie.

Au fond, la Porte ne possède de par les traités qu'un droit de protection sur la Moldo-Valachie. Le sol de la Roumanie ne fait pas partie intégrante de l'empire ottoman, et les descendants des colons de Trajan ne paient un tribut au Sultan qu'à la condition de conserver les éléments essentiels de la souveraineté. Dans les traités divers de 1393, de 1460, de 1513, de 1573, les deux Principautés avaient stipulé avec la Porte qu'elles conserveraient tous les caractères de l'indépendance, telle qu'elle est définie par le droit des gens, c'est-à-dire le droit de se gouverner, de nommer leurs princes, de se donner des lois politiques et civiles, de faire la paix et la guerre, de se faire représenter à l'extérieur. Les deux États roumains étaient restés des personnes politiques.

La situation remarquable des Principautés danubiennes semble les destiner à la neutralité. Leur indépendance est une condition de l'équilibre européen. En effet, la vallée inférieure du Danube est dominée au nord par les Karpathes, à l'ouest par les Balkans. A l'est, s'ouvrent sur elles la porte des steppes et la mer Noire. L'Autriche, la Turquie, la Russie peuvent également prétendre à y exercer la suprématie : elles ne peuvent donc appartenir en propre à aucune de ces trois puissances. Qui y régnerait en maître, menacerait par là son voisin.

GRÈCE.

La rupture entre l'Angleterre et la France d'un côté, et la Russie de l'autre, allait placer le royaume de Grèce dans une situation particulière et nouvelle. Ce royaume, on le sait, n'existe dans sa forme actuelle qu'en vertu d'un traité signé par les trois États en qualité de puissances protectrices. Le gouvernement grec allait donc avoir à choisir entre les deux adversaires ; on sait déjà quel fut son choix. Sous la pression du parti napiste et obéissant aux excitations ouvertes du gouvernement russe (*Voyez* dans l'histoire de la question d'Orient la circulaire russe du 2 mars 1854), une insurrection évidemment fomentée par les agents du roi Othon, éclata en Épire. Nous l'avons racontée avec détail, et on a vu quelle part le gouvernement d'Athènes avait prise à ce mouvement.

Si la complicité du gouvernement d'Athènes avait pu, un seul instant, paraître douteuse, la saisie de quelques pièces faite sur des insurgés hellènes en eût donné une démonstration sans réplique.

C'était d'abord une lettre du ministre de la guerre, M. Scarlato Soutzo, adressée, le 25 janvier, *au brave général Théodore Grivas*. « Frère, disait le ministre, ne crois pas que dans les circonstances actuelles je t'oublierai comme ancien ami ; mais ces circonstances sont telles, que ce que je ferais aujourd'hui pour ta promotion paraîtrait avoir été fait dans un but quelconque. Prends donc en sérieuse considération les circonstances dans lesquelles se trouve la patrie, et n'oublie pas qu'en ce moment, tu dois donner une preuve des sentiments que tu professes en faveur des intérêts du Roi, du trône et de la patrie. Sotiris Stratos se rend près de toi et te fera connaître tout ce qui est nécessaire. »

Le 1er mars, M. Soutzo écrit encore à Grivas. Il met à sa disposition huit mille talari. « On a déjà, lui dit-il, envoyé une quantité considérable de munitions de guerre, de sorte qu'à l'avenir tu n'en manqueras pas. Ce que je demande seulement de toi, c'est ce qui suit : Réfléchis à la sainte entreprise à laquelle nous nous livrons. Montre-toi grand dans les affaires et sois sûr du succès qui t'attend. N'accorde aucune confiance à ce qu'on t'écrit, parce qu'il y a des hommes qui seraient très-satisfaits de nous voir divisés, et tu sais mieux que moi que la division est le moyen par lequel on perdrait de grandes choses. L'opinion publique de l'Allemagne s'est prononcée en faveur du mouvement des Hellènes, et la persistance de l'Occident et particulièrement celle de la France et de l'Angleterre commence à fléchir. Ne perdez pas de temps. »

Le 4 mars, un émissaire du ministre de la guerre, M. Jean Combasi, écrit au général Grivas que M. Soutzo l'a chargé de le prévenir que « les ordres nécessaires ont été donnés pour que vous soyez pourvu de cartouches et autres objets. Aujourd'hui on vous envoie cinq charges de cartouches, et on vous en enverra encore d'autres. Scarlato est un homme d'un cœur bon et généreux. Il estime ses amis, et vous principalement. Si vos désirs n'ont pas été satisfaits jusqu'à ce jour, ce n'est pas sa faute, mais c'est par suite des circonstances qui se sont présentées et qui sont indépendantes de sa volonté. »

Il y en avait là assez pour justifier les protestations de la Porte ottomane et les réclamations énergiques des représentants de la France et de la Grande-Bretagne, auxquels se réunirent les ministres d'Autriche et de Prusse.

Le 19 mars, Nechet-Bey remit au gouvernement grec une Note dans laquelle la Porte demandait ce qui suit :

1° Rappel de tous les anciens officiers grecs qui avaient pris part au mouvement insurrectionnel. S'ils obéissaient, ils devraient être traduits devant un conseil de guerre. S'ils n'obéissaient pas, ils devraient être privés de leur solde ; 2° le professeur de l'Université, J. Soutzo, Mavrocordato et Kosti, le recteur, devaient être destitués ; 3° défense devrait être faite aux journaux d'écrire contre la Turquie ; 4° tous les comités grecs seraient dissous : 5° punition de tous ceux qui avaient ouvert les prisons de Chalcis.

La réponse du gouvernement grec fut discutée et formulée dans un conseil des ministres présidé par le Roi. Toutefois, comme on voulait paraître s'appuyer sur l'opinion du pays, on convoqua les Chambres. Les ministres communiquèrent d'abord la Note turque et la réponse à la Chambre des députés, et ils demandèrent si la Chambre croyait qu'ils eussent suffisamment sauvegardé les droits de la Couronne et la dignité du pays. La Chambre répondit affirmativement avec enthousiasme. Dans le Sénat, quelques membres plus prudents essayèrent de calmer cette effervescence ; mais les ministres demandèrent que l'assemblée se prononçât catégoriquement, par oui ou par non, sans restriction aucune. On alla aux voix : il y eut pour le ministère une majorité de 22 voix contre 16. La réponse du gouvernement fut ainsi conçue :

1° Les officiers qui ont pris part à la lutte ont tous donné leur démission ou ont été rayés des cadres de l'armée. Aucun d'eux ne reçoit de solde. Ce sont de simples citoyens dont le gouvernement ne peut régler les actes ; 2° les professeurs de l'Université n'ont fait aucun acte contraire aux intérêts de la Turquie qui soit parvenu à la connaissance du gouvernement, mais il est prêt à faire procéder à une enquête à cet égard ; 3° la presse est libre en vertu des lois en vigueur ; 4° il n'existe pas de comités. La participation individuelle à l'insurrection ne peut être empêchée par le gouvernement ; 5° malgré toutes les informations prises par le gouvernement, il a été impossible de savoir par qui les prisons de Chalcis ont été ouvertes. Toutefois le gouvernement continuera ses recherches pour le découvrir.

Cette réponse dérisoire fut remise, le 20 mars, au chargé d'affaires de Turquie. Après s'être concerté avec les ministres de France et d'Angleterre, il demanda à minuit ses passeports qui lui furent délivrés le lendemain de bonne heure, et il s'embarqua pour Constantinople sur une frégate française.

Le 23 mars, les ambassadeurs de France et d'Angleterre remirent au gouvernement grec une Note dans laquelle ils déclaraient qu'ils le rendaient responsable des suites qu'entraînerait une rupture des rapports diplomatiques entre la Grèce et la Turquie.

On sait le reste. Sous l'inspiration prudente des puissances occidentales, la Porte avait consenti à se contenter d'interrompre les rapports et à expulser les sujets hellènes de son territoire, laissant au cabinet d'Athènes la responsabilité d'une déclaration de guerre. Les puissances occidentales firent plus : après avoir épuisé tous les moyens de conciliation et de persuasion, elles adressèrent au cabinet d'Athènes un *ultimatum* pour lui enjoindre de faire droit aux justes réclamations de la Turquie et une division française occupa le Pirée.

Cette énergique détermination, si elle n'opéra pas la conversion de la cour d'Athènes, eut au moins pour résultat le renversement du ministère. Une admistration nouvelle se constitua, sous la présidence de M. Mavrocordato, et inaugura une politique d'apaisement et de conciliation.

Dans une circulaire adressée, le 21 juin, aux préfets et sous-préfets, le ministre de l'intérieur disait :

« Des tentatives *que je n'appellerai que malheureuses* ont exposé notre indépendance nationale aux plus graves dangers. Grâce aux impénétrables décrets de la Providence, grâce à la bienveillance des deux puissances bienfaitrices, notre patrie a encore été sauvée au moment même où elle semblait se précipiter dans l'abîme.

» Cependant la malveillance, indifférente aux circonstances critiques où se trouve la nation, redoute l'affermissement et le retour de l'ordre qui, en fortifiant le pouvoir et en facilitant l'accomplissement de sa tâche bienfaisante, ne saurait qu'être fertile en heureux résultats. Habile à dénaturer la vérité et toujours prête à exploiter la crédulité des plus simples, elle s'applique infatigablement à ébranler par mille bruits mensongers le respect dû à l'autorité et à agiter les esprits dans les provinces, espérant par là rendre impossible toute amélioration matérielle

et morale sous un gouvernement pour lequel elle n'éprouve aucune sympathie.

» Les faits se sont chargés et se chargeront toujours de répondre aux inventions de la malignité, si féconde qu'elle soit.

» Toutefois, il est de notre devoir d'éclairer l'opinion et de
mettre la vérité à la portée de toutes les classes du peuple. Vous
direz que la présence de l'armée alliée ne saurait avoir d'autre
objet que de protéger notre indépendance nationale, compromise
par une politique irréfléchie ; vous ferez comprendre que ces
soldats ont été envoyés par les deux puissances bienfaitrices qui
ont créé le royaume hellénique, et qu'ils sont frères de ceux qui
ont si généreusement combattu pour notre indépendance ; vous
affirmerez que le gouvernement actuel se propose essentiellement de faire revivre l'empire des lois, et en entretenant des
rapports d'amitié avec les puissances étrangères, d'épargner au
pays les maux dont il était menacé.

» La loi donne au pouvoir des moyens suffisants pour réprimer la calomnie. Mais ayant la conscience de sa force, et inspiré
de sentiments bienveillants, le gouvernement se bornera à la
combattre par son respect inviolable pour la loi, par sa sollicitude
pour les intérêts de la nation, et par ses efforts incessants pour
mériter l'estime de l'étranger à l'aide de la bonne foi, pour
inspirer au peuple, au moyen d'une bonne administration, cette
confiance dans les institutions et ce respect de la justice qui
sont la meilleure garantie du bonheur des peuples et de la
puissance des États.

» Telle est la mission de l'armée alliée, tel est le but de la
politique intérieure du ministère actuel. Veuillez présenter à
vos administrés l'une et l'autre sous leur véritable jour. Le peuple grec, avec la perspicacité qui le caractérise, comprendra
sans peine le but de toutes ces manœuvres astucieuses, de toutes
ces insinuations perfides, et ne tardera pas à déjouer, par sa
sagacité, les coupables projets des perturbateurs de l'ordre public. »

L'ouverture de la session eut lieu le 16 décembre, et on put
constater, à cette occasion, une amélioration sensible dans les
rapports du gouvernement hellénique avec la Turquie. Tout fai-

sait espérer qu'une négociation entamée par les deux puissances
protectrices, pour lever les obstacles qui s'opposaient à un rapprochement entre la Porte et le cabinet d'Athènes, ne tarderait
pas à arriver à bonne fin. Pour consacrer le rétablissement de
leurs relations, les deux gouvernements étaient sur le point de
conclure un traité de commerce et une convention relative à la
répression du brigandage qui, en désolant leurs frontières, a été
si souvent entre eux une cause de conflits.

On remarqua, dans le discours prononcé par Sa Majesté, les
passages suivants :

« Des circonstances notoires, accompagnées d'actes déplorables, ont amené depuis quelque temps l'interruption des relations avec un État voisin, et occasionné ainsi des pertes sensibles
aux intérêts commerciaux des deux pays. Mon gouvernement n'a
cessé de s'appliquer activement à rétablir ces rapports, et nous
espérons que, grâce au sincère et bienfaisant concours des
grandes puissances alliées de l'État voisin, dont les nobles et
généreux sentiments en faveur de la Grèce se sont manifestés
dans toute leur force, surtout dans cette circonstance, nos désirs
seront heureusement remplis.

» En présence de la lutte formidable qui a éclaté en Orient,
des considérations d'un ordre supérieur, puisées dans l'intérêt
manifeste de la nation autant que dans les sentiments de reconnaissance que l'on doit à des puissances bienfaitrices, nous ont
dicté la déclaration d'une stricte neutralité. En nous rattachant
fermement à ce système, nous ne permettrons ni ne tolèrerons
aucun acte contraire à l'honneur et aux véritables intérêts du
pays. Nous entretenons avec toutes les puissances des relations
amicales, sans oublier que l'intérêt majeur de la Grèce renais-
sante est de puiser aux sources mêmes de la civilisation européenne tous les biens qui en résultent pour la société. »

Le véritable intérêt de la Grèce, comme celui des populations
de religion grecque en Turquie, n'est pas assurément dans des
explosions insurrectionnelles qui ne peuvent avoir pour résultat
que d'irriter et d'inquiéter toutes les puissances conservatrices.
Leur cause est sans doute mieux placée entre les mains des nations occidentales, qu'entre celles des agents égoïstes d'une

puissance qui cherche des appuis jusque dans le désordre. Les promesses illusoires de ces dangereux émissaires n'ont eu jusqu'à présent pour résultat que des déceptions cruelles et la perte d'utiles sympathies. Mais il ne faut pas s'y tromper. Le mouvement russe de 1854 ne signifie pas que les Grecs entendent rabaisser leur pays jusqu'à en faire une province russe. Le protectorat russe n'est à leurs yeux qu'un expédient. Car ils ne ressentent aucune prédilection pour la Russie, pour son gouvernement, ni même pour le clergé russe, qui est regardé avec mépris par les membres de l'Église grecque.

PERSE.

Malgré les espérances conçues par le gouvernement de Saint-Pétersbourg au début de la lutte en Orient, la cour de Teheran proclama sa neutralité par un article inséré dans la *Gazette de Teheran* du 27 janvier 1854. Depuis lors, il est vrai, des bruits contradictoires représentèrent plus d'une fois la Perse comme flottant entre les influences rivales de l'Angleterre et de la Russie. Mais d'abord l'état militaire du Schah ne lui eût pas permis de prendre à la lutte une part sérieuse, et d'ailleurs le gouvernement persan ne trouverait pas dans ses traditions politiques ou dans ses intérêts actuels un motif déterminant de déployer une énergie depuis longtemps éteinte.

Constamment ballotée entre deux influences puissantes, la Perse n'a guère d'autre histoire que celle de ses conversions peu durables à l'une ou à l'autre. L'année 1854 en fournit un nouvel exemple.

Une querelle avait éclaté, à la fin de l'année 1853, entre le chargé d'affaires britannique et la cour de Perse au sujet des affaires d'un Hadji-Abdul-Kerim, natif de Kondahar, et protégé par le gouvernement anglais. Cet homme, très-riche, avait sur le gouvernement persan des réclamations qu'il fut du devoir de la légation britannique d'appuyer. D'un autre côté, le gouvernement persan l'avait réclamé comme son propre sujet, et avait enfin refusé avec tant de hauteur d'accorder la réparation exigée, que le chargé d'affaires britannique, M. Taylour Thompson se vit forcé de suspendre les relations diplomatiques avec les ministres du Schah. Cette mesure énergique produisit un effet non moins prompt qu'efficace. Le gouvernement persan montra aussitôt un vif empressement à satisfaire aux demandes du chargé d'affaires et à rétablir les relations amicales avec l'Angleterre. Ainsi la chance tournait complétement contre le prince Dolgorouki, le ministre russe, et quoiqu'il menaçât le Shah de Perse du Tsar son maître, et qu'il fît tous ses efforts pour rétablir l'influence russe, le chargé d'affaires britannique resta pour le moment maître du terrain.

CHAPITRE VIII.

SUISSE, ITALIE.

Suisse. — Tendances prononcées vers une démocratie modérée, formation d'un tiers parti, échecs du radicalisme, les élections à Genève, le nouveau conseil fédéral. — Finances : situation satisfaisante, budgets de 1854 et de 1855 ; développement des caisses d'épargne.

Italie. — Situation générale, rôles divers des États italiens dans la question d'Orient.

États Sardes. — Sollicitations adressées au Piémont pour l'attirer dans l'alliance occidentale, apaisement des difficultés antérieures par l'annonce de la crise européenne ; majorité acquise au ministère ; la question religieuse, projet de loi concernant les biens des communautés monastiques, état des revenus du clergé produit à l'appui du projet, dispositions favorables et hostiles au projet, protestation des hauts dignitaires ecclésiastiques. — Échauffourée mazzinienne de Sarzana. — Arrestation, à Monaco, du duc de Valentinois. — Réformes et progrès économiques. — Budget pour 1854 ; emprunt. — Chemins de fer.

États du Saint-Siége. — Extension de la puissance spirituelle, vices de l'administration temporelle. — La dette, le budget ; origine du déficit ; travaux de la consulte d'État, mesures financières, interdiction de l'agio, emprunt, abolition définitive des assignats, concession de la ferme des sels et tabacs, élévation du tarif des denrées coloniales.

Deux-Siciles. — Tendances politiques de la cour de Naples dans la question d'Orient, ses sympathies, caractères de sa neutralité ; le choléra à Naples.

Toscane. — Budget de 1855, revenus et dépenses de l'administration des douanes.

Parme. — Assassinat du duc régnant, causes de l'attentat, le prince Robert-Charles-Marie lui succède, régence de la duchesse Louise ; ses premiers actes, admirable lettre au Saint-Père, demande d'un concordat et d'un évêque italien ; administration réparatrice, levée du séquestre sur les biens des personnes compromises en 1848 ; substitution d'un emprunt facultatif à l'emprunt forcé ; économies intelligentes, budget pour 1855.

SUISSE.

La tendance de la Suisse vers une démocratie modérée s'est prononcée dès le lendemain de la victoire violente du parti ra-

~~dical : cette évolution des esprits dans le sens des idées modérées~~
a donné naissance à un tiers-parti qui gagne tous les jours des
adhérents, même parmi les démocrates les plus avancés de la
révolution de 1846. Déjà, en 1853, on avait vu se consommer
l'alliance de M. James Fazy avec les catholiques et le parti de la
conciliation avait triomphé jusque dans Genève. Le radicalisme
avait laissé s'échapper de sa main le pouvoir exécutif. Il restait
encore en possession de la majorité dans le Grand-Conseil.

Ce travail des partis qui présage le réveil prochain de la vie can-
tonale en Suisse donnait un intérêt sérieux aux élections de 1854.

Elles eurent lieu, le 12 novembre, dans le canton de Genève.
La liste démocratique l'emporta dans la ville et à la rive droite
(Saconnex); la liste radicale passa à Carouge. Il n'y eut qu'une
faible majorité des deux côtés. Les élections, au reste, n'amenèrent aucun désordre.

Ce résultat donnait une majorité de vingt voix au gouvernement dans le futur Grand-Conseil. M. James Fazy y arrivait
comme député porté par les catholiques.

Au renouvellement du Conseil fédéral, la distribution des différents départements ministériels entre les membres du Conseil
fédéral eut lieu comme suit : M. Furrer eut la présidence et les
affaires étrangères ; M. Druey, les finances ; M. Naeff, les postes
et les travaux publics ; M. Frei-Hérosée, la guerre ; M. Munzin-
ger, le commerce et les péages ; M. Franscini, l'intérieur.

Ce qu'il y a de plus véritablement démocratique, en Suisse, ce
n'est pas le gouvernement, ce sont les finances. Elles présentent
une situation vraiment satisfaisante.

Pour le budget de 1854, les recettes présumées étaient
de . . . . 13,768,500 fr.
Les dépenses présumées montaient à 13,091,483

Excédant présumé. . . .   677,017 fr.
Au 30 décembre 1854, l'actif présumé était
de . . . . 12,369,512 fr.
Le passif de 2,355,063

Excédant. . . . 10,003,849 fr.

Le budget proposé pour 1855 montait en
recettes à . . . . 16,065,000 fr.
En dépenses à 15,475,000
                                                 _____
                              Excédant. . . . .   590,000 fr.

Le développement prospère des Caisses d'épargne est un des
signes les plus évidents de l'amélioration générale des conditions
en Suisse. La Société d'utilité publique a publié, sur ces intéressants établissements, un très-curieux travail, dont nous extrayons
les renseignements qui suivent :

Il existe en Suisse, dont la population est évaluée à 2 millions
290,000 habitants, 167 Caisses d'épargne qui avaient, en 1855,
plus de 181,000 déposants dont les dépôts s'élevaient à plus de
60 millions de francs, soit environ 27 millions par million d'habitants, tandis qu'en France il n'y a que 9 millions de dépôts par
million d'habitants. Il y a en Suisse 1 déposant sur 13 habitants.

Un travail plus intéressant encore est présenté par un état qui
donne la proportion des déposants et des dépôts, eu égard à la
population, ainsi que la moyenne des dépôts par déposants,
en 1852, mis en regard des mêmes chiffres tirés des comptes
arrêtés en 1835.

167 Caisses d'épargne fonctionnaient en Suisse ; 181,172 déposants possédaient, fin de l'année 1852, un capital de 60 millions 368,759 fr.; les fonds de réserve étaient de 2 millions
744,270 fr.

Les chiffres sont plus éloquents que toutes les phrases élo-
gieuses. On ne peut cependant, dit M. le président Speyer, se
taire en présence des résultats qui nous montrent les chiffres de
cette année comparés à ceux de 1835. La Suisse peut être fière,
et avec raison, de ses Caisses d'épargne qui, naguère faibles et
chétives, ont maintenant acquis une force remarquable pour
marcher dans la voie du progrès.

Que dire d'une institution qui a su étendre ses bienfaits si
loin que, sur 13 habitants, l'on est certain de trouver un déposant des Caisses d'épargne?

En 1835, le même résultat n'était obtenu que sur 36 habitants. On trouve 8 fr. pour la moyenne par habitant à cette dernière époque; aujourd'hui nous voyons ce chiffre s'élever à 25 fr. La moyenne par déposant était de 288 fr. en 1835; elle atteint 333 fr. en 1852.

ITALIE.

Au Piémont, un développement de jour en jour plus régulier des libertés nouvelles, désormais intimement unies à l'existence de la monarchie, et la poursuite des réformes économiques; dans les États du Saint-Siége, une administration intérieure des plus attardées, formant avec le progrès constant de l'influence religieuse au dehors un singulier contraste ; à Naples, un gouvernement fortement retranché sur la défensive, mais par là même condamné à une immobilité peu rassurante pour l'avenir: tels sont les traits principaux de l'histoire de l'Italie en 1854.

La crise européenne, née de la question d'Orient, devait avoir sur ces situations diverses une influence marquée. A Rome, l'occupation française et le caractère religieux de la croisade occidentale, assuraient à l'avance les sympathies du gouvernement aux puissances alliées ; mais ces sympathies ne pouvaient se manifester d'une façon pratique.

La jeune monarchie sarde allait, au contraire, trouver dans l'alliance de l'Angleterre et de la France, une admirable occasion de consolider sa position et de résumer toute l'énergie du génie italien. A la fin de l'année, les sollicitations faites pour entraîner le Piémont dans la grande alliance civilisatrice étaient sur le point d'aboutir.

En même temps qu'elles faisaient auprès du Piémont ces démarches avec espoir d'un succès prochain, les deux puissances occidentales sollicitaient également l'accession du royaume des Deux-Siciles. Mais, de ce côté, la nature même du gouvernement, l'intimité, les rapports de famille établis depuis longtemps entre le Roi de Naples et le Tsar, la rivalité d'influence qui existe entre la cour de Naples et celle de Turin, laissaient peu de chances à une adhésion semblable.

ÉTATS SARDES.

L'intérêt puissant des négociations entre les grandes puissan-ces de l'Europe et l'imminence d'une crise devaient naturellement apaiser l'irritation soulevée entre le Piémont et l'Autriche. C'est peut-être aussi à ces circonstances générales si graves qu'il faut attribuer l'union des partis à l'intérieur et les facilités données par l'opinion publique à l'administration du royaume. Le ministère de Cavour avait obtenu, à la fin de l'année précédente, une incontestable majorité dans les élections. Il en profita pour donner aux questions économiques, dans les travaux du Parlement, une importance féconde.

La question religieuse est malheureusement la pierre d'achoppement de cette administration, quelquefois entraînée aux excès de la réaction démocratique par ses tendances libérales. Un essai de conciliation avait eu lieu, en 1853, par le retrait du projet de loi sur le mariage civil. La lutte recommença, cette année, sur l'initiative du ministère, par la présentation d'un projet de loi qui n'allait à rien moins qu'à supprimer les communautés et établissements monastiques et à s'emparer de leurs biens.

A l'appui du projet, le gouvernement fit publier un état des revenus possédés par le clergé séculier et régulier, tant des Etats de terre ferme que de l'île de Sardaigne. Nous en reproduisons les principales données, bien que nous ne puissions comprendre qu'une critique, même légitime, de l'usage fait d'une propriété particulière en justifie la spoliation.

Dans les Etats de terre de ferme, disait le tableau officiel, le clergé proprement dit se compose d'environ vingt-cinq mille prê-. tres pour une population de quatre millions et demi d'habitants; la France n'en a que quarante mille pour trente millions et plus, de catholiques. Le haut clergé piémontais se compose de quatre archevêques, de vingt-six évêques et de plus de treize cents cha-noines.

Le clergé piémontais, d'après le tableau officiel, possède des

biens dont on évaluait le revenu à 16 millions de livres, ce
qui supposait une valeur vénale de 500 millions ; c'était, disait-
on, beaucoup pour le pays, peu pour le grand nombre d'ecclésiastiques appelés à prendre part à ce revenu. Si ce revenu,
ajoutait-on, était également réparti entre tous les membres
du clergé, chacun recevrait un traitement d'environ 600 fr. ; mais
les dignitaires, les fonctionnaires des catégories supérieures reçoivent à divers titres des sommes souvent importantes, au préjudice des prêtres de la dernière classe. Sur les revenus du clergé,
les évêques prélèvent ensemble près d'un million de livres dont
la distribution est fort inégale aussi : l'archevêque de Verceil est
le plus riche de tous les prélats piémontais ; il a cent seize mille
livres de revenu. Mais les chanoines sont mal pourvus ; car leur
traitement moyen n'est que de huit cents livres, tandis que le
traitement moyen des chanoines français est de plus de deux
mille francs.

De ces rapprochements on paraissait conclure que le revenu
du clergé est trop élevé en Piémont proportionnellement à l'ensemble des charges publiques, et de plus qu'il est mal réparti.

Quant au clergé régulier, le tableau publié par le gouvernement donnait les renseignements suivants. Il existe dans le Piémont soixante-dix ordres religieux, parmi lesquels des ordres
mendiants et des ordres spécialement consacrés à la prédication
et à l'instruction publique. Tous ces ordres possèdent plus de
600 maisons ou communautés, tant dans les États de terre
ferme que dans l'île de Sardaigne. Ces maisons renferment près
de cinq mille religieux et plus de trois mille cinq cents religieuses, c'est-à-dire une population totale de huit mille cinq
cents personnes de l'un et de l'autre sexe. Les revenus de toute
nature des ordres religieux s'élèvent à 2 millions 300,000 livres,
ce qui donne pour chaque personne une moyenne de 270 fr. Les
cloîtres, avec leurs dépendances et les biens ruraux des ordres
monastiques, sont évalués à environ 50 millions de livres.

Le projet de loi supprimait, sauf quelques exceptions, les
communautés et les établissements de tout genre des ordres
monastiques, les chapitres des églises collégiales et les bénéfices
simples. Il plaçait leurs biens, leurs droits et leurs actions sous

l'administration du domaine de l'État, qui procéderait à leur occupation et à leur inventaire ; il affectait les revenus de ces biens au paiement des pensions qui seraient assignées aux membres des communautés et des établissements supprimés ; au paiement d'un traitement supplémentaire pour les curés les plus pauvres ; au paiement de la somme qui serait jugée nécessaire pour indemniser le clergé de l'île de Sardaigne de l'abolition des dîmes ; il imposait une contribution annuelle et proportionnelle sur les revenus des abbaye et des bénéfices conservés, des séminaires et pensions ecclésiastiques, des évêchés et archevêchés ; il fixait le taux de pensions viagères qui seraient accordées aux religieux et aux religieuses ; il autorisait le gouvernement à appliquer les biens des communautés à des services publics, à les vendre aux provinces et aux communes, ou même à des particuliers ; enfin il déterminait l'emploi qui serait fait du prix de ces ventes.

Le ministre, se fondant sur ce qu'il s'agissait essentiellement d'une mesure financière qui compléterait la loi des finances pour l'année 1855, avait demandé que son projet fût discuté d'urgence et avant la clôture de la session de 1854. La Chambre des députés y paraissait disposée, et déjà la commission avait présenté son rapport. Elle concluait à l'adoption de la proposition du gouvernement, qu'elle avait légèrement modifiée. Mais ces changements ne portaient point sur les dispositions essentielles du projet et étaient d'ailleurs acceptés par le ministère, qui ne doutait pas du vote de la Chambre des députés.

Il trouverait, sans doute, plus de résistance dans le Sénat ; cependant, même dans cette assemblée conservatrice, il se flattait d'y obtenir la majorité. Il se disait plein de confiance dans la haute intelligence de cette assemblée ; et il espérait que le Sénat comprendrait la nécessité et la justice de la mesure ; le ministère ajoutait qu'il ferait tous ses efforts pour ne point laisser s'égarer la discussion ; il voulait que cette discussion conservât jusqu'au bout le caractère de dignité et de loyauté qu'il se proposait de lui imprimer au commencement du débat ; et, pour son compte, il était très-décidé à éviter ce qui serait de nature à aigrir la cour de Rome.

Les hauts dignitaires du royaume de Sardaigne, archevêques,

évêques et vicaires capitulaires, adressèrent au Sénat et à la Chambre des députés, une protestation énergique contre le projet. Il était, à leurs yeux, injuste, illégal, anticatholique, antisocial. Il est injuste, disaient-ils, car la justice exige que l'on rende à chacun ce qui lui est dû, que l'on ne porte pas atteinte à la propriété d'autrui et que l'on respecte tous les droits du prochain. Et, d'après le projet en question, le pouvoir civil, en supprimant des corporations religieuses, des collégiales et des bénéfices, en annulant quantité de dispositions testamentaires et de fondations ecclésiastiques, usurpe un droit qui ne lui appartient pas; il envahit des propriétés qui ne sont pas à lui, et commet par conséquent l'injustice la plus manifeste. En vain, pour justifier ce projet, l'on invoquerait l'exemple d'autres nations et le haut domaine souverain; jamais une usurpation ne pourra en justifier une autre, et la France elle-même, après s'être emparée des biens ecclésiastiques au fort de la révolution, est revenue depuis sur ce qu'elle avait fait alors, et a demandé au Saint-Siége d'apporter au mal les remèdes convenables. Quant au haut domaine que l'État peut avoir sur les biens des sujets, il ne saurait être exercé à leur détriment qu'autant que l'exige un besoin public auquel il n'y aurait pas moyen de pourvoir autrement. Mais, dans ce cas, les charges doivent être réglées selon la justice distributive; elles ne peuvent porter sur une seule classe de citoyens, et il y a toujours lieu à une compensation générale qui est de rigueur.

Après avoir rappelé ces principes, qui protégent les propriétés de tous et de chacun, les auteurs de la protestation en faisaient l'application spéciale aux biens et aux personnes que le projet de loi menaçait. Les religieux de l'un et de l'autre sexe, disaient-ils, ont embrassé un état approuvé par l'Eglise, ils ont stipulé, sous la protection du gouvernement, un véritable contrat en vertu duquel ils ont acquis le droit de vivre et de mourir dans l'institut auquel ils se sont voués; et quant aux établissements ecclésiastiques que l'on veut grever de nouvelles et énormes impositions, tels que les évêchés, les séminaires, les bénéfices paroissiaux, le gouvernement a oublié que ces établissements ne dépendent pas de lui, mais de l'Église, à laquelle seule ils sont redevables de leur existence. Pour justifier ces usurpations, les ministres disent qu'il ne s'agit point de soustraire ces biens à leur destination, mais de les distribuer avec plus de discernement, afin que leur emploi soit plus avantageux à l'Église; mais ce n'est là qu'une excuse dérisoire. En droit, l'administration de ces biens appartient à l'Église ; en fait, on a déjà enlevé à l'Eglise un revenu de plus de 900,000 fr. qui a disparu du budget de l'État, au grand dommage des curés nécessiteux.

Pour démontrer l'illégalité du projet, les évêques s'appuyaient sur le statut de 1848 devenu la loi constitutionnelle du royaume. La religion catholique est la religion de l'État, donc l'État doit protéger ses institutions; la liberté individuelle est garantie, chacun est donc libre de se vouer à l'état religieux. Le principe de l'égalité devant la loi ne permet pas sans doute qu'on fasse subir à une classe de citoyens un traitement qu'on ne voudrait pas appliquer aux autres classes; si les citoyens ont le droit de se réunir, pourquoi refuserait-on la jouissance de ce droit aux corporations du clergé séculier et régulier ?

Le caractère sacrilége et anticatholique du projet n'était-il pas manifeste? L'Église catholique est une réunion de personnes qui forment une véritable société, obligée de recourir aux moyens matériels de subsistance pour atteindre le but sublime qui lui est assigné; d'où il suit qu'on ne saurait refuser à l'Église la faculté de posséder des biens temporels d'une manière indépendante du pouvoir, et de les administrer suivant les règles qu'elle a prescrites; et c'est pourquoi elle a frappé des plus terribles anathèmes ceux qui ont osé dire qu'il est permis aux pouvoirs séculiers de la dépouiller de ses biens et de se les approprier, et ceux qui ont usurpé des biens ecclésiastiques, fussent-ils même revêtus de l'autorité impériale et royale. L'empereur Joseph II fut sur le point d'encourir cette peine rigoureuse, parce qu'il s'était emparé des biens des couvents et des monastères, sous prétexte d'en former un fonds particulier au profit de l'Église elle-même, comme on se propose de le faire dans le royaume de Sardaigne. Là pape Pie VI lui disait qu'en cela il se montrait partisan de l'erreur condamnée par les conciles chez plusieurs hérétiques, et qu'il agissait comme un usurpateur des droits de Dieu même, à qui ces biens sont consacrés.

Enfin le projet de loi était antisocial, puisqu'il attaquait également la propriété, la justice et la religion, qui sont les fondements de la société ; il suffit, disait la protestation, pour en être convaincu, de se souvenir de ce qui s'est passé en France dans les dernières années du dix-huitième siècle et tout récemment en Espagne.

Après avoir ainsi caractérisé le projet de loi, les auteurs de la protestation signalaient les résultats selon eux inévitables et prochains de son adoption. Les biens de l'Église sont le patrimoine des pauvres : on allait priver une multitude de malheureux et de familles en détresse des secours abondants qui ne leur ont jamais manqué. Le peuple a besoin que le clergé soit nombreux, afin qu'il puisse le moraliser, l'instruire et lui donner abondamment les consolations et les secours du ministère évangélique ; cette mission semble plus particulièrement destinée aux enfants du peuple qui ne sauraient trouver ailleurs que dans les séminaires les moyens de cultiver leurs talents, de nourrir leur piété et de fortifier leur vocation. Cette voie leur serait fermée. Les corporations religieuses ont rendu d'immenses services à la société et ne cessent pas de lui être utiles ; leurs établissements d'instruction publique n'ont point de rivaux ; elles fournissent à l'Église des prédicateurs éloquents ; elles envoient dans les contrées les plus reculées des apôtres qui y portent avec un inébranlable courage la civilisation avec l'Évangile. Les communautés de femmes se recommandent par d'autres avantages. Elles procurent à ceux qui souffrent des secours de toute espèce ; elles recueillent un grand nombre de jeunes personnes appartenant aux maisons les plus distinguées qui, « laissant leurs dots aux familles, leur fournissent un moyen de se soutenir pour le plus grand honneur de la société. » Si le projet de loi était adopté, tous ces biens seraient à jamais perdus. Le projet de loi était une œuvre d'ingratitude en même temps qu'il était dérisoire, violent, immoral et injurieux au Saint-Siége, à toute l'auguste maison de Savoie et à la nation elle-même.

Tels étaient les reproches que les hauts dignitaires du clergé piémontais adressaient au projet. Ils concluaient ainsi :

« Ce projet de loi, s'il était voté, aurait donc pour l'Église et

par l'État les conséquences les plus funestes : il mettrait l'État
en révolte ouverte contre l'Église et jetterait la discorde dans le
pays. Les corporations religieuses et les chanoines des collégiales
seraient tenus de demeurer fermes à leur poste, et le gouvernement serait réduit à les en chasser par la force. Les évêques devraient déclarer : 1° qu'il n'est permis à aucun membre du clergé
séculier ou régulier de rien recevoir de ce qui provient des biens
enlevés à d'autres ; 2° que les patrons des bénéfices ne peuvent
accepter la portion de biens qui leur est offerte ; 3° que personne
ne peut, sans encourir les censures de l'Église, ni acquérir la
propriété ecclésiastique, ni coopérer en aucune manière à son
aliénation. Le clergé et les populations seraient dans le deuil et
les larmes ; le pays, en un mot, serait dans le trouble et l'agitation, et cela au moment où il a tant besoin de paix et de concorde
pour supporter avec résignation les calamités extraordinaires qui
l'accablent.

» C'est pourquoi les évêques et ordinaires soussignés, se
souvenant des graves devoirs que leur impose leur ministère sacré, se rappelant qu'on doit rendre à César ce qui est à César et
à Dieu ce qui est à Dieu, usant du droit accordé par le statut,
ont cru devoir vous présenter leurs respectueuses réclamations,
auxquelles ils joignent un exemplaire de la représentation déjà
soumise aux pouvoirs de l'État, au moment où il n'était bruit que
du projet d'incamération des biens ecclésiastiques ; et par les
raisons exposées dans ces deux pièces, ils demandent instamment
que le projet en question soit repoussé. »

En dehors de l'agitation religieuse, nous n'avons à signaler
que deux incidents d'ordre différent qui troublèrent la tranquillité du royaume.

Ce fut d'abord une échauffourée mazzinienne à Sarzana, qui
n'eut d'autre résultat que de constater l'existence de ce parti toujours prêt pour le désordre. Sur cinquante individus qui prirent
part à ce mouvement ridicule, douze furent arrêtés, le reste
s'enfuit dans les montagnes.

Un autre incident fut l'arrestation, à Monaco, du prince
héréditaire de cette petite Principauté, aujourd'hui annexée au
Piémont.

Selon la version officielle du gouvernement piémontais, le matin du 6 avril, vers six heures, le duc de Valentinois, prince héréditaire, fils de Florestan 1er, prince de Monaco, en grande tenue, accompagné de son médecin et de son aide de camp, en uniforme, arriva à l'improviste, en voiture de poste à six chevaux. Il descendit à l'hôtel de Turin.

Par suite d'accords probablement arrêtés avec les anciens fonctionnaires, en peu d'instants les partisans du prince, au nombre de vingt environ, arborèrent le drapeau de la maison Grimaldi. Ils dételèrent les chevaux et traînèrent la voiture en criant : *Vive le prince! vive Grimaldi!* dans la rue Saint-Michel.

Les habitants étaient déjà dans la campagne, à leurs travaux. L'île était déserte; les gens aisés dormaient encore ; mais à la première nouvelle de ce fait, la population descendit dans les rues, la garde nationale se réunit.

Le prince étant descendu de carrosse, le maréchal des logis des carabiniers royaux se plaça à côté de lui pour le protéger. Les cris : *A bas le prince! vive le roi!* étaient universels. Le prince fut conduit à la caserne des carabiniers. Ceux qui avaient pris part au mouvement furent arrêtés.

Le ministère de Cavour continuait, nous l'avons dit, à apporter, dans l'amélioration du régime économique du Piémont, cette intelligente hardiesse qui semble être pour le pays un gage certain de prospérité future. Les plaies des désastres récents commençaient à se fermer et l'extension du commerce et de l'industrie répondait à ces patriotiques mesures. Nous signalerons spécialement l'extension de l'impôt de succession. De savantes études furent faites à ce sujet dans les Chambres, surtout sur la question de savoir si, dans l'établissement du patrimoine imposable, il faut comprendre les dettes ou s'il faut les en déduire.

Le budget de 1854 présente les résultats suivants : aux dépenses, 137,668,242 livres, décomposées en 134,349,511 pour les dépenses ordinaires et 6,318,730 pour les dépenses extraordinaires ; aux recettes, 128,182,561 livres, décomposées en 125,182,561 pour les recettes ordinaires, et 3,000,000 pour les recettes extraordinaires.

La présentation du projet de loi relatif au budget de 1855 fut suivie de la proposition d'un emprunt de 35 millions, réalisable à l'intérieur et à l'extérieur (8 mars).

Depuis quelques années le Piémont déploie une grande activité dans la construction des voies ferrées sur son territoire. L'état suivant en est la preuve. Il se compose de cinq parties distinctes : 1° les chemins de fer en état de service ; 2° ceux en construction ; 3° les chemins de fer concédés ; 4° les chemins de fer approuvés par le gouvernement ; 5° ceux qui ne sont encore que projetés.

Chemins de fer en exercice.

De Turin à Gênes.	166 kil.
D'Alexandrie à Novare.	66
De Turin à Fossano.	64
De Turin à Suse.	53
De Turin à Pignerol.	38
	387 kil.

En construction.

De Novare à Arona.	36 kil.
De Mortara à Vigevano.	13
De Sampier d'Arena à Volki.	11
De Cavaller Maggiore à Bra.	13
De Turin à Novare.	94
D'Aix à Saint-Jean-de-Maurienne.	85
De Fossano à Cuneo.	26
	278 kil.

Chemins de fer concédés.

De Verceil à Valenza par Casale.	39 kil.
D'Alexandrie à Stradella.	68
D'Alexandrie à Acqui	33
De Novi à Tortone.	17
	157 kil.

Chemin de fer approuvé par le gouvernement:
de Santhia à Biella . . . .   29 kil.

Chemins de fer projetés.

De Saluces à Airasca . . . .   31 kil.
De Saluces à Savigliano   14
De Chivasso à Ivrée   32
De Savone à Fossano   96
                               173 kil.

Résumé.

Chemins de fer en exercice . . . . . .   387 kil.
—   en construction   278
—   concédés   157
—   approuvés par le parlement .   29
—   projetés   173

Total général . . . . 1,024 kil.

Parmi les lignes projetées, nous n'avons cité que les principales. Plusieurs autres ont une importance majeure ; mais nous les avons passées sous silence, parce que, par suite de difficultés de terrain, elles ne seront pas terminées de si tôt.

Ces 1,024 kilomètres de chemin de fer terminés, ou sur le point de l'être, étaient la preuve de l'activité déployée par le Piémont. L'État y est seul propriétaire des voies ferrées, et, jusqu'à présent, il n'avait pas encore accepté les offres de compagnies nationales ou étrangères.

Les chemins de fer en construction seraient terminés au plus tard au commencement de 1855. L'étendue des voies ferrées livrées à la circulation présenterait un chiffre de 550 kilomètres environ, et, si l'on considère le territoire restreint du Piémont, ce parcours ne laisse pas que d'être considérable.

ÉTATS DU SAINT-SIÉGE.

Nous l'avons dit, à côté de l'extension admirable de la puissance spirituelle, le Saint-Siége présente malheureusement une situation économique des moins satisfaisantes.

La dette, en 1854, montait, en *scudi* (l'écu romain vaut au pair 5 fr. 45 c.), à 4,300,000. Le budget ordinaire présentait aux dépenses le chiffre de 12,549,459 s., aux recettes celui de 11,389,589.

La charge la plus lourde de ce budget général, c'était le bilan de la révolution romaine ; durant cette période, le déficit ne s'était pas accru de moins de 35 millions de francs. Il fut dressé au moyen de la comparaison établie entre le budget préventif arrêté par une administration encore régulière, et les comptes de ces dix-huit mois trouvés dans les différents ministères à la rentrée du Saint-Père dans ses États. Les recettes du Trésor pendant cette période s'étaient élevées à :

Recettes ordinaires.	13,376,567	s. 22 b.	1
Recettes extraordinaires.	1,513,607	21	7
Total.	14,890,174	s. 43 b.	8

Les dépenses à :

Dépenses ordinaires.	19,697,523	s. 74 b.	8
Dépenses extraordinaires.	1,570,100	67	7
Total.	21,267,624	s. 42 b.	5

ce qui donnait un excédant de dépenses de 6 millions 377,449 scudi 98 b. 7.

Il est à remarquer que le ministère de la guerre figurait dans ces dépenses pour 6 millions 462,020 scudi ; c'était à peu près l'équivalent du déficit. Les événements politiques expliquaient du reste cette dépense.

Au 31 décembre 1847, le déficit était déjà de 11 millions 462,334 scudi 67 b. 9; en dix-huit mois, il s'était élevé à 18 millions 98,101 scudi 94 b. 1, c'est-à-dire qu'il s'était accru des deux tiers environ.

Un tableau publié par l'administration romaine. (*Journal de Rome* du 12 octobre) présenta l'actif et le passif de toutes les années financières depuis 1814, et montra les budgets romains se soldant en excédant de recettes jusqu'en 1827. Cette situation, qui présentait une somme disponible de 5 millions 851,540 scudi résultant des excédants accumulés, décida en 1828 le pape Léon XII à dégrever d'un quart l'impôt foncier. Les événements trompèrent ses prévisions. A partir de cette époque, le déficit grandit dans une progression assez forte, sans jamais cependant atteindre le chiffre auquel le gouvernement républicain l'avait conduit.

. De 1828 à 1830, il fut insignifiant, et résulta simplement de dépenses extraordinaires nécessitées par le développement de la contrebande sur les rives du Pô. Les événements de 1831 occasionnèrent un déficit de 1 million 929,652 scudi, le plus fort qui se fût encore présenté dans les finances pontificales. En 1832, il s'élevait à 4 millions 318,053 scudi, par suite de la dépréciation de tous les effets publics, principalement à l'étranger, et de l'établissement d'un nouveau système d'administration qui augmentait dans une forte proportion les frais du personnel. En 1837, les ravages du choléra imposèrent au gouvernement des devoirs et des charges devant lesquels il ne recula pas. On avait tout lieu d'espérer que, sous l'influence des quelques années de calme qui suivirent, l'accroissement des recettes, la régularité de leur perception conduiraient à l'équilibre. Les tentatives insurrectionnelles de la Romagne, en 1842, vinrent encore anéantir des prévisions aussi fondées. De 1843 à 1847, la situation n'empira pas, mais elle ne s'améliora pas, car il faut de longues années pour remédier au désordre, une fois qu'il a pénétré dans les finances. Nous avons vu les résultats de 1848 et des six premiers mois de 1849. Le Trésor s'était trouvé grevé, en définitive, d'une dette de 18 millions 98,101 scudi .

11 millions 462,334 scudi étaient la part de l'administration pontificale pendant vingt années, et 6 millions 377,449 scudi soit 35 millions de francs, étaient le résultat du régime républicain pendant dix-huit mois.

On le voit, si un déficit considérable pèse sur le Trésor romain, si ce déficit s'augmente chaque année d'un découvert nouveau, ce n'est pas seulement à l'administration pontificale qu'il faut faire remonter la responsabilité de cette situation. Elle a pris à cœur d'y remédier et tous ses efforts sont dirigés vers ce but. Une consulte d'État a été chargée d'examiner et d'utiliser toutes les ressources et des mesures importantes furent prises à cet effet.

Les pièces de cuivre de cinq baioques (25 c.) avaient été accaparées par les spéculateurs. On ne trouvait plus à changer l'écu d'argent contre du cuivre que moyennant un agio. Défense fut faite à tous les changeurs de continuer ce commerce, et plusieurs d'entre eux furent condamnés à de fortes amendes pour l'avoir continué.

Le gouvernement pontifical adopta, à la fin de septembre, deux autres décisions importantes qui devaient influer d'une manière très-favorable sur la situation du pays. L'emprunt qui était en voie de négociation ayant été définitivement conclu avec la maison Rothschild, le gouvernement pontifical, pour mettre la dernière main à l'abolition des assignats, et pour faire cesser la gêne extrême que des spéculations d'agioteurs faisaient depuis longtemps éprouver à la circulation, décida que les billets de 5 et de 10 scudi, les seuls qui eussent encore cours, seraient changés à vue en numéraire deux fois la semaine jusqu'à complète extinction. La Banque, de son côté, s'apprêtait également à changer ses billets en monnaie sonnante. L'annonce de ces mesures suffit à faire hausser considérablement la valeur réelle du papier, qui ne différa bientôt plus de sa valeur nominale. On pouvait facilement prévoir qu'enfin, dans peu de temps, le numéraire remplacerait le papier dans toutes les transactions financières.

Une autre mesure, conforme aux vrais principes de toute bonne administration, mit fin à la ferme des sels et tabacs, concédée depuis nombre d'années à la maison Torlonia, et fit rentrer cette branche de revenu parmi celles que le gouvernement administre directement. On eut soin de choisir pour directeur général la personne qui gérait l'entreprise au nom du prince Torlonia. On conserva également tout l'ancien personnel.

On évaluait à la somme de 1,200,000 ou 1,500,000 francs le bénéfice des fermiers, et l'on espérait que, dorénavant, ce bénéfice viendrait grossir les recettes du Trésor.

Malheureusement, une dernière mesure vint détruire l'impression favorable produite par les autres. Elle élevait le tarif des denrées coloniales à l'importation à un taux incroyable, et soumettait le débitant au détail à une sorte de droit d'exercice comme celui auquel sont soumis, en France, nos débitants de spiritueux.

Le ministre, en promulguant cet arrêté, se proposait d'accroître le revenu du trésor. Or, pour qui connaît le pays, cet accroissement restait très-problématique. L'État romain confine sur une grande étendue de sa frontière avec l'État toscan. Toutes les fois que le gouvernement pontifical a relevé ses droits de douanes, le gouvernement grand-ducal a baissé de son côté son tarif, et il s'est établi sur la frontière un système de fraude favorisé par la nature même d'un pays très-accidenté, et sur lequel les agents de l'autorité romaine ont toujours fermé les yeux. Cet état de choses se renouvellerait sans doute encore.

DEUX-SICILES.

La cour de Naples s'est vue vivement pressée d'entrer dans l'alliance anglo-française. C'eût été, pour les puissances occidentales, une adhésion significative; car on sait l'intimité qui s'est formée dans les rapports de famille des deux souverains. En 1845, l'impératrice de Russie venait chercher à Palerme un climat plus favorable à sa santé et l'Empereur lui-même se rendit, l'année suivante, à Naples, pour exprimer au roi Ferdinand sa reconnaissance des soins empressés qu'avait reçus l'Impératrice. Afin de conserver le souvenir de ces relations, le roi Ferdinand a fait établir devant l'une des portes de son palais deux groupes de chevaux et d'esclaves, présents de l'empereur Nicolas, sur lesquels on a gravé ces mots : *Fidissimæ perpetuæque amicitiæ pignus.*

Il y a, d'ailleurs, entre les deux systèmes de gouvernement, à

Naples et à Saint-Pétersbourg, trop de rapports secrets, pour que la raison d'Etat pût l'emporter sur les habitudes traditionnelles. La neutralité est, peut-être, commandée aussi à la cour de Naples par le besoin de conserver tous les moyens de défendre une autorité sans cesse menacée par l'esprit révolutionnaire.

L'histoire intérieure du royaume ne présente que la lutte, peut-être un peu trop prononcée, de l'esprit de conservation et d'autorité contre l'esprit de progrès. Le gouvernement napolitain rachète, il est vrai, par sa sollicitude pour les intérêts des populations ce qu'a de trop absolu son système de compression politique.

Le mouvement des transactions commerciales et industrielles fut singulièrement amoindri, cette année, par l'apparition du choléra. Les ravages exercés par le fléau furent moins grands qu'en 1837 : mais le souvenir des épreuves que subit à cette époque le royaume des Deux-Siciles, contribua à créer à Naples une véritable panique. La vie publique fut comme suspendue. A côté d'exemples trop nombreux de lâcheté et d'égoïsme, le clergé napolitain se signala par des actes de dévouement et d'abnégation les plus dignes d'être cités et admirés. Le cardinal archevêque, soutenu par un zèle infatigable, parcourut sans relâche les quartiers les plus misérables et les plus atteints par l'épidémie, consolant, encourageant les habitants, distribuant les aumônes, les médicaments, les secours de toute espèce aux malades ou à leurs familles. Le nonce apostolique, rivalisant de zèle avec l'archevêque, exerça aussi l'influence la plus salutaire, et la grande majorité du clergé, suivant ce noble exemple, contribua puissamment à soulager ou à écarter bien des infortunes.

TOSCANE.

Le projet de budget de 1855, sanctionné par décret du grand-duc, établit comme suit le bilan financier de la Toscane.

Recettes. . . . . 37,608,400 lire.
Dépenses. . . . . 37,546,700.

Excédant des recettes. . 61,700 lire.

Cette différence en faveur de l'actif provient en partie du rétablissement de la taxe prédiale à son taux primitif, et du décret
qui établit dans toutes les communes, à partir du 1er février 1855,
un impôt sur l'abattage des bestiaux, dont seront seules exemptes
les cités sujettes à la gabelle.

Les crédits ouverts aux sept départements ministériels sont répartis de la manière suivante :

Ministère de l'intérieur.	2,741,100 lire.
Ministère de la guerre	7,886,900
Ministère de grâce et justice	3,464,000
Ministère des affaires étrangères . . .	240,600
Ministère de l'instruction publique. . .	867,600
Ministère des affaires ecclésiastiques. .	819,500
Ministère des finances.	21,530,000
Total.	37,846,700 lire.

D'après le rapport officiel du directeur général des douanes
au ministre des finances, sur l'état des recettes et des dépenses
de son administration pendant l'année 1852, les recettes brutes
des divers droits s'étaient élevées à :

	lire.			fr.	c.
	11,764,186	9	6	9,881,916	64
Les sels avaient produit. . . .	4,114,788	18	4	3,456,422	72
Les tabacs. . .	2,672,500	»	»	2,244,900	«
Total brut . .	18,551,475	7	10	15,583,239	36

Les diverses dépenses administratives avaient été de :

	lire.			fr.	c.
	1,763,731	6	3	1,481,534	28
Celles des fer-mes du sel et du tabac, de . . .	766,254	13	8	643,653	92
Total . . .	2,529,985	19	»	2,125,188	20

Cette dernière somme déduite de la recette brute, l'encaissement net se trouvait avoir été de : lires 16,021,489 711, soit 13,458,051 fr. 04 cent. C'était la plus forte recette que la douane de Toscane eût encore faite, car elle dépassait de : lire 862,451 7, soit 724,461 fr. 24 cent., celle de 1850, et de : lire 28,877 9 et 7, soit 24,257 fr. 08 cent., celle de 1851.

PARME.

S. A. R. le duc régnant de Parme, Plaisance et États annexés périt, le 27 mars, sous le poignard d'un assassin. Frappé la veille par un inconnu, dans une rue de Parme, d'un coup de couteau dans le ventre, le duc expira, après plusieurs heures de souffrances endurées de la façon la plus chrétienne.

Cet attentat devait-il être considéré comme une vengeance isolée, ou comme un acte des partis politiques ? Il est certain que le duc n'avait pas su se faire aimer. Quelques jours avant l'assassinat, on lisait sur les murs de la ville ces mots : « Mort au duc ! Sépulture au duc ! » Le lendemain de sa mort, les fils du télégraphe étaient brisés, dans la direction de Plaisance et de la Lombardie.

Ferdinand-Charles III, duc de Parme, Plaisance, etc., etc., était un prince de la maison de Bourbon, descendant de Louis XIV par Philippe V, roi d'Espagne ; il avait le titre d'infant d'Espagne ; il était âgé de trente et un ans, étant né le 14 janvier 1823. En 1845, il avait épousé la princesse Louise-Marie-Thérèse de Bourbon, fille du duc de Berry, qui est mort à Paris le 13 février 1820, assassiné par Louvel. Quatre enfants étaient nés de ce mariage ; deux princes et deux princesses. L'aîné des princes, Robert-Charles-Marie, succédait à son père ; il fut proclamé duc de Parme sous la régence et la tutelle de la duchesse sa mère. Le nouveau souverain de Parme était né le 9 juillet 1848 ; il n'avait pas encore atteint la septième année de son âge.

Le feu duc de Parme avait succédé à son père, Charles II, infant d'Espagne, à la suite de l'abdication que celui-ci avait faite de sa souveraineté le 14 mars 1849. Le duc Charles II vit encore. La mère de ce dernier, reine d'Étrurie, était l'une des filles du roi d'Espagne Charles IV, et sœur, par conséquent, du roi Ferdinand VII, dont la fille occupe aujourd'hui le trône d'Espagne sous le nom d'Isabelle II. Le duc Charles II avait d'abord porté le titre de duc de Lucques ; il était le souverain de ce petit État. L'archiduchesse Marie-Louise d'Autriche, veuve de l'empereur Napoléon 1er, était alors duchesse de Parme et de Plaisance ; mais cette princesse étant morte en l'année 1847, Charles II, duc de Lucques, devint duc de Parme et de Plaisance, et le duché de Lucques fit retour au grand-duché de Toscane, conformément aux arrangements qui avaient été arrêtés dans les conseils des grandes puissances européennes.

La duchesse Louise de Parme prit d'une main ferme les rênes de son gouvernement. Son premier acte, approuvé de tous, fut d'éloigner tout l'ancien entourage du duc, et d'appeler auprès d'elle des ministres d'un caractère honorable.

Le siège épiscopal de Parme était vacant. Elle s'adressa au Saint-Père pour qu'il voulût bien y pourvoir, mais, même encore sous le coup de sa douleur récente, la duchesse sut trouver dans les inspirations d'un cœur droit et d'une intelligence élevée, la vraie mesure d'indépendance qui pouvait s'allier, en cette occasion, à une piété profonde mais éclairée.

Nous donnons le texte entier de cette admirable lettre.

« Très-Saint-Père,

» Dans le moment le plus douloureux et le plus solennel de ma vie, je viens demander à Votre Sainteté la bénédiction pour l'enfant qu'un crime affreux vient de charger du poids d'une couronne, et pour moi-même, que la divine Providence a chargée de l'importante mission d'en ôter les épines.

» J'ai besoin de la bénédiction spéciale du vicaire de Notre-Seigneur Jésus-Christ dans un semblable moment.

» La miséricorde infinie de Dieu m'a accordé, dans ma profonde affliction, une immense consolation par le courage tout chrétien et la piété résignée avec laquelle celui que je pleure a rendu son âme à son Créateur, bénissant la divine volonté, et mettant toute sa confiance dans la croix de Notre-Seigneur.

» J'ai maintenant, et dès le premier instant de mon administration, à m'adresser à Votre Sainteté pour lui demander de jeter les regards sur ce troupeau sans pasteur. Ce sont aussi mes enfants. Il faut à Parme un évêque énergique et éclairé ; je prie en ce moment Votre Sainteté de nous le choisir et de nous l'envoyer elle-même. Je sais qu'il avait été question de proposer un respectable ecclésiastique allemand, mais il nous faut un évêque italien et qu'il nous vienne de votre main même.

» Je dois encore parler du Concordat, pour lequel je me hâte d'envoyer à Rome monsignor Marzolini. J'ai hâte de montrer mon fidèle attachement et ma soumission à la sainte Église catholique romaine, et d'attirer ainsi sur mon Robert les bénédictions de Dieu. Je compte sur la générosité éclairée et paternelle de Votre Sainteté pour faciliter dans ce Concordat la solution des questions relatives au domaine de l'État. Je ne reculerai devant aucun sacrifice pour sortir des embarras financiers actuels ; l'Église, qui est notre mère, viendra aussi à notre aide, et mon respect scrupuleux pour ses droits sacrés ne sera pas, je l'espère, un motif pour nous refuser des demandes justifiées par les circonstances.

» J'ai à remercier Votre Sainteté pour les paroles trop flatteuses que monsignor Massoni m'a transmises de sa part. Votre paternelle approbation m'a été le plus grand encouragement. Je prie Dieu de la mériter.

» Je demande encore une fois à Votre Sainteté sa bénédiction pour mon fils Robert et pour mes trois autres enfants, et je la lui demande pour moi aussi ; qu'elle fasse que je n'agisse jamais que pour la gloire de Dieu. Je vous demande enfin une prière pour cette âme si chère et qui a quitté ce monde avec un repentir et une foi dignes d'un fils de saint Louis.

» Je suis avec la plus entière soumission, de Votre Sainteté, la fille très-affectionnée et très-soumise,

» LOUISE. »

Ainsi, c'était un évêque italien que la régente voulait donner à ses États, comme gage d'un respect tout nouveau de la santé nationale. Elle attendait du Saint-Père un concordat qui rendrait plus faciles à la fois et plus indépendants les rapports de l'Église et de l'État.

Un acte de réparation, également accueilli par la reconnaissance publique, fut l'annulation du séquestre qui avait été mis sur les biens des personnes chargées en 1848 de gouverner provisoirement l'État.

En 1853, les biens des hospices civils de Parme et du patrimoine de l'État à Cornocchio, et les biens contigus d'autres propriétaires des communes de Goleses et de Parme avaient été annexés aux domaines de la maison royale. La régente ordonna, par décret du 13 avril, qu'ils fussent rendus, dans le plus bref délai, à leurs propriétaires respectifs. Les indemnités qui pourraient être dues à ces propriétaires ou par eux, à raison d'insuffisance ou d'excédant de capitaux, de produits obtenus ou de changements survenus dans l'état des biens, seraient établies et réglées par les soins du chargé provisoire du département des finances, avec le concours des propriétaires; elles seraient payées à qui de droit.

Enfin, la duchesse régente s'empressa de rapporter le dernier et le plus impopulaire peut-être des actes du duc défunt. Le 1er mars, le duc Charles III, pour rétablir ses finances compromises, avait cru devoir soumettre ses sujets à l'obligation d'un emprunt forcé, pensant n'atteindre par là que les capitalistes, les rentiers, les fonctionnaires civils, militaires et ecclésiastiques. Il n'avait pas compris la solidarité des intérêts en pareilles matières. La duchesse régente substitua à l'emprunt forcé un emprunt facultatif de 2 millions et demi, pour la garantie duquel elle offrait sa fortune privée.

En même temps, elle s'occupait de restreindre les dépenses publiques, celles surtout du budget de la guerre qui étaient relativement excessives. L'effectif serait réduit de 5,000 hommes à 1,500, diminution qui produirait une économie annuelle de 1,200,000 fr.

Le budget du duché pour 1855 fut présenté à la duchesse régente, et fixé ainsi qu'il suit par un décret en date du 30 décembre 1854 :

Recettes	8,018,163	lire	71
Dépenses.	8,018,163		71
Recettes extraordinaires .	814,336		92
Dépenses extraordinaires.	814,336		92

Il y aurait donc équilibre complet entre les recettes et les dépenses. La duchesse régente, dans les divers articles de ce décret, émettait l'intention de ne pas dépasser les chiffres arrêtés, et de prendre les dispositions nécessaires pour établir l'ordre le plus parfait dans le mode des dépenses et des recettes.

C'était là commencer un règne sous les auspices les plus favorables.

CHAPITRE IX.

ESPAGNE, PORTUGAL.

ESPAGNE. — Symptômes précurseurs d'une crise, désunion entre les Cortès et le gouvernement, les trois ministères de 1853, suspension répétée des Cortès; opposition marquée du Sénat, suspension nouvelle des Cortès; la lutte passe des Chambres au pays, les chefs militaires de l'opposition, arrêts de déportation; insurrection militaire de Saragosse, mesures répressives, menaces anti-constitutionnelles, mesures financières; soulèvement de Barcelone; insurrection à Madrid, complicités éclatantes, affaire de Vicalvaro, apparition d'Espartero, c'est une révolution; sens du mouvement, est-il anti-monarchique, lettres d'O'Donnell; crise ministérielle, il est trop tard, l'émeute triomphe à Madrid; Espartero forcé de réprimer à son tour, les juntes de province, convocation des Cortès; l'émeute persiste, affaire des *Basilios;* dissolution des clubs; nouveau ministère, manifestations politiques étrangers. — Finances de l'Espagne; nouvelle organisation du service des douanes. PORTUGAL. — Le nouveau Roi et la régence, confirmation du ministère Saldanha, ouverture de la session des Cortès; voyage du Roi, union arrêtée en Belgique. — Budget pour 1854-1855, dotation de la junte de Crédit public.

ESPAGNE.

La crise intérieure qui, depuis longtemps, travaille ce malheureux pays, éclata, cette année encore, en éruptions violentes. Déjà, en 1853, une désunion profonde s'était manifestée entre le gouvernement et les Chambres. Trois ministères, ceux de MM. Roncali, Lersundi et San-Luis, s'étaient succédé, trouvant chaque jour plus de difficulté à gouverner dans les limites constitutionnelles. Deux fois réunies, les Cortès avaient été deux fois suspendues. Malgré des majorités parlementaires incontestables, malgré d'évidentes intentions de conciliation politique, ces administrations diverses n'avaient pu trouver de point d'appui dans des partis sans cohésion.

Dans les derniers jours de 1853, c'est dans le Sénat que l'opposition éclata avec violence contre M. Sartorius, comte de San-Luis; le 9 décembre, les Cortès furent suspendues sans indication d'une époque pour leur réunion nouvelle.

Dès ce moment la lutte avait changé de terrain : des Chambres elle passait dans le pays. La presse redoublait de violence, tous les partis opposants se confondaient dans une hostilité commune qui, pour la première fois, enveloppait dans ses rancunes jusqu'à la monarchie elle-même. Comme toujours, des généraux étaient à la tête de cette conspiration ouverte et permanente. Le 17 janvier, il fallut sévir contre les plus acharnés, et un ordre de déportation frappa MM. Léopold O'Donnell, Manoël de la Concha, José de la Concha, Infante et Armero. Le général José de la Concha se réfugia à l'étranger; le général O'Donnell resta caché à Madrid. Ils furent rayés tous deux des cadres de l'armée.

Ce fut le signal des insurrections militaires. La première éclata, le 20 février, à Saragosse, dans le régiment de Cordoue : le brigadier Hoore en donna le signal, la population civile n'y prit qu'une faible part. Un engagement eut lieu, à la suite duquel on releva 150 morts.

Des visites domiciliaires furent opérées chez plusieurs des plus importants démocrates, et amenèrent la découverte d'imprimés révolutionnaires, de listes de proscription, de proclamations empreintes de la violence imagée, naturelle au style espagnol. Des ordres d'arrestation furent lancés contre MM. Gonsalès-Bravo, Alexandre Castro, le général Manzano, le général Sersano, Rios-Rosas et autres membres du Congrès, sénateurs ou journalistes. L'état de siège fut établi dans Madrid et dans toutes les provinces.

Ainsi provoqué, le gouvernement annonça la publication prochaine d'un projet de réforme constitutionnelle et d'un emprunt lancé. Puis l'opinion publique calmée, au moins en apparence, il s'occupa de mesures financières d'un caractère plus régulier.

Le ministre des finances, M. Domenech entra en négociation avec la direction de la Banque de Saint-Ferdinand, à l'effet de conclure avec cet établissement un arrangement en vertu duquel il se chargerait du payement à l'étranger du prochain semestre de la dette publique. Cette négociation eut un plein succès, et le contrat fut signé le 7 juin. En voici les principales conditions :

1° La Banque s'était engagée à faire pour le semestre qui devait échoir à la fin du mois de juin, le paiement des intérêts de la dette consolidée, tant intérieure qu'extérieure. Ce paiement n'éprouverait aucun retard ; il se ferait simultanément à Madrid, à Paris et Londres. 2° La Banque serait couverte de ses avances au moyen de bons du Trésor remboursables à soixante, soixante-quinze et quatre-vingt-dix jours de date, portant intérêts à raison de 6 p. 0/0 par an.

Le gouvernement qui avait donné la préférence à la Banque, avait le choix entre plusieurs prétendants ; les maisons les plus puissantes de Londres et de Paris avaient offert de se charger de l'opération, et une offre semblable avait été faite en même temps par une association de capitalistes espagnols qui donnait toutes les garanties désirables.

Le résultat obtenu par M. Domenech était-il l'indice d'une amélioration dans la situation financière de l'Espagne? On expliqua ce changement par le succès qu'avait obtenu l'emprunt fait aux contribuables, qui avait été en très-grande partie rempli spontanément par voie de souscription, en sorte que la contrainte ne dut être employée que pour les recouvrements d'une très-petite portion de la somme empruntée, qui devait former un capital de 180 millions de réaux (45 millions de francs).

Cependant le feu couvait sous la cendre. Le 29 mars, un soulèvement d'ouvriers avait eu lieu à Barcelone, et le mouvement, d'abord né d'une question de salaires, avait bientôt pris un caractère politique. Une lutte s'engagea, qui ne fut terminée que le 31 mars, par la défaite de l'insurrection.

Le 28 juin éclata une autre insurrection d'un caractère bien plus grave. C'est à Madrid qu'eut lieu ce mouvement, et c'est dans la garnison qu'il prit naissance. Le directeur du service de la cavalerie, le général Dulce, le général O'Donnell, le général

Ros de Olano en furent les chefs. Les insurgés quittèrent Madrid, poursuivis par une colonne commandée par le général Lara. Une rencontre sanglante et indécise eut lieu, à Vicalvaro, entre les deux troupes, et les insurgés se retirèrent, sans être inquiétés, sur l'Andalousie. Le ministre de la guerre, général Blaser, organisa une colonne pour les y suivre ; mais la Catalogne se souleva tout entière ; les régiments firent défection tour à tour, et on vit apparaître le duc de la Victoire, depuis longtemps retiré à Logroño. C'était une révolution : mais quel en était le but véritable ? On disait qu'elle n'allait à rien moins qu'au renversement de la monarchie existante, à l'arrestation de la Reine, de ses enfants, de la famille royale tout entière, à la fusion des deux royaumes de la Péninsule sous un seul souverain, le roi de Portugal, don Pedro V, prince de Saxe-Cobourg et Gotha.

Deux lettres écrites à la Reine par le général O'Donnell donnèrent au mouvement sa signification véritable.

Ces deux lettres étaient écrites dans les termes de la plus haute convenance et du respect le plus profond. Le général y protestait de son dévouement et de sa fidélité envers la personne de la Reine. Ce qu'il avait fait ne lui avait été inspiré par aucun sentiment d'hostilité, mais au contraire par le désir sincère de protéger la Reine et sa dynastie contre les imprudences de ceux qui, sous prétexte de servir cette cause chère à tous les cœurs espagnols, la compromettaient par leurs témérités et par leurs violences. Le général rappelait ses anciens services ; il les comparait avec les services de ceux qui s'étaient placés entre la Reine et ses serviteurs les plus éprouvés, et il demandait compte aux ministres de l'usage qu'ils avaient fait de la confiance de la couronne. Il les accusait d'en avoir fait un abus indigne, et d'avoir ainsi excité de nouveaux troubles dans cette Espagne qui ne désirait que de prospérer sous le sceptre légitime de sa souveraine et sous la protection régulière et légale de son pouvoir constitutionnel.

La lecture des lettres du général O'Donnell fit d'abord quelque impression sur l'esprit de la Reine, et jeta dans l'indécision plusieurs de ses conseillers intimes. Déjà on parlait de conciliation, de transaction, et des projets de négociations étaient proposés et soutenus par des personnages qui occupaient à la cour des charges considérables. La Reine ne repoussait pas absolument ces dispositions à l'indulgence. L'intervention du président du conseil des ministres les eut bientôt écartées. Le comte de San-Luis représenta que l'autorité de la Reine serait perdue le jour où l'on entrerait en pourparlers avec les insurgés ; qu'il n'y avait qu'une seule conduite à tenir ; qu'il ne fallait pas s'effrayer de la rébellion, mais marcher à elle, et qu'il ne pouvait être question, en ce moment, que de l'anéantir.

Il fallut cependant ouvrir les yeux, et, le 17 juillet, le ministère San-Luis donna sa démission. Une administration de circonstance fut nommée : elle se composait de MM. le duc de Rivas, Rios-Rosas, Luis Mayans, Roda, La Serna, Cantero.

Il était déjà trop tard pour essayer de la conciliation : les passions populaires étaient allumées ; des bandes sinistres accouraient à Madrid. Des barricades s'élevèrent, des excès odieux furent commis par le peuple contre les personnes et les propriétés, et, jusqu'au 22, le combat ne cessa point entre la multitude et les troupes restées fidèles à la Reine. L'administration nouvelle avait été emportée dans la lutte, et le général San-Miguel était l'unique dépositaire du pouvoir pendant ces tristes journées.

Le 26, au matin, parut une proclamation de la Reine dans laquelle Sa Majesté disait que de regrettables malentendus s'étaient élevés entre la nation et le trône, qu'on avait calomnié son cœur en lui supposant des sentiments contraires au bien-être et à la liberté de ses enfants, mais que, la vérité étant arrivée jusqu'à elle, elle espérait que l'affection et la confiance renaîtraient et s'affermiraient dans leurs cœurs.

Les sacrifices du peuple espagnol pour soutenir ses libertés et ses droits, disait-elle encore, lui imposaient le devoir de ne jamais oublier que la nation fit autrefois de son nom le symbole de la liberté. « Une nouvelle ère politique commence, ajoutait la proclamation. L'honneur du trône est l'honneur même des Espagnols. Ma dignité de Reine, de femme et de mère est la dignité même de la nation. Je ne crains donc pas de me confier à vous ; je ne crains pas de mettre entre vos mains ma personne et celle de ma fille ; je ne crains pas de placer mon sort sous la garde de votre loyauté, parce que je crois fermement que je vous fais ainsi arbitres de votre propre honneur et du salut et de la patrie. »

Sa Majesté terminait en exprimant cette pensée, que la preuve la plus sûre de l'accomplissement de ses promesses était la nomination du duc de la Victoire comme président du conseil (*Voyez le texte à l'Appendice*, ainsi que toutes les pièces relatives à la révolution de 1854).

Cela signifiait que l'insurrection était définitivement victorieuse et que le général Espartero avait fait accepter ses conditions. Quelles étaient-elles ? C'est ce que dirait plus clairement l'avenir. Seulement, comme toujours en pareil cas, le vainqueur dut s'occuper d'abord de comprimer la force anarchique dont il s'était servi.

Le 1er avril, un décret retira aux juntes de province l'action gouvernementale ; mais il les conserva comme corps consultatifs et auxiliaires du gouvernement central, ainsi que des autorités provinciales. Dans les provinces où il n'y aurait pas de juntes, il serait procédé à leur formation, la municipalité de la capitale de province nommant à cet effet trois membres, et chaque chef-lieu de district en élisant un. Ces juntes pourraient être consultées par le gouvernement et par les autorités, spécialement en ce qui aurait trait à la formation des listes électorales.

Un autre décret, émanant du ministère de l'intérieur, rétablit provisoirement la loi sur la presse du 17 octobre 1837, et prescrivit au ministre de préparer, sur cette matière, un projet de loi qui serait soumis aux Cortès immédiatement après leur réunion.

Plusieurs juntes de provinces avaient supprimé ou modifié divers impôts, un autre décret suspendit ces mesures et décida que, jusqu'à ce que le gouvernement eût lui-même fait des réformes, l'administration des finances continuerait de fonctionner conformément aux lois et aux règlements en vigueur ; que le Trésor public serait indemnisé des préjudices que lui auraient fait éprouver les décisions des juntes, et que les Caisses provinciales continueraient à payer les traites et à satisfaire aux obligations dont le service aurait été interrompu.

La question électorale fut résolue d'une façon aussi satisfaisante que le permettaient les circonstances.

Un décret du 11 août fixa la réunion des Cortès constituantes au 8 novembre. L'exposé des motifs déclarait formellement que « les Cortès de 1854, comme celles de 1837, sauveront la monarchie, qu'elles seront un nouveau lien entre le trône et la nation, entre la liberté et la dynastie, objets qui ne peuvent être mis en question, points sur lesquels le gouvernement n'admet ni doute ni discussion. »

L'exposé des motifs ajoutait que, de même qu'en 1812 et 1837, les Cortès constituantes ne se composeraient que d'une seule assemblée, le Congrès ; la question de savoir si les Cortès ordinaires formeraient une ou deux Chambres demeurait réservée ; toutefois, ce document parlait avec éloge de la conduite du Sénat.

Les élections auraient lieu conformément à la loi électorale de 1837, modifiée sur quelques points. Ainsi le nombre des députés serait augmenté : au lieu d'un député à élire pour une population de 50,000 âmes, il y en aurait un pour 55,000 âmes, ce qui porterait leur nombre à 349.

Les députés suppléants seraient supprimés ; la formation des bureaux pour l'élection se ferait conformément à la loi de 1846, sauf quelques précautions nouvelles introduites pour éviter les abus commis sous l'empire de cette dernière loi (*Voyez* ce document à l'Appendice).

Un ordre royal, publié par le ministère de l'intérieur, fixa au 6 septembre la formation des listes électorales, et au 4 octobre le commencement des élections.

Mais on n'éteint pas aussi facilement qu'on l'allume le feu de l'insurrection. Les enfants perdus du parti révolutionnaire ne pouvaient se décider à déposer les armes. Ils avaient poursuivi de leurs haines sauvages la Reine-mère, qui ne put s'échapper qu'à grand'peine en quittant l'Espagne : ils devinrent un danger pour Espartero lui-même. L'émeute des *Basilios* (28 avril) montra au gouvernement de Madrid quels éléments terribles il avait soulevés.

Tandis que le gouvernement délibérait avec les chefs de la garde nationale et les corporations populaires, les ennemis de l'ordre public colportaient des proclamations incendiaires dans lesquelles ils engageaient les citoyens à s'unir à eux et à les aider à faire des barricades ; mais la garde nationale se montra fidèle au gouvernement. Pendant toute la journée, et dans les premières heures de la nuit précédente, quelques barricades qui avaient été construites furent renversées par la garde nationale, sans la moindre résistance de la part de ceux qui devaient les défendre.

Vers minuit, presque tous les groupes se rendirent à *los Basilios*, ancienne église où il y a aujourd'hui un théâtre, et dans laquelle le club de l'Union tenait ses séances ; comme toutes les forces des insurgés se trouvaient pour ainsi dire concentrées sur ce point, le gouvernement donna l'ordre de les attaquer, s'il le fallait, à la pointe du jour. La résolution du cabinet fut communiquée aux factieux des Basilios, et des troupes nombreuses cernèrent l'église. L'aspect de la capitale était partout morne et silencieux, et on n'entendait pas un seul coup de feu.

Enfin, voyant que la résolution du gouvernement était bien arrêtée, et qu'il était disposé à faire feu contre les Basilios, s'il le fallait, les hommes qui s'y trouvaient, entre deux et trois heures du matin, se rendirent sans tirer un seul coup de fusil. 300 à 400 factieux furent faits prisonniers et furent sur-le-champ désarmés et conduits sous bonne escorte à la caserne de San-Francisco. On comptait parmi eux M. le marquis de Alboïda, président du club.

Ces leçons, toujours perdues pour l'expérience des factieux, déterminèrent une réaction nouvelle en faveur du principe d'autorité. M. Santa-Cruz, ministre de l'intérieur, dut prendre l'éternelle, l'inévitable mesure qui suit partout l'organisation révolutionnaire des clubs : il ordonna leur fermeture immédiate.

Le décret de dissolution était ainsi conçu :

Art. 1er. Devront se dissoudre toutes les sociétés et réunions politiques qui, sous quelque dénomination que ce soit, existent dans la monarchie, jusqu'à ce que les Cortès aient décidé ce qu'elles jugeront le plus convenable touchant le principe du droit de réunion et la forme de son exercice.

Art. 2. Ne sont pas comprises dans la disposition de l'article ci-dessus les réunions exclusivement électorales.

Signé : LA REINE.

Contre-signé le ministre de l'intérieur : SANTA-CRUZ.

Ce décret était précédé d'un exposé des motifs dans lequel le ministre déclarait que les événements de la veille avaient mis en évidence les périls que pouvaient amener, dans des circonstances semblables, les réunions nombreuses constituées dans un but politique. Le gouvernement ne condamnait ni ne préjugeait en aucune façon le principe de réunion : il se contentait de constater, d'après une preuve flagrante, les périls que son exercice renfermait dans ce moment, et de reconnaître que l'on devait attendre que les Cortès eussent délibéré sur la matière et eussent formulé ce principe de manière à préserver la société de scandales et de bouleversements qui compromissent la cause de la liberté et la sécurité du pays.

Un nouveau cabinet, définitivement constitué sous la présidence du maréchal Espartero, se composa de MM. Luzuriaga, ministre des affaires étrangères ; Aguirre, ministre des grâces et de la justice ; Santa-Cruz, ministre de l'intérieur ; Lujan, ministre des travaux publics (fomento) ; le maréchal O'Donnell, ministre de la guerre ; Allende Salazar, ministre de la marine, et Collado, ministre des finances. Sur cette liste figuraient seulement deux noms nouveaux, M. Luzuriaga et M. Aguirre ; MM. Santa-Cruz, Lujan, O'Donnell, Allende Salazar et Collado faisaient partie du précédent cabinet ; MM. Luzuriaga et Aguirre remplaçaient MM. Pacheco et Alonso.

Les deux nouveaux ministres avaient plus d'un titre à la considération. M. de Luzuriaga (Claudio-Antoine), ami particulier du duc de la Victoire, avait rempli avec distinction plusieurs charges dans la haute magistrature. M. Aguirre, jurisconsulte éminent, ancien professeur de droit canonique à Alcala et depuis à Madrid, avait rempli les fonctions de sous-secrétaire d'État au ministère des grâces et de justice sous M. Alonso. Le premier inclinait davantage vers les idées modérées, le second avait plus d'affinités avec la fraction du parti progressiste qui touche au parti démocratique.

En somme, ce ministère était presque entièrement semblable à celui que le maréchal Espartero avait composé après les événements de juillet.

Quel serait son programme ? Fallait-il le chercher dans les manifestations étranges de quelques-uns de ses membres ? C'était, par exemple, M. Allende Salazar, ministre de la marine, ami intime du maréchal Espartero, qui, élu député aux Cortès dans l'une des provinces basques, déclarait dans une adresse de remerciements à ses électeurs, que, dans son opinion, les Cortès constituantes étaient appelées à donner à l'Espagne le gouvernement qui lui conviendrait, et que la question dynastique était sans importance. Comment concilier cette opinion, si grave dans la bouche d'un ministre de la couronne, avec ce passage de l'exposé des motifs qui précède le décret de convocation des Cortès : « Les Cortès constituantes seront sans doute en 1854 un nouveau lien entre le trône et le peuple, la liberté et la dynastie, objets qui ne peuvent pas se discuter, points sur lesquels le gouvernement actuel n'admet ni doute ni contestation. »

Au milieu de toutes ces agitations politiques, la situation matérielle de l'Espagne était devenue déplorable. Une misère profonde pesait sur les populations ; le travail avait disparu, l'activité commerciale s'était éteinte ; les classes élevées fuyaient les grandes villes.

En attendant l'établissement d'une situation plus régulière, un projet de loi du 18 décembre fixa, comme suit, les dépenses du service ordinaire et extraordinaire pour 1855 : 1,507,389,204 réaux. Les recettes étaient évaluées en même temps à la somme de 1,569,080,914 réaux.

Un ordre royal du 28 février réglementa à nouveau l'organisation des services de douanes. Les classements des bureaux de terre et de mer de la Péninsule et des îles Baléares seraient désormais faits ainsi qu'il suit. Le service des douanes de mer se diviserait en quatre classes : la première, et c'était la plus importante puisqu'elle était ouverte à toutes les opérations de commerce, embrassait dix-sept ports : Alicante, Almeria, Barcelone,

Bilbao, Cadix, Carthagène, Palma de Majorque, Saint-Sébastien, Santander, Séville, Tarragone, Vigo.

Les trois autres classes n'admettaient que certaines natures d'opérations. Ainsi la deuxième autorisait l'entrée, la sortie et le cabotage, mais fermait ses douanes à l'importation des tissus de coton ; elle comprenait les ports de Carril, de Palamos et de Rivadeo. La troisième ouvrait les ports de dix-sept provinces à toutes les opérations de sortie et d'entrée, mais seulement à celles qui portaient sur certains produits déterminés, lesquels, en général, étaient matières premières : la houille, les peaux brutes, le guano, le goudron, les matériaux, le chanvre, le suif, etc. Enfin la quatrième n'admettait que les opérations de cabotage et d'exportation ; elle portait sur seize provinces, plus sur les Baléares.

Les douanes de terre se divisaient en trois classes, l'une autorisant toutes les opérations du commerce, auquel elle ouvrait trois bureaux seulement, Irun dans le Guipuzcoa, Lanfranc dans la province de Huesca, et la Fregeneda dans celle de Salamanque. La deuxième classe, comme celle de mer, excluait l'importation des tissus de coton par les vingt-six bureaux qu'elle ouvrait au commerce. On comprend que cette restriction avait pour objet de prévenir autant que possible la contrebande des tissus de coton, qui en Espagne se fait encore sur une grande échelle, principalement par mer. Enfin la troisième classe n'ouvrait ses seize bureaux de terre qu'à l'exportation pour l'étranger. Quelques autres bureaux secondaires, dits *Fielatos*, étaient ouverts à certaines opérations spéciales, telles que pêcheries, pacage des troupeaux, etc.

PORTUGAL.

Monté, le 15 novembre 1853, sur le trône de Portugal, par la mort de sa mère doña Maria da Gloria, le jeune roi don Pedro V doit, aux termes de la loi du 7 avril 1846, être majeur à dix-huit ans. Il est né le 16 septembre 1837. Jusqu'à sa majorité, son père, le roi don Fernando, duc de Saxe-Cobourg-Gotha, devait être régent du royaume.

Se renfermant dans les limites constitutionnelles de sa mission provisoire, le régent confirma le ministère au duc de Saldañha. Il ouvrit, le 2 janvier, la session des Cortès, accompagné du jeune Roi et de l'infant don Luiz.

Après quelques mots consacrés à la perte douloureuse faite par la nation et par lui-même, en la personne de la reine doña Maria II, S. M. le Roi régent passa la revue ordinaire des relations du Portugal avec les nations étrangères. On espérait une issue favorable des négociations entamées avec le Saint-Siége.

Les premiers travaux parlementaires s'accomplirent dans le calme le plus profond. S. M. le Roi régent avait confirmé dans leurs fonctions le président et le vice-président nommés à la session précédente. Les dotations de la famille royale furent votées à l'unanimité. Le Roi aurait un conto par jour, environ 1,750,000 fr. par an ; l'infant don Luiz, 90,000 fr., et chacun des autres princes environ 20,000 fr.

Conformément aux dispositions de l'art. 77 de la charte constitutionnelle de la monarchie, le jeune Roi fut autorisé à sortir du royaume et à voyager « dans quelques-uns des pays les plus éclairés de l'Europe, » sous la direction de S. M. le roi D. Fernando, son père (Décret du 24 avril). Nous l'avons dit plus haut (*Voyez* Belgique), une alliance future qui, tout en resserrant encore les liens de famille des deux souverains de Portugal et de Belgique rattachera peut-être plus étroitement le Portugal au cœur de l'Europe, fut arrêtée pendant ce voyage.

Le budget pour 1854-1855, voté par les Cortès du royaume, constate dans la situation financière du Portugal une amélioration sensible.

Voici les principaux articles du budget des recettes :

Art. 1er. Les contributions et impôts directs et les autres revenus de l'État mentionnés dans le tableau qui fait partie de la présente loi, évalués à la somme de 12 millions 353,448 cruzades 971 reis (70 millions 591,136 fr. 97 c.), continueront à être perçus, pour l'année économique 1854-1855, conformément aux décrets qui en règlent la perception ; le produit sera appliqué aux dépenses autorisées par la loi.

Art. 2. On continuera également à percevoir, dans la même

année, les revenus de l'État qui n'avaient pas été perçus au 30 juin 1854 ; quel que soit l'exercice auquel ils appartiennent, leur produit sera appliqué aux dépenses de l'État autorisées par la loi.

Art. 3. Tous les traitements de tous les employés de l'État dans toutes les carrières, des employés des établissements subventionnés par l'État, sont soumis à une réduction proportionnée à leur importance.

La dotation de la junte de crédit public fut fixée, pour l'année 1854-55, à la somme de 2 millions 990,916 c. 508 reis (17 millions 33,808 fr. 65 c.).

Le gouvernement portugais entra résolùment dans la voie des réformes basées sur le système français des poids et mesures. Une loi, rendue le 29 juillet, appliqua le système décimal aux monnaies d'or et d'argent.

Cette loi, en quatorze articles, donnait la dénomination, le titre et la valeur des monnaies à créer. Elle énumérait de plus celles des monnaies anciennes qui conservaient leur cours légal et celles qui seraient retirées de la circulation.

Le délai pour le retrait de ces dernières, d'abord fixé à deux mois par l'art. 8 de la loi ci-dessus, fut, par un décret postérieur, prorogé au 2 février 1855.

Voici l'énumération des monnaies anciennes et nouvelles qui auraient cours légal, leur poids et leur valeur, tant en *reis* qu'en francs :

	Dénomination.	Poids.	Valeur.	
		grammes.	reis.	fr. c.
Monnaies d'or nouvelles.	Couronne	17 735	10,000	(62 50).
	Demi-couronne	8 868	5,000	(31 25).
	Cinquième de couronne . . .	3 547	2,000	(12 50).
	Dixième de couronne. . . .	1 774	1,000	(6 25).
Monnaies d'or maintenues.	Pièce (peça)	14 188	8,000	(50 80).
	Demi-pièce.	7 094	4,000	(25 40).
Monnaies d'or anglaises maintenues.	Souverain	7 981	4,500	(28 12,5).
	Demi-souverain	3 99	2,250	(14 06).

Monnaies d'argent.	Cinq testons . . , , . . .	12	5	500 (3 12,5).
	Deux testons . . :	5	«	200 (1 25).
	Teston	2	5	100 (« 62,5).
	Demi-teston	1	25	50 (» 31,2).

La dette du royaume, en reis, montait à 49,353,942,459, ainsi décomposée : dette intérieure, 36,195,661,005 ; dette extérieure, 13,158,281,454.

CHAPITRE X.

GRANDE-BRETAGNE.

Résultats intérieurs de la lutte d'Orient, la question des subsides, appel à la
taxe sur le revenu, ce qu'eût été l'excédant sans la guerre. — Le côté faible
de l'Angleterre, organisation de l'armée, nécessité de recourir à l'enrôlement des étrangers, le personnel des officiers supérieurs, promotions nombreuses. — Ce que la Grande-Bretagne aurait à perdre avec la Russie ou
avec la Turquie, importance du commerce britannique avec ces deux puissances. — Résultats généraux du commerce. — Marine marchande.

L'union intime de l'Angleterre et de la France a presque
fait cette année, à leur action extérieure, une seule et même
histoire. A l'intérieur, c'est encore la question d'Orient qui
domine toute la vie de la Grande-Bretagne, et qui semble devoir
en changer quelques conditions fondamentales.

Et d'abord, ce fut en Angleterre comme en France, une question de subsides. La grande ressource des moments de crise, la
taxe sur le revenu, fut appelée en aide. Avec le surcroît de dépenses nécessité par la guerre, le budget, qui en temps ordinaire
aurait présenté du surplus, allait offrir un déficit de 2 millions
840,000 livres ster. (71 millions de francs). Au lieu de faire
un emprunt, ce qui eût été charger l'avenir pour le bénéfice du
présent, et au lieu de rétablir ou d'augmenter des impôts indirects, ce qui eût été réagir contre la politique libérale et prospère
des dernières années, M. Gladstone proposa purement et simplement de doubler la taxe sur le revenu, d'abord pour six mois,

en se réservant de continuer au besoin pour l'année entière. La taxe rapportant par an 6 millions 275,000 liv. ster. (156 millions 875,000 fr.), dont la moitié est de 3 millions 137,500 liv. ster. (78 millions 437,000 fr.), il resterait encore, après le déficit comblé, un surplus de 467,000 liv. ster. (11 millions 675,000 fr.).

De l'exposé de situation présenté à cette occasion, par M. le chancelier de l'échiquier, ressortaient ces résultats généraux. Le revenu avait dépassé de 25,875,000 fr. les évaluations, et la dépense était restée de 25,300,000 fr. au-dessous des crédits alloués pour l'exercice 1853-54. Le chancelier de l'échiquier aurait donc eu à sa disposition, soit pour opérer de nouveaux dégrèvements, soit pour l'amortissement de la dette, soit pour de grandes entreprises de travaux publics, un surplus de 51,175,000 f., si la guerre n'eût obligé le gouvernement de Sa Majesté britannique à appliquer en augmentations de l'effectif militaire et naval ce magnifique excédant.

Le seul côté faible révélé dans l'organisation de l'Angleterre par la crise d'Orient, fut l'état militaire du pays. On a vu plus haut avec quelle difficulté le gouvernement avait entretenu en Crimée un effectif insuffisant, et quels vices s'étaient révélés dans l'administration de l'armée. Il y eut, pour le pays, une révélation pénible dans la présentation d'un bill pour l'enrôlement des étrangers.

Dans un pays où le service militaire est volontaire et où les carrières industrielles présentent plus d'avantages que dans toute autre contrée, quoi d'étonnant qu'il fallût recourir à l'enrôlement de troupes étrangères. Quelque pénible que fût l'aveu impliqué dans cette mesure, comment s'y refuser, quand lord John Russell venait déclarer au Parlement que, sur l'augmentation de 50,000 hommes votée par les Chambres, il en manquait encore 20,000, et cela malgré les avantages nouveaux offerts à l'enrôlement; quand lord Palmerston venait dire : « Quand nous voulons trouver des hommes, il nous faut aller sur le marché faire concurrence à l'industrie du pays. On nous dit que la population est maintenant de 28 millions, que nous devons, par conséquent, avoir 6 ou 7 millions d'hommes en état

de porter les armes... Mais tous ces hommes propres au service
sont tous engagés dans les diverses branches de l'industrie du
pays ; nous sommes obligés d'aller sur le marché faire concurrence à cette industrie, et chaque millier d'hommes que nous en
enlevons fait hausser le prix du travail.... »

C'étaient là les résultats logiques de la surexcitation industrielle
qui fait la richesse de l'Angleterre. Un autre vice de l'organisation militaire, déjà souvent signalé, mais que les nécessités de
la guerre pouvaient seules battre en brèche, c'était l'insuffisance et la vétusté du personnel. L'énorme consommation d'hommes faite en Orient, et l'impossibilité pour beaucoup d'officiers
supérieurs, de prendre une part active à la guerre, par suite de
leur âge et de leurs infirmités, eut d'abord pour excellent résultat de nécessiter des promotions nombreuses (20 juin).

Par suite de ces besoins nouveaux, cinquante-huit lieutenants
généraux devenaient généraux. Dans le nombre on remarquait
le vicomte Hardinge, ancien gouverneur général des Indes, aujourd'hui commandant en chef des armées anglaises; lord Raglan, commandant de l'armée anglaise en Orient; lord Seaton,
le comte de Westmoreland , alors ambassadeur d'Angleterre
près de la cour d'Autriche; le vicomte Hugh-Gough qui commandait l'armée anglaise pendant la guerre de Chine et dans la
dernière campagne contre les Sikhs; le comte de Cathcart,
alors gouverneur de la colonie du cap de Bonne-Espérance, le
même qui avait terminé heureusement la dernière guerre contre
les Cafres ; sir Willoughby Cotton, qui avait longtemps commandé les troupes de la présidence de Bombay et pris part à la
première campagne du Caboul; le marquis de Tweeddale, ancien gouverneur de la présidence de Madras et beau-père du
duc de Wellington; sir William Gomm, général en chef de
l'armée anglaise dans l'Inde, etc.

Entre les soixante-dix-neuf majors généraux qui devenaient
lieutenants généraux, on remarquait S. A. R. le duc de Cambridge, qui commandait une division de cavalerie de l'armée
anglaise en Orient; sir Henri Smith, qui s'était distingué tout particulièrement dans la première guerre contre les Sikhs, qui depuis
avait été gouverneur du cap de Bonne-Espérance, et comman-

dait alors la division militaire dont Plymouth est le chef-lieu ; sir de Lacy Evans, membre de la Chambre des Communes, ancien chef de la légion anglaise en Espagne, et qui commandait alors une division de cavalerie de l'armée d'Orient ; sir Thomas Willshire, qui avait longtemps commandé dans l'Inde ; sir Joseph Thackwell, qui commandait la cavalerie dans la dernière campagne contre les Sikhs ; sir George Bowles, lieutenant de la Tour de Londres, etc.

Cent cinquante-six colonels étaient promus au grade de major général ; parmi eux on remarquait lord Howden, ambassadeur d'Angleterre en Espagne ; le colonel Jonathan Peel, frère du célèbre ministre ; sir James Schœdde, qui avait fait la guerre en Chine et dans l'Inde ; sir Colin Campbell, qui après la guerre en Chine commandait le corps d'occupation anglais des îles Chusan, et ensuite s'était distingué dans la dernière guerre contre les Sikhs et dans les nombreuses expéditions qu'il avait fallu faire contre les tribus montagnardes au nord et à l'est de l'Indus ; le comte de Cardigan qui commanda depuis le 11e régiment de cavalerie anglaise (hussards) dans l'armée d'Orient ; le duc de Wellington, etc., etc.

Parmi les colonels d'artillerie promus au grade de major général, on remarquait le colonel William Cator, qui commanda l'artillerie de l'armée d'Orient.

Nous avons plus d'une fois montré l'intérêt d'influence générale et d'existence politique attaché pour la Grande-Bretagne, aux développements exagérés de la Russie dans le monde.

Un autre point de vue de cette question, c'est celui de la comparaison à établir entre le commerce du Royaume uni avec l'une et l'autre des deux parties belligérantes. Quelle est celle avec laquelle il aurait le plus perdu ?

Et d'abord, le commerce de céréales. Les importations anglaises de grains se sont élevées en 1852 au chiffre de 12 millions de liv. ster. (300 millions de francs) , et sur ce chiffre, un tiers s'est fait par les mains des négociants grecs qui ont maintenant presque le monopole de ce commerce dans la Méditerranée. Les états officiels montrent que les exportations anglaises pour la Turquie se sont élevées de 888,654 liv. st. (22 millions

216,350 fr.) en 1831, à 3 millions 113,679 liv. ster. (77 millions 841,975 fr.) en 1850, c'est-à-dire ont augmenté dans la proportion de 250 p. 0,0, c'est-à-dire encore qu'elles font plus que doubler en onze ans.

Par contre, le commerce d'exportation de la Grande-Bretagne en Russie s'élevait, en 1831, au chiffre de 1 million 191,565 liv. ster. (29 millions 789,725 fr.), et dans les onze années qui se sont écoulées de 1840 à 1850, les états officiels (valeur déclarée) le portent aux chiffres suivants :

1840,	1,602,742 liv. ster.	1846,	1,725,148 liv. ster.
1841,	1,607,175 —	1847,	1,844,543 —
1842,	1,885,953 —	1848,	1,925,226 —
1843,	1,895,519 —	1849,	1,566,175 —
1844,	2,128,926 —	1850,	1,451,771 —
1845,	2,183,491 —		

La valeur des exportations est donc tombée au-dessous de ce qu'elle était en 1832, car en 1851 elle n'a été que de 1 million 289,704 liv. ster. (32 millions 192,600 fr.) Nous n'arriverons pas toutefois à connaître la valeur réelle des exportations de l'Angleterre pour la Russie si nous nous en tenons seulement aux totaux; il faut pour cela entrer dans le détail des divers articles qui les composent. On verra que depuis que la législation britannique a ouvert librement ses ports à l'importation des grains étrangers, le commerce de la Russie a toujours été déclinant, tandis qu'à partir de la même époque, le commerce avec la Turquie a augmenté ; et tandis que le premier diminuait de presque 50 p. 0,0 depuis 1845, l'autre se développait d'autant pendant la même période.

Venons aux tissus de coton qui forment la principale branche du commerce anglais avec les deux pays. En 1831, la quantité de tissus de coton, exportés en Russie, s'élevait exprimée en yards, au chiffre de 1 million 960,634 yards, dont la valeur déclarée était de 68,412 liv. ster. (1 million 710,300 fr.) Dans la même année, l'Angleterre exportait pour la même destination 13 millions 959,666 livres de filés de coton d'une valeur déclarée de 790,375 liv. ster. (19 millions 759,375 fr.) C'était donc les filés qui avaient le plus d'importance pour l'Angleterre, et l'exportation pour la Russie n'avait cessé de se développer jusqu'en 1837, où le chiffre s'en était élevé à 24 millions 108,593 livres, d'une valeur déclarée de 1 million 612,956 liv. ster. (40 millions 323,900 fr.) Depuis cette époque, ce chiffre n'a plus été atteint, et en 1850, il n'a plus été exporté que 4 millions 370,576 livres, d'une valeur déclarée de 245,626 liv. ster., soit en francs 6 millions 130,625 fr. Ce sont là des faits significatifs.

Voyons maintenant les exportations de tissus de coton pour les deux pays. En 1831, la quantité de ces tissus, exportés pour la Russie, était de 1 million 960,634 yards ; en 1835, elle s'élevait à 2 millions 883,059 yards, d'une valeur déclarée de 109,298 liv. ster., soit 2 millions 682,450 fr. Depuis, l'exportation britannique n'avait plus retrouvé ce chiffre qui avait fini par tomber en 1851, à 1 million 568,934 yards, d'une valeur déclarée de 30,257 liv. ster., soit 755,925 fr.

La Russie n'avait pas seulement réduit ses importations de filés de coton de 24 millions de livres par an à 3 millions et demi, mais ses importations de tissus étaient donc aussi descendues de 2 millions de yards à 1 million et demi. Or, la cause n'en peut pas être attribuée à une représaille de tarifs, puisque les tarifs anglais admettent presque sans droits tous les produits bruts tirés de ce pays. C'est donc parce que la Russie développe son industrie manufacturière, qu'elle cesse d'acheter à l'Angleterre, et il est également clair que l'ouverture des ports anglais à la libre importation des grains de la Russie n'a pas eu pour résultat le développement du commerce réciproque.

Si nous examinons, au contraire, le commerce britannique avec la Turquie, nous verrons qu'il se présente sous un aspect tout différent. Ses exportations pour ce pays sont en voie d'augmentation notable. Pour les tissus de coton, par exemple, il avait été exporté, en 1831, en Turquie 24 millions.565,580 yards de ces tissus ; en 1836, le chiffre s'en élevait à 48 millions 79,103 yards ; en 1843, il était de 87 millions 779,155 yards, et en 1848 de 156 millions 757,178 yards. Telle est la rapide augmentation de ces exportations de coton pour la Turquie, qu'en 1850 leur valeur totale s'était élevée à 2 millions 458,538 liv. ster., soit 61 millions 462,450 fr.

En même temps que les exportations de tissus de coton se développaient d'une manière si remarquable, celles des filés suivaient une progression analogue. En 1831, elles étaient de 1 million 735,760 liv. ; en 1848, elles s'élevaient au chiffre de 13 millions 19,335 liv.

Le commerce de la Turquie depuis 1842, année où le gouvernement turc a permis l'exportation des grains, a fait des progrès très-considérables. C'est toutefois la liberté de l'importation des grains en Angleterre qui a donné l'élan à l'agriculture de la Valachie et de la Moldavie. L'Angleterre ne tire pas beaucoup de froment de la Turquie, mais elle en reçoit d'immenses quantités de maïs dont le commerce est presque tout entier dans les mains des Grecs. D'ailleurs l'importance de la navigation des ports d'Ibraïla et de Galatz sur le Danube suffirait presque seule à montrer le prix que l'Angleterre doit attacher à son commerce avec la Turquie. Entre 1842 et 1850, l'exportation du maïs par Galatz s'est progressivement élevée à 1 million 400,000 quarters (4 millions d'hectolitres), soit dans la proportion de plus de 100 p. 0/0. Les exportations de froment du même port n'ont pas atteint ce chiffre, mais celles d'Ibraïla ont pris aussi des développements très-considérables. On le voit, si l'Angleterre a intérêt à faire naître un commerce réciproque avec les pays étrangers qui produisent des grains, il n'en est pas en Europe qui doive plus attirer son attention que la Turquie. Les négociants grecs qui sont aujourd'hui fixés en Angleterre, et qui sont nombreux, y jouissent de la réputation commerciale la plus honorable, et en perfectionnant son agriculture, la Turquie pourrait facilement augmenter de beaucoup sa puissance productrice en céréales. Le commerce anglais avec les Principautés du Danube devra prendre de grands développements, s'il ne survient pas de troubles politiques pour arrêter ses progrès. On peut dire que, dès aujourd'hui, l'Angleterre fait la plus grande partie du commerce des Principautés avec l'étranger, car ses exportations de tout genre, pour Galatz seulement, se sont élevées en 1850 à environ 35,000 livres ster. (10 millions 875,000 fr.), et pour Ibraïla à 63,000 livres ster. (11 millions 575,000 fr.) Des 391 navires qui sont sortis de Galatz en 1850, 133 étaient chargés à destination de l'Angleterre, et 162 de Constantinople ; 96 seulement étaient pour le reste du monde.

Sur le nombre, 117 étaient sous pavillon grec , 77 sous pavillon turc, et 50 sous pavillon anglais.

Sur les 505 navires partis chargés d'Ibraïla en 1850 , 285 étaient à destination de Constantinople, 120 d'Angleterre, 186 pour le reste du monde; 202 étaient sous pavillon grec, 100 sous pavillon turc et 56 sous pavillon anglais, jaugeant 10,583 tonneaux à Galatz et 9,596 à Ibraïla.

On comprendra par ces chiffres quel débouché serait fermé au commerce extérieur de la Grande-Bretagne, si la Russie devenait maîtresse d'une partie de l'empire ottoman.

L'Angleterre aurait plus à souffrir qu'aucun autre pays. Son commerce , en décroissance avec la Russie depuis quelques années, est en progrès très-marqué avec les provinces turques : elle entretient avec le seul port de Constantinople un mouvement annuel de plus de 500,000 tonneaux, et en 1852, sur 9,220 navires à voiles entrés dans ce port, le pavillon britannique en avait couvert 1,687, l'Autriche 4,280, et la France 236. Ce serait l'expression assez exacte des relations de ces trois puissances avec les ports danubiens, avec Galatz (Moldavie) et Ibraïla (Valachie). L'Angleterre, en 1851, y avait compté 226 navires, l'Autriche 96, et la France 70. Quant aux valeurs commerciales, l'Angleterre fait avec la Turquie et les contrées du Danube une somme annuelle d'échanges d'environ 180 millions; les seules cotonnades y comptaient, en 1850, pour 141 millions de mètres, soit pour 61 millions de francs.

Après les pavillons grec et ottoman, c'est celui de l'Angleterre qui vient en première ligne. L'Autriche n'occupe que le second rang, et toutefois cette dernière est, dans l'état actuel des choses, la nation la plus directement intéressée à la libre navigation du Danube, fleuve autrichien sur près des deux tiers de son parcours, et grande route du continent germanique tout entier vers la mer Noire et tout le bassin levantin, vers l'Arménie, la Perse et les provinces ottomanes d'Europe et d'Asie. L'Autriche est même, sur ce terrain, une rivale sérieuse pour l'Angleterre.

On sait combien sont actives aujourd'hui les opérations du Lloyd de Trieste sur le bas Danube et dans la mer Noire; en 1851, elles étaient représentées par 210 voyages, et un nouveau service de va-

peurs entre Vienne et Constantinople, par Galatz, met aujourd'hui
ces deux points extrêmes à sept jours de distance. Aussi la question·
du Danube, si elle concerne directement Vienne, Venise et Trieste,
n'intéresse-t-elle pas moins, il faut le dire, Berlin, Leipzig et les
autres cités manufacturières de l'Allemagne de l'ouest, aujour-
d'hui qu'un traité lie les destinées commerciales du Zollverein
à celles de l'Autriche. Les contrées danubiennes, bien que l'industrie y ait encore fait peu de progrès, recèlent beaucoup de
richesses non-seulement agricoles, mais forestières et minérales,
et les puissantes familles de boyards qui résident à Jassy, à
Bucharest, à Giurgevo, à Craiova, sont, avec la population aisée
des Principautés, de précieux consommateurs des produits anglais.

En dehors des funestes influences de l'état de guerre, le commerce britannique avait eu beaucoup à souffrir durant cet exercice, d'abord de la cherté générale des objets de consommation
du fret maritime, puis de la crise commerciale d'Australie, des
troubles intérieurs de la Chine, et enfin de la crise des États-
Unis. Malgré toutes ces causes de perturbation, le commerce
extérieur de l'Angleterre n'avait pas été très-gravement affecté.
Il avait perdu, mais non dans la mesure qu'eût pu faire appré-
hender une telle complication de circonstances fâcheuses.

L'exportation des produits de fabrication britannique s'était
élevée à 97 millions 92,308 livres ster. contre 98 millions
933,781, avec une diminution de 1 million 841,473 livres ster.
seulement (un peu plus de 46 millions de francs); et encore
toute la diminution avait-elle porté sur les quatre derniers mois
de l'exercice. Jusque-là le commerce de 1854 avait marché de
pair avec celui de 1853, ou plutôt même l'avait un peu dépassé.
C'étaient les tissus de laine, de coton et de lin qui avaient subi
la plus forte part de la perte, qu'avait compensée en partie
l'exportation des métaux et des charbons.

A l'importation, les grandes matières du travail, le coton, le
lin et la laine, accusaient de fortes diminutions, spécialement
celles que l'Angleterre tire d'habitude de Russie. Ainsi, le lin
était tombé de 1 million 883,374 quintaux à 1 million 303,235,
et le suif de 1 million 175,754 quintaux à 754,359. Si réduites

que fussent ces quantités, elles montraient assez cependant que l'exportation russe s'était frayé une voie à travers les frontières prussiennes. Seulement l'Angleterre en avait la contre-valeur en argent bien plus qu'en marchandises, ce qui est un désavantage. On remarquait dans le tableau anglais de forts accroissements sur les viandes salées (1 million 51,275 quintaux contre 660,535). Un accroissement remarquable encore, était celui des huiles de palme et de coco de la côte d'Afrique, lesquelles étaient venues compenser en partie le déficit des suifs de Russie. Sur les autres marchandises, on ne pouvait guère signaler que les fortes importations du guano, dont l'agriculture anglaise fait avec succès un emploi sans cesse croissant.

Les tableaux du *Board of trade* ajoutaient beaucoup cette fois à leurs renseignements habituels. On y trouvait, par exemple, la recette des douanes détaillée par articles. En total, elle donnait pour 1854 560 millions, c'est-à-dire 5 millions seulement de moins qu'en 1842, époque où la réforme des tarifs, à peine commencée, était loin d'avoir porté tous ses fruits. Le sucre, le tabac, le thé, le vin et l'eau-de-vie fournissaient à eux seuls les quatre cinquièmes du produit. A l'heure présente, le tarif anglais ne comprenait plus que trente-deux articles, sauf un certain nombre d'objets fort secondaires, qui, réunis, produisaient à peine 1 million.

Les tableaux donnaient aussi l'*excise*, c'est-à-dire le revenu indirect. L'*excise* porte, on le sait, sur les éléments de la fabrication de la bière, les houblons et le *malt*, sur le papier et les spiritueux, sur le sucre de betterave. Les esprits seuls offraient un peu d'augmentation; le houblon avait énormément décru, la récolte ayant manqué. Quant au sucre de betterave il n'en avait été soumis au fisc anglais, en 1854, qu'un contingent de 2,204 quintaux, environ 110,000 kilogrammes. Or, l'Angleterre consomme environ 400 millions de kilogrammes de sucre.

Ainsi, en fin de compte, malgré la guerre, malgré la cherté des subsistances, malgré les grèves d'ouvriers, l'accroissement de la richesse et de la puissance commerciales de l'Angleterre n'avait pas eu à subir de temps d'arrêt. Le bilan de ses trois premiers mois d'exportation s'était clos par une augmentation nouvelle de près de 25 millions de francs. Cette proportion n'avait été que légèrement diminuée dans le reste de l'exercice, par toutes les causes qui semblaient devoir l'attendre. Ce que la Grande-Bretagne perd d'un côté, elle le regagne de l'autre. Si un point du monde échappe à son infatigable activité, n'a-t-elle pas pour y déverser sa production énorme, ses colonies de l'Atlantique, ses possessions de l'Inde, son empire indien, ses comptoirs de Chine, et ce monde nouveau créé d'hier, l'Australie, but et point de départ aujourd'hui d'un immense mouvement commercial, rivale heureuse de la Californie dans la production de l'or.

L'effectif de la marine marchande, d'après les documents officiels publiés par ordre de la Chambre des communes, se composait ainsi qu'il suit :

	MARINE A VOILES.			MARINE A VAPEUR.		
	Bâtiments.	Tonneaux.	Hommes.	Bâtiments.	Tonneaux.	Hommes.
Navires employés exclusivement pour le cabotage......	8,538	694,712	34,510	240	54,002	3,840
Navires employés tantôt pour le cabotage, tantôt pour le commerce extérieur...	1,166	202,124	8,099	45	19,135	1,328
Navires employés dans le commerce extérieur exclusivement.	7,165	2,619,620	103,913	253	139,500	10,726
Total. . . .	16,869	3,516,456	146,522	538	212,637	15,894

La réunion des navires à voiles et des navires à vapeur portait le total général de la marine marchande des trois royaumes, en 1854, à 17,407 bâtiments jaugeant 3,729,093 tonneaux, et montés par 162,416 hommes d'équipage.

CHAPITRE XI.

AMÉRIQUE.

ÉTATS-UNIS.

Le jour où la paix disparaissait en Europe, où les ressources des plus grandes puissances allaient pendant longtemps s'appliquer à une lutte qui suffirait à paralyser leur action sur un autre terrain, la politique envahissante des États-Unis allait-elle profiter de cette situation pour reprendre, en toute sécurité, ses entreprises contre Cuba? Il est peu honorable pour les États-Unis qu'on ait pu un seul instant, après l'attitude prise dès les premiers jours de sa présidence par M. Pierce, se poser une question semblable. Il est plus fâcheux encore que M. Pierce ait justifié tout à coup par une démarche inouïe les soupçons qui planaient sur sa politique.

Le 1er août, le président des États-Unis demanda au Congrès par un message (*Voyez* l'Appendice, p. 228), l'ouverture d'un crédit de 10 millions de dollars pour subvenir à des besoins extraordinaires et éventuels créés, selon lui, par la situation des affaires entre l'Union américaine et l'Espagne. Ce message ne produisit pas l'effet qu'attendaient les amis de M. Pierce. Le Congrès s'ajourna au mois de décembre, et refusa au président le vote de confiance demandé. Ce vote ne prouvait nullement que l'envie d'acquérir Cuba eût diminué aux États-Unis; mais les dernières nouvelles de l'Amérique centrale, surtout les excès commis à Greytown, port maritime inhumainement bombardé pour une misérable querelle, par le capitaine Hollins, avaient excité la défiance contre une administration qui autorisait des actes si peu honorables pour le pavillon fédéral et contraires aux intérêts positifs des États-Unis.

Déjà, d'ailleurs, au mois d'août, les partis politiques s'agitaient dans l'Union pour les prochaines élections d'État. Déjà même on s'occupait du choix du futur président; on mettait en avant les candidatures du général Scott et de M. Bell, du Tennessee. La candidature du général Scott gagnait chaque jour du terrain. Quoi qu'on puisse penser de ses qualités et de ses défauts, M. Winfield Scott est un des vétérans les plus distingués de l'armée américaine. Ses chances s'augmenteraient peut-être de l'éclatant échec qu'il subit aux élections de 1852, en concurrence avec le général Pierce, dont la présidence avait si peu réalisé les promesses fondées sur son énergie et sur son habileté. Quant à M. Bell, il représentait au Sénat le Tennessee; il appartenait au parti whig et avait été ministre de la guerre sous l'administration du général Harrison.

Un parti nouveau s'est créé depuis quelque temps aux États-Unis, qui a pris le nom de *Know-nothing* (ne connaissant rien). Protestant avant tout, ce parti affiche les sentiments de l'intolérance la plus hostile à la portion de l'immigration étrangère qui professe le catholicisme. Déjà ce parti a essayé ses forces dans plusieurs réunions électorales et son attitude à l'égard des Irlandais catholiques a amené des rixes sanglantes. Mais peut-être les Know-nothing ont-ils des allures mystiques trop peu en harmonie avec les tendances modernes du caractère américain pour pouvoir prétendre à un rôle politique sérieux.

L'attitude agressive des agents de l'Union américaine a fait naître, soit avec la France (on l'a vu dans l'affaire Soulé), soit avec l'Espagne ou l'Autriche des conflits nombreux qui témoignent d'un désir toujours croissant de prendre part aux affaires de l'Europe par les moyens et dans les intentions les moins légitimes : dans la crise d'Orient, toutefois, malgré des sympathies transparentes pour la cause de la Russie, la république américaine a arboré le pavillon de la neutralité.

La politique commerciale des États-Unis est tout autrement libérale et féconde. Le gouvernement de M. Pierce adhéra, cette année, aux projets de M. Walker, ministre du Trésor, en matière de tarifs.

Rien de plus libéral que l'esprit dans lequel étaient conçues les propositions de l'administration américaine pour la révision du tarif des douanes. Le nombre des articles qu'il s'agissait d'affranchir complétement était de cent cinquante et un, dont trente-trois payaient 5 p. 0/0 de la valeur, trente-huit 10 p. 0/0, douze 15 p. 0/0, soixante et un 20 p. 0/0, quatre 30 p. 0/0 et trois 40 p. 0/0. C'étaient pour la plupart des matières premières et des substances alimentaires ou médicinales. En première ligne citons les vins qui étaient taxés à 40 p. 0/0. La franchise cependant ne serait pas appliquée au vin de Champagne, ni à toute espèce de vin travaillé; mais les vins de Bordeaux, de Bourgogne, des côtes du Rhône, du Languedoc et du Roussillon en auraient tout le bénéfice. La valeur officielle des vins importés dans l'Union pendant le dernier exercice, en ne comptant que ceux sur lesquels porterait l'exemption, avait été de onze millions 250,000 fr., et le droit perçu avait été de quatre millions et demi.

Parmi les matières premières auxquelles la franchise serait accordée, il faut signaler plusieurs métaux, et notamment l'acier, le zinc et le cuivre en saumons ou en feuilles, les huiles de palme, de coco, de noix et d'olive, les graines oléagineuses et diverses sortes d'autres graines, les bois de teinture, le sumac, la garance, les décoctions de bois de teinture, la garancine, la noix de galle, la cochenille, les laques, le soufre, l'indigo, le borax, le salpêtre et le nitrate de soude, le carbonate de soude, le sel marin ou de cuisine, et divers autres sels ; les articles employés par l'ébénisterie et la tabletterie, et notamment les bambous, jones et rotins, l'ivoire, les principaux bois pour les meubles, le marbre. Signalons encore la soie brute à l'état d'organsin, les chiffons pour la papeterie, les peaux destinées à la chapellerie, le suif et toutes les matières qui servent à faire des savons; les cuirs et peaux à l'état brut, le crin, les poils destinés à être tissés, les laines communes, les engrais, le caoutchouc, la gutta-percha. En fait de substances alimentaires, on distinguait le thé et le café, quel que fût le mode d'importation (importées directement, ces deux articles avaient déjà la franchise), une grande quantité de fruits verts, secs ou confits, les épices de toutes sortes, le sagou, le tapioca. On y remarquait aussi un assez grand nombre de substances médicinales. La liste comprenait aussi des articles manufacturés qui ont de l'importance, et d'abord les toiles de lin et de chanvre, les montres ou parties de montres, les livres et brochures édités avant 1830.

Le sacrifice consenti par la Trésorerie américaine paraît devoir être sur l'ensemble des articles de plus de huit millions de dollars (quarante-deux millions de francs). Nous avons dit quel en était le montant sur les vins. Il serait plus considérable sur les tissus de lin ou de chanvre, du double environ, neuf millions et demi de francs. Sur le fer-blanc, il irait à près de quatre millions; sur l'acier, à deux millions 250,000 fr.; sur les épices, à près de deux millions; sur les livres, à plus d'un million; sur les laines communes et sur le sel, il serait à peu près le même; mais sans doute l'impulsion donnée au commerce étranger par ces mesures libérales ferait croître le revenu public sur les articles qui restaient assujettis à des droits, de manière à compenser à peu près la réduction prévue d'environ quarante-deux millions. L'exemple de l'Angleterre autorisait à penser qu'il en serait ainsi. L'Angleterre, après avoir voté des réductions successives montant à plus d'un milliard, tant sur les douanes que sur diverses autres contributions, se trouve toujours en possession du même revenu. C'est le seul pays de l'Europe, on le sait, qui offre un excédant des recettes sur les dépenses, et cet excédant monte annuellement à cinquante millions environ.

Selon le plan du secrétaire de la Trésorerie, le tarif américain aurait désormais trois classes de marchandises : la première, celle des articles admis en franchise ; la seconde, composée d'articles payant 25 p. 0/0 ; la troisième, qui ne comprendrait que les spiritueux, c'est-à-dire les eaux-de-vie, l'absinthe, le rack, le curaçao, le kirsch, les liqueurs, le marasquin et le tafia, subirait un droit de 100 p. 0/0. C'est dans une pensée d'hygiène publique, et sous la pression des associations religieuses et des sociétés de tempérance, que ces droits élevés étaient demandés. On n'ignore pas que déjà ils étaient en vigueur ; ainsi ce n'était pas d'une aggravation du tarif qu'il s'agissait, même à l'égard des spiritueux.

Quant à la prohibition, le tarif américain n'en présente pas de traces. Il n'y avait donc pas lieu à abolir des mesures qui n'avaient jamais été prises.

MEXIQUE.

Le traité conclu entre le Mexique et les États-Unis, le 30 décembre 1853, relativement à la délimitation des frontières des deux États, fut ratifié le 30 juin.

Le dictateur, Santa-Anna, réserva par un décret, aux navires américains, le droit exclusif d'exportation, et stipula ces droits pour les navires des nations qui accordaient la réciprocité, mais seulement pour les marchandises nationales. En dehors de ces conditions, les droits seraient de 3 p. 0/0 en sus du tarif.

BRÉSIL.

Le ministre des affaires étrangères, M. Limpo de Abreu, annonça officiellement, le 19 janvier, l'intervention du Brésil dans les affaires de Montevideo. L'importante circulaire qu'il adressa, en cette occasion, au corps diplomatique, retraçait l'historique des événements qui avaient fini par imposer à la politique impériale une action décisive.

A l'époque où, disait M. Limpo de Abreu, la convention préliminaire de paix conclue entre l'empire du Brésil et la république Argentine, le 22 août 1828, donna naissance au nouvel État qui prit le nom de *république orientale de l'Uruguay*, il fut reconnu par les deux parties contractantes, et par la Grande-Bretagne qui assistait à ces arrangements, qu'il y avait nécessité d'admettre un droit d'intervention et de protection étrangère, pour que la paix pût se consolider dans le nouvel État et qu'un gouvernement régulier s'y établît et s'y maintînt. Diverses stipulations furent adoptées dans ce but.

Par les art. 4, 5 et 6, on pourvut à la libre élection de représentants et à l'élection faite par eux d'un gouvernement provisoire; par l'art. 7, on leur imposa l'obligation de rédiger une constitution qui, avant d'être jurée, devait être examinée par les commissaires des gouvernements contractants; par l'art. 9, on sanctionna, d'une manière absolue et perpétuelle, l'oubli des actes et opinions antérieurs; enfin, par l'art. 10, on stipula le droit d'intervention des gouvernements contractants pendant cinq années, en faveur du gouvernement légal, dans le cas où le repos et la sécurité publics seraient troublés par la guerre civile.

Mais cette guerre civile que l'on craignait éclata bientôt; l'intervention devant être un acte collectif des deux gouvernements contractants, rien n'étant prévu d'ailleurs ni défini quant aux moyens de l'exécuter, et les vues de ceux qui devaient y concourir ne pouvant s'accorder, en présence des prétentions du dictateur Rosas, l'intervention ne se réalisa pas; la guerre civile prit des proportions énormes et produisit des complications qui motivèrent la médiation de la France et de l'Angleterre en 1842, et l'intervention de ces deux puissances depuis 1845.

Le Brésil avait eu sa part des charges et des souffrances imposées par ce long conflit. L'agitation constante qui régnait sur ses frontières du Sud l'avait obligé à y conserver sur le pied de guerre, avec des dépenses et des sacrifices énormes, des forces considérables. Les Brésiliens établis en grand nombre dans l'Etat oriental avaient été vexés et opprimés dans leurs personnes, ruinés dans leurs biens. L'intérêt politique que le Brésil n'avait jamais cessé d'attacher au maintien de l'indépendance de l'Etat oriental, compromis pendant tout ce laps de temps, était à peu près détruit à la fin de cette guerre. Enfin, l'absorption imminente de l'Etat oriental par le dictateur Rosas plaçait l'empire en face d'une guerre immédiate, d'une guerre qui déjà s'annonçait comme inévitable.

Dans cette situation, le gouvernement du Brésil dut aviser et il organisa la coalition de 1851 qui affranchit l'Etat oriental et mit un terme à la domination de Rosas dans le Rio de la Plata. En reprenant la jouissance de sa liberté, l'Etat oriental se trouvait dans une situation déplorable. La campagne avait été dévastée, et la ville de Montevideo avait fait tous les sacrifices qu'un peuple peut s'imposer pendant une si longue défense. La population avait tellement diminué que la république comptait à peine 130,000 habitants. L'élève du bétail, qui est son unique industrie, était presque complétement ruinée, car les troupeaux avaient été détruits. Les capitaux avaient disparu, les habitudes de travail étaient oubliées, les propriétés et les revenus publics avaient été aliénés pour un long temps, et sur ces ressources précaires pesait le poids d'une dette relativement énorme, qui d'après des vérifications ultérieures, s'élevait à plusieurs millions de piastres fortes. Enfin une grande partie de la population réclamait du gouvernement des moyens d'existence, des récompenses, des indemnités ! L'envoyé extraordinaire de la république auprès de l'Empereur du Brésil, en présentant ce lugubre tableau, et en exposant les périls que courait même la nationalité de son pays, s'il n'était fortement et généreusement secouru, sollicitait du gouvernement impérial l'as-

sistance dont il avait besoin. Il proposait, en outre, les projets
de traité qui furent conclus le 12 octobre 1851.

Ces traités, qui avaient touché aux questions pendantes entre
les deux pays, dans le but d'amener une alliance solide avaient
fondé cette alliance sur les bases mêmes de la convention de
1828, en les développant et en les complétant.

L'art. 14 du traité d'alliance du 12 octobre 1851 dit textuellement que les deux hautes parties contractantés inviteront le
gouvernement Argentin à accéder aux stipulations qui précédent, et à faire partie de l'alliance, dans les termes de la plus
parfaite réciprocité. C'est ainsi que, fidèle à la politique de la
convention de 1828, le Brésil put largement asseoir la protection qu'il lui était permis de donner à l'État oriental. Malheureusement, disait la circulaire de M. Limpo de Abreu, ses intentions ne furent pas bien appréciées par ceux qui prirent alors la
direction des affaires publiques de l'État oriental, et la situation
vraie du pays lui-même ne fut pas mieux comprise par eux. Les
stipulations des traités qui garantissaient les droits de tous les
habitants nationaux et étrangers, celles qui établissaient des
bases pour la renaissance du crédit public, des garanties de paix
et de confiance dans l'avenir du pays, furent mises par eux en
suspicion.

C'est dans cet état de choses qu'une nouvelle révolution politique s'accomplit à Montevideo. Le pays parut accepter cette révolution, et aucun effort ne fut fait pour soutenir la cause du président Giró. Le Brésil ne se crut pas obligé à entreprendre
comme partie principale une guerre injustifiable à l'effet de rétablir ce président. C'est ce que fit déclarer le gouvernement
impérial à l'ex-président Giró quand celui-ci requit du ministre
brésilien à Montevideo l'assistance des forces du Brésil.

Depuis cette déclaration, quelques chefs en armes avaient
paru dans la campagne et avaient inauguré la guerre civile. Mais
le gouvernement provisoire avait réprimé ces tentatives qui n'a-
vaient eu pour résultat que beaucoup de sang répandu et des
souffrances nouvelles ajoutées à toutes celles qu'on avait déjà
subies; depuis trois mois que durait la lutte, la situation de la
république avait considérablement empiré. La population, déjà

si diminuée, avait subi une perte nouvelle de plus de 15,000 âmes. L'émigration, qui se dirigeait vers Montevideo, avait pris une autre destination. Les capitaux qui commençaient à se montrer avaient encore une fois disparu. Le commerce était anéanti. Les revenus de l'Etat, déjà si faibles, avaient été entièrement consommés en anticipations onéreuses. La dette publique augmentait de jour en jour. Les créanciers de l'Etat, au nombre desquels se trouvent beaucoup d'étrangers, voyaient s'évanouir l'espoir d'être payés, et ce qui est pire encore, les passions et les haines civiles s'étaient de nouveau enflammées. On avait vu reparaître les proscriptions des citoyens, le séquestre des biens, les violences de toute espèce.

En cet état de choses, qui compromettait visiblement l'existence nationale de cette république, car il annihilait tous les éléments de vie politique et de vie sociale, l'assistance du Brésil primitivement demandée par le président Giró, fut encore réclamée par le gouvernement provisoire. Cette réclamation se fondait sur le texte des traités de 1850, et le gouvernement du Brésil se déclara engagé d'honneur à l'exécution de ces traités.

« Son honneur et son intérêt, disait la circulaire du ministre brésilien, sont heureusement d'accord, en cette affaire, non-seulement avec les sentiments d'humanité, mais encore avec les intérêts de toutes les nations dont les sujets résident dans la république orientale ou qui ont des relations de commerce. C'est pourquoi le gouvernement du Brésil, en vue des graves considérations qu'il a exposées, a été amené à intervenir dans les affaires de l'Etat oriental. Le gouvernement du Brésil déclare qu'il ne mettra pas en mouvement ses forces sans la réquisition du gouvernement oriental; mais en quelque cas qu'il agisse, son but ne sera autre que d'assurer l'existence de cet Etat, l'exercice des droits de tous ses habitants, la paix et la sécurité publiques, et l'établissement régulier et durable. Il assurera ainsi l'exécution de la politique consignée dans le traité d'alliance du 12 octobre 1851.

» Le gouvernement impérial croit que cette intervention, qui se fonde sur la convention de 1828, sur les traités de 1851, sur les intérêts essentiels de l'Empire, compromis par l'agitation permanente de ses frontières du Sud et par d'autres causes, sera reçue par les gouvernements des nations amies comme un événement heureux pour l'humanité affligée par des guerres civiles prolongées et pour le commerce et l'émigration, si directement et continuellement contrariés par ce fléau. Le gouvernement du Brésil ne cherche pas pour lui, quelles que soient les circonstances, une prédominance illégitime sur l'Etat oriental, et il laissera ce même Etat dans la position que lui assignent la convention de 1828 et les traités de 1851. Le gouvernement du Brésil se bornera à rétablir et à consolider la paix et à solliciter, garantir et aider l'établissement d'un ordre de choses, et d'un gouvernement régulier et durable, qui donnent des garanties à tous les habitants, et des bases pour que les éléments de prospérité que le pays renferme puissent se développer, en acquérant ainsi des conditions de solide et complète indépendance. Le gouvernement du Brésil n'aspire pas à une augmentation territoriale; il considère et déclare solennellement, comme limites définitives entre l'empire et l'Etat oriental, celles qui ont été fixées par le traité du 12 octobre 1851. Enfin le gouvernement du Brésil a seulement pour objet, dans la politique qu'il s'est prescrite, de sauver l'Etat oriental, de fortifier et d'affermir son indépendance. Il ne refusera pas le concours de toute puissance qui voudra s'entendre avec lui sur les moyens d'atteindre le but indiqué. »

Le Brésil continue sa marche vers les progrès matériels, en même temps qu'il accroît son influence politique. Une Compagnie lusitano-brésilienne inaugura, cette année, un nouveau service régulier de bateaux à vapeur entre Lisbonne et Rio-Janeiro. L'Angleterre avait déjà deux départs mensuels de steamers pour le Brésil, l'un par Southampton, l'autre par Liverpool. Le Portugal organisait sa ligne. Le Piémont et la Belgique avaient voté des fonds pour se mettre en communication rapide avec l'Amérique du Sud. La France seule, qui a tant d'intérêts dans le Brésil et dans la Plata, continuait à rester en arrière dans ce grand mouvement maritime.

Le premier chemin de fer construit au Brésil fut achevé le

30 juin. Il met en communication Fragosa (Petropolis) et Mahua.

Le 3 juin fut sanctionnée par l'Empereur la loi de répression contre le commerce des esclaves.

ÉTATS DE LA PLATA.

Le 15 juillet, la session des Chambres fut close, à Montevideo, après quatre mois de durée. Une commission permanente, composée de deux sénateurs et de quatre députés, avait été élue pour représenter le pouvoir législatif jusqu'à l'époque d'une nouvelle réunion.

Deux lois importantes avaient été votées à la fin de la session. L'une concernait la presse : elle défendait aux journaux d'attaquer les gouvernements amis et même de discuter la politique intérieure de ces gouvernements, de manière à jeter le trouble dans les populations. Les amendes édictées par cette loi étaient de 1,000 piastres à 4,000 piastres (5,000 à 20,000 fr.), et les peines corporelles étaient de six mois à un an de prison. Le pouvoir exécutif était autorisé à suspendre les effets de la loi à l'égard des gouvernements étrangers qui refuseraient les mêmes garanties à la république Orientale.

La seconde loi autorisait le gouvernement à organiser une Banque nationale d'escompte et de dépôt au capital de deux millions de piastres fortes au moins (10 millions de francs). Le taux de l'escompte ne devait pas excéder 6 p. 0/0. La Banque pourrait émettre des billets jusqu'à concurrence du double des valeurs métalliques réalisées dans sa caisse; mais ces billets n'auraient pas cours forcé. Sur de semblables bases, l'organisation de la Banque paraissait devoir être impossible.

Le gouvernement de Buenos-Ayres publia, les 9 septembre et 5 octobre, deux décrets destinés à offrir diverses garanties au commerce et aux émigrants européens. Le premier de ces décrets déclarait que les navires des nations amies jaugeant plus de 120 tonneaux, ne seraient pas, dans l'État de Buenos-Ayres, assujettis à des droits de tonnage, de fanal, de port, de pilotage ou de sauvetage, en cas de sinistre, plus élevés que ceux auxquels étaient soumis les navires argentins. Le second décret

34

exemptait de l'acquittement du droit de port les navires qui transporteraient plus de cinquante passagers, et ordonnait la formation d'une commission composée d'habitants notables, tant étrangers qu'argentins, pour statuer sur les contestations pouvant survenir entre les émigrants européens et les personnes qui les auraient engagés. Cette commission, dont les décisions seraient gratuites, avait pour objet d'épargner aux émigrants, par une intervention officieuse, la filière des formalités coûteuses qu'ils auraient à subir en suivant la voie ordinaire des revendications devant les tribunaux compétents. En cas de non-conciliation des parties devant la commission, il était stipulé que l'on constituerait, avec l'assentiment des intéressés, un arbitrage chargé de rendre une décision définitive.

Les ratifications du traité conclu, le 10 juillet 1853, entre la France et le gouvernement de la Confédération Argentine, furent échangées le 21 septembre à Parana. Une audience solennelle avait été accordée à cet effet au ministre de France par le général Urquiza. Le président était en grand uniforme et entouré du vice-président, des ministres et de quelques-uns des principaux fonctionnaires du gouvernement; une garde nombreuse en grande tenue était sous les armes devant le palais. Pendant la cérémonie, une salve de 21 coups de canon fut tirée, et le bateau à vapeur le *Flambeau*, qui avait transporté le ministre de France à Parana, répondit par un salut du même nombre de coups de canon.

Voici un extrait de la réponse faite au discours du ministre français par le ministre des relations extérieures de la Confédération Argentine :

« Monsieur le ministre,

» En recevant les ratifications données par S. M. l'Empereur des Français au traité conclu entre la France et la Confédération Argentine, pour consacrer le principe de la libre navigation des fleuves de la république, Son Excellence M. le président se plaît à croire que cet acte solennel est un lien qui ajoutera encore à la franche et amicale intelligence qui existe heureusement entre les deux nations. Son Excellence M. le président se plaît aussi à donner à M. le ministre plénipotentiaire l'assurance qu'il professe une haute estime pour le souverain de la France, en raison des brillantes qualités dont il a fait preuve. »

PÉROU.

Pour la première fois, à l'exception d'une publication isolée, faite à la fin de 1847, le gouvernement péruvien publia, en 1854, un tableau du commerce, une statistique régulière. Ce tableau donnait les résultats généraux du commerce extérieur pendant l'année 1853.

La somme totale des échanges du Pérou avec tous pays s'était élevée à 129,841,000 fr. La publication faite en 1847 donnant, pour l'exercice 1846-47, une somme de 86,281,000 fr., le commerce général du Pérou se serait donc accru en sept ans d'environ 50 p. 0/0.

Le chiffre de 1853 se décomposait ainsi qu'il suit :

L'*importation* générale avait donné une valeur de 45 millions 439,000 fr., consistant principalement en tissus, meubles, bijoux, liquides, etc. Les tissus de coton figuraient au premier rang pour près de 14 millions, dont plus de 11 provenant des manufactures anglaises. Les États-Unis, la France et Hambourg s'étaient partagé le reste.

L'Angleterre primait également dans les tissus de laine, tissus moins finis que ceux de la France, mais d'un bon marché relatif. La France conservait sa supériorité pour les soieries, liquides et meubles.

L'*exportation* générale s'était élevée à 84,402,000 fr. Le guano y figurait à lui seul pour près de 54 millions. Les métaux précieux y comptaient pour près de 17; le salpêtre pour 7 1/2, et les laines pour 2,900,000 fr. environ.

L'Angleterre avait absorbé plus de la moitié, l'Union Américaine un peu plus du quart, et la France le douzième environ de la valeur totale exportée.

L'état presque permanent de perturbations politiques et l'instabilité administrative qui en résulte ont formé jusqu'à présent un

grand obstacle au développement des richesses naturelles du
Pérou. Ainsi le mouvement entre cette contrée et le Brésil, depuis que la canalisation du fleuve des Amazones a mis le Pérou
en communication directe avec l'Océan Atlantique, ne s'est encore élevé, en total, qu'à 236,000 fr., dont 137,000 pour l'exportation du Pérou, et 99,000 pour l'importation brésilienne.
C'est là l'unique tribut que l'industrie et le commerce du Pérou
ont apporté en trois ans à un fleuve qui baigne de riches contrées, produisant en abondance la gomme, la résine, la cochenille, l'or, les bois précieux, le quinquina, etc.

La valeur des réexportations d'articles étrangers effectuée par
le Pérou, en 1853, s'était élevée, en total, à 10,552,000 fr. Les
soieries et tissus y occupaient la plus large place. Le transit par
Arica des articles étrangers pour la Bolivie s'était limité à
2,016,000 fr. pendant le premier trimestre de 1853, tandis que
celui des produits boliviens à destination de l'étranger avait atteint 2,556,000 fr. pendant le même trimestre.

Parmi ces derniers produits, le cuivre figurait pour 1 million
818,000 fr., la cascarille pour 343,000 fr., et l'étain pour
289,000 fr.

Le tableau officiel n'indiquait pas le mouvement de la navigation du Pérou avec les pays étrangers. On sait seulement que le
transport du guano, principal aliment de cette navigation, dont
le port de Callao est le point de départ, avait seul employé, en
1853, 443 bâtiments et 239,482 tonneaux. Dans ce tonnage, le
pavillon anglais figurait pour 53 p. 0/0, le pavillon américain
pour 39, et le français pour 4 1/4 p. 0/0.

NOUVELLE-GRENADE.

Le 17 avril, une conspiration qui se tramait depuis longtemps
éclata dans la capitale. A cinq heures du matin, la garnison de
Bogota, commandée par M. le général Melo, se rendit sur la grande
place, et, au bruit du canon, lecture fut donnée d'une proclamation annonçant la dictature du général Obando, ainsi que la
convocation d'une assemblée constituante destinée à remplacer

les deux Chambres qui avaient siégé jusqu'alors. Ce mouvement militaire fut secondé par les sociétés démocratiques qui parurent en armes dans les rues de la ville.

Il serait superflu d'énumérer toutes les publications officielles qui se succédèrent depuis ce moment. On connaît la faconde ordinaire des révolutions dans l'Amérique espagnole. Voici seulement l'analyse d'une constitution provisoire affichée sous le nom de *Décret organique* et qui portait la signature du général Melo, lequel y prenait le titre de commandant en chef des armées de la république, chargé du suprême gouvernement provisoire.

Le pouvoir exécutif garderait les attributions qui lui étaient assignées par la constitution de 1843. Un secrétaire général serait chargé de transmettre les ordres immédiats du chef de l'État, qu'il remplacerait en cas d'absence ou de maladie, et présiderait un conseil d'État formé des quatre ministres dirigeant les départements : 1º de l'intérieur et des cultes ; 2º des affaires étrangères ; 3º de la guerre et de la marine ; et 4º des finances. L'administration des provinces demeurait confiée à des gouverneurs, ayant sous leurs ordres, avec faculté de les nommer et de les révoquer, les chefs politiques des cantons et les alcades des paroisses. Les fonctions judiciaires seraient exercées par une cour suprême, par des cours provinciales et par des juges de première instance dans chaque canton. D'après une série de dispositions complémentaires, il n'était rien innové aux autres services ; les employés actuels conservaient leurs postes jusqu'à nouvel ordre, sauf l'obligation de prêter serment ; la liberté et les biens des citoyens continueraient à être respectés, et les étrangers jouiraient du même traitement. Il était défendu d'imprimer et de faire circuler des écrits séditieux ou alarmants, ainsi que de faire le commerce des armes et munitions de guerre. L'exercice des professions et métiers était ouvert à tout le monde, et les monopoles étaient abolis. Enfin le gouvernement déclarait vouloir soutenir la religion catholique et romaine et prendrait sous sa protection les ministres du culte.

Ces assurances avaient pour but de calmer le sentiment général de crainte qui s'était répandu à la suite de la première surprise causée par la révolution. Le secrétaire général du gouvernement provisoire, M. J.-A. Obregon, et le nouveau ministre des affaires étrangères, M. Lisandro Cuença, s'empressèrent de les confirmer par écrit, en faisant part au corps diplomatique de leur nomination. Les représentants de la France, des États-Unis et de Venezuela y répondirent par des Notes discutées en commun, dans lesquelles, sans vouloir sortir de la neutralité que leur commandait leur position et la nécessité de protéger, au milieu d'une crise encore à son début, les intérêts considérables de leurs nationaux, ils se bornaient à prendre acte des bonnes intentions qui leur étaient manifestées. Par une coïncidence heureuse, due à des ordres antérieurs du gouvernement français, on avait reçu le 15 avril à Bogota la nouvelle de l'arrivée en rade de Carthagène de M. le contre-amiral vicomte Duquesne, à la tête de six bâtiments de guerre. Cette démonstration imposante facilita les démarches commencées par la légation de France pour obtenir la réparation d'un attentat dont quelques marins de l'*Oreste* avaient été victimes; une satisfaction complète fut accordée sur ce point par le payement d'une indemnité au profit du sieur Maury, et l'emprisonnement des auteurs des violences dont il avait souffert.

Le voisinage d'une force française était d'autant plus utile en ce moment, que la sécurité était loin d'être rétablie dans la capitale de la Nouvelle-Grenade. Les membres du congrès étaient en fuite : le général Obando lui-même hésitait à se déclarer et était gardé à vue dans son palais. On pénétrait dans les maisons pour en tirer tous les hommes qui s'y trouvaient cachés et en enrôlait malgré eux, depuis les adolescents âgés de seize ans jusqu'aux vieillards de soixante, dans le corps destiné à soutenir un ordre de choses auquel les sympathies publiques faisaient défaut, si ce n'est dans les classes infimes de la population. D'autre part, le gouvernement provisoire avait cru devoir décréter un emprunt forcé de 500,000 piastres, et en exiger le paiement dans les vingt-quatre heures, sous peine de la prison et de la confiscation des biens des chefs de famille qui refuseraient de souscrire à cette mesure. Ce double démenti donné à des promesses aussi formelles semblait indiquer une pression mal déguisée par l'impatience des sociétés démocratiques, dont les membres armés réclamaient à grands cris le pillage.

Tandis que les étrangers et beaucoup de citoyens notables cherchaient un asile sous le pavillon de la France, d'autres individus se ralliaient en grand nombre autour du général Herrera, qui était parvenu à s'échapper et s'était retiré dans la province de Tunja, à vingt lieues de Bogota. Un colonel envoyé à sa poursuite préféra se joindre à lui, avec le corps de 3 ou 400 hommes qu'il commandait.

VENEZUELA.

Le 15 mai, fut close à Caracas la session législative du congrès pour 1854.

Les actes les plus importants de cette législature étaient : la loi sur l'abolition de l'esclavage, la loi sur la liberté de la presse, la loi sur la milice.

On peut regretter que la loi sur l'abolition de l'esclavage n'eût point été dictée par un véritable esprit de philanthropie. Proposée par des représentants de couleur, elle devait se ressentir de l'esprit de caste. Aussi en était-il résulté une loi qui avait enlevé tout à coup les bras à l'agriculture, et avait presque ruiné plusieurs établissements d'utilité publique.

D'après la nouvelle loi de milice, les blancs, qui étaient exemptés du service militaire, seraient assimilés aux gens de couleur et tenus de servir depuis l'âge de dix-huit ans jusqu'à cinquante. On conçoit les répugnances que souleva cette loi parmi les premières familles du pays, dont les membres pourraient se trouver placés sous les ordres de ceux qui, naguère, étaient leurs esclaves.

Peu de jours avant la fin de la session, le président de la république adressa au Sénat un message pour être autorisé à faire des promotions dans les rangs supérieurs de l'armée. Le Sénat ayant acquiescé à cette demande, le président Monagas éleva aux plus hauts grades quatre membres de sa famille.

Quelques jours auparavant, le président s'était fait investir par le Congrès du titre de général en chef, avec jouissance, pendant sa vie entière, du traitement attaché à ce grade.

Le 12, le pouvoir exécutif adressa un autre message au Corps législatif pour lui demander la prolongation des facultés extraordinaires qui étaient sur le point d'expirer. Un seul membre prit la parole pour présenter quelques objections, et les nouvelles facultés furent accordées à l'unanimité.

Les ressources et le crédit de l'État étaient épuisés ; les traitements des fonctionnaires absorbaient tous les revenus ; les invalides, les veuves d'anciens militaires, ne pouvaient toucher leur pensions. Cet état de choses avait fini par produire un mécontentement général. Les chefs du parti libéral qui avaient le plus contribué à renverser le général Paez se retournaient avec le parti oligarque contre les Monagas ; des émissaires envoyés dans diverses provinces cherchaient à les soulever. Tout annonçait qu'on était à la veille d'une nouvelle révolution, et cette fois il était à craindre qu'elle ne fût sanglante, surtout à Caracas, d'après les menaces du général Monagas, qui ne voyait plus d'espoir de salut pour sa personne en cas de triomphe de ses ennemis.

On comprend que la révolution ait paralysé le commerce au Venezuela. Les établissements de détail avaient suspendu leurs paiements ; le crédit avait disparu. Les maisons d'importation n'opéraient plus que sur les garanties les plus solides. La récolte du café s'annonçait abondante, il est vrai, et c'est là le principal élément des transactions commerciales du pays ; mais qu'arriverait-il si les avances du commerce manquaient aux producteurs agricoles ? Il faudrait laisser perdre en grande partie les produits.

Les provinces occidentales de Coro, Carabobo et Parquisimento, théâtre de la guerre civile, étaient celles qui avaient le plus souffert, et la place de Porto-Cabello, marché naturel de ces provinces, avait ainsi directement essuyé les plus grandes pertes.

Une loi, en date du 11 mai, votée par le Sénat et la Chambre des représentants réunis en congrès, abrogea la loi du 30 mai 1849, relative à l'ouverture des ports au commerce. Les dé-

penses inutiles causées au Trésor et les facilités offertes à la
fraude avaient fait prendre les résolutions suivantes :

Étaient déclarés ports ouverts au commerce pour l'importation
et l'exportation, sans restriction aucune, Ciudad-Bolivar, dans la
province de Guayana ; la Guayra, dans celle de Caracas ; Puerto-
Cabello, dans celle de Carabobo ; la Vela, dans celle de Coro ;
Maracaïbo et Barcelona, dans les deux provinces de ce nom.
Étaient déclarés ports ouverts au commerce pour l'importation,
en vue seulement de la consommation locale, et pour l'exportation : Cumana, Carupano, Cariaquito, Caño-Colorado et Bar-
rancas, dans la province de Cumana ; Pampatar et Juan Griego,
dans celle de Margarita ; Soledad, dans celle de Barcelona ; et
Cumarebo, dans celle de Coro. Les douanes de Guïria et de Ma-
turin seraient maintenues jusqu'à l'établissement de celles de Cariaquito et Caño-Colarado. Un poste maritime, dépendant de Bar-
rancas, serait établi à Pedernales pour la surveillance des côtes.
Les douanes des ports ouverts à l'importation, en vue seulement
de la consommation locale, ne pourraient expédier, sous acquit,
des produits étrangers, sur d'autres ports ouverts ou non au commerce. Étaient exceptées les douanes de Cumana, Carupano et
Cariaquito, autorisées à délivrer des acquits à caution, les deux
premières pour les ports de Cariaco et Rio—Caribe ; la troisième,
pour ceux d'Irapa et Yaguaraparo. Était autorisé l'embarquement
du bétail et des bêtes de somme ou de trait sur les bords de
l'Orénoque, depuis Ciudad-Bolivar jusqu'à Guayana-la-Vieille,
moyennant un permis que la douane de Bolivar donnerait par
écrit.

CHINE.

L'insurrection qui, depuis 1850, s'étend chaque année avec
plus de fureur sur le Céleste-Empire, semble menacer l'avenir
de la dynastie Tartare. Il y a là peut-être le germe d'une révolution profonde, qui modifiera brusquement les conditions d'existence de populations nombreuses et ouvrira définitivement ces
pays presque inconnus à l'influence européenne.

A Shang-Haï, dont les insurgés s'étaient emparés le 7 septem-

bre 1853, les progrès de la révolte mirent les intérêts européens
en présence des deux partis hostiles. Malgré tous les efforts faits
pour conserver leur neutralité, les résidents européens durent se
protéger eux-mêmes et fortifier leur quartier. Compromis, dans
l'esprit des rebelles, par la politique menteuse des mandarins,
qui s'attribuaient hautement la coopération militaire des barbares rouges, ils ne purent éviter une collision qui n'était peut-être
que le prélude d'interventions plus sérieuses.

Le 3 avril, des soldats chinois firent usage de leurs épées, de
leurs lances et de leurs fusils contre plusieurs des résidents européens qui se promenaient sur le territoire réservé à la colonie, entre autres contre un négociant qui accompagnait une dame
et qui ne reçut pas moins de sept blessures. Un détachement de
huit hommes commandé par un officier se porta aussitôt vers le
front occidental du quartier européen, et aperçut plusieurs
corps impériaux faisant feu sur tous les étrangers qui se présentaient. Il fallut les repousser non sans échanger une vive fusillade. L'alarme qui commençait à se répandre ne tarda pas à se
dissiper, en conséquence des mesures énergiques que s'empressèrent de prendre les autorités civiles et navales, tant de la
Grande-Bretagne que des États-Unis, les seules puissances qui
eussent dans le port des forces à la disposition de leurs représentants.

Avant le coucher du soleil on avait pris et détruit l'un des
camps et jeté dans un autre quelques obus qui arrêtèrent toute
nouvelle manifestation. Le lendemain, les autorités chinoises
ayant refusé de faire retirer les nombreuses troupes postées sur
le bord de la grande route, l'attaque recommença de nouveau;
on parvint à s'emparer de plusieurs retranchements fortifiés,
pourvus de fossés, de palissades et de canons. On en chassa
leurs défenseurs après une courte et sanglante résistance, et,
afin de prévenir toute occupation nouvelle, on brûla les camps et
on rasa les ouvrages élevés vis-à-vis de la colonie. Dans toute
cette affaire, l'accord le plus complet avait existé entre les consuls des trois puissances qui ont conclu des traités avec la Chine,
et entre les commandants des stations anglaise et américaine. Un
corps de volontaires prit une part brillante au combat, dans le-

quel deux résidents furent grièvement atteints, outre un officier
et une douzaine de marins tués ou blessés.

JAPON.

Ce vaste empire, encore plus mystérieux que la Chine, allait,
lui aussi, s'ouvrir de gré ou de force à la civilisation et à l'influence de l'Europe. Une expédition, envoyée par le président
des Etats-Unis, sous le comandement du commodore Perry, était
partie dans les premiers mois de 1853, avec des forces assez im-
posantes pour persuader l'Empereur du Japon de la nécessité de
conclure un traité. Le premier février 1854, le commodore Perry
vint chercher la réponse de l'Empereur dans la baie de Yeddo,
et, à la suite d'une entrevue, dans laquelle les Américains dé-
ployèrent aux yeux des Japonais les merveilles de l'industrie
européenne, un traité fut conclu, qui ouvrait aux Etats-Unis les
ports de Simoda et de Hakodade. (*Voyez* le texte à l'*Appendice*, page 229.)

OBSERVATIONS.

(1) Le signe —— indique l'époque de la naissance du souverain; ══ celle de son avénement.

Toutes les sommes exprimées sans signe spécial doivent être comptées en francs; le signe fl. représente le florin d'Allemagne; le signe d., le dollar; le signe l. s., la livre sterling; le signe p. la piastre; le signe e. r. l'écu rigsbankdaler (2 fr. 22 c.); le signe th., le thaler; le signe dr., la drachme de 97 1/2 c.; le signe L., la lire, le signe c., le conto de réis (600 fr.), le signe r . le réal de vellon (24 c.); le signe r. d'a., la rouble d'argent de 2 fr.; le signe rix., la rixdaler de 2 fr. 60.

FRANCE (Em...ligne; 56 frég., C.-L.-NAPOLÉON...nfér.
BELGIQUE (...fér.
LÉOPOLD Ier.—
NÉERLANDE...nt 7 de 84 et 74. 2,177 canons.
FRÉDÉRIC-GUILLA...
1849.
AUTRICHE (...gne, 8 frégates, FRANÇOIS II, — hf.
PRUSSE (roy...
FRÉDÉRIC-GUILL...
1840.
BAVIÈRE (roy...
MAXIMILIEN II; —
DANEMARK...nt 5 v. de ligne, FRÉDÉRIC VII, — 6 bât. à vap.
SUÈDE et NO...nt 10 v. de ligne, OSCAR Ier, — 4 ju... à vap. 386 ch. c.
RUSSIE (emp...ligne, 30 frég., NICOLAS Ier PAUL...af., 36 bât. à vap. = Ier décembr...
TURQUIE (e... canons, 25,000 ABDUL-MEDJID-...quipage.
1839.
GRÈCE (roya...
OTHON Ier, — 1er
SUISSE (con...
SARDAIGNE (...peur, 5 frég., 2 VICTOR-EMMANUE...âtim. infér.
ÉTATS-ROM...tits bât.
PIE IX, — 13 ju...
DEUX-SICILE...ne, 5 frég., 10 FERDINAND II, —
TOSCANE (g...al. canon.
LÉOPOLD II, —
ESPAGNE (r...ne, 5 frég., 56 ISABELLE II, — ...bricks, 25 bât. ...t. à vap.
PORTUGAL ...ne, 1 frég., 3 Don Pedro V, ...orv. vembre 1853.
GRANDE-BR...
VICTORIA Ire, — ...cl., 91 de 2e cl., ÉTATS-UNIS ...nf., 155 bât. à publique).
Président, M. P...ne, 2 de 120 c. entré en fonc...et au-dessus, 15 ...r r., 2 de 2e r...
BRÉSIL (em... 4 br., 15 b. inf. Don Pedro II, ...uerre, 618 can., ...elots.

NOMS des ÉTATS.	SURFACE en kilomètres carrés.	POPULATION.	REVENUS.	DETTE NATIONALE.	ARMÉE.	MARINE.
Mexique. . . .	2,420,000	6,500,000	74,757,660 p.	508,500,000	22,750	1 v. de l., 13 b. inf.
Guatemala. . .	139,000	1,657,569	10,000,000	9,360,000	3,500	2 bât. inf.
Pérou. . . .	2,500,000	1,400,000	35,000,000	145,488,000	7,500	1 v. de l., 1 f., 5 b.
Bolivie. . . .	727,000	1,380,000	1,700,000	16,000,000	»	»
Chili. . . .	337,008	1,408,422	15,000,000	36,000,000	»	1 frég., 5 b. inf.
Confédérat. ar- gentine. . .	1,887,000	2,000,000	2,611,000 p.	47,000,000 p.	10,000	5 b. inf.
Uruguay. . .	60,060	70,321	1,800,000	»	15,000	15 bât. inf.
Haïti. . . .	22,100	803,669	15,000,000	r:0,000,000	45,000	6 bât. inf.
Venezuela. . .	»	1,200,000	2,705,055	10,000,000	3,000	»
Nouvelle-Gre- nade. . . .	1,000,000	1,900,000	20,000,000	188,000,000 r.	»	»

APPENDICE.

DOCUMENTS HISTORIQUES.

PARTIE OFFICIELLE.

DOCUMENTS RELATIFS A LA QUESTION D'ORIENT [1]

Protocole de la Conférence de Vienne du 13 janvier 1854.

(Présents les représentants d'Autriche, de France, de Grande-Bretagne et de Prusse.)

Les représentants d'Autriche, de France, de Grande-Bretagne et de Prusse s'étant réunis en conférence, le représentant d'Autriche a donné lecture d'une Note adressée par Reschid-Pacha à l'internonce, en réponse à celle qu'il lui avait remise sous la date du 12 décembre dernier, et qui était identique à la communication faite en même temps à la Porte par les représentants des trois autres cours à Constantinople. La réponse de Reschid-Pacha étant le résultat d'une démarche faite par les quatre représentants avant que la Note collective signée dans la conférence du 5 décembre fût arrivée à Constantinople, le représentant de l'Autriche a invité la conférence à examiner avec lui si le contenu de cette pièce était en accord avec les vues et les intentions énoncées dans le protocole de la même date.

Après mûre délibération, les soussignés ont été unanimement d'avis que :

Les conditions auxquelles la Sublime-Porte se déclare prête à traiter du rétablissement de la paix avec la Russie sont conformes aux vœux de leurs gouvernements et de nature à être communiquées au cabinet de Saint-Pétersbourg.

De plus en plus pénétrés de la gravité de la situation et de l'urgence d'y mettre un terme, les soussignés expriment la confiance que la Russie acceptera la reprise des négociations sur les bases qui, dans leur opinion, en assurent le succès et offrent aux deux parties belligérantes l'occasion de se rapprocher d'une manière digne et honorable, sans que l'Europe soit plus longtemps attristée par le spectacle de la guerre.

Les représentants de la Grande-Bretagne, de la France et de la Prusse s'en remettent au représentant de l'Autriche du soin de faire connaître au cabinet de Saint-Pétersbourg l'opinion consignée dans le présent protocole, auquel est annexée copie de la Note adres-

---

[1] Les pièces si nombreuses reproduites dans cet Appendice, ont été, le plus possible, disposées par ordre chronologique, ou au moins par séries de pièces de même nature. Les plus importantes seulement ont été répétées en partie dans le texte historique.

sée dans une forme identique par Reschid-Pacha aux quatre représentants à
Constantinople.

Signé : BUOL-SCHAUENSTEIN, BOUR-
QUENEY, WESTMORELAND,
ARNIM.

ANNEXE *au protocole n° 2 de la conférence du 13 janvier 1854.*

Traduction de la Note de la Sublime-
Porte à l'internonce, en date du 31 décembre 1853 (1er rebiul-achir 1270).

La Note de Votre Excellence, en
date du 12 décembre de l'année courante (n. st.), d'une teneur identique à
celles que m'ont adressées ses collègues
d'Angleterre, de France et de Prusse,
a été placée sous les yeux de S. M. le
Sultan.

Comme ces ouvertures communes témoignent de sentiments pacifiques de
S. M. l'Empereur de Russie, et comme
pour la Porte la nécessité de faire la
guerre se fonde uniquement sur son intention de sauvegarder ses droits de
souveraineté, et que le projet qui vient
de lui être soumis ne renferme rien qui
puisse porter atteinte aux droits sacrés
du gouvernement du Grand-Seigneur;
comme enfin S. M. le Sultan, guidée par
les égards particuliers et la parfaite confiance qu'elle voue aux quatre cours,
ses augustes alliées, a voulu qu'il fût
adhéré en substance au vœu qu'elles
avaient énoncé, la Sublime-Porte a résolu d'adopter le projet en question
dans les termes suivants :

Le premier point devra porter sur les
délibérations ayant pour objet l'évacuation de la Valachie et de la Moldavie
dans le plus bref délai possible.

La Sublime-Porte, dans l'intention
de ne point se départir de son système
de modération ni des conseils de ses alliés, donnera son assentiment à ce que
les traités (avec la Russie) soient re-
nouvelés, et cet objet sera en conséquence la seconde question à traiter
dans les conférences.

Quant aux privilèges religieux de
tous les sujets du Sultan qui ne professent point l'islamisme, ils ont été concédés dans le cours des siècles par la
grâce des glorieux ancêtres de S. M. le

Sultan actuellement régnant, et confirmés par elle récemment encore, moyennant des firmans munis du chiffre impérial.

En outre, la Sublime-Porte regarde
comme une question d'honneur de maintenir ces privilèges à tout jamais ; et de
même qu'elle l'a fait connaître à l'Europe entière lors de la publication du
Tanzimat, elle n'hésitera pas non plus,
dans la présente occasion, à adresser à
tous les États une déclaration portant
qu'elle est animée de l'intention sincère
et ferme de maintenir à perpétuité les
privilèges religieux des différentes communautés de ses sujets ; et dans le cas
où l'une de ces communautés possédé-
rait un privilège de plus que les autres
et que celles-ci demanderaient à y participer, la Sublime-Porte, suivant ses
sentiments de justice, consentira également à accorder l'égalité. Aussi la Sublime-Porte ne fera aucune difficulté de
communiquer, en les accompagnant de
notes identiques conçues dans ce sens,
des exemplaires des firmans susmentionnés à chacune des quatre cours, et,
dans la même forme, à la cour de Russie.

Le projet rédigé pour compléter la
décision prise au sujet de la Terre
Sainte et de la construction de quelques
bâtiments destinés au culte sera définitivement adopté.

La Sublime-Porte est prête ensuite à
conclure la paix dans les voies que lui
indiquent ses alliés. Il s'ensuit tout
naturellement qu'aussitôt après l'arrivée
de la nouvelle que la Russie a accepté
cette base, un plénipotentiaire sera
nommé et envoyé par la Porte afin de
conclure l'arrangement avec le plénipotentiaire russe dans une ville neutre à
désigner par les quatre puissances, et,
dans une conférence à laquelle assiste-
ront également les représentants des
quatre puissances, qu'il sera alors aussi
conclu un armistice temporaire et pour
un terme fixé.

La multiplicité des relations et des
alliances de la Sublime-Porte avec les
États européens lui donnant d'ailleurs,
sous tous les rapports, le droit et la faculté de participer à la solidarité qui
lie ces États entre eux et à la sécurité
qu'ils y puisent, on reconnaîtra la nécessité de confirmer et de compléter
dans ce sens le traité de 1841, et elle se

repose à cet égard sur les efforts amicaux des cours alliées.

Un délai de quarante jours pouvant, d'après tous les calculs, suffire pour faire connaître à Saint-Pétersbourg la présente détermination et pour recevoir la réponse de cette capitale, on a, sous ce rapport aussi, recours à la bonté des autres cours.

Enfin S. M. le Sultan, animée du désir particulier de faire participer toutes les classes de ses sujets aux principes de sécurité et de justice dont le Tanzimat contient l'assurance, en faisant complétement appliquer les dispositions de cet acte, comme aussi d'assurer à tous le bénéfice des lois, en avisant à introduire dans l'administration les améliorations nécessaires, a ordonné par une résolution impériale de vouer à cet objet toute l'attention qu'il mérite, ce qui ne peut manquer d'être accueilli avec satisfaction par les cours, et ce que l'on se fait par conséquent un devoir de déclarer ici également.

Documents français.

CIRCULAIRE *du ministre des affaires étrangères aux agents de l'Empereur près les cours de la Confédération germanique.*

Paris, le 7 janvier 1854.

Monsieur, je me plais à espérer que ma dernière circulaire, en mettant dans tout son jour l'extrême modération du gouvernement de l'Empereur, aura contribué à calmer l'émotion naturelle que le développement de la crise provoquée par la Russie a excitée en Allemagne. Je ne connais encore que d'une façon sommaire l'impression causée à Berlin et à Vienne par la nouvelle des résolutions de la France et de l'Angleterre; mais je puis vous affirmer qu'elle n'a pas été défavorable. Tout me fait espérer que l'entente établie entre les quatre puissances sera maintenue, et que la Prusse et l'Autriche continueront à joindre leurs efforts aux nôtres pour faire accepter par la Russie les bases sur lesquelles la Porte est disposée à traiter.

Le soin que le gouvernement de Sa Majesté Impériale n'a cessé de mettre depuis un an à resserrer ses liens avec les puissances allemandes, et l'attitude qu'il a gardée tant que l'on avait pu penser que l'intervention officieuse de l'Autriche suffirait pour arrêter le cabinet de Saint-Pétersbourg, sont de nature, ce me semble, à rassurer l'opinion publique au delà du Rhin, et à prouver que la France, dans la question qui s'agite, n'a eu en vue que l'intérêt de l'équilibre européen. Cet intérêt, je ne crains pas de le dire, est peut-être plus grand encore pour l'Allemagne que pour nous, puisque c'est sur le Danube qu'il est menacé, et nous ne concevrions pas que d'anciens souvenirs et des appréhensions mal calculées l'emportassent dans l'esprit des divers cabinets de la Confédération germanique sur l'évidence des faits.

J'ajouterai, monsieur, que si l'accord de la France avec l'Allemagne n'était pas un des vœux de notre politique, que si nous nous laissions égarer par les idées qu'on nous prête, en un mot que si notre but était la guerre et non la paix, nous aurions sans doute pris dans la lutte qui se prépare un rôle différent.

Nous n'avons en effet en Orient que les intérêts de tout le monde, et si l'empire ottoman venait à s'écrouler, aucun de ses débris n'ajouterait rien à notre force. Contribuer au maintien de la Turquie, c'est donc, de la part de la France, contribuer au maintien des circonscriptions territoriales de l'Europe.

Si ses vues étaient moins loyales, si le désir des conquêtes l'animait, le gouvernement de l'Empereur aurait peut-être pu trouver d'autres alliés et recevoir ailleurs une compensation à ce qu'il aurait concédé en Orient. C'est alors, monsieur, que j'aurais compris les alarmes de l'Allemagne, qui, sous la pression d'une alliance à laquelle des projets également ambitieux auraient pu d'autant plus facilement présider qu'ils ne se fussent point contrariés, auraient perdu la liberté de ses mouvements. Aujourd'hui, au contraire, c'est de cette liberté que nous demandons à l'Allemagne de profiter pour nous aider, par la fermeté de son attitude, à empêcher la guerre, à consolider l'ordre à peine rétabli et à sauvegarder des intérêts qui sont, je le répète, les siens autant que les nôtres.

Je vous prie, monsieur, de puiser dans cette dépêche les éléments d'une conversation avec M....., et, si vous le préférez, de lui en donner lecture.

Recevez, etc.

Signé : DROUYN DE LHUYS.

———

A M. le marquis de Moustier.

Paris, le 15 janvier 1854.

Monsieur le marquis, vous savez déjà que le protocole dont je vous avais dernièrement envoyé le projet a été signé à Vienne le 13 de ce mois, et que la conférence a donné sa complète approbation à la réponse de la Porte, dont vous trouverez une copie ci-jointe. Le gouvernement de Sa Majesté Impériale se félicite vivement du nouveau lien qui vient de se former entre les quatre puissances, et il y voit de sérieuses raisons de croire que la paix sera maintenue. Je vous répéterai d'ailleurs que c'est du degré d'énergie que les cabinets donneront, soit à leur attitude, soit à leur langage, que dépend la continuation de ce bienfait. Si la Russie a véritablement les vues désintéressées dont elle se proclame animée, il n'est pas une des conditions d'arrangement proposées par la Porte qu'elle ne puisse accepter.

Jamais, en effet, l'Europe et le cabinet de Saint-Pétersbourg avec elle ne se sont trouvés dans une meilleure situation pour obtenir, des actes spontanés de la Sublime-Porte, les garanties que, dans le double intérêt de la religion et de l'humanité, on devait désirer pour les sujets chrétiens du Sultan ; jamais non plus le gouvernement ottoman n'a accepté plus ouvertement l'intervention amicale et civilisatrice des puissances chrétiennes. Le gouvernement de Sa Majesté Impériale, monsieur le marquis, a la ferme confiance que le cabinet de Berlin, inspiré par l'esprit si élevé du roi Frédéric-Guillaume, saisira résolûment l'occasion qui lui est offerte, en même temps qu'à ses alliés, de mettre ses sentiments d'accord avec les intérêts de sa politique, et de placer du même coup sous la sauvegarde des quatre grandes puissances, et sans que la souveraineté de Sa Hautesse en reçoive la moin-

dre atteinte, l'intégrité de la Turquie, ainsi que l'avenir de ses populations chrétiennes.

Dans l'appui donné sans compensation de ce genre à l'empire ottoman, il y aurait eu, et je comprends que des consciences délicates s'en soient émues, comme un abandon des traditions religieuses de l'Europe ; la question aujourd'hui change de face ; et si la Russie se refusait à l'envisager sous son véritable aspect, de deux choses l'une : ou elle agirait dans le but de détruire un pays dont l'existence est nécessaire à l'équilibre de l'Europe, ou elle obéirait à un esprit de secte que les autres communions ne sauraient ni comprendre ni encourager. Convions-la à se réunir à nous dans un intérêt général pour la chrétienté ; n'admettons pas qu'elle trouble le monde dans un intérêt particulier à une seule des branches de la religion du Christ.

C'est en définitive, monsieur le marquis, dans ces termes, si propres à sauvegarder sa dignité et à la rattacher plus complétement à l'Europe, que la Porte elle-même, dans la réponse adressée aux quatre représentants, place les négociations qui vont s'ouvrir. La part de la Russie en Orient restera toujours très-grande, et si elle ne l'acceptait pas, ce serait afficher des prétentions à une omnipotence matérielle et morale que rien ne justifierait. L'attitude de la France et de l'Angleterre prouve déjà qu'elles sont résolues à s'opposer à un pareil agrandissement de puissance ; ce qui est essentiel aujourd'hui, c'est que le langage de la Prusse et de l'Autriche annonce la même volonté.

M. le comte de Hatzfeldt me demandait, il y a peu de temps, ce que ferait le gouvernement de Sa Majesté Impériale si le Divan repoussait les ouvertures de la conférence de Vienne. Je lui ai loyalement répondu que nous pèserions sur celle des deux parties qui mettrait le plus d'obstacles au rétablissement de la paix, mais que nous pensions aussi que les autres imiteraient notre exemple.

La Porte a accepté nos offres ; pouvons-nous reconnaître à la Russie la faculté de les refuser et de continuer une guerre condamnable dans son origine, et de l'aveu de l'Europe, devenue sans prétexte? Admettons pour un moment l'hypothèse contraire; supposons que nos ouvertures n'aient pas été accueillies à Constantinople : un concert unanime de reproches se serait élevé contre l'opiniâtreté de la Turquie. Serait-il équitable, si la résistance venait de la Russie, d'avoir deux poids et deux mesures? Je ne le crois pas, monsieur le marquis, et, pour vous dire toute ma pensée, j'ajouterai que si l'Europe veut sincèrement obtenir de la Porte des réformes salutaires et l'encourager à combler autant que possible la distance qui sépare encore les différentes classes de ses sujets, il est indispensable qu'elle ne craigne pas, de la recevoir dans son sein sur un pied d'égalité avec les autres puissances. C'est alors seulement que ses conseils seront écoutés, parce qu'ils n'auront rien de blessant.

Je n'ai pas besoin de développer davantage ces idées; il me suffit, je n'en doute pas, de vous les indiquer pour que, dans vos entretiens avec M. de Manteuffel et le Roi lui-même, vous vous attachiez à les reproduire.

Recevez, etc.

Signé : DROUYN DE LHUYS.

———

M. de Kisséléf à M. Drouyn de Lhuys.

Le soussigné, envoyé extraordinaire et ministre plénipotentiaire de S. M. l'Empereur de Russie, a reçu l'ordre de s'expliquer et de s'entendre avec S. Exc. M. le ministre des affaires étrangères sur le sens précis d'une communication dont M. le ministre de France à Saint-Pétersbourg vient de s'acquitter verbalement auprès de M. le chancelier de l'empire.

Si elle a été motivée par le désir d'éloigner l'éventualité d'une collision entre les forces navales russes et ottomanes, ce résultat ne pourrait être obtenu que par l'observation d'un principe de juste réciprocité.

À cet effet, il faudrait d'abord qu'il fût expressément entendu que l'escadre ottomane eût désormais à s'abstenir de toute agression contre le pavillon et contre le territoire russes sur la côte d'Europe et d'Asie.

Sous cette condition, une égale sécurité serait acquise en faveur du pavillon et du littoral ottomans.

En second lieu, pour qu'il fût permis aux navires turcs de continuer sans obstacle à entretenir les communications d'un port ottoman à l'autre, afin d'y envoyer des vivres, des munitions et des troupes, il faudrait que la même condition demeurât assurée aux navires de la marine impériale pour maintenir librement les communications d'un port russe à l'autre sur le littoral d'Europe et d'Asie.

Ces dispositions ainsi convenues et strictement mises à exécution auraient pour résultat de suspendre de fait les hostilités par mer entre les parties belligérantes.

Le soussigné a l'honneur d'inviter S. Exc. M. le ministre des affaires étrangères à vouloir bien l'informer, en réponse à cette Note, si les intentions du gouvernement de S. M. l'Empereur des Français sont d'accord avec celles du cabinet impérial sur les principes de parfaite réciprocité établis par la présente communication.

Le soussigné profite de cette occasion pour offrir à S. Exc. M. Drouyn de Lhuys les nouvelles assurances de sa haute considération.

Paris, le 14/26 janvier 1854.

Signé : KISSÉLEF.

———

M. Drouyn de Lhuys à M. de Kisséléf.

Paris, le 1er février 1854.

Le soussigné, ministre secrétaire d'Etat au département des affaires étrangères, s'est empressé de placer sous les yeux de S. M. l'Empereur la Note que M. de Kisséléf, envoyé extraordinaire et ministre plénipotentiaire de S. M. l'Empereur de Russie, lui a fait l'honneur de lui adresser en date du 26 de ce mois.

Le gouvernement de Sa Majesté Impériale avait pensé que la communication dont M. le général marquis de Castelbajac s'était rendu l'organe auprès de S. Exc. M. le comte de Nesselrode ne devait pas laisser de doute sur ses intentions; mais puisque le cabinet de Saint-Pétersbourg a jugé nécessaire de provoquer à ce sujet de nouvelles explications, l'Empereur, mon auguste souverain, m'a ordonné de les lui fournir avec la plus entière loyauté.

L'escadre française n'est entrée dans la mer Noire que lorsque des faits sur la gravité desquels il n'y avait malheureusement plus à se méprendre ont révélé les dangers que courait l'existence d'un empire dont la conservation est nécessaire à celle de l'équilibre européen. Le gouvernement de Sa Majesté Impériale a en conséquence voulu, par l'interposition de ses forces navales, arrêter, autant qu'il dépendait de lui, le cours d'une guerre qu'il n'avait vu éclater qu'avec le plus profond regret, et que ses efforts les plus sincères avaient vainement tenté de conjurer.

M. le vice-amiral Hamelin a reçu, dans ce but tout pacifique, l'ordre de mettre le territoire et le pavillon ottomans à l'abri des attaques dont ils pourraient encore devenir l'objet, en faisant rentrer les navires russes rencontrés en mer dans le port russe le plus voisin, et d'empêcher en même temps que les vaisseaux turcs ne dirigent aucune agression contre le littoral de l'empire russe. Ces bâtiments ne doivent être employés qu'au ravitaillement des côtes de la Roumélie et de l'Anatolie, c'est-à-dire contribuer seulement à la défense de la Turquie menacée dans l'intégrité de son territoire et dans ses droits de souveraineté par l'occupation de deux de ses provinces et par le déploiement d'un appareil maritime et militaire hors de proportion avec les ressources dont elle dispose elle-même.

C'est de cette différence caractéristique dans les positions respectives que le gouvernement de Sa Majesté Impériale a tenu compte lorsqu'il a transmis au commandant en chef de ses forces navales les instructions au sujet desquelles de plus amples informations lui sont demandées; et il n'aurait pu interdire d'une façon absolue au pavillon ottoman la navigation de la mer Noire, sans affaiblir encore les moyens de défense déjà insuffisants de la Sublime-Porte.

Le soussigné ne voit pas qu'une telle attitude soit en contradiction avec les sentiments d'amitié que le gouvernement de Sa Majesté Impériale professe pour la Russie, et il déclare hautement qu'elle ne lui a été inspirée que par le vif désir de coopérer au rétablissement de la paix entre les deux parties belligérantes à des conditions proposées par l'une d'elles et soumises à l'autre après avoir reçu la sanction des grandes puissances de l'Europe.

Le soussigné profite de l'occasion pour offrir à M. de Kisséleff l'assurance de sa haute considération.

Signé : DROUYN DE LHUYS.

M. de Kisséleff à M. Drouyn de Lhuys.

Le soussigné, envoyé extraordinaire et ministre plénipotentiaire de S. M. l'Empereur de Russie, a eu l'honneur de recevoir la Note que S. Exc. M. le ministre secrétaire d'État au département des affaires étrangères a bien voulu lui adresser en date du 1er février.

Elle ne satisfait point aux conditions de juste réciprocité sur lesquelles le soussigné a reçu l'ordre d'insister, au nom de sa cour, par sa Note du 14/26 janvier.

Cette communication, si elle avait été appréciée comme elle méritait de l'être, aurait eu pour effet, d'une part, de restreindre les calamités de la guerre dans des limites acceptables pour les deux parties belligérantes, tandis que, de l'autre, elle offrait à la France une nouvelle preuve du désir constant de S. M. l'Empereur d'éloigner de ses relations avec elle tout motif de mésintelligence.

Le soussigné regrette que l'esprit de bienveillance qui a dicté cette démarche n'ait pas rencontré des intentions également conciliantes. Dès lors sa ligne de conduite était tracée par un sentiment profond de respect pour la dignité du souverain qu'il a l'honneur de représenter.

Fidèle à ses devoirs, il ne saurait admettre que le gouvernement de S. M. l'Empereur des Français, en paix avec la Russie, prétende entraver la liberté des communications que la marine impériale est chargée d'entretenir entre les ports russes, tandis que les navires turcs transportent des troupes d'un port ottoman à l'autre sous la protection de l'escadre française.

Cette distinction étant contraire aux règles de droit public comme aux égards mutuellement observés entre puissances amies, le soussigné se trouve placé par là dans l'impossibilité de soutenir l'exercice de ses fonctions tant que le gouvernement de S. M. l'Empereur des Français n'aura pas repris envers la Russie une attitude conforme aux rapports de bonne intelligence et d'amitié qui ont si heureusement subsisté jusqu'ici entre les deux pays.

Plus le soussigné attachait de prix à entretenir ces rapports, plus il regrette l'obligation où il se trouve de les suspendre.

Il a l'honneur de notifier à M. le ministre secrétaire d'État au département des affaires étrangères qu'il va quitter Paris, accompagné du personnel de l'ambassade, et se rendre en Allemagne jusqu'à nouvel ordre.

Le soussigné profite de l'occasion pour offrir à S. Exc. M. Drouyn de Lhuys l'assurance de sa haute considération.

Signé : KISSÉLEF.

M. le comte de Nesselrode à M. de Kisséleff.

St.-Pétersbourg, 4/16 janvier 1854.

Monsieur, les représentants d'Angleterre et de France viennent de m'annoncer verbalement la résolution prise par leurs deux gouvernements de faire entrer leurs flottes combinées dans la mer Noire, dans le but de mettre les ports et les côtes de la Turquie à l'abri d'une attaque de votre part. Le motif donné à cette détermination a été le coup porté à l'escadre turque à Sinope, afin que les deux cabinets regardent comme une agression gratuite. Ce n'est pas sans une pénible surprise que je l'ai entendu qualifier ainsi, lorsqu'il est de notoriété que l'escadre turque, commandée par Osman-Pacha, était partie du Bosphore chargée d'armes, d'argent, de munitions et de troupes de débarquement destinées pour nos côtes de la Circassie, par conséquent dans un but agressif, dans le but de développer des opérations, également agressives, qui ont ensanglanté le territoire russe en

Asie. Cette escadre n'avait pas sans doute quitté son ancrage du Bosphore pour venir s'établir à Sinope : ce qu'elle y avait cherché, ce n'était point une station maritime, mais bien un refuge passager. Devions-nous souffrir patiemment qu'elle eût plus tard accompli sa destination hostile? Parce qu'en Valachie, territoire turc, nous avons déclaré vouloir attendre l'attaque des forces ottomanes, sommes-nous tenus à l'attendre également sur nos propres côtes? Devons-nous penser qu'aux yeux des puissances, dans une guerre que nous n'avons pas voulue et qui nous a été déclarée, à la Turquie seule appartient le privilège de l'offensive, et que, certains d'une agression prochaine et imminente, nous nous sommes interdit à nous-mêmes le droit de la prévenir?

Si j'ai bien compris le sens des déclarations qui m'ont été faites, et notamment ce qui m'a été dit par le représentant anglais, l'intention des deux puissances serait d'empêcher le retour d'un désastre semblable à celui de Sinope et d'établir dès aujourd'hui une sorte d'armistice naval prévenant toute attaque de notre part contre les ports ou le pavillon turcs, mais veillant, d'un autre côté, à ce que l'escadre ottomane ne commette aucune agression contre les bâtiments et le territoire russes. Il est essentiel, monsieur, que ce point soit nettement établi. Assurément, c'est le moins que les deux cabinets puissent faire pour ôter, du moins en apparence, au motif de l'entrée de leurs flottes dans la mer Noire le caractère d'une hostilité flagrante contre nous; car permettre l'attaque aux Turcs, en prétendant nous l'interdire, ce serait prendre une part active à une guerre qu'ils ne nous ont point encore déclarée. Il est seulement à regretter que les deux puissances, si elles voulaient prévenir de semblables collisions, n'aient pas, dès l'origine de la lutte, arrêté les entreprises maritimes dirigées par les Turcs contre nos rivages asiatiques, entreprises dont le conflit engagé à Sinope n'a été qu'une conséquence forcée, ou plutôt encore qu'elles n'aient point empêché les Turcs de nous déclarer la guerre; car du moment qu'elles leur permettaient de nous la déclarer et de nous la faire en Asie comme en Europe, l'événement qui vient d'arriver ne pouvait demeurer entièrement exclu de leurs prévisions, Que si elles ont regardé comme contraire à l'indépendance de la Porte la prétention de lui interdire entièrement les hostilités, nous cherchons comment celle de ne lui permettre désormais que des hostilités limitées serait plus conforme à l'idée qu'elles se font de cette même indépendance.

Quant à nous, il nous est impossible d'envisager une résolution pareille autrement que comme une atteinte portée à nos droits de belligérants. L'Empereur se voit donc obligé de protester solennellement contre le principe de la déclaration qui lui a été faite, et ne saurait d'aucune façon en admettre la légitimité. Il attendra, pour se décider sur le parti ultérieur qu'il adoptera, la manière dont cette déclaration aura été mise à exécution par les amiraux des deux flottes et l'attitude que leurs vaisseaux prendront à l'égard des nôtres.

Il ne peut que regretter de voir la paix avec l'Angleterre et la France, que jamais il n'a voulu rompre, compromise par ce nouveau développement donné au système de pression que les deux puissances maritimes ont cru devoir dès l'abord adopter à son égard, et qui, progressant de mesure en mesure, engageant chaque fois davantage sa dignité comme la leur, en même temps qu'il encourageait les Turcs à pousser les choses à l'extrême, a fini par conduire la situation en Orient à son état de tension actuelle. Un hasard suffit aujourd'hui pour produire une collision d'où naîtrait une conflagration générale, et l'Empereur repousse d'avance la responsabilité de l'initiative qui en aura donné le signal.

Votre Excellence voudra bien donner au cabinet français lecture et copie de cette dépêche.

Recevez, etc.

Signé : NESSELRODE.

———

A M. le général de Castelbajac.

Paris, le 1er février 1854.

Général, M. le ministre de Russie est venu me lire une dépêche de M. le comte de Nesselrode, dont il avait reçu l'ordre de me laisser copie, et que j'ai l'honneur de vous transmettre ci-jointe.

Je ne veux pas entrer dans des détails superflus, encore moins ouvrir une discussion irritante, mais je n'ai pu qu'éprouver une sincère impression de regret en voyant attribuer à l'attitude du gouvernement de Sa Majesté Impériale, dans les phases successives du différend survenu entre le cabinet de Saint-Pétersbourg et la Sublime-Porte, un caractère qui serait en contradiction avec la loyauté et la modération constante de sa politique.

M. le comte de Nesselrode rattache à ce qu'il appelle un système de pression exercée à l'égard de la Russie par les puissances maritimes des actes qui n'ont pas été la cause, mais seulement la conséquence des mesures que la Russie elle-même avait adoptées la première, et qui, sans ralentir le zèle que nous avons mis à rechercher des moyens de pacification, nous imposaient simultanément le devoir de prendre en sérieuse considération un autre intérêt, celui de la conservation de l'empire ottoman, menacé par des forces dont la disproportion avec les siennes légitimait nos inquiétudes. Le gouvernement de l'Empereur a la consciencieuse conviction d'avoir fait ce qui dépendait de lui pour concilier, dans le rôle que les circonstances l'appelaient à remplir, les sentiments d'amitié qu'il professe pour la Russie, ainsi que son amour de la paix, avec les exigences de ses traditions et de sa dignité.

Que les démonstrations successives qu'il s'est trouvé dans la nécessité d'accomplir aient été des avertissements, je le reconnais, si l'on veut ; mais ce que je suis, général, en droit de contester, c'est qu'elles aient été des menaces et encore moins des provocations.

Quelle était, en effet, la nature des relations du cabinet de Saint-Pétersbourg avec la Sublime-Porte jusqu'au jour où les armées russes ont passé le Pruth ? M. le prince Menchikof avait quitté Constantinople ; les négociations cependant se poursuivaient encore par une autre voie ; et si tendue que fût la situation, elle était toujours purement diplomatique ; elle n'a changé d'aspect qu'à la suite de l'occupation de la Moldavie et de la Valachie par des troupes étrangères. S'il est un acte de guerre incontestable, c'est assurément l'invasion armée d'un territoire malgré la volonté expresse de son légitime souverain; en droit comme en fait, la Russie déclarait donc la guerre à la Turquie en prenant possession de deux de ses provinces.

Au lieu d'exciter la Porte, comme M. le comte de Nesselrode lui en fait aujourd'hui le reproche, le gouvernement de S. M. I. a mis tous ses soins à la calmer; et si, fidèle à la conduite qu'il s'était tracée et dont, je ne saurais trop le répéter, les deux mobiles étaient la conservation de la paix et celle de l'empire ottoman, il envoyait une escadre dans la baie de Béchika, il ne profitait en même temps de son influence à Constantinople que pour déterminer le Divan, bien que l'intégrité du territoire turc fût violée et la souveraineté du Sultan méconnue, à reculer autant que possible le moment de repousser la force par la force. Une négociation à laquelle la France, l'Angleterre, l'Autriche et la Prusse avaient pris part se suivait actuellement; une Note avait été présentée à la Porte par les soins des quatre puissances, et il est permis de croire qu'elle eût fini par devenir la base d'une transaction générale, si un commentaire inopportun n'en eût rendu l'acceptation impossible pour tout le monde.

Dans l'intervalle, les faits matériels s'étaient multipliés et aggravés: l'armée russe se fortifiait dans les Principautés; tout rapport avec l'autorité suzeraine demeurait interdit aux hospodars; l'occupation de la Moldavie et de la Valachie aboutissait forcément à la guerre, et les événements qui se passaient sur le Danube amenaient à Constantinople les escadres de France et d'Angleterre. Si compromise que parût dès lors la situation, le gouvernement de S. M. I. n'en joignit pas moins ses efforts à ceux de ses alliés pour trouver enfin un moyen honorable de terminer un incident qu'il ne regrettait pas moins qu'eux-mêmes, et c'est au milieu de ce travail de pacification que le combat de Sinope l'a surpris. Sans renoncer à l'espoir de la paix, il a dû ouvrir les yeux sur les dangers que cette agression inattendue faisait

courir à la Turquie, et son escadre est entrée dans la mer Noire.

L'appareil militaire déployé quelques mois auparavant par la Russie dans les Principautés, voilà donc, général, la première cause de celui que nous déployons à notre tour dans l'Euxin, et le retard que nous avons mis à le faire, joint au rappel des circonstances qui nous y ont contraints, sous peine d'abandonner un des intérêts que le cabinet de Saint-Pétersbourg, depuis l'origine de la crise, savait que nous avions en vue, indique suffisamment de quelle modération s'inspirait notre politique.

Si la Russie domine aujourd'hui en Valachie et en Moldavie, si elle y interdit à la Porte jusqu'au moindre exercice de sa souveraineté, nous venons, nous, occuper la mer Noire avec nos forces navales, pour contre-balancer l'envahissement des provinces du Danube. Notre but est d'empêcher que cette mer, qui baigne les côtes de la Turquie en même temps que celles de l'empire russe, ne devienne encore une autre route pour atteindre un pays dont l'existence importe à l'Europe entière. Il n'y aura pas, dit-on, d'égalité entre les positions si la flotte russe est retenue dans les bassins de Sévastopol, et si la flotte turque sort librement du Bosphore. La remarque est vraie, mais il n'y a pas non plus d'égalité entre les moyens généraux de l'attaque et de la défense; et si, par un sentiment qui a dû être apprécié à sa valeur, nous nous opposons à ce que les vaisseaux turcs dirigent des agressions contre le littoral de la Russie, nous ne saurions leur interdire, dans les conditions que nous avions le droit de mettre à notre appui, la navigation d'une mer où nous ne sommes entrés que parce que la Porte y a consenti. Ce n'est donc pas un armistice naval que nous proposons d'établir, bien qu'en fait il doive exister; c'est d'un armistice plus complet que nous avons eu l'intention de poser les bases. Nous avons agi dans la pensée d'arrêter une guerre funeste, une effusion de sang inutile.

Le cabinet de Saint-Pétersbourg, en effet, connaît aujourd'hui les conditions assurément honorables auxquelles la paix peut être rétablie; notre présence dans l'Euxin lui est également expliquée

avec aveu de loyauté et de franchise
pour qu'il comprenne qu'il est le maître de la faire cesser. Ce serait s'il faisait évacuer les Principautés et les autres points du territoire ottoman occupés par les troupes russes, et s'il né-
gociait avec un plénipotentiaire de la
Porte une convention qui serait soumise
à une conférence des quatre puissances
réunies dans le même lieu. La responsabilité des événements, général, lui
appartient donc tout entière, et nous
voulons encore croire que sa sagesse
saura conjurer le développement d'une
crise qui n'a déjà que trop duré.

Vous voudrez bien, général, donner
à M. le comte de Nesselrode lecture et
copie de cette dépêche.

Recevez, etc.

Signé : DROUYN DE LHUYS.

Première série de documents
anglais.

*Lord Stratford de Redcliffe à M. Pi-
sani.*

Péra, le 4 janvier 1854.

Monsieur, vous informerez Reschid-
Pacha que j'ai donné l'ordre à l'amiral
Dundas de protéger la marine de la
Porte aussi bien que son territoire dans
la mer Noire. Je compte en retour que
la Porte n'enverra pas de bâtiments en
mer, dans cette direction, sans que je le
sache et sans le concours de l'amiral. Il
sera fait une communication semblable
à S. H. par l'ambassade française.

Signé : STRATFORD DE REDCLIFFE.

*M. E. Pisani à lord Stratford de
Redcliffe.*

Péra, le 4 janvier 1854.

Milord, conformément à votre ordre
de ce jour, j'ai été voir Reschid-Pacha
et je l'ai informé que vous aviez donné
l'ordre à l'amiral Dundas de protéger
la marine de la Porte ainsi que son territoire dans la mer Noire. S. A. m'a dit
avoir reçu aussi une communication semblable de l'ambassade de France. Elle
m'a prié de vous exprimer sa cordiale

reconnaissance pour cette importante
communication, et de prévenir Votre
Excellence qu'elle ne perdrait pas de
temps pour en faire part à son maître
impérial.

Les cinq bateaux à vapeur de guerre
turcs qui, depuis quelques jours, se disposaient à se rendre dans la mer Noire,
sont partis ce matin avec un certain
nombre de troupes et des munitions pour
Trébisonde. Si des vaisseaux turcs partaient encore dans cette direction, la
Porte ne manquera pas d'en informer
préalablement l'ambassadeur. Le capou-
dan-pacha a en conséquence reçu officiellement l'ordre de s'abstenir de toute
démarche quelconque, sans d'avoir d'a-
bord portée à la connaissance de l'ambassade, et sans le concours des amiraux anglais et français.

*Lord Stratford de Redcliffe au comte
de Clarendon.* (Reçue le 21 janvier
1854.)

Constantinople, le 5 janvier 1854.

Voici copie d'une instruction que j'ai
envoyée à M. Pisani et sa réponse. La
Porte a profité de l'entrée des escadres
alliées dans la mer Noire pour envoyer
une petite escadre de bateaux à vapeur,
avec des troupes et des munitions à bord,
à Trébisonde.

*Sir G.-H. Seymour au comte de Cla-
rendon.* (Reçue le 17 janvier 1854.)
— Extrait.

Saint-Pétersbourg, le 9 janvier 1854.

Vous pouvez compter entièrement sur
les détails suivants au sujet des armements russes, quoique certains soient
quelque peu incomplets. Les 1er et 2e
corps d'infanterie sont en Pologne et en
Lithuanie. Les bataillons de réserve de
ces corps sont en formation. Deux bataillons étant levés par chaque régiment,
vingt-quatre seront ajoutés à chaque
corps d'armée. Les chevaux pour l'artillerie et la cavalerie de ces deux corps
ne sont pas encore achetés, mais le
nombre d'hommes requis est déjà réuni.
Les 3e, 4e et 5e corps sont déjà sur le

pied de guerre complet; leur artillerie et leur cavalerie sont au complet. Le 8e est en train d'être mis sur le pied de guerre. Une division se rend dans la Crimée, une dans le Caucase, et la 3e au gouvernement de Cherson. Ces troupes vont se rendre à leur destination. La moitié de la cavalerie de ce corps se rend en Crimée et l'autre moitié au gouvernement de Cherson.

Le corps de dragons va être organisé sur le pied de guerre. Deux régiments ont déjà été envoyés au Caucase; les six autres vont se rendre la semaine prochaine aux Principautés. Le corps des gardes et le corps des grenadiers vont être mis sur le pied de guerre. Chaque régiment de la garde sera augmenté d'un nouveau bataillon et d'un nouvel escadron. Les grenadiers seront augmentés de deux bataillons et d'un escadron par régiment. Le bataillon sur le pied de guerre compte 1,000 hommes, et l'escadron 130 chevaux. Les bataillons de réserve sont forts de 6 à 700 hommes; les escadrons de réserve sont forts de 150 chevaux. En ce qui concerne l'armée du Caucase sous les ordres du prince Voronzof, elle ne compte pas moins de 150,000 hommes; elle peut s'élever de 170 à 180,000 hommes.

Sir G.-H. Seymour au comte de Clarendon. (Reçue le 20 janvier 1854.)

Saint-Pétersbourg, le 11 janvier 1854.

Hier, dans la matinée, le comte de Reiset, premier secrétaire de la légation de France, est arrivé à Saint-Pétersbourg avec des instructions que nous attendions avec anxiété depuis six jours, pour le général de Castelbajac. M. de Reiset a été retardé en route par les neiges épaisses qui sont tombées en Belgique et Allemagne.

Dans la même matinée, je suis allé chez le général de Castelbajac, qui a été assez bon pour me montrer les deux dépêches qu'il a reçues avec la copie des instructions adressées à l'amiral Hamelin.

Quant aux instructions adressées au général de Castelbajac, il me suffit de vous dire que c'est le pendant de celles que Votre Seigneurie m'a adressées dans sa dépêche du 27 décembre. On pourrait remplacer l'une par l'autre. La seule différence que j'aie pu remarquer consiste en ceci : qu'on invite l'ambassadeur de France à se concerter avec son collègue d'Angleterre avant de communiquer au comte de Nesselrode la substance des instructions adressées aux commandants des flottes alliées à Constantinople. On l'autorise ou à lire la dépêche à S. Exc., ou à lui en donner une analyse, et on ne trouve point dans les instructions du gouvernement français la phrase qui termine les instructions de Votre Excellence : « Il est entendu que la flotte turque n'entreprendra par mer aucune opération offensive tant que les choses resteront en l'état actuel. »

Comme Votre Seigneurie ne m'autorise pas à lire votre dépêche en chancellerie, le général de Castelbajac résolu de ne pas communiquer les instructions à S. Exc., mais seulement de lui en donner la substance, et pour que la chose soit faite plus exactement, nous avons pris note des points auxquels il convient de donner de l'importance.

Avant de nous séparer nous sommes convenus, le général de Castelbajac et moi, d'écrire séparément et sans perdre de temps au comte de Nesselrode, pour lui dire qu'ayant une communication à lui faire, nous le prions de nous faire savoir quel jour et à quelle heure il lui convient de nous recevoir. J'ai fait cette lettre en rentrant chez moi.

Le comte de Westmoreland au comte de Clarendon. (Reçue le 17 janvier 1854.)

Vienne, le 11 janvier 1854.

Milord, j'ai mentionné au comte de Buol le bruit dont parle Votre Seigneurie dans votre dépêche du 29 décembre, à savoir que le consul autrichien à Sinope aurait fait des signaux télégraphiques à la flotte russe au moment de son entrée dans ce port. Le comte de Buol a dit qu'il considérait ce bruit comme ne pouvant provenir que d'une velléité de calomnie contre le gouvernement autrichien ; en conséquence, il ne peut pas s'en occuper. Il a été heureux de voir que le gouvernement de la Reine avait exprimé son incrédulité à cet égard, bien convaincu que toute cette histoire ne méritait aucune créance.

Signé : WESTMORELAND.

Sir G.-H. Seymour au comte de Clarendon. (Reçue le 20 janvier 1854.)

Saint-Pétersbourg, le 13 janvier 1854.

J'ai exposé au chancelier encore faible et indisposé tout mon regret d'être dans la nécessité de lui faire une communication pénible, en lui faisant observer que S. Exc. y devait être préparée déjà par ce que je lui avais fait pressentir sur l'effet que l'événement de Sinope produirait en Angleterre. L'escadre de S. M. a été envoyée à Constantinople, non dans l'intention d'attaquer la Russie, mais certainement dans la pensée de défendre la Turquie. Le gouvernement de la Reine eût bien désiré qu'il ne se fût pas présenté de nécessité pour des actes maritimes. Telle eût été probablement la situation sans la catastrophe de Sinope.

On avait espéré que la communication par moi faite à S. Exc. le 27 octobre aurait empêché l'attaque de la côte de Turquie. Si cette attaque avait eu lieu en la présence des navires anglais, ils eussent aidé à la repousser. Cet espoir a été déçu. Une escadre turque, paisiblement à l'ancre dans un port turc, a été attaquée. Un effrayant massacre s'en est suivi. Je suis entré dans quelques détails sur les horreurs de Sinope, et j'ai insisté sur l'effet que la narration de ces malheurs avait dû produire sur l'esprit public en Angleterre. Le gouvernement de S. M. a alors acquis la conviction qu'il fallait adopter des mesures plus rigoureuses. On n'avait pas assez tenu compte des dispositions conciliantes du gouvernement de S. M. ni de l'avis qui avait été donné amicalement. En conséquence, on adopte les mesures pour prévenir le retour de scènes comme celles de Sinope. Les vaisseaux de S. M. et ceux de l'Empereur des Français aussi bien (*as well*) (car il y a eu uniformité complète dans les ordres envoyés aux deux flottes, ainsi

que dans l'esprit qui les a dictés) entreront dans la mer Noire, et ils requerront tout vaisseau russe qu'ils pourront rencontrer de rentrer dans un port russe.

Il m'est pénible (ai-je continué, monsieur le comte, de le dire, mais si l'on ne fait pas droit à l'injonction on aura recours à la force. D'autre part, le gouvernement de la Reine voulant encore comme par le passé, effectuer au règlement pacifique des difficultés, il a adopté des mesures pour empêcher les vaisseaux de guerre turcs de faire des descentes sur les côtes de la Russie. — Êtes-vous sûr, m'a dit le comte de Nesselrode, que cette intention soit consignée dans votre instruction ? — Assurément, monsieur le comte, ai-je répondu, autrement je n'en eusse pas parlé. J'aime la vérité, monsieur le comte, et je croirais manquer à mon devoir vis-à-vis du gouvernement de la Reine et vis-à-vis de vous si je réservais quelque partie de la communication que j'ai à vous faire ou si je tâchais de lui donner une autre couleur. Mon instruction s'étend plus sur les mesures coercitives qui seront employées vis-à-vis de la marine russe que sur celles que l'on adoptera vis-à-vis de la marine turque. En un mot, l'Angleterre a promis assistance et appui au gouvernement turc ; elle remplira ses engagements avec fidélité. Ses vaisseaux sont dans la mer Noire pour protéger le territoire et le pavillon turcs. Je n'ai pas l'ordre de vous laisser de communication écrite à ce sujet ; mais je suis prêt à vous donner tous les éclaircissements que vous pourriez désirer. Le comte de Nesselrode m'a communiqué la substance d'une dépêche du baron de Brunnow qui traitait également des instructions données à la flotte et était entièrement analogue à mes déclarations.

Après une légère controverse sur le droit du gouvernement de la Reine de se trouver offensé de l'affaire de Sinope, le comte de Nesselrode a déclaré être fâché de dire qu'il était très-malheureux que le gouvernement de la Reine eût résolu d'adopter des mesures d'un caractère décidé, et cela au moment où on faisait à Vienne d'énergiques efforts pour assurer un arrangement pacifique. Cette opinion, ai-je dit, est entièrement partagée par le gouvernement de la Reine et rien de semblable n'aurait eu lieu sans l'attaque contre Sinope et les terribles incidents qui ont signalé cette attaque. Néanmoins le gouvernement de la Reine veut toujours la paix, si elle est possible. Voyant le comte de Nesselrode trop souffrant, pour continuer la conversation, j'ai pris congé de lui. Il m'a dit ne pouvoir pas me faire quant à présent d'autre réponse, si ce n'est qu'il s'empresserait de porter aussitôt que possible ma communication à la connaissance de l'Empereur et de prendre ses ordres à ce sujet.

Signé : G.-H. SEYMOUR.

———

Sir G.-H. Seymour au comte de Clarendon. (Reçue le 20 janvier 1854.)

Saint-Pétersbourg, le 13 janvier 1854.

Milord, au moment où j'allais clore ma dépêche, le ministre français est venu m'informer qu'hier au soir il avait été subitement mandé par le comte de Nesselrode, à qui il avait fait sa communication touchant les ordres envoyés à l'amiral français dans le Bosphore. Dans la soirée, à ce qu'il paraît, il a été tenu un conseil des ministres.

Signé : G.-H. SEYMOUR.

———

Le comte de Clarendon au comte de Westmoreland.

Ministère des affaires étrangères, le 17 janvier 1854.

..... J'ai déclaré au comte de Colloredo que l'entrée des escadres alliées dans la mer Noire, sans que le gouvernement autrichien en ait eu préalablement connaissance, ne présentait aucune juste cause de plainte ; bien que l'Angleterre et la France soient réunies avec l'Autriche dans la négociation, elles agissent indépendamment d'elle en protégeant le territoire du Sultan contre l'agression. Le comte de Buol sait parfaitement, ai-je ajouté, que les gouvernements de France et d'Angleterre ne désirent pas précipiter les choses, et qu'ils eussent été contents de laisser les escadres combinées dans le Bosphore jusqu'à ce que les négociations

actuellement pendantes aient, de manière ou d'autre, atteint une conclusion. Mais la désastreuse affaire de Sinope a rendu la chose impossible. Une plus longue inaction eût été, pour les raisons déjà exposées au comte de Buol, déshonorante pour l'Angleterre et la France, qui sont les seuls juges compétents du devoir que leur prescrit leur honneur, et que l'on ne devait pas croire assurément, sur une telle question, devoir prendre conseil d'aucune autre puissance. Aussitôt que la décision a été prise, on n'a pas perdu de temps pour la faire connaître au comte de Buol.

Signé : CLARENDON.

———

LETTRE *que les amiraux anglais et français devront adresser à l'amiral russe à Sévastopol.* (Traduction.)

L'escadre que je commande étant sur le point d'entrer dans la mer Noire avec celle de la France, et notre but étant de protéger le territoire et le pavillon turcs contre toute agression et contre tout acte d'hostilité, j'en informe Votre Excellence afin d'éviter toute collision capable de nuire aux relations amicales qui existent entre mon gouvernement et le vôtre, relations que nous désirons conserver et que sans doute vous désirez aussi maintenir. Je serais heureux d'apprendre que Votre Excellence, animée des mêmes intentions pacifiques, a bien voulu donner aux commandants des vaisseaux russes dans la mer Noire des instructions destinées à prévenir tout événement qui pourrait compromettre la paix.

———

Le comte de Clarendon à lord Stratford de Redcliffe.

Affaires-Étrangères, le 24 janvier 1854.

Je dois prévenir Votre Excellence, en réponse à votre dépêche du 3 janvier, que le gouvernement de la Reine approuve la lettre que doit adresser l'amiral Dundas aux autorités maritimes russes de Sévastopol.

———

Le comte de Clarendon à sir G.-H. Seymour.

Affaires-Étrangères, le 24 janvier 1854.

Monsieur, je dois vous informer que le gouvernement de la Reine approuve entièrement la manière dont, ainsi qu'il est dit à votre dépêche du 13, vous avez exécuté les instructions relatives à l'entrée des escadres anglaise et française combinées dans la mer Noire, instructions consignées dans ma dépêche du 27 décembre.

Signé : CLARENDON.

———

Le comte de Clarendon à sir G.-H. Seymour.

Ministère des affaires étrangères, le 31 janvier 1854.

Monsieur, je vous adresse sous ce pli la copie d'une Note qui m'a été adressée par le baron de Brunnow, ainsi que la copie de ma réponse. Je vous envoie aussi la copie d'une dépêche du comte de Nesselrode que le baron de Brunnow, par ordre de son gouvernement a remise entre mes mains. Son esprit est si extraordinaire, que je suis contraint de vous prier de communiquer au chancelier (comte de Nesselrode) l'impression qu'elle a produite sur le gouvernement de S. M. Cette dépêche finit par ces mots : « Un hasard suffit aujourd'hui pour produire une collision d'où naîtrait une conflagration générale, et l'Empereur repousse d'avance la responsabilité de l'initiative qui en aura donné le signal. »

Il semblerait résulter de là que le gouvernement russe a entièrement oublié l'origine de cette malheureuse querelle; il semblerait avoir oublié qu'aussitôt après que l'unique cause du démêlé entre la Russie et la Porte avait été arrangée d'une manière satisfaisante, le prince Menchikof a requis en termes péremptoires l'assentiment du Sultan à une certaine interprétation large et neuve du traité de Kaïnardji; que sur l'offre par le gouvernement turc de substituer d'autres assurances conciliantes à celles proposées par le prince Menchikof, l'ambassadeur quitta Constantinople ; qu'aussitôt après, le comte de demanda à la Porte, dans le délai huit jours, de renvoyer signé le que le Sultan avait précédemment déclaré qu'il serait fatal à son accepter, sous la menace S. H. n'y faisait pas droit, des russes occuperaient les principau Moldavie et de Valachie ; que le ayant refusé de se soumettre, son pire de la contrainte, à une humiliante, cette menace a été exécution, et les provinces de contenant 4 millions de sujets, envahies, en temps de paix par les forces russes; que le du Sultan a été depuis lor comme pays conquis, le gouv russe violant ainsi le *statu quo* rope, se mettant en opposition intentions proclamées par les puissances de l'Europe en 1840-1 et donnant à la Russie le caractère perturbatrice de la paix générale.

Non content de cette qui avait été annoncée d'abord comme occupation temporaire et comme gage matériel détenu jusqu'à ce que la Porte ait fait droit aux demandes de la Russie, l'Empereur de Russie a mis sur pied de grandes armées à grands frais, évidemment dans le but de passer le Danube et de tenter la conquête de Constantinople. Il ne faut pas perdre de vue, ainsi que je l'ai fait observer quemment, qu'aucune insulte aux sujets chrétiens de la Porte n'avait fourni un prétexte à de tels actes. Au contraire, par l'introduction de nouvelles lois pour leur protection, leur progrès graduel en opulence et en intelligence, les perfectionnements généraux dans les arts de la paix, la condition des chrétiens était manifestement en voie d'amélioration. Tous les événements qui ont eu lieu depuis, la déplorable effusion du sang humain, l'oppression des populations des Principautés, l'agression du territoire russe en Asie, le désastre de Sinope et l'entrée des cadres combinés dans la mer Noire sont les conséquences de la conduite non provoquée du gouvernement russe et si malheureusement une rencontre hasard venait à produire une collision

Il maintint une conflagration générale, l'Empereur de Russie tentera vainement de repousser une responsabilité qui devra s'attacher à lui, qui, en temps de paix profonde, a le premier envahi le territoire de son voisin inoffensif.

Vous donnerez lecture et copie de cette dépêche au comte de Nesselrode.

Je suis, etc.

Signé : CLARENDON.

Le comte de Clarendon à sir G.-H. Seymour.

Ministère des affaires étrangères, le 7 février 1854.

Monsieur, dans la soirée du 4 février, le baron de Brunnow a remis entre mes mains une Note (dont copie est incluse) annonçant que les relations diplomatiques entre l'Angleterre et la Russie sont suspendues, et qu'il va quitter l'Angleterre avec les membres de la légation russe. En conséquence, immédiatement après la réception de cette dépêche, vous informerez le comte de Nesselrode que vous avez ordre de quitter Saint-Pétersbourg avec tous les membres de la légation de S. M.

Vous reviendrez en Angleterre en évitant tout retard inutile de votre départ du territoire de Russie. Des instructions semblables seront adressées aujourd'hui même par le gouvernement français au comte de Castelbajac.

Je suis, etc.

Signé : CLARENDON.

Deuxième série de documents anglais.

Le capitaine Drummond à l'amiral Dundas. (Extrait.)

À bord de la Rétribution, en mer, à 40° 50' de latitude N., 34° 23' longitude E., 7 janvier 1854.

J'ai eu assez de temps, pendant mon séjour à Sévastopol, pour observer que ce port est bien fortifié. Les vaisseaux de ligne étaient à l'ancre et présentaient leurs canons à l'entrée du port. Une partie considérable de l'escadre russe

était absente de Sévastopol, probablement sous les ordres du vice-amiral Nachimof, en mer ou à l'ancre dans la baie de Kaffa, qui, par sa position, est le meilleur mouillage près de la côte de Circassie en cette saison. Il n'est pas facile de sortir du port de Sévastopol, par les vents d'ouest, sans être remorqué.

J'ai l'honneur, etc.

Signé : DRUMMOND.

Sir G.-H. Seymour au comte de Clarendon. (Reçue le 27 janvier. — Extrait.)

Saint-Pétersbourg, 19 janvier 1854.

Si la paix est l'objet et le but du gouvernement russe, il fait certainement de grands efforts pour égarer l'opinion publique, car on fait de tous côtés des préparatifs pour une grande guerre. L'armée d'Asie, victorieuse sur tous les points, à ce que nous disent les bulletins russes, a été renforcée de 27,000 hommes, qui sont en marche dans les provinces méridionales, et qui, grâce aux arrangements qui ont été pris, sont reçus partout comme des triomphateurs. On fait d'immenses approvisionnements de soufre et de salpêtre, à tout prix. On m'a parlé d'un achat de 500 tonneaux de salpêtre. Quant au plomb, il a été acheté chez le négociant qui en avait la plus grande quantité, et en dehors des formes qui sont rigoureusement observées en Russie pour la plupart des contrats. En un mot, tout ce que l'on voit annonce l'approche de la guerre.

Le comte de Westmoreland au comte de Clarendon. (Reçue le 4 février.)

Vienne, 4 février 1854. (Dépêche télégraphique.)

Le comte de Buol a annoncé à l'ambassadeur de France et à moi que la proposition du comte Orlof à l'Empereur d'Autriche était que l'Empereur d'Autriche s'engageât à une stricte neutralité en cas de guerre entre la Turquie et la Russie, guerre à laquelle il paraissait que la France et l'Angleterre allaient participer. L'Empereur d'Autriche a répondu au comte Orlof : « L'Empereur de Russie confirmera-t-il ses engagements de ne pas passer le Danube, d'évacuer les Principautés après la guerre, et de ne pas troubler la combinaison générale actuellement existante des provinces turques ? »

Le comte Orlof a répondu que l'Empereur de Russie ne saurait prendre aucun engagement. L'Empereur d'Autriche a répliqué que, dans ce cas, il ne pouvait pas prendre l'engagement qu'on lui proposait. Il a ajouté qu'il resterait fidèle aux principes qu'il avait adoptés de concert avec les trois autres puissances, et qu'il serait guidé dans sa conduite par les intérêts et la dignité de l'empire.

Votre Seigneurie ne sera pas étonnée, après avoir appris l'issue de la mission du comte Orlof et avoir reçu le protocole de la conférence signé hier, d'être informée que le gouvernement autrichien a décidé immédiatement d'augmenter le cordon qu'il a sur les frontières de Transylvanie, jusqu'à concurrence de 30,000 hommes.

———

Le comte de Westmoreland au comte de Clarendon. (Reçue le 13 février.)

Vienne, 8 février 1854.

Milord, je quitte à l'instant la conférence à laquelle le comte de Buol m'avait invité ce matin, ainsi que mes collègues. Le comte de Buol nous a dit n'avoir pas de propositions à nous faire ; mais, en considération de l'unanimité existant parmi nous sur la question d'Orient, il croit servir notre cause commune en communiquant les dépêches par lui adressées au comte d'Esterhazy, pour être soumises au comte de Nesselrode. Le comte de Buol nous a lu ces dépêches.

La première rend compte de la proposition du comte Orlof, tendante à ce que l'Empereur d'Autriche, conjointement avec la Prusse, prît l'engagement vis-à-vis de l'Empereur de Russie, à l'effet de maintenir une stricte neutralité dans la guerre avec la Porte, guerre à laquelle les puissances maritimes sem-

blaient devoir participer. Le comte de Buol, dans sa dépêche, développe, dans les termes les plus clairs et les plus précis, l'impossibilité de l'adoption d'un engagement de cette nature par l'Empereur. Je proclame, avec toute courtoisie vis-à-vis de l'empereur Nicolas, les obligations en vertu desquelles le gouvernement autrichien est tenu de veiller au strict maintien des principes de l'indépendance et de l'intégrité de la Turquie, principes proclamés par l'empereur Nicolas lui-même, mais que le passage du Danube par les troupes russes pourrait mettre en danger en encourageant des insurrections dans les provinces turques. En conséquence, on ne saurait prendre l'engagement qui est demandé.

La deuxième dépêche au comte d'Esterhazy a trait à la réponse faite aux propositions de négociation transmises par le comte de Buol, avec la sanction de la conférence, le 13.

Le comte de Buol, dans cette dépêche, fait ressortir avec force le désappointement de l'Empereur en voyant l'insuccès de sa recommandation personnelle en faveur des propositions turques. Il traite à fond la question, et il réitère l'expression du très-vif désir de l'Empereur d'Autriche que l'empereur Nicolas puisse encore adopter ces propositions.

La dernière dépêche est celle par laquelle le comte de Buol répond au reproche adressé au gouvernement autrichien de déserter par sa conduite actuelle les principes en vertu desquels les trois gouvernements de Russie, d'Autriche et de Prusse ont agi jusqu'ici pour le maintien des intérêts établis et de l'indépendance des divers États de l'Europe. Ce faisant, il compromet l'ordre de choses établi en Europe et la sécurité actuelle.

La réponse du comte de Buol à ce reproche est très-ferme et très-nette.

Ces dépêches, dont je regretta de ne pouvoir, attenda l'heure du courrier, vous donner une analyse plus substantielle, ont reçu l'entière approbation des membres de la conférence, qui ont trouvées très-habilement rédigées. Tout en conservant un langage très-courtois et amical vis-à-vis de l'empereur Nicolas, ces dépêches établis-

clairement la position actuelle que veut tenir le gouvernement autrichien dans le but de consacrer les principes qu'il a proclamés et les engagements contractés pour les soutenir.

Le n° 84 est une dépêche de lord Cowley au comte de Clarendon, reçue le 23 février, en date à Paris du 22 février 1854, où il est dit :

« Le comte de Buol assure à M. de Bourqueney que si l'Angleterre et la France fixent un délai pour l'évacuation des Principautés, délai dont l'expiration sera le signal des hostilités, le cabinet de Vienne est prêt à soutenir cette sommation. »

M. Drouyn de Lhuys est d'avis que cela doit être fait immédiatement, et que les deux puissances doivent écrire au comte de Nesselrode pour demander le commencement immédiat de l'évacuation, tout devant être fini à la fin de mars. Le silence ou le refus sera considéré comme une déclaration de guerre par la Russie.

———

Correspondance de LL. MM. l'Empereur des Français et l'Empereur de Russie. — Manifeste de l'Empereur de Russie. — Réponse de M. Drouyn de Lhuys à la lettre de l'Empereur de Russie.

1° — 29 janvier. — Lettre adressée à S. M. l'empereur Nicolas par S. M. l'empereur Napoléon III. (*Voyez* ce document dans le texte historique.)

2° *Réponse de S. M. l'Empereur.*

St-Pétersbourg, le 28 janv. (9 fév.) 1854.

Sire,

Je ne saurais mieux répondre à Votre Majesté qu'en répétant, puisqu'elles m'appartiennent, les paroles par lesquelles sa lettre se termine : « Nos relations doivent être sincèrement amicales et reposer sur les mêmes intentions : maintien de l'ordre, amour de la paix, respect aux traités et bienveillance réciproque. » En acceptant, dit-elle, ce programme tel que je l'avais moi-même tracé, elle affirme y être restée fidèle. J'ose croire, et ma conscience me le dit, que je ne m'en suis point écarté. Car,

dans l'affaire qui nous dirige et dont l'origine ne vient pas de moi, j'ai toujours cherché à maintenir des relations bienveillantes avec la France, j'ai évité avec le plus grand soin de me rencontrer sur ce terrain avec les intérêts de la religion que Votre Majesté professe; j'ai fait au maintien de la paix toutes les concessions de forme et de fond que mon honneur me rendait possibles ; et, en réclamant pour mes coreligionnaires en Turquie la confirmation des droits et priviléges qui leur ont été acquis depuis longtemps, au prix du sang russe, je n'ai demandé autre chose que ce qui découlait des traités. Si la Porte avait été laissée à elle-même, le différend qui tient en suspens l'Europe eût été depuis longtemps aplani. Une influence fatale est seule venue se jeter à la traverse. En provoquant des soupçons gratuits, en exaltant le fanatisme des Turcs, en égarant leur gouvernement sur mes intentions et la vraie portée de mes demandes, elle a fait prendre à la question des proportions si exagérées, que la guerre en a dû sortir.

Votre Majesté me permettra de ne point m'étendre trop en détail sur les circonstances exposées à son point de vue particulier, dont sa lettre présente l'enchaînement. Plusieurs actes de ma part, peu exactement appréciés, suivant moi, et plus d'un fait interverti, nécessiteraient pour être rétablis, tels au moins que je les conçois, de longs développements qui ne sont guère propres à entrer dans une correspondance de souverain à souverain. C'est ainsi que Votre Majesté attribue à l'occupation des Principautés le tort d'avoir subitement transporté la question du domaine de la discussion dans celui des faits. Mais elle perd de vue que cette occupation, purement éventuelle encore, a été devancée, et en grande partie amenée, par un fait antérieur fort grave, celui de l'apparition des flottes combinées dans le voisinage des Dardanelles, outre que déjà bien auparavant, quand l'Angleterre hésitait encore à prendre contre la Russie une attitude comminatoire, Votre Majesté avait la première envoyé sa flotte jusqu'à Salamine. Cette démonstration blessante annonçait, certes, peu de confiance en moi. Elle devait encourager les Turcs et paralyser d'avance le succès

2

des négociations, en leur montrant la
France et l'Angleterre prêtes à soutenir
leur cause à tout événement. C'est encore
ainsi que Votre Majesté attribue aux
commentaires explicatifs de mon cabinet
sur la Note de Vienne, l'impossibilité où
la France et l'Angleterre se sont trouvées
d'en recommander l'adoption à la Porte.
Mais Votre Majesté peut se rappeler
que nos commentaires ont suivi, et non
précédé, la non-acceptation pure et
simple de la Note, et je crois que les
puissances, pour peu qu'elles voulussent
sérieusement la paix, étaient tenues à
réclamer d'emblée cette adoption pure
et simple, au lieu de permettre à la
Porte de modifier ce que nous avions
adopté sans changement. D'ailleurs, si
quelque point de nos commentaires avait
pu donner matière à difficultés, j'en ai
offert à Olmütz une solution satisfaisante
qui a paru telle à l'Autriche et à la
Prusse. Malheureusement, dans l'intervalle, une partie de la flotte anglo-
française était déjà entrée dans les Dardanelles, sous prétexte d'y protéger la
vie et les propriétés des nationaux anglais
et français, et, pour l'y faire entrer tout
entière, sans violer le traité de 1841, il
a fallu que la guerre nous fût déclarée
par le gouvernement ottoman. Mon opinion est que, si la France et l'Angleterre
avaient voulu la paix comme moi, elles
auraient dû empêcher à tout prix cette
déclaration de guerre, ou, la guerre une
fois déclarée, faire au moins en sorte
qu'elle restât dans les limites étroites
que je désirais lui tracer sur le Danube,
afin que je ne fusse pas arraché de force
au système purement défensif que je
voulais suivre. Mais du moment qu'on a
permis aux Turcs d'attaquer notre territoire asiatique, d'enlever un de nos
postes-frontières (même avant le terme
fixé pour l'ouverture des hostilités), de
bloquer Akhaltsykh et de ravager la
province d'Arménie; du moment qu'on a
laissé la flotte turque libre de porter des
troupes, des armes et des munitions de
guerre sur nos côtes, pouvait-on raisonnablement espérer que nous attendrions
patiemment le résultat d'une pareille
tentative? Ne devait-on pas supposer
que nous ferions tout pour le prévenir?
L'affaire de Sinope s'en est suivie : elle
a été la conséquence forcée de l'attitude
adoptée par les deux puissances, et l'é-

vénement ne pouvait, certes, leur paraître
inattendu. J'avais déclaré vouloir rester
sur la défensive, mais avant l'explosion
de la guerre, tant que mon honneur et
mes intérêts me le permettraient, tant
qu'elle resterait dans de certaines bornes.
A-t-on fait ce qu'il fallait faire pour que
ces bornes ne fussent pas dépassées? Si
le rôle de spectateur, ou celui de médiateur même, ne suffisait pas à Votre
Majesté, et qu'elle voulût se faire
l'auxiliaire armé de mes ennemis, alors,
Sire, il eût été plus loyal et plus digne
d'elle de me le dire franchement d'avance
en me déclarant la guerre. Chacun alors
eût connu son rôle. Mais nous faire un
crime après coup de ce qu'on n'a rien
fait pour empêcher, est-ce un procédé
équitable? Si les coups de canon de Sinope ont retenti douloureusement dans
le cœur de tous ceux qui en France et
en Angleterre ont le vif sentiment de la
dignité nationale, Votre Majesté pense-
t-elle que la présence menaçante à l'entrée du Bosphore des trois mille bouches
à feu dont elle parle, et le bruit de leur
entrée dans la mer Noire, soient des
faits restés sans écho dans le cœur de la
nation dont j'ai à défendre l'honneur?
J'apprends d'elle pour la première fois
(car les déclarations verbales qu'on m'a
faites ici ne m'en avaient encore rien
dit) que, tout en protégeant le ravitaillement des troupes turques sur leur propre
territoire, les deux puissances ont résolu
de nous interdire la navigation de la
mer Noire, c'est-à-dire apparemment
le droit de ravitailler nos propres côtes.
Je laisse à penser à Votre Majesté si
c'est là, comme elle le dit, faciliter la
conclusion de la paix, et si, dans l'alternative qu'on me pose, il m'est permis de
discuter, d'examiner même un moment
ses propositions d'armistice, d'évacuation
immédiate des Principautés et de négociation avec la Porte d'une convention
qui serait soumise à une conférence des
quatre cours. Vous-même, Sire, si vous
étiez à ma place, accepteriez-vous une
pareille position? Votre sentiment national pourrait-il vous le permettre? Je
répondrai hardiment que non. Accordez-
moi donc, à mon tour, le droit de penser
comme vous-même. Quoi que Votre
Majesté décide, ce n'est pas devant la
menace que l'on me verra reculer. Ma
confiance est en Dieu et dans mon droit,

et la Russie, j'en suis garant, saura se montrer en 1854 ce qu'elle fut en 1812.

Si toutefois Votre Majesté, moins indifférente à mon honneur, en revient franchement à notre programme, si elle me tend une main cordiale comme je le lui offre en ce dernier moment, j'oublierai volontiers ce que le passé peut avoir eu de blessant pour moi. Alors, Sire, mais alors seulement, nous pourrons discuter et peut-être nous entendre. Que sa flotte se borne à empêcher les Turcs de porter de nouvelles forces sur le théâtre de la guerre. Je promets volontiers qu'ils n'auront rien à craindre de mes tentatives. Qu'ils m'envoient un négociateur. Je l'accueillerai comme il convient. Mes conditions sont connues à Vienne. C'est la seule base sur laquelle il me soit permis de discuter.

Je prie Votre Majesté de croire à la sincérité des sentiments avec lesquels je suis,

Sire,

De Votre Majesté,

Le bon ami,

NICOLAS.

MANIFESTE de S. M. l'Empereur de Russie à ses sujets.

Par la grâce de Dieu,

Nous, Nicolas 1er,

Empereur et autocrate de toutes les Russies, roi de Pologne, etc., etc., etc.,

Faisons connaître à tous :

Nous avons déjà fait connaître à nos chers et fidèles sujets la cause de notre mésintelligence avec la Porte ottomane.

Depuis lors, malgré l'ouverture des hostilités, nous n'avons pas cessé de former, comme nous le faisons encore aujourd'hui, le désir sincère d'arrêter l'effusion du sang.

Nous avions même nourri l'espérance que la réflexion et le temps convaincraient le gouvernement turc de son erreur suggérée par de perfides insinuations dans lesquelles nos prétentions justes et fondées sur les traités ont été représentées comme un empiétement sur son indépendance, cachant des arrière-pensées de domination. Mais vaine a été jusqu'à présent notre attente. Les gouvernements anglais et français ont pris parti pour la Turquie, et la présence de leurs flottes, réunies à Constantinople, a principalement servi à l'encourager dans son obstination.

Enfin les deux puissances occidentales, sans déclaration de guerre préalable, ont fait entrer leurs flottes dans la mer Noire, en proclamant la résolution de défendre les Turcs et d'entraver la libre navigation de nos vaisseaux de guerre dans la défense de notre littoral.

Après un mode d'agir aussi inouï dans les rapports des puissances civilisées, nous avons rappelé nos légations d'Angleterre et de France et interrompu toutes relations politiques avec ces puissances.

Et ainsi contre la Russie, combattant pour l'orthodoxie, se placent à côté des ennemis de la chrétienté l'Angleterre et la France.

Mais la Russie ne manquera pas à sa sainte vocation ; et si sa frontière est envahie par l'ennemi, nous sommes prêts à lui faire tête avec l'énergie dont nos ancêtres nous ont légué l'exemple. Ne sommes-nous pas aujourd'hui encore ce même peuple russe dont la vaillance est attestée par les fastes mémorables de l'année 1812 ? Que le Très-Haut nous aide à le prouver à l'œuvre. Dans cet espoir, combattant pour vos frères opprimés qui confessent la foi du Christ, la Russie n'aura qu'un cœur et une voix pour s'écrier :

« Dieu ! notre Sauveur ! qui avons-nous à craindre ? Que le Christ ressuscite et que ses ennemis se dispersent ! »

Donné à Saint-Pétersbourg, le 9-21e jour de février de l'an de la naissance du Christ 1854, de notre règne, le 29e.

L'original est signé de la main de Sa Majesté Impériale (L. S.).

Signé : NICOLAS.

Imprimé à Saint-Pétersbourg, au sénat, le 9-21 février 1854.

CIRCULAIRE du ministre des affaires étrangères de France aux agents diplomatiques de l'Empereur.

Paris, 5 mars 1854.

Monsieur, vous connaissez aujourd'hui la réponse de l'empereur Nicolas à la lettre de Sa Majesté Impériale, et vous avez lu également le manifeste que ce souverain vient d'adresser à son peuple.

La publication de ces deux documents a détruit les dernières espérances que l'on pouvait mettre dans la sagesse du cabinet de Saint-Pétersbourg, et cette même main, qui s'était honorée par la fermeté avec laquelle elle avait offert un appui à l'Europe ébranlée sur ses bases, ouvre elle-même la carrière aux passions et aux hasards. Le Gouvernement de l'Empereur est profondément affligé de l'inutilité de ses efforts et de l'insuccès de sa modération; mais, à la veille de la grande lutte qu'il n'avait pas appelée et que le patriotisme de la nation française l'aidera à soutenir, c'est un besoin pour lui de décliner une fois encore la responsabilité des événements et de la laisser peser de tout son poids sur la puissance qui aura à en rendre compte devant l'histoire et devant Dieu. De hautes convenances, je le sais, rendent ma tâche difficile, mais je la remplirai avec la certitude de ne pas dire une parole qui ne me soit dictée par ma conscience elle-même.

En s'adressant à l'Empereur de Russie dans des termes où le plus grand esprit de conciliation s'alliait à la plus noble franchise, Sa Majesté Impériale avait voulu dégager de toutes ses obscurités la question qui tenait le monde en suspens entre la paix et la guerre et tâcher de la régler sans qu'il en coûtât rien à la dignité de personne. Au lieu de rester dans les mêmes régions et d'accepter la main amie qui lui était tendue, S. M. l'empereur Nicolas a préféré revenir sur des faits que l'opinion publique a définitivement jugés et se représenter comme ayant été en butte, dès l'origine d'une crise provoquée par son gouvernement, à une hostilité systématique et préconçue, qui devait fatalement amener les choses au point où elles en sont arrivées. Ce n'est pas ma voix, monsieur, c'est celle de l'Europe qui répond que jamais politique plus imprudente n'a rencontré à aucune époque d'adversaires plus calmes, plus patients dans leur résistance à des desseins que leur jugement condamnait, et que des intérêts de premier ordre leur imposaient le devoir de combattre.

Je ne veux pas remonter à un passé complétement éclairci, les faits parlent assez haut; mais je dois répéter encore une fois qu'il n'est plus permis de chercher dans la revendication, aussi juste que limitée dans ses effets, des priviléges des Latins en Terre Sainte, la cause de ce que nous voyons aujourd'hui. Cette question était réglée dès les premiers moments du séjour de M. le prince Menchikof à Constantinople, et c'est celle que cet ambassadeur a soulevée lorsqu'il avait obtenu satisfaction sur l'autre, qui a mis le monde en éveil et réuni successivement tous les cabinets sous l'empire d'un même sentiment de prévoyance et d'un même désir de conciliation.

Est-il besoin d'énumérer toutes les tentatives qu'une obstination invincible a seule fait échouer? Il n'est personne qui les ignore, il n'est personne non plus qui ne sache que si des démonstrations matérielles se sont accomplies pendant la durée des négociations, il n'en est pas une seule qui n'ait été précédée d'un acte agressif de la part de la Russie.

Je me bornerai à rappeler que, si l'escadre française, à la fin de mars, a mouillé dans la baie de Salamine, c'est que, depuis le mois de janvier, d'immenses rassemblements de troupes se formaient en Bessarabie; que si les forces navales de la France et de l'Angleterre ne sont rapprochées des Dardanelles où elles ne sont arrivées qu'à la fin de juin, c'est qu'une armée russe campait sur les bords du Pruth et que la résolution de lui faire franchir cette rivière était prise et officiellement annoncée dès le 31 mai; que si nos flottes ont été plus tard à Constantinople, c'est que le canon grondait sur le Danube, et qu'enfin, si elles sont entrées dans la mer Noire, c'est parce que, contrairement à la promesse de rester sur la défensive, des vaisseaux russes avaient quitté Sévastopol pour foudroyer des navires turcs à l'ancre dans le port de Sinope. Tous les pas que nous faisions d'accord avec l'Angleterre en Orient avaient la paix pour but, et nous ne voulions que nous interposer entre les parties belligérantes. Chaque jour, au contraire, la Russie s'avançait ouvertement vers la guerre.

Assurément, s'il était deux puissances que leur passé et leurs relations les plus récentes dussent, dans un conflit qui menaçait de mettre la France et la Grande-Bretagne aux prises avec l'immense empire qui les avoisine, rendre à la fois indulgentes pour la Russie et attentives à nos mouvements, c'étaient la Prusse et l'Autriche. Vous savez, monsieur, que leurs principes se sont tout d'abord rencontrés avec les nôtres, et que l'Europe constituée en jury a prononcé solennellement son verdict sur des prétentions et sur des actes dont aucune apologie, de si haut qu'elle parte, ne peut plus maintenant transformer le caractère. Ainsi le débat n'est pas entre la France et l'Angleterre, accourues au secours de la Porte, et la Russie; il est entre la Russie et tous les Etats qui ont le sentiment du droit, et dont l'opinion et les intérêts les rangeront du côté de la bonne cause.

J'oppose donc avec confiance l'unanimité des grands cabinets à cette évocation des souvenirs de 1812 directement faite à un souverain qui venait d'essayer loyalement un suprême effort de conciliation. Toute la conduite de l'empereur Napoléon atteste assez que, s'il est fier de l'héritage de gloire que lui a laissé le chef de sa race, il n'a rien négligé pour que son avénement au trône fût un gage de paix et de repos pour le monde.

Je ne dirai qu'un mot, monsieur, du manifeste par lequel S. M. l'empereur Nicolas annonce à ses peuples les résolutions qu'il a prises. Notre époque si tourmentée avait été du moins exempte d'un des maux qui ont le plus troublé le monde autrefois; je veux parler des guerres de religion. On fait entendre aux oreilles de la nation russe comme un écho de ces temps désastreux; on affecte d'opposer la croix au croissant, et l'on demande au fanatisme l'appui que l'on sait ne pouvoir pas réclamer de la raison.

La France et l'Angleterre n'ont pas à se défendre de l'imputation qu'on leur adresse; elles ne soutiennent pas l'islamisme contre l'orthodoxie grecque; elles vont protéger le territoire ottoman contre les convoitises de la Russie, elles y vont avec la conviction que la présence de leurs armées en Turquie fera tomber les préjugés déjà bien affaiblis qui séparent encore les différentes classes de sujets de la Sublime Porte, et qui ne

pourraient renaître que si l'appel parti de Saint-Pétersbourg, en provoquant des haines de race et une explosion révolutionnaire, paralysait les généreuses intentions du sultan Abdul-Medjid. Pour nous, monsieur, nous croyons sincèrement, en prêtant notre appui à la Turquie, être plus utiles à la foi chrétienne que le gouvernement qui en fait l'instrument de son ambition temporelle. La Russie oublie trop, dans les reproches qu'elle fait aux autres, qu'elle est loin d'exercer dans son empire, à l'égard des sectes qui ne professent point le culte dominant, une tolérance égale à celle dont la Sublime Porte peut à bon droit s'honorer, et qu'avec moins de zèle apparent pour la religion grecque au delà de ses frontières, et plus de charité pour la religion catholique chez elle, elle obéirait mieux à la loi du Christ qu'elle invoque avec tant d'éclat.

Recevez, etc.

Signé : DROUYN DE LHUYS.

Instructions uniformes données aux marines anglaise et française.

CIRCULAIRE. — *Instructions du ministre de la marine et des colonies à MM. les officiers généraux, supérieurs et autres commandant à la mer.*

Paris, le 23 février 1854.

Monsieur,

Ma dépêche du 18 de ce mois a appelé spécialement votre attention sur les graves complications qu'a fait naître en Europe la question d'Orient. Les négociations entamées pour dénouer pacifiquement le différend qui s'est élevé entre la Russie et la Turquie sont demeurées sans résultat, et tout porte à croire que de nouveaux efforts demeureront impuissants.

L'Angleterre et la France ont résolu de protéger l'empire ottoman et de s'opposer, même par la force, aux projets envahissants de la Russie. Ces deux grandes nations sont intimement unies dans leur politique et se sont réciproquement donné les gages les plus certains de leur alliance. Leurs escadres croisent de concert dans la mer Noire. Elles se prêtent réciproquement le plus loyal concours. Les deux gouvernements, après avoir adopté une politique commune, se sont également mis d'accord sur tous les moyens d'action.

Cette alliance de la France et de l'Angleterre ne doit pas se révéler seulement dans les mers d'Europe. Le gouvernement de Sa Majesté Impériale et celui de la Reine de la Grande-Bretagne désirent que la même union, le même accord règnent sous toutes les latitudes du globe.

Les forces navales de l'Angleterre et de la France doivent donc se prêter un mutuel concours dans toutes les régions, même les plus lointaines.

Immédiatement après la réception de ces instructions, vous aurez soin de vous mettre en relations avec les chefs de stations ou les commandants de bâtiments de la Grande-Bretagne. Vous devrez combiner, de concert avec eux, toutes les mesures qui auraient pour objet de protéger les intérêts, la puissance ou l'honneur du drapeau des deux nations amies.

Vous vous prêterez, dans ce but, une mutuelle assistance, soit que vous deviez attaquer l'ennemi, quand les hostilités auront commencé ou quand la déclaration de guerre aura été faite, soit que vous vous trouviez, dès ce moment, dans l'obligation de vous défendre.

Vous devrez accorder votre protection aux bâtiments du commerce de la Grande-Bretagne au même titre que les bâtiments de guerre de l'Angleterre prêteront aide et protection aux navires de notre commerce.

En un mot, les deux gouvernements de France et d'Angleterre désirent que leurs forces navales armées agissent comme si elles appartenaient à une seule et même des deux nations. Je compte que, pour ce qui vous concerne, vous ne perdrez jamais de vue cette règle de conduite et que vous saurez la pratiquer de manière à cimenter davantage encore, s'il se peut, l'intime union des deux pays.

Tant que les hostilités entre la France et l'Angleterre d'une part, et la Russie de l'autre, n'auront pas commencé ou que la déclaration de guerre n'aura pas été faite, vous vous dispenserez de prendre l'initiative des mesures d'agression et vous vous tiendrez sur la défensive. J'aurai soin, aussitôt que le moment sera venu, de vous transmettre les instructions nécessaires pour l'attaque.

Recevez l'assurance de ma considération très-distinguée.

Le ministre secrétaire d'État de la marine et des colonies,

THÉODORE DUCOS.

CIRCULAIRE adressée aux agents diplomatiques et consulaires de Sa Majesté Britannique.

Ministère des affaires étrangères,
23 février 1854.

Monsieur,

La communication qu'on vous a récemment faite de la correspondance sur les affaires d'Orient, qui a été soumise aux deux chambres du parlement, vous aura démontré que, selon toutes les prévisions, les hostilités ne tarderont pas à éclater entre la Grande-Bretagne et la France, d'une part, et la Russie de l'autre. Il sera également résulté pour vous de cette correspondance que, pendant tout le cours des négociations difficiles et compliquées qui ont précédé l'état de choses actuel, les gouvernements anglais et français ont sincèrement et cordialement agi de concert afin d'écarter le fléau de la guerre, et qu'ils sont pareillement disposés à agir encore dans le même esprit de sincérité et de cordialité pour préserver l'empire ottoman, dans le cas où l'Empereur de Russie persisterait à ne pas vouloir traiter de la paix à des conditions justes et raisonnables.

Le moment est maintenant arrivé où il est du devoir des deux gouvernements de se préparer à toutes les éventualités de la guerre. Parmi celles-ci, il leur a été impossible de ne pas tenir compte du danger auquel leurs sujets et leur commerce peuvent être exposés en mer par suite des machinations de l'ennemi qui, quoique peu en état de leur occasionner un grand dommage avec ses seules ressources, peut chercher à se ménager des moyens de nuire dans les pays dont les gouvernements ne prennent point part à la lutte qu'il a provoquée.

Mais, par une conséquence nécessaire de l'union et de l'alliance si étroitement établies entre la Grande-Bretagne et la France, il faut que, si la guerre survient, elles fassent sentir leur action commune à la Russie dans toutes les parties du monde ; que leurs résolutions, leurs armées et leurs flottes ne s'unissent pas seulement contre elle pour la défense ou l'attaque dans la mer Baltique et dans les eaux et sur le territoire de la Turquie, mais que le même accord règne dans tous les parages et que, soit qu'il s'agisse de se tenir sur l'offensive ou sur la défensive, les ressources civiles, militaires et navales des empires britannique et français soient consacrées au but commun de protéger leurs sujets et leur commerce contre toute agression de la Russie, et d'enlever à son gouvernement toute faculté de porter préjudice.

D'après ces motifs, le gouvernement de Sa Majesté Britannique s'est entendu avec celui de S. M. l'Empereur des Français pour inviter leurs fonctionnaires civils ou maritimes, en pays étranger, à considérer leurs sujets respectifs comme ayant les mêmes droits à leur sauvegarde et à agir, à cet effet, soit isolément, soit de concert avec leurs collègues, pour soutenir et défendre indifféremment les intérêts anglais ou français. Il peut arriver que, dans une localité donnée, une seule des deux puissances soit représentée, soit par un agent civil, soit par une force navale. En pareil cas, elle devra exercer son influence et son pouvoir en faveur des sujets et des intérêts de l'autre, avec autant de zèle et d'activité que s'il s'agissait des siens propres.

J'ai donc à vous inviter, monsieur, à conformer votre conduite à ce principe. Vous regarderez comme votre devoir de protéger, autant que possible, contre les conséquences des hostilités qui peuvent prochainement éclater entre l'Angleterre et la France réunies, et la Russie, les sujets et les intérêts français comme ceux de vos nationaux. Vous ferez part, sans aucune réserve, aux autorités civiles et navales françaises avec lesquelles vous pourrez entrer en communication, de tous les dangers auxquels se trouveraient exposés les intérêts de l'un et de l'autre État, ainsi que de toutes les opportunités de nuire à l'ennemi commun qui viendraient à votre connaissance.

Des instructions conçues dans le même sens seront adressées par le gouvernement français à ses fonctionnaires civils ou maritimes en pays étranger. Nous entrevoyons comme lui les plus heureux résultats de cette manifestation décisive de l'union intime qui existe entre les deux gouvernements, union dont nous désirons sincèrement voir s'inspirer leurs agents dans toutes les parties du monde, au moment où nous allons entrer en lutte avec la Russie pour un objet d'une importance aussi majeure pour l'Europe que le maintien de l'empire turc.

Je suis, etc.

Circulaire adressée aux gouverneurs des colonies de Sa Majesté Britannique.

Downing-Street, février 1854.

Milord,

Je transmets ci-joint à Votre Seigneurie copie d'une circulaire adressée aux agents diplomatiques et consulaires de Sa Majesté Britannique en pays étrangers, afin de leur prescrire, ainsi qu'il a été convenu entre les gouvernements de Sa Majesté et de France, de protéger les sujets et le commerce français.

Des instructions, conçues dans le même sens, doivent être envoyées aux commandants des forces navales de Sa Majesté dans toutes les parties du monde.

Je suis chargé de vous inviter à conformer votre conduite, dans l'exercice de vos fonctions de gouverneur de........, aux instructions précitées, en tant qu'elles seraient applicables à vos attributions. Vous ferez comprendre aux autorités locales, placées sous vos ordres, qu'elles sont tenues d'étendre une protection semblable aux sujets et au commerce français et de coopérer, dans ce but, avec les forces navales de Sa Majesté, et vous me rendrez compte, sans délai, des mesures que vous aurez jugé à propos de prendre relativement aux instructions dont il s'agit.

J'ai l'honneur, etc.

CIRCULAIRE *des lords de l'amirauté.*

(Par extrait.)

Le comte de Clarendon nous ayant informés que les gouvernements de Sa Majesté Britannique et de France se sont entendus pour que leurs agents civils et leurs forces navales dans toutes les parties du monde agissent de concert ou isolément, s'il est nécessaire, afin de protéger les intérêts des sujets et du commerce des deux nations, partout où ils auraient besoin d'assistance contre les machinations hostiles de la Russie ; et Sa Seigneurie nous ayant, en outre, signifié les ordres de la Reine que des instructions conçues dans le même sens fussent envoyées aux commandants des stations navales de Sa Majesté dans tous les parages, nous vous transmettons ci-joint copie d'une circulaire adressée par le ministre des affaires étrangères aux agents diplomatiques et consulaires de Sa Majesté en pays étranger. Nous vous invitons en même temps à conformer votre conduite, sous tous les rapports, aux vues et aux intentions du gouvernement de Sa Majesté, telles qu'elles se trouvent exprimées dans la lettre de lord Clarendon et dans la circulaire en question.

Nous avons également à vous annoncer que le gouvernement français a adressé de semblables instructions aux forces navales de la France....

Série comprenant :

1° *Un Memorandum russe ;* 2° *un article semi-officiel dirigé par la Russie contre l'Angleterre ;* 3° *et* 4° *deux déclarations semi-officielles de l'Autriche et de la Prusse au début de la* werre.

MEMORENDUM *adressé, le 2 mars, aux ministres et agents diplomatiques de S. M. l'Empereur de Russie.*

Au moment où la question d'Orient se complique plus que jamais par l'entrée dans la mer Noire des flottes d'Angleterre et de France et par l'interruption de nos rapports diplomatiques avec l'un et l'autre gouvernement, il est naturel que chacune des parties principales intéressées dans cette affaire cherche à écarter loin de soi le fardeau de responsabilité qui s'attache aux conséquences possibles de cette redoutable question. La conscience des cabinets s'inquiète et recule justement à l'idée d'une guerre générale où viendraient s'anéantir les prospérités d'une longue paix, et qui peut livrer à de nouveaux périls une société à peine remise des derniers bouleversements. Beaucoup d'efforts ont été faits et sont encore faits journellement pour imputer à la Russie la cause de la crise actuelle, et pour faire peser sur elle le reproche des maux qui en peuvent sortir. Un coup d'œil jeté en arrière sur le motif et les phases diverses de cette crise montrera que si elle a pris des proportions aussi alarmantes, ce n'est point à la Russie que le tort en appartient.

Il est loin de notre pensée de vouloir jeter un doute sur les sentiments pacifiques des puissances qui viennent de prendre contre nous une attitude si voisine de l'hostilité. Elles ont certainement voulu la paix comme nous la voulions nous-mêmes. Mais les préventions, les méfiances, l'appréciation peu équitable de nos vues politiques à l'égard de l'empire ottoman, qui ont fait dès le commencement le principe de leur conduite, devaient forcément les mener aux conséquences mêmes qui leur répugnaient. Leur position et la nôtre a été faussée dès l'origine :

1° Par le point de vue sous lequel elles ont envisagé la question ;

2° Par les mesures qu'elles ont adoptées pour la résoudre.

Il suffira de quelques mots pour rappeler quelle a été la cause première de notre différend avec la Porte.

Depuis longtemps tous les actes du gouvernement turc à notre égard, comme à celui de l'église orientale en Turquie, étaient empreints d'un cachet évident d'hostilité. On connaît les sympathies et les rapports spirituels qu'une identité de culte et de race établit de temps immémorial entre la Russie et la majorité des sujets chrétiens du Sultan. Il en résulte pour nous en Turquie une influence morale que nous ne chercherons pas à nier. C'est un fait que nous n'avons pas créé. Il est l'ouvrage du temps et des lieux. Indépendamment des traités, il tient à la force des choses. De là les défiances qu'il inspire au gouvernement turc ; de là son désir d'affaiblir l'église d'Orient par crainte des liens qui l'attachent à la Russie; ses efforts pour la tenir vis-à-vis des autres communautés chrétiennes dans un état d'infériorité, et pour favoriser à ses dépens les progrès de leur propagande. Il serait trop long d'énumérer ici une à une toutes les preuves de ce système, tous les coups ouverts ou détournés que le gouvernement turc a portés durant les dernières années au rite que nous professons : immixtion directe dans ses affaires intérieures et violation de ses statuts, sous prétexte de réformes à accomplir dans l'administration cléricale ; irrégularités constantes dans l'élection des patriarches; germes de division semés à dessein dans les relations spirituelles de la race grecque avec la race slave; obstacles de tout genre apportés au développement des Églises bulgares et bosniaques, à l'instruction du clergé indigène, à l'éducation religieuse des populations ; interdiction à cet effet de la langue nationale dans l'exercice du culte ; prohibition ou lacération partielle des livres sacrés que le clergé gréco-slave fait venir de Russie pour son usage, et qu'il ne peut guère tirer d'ailleurs ; en tel endroit, défense de rebâtir en pierre une église en bois qui s'écroule; en tel autre, église unique assignée aux Latins de préférence aux Grecs; mille faits, en un mot, qui, chacun pris à part, n'ont qu'une importance relative, mais qui, vus dans leur ensemble, nous démontrent, depuis des années, l'intention bien arrêtée du gouvernement turc de contribuer à l'accroissement des autres cultes pour diminuer, avec la puissance du nôtre, le nombre de ceux qu'il envisage comme les adhérents de la Russie.

Nous ne parlons pas ici d'actes bien autrement criants que cette persécution sourde, des massacres d'Alep, des cruautés, des profanations, des conversions forcées à l'islamisme en Albanie, en Bulgarie, en Bosnie, en Herzegovine, au Montenegro. Ceux-là sont plus généralement connus.

Ce sont tous ces faits vexatoires, objets de nos représentations constantes, qui, couronnés en dernier lieu par le préjudice fait aux Grecs dans l'affaire des Lieux-Saints, et enfin par l'infraction ouverte du firman destiné à rétablir l'équilibre entre eux et l'Église latine, par les procédés les plus blessants pour le cabinet impérial et pour l'Empereur en particulier, motivèrent, on le sait, l'envoi du prince Menchikof à Constantinople.

On conçoit dès lors qu'un arrangement pur et simple de l'affaire des Lieux Saints, moyennant un nouveau firman aussi peu solide que le dernier, ne pouvait suffire à nos griefs ; qu'il nous fallait pour l'avenir une garantie plus expresse, devant servir en outre de réparation au manque d'égards personnels dont l'Empereur avait à se plaindre de la part du Sultan.

On a prétendu que, l'arrangement terminé, nous avions subitement et postérieurement mis en avant la demande de cette garantie comme une prétention toute nouvelle. Les premières Notes présentées par le prince Menchikof établissent, à n'en pas douter, que dès le début de sa mission les deux demandes ont été faites d'emblée et simultanément.

Quand le temps aura fait tomber le voile des soupçons et des idées préconçues qui dénaturent trop souvent les intentions de la Russie dans tout ce qui touche à la Turquie, on conviendra que le texte de cette garantie n'avait rien de nouveau, rien d'insolite, rien d'alarmant pour la sécurité du Sultan. Elle se fondait sur les traités par lesquels le gouvernement turc nous a déjà promis de protéger dans ses États la religion et ses églises. S'engager à protéger une religion et ses églises, et se réserver le droit d'altérer à volonté les priviléges et immunités qui servent de base à son existence, ne sont-ce pas deux choses contradictoires ? Et de quelle valeur pratique pourrait être un engagement ainsi compris ? En insistant pour le maintien des priviléges assurés au culte grec par une possession séculaire (ab antiquo), nous ne demandions donc autre chose que ce qu'implique de soi le traité de Kaïnardji.

Au lieu d'envisager cette garantie sous son véritable point de vue, on en a grossi démesurément la portée et les conséquences. On y a cherché gratuitement l'arrière-pensée d'un protectorat politique qui n'existe que dans l'imagination, à moins qu'on ne veuille absolument donner ce nom à l'influence que nous avons de tout temps exercée en Turquie en faveur de nos coreligionnaires. Sans tenir compte de ces antécédents, de la position de l'Empereur, de ses devoirs envers ses peuples et son culte, de la nature tout exceptionnelle d'un gouvernement musulman, auquel les lois et les mœurs de l'islamisme rendent difficile, sinon impossible, d'appliquer en toute rigueur les principes de droit public reconnus entre les nations chrétiennes, on a fait de la souveraineté du Sultan une théorie absolue, inflexible; et à cette pure abstraction on a déclaré contraire tout engagement que le Sultan prendrait vis-à-vis d'un gouvernement étranger au sujet de la religion et des églises. C'était saper par la base le traité de Kainardji, qui renferme précisément un pareil engagement; c'était vouloir nous obliger à déchirer de nos propres mains toutes nos transactions antérieures, à faire l'abandon forcé de tout un ordre de choses consacré par le passé et acquis au prix du sang russe. Nous prévîmes dès lors que si l'on arrivait à vouloir absolument poser la question en ces termes, elle deviendrait tôt ou tard insoluble pacifiquement.

Nous ne craignons point de le dire : si l'on avait voulu dès l'abord couper court à toute complication sérieuse, au lieu d'écouter d'injustes défiances, au lieu de voir dans la dernière Note proposée par le prince Menchikof ce qui en réalité n'y était pas, les hommes en crédit à Constantinople auraient dû employer leurs soins à la faire accepter au Divan. Le litige était étouffé et ses conséquences ultérieures eussent été épargnées à l'Europe. Il y a plus : après tous les bruits exagérés qu'avait engendrés la mission de notre ambassadeur, après toutes les concessions de forme et de fond qu'il avait déjà faites, ayant tour à tour réduit ses demandes d'une convention à un sened, de ce sened deux fois modifié à une simple Note dépouillée de toute forme bilatérale, on eût facilement réussi à représenter cette Note

comme un résultat demeuré fort au-dessous de nos premières prétentions.

Mais sous l'empire de cette idée fixe que, dans sa conduite envers la Turquie, la Russie n'a d'autre but qu'un accroissement d'influence et de [...] matérielle, que toutes ses pensées sont dirigées vers la ruine de cet État, on a enflé outre mesure cette formule des immunités et priviléges dont elle demandait le maintien pour son culte. C'était peu d'avoir obtenu de nous la réduction de nos demandes à leur expression la plus simple; il a fallu qu'il n'en restât rien du tout, et qu'en éclatant échec fût porté à notre considération politique. Il était clair que la Russie ne pouvait rester sous ce coup, et la légation impériale a dû quitter Constantinople.

C'est ici que s'ouvre une série de mesures qui n'ont cessé de mettre en opposition nos dispositions conciliantes avec le soin de notre dignité, de mesures qui, prises prématurément, en ont entraîné d'autres plus compromettantes encore, et nous ont placé dès l'abord en face des puissances sur une double pente, au pied de laquelle ils devait finir par se rencontrer.

Sur de simples présomptions, soulevées par les bruits exagérés du moment, dès le début de la mission du prince Menchikof, sans savoir en quoi consistaient nos demandes, mais [...] disait-elle, dans l'attitude de la Russie, quel que fût son prétexte, une sérieuse atteinte portée à l'indépendance de l'empire ottoman, la France avait pris l'initiative. Elle avait envoyé toute seule son escadre dans le Levant, qui ne s'était arrêtée à Salamine qu'en [...] de l'hésitation que montrait le gouvernement anglais.

Mais à la première nouvelle télégraphique du départ de notre ambassadeur, sans connaître encore le parti que nous prendrions, trois ou quatre semaines avant que nous ne reçussions nous-mêmes à Paris et à Londres, — et envers contre une chose éventuelle, dépendant de la réponse incertaine que nous donnerait le Divan, — la France et l'Angleterre unies se portaient à une démonstration navale des plus graves. Elles envoyèrent leurs deux escadres occuper la baie de Béchika, à l'entrée des Dardanelles.

On a objecté dans le temps un caractère de pression comminatoire que nous avions prêté à cette mesure. On a cherché à présenter la prise de position armée et combinée des deux grands États maritimes de l'Europe dans les eaux et ports de la Turquie comme le mouillage inoffensif de vaisseaux visitant des eaux et ports amis, ouverts librement à toutes les marines. L'événement a montré ce qu'il en était réellement de ce mouillage inoffensif.

Les flottes entraient à Béchika au moment où la Porte délibérait encore sur le dernier ultimatum que nous lui avions posé. Il était naturel qu'elle s'y refusât, se voyant soutenue ainsi par l'appui matériel de l'Angleterre et de la France. D'un côté, l'apparition des deux escadres l'encourageait dans sa résistance contre nous, de l'autre, elle blessait et engageait plus avant la dignité du gouvernement impérial. En amenant le rejet définitif de la Note Menchikof, elle est venue, comme cause aggravante, déterminer notre entrée dans les Principautés. Fallait-il considérer cette mesure comme un cas de guerre, comme une violation flagrante de l'équilibre européen ? Nous pensons qu'une politique prudente, pour ne point compliquer les choses, devait éviter de se prononcer d'avance dans un sens aussi absolu. En franchissant à regret le Pruth avec des forces peu considérables, nous avions clairement défini le caractère que nous voulions laisser à cette occupation toute temporaire. Nous avions hautement désavoué toute vue de conquête permanente. Ce n'était pas une mesure de guerre, pouvant même entraîner une collision quelconque, puisque aucunes troupes turques ne se trouvaient sur le territoire occupé. Ce n'était qu'une mesure de contrainte, un moyen de négociation ultérieure, un gage qui pût nous permettre de nous prêter avec honneur à quelque nouvel arrangement. La mesure pouvait affecter nos conventions locales avec la Porte, mais elle ne portait atteinte à aucuns traités européens. De nombreux précédents autorisaient d'ailleurs la distinction entre une simple mesure coercitive et un véritable acte de guerre. On se souvient que, malgré l'expédition en Morée, malgré la bataille de Navarin même, l'Angleterre et la

France n'ont pas cessé de se dire en paix avec la Turquie. Nous restions, certes, fort en deçà de pareils actes dans les voies de coercition que nous venions d'adopter. Quand la France, en pleine paix, s'emparait à main armée d'Ancône ; quand, de concert avec l'Angleterre, pour imposer au roi des Pays-Bas une transaction qu'il refusait, elle entrait sur un territoire auquel ce monarque n'avait pas renoncé encore, bloquait ses ports et expulsait ses troupes de la citadelle d'Anvers ; lorsque enfin, dans une occasion récente, l'Angleterre, aussi en pleine paix, bloquait le Pirée et saisissait les navires grecs, pour servir de gage matériel à quelques réclamations pécuniaires insignifiantes, toutes ces mesures, au point de vue strict, étaient autant de *casus belli*. Les puissances qui n'y ont point pris part, et qui les désapprouvèrent, auraient pu les déclarer tels, si elles n'avaient mieux aimé suivre une politique de conciliation. Elles ne l'ont point fait à cette époque, pour ne point mettre l'Europe en feu. Nous pensons qu'en cette occasion il eût été désirable pour la paix du monde que la France et l'Angleterre usassent de la même circonspection. Il est vrai qu'elles n'ont point au premier moment déclaré positivement notre occupation un cas de guerre ; mais elles ont pris bien soin d'établir que la Porte avait et aurait dès qu'elle le voudrait le droit de l'envisager ainsi, et d'agir en conséquence. Si ce n'était pas provoquer la guerre par une déclaration immédiate, c'était la tenir en suspens.

Quoique, par la position menaçante qu'elles avaient prise à l'entrée des Dardanelles, les deux puissances maritimes se fussent déjà faites juges et parties dans la question, et que nous ne pussions, par conséquent, leur reconnaître le caractère de médiatrices, nous n'avons pas toutefois refusé d'examiner les propositions qu'elles nous firent.

Cela prouvait bien que, dans notre pensée, l'occupation des Principautés était moins un objet de convoitise ambitieuse qu'un moyen de négocier. Il nous serait aisé de prouver par des pièces de conviction que toutes les propositions qu'on nous fit étaient basées sur cette idée qu'*une satisfaction nous disit due.* Le cabinet anglais, en nous proposant de substituer à la Note rejetée par le gouvernement ottoman un projet de convention (précisément la forme même contre laquelle on avait tant objecté à Constantinople), entendait nous procurer par là une satisfaction plus complète. Le cabinet français, de son côté, en nous proposant le projet d'une nouvelle Note, nous la présentait comme rédigée de manière à renfermer en substance toutes les garanties essentielles réclamées par le prince Menchikof, et à nous créer un titre pour intervenir, si les dispositions du Divan venaient jamais à changer. En un mot, il ne nous contestait ni le droit d'exprimer notre sollicitude pour nos coreligionnaires en Turquie, ni celui de l'exercer activement : précisément ce que depuis nous a contesté la Porte, et avec elle les puissances qui lui ont donné raison (1).

Des pourparlers qui eurent lieu, et principalement du projet présenté par le cabinet des Tuileries, est sortie la Note de Vienne.

On sait l'empressement que nous avons mis à l'accepter.

Nous aurions pu, c'était là un droit dont la Porte a largement usé pour elle-même, disputer préalablement sur les termes, et répondre à cette proposition par des contre-propositions, si, comme la malveillance l'a supposé, nous avions cherché des prétextes pour traîner les négociations en longueur et prolonger indéfiniment l'occupation des provinces danubiennes. Nous n'en avons rien fait cependant. Le projet de Vienne aussitôt reçu, et bien qu'il pût être encore, comme tel a été le cas, modifié à Londres et à Paris, nous l'avons accepté par le télégraphe ; pourquoi, si ce n'est que nous étions animés d'intentions franchement pacifiques ? Nous voulions mettre fin aussi prompte-ment que possible à la crise, retirer au moment plus tôt nos troupes des Principautés, profiter de la saison qui leur permettait encore la retraite, et fournir aussi aux deux cabinets alliés les moyens de quitter honorablement la baie de Béchika, qui, l'automne arrivé, allait devenir intenable. Tout cela aurait pu s'effectuer, et, pour la seconde fois, les puissances avaient l'occasion de couper court à toutes les complications ultérieures, pour peu que la Porte se décidât, aussi promptement que nous l'avions fait, à accepter le compromis substitué au projet de Note Menchikof.

Que devaient donc faire les puissances, si comme nous n'en doutons pas, elles voulaient aussi bien que nous accélérer un dénouement? Insister avec force à Constantinople sur une adhésion pure et simple. Ne pas permettre que la Porte amenât de nouveaux délais, et proposât des changements à leur Note. Elles savaient qu'à cette seule condition nous l'avions accepté telle quelle.

Mais par la position même qu'elles avaient prise à Béchika, les deux cours maritimes avaient affaibli leurs moyens d'action sur la Porte. Les Turcs se sentaient soutenus et maîtres de la situation. A force de les enivrer du prestige de leur indépendance, ils avaient pris l'Europe au mot, et l'Europe, à son tour, s'était placée sous l'empire des influences belliqueuses qui disputaient aux idées de paix le terrain de Constantinople.

La Porte objecta aux termes de la Note et demanda des modifications que les représentants étrangers se laissèrent aller à prendre *ad referendum.*

Ces modifications, qu'on a cherché d'abord à nous représenter comme insignifiantes, l'étaient si peu qu'elles mettaient à néant tout le compromis.

---

(1) « Ce que doit vouloir le cabinet de Saint-Pétersbourg, » nous disait alors le gouvernement français, « c'est un acte de la Porte qui atteste qu'elle a pris en sérieuse considération la mission de M. le prince Menchikof, et *qu'elle rend hommage* aux sympathies que l'identité de culte inspire à l'empereur Nicolas pour tous les chrétiens de rite oriental. » — Et plus loin : « On la soumet (la note française) au cabinet de Saint-Pétersbourg avec l'espoir qu'il trouvera *que son sens général diffère en rien du sens du projet présenté par M. le prince Menchikof, et qu'elle lui donne satisfaction* sur tous les points essentiels de ses demandes. Les nuances de rédaction ne seraient même pas des masses, ni en Russie, ni en Turquie. A leurs yeux, la démarche de la Porte conserverait la *signification que le cabinet de Saint-Pétersbourg tient à lui donner,* et S. M. l'empereur Nicolas apparaîtrait toujours comme *le protecteur puissant et respecté de leur foi religieuse.* »

qui venait d'être élaboré à Vienne. Elles étaient inadmissibles pour nous, car elles nous ôtaient précisément tout ce que nous étions fondés à croire que les puissances nous avaient accordé : le droit d'exprimer notre sollicitude pour nos coreligionnaires en Turquie, et celui de l'exercer activement. Nous fûmes obligés de les rejeter, et si la franchise est un tort, nous eûmes celui d'expliquer loyalement le motif de nos objections au gouvernement autrichien.

Cette nouvelle complication, mais qui n'était due, on vient de le voir, qu'au peu d'insistance que la diplomatie étrangère à Constantinople avait mise à l'acceptation pure et simple de la Note, aggravait la position que la France et l'Angleterre s'étaient faite à elles et à nous-mêmes, en se plaçant dans la baie de Béchika. Grâce aux nouvelles difficultés qu'avaient fait surgir les amendements turcs, un temps précieux s'était perdu entre Constantinople et Saint-Pétersbourg, et ce temps avait amené la saison où la baie n'offrait plus une station sûre. Il fallait aux flottes un abri. L'aller chercher loin des Dardanelles et nous laisser, en attendant, tout l'hiver dans les Principautés, c'était pour les cours chose impossible. Elles ne pouvaient, d'un autre côté, sans un nouveau grief plus sérieux que ceux qui existaient déjà contre nous, faire entrer leurs flottes dans le détroit des Dardanelles, qu'une déclaration de guerre ne leur avait point encore ouvert. Pour échapper à ce dilemme, et changer brusquement d'attitude, il fallait nous trouver un tort. On l'a trouvé dans les remarques dont nous avions accompagné le rejet des amendements de la Porte, remarques qui, pour le fond comme pour la forme, n'ont jamais eu l'importance factice qu'on a eu soin de leur donner ; car, pour le fond, elles ne renfermaient rien qui n'eût déjà été développé bien des fois dans les pièces de notre correspondance, et qui pût ouvrir par conséquent aux puissances une lumière soudaine et inattendue sur nos intentions ; et pour la forme, elles n'avaient aucun caractère officiel et ne s'adressaient point directement aux deux cabinets.

C'est l'Autriche, seule intermédiaire des négociations sur cette affaire, qui nous avait proposé la Note de Vienne, communiqué les modifications qu'y avait apportées le Divan, reçu en échange notre acceptation de la Note, notre rejet des amendements, comme l'examen que nous en fîmes, et ce n'est qu'indirectement, à titre d'informations et d'explications confidentielles, que nos ministres en ont fait part aux autres cours. Un coupable abus de confiance, dont la source nous est inconnue, mais dont l'effet a été certain, a livré aussitôt cet examen au grand jour d'une publicité subreptice, imprimé à l'opinion, ignorante des antécédents, un nouveau mouvement d'effervescence contre nous, et poussé les gouvernements dans une position plus tranchée. C'est en vain que presque aussitôt, durant l'entrevue d'Olmütz, nous avons offert à l'Autriche, dans l'esprit le plus conciliant, les éclaircissements désirables sur les points de notre examen qui eussent pu, à la rigueur, admettre quelque ambiguïté. C'est en vain aussi que l'Autriche, les jugeant satisfaisants, en a fait la base d'une démarche instante, pour engager l'Angleterre et la France à recommander à la Porte l'acceptation du dernier arrangement. Les deux puissances s'y sont refusées, déclarant que l'état des choses à Constantinople n'y laissait plus aucune chance au sujet de cette proposition.

En effet, sur la crainte plus ou moins fondée que le fanatisme religieux et guerrier des musulmans ne pût mettre en danger la vie et les propriétés des sujets anglo-français, les ambassadeurs d'Angleterre et de France avaient pris la résolution de faire entrer dans les Dardanelles une division des deux escadres. Cette mesure était contraire aux stipulations établies par le traité du 13 juillet 1841. La déclaration de guerre du gouvernement ottoman est presque aussitôt venue la légitimer et amener dans la mer de Marmara les deux flottes tout entières.

On peut voir par ce qui précède que l'apparition prématurée des deux flottes à l'entrée des Dardanelles, d'abord cause déterminante du rejet final de notre ultimatum par la Porte et de notre entrée dans les Principautés, a fini par exercer une funeste influence sur l'issue des négociations relatives à la

Note de Vienne ; que notre examen des changements qu'on avait déplorablement permis à la Porte de faire à cette Note n'offrait point au fond à lui seul de motifs assez nouveaux et assez graves pour nécessiter une mesure telle que l'entrée dans les Dardanelles ; qu'au contraire, après nos explications d'Olmütz, rien n'eût empêché les deux cours de faire, comme le demandait instamment l'Autriche, un nouvel essai à Constantinople, et que la véritable cause qui les a engagés à changer subitement de front envers nous, a été l'impossibilité matérielle pour leurs flottes d'hiverner à Béchika ; que réels ou non, les dangers que le fanatisme turc faisait courir aux sujets d'Angleterre et de France n'offraient pas non plus une raison suffisante pour l'entrée des flottes *tout entières* à Constantinople, que c'est bien plutôt l'arrivée d'une partie seulement des forces navales anglo-françaises qui a exalté ce fanatisme, assuré le triomphe du parti belliqueux et provoqué la déclaration de guerre, déclaration qui d'ailleurs, et quels qu'aient pu être les efforts plus ou moins énergiques des ambassadeurs pour la prévenir, était devenue nécessaire pour justifier en droit strict l'appel et le séjour prolongé des escadres tout entières dans la mer de Marmara.

Ainsi, dans cet enchaînement de nécessités inflexibles, parce que les flottes avaient été à Béchika, il a fallu qu'elles allassent à Constantinople ; parce qu'elles avaient été à Constantinople, il a fallu que la guerre nous fût déclarée. Nous allons voir que la déclaration de guerre amenait d'autres conséquences, et que la même fatalité qui avait poussé les flottes jusqu'au Bosphore devait finir par les pousser jusqu'au fond de la mer Noire.

La guerre étant déclarée, ce que les deux puissances auraient dû empêcher à tout prix, si les exigences accidentelles de leur position maritime et le fanatisme belliqueux qu'elle excitait avaient pu le leur permettre, encore devaient-elles tout faire pour que la guerre n'éclatât pas réellement ; et enfin, si elle éclatait, nous aider du moins à la restreindre dans des limites aussi étroites que possible. C'était l'unique moyen d'enrayer sur la pente où les entraînait

leur nouvelle mesure et de ne pas se laisser aller plus loin qu'elles n'avaient encore été. Nous les y avions nous-mêmes rendues attentives. Nous l'avons fait dès que nous apprîmes la déclaration de guerre, avant de savoir encore leur entrée dans la mer de Marmara. Nous avions déclaré spontanément vouloir rester sur la défensive aussi longtemps, ajoutions-nous (et il faut tenir compte de cette réserve), aussi longtemps que le permettraient nos intérêts et notre dignité, aussi longtemps qu'on ne nous forcerait point à sortir du cercle dans lequel nous désirions enfermer notre action. L'Empereur avait dit clairement alors qu'il ne dépasserait point la ligne du Danube, qu'il repousserait l'attaque sans la provoquer, et garderait cette position, tant qu'on ne l'obligerait point de nécessité à en adopter une autre. Le passage du Danube par Omer-Pacha, et même l'entrée définitive des flottes tout entières dans la mer de Marmara, n'avaient rien changé à nos intentions pacifiques. Et qu'elles fussent bien telles en effet, que nous n'ayons jamais voulu sérieusement la guerre, que nous ayons même refusé d'y croire jusqu'au dernier moment, tant il nous semblait invraisemblable que les puissances la permissent aux Turcs, tant elle nous paraissait monstrueuse, hors de proportion avec sa cause, contraire à tous les intérêts ottomans et européens, c'est ce qu'atteste bien évidemment la facilité avec laquelle les Turcs ont franchi le Danube et envahi notre territoire d'Asie. En dépit de tous les projets qui nous ont été si gratuitement attribués, malgré tous les bruits répandus depuis un an, et dès l'envoi du prince Menchikof à Constantinople, d'une immense concentration de troupes sur nos frontières, d'armements, de préparatifs maritimes et militaires entrepris par nous sur la plus grande échelle pour marcher à la conquête de Constantinople, il s'est trouvé qu'en Valachie nous n'étions prêts que pour la défensive, et qu'en Asie, au premier moment, le nombre de nos troupes n'y suffisait même point. On sait qu'avant l'expédition d'un corps de 12 à 14,000 hommes sur la côte, renfort moyennant lequel nous avons remporté les victoires d'Atskhour, d'Akhaltsykh et de Baech-Kadyk-Lar, les Turcs avaient eu le temps d'enlever le poste de Saint-Nicolas (sans attendre même le terme fixé pour l'ouverture de la guerre), de franchir notre frontière, de ravager la province d'Arménie et de menacer la sécurité même de Tiflis.

Ces événements et les prétendus triomphes des Turcs sur le Danube, si légèrement admis, si inconsidérément grossis, devaient avoir deux résultats : l'un indirect, que nous indiquerons tout à l'heure, l'autre plus immédiat. En laissant prendre un tel développement aux hostilités sur mer et sur terre, principalement dans nos possessions asiatiques, on nous arrachait forcément au système purement défensif que sous les réserves précédentes nous nous étions volontairement tracé. Notre honneur national qu'avait mis déjà suffisamment en jeu la présence d'une double escadre étrangère à l'entrée du Bosphore s'engageait chaque jour davantage. Nos intérêts étaient plus directement lésés. De ce qu'en Valachie, territoire turc, nous nous étions proposé de rester sur la défensive, à une époque où il n'était question que d'opérations sur le Danube, s'en suivait-il que chez nous aussi, sur notre territoire et sur nos côtes, nous abandonnerions patiemment aux Turcs le monopole de l'agression; que nous les laisserions impunément attaquer nos postes maritimes, bloquer nos forteresses, et tenter de soulever contre nous le Caucase? Pourquoi, à Constantinople, la diplomatie étrangère n'empêchait-elle pas ces attaques? Espérait-on nous voir battus, et ne se proposait-on d'intervenir que quand nous aurions cessé de l'être? Est-ce au nom de l'indépendance de la Porte que l'on se faisait un scrupule de limiter ses opérations de mer? Mais on les limite aujourd'hui; et dès lors pourquoi a-t-on attendu que ce qu'on déplore fût consommé avant d'y porter remède? Sous les yeux des ambassadeurs, sous le pavillon d'Angleterre et de France, s'organisaient et se préparaient publiquement des envois d'armes, de troupes, de munitions, dans le but de porter ou de nourrir la guerre sur notre territoire. Un dernier envoi de ce genre avait atteint sa destination.

Nous savions que, dans le même but, une escadre turque considérable, convoyant des bâtiments de transport, avait dû quitter Constantinople, qu'elle était sortie du Bosphore; qu'elle était entrée à Sinope non pour y débarquer ses renforts, non pour y stationner à demeure, mais pour y chercher en passant un abri contre les tempêtes. Elle était là, n'attendant que le moment et l'occasion de poursuivre sa marche agressive. Nous avons usé du droit de la guerre en prévenant cette agression; et retourner le mot contre nous, qualifier d'agression ce qui n'a été qu'un acte légitime de défense, ne saurait se concilier avec les notions d'une stricte équité.

Que si l'on objecte d'ailleurs que nous avions été prévenus d'avance; que l'Angleterre nous avait annoncé son intention de couvrir contre toute attaque les ports et le territoire ottomans, nous répondrons *que jamais nous n'avons admis cette prétention de limiter nos droits de guerre sans nous faire la guerre, et qu'à Londres comme à Saint-Pétersbourg, par le ministre de Russie et le cabinet impérial lui-même, ces droits ont toujours été réservés et maintenus dans leur intégrité.*

C'est pourtant ce qui s'est passé à Sinope, conséquence forcée de leur attitude antérieure, qui vient de servir aux deux puissances de motif pour faire encore un pas en avant. En entrant dans la mer Noire dans le but avoué d'en interdire la libre navigation à la marine russe, elles viennent de franchir la limite des simples démonstrations. Elles portent une atteinte directe à nos droits de belligérants. Elles ont adopté une mesure qui n'est, à bien dire, qu'une déclaration de guerre sous le voile de protestations d'amitié, mais qui engage de nouveau, plus qu'elle ne l'était encore, la dignité nationale de la Russie.

Quant au vrai motif d'une résolution pareille, il ressort assez de lui-même, et les deux puissances maritimes ne l'ont pas dissimulé. On le trouvera dans la position qu'elles s'étaient créée par l'envoi de leurs forces navales à Constantinople, du moment où, au lieu d'être employée à restreindre la guerre dans de certaines bornes, la présence des flottes combinées ne servait, en fanatisant la Porte, qu'à neutraliser l'action des deux cabinets. Assister en spectateurs impassibles à la destruction de la marine turque, effectuée presque sous leurs yeux, devenait pour eux une situation fausse, mais qui, puisque rien n'avait été fait pour prévenir la cause, n'avait pas dû, quoi qu'ils aient pu dire, rester tout à fait en dehors de leurs prévisions. Et de même qu'à Béchika la nécessité de sortir à tout prix d'une fâcheuse impasse les avait poussés au parti violent de franchir les premiers le détroit de Constantinople, celle de se soustraire encore une fois à une attitude non moins gênante les a obligés de nouveau à franchir l'autre détroit.

Tant il est vrai que la progression des mesures qu'ils avaient prises devait les conduire forcément à en aggraver la portée, et que le premier anneau de cette chaîne d'actes périlleux pour la paix du monde a été le moment où leurs flottes ont quitté Malte et Toulon.

Sur le terrain des négociations, mêmes conséquences du point de départ, même progression d'ouvertures de moins en moins satisfaisantes pour nous, de moins en moins favorables au maintien de la paix. La portée factice et imaginaire qu'une incurable méfiance a donnée à l'engagement que nous demandions à la Porte a fait échouer successivement tous les essais de conciliation, d'abord sur la forme, puis sur le fond, que nous avions proposés ou acceptés.

Néanmoins, comme on l'a vu, jusqu'à la Note de Vienne inclusivement, on ne nous contestait point encore absolument la substance essentielle des garanties réclamées par le prince Menchikof. On reconnaissait que l'Empereur avait droit à une satisfaction. On admettait qu'il fût fondé à exprimer les sympathies que l'identité de culte lui inspire pour tous les chrétiens du rite oriental. On trouvait simple que la Porte témoignât, par un acte solennel de déférence, qu'elle rend hommage à ces sympathies et les prendra en considération. La Note de Vienne supposait toujours une démarche directe du Sultan envers l'Empereur, par l'envoi d'un ambassadeur ottoman chargé de la remise du firman accordé récemment au patriarche de Constantinople en confirmation des immunités et priviléges de l'Eglise grecque. Du refus

fait par la Porte d'accepter la Note proposée, ou plutôt de la position embarrassante qui forçait les deux gouvernements à quitter la station de Béchika pour chercher un abri dans les Dardanelles, datent d'autres dispositions. Elles se sont manifestées par le rejet du dernier accommodement que nous leur avons offert à Olmütz. On en est alors arrivé jusqu'à nier les griefs dont nous avions à nous plaindre de la part du gouvernement ottoman dès l'origine de la querelle, et à contester notre droit d'en exiger réparation. La guerre a fait explosion. Les premières opérations des Turcs sur le Danube, leur invasion soudaine en Asie, transformées en victoires brillantes, ont produit des illusions. L'opinion s'est exaltée. Au lieu de chercher à la calmer, il est regrettable de dire qu'on a tout fait ou laissé faire pour la surexciter contre nous; et le gouvernement le plus susceptible peut-être en matière de dignité nationale, le plus prompt à ressentir les abus de la presse étrangère dans les pays où elle échappe au contrôle de l'autorité, a permis à la presse française, dont il est absolument maître, tous les faux bruits, toutes les injures, toutes les exagérations contre la Russie. A mesure que l'esprit public s'échauffait, ses exigences sont devenues plus grandes; et, sous leur pression, on en est venu graduellement à nous refuser aujourd'hui toute satisfaction quelconque, à nier entièrement les droits de surveillance que nous possédons à la protection efficace de nos coreligionnaires en Turquie. La Russie est mandée, pour ainsi dire, à la barre d'un tribunal européen, et l'on n'exige plus seulement qu'elle cède à demi, on lui demande de céder sur tout. On a consulté d'avance le Sultan sur les conditions qui lui conviendraient, et ces conditions admises, à son point de vue exclusif, on invite la Russie à ratifier ce qui a été convenu sans elle. C'est-à-dire qu'à présent on retourne contre nous la position que la Note de Vienne avait d'abord faite à la Porte, avec cette différence essentielle pourtant que la Porte était restée libre d'élever des objections, de proposer des changements, et qu'on semble ne point admettre que nous puissions nous écarter des bases qui nous ont été posées.

D'ailleurs, et mettant à part la nature même de l'arrangement, dans quelles circonstances nous est-il offert ? Les ouvertures ont coïncidé à quelques jours près avec l'entrée des deux flottes anglaise et française dans la mer Noire, et avec des notifications qui équivalent presque à une déclaration de guerre. Des quatre puissances devant lesquelles la Russie est appelée à venir négocier la paix avec la Porte, deux ont déjà renoncé volontairement au rôle d'arbitres impartiaux en dépassant la ligne d'une stricte neutralité, en se constituant auxiliaires armés de l'une des parties adverses. N'est-ce pas mettre la Russie entre la guerre et l'humiliation, et a-t-on pu nourrir l'espoir qu'elle céderait à la menace ? La position où on la place a pu être imposée à des États faibles, qui encore ne s'y sont soumis qu'après avoir d'abord épuisé tous leurs moyens de résistance. Mais quand on veut sincèrement et sérieusement la paix, nous doutons qu'il faille l'offrir ainsi à un grand pays, justement jaloux de sa considération politique, et qui a déjà montré qu'aucun sacrifice ne lui coûte quand il s'agit de la maintenir.

Que si maintenant, en regard de cette politique d'intimidation, de ces mesures de plus en plus graves, on considère, en les résumant brièvement, tous les actes de la Russie, on verra que, malgré les offenses dont la réparation lui manque encore, sa conduite n'a été qu'une succession de sacrifices attestant son désir sincère d'épargner à l'Europe le fléau d'une conflagration générale, et de rendre au moins toute locale la guerre à laquelle on l'a poussée forcément. Et d'abord, passons sous silence les trois concessions de fond et de forme qui ont réduit ses premières demandes au texte de la Note Menchikof. Le refus de cet ultimatum accompagné d'une démonstration menaçante ayant mis en jeu notre honneur, nous sommes obligés de recourir à l'emploi d'une mesure de contrainte. Mais cette mesure prise à regret, à laquelle nous avons soin d'enlever d'avance tout caractère et toute intention hostiles, nous nous en prévalons presque aussitôt pour nous prêter à une reprise des négociations. Nous renonçons à notre ultimatum, pour accepter la Note de Vienne. Nous l'acceptons par le télégraphe, avant d'en connaître le texte précis. Ce texte est modifié une première fois à Paris et à Londres. Néanmoins, nous passons outre, tant nous sommes pressés de mettre fin à la crise qui tient le monde en suspens. Mais les puissances occidentales ont malheureusement permis à la Porte d'autres modifications plus graves, qui changent entièrement le caractère de l'arrangement qu'on nous proposait. Il faut bien nous prononcer contre, en disant loyalement pourquoi. Des difficultés de mots surgissent. Elles n'étaient point insurmontables, puisque l'Autriche et la Prusse, satisfaites de la solution que nous en offrons, engageaient fortement les deux cours à user de ces facilités nouvelles pour reprendre la négociation. Une mesure précipitée a déjà rompu le fil des explications conciliantes. Et soudain, sans grief nouveau qu'on puisse alléguer à notre charge, brusque revirement dans l'attitude des puissances, appel des deux flottes entières sous les murs de Constantinople, déclaration de guerre de la Porte, ouverture des hostilités. Obligés de soutenir la guerre malgré nous, nous nous efforçons de la restreindre sur la rive gauche du Danube, et nous recommandons aux puissances l'importance de veiller à ce que le théâtre ne s'en étende pas gratuitement. Le petit nombre de nos troupes, à peine suffisant à la défensive, atteste bien l'inanité des projets d'agrandissement qu'on nous attribuait. On n'a point égard à nos instances. On laisse la guerre se propager en Asie. On se fait illusion sur ses chances ; on encourage, on exalte nos ennemis. Et ce n'est qu'après avoir été attaqués chez nous, sur mer, sur nos côtes, sur notre territoire, que nous sommes enfin obligés de frapper un coup énergique.

La victoire sur terre et sur mer ayant établi la supériorité de nos armes, c'était là une occasion de se prévaloir auprès de nous de nos succès mêmes pour nous rendre plus disposés à nous prêter à un arrangement honorable et pour y déterminer les Turcs. Cette occasion, on l'a négligée ; ces succès sont devenus de nouveaux griefs contre nous, et l'événement de Sinope a servi de prétexte à une résolution violente qui, entraî-

nant la suspension des relations diplomatiques, rend plus que jamais incer-
taines les chances du maintien de la
paix.

Cependant, même au dernier instant,
le maintien de ces relations eût encore
été possible, tant nous désirions pousser jusqu'au bout l'esprit de conciliation, si, tout en couvrant le territoire
et le pavillon de nos adversaires contre
toute attaque, les deux puissances
avaient laissé à cette mesure, quelque
contraire qu'elle fût déjà à nos droits
de belligérants, la couleur d'un armistice naval, basé sur une certaine réciprocité. Mais du moment qu'elles ont
prétendu, tout en permettant aux Turcs
de ravitailler leurs ports, nous empêcher, nous, de ravitailler les nôtres, et
maintenir à nos ennemis la libre navigation de la mer Noire, tandis qu'elle
est entravée pour la marine russe, les
deux puissances constataient hautement
leur participation active aux opérations
hostiles de la Porte, et en réservant
l'usage de nos droits suivant les éventualités ultérieures, il ne nous restait
qu'à suspendre les rapports diplomatiques qu'on essayait encore d'envelopper
de protestations amicales, mais devenus
pour nous désormais sans franchise et
sans dignité.

Voilà les faits dans leur développement. Ils établissent que la question est
arrivée à ses proportions actuelles parce
qu'on s'est donné, dès l'origine, dans
les vues ambitieuses qu'on nous suppose, à combattre un fantôme qui n'existait pas; parce que le premier pas qu'on
a fait dans un système d'intimidation et
de méfiance en a progressivement amené
d'autres qui ont rendu une retraite honorable de plus en plus difficile à toutes
les parties. Si les conflits soudains qui
peuvent naître à tout instant d'un état
de choses aussi tendu que la situation
actuelle, venaient à faire éclater la
guerre entre nous et les deux puissances,
et avec cette guerre tous les malheurs
qui en rejailliront sur le monde entier,
l'Europe est à même de juger qui, au
moment même où nous parlons, en a
déjà pris l'initiative.

ARTICLE semi-officiel, publié dans
le Journal de Saint-Pétersbourg du
2 mars.

Nous venons de recevoir le compte-
rendu de la séance de la chambre des
communes du 17 février et du discours
que lord John Russell a prononcé à
cette occasion.

Ce n'est pas ici le lieu de relever de
sanglants outrages, dont tout fidèle serviteur de l'Empereur gardera mémoire,
mais qui n'atteignent pas l'auguste personne à laquelle ils sont adressés.
Nous nous bornons à remarquer qu'on
chercherait vainement dans les annales
parlementaires l'exemple d'une pareille
intempérance de langage dans la bouche
d'un ministre de cabinet, contre un
souverain auquel son pays n'a pas encore déclaré la guerre. Ce qui importe
dans ce discours, ce ne sont point les
invectives du ministre, c'est la nature
des déterminations qu'il révèle de la
part du gouvernement. Il devient désormais évident que la paix du monde
ne dépend plus seulement du hasard,
mais que 'la guerre est bien décidé-
ment dans les plans arrêtés du ministère anglais.

Là devait forcément aboutir cette
fatale méfiance qui dans la question
d'Orient a été le germe de toutes les
difficultés antérieures, et qui va la
conduire enfin au plus déplorable dénouement.

Que cette méfiance ait pu être conçue
par la France, qu'elle ait jusqu'à
un certain point trouvé place dans l'esprit d'un gouvernement encore récent,
n'ayant pas eu le temps d'acquérir par
une longue expérience de nos relations
antérieures avec lui une notion exacte
de nos intentions véritables, et cédant
involontairement à l'opinion propre
traditionnelle qu'on s'est faite de la politique russe en Orient, c'est ce qui se
conçoit aisément. Mais de la part de
l'Angleterre, éclairée sur les inten-
dants et le caractère de l'Empereur par
des rapports de longue date, un sentiment de cette nature a droit de surprendre. Moins qu'aucun autre, le gouvernement britannique aurait dû accueillir de pareils soupçons. Il a dans les
mains la preuve écrite qu'ils ne reposent
sur aucun fondement. Car bien avant la

situation présente, avant que les questions qui ont surgi de l'envoi du prince Menchikof à Constantinople n'eussent encore pris le caractère d'un dissentiment sérieux, avant que la Grande-Bretagne ne se fût placée sur la même ligne d'action que la France, l'Empereur s'était spontanément ouvert avec la plus entière franchise à la Reine et à ses ministres, dans le but d'établir avec eux une entente intime sur l'éventualité même la plus grave qui puisse atteindre l'empire ottoman.

Depuis l'année 1829, S. M. suivait avec une sérieuse attention la marche des événements en Turquie. L'Empereur ne pouvait fermer les yeux aux conséquences des changements qui tour à tour s'étaient introduits dans l'existence de cet Etat. L'ancienne Turquie avait disparu, depuis que l'on avait cherché à y implanter des institutions diamétralement opposées au génie de l'islamisme comme au caractère et aux usages musulmans, institutions plus ou moins empruntées au type du libéralisme moderne, par conséquent en guerre ouverte avec l'essence même du gouvernement ottoman. Il devenait évident que la Turquie subissait une transformation complète ; que l'issue de ces expériences, au moins douteuse quant au fait de la réorganisation de l'empire, annonçait plutôt l'approche d'une crise capable de le bouleverser ; qu'inopinément en pouvait naître tout un nouvel ordre de choses qui, encore indéfinissable, serait en tout cas l'anéantissement d'un présent impossible désormais.

A ces causes permanentes et toujours croissantes de dissolution étaient venues s'ajouter récemment encore les complications résultant des affaires du Montenegro, des persécutions religieuses exercées dans plusieurs provinces chrétiennes, du démêlé avec le gouvernement autrichien, d'embarras de finances considérables, et enfin de la grave affaire des Lieux Saints, à laquelle les exigences impérieuses de l'ambassadeur de France à Constantinople commençaient à donner un caractère sérieux et menaçant. Ces complications, qui entretenaient une sourde fermentation parmi les populations chrétiennes, pouvaient d'un jour à l'autre déterminer

une catastrophe nouvelle qu'il était instant de prévoir.

Pénétré de l'extrême importance d'une pareille éventualité, entrée presque à cette époque dans le domaine du possible, sinon entièrement du probable ; convaincu des suites désastreuses qui pourraient en résulter, l'Empereur éprouva le besoin de s'assurer par avance si le gouvernement anglais partageait ses appréhensions. Il voulait surtout éloigner par une franche entente préalable tout sujet de désaccord entre la Grande-Bretagne et lui. Il semblait à S. M. être de la plus haute importance d'établir avec ce gouvernement une parfaite identité de vues.

Dans ce but, l'Empereur engagea le ministre d'Angleterre à Saint-Pétersbourg à porter à la connaissance de la Reine ses prévisions sur les dangers qui paraissaient devoir menacer l'équilibre général en Turquie dans un avenir plus ou moins prochain. Il demanda sur ce sujet à S. M. Britannique un échange intime et confidentiel d'opinions. C'était certes la plus évidente preuve de confiance que l'Empereur pût donner à la cour de Londres. S. M. témoignait ainsi hautement de son désir le plus sincère de prévenir toute divergence ultérieure entre les deux gouvernements.

Sir Hamilton Seymour s'acquitta aussitôt de la commission importante dont l'Empereur l'avait chargé dans une longue conversation familière.

Il en est résulté entre les ministres anglais actuels et le cabinet impérial une correspondance empreinte du caractère le plus amical.

Il ne nous est point permis de divulguer des documents non officiels, dont le secret n'appartient pas à l'Empereur seul, et qui renferment les épanchements d'une confiance alors mutuelle. Ce qu'il nous est loisible de dire, c'est que dans cet examen des circonstances plus ou moins propres à affecter la durée du *statu quo* actuel en Orient, examen partant de la conviction où l'on était respectivement qu'il fallait tout faire pour soutenir ce *statu quo* et le prolonger aussi longtemps que possible, il n'a jamais été question d'un plan par lequel la Russie et l'Angleterre disposeraient d'avance à elles seules du sort des diverses provinces dont l'empire ottoman se compose; encore moins d'un pacte formel à conclure entre elles deux, à l'insu et sans l'avis ou l'intervention des autres cours. On s'est purement et simplement borné à se dire confidentiellement, mais sans réserve de part et d'autre, ce qui serait contraire aux intérêts anglais, ce qui le serait aux intérêts russes, afin que, dans tel cas donné, on évitât d'agir hostilement ou même contradictoirement.

En reportant leurs yeux sur ces pièces précieuses d'une correspondance si intime, en se rappelant l'esprit dans lequel eux-mêmes l'avaient appréciée, les ministres avec lesquels elle eut lieu à cette époque, et qui depuis n'ont pas craint de se laisser aller à des préventions regrettables, peuvent voir si ces préventions sont justes. Que lord John Russell en particulier, qui vient de les proclamer publiquement dans des termes si inqualifiables, la relise, cette correspondance, à laquelle il a pris part le premier, avant de céder à lord Clarendon la direction des affaires étrangères. Qu'il interroge sa conscience, si l'aveugle passion qui l'égare lui permet encore d'en discerner la voix, il peut décider aujourd'hui s'il est réellement vrai que l'Empereur ait manqué de franchise envers le gouvernement britannique, ou si plutôt S. M. n'avait pas poussé envers l'Angleterre l'abandon aussi loin qu'il peut aller; s'il existe la moindre raison de croire à nos vues ambitieuses et exclusives sur Constantinople, ou si au contraire l'Empereur ne s'était pas expliqué de manière à ne laisser planer aucun doute sur ses intentions réelles au sujet des combinaisons politiques à éviter pour le cas extrême qu'il avait signalé dès lors à la prévoyance du gouvernement anglais.

demande de l'évacuation des Principautés adressée par les puissances occidentales à la Russie ne permettent plus d'espérer une solution pacifique. Bien qu'il soit permis de regretter que cette demande ait été faite sous une forme qui rend très-peu probable une réponse satisfaisante, on ne peut toutefois se refuser à reconnaître qu'elle est fondée en droit et conforme aux intérêts de l'Europe. C'est sur quoi le cabinet autrichien n'a jamais émis le moindre doute. Loin de là, il a constamment mis en avant et soutenu ce principe dans le cours de toutes les négociations.

Nous pouvons rendre au gouvernement impérial cette justice qu'il a rempli également, et jusqu'au dernier moment, le double devoir que lui imposaient, d'une part la nécessité de sauvegarder les intérêts politiques de l'Europe, et, d'autre part, son amitié envers un puissant allié. Maintenant que l'on a à craindre de voir bientôt éclater la guerre, il ne reste plus au gouvernement de l'Empereur qu'à consulter les intérêts des peuples que la Providence a placés sous son sceptre. Ces intérêts, qui ne sont d'ailleurs en contradiction avec les droits et la sécurité d'aucun des autres États, seront désormais la seule règle de conduite de notre gouvernement. Voilà pourquoi il s'est déjà mis en mesure de prévenir, au moyen de forces suffisantes, les dangers qui pourront surgir d'une guerre qui opère avec de grandes masses armées dans un pays voisin, et l'influence des velléités de subversion qui, dans le cours de cette guerre, pourraient se traduire en actes sur les frontières de la monarchie autrichienne.

ARTICLE *semi-officiel*, *publié dans la* Correspondance autrichienne *du* 7 mars.

La question d'Orient est parvenue à un point qui ne laisse plus guère d'incertitude sur la tournure qu'elle prendra dans un temps prochain. La publication de la lettre de l'Empereur de Russie à l'Empereur des Français, le manifeste de Saint-Pétersbourg et la

ARTICLE *semi-officiel*, *publié dans la* Correspondance prussienne *du* 7 mars.

Plus la question d'Orient approche d'une crise décisive, plus nous devons nous féliciter que la Presse, par une politique aussi loyale qu'indépendante, se soit soustraite aux conséquences d'une lutte qui, malgré toutes les tentatives de médiation, menace de prendre un caractère de haute gravité.

Pour toute personne qui a suivi le cours des dernières négociations, il est incontestable que la politique prussienne a conservé une indépendance contre laquelle sont venues se briser toutes les influences du dehors, ce qui lui garantit les sympathies nationales. Mais la politique prussienne, si nationale qu'elle soit, ne donne aucune prise aux soupçons de l'étranger, parce qu'elle proclame le but final de sa tendance : conservation des intérêts allemands et de l'équilibre européen, et parce qu'elle considère ces deux buts non pas comme séparés, mais comme intimement liés.

La Prusse a manifesté sa position vis-à-vis des parties contendantes assez clairement par sa participation aux conférences de Vienne, et elle pourrait bien garder ultérieurement cette attitude. D'accord avec l'Autriche, elle a prêté la main aux puissances occidentales pour assurer, au moyen d'une convention, l'intégrité et l'indépendance de la Porte ottomane, ainsi que le droit des chrétiens sujets du Sultan. Quoique les conventions de Vienne n'aient pas atteint leur but principal, elles conservent leur signification, comme témoignage de l'accord des vues des quatre grandes puissances dans leurs efforts pour maintenir la paix et l'équilibre européen. Cet accord a survécu à l'insuccès de ces efforts. Mais quelque sincère que soit l'accord des quatre puissances sur les bases d'un compromis honorable entre la Russie et la Porte ottomane, les protocoles de Vienne ne contiennent rien de ce qui serait une obligation d'immixtion ou d'intervention armée dans le différend turco-russe, ils laissent à chaque État la liberté de choisir les moyens qui répondent le mieux à sa situation pour maintenir ce programme. Selon nous, les grandes puissances allemandes sont les moins tenues de prendre solidairement part à toutes les mesures actives qui ont été prises par les deux grandes puissances occidentales, soit durant les négociations de Vienne, soit après leur insuccès. Si dans les derniers temps des doutes sans fondement relativement à l'indépendance de l'Alle-

magne ont été exprimés, le moment nous paraît être très-favorable pour démontrer sous tous les rapports que cette indépendance est restée entière. Les gouvernements allemands n'ont pas hésité, malgré leur attachement pour leur vieil allié, à défendre l'indépendance de la Porte ottomane contre des prétentions démesurées, avec tout le poids de leur autorité morale ; mais elles peuvent s'en rapporter aux puissances dont l'influence est décisive à Constantinople, et dont les flottes dominent la mer Noire, sur le soin de protéger les armes à la main l'empire ottoman menacé, tandis que les puissances allemandes se réservent, par leur attitude, le droit de faire entendre, dans des circonstances plus favorables, des paroles de conciliation aux deux parties. Nous désirons sincèrement que l'accord si heureusement maintenu entre la Prusse et l'Autriche se consolide de plus en plus sur la base de cette politique indépendante, afin qu'il se manifeste même lorsque les événements exigeront une attitude plus décisive au nom des intérêts de l'Allemagne et de l'équilibre européen. En ce qui concerne particulièrement la Prusse, son attitude expectante entre les parties est seule capable de maintenir la paix dans l'Europe centrale. Du moment que la Prusse prendrait les armes pour l'Est ou pour l'Ouest, elle attirerait la guerre des rives du Danube sur le Rhin ou sur la Vistule. C'est ce que ne peuvent désirer ni l'Allemagne ni le reste de l'Europe. Nous espérons en conséquence que le gouvernement de S. M. n'oubliera pas les devoirs qui lui sont imposés comme grande puissance, et la responsabilité qui pèse sur lui en ce qui concerne les intérêts spéciaux de la Prusse et de l'Allemagne.

Documents relatifs à la rupture des relations diplomatiques.

A M. le général marquis de Castelbajac, à Saint-Pétersbourg.

Paris, le 16 février 1854.

Général, j'ai l'honneur de vous transmettre, par ordre de l'Empereur, les instructions que vous avait laissé pressentir le contenu de mes dernières dépêches. La note responsive que m'a adressée M. de Kisséléf, et que vous trouverez ci-jointe, attribue à son départ des motifs qui placent le gouvernement de Sa Majesté Impériale dans la nécessité de ne pas prolonger à Saint-Pétersbourg le séjour de son représentant. Vous aurez donc, à la réception de cette dépêche, à vous concerter avec sir H. Seymour pour remettre à M. le comte de Nesselrode une note dans laquelle, vous bornant à alléguer le départ de M. le ministre de Russie, vous demanderez vos passe-ports. Le personnel de l'ambassade russe suivant son chef, les secrétaires et attachés de votre mission quitteront également Saint-Pétersbourg avec vous. Vous vous bornerez, comme M. de Kisséléf l'a fait ici pour M. d'Ebeling, consul général, à présenter à M. le comte de Nesselrode M. de Castillon, qui restera, jusqu'à nouvel ordre, chargé des intérêts de notre commerce et de nos nationaux.

Recevez, etc.

Signé : Drouyn de Lhuys.

Article *du* Journal de Saint-Pétersbourg *du* 16 *février, annonçant la rupture des relations diplomatiques entre la Russie et les deux grandes puissances occidentales.*

Le public a été instruit que la communication par laquelle MM. les ministres d'Angleterre et de France ont porté à la connaissance du cabinet impérial la résolution prise par leurs deux cours de faire entrer les forces navales anglo-françaises dans la mer Noire n'avait eu lieu que verbalement. L'Empereur ayant jugé que ce mode de procéder, peu ordinaire dans une occurrence aussi grave, pouvait aisément donner lieu à plus d'une ambiguïté, les représentants de S. M. à Paris et à Londres avaient, comme on sait, reçu l'ordre d'y insister, à l'effet que des explications catégoriques leur fussent remises par écrit sur l'étendue et la portée de la mesure. A la suite des Notes officielles échangées entre nos ministres et les deux

cabinets alliés, il a été constaté que les gouvernements d'Angleterre et de France n'avaient pas seulement prétendu protéger les Turcs contre toute attaque maritime de la part de la Russie, mais aussi les assister dans le ravitaillement de leurs ports, tout en empêchant la Russie de ravitailler les siens propres ; en un mot, entraver pareille, au besoin par le contraste, la libre navigation de ses eaux dans la mer Noire.

L'attitude que viennent de prendre ainsi les deux puissances constitue aux yeux de l'Empereur, non-seulement une grave atteinte à ses droits de belligérant, mais de plus une coopération effective à une guerre dont les deux puissances étaient restées jusque-là spectatrices. S. M. a cru devoir dès aujourd'hui protester solennellement contre cette atteinte, en se réservant à elle-même d'adopter telle conduite qui lui conviendra dans les futurs contingents.

En attendant, elle a jugé que provisoirement la position qui vient d'être faite à ses représentants à Paris et à Londres ne pouvait se concilier plus longtemps avec ce qu'elle se doit à elle-même et avec des relations qui, quelque délicates qu'elles fussent devenues dans les derniers temps, n'avaient pourtant point encore perdu entièrement le caractère d'une amitié et d'une bienveillance mutuelles. En conséquence, le baron de Brunnow et M. de Kisséléf, sur l'ordre qu'ils en avaient reçu éventuellement, ont demandé leurs passe-ports immédiatement après la réponse qui leur a été faite, et ils viennent de quitter l'Angleterre et la France. Les rapports diplomatiques se trouvent ainsi suspendus entre la Russie et les deux gouvernements, sir H. Seymour et le marquis de Castelbajac vont également quitter Saint-Pétersbourg.

Documents relatifs à l'alliance des trois puissances belligérantes.

Traité *d'alliance entre la France, la Grande-Bretagne et la Turquie.*

Sa majesté l'Empereur des Français, sa majesté la Reine du royaume-uni de la Grande-Bretagne et d'Irlande ayant été invitées par sa majesté impériale le Sultan à l'aider à repousser l'agression dirigée par sa majesté l'Empereur de toutes les Russies contre les territoires de la Sublime-Porte ottomane, agression par laquelle l'intégrité de l'empire ottoman et l'indépendance du trône de sa majesté impériale le Sultan se trouvent menacées ; et leursdites majestés étant pleinement persuadées que l'existence de l'empire ottoman, dans ses limites actuelles, est essentielle au maintien de la balance du pouvoir entre les *États* de l'Europe, et ayant en conséquence consenti à donner à sa majesté impériale le Sultan l'assistance qu'il a demandée dans ce but, il a paru convenable à leursdites majestés et à sa majesté impériale le Sultan de conclure un traité afin de constater leurs intentions conformément à ce qui précède, et de régler la manière d'après laquelle leursdites majestés prêteront assistance à sa majesté impériale le Sultan.

Dans ce but, leursdites majestés et sa majesté impériale le Sultan ont nommé pour être leurs plénipotentiaires, savoir :

Sa majesté l'Empereur des Français, M. le général de division comte Baraguey-d'Hilliers, vice-président du sénat, grand-croix de l'ordre impérial de la Légion d'honneur, etc., etc., son ambassadeur extraordinaire et plénipotentiaire près la Porte ottomane ;

Sa majesté la Reine du royaume-uni de la Grande-Bretagne et d'Irlande, le très-honorable Stratford, vicomte Stratford de Redcliffe, pair du royaume-uni, conseiller de sa majesté britannique en son conseil privé, chevalier grand-croix du très-honorable ordre du Bain, son ambassadeur extraordinaire et plénipotentiaire près la Porte ottomane ;

Et sa majesté impériale le Sultan, Mustapha-Reschid-Pacha, son ministre des affaires étrangères ;

Lesquels, après s'être réciproquement communiqué leurs pleins pouvoirs, trouvés en bonne et due forme, sont convenus des articles suivants :

Art. 1er. Sa majesté l'Empereur des Français et sa majesté la Reine du royaume-uni de la Grande-Bretagne et d'Irlande, ayant déjà, à la demande de sa majesté impériale le Sultan, ordonné à de puissantes divisions de leurs forces

navales de se rendre à Constantinople et d'étendre au territoire et au parages ottomans la protection que permettraient les circonstances, leursdites majestés se chargent par le présent traité de coopérer encore davantage avec sa majesté impériale le Sultan, pour la défense du territoire ottoman en Europe et en Asie contre l'agression russe, en employant à cette fin tel nombre de leurs troupes de terre qui peut paraître nécessaire pour atteindre ce but ; lesquelles troupes de terre leursdites majestés expédieront aussitôt vers tels ou tels points du territoire ottoman qu'il sera jugé à propos ; et sa majesté impériale le Sultan convient que les troupes de terre françaises et anglaises ainsi expédiées pour la défense du territoire ottoman recevront le même accueil amical et seront traitées avec la même considération que les forces navales françaises et britanniques employées depuis quelque temps dans les eaux de Turquie.

Art. 2. Les hautes parties contractantes s'engagent, chacune de son côté, à se communiquer réciproquement, sans perte de temps, toute proposition que recevrait l'une d'elles de la part de l'Empereur de Russie, soit directement, soit indirectement, en vue de la cessation des hostilités, d'un armistice ou de la paix ; et sa majesté impériale le Sultan s'engage en outre à ne conclure aucun armistice et à n'entamer aucune négociation pour la paix, ou à ne conclure aucun préliminaire de paix ni aucun traité de paix avec l'Empereur de Russie, sans la connaissance et le consentement des hautes parties contractantes.

Art. 3. Dès que le but du présent traité aura été atteint par la conclusion d'un traité de paix, sa majesté l'Empereur des Français et sa majesté la Reine du royaume-uni de la Grande-Bretagne et d'Irlande prendront aussitôt des arrangements pour retirer immédiatement toutes leurs forces militaires et navales employées pour réaliser l'objet du présent traité, et toutes les forteresses ou positions dans le territoire ottoman qui auront été temporairement occupées par les forces militaires de France et d'Angleterre seront remises aux autorités de la Sublime-Porte ottomane dans l'espace de quarante jours ou plus tôt, si faire se peut, à partir de l'échange des ratifications du traité par lequel la présente guerre sera terminée.

Art. 4. Il est entendu que les armées auxiliaires conserveront la faculté de prendre telle part qui leur paraîtrait convenable aux opérations dirigées contre l'ennemi commun, sans que les autorités ottomanes, soit civiles, soit militaires, aient la prétention d'exercer le moindre contrôle sur leurs mouvements. Au contraire, toute aide et facilité leur seront prêtées par ces autorités, spécialement pour leur débarquement, leur marche, leur logement ou campement, leur subsistance et celle de leurs chevaux, et leurs communications, soit qu'elles agissent ensemble, soit qu'elles agissent séparément.

Il est entendu, de l'autre côté, que les commandants desdites armées s'engagent à maintenir la plus stricte discipline dans leurs troupes respectives, et feront respecter par elles les lois et les usages du pays.

Il va sans dire que les propriétés seront partout respectées.

Il est, de plus, entendu de part et d'autre que le plan général de campagne sera discuté et convenu entre les commandants en chef des trois armées, et que si une partie notable des troupes alliées se trouvait en ligne avec les troupes ottomanes, nulle opération ne pourrait être exécutée contre l'ennemi sans avoir été préalablement concertée avec les commandants des forces alliées.

Finalement, il sera fait droit à toute demande relative aux besoins du service adressée par les commandants en chef des troupes auxiliaires, soit au gouvernement ottoman, par le canal de leurs ambassades respectives, soit d'urgence aux autorités locales, à moins que des objections majeures, clairement énoncées, n'en empêchent la mise à exécution.

Art. 5. Le présent traité sera ratifié, et les ratifications seront échangées à Constantinople dans l'espace de six semaines, ou plus tôt, si faire se peut, à partir du jour de la signature.

En foi de quoi les plénipotentiaires respectifs l'ont signé, et y ont apposé le cachet de leurs armes.

Fait en triple, pour un seul et même effet, à Constantinople, le 12 mars 1854.

Signé : Baraguey-d'Hilliers (L. S.), Stratford de Redcliffe (L. S.), Reschid (L. S.).

———

Décret *impérial portant promulgation de la convention d'alliance conclue entre la France et l'Angleterre.*

Napoléon, etc.,

Avons décrété et décrétons ce qui suit :

Article 1er. Une convention d'alliance ayant été signée à Londres, le 10 du présent mois d'avril, entre la France et l'Angleterre, dans le but de soutenir l'empire ottoman contre l'agression de l'Empereur de Russie ; cette convention ayant été ratifiée par les deux gouvernements contractants, et les actes de ratification respectifs ayant été échangés le 15 du même mois d'avril, ladite convention, dont la teneur suit, recevra sa pleine et entière exécution :

CONVENTION.

Leurs majestés l'Empereur des Français et la Reine du royaume-uni de la Grande-Bretagne et d'Irlande, décidées à prêter leur appui à sa majesté le sultan Abdul-Medjid, Empereur des Ottomans, dans la guerre qu'elle soutient contre les agressions de la Russie, et amenées en outre, malgré leurs efforts sincères et persévérants pour maintenir la paix, à devenir elles-mêmes parties belligérantes dans une guerre qui, sans leur intervention active, eût menacé l'existence de l'équilibre européen et les intérêts de leurs propres États, ont en conséquence résolu de conclure une convention destinée à déterminer l'objet de leur alliance, ainsi que les moyens à employer en commun pour le remplir, et nommé à cet effet pour leurs plénipotentiaires :

Sa majesté l'Empereur des Français, le sieur Alexandre Colonna, comte Walewski, grand-officier de l'ordre impérial de la Légion d'honneur, grand-croix de l'ordre de Saint-Janvier des Deux-Siciles, grand-croix de l'ordre du Danebrog de Danemark, grand-croix de l'ordre du Mérite de Saint-Joseph de

Tuscane, etc., son ambassadeur près sa majesté britannique;

Et sa majesté la Reine du royaume-uni de la Grande-Bretagne et d'Irlande, le très-honorable George-William-Frédéric, comte de Clarendon, baron Hyde de Hindon, pair du royaume-uni, conseiller de sa majesté britannique en son conseil privé, chevalier du très-noble ordre de la Jarretière, chevalier grand-croix du très-honorable ordre du Bain, principal secrétaire d'État de sa majesté britannique pour les affaires étrangères ;

Lesquels, s'étant réciproquement communiqué leurs pleins pouvoirs, trouvés en bonne et due forme, ont arrêté et signé les articles suivants :

Art. 1er. Les hautes parties contractantes s'engagent à faire ce qui dépendra d'elles pour opérer le rétablissement de la paix entre la Russie et la Sublime-Porte sur des bases solides et durables, et pour garantir l'Europe contre le retour des regrettables complications qui viennent de troubler si malheureusement la paix générale.

Art. 2. L'intégrité de l'empire ottoman se trouvant violée par l'occupation des provinces de Moldavie et de Valachie, et par d'autres mouvements des troupes russes, leurs majestés l'Empereur des Français et la Reine du royaume-uni de la Grande-Bretagne et d'Irlande se sont concertées et se concerteront sur les moyens les plus propres à affranchir le territoire du Sultan de l'invasion étrangère, et à atteindre le but spécifié dans l'article 1er. Elles s'engagent à cet effet à entretenir, selon les nécessités de la guerre, appréciées d'un commun accord, les forces de terre et de mer suffisantes pour y faire face, et dont des arrangements subséquents détermineront, s'il y a lieu, la qualité, le nombre et la destination.

Art. 3. Quelque événement qui se produise en conséquence de l'exécution de la présente convention, les hautes parties contractantes s'obligent à n'accueillir aucune ouverture ni aucune proposition tendante à la cessation des hostilités, et à n'entrer dans aucun arrangement avec la cour impériale de Russie, sans en avoir préalablement délibéré en commun.

Art. 4. Animées du désir de mainte-nir l'équilibre européen et ne poursuivant aucun but intéressé, les hautes parties contractantes renoncent d'avance à retirer aucun avantage particulier des événements qui pourront se produire.

Art. 5. Leurs majestés l'Empereur des Français et la Reine du royaume-uni de la Grande-Bretagne et d'Irlande recevront avec empressement dans leur alliance, pour coopérer au but proposé, celles des autres puissances de l'Europe qui voudraient y entrer.

Art. 6. La présente convention sera ratifiée, et les ratifications seront échangées à Londres dans l'espace de huit jours.

En foi de quoi les plénipotentiaires respectifs l'ont signée et y ont apposé le sceau de leurs armes.

Fait à Londres, le 10 avril, l'an de grâce mil huit cent cinquante-quatre.

Signé : WALEWSKI (*L. S.*).
CLARENDON (*L. S.*).

Art. 2. Notre ministre et secrétaire d'État au département des affaires étrangères est chargé de l'exécution du présent décret.

Fait à Paris, le 21 avril 1854.

NAPOLÉON.

Par l'Empereur :
Le ministre des affaires étrangères,
Signé : DROUYN DE LHUYS.

Vu et scellé du sceau de l'État :

Le garde des sceaux,
ministre de la justice.
Signé : ABBATUCCI.

———

CONVENTION *entre la France et la Grande-Bretagne pour régler le sort des prisonniers de guerre.*

Sa majesté l'Empereur des Français et sa majesté la Reine du royaume-uni de la Grande-Bretagne et d'Irlande, voulant régler le sort des prisonniers qui pourront être faits dans le cours de la guerre dans laquelle leurs majestés sont engagées en commun, ont nommé pour leurs plénipotentiaires à cet effet, savoir :

Sa majesté l'Empereur des Français, le sieur Alexandre Colonna, comte Walewski, grand-officier de l'ordre impérial de la Légion d'honneur, grand-croix de l'ordre de Saint-Janvier des Deux-Siciles, grand-croix de l'ordre du Danebrog de Danemark, grand-croix de l'ordre du mérite de Saint-Joseph de Toscane, etc., son ambassadeur près sa majesté britannique;

Et sa majesté la Reine du royaume-uni de la Grande-Bretagne et d'Irlande, le très-honorable George-William-Frédéric, comte de Clarendon, baron Hyde de Hindon, pair du royaume-uni, conseiller de sa majesté britannique en son conseil privé, chevalier du très-noble ordre de la Jarretière, chevalier grand-croix du très-honorable ordre du Bain, principal secrétaire d'État de sa majesté britannique pour les affaires étrangères;

Lesquels, après avoir échangé leurs pleins pouvoirs, trouvés en due forme, sont convenus des dispositions suivantes:

Art. 1er. Les prisonniers qui seront faits dans le cours de la guerre actuelle seront, autant que possible, répartis entre les deux pays d'une manière égale.

Dans le cas où l'un des deux pays aurait eu à entretenir un plus grand nombre de prisonniers, ou en aurait eu un certain nombre pendant un plus long temps à sa charge, il sera fait tous les trois mois un compte de l'excédant de la dépense qui en sera résultée, et le remboursement de la moitié de cet excédant sera opéré par le gouvernement de l'autre pays.

Art. 2. Des instructions seront ultérieurement concertées entre les deux gouvernements pour faire connaître aux officiers de leurs forces navales ou militaires les lieux ou ports vers lesquels devront être dirigés les prisonniers.

Art. 3. Si un lieu de dépôt pour les prisonniers venait à être fixé hors des possessions de l'un des deux pays, les frais en seraient supportés par les deux gouvernements; mais l'avance en serait faite par celui qui aurait préposé ses officiers à la gestion de l'établissement.

Art. 4. Toutes les fois que les deux gouvernements conviendront de faire avec l'ennemi un échange de prisonniers, il ne sera fait aucune distinction entre les sujets respectifs tombés au pouvoir de l'ennemi; mais leur libération sera stipulée à raison de l'antériorité de date de leur capture, sauf les circonstances spéciales dont les deux gouvernements se réservent l'appréciation commune.

Art. 5. La présente convention sera ratifiée, et les ratifications en seront échangées à Londres dans le délai de dix jours, ou plus tôt si faire se peut.

En foi de quoi les plénipotentiaires respectifs ont signé la présente convention, et y ont apposé le cachet de leurs armes.

Fait à Londres, le dixième jour du mois de mai de l'an du Seigneur mil huit cent cinquante-quatre.

Signé : WALEWSKI (*L. S.*), CLARENDON (*L. S.*).

CONVENTION *relative aux prises, conclue entre la France et la Grande-Bretagne.*

Sa majesté l'Empereur des Français et sa majesté la Reine du royaume-uni de la Grande-Bretagne et d'Irlande, voulant déterminer la juridiction à laquelle devra appartenir le jugement des prises qui dans le cours de la guerre actuelle pourront être opérées en commun par les forces navales des deux nations, ou des prises qui pourront être faites sur des navires marchands appartenant aux sujets de l'un des deux pays par les croiseurs de l'autre, et voulant régler en même temps le mode de répartition des produits des prises effectuées en commun, ont nommé pour leurs plénipotentiaires à cet effet, savoir:

Sa majesté l'Empereur des Français, le sieur Alexandre Colonna, comte Walewski, grand-officier de l'ordre impérial de la Légion d'honneur, grand-croix de l'ordre de Saint-Janvier des Deux-Siciles, grand-croix de l'ordre du Danebrog de Danemark, grand-croix de l'ordre de Mérite de Saint-Joseph de Toscane, etc., etc., son ambassadeur près sa majesté britannique;

Et sa majesté la Reine du royaume-uni de la Grande-Bretagne et d'Irlande, le très-honorable George-William-Frédéric, comte de Clarendon, baron Hyde

Haden, pair du royaume-uni, conseiller de sa majesté britannique en son conseil privé, chevalier du très-noble ordre de la Jarretière, chevalier grand-croix du très-noble ordre du Bain, principal secrétaire d'Etat de sa majesté britannique pour les affaires étrangères;

Lesquels, après avoir échangé leurs pleins pouvoirs, trouvés en due forme, sont convenus des articles suivants :

Art. 1er. Lorsqu'une prise sera faite en commun par les forces navales des deux pays, le jugement en appartiendra à la juridiction du pays dont le pavillon aura été porté par l'officier qui aura eu le commandement supérieur dans l'action.

Art. 2. Lorsqu'une prise sera faite par un croiseur de l'une des deux nations alliées, en présence et en vue d'un croiseur de l'autre qui aura ainsi concouru à intimider l'ennemi et à encourager le capteur, le jugement en appartiendra à la juridiction du capteur effectif.

Art. 3. En cas de capture par un bâtiment de la marine marchande de l'un des deux pays, le jugement en appartiendra toujours à la juridiction du pays du bâtiment capturé : la cargaison suivant, quant à la juridiction, le sort du bâtiment.

Art. 4. En cas de condamnation dans les circonstances prévues par les articles précédents :

1° Si la capture a été faite par des bâtiments des deux nations agissant en commun, le produit net de la prise, déduction faite des dépenses nécessaires, sera divisé en autant de parts qu'il y a d'hommes embarqués sur les bâtiments capteurs, sans tenir compte des grades, et les parts revenant aux hommes embarqués sur les bâtiments de la nation alliée seront payées et délivrées à la personne qui sera dûment autorisée par le gouvernement allié à les recevoir, et la répartition des sommes revenant aux bâtiments respectifs sera faite par les soins de chaque gouvernement, suivant les lois et règlements du pays.

2° Si la prise a été faite par les croiseurs de l'une des deux nations alliées, en présence et en vue d'un croiseur de l'autre, le partage, le paiement et la réduction du produit net de la prise, déduction faite des dépenses nécessaires, auront lieu également de la manière indiquée ci-dessus.

3° Si la prise faite par un croiseur de l'un des deux pays a été jugée par les tribunaux de l'autre, le produit net de la prise, déduction faite des dépenses nécessaires, sera remis de la même manière au gouvernement du capteur pour être distribué conformément à ses lois et règlements.

Art. 5. Les commandants des bâtiments de guerre de Leurs Majestés se conformeront, pour la conduite et la remise des prises, aux instructions jointes à la présente convention, et que les deux gouvernements se réservent de modifier, s'il y a lieu, d'un commun accord.

Art. 6. Lorsque, pour l'exécution de la présente convention, il y aura lieu de procéder à l'estimation d'un bâtiment de guerre capturé, cette estimation portera sur sa valeur effective, et le gouvernement allié aura la faculté de déléguer un ou plusieurs officiers compétents pour concourir à l'estimation. En cas de désaccord, le sort décidera quel officier devra avoir la voix prépondérante.

Art. 7. Les équipages des bâtiments capturés seront traités suivant les lois et règlements du pays auquel la présente convention attribue le jugement de la capture.

Art. 8. La présente convention sera ratifiée, et les ratifications en seront échangées à Londres dans le délai de dix jours, ou plus tôt si faire se peut.

En foi de quoi les plénipotentiaires respectifs ont signé la présente convention, et y ont apposé le cachet de leurs armes.

Fait à Londres, le dixième jour du mois de mai de l'année de Notre-Seigneur mil huit cent cinquante-quatre.

Signé : A. WALEWSKI,
CLARENDON.

ANNEXE. — *Instructions pour les commandants de bâtiments de guerre de sa majesté l'Empereur des Français et de sa majesté la Reine du royaume-uni de la Grande-Bretagne et d'Irlande.*

Vous trouverez ci-joint copie d'une convention signée le 10 de ce mois entre sa majesté l'Empereur des Français et sa majesté la Reine du royaume-uni de la Grande-Bretagne et d'Irlande, pour régler la juridiction à laquelle devra appartenir le jugement des prises opérées en commun par les forces navales alliées, ou faites sur des navires marchands appartenant aux sujets de l'un des deux Etats par les croiseurs de l'autre, ainsi que le mode de répartition du produit des prises effectuées en commun.

Pour assurer l'exécution de cette convention, vous aurez à vous conformer aux instructions suivantes :

Art. 1er. Lorsque, par suite d'une action commune, vous serez dans le cas de rédiger le rapport ou le procès-verbal d'une capture, vous aurez soin d'indiquer avec exactitude les noms des bâtiments de guerre présents à l'action, ainsi que de leurs commandants, et autant que possible le nombre d'hommes embarqués à bord de ces bâtiments au commencement de l'action, sans distinction de grades.

Vous remettrez une copie de ce rapport ou procès-verbal à l'officier de la puissance alliée qui aura eu le commandement supérieur dans l'action, et vous vous conformerez aux instructions de cet officier en ce qui concerne les mesures à prendre pour la conduite et le jugement des prises ainsi faites en commun sous son commandement.

Si l'action a été commandée par un officier de votre nation, vous vous conformerez aux règlements de votre pays, et vous vous bornerez à remettre à l'officier le plus élevé en grade de la puissance alliée présent à l'action une copie certifiée du rapport ou du procès-verbal que vous aurez rédigé.

Art. 2. Lorsque vous aurez effectué une capture en présence et en vue d'un bâtiment de guerre allié, vous mentionnerez exactement, dans le rapport que vous rédigerez, s'il s'agit d'un bâtiment de guerre, et dans le procès-verbal de capture, s'il s'agit d'un bâtiment de commerce, le nombre d'hommes que vous aviez à bord au commencement de l'action, sans distinction de grades, ainsi que le nom du bâtiment de guerre allié qui se trouvait en vue, et, s'il est possible, le nombre d'hommes embarqués à bord, également sans distinction de grades. Vous remettrez une copie certifiée de votre rapport ou procès-verbal au commandant de ce bâtiment.

Art. 3. Lorsque, en cas de violation de blocus, de transports d'objets de contrebande, de troupes de terre ou de mer ennemies ou de dépêches officielles de ou pour l'ennemi, vous serez dans le cas d'arrêter ou de saisir un bâtiment de la marine marchande du pays allié, vous devrez :

1o Rédiger un procès-verbal énonçant le lieu, la date et le motif de l'arrestation, le nom du bâtiment, celui du capitaine, le nombre des hommes de l'équipage, et contenant en outre la description exacte de l'état du navire et de sa cargaison.

3o Réunir en un paquet cacheté, après en avoir fait l'inventaire, tous les papiers de bord, tels que actes de nationalité ou de propriété, passeports, chartes parties, connaissements, factures et autres documents propres à constater la nature et la propriété du bâtiment et de la cargaison.

3o Mettre les scellés sur les écoutilles.

4o Placer à bord un officier avec nombre d'hommes que vous jugerez convenable pour prendre le bâtiment en charge et en assurer la conduite.

5o Envoyer le bâtiment au port plus voisin de la puissance dont il portait le pavillon.

6o Faire remettre le bâtiment aux autorités du port où vous l'aurez fait conduire, avec une expédition du procès-verbal et de l'inventaire ci-dessus mentionnés, et avec le paquet cacheté contenant les papiers du bord.

Art. 4. L'officier, conducteur du bâtiment capturé, se fera délivrer un reçu constatant la remise qu'il en a faite ainsi que la délivrance qu'il a faite du paquet cacheté et de l'expédition du procès-verbal et de l'inventaire ci-dessus mentionnés.

Art. 5. En cas de détresse, si le bâ-

timent capturé est hors d'état de continuer sa route, l'officier chargé de conduire dans un port de la puissance alliée une prise faite sur la marine marchande de cette puissance, pourra entrer dans un port de son propre pays
ou dans un port neutre, et il remettra
sa prise à l'autorité locale s'il entre
dans un port de son pays, et au consul
de la nation alliée s'il entre dans un
port neutre, sans préjudice des mesures ultérieures à prendre pour le jugement de la prise. Il veillera, dans ce
cas, à ce que le rapport ou procès-verbal et l'inventaire qu'il aura rédigés,
ainsi que le paquet cacheté contenant
les papiers de bord, soient envoyés
exactement à la juridiction chargée du
jugement.

Art. 6. Vous ne considérerez point
comme prisonniers et vous laisserez librement débarquer les femmes, les enfants et les personnes étrangères au métier des armes ou à la marine qui se
trouveront à bord des bâtiments arrêtés.

Sauf cette exception et celle que vous
suggérera le soin de votre sûreté, vous
ne distrairez aucun individu du bord;
dans tous les cas, vous conserverez à
bord le capitaine, le subrécargue et
ceux dont le témoignage serait essentiel pour le jugement de la prise.

Vous traiterez comme prisonniers de
guerre, sauf l'exception ci-dessus indiquée au paragraphe 6, tous les individus quelconque trouvés à bord des
bâtiments ennemis.

Vous n'imposerez à la liberté des sujets alliés ou neutres trouvés sur les
bâtiments alliés ou neutres d'autre restriction que celle qui pourra être nécessaire pour la sécurité du bâtiment.

Quant à vos nationaux, vous les
traiterez conformément aux instructions
générales dont vous êtes muni, et vous
n'aurez, en aucun cas, à les remettre
à une juridiction étrangère.

Les hommes distraits exceptionnellement du bord des bâtiments capturés
devront être ultérieurement renvoyés
dans leur pays, s'ils appartiennent à la
nation alliée, et s'ils sont neutres ou
ennemis ils seront traités comme s'ils
se fussent trouvés sur des bâtiments
capturés par vous isolément.

Signé : A. WALEWSKI, CLARENDON.

———

Institution d'un conseil des prises.

DÉCRET.

Napoléon, etc.,

Vu la déclaration faite par nos ordres au Sénat et au Corps législatif le
27 mars dernier, relativement à l'état
de guerre existant avec la Russie;

Vu notre déclaration du 29 mars
dernier, relative aux neutres, aux lettres de marque, etc., etc.;

Vu la convention conclue le 10 mai
dernier entre nous et S. M. la Reine du
royaume-uni de la Grande-Bretagne et
d'Irlande, relativement au jugement et
au partage des prises;

Notre conseil d'État entendu,

Avons décrété et décrétons ce qui
suit :

Art. 1er. Un conseil des prises est
institué à Paris.

Art. 2. Ce conseil statue sur la vali-
dité de toutes les prises maritimes faites dans le cours de la présente guerre,
et dont le jugement doit appartenir à
l'autorité française. Il statue également
sur les contestations relatives à la qualité des navires neutres ou ennemis,
naufragés ou échoués, et sur les prises
maritimes amenées dans les ports de
nos colonies.

Art. 3. Ce conseil est composé :

1o D'un conseiller d'État, président;

2o De six membres, dont deux pris
parmi les maîtres de requêtes de notre
conseil d'État;

3o D'un commissaire du gouvernement, qui donne ses conclusions sur
chaque affaire.

Les membres du conseil des prises
sont nommés par décret impérial, sur
la présentation de nos ministres des affaires étrangères, de la marine et des
colonies.

Leurs fonctions sont gratuites.

Un secrétaire-greffier est attaché au
conseil.

Art. 4. Les séances du conseil des
prises ne sont pas publiques.

Ses décisions ne pourront être rendues que par cinq membres au moins.

Le commissaire du gouvernement est,
en cas d'absence ou d'empêchement,
remplacé par l'un des membres du conseil.

Art. 5. Les décisions du conseil des
prises ne sont exécutoires que huit

jours après la communication officielle qui en est faite à nos ministres des affaires étrangères, de la marine et des colonies.

Art. 6. Les décisions rendues par le conseil des prises peuvent nous être déférées en notre conseil d'État, soit par le commissaire du gouvernement, soit par les parties intéressées.

Le recours doit être exercé par le commissaire du gouvernement dans les trois mois de la décision, et par les parties intéressées dans les trois mois de la notification de cette décision.

Ce recours n'a pas d'effet suspensif, si ce n'est pour la répartition définitive du produit des prises.

Toutefois le conseil des prises peut ordonner que l'exécution de sa décision n'aura lieu qu'à la charge de fournir caution.

Dans tous les cas, il peut être ordonné en notre conseil d'État qu'il sera sursis à l'exécution de la décision contre laquelle un pourvoi est dirigé, ou qu'il sera fourni une caution avant cette exécution.

Art. 7. Les avocats à notre conseil d'État ont seuls le droit de signer les mémoires et requêtes qui sont présentés au conseil des prises.

Art. 8. Les équipages des bâtiments de sa majesté la Reine du royaume-uni de la Grande-Bretagne et d'Irlande sont représentés devant le conseil des prises par le consul de leur nation ou par tout autre agent que désigne le gouvernement britannique.

Art. 9. Les agents consulaires étrangers peuvent présenter au conseil des prises toutes les observations qu'ils jugent convenables dans l'intérêt de leurs nationaux, mais seulement par l'intermédiaire du commissaire du gouvernement.

Art. 10. Les frais de secrétariat et autres dépenses accessoires occasionnées par le service du conseil des prises forment un chapitre spécial au budget du ministère de la marine et des colonies.

Art. 11. Les dispositions de l'arrêté des consuls du 6 germinal an VIII et des autres règlements, non contraires à notre présent décret, sont maintenues.

Sont néanmoins abrogés les art. 9, 10 et 11 de l'arrêté du 6 germinal an VIII.

Art. 12. Nos ministres secrétaires d'État au département des affaires étrangères et au département de la marine et des colonies sont chargés, chacun en ce qui le concerne, de l'exécution du présent décret.

Fait au palais de Saint-Cloud, le 18 juillet 1854.

NAPOLÉON.

Par l'Empereur :

Le ministre secrétaire d'État au département des affaires étrangères,

Signé : DROUYN DE LHUYS.

Le ministre secrétaire d'État au département de la marine et des colonies.

Signé : TH. DUCOS.

Déclaration de guerre de la Grande-Bretagne à la Russie (1).

DÉCLARATION.

C'est avec un profond regret que Sa Majesté annonce l'insuccès de ses efforts empressés et soutenus pour conserver à son peuple et à l'Europe les bienfaits de la paix.

L'Empereur de Russie a persisté dans son agression non provoquée contre la Sublime-Porte, avec un tel mépris des conséquences, qu'après le rejet qu'il a fait des conditions que l'Empereur d'Autriche, l'Empereur des Français et le Roi de Prusse, ainsi que Sa Majesté, considéraient comme justes et équitables, Sa Majesté est contrainte, par le sentiment qui est dû à l'honneur de sa couronne, aux intérêts de son peuple et à l'indépendance des États de l'Europe, de venir défendre un allié dont le territoire est envahi, et dont la dignité et l'indépendance sont attaquées.

Afin de justifier la ligne de conduite qu'elle est sur le point de suivre, Sa Majesté s'en réfère aux transactions dans lesquelles elle s'est trouvée engagée.

---

(1) Le document français correspondant se retrouvera dans le grand texte.

L'Empereur de Russie avait certains motifs de plainte contre le Sultan, à l'occasion de la solution donnée, avec la sanction de Sa Hautesse, aux prétentions contradictoires élevées par les Églises grecque et latine sur une partie des lieux saints de Jérusalem et du voisinage. L'Empereur de Russie ayant réclamé sur ce point, justice fut faite ; et l'ambassadeur de Sa Majesté à Constantinople eut la satisfaction de contribuer à un arrangement qui ne souleva aucune objection de la part du gouvernement russe.

Mais, tandis que le cabinet impérial donnait au gouvernement de Sa Majesté l'assurance réitérée que la mission du prince Menchikof à Constantinople avait exclusivement pour but la solution de la question des lieux saints de Jérusalem, le prince Menchikof lui-même pressait la Porte d'accéder à d'autres demandes d'un caractère bien autrement sérieux et important et dont il s'efforça d'abord, autant que possible, de dissimuler la nature à l'ambassadeur de Sa Majesté. Les demandes ainsi soigneusement dissimulées affectaient non-seulement les priviléges de l'Eglise grecque à Jérusalem, mais encore la position de plusieurs millions de sujets ottomans dans leurs relations avec le Sultan leur souverain.

Ces demandes furent rejetées par la décision spontanée de la Sublime-Porte.

Sa Majesté avait reçu la double assurance, d'une part, que la mission du prince Menchikof ne concernait que les lieux saints ; d'autre part, que cette mission aurait un caractère pacifique. Sous ces deux rapports, la juste attente de Sa Majesté fut trompée.

Les demandes présentées tendaient, dans l'opinion du Sultan, à substituer l'autorité de l'Empereur de Russie à la sienne sur une grande partie de ses sujets, et elles furent appuyées par la menace. En apprenant qu'après avoir annoncé la terminaison de sa mission, le prince Menchikof avait déclaré que le rejet de ses demandes imposerait au gouvernement impérial la nécessité de chercher une garantie dans sa propre puissance, Sa Majesté jugea à propos d'ordonner à sa flotte de quitter Malte et d'aller, conjointement avec celle de sa majesté l'Empereur des Français, stationner dans le voisinage des Dardanelles.

Aussi longtemps que la négociation conserva un caractère amical, Sa Majesté s'abstint de toute démonstration armée. Mais lorsque, au moment où de grandes forces militaires se rassemblaient sur la frontière de la Turquie, l'ambassadeur de Russie faisait entendre que de sérieux résultats s'en suivraient du refus de la Porte d'accéder à des demandes injustifiables. Sa Majesté crut devoir, de concert avec l'Empereur des Français, donner une preuve incontestable de sa détermination de soutenir les droits souverains du Sultan.

Le gouvernement russe a affirmé que la résolution de l'Empereur d'occuper les Principautés fut prise en conséquence du mouvement fait en avant par les flottes d'Angleterre et de France. Mais la menace d'envahir le territoire turc était consignée dans la note du comte de Nesselrode à Reschid-Pacha, en date du 19-31 mai, et renouvelée dans la dépêche du chancelier au baron de Brunnow du 20 mai 1er juin, par laquelle il annonçait que l'Empereur était décidé à prescrire à ses troupes d'entrer dans les Principautés, si la Porte n'obtempérait pas dans la huitaine aux demandes de la Russie.

La dépêche envoyée à l'ambassadeur de Sa Majesté à Constantinople pour l'autoriser, dans certains cas indiqués, à appeler la flotte britannique, porte la date du 31 mai, et l'ordre expédié directement d'Angleterre à l'amiral de Sa Majesté, pour qu'il eût à se rendre immédiatement dans le voisinage des Dardanelles, est daté du 2 juin.

La détermination d'occuper les Principautés fut donc prise avant que les ordres fussent donnés pour faire avancer les escadres combinées.

Le ministre du Sultan fut informé qu'à moins qu'il ne signât dans la huitaine, et sans y changer un mot, la note proposée à la Porte par le prince Menchikof à la veille de son départ de Constantinople, les principautés de Moldavie et de Valachie seraient occupées par les troupes russes. Le Sultan ne pouvait accéder à une demande aussi insultante. Toutefois, l'occupation ayant actuellement eu lieu, il n'usa pas, comme il eût pu le faire, de son droit incontestable de déclarer la guerre, et il adressa seulement une protestation à ses alliés.

Sa Majesté, de concert avec les souverains d'Autriche, de France et de Prusse, a fait diverses tentatives pour se prêter à toute juste demande de l'Empereur de Russie sans compromettre la dignité et l'indépendance du Sultan. Si la Russie n'eût eu pour but que d'obtenir en faveur des sujets chrétiens de la Porte la garantie des priviléges et des immunités dont ils jouissent, elle l'eût trouvée dans les offres faites par le Sultan ; mais cette garantie fut rejetée, parce qu'elle n'était pas proposée sous la forme d'une stipulation spéciale et conclue séparément avec la Russie. A deux reprises, cette offre fut renouvelée par le Sultan et recommandée par les quatre puissances : la première fois, dans une note originairement rédigée à Vienne et modifiée ultérieurement par la Porte ; la seconde fois, dans un projet formulant certaines bases d'arrangement, dressé de concert à Constantinople le 31 décembre dernier et approuvé à Vienne le 13 janvier suivant, comme offrant aux deux parties les moyens d'arriver à une entente d'une manière également honorable et digne d'elles.

Il est donc manifeste que le gouvernement russe recherchait, non le bonheur des communautés chrétiennes en Turquie, mais le droit d'intervenir dans les relations ordinaires des sujets ottomans avec leur souverain. Le Sultan ne voulut pas se soumettre à une pareille demande, et Sa Hautesse, pour sa propre défense, déclara la guerre à la Russie. Néanmoins, Sa Majesté, de concert avec ses alliés, n'a pas cessé ses efforts pour rétablir la paix entre les parties adverses.

Le moment est venu, toutefois, où les avis et les remontrances des quatre puissances ayant complètement échoué, et la Russie donnant chaque jour plus d'extension à ses préparatifs militaires, il n'est que trop évident que l'Empereur de Russie a adopté une politique qui, si elle ne rencontre pas d'obstacles, doit aboutir à la destruction de l'empire ottoman.

Dans cette circonstance, Sa Majesté se sent appelée, par les égards dus à un empire dont l'intégrité et l'indépendance sont essentielles à la paix de l'Europe, par les sympathies de son peuple en faveur du droit contre l'injustice, et par le désir d'éloigner de ses possessions les conséquences les plus pernicieuses, ainsi que de sauver l'Europe de la prépondérance d'une puissance qui a violé la foi des traités et qui défie l'opinion du monde civilisé, à prendre les armes, de concert avec l'Empereur des Français, pour défendre le Sultan.

Sa Majesté est convaincue qu'en agissant de la sorte, elle aura l'appui cordial de son peuple, et qu'un prétendu zèle pour la religion sera vainement invoqué pour couvrir une agression entreprise contrairement aux saints préceptes et à l'esprit pur et bienfaisant du christianisme.

Sa Majesté espère humblement que ses efforts seront couronnés de succès, et que, par la bénédiction de la Providence, la paix pourra être rétablie sur des fondements à la fois sûrs et solides.

Westminster, 28 mars 1854.

DÉCLARATION.

Sa majesté la Reine du royaume-uni de Grande-Bretagne et d'Irlande, ayant été forcée de prendre les armes pour soutenir un allié, désire rendre la guerre aussi peu onéreuse que possible aux puissances avec lesquelles elle demeure en paix.

Afin de garantir le commerce des neutres de toute entrave inutile, Sa Majesté consent, pour le présent, à renoncer à une partie des droits qui lui appartiennent comme puissance belligérante, en vertu du droit des gens.

Il est impossible à Sa Majesté de renoncer à l'exercice de son droit de saisir les articles de contrebande de guerre et d'empêcher les neutres de transporter les dépêches de l'ennemi. Elle doit aussi maintenir intact son droit, comme puissance belligérante, d'empêcher les neutres de violer tout blocus effectif qui serait mis, à l'aide d'une force suffisante, devant les forts, les rades ou côtes de l'ennemi.

Mais les vaisseaux de Sa Majesté ne saisiront pas la propriété de l'ennemi chargée à bord d'un bâtiment neutre, à moins que cette propriété ne soit contrebande de guerre.

Sa Majesté ne compte pas revendiquer le droit de confisquer la propriété des neutres trouvée à bords des bâtiments ennemis.

Sa Majesté déclare, en outre, que, mue par le désir de diminuer autant que possible les maux de la guerre et d'en restreindre les opérations aux forces régulièrement organisées de l'Etat, elle n'a pas pour le moment l'intention de délivrer des lettres de marque pour autoriser les armements en course.

Westminster, 28 mars 1854.

_____

Série relative aux principes proclamés à l'ouverture de la guerre, au sujet des neutres.

LETTRE *adressée par lord Clarendon au consul britannique à Riga (relative aux marchandises saisies sur navires neutres en cas de guerre).*

Foreign-Office, 16 février 1854.

Le comte de Clarendon a pris connaissance de votre lettre du 18 courant, contenant copie d'une lettre de ... de Riga, qui voudrait savoir « quels égards » les croiseurs anglais auraient, en cas » de guerre, pour des marchandises ve- » nant de Russie, acquises par des An- » glais et chargées sur navires neutres.» Je dois vous informer en réponse que les marchandises d'origine russe exportées par et pour le compte de négociants domiciliés en Angleterre et y faisant leur commerce, bien qu'achetées et expédiées en Angleterre avant la guerre, ne seraient pas respectées par les croiseurs de Sa Majesté, à moins de licence spéciale ou d'instructions particulières données par Sa Majesté aux officiers de sa marine.

D'après le droit des gens et l'usage, le belligérant a le droit de considérer comme ennemis tous ceux qui habitent le pays ennemi ou qui y possèdent des établissements de commerce; que ceux-ci soient neutres, alliés ou de la nation même du belligérant, leurs marchandises exportées du pays ennemi sont *res hostium*, et, en conséquence, de bonne prise. Ces marchandises sont de bonne prise lors même qu'elles appartiendraient à un sujet du pays dont le vaisseau les capture, et qu'elles se-

raient transportées dans ce pays, et il ne servirait de rien qu'elles fussent sur un navire neutre. Vous voudrez donc bien faire savoir à qui de droit qu'en cas de guerre, les marchandises ne seront pas protégées par un certificat de consul ni par d'autres documents, et qu'elles seront exposées à être prises et déclarées de bonne prise.

_____

NOTE *rédigée par ordre de lord Clarendon, en réponse aux observations des négociants en affaires avec la Russie.*

Foreign-Office, le 25 mars 1854.

Monsieur,

J'ai reçu de lord Clarendon l'ordre de vous faire savoir que depuis que S. S. a eu le plaisir, le 20 de ce mois, de voir la députation des négociants qui font des affaires avec la Russie, S. S. a encore réfléchi sur la question qui lui a été soumise par la députation, savoir : Si les marchandises russes transportées par terre jusqu'aux ports prussiens, et qui y seraient chargées sur des navires anglais ou neutres, seraient exposées à être saisies par les croiseurs de Sa Majesté et confisquées par décision de la haute cour d'Amirauté.

Lord Clarendon pense que la question doit être décidée selon que les marchandises qui pourraient être saisies appartiendraient à tel propriétaire, seraient au compte de tel négociant et à destination de tel lieu, et non d'après leur origine ou leur mode de transport, circonstances qui, dans la plupart des cas, sont sans importance réelle.

Ces marchandises, quelle que soit leur destination, ne seront point déclarées de bonne prise si elles sont chargées au compte des neutres ou devenues réellement leur propriété. Si elles appartiennent à l'ennemi, quelle que fût leur destination, et vinssent-elles d'un port neutre sur un navire neutre, elles seront déclarées de bonne prise. Si elles appartiennent à un Anglais et sont au compte ou risque d'un Anglais, elles seront confisquées dans le cas où il serait prouvé qu'elles ont été achetées directement à l'ennemi, mais non autrement. Peu importera le lieu où la marchandise aura été prise ou sou origine, et si sa propriété a été de bonne foi transférée à un neutre. Si elle a, par exemple, été acquise sur un marché neutre, cette marchandise ne sera pas sujette à être confisquée, bien qu'elle soit venue par mer ou par terre du pays ennemi sur le marché neutre.

Lord Clarendon doit toutefois vous faire observer que ces circonstances justement suspectes justifieront la saisie, quoique la marchandise soit rendue et non confisquée, et que, dans certaines circonstances, on considérera probablement comme devant être capturées les marchandises russes, lors même qu'elles ne seraient pas dans un cas où on dût les déclarer de bonne prise.

Signé : H. W. ADDINGTON.

DÉCLARATION.

Art. 1er. Un délai de six semaines, à partir de ce jour, est accordé aux navires de commerce russes pour sortir des ports français.

En conséquence, les navires de commerce russes qui se trouvent actuellement dans nos ports, ou ceux qui, étant sortis des ports russes antérieurement à la déclaration de guerre, entreront dans les ports français, pourront y séjourner et compléter leur chargement jusqu'au 9 mai inclusivement.

Art. 2. Ceux de ces navires qui viendraient à être capturés par les croiseurs français, après leur sortie des ports de l'Empire, seront relâchés, s'ils établissent, par leurs papiers de bord, qu'ils se rendent directement à leur port de destination, et qu'ils n'ont pu encore y parvenir.

Le ministre des affaires étrangères,

. Signé : DROUYN DE LHUYS.

Approuvé :

NAPOLÉON.

Paris, le 27 mars 1854.

CIRCULAIRE *adressée par le ministre français de la marine et des colonies, aux préfets maritimes, aux gouverneurs des colonies, officiers généraux supérieurs et autres, commandant à la mer, et aux membres des chambres de commerce.*

Messieurs,

L'opinion publique, en France comme en Angleterre, s'est préoccupée depuis quelque temps de la possibilité que des lettres de marque russes fussent délivrées dans certains ports des États-Unis pour faire la course contre le commerce français et anglais.

Dès l'origine de ces suppositions, le gouvernement de l'Empereur a tenu à savoir ce qu'elles pouvaient présenter de fondé. Le ministre de Sa Majesté à Washington a en conséquence été chargé d'appeler la sérieuse attention du cabinet américain sur les bruits répandus à cet égard.

La réponse à cette démarche a été telle qu'on devait l'attendre. M. le ministre des affaires étrangères m'informe en effet que le gouvernement fédéral a donné au représentant de la France l'assurance la plus formelle que des actes aussi contraires au droit des gens ne *seraient pas tolérés sur le territoire de l'Union.*

Cette déclaration, aussi loyale que catégorique, est conforme au droit conventionnel comme à la législation des États-Unis, et elle est en parfait accord avec les principes d'un grand peuple qui s'est montré, en toutes circonstances sur les mers, le soutien et le défenseur énergique des droits des neutres et des lois de l'équité naturelle.

Vous pouvez vous en convaincre par l'examen de la nomenclature des traités conclus par les États-Unis et par l'analyse de la loi du 20 avril 1818 sur cet objet.

Nos bâtiments peuvent donc, sous ce rapport comme sous tous les autres, continuer leurs opérations avec sécurité. La haute sollicitude de l'Empereur a efficacement pourvu partout à la défense de nos intérêts maritimes et commerciaux. Le meilleur gage de cette protection est dans le noble spectacle des deux pavillons de France et d'Angleterre flottant étroitement unis sur toutes les mers.

Je suis heureux, Messieurs, de pouvoir vous donner ces informations, qui seront accueillies, je n'en doute pas, avec satisfaction par le commerce, et je vous renouvelle l'assurance de ma considération très-distinguée.

Le ministre secrétaire d'État de la marine et des colonies,

Signé : THÉODORE DUCOS.

DÉCLARATION *relative aux neutres, aux lettres de marques, etc.* (29 mars).

S. M. l'Empereur des Français ayant été forcée de prendre les armes pour secourir un allié, désire rendre la guerre aussi peu onéreuse que possible aux puissances avec lesquelles elle demeure en paix.

Afin de garantir le commerce des neutres de toute entrave inutile, Sa Majesté consent pour le présent à renoncer à une partie des droits qui lui appartiennent comme puissance belligérante, en vertu du droit des gens.

Il est impossible à Sa Majesté de renoncer à l'exercice de son droit de saisir les articles de contrebande de guerre, et d'empêcher les neutres de transporter les dépêches de l'ennemi. Elle doit aussi maintenir intact son droit, comme puissance belligérante, d'empêcher les neutres de violer tout blocus effectif qui serait mis, à l'aide d'une force suffisante, devant les forts, les rades ou côtes de l'ennemi.

Mais les vaisseaux de Sa Majesté ne saisiront pas la propriété de l'ennemi chargée à bord d'un bâtiment neutre, à moins que cette propriété ne soit contrebande de guerre.

Sa Majesté ne compte pas revendiquer le droit de confisquer la propriété des neutres trouvée à bord des bâtiments ennemis.

Sa Majesté déclare en outre que, mue par le désir de diminuer autant que possible les maux de la guerre et en restreindre les opérations aux forces régulièrement organisées de l'État, elle n'a pas pour le moment l'intention de déli-

vrer des lettres de marque pour autoriser les armements en course.

ORDRE *en conseil, relatif aux captures et prises.*

À la cour de Buckingham-Palace. le 29 mars 1854.

Sa très-excellente Majesté la Reine assistant au conseil :

Sa Majesté ayant résolu de porter secours à Sa Hautesse le Sultan de l'empire ottoman, pour protéger ses États contre l'agression non provoquée de S. M. I. l'Empereur de toutes les Russies, il plaît à Sa Majesté par et de l'avis de son conseil privé,

Ordonner et il est ordonné par ces présentes :

Qu'il sera accordé des représailles générales contre les vaisseaux, navires et biens de l'Empereur de Russie et de ses sujets, ou autres bâtiments des États, territoires ou domaines, de telle sorte que les flottes et vaisseaux de Sa Majesté puissent légalement saisir tous navires et toutes marchandises appartenant à l'Empereur de Russie ou à ses sujets ou autres habitant ses États, territoires ou domaines, et faire juger les prises par les cours d'amirauté qui seront établies dans les États, possessions et colonies de Sa Majesté pour en prendre connaissance. A ces fins, l'avocat général de Sa Majesté et l'avocat de Sa Majesté à l'amirauté prépareront un projet de commission et le présenteront à Sa Majesté à ce bureau, pour autoriser des commissaires à remplir les fonctions de lord haut-amiral et requérir la haute cour d'amirauté d'Angleterre et le lieutenant et le juge de ladite cour et son substitut ou ses substituts, comme aussi les diverses cours de l'amirauté établies dans les États de Sa Majesté qui seront dûment commissionnées de prendre connaissance et procéder juridiquement au sujet de toutes captures, prises et reprises de tous navires ou marchandises qui pourraient être capturés, et prendre une décision à ce sujet, et de, conformément à la procédure de l'amirauté et au droit des gens, juger et condamner tous lesdits navires ou lesdites marchan-

dises appartenant à S. M, l'Empereur de
toutes les Russies, ou aux habitants de
ses États, territoires ou domaines. Ils
prépareront aussi et présenteront à Sa
Majesté en conseil un projet d'instructions destinées à être envoyées aux diverses cours d'amirauté établies dans les
États et possessions de Sa Majesté.

Signé : CRANWORTH, GRANVILLE,
ARGYLL, NEWCASTLE,
BREADALBANE, LANS-
DOWNE, ABERCORN,
ABERDEEN, CLARENDON,
DRUMLANRIG, MUL-
GRAVE, JOHN RUSSELL,
ERNEST BRUCE, SYDNEY
HERBERT, J.—B.—G.
GRAHAM, STEPHEN LU-
SHINGTON, W. T.
GLADSTONE, W. MO-
LESWORTH.

DÉCLARATION *du cabinet britannique*
relative aux neutres, etc.

(Cette pièce a été placée plus haut
comme annexe à la déclaration de guerre
de la Grande-Bretagne).

RAPPORT *fait par M. Drouyn de Lhuys*
à Sa Majesté l'Empereur des Fran-
çais. (On y trouvera exposés dans le
plus noble langage les principes nouveaux adoptés au début de la guerre.)

Sire,

A une époque où les relations maritimes et les intérêts commerciaux occupent une si large place dans l'existence des peuples, il est du devoir d'une
nation qui se trouve contrainte à faire
la guerre de prendre les mesures nécessaires pour en adoucir autant que possible les effets, en laissant au commerce
des peuples neutres toutes les facilités
compatibles avec cet état d'hostilité
auquel ils cherchent à demeurer étrangers.
Mais il ne suffit pas que les belligérants aient la pensée intime de respecter
toujours les droits des neutres ; ils
doivent de plus s'efforcer de calmer, par
avance, ces inquiétudes que le commerce
est toujours si prompt à concevoir, en
ne laissant planer aucun doute sur les
principes qu'ils entendent appliquer.

Un règlement sur les devoirs des
neutres pourrait paraître une sorte d'atteinte à la souveraineté des peuples qui
veulent garder la neutralité ; une déclaration spontanée des principes auxquels
un belligérant promet de conformer sa
conduite semble, au contraire, le témoignage le plus formel qu'il puisse donner
de son respect pour les droits des autres
nations.

Documents constatant l'opinion
en Russie et en France au début
de la guerre.

BÉNÉDICTION *du métropolitain de Mos-*
cou au départ de la 16ᵉ division pour
l'armée.

Enfants de notre souverain et père,
enfants de notre mère la Russie, guerriers mes frères ! le tsar, la patrie, la
chrétienté vous appellent au combat.
Les prières de l'Eglise et de la patrie
vous y accompagnent.

Cet ennemi, vaincu sous Catherine,
sous Alexandre, sous Nicolas, provoque
de nouveau la Russie, et vos compagnons d'armes ont déjà repris contre lui
leur ancienne habitude de le vaincre et
sur terre et sur mer.

Et si, d'après les décrets de la Providence, vous aussi vous devez vous présenter devant lui, vous n'oublierez pas
que vous combattez pour notre pieux
souverain, pour notre chère patrie, contre les infidèles, contre les oppresseurs
des peuples nos coreligionnaires, presque nos compatriotes, contre les profa-
nateurs des Saints-Lieux, objets de
notre adoration, de la Nativité, de la
Passion, de la Résurrection de notre
Sauveur,

Et maintenant plus que jamais gloire
et bénédiction aux vainqueurs ; bonheur
et bénédiction à ceux qui offrent en sacrifice leur vie avec foi dans le Seigneur, avec amour pour leur souverain
et la patrie !

L'Écriture a dit des anciens défenseurs de la patrie : « Par la foi tu vain-
cras les empires. » (Hébr. XI. 33.)
Voilà pourquoi nous vous accompagnons
de nos prières et des bénédictions de l'E-

glise. Le grand et antique intercesseur de la Russie, le bienheureux Serge, bénit jadis les cohortes victorieuses qui marchaient contre les oppresseurs de la patrie ; sa sainte image précédait nos légions et sous le tsar Alexis et sous Pierre le Grand, et enfin sous Alexandre, à cette époque mémorable de notre lutte contre vingt peuples divers. Que cette image du bienheureux Serge vous accompagne également, comme le signe de son intercession pour vous et de ses prières pour ceux qui sont forts devant le Seigneur !

Gardez donc et portez avec vous ces paroles guerrières et triomphantes du prophète David : « En Dieu est le salut et la gloire. » (Ps. LXI. 8.)

NOTE *insérée au Moniteur français* (2 mars).

Des offrandes destinées à subvenir aux frais de la guerre contre la Russie sont parvenues au gouvernement ; l'Empereur a reçu aussi des adresses de félicitation sur sa politique dans les complications qui sont survenues en Orient.

Les sentiments qui ont inspiré ces démonstrations patriotiques sont ceux de la France entière. L'Empereur en a été touché, et Sa Majesté en a fait exprimer ses remercîments.

Les offrandes n'ont pu être acceptées. La France n'a pas besoin de pareils sacrifices. Le gouvernement en a témoigné sa reconnaissance et les a renvoyées aux donateurs qui se sont fait connaître. Les offrandes anonymes ont été versées au trésor.

Correspondances relatives aux négociations de Vienne.

Lord Cowley au comte de Clarendon.

(Reçue le 23 février.)

Paris, 22 février 1854.

(Par extrait.)

Le comte de Buol assure à M. de Bourqueney que si l'Angleterre et la France fixent un délai pour l'évacuation des Principautés, délai dont l'ex-

piration sera le signal des hostilités, le cabinet de Vienne est prêt à soutenir cette sommation. M. Drouyn de Lhuys est d'avis que cela doit être fait immédiatement, et que les deux puissances doivent écrire au comte de Nesselrode pour demander le commencement immédiat de l'évacuation, tout devant être fini à la fin de mars. Le silence ou le refus sera considéré comme une déclaration de guerre par la Russie.

Lord Bloomfield au comte de Clarendon.

(Reçue le 28 février.)

Berlin, 25 février 1854.

La dépêche télégraphique de Votre Seigneurie (dépêche par laquelle le comte de Clarendon exprime la pensée que le gouvernement prussien se joindrait aux autres puissances pour sommer l'Empereur de Russie d'évacuer les Principautés), cette dépêche m'est parvenue aujourd'hui. J'ai eu sur-le-champ une conférence avec le baron de Manteuffel, et je lui ai communiqué la substance de votre dépêche, en le priant de prendre les ordres du Roi à ce sujet. Il m'a dit qu'il ne pensait pas que le Roi fît obstacle à participer à l'injonction que l'on se propose d'adresser au gouvernement russe pour qu'il ait à évacuer les Principautés; mais il ne pensait pas, a-t-il ajouté, que le Roi prît une part active aux hostilités en cas de refus par la Russie.

J'ai répliqué que l'injonction serait de peu d'importance si la Prusse refusait d'appuyer sa demande les armes à la main; mais j'avais l'espoir que si le gouvernement autrichien, comme nous avions le droit de le croire, se joignait à nous, cette résolution pourrait produire quelque effet sur le Roi. La Prusse ne voudrait pas sans doute demeurer en arrière alors qu'il s'agirait d'accomplir une œuvre de cette importance. S. Exc. m'ayant dit avoir écrit à Vienne, je n'ai pas insisté davantage, espérant qu'un peu de réflexion la porterait à modifier ses opinions actuelles.

Lord Bloomfield au comte de Cla-
rendon.

(Reçue le 7 mars.)

Berlin, le 4 mars 1854.

Le baron de Manteuffel m'apprend qu'il a soumis au Roi la copie de la dépêche de Votre Seigneurie et celle de votre lettre au comte de Nesselrode, pour demander l'évacuation des principautés danubiennes, et que le Roi lui a donné l'ordre immédiatement d'adresser une instruction au général Rochow dans le sens que désire le gouvernement de la Reine. Cette instruction a été envoyée hier au soir à Saint-Pétersbourg; elle a été rédigée dans un langage très-pressant. Elle presse le gouvernement russe de considérer les dangers auxquels la paix du monde sera exposée par un refus, et elle proclame que la responsabilité de la guerre qui pourra résulter de son refus retombera sur l'Empereur. Le baron de Manteuffel a ajouté que le Roi, en approuvant la rédaction de la dépêche qui lui a été soumise, a fait observer qu'il jugeait de son devoir de donner tout l'appui en son pouvoir à toute œuvre qui pourrait encore entretenir une espérance même très-légère du maintien de la paix.

Signé : BLOOMFIELD.

Le consul Michele au comte de Cla-
rendon.

(Reçue le 25 mars.)

St-Pétersbourg, le 19 mars 1854.

Je vous accuse réception de la dépêche que Votre Seigneurie m'a fait l'honneur de m'adresser le 27 février dernier. Cette dépêche, avec la lettre de Votre Seigneurie pour le comte de Nesselrode, m'a été remise par le courrier de la Reine, capitaine Blackwood, le 13 mars. Je n'ai pas perdu un instant pour exécuter les ordres de Votre Seigneurie.

Une heure après l'arrivée du courrier, la dépêche qui m'était adressée par S. Exc. lord Cowley (contenant une communication du gouvernement français à son consul ici), a été remise par moi aux mains de M. de Castillon, et avant l'expiration d'une autre heure,

M. de Castillon et moi nous nous présentions au ministère impérial des affaires étrangères et nous sollicitions une audience du chancelier de l'Empereur afin de présenter simultanément les Notes des cabinets français et anglais. Le comte de Nesselrode, par l'organe du directeur de la chancellerie, nous a fait savoir qu'il ne lui était pas possible de nous recevoir à ce moment. Il a désigné le lendemain, heure de midi, pour recevoir nos dépêches. Nous convînmes, M. de Castillon et moi, que je passerais le lendemain le prendre à onze heures et demie, pour nous rendre ensemble auprès du chancelier.

Le 14 mars, un peu avant midi, M. de Castillon et moi nous arrivâmes au ministère impérial des affaires étrangères. Après une attente de quelques minutes, il me fut dit par le directeur de la chancellerie que le comte de Nesselrode recevrait le consul d'Angleterre : on me fit entrer. Le comte de Nesselrode me reçut avec sa courtoisie habituelle ; je lui remis votre lettre et je spécifiai, d'après un memorandum que j'avais rédigé, les termes précis des instructions de Votre Seigneurie relativement au retour en Angleterre du courrier de la Reine. Le comte de Nesselrode me demanda la permission de prendre lecture de ce memorandum que je lui remis. Il m'informa que l'Empereur n'était pas en ce moment à Saint-Pétersbourg, qu'au retour de S. M., qui aurait probablement lieu le 17 de ce mois, la dépêche de Votre Seigneurie lui serait soumise, et qu'il prendrait ses ordres, et alors une réponse à Votre Seigneurie me serait envoyée.

Le chancelier me fit remarquer le long intervalle qui s'était écoulé entre la date de la dépêche de Votre Seigneurie (27 février) et le jour de son arrivée. Il me demanda ce qui avait retenu le courrier si longtemps en route. Je lui expliquai que le courrier de la reine n'était pas venu directement de Londres à Saint-Pétersbourg ; qu'il avait porté des dépêches pour les ministres anglais à Paris, Berlin et Vienne ; que le capitaine Blackwood avait quitté cette dernière capitale le 7, et qu'il était arrivé à Saint-Pétersbourg le 13, faisant ainsi un rapide trajet vu le très-mauvais état des routes.

En quittant le comte de Nesselrode, j'allais remporter mon memorandum lorsqu'il me pria d'être assez bon pour le lui laisser. Je lui dis que je n'avais transcrit les instructions de Votre Seigneurie que pour mon gouvernement et afin qu'il n'y eût pas d'erreur commise quant à l'époque fixée pour la rentrée du courrier de la Reine d'Angleterre. Je n'avais pas l'ordre de laisser d'instructions écrites, mais je ne voyais pas d'inconvénient, la communication ayant pour objet de rendre toute erreur impossible à l'égard du départ du courrier de la Reine, de laisser entre les mains du chancelier le memorandum dont j'envoie la copie à Votre Seigneurie. L'Empereur revint à Saint-Pétersbourg le 17 mars de Finlande, où il s'était rendu le 12, avec ses trois fils les grands-ducs Alexandre, Nicolas et Michel, pour inspecter les fortifications de Viborg, Helsingfors et Sveaborg, le grand-duc Constantin s'étant rendu en Finlande quelques jours avant.

Hier au soir, à dix heures, j'ai reçu une invitation du chancelier de l'Empire à me rendre auprès de lui aujourd'hui à une heure. J'ai été exact, et lorsque j'ai envoyé mon nom au chancelier, j'ai appris que le consul de France était avec S. Exc.

Après avoir attendu un peu, j'ai appris que le comte de Nesselrode allait me recevoir. Lorsque je suis entré dans le salon, l'accueil de S. Exc. a été de la nature la plus amicale. Elle m'a dit : « J'ai pris les ordres de S. M. au sujet de la Note de lord Clarendon, et l'Empereur ne juge pas convenable d'y faire aucune réponse. » J'ai dit : « Monsieur le comte, dans une affaire d'une telle importance, je suis sûr que vous m'excuserez si je désire transmettre à mon gouvernement les expressions textuelles de V. Exc. »

Le comte s'est servi de ces expressions : « S. M. ne croit pas convenable de donner aucune réponse à la lettre de lord Clarendon. » Comme je répétais cette phrase après S. Exc., S. Exc. a dit : « L'Empereur ne juge pas convenable, etc., » et lorsque je l'eus moi-même répété une deuxième fois, le comte dit : « Oui, telle est la réponse que je désire que vous transmettiez à votre gouvernement. »

Après m'avoir remis ce message officiel, le comte de Nesselrode m'a prié de m'asseoir, et il m'a expliqué qu'il avait dû attendre le retour de l'Empereur pour lui soumettre la lettre de Votre Seigneurie. S. Exc. m'a demandé quand je comptais envoyer le courrier de la reine. Je lui dis : « Aujourd'hui même dans l'après-midi, si son passeport peut être prêt à temps. » Le comte de Nesselrode m'apprit qu'il avait déjà envoyé un passeport de courrier pour le capitaine Blackwood au baron de Pleasen.

Il me demanda : « N'est-ce pas aujourd'hui le sixième jour ? » Je répondis : C'est le sixième jour depuis son arrivée à Saint-Pétersbourg ; mais si l'on m'avait laissé sans réponse ou sans l'avis que j'ai reçu aujourd'hui de V. Exc., je n'aurais fait partir le courrier que demain 20, à midi, au moment même où les six jours auraient été expirés depuis que j'avais remis en vos mains la dépêche de lord Clarendon.

Dans le cours de notre conversation qui a suivi, j'ai demandé au comte de Nesselrode quelles étaient les intentions de son gouvernement relativement aux arrangements consulaires entre les deux pays en cas de déclaration de guerre ; S. Exc. a répondu : « Cela dépendra entièrement de la marche que le gouvernement de S. M. Britannique pourra adopter : nous ne déclarerons pas la guerre (we shall not declare war). »

Memorandum donné par le consul Michele au comte de Nesselrode.

En conformité des instructions qui m'ont été transmises par mon gouvernement sous la date du 27 février dernier, j'ai l'honneur de remettre entre les mains de V. Exc. une lettre du très-honorable comte de Clarendon, secrétaire d'État de S. M. britannique pour les affaires étrangères. Je suis chargé, en outre, d'informer V. Exc. que le messager de la Reine qui était porteur de cette communication, et qui est arrivé que d'hier matin à Saint-Pétersbourg, sera prêt à retourner en Angleterre avec la réponse de V. Exc. dès qu'elle m'aura été envoyée. Mais si, à l'expiration de six jours à compter d'aujourd'hui, V. Exc, ne m'avait fait transmettre aucune lettre à l'adresse du comte de Clarendon, ou si, avant l'expiration de ce terme, V. Exc. m'informait que le messager n'a pas besoin de rester à Saint-Pétersbourg, je dois, dans l'un ou l'autre cas, ordonner au messager de la Reine de retourner en Angleterre avec la plus grande promptitude.

Le comte de Westmoreland au comte de Clarendon.

(Reçue le 4 mars).

Vienne, 1er mars 1854.

Milord, j'ai communiqué au comte de Buol la substance des instructions de Votre Seigneurie à M. Wyse, concernant l'attitude du gouvernement grec dans les circonstances de l'insurrection des provinces de Turquie touchant la frontière du royaume de Grèce. Le comte de Buol a exprimé sa satisfaction de la politique proclamée par le gouvernement de la Reine; il m'a dit avoir fait des représentations de même nature à Athènes, par l'organe du ministre autrichien.

J'ai informé le comte de Buol des instructions données au capitaine Peel au sujet des mouvements supposés des insurgés de Prévésa ; le comte de Buol les a entièrement approuvées. Il a été très-mécontent du mouvement du Montenegro. Il a déclaré qu'il avait fait et qu'il continuerait de faire tous ses efforts pour paralyser ce mouvement, qu'il craignait bien avoir été encouragé par des agens russes, et surtout par le colonel Kovalesky, qui s'était récemment rendu dans ce pays.

Le comte de Buol a ordonné qu'une représentation fût faite à ce sujet à Saint-Pétersbourg, comme il en a été fait une au sujet des commandants russes en Moldavie et en Valachie, qui composent ouvertement une légion avec des sujets du Sultan, légion forte aujourd'hui d'environ 3,000 hommes, dans l'intérêt de la guerre faite à l'empire turc. Le comte de Buol a qualifié cet acte de la mesure de la nature la plus révolutionnaire, et il a donné l'ordre au comte

d'Esterhazy de la représenter comme telle au comte de Nesselrode.

Signé : WESTMORELAND.

Le comte de Clarendon au comte de Westmoreland.

Foreign-Office, le 18 février 1854.

Milord, le comte de Collodero m'a lu une dépêche du comte de Buol, relative à la mission du comte Orlof à Vienne. Le comte de Buol dit dans sa dépêche que l'identité du but de l'Autriche et des trois autres puissances, identité constatée par le protocole du 5 décembre, impose au gouvernement autrichien le devoir de déployer une entière franchise envers elles relativement à cette mission. Il dit que le comte Orlof avait reçu l'ordre d'insister de la manière la plus pressante auprès de l'Empereur d'Autriche pour qu'il s'engageât avec la cour de Berlin à observer la plus stricte neutralité dans le cas où les puissances maritimes prendraient une part active à la guerre entre la Turquie et la Russie. Et comme preuve de l'entière confiance qui existe entre les cabinets de Vienne et de Londres, il communique au gouvernement de Sa Majesté la dépêche du ministre d'Autriche à Saint-Pétersbourg, dans laquelle il expose les motifs qui ont fait repousser par l'Empereur d'Autriche les propositions de la Russie.

Dans cette dépêche adressée au comte d'Esterhazy, il fait observer, au sujet des proportions considérables que semble sur le point de prendre la guerre entre la Russie et la Turquie, que la cour de Russie propose à celles d'Autriche et de Prusse de prendre des arrangements dans lesquels la position des trois gouvernements soit clairement définie, soit entre eux, soit envers les puissances occidentales qui sont sur le point de s'engager dans le conflit.

L'Empereur de Russie propose la neutralité la plus stricte comme l'attitude que doivent prendre les deux principales puissances allemandes et leurs confédérés, et une défense armée de cette neutralité contre quiconque tenterait de la violer. La Russie s'engagerait à assister cette politique de toutes ses forces, dans une mesure qui serait plus tard déterminée par une convention à conclure par des commissaires militaires. Elle entreprendrait en outre, dans le cas où les événements de la guerre modifieraient l'état de choses qui existe en Turquie, de n'adopter aucune résolution définitive sur ce point sans s'être au préalable entendue avec les gouvernements de Vienne et de Berlin.

Tel est en substance le plan indiqué par la cour de Saint-Pétersbourg sur lequel, après mûr examen, le comte de Buol a conclu de la manière suivante : Le roi de Prusse, comme on le sait déjà, a repoussé les propositions de la Russie ; ce fait seul suffirait à enlever toute chance d'application à ces propositions fondées sur l'accord des trois puissances.

Mais, en négligeant cette circonstance qui suffirait à dispenser l'Autriche d'agir, la franchise qu'elle s'est imposée dans ses communications avec le cabinet de Saint-Pétersbourg ne lui permet pas de laisser ignorer à ce cabinet les graves objections qu'en tout état de choses elle élèverait contre ce projet.

L'Empereur d'Autriche ne saurait prendre d'engagement de ce genre avec la perspective d'événements dont il est impossible de prévoir les conséquences, sans que l'Empereur de Russie s'engageât de son côté à limiter l'étendue de son action. Les résultats d'une longue guerre entre la Russie et la Turquie seraient si incertains que l'Autriche, si directement intéressée dans la question d'Orient, ne saurait s'engager à suivre une politique de stricte neutralité.

Le succès des armées russes et les vœux des populations soumises à la Turquie pourraient amener un état de choses si fatal aux intérêts de l'Autriche, que l'empereur François-Joseph pourrait se trouver placé dans la nécessité d'intervenir militairement ou de rester dans une inaction incompatible avec sa dignité et les intérêts les plus vitaux de son empire.

A l'origine, on pouvait considérer cette affaire comme une querelle entre la Russie et la Turquie seulement, et tant que la Russie professait et gardait une attitude défensive, l'Autriche pouvait de son côté garder une attitude expectante. Mais malheureusement la question était devenue européenne et avait pris une telle importance, que l'Autriche ne pouvait se dispenser de se réserver à ce sujet son entière liberté d'action.

Si l'empereur Nicolas voulait s'engager à ne pas pousser plus loin ses opérations militaires dans la Turquie d'Europe, à ne rechercher ni un agrandissement territorial ni un droit d'intervention dans les affaires intérieures de la Turquie, ni des droits nouveaux et autres que ceux qui résultent des anciens traités (et le comte de Buol croit qu'un tel engagement serait conforme aux intérêts de la Russie), l'Autriche lui donnerait volontiers la garantie qu'il lui demande ; mais s'il en est autrement, le cabinet russe doit voir combien il serait difficile à l'Autriche d'indiquer à présent la ligne de conduite que les événements peuvent lui imposer. En outre, le gouvernement russe doit comprendre que l'effet inévitable d'un engagement aussi positif que celui proposé serait de faire échouer l'Autriche dans ses vues de conciliation, de gâter ses relations avec quelques-uns des gouvernements engagés dans la guerre.

L'idée dominante du plan proposé par la Russie est de maintenir intacte pendant la crise actuelle l'alliance conservatrice qui a existé entre les trois cours au plus grand avantage du parti de l'ordre social. Mais s'agit-il de conservation? Ne s'agit-il pas, au contraire, d'entrer dans des combinaisons nouvelles qu'il serait impossible de définir et dont on ne saurait déterminer les conséquences? Ce n'est pas sur ce terrain que la question a été placée par le protocole de Vienne qui a fait une si pénible impression à Saint-Pétersbourg. L'accord des quatre puissances défini par ce protocole repose sur l'importance qu'elles attachent à l'intégrité de l'empire ottoman comme élément de l'équilibre européen.

Sur ce point, l'intérêt de l'Autriche est conforme à l'intérêt général de l'Europe. Aussi le comte de Buol apprend-il avec un profond regret que l'Empereur de Russie semble prêt à renoncer à l'intention qu'il avait annoncée de garder une attitude offensive sur la rive gauche du Danube. Plus les conséquences du passage du Danube peuvent être graves, plus le comte de Buol trouve qu'il agit amicalement envers la Russie en conjurant le cabinet de Saint-Pétersbourg de bien réfléchir dans sa sagesse avant de prendre un parti décisif.

Si le comte de Buol ne cache pas au gouvernement russe les sentiments pénibles que causent au cabinet de Vienne les différences d'opinion qui existent entre eux relativement au meilleur parti à prendre dans les circonstances actuelles, il n'a aucune pensée qui puisse être considérée comme hostile à la Russie. Le comte de Buol a pensé qu'il était de son devoir de déclarer avec une entière franchise l'attitude que l'Autriche se réserve pour l'éventualité, qu'elle espère encore ne pas voir se réaliser, où la lutte prendrait des dimensions plus considérables. Il pense toutefois que ces observations que le comte d'Esterhazy est chargé de transmettre au comte de Nesselrode contribueront à mettre fin à un état de tension qui alarme l'Europe et nuit à un grand nombre d'intérêts ; il déclare que l'Autriche a sincèrement cherché à maintenir la paix dans les conjonctures actuelles. Le comte de Buol déclare qu'il n'a rien à ajouter à cette dépêche au comte d'Esterhazy qui définit clairement l'attitude de l'Autriche dans les conjonctures actuelles.

L'Empereur d'Autriche ne se liera point les mains par un traité de neutralité absolue tant qu'il n'aura pas de garantie suffisante que les intérêts de son empire ne seront pas compromis par la dissolution de la Turquie d'Europe. Le comte Orlof n'était pas autorisé à donner ces garanties. D'ailleurs, ajouta le comte de Buol, comment la Russie pourrait-elle donner à l'Autriche des garanties contre les conséquences incalculables que peut avoir un soulèvement de la population chrétienne, dès que l'Empereur de Russie prendra la résolution de pousser la guerre avec vigueur au delà du Danube ?

En renouvelant ses représentations contre l'extension de la guerre au delà du Danube, le gouvernement autrichien n'a pas caché à la Russie qu'en présence des dangers dont elle est menacée par la prolongation du conflit, l'Autriche doit se réserver son entière liberté d'action. C'est pourquoi un corps de troupes a été concentré dans les provinces autrichiennes qui touchent au théâtre de la guerre, et le nombre de ces troupes sera augmenté si les événements rendent une augmentation nécessaire.

Cette mesure, au sujet de laquelle on a donné à la Porte des déclarations rassurantes, ne doit être considérée comme hostile à aucune des parties belligérantes : son but est seulement de défendre contre toute insulte la frontière autrichienne, et, s'il est nécessaire, de la défendre aussi de la contagion d'une insurrection des provinces turques adjacentes, et, lors même qu'une intervention armée de l'Autriche deviendrait indispensable, elle aurait lieu avec l'intention arrêtée de maintenir intact sous tous les rapports le statu quo établi par les traités. Le comte de Buol pense que cette intention est celle de toutes les puissances qui ont pris part à la conférence de Vienne.

Je suis, etc.

Signé : CLARENDON.

Sir G.-H. Seymour au comte de Clarendon.

(Reçu le 24 février. — Extrait.)

Saint-Pétersbourg, le 16 février 1854.

Le comte de Nesselrode m'ayant donné hier une audience, nous avons amicalement de la position des de Sa Majesté maintenant que les lations diplomatiques sont interrompues et que cette rupture peut être suivie d'événements graves.

En somme, le comte de Nesselrode pense que le meilleur parti à est de laisser les choses où elles Les Anglais, a-t-il dit, n'est pas de protection ; ils auraient, en guerre, la meilleure de toutes, l'Empereur. Le consul de Sa resterait pour prendre soin de leurs rêts, et dans le cas où les bons o quelque fonctionnaire de second seraient nécessaires, M. de s'adresserait au baron de Plessen il s'adresserait à moi-même (le baron de Plessen est l'ambassadeur de Danemark à Saint-Pétersbourg). M. de Nesselrode m'a dit en outre : « En tout cas je serai prêt à recevoir le conseil de Sa Majesté s'il s'adresse à moi. Tout ce que nous demandons, a-t-il ajouté, c'est que les Anglais se conduisent avec réserve et prudence, en d'autres termes, qu'ils se conduisent comme ils se sont toujours conduits. »

————

Le comte de Clarendon au consul Michele.

Foreign-Office, 27 mars 1854.

Monsieur, j'ai reçu, le 25 du courant, votre lettre qui m'annonce la forme en laquelle vous avez remis au comte de Nesselrode la lettre que j'adressais à Son Excellence, et qui était incluse dans la dépêche que je vous avais expédiée sous la date du 27 février dernier. J'ai l'honneur de vous informer que j'approuve la manière dont vous avez exécuté mes ordres sur ce sujet.

Je suis, etc.

Signé : CLARENDON.

————

Autre série de documents anglais relatifs aux efforts faits en Turquie par les puissances occidentales, en faveur des sujets de la Porte appartenant aux communions chrétiennes.

FIRMAN *impérial adressé à l'agent des protestants à Constantinople.*

A l'agent des protestants, Étienne, puissent ses honneurs augmenter ! il est décrété :

Dieu, le dispensateur des grâces, ayant, pour exécuter sa volonté éternelle, placé mon auguste personne sur le trône glorieux et glorifié du khalifat impérial, ayant confié à mes royales mains et à mes ordres souverains, grâce et gloire lui en soient rendues, de nombreux pays et de nombreuses villes et des hommes de toute classe et de toute nation ; depuis le jour glorieux où je suis monté sur le trône, conformément aux devoirs impériaux du khalifat, mon gouvernement n'a jamais cessé (par la faveur divine), selon mon intention royale et mes intentions sincèrement bienveillantes, de prendre un soin constant pour que toutes les classes de mes sujets jouissent d'une protection complète et qu'ils puissent tous et chacun vaquer à l'aise à leurs affaires religieuses et spirituelles.

Les effets utiles et les avantages de cette conduite ont été manifestes en tout temps, et mon ardent désir est qu'il ne naisse aucun abus de la négligence et du défaut de soin. Je désire donc et demande que les concessions spéciales accordées par moi en faveur de mes fidèles sujets protestants relativement à leur culte et à leurs affaires religieuses et à tout ce qui s'y rapporte, soient maintenues intactes en tout temps, et j'ai donné formellement mes ordres impériaux pour qu'on n'attente en quoi que ce soit à ces concessions, et que toute personne agissant contre ces concessions sache qu'elle encourra mon déplaisir royal.

Pour ôter toute excuse à ceux qui seraient coupables de négligence en cette matière, on a communiqué les présentes dispositions aux autorités compétentes et ce décret a été publié par mon divan impérial conformément à mes royales intentions, afin qu'elles soient complétement et fidèlement exécutées.

Vous, agent susdit, devrez, à la réception du présent firman, agir conformément à cet ordre impérial et avoir soin de vous abstenir de toute contravention. Dès qu'il se passera quelque chose de contraire à cette décision formelle, vous vous hâterez de présenter vos représentations à notre Sublime-Porte. Qu'il vous soit ainsi connu et croyez à notre signature impériale.

Donné dans la troisième décade de la lune de chaban de l'année 1269.

————

Lord Stratford de Redcliffe au comte de Clarendon.

(Reçue le 11 mars.)

Constantinople, le 15 février.

Milord, j'ai la satisfaction de vous annoncer que le firman que j'obtins il y a quatre ans pour que le témoignage des chrétiens en matière criminelle fût reçu comme celui des mahométans, va être étendu à tout l'empire, non-seulement pour les sujets étrangers résidant en Turquie, mais pour toutes les classes tributaires du Sultan sans exception. ·

Lorsque le premier firman me fut accordé pour régler la procédure devant les tribunaux criminels mixtes du Caire et d'Alexandrie, j'obtins la promesse que les dispositions de ce firman seraient bientôt étendues à tous les rayas de l'empire. Jusqu'à présent mes efforts réitérés pour obtenir la réalisation de cette promesse ont échoué, et je dois l'apparence de succès que je viens d'obtenir à une demande énergique adressée par écrit à Reschid-Pacha il y a quelques semaines. Il est triste de voir avec quelle ténacité déraisonnable les professeurs de l'islamisme s'obstinent à faire une mauvaise application de leurs principes religieux.

Dans cette circonstance toutefois, je pense que le préjugé est vaincu, et que le firman destiné, comme il l'est, à faire disparaître l'injustice la plus criante dont les rayas aient souffert depuis des siècles, recevra bientôt l'approbation du Sultan, outre l'approbation du conseil, avec laquelle il a été soumis à Sa Majesté.

J'ai l'honneur, etc.

Signé : STRAFFORD DE REDCLIFFE.

ANNEXE 1ᴺ. — *Ordre impérial.*

Je donne cet ordre à mon vizir Mehemed-Pacha, vali de la province de Salonique :

Conformément à ce qui est connu de tous les hommes, et comme je l'ai déjà plusieurs fois publié par les ordres souverains qui ont été envoyés en tous lieux, animé comme je le suis, par la grâce divine, d'une active sollicitude pour le bien-être de mes sujets, toutes mes pensées ont été dirigées en tout temps et en toute occasion vers le but que je me propose, savoir d'assurer la paix et la tranquillité de mes sujets et de rendre mon empire prospère. C'est avec ces vues salutaires que le Tanzimat et plusieurs lois et règlements qui en sont la conséquence ont été établis avec l'aide de Dieu, et les nombreux avantages qui en sont résultés sont bien apparents. Et comme je désire beaucoup que toutes les questions relatives à des demandes judiciaires et à des règlements de police soient convenablement examinées, afin que les sujets et habitants de mes États n'aient à se plaindre de rien sous ce rapport, j'ai établi depuis quelque temps un tribunal de commerce et un tribunal criminel à Constantinople ; d'autres ont été établis dans quelques-unes des villes les plus importantes de mon empire, et les avantages qu'ils présentent sous tous les rapports, soit pour mes sujets ottomans, soit pour les étrangers, sont manifestes. C'est pour cela qu'une commission spéciale a été prise dans le conseil d'État et chargée de l'organisation de tribunaux semblables à ceux dont nous avons parlé plus haut, dans tous les États où on le jugera convenable. Ce projet a été discuté et étudié sous toutes ses faces, et le mabata du conseil a été lu aussi et sérieusement étudié par le conseil de mes ministres. Comme les fonctions des cours criminelles consisteront seulement à prendre connaissance des faits et à juger les sujets de ma Sublime-Porte qui pourront être coupables de délits contre les sujets des puissances étrangères, et aussi les sujets étrangers qui pourront être coupables de meurtre, de vol ou d'autres délits contre les sujets de ma Sublime-Porte ; comme le but réel de l'établissement de ces tribunaux est de constater la vérité au moyen d'informations de toute sorte et de recherches faites avec soin, afin d'établir équitablement le crime ou l'innocence de l'accusé et d'empêcher les coupables d'échapper au châtiment qui doit leur être infligé d'après l'équité et le code pénal, une fois les faits prouvés ; des tribunaux seront établis sous la dénomination de medglistahkika (tribunaux d'instructions), semblables au tribunal de police qui existe dans ma capitale et dans plusieurs villes importantes des provinces, indépendamment de ceux qui existent déjà dans d'autres lieux.

Ces tribunaux seront chargés exclusivement de l'examen des affaires qui peuvent s'élever entre les musulmans et les chrétiens et toute autre classe de mes sujets, aussi bien entre les sujets de la Sublime-Porte et les sujets étrangers relativement aux crimes qui peuvent avoir été commis. Le but de l'établissement de ces tribunaux est de constater et prouver d'une manière satisfaisante les crimes qui pourront être commis afin que l'innocent n'en souffre pas.

Les gouverneurs et les officiers de police feront la plus grande attention à faire exécuter les règlements établis pour ces tribunaux ; ils auront soin de ne pas violer les principes qui y sont posés et ne manqueront point d'employer tous leurs efforts à faire observer strictement les règles qui y sont établies. Les personnes employées dans ces tribunaux doivent être, comme il est dit dans un article du règlement, des hommes justes, droits, doués d'un jugement sain, d'un caractère éprouvé, choisis parmi les membres du grand conseil municipal et autres personnes convenables. Il y aura un ou deux greffiers, selon le district, et ma Sublime-Porte sera informée des arrangements qui auront été pris.

Voilà ce qui a été jugé convenable par les membres de la commission, et mes ordres m'ayant été demandés à ce sujet, j'ai voulu que ce qui avait été décidé fût exécuté, et je vous transmets en conséquence copie du règlement susindiqué. Vous devez donc, vali, dès que vous en aurez pris connaissance, établir le tribunal en question, d'après votre jugement et votre discrétion, de la manière prescrite ci-dessus ; vous nommerez et choisirez les membres du tribunal, et vous informerez ma Sublime-Porte de ce que vous aurez fait. Vous devrez avoir soin que les affaires qui pourront survenir soient examinées et dirigées conformément à ce règlement avec la plus stricte impartialité et la plus grande justice, que le crime de l'accusé soit complètement prouvé et établi et que l'innocent ne souffre pas.

———

Annexe 2°. — *Résumé des devoirs imposés aux medglis établis pour l'instruction préliminaire et le jugement des sujets de la Sublime-Porte qui auront été coupables de crimes, tels que assassinat, coups et blessures, vols, etc., aussi bien que des auteurs de crimes semblables commis entre Ottomans et étrangers.*

Cette cour, qui n'aura rien de commun avec le grand conseil municipal, ni avec le tribunal de commerce, étant établie sur le plan de la cour de police à Constantinople pour rechercher, comme il a été dit ci-dessus, les circonstances dans lesquelles les crimes pourront avoir été commis, se réunira certains jours de la semaine, sera composée de tels membres du conseil du lieu principal de la province qui seront jugés convenables, et d'autres personnes d'une extrême probité qui seront choisies parmi les personnes honorables et distinguées du pays et qui sont en position de remplir les obligations de l'équité et de la justice. Cette cour sera sous la présidence du vali.

Lors de l'instruction et du jugement, l'interrogatoire de l'accusé et des témoins sera fait avec la plus grande impartialité et l'équité la plus absolue. Si la majorité des membres de la cour a quelques doutes sur la véracité des témoins interrogés, elle leur fera prêter serment, selon les formalités d'usage, de dire la vérité, pour qu'ils ne disent rien de contraire à la vérité pure, qu'ils n'en cachent aucun détail et qu'ils disent sans rien omettre, tout ce qu'ils savent du fait en question. Ensuite la cour les entendra et les punira s'il est prouvé qu'ils n'ont pas dit la vérité.

Tant qu'il ne sera pas nécessaire que les personnes qui ont des informations à donner soient présentes ensemble, on ne les amènera pas toutes ensemble devant la cour, mais elles seront interrogées séparément. Aucune d'elles ne sera introduite dans la salle d'audience tant qu'une autre déposera. Les témoins seront interrogés en présence de l'accusé. Si quelqu'un affirme positivement que les dépositions des témoins examinés ne sont pas exactes, la cour entendra ce qu'on a à dire à ce sujet, après avoir fait prêter serment de la manière susdite, et la cour prononcera, conformément à l'opinion de la majorité de ses membres, sur la véracité des témoins contestants.

Tout ce qui tend à établir l'innocence de l'accusé doit être pris en considération avec autant de soin que les dépositions des témoins à charge. Afin d'établir clairement le crime ou l'innocence de l'accusé, c'est-à-dire pour empêcher le criminel d'échapper au glaive de la loi, et pour que l'innocent ne soit pas injustement puni, les dépositions des individus de toute nation et Millete, sans exception, qui ont personnellement et d'une façon particulière connaissance du fait en question, ne seront examinées que pendant l'instruction, afin que la cour puisse se procurer les informations positives qui lui sont nécessaires.

Les individus qui auront été désignés par le demandeur ou par le défendeur comme ayant connaissance du fait en question, seront obligés de comparaître devant la cour, et de déclarer ce qu'ils savent. La cour prononcera le jugement de l'accusé convaincu par l'examen qui aura eu lieu en sa présence, selon sa culpabilité et conformément aux lois pénales de la Sublime-Porte, et elle fera exécuter le jugement dès qu'il aura été approuvé par le vali.

En ce qui touche les crimes qui appellent le *kissas* (châtiment capital conforme à la *lex talionis*), ou le *dycte* (prix du sang d'un homme tué), la cour ne décidera rien, elle ne prononcera pas d'arrêt; elle se bornera à présenter au vali le résultat des informations positives qu'elle pourra avoir obtenues dans l'un et l'autre cas, et le vali les soumettra au grand conseil, qui devra statuer conformément aux lois pénales de la Sublime-Porte.

Toute question concernant un sujet d'une puissance étrangère, demandeur ou défendeur, sera discutée devant cette cour en la présence du consul du gouvernement protecteur ou devant le délégué de ce consul, et ce en vertu des traités exigeant sa présence. Son consentement et son assentiment sont nécessaires tout d'abord pour l'arrêt qui doit être prononcé et pour l'exécution de l'arrêt.

Si l'individu accusé est sujet d'une puissance étrangère ou sujet ottoman, ayant commis un délit contre un sujet étranger, il sera procédé à l'interrogatoire et au jugement, conformément aux traités existants, devant le consul, ou devant le drogman délégué par lui, du gouvernement dont la personne demanderesse ou défenderesse est sujette. Le consul ou son délégué aura le droit, ainsi que les autres membres de la cour, d'adresser des questions aux parties et d'interroger les personnes qui feront des dépositions, et d'exprimer, s'il en est besoin, leur opinion et leurs observations. Si la majorité des membres de la cour est d'avis que, d'après les renseignements obtenus et suivant la raison elle-même, une personne accusée est innocente, et si cette personne accusée n'est pas connue par des antécédents mauvais, la cour représentera au vali la nécessité de mettre en liberté le prévenu.

Si une personne accusée de son plein gré confesse sa propre culpabilité, il ne restera rien à dire de plus; seulement, s'il est prouvé en réalité que cet individu n'est pas coupable, et que la fausse déclaration qu'il a faite ne doit être attribuée qu'aux menaces ou aux promesses, et que c'est malgré lui en parce qu'il a été induit en erreur qu'il a fait cette confession, alors cet aveu fait à son préjudice sera réputé nul et non avenu. S'il est prouvé par son propre aveu qu'il est vraiment coupable, et si postérieurement il prétend avoir été poussé par d'autres à faire cet aveu ou l'avoir fait parce qu'il a été induit en erreur, on ne tiendra pas compte de cette assertion. Dans l'interrogatoire et la punition du coupable, la cour n'emploiera pas les coups ni la bastonnade, et surtout elle ne l'assujettira à aucune espèce de tortures.

Lorsqu'il deviendra nécessaire d'arrêter un individu, il sera conduit devant une autorité qui décidera immédiatement s'il y a des motifs suffisants pour le traduire en justice ou s'il doit être mis en liberté.

Nº 10. — *Le comte de Clarendon à lord Stratford de Redcliffe.*

Foreign-Office, le 13 mars 1854.

Milord, le gouvernement de S. M. a appris avec une extrême satisfaction par vos dépêches des 15, 24 et 26 février que les efforts de Votre Excellence quant à l'acceptation des dépositions de chrétiens en justice ont été enfin couronnés de succès, et que cette mesure de justice et de sagesse, si longtemps différée, va enfin être mise en vigueur.

Le gouvernement de la Reine ne doute pas que cette mesure ne soit reçue par les sujets chrétiens du Sultan comme une nouvelle preuve de la détermination de S. H. de faire droit à leurs justes griefs, et de faire disparaître tout nouveau motif de plainte de leur part. J'ajoute que le gouvernement de la Reine approuve l'intention de Votre Excellence de tâcher de faire abolir le haratch.

Je suis, etc.

Signé : CLARENDON.

———

Document qui clôt les négociations de Vienne.

PROTOCOLE *d'une conférence tenue à Vienne le 9 avril 1854.*

Étant présents les représentants de l'Autriche, de la France, de la Grande-Bretagne et de la Prusse.

A la requête des plénipotentiaires de la France et de la Grande-Bretagne; la conférence se réunit pour entendre la lecture de documents qui établissent que l'invitation adressée au cabinet de Saint-Pétersbourg d'évacuer les provinces moldo-valaques dans un délai déterminé étant restée sans réponse, l'état de guerre déjà déclaré entre la Russie et la Sublime-Porte existe aussi entre la Russie d'un côté, et la France et la Grande-Bretagne de l'autre.

Ce changement survenu dans l'attitude de deux des puissances représentées à la conférence de Vienne par suite d'une décision prise directement par la France et par l'Angleterre, et soutenue par l'Autriche et par la Prusse, comme fondée en droit, a été considé-

ré par les représentants de l'Autriche et de la Prusse comme entraînant la nécessité d'une nouvelle déclaration de l'union des quatre puissances sur la base arrêtée dans les protocoles des 15 décembre 1853 et 13 janvier 1854.

En conséquence, les soussignés ont, en ce moment solennel, déclaré que leurs gouvernements restent unis pour le double objet de maintenir l'intégrité territoriale de l'empire ottoman, dont l'évacuation des principautés du Danube est et restera l'une des conditions essentielles, comme aussi de consolider dans un intérêt si conforme aux sentiments du Sultan, et par tous les moyens compatibles avec son indépendance et sa souveraineté, les droits civils et religieux des sujets chrétiens de la Porte.

L'intégrité territoriale de l'empire ottoman est et reste la condition *sine quâ non*, la condition de toute transaction qui aura pour objet le rétablissement de la paix entre les puissances belligérantes, et les gouvernements représentés par les soussignés, s'engagent à faire des efforts communs pour découvrir les garanties qui doivent surtout faire espérer de rattacher l'existence de cet empire à l'équilibre de l'Europe, comme aussi ils se déclarent prêt à délibérer et à s'entendre sur l'emploi des moyens destinés à faire atteindre le but de leur accord.

Quelque événement qui puisse arriver de cet accord, fondé seulement sur les intérêts généraux de l'Europe, et dont l'objet ne peut être obtenu que par le retour d'une paix ferme et durable, les gouvernements représentés par les soussignés s'engagent à n'entrer avec la cour impériale de Russie, ou avec toute autre puissance, dans aucun arrangement définitif qui ne serait pas conforme aux principes énoncés ci-dessus, sans en avoir au préalable délibéré en commun.

Ont signé :

BUOL-SCHAUENSTEIN, BOUR-QUENEY, WESTMORELAND, ARNIM.

———

Manifeste de S. M. l'Empereur de Russie.

Saint-Pétersbourg, le 11 (23) avril.

Par la grâce de Dieu,

Nous, Nicolas I", empereur et autocrate de toutes les Russies, roi de Pologne, etc., etc. ;

A tous nos fidèles sujets, savoir faisons :

Dès l'origine de notre différend avec le gouvernement turc, nous avons solennellement annoncé à nos fidèles sujets qu'un sentiment de justice nous avait seul porté à rétablir les droits lésés des chrétiens orthodoxes sujets de la Porte ottomane.

Nous n'avons pas cherché, nous ne cherchons pas à faire des conquêtes ni à exercer en Turquie une suprématie quelconque qui fût de nature à excéder l'influence appartenant à la Russie en vertu des traités existants.

A cette époque déjà nous avons rencontré de la méfiance, puis bientôt une sourde hostilité de la part des gouvernements de France et d'Angleterre, qui s'efforçaient d'égarer la Porte en dénaturant nos intentions. Enfin, à l'heure qu'il est, l'Angleterre et la France jettent le masque, envisagent notre différend avec la Turquie comme n'étant qu'une question secondaire, et ne dissimulent plus que leur but commun est d'affaiblir la Russie, de lui arracher une partie de ses possessions, et de faire descendre notre patrie de la position puissante où l'avait élevée la main du Très-Haut.

Est-ce à la Russie orthodoxe de craindre de pareilles menaces ?

Prête à confondre l'audace de l'ennemi, déviera-t-elle du but sacré qui lui est assigné par la divine Providence ? Non!... La Russie n'a point oublié Dieu. Ce n'est pas pour des intérêts mondains qu'elle a pris les armes : elle combat pour la foi chrétienne, pour la défense de ses coreligionnaires opprimés par d'implacables ennemis.

Que toute la chrétienté sache donc que la pensée du souverain de la Russie est aussi la pensée qui anime et inspire toute la grande famille du peuple russe, ce peuple orthodoxe, fidèle à Dieu et à son fils unique Jésus-Christ, notre rédempteur.

C'est pour la foi et la chrétienté que nous combattons :

Nobiscum Deus ; quis contra nos ?

Donné à Saint-Pétersbourg, le onzième jour du mois d'avril de l'an de grâce mil huit cent cinquante-quatre, et de notre règne le vingt-neuvième.

Signé : Nicolas.

Notifications de blocus.

RAPPORT A L'EMPEREUR.

Sire,

Les ports russes de la mer Baltique et de la mer Blanche se trouvaient encore pris par les glaces au moment où la déclaration de guerre entre les deux pays est intervenue ; je propose en conséquence à Votre Majesté de décider, conformément au principe consacré par sa déclaration du 27 mars dernier, que les bâtiments russes partis des ports russes de la Baltique et de la mer Blanche avant le 15 mai prochain, à destination d'un port de France ou d'Algérie, pourront librement accomplir leur voyage, décharger leurs cargaisons et retourner ensuite vers un port de Russie non bloqué ou vers un port neutre. Le gouvernement de S. M. Britannique a pris de son côté une décision analogue.

Je propose également à Votre Majesté d'autoriser les gouverneurs des colonies françaises à accorder un délai d'un mois, à partir du jour où ces ordres leur seront parvenus, à tous les bâtiments russes qui s'y trouveraient à cette époque, ou qui y entreraient dans ce délai pour charger ou décharger leurs cargaisons et retourner librement dans les ports non bloqués de leur pays ou dans des ports neutres. Les mêmes facilités ont été concédées aux bâtiments russes dans les ports des colonies anglaises.

Si Votre Majesté agrée ces propositions, je la prie de vouloir bien mettre son approuvé au bas de ce rapport.

Je suis avec respect, Sire, de Votre

Majesté, le très-humble, très-obéissant serviteur et fidèle sujet.

Signé : Drouyn de Lhuys.

Approuvé :

Napoléon.

Paris, le 15 avril 1854.

_____

Escadres *combinées dans la mer Noire.*

Par suite du passage du Danube par l'armée russe, de l'occupation de la Dobrutscha et de la prise de possession des embouchures ainsi que des deux rives dudit fleuve.

Nous soussignés, vice-amiraux commandant en chef les forces navales combinées de France et d'Angleterre dans la mer Noire, déclarons par la présente, au nom de nos gouvernements respectifs, et portons à la connaissance de tous ceux que la chose peut intéresser, que nous avons établi le blocus effectif du Danube, afin d'arrêter tout transport d'approvisionnements aux armées russes.

Sont comprises dans ce blocus toutes celles des embouchures du Danube qui communiquent avec la mer Noire, et avertissons, par les présentes, tous bâtiments de toute nation qu'ils ne pourront entrer dans ce fleuve jusqu'à nouvel ordre.

Fait à Baltchik, le 1er juin 1854.

Le vice-amiral, commandant en chef l'escadre française.

Signé : Hamelin.

Le vice-amiral, commandant en chef les forces britanniques.

Signé : Dundas.

_____

Notification *relative au blocus des bouches du Danube.*

Département des affaires étrangères.

Il est notifié par les présentes que le ministre des affaires étrangères a reçu la communication officielle d'une dépêche du vice-amiral Dundas, commandant les forces navales de Sa Majesté Britannique dans la mer Noire, adressée aux lords commissaires de l'amirauté anglaise, sous la date du 1er juin, annonçant que le Danube a été bloqué par les forces navales combinées de l'Empereur et de Sa Majesté Britannique.

Paris, le 13 juin 1854.

_____

Notification *relative au blocus des ports, rades et havres russes dans la Baltique.*

Département des affaires étrangères.

Il est notifié par les présentes que la communication officielle d'une dépêche adressée par sir Charles Napier, commandant les forces navales de Sa Majesté Britannique dans la Baltique, aux lords commissaires de l'amirauté anglaise, sous la date du 28 mai dernier, annonçant que les ports de Liebau et de Windau, sur la côte de Courlande, et tous autres ports, rades, havres ou criques, depuis le 55° 53' de latitude nord jusqu'au cap Dager-Ort, vers le nord, y compris les ports de Riga, Pernau et tous autres ports, rades, havres ou criques dans le golfe de Riga, étaient, dès cette époque, bloqués à l'aide d'une force suffisante appartenant aux flottes combinées de l'Empereur et de Sa Majesté Britannique; que tous les ports, rades ou criques à l'est du cap Dager-Ort, y compris Hapsal, l'île de Wormsö, Port-Baltique, Revel et autres ports intermédiaires de la côte d'Esthonie jusqu'au phare d'Eckholm (situé par le 59° 43' de latitude nord et le 25° 48' de longitude est) ; et de là dans la direction nord-ouest jusqu'à Helsingfors et Sveaborg, sur la côte de Finlande; en continuant vers l'ouest, Baro-Sund, Hango-Head, Oro et Abo, y compris l'archipel d'Aland et les ports intermédiaires ; de là vers le nord, y compris Nysted, Biorneborg, Christinestadt, Vasa, les îles de Valgrund, petit Carleby, Iacostad, grand Carleby, Lahts, Kalavki, Brahestad, Uleaborg, île de Karl, Tio, Gestila, Torneo, point de Torneo (située, lat. environ 65° 50' nord, longitude 24° 15' est), et tous ports, rades, havres et criques russes intermédiaires, dans le golfe de Bothnie, sont et étaient, dès cette époque, strictement bloqués à l'aide d'une force

suffisante, appartenant aux flottes combinées de l'Empereur et de Sa Majesté
Britannique.

Et il est en outre notifié par les présentes que toutes les mesures autorisées par le droit des gens et les traités
respectifs existants entre l'Empereur et
les différentes puissances neutres, seront adoptées et mises à exécution relativement à tous bâtiments qui tente-
ront de violer lesdits blocus.

Paris, 18 juin 1854.

———

Documents allemands. — 1re série.

Traité d'alliance défensive et offensive entre l'Autriche et la Prusse.

Sa majesté l'Empereur d'Autriche et
sa majesté le Roi de Prusse, voyant avec
un profond regret la stérilité des efforts
qu'ils ont tentés jusqu'ici pour prévenir
l'explosion d'une guerre entre la Russie
d'un côté, et d'un autre côté la Turquie,
la France et la Grande-Bretagne; se
souvenant des obligations morales
qu'elles ont contractées par les signatures
données au nom des deux puissances
(l'Autriche et la Prusse) au protocole de
Vienne; prenant en considération le
développement des mesures militaires
de plus en plus étendues prises par les
parties contendantes, et les dangers qui
en résultent pour la paix de l'Europe;
convaincues qu'il appartient à l'Allemagne, si étroitement unie à leurs États,
de remplir une haute mission au début
de cette guerre, afin de prévenir un avenir qui ne pourrait qu'être fatal au bien-
être général de l'Europe,

Ont résolu de s'unir pour toute la
durée de la guerre qui a éclaté entre la
Russie d'un côté, et de l'autre la Turquie, la France et la Grande-Bretagne,
par une alliance offensive et défensive,
et ont nommé leurs plénipotentiaires
pour conclure cette alliance et pour en
régler les conditions, savoir:

Sa majesté l'Empereur d'Autriche,

Son conseiller intime actuel et quar-
tier-maître général de l'armée, général
Henri, baron de Hess, commandeur de
l'ordre autrichien militaire de Marie-
Thérèse, grand-croix de l'ordre autrichien de Léopold, chevalier de l'ordre
prussien de l'Aigle-Noir, etc., etc.;

Et son conseiller intime actuel et
chambellan, Frédéric, comte de Ran-
Hohenstein, grand-croix de l'ordre autrichien de Léopold et chevalier de l'ordre
prussien de l'Aigle-Rouge, son envoyé
extraordinaire et son ministre plénipotentiaire près le Roi de Prusse;

Et sa majesté le Roi de Prusse,

Son ministre président du conseil et
ministre des affaires étrangères, Othon-
Théodore, baron de Manteuffel, chevalier
de l'ordre prussien de l'Aigle-Rouge de
1re classe, orné de feuilles de chêne, du
sceptre et de couronne, grand-croix de
l'ordre autrichien de Saint-Etienne;

Lesquels, après s'être communiqué
leurs pleins pouvoirs et les avoir échangés, sont convenus des points suivants:

Art. 1er. Sa majesté impériale et
royale apostolique l'Empereur d'Autriche
et sa majesté le Roi de Prusse se ga-
rantissent réciproquement la possession
de leurs territoires allemands et non
allemands, de telle sorte que toute attaque dirigée contre le territoire de l'un
d'eux, de quelque côté qu'elle vienne,
sera considérée comme une entreprise
hostile dirigée contre le territoire de
l'autre.

Art. 2. En même temps les hautes
parties contractantes se considèrent
comme obligées de protéger les droits et
les intérêts de l'Allemagne contre toute
espèce d'atteinte, et se regardent comme
tenues à une défense commune contre
toute attaque faite sur une partie quelconque de leur territoire, même dans le
cas où l'une d'elles, par suite d'un accord
avec l'autre, se verrait forcée de passer
à l'action pour protéger les intérêts
allemands.

Dans le cas spécifié plus haut, et
lorsqu'il y aura lieu de prêter le secours
promis, il y sera pourvu au moyen d'une
convention spéciale qui sera considérée
comme une partie intégrante du présent
traité.

Art. 3. Pour donner aux conditions
de l'alliance offensive et défensive toute
la garantie et toute la force nécessaire,
les deux grandes puissances allemandes
s'engagent à entretenir, en cas de besoin,
une partie de leurs forces sur un pied
complet de guerre aux époques et sur
les points qui seront ultérieurement arrêtés.
On s'entendra sur l'étendue de ce secours
et sur le moment où elles seront mises

activité, ainsi que sur le mode suivant
lequel il sera pourvu à leur établissement
aux points indiqués.

Art. 4. Les hautes parties contractantes inviteront tous les Etats de la
confédération à accéder au présent traité,
en leur faisant observer que les obligations fédérales prévues par l'article final
du congrès de Vienne s'étendront, pour
ceux qui y accéderont, aux stipulations
que le traité actuel sanctionne.

Art. 5. Pendant la durée du présent
traité, ni l'une ni l'autre des hautes
parties contractantes ne pourra conclure,
avec quelque puissance que ce soit, aucune alliance qui ne serait pas dans un
accord parfait avec les bases posées dans
le présent traité.

Art. 6. La présente convention sera,
aussitôt que possible, communiquée
réciproquement de part et d'autre pour
recevoir la ratification des deux souverains.

Fait à Berlin, le 20 avril 1854.

Signé : OTHON-THÉODORE, baron
MANTEUFFEL ;
HENRI, baron de HESS ;
FRÉDÉRIC THUN.

———

Article additionnel au traité d'alliance défensive et offensive conclu
entre l'Autriche et la Prusse.

Conformément à l'article 2 de la
convention conclue aujourd'hui entre sa
majesté le Roi de Prusse et sa majesté
l'Empereur d'Autriche, et en vertu duquel une entente plus explicite devait
avoir lieu sur l'éventualité de l'action
de l'une des parties contractantes pour
la défense des territoires de l'autre.

Leurs majestés n'ont pas pu se dissimuler qu'une occupation prolongée
des territoires du Sultan sur le bas Danube par les troupes russes mettrait en
danger les intérêts politiques, moraux
et matériels de toute la confédération
germanique, ainsi que ceux de leurs
Etats, et cela d'autant plus à mesure
que la Russie étendra ses opérations
militaires contre la Turquie. Les cours
d'Autriche et de Prusse s'unissent dans
le désir d'éviter autant que possible
toute participation à la guerre qui a
éclaté entre la Russie d'un côté, et la

France, l'Angleterre et la Turquie de
l'autre, et en même temps d'aider au
rétablissement de la paix générale. Les
deux cours regardent surtout comme un
puissant élément de pacification les
explications données récemment par le
cabinet de Saint-Pétersbourg à Berlin,
dans lesquelles la Russie paraît considérer la cause primitive de l'occupation
des Principautés comme écartée par
des concessions récemment faites et
dans beaucoup de points accomplies en
faveur des chrétiens sujets de la Porte,
et les deux cours déploreraient profondément que ces éléments de pacification
ne reçussent pas de réalisation ultérieure. Elles espèrent donc que les réponses qu'on attend de Saint-Pétersbourg aux propositions de Berlin faites
le 8 de ce mois (avril) offriront les garanties nécessaires d'une prompte sortie
des troupes russes du territoire turc.
Dans le cas où ces espérances seraient
déçues, les plénipotentiaires susnommés
(suivant les noms comme dans le traité)
sont convenus de l'engagement spécial
désigné par l'art. 2 du traité.

Article unique. L'Autriche adressera
de son côté à la cour impériale de Russie des ouvertures ayant pour but d'obtenir de sa majesté l'Empereur de Russie
qu'il veuille bien donner les ordres nécessaires pour suspendre tout nouveau
mouvement en avant de son armée sur
le territoire ottoman, et aussi pour obtenir de Sa Majesté des garanties complètes pour la prochaine évacuation des
principautés danubiennes. De son côté,
le gouvernement prussien appuiera avec
énergie ces propositions.

Si, contrairement à toutes les espérances, les réponses de la cour de Russie étaient de nature à ne point donner
une sécurité complète au sujet des deux
points ci-dessus mentionnés, alors, dans
le but d'arriver à ce résultat, l'une des
parties contractantes adoptera des mesures en vertu des stipulations de l'article 2 du traité conclu aujourd'hui, qui
porte que toute attaque contre le territoire de l'une ou de l'autre des deux
parties contractantes devra être repoussée par l'autre à l'aide de tous les
moyens militaires qui sont à sa disposition.

Toutefois, une action offensive des
deux parties contractantes ne sera dé-

terminée que par l'incorporation des Principautés ou par une attaque ou passage de la ligne des Balkans par la Russie.

Le présent arrangement sera soumis à la ratification des souverains simultanément avec le traité.

Berlin, le 20 avril 1854.

Signé: OTHON, baron de MAN-
TEUFFEL;
HENRI, baron DE HESS;
FRÉDÉRIC THUN.

DÉCLARATION *de la Bavière et de la Saxe, motivant leur accession au traité austro-prussien du 20 avril. (On sait que tous les autres Etats allemands, sauf le Mecklenbourg, ont voté pour cette accession, mais sans la motiver.)*

Le gouvernement royal de Bavière se trouve porté d'abord à exprimer la juste appréciation qu'il fait des sentiments fédéraux dont témoigne la présentation de la convention du 20 avril 1854 à la Diète et de la manière dont cette présentation a été faite, ainsi que des déclarations dont elle est accompagnée.

Les rapports pleins de confiance qui ont eu lieu à cet égard entre les gouvernements allemands dans ces derniers temps l'ont convaincu, à sa grande satisfaction, que les confédérés sont d'accord sur la mission de la Confédération dans les circonstances présentes. S'appuyant sur cette conviction, se rapportant, avec pleine confiance, aux déclarations faites par les hauts gouvernements de l'Autriche et de la Prusse et à leurs assurances sur l'exécution de ce traité et la participation que doit y prendre la Confédération ; guidé par la ferme résolution d'accepter tous les événements que réserve l'avenir, en union complète avec la Confédération, le gouvernement royal de Bavière vote pour l'accession de la Confédération germanique au traité du 20 avril de cette année, et déclare qu'il approuve complétement le projet de résolution proposé par la commission.

Le gouvernement de Saxe accède au projet proposé en s'en rapportant avec pleine confiance aux déclarations et aux assurances données par les hauts gouvernements d'Autriche et de Prusse sur le but, le contenu et l'exécution du traité.

CONVENTION *entre l'Autriche et la Porte.*

Sa majesté l'Empereur d'Autriche connaissant pleinement que l'existence de l'empire ottoman dans ses limites naturelles est nécessaire au maintien de l'équilibre entre les Etats d'Europe, et que nommément l'évacuation des principautés danubiennes est une des conditions de l'intégrité de cet empire ; étant de plus prêt à concourir, par les moyens à sa disposition, aux mesures propres à assurer le but du concert établi entre les cabinets et les hautes cours représentées à la conférence de Vienne ;

Sa majesté impériale le Sultan, de son côté, ayant accepté cette offre de concours faite amicalement par sa majesté l'Empereur d'Autriche, il a paru convenable de conclure une convention afin de régler la manière dont le concours en question sera effectué.

Dans ce but, sa majesté impériale le Sultan et sa majesté l'Empereur d'Autriche ont nommé pour plénipotentiaires, savoir :

Sa majesté impériale le Sultan, Mustapha-Reschid-Pacha, son ministre des affaires étrangères, etc., et sa majesté l'Empereur d'Autriche, M. le baron Charles de Bruck, son internonce et ministre plénipotentiaire près la Sublime-Porte ottomane, etc. ;

Lesquels, après avoir échangé leurs pleins pouvoirs, trouvés en bonne et due forme, sont convenus des articles suivants :

Art. 1er. Sa majesté l'Empereur d'Autriche s'engage à épuiser tous les moyens de négociation et autres pour obtenir l'évacuation des principautés danubiennes par l'armée étrangère qui les occupe, et d'employer même, en cas de besoin, le nombre de troupes nécessaires pour atteindre ce but.

Art. 2. Il appartiendra pour ce cas exclusivement au commandant en chef impérial de diriger les opérations de son armée. Celui-ci aura toutefois soin d'informer en temps utile le commandant en chef de l'armée ottomane de ses opérations.

Art. 3. Sa majesté l'Empereur d'Autriche prend l'engagement de rétablir d'un commun accord avec le gouvernement ottoman, dans les Principautés, autant que possible, l'état de choses légal, tel qu'il résulte des privilèges assurés par la Sublime-Porte, relativement à l'administration de ces pays.

Les autorités locales ainsi reconstituées ne pourront toutefois pas étendre leur action jusqu'à vouloir exercer un contrôle sur l'armée impériale.

Art. 4. La cour impériale d'Autriche s'engage en outre à n'entrer vis-à-vis de la cour impériale de Russie dans aucun plan d'accommodement qui n'aurait pas pour point de départ les droits souverains de sa majesté impériale le Sultan et l'intégrité de son empire.

Art. 5. Dès que le but de la présente convention aura été atteint par la conclusion du traité de paix entre la Sublime-Porte et la cour de Russie, sa majesté l'Empereur d'Autriche prendra aussitôt des arrangements pour retirer dans le plus bref délai possible ses forces du territoire des Principautés. Les détails concernant la retraite des troupes autrichiennes formeront l'objet d'une entente spéciale avec la Sublime-Porte.

Art. 6. Le gouvernement d'Autriche s'attend à ce que les autorités des pays occupés temporairement par les troupes impériales leur prèteront toute aide et facilité, tant pour leur marche, leur logement ou campement, et pour leur subsistance et celle de leurs chevaux, et leurs communications. Le gouvernement autrichien s'attend pareillement à ce que l'on fera droit à toute demande relative aux besoins du service, adressée par les commandants autrichiens, soit au gouvernement ottoman par l'internonce impérial à Constantinople, soit directement aux autorités locales, à moins que des raisons majeures n'en rendent la mise à exécution impossible.

Il est entendu que les commandants de l'armée impériale veilleront au maintien de la plus stricte discipline parmi leurs troupes, et respecteront et feront respecter les propriétés, de même que les lois, le culte et les usages du pays.

Art. 7. La présente convention sera ratifiée, et les ratifications seront échangées à Vienne dans l'espace de quatre semaines, ou plus tôt si faire se peut, à partir du jour de la signature.

En foi de quoi les plénipotentiaires respectifs l'ont signée et y ont apposé leur cachet.

Fait en double pour un seul et même effet, à Bayadji-Kraï, le 14 juin 1854.

SOMMATION *de l'Autriche à la Russie et Note à l'appui envoyée par la Prusse à Saint-Pétersbourg.*

1. *Au comte d'Esterhazy, à Saint-Pétersbourg.*

Vienne, le 3 juin 1854.

En présence de la grande crise qui tient l'Europe dans une attente pleine d'anxiété, l'Empereur, notre auguste maître, a résolu de s'adresser une fois encore aux sentiments magnanimes de l'empereur Nicolas, en l'invitant à peser l'urgente nécessité d'aviser à un moyen de mettre un terme à un état de choses si menaçant pour toutes les positions et pour tous les intérêts.

Il est impossible de se dissimuler que l'occupation des deux Principautés du Danube par les troupes russes a été une des principales causes du développement inquiétant que la querelle actuelle a pris, et qu'à cette heure encore, c'est cette mesure qui a fait échouer, dès l'origine, toutes les tentatives à l'aide desquelles on a cherché à frayer la voie à une solution pacifique. Par le silence qu'elle a gardé sur la sommation de la France et de l'Angleterre tendante à l'évacuation de ces Principautés, la Russie s'est mise en état de guerre avec les deux puissances occidentales, et par là elle a donné à la lutte une extension nouvelle et si grande, qu'il est impossible de prévoir les conséquences funestes qui peuvent en résulter.

L'empereur Nicolas ne saurait se dissimuler non plus à quel point les intérêts de l'empire autrichien, qui se confondent sous beaucoup de rapports avec ceux de l'Allemagne, ont déjà souffert jusqu'à présent, sous le rapport politique, commercial et industriel, de cette occupation prolongée. Il est également évident que ces maux doivent augmenter en proportion de l'extension plus grande qui sera donnée au théâtre de la guerre.

Dans cette situation sérieuse des choses, l'Empereur, notre un juste maître, pénétré des devoirs que les intérêts de ses peuples lui imposent, s'est vu obligé d'accepter, par le protocole dont copie est annexée, des engagements à l'accomplissement desquels il ne saurait se soustraire.

L'Empereur de Russie, en pesant toutes ces considérations, saura apprécier l'importance que l'Empereur, notre auguste maître, doit attacher à ce que les armées russes n'étendent pas plus loin leurs opérations dans les pays situés au-delà du Danube, et que, de son côté, il fournisse des indications positives sur l'époque précise, et, nous l'espérons, pas trop éloignée, où il sera mis un terme à l'occupation des Principautés.

L'empereur Nicolas, nous n'en doutons pas, veut la paix. Il avisera, par conséquent, aux moyens de faire cesser un état de choses qui tend tous les jours davantage à devenir pour l'Autriche et l'Allemagne une source intarissable de calamités. Il ne voudra point, par une durée indéterminée de cette occupation, ou en rattachant l'évacuation à des conditions dont l'accomplissement serait indépendant de notre volonté, imposer à l'empereur François-Joseph le devoir impérieux d'aviser lui-même aux moyens de sauvegarder les intérêts que la situation actuelle compromet si gravement.

Ayez la bonté, monsieur le comte, en donnant lecture de la présente dépêche au comte de Nesselrode, et en lui en remettant copie, de faire ressortir le prix particulier que nous attachons à recevoir des déclarations promptes et précises, qui nous rassurent sur nos propres intérêts, et en même temps puissent servir à mettre fin aux horreurs de la guerre.

Agréez, etc.

Signé : BUOL.

II. A. M. le baron de Werther.

Berlin, le 12 juin.

Le cabinet de Vienne vient de nous communiquer la dépêche dont copie est annexée, et, que le comte de Buol, d'après les ordres de l'Empereur, a adressée à l'envoyé autrichien à Saint-Pétersbourg, pour qu'il en donne lecture au comte de Nesselrode et lui en laisse copie. Nous retrouvons dans cette dépêche, au sujet de l'occupation des Principautés par les troupes russes, des vues qui, ainsi que mes précédentes communications ont pu vous le faire prévoir, sont partagées par le Roi, notre auguste maître.

C'est avec un profond regret que Sa Majesté a vu échouer jusqu'à présent tous les efforts que son cabinet a faits pour mettre un terme à un état de choses qui est non-seulement une des principales raisons de la lutte actuelle, qui excite des inquiétudes de plus en plus grandes, mais dont les tristes conséquences doivent nécessairement grandir en raison de sa durée et de son extension plus considérable.

Lorsque, dans une situation qui touche de si près à tant de positions et à tant d'intérêts, S. M. l'Empereur d'Autriche s'est adressé encore une fois aux sentiments élevés de S. M. l'Empereur de Russie, afin de prévenir les dangers imminents d'un plus grand développement, le Roi, notre auguste maître, ne peut qu'accorder tout son appui à cette démarche du cabinet autrichien.

D'après les ordres de Sa Majesté, je vous prie, en conséquence, monsieur le baron, de porter également à la connaissance du comte de Nesselrode le protocole du 9 avril, dont copie est jointe, et d'exprimer à Son Excellence notre confiance que S. M. l'empereur Nicolas n'y verra que des motifs de soumettre à une appréciation impartiale le haut prix que, de même que l'empereur François-Joseph, le Roi, notre auguste maître, doit attacher à ce que les armées russes n'étendent pas plus loin leurs opérations dans les pays transdanubiens, et qu'un terme qui ne soit pas trop éloigné, soit mis à l'occupation des Principautés par ses armées.

Le Roi ne peut se séparer de la conviction que son auguste beau-frère, dans sa sagesse, n'a qu'à suivre une voie conforme à ses propres intérêts, même à ses précédentes déclarations, par ramener les questions en litige, par des assurances qui répondent à la juste sollicitude des cours de Berlin et de Vienne, sur un terrain qui offre des points de départ pratiques, afin d'en faire sortir une solution satisfaisante, en dirigeant et en circonscrivant l'action ultérieure de part et d'autre.

Notre auguste maître espère donc que la présente démarche trouvera près de S. M. l'Empereur de Russie un accueil conforme aux sentiments qui l'ont dicté, et que la réponse que nous attendons, ainsi que le cabinet de Vienne, avec le haut intérêt qu'exige son importance, sera de nature à soustraire le Roi aux douloureuses nécessités que lui imposeraient ses devoirs et ses engagements.

Ayez la bonté, monsieur le baron, de communiquer la présente dépêche à M. le chancelier de l'empire, et après, etc.

Signé : MANTEUFFEL.

Note adressée par la conférence de Bamberg aux cours d'Autriche et de Prusse :

Le soussigné n'a pas manqué de soumettre à son auguste souverain (*mutatis mutandis*) la Note du....... et ses annexes, par lesquelles M. l'envoyé impérial (royal) a bien voulu communiquer, au nom de son auguste cour, à notre gouvernement le traité d'alliance défensive et défensive conclu le 20 avril entre l'Autriche et la Prusse, ainsi que les déclarations et relatives du cabinet impérial (royal). Sa Majesté a pris connaissance de cette communication avec une sincère reconnaissance et une vive satisfaction, et a chargé le soussigné de répondre ce qui suit :

Par la conclusion de l'alliance du 20 avril, le gouvernement royal voit se réaliser l'espérance qui devait animer et soutenir tous les gouvernements allemands au milieu des sérieuses complications du moment. L'intime union de l'Autriche et de la Prusse est de nouveau scellée par cet acte, et le gouvernement royal partage avec une joyeuse confiance la conviction que cette alliance mettra au jour, dans sa plus grande extension, l'unité, la fidélité et la force de l'Allemagne pour le plus grand bien de la patrie commune. Comme la volonté exprimée par les hautes parties contractantes de protéger les droits et les intérêts de l'Allemagne contre toute atteinte ne peut manquer de réunir tous les membres de la Confédération sous la bannière commune de l'indépendance de l'Allemagne, le gouvernement royal salue avec une satisfaction particulière dans ledit traité un nouveau gage en faveur du point de vue qui ne considère pas le terrain des intérêts et des engagements allemands comme limité au cercle étroit des possessions purement allemandes des deux plus puissants Etats confédérés.

Le gouvernement royal reconnaît dans l'invitation d'adhésion qui, conformément à l'article 4 du traité, lui a été adressée, une précieuse preuve de sentiments vraiment fédéraux, et croit devoir par conséquent répondre d'abord à cette invitation en déclarant quel vote il donnera dans la Diète germanique assemblée, à laquelle on peut s'attendre que l'alliance sera communiquée. Il se croit autorisé déjà à considérer les choses de cette manière par la citation contenue dans le susdit article 4, de l'article 47 de l'acte final de Vienne, qui, de même que l'article 40 dudit acte, prescrit le mode de votation dans la Diète germanique, ainsi que par la considération que l'article 3 du traité pose pour les Etats qui y adhéreront des engagements dont l'acceptation serait, conformément à la constitution fédérale, dépendante de l'assentiment de la Confédération.

Partant de ce point de vue, le gouvernement royal devait examiner les dispositions de la constitution fédérale qui ont trait à l'alliance annoncée. Il a dû reconnaître par là que l'éventualité citée dans l'article 2 de cette dernière, et développée dans l'article additionnel, n'était pas prévue dans la constitution fédérale ; mais que, d'après les dispositions de l'art. 40 de l'acte final de Vienne, l'exécution de l'alliance austro-prussienne en elle-même ne toucherait en rien à la Confédération ; qu'au contraire, et comme les hautes cours contractantes l'ont elles-mêmes reconnu, il s'agit d'une extension des engagements fédéraux, d'une action de la Confédération dépassant ces engagements. Le gouvernement royal et tous les confédérés ne peuvent certainement douter que le but de l'alliance exprimé dans l'art. 2 et la plus grande importance encore que les circonstances actuelles donnent à ce but n'imposent à la Confédération et à ses membres le devoir de considérer leur tâche d'un point de vue plus élevé que celui de la lettre de constitution, et de soutenir de toutes leurs forces les intérêts généraux de l'Allemagne là où ils paraissent menacés. La Confédération aura à examiner si et jusqu'à quel point ces intérêts exigent l'acceptation d'engagements plus étendus.

Sous ce rapport, le gouvernement royal ne peut s'empêcher de douter que les dispositions contenues dans le premier paragraphe de l'article additionnel, et que l'Autriche et la Prusse ont élaborées en leur qualité de grandes puissances européennes, repondent de la même manière à la position et à la tâche de la Confédération germanique, tant que l'invitation, dont le but est d'obtenir qu'une des puissances belligérantes se retire, ne sera pas complétée par la supposition de la cessation des hostilités sur terre et sur mer et d'une retraite analogue de la part de l'autre partie belligérante. Une telle compensation faciliterait autant le rétablissement de la paix qu'elle sauvegarderait de toute manière les intérêts allemands en Orient, et le refus d'accepter, dans la supposition précédente, cette invitation fournirait à l'Allemagne l'occasion d'intervenir.

Le gouvernement royal espère donc que les hautes parties contractantes seront à même de faire sur ce point à la Diète germanique des déclarations de nature à la mettre en état de voter pour que la Confédération adhère aussi à cette partie de l'alliance. C'est avec une satisfaction particulière que le gouvernement royal voit par le second paragraphe de l'article additionnel que la réponse attendue, et d'où dépendront les démarches ultérieures, sera l'objet de l'examen des deux cabinets, offrant par là en même temps une coopération convenable à la Confédération.

Le gouvernement royal suppose qu'il est entendu que la Confédération germanique, après son adhésion à l'alliance, sera représentée par des plénipotentiaires particuliers à toutes les délibérations ultérieures en sa qualité de puissance collective, coopération qui du reste peut être considérée comme assurée par l'article 49 de l'acte final de Vienne par rapport aux négociations de paix subséquentes. Le gouvernement royal espère sauvegarder non-seulement l'équilibre européen, mais aussi les autres intérêts allemands, lesquels en partie embrassent le bien-être matériel de la patrie commune, la prospérité de son commerce et de son industrie, en partie reposent sur des sympathies religieuses et nationales. Parmi les premiers, le gouvernement royal compte l'entière liberté de navigation et de commerce sur toutes les eaux conduisant à la mer Noire ; parmi les autres, une protection efficace et sûre des populations chrétiennes soumises à la Turquie, non moins que la durée inviolable (découlant déjà du principe du maintien des circonscriptions territoriales en Orient) du royaume de Grèce, dont la dynastie allemande a de légitimes droits aux vives sympathies de l'Allemagne.

Le gouvernement royal, en attendant la communication de l'alliance du 20 avril à la Diète germanique, aussi qu'une déclaration sur les principes développés ici par rapport à l'adhésion de la Confédération, désire sincèrement voir prouvée, par l'accélération de cette adhésion, l'entente parfaite et l'union intime de toute l'Allemagne au milieu des dangers du présent. Quelque disposé que soit le gouvernement à faire tous les sacrifices nécessaires dans ce but, il se joint vivement au désir exprimé par les hautes parties contractantes de parvenir à éviter toute participation à la guerre actuelle, et de contribuer en même temps au rétablissement de la paix générale. Il a la ferme confiance que les efforts de l'Autriche et de la Prusse dans ce but auront le succès espéré, si elles font valoir toute l'influence de leurs Etats et de la Confédération germanique dans la médiation, et offrent aux puissances belligérantes , qui disent elles-mêmes avoir des intentions pacifiques , un accommodement juste et équitable pour tous.

Le soussigné invite M. l'envoyé...... à bien vouloir porter les déclarations précédentes à la connaissance de son haut gouvernement.

———

DÉPÊCHE *adressée par M. le comte de Nesselrode au baron de Budberg, ministre de Russie à Berlin, en réponse à la Note par laquelle le gouvernement prussien avait appuyé la demande d'évacuation des Principautés faite par l'Autriche.* (Traduité de l'anglais.)

Saint-Pétersbourg,
le 30 juin (12 juillet) 1854.

Le chargé d'affaires de Prusse m'a remis la communication que son cabinet nous a adressée, sous la date du 12 juin, pour appuyer la démarche faite par l'Autriche dans le but d'obtenir de nous que nous prétions à accélérer la fin de la guerre actuelle en n'étendant pas nos opérations militaires en Turquie et en retirant en même temps nos troupes des Principautés aussi vite qu'il serait possible.

Nous ne savons, monsieur le baron, comment répondre à cette communication du cabinet prussien mieux qu'en portant à sa connaissance le texte de la réponse faite par nous à Vienne et dont vous trouverez ci-joint copie. Il en ressortira que sans partager les opinions de l'Autriche, appuyées par la Prusse, relativement à l'occupation des Principautés, cependant, par considération pour les intérêts spéciaux de l'Autriche et de l'Allemagne sur le Danube, et pour la nature particulière des obligations que les cours de Vienne et de Berlin ont souscrites en commun avec les puissances occidentales par le protocole du 9 avril, nous sommes prêts, tout en faisant nos réserves sur les garanties qui devront nous être accordées d'avance, à évacuer les Principautés et à entrer dans des négociations de paix basées sur les trois grands principes établis dans le protocole, ou du moins à faciliter les voies à cette négociation en acceptant un armistice.

Sans répéter en cette occasion les graves considérations qui nous font tenir à la condition d'être préalablement en possession des garanties que nous réclamons en échange du sacrifice volontaire que nous faisons aux intérêts de l'Autriche et de la Prusse en renonçant à notre position militaire présente ou à venir en Turquie, nous nous bornerons à appeler sur ce sujet les mêmes délibérations de la cour de Prusse, convaincus que sa majesté le Roi est trop juste pour exiger de nous que nous consentions gratuitement à nous affaiblir moralement et matériellement sans être sûrs d'obtenir la paix ou du moins un armistice. De plus, c'est avec satisfaction que nous remarquons que le cabinet prussien est de lui-même pénétré de la justesse de cette vue, puisque, tout en exprimant le désir que les hostilités se terminent ou soient circonscrites, il reconnaît d'avance que c'est une condition qui doit être imposée aux deux parties. En suite des sentiments pacifiques exprimés dans notre réponse, c'est maintenant au cabinet prussien qu'il appartient d'user de son crédit à Vienne et ailleurs pour nous procurer les sécurités qui sont si indispensablement nécessaires. Nous croyons avoir d'autant plus de droit d'entretenir ces espérances que c'est au cabinet prussien que l'Empereur a d'abord communiqué son intention de considérer la consolidation des droits religieux et civils des chrétiens de la Turquie, si l'on peut obtenir de la Porte qu'ils deviennent un corps et une réalité, comme une satisfaction suffisante en retour des demandes que nous avions adressées à la Turquie, et que par notre accession à ce principe du protocole comme par notre acceptation des deux autres, prouvée comme elle le sera par notre évacuation volontaire des Principautés, nous fournissons de fait à la Prusse aussi bien qu'à l'Autriche les moyens de remplir les obligations qu'elles ont souscrites par le protocole du 9 avril vis-à-vis des puissances occidentales.

Vous voudrez bien exprimer, monsieur le baron, cette espérance au baron de Manteuffel de la manière la plus préeise, en même temps que vous porterez cette dépêche à sa connaissance.

Recevez, etc.

Signé : NESSELRODE.

———

DÉPÊCHE *adressée par M. le baron de Beust, ministre des affaires étrangères de Saxe, à M. le comte Vitzhum, ministre résident de Saxe à Londres.*

Dresde, le 9 juillet 1854.

M. Forbes m'a donné lecture d'une dépêche de M. le comte de Clarendon concernant les conférences de Bamberg, qui semblent avoir causé un vif déplaisir à S. S. Vous connaissez, monsieur le comte, le résultat de ces conférences. Nous n'avons eu jusqu'ici aucune raison de les regretter, et les doutes mêmes qui auraient pu naître à ce sujet ont entièrement disparu à la suite de la réponse des cabinets de Vienne et de Berlin à la Note que les huit cours représentées à Bamberg leur avaient présentée.

Quelque satisfaisante que soit ainsi la solution de la question qui restait à régler entre les deux puissances et les autres Etats de la Confédération appelés à accéder au traité du 20 avril, nous n'en serons pas moins disposés à tenir compte des susceptibilités du cabinet britannique, dont le jugement ne saurait nous être indifférent, et à lui fournir telles explications qui fussent de nature à l'éclairer sur les intentions qui nous ont guidés, si les représentations que M. Forbes s'est trouvé chargé de nous faire avaient revêtu des formes analogues à la dignité que tout gouvernement souverain, quelle que soit l'étendue du pays qu'il représente, doit être jaloux de faire respecter.

Le langage que M. le comte de Clarendon a cru devoir nous tenir est tel qu'il fallait tous les égards que nous devons au gouvernement de Sa Majesté britannique pour nous décider à ne pas préférer le silence à une réponse. Cependant, afin de faire de cette démarche l'objet d'un examen consciencieux, j'en ai demandé au ministre d'Angleterre une communication écrite. M. Forbes ne s'y est pas cru autorisé. Il me semble que lorsqu'un gouvernement ne craint pas d'entrer dans de pareilles explications avec un gouvernement étranger, et qu'il va même, ainsi que je l'ai appris depuis, — car la dépêche a été communiquée ailleurs par les missions britanniques, — jusqu'à donner à ses accusations du retentissement, il serait au moins juste de mettre le gouvernement à qui s'adressent des reproches aussi graves en mesure de les peser mûrement et d'y opposer une défense raisonnée. J'ai dû me contenter d'une seconde lecture et d'imprimer le mieux possible dans ma mémoire les principaux passages de la pièce en question.

M. le comte de Clarendon se flatte que les Etats représentés à Bamberg recevront une réponse qui sera proportionnée à leur intervention mal inspirée (*illadvised interference.* Vous voyez que par ma traduction je cherche à adoucir le mot). Cette réponse est aujourd'hui connue de tout le monde. Nous ignorons si le cabinet britannique en est satisfait, ainsi que nous l'espérons sincèrement; ce qui est bien certain, c'est qu'elle nous satisfait, et qu'il en résulte clairement que les deux grandes puissances allemandes n'ont trouvé dans la Note que nous leur avions adressée aucun sujet d'y voir une intervention mal inspirée; et cependant, s'il y avait eu lieu à nous faire un pareil reproche, — M. le comte de Clarendon sera assez juste pour le reconnaître, — c'eût été bien plutôt aux cabinets de Vienne et de Berlin à nous l'adresser. Mais indépendamment du blâme que notre conduite paraît avoir encouru à Londres, j'ai quelque peine à m'expliquer ce qui a pu amener lord Clarendon à y voir une intervention quelconque.

La question que l'on appelle la question d'Orient a été débattue à différentes reprises dans des conférences auxquelles la Confédération germanique est restée étrangère, et je ne sache pas qu'aucun des gouvernements allemands de second ordre se soit permis d'intervenir dans ces débats. C'est à la suite d'un traité conclu entre l'Autriche et la Prusse, et d'une invitation que ces deux puissances ont adressée aux autres Etats de l'Allemagne, que ceux-ci ont été mis en demeure de se prononcer sur une question *fédérale.* Il s'agissait dans ce

remplir à la fois un devoir, et d'user
d'un droit dans l'exercice duquel on ne
saurait reconnaître à aucune puissance
étrangère le pouvoir de nous imposer
des limites, ni admettre une intervention, fût-elle la mieux inspirée.

Je ne puis passer ici sous silence que
l'envoyé de France m'a également communiqué une dépêche de son gouvernement à la suite des conférences de Bamberg, et je me plais à constater que
dans cette dépêche, portant le cachet
d'une politesse exquise, M. Drouyn de
Lhuys s'est abstenu de tout commentaire sur les résolutions de Bamberg, et
s'est borné à relever un seul point, à savoir la faculté que nous avions revendiquée pour la Confédération d'être représentée dans les négociations ultérieures. C'est là une question que nous
ne croyons pas douteuse, mais dont une
discussion même anticipée devait nous
paraître parfaitement convenable.

En repassant dans ma mémoire la
suite de la dépêche de M. le comte de
Clarendon, j'arrive à des reproches qui
s'adressent plutôt à la Russie qu'à nous-
mêmes. Cette puissance est accusée
d'avoir de tout temps semé la discorde
en Allemagne, et d'effrayer les gouvernements allemands par le fantôme de la
révolution. Sans prétendre me faire
l'avocat de la Russie, comme nous le
reproche un autre passage de la dépêche,
il m'est difficile de trouver la première
de ces accusations tout à fait juste, en
songeant à la manière dont la Russie
est intervenue dans les affaires de l'Allemagne pendant les années où des
complications intérieures menaçaient
l'union et la paix de l'Allemagne, et où
tous les efforts du cabinet de Saint-
Pétersbourg tendaient à aplanir les
différends survenus entre les deux
grandes puissances allemandes.

Quant à la révolution dont la Russie
se servirait avec nous comme d'un épou-
vantail, personne mieux que moi n'a été
à même d'en connaître la portée. Appelé
aux affaires au commencement de l'année 1849, je m'assis en face de ce fantôme dont les formes se dessinaient très-
nettement autour de moi; et deux mois
plus tard je le vis ensanglanter pendant
six journées consécutives les rues de
Dresde. J'ai appris alors comment il
faut s'y prendre avec le spectre, et les

souvenirs de cette époque m'autorisent
à répondre à lord Clarendon qu'on peut
très-bien croire à l'existence du fantôme, sans être soupçonné de le redouter. Il est vrai que lord Clarendon,
dans la même dépêche, nous fait observer comment il n'y a rien à craindre de
la révolution, aujourd'hui que l'Autriche est alliée avec l'Angleterre et la
France. Je serais le premier à repousser
les conclusions malveillantes que l'on
pourrait tirer de cette combinaison;
mais ce que je ne puis admettre non
plus qu'avec une certaine réserve, c'est
que la révolution soit désarmée, comme
nous le dit également lord Clarendon,
par la politique populaire des grands
cabinets. L'expérience des années 1848
et 1849 nous a laissé de trop graves leçons, pour ne pas nous méfier de cette
déroute apparente des partis révolutionnaires en présence de l'initiative des
gouvernements. Mais, suivant la dépêche de lord Clarendon, c'est la Russie qui, après avoir prêché la crainte de
la révolution, s'est chargée de la patro-
niser, de la faire elle-même, car déjà
ses agents parcourent la Grèce et la
Hongrie pour fomenter des troubles. Je
n'ai pas de notions particulières sur ce
qui se passe dans ces deux pays; mais
placé par la confiance du Roi à la tête
du ministère de l'intérieur et de l'administration de la police, j'ai été à même
d'observer les allées et venues des agents
révolutionnaires en Allemagne, et je
dois dire que le pays d'où ils nous venaient n'était point la Russie, et que
les passeports dont ils se trouvaient
munis n'étaient point des passeports
russes. Il y a ensuite une considération
dont je ne puis entièrement me défendre. S'il est vrai que c'est la Russie
qui patronise la révolution, comment se
fait-il que les partis qui ont chance d'y
gagner, et qui y travaillent sourdement
et ouvertement depuis des années, ne
cessent de prêcher la guerre contre cette
puissance?

Qu'on me pardonne ces digressions,
je conviens qu'elles ont aussi peu de
rapport avec la grande question du moment qu'il y en avait entre la Note de
Bamberg et notre prétendue peur de la
révolution.

Malheureusement il me reste à répondre à des attaques infiniment plus

directes et plus graves. Lord Clarendon nous accuse littéralement « d'être aveuglés au point de ne pas comprendre que dans une grande crise, les petites jalousies doivent se taire, et de sacrifier les intérêts de l'Allemagne à des intrigues russes. » Je serais curieux de savoir ce qui a pu autoriser M. de Clarendon à nous reprocher de petites jalousies et à expliquer notre manière d'envisager les intérêts de l'Allemagne, matière dans laquelle, par parenthèse, nous croyons le dernier des gouvernements allemands meilleur juge que l'étranger, par des intrigues dont nous serions ou dupes ou complices. Lord Clarendon n'a pas jugé à propos de citer un seul fait ou acte à l'appui de pareilles suppositions, et en effet il lui aurait été difficile d'en trouver. Une accusation lancée aussi légèrement rend toute défense inutile, nous ne pouvons que la regretter profondément.

Il en est de même du reproche qu'on nous adresse enfin d'avoir donné à l'Europe le spectacle de l'Allemagne désunie. Les faits mêmes y répondent mieux que ne le pourrait une défense éloquente. L'union de l'Allemagne n'a jamais été mieux assurée qu'elle ne l'est dans ce moment, et jamais le principe fédéral n'a fait de meilleures preuves. Les deux grandes puissances allemandes ont témoigné par leur déclaration du 16 juin combien elles tiennent à relever la constitution fédérale et à respecter la position indépendante des autres États confédérés ; et ceux-ci, à leur tour, en se ralliant aux deux puissances, après un examen mûr et consciencieux de leurs propositions et avec l'intention marquée de placer le but de l'union allemande au-dessus de toute autre considération, ont rempli dignement leur tâche comme États indépendants et comme confédérés.

Nous ne craignons donc point les souvenirs de Bamberg, dont la dépêche de lord Clarendon finit en quelque sorte par nous menacer. Nous n'avons jamais eu d'autre prétention que de faire un acte allemand ; ce n'est pas nous qui nous plaçons sur le terrain européen. Si on nous y appelle, nous avons le ferme espoir que le même esprit de justice et d'équité qui a déjà dicté le jugement de l'Allemagne prévaudra également dans les conseils de l'Europe.

Je terminerai par une dernière réflexion. Vous savez que la Note de Bamberg fut concertée et adoptée par huit gouvernements allemands ; d'après ce qui me revient, la dépêche que m'a communiquée M. Forbes n'a été adressée qu'au gouvernement du Roi seul. Il ne demande pas d'explications de ce fait. Ce qui précède vous prouve que nous ne reculons pas devant la responsabilité d'un acte dont nous sommes solidaires.

Vous savez, monsieur le comte, quel prix le gouvernement du Roi attache aux sentiments bienveillants du gouvernement de la Reine; vous concevez donc aisément combien ces explications m'ont dû m'être pénibles, mais je suis certain qu'elles ne déplairont pas au cabinet de S. M. Britannique. Le gouvernement anglais, si jaloux de faire respecter partout son droit et d'empêcher qu'il n'y soit porté aucune atteinte, ne voudra pas nous faire un crime de tenir au nôtre ; et lord Clarendon, avec son esprit égal et impartial, loin de s'offenser de notre franchise, y verra l'empreinte de la vérité et regrettera, j'en suis sûr, de nous avoir supposé des mobiles qui nous sont étrangers.

Vous donnerez lecture de cette dépêche à M. le comte de Clarendon, et vous êtes autorisé à en donner copie, si elle vous était demandée.

Recevez, etc.

Signé : BEUST.

———

M. le comte de Nesselrode au prince Gortchakof, envoyé de Russie à Vienne.

Saint-Pétersbourg, le 29 juin (10 juillet) 1854.

Mon prince,

Le comte d'Esterhazy m'a communiqué la dépêche par laquelle son cabinet nous engage à mettre un terme à la crise actuelle en évitant de pousser plus loin nos opérations transdanubiennes et en évacuant les Principautés dans un temps aussi rapproché que possible.

En motivant ce désir sur les intérêts autrichiens et allemands que compromettraient la prolongation et l'extension de la lutte sur le Danube, M. le comte de Buol s'appuie sur ce que notre occupation des Principautés a été la cause principale de la guerre. Nous lui demanderons de faire à cet égard quelques réserves.

L'occupation des Principautés n'avait pas empêché les négociations de s'ouvrir et de se poursuivre. Ce n'est point elle qui a provoqué l'abandon de la Note de Vienne, le rejet des propositions faites à Olmütz avec le concours et l'approbation de l'Autriche, non plus que le changement complet de toutes les bases antérieures de négociations; et si tous les essais de conciliation ont avorté depuis lors, le cabinet autrichien ne saurait méconnaître que cela a tenu à des incidents et à des motifs beaucoup plus complexes sur lesquels nous aimons mieux nous taire aujourd'hui, pour éviter des récriminations fâcheuses. Nous avons répondu par le silence à la sommation de la France et de l'Angleterre, parce qu'elle était d'une forme blessante, précédée de provocations ouvertes et dépourvue de toutes conditions de réciprocité; et si la guerre s'en est suivie, il serait juste d'en imputer la cause moins à la nature de notre réponse qu'au ton et aux termes qui l'ont provoquée.

Quoi qu'il en soit, si dans l'opinion du gouvernement autrichien l'occupation prolongée des Principautés a été le motif de la guerre, il devrait en résulter que cette occupation venant à cesser, la guerre cessera par le fait même, vu que les hostilités seront suspendues.

Le cabinet de Vienne est-il en mesure de nous en donner l'assurance?

Il ne saurait échapper à son attention que depuis le premier moment où la Porte nous a déclaré la guerre, depuis surtout que le cercle de cette guerre, transporté hors de Turquie, dans nos mers et sur nos côtes, a été démesurément agrandi, l'occupation des Principautés, quel qu'ait pu être son caractère original, n'est plus devenue autre chose pour nous qu'une *position militaire*, dont le maintien ou l'abandon sont avant tout subordonnés à des considérations stratégiques. Il est simple, dès lors, qu'avant de nous dessaisir volontairement, par égard pour la situation de

l'Autriche, du seul point où, poussant l'offensive, il nous reste quelques chances de rétablir en notre faveur l'équilibre, qui est partout ailleurs contre nous, nous sachions au moins quelles sécurités l'Autriche peut nous offrir; car si les hostilités continuent, si les puissances, dégagées de toute appréhension en Turquie, demeurent libres, soit de nous poursuivre sur le territoire évacué, soit d'employer toutes leurs forces disponibles désormais à envahir notre littoral asiatique ou européen, afin de nous imposer des conditions inacceptables, il est évident que l'Autriche nous aurait demandé de nous affaiblir moralement et matériellement par un sacrifice en pure perte.

Exiger de la Russie qu'elle se mette entièrement à la merci de ses ennemis, quand ceux-ci ne dissimulent pas l'intention d'abattre ou de diminuer sa puissance, l'exposer à toutes les attaques qu'il leur conviendra de lui porter en la réduisant partout à la défensive, lui ôter enfin, au nom de la paix, tout moyen d'obtenir que cette paix ne soit pas pour elle ruineuse et déshonorante, serait un acte si contraire à toutes les lois de l'équité, à tous les principes d'honneur militaire, que, nous nous plaisons à le croire, pareille pensée n'a pu entrer un moment dans l'esprit de S. M. l'empereur François-Joseph.

En nous communiquant le protocole du 9 avril, la cour de Vienne appuie auprès de nous sur l'engagement positif qu'elle a pris envers les puissances occidentales, d'amener par tous les moyens l'évacuation finale des Principautés; mais en prenant cet engagement, l'Autriche n'a pu s'interdire le choix du moyen qui lui paraîtrait le plus propre à remplir ses obligations, celui de mettre la Russie en état de procéder à l'évacuation avec honneur et sécurité pour elle. L'obligation même qu'elle a contractée lui donne au contraire le droit d'insister auprès des puissances, pour qu'elles n'entravent pas par leurs exigences le succès de ses efforts. Il en est de même des intérêts du commerce autrichien et allemand invoqués contre la prolongation ou l'extension de nos opérations militaires. Ils autorisent le cabinet de Vienne à user auprès des deux puissances des mêmes raisons qu'auprès de nous ; car si les intérêts de l'Autriche et de l'Allemagne peuvent souffrir momentanément de nos opérations sur le Danube, à plus forte raison souffrent-ils, et bien plus gravement encore, comme ceux de tous les États neutres, de la situation amenée par les opérations maritimes de la France et de l'Angleterre dans l'Euxin, la mer du Nord et la mer Baltique.

Que le gouvernement autrichien veuille donc bien, en pesant mûrement ces considérations, s'expliquer vis-à-vis de nous au sujet des garanties de sûreté qu'il peut nous donner, et l'Empereur, par déférence pour les vœux et les intérêts de l'Allemagne, serait disposé à entrer en négociation sur l'évacuation. Le cabinet de Vienne peut d'avance être persuadé que Sa Majesté partage au même degré que lui le désir de mettre au plus tôt un terme à la crise qui pèse en ce moment sur toutes les situations européennes. Notre auguste maître veut encore, comme il a toujours voulu, la paix. Il ne veut, nous l'avons répété et le répétons encore une fois, ni prolonger indéfiniment l'occupation des Principautés, ni s'y établir d'une manière permanente, ni les incorporer à ses États, encore moins renverser l'empire ottoman. Sous ce rapport, il ne fait aucune difficulté de souscrire aux trois principes déposés dans le protocole du 9 avril.

Intégrité de la Turquie : ce point n'a rien que de conforme à tout ce que nous avons énoncé jusqu'ici, et il ne sera point menacé par nous aussi longtemps qu'il sera respecté par les puissances qui occupent en ce moment les eaux et le territoire du Sultan.

Évacuation des Principautés : nous sommes prêts à y procéder moyennant les sécurités convenables.

Consolidation des droits des chrétiens en Turquie : partant de l'idée que les droits civils à obtenir pour tous les sujets chrétiens de la Porte sont inséparables des droits religieux, comme le stipule le protocole, et deviendraient sans valeur pour nos coreligionnaires, si ceux-ci, en acquérant de nouveaux privilèges, ne conservaient pas les anciens, nous avons déjà déclaré que, s'il en était ainsi, les demandes que l'Empereur a faites à la Porte seraient remplies, le motif du différend écarté, et

S. M. prête à consentir à la garantie européenne de ces privilèges. Telles étant les dispositions de l'Empereur sur les points capitaux indiqués dans le protocole, il nous semble, mon prince, que pour peu qu'on veuille la paix sans arrière-pensée qui la rende impossible, il ne serait pas difficile d'y arriver sur cette triple base, ou du moins d'en préparer la négociation au moyen d'un armistice.

C'est l'espoir que Votre Excellence voudra bien exprimer au cabinet autrichien en lui donnant communication de cette dépêche.

Recevez, etc.

Signé : NESSELRODE.

———————

RÉPLIQUE *de la Prusse après l'arrivée de la réponse russe.*

A M. le baron de Werther, à Saint-Pétersbourg.

Berlin, le 17 juillet 1854.

Vous connaissez la communication qui nous a été faite par le cabinet de Saint-Pétersbourg, en réponse à ma dépêche du 12 juin, par laquelle j'ai appuyé, par ordre du Roi, notre auguste souverain, les demandes de l'Autriche contenues dans la dépêche du comte d'Esterhazy, du 3 du même mois. Néanmoins je vous envoie ci-joint copie, tant de la réponse faite au cabinet de Vienne, sous forme d'une dépêche adressée au prince Gortchakof, que de celle qui a été adressée au baron de Budberg, et dont l'ambassadeur russe m'a laissé prendre copie. Votre séjour parmi nous, monsieur le baron, a dû nous convaincre que le désir sincère et constant de notre cabinet d'arriver, malgré la tension extrême de la situation, à un point de départ pour des négociations ultérieures, ne s'est pas démenti dans l'examen consciencieux et impartial auquel nous avons soumis les déclarations du cabinet de Saint-Pétersbourg.

Vous ne pouvez mieux inaugurer les fonctions importantes que vous a confiées le Roi, monsieur le baron, qu'en vous faisant hautement l'organe auprès de sa majesté l'Empereur et de M. le chancelier de l'empire de l'impression que les dernières communications russes ont produite sur notre auguste souverain. Le Roi apprécie parfaitement l'esprit de modération et de conciliation qui les a dictées. Sa Majesté estime à sa juste valeur le désir sincère qu'exprime le langage de M. le comte de Nesselrode, de tenir compte autant que possible des vœux et des obligations des anciens alliés de la Russie, ainsi que des intérêts qu'ils sont appelés d'une manière pressante à protéger.

Le Roi, guidé par cette appréciation satisfaisante et persistant dans les vues exprimées dans ma dépêche du 12 juin au baron de Werther, s'appuiera sur la réponse russe pour renouveler ses efforts à Vienne et, de concert avec la cour d'Autriche, à Paris et à Londres, dans le but d'arriver, sur des bases équitables et pratiques, à de nouvelles chances d'entente et de pacification. Nous ne cachons pas qu'il sera très-difficile d'atteindre ce but. Nous devrions croire d'avance qu'il est impossible d'y parvenir, si nous n'attendions pas de la sagesse et de la loyauté de sa majesté l'empereur Nicolas que les dispositions qui ont dicté les dernières déclarations de son cabinet détermineront également son attitude ultérieure, et que, en passant à l'état de réalité, elles mettront les puissances allemandes en état de considérer comme suffisamment garantis contre toute atteinte les intérêts qui leur sont confiés, et dont la défense fait l'objet de leurs obligations, soit réciproques, soit vis-à-vis des cabinets de Paris et de Londres.

Portez, monsieur le baron, cette dépêche à la connaissance de M. le comte de Nesselrode, et recevez les assurances, etc.

Signé : MANTEUFFEL.

M. Drouyn de Lhuys à M. le baron de Bourqueney, ministre de l'Empereur à Vienne.

Paris, le 22 juillet 1854.

Monsieur le baron,

J'ai reçu les dépêches que vous m'avez fait l'honneur de m'écrire, jusqu'au nº 121, et votre dépêche télégraphique d'hier m'est également parvenue.

Quelque intérêt que doive nécessairement offrir au gouvernement de Sa Majesté Impériale la double communication que vous m'annoncez, je n'ai pas besoin de l'attendre pour apprécier en pleine connaissance de cause la réponse du cabinet de Saint-Pétersbourg. Depuis plusieurs jours déjà, j'ai entre les mains ce document, qui a été, comme vous le savez, remis par M. le général Isakof à tous les gouvernements qui s'étaient fait représenter dans les conférences de Bamberg, et l'Empereur, avant son départ pour Biarritz, a eu le temps de l'examiner et de me donner ses ordres.

Je n'objecterai que très-peu de mots au début de la dépêche de M. le comte de Nesselrode. La Russie persiste à rejeter sur les puissances occidentales la responsabilité d'une crise qu'elle a seule provoquée ; elle s'en prend à la forme de leur sommation, et voit dans une démarche que ses actes avaient rendue nécessaire la cause déterminante de la guerre. C'est oublier un peu trop vite la série des longues et laborieuses négociations qui ont rempli l'année dernière ; c'est ne pas tenir assez de compte des avertissements multipliés que la France et l'Angleterre avaient fait, sous toutes les formes, parvenir au cabinet de Saint-Pétersbourg ; c'est enfin ne vouloir pas s'avouer que, du jour où les armées russes avaient envahi les principautés du Danube, la paix était tellement compromise que les efforts les plus loyaux, les plus patients n'ont pu la sauver. Aussi, monsieur le baron, me bornerai-je à rappeler que la dépêche de M. le comte de Budl à M. le comte d'Esterhazy, celle même à laquelle répond M. le comte de Nesselrode, a rétabli comme il le fallait la vérité des rôles, et que la conférence de Vienne, dans le protocole du 9 avril, a solennellement reconnu que la sommation adressée à la Russie par la France et l'Angleterre était fondée en droit. L'Europe a donc prononcé son jugement par les organes les plus accrédités, et cela nous suffit.

J'arrive maintenant à la partie politique de la communication russe. Ce qui me frappe tout d'abord, c'est qu'en n'attribuant à la démarche tentée par l'Autriche et soutenue par la Prusse qu'un caractère purement germanique, ces deux puissances ne sauraient se montrer satisfaites du résultat de leurs instances. La dépêche de M. le comte de Buol à M. le comte d'Esterhazy mettait en relief les deux points suivants :

1° La nécessité d'évacuer dans un court délai les principautés du Danube;

2° L'impossibilité de subordonner cette évacuation, réclamée au nom des intérêts essentiels de l'Allemagne, à des conditions indépendantes de la volonté de l'Autriche.

Or, on ne fixe aucune limite à l'occupation de la Moldavie et de la Valachie, et l'on considère la proclamation d'un armistice comme la condition *sine qua non* de la retraite des armées envahissantes au delà du Pruth. Le préjudice que la Russie, selon le témoignage de l'Autriche et de la Prusse, porte à la Confédération germanique en ne rentrant point dans ses limites territoriales, subsiste en conséquence tout entier, et il s'aggrave non-seulement par sa durée, mais par la fin de non-recevoir dont les légitimes représentations qu'il avait soulevées viennent d'être l'objet.

Le cabinet de Saint-Pétersbourg, il est vrai, adhère, dit-il, aux principes posés dans le protocole du 9 avril ; mais la présence des troupes russes sur le sol turc enlève déjà à cette déclaration, que je veux examiner de près, la plus grande partie de sa valeur. L'évacuation des Principautés est en effet la condition première de l'intégrité de l'empire turc, et le fait de leur occupation constitue une violation flagrante du droit européen. La crise qui trouble le monde, je le répéterai d'autant plus qu'on cherche à le contester, dérive du passage du Pruth, et la Russie ne peut plus aujourd'hui subordonner aux exigences d'une position dans laquelle elle s'est mise de propos délibéré la réparation d'un acte préalable que l'opinion générale a condamné. Je ne comprends pas, je l'avoue, ce que M. le comte de Nesselrode a voulu dire en annonçant que l'intégrité de l'empire ottoman *ne sera point menacée par la Russie tant qu'elle sera respectée par les puissances qui occupent en ce moment les eaux et le territoire du Sultan.* Quelle parité existe-t-il entre l'envahisseur et le protecteur ? En quoi la présence des troupes alliées, réclamée par la Sublime-Porte, autorisée par un acte diplomatique dont les effets doivent cesser d'un commun accord, a-t-elle une analogie quelconque avec l'entrée violente de l'armée russe sur le territoire ottoman ?

Enfin, monsieur le baron, le paragraphe de la dépêche de M. le comte de Nesselrode qui concerne la situation des sujets chrétiens signifie, ou je me trompe fort, que le cabinet de Saint-Pétersbourg place au nombre des anciens priviléges que les Grecs du rit oriental devraient conserver toutes les conséquences à la fois civiles et religieuses du protectorat qu'il revendiquait sur eux ; et, en admettant que ce protectorat dût se fondre dans une garantie européenne, je cherche en vain comment l'indépendance et la souveraineté de la Sublime-Porte pourraient coexister avec un semblable système. Le gouvernement de Sa Majesté Impériale ne veut pas dire assurément que l'Europe puisse se montrer indifférente à l'amélioration du sort des rayas; il pense, au contraire, qu'elle doit couvrir ces populations de son active sollicitude et s'entendre pour encourager les bienveillantes dispositions du Sultan en leur faveur ; mais il croit fermement que les réformes dont est susceptible le régime auquel sont soumises les diverses communautés de la Turquie ont besoin, pour être efficaces et salutaires, de procéder de l'initiative du gouvernement ottoman, et que si leur accomplissement comporte une action étrangère, c'est une action amicale, se manifestant par un concours de bons et sincères conseils, et non par une ingérence fondée sur des traités qu'aucun État ne saurait souscrire sans abdiquer son indépendance.

Cet examen de la réponse du cabinet de Saint-Pétersbourg, monsieur le baron, ne serait pas complet, si je ne remarquais que M. le comte de Nesselrode évite avec un soin extrême de faire la moindre allusion à celui de tous les passages du protocole du 9 avril qui méritait le plus de fixer son attention, et le seul, à notre avis, qui ait une importance capitale, puisqu'il implique la nécessité d'une révision européenne des anciennes relations de la Russie avec la Turquie.

La France et l'Angleterre ne sauraient

donc consentir à une suspension d'armes sur les vagues assurances données par M. le comte de Nesselrode, touchant les dispositions pacifiques du cabinet de Saint-Pétersbourg. Les sacrifices qu'ont faits les puissances alliées sont assez considérables, le but qu'elles poursuivent est assez grand pour qu'elles ne s'arrêtent pas en chemin, avant d'avoir la certitude de n'être pas obligées de recommencer la guerre. Les conditions particulières qu'elles mettront à la paix dépendent de trop d'éventualités pour qu'elles aient aujourd'hui à les indiquer, et, à cet égard, elles réservent leur opinion.

Toutefois, monsieur le baron, le gouvernement de Sa Majesté Impériale ne demande pas mieux que de faire connaître dès à présent quelques-unes des garanties qui lui paraissent indispensables pour rassurer l'Europe contre le retour d'une nouvelle et prochaine perturbation. Ces garanties résultent de la situation même qui a fait ressortir les dangers de leur absence.

Ainsi la Russie a profité du droit exclusif de surveillance que les traités lui conféraient sur les rapports de la Moldavie et de la Valachie avec la puissance suzeraine, pour entrer dans ces provinces comme s'il se fût agi de son propre territoire.

Sa position privilégiée sur l'Euxin lui a permis de fonder dans cette mer des établissements et d'y développer un appareil de forces navales qui, par le manque de tout contrepoids, sont une menace perpétuelle pour l'empire ottoman.

La possession sans contrôle de la principale embouchure du Danube par la Russie a créé à la navigation de ce grand fleuve des obstacles moraux et matériels qui affectent le commerce de toutes les nations.

Enfin les articles du traité de Kutchuk-Kaïnardji, relatifs à la protection religieuse, sont devenus, par suite d'une interprétation abusive, la cause originelle de la lutte que soutient aujourd'hui la Turquie.

Sur tous ces points, il y a de nouvelles règles à établir et d'importantes modifications à apporter au *statu quo ante bellum*. On peut dire, je crois, que l'intérêt commun de l'Europe exigerait :

1° Que le protectorat exercé jusqu'ici par la cour impériale de Russie sur les principautés de Valachie, de Moldavie et de Serbie, cessât à l'avenir, et que les privilèges accordés par les Sultans à ces provinces dépendantes de leur empire fussent, en vertu d'un arrangement conclu avec la Sublime-Porte, placés sous la garantie collective des puissances ;

2° Que la navigation du Danube à ses embouchures fût délivrée de toute entrave et soumise à l'application des principes consacrés par les actes du Congrès de Vienne ;

3° Que le traité du 13 juillet 1841 fût révisé de concert par les hautes parties contractantes, dans un intérêt d'équilibre européen et dans le sens d'une limitation de la puissance de la Russie dans la mer Noire ;

4° Qu'aucune puissance ne revendiquât le droit d'exercer un protectorat officiel sur les sujets de la Sublime-Porte, à quelque rit qu'ils appartiennent, mais que la France, l'Autriche, la Grande-Bretagne, la Prusse et la Russie se prêtassent leur mutuel concours pour obtenir de l'initiative du gouvernement ottoman la consécration et l'observance des privilèges religieux des diverses communautés chrétiennes, et mettre à profit, dans l'intérêt réciproque de leurs coreligionnaires, les généreuses intentions manifestées par sa majesté le Sultan, sans qu'il en résultât aucune atteinte pour la dignité et l'indépendance de sa couronne.

La conférence, si elle se rassemble, reconnaîtra, je me plais à l'espérer, qu'aucune des idées que je viens d'exprimer ne s'écarte du protocole du 9 avril, et qu'il était même difficile de renfermer dans des bornes plus modérées la recherche que la France, l'Autriche, la Grande-Bretagne et la Prusse, se sont, à cette époque, engagées formellement à faire en commun au sujet des moyens les plus propres à consolider l'existence de la Turquie, en la rattachant à l'équilibre général de l'Europe. Les récentes communications de M. le baron de Hubner m'autorisent déjà à dire que l'opinion de M. le comte de Buol se rencontre avec la mienne, et qu'il envisage comme moi les garanties que l'Europe est en droit de demander à la Russie pour ne plus se trouver exposée au renouvellement des mêmes complications.

Telle est, monsieur le baron, la réponse que l'Empereur m'a ordonné de faire au contenu de la dépêche de M. le comte de Nesselrode. Vous voudrez bien remettre une copie de cette réponse à M. le comte de Buol, et le prier, s'il y a lieu, de réunir la conférence pour en entendre aussi la lecture.

En résumé, le document émané du cabinet de Saint-Pétersbourg ne change absolument rien aux situations respectives, et, dans l'opinion du gouvernement de Sa Majesté Impériale, il ne servira même qu'à les dessiner davantage. Puisque la Russie en est encore à faire connaître ses intentions d'une façon pratique et positive, la France et l'Angleterre persistent dans leur attitude de puissances belligérantes; et puisque les Principautés n'ont point été évacuées, la Prusse et l'Autriche jugeront sans doute que les obligations résultant du traité du 20 avril et fortifiées, en ce qui concerne le cabinet de Vienne, par son accord particulier avec la Sublime-Porte, subsistent dans leur intégrité et sont arrivées à leur échéance.

Recevez, etc.

Signé : DROUYN DE LHUYS.

CORRESPONDANCE. — *Notes échangées entre les gouvernements d'Angleterre et d'Autriche sur la question d'Orient.*

Le comte de Clarendon au comte de Westmoreland.

Foreign-Office, le 22 juillet 1854.

Milord, je dois vous accuser réception de la dépêche télégraphique par laquelle Votre Seigneurie a annoncé aujourd'hui au gouvernement de Sa Majesté que la Prusse avait refusé d'assister à la conférence que le comte de Buol voulait convoquer pour lui communiquer la réponse faite par la Russie à l'Autriche, réponse que le comte de Buol transmettra au comte de Colloredo, pour l'information du gouvernement de Sa Majesté. Le gouvernement de Sa Majesté connaissant déjà cette réponse et l'ayant mûrement

examinée, je n'attendrai pas plus longtemps pour faire part à Votre Seigneurie de l'opinion du gouvernement à ce sujet.

Il est inutile d'insister longuement sur les arguments par lesquels le comte de Nesselrode s'efforce de rejeter sur les puissances occidentales la responsabilité de la guerre que la Russie seule a provoquée. Le comte de Nesselrode critique la forme de la sommation adressée à la Russie par l'Angleterre et la France, et soutient que cette sommation, devenue impérieusement nécessaire par l'effet des actes de la Russie, a été la véritable cause de la guerre : il ne parle pas de la longue suite de négociations qui ont eu lieu pendant l'année dernière, ni des avertissements répétés que l'Angleterre et la France ont adressés à la Russie; il lui plaît d'oublier que c'est l'invasion des Principautés qui a commencé à troubler la paix de l'Europe, et qui a empêché d'aboutir tous les efforts qui avaient pour objet son rétablissement. La dépêche du comte de Buol au comte d'Esterhazy, à laquelle répond celle du comte de Nesselrode, indique d'une manière très-claire à qui revient la responsabilité de l'état actuel des choses; et dans le protocole du 9 avril les quatre puissances ont solennellement constaté que dans leur opinion la sommation adressée à la Russie par l'Angleterre et la France était fondée en droit. L'opinion de l'Europe s'est prononcée en faveur de la conduite tenue par l'Angleterre et par la France; il est donc inutile de les défendre contre les accusations de la Russie. Je passe par conséquent aux autres points de la réponse de la Russie.

Et d'abord si l'on considère à un point de vue purement allemand les demandes de l'Autriche appuyées par la Prusse, il est impossible que la réponse du cabinet russe puisse être considérée comme satisfaisante par les deux puissances allemandes.

Les articles principaux sur lesquels insistait la dépêche du comte de Buol au comte d'Esterhazy étaient : 1° La nécessité d'une prompte évacuation des Principautés; 2° l'impossibilité de soumettre cette évacuation, exigée par les intérêts essentiels de l'Allemagne, à des conditions qu'il ne dépendait pas de l'Autriche de garantir. Mais la Russie ne fixe aucun terme pour l'évacuation des Principautés, et elle considère un armistice comme la condition *sine qua non* de la retraite de ses armées derrière le Pruth. Le tort que, dans l'opinion de l'Autriche et de la Prusse, cause aux intérêts de la Confédération germanique l'occupation des Principautés par la Russie, ne cesse point. Bien plus, le refus de la Russie d'accéder aux justes demandes des deux puissances allemandes en est une aggravation. Le comte de Nesselrode fait, il est vrai, profession d'accéder aux principes posés dans le protocole du 9 avril; mais sa déclaration est bien peu de chose tant que les troupes russes sont sur le territoire turc. En fait, l'évacuation des Principautés importe essentiellement à l'intégrité de l'empire ottoman, et leur occupation est formellement contraire au droit des gens européen.

Le passage du Pruth est la cause première de la crise qui trouble la paix du monde, et il est impossible de permettre à la Russie de faire dépendre la réparation qu'elle doit pour cet acte, généralement condamné, des nécessités d'une position qu'elle s'est faite volontairement elle-même. L'Angleterre et la France ne peuvent pas non plus consentir à un armistice sur les assurances vagues que le comte de Nesselrode donne des dispositions pacifiques du gouvernement russe.

Après avoir fait de grands efforts et de grands sacrifices, après s'être engagées dans une cause qui est juste, les puissances alliées ne s'arrêteront pas dans leur marche sans avoir acquis la certitude qu'elles ne seront point forcées à recommencer bientôt la guerre. Les conditions de la paix dépendent de trop d'éventualités pour qu'il soit possible de les énoncer en ce moment. Cependant le gouvernement de Sa Majesté n'hésite pas à indiquer les garanties qui, dans son opinion et dans celle du gouvernement français, sont essentielles pour assurer la tranquillité de l'Europe contre toutes perturbations à venir. Ces garanties sont naturellement indiquées par les dangers contre lesquels il importe de prendre des précautions. Ainsi, la Russie a pris avantage du droit exclusif qu'elle avait acquis par les traités de surveiller les rapports de la Valachie et de la Moldavie avec leur suzerain pour entrer dans ces provinces, comme si elles faisaient partie de son territoire. En outre, la position privilégiée de la Russie dans la mer Noire lui a permis d'établir dans cette mer une puissance maritime qui, en l'absence de tout contre-poids, est une menace perpétuelle pour l'empire ottoman.

La possession exclusive des bouches du Danube par la Russie a créé des obstacles à la navigation de ce grand fleuve, et ces obstacles affectent sérieusement le commerce général de l'Europe. Enfin les dispositions du traité de Kutchuk-Kaïnardji, relativement à la protection des chrétiens, sont devenues, par suite d'une mauvaise interprétation, la cause principale de la guerre actuelle. Sur tous ces points, le *statu quo ante bellum* devra subir d'importantes modifications.

Le gouvernement de Sa Majesté ne doute pas que le cabinet autrichien trouve cette manière de voir les choses conforme aux principes inscrits dans le protocole du 9 avril. L'Autriche estimera sans doute qu'il serait difficile de renfermer dans des termes plus modérés la recherche que les quatre puissances se sont engagées à faire en commun des meilleurs moyens de maintenir l'empire ottoman, en le rattachant au système de l'équilibre des pouvoirs en Europe. Il est remarquable que le comte de Nesselrode ait évité de faire la moindre mention de cette disposition du protocole du 9 avril, la seule dont l'importance soit grande, parce qu'elle implique la nécessité de faire reviser par l'Europe les conditions des rapports entre la Russie et la Turquie.

En réalité, la déclaration par laquelle le cabinet russe affirme qu'il accepte les principes posés par la conférence de Vienne n'est nullement conçue en termes satisfaisants. Le gouvernement de Sa Majesté ne peut comprendre le sens du passage dans lequel le comte de Nesselrode déclare que l'intégrité de l'empire ottoman ne sera pas menacée par la Russie tant que cette intégrité sera respectée par les puissances qui occupent actuellement les terres et les eaux turques. Quelle comparaison peut-on établir entre les envahisseurs et les défenseurs de la Turquie? Quelle analogie y a-t-il entre la présence d'alliés appelés par la Turquie à la suite de traités formels et l'invasion du territoire ottoman par les armées russes? Il est inutile de parler des conditions que la Russie met à l'évacuation des Principautés.

Je viens au passage de la dépêche du comte de Nesselrode qui est relatif à la situation des sujets chrétiens du Sultan. Ce passage tend à établir tout simplement que le cabinet russe compte au nombre des privilèges de l'Église grecque qui doivent être conservés les droits qui découleraient d'un protectorat civil et religieux exercé par la Russie; mais on ne peut soutenir un seul instant que le système qui résulterait d'un protectorat semblable, lors même qu'il serait appuyé sur une garantie européenne, pût être compatible avec l'indépendance et les droits souverains de la Porte.

Le gouvernement de Sa Majesté ne prétend nullement que l'Europe puisse être indifférente à l'amélioration du sort des chrétiens de Turquie; il pense au contraire que l'Europe doit s'intéresser activement au bien-être des rayas et s'entendre sur le meilleur moyen de profiter des intentions généreuses du Sultan pour ses sujets chrétiens. Mais en même temps le gouvernement est fermement convaincu que les réformes nécessaires dans l'administration des diverses communautés de l'empire ottoman ne peuvent être faites utilement et avec avantage par l'initiative de la Porte, et que si l'influence étrangère peut servir à ces réformes, ce ne peut être que par suite des conseils amicaux donnés au Sultan et non par une intervention fondée sur des engagements diplomatiques auxquels aucun État ne pourrait souscrire sans renoncer à son indépendance. Enfin le gouvernement de Sa Majesté pense que la situation respective des diverses puissances n'est changée en quoi que ce soit par la réponse du gouvernement russe, qui établit d'une façon plus claire encore cette situation. L'Angleterre et la France doivent donc conserver leur attitude de puissances belligérantes, d'autant que les Principautés ne sont pas évacuées.

L'Autriche et la Prusse estimeront sans doute que les obligations du traité du 20 avril, fortifiées quant à l'Autriche

par ses engagements particuliers avec la Porte, subsistent dans toute leur force, et que le temps de les remplir est arrivé. Telles sont les opinions du gouvernement de Sa Majesté; elles sont entièrement partagées par le gouvernement de l'Empereur des Français, avec lequel celui de Sa Majesté s'est entendu à ce sujet, et j'invite Votre Seigneurie à remettre au comte de Buol une copie de cette dépêche.

Je suis, etc.

Signé : CLARENDON.

———

Le comte de Westmoreland au comte de Clarendon.

(Reçue le 12 août.)

Vienne, le 8 août.

J'ai l'honneur d'annoncer à Votre Seigneurie que j'ai eu ce soir une audience du comte de Buol. Dans cette audience j'ai signé la Note n° 1 et reçu en échange la Note n° 2, signée par le comte de Buol. J'ai l'honneur de transmettre à Votre Seigneurie copie de l'une et de l'autre.

Vienne, le 8 août.

Le soussigné, etc., a l'honneur d'annoncer au comte de Buol, etc., qu'il a reçu de son gouvernement l'ordre de déclarer par la présente Note qu'il résulte des communications confidentielles qui ont eu lieu entre les cours de Vienne, de Paris et de Londres que conformément au passage du protocole du 9 avril dernier par lequel l'Autriche, la France et la Grande-Bretagne se sont engagées, d'accord avec la Prusse, à chercher les moyens de rattacher l'existence de l'empire ottoman au système général de l'équilibre des puissances de l'Europe, les trois puissances sont également d'avis que les rapports entre la Sublime-Porte et la cour impériale de Russie ne peuvent être établis sur des bases solides et durables, 1° si le protectorat exercé jusqu'à présent par la cour impériale de Russie sur les principautés de Valachie, de Moldavie et de Serbie ne cesse pas à l'avenir, et si les privilèges accordés par les sultans à ces provinces, dépendances de leur empire, ne sont pas mis sous la garantie collective des puissances, en vertu d'un traité conclure avec la Sublime-Porte et dont les dispositions régleraient toutes les questions de détail; 2° si la navigation du Danube à son embouchure n'est pas affranchie de tout obstacle et soumise à l'application des principes établis par les actes du Congrès de Vienne; 3° si le traité du 13 juillet 1841 n'est pas revisé par les hautes parties contractantes dans l'intérêt de l'équilibre des pouvoirs en Europe; 4° si la Russie n'abandonne pas la prétention d'exercer un protectorat officiel sur les sujets de la Sublime-Porte, à quelque religion qu'ils appartiennent, et si la France, l'Autriche, la Grande-Bretagne, la Prusse et la Russie ne s'accordent pas à obtenir de l'initiative du gouvernement ottoman la confirmation et l'observation des priviléges religieux des diverses communions chrétiennes, et à profiter à l'avantage de leurs coreligionnaires des intentions généreuses de S. M. le Sultan, et à éviter en même temps de porter atteinte à la dignité et à l'indépendance de sa couronne.

En outre, le soussigné est autorisé à déclarer que le gouvernement de S. M. la Reine de la Grande-Bretagne, tout en se réservant de faire connaître en temps opportun les conditions particulières auxquelles il consent à faire la paix avec la Russie ou à apporter aux garanties générales ci-dessus énoncées telles modifications que les événements de la guerre rendraient nécessaires, est décidé à ne discuter et à ne prendre en considération aucune proposition du cabinet de Saint-Pétersbourg qui n'implique de sa part une adhésion pleine et entière aux principes sur lesquels sont déjà d'accord les gouvernements de S. M. l'Empereur d'Autriche et de S. M. l'Empereur des Français.

Le soussigné, etc.

Signé : WESTMORELAND.

———

Vienne, le 8 août.

Le soussigné, ministre des affaires étrangères de Sa Majesté Impériale et Royale Apostolique s'empresse d'accuser réception de la Note que son excellence le comte de Westmoreland lui a fait l'honneur de lui remettre le 8 de ce mois, et de déclarer à son tour... (*Suit*

la reproduction de la Note ci-dessus jusqu'au dernier alinéa.)

En outre, le soussigné est autorisé à déclarer que son gouvernement prend connaissance de la détermination de l'Angleterre et de la France de n'accéder à aucun arrangement avec la cour impériale de Russie qui n'implique de la part de la susdite cour une adhésion pleine et entière aux quatre principes énoncés ci-dessus, et que son gouvernement accepte pour lui-même l'engagement de ne traiter que sur ces bases, se réservant toujours son libre arbitre sur les conditions qu'il peut proposer pour le rétablissement de la paix, s'il lui arrivait d'être forcé de prendre part à la guerre.

Le soussigné, etc.

Signé : BUOL.

———

DÉPÊCHE *de M. le comte de Buol à M. le comte d'Esterhazy, exposant au cabinet de Saint-Pétersbourg les quatre points que les puissances occidentales proposent comme base de négociations.*

A M. le comte Valentin d'Esterhazy, à Saint-Pétersbourg.

Vienne, le 10 août 1854.

J'ai eu l'honneur de vous faire connaître, par ma dépêche du 9 juillet, l'impression qu'ont produite sur le cabinet impérial les communications que le prince Gortchakof était chargé par son gouvernement de lui faire, ainsi que notre intention de faire valoir auprès des puissances maritimes les éléments contenus dans ces communications qui pouvaient servir de base à des négociations pour le rétablissement de la paix.

Bien que nous ne nous cachions pas les difficultés de cette mission, puisque les ouvertures de la Russie ne répondaient qu'imparfaitement aux demandes que nous-mêmes avions été dans le cas de lui adresser, nous n'avons pas encore cru devoir exposer aux puissances maritimes dans quel esprit l'Empereur, notre auguste maître, désirait les voir accueillies, en attachant une importance particulière aux résolutions que ces puissances devaient prendre.

Nous avons rappelé aux cabinets de Paris et de Londres que les efforts communs des puissances devaient être dirigés invariablement vers le rétablissement d'une paix solide et durable. Nous leur avons exprimé l'opinion qu'aucune puissance ne voudrait s'exposer au reproche d'avoir négligé un moyen quelconque pour mettre un terme aux malheurs de la guerre, et nous en avons conclu que les puissances maritimes devaient peser mûrement et consciencieusement la question de savoir si la réponse du cabinet de Saint-Pétersbourg ne contenait pas des germes d'entente tels qu'il pût en naître une pacification définitive.

Nous avons représenté aux cours de France et d'Angleterre que la Russie ne faisait pas difficulté de céder aux principes posés dans le protocole de Vienne du 9 avril, dans ce sens qu'elle déclare vouloir respecter l'intégrité de la Porte-Ottomane, être prête à évacuer les Principautés sous réserve de certaines sûretés, et vouloir participer aussi à la consolidation des droits des chrétiens de la Turquie en prenant part à la garantie européenne sous laquelle ces droits seraient placés, mais en faisant quelques réserves spéciales aux priviléges religieux du rite grec non uni; que dans l'opinion de la cour de Russie cette triple base pourrait servir de point de départ à des négociations de paix qui seraient précédées d'une suspension générale des hostilités; qu'enfin si le cabinet de Saint-Pétersbourg n'avait pas parlé expressément du quatrième point contenu dans le protocole de Vienne du 9 avril, en vertu duquel les gouvernements signataires s'étaient obligés de rechercher les garanties les plus propres à rattacher l'existence de la Turquie à l'équilibre de l'Europe, il ne nous paraissait pas douteux que déjà l'acceptation complète et sans réserve des trois premiers points devait faciliter la solution de la question soulevée par le quatrième.

Le cabinet de l'Empereur s'est efforcé dans ce sens de préparer auxdites ouvertures de la cour impériale de Russie un accueil tel auprès des puissances maritimes, qu'on pût en espérer d'heureux résultats. Néanmoins nous nous sommes trouvés dans le cas de constater que le premier effet produit sur les gouvernements anglais et français par la communication du cabinet de Saint-Pétersbourg n'a pas répondu à notre attente.

A Londres aussi bien qu'à Paris il a paru que la continuation du séjour des troupes russes sur le territoire ottoman ôtait à l'accession du cabinet de Saint-Pétersbourg aux principes posés dans le protocole du 9 avril sa principale valeur. Le cabinet français et le cabinet anglais persistent à considérer l'évacuation des Principautés comme la condition préalable de toute entente, et ils s'étonnent de ce que M. le comte de Nesselrode prétende que l'intégrité de l'empire ottoman ne sera pas menacée par la Russie tant qu'elle sera respectée par les puissances qui occupent les eaux et le territoire du Sultan. Ces cabinets ont vivement repoussé l'analogie que la dépêche du chancelier de l'empire russe paraît vouloir établir entre la présence des troupes alliées, qui a été demandée par la Sublime-Porte, et qui a eu lieu en vertu d'un acte diplomatique dont les effets doivent cesser d'un commun accord, et le fait de l'entrée des troupes russes sur le territoire ottoman.

En ce qui concerne la question religieuse, les cours de Paris et de Londres ont cru voir que, dans l'opinion de la Russie, la protection religieuse qu'elle prétend exercer sur les Grecs du rite oriental devrait se fonder une garantie européenne, et elles n'ont pu comprendre comment l'indépendance et la souraineté de la Porte pourraient subsister avec un pareil système. Les cours de France et d'Angleterre, tout en protestant de l'intérêt qu'elles portent à l'amélioration du sort des rayas, pensent néanmoins que les réformes qui doivent être introduites dans les règles administratives auxquelles ils sont soumis doivent émaner de l'initiative du gouvernement ottoman, et que toute action étrangère à cet égard ne peut se manifester que par de bons conseils, mais non pas par une intervention basée sur des traités qu'aucune puissance ne pourrait signer sans renoncer à son indépendance.

Les cabinets de Paris et de Londres

ont enfin fait observer que le cabinet russe avait évité de toucher le point du protocole qui devait le plus vivement appeler son attention, et qui était dans l'opinion de ces cabinets d'une importance majeure, puisqu'il impliquait la nécessité de garanties suffisantes contre de nouvelles atteintes portées à l'équilibre européen. Les gouvernements de France et d'Angleterre pensent que les sacrifices qu'ils ont faits, sont trop considérables, le but qu'ils poursuivent est trop important pour qu'ils veuillent se laisser arrêter avant d'avoir la certitude de ne pas être obligés de recommencer la guerre.]

Par tous ces motifs, les puissances maritimes ont cru devoir repousser péremptoirement toute proposition qui devait entraîner la suspension des hostilités de leur part, et elles ont hésité même à se prononcer sur les conditions d'un traité de paix, parce que ces conditions dépendent de trop d'éventualités pour qu'on puisse les déterminer dès à présent. Sur nos représentations pressantes, ces puissances ont consenti néanmoins à faire connaître dès à présent, sous la réserve des modifications et des compléments que les circonstances peuvent rendre nécessaires, les garanties qui leur semblent indispensables pour fonder sur des bases solides le rétablissement de la paix et le maintien de l'équilibre européen, et elles nous laissent la liberté, si nous le jugeons convenable, de nous prononcer à cet égard en notre propre nom vis-à-vis de la Russie.

Ces garanties sont indiquées dans la Note identique, dont ci-joint la copie, que les représentants de la France et de l'Angleterre ont adressée au cabinet impérial. Elles partent des principes posés dans les protocoles de Vienne, notamment dans celui du 9 avril, et sont, par conséquent, conformes à notre appréciation. Le cabinet impérial, qui ne voit d'autre moyen pratique d'entrer dans la voie des négociations que l'acceptation qu'en ferait le cabinet de Saint-Pétersbourg, les recommande par suite très-vivement à l'examen sérieux de ce cabinet.

En lisant la présente dépêche à M. le comte de Nesselrode et en lui en laissant copie, faites valoir tous les motifs qui parlent en faveur d'une acceptation sans réserve des bases sur lesquelles seules, nous le croyons, il est possible de mettre un terme aux calamités de la guerre, qui ont déjà coûté tant de sacrifices, et qui devraient inévitablement prendre une plus grande extension. Dans le fait, l'Autriche ne voit que dans l'acceptation franche de ces bases, desquelles émanent les conditions nécessaires d'une paix solide, la chance d'une entente générale.

Si le cabinet de Saint-Pétersbourg accédait aux quatre garanties en question, il pourrait s'en fier à notre zèle pour les représentations sérieuses que nous adresserions aux puissances maritimes, afin de les porter à ouvrir aussitôt sur ces bases des négociations et obtenir en même temps qu'elles s'entendissent sur la suspension des opérations militaires.

Nous conjurons encore une fois la cour de Russie de bien se pénétrer de l'immense portée de la résolution qu'elle va prendre, et nous n'avons pas besoin de vous recommander, monsieur le comte, d'employer tous les moyens en votre pouvoir pour faire que cette résolution soit favorable aux intérêts de la paix. Comme l'importance de la situation donne la mesure de l'impatience avec laquelle nous attendons la réponse qui vous sera donnée par le cabinet russe, je vous prie de nous la transmettre le plus tôt possible, et saisis, etc.

Signé : BUOL.

Dépêche *adressée par M. le baron de Manteuffel, à M. le baron de Werther.*

A M. le baron de Werther, à Saint-Pétersbourg.

Berlin, le 13 août 1854.

J'ai eu l'honneur de vous transmettre avec ma dépêche du 5 de ce mois, copie de celle que j'avais adressée le 24 du mois passé aux représentants du Roi à Paris et à Londres, pour communiquer à ces cabinets nos impressions sur les réponses russes du 29 et du 30 juin et pour leur exprimer notre espoir qu'ils y verraient avec nous des germes d'entente et des éléments de négociation.

Bien qu'il ne nous soit pas parvenu de Paris ni de Londres de réponse directe à ces ouvertures, des communications confidentielles et verbales qui nous ont été faites, et qui en partie se sont croisées avec nos propres démarches, ne nous ont pas permis néanmoins de nous dissimuler que la manière dont les gouvernements de France et d'Angleterre appréciaient les déclarations russes différait essentiellement de la nôtre, et qu'elle n'était guère de nature à nous offrir un point de départ commun. C'était surtout la présence prolongée des troupes russes dans les Principautés qui, dans l'opinion des puissances occidentales, devait les empêcher d'accorder une valeur pratique aux énonciations pacifiques du cabinet de Saint-Pétersbourg. L'adhésion aux principes consignés dans le protocole du 9 avril ne leur semblait en outre pas assez complète, puisqu'elle ne faisait pas mention des garanties qui, selon le même protocole, doivent être recherchées pour rattacher davantage l'existence de la Turquie à l'équilibre général de l'Europe.

Les cabinets de Paris et de Londres ne nous ont point laissé ignorer que dans leur pensée les garanties devraient renfermer plusieurs points principaux qui naturellement, sauf modifications dictées par les événements, formeraient la base indispensable de toute négociation de paix ou d'armistice. Ces points ont été formulés plus tard dans des Notes identiques que les représentants de France et d'Angleterre ont remises au cabinet de Vienne, et auxquelles celui-ci a adhéré dans sa réponse. En nous en faisant part, il nous annonce en même temps qu'il les considère comme découlant des principes posés dans le protocole du 9 avril, et par conséquent il ne saurait en recommander assez chaleureusement l'acceptation sans réserve au cabinet de Saint-Pétersbourg.

Je vous invite, monsieur le baron, d'après les ordres exprès du Roi, à appuyer de toutes vos forces cette démarche de la cour d'Autriche. Notre auguste maître la croit dictée par le sincère désir de préparer la voie des négociations et une suspension d'hostilités de part et d'autre; mais S. M. la croit aussi propre à faciliter ce résultat.

En se pénétrant de l'ensemble des quatre points renfermés dans la note susmentionnée, et en les confrontant avec l'esprit des dernières déclarations russes, S. M. ne saurait y trouver des bases incompatibles avec ce que son auguste beau-frère s'est déjà déclaré prêt à admettre comme point de départ d'un arrangement pacifique.

L'Empereur lui-même se sera convaincu de la nécessité d'obvier à l'avenir aux inconvénients et aux dangers qui, pour la Russie comme pour le repos de l'Europe, s'attachaient aux institutions qui formaient le droit public des Principautés danubiennes et de la Serbie, et la sollicitude éclairée de S. M. I. pour ces pays ne méconnaîtra pas les avantages et les bienfaits que pourra leur assurer une garantie collective de leurs privilèges par les puissances européennes.

La libre navigation du Danube ne saurait que répondre aux véritables intérêts du commerce russe, et bien que les entraves auxquelles elle est assujettie aux embouchures de ce fleuve ne soient point encore entièrement écartées, l'esprit élevé de l'Empereur et les déclarations réitérées de son cabinet ne laissent point de doute sur leur ferme intention d'y mettre une prompte fin.

Quant aux privilèges des sujets chrétiens du Sultan, ce n'est pas seulement en adoptant le protocole du 9 avril que S. M. I. s'est déclarée d'accord avec le principe d'une sollicitude solidaire et collective des puissances pour le sort de nos coreligionnaires; mais la même pensée avait déjà présidé aux ouvertures que le cabinet de Saint-Pétersbourg avait faites à ce sujet il y a quelque temps à Berlin; et comme l'indépendance et la souveraineté du Sultan ont été si souvent et si hautement proclamées comme conformes aux vues politiques de l'Empereur, S. M. ne voudra pas refuser son concours aux efforts réunis des puissances pour concilier l'amélioration du sort des rayas chrétiens avec les intérêts du gouvernement ottoman, en assurant à ce dernier l'initiative dont il a besoin pour maintenir son indépendance et sa dignité.

Enfin le traité du 13 juillet 1841 a

il le résultat de conjonctures tellement particulières, que sa révision par toutes les puissances contractantes ne saurait, en principe, rencontrer de difficultés, et la Russie, comme puissance limitrophe de la mer Noire, semble spécialement appelée à se joindre à l'examen des importantes questions qui s'y rattachent.

Voilà, monsieur le baron, les considérations générales qui engagent le roi, notre auguste maître, à désirer de tous ses vœux que la cour de Saint-Pétersbourg accepte comme bases d'une négociation ultérieure les points susindiqués, tels que l'Autriche, d'accord avec les cabinets de Londres et de Paris, les a formulés.

Veuillez donc vous prévaloir de la haute bienveillance dont l'Empereur a daigné vous honorer aussitôt après votre arrivée à Saint-Pétersbourg et de la haute confiance que M. de Nesselrode a voulu vous accorder pour faire comprendre au cabinet impérial l'immense portée qui cette fois encore va s'attacher à ses décisions, la large perspective de paix qu'elles peuvent ouvrir à l'Europe, et l'effet victorieux qu'elles doivent produire sur les détracteurs de la politique russe, si elles prouvent avec évidence à ses adversaires les plus acharnés de quel côté se trouvent les dispositions véritablement pacifiques.

Je n'ai pas besoin de vous dire, monsieur le baron, avec quelle impatience nous attendons vos communications sur l'accueil et l'effet de la présente dépêche, dont vous voudrez bien donner sans retard connaissance à M. le chancelier de l'empire.

Recevez, etc.

Signé : MANTEUFFEL.

———

Dépêche de M. le comte de Nesselrode au prince Gortchakof, en réponse aux communications de l'Autriche et de la Prusse.

Le prince Gortchakof, à Vienne.

Saint-Pétersbourg, le 26 août
(7 septembre) 1854.

J'ai reçu et soumis à S. M. l'Empereur les communications que le cabinet autrichien nous a adressées sous la date du 10 août, nouveau style.

En nous rendant au désir que l'Autriche nous avait exprimé de ne pas pousser plus loin nos opérations militaires en Turquie et de rappeler nos troupes des principautés du Danube, nous avions exclusivement en vue les intérêts autrichiens et allemands, au nom desquels ce désir nous était adressé. La concession demandée devait entraîner pour nous les conséquences les plus importantes; ainsi que nous l'avons déjà fait remarquer au gouvernement autrichien, elle nous enlevait le seul point militaire qui pût rétablir en notre faveur l'équilibre des positions sur l'immense théâtre des opérations de guerre. Il y a plus : elle devait nous exposer irrémédiablement au danger de voir se jeter en masse sur nos côtes d'Asie et d'Europe dans la mer Noire les forces militaires de l'Angleterre, de la France et de la Turquie.

Malgré ces inconvénients et ces dangers évidents, nous nous étions néanmoins, tenant compte des vœux de l'Autriche et de l'Allemagne, déclarés prêts à nous retirer volontairement et complétement des principautés du Danube. Nous renoncions même à toutes conditions de réciprocité de la part de nos adversaires, nous ne demandions absolument rien de ceux-ci. Nous nous bornions à exprimer à l'Autriche le désir d'être informés des garanties de sécurité qu'elle était personnellement en mesure de nous offrir ; en d'autres termes, et dans la prévision qu'il n'était pas en son pouvoir de nous assurer un armistice, nous désirions savoir si du moins, après que l'évacuation serait accomplie, et que par conséquent les engagements contractés par elle vis-à-vis des puissances occidentales seraient remplis, nous pouvions compter que l'Autriche cesserait de faire cause commune avec ces puissances, dans le but hautement avoué d'amener l'abaissement moral et matériel de la Russie.

En même temps et pour donner une preuve de nos intentions pacifiques, nous nous déclarions prêts à adhérer d'avance aux principes inscrits dans le protocole du 9 avril.

Au lieu de répondre directement à des questions qui lui étaient adressées

directement, l'Autriche a cru d'abord
devoir soumettre l'affaire aux puissances
occidentales et faire dépendre de toutes
les résolutions de ces dernières la résolution que nous attendions d'elle seule.

Il était évident que le sacrifice que
nous étions prêts à faire en vue de ses
intérêts particuliers et des intérêts de
l'Allemagne tout entière ne pouvait avoir
de valeur aux yeux de la France et de
l'Angleterre, et que ces deux cours,
dont le but est d'humilier et d'affaiblir
la Russie en prolongeant la guerre, ne
se montreraient pas disposées à entrer
dans la voie de la conciliation.

C'est là malheureusement ce qu'a
prouvé la communication que le comte
d'Esterhazy nous a faite.

En réalité, le cabinet autrichien nous
transmet actuellement, comme résultat
de ses conférences avec les cours de
Paris et de Londres, des bases nouvelles
de paix, lesquelles, en ce qui touche la
forme, sont rédigées de la manière la
moins convenable pour une adoption
honorable, et sur la signification desquelles nous ne saurions nous tromper,
attendu que, d'après l'aveu du gouvernement français tel qu'il est constaté
sans réserve par la publication officielle
de sa réponse au cabinet de Vienne, ce
qu'on entend par l'intérêt de l'équilibre
européen ne signifie pas autre chose
que l'anéantissement de tous nos traités
antérieurs, la destruction de tous nos
établissements maritimes, lesquels, par
suite de l'absence de tout contre-poids,
sont, dit-on, une menace perpétuelle
contre l'empire ottoman, et la restriction
de la puissance russe dans la mer Noire.

Ce sont là néanmoins les bases que
le gouvernement autrichien nous recommande; et quoiqu'il nous exhorte à les
accepter sans réserve, il n'en croit pas
moins devoir nous informer que pour ce
qui les concerne les puissances maritimes ne les considèrent nullement comme
définitivement arrêtées et se réservent
de les modifier en temps opportun, suivant les chances de la guerre; de telle
sorte que notre acceptation des bases ne
suffirait pas pour nous fournir même la
prévision certaine de la cessation des
hostilités. Le gouvernement autrichien
va plus loin encore : il nous déclare
qu'à son avis ces bases résultent des
principes du protocole, et qu'elles sont

les conditions nécessaires d'une paix
solide et durable; en conséquence, il
nous informe qu'il s'y rallie complètement et il a même pris vis-à-vis des
puissances occidentales l'engagement
formel de ne traiter avec nous sur aucune autre base.

Dans ces circonstances, il devient
inutile pour nous d'examiner des conditions que, tout en nous les posant, on
déclare mobiles et variables, des conditions qui, si elles restaient telles qu'on
nous les soumet actuellement, suppose-
raient déjà une Russie affaiblie par l'é-
puisement d'une longue guerre, et qui,
si la puissance passagère des événements nous forçait jamais à nous y
soumettre, loin d'assurer à l'Europe
une paix solide et surtout durable,
comme le gouvernement autrichien paraît le croire, ne feraient qu'exposer
cette paix à des complications sans fin.
En accédant, comme il l'a fait, aux
principes inscrits dans le protocole,
l'Empereur n'a pas eu l'intention de leur
attribuer la signification qu'on leur
donne.

Le sacrifice immense que nous étions
prêts à faire aux intérêts particuliers
de l'Autriche et de l'Allemagne devant
rester sans aucune compensation de la
part de l'Autriche, et celle-ci, au lieu
d'y voir un moyen de se dégager des
obligations acceptées par elle jusqu'ici-
lois, ayant cru, au contraire, devoir
s'unir aux puissances nos ennemies par
des engagements plus forts encore et
plus étendus, nous regrettons vivement
de ne pouvoir donner suite à ses dernières communications. Nous croyons,
dans notre position actuelle, avoir
épuisé la mesure des concessions compatibles avec notre honneur, et nos intentions sincèrement pacifiques n'ayant
pas été accueillies, il ne nous reste qu'à
suivre forcément la marche qui nous est
tracée par nos adversaires eux-mêmes,
c'est-à-dire à laisser comme eux aux
chances de la guerre le déterminer la
base définitive des négociations.

Le gouvernement autrichien est déjà
informé que des motifs empruntés uniquement à nos nécessités stratégiques
ont engagé l'Empereur à ordonner à ses
troupes de se retirer derrière le Pruth.
Ainsi rentrés dans nos frontières et
nous maintenant sur la défensive, nous

attendrons, dans cette position que des ouvertures équitables nous permettent de faire concorder nos vœux pour le rétablissement de la paix avec notre dignité et nos intérêts politiques, en évitant de provoquer de propos délibéré un accroissement de complications, mais en étant décidés en même temps à défendre avec résolution notre territoire contre toute attaque étrangère, de quelque part qu'elle puisse venir.

Votre Excellence aura la bonté de porter la présente dépêche à la connaissance de M. le comte de Buol.

Agréez, etc.

Signé : NESSELRODE.

DÉPÊCHE-CIRCULAIRE *adressée par le cabinet de Berlin aux envoyés de Prusse près les cours allemandes.*

Peu avant l'ajournement pour quelques semaines des séances de la Diète, l'affaire d'Orient a été mise sur le tapis dans les commissions respectives; mais aucune résolution n'a été prise, les envoyés n'étant pas munis d'instructions suffisantes. Comme il faut s'attendre, par conséquent, à ce que, après la réouverture des séances de la diète, les commissions réunies s'occuperont de nouveau de cette affaire importante, S. M. le Roi, notre auguste maître, a cru de son devoir, commandé par les rapports intimes qui existent entre lui et ses confédérés allemands, de communiquer aux gouvernements de ces derniers, avec une entière sincérité, les vues qui seront pour lui le pivot de sa conduite dans cette affaire.

La réponse du cabinet de Saint-Pétersbourg à la dépêche autrichienne du 10 août, soutenue et recommandée par celle de notre cabinet du 13, est parvenue au gouvernement depuis la dernière séance des commissions de la Diète. Elle est contenue dans une dépêche du comte de Nesselrode du 26 du mois passé, adressée au prince de Gortchakof, et qui nous a été communiquée par une courte dépêche d'envoi, en réponse aux démarches que nous avons faites près le cabinet de Saint-Pétersbourg. Une copie de la dépêche adressée au prince Gortchakof est jointe à celle-ci, et j'invite Votre Excellence à la communiquer confidentiellement au gouvernement près lequel vous avez l'honneur d'être accrédité.

Nous regrettons que S. M. l'empereur Nicolas n'ait pas cru pouvoir accepter une base de négociations de paix qui, si elle l'avait été et avait en effet mis fin par là aux hostilités et préparé la paix, aurait répondu aux désirs et aux efforts de notre auguste maître, et qui, justement pour cela, avait été recommandée par notre souverain au cabinet de Saint-Pétersbourg.

Cependant, en examinant la situation résultant de ce refus, et en prenant surtout en considération la déclaration qui se trouve à la fin de la dépêche russe, et d'après laquelle les troupes russes rentrées sur le territoire de l'empire y garderont une position purement défensive, nous ne saurions méconnaître la haute importance qui doit lui être attribuée, tant pour l'appréciation militaire que pour l'appréciation politique de la situation, au point de vue des intérêts allemands, lesquels doivent être protégés en vertu de notre alliance avec l'Autriche et les autres États allemands.

Nous croyons que par une pareille déclaration si précise la crainte d'une attaque russe en général, et surtout contre l'Autriche, devra être entièrement écartée; l'importance de la retraite des troupes russes ne peut pas être mise en question, parce que la Russie allègue encore des motifs stratégiques pour justifier cette retraite. Le cabinet de Saint-Pétersbourg a déjà fait abstraction, dans sa déclaration du 17 juin, de la théorie des gages, en désignant l'occupation des Principautés exclusivement comme une position militaire. Elle évacue non-seulement ces dernières maintenant, mais elle déclare encore qu'elle se tiendra exclusivement sur la défensive en dedans du territoire russe. Si l'on voulait malgré cela regarder le danger d'une réoccupation possible des Principautés comme une question qui compromettrait les intérêts allemands d'une manière durable et en déduire des obligations militaires, cette manière de voir conduirait au résultat paradoxal, savoir que pendant que toute l'Europe, les puissances occidentales y comprises, ne regardait pas encore en son temps l'occupation des Principautés par les troupes russes comme *casus belli*, l'on trouverait maintenant un pareil cas de guerre dans le fait qu'elles y ont été.

En s'arrêtant à ces considérations, S. M. le Roi est convaincu que l'article additionnel du traité d'alliance qui a trait à des suppositions tout à fait précises et réelles doit être regardé comme accompli, et que la réponse à la question de savoir si la nécessité d'une protection pour d'autres intérêts allemands effectivement compromis, conformément à l'article 2 du traité d'alliance, suppose une entente préalable.

Si l'on applique cela aux quatre points bien connus, il s'agit de savoir s'ils répondent tellement aux intérêts allemands qu'il soit avantageux pour les parties contractantes de se les approprier comme base exclusive de futures négociations. Si l'on avait supposé l'acceptation de cette base nonseulement par la Russie, mais aussi par les puissances occidentales (ce que bien des symptômes font paraître plus que douteux), et si l'on y avait rattaché maintenant des négociations de paix et la suspension des hostilités, un tel résultat aurait été sans doute propre à faire disparaître l'incertitude qui règne encore au sujet de la signification pratique des quatre points pour les intérêts allemands.

Je m'abstiens de discuter les scrupules qui pourraient être élevés à cet égard. Je rappellerai seulement que les difficultés qui seraient jointes à un protectorat commun sur les Principautés et les rayas chrétiens, pourraient facilement prendre un caractère qui ne serait rien moins que favorable aux intérêts allemands; j'ajouterai que, quoique nous aimions à voir dans l'entrée des troupes autrichiennes dans les Principautés une garantie de ce que les intérêts allemands y seront énergiquement sauvegardés, cependant l'entrée simultanée de troupes turques et peut-être d'autres troupes étrangères dans ces provinces, abstraction faite des complications militaires qui pourraient en résulter, ne peut être considérée comme une situation favorable aux intérêts allemands.

Maintenant que ces bases ont été repoussées par la Russie, et qu'ainsi, même si elles étaient considérées par les puissances occidentales comme obligatoires pour elles, ce qui n'est pas, on ne pourrait y rattacher des négociations immédiates de paix, S. M. le Roi, quelque vivement qu'il ait désiré une négociation immédiate sur ces bases, motif pour lequel il a soutenu avec une satisfaction particulière la dépêche adressée à cet égard par le cabinet de Vienne à Saint-Pétersbourg, ne saurait trouver compatible avec sa conviction de recommander à ses confédérés allemands l'acceptation des quatre points, d'une manière qui pourrait et devrait entraîner pour eux des charges et des engagements lesquels ne paraissent point commandés par l'esprit et le but de l'alliance.

Plus S. M. le Roi est résolu à persister dans l'exécution ferme et conséquente de l'alliance comme une garantie du développement indépendant de la puissance allemande, plus aussi il croit devoir consciencieusement tenir éloignés de sa sphère des engagements qui ne découlent pas d'intérêts généraux allemands clairement reconnus.

S. M. espère être d'accord avec ses confédérés allemands dans cette manière d'envisager les choses, et elle a surtout la ferme confiance que S. M. l'Empereur d'Autriche, non-seulement l'appréciera de cœur et d'âme, mais la partagera aussi comme prince allemand. La sagesse, la modération et l'amour de la paix de Sa Majesté Impériale sont pour le Roi, notre auguste maître, une nouvelle garantie de ce que l'Autriche, assurée par toutes les déclarations de la Russie contre toute attaque de sa part, s'abstiendra de son côté aussi de toute mesure agressive contre elle, et évitera par là des complications dont la nécessité ne pourrait être déduite de la protection des intérêts allemands, et auxquelles, par conséquent, l'article 2 de l'alliance ne saurait s'appliquer.

Notre envoyé à la Diète germanique sera invité à se prononcer, dans la commission comme dans la Diète elle-même, dans le sens de ces considérations, et à travailler à les faire valoir.

En portant cela à la connaissance du gouvernement auprès duquel vous avez l'honneur d'être accrédité, tout en lui communiquant la présente dépêche, veuillez, Monsieur, exprimer la grande importance que nous mettons à être informés aussitôt que possible de ce que le représentant de ce gouvernement à la Diète a été muni d'instructions découlant des mêmes principes.

Berlin, le 3 septembre 1854.

Signé : MANTEUFFEL.

DÉPÊCHE *adressée par M. de Manteuffel à M. le comte de Bernstorff, ministre de Prusse à Londres, pour décliner, au nom du cabinet de Berlin, toute solidarité avec la Note par laquelle M. le comte de Nesselrode a repoussé les quatre garanties.*

A S. Exc. M. le comte de Bernstorff,
à Londres.

(Confidentielle.)

Berlin, le 5 septembre 1854.

Monsieur le comte,

La dépêche du comte de Nesselrode au prince Gortchakof en date du 14 août, que j'ai déjà eu l'honneur de transmettre à Votre Excellence, nous a été communiquée par l'envoyé de Russie comme annexe d'une autre dépêche du même jour adressée au baron de Budberg et également ci-jointe en copie. Nous avons eu lieu d'être étonnés de l'espèce de solidarité qu'on nous y octroie par rapport aux déclarations antérieures du cabinet de Saint-Pétersbourg et que j'ai cru devoir décliner, par la dépêche ci-jointe en copie adressée au baron de Werther.

Les deux annexes ne sont principalement destinées qu'à l'information personnelle de Votre Excellence, mais je dois lui abandonner d'en faire mention dans ses conversations avec lord Clarendon. Ce ministre pourra se convaincre par la manière dont je me suis prononcé envers le baron de Werther au sujet des quatre points, que sans les considérer comme base exclusive de toute négociation, et sans entendre par conséquent contracter sous ce rapport des obligations nouvelles, le Roi, notre auguste maître, est pourtant d'avis qu'ils sont de nature à former le noyau d'un arrangement futur, et qu'à ce point de vue Sa Majesté est et sera toujours prête à leur accorder son appui moral, et à manifester par là le prix qu'elle attache à prouver et à maintenir dans les limites tracées par les intérêts de la Prusse son concours aux efforts communs des puissances, dirigés vers le but d'une pacification prompte, mais durable.

J'ai été plus d'une fois, monsieur le comte, dans le cas de vous dire que ce n'est pas le cabinet du Roi qui s'oppose à ce que les quatre représentants à Vienne se réunissent de nouveau, et si je crois devoir vous le rappeler encore aujourd'hui, c'est pour ajouter que, pour peu que les autres puissances désirassent une réunion de la conférence, le Roi n'hésiterait pas à déposer dans ses protocoles une déclaration dans le sens sus-indiqué, qui, tout en assurant aux quatre points l'appui moral et les bons offices de la Prusse, mit pourtant hors de doute qu'elle ne reconnaît aucune obligation contractuelle à les faire valoir par une coopération militaire contre la Russie.

Votre Excellence voudra bien nous informer de l'usage qu'elle aura jugé convenable de faire de ces observations et de l'accueil qu'elles auront trouvé.

Recevez, etc.

Signé : MANTEUFFEL.

DÉPÊCHE *adressée par M. le comte de Buol au comte d'Esterhazy.*

L'appréciation des ouvertures dont vous aviez été chargé auprès de la cour de Russie par notre expédition du 10 août se trouve consignée dans une dépêche adressée à M. le prince Gortchakof en date du 26 août, dont cet envoyé a bien voulu me donner communication et que j'ai l'honneur de joindre ici en copie pour votre connaissance.

Le cabinet de Saint-Pétersbourg décline les bases préliminaires qui nous semblaient devoir offrir un point de départ équitable pour mettre un terme à une guerre aussi désastreuse ; sans les avoir même soumises à un examen sérieux, il déclare leur acceptation incompatible avec les intérêts et la dignité de la Russie. Un rejet aussi compl'et que catégorique dispense le cabinet de Vienne du soin d'entrer dans l'analyse des arguments destinés à servir de justification à cette regrettable détermination. Il lui suffit de repousser l'insinuation d'après laquelle l'Autriche aurait voulu s'associer à un projet hautement avoué d'amener l'abaissement moral et matériel de la Russie, et il ne peut que persister dans sa conviction que les bases recommandées à l'acceptation du cabinet de Saint-Pétersbourg sont les seules qui eussent pu, dans les circonstances actuelles, nous mener à cette paix solide et durable qui se présente comme un besoin impérieux pour l'Europe.

L'Empereur, notre auguste maître, en regrettant sincèrement que ses offres aient trouvé un accueil si contraire à ses désirs, réserve ses efforts et son action pour un moment où il pourra, avec plus d'efficacité, les faire valoir dans l'intérêt d'une solution telle qu'elle convient aux besoins de l'Europe et de son empire. Sa Majesté Impériale, au reste, n'a pu relever qu'avec satisfaction, et vous êtes expressément chargé d'en faire parvenir l'assurance à S. M. l'empereur Nicolas, la confirmation de l'évacuation des Principautés danubiennes par les troupes russes. Cette occupation, vous ne l'ignorez pas, monsieur le comte, a toujours été déplorée par nous comme une des principales causes de la guerre, et à la fois comme une grave atteinte portée à des intérêts majeurs que l'Empereur est appelé à sauvegarder.

Mettre un terme à cette occupation qui n'aurait pu se prolonger sans amener un surcroît de pénibles complications, et déclarer en même temps que les troupes russes, après s'être placées derrière le Pruth, se tiendront sur la défensive, c'est donc, nous aimons à le reconnaître, écarter un fait qui, aussi longtemps qu'il subsistait, suffisait pour opposer un obstacle insurmontable à toute entente générale. Vous voudrez bien donner communication de cette dépêche à M. le comte de Nesselrode.

Recevez, monsieur le comte, l'assurance de ma considération distinguée.

Signé : BUOL.

Vienne, le 12 septembre.

———

DÉPÊCHE-CIRCULAIRE *adressée à tous les représentants de l'Autriche près les gouvernements de la Confédération germanique, excepté à ceux qui sont accrédités près les Mecklembourgs, lesquels ne sont pas parties au traité conclu le 20 avril dernier entre l'Autriche et la Prusse.*

Vienne, le 14 septembre.

A l'époque où les cours d'Autriche et de Prusse ont fait à propos de la question d'Orient, des communications communes à la Diète germanique dans sa séance du 17 août, des communications importantes dans l'intérêt de négociations pacifiques avaient été transmises au cabinet de Saint-Pétersbourg de la part des puissances allemandes. Pendant ce temps nous fûmes informés par la légation impériale de Russie de l'intention où se trouvait alors l'empereur Nicolas de retirer ses troupes des Principautés.

Depuis lors les explications de la cour impériale de Russie au sujet de nos propositions de paix nous sont parvenues par dépêches du comte de Nesselrode et du prince Gortchakof ci-annexées. Elles annoncent un refus positif, mais elles confirment le fait de l'évacuation des Principautés. J'ajoute à cette annexe la Note adressée à notre envoyé à Saint-Pétersbourg en réponse à cette déclaration, et une seconde dépêche qui doit servir seulement d'instruction au comte d'Esterhazy pour les explications qu'il peut avoir à fournir, et qui a pour objet de remettre dans leur véritable jour les idées erronées du cabinet russe en ce qui regarde la part que nous avons prise aux dernières négociations.

Avant de communiquer à nos confédérés allemands nos vues sur les faits accomplis, nous avons désiré savoir comment ils étaient considérés par la cour de Prusse. Après avoir ..... à cet égard, nous croyons qu'il est de notre devoir de .....naître sans réserve aux alliés l'attitude que .... prendre nous-mêmes, afin ... nir par là l'occasion de re..... ment sur les résolutions ... Confédération allemande .... entraînée sous l'empire des ... ces actuelles.

S. M. l'Empereur regrette très-pro-
fondément que la cour impériale de
Russie n'ait pas cru pouvoir entrer en
négociation pour la paix sur les bases
que S. M. I., d'accord avec les cours
de France et d'Angleterre, déclare être
les conditions nécessaires du rétablissement des relations pacifiques entre la
Russie et la Porte, et dont l'acceptation
avait été recommandée par S. M. le
Roi de Prusse. De son côté, le gouvernement impérial ne peut pas se départir
de ces conditions auxquelles seules sont
liées aujourd'hui les espérances de paix
et de garanties pour l'avenir, et il espère
encore que le temps n'est pas éloigné
où la Russie elle-même ne repoussera
pas les négociations qu'elle a refusées
sur ces bases.

D'un autre côté, S. M. I. ne méconnaît pas l'importance politique qu'on
doit indubitablement attacher aux déclarations de la Russie en tant qu'elles
ont écarté le danger direct d'un conflit
entre les deux empires. La retraite de la
Russie des Principautés nous avait déjà
été annoncée antérieurement comme une
mesure purement militaire et qui n'a-
vait en aucune façon le caractère d'une
concession politique. La cour de Saint-
Pétersbourg renouvelle, il est vrai, à
présent la concentration de ses troupes
sur son propre territoire, en la présentant exclusivement comme résultat de
nécessités stratégiques; mais elle déclare en même temps que cette retraite
est un second sacrifice fait aux intérêts
de l'Autriche et de la Prusse, et, ce qui
est plus encore, elle ajoute expressément que la Russie n'est pas disposée
à augmenter les complications, mais est
résolue à défendre son territoire contre
toutes les attaques d'où qu'elles puissent
venir, et à conserver une attitude défensive dans les limites de son territoire
jusqu'à ce que des propositions raisonnables lui permettent de donner suite à
son désir de la paix. Par là elle prend,
sans aucun doute, une position politique
et non pas exclusivement militaire. Elle
proclame pour le moment son intention
non-seulement de s'abstenir de toute
attaque contre le territoire impérial ou
contre les Principautés, mais encore
que, songeant uniquement à la défense
de son propre territoire, elle n'entreprendra rien contre la frontière turque.

L'évacuation des Principautés peut
être considérée comme étant déjà accomplie, et par là on a obtenu pour le
moment un résultat important par une
réunion de causes entre lesquelles nous
regardons le développement de nos forces comme le plus décisif. L'occupation
des Principautés par la Russie était considérée par les cours allemandes comme
incompatible avec les intérêts de l'Autriche et de l'Allemagne. Elle n'était
pas regardée comme moins dangereuse
par les puissances belligérantes, puisqu'elle était la cause de la guerre, le
premier et nécessaire obstacle que dans
toute circonstance il fallait écarter pour
arriver à la paix. La Russie a rétracté
maintenant cette démarche fatale, et
l'importance de ce fait tombe déjà avec
ses résultats directs et immédiats, avec
la restriction du théâtre de la guerre
par terre, dans la balance des espérances de paix. Nous ne négligerons certainement rien de ce qui pourra rendre
nos efforts utiles à la conciliation.

Nous ne pouvons d'un autre côté
nous tromper en remarquant que les
déclarations du cabinet russe n'ont point
en elles-mêmes de caractère défini et
qu'elles ne portent avec elles aucune
garantie suffisante et valable au delà
des événements du jour. Lorsque la
Russie a occupé la Valachie et la Moldavie et lorsque la Porte lui avait déjà
déclaré la guerre, elle avait annoncé
l'intention de rester sur la défensive et
de ne pas passer le Danube. Les circonstances cependant ont bientôt changé
cette résolution. Jusqu'ici la Russie n'a
renoncé à aucune de ses prétentions.
Elle n'a offert aucune garantie aux intérêts de l'Europe ni de l'Allemagne. Si
les circonstances venaient à tourner à
son avantage, elle pourrait se saisir de
nouveau du gage qu'elle n'a laissé
échapper que sous le coup de la nécessité. En présence de ces éventualités
nous devons continuer à nous appuyer
toujours sur nos forces pour pouvoir
remplir nos devoirs envers nous-mêmes
et nos obligations vis-à-vis des puissances qui se sont engagées avec nous
pour obtenir le même but. Nous n'a-
vons pas pris l'engagement de poursuivre un résultat final par des hostilités actives contre la Russie, mais nous
devons rester fortement armés, complé-

tement libres quant à nos résolutions, afin d'être assurés que nos intérêts importants seront suffisamment protégés dans toutes les éventualités, et qu'à l'avenir, pendant les négociations pour le rétablissement de la paix, nos efforts pour la restauration des garanties légales et de l'état de paix en Europe atteindront leur but.

Mais si l'Autriche a de justes motifs pour persister, afin de protéger les intérêts communs qu'elle a avec l'Allemagne, dans l'attitude armée qu'elle a prise ; si elle désire négocier de concert avec l'Allemagne pour l'obtention de divers objets allemands, alors aussi son droit est certain à attendre des gouvernements alliés un concours suffisant dans l'avenir.

Nous n'avons pas à examiner l'attitude qu'il faudrait prendre dans le cas où des complications que nous n'aurions pas prévues, et que nous ferons tout notre possible pour éloigner, nous feraient une loi de passer à l'état coercitif ; c'est une question qui ne se présente pas, et d'ailleurs pour cette éventualité les engagements spéciaux qui ont déjà été pris seraient insuffisants. Cependant la Russie, aussi longtemps que nous ne l'attaquerons pas ne pourra pas faire de notre occupation des Principautés un motif de rupture ouverte avec nous sans trouver l'Allemagne tout entière unie avec nous. Voilà ce qu'en vue d'une incertitude prolongée des événements, nous désirons voir reconnu de la façon la plus obligatoire. Cela soulève la question de savoir ce que conserve encore d'autorité dans ces circonstances l'article additionnel du traité du 20 avril. Il nous paraît que, suivant la lettre et l'esprit de cet article, nous devons croire à cette alternative, ou que des assurances complètes pour la non-extension de la guerre et l'évacuation des Principautés doivent nous être données, ou que l'occupation de ces pays a lieu sous la protection d'une solidarité fondée par l'alliance. Nous croyons que nous pouvons passer définitivement sur ce point, car nous sommes convaincus que tout examen qu'on pourra faire du point légal, sur les principes des stipulations du même traité, doit toujours conduire à la même conclusion.

Par notre entrée dans les Principautés, nous défendons le droit européen, et en conséquence nous ne pouvons en exclure en principe ceux qui ont des droits réels. Mais nous défendrons l'intégrité de l'empire ottoman, d'accord avec le Sultan et ses alliés, de toute nouvelle attaque contre les Principautés. Nous donnons par là, et par là seulement, une garantie convenable à la protection des intérêts austro-allemands aussi bien pendant le développement des événements que lors des règlements à venir.

L'assentiment de la Diète à cette conduite ne peut nous manquer, bien qu'il ne résulte pas d'une façon suffisamment claire des négociations et des manifestations antérieures. S. M., notre auguste maître et Empereur, avec des sentiments de confraternité fédérale, s'est fait garantir le concours puissant de la Prusse de la manière la plus obligatoire dans le cas où nous serions attaqués, toujours à la condition que nous ne prenions pas part à la guerre contre la Russie, et surtout que nous ne franchissions pas sa frontière. La Prusse, en cas d'attaque de la Russie contre le territoire autrichien, regarderait un fait pareil comme dangereux pour ses intérêts et pour ceux de l'Allemagne et elle assisterait l'Autriche par tous les moyens dont elle pourrait disposer.

La Prusse a par là exprimé la conviction que les autres princes de l'Allemagne ne reculeront dans un cas pareil devant aucun sacrifice pour écarter les dangers qui menaceraient l'Autriche leur étroite alliée, et en elle toute l'Allemagne. Nous partageons la même confiance et nous espérons que cette conviction sera ratifiée par les décisions qui vont être prises à Francfort. Si la Confédération nous accorde la garantie de son concours, alors et seulement alors, comme puissance allemande et comme partie contractante du traité du 20 avril, nous serons tranquillisés au moins pour l'avenir même, sans qu'il soit besoin de résolutions militaires de la part de la Diète, bien que certainement dans ce cas les sacrifices et les efforts sans lesquels l'Allemagne, dans la situation actuelle du monde, ne serait pas en sécurité, soient fournis exclusivement par l'Autriche.

En suite de ces considérations nous avons proposé au cabinet de Berlin de soumettre à la Diète, par l'intermédiaire de nos envoyés respectifs, la réponse faite au prince Gortchakof, accompagnée d'une déclaration commune dans le sens que bien qu'après l'évacuation des Principautés, la situation n'exige pas le développement immédiat des forces militaires de la Confédération, d'un autre côté cependant cette situation fournit de justes motifs pour demander que toute appréhension d'une attaque dirigée par la Russie contre le territoire de l'Autriche obligera à la défense commune tous les gouvernements unis par le traité du 20 avril.

Nous ne voyons pas de motif pour appeler la discussion de la Diète sur la différence des positions respectives de l'Autriche et de la Prusse en ce qui regarde les conditions de la paix à venir, par une proposition définie sur la conformité des quatre points avec l'étendue des obligations que nous avons contractées. Il nous paraissait certainement très-désirable que la Prusse, dont l'attitude en Europe avait jusque-là reposé sur les mêmes bases que la nôtre, se mit tout à fait sur la même ligue que nous, et que cet exemple fût suivi par toute la Confédération.

Cependant la Prusse a, de son côté, recommandé vivement à Saint-Pétersbourg l'acceptation des quatre points qui ont été déduits par les trois autres puissances des principes du protocole de Vienne, et c'est pour nous un fait rassurant d'avoir appris par les dernières communications du cabinet de Berlin que S. M. le Roi, sans avoir pris aucun engagement obligatoire de coopérer militairement contre la Russie, engagement qui n'existe pas pour l'Autriche, accordera cependant en tout cas son concours moral aux quatre points, et s'est prononcée elle-même dans le même sens vis-à-vis des autres puissances qui ont participé aux travaux de la conférence de Vienne.

Nous pouvons donc compter sur l'assistance de la Prusse pour travailler à l'œuvre de paix, assistance fondée sur les mêmes principes que ceux qui nous guident, et nous appuyer aussi avec une certaine confiance sur les délibérations de nos alliés, car nous avons la plus entière conviction que par notre influence sur la fixation de ces points, que, d'accord avec la France et l'Angleterre, nous avons déclarés être les conditions de la paix, nous avons agi en conformité de nos propres intérêts aussi bien que de ceux de l'Allemagne, car ces points sont utiles sous de certains rapports aux intérêts allemands et ne les contrarient sous aucun. Nous devons aussi considérer comme très-important et comme conforme à la dignité de la Confédération qu'elle soit mise en situation d'exprimer l'approbation la plus complète de notre conduite comme de nos efforts pour établir la paix sur ces principes, et qu'elle puisse le faire avec tout le poids qui lui appartient et par ses organes actifs.

Les garanties demandées assurent d'un côté la latitude nécessaire aux négociations futures, et de l'autre elles établissent avec toute la netteté possible ce qu'il est indispensable à l'Allemagne d'obtenir. Cependant si la Confédération, en donnant son plein assentiment aux quatre points, voulait faire une distinction entre ce qui est d'intérêt général européen et d'intérêt spécialement allemand, de façon à se prononcer particulièrement sur les conditions qui touchent seulement aux intérêts allemands, comme par exemple sur la cessation de l'ancien protectorat des Principautés danubiennes ou la liberté du commerce du Danube, nous ne ferions aucune objection à ce mode de procéder.

Votre Excellence est priée de communiquer la présente dépêche avec ses annexes au gouvernement près lequel elle a l'honneur d'être accréditée. Sans doute le moment actuel paraîtra aussi important à tous les gouvernements allemands qu'à nous-mêmes, et ils désireront vivement contribuer par leur voix à ce que les décisions qui vont être prises fortifient la position de la Confédération au dehors et confirment en même temps la confiance amicale entre les confédérés. Nous serions très-satisfaits si vous pouviez nous faire savoir aussitôt qu'il sera possible que la communication dont vous êtes chargé a été accueillie favorablement à.....

Signé : BUOL-SCHAUENSTEIN.

CIRCULAIRE *autrichienne du* 31 *août.*

L'ambassadeur impérial président la
Diète a réuni le 25 de ce mois les deux
comités qui, d'après la décision de la
Diète du 24 juillet, devront s'occuper
de la question orientale, pour provoquer une discussion des documents
soumis par l'Autriche et la Prusse dans
la séance du 17 août, et poser les bases des débats qui allaient s'ouvrir.

Comme président des deux comités,
il incombait à M. de Prokesch d'exprimer son opinion sur la manière dont
cette instruction pourrait être faite avec
le plus de convenance; il a donc pris
l'opinion émise dans la pièce ci-jointe
pour règle de sa conduite dans la discussion de l'affaire à traiter, et a en conséquence dirigé les débats.

Comme les membres des comités auront sans doute communiqué à leurs
gouvernements cette opinion qui a servi
de guide, en transmettant leurs rapports sur les discussions qui ont eu
lieu, nous croyons devoir envoyer ce
document à Votre Excellence pour qu'il
vous soit plus facile d'agir sur les gouvernements auprès desquels vous êtes
accrédité, dans le sens de l'accomplis-
ment consciencieux des engagements
contractés par traité par la Confédération germanique; d'ailleurs, la circulaire du 22 de ce mois vous indique
déjà parfaitement la marche à suivre.

Votre excellence voudra bien faire
ressortir surtout la haute importance
que nous attachons à ce que la Diète
s'approprie les quatre points indiqués
dans les Notes échangées le 8 de ce
mois, de la même manière que l'Autriche, c'est-à-dire en déclarant qu'une
entente avec la Russie dépendait de
l'acceptation de ces points, et se place
ainsi dans une position politique bien
déterminée. Une abstention indifférente
de l'Allemagne dans la question des garanties qui la touche de si près serait,
selon notre conviction, fatale à la considération de la Diète, soit que la Russie accepte les quatre points, soit qu'elle
les repousse. Nous espérons que le gouvernement prussien ne restera pas indifférent aux motifs qui militent en faveur de notre opinion, et nous avons de
nouveau écrit à ce sujet d'une manière
pressante à Berlin. Nous ne pouvons

pas douter de la manière la plus éloignée que nos alliés ne reconnaissent
volontiers notre entrée dans les principautés du Danube comme une intervention active dans le sens de l'art. 11 du
traité d'avril, d'autant plus que l'article
additionnel du 29 avril avait placé sous
la protection de la Confédération nos
mesures prises pour préserver l'intégrité
du territoire ottoman, même dans le cas
d'un conflit avec la Russie.

D'ailleurs nous nous référons à ladite circulaire.

Signé : comte BUOL.

———

AUTRE *circulaire autrichienne.*

Vienne, le 21 septembre 1854.

Vous aurez remarqué, en prenant
connaissance de la lettre du baron de
Manteuffel au comte d'Arnim, du 3 de
ce mois, jointe en copie à mes dernières
communications, qu'il y est dit, au sujet des questions soumises dans la
séance du 25 de ce mois des comités
réunis par l'ambassadeur impérial président la Diète, et relatives aux affaires
d'Orient, qu'une entente préalable à ce
sujet n'a pas eu lieu entre le baron de
Prokesch et le ministre de Prusse près
la Diète.

Apprenant que le gouvernement prussien a exprimé également ailleurs
surprise du manque prétendu d'accord
entre le baron de Prokesch et son collègue de Prusse, dans la circonstance
dont il s'agit, nous ne pouvons
empêcher de charger Votre Excellence
de faire ressortir, lorsque l'
s'en présentera, le manque de
ment de cette objection élevée contre
conduite de l'ambassadeur impérial
sident.

Avant la séance dont il s'agit, M
Prokesch demanda à M. de Bismard
son opinion; mais celui-ci était d'
de ne s'occuper pour le moment d'
cune communication aux comités.

M. de Prokesch ne put et ne voulut
consentir à un pareil temps d'arrêt dans
les affaires, croyant que cela n'était
conforme ni au sens de ses instru
ni à l'importance de l'objet.

Comme dirigeant les débats du

mité, il était de son devoir, en soumettant une affaire, d'exprimer son opinion sur la manière dont elle avait été traitée ; et chaque membre du comité était libre d'élever des objections ou de proposer une autre marche. Dans la séance du comité, M. de Prokesch fit envisager la question sous ce point de vue.

Quant à la chose en elle-même, l'ambassadeur impérial ne put la traiter que sous l'aspect sous lequel nous l'avions déjà fait envisager bien des fois au cabinet prussien, sans avoir pu réussir à lui faire partager nos vues.

D'après cet exposé, il ne pouvait donc être question que de vues divergentes, et non de plaintes fondées sur une marche isolée sans accord préalable. Nous avons cru devoir nous abstenir d'autant moins de constater ces faits, que nous croyons, dans le cas où un parfait accord entre l'Autriche et la Prusse ne pourrait s'établir, malgré nos efforts persévérants, et où les deux cours prendraient chacune une position séparée, nous réserver cette rectification et la faculté d'expliquer notre conduite à nos alliés, pour ne pas donner prise au reproche d'avoir agi isolément.

Signé : comte BUOL.

CIRCULAIRE *prussienne du 24 septembre 1854, en réponse à la précédente.*

Le cabinet autrichien nous a communiqué la circulaire ci-jointe, adressée le 21 de ce mois à ses représentants auprès des gouvernements allemands. Cette lettre me suggère les observations suivantes :

Après que le baron de Prokesch, peu de jours seulement avant la séance du comité du 25 de ce mois, eut déclaré au ministre du Roi près la Diète que lui aussi ne jugeait pas convenable de convoquer les comités avant la réunion de l'assemblée fédérale, les membres des comités se trouvant sans instructions, il changea subitement d'avis et fixa une séance, sans communiquer à M. de Bismarck son intention de soumettre aux comités des questions formulées d'une manière précise, ni ces questions mêmes. Plus tard il désigna également les sept questions connues, comme dépourvues de tout caractère officiel. Néanmoins celles-ci, ainsi que nous l'apprîmes de différents côtés, mais non par communication directe de Vienne, furent communiquées aux légations impériales par une circulaire dans laquelle on expose comme indubitable une interprétation de la portée, en principe, de la convention du 20 avril, nullement d'accord avec nos opinions, et on demande, d'une manière pressante, la réponse aux questions dans ce sens. Nous répétons que cette circulaire ne nous fut pas simultanément communiquée, mais nous en apprîmes le contenu approximativement, notre représentant en ayant fait mention dans la supposition qu'elle nous serait parvenue directement de Vienne. Mais cela n'eut lieu que quatorze jours plus tard, au moyen d'une communication faite au comte d'Esterhazy, après que j'eus chargé le comte d'Arnim à Vienne de parler à ce sujet au comte de Buol.

C'est là la simple narration des faits. Nous sommes loin de contester au cabinet autrichien le droit d'adresser à ses représentants des circulaires sans nous en faire communication ; mais indépendamment de cela, nous soulevons la question de savoir si, dans le cas dont il s'agit, et en général lorsqu'il s'agit d'une action commune aussi unanime que possible, il ne serait pas désirable de se prévenir mutuellement d'avance ou simultanément de démarches du genre de celles exprimées dans les sept questions, ou dans la circulaire du 21 août, ci-jointes pour votre gouverne, même quand la différence des opinions n'aurait pas été entièrement écartée.

La circulaire autrichienne, en disant que nous avons exprimé notre surprise du manque d'accord avec nous, n'a pas exposé les faits dans toute leur exactitude, car en répondant à la supposition des gouvernements allemands ou de leurs représentants à Berlin, que nous avions été informés des sept questions avant qu'elles fussent soumises au comité, et de la circulaire immédiatement après qu'elle eut paru, nous étions moins en position de leur exprimer notre surprise que de les entendre nous l'exprimer.

Mais dans toutes les circonstances, et vu la haute importance que nous attachons à notre accord avec le cabinet autrichien, nous continuerons, lorsqu'il s'agira de vues auxquelles nous croirons devoir nous attacher et que nous serons dans le cas de porter à la connaissance de nos alliés, à en faire simultanément la communication à Vienne.

Veuillez, auprès des gouvernements chez lesquels vous êtes accrédité, etc.

Signé : MANTEUFFEL.

Berlin, le 24 septembre 1854.

———

COPIE *d'une dépêche adressée au comte d'Esterhazy, à Vienne.*

Vienne, le 30 septembre 1854.

Le comte d'Arnim m'a communiqué la copie de la dépêche ci-jointe, qui contient la réponse de sa cour à nos ouvertures du 14 de ce mois. J'ai soumis immédiatement cette dépêche à l'Empereur, notre gracieux maître, et j'exécute les ordres de S. M. en ayant l'honneur d'adresser à Votre Altesse les observations qui suivent :

D'abord nous devons nous permettre de rectifier en quelques points la manière dont a été comprise notre dépêche du 14 de ce mois par le cabinet prussien. Plus notre désir de nous entendre complétement avec la Prusse et les autres gouvernements allemands est sincère, plus nous devons tenir à ce que nos déclarations ne soient pas mal interprétées. Nous n'avons pas dit ni pu dire que l'évacuation des Principautés par les troupes russes faisait cesser tout danger d'un conflit entre les deux empires: nous n'avons dit cela que d'un danger tout à fait immédiat.

En rappelant que l'occupation des Principautés par la Russie avait été la cause de la guerre et que les cours allemandes avaient déclaré la continuation de cette occupation inconciliable avec les intérêts de l'Autriche et de l'Allemagne, nous étions bien éloignés de voir dans cette évacuation la garantie de ces grands intérêts. Au contraire, nous croyons qu'ils seraient gravement menacés tant que la Russie ne donnera pas de garanties pour le rétablisse-

ment d'une paix assurée et durable.

Nous avons mentionné le rétrécissement du théâtre de la guerre comme devant être une des suites immédiates de l'évacuation des Principautés. Nous avions en vue ce fait que la Russie a retiré son armée de la Valachie et de la Moldavie, et que l'Autriche est appelée à protéger ces pays contre une seconde invasion. Mais nous ne nous sommes pas attribué le droit d'exclure les Principautés du théâtre des opérations militaires, et nous ne sommes pas dans le cas de prétendre à un tel droit. Nous n'avons pas demandé non plus que l'Autriche et la Prusse s'abstinssent de proposer directement à la Diète de s'approprier les points de garantie déterminés par l'échange des Notes du 8 août. De notre part, nous considérons cette proposition comme étant faite en vertu même de la communication de la Note du cabinet impérial dudit jour, et nous ne pourrons être complétement satisfaits des résolutions que le comité de la Diète proposera à celle-ci après avoir examiné les pièces, que si elles font prendre à la Confédération la même position relativement aux quatre garanties que nous avons prises nous-mêmes.

Ce n'est que pour ne pas laisser paraître inutilement dans la forme même la différence de l'attitude de l'Autriche et de la Prusse que nous nous sommes déclarés disposés à renoncer à proposer formellement que la Diète s'appropriât les quatre points, comme nous l'avions déjà fait à l'occasion de la communication de l'échange des Notes, et de n'attendre que de l'initiative de la Diète la résolution désirée ; si enfin nous avons déclaré que nous ne sommes pas obligés à faire accepter les quatre points par la Russie par des mesures actives, ces déclarations prouvent néanmoins de la manière la plus positive que S. M. l'Empereur s'est réservé une pleine liberté pour ses résolutions ultérieures.

En partant des points que nous venons d'indiquer de nouveau, nous avons proposé au cabinet de Berlin de soumettre en commun la réponse de la Russie à la Diète, à la connaissance et à l'examen de laquelle cette pièce ne pouvait être soustraite sans porter atteinte à sa dignité et de proposer en même temps une déclaration d'après laquelle toute la Confédération serait obligée de repousser une attaque de la Russie contre l'Autriche, qui pourrait avoir lieu par suite de l'occupation des Principautés par nos troupes, déclarations que la Prusse nous a déjà données pour elle-même. Nous ne pouvons donc que regretter sincèrement que le cabinet du Roi fasse des difficultés pour adhérer à cette proposition.

La Prusse nous demande de nouvelles explications sur notre dépêche du 14. Le gouvernement du Roi croit que les intérêts allemands ne seront garantis qu'à condition que l'occupation des troupes autrichiennes empêche d'autres éléments de s'établir dans les Principautés. Il désire des éclaircissements sur la question de savoir si les Principautés seront généralement fermées aux opérations militaires par suite de l'occupation autrichienne, si par conséquent la Russie n'aura pas à craindre de là une attaque provenant d'autres troupes que des troupes autrichiennes, et il indique que si la Russie avait repoussé une telle attaque et si ses forces militaires se trouvaient en contact avec les nôtres, l'Allemagne aurait à mettre ses intérêts particuliers dans la balance à côté de l'intérêt général que soulève la question de la participation à une guerre européenne.

La Prusse nous a assuré son appui d'une manière générale dans le cas où nous n'attaquerions pas la Russie. Nous ne pouvons donc admettre qu'elle veuille soumettre cette promesse à une restriction. Sachant cela, nous ne pouvons que faire observer que le gouvernement du Roi connaît parfaitement l'état des obligations contractées entre les diverses puissances ainsi que la manière dont nous nous sommes exprimés sur notre action dans les Principautés. Il sait que le traité conclu entre la Porte et les puissances maritimes permet à celles-ci de choisir tous les points du territoire ottoman qui leur paraîtront convenables pour les opérations des troupes auxiliaires, que par conséquent la Porte, si même elle avait voulu exclure sa propre armée du Danube, des Principautés, n'était nullement en position de nous transférer un

droit d'occupation exclusive, et que de notre part nous n'avons pas prétendu à un droit pareil. Nous pouvons sous ce rapport faire valoir des convenances militaires et politiques; nous pouvons avoir l'intention d'épargner à ces contrées déjà si cruellement éprouvées le retour des malheurs de la guerre et les prestations infinies; nous pouvons aussi être attentifs à ne pas nous laisser pousser par de simples événements militaires à une résolution qui n'émanerait pas de notre libre volonté; mais là s'arrête notre droit dans les Principautés.

Comme d'ailleurs le cabinet de Berlin est revenu sur ce point, quoique nous ayons déjà fait connaître notre opinion à ce sujet dans la dépêche du 14, nous ne pouvons faire autrement que d'exprimer à cette cour, avec la franchise que nous devons à un allié, que la Prusse n'est pas en position de déclarer que les intérêts allemands dans les Principautés ne seront garantis qu'à condition que l'Autriche occupe exclusivement ces provinces.

Il est loin de notre pensée de vouloir soulever des explications sur le passé; mais si le cabinet de Berlin consulte ses souvenirs, il devra s'avouer que l'attitude qu'il a prise dans la question de l'occupation des Principautés par nos troupes n'est pas de nature à lui donner le droit de nous reprocher que les Principautés ne sont pas exclusivement occupées par nous.

Si par suite nous ne voyons pas matière à ajouter de nouveaux éclaircissements à nos dépêches antérieures, nous ne trouvons, d'autre part, dans les ouvertures de M. de Manteuffel aucune garantie pour la réussite d'une négociation à entreprendre en commun par les deux puissances à Francfort.

Le cabinet du Roi, obligé toujours vis-à-vis des puissances européennes à appuyer moralement les quatre points, en vertu de ses communications du 6 de ce mois, se déclare disposé, il est vrai, à prêter son appui moral aux quatre autres points sitôt qu'il se sera présenté une occasion de nouer des négociations sur ces bases. Mais le cabinet du Roi renouvelle en même temps sa déclaration qu'il a des objections particulières à faire à ces quatre points, et exprime en outre le doute qu'une négociation qui aurait lieu auprès de la Diète sur ce sujet pût avoir un résultat pratique. Assurément la cour de Prusse trouvera de toute équité que de notre côté nous ne fassions à Francfort que des propositions qui soient de nature à faire concorder la position de la Confédération avec celle que nous avons prise nous-mêmes, et que nous considérions des objections contre les quatre points comme inconciliables avec la promesse qu'on nous faisait de donner un appui moral à nos demandes.

Dans ces circonstances, nous ne pouvons que partager, bien qu'avec regret, le doute de la Prusse sur la convenance d'une proposition à faire en commun par les deux puissances. Nous examinerons donc s'il vaut mieux faire soumettre nos propositions séparément à la Diète par l'ambassadeur de l'Empereur, et provoquer une décision de la Diète qui nous permettra de mesurer nos résolutions ultérieures ou d'attendre que les gouvernements de la Confédération trouvent intérêt à reprendre les délibérations sur la question qui ébranle si profondément l'Europe.

Toutes les démarches de S. M. l'Empereur témoignent que S. M. est profondément convaincue de l'importance incalculable de ce but, que dans la crise actuelle l'Autriche reste liée étroitement à la Prusse et à la Confédération germanique. Mais il ne suffit pas des efforts de l'Autriche pour que ce but soit atteint, il faut encore que les gouvernements allemands s'y trouvent disposés, et, avant tout, S. M. le Roi de Prusse, dont les sentiments élevés et la haute intelligence offrent la meilleure garantie de résolutions salutaires.

Votre Altesse donnera connaissance de la présente dépêche à M. de Manteuffel; nous la communiquons en même temps confidentiellement aux cours allemandes.

Agréez, etc.

Signé : BUOL.

CIRCULAIRE *adressée par M. le comte de Buol aux ministres d'Autriche en Allemagne, en leur communiquant une dépêche en date du 30 septembre au comte d'Esterhazy.*

Vienne, 1er octobre 1854.

Il a été fait réponse par la dépêche ci-jointe du baron de Manteuffel au comte d'Arnim, aux communications que nous avons adressées au cabinet de Berlin le 14 de ce mois, et dont il a été donné connaissance à Votre Excellence par la circulaire en grande partie identique du 15. L'accueil que nos ouvertures du 14 ont reçu à Berlin n'a pu nous satisfaire, d'une part, parce que la portée et le sens de nos déclarations n'ont pas été toujours compris exactement; de l'autre, parce que le cabinet prussien a répondu à notre intention de faire à ce sujet une proposition à la diète, par la demande d'obtenir sur notre propre position certains éclaircissements que nous ne pouvions donner sans changer la nature de nos rapports avec les diverses puissances.

La dépêche du cabinet de Berlin est insuffisante aussi pour nous faire comprendre comment on peut recommander à la diète, avec quelque équité et quelque franchise, l'appui moral des bases de paix établies par l'échange de Notes du 8 août, appui moral qui d'ailleurs ne peut avoir aucun effet, quand on dit en même temps aux États allemands que ces bases soulèvent de graves objections. Nous avons donc adressé la dépêche ci-jointe au comte d'Esterhazy, en réponse à ces communications de la Prusse, et, comme la dépêche prussienne a été communiquée confidentiellement aux gouvernements allemands, ainsi que cela est dit à la fin de la dépêche même, vous êtes chargé de communiquer aussi confidentiellement la présente au gouvernement auprès duquel vous êtes accrédité.

Nous y joignons en outre, afin que vous puissiez en faire l'usage confidentiel nécessaire, la copie d'une autre dépêche adressée au comte d'Esterhazy, dans laquelle nous exposons plus particulièrement les motifs qui s'opposent à la pensée du cabinet prussien, de garantir la Russie contre tout attaque des armées alliées partant des Principautés.

Recevez, etc.

Signé : comte Buol.

LETTRE confidentielle adressée par M. le comte de Buol au ministre autrichien à Berlin, M. le comte d'Esterhazy.

Vienne, le 9 novembre.

Monsieur le comte, la communication officielle de la cour de Prusse, à laquelle nous répondons aujourd'hui, était accompagnée d'une dépêche confidentielle au comte d'Arnim, dont il a eu la complaisance de me donner également communication. Le baron de Manteuffel y déclare que le cabinet de Berlin apprécie parfaitement les motifs qui nous empêchaient de prendre des engagements positifs sur la conduite que nous tiendrions dans le cas où la Russie accepterait les quatre points.

Au moment d'étendre la solidarité de l'attitude des deux puissances au delà des limites du traité d'avril, le cabinet du Roi considère néanmoins comme une question de confiance justifiée de voir le plus clairement possible si la Russie, en acceptant la base proposée par le cabinet de Paris, serait délivrée de la crainte de voir l'Autriche prendre part à une guerre d'agression contre elle, et jusqu'à quel point l'Autriche soutiendrait vis-à-vis de demandes plus étendues des cabinets de Paris et de Londres, des convictions opposées, et jusqu'à quel point elle donnerait à ses propres opinions un effet convenable.

Cette déclaration confidentielle du baron de Manteuffel nous permet d'espérer que le cabinet de Berlin reconnaît d'avance la justesse des développements de notre dépêche officielle d'aujourd'hui contre l'acceptation d'engagements qui nous obligeraient formellement. D'autre part, nous ne voyons aucun inconvénient à faire nous-mêmes très-volontiers et en toute confiance l'exposé de nos intentions; nous y voyons au contraire un devoir résultant de notre union fédérative et de la communauté de race.

Pour cela nous n'avons d'ailleurs qu'à rappeler d'abord les déclarations que vous avez été autorisé déjà à faire par ma dépêche du 26 août. Dès cette époque, nous avons fait connaître au cabinet de Berlin que la Russie n'aurait pas à craindre de nous voir parmi ses adversaires, si elle voulait sérieusement offrir une base convenable à la paix, en acceptant sans équivoque les quatre points. Nos intentions à cet égard n'ont pas varié.

Nous désirons encore maintenant que les négociations soient ouvertes, et qu'on s'entende sur les conditions de la paix, en prenant pour base les quatre points et en les interprétant loyalement dans le sens du maintien de l'équilibre européen. Si la Russie se déclarait, par suite de la demande de la Prusse, prête à négocier sur la base de ces quatre points, nous insisterions avec le plus grand zèle auprès des puissances maritimes pour qu'elles acceptent cette base et suspendent en même temps les hostilités. Dans les négociations mêmes, nous aurions constamment pour but de faire donner aux quatre points, en tant qu'ils deviendraient conditions de paix, une interprétation loyale et équitable pour toutes les parties.

Il n'est pas dans nos intentions d'élever de nouvelles demandes pendant le cours des négociations. Si l'une des puissances alliées voulait user de la faculté de présenter de nouvelles conditions, faculté que nous nous sommes réservée nous-mêmes dans un acte public et que par conséquent nous ne pouvons refuser à d'autres, nous nous réserverions la liberté complète de notre jugement vis-à-vis les uns des autres, et nous ferions valoir en tout cas une influence modératrice et conciliante.

Si la Russie s'était déclarée prête à négocier sur la base des quatre points, et si les puissances occidentales se décidaient néanmoins à continuer la guerre, l'Autriche n'accepterait pas l'obligation de soutenir aucune sorte de demande nouvelle. Mais l'Autriche ne pourrait se déclarer satisfaite que si la Russie s'obligeait formellement et solennellement au sujet des quatre points, quelle que soit la durée de la guerre et la marche ultérieure des événements militaires. Nous essayerions, avant de nous déclarer satisfaits, de déterminer les puissances maritimes, dans des pourparlers

que nous aurions avec elles, à se rattacher aux points qui nous satisferaient
d'abord nous-mêmes.

Si la nouvelle demande adressée par
la Prusse à la Russie restait sans effet,
l'Autriche se déciderait à faire une
nouvelle démarche commune pour faire
accepter les quatre points ; mais, dans
ce cas, un second refus aurait pour
conséquence la rupture des relations
diplomatiques. Ceux qui se rattache-
raient à cette démarche devraient s'engager aux mêmes conséquences. Mais
certainement on devrait trouver naturel
qu'avant de faire cette proposition,
nous en donnions connaissance aux
cours de Paris et de Londres, et que
nous cherchions à savoir d'abord comment la réussite de notre démarche à
Saint-Pétersbourg serait accueillie par
ces cabinets. Tant que la Russie n'aurait pas accepté les quatre points, l'Autriche devrait se réserver le droit de
pouvoir intervenir par elle-même pour
en obtenir l'acceptation. Alors se présenterait la question de savoir si la
Prusse et la Confédération germanique
seraient prêtes à marcher avec nous.

Nous ne prendrions pas une résolution pareille sans en délibérer auparavant et confidentiellement avec nos confédérés. En aucun cas, nous ne ferions
avec une puissance étrangère quelconque une convention qui serait contraire
à l'esprit du traité d'avril, ou à nos
devoirs fédéraux, ou aux intérêts allemands ; mais nous devons nous réserver
le droit de conclure des conventions
que nous jugeons propres à atteindre le
but commun, et que d'ailleurs nous ferions connaître à nos confédérés allemands.

Si la guerre avec la Russie était engagée, l'Autriche ne pourrait s'obliger
d'aucune manière à se contenter des
quatre points. Vous pourrez vous exprimer en notre nom sur toutes ces
éventualités avec M. de Manteuffel
aussi positivement que nous venons
d'exprimer nos intentions dans ce qui
précède, mais en conservant à vos déclarations le caractère confidentiel que
portent les questions du cabinet de
Berlin

Si Votre Excellence acquérait la
conviction que la cour de Prusse trouve
dans l'exposé de nos intentions, tel

que nous venons de le faire à cœur ouvert, la satisfaction que nous désirons
vivement lui procurer, nous vous autorisons même à lui communiquer confidentiellement cette dépêche, puisque
nous sommes parfaitement assurés que
le cabinet du Roi mettra le plus grand
soin à ce qu'il ne soit pas donné à ses
paroles une interprétation s'éloignant
en quoi que ce soit de la ligne de nos
obligations.

Recevez, etc.

Signé : comte Buol.

————

DÉPÊCHE *adressée le* 15 *novembre, par*
M. *de Manteuffel à l'ambassadeur*
de Prusse, à Vienne, M. *le comte*
d'Arnim.

Votre Excellence connaît déjà, grâce
à la bonté de M. le comte de Buol, la
réponse du cabinet impérial à nos ouvertures du 30 de ce mois. Le comte
Esterhazy m'a communiqué également,
depuis, la dépêche qui lui a été adressée à la date du 19 de ce mois, et je
vous en envoie copie ci-joint pour compléter les actes diplomatiques de l'ambassade de Vienne.

Nous avons éprouvé un grand contentement de voir que le cabinet autrichien a apprécié le vœu sincère d'un
accord qui nous a guidé dans nos propositions du 30 octobre, et notre satisfaction a pu en être d'autant plus vive
que nous avons cru pouvoir puiser,
dans l'impression générale qu'ont produite sur nous les observations par lesquelles il nous a répondu, la conviction
désirée et espérée que les deux hautes
cours sont suffisamment d'accord sur
les moyens et le but de leur position
commune vis-à-vis des grandes questions qui se rattachent à la complication
orientale pour pouvoir faire, par suite,
des propositions communes à leurs autres alliés dans le sein de la Diète.
Guidé par le désir de pouvoir le faire
le plus tôt possible, nous avons examiné
avec le plus grand soin les raisons que
le cabinet autrichien a cru devoir opposer, de son point de vue, en général
et en particulier, à la manière dont
nous avions formulé une résolution
éventuelle de la Diète. Dans cet examen

nous avons tenu le plus grand compte des égards que doit l'Autriche à sa position européenne et aux obligations qui en sont nées. Je ne crois pas devoir entrer dans des détails à ce sujet. Je me vois obligé seulement de dire que c'est par un malentendu que l'on a supposé que nous avons voulu déclarer les quatre points exclusivement et absolument obligatoires pour nous et nos alliés dans toutes les circonstances, et que nous avons voulu lier l'Autriche dans ces limites.

L'article 3 de notre projet avait au contraire en vue le cas où de nouvelles demandes seraient formulées dans l'intérêt de l'Europe moyenne, et il stipule que, dans ce cas, on prendra au préalable une résolution en commun. Nous croyons donc que si l'Autriche s'engageait à cela, dans la forme d'une résolution de la Diète, elle n'agirait que dans l'esprit du traité du 20 avril. Mais nous apprécions, comme nous l'avons dit, les considérations soulevées par le cabinet de Vienne et nous avons dû par conséquent avoir soin d'éloigner, autant que le maintien de nos propres convictions le permettait, du nouveau projet qui est ci-joint, et que S. M. le Roi a approuvé, tout ce qui pourrait être en contradiction avec la manière de voir de l'Autriche, et adopter presque verbalement les trois points que l'Autriche a formulés elle-même dans le projet d'instruction au représentant de l'Empereur à la Diète, projet qui nous a été communiqué, de manière que nous pouvons bien compter avec confiance que M. le baron de Prokesch sera autorisé à se prononcer en faveur de ce projet dans le sein de la commission.

S. M. en daignant consentir, comme je l'ai déjà dit, à une telle résolution de la Diète, le fait dans la conviction que pour éviter les discussions et les votes contraires, cette résolution ne pourra être prise qu'après qu'elle aura été précédée d'un article additionnel stipulant la protection de l'Autriche dans les Principautés qui, de l'aveu même du cabinet impérial, dépasse le principe primitif du traité d'avril. Pour la rédaction de cet article aussi, S. M. ordonne d'éviter autant que possible tout ce qui pourrait retarder l'entente. De cette considération dominante est résulté le projet ci-joint, également approuvé par S. M., que Votre Excellence communiquera à M. le comte de Buol, en lui faisant savoir que si S. M. l'Empereur d'Autriche l'approuve, Votre Excellence est autorisée à le signer immédiatement avec le comte de Buol. Si l'on préférait à Vienne que la signature eût lieu ici, il serait facile d'autoriser par le télégraphe le comte d'Esterhazy à le signer avec moi. Les formalités des pleins pouvoirs pourraient être remplies après.

Dans le cas où l'article additionnel serait signé, il devrait être communiqué immédiatement à nos alliés allemands et à nos représentants à Francfort; et non-seulement l'acceptation de cet article n'exigerait certainement pas de démarches ultérieures, mais le travail de la commission qui s'y rattacherait immédiatement serait simplifié de beaucoup, car celle-ci n'aurait à formuler ses propositions qu'en s'y référant, et si ces propositions étaient la conséquence d'un projet convenu entre l'Autriche et la Prusse, elles seraient assurées d'être acceptées unanimement dans la commission comme dans la Diète.

Veuillez faire connaître immédiatement la présente dépêche et les pièces qui y sont jointes au cabinet impérial. S. M. attache le plus grand poids à arriver à une prompte conclusion de cette affaire importante, dans laquelle elle est guidée par la grande part qu'elle prend aux intérêts prussiens et allemands et en même temps aux intérêts généraux de l'Europe, et elle compte avec confiance que son auguste allié S. M. l'Empereur d'Autriche y consentira et y contribuera de son côté. J'attends donc avec un vif intérêt les dépêches de Votre Excellence et le résultat de vos démarches.

Recevez, etc.

Signé : MANTEUFFEL.

DÉPÊCHES *confidentielles de M. le baron de Manteuffel à M. le comte d'Arnim (à la même date du 15 novembre).*

A. S. Excellence le comte d'Arnim à Vienne.

Je m'empresse de communiquer à Votre Excellence, pour qu'elle veuille bien en prendre personnellement connaissance, la seconde des quatre Notes communiquées le 9 de ce mois par le comte d'Esterhazy. Puisque le cabinet impérial tient à voir disparaître du projet de résolution de la diète les mots *« naels allen seiten hir festzuhalten de »* (à maintenir de tous points), il verra par le projet annexé à ma Note n° 1 que nous avons déjà accédé à ce désir. Nous avons admis de plus, sur la proposition du même cabinet, tant dans l'article additionnel que dans la résolution de la diète, les motifs tirés de la situation menaçante des affaires en Europe. En général, et le cabinet autrichien lui-même ne pourra le méconnaître, nous avons évité autant que possible ce qui aurait pu prolonger une divergence de vues sur des points accessoires, entre les deux cabinets qui d'ailleurs sont tombés d'accord sur les points essentiels. Nous croyons donc pouvoir espérer avec d'autant plus de confiance que l'Autriche *admettra* (ce mot manque dans le manuscrit) la forme d'un article additionnel à la résolution fédérale.

Signé : MANTEUFFEL.

———

Au même.

Votre Excellence appréciera avec quelle chaude et reconnaissante sympathie nous avons vu le ton de franchise et de confiance avec lequel le cabinet autrichien a répondu par une dépêche confidentielle au comte d'Esterhazy, à notre office du 30 novembre. Mes dépêches confidentielles de ce jour à Votre Excellence et leurs annexes montrent combien nous apprécions ces communications, et quelle influence elles pourront exercer sur les résolutions de S. M. le Roi, notre gracieux maître.

Nous reconnaissons en effet, dans l'exposé plein de franchise que le cabinet autrichien nous donne de ses intentions, une garantie bien satisfaisante pour nous : c'est que si on réussissait à obtenir de la Russie l'acceptation des quatre points comme base des négociations, nous y trouverions un point de départ pour le rétablissement de la paix universelle. Nous y puisons la conviction que la coopération puissante de la cour impériale d'Autriche pour ce grand résultat, bien digne d'elle, est une haute garantie de succès.

Si, contre toute attente, nos dernières démarches à Saint-Pétersbourg trouvaient un accueil tel qu'il en rendît le renouvellement nécessaire, et cela avec le concours de tous les confédérés allemands, Sa Majesté ne méconnaît pas qu'il faudrait préalablement déterminer toute la gravité des conséquences que pourrait avoir une nouvelle réponse négative. S. M. le Roi désire que l'on se pénètre bien, dans les différents plans des négociations, du point de vue duquel il entend coopérer au rétablissement de la paix. Sa Majesté croit que la bienfaisante mission de l'alliance de l'Europe centrale consiste à mettre le poids de son influence pacificatrice dans la balance des décisions, et à appliquer toujours ainsi le vœu de la modération sur les prétentions augmentées par les passions de la guerre.

Il n'y a rien de plus désirable à cet effet que de voir les alliés s'entendre préalablement et confidentiellement sur la portée des résolutions que les événements pourront dicter. Nous attachons une valeur particulière à voir le cabinet autrichien, fidèle à l'esprit du traité d'avril, des résolutions de la diète et des intérêts allemands, se faire une loi de s'entendre cordialement avec nous et ses autres alliés allemands.

Votre Excellence voudra bien exprimer au comte de Buol nos remerciements pour son importante communication confidentielle, dont nous savons apprécier toute la valeur, tant à cause des sentiments d'où elle émane que des espérances qu'elle permet de concevoir pour la réussite de l'œuvre de pacification.

Signé : MANTEUFFEL.

Dépêche *de M. de Nesselrode, adressée au ministre de Russie à la cour de Berlin, M. le baron de Budberg.*

Saint-Pétersbourg, le 6 (18) nov. 1854.

Monsieur le baron,

Les informations que nous recevons de différents côtés nous prouvent que, dans le moment actuel, les gouvernements allemands sont à peu près tous préoccupés d'une seule et même crainte, celle de voir à l'occasion de l'affaire d'Orient, éclater entre les deux grandes puissances allemandes une scission qui pourrait mettre en danger la tranquillité de la patrie commune et l'existence même de la Confédération germanique. Fidèle à la politique qu'il a suivie dès l'origine de cette déplorable complication, et désirant en circonscrire les conséquences désastreuses dans les plus étroites limites possibles, l'Empereur, notre auguste maître, a voulu, dans la présente conjoncture et autant qu'il peut dépendre de lui, préserver l'Allemagne des fléaux dont elle serait menacée dans une semblable éventualité.

En conséquence, vous êtes, monsieur le baron, autorisé à déclarer au cabinet prussien que l'Empereur est disposé à prendre part à des négociations qui auraient pour but le rétablissement de la paix et auxquelles les quatre propositions ci-dessous indiquées serviraient de point de départ, telles qu'elles sont formulées ci-dessous, savoir :

1° Garantie commune par les cinq puissances des droits religieux et civils des populations chrétiennes de l'empire ottoman, sans distinction aucune ;

2° Protectorat des Principautés exercé en commun par les cinq puissances aux mêmes conditions que nos traités avec la Porte ont stipulé en leur faveur ;

3° Révision du traité de 1841 ; la Russie ne s'opposera pas à son abolition, si le Sultan, principale partie intéressée, y consent ;

4° Liberté de la navigation du Danube, qui existe de droit, et que la Russie n'a jamais eu l'intention d'entraver.

Cette détermination est fondée, comme de raison, sur la supposition que les puissances occidentales rempliront fidèlement l'engagement qu'elles

ont contracté à la face de l'Europe d'assurer l'avenir des populations chrétiennes de l'empire ottoman, que leurs droits religieux et civils seront placés désormais sous la garantie de toutes les puissances, et qu'ainsi le principal but que la Russie a en vue dans la guerre actuelle aura été atteint.

Si les sentiments qui ont dicté à S. M. l'Empereur la présente déclaration sont appréciés en Allemagne, comme nous devons le supposer, nous croyons pouvoir nous livrer à l'espoir que la Confédération, réunie sur le même terrain et entièrement rassurée sur les intérêts allemands engagés dans la question, mettra à profit son unanimité pour peser dans la balance de l'Europe en faveur d'une paix dont l'Autriche et la Prusse nous ont présenté spontanément dans les quatre points une base qui les satisferait complétement.

Si, au contraire, on voulait se servir de cette union, maintenue encore une fois par les soins de la Russie, pour mettre en avant de nouvelles conditions incompatibles pour le fond comme pour la forme avec sa dignité, l'Empereur ne doute pas que les Etats de la Confédération ne repoussent de semblables prétentions de quelque côté qu'elles viennent, comme contraires aux sentiments de loyauté dont ils sont animés, ainsi qu'aux vrais intérêts de l'Allemagne. C'est une neutralité soutenue avec fermeté et persévérance, telle qu'elle a été proclamée dès l'origine de la lutte, que l'Empereur croit devoir lui demander en toute justice, en retour de la déférence avec laquelle il a accueilli les vœux qui lui ont été adressés en son nom.

Recevez, etc.

Signé : NESSELRODE.

———

Déclaration *du prince Gortchakof, en date du 28 novembre, relative aux quatre garanties.*

Le soussigné, envoyé en mission extraordinaire de S. M. l'Empereur de toutes les Russies, est autorisé de déclarer à M. le comte de Buol-Schauenstein, ministre, etc., que S. M. l'Empereur, son auguste maître, accepte les

quatre propositions du cabinet de
Vienne pour servir de point de départ
à des négociations de paix.

Réponse de M. de Buol.

Le soussigné, ministre des affaires
étrangères, s'est acquitté du devoir de
placer sous les yeux de l'Empereur la
Note que Son Excellence le prince de
Gortchakof, envoyé en mission extraordinaire de S. M. I. de toutes les Russies, lui a fait l'honneur de lui adresser en date du 28 du courant. Sa Majesté Impériale en a relevé avec une
vive satisfaction que S. M. l'Empereur
de toutes les Russies accepte les quatre
propositions préliminaires que M. le
comte V. d'Esterhazy avait été chargé
de présenter dans le courant du mois
d'août passé au cabinet impérial de
Russie comme bases d'une entente générale.

Appréciant dans toute leur valeur les
intentions qui ont inspiré cette importante résolution, l'empereur François-
Joseph ne croit pouvoir mieux y répondre de son côté qu'en s'empressant
d'en faire l'objet d'une communication,
auprès des cours de Paris et de Londres, avec lesquelles il se trouve engagé pour l'atteinte d'une solution
franche et équitable de ces quatre
points jugés comme *étant les préliminaires* indispensables au rétablissement
de la paix générale, etc.

Signé : Buol.

Pièces relatives à des événements de guerre ou d'intervention.

PROCLAMATION *adressée aux Moldaves
par le commissaire ottoman dans les
Principautés, à l'occasion de l'entrée des troupes autrichiennes à
Jassy.*

Moldaves !

S. M. I. le Sultan, notre gracieux
souverain, dans sa haute et paternelle
sollicitude envers tous ses sujets, sans
distinction aucune, s'est plu à vous
donner un nouveau témoignage de sa

bienveillance en daignant me nommer
son commissaire imperial dans les deux
Principautés, pour veiller à votre bien-
être et rétablir l'ordre qui a été malheureusement troublé par l'injustice et
l'arbitraire du gouvernement russe.

En vous faisant part de cette gracieuse détermination de S. M. I., je
m'empresse de vous faire connaître ce
qui suit :

La Sublime-Porte ayant conclu une
convention spéciale avec le gouvernement de S. M. I. et R. A., comme
elle en avait préalablement conclu avec
les gouvernements de France et de la
Grande-Bretagne, je dois vous informer
que, selon la teneur du susdit acte, des
forces militaires autrichiennes entrent
provisoirement dans les deux Principautés. La présence de ces troupes en
Moldavie ne doit nullement vous inquiéter, puisqu'elles y entrent comme
appartenant à une des puissances amies
et alliées de la Sublime-Porte ; elles ne
vous seront aucunement à charge, puisqu'elles paieront exactement et en argent
comptant tout ce dont elles auront besoin de faire l'achat dans le pays.

Les Russes ayant définitivement quitté
les Principautés, l'état précédent du
pays doit être rétabli, et S. A. le prince
Ghika a reçu l'ordre de venir reprendre
les rênes de son administration.

Les anciens priviléges et immunités
sont et seront toujours maintenus, et
vous verrez encore par là que le maintien de ces priviléges n'est dû nullement
aux traités qui sont déjà annulés, mais
bien à la sollicitude bienveillante et paternelle de S. M. I. le Sultan notre
gracieux souverain, dont l'honneur et la
gloire y sont profondément intéressés.

Moldaves !

Votre pays a bien souffert ; mais sous
l'égide protectrice de notre gracieux
souverain, tout va y rentrer dans son
état normal. En attendant que les circonstances en permettent un plus heureux développement, vous devez continuer à obéir aux lois qui vous régissent
et conserver pour elles ce sentiment de
respect qui est si indispensable au bonheur et à la prospérité d'un pays. A
cette condition, rien ne sera plus facile
et plus doux que de maintenir l'ordre
et la tranquillité publique, auxquels

notre auguste souverain m'a chargé de
veiller avec soin.

Je place toute ma confiance dans vos
sentiments de dévouement et de fidélité
à S. M. I., notre bien-aimé souverain,
et dans votre légitime affection au pays
qui vous a vus naître.

*Le commissaire impérial ottoman,
général de division,*

Signé : DERVISCH.

Le 29 septembre 1854, Bucharest.

NOTIFICATION *de levée de blocus.*

DÉPARTEMENT DES AFFAIRES ÉTRAN-
GÈRES.

Paris, le 19 décembre 1854.

Il est notifié, par les présentes, que
le ministre des affaires étrangères a
reçu la communication officielle d'une
dépêche adressée aux lords de l'amirauté anglaise par le contre-amiral
Chads, commandant les forces navales
de Sa Majesté Britannique dans la Baltique, et datée, à bord du vaisseau l'*É-
dimbourg,* en rade de Kiel, le 8 décembre, à l'effet d'informer leurs seigneuries que le blocus mis par les forces
navales françaises et anglaises combinées devant les ports russes ci-mention-
nés a été levé à partir de la susdite
date : Liebau, Windau, Riga, Pernau
et tous les ports, rades, havres et criques russes, depuis le 55° 53′ de latit.
N. et 21° 0′ 3″ de longit. E., jusqu'au
cap Dager-Ort, par 58° 55′ de lat. N.
et 22° 0′ 5″ de longit. E.;

Les ports de Hapsal, les îles de
Wormso, Port-Baltique, Revel, et tous
les ports, rades, havres et criques, à
partir du cap Dager-Ort jusqu'au phare
d'Ecklom, situé par 59° 43′ de latit. N,
et 25° 48′ de longit. E.;

Les ports d'Helsingfors et de Sveaborg et tous les ports, rades, havres et
criques russes à l'O. d'Helsingfors jusqu'à la pointe d'Hango inclusivement,
par 59° 48′ de latit. N. et 22° 53′ de
longit. E.

Les ports d'Oro et d'Abo, et finalement tous les ports, rades, havres et
criques à l'E. d'Helsingfors, sur la côte
de la Finlande, et du phare d'Eckholm,

sur la côte d'Esthonie, jusqu'à Cronstadt et Saint-Pétersbourg, tous deux
inclusivement.

AFFAIRE *de Petropolovski.*

A bord du *Pique,* 47o de latitude, 179o 32′ de longitude
ouest, le 19 septembre 1854.

Monsieur, j'ai l'honneur de vous informer que le jeudi 31 août le contre-
amiral Febvrier des Pointes résolut
d'exécuter le plan d'attaque contre les
défenses extérieures du port de Petropolovski, tel qu'il avait été arrêté entre lui et feu notre commandant en
chef, dont la mort, survenue la veille,
avait suspendu nos mouvements. Le
temps étant beau, il fut résolu que les
trois frégates seraient mises en position par les steamers. La *Virago* fut en
conséquence placée entre le *Pique* et
la *Forte,* et remorquant le *Président.*
Les navires s'approchèrent des batteries en cet ordre, et furent successivement placés dans les meilleures positions que l'on pût trouver, le courant
du rivage se trouvant d'ailleurs plus
fort que nous ne l'avions supposé.

Les défenses de l'entrée du port de
Petropolovski se composaient de trois
batteries, l'une de 5 canons, à l'extrémité de la péninsule qui forme le
port, une batterie de canons admirablement bien construite avec des fasci-
nes, au bord de l'eau du côté opposé,
et une batterie de trois canons plus
éloignée de la mer et située du même
côté. Comme on pensait que, grâce à
sa position, cette batterie nous gênerait, les fantassins de marine du *Président* furent embarqués sur la *Virago,*
sous le commandement du capitaine
Parker, et débarqués de manière à pouvoir attaquer la batterie dès que les
navires se seraient embossés. Malgré
l'obstacle des halliers presque impénétrables, l'infanterie de marine et les
matelots anglais et français qui furent
envoyés pour les appuyer arrivèrent
bientôt à la batterie, qu'ils trouvèrent
abandonnée. On mit les canons hors
d'état de nuire, et le détachement revint à bord de la *Virago.* Pendant ce

temps, la *Virago* fut exposée au feu d'une frégate russe mouillée dans le port, qui lui causa quelque dommage. La batterie, située à côté de la péninsule, se trouvant exposée au feu des navires, fut bientôt réduite au silence, et comme elle était sur la même ligne que la ville et les frégates mouillées dans le port, ceux de nos boulets qui passaient par dessus la batterie ont dû faire du dégât sur les navires et bâtiments de l'ennemi. Une brise qui s'éleva dans l'après-midi permit au *Président* et à la *Forte*, placés à l'extrémité de la ligne, de prendre des positions nouvelles plus rapprochées de la batterie russe.

Les canons de tous les navires ont alors été dirigés sur cette batterie, et la *Forte* surtout a fait un feu de ricochet bien nourri jusqu'à ce que le feu de la batterie eût cessé, sans que les artilleurs ennemis eussent quitté leurs canons. Les navires suspendirent leur feu et se placèrent hors de portée pour la nuit, la *Virago* remorquant la *Forte*. Les navires avaient reçu des boulets dans leur coque et dans leur gréement, mais la *Forte* seule avait perdu des hommes. Un malheureux boulet avait traversé une partie du pont, avait tué un matelot et en avait blessé plusieurs. Entre cette attaque et celle du 4 septembre, plusieurs conférences ont eu lieu entre le contre-amiral et les capitaines des deux escadres.

Dans cet intervalle, quelques informations ayant été obtenues sur la position des batteries qui n'étaient pas visibles des navires, sur l'intérieur de la ville et sur la force de la garnison, nous pensâmes qu'une attaque, dirigée contre le nord de la ville avec un corps de débarquement, pourrait réussir et amener des résultats importants.

Afin d'occuper, autant que possible, l'attention de l'ennemi, nous résolûmes d'attaquer simultanément une batterie de 5 canons placée dans la partie inférieure de la péninsule, un fort rond établi à son extrémité du côté du Nord. C'était vers ce dernier point que devait débarquer le détachement d'infanterie de marine et de matelots pour s'emparer des batteries et des hauteurs qui dominent la ville.

On avait pris tant d'hommes pour le débarquement, qu'il n'en restait plus pour servir les canons des deux frégates. Ceux du *Président* étant moins gros que ceux du *Pique*, et pouvant être servis avec moins d'hommes, je me rendis sur le *Président* avec le reste de l'équipage du *Pique*.

Le 4 septembre au matin, le corps de débarquement, composé de 350 hommes de chaque flotte et des officiers, fut mis à bord de la *Virago*, qui fut attachée à la *Forte* par un côté avec les embarcations de l'autre, et traînant à la remorque le *Président*.

Les batteries commencèrent le feu dès que les navires furent à portée, et endommagèrent les mâts des frégates, surtout ceux de la *Forte*. Un boulet porta sur le pont de la *Virago*; mais heureusement il ricocha en l'air, sans quoi il aurait fait un grand ravage sur le pont, où les hommes étaient entassés.

Le *Président* ayant jeté l'ancre à 600 yards de la batterie de la Selle, située au centre de la péninsule, ouvrit le feu contre elle; mais l'ennemi se tint à ses pièces avec beaucoup de résolution, se retirant parfois derrière la plate-forme sur laquelle ses canons étaient placés et revenant à ses pièces dès que le feu des navires faiblissait un peu. A la fin cependant cette batterie fut forcée de se taire. Cependant la *Forte* s'était placée en face de la batterie du fort rond, qu'elle réduisit bientôt au silence, et le détachement qui était sur la *Virago* put alors débarquer.

Je m'en réfère pour tous les détails relatifs au débarquement au rapport ci-inclus du capitaine Burridge.

La *Forte*, la *Virago* et l'*Obligado* couvrirent le rembarquement de nos hommes, et le feu de l'*Obligado* surtout gêna beaucoup la marche de l'ennemi. Aussitôt que le rembarquement a été effectué, tous les navires sont revenus à leur mouillage. Quoique cette attaque n'ait pas réussi, je crois que la bravoure déployée par le capitaine La Grandière, de l'*Eurydice*, par le capitaine Burridge et par les officiers et soldats placés sous leurs ordres apprécié.

L'infanterie de marine et les matelots sur la droite ont rapidement gravi la colline, malgré la raideur de la pente, sous un feu nourri; mais malheureusement des halliers épais, dans lesquels l'ennemi s'était embusqué, ont arrêté leur marche en avant dans cette direction, et à gauche la gorge était si fortement défendue, non-seulement par la mousqueterie, mais par des canons et des pièces de campagne, qu'on n'a pas pu forcer la position par ce côté; nous avons, d'ailleurs, depuis notre départ du port, reçu des prisonniers faits à bord du *Sitka* des informations qui nous portent à croire que la force numérique et la composition des troupes de la garnison étaient très-supérieures à ce que nous avions supposé.

Avant de clore cette lettre, je dois rendre témoignage à la conduite du capitaine Burridge et de M. Marshall, de qui j'ai reçu la plus cordiale assistance pendant les opérations de Petropaulouski. Le sang-froid du premier pendant la retraite et l'embarquement du détachement ont été généralement admirés, et le commandant Marshall a été infatigable dans ses efforts pour faire manœuvrer les navires et protéger le détachement de débarquement. Son navire, étant le seul bateau à vapeur attaché aux deux escadres, avait double tâche à remplir.

Tandis que j'étais à bord du *Président*, le 4 septembre, j'ai reçu l'assistance la plus empressée du commandant Conolly et de M. Roberts, patron de ce bâtiment. Le lieutenant Morgan, officier canonnier, a été mis hors de combat par une blessure résultant d'une esquille, aussitôt après que la batterie eut ouvert le feu, et le lieutenant Grove l'a remplacé dans le service de la flottille.

Les lieutenants Blanc et Marshall, de ce bâtiment, commandaient les marins du *Pique* sur le rivage, et ils ont été les derniers à quitter la grève. M. Fitzgerald, contre-maître, a été chargé de la chaloupe du *Pique*, avec le canon de laquelle il a rendu de grands services pendant l'embarquement.

Les officiers et marins français qui ont pris part à l'affaire se sont distingués par l'ordre dans lequel ils s'avançaient, ainsi que par le courage et la fermeté qu'ils ont déployés durant la retraite et l'embarquement qui s'est opéré.

J'envoie ci-joint une liste de tués et blessés, tant à bord du *Président* que parmi les hommes qui débarquaient. J'envoie également une copie de l'état des blessés et tués dans l'escadre française.

Le 2 septembre, les escadres combinées sont parties de la baie d'Avatska, et, une fois hors du port, ont poursuivi et capturé le vapeur russe l'*Amadis* et le *Sitka*, bâtiment marchand russe. Le premier vaisseau a été dégréé et brûlé, et le dernier se trouve maintenant avec l'escadre. Il venait en dernier lieu d'Ajean, dans la mer d'Ochotsk, et portait à son bord plusieurs officiers russes et des fonctionnaires civils du gouvernement. Il avait été construit à Hambourg pour le compte de la Compagnie russe-américaine; il a une cargaison composée de diverses marchandises, parmi lesquelles est une quantité considérable de farine et de poudre à canon.

J'ai présentement l'intention de faire de l'eau à l'île Vancouver et de me rendre à San-Francisco pour attendre vos ordres ultérieurs.

J'ai l'honneur, etc.

Signé: F.-W.-G. NICHOLSON,
capitaine.

Au capitaine sir Frédéric Nicholson, à bord du navire de S. M. le Pique.

Vaisseau de S. M. le *Président*,
Avatska-Bay (Kamschatka), le
7 septembre 1854.

Monsieur, il est de mon devoir de vous rapporter les événements ayant trait au détachement de débarquement des navires de S. M. I. placés sous les ordres du capitaine La Grandière, de l'*Eurydice*.

Les forces alliées, composées de divisions des soldats de marine et de fusiliers d'environ 900 hommes, étaient à bord du sloop à vapeur de S. M. la *Virago*, hier, à cinq heures du matin, lorsque le capitaine La Grandière a réitéré le plan d'attaque qui m'était déjà connu ainsi qu'aux capitaines de compagnies : il s'agissait pour les troupes de marine de gravir la hauteur, assistées par les matelots de la *Forte* et de l'*Eurydice*.

Les matelots du *Pique* et du *Président* et de la *Virago* devaient marcher par la route à la gauche des troupes de marine, afin d'enlever d'assaut les batteries de la ville commandant le passage de la gorge, puis ils devaient se reformer et attendre de nouveaux ordres. La batterie de la gorge ayant été réduite au silence par les canons de la *Forte*, nous avons débarqué directement au-dessous de la colline. L'ennemi était fort en position et nombreux sur la hauteur. Il a ouvert immédiatement le feu sur nous. Les troupes de marine ont été formées aussi rapidement que possible sous les ordres du capitaine Parker, et, appuyées par les matelots dans leur ascension, elles ont gravi la hauteur très-escarpée et couverte d'épaisses broussailles.

L'ennemi dut à cela un grand avantage, néanmoins il fut chassé et nous occupâmes sa première position. A mi-chemin de l'ascension, les troupes de marine et les fusiliers français se portèrent à la droite de la hauteur, la gauche et le centre étant tenus par les matelots du *Pique*, du *Président* et de la *Virago*, et par ceux des navires français.

La gauche avait été assez dégagée de l'ennemi pour prendre position sur le flanc des batteries de 2 et 3 canons à l'arrière qui avaient fait un feu très-vif de boulets et de mitraille. L'ennemi, chassé des pièces par notre mousqueterie, se retira dans des retranchements d'où il nourrissait contre nous un feu très-vif.

La droite avait gravi la hauteur, et elle se portait sur la Sadzle battery, que foudroya alors le *Président*. Dans ce mouvement, notre perte a été très-considérable, à cause de la force numérique de l'ennemi et une bonne position sur le haut de la colline et sur nos flancs.

Déjà nous avions fait quelques progrès sur la crête de la hauteur, lorsque le capitaine Parker, de la marine royale, fut tué en conduisant bravement ses hommes, et les lieutenants Mac-Callum et Clements blessés. Alors nos hommes commencèrent à se replier, et après de nombreux efforts pour se rallier, le feu incessant dirigé sur eux les contraignit de battre en retraite vers la plage. Un petit détachement se forma derrière la batterie de la gorge pour protéger la retraite ; mais les chaloupes étant forcées de s'approcher à la portée de l'ennemi, beaucoup de nos hommes furent tués pendant l'embarquement.

Le commandant en chef vous fera sans doute connaître la perte de nos alliés. Leur bravoure en allant en avant et leur solidité dans la retraite sont fort à admirer. Le premier lieutenant Lefebure, de l'*Eurydice*, a été tué au moment où il s'avançait vers moi, et j'ai remarqué la brave conduite de la plupart des officiers français dont je regrette de ne pas savoir les noms.

Parmi les pertes que nous avons à déplorer à cette occasion, il n'en est pas une plus regrettable que celle du capitaine Parker : c'était un bon soldat et l'honneur de son corps. Le lieutenant Howard a été grièvement blessé en me servant d'aide de camp. Le lieutenant George Palmer a été blessé en conduisant sa compagnie ; les lieutenants Mac-Callum et Clements, et M. Robinson, contre-maître du *Pique*, ont été blessés à la tête de leurs hommes.

Je dois des remercîments à tous les hommes qui ont servi sous mes ordres ; les difficultés du terrain et les broussailles leur ont offert des obstacles invincibles pendant qu'un invisible ennemi faisait feu sur nous de tous les côtés.

J'espère que vous trouverez que nous avons fait tout ce que nous pouvions dans cette occasion.

Je suis, Monsieur, votre obéissant serviteur.

Signé : RICHARD BURRIDGE, *capitaine.*

Traité du 2 décembre.

DÉCRET *impérial portant promulgation, en France, d'un traité d'alliance signé, le 2 décembre, entre la France, l'Autriche et la Grande-Bretagne.*

NAPOLÉON, par la grâce de Dieu et

la volonté nationale, Empereur des Français,

A tous présents et à venir, salut :

Sur le rapport de notre ministre secrétaire d'Etat au département des affaires étrangères,

Avons décrété et décrétons cé qui suit :

Art. 1er. Un traité d'alliance ayant été signé, le 2 décembre 1854, entre la France, l'Autriche et la Grande-Bretagne, et les ratifications respectives de cet acte ayant été échangées à Vienne, le 14 du présent mois de décembre, ledit traité, dont la teneur suit, recevra sa pleine et entière exécution.

TRAITÉ D'ALLIANCE.

Sa Majesté l'Empereur des Français, Sa Majesté l'Empereur d'Autriche et Sa Majesté la Reine du royaume uni de la Grande-Bretagne et d'Irlande, animées du désir de mettre fin le plus tôt possible à la guerre actuelle par le rétablissement de la paix générale sur des bases solides, donnant à l'Europe entière toute garantie contre le retour des complications qui ont si malheureusement troublé son repos ; convaincues que rien ne serait plus propre à assurer ce résultat que l'union complète de leurs efforts jusqu'à l'entière réalisation du but commun qu'elles se sont proposé, et reconnaissant, en conséquence, la nécessité de s'entendre aujourd'hui sur leurs positions respectives et les prévisions de l'avenir, ont résolu de conclure entre elles un traité d'alliance, et ont nommé à cet effet pour leurs plénipotentiaires :

Sa Majesté l'Empereur des Français, le sieur François-Adolphe, baron de Bourqueney, son envoyé extraordinaire et ministre plénipotentiaire près Sa Majesté Impériale et Royale Apostolique, grand officier de l'ordre impérial de la Légion d'honneur, etc., etc. ;

Sa Majesté l'Empereur d'Autriche, le sieur Charles, comte de Buol-Schauenstein, son chambellan et conseiller intime actuel, ministre des affaires étrangères et de la maison impériale, grand-croix de l'ordre impérial de Léopold, chevalier de l'ordre de la Couronne de fer de la première classe, etc., etc. ;

Et Sa Majesté la Reine du royaume uni de la Grande-Bretagne et d'Irlande, le très-honorable Jean-Fane, comte de Westmoreland, pair du royaume uni de la Grande-Bretagne et d'Irlande, général des armées de Sa Majesté Britannique, colonel du 56e régiment d'infanterie de la ligne, chevalier grand-croix du très-honorable ordre du Bain et commandeur de la section militaire du même ordre, chevalier de l'ordre impérial et militaire de Marie-Thérèse, conseiller de Sa Majesté Britannique en son conseil privé et son envoyé extraordinaire et ministre plénipotentiaire près Sa Majesté Impériale et Royale Apostolique, etc., etc. ;

Lesquels, s'étant communiqué leurs pleins pouvoirs, et les ayant trouvés en bonne et due forme, ont arrêté et signé les articles suivants :

Art. 1er. Les hautes parties contractantes rappellent les déclarations contenues dans les protocoles du 9 avril et du 23 mai de l'année courante et dans les Notes échangées le 8 août dernier ; et comme elles se sont réservé le droit de proposer, selon les circonstances, telles conditions qu'elles pourraient juger nécessaires dans un intérêt européen, elles s'obligent mutuellement et réciproquement à n'entrer dans aucun arrangement avec la cour impériale de Russie avant d'en avoir délibéré en commun.

Art. 2. Sa Majesté l'Empereur d'Autriche ayant fait occuper par ses troupes, en vertu du traité conclu, le 14 juin dernier, avec la Sublime-Porte, les principautés de Moldavie et de Valachie, il s'engage à défendre la frontière desdites Principautés contre tout retour des forces russes ; les troupes autrichiennes occuperont, à cet effet, les positions nécessaires pour garantir ces Principautés contre toute attaque ; Sa Majesté l'Empereur des Français et Sa Majesté la Reine du royaume uni de la Grande-Bretagne et d'Irlande ayant également signé, le 12 mars, avec la Sublime-Porte, un traité qui les autorise à diriger leurs forces sur tous les points de l'empire ottoman, l'occupation sus-mentionnée ne saurait porter préjudice au libre mouvement des troupes anglo-françaises ou ottomanes sur ces mêmes territoires contre les forces militaires ou le territoire de la Russie. Il sera formé à Vienne, entre les plénipotentiaires de l'Autriche, de la France et de la Grande-Bretagne, une commission à laquelle la Turquie sera invitée à adjoindre aussi un plénipotentiaire, et qui sera chargée d'examiner et de régler toutes les questions se rapportant, soit à l'état exceptionnel et provisoire dans lequel se trouvent lesdites Principautés, soit au libre passage des diverses armées sur leur territoire.

Art. 3. Les hostilités venant à éclater entre l'Autriche et la Russie, Sa Majesté l'Empereur des Français, Sa Majesté l'Empereur d'Autriche et Sa Majesté la Reine du royaume uni de la Grande-Bretagne et d'Irlande, se promettent mutuellement leur alliance offensive et défensive dans la guerre actuelle, et emploieront, à cet effet, selon les nécessités de la guerre, des forces de terre et de mer dont le nombre, la qualité et la destination seront, s'il y a lieu, déterminés par des arrangements subséquents.

Art. 4. Dans le cas prévu par l'article précédent, les hautes parties contractantes se promettent réciproquement de n'accueillir de la part de la cour impériale de Russie, sans s'en être entendues entre elles, aucune ouverture ni aucune proposition tendant à la cessation des hostilités.

Art. 5. Dans le cas où le rétablissement de la paix générale sur les bases indiquées dans l'article 1er ne serait point assuré dans le cours de la présente année, Sa Majesté l'Empereur des Français, Sa Majesté l'Empereur d'Autriche et Sa Majesté la Reine du royaume uni de la Grande-Bretagne et d'Irlande, délibèreront sans retard sur les moyens efficaces pour obtenir l'objet de leur alliance.

Art. 6. L'Autriche, la France et la Grande-Bretagne porteront ensemble le présent traité à la connaissance de la cour de Prusse, et recevront avec empressement son adhésion, dans le cas où elle engagerait sa coopération à l'accomplissement de l'œuvre commune.

Art. 7. Le présent traité sera ratifié et les ratifications seront échangées à Vienne, dans l'espace de quinze jours.

En foi de quoi, les plénipotentiaires respectifs l'ont signé et y ont apposé le sceau de leurs armes.

Fait à Vienne, le deux décembre de l'an de grâce mil huit cent cinquante-quatre.

(L. S.) *Signé :* BOURQUENEY.
(L. S.) BUOL-SCHAUENSTEIN.
(L. S.) WESTMORELAND.

Art. 2. Notre garde des sceaux, ministre et secrétaire d'État au département de la justice, et notre ministre et secrétaire d'État au département des affaires étrangères sont chargés, chacun en ce qui le concerne, de l'exécution du présent décret.

Fait à Paris, le 19 décembre 1854.

Signé : NAPOLÉON.

Par l'Empereur :

Le ministre des affaires étrangères,

Signé : DROUYN DE LHUYS.

Vu et scellé du sceau de l'État :
Le garde des sceaux, ministre de la justice,
Signé : ABBATUCCI.

Documents allemands. — 1re série.

DÉPÊCHE *adressée par M. de Manteuffel aux représentants de la Prusse près les cours de France et d'Angleterre, à la suite de la notification au cabinet de Berlin du traité du 2 décembre.*

Berlin, le 19 décembre 1854.

Monsieur le comte,

Comme j'ai eu l'honneur d'en informer Votre Excellence par le télégraphe, c'est dans la soirée du 14 de ce mois que les envoyés de France, d'Angleterre et d'Autriche sont venus me communiquer officiellement le traité que leurs gouvernements ont signé le 2 décembre à Vienne, et m'exprimer, conformément à l'art. 6, le désir d'y voir adhérer la Prusse.

Je n'ai pas tardé à soumettre cette importante communication au Roi, notre auguste maître. S. M. en apprécie pleinement la haute portée, et en se laissant l'objet d'un examen consciencieux, elle s'est laissé guider par le sincère désir de s'associer, autant que ses convictions et les intérêts de son pays le permettent

et, à l'œuvre commune du rétablissement de la paix générale sur des bases
utiles et durables.

C'est avec satisfaction que le Roi a vu
appeler les protocoles de Vienne. S. M.
e discontinue pas de les considérer
comme l'expression du concert des
quatre puissances, et attache un prix
particulier à tout ce qui est de nature à
constater la durée de cet accord. A la
traité, la Prusse n'a point participé à
l'échange des Notes du mois d'août.

Le gouvernement du Roi ne crut pas,
dans la situation générale d'alors, devoir se lier à cet égard par un engagement quelconque; mais le langage qu'à
plusieurs reprises il a tenu à Saint-Pétersbourg, et qui n'est pas resté sans
effet, prouve suffisamment qu'il s'est
efforcé d'assurer aux garanties formulées à Vienne une valeur pratique en les
faisant adopter par le cabinet impérial
de Russie.

Tandis que d'un côté le concours diplomatique de la Prusse se trouve donc
déjà acquis aux efforts des autres puissances pour fixer les bases de la paix
générale, ses transactions avec l'Autriche ne prouvent pas moins, de l'autre,
que le cabinet du Roi, en se pénétrant
de la gravité des intérêts compromis par
une prolongation de l'attitude menaçante de la Russie, a, dans la limite de
certaines éventualités, engagé jusqu'à sa
coopération militaire.

Sous tous ces rapports, l'analogie
d'attitude entre la Prusse et les puissances qui viennent de signer le traité
du 2 décembre existe déjà, et le Roi,
notre auguste maître, est trop éloigné
de se faire illusion sur les incalculables
dangers dont le déchaînement ultérieur
des passions guerrières menacerait l'Europe entière, pour ne pas être disposé à
contribuer, dans l'intérêt d'une paix
prompte et équitable et de l'équilibre
qu'elle est destinée à garantir, par
de nouvelles stipulations, un accord dont
le poids pacificateur serait appelé à exercer une influence salutaire et décisive.

En envisageant de ce point de vue le
traité du 2 décembre, et en reconnaissant avec satisfaction qu'il renferme des
éléments de la nature sus-indiquée, le
Roi, notre auguste maître, a toutefois retrouvé dans la plupart de ses articles
l'empreinte, fort naturelle du reste, de

sa destination spéciale, c'est-à-dire
d'une entente entre les puissances occidentales et l'Autriche.

Il s'en suivrait, et certes la justesse
de cette observation n'échappera pas à
l'appréciation équitable des trois cours
signataires, que la Prusse, pour adhérer
éventuellement à la tendance générale
de cette transaction et à quelques-unes
de ses stipulations particulières, ne se
trouve pas en mesure d'accéder à un
traité déjà conclu, mais plutôt de conclure s'il y a lieu, pour sa part, un arrangement analogue.

A cet effet, et pour fixer avec clarté
ses décisions éventuelles, notre auguste
maître a été porté à se demander de
nouveau quelle était à peu près l'interprétation à donner aux quatre points
convenus au mois d'août comme base
de négociation entre les cabinets de
Paris, de Londres et de Vienne, rappelés par eux dans leur traité, appuyés à
Saint-Pétersbourg par la Prusse, et
adoptés maintenant sans réserve et
dans leur rédaction primitive par la
Russie.

Il est évident que cette interprétation
est destinée à former, pour ainsi dire, le
centre autour duquel tourneront toutes
les démarches pour arriver au rétablissement de la paix générale et dont, soit
diplomatiques, soit militaires, elles em-
prunteront leur véritable caractère.

Plus le Roi, notre auguste maître, apprécie la haute importance de la démarche que les cabinets signataires du
traité du 2 décembre ont faite, en invitant la Prusse à y adhérer, et plus
S. M. est désireuse de répondre aux
sentiments qui ont dicté cette démarche, plus nous croyons devoir nous
abandonner à l'espoir que des explications confidentielles sur l'interprétation
des quatre garanties nous mettront en
mesure de juger la portée des engagements que nous serions dans le cas de
contracter.

En conséquence, le Roi vous charge,
monsieur le comte, de vous prononcer
dans ce sens envers M. Drouyn de
Lhuys (lord Clarendon), en imprimant
à votre langage ce caractère de franchise et d'abandon qui est la meilleure
preuve du sincère désir de s'entendre.

Recevez, etc.

Signé : MANTEUFFEL.

Dépêche adressée par M. le comte de Buol, à M. le comte d'Esterhazy, par laquelle le gouvernement autrichien demande à la Prusse la mobilisation de son contingent fédéral.

Vienne, le 24 décembre.

Monsieur le comte,

Le gouvernement impérial se trouve amené, par suite de l'article additionnel du 26 novembre et de la résolution fédérale du 9 de ce mois basée sur cet article, d'une part, à s'entendre de nouveau avec la cour royale de Prusse au sujet des exigences militaires, résultant de la position des deux grandes puissances allemandes; d'autre part, à munir le député impérial près la diète germanique des instructions nécessaires pour sa coopération à l'exécution de la partie militaire de ladite résolution fédérale.

Avant d'entrer dans la discussion de cet objet à Berlin, le gouvernement impérial a attendu la réponse du cabinet de Berlin à la notification officielle du traité d'alliance du 2 décembre; l'adhésion ou la non-adhésion de la Prusse devant naturellement modifier, dans un cas ou dans l'autre, les mesures militaires à prendre par le gouvernement prussien.

C'était notre vif désir de nous trouver placés absolument sur la même ligne politique que la Prusse pour reprendre les conférences concernant les préparatifs communs de l'Autriche, de la Prusse et de toute la Confédération germanique.

Mais puisque ce résultat est différé par la déclaration du cabinet de Berlin qui est maintenant devant nous, nous devons pour le moment nous en tenir, dans les négociations concernant les préparatifs des puissances allemandes, au point de départ qui est fourni par l'alliance du 20 avril et par la résolution fédérale du 9 de ce mois.

D'après l'article 3 de l'alliance du 20 avril et le point 2 de la convention militaire annexée, la Prusse s'est éventuellement engagée à mobiliser 100,000 hommes dans le délai de trente-six jours, et à placer cent autres mille hommes sur ses frontières orientales trois semaines après la mobilisation de la première force. Ces obligations devaient, aux termes des conventions intervenues, se réaliser dès que le besoin s'en ferait sentir. Il ne s'agit donc plus, pour les parties contractantes, que d'établir l'entente nécessaire sur le dernier point.

Il n'est guère possible de contester que la nécessité de ces préparatifs existe actuellement, à moins que dans le délai le plus rapproché, c'est-à-dire avant la fin de ce mois, ne s'ouvre la perspective certaine du rétablissement de la paix générale.

La Russie est prête au combat sur la frontière, et peut dans le plus bref délai réunir ses forces, déjà disposées pour un coup décisif contre la monarchie autrichienne. Il faut moins de temps à l'armée russe pour paraître sur la haute Vistule qu'il n'en faut pour l'armement et la concentration d'une armée prussienne de 100,000 hommes. Pour assurer l'accomplissement de l'obligation contractée par la Prusse d'aider à repousser toute attaque dirigée contre l'Autriche, il devient, dans de telles circonstances, tous les jours plus urgent que la Prusse tienne prête la force nécessaire pour le but de la défense commune.

Le feldzeugmestre baron de Hess déclare sans détour qu'il est dans l'obligation de considérer comme arrivé le moment où la Prusse doit procéder, conformément au traité, à l'armement d'une partie de son armée. Il pense que seulement après l'adjonction de ces 100,000 hommes de troupes prussiennes, notre armée placée sur notre frontière orientale atteindra la force nécessaire pour pouvoir accepter le combat avec la certitude du succès.

Il y aurait donc lieu de s'entendre immédiatement sur les détails de cette matière. Aussi sommes-nous prêts à envoyer à cet effet un plénipotentiaire militaire à Berlin.

Dans l'opinion du feldzeugmestre de Hess, l'armement de la totalité des forces prussiennes promises par la convention militaire du 20 avril suffirait du reste, dans tous les cas, que l'entente s'établit sur la base de l'alliance d'avril ou sur celle de l'accession de la Prusse au traité d'alliance du 2 décembre. Il y aurait seulement lieu de mobiliser immédiatement toute cette force de 200,000 hommes, et de la concentrer autour de Posen et de Breslau.

En ce qui touche les résolutions militaires à prendre par la diète, nous avons l'espoir que, dans tous les cas, la Prusse insistera au sein de la diète, d'accord avec nous, pour la plus prompte et la plus efficace exécution des conventions du 20 avril, comme minimum du concours fédéral. En cela, tous les gouvernements fédéraux montreront certainement les meilleures dispositions, si les grandes puissances leur donnent l'exemple d'un armement qui réponde complétement aux exigences actuelles.

Aux termes desdites conventions, la moitié du contingent des autres États doit être rendue disponible et adjointe aux armées de l'Autriche et de la Prusse. Si on s'en tenait là, on pourrait former quatre demi-corps d'armée séparés, dont chacun serait placé sous les ordres d'un général · qui serait nommé conformément aux dispositions de l'acte militaire, et que la seconde moitié des contingents suivrait, si le besoin se faisait sentir de donner aux quatre corps leur effectif complet; ou bien on formerait immédiatement deux corps entiers, l'un de l'Allemagne du nord, l'autre de l'Allemagne du sud. Dans les deux cas, le contingent fédéral serait adjoint par moitié aux armées autrichiennes et prussiennes.

Le soin de l'armement et de la concentration des troupes fédérales pourrait du reste être abandonné aux gouvernements respectifs et aux délibérations de la commission militaire fédérale. Il importerait seulement de veiller à ce que par suite des difficultés pouvant résulter de la mobilisation des mi-contingents, notamment pour les faibles effectifs, le but essentiel de la mesure, c'est-à-dire le prompt et complet armement des troupes fédérales dans la force indiquée ne restât en souffrance.

Il n'y aurait aucune limite à fixer aux divers gouvernements pour la prompte exécution de la mesure, et comme cela eut lieu dans des cas antérieurs pour des appels partiels, on mettrait d'abord en mouvement les troupes le plus tôt prêtes, sous la réserve d'égaliser les charges au moyen de contributions postérieures ou d'une liquidation auprès de la diète.

Si plus tard avait lieu l'adhésion de la Prusse au traité d'alliance du 2 décembre, les deux puissances se trouveraient probablement amenées à étendre leur proposition commune à l'appel de tout le contingent de l'armée fédérale, afin de donner à la position militaire de toute la Confédération germanique une force plus grande, nécessaire au plus haut point pour l'offensive.

Votre Excellence comprendra facilement que la prompte et entière connaissance des intentions de la Prusse, en ce qui concerne les points indiqués ici, est pour le gouvernement impérial de l'intérêt pratique le plus immédiat. Nos mesures ultérieures concernant nos obligations militaires, et notamment l'envoi d'un plénipotentiaire militaire à Berlin, et les instructions à faire parvenir à Francfort, dépendent de la réponse du gouvernement royal prussien à la présente communication. Votre Excellence aura donc, en en donnant connaissance à M. le président du conseil, à faire ressortir le prix tout particulier que nous attachons à être informés le plus tôt possible, et dans le sens désirable, des vues et des résolutions de la Prusse en ce qui touche les préparatifs militaires des puissances allemandes.

Recevez, etc.

, *Signé* : comte BUOL.

———————

NOTE *adressée par M. le comte de Buol à M. le comte d'Esterhazy, représentant de l'Autriche à Berlin.*

Vienne, le 24 décembre 1854.

Monsieur le comte, la dépêche dont la copie est ci-jointe, du cabinet de Berlin aux ambassadeurs du Roi à Paris et à Londres, ainsi que la dépêche, dont la copie est également ci-jointe, par laquelle le comte d'Arnim a été autorisé à vous communiquer la première pièce, vous feront connaître comment la cour de Berlin s'est prononcée vis-à-vis des signataires du traité du 2 décembre, après avoir pris connaissance officielle du contenu de ce traité.

Le susdit traité a été porté à la connaissance du gouvernement royal de Prusse par une démarche parfaitement identique des contractants. Pour y ré-

pendre, au contraire, le gouvernement
prussien ne s'est pas servi de la même
forme vis-à-vis de l'Autriche que vis-à-
vis des deux puissances occidentales. Je
n'ai pu m'empêcher de demander à
M. le comte d'Arnim s'il était en mesure
de donner des explications à ce sujet.
Il a répondu négativement à ma demande, et j'ai cru pouvoir laisser tomber cette question de forme.

Le cabinet royal de Prusse nous déclare qu'il hésite à se charger d'obligations dont il ne peut prévoir la portée.
Il désire réserver sa résolution jusqu'à
ce qu'il soit assuré de l'interprétation
qui sera donnée par les puissances occidentales aux quatre points des Notes du
8 août et dont il suppose que nous avons
une connaissance plus précise. En effet,
depuis que le traité du 2 décembre a
constaté de nouveau l'accord des puissances contractantes sur ces quatre
points, et que la Russie s'est montrée de
son côté disposée à entrer en négociations sur cette base, ni nous, ni les cabinets de Paris et de Londres n'avons
méconnu la nécessité d'une entente plus
précise sur l'interprétation des quatre
points. Mais les communications que
nous avons à faire à ce sujet au gouvernement prussien dépendent encore du
résultat de l'échange de communications
qui a lieu en ce moment entre les puissances. Nous ne pouvons pour le moment qu'exprimer la conviction, fondée
sur des motifs généraux, que les sentiments de modération et de sollicitude
pour le bien de l'Europe qui ont inspiré
les trois puissances dans les dispositions
du traité se manifesteront aussi dans
leur entente précise sur l'étendue des
garanties à fixer dans le traité de paix.
Certainement le cabinet prussien ne
pourra faire autrement que de reconnaître avec nous qu'une détermination
complète des conditions de paix ne
pourra être établie tant que la guerre
continuera à sévir et que les négociations
entre les parties belligérantes n'auront
pas même commencé.

Nous invitons Votre Excellence à se
prononcer dans ce sens vis-à-vis du baron de Manteuffel, et d'exprimer en
même temps le regret sincère qu'éprouve
la cour impériale de ce que le désir des
contractants du 2 décembre, de voir cet
acte recevoir toute sa signification eu-

ropéenne par l'accession de la Prusse,
n'est pas encore réalisé.

Recevez, etc.

Signé : comte **Buol.**

Manifeste de S. M. l'Empereur de Russie.

(26 décembre.)

Par la grâce de Dieu, Nous, Nico-
las Ier, Empereur et autocrate de toutes
les Russies, etc., etc., savoir faisons :

Les causes de la guerre, qui dure
encore, sont pleinement connues de
notre bien-aimée Russie. Elle sait que
ni vues ambitieuses, ni désir d'obtenir
de nouveaux avantages, auxquels nous
n'avions pas droit, ne nous ont servi de
mobile dans les actes et circonstances
qui ont eu pour résultat inévitable la
lutte actuelle. Nous avons uniquement
eu en vue de sauvegarder les immunités
solennellement reconnues de l'Église
orthodoxe et de nos coreligionnaires
d'Orient ; mais quelques gouvernements
nous attribuant des intentions intéressées et secrètes, qui étaient loin de
notre pensée, ont entravé la solution de
cette question et ont fini par former une
alliance hostile à la Russie.

Après avoir proclamé qu'ils avaient
pour but le salut de l'empire ottoman,
ils agissent contre nous à main armée,
nous en Turquie ; mais dans les limites
de nos propres États, dirigeant leurs
coups sur les points qui leur sont plus
ou moins accessibles : dans la Baltique,
dans la mer Blanche, dans la mer Noire,
en Tauride et jusque sur les côtes les
plus lointaines de l'océan Pacifique.
Grâce au Très-Haut, ils rencontrent
partout, et dans nos troupes et dans les
habitants de toutes les classes, des adversaires intrépides, animés de leur
amour pour nous et pour la patrie, et,
à notre consolation dans ces circonstances orageuses, au milieu des calamités inséparables de la guerre, nous
voyons se produire sans cesse des
exemples éclatants et des preuves de ce
sentiment, aussi bien que du courage
qu'il inspire.

Telles sont les défaites plus d'une
fois infligées, malgré une grande disparité de forces, aux troupes ennemies

au delà du Caucase; telle est la lutte inégale soutenue avec succès par les défenseurs des côtes de la Finlande, du couvent de Solovetsky et du port de Pétropolovski, au Kamchatka; telle est surtout l'héroïque défense de Sévastopol, signalée par tant d'exploits d'un courage invincible, d'une infatigable activité, que nos ennemis eux-mêmes admirent, et auxquels ils rendent justice. Envisageant avec une humble gratitude envers Dieu, les travaux, l'intrépidité, l'abnégation de nos troupes de terre et de mer, ainsi que l'élan général du dévouement qui anime toutes les classes de l'Empire, nous osons y reconnaître le gage et l'augure d'un avenir plus heureux. Pénétré de notre devoir de chrétien, nous ne pouvons désirer une plus longue effusion de sang, et certes, nous ne repousserons pas des offres et des conditions de paix, si elles sont compatibles avec la dignité de notre empire et les intérêts de nos sujets bien-aimés.

Mais un autre devoir non moins sacré nous commande, dans cette lutte opiniâtre, de nous tenir prêts à des efforts et à des sacrifices proportionnés aux moyens d'action dirigés contre nous. Russes! nos fidèles enfants! vous êtes accoutumés, quand la Providence vous appelle à une œuvre grande et sainte, à ne rien épargner, ni votre fortune acquise par de longues années de travail, ni votre vie, ni votre sang, ni celui de vos enfants. La noble ardeur qui a enflammé vos cœurs, dès l'origine de la guerre, ne saurait s'éteindre dans aucune situation, et vos sentiments sont aussi ceux de votre souverain.

Nous tous, monarque et sujets, nous saurons, s'il le faut, répétant les paroles prononcées par l'empereur Alexandre, dans une année d'épreuves semblable à celle d'aujourd'hui, *le fer à la main, la croix dans le cœur,* faire face aux rangs de nos ennemis pour défendre les biens les plus précieux au monde : la sécurité et l'honneur de la patrie.

Donné à Gatchina, le quatorzième jour du mois de décembre de l'an de grâce mil-huit cent cinquante quatre, et de notre règne le trentième.

Signé : NICOLAS.

Insurrection grecque.

SÉRIE *de pièces relatives aux événements d'Épire et de Roumélie, à l'action du gouvernement d'Athènes, à la complicité de la Russie et à l'intervention des grandes puissances.*

PROCLAMATION *des insurgés d'Albanie.*

Nous soussignés, habitants de Radobitzi, province d'Arta, opprimés par les énormes impôts qui pèsent sur nous, indignés des outrages faits aux jeunes filles de notre pays par les musulmans, nos conquérants sauvages et incapables de toute civilisation, nous reprenons la guerre de la liberté que nous avons faite en commun en 1821, jurant, au nom du Très-Haut et de notre sainte patrie, que nous ne déposerons point les armes pour quelque motif que ce soit, avant d'avoir reconquis notre liberté.

En commençant cette guerre, nous espérons exciter en notre faveur la sympathie de tous les Grecs libres, nos frères, et la sympathie de ceux qui gémissent sous le joug ottoman ; nous espérons qu'ils prendront comme nous les armes pour continuer la défense de notre cause commune, combattre pour la foi et pour la patrie, et recouvrer nos droits imprescriptibles.

Notre guerre est sacrée, elle est juste ; personne, en considérant l'énormité du joug qui pèse sur nous, et en reconnaissant le droit des nations, ne pourra nous blâmer ni élever la voix en faveur de notre cruel tyran et du croissant qu'on a placé sur nos temples sacrés.

Hâtez-vous donc, frères, de prendre part à cette œuvre commune ; secouez le joug de la tyrannie, et proclamez avec nous, devant Dieu et devant le monde entier, que nous combattons pour la patrie, et que Dieu protége les chrétiens !

15 janvier 1854.

(Suivent les signatures.)

SERMENT.

Je jure sur le saint Évangile, sur la Trinité et sur le crucifix que ces armes, que je prends aujourd'hui, je ne les poserai pas avant d'avoir chassé du pays de mes pères les Turcs mes tyrans, et d'avoir rendu la liberté à ma patrie. Je jure encore devant le Très-Haut de défendre le drapeau de ma génération et de verser pour mes compagnons, s'il le faut, la dernière goutte de mon sang !

Le comte de Clarendon à M. Wyse.

Foreign-Office, 16 février 1854.

Monsieur, M. Tricoupi est venu me voir hier pour me faire part des derniers rapports qu'il a reçus sur le mouvement insurrectionnel d'Arta et de ses environs. Il m'a lu quelques extraits des dépêches de M. Païcos, dans lesquels il était reconnu qu'un lieutenant et quelques soldats de la frontière avaient déserté l'armée grecque pour aller se joindre aux insurgés ; mais M. Tricoupi m'a assuré que son gouvernement faisait des efforts incessants pour calmer l'agitation, qu'il comprenait bien qu'il n'avait rien à gagner à encourager la désaffection pour la Porte, tandis qu'une neutralité absolue pourrait lui valoir la faveur des grandes puissances.

J'ai dit à M. Tricoupi que si son gouvernement ne provoquait pas directement l'insurrection, il ne faisait rien contre elle et ne déclarait pas même que la loi et son gouvernement la regardaient avec défaveur ; que le journal organe de la Russie appelait la population aux armes, annonçait la chute prochaine de l'empire ottoman et le triomphe des Russes, sans que les organes du gouvernement le désapprouvassent. Il ne manque pas d'ailleurs, ai-je ajouté, de signes qui justifient l'opinion générale en Grèce, que le gouvernement est favorable à l'insurrection, et j'ai prévenu M. Tricoupi que son gouvernement avait à opter maintenant entre la bienveillance des gouvernements d'Angleterre et de France et le blocus d'Athènes, parce que les deux gouvernements s'étant engagés à défendre l'empire ottoman contre l'agression russe, ne supporteraient pas que les sujets grecs du Sultan fussent excités à la révolte par des actes approuvés par le gouvernement grec.

M. Tricoupi sembla fort alarmé de l'idée d'un blocus qui, dit-il, serait fatal au commerce et à la marine marchande de la Grèce, et qui serait injuste, a-t-il ajouté, parce que le gouvernement grec s'était rendu impopulaire en se pliant aux vues du gouvernement de Sa Majesté, contrairement à l'opinion, qui est très-hostile aux Turcs.

J'ai répondu que je connaissais l'impopularité du gouvernement, mais qu'elle n'avait pas la cause indiquée par M. Tricoupi, et que si le gouvernement grec voulait éviter un blocus, il devait, sans perdre de temps, changer de conduite relativement à la grande question en ce moment pendante.

J'ai prié M. Tricoupi de rapporter ce que j'avais dit à M. Païcos ; il me l'a promis.

Vous informerez M. Païcos que le gouvernement de la Reine et celui de l'Empereur des Français sont entièrement du même avis sur la marche imprudente que suit le gouvernement grec, et qu'ils concertent ensemble les mesures que cette conduite paraît actuellement devoir rendre nécessaires.

Signé : CLARENDON.

Le comte de Buol a ordonné qu'une représentation fût faite à ce sujet à Saint-Pétersbourg, comme il en a été fait une au sujet des commandants russes en Moldavie et en Valachie, qui composent ouvertement une légion avec des sujets du Sultan, légion forte aujourd'hui d'environ 3,000 hommes, dans l'intérêt de la guerre faite à l'empire turc. Le comte de Buol a qualifié cet acte de la mesure de la nature la plus révolutionnaire, et il a donné l'ordre au comte d'Esterhazy de la représenter comme telle au comte de Nesselrode.

Signé : WESTMORELAND.

Le comte de Westmoreland au comte de Clarendon. (Reçue le 4 mars.)

Vienne, 1er mars 1854.

Milord, j'ai communiqué au comte de Buol la substance des instructions de Votre Seigneurie à M. Wyse, concernant l'attitude du gouvernement grec dans les circonstances de l'insurrection des provinces de Turquie touchant la frontière du royaume de Grèce. Le comte de Buol a exprimé sa satisfaction de la politique proclamée par le gouvernement de la Reine ; il m'a dit avoir fait des représentations de même nature à Athènes, par l'organe du ministre autrichien.

J'ai informé le comte de Buol des instructions données au capitaine Peel au sujet des mouvements supposés des insurgés de Prévésa ; le comte de Buol les a entièrement approuvées. Il a été très-mécontent du mouvement du Monténégro. Il a déclaré qu'il avait fait et qu'il continuerait de faire tous ses efforts pour paralyser ce mouvement, qu'il craignait bien avoir été encouragé par des agents russes, et surtout par le colonel Kovalevski, qui s'était récemment rendu dans ce pays.

Circulaire *adressée par le lord haut-commissaire des îles Ioniennes aux résidents anglais dans ces îles, à l'occasion des troubles de l'Epire.*

Corfou, le 20 février 1854.

Monsieur,

Vos correspondances de ce jour font allusion à des éventualités possibles auxquelles il est plus difficile de parer au moyen d'instructions spéciales que de remédier par la connaissance des localités avec leurs intérêts généraux, dont votre bon sens est le meilleur juge.

S. Exc., par conséquent, doit seulement vous répéter que vous ne devez rien faire ou permettre qui soit de nature à compromettre la loyauté de l'Angleterre et laisser des doutes sur la politique de la Reine, conformément aux déclarations faites par les ministres de S. M. dans le parlement et par le représentant de l'Angleterre à Constantinople.

S. M., d'accord avec ses alliés, a garanti l'intégrité de l'empire ottoman, sans croire cependant que cette garantie même soit incompatible avec les priviléges civils et administratifs que la Reine, en complète conformité de vues avec les autres puissances chrétiennes, désire voir étendre à tous les chrétiens qui vivent sous la domination de la Turquie, priviléges que S. Exc. ne doute pas que les puissances alliées ne veuillent mettre sous la protection de l'Europe.

Votre devoir, Monsieur, comme celui du lord haut-commissaire, est de convaincre l'autorité de votre île, ainsi que les habitants les plus paisibles, que le mouvement si malheureusement commencé en Grèce est certainement fait pour éloigner toute espérance d'amélioration dans le sort des populations grecques de la Turquie, en les poussant à une lutte barbare et de nature à les exposer avec leurs familles et leurs propriétés sans la moindre chance de succès, puisqu'il n'est guère permis de croire que les traités et les déclarations des plus grands cabinets de l'Europe puissent dépendre des comités d'Athènes, dont les actes ne sont assurément reconnus par aucun gouvernement établi.

Vous appellerez donc, Monsieur, l'attention publique sur l'avertissement donné aux peuples ioniens dans le discours ci-joint ; vous voudrez bien aussi faire connaître que les représentants des quatre grandes puissances à Athènes ont appuyé la protestation du ministre de Turquie contre l'invasion du territoire ottoman par une bande d'aventuriers, en grande partie sujets helléniques, sans même un prétexte de différend entre la Sublime-Porte et la Grèce ; vous vous attacherez à prouver que cette démarche collective des ministres des gouvernements amis de la Porte ottomane doit être considérée comme une intimation au gouvernement du roi Othon de le rendre responsable de faits contraires à toutes les lois internationales.

Vous voudrez aussi ne point laisser ignorer que la frégate *Diamond* a été envoyée à Sainte-Maure pour prendre part à la défense de Prévésa, dans le cas où cette ville serait attaquée ; que le vapeur français le *Prométhée* a été envoyé à Corfou pour recueillir des renseignements relatifs à l'état des choses sur le continent ; que vingt-deux régiments sont en Angleterre prêts à partir pour la Méditerranée , que le lord haut-commissaire, malgré tout son désir d'éviter tout prétexte de conflit dans les îles, ne permettra pas cependant qu'il soit porté aucune atteinte à la

politique proclamée par S. M. dans cet
État protégé, et qui, par rapport à
toutes ses relations extérieures, est
placé sous le contrôle exclusif de S. M.

Si donc il y avait des réunions formées dans le but d'appuyer le mouvement en Epire ou des tentatives faites
par des gens armés pour quitter ces
îles, vous devez prendre des mesures
pour que les personnes compromises
d'une façon quelconque soient mises en
état d'arrestation jusqu'à nouvel ordre.
Dans le cas où des émissaires seraient
envoyés dans le but d'exciter la population au moyen de publications incendiaires, et dans le cas où des personnes
viendraient visiter le territoire ionien
sans aucune affaire avouée et avec des
intentions suspectes, on devrait engager
ces individus à partir sans délai, après
les avoir placés sous la surveillance de
la police jusqu'à leur départ, comme
cela a déjà été fait à Corfou dans deux
circonstances.

Une surveillance rigoureuse doit être
exercée sur les chefs connus du mouvement, et un compte exact de leurs
faits et gestes doit être donné à la police, laissant au lord haut-commissaire
la décision des mesures à prendre pour
remédier au mal au moyen de l'exercice
des pouvoirs élevés dont il est investi.

Les instructions contenues dans ma
circulaire précédente, relativement aux
passe-ports, doivent être exactement
observées; en outre je dois vous dire
que S. Exc. est persuadée qu'un ton
ferme de votre part, joint à un langage
conciliant, l'emploi des moyens déjà
indiqués joint à vos discours, dans lesquels vous vous attacherez à faire comprendre que tout individu qui appuiera
le mouvement actuel nuira aux véritables intérêts de la Grèce, produiront
probablement plus d'effet pour conserver la tranquillité et éloigner le désordre, qu'une apparence quelconque de
sympathie pour des idées qui, vu la situation présente de l'Orient, sont incompatibles avec les engagements pris
par la Reine et avec la politique de l'Europe, vos seuls guides.

J'ai l'honneur, etc.

Signé: FRASER,
Secrétaire du lord haut-commissaire.

PROCLAMATION *adressée par le commissaire extraordinaire du Sultan,
Fuad-Effendi, aux primats et raya
de l'Épire.*

Il est parvenu à la connaissance de
S. M. le Sultan, notre Empereur, que
tandis que vous étiez très-paisibles, il
est venu d'au delà de la frontière des
individus qui jettent le désordre dans
vos villages sans penser aux suites
qu'aura leur entreprise. Plusieurs rayas
vous ont égarés et ont troublé vos
foyers, en promettant le repos aux sujets de notre Empereur, qui m'a nommé
son commissaire extraordinaire dans ce
pays, a mis à ma disposition de nombreuses troupes dont une partie a été
déjà débarquée à Prévésa. Les autres
ne tarderont pas à arriver, et comme la
volonté de notre Empereur est de traiter
ses sujets comme ses propres enfants,
et qu'il n'est dans l'intention de personne de verser un sang précieux, tout
individu qui s'est révolté doit rentrer
immédiatement dans l'obéissance.

Indépendamment des troupes qui
sont déjà ici, il en viendra encore
d'autres de la Roumélie avec de nombreux canons auxquels on ne pourra pas
résister, et ne croyez pas ceux qui vous
promettront des secours, car ils veulent
vous tromper.

Les aventuriers qui sont venus d'au
delà de la frontière, ont leurs maisons
et leurs familles hors de notre territoire; ils n'ont donc rien à perdre ici,
et lorsqu'ils auront été battus, ils re-
tourneront dans leurs foyers et vous
laisseront exposés à toutes les horreurs
de la guerre.

Que chacun de vous réfléchisse donc
bien et qu'il reste tranquille s'il ne s'est
pas encore soulevé. Que tous ceux qui
se sont soulevés et ont pris les armes
les déposent et rentrent dans l'obéissance envers notre Empereur en re-
poussant ces aventuriers.

Tous ceux qui ont pris les armes et
qui les déposeront pour rentrer dans
l'obéissance recevront leur pardon de
notre Empereur, et je promets que tout
honnête homme n'aura aucun danger à
courir; et si quelqu'un a perdu un
agneau, il lui sera remplacé par une
brebis. Ainsi tous ceux qui voudront rentrer dans le devoir envers notre Empe-

reux, doivent se séparer des aventuriers, se présenter à moi, et ils recevront leur pardon du divan; mais ceux qui persisteraient dans leur égarement s'en repentiront amèrement, et ils n'obtiendront pas de pardon de notre Empereur. Ainsi tous les primats doivent engager les autres à rentrer dans le chemin du devoir et ne pas ajouter foi aux promesses des gens qui sont venus du dehors. Si quelqu'un reste dans l'erreur, je proteste devant Dieu et je le rends responsable des suites de son égarement et du sang qui sera versé.

Telle est la volonté de notre Empereur, et en vous la communiquant je dois aussi vous faire connaître ce qui suit :

1° Quiconque n'a pas encore pris part aux désordres, et est resté sujet fidèle, peut être certain qu'il ne sera pas troublé dans son existence, ni dans sa famille, ni dans son honneur. Au contraire, il peut être assuré de la bienveillance de notre Empereur;

2° Tous ceux qui resteront les armes à la main en face des troupes, auront à subir les conséquences de la guerre; ils seront, en outre, punis de diverses manières;

3° Attendu que les individus de quelques villages armés et non armés se sont rendus dans d'autres villages pour les piller, tous les habitants qui ont souffert de ces désordres seront, s'ils produisent des preuves, indemnisés par les habitants qui ont pillé;

4° Tous les bandits grecs qui se trouveront parmi nos sujets, soit pendant la guerre, soit de toute autre manière, seront punis sévèrement s'ils sont arrêtés.

Prévésa, 23 février (7 mars) 1854.

Traduction d'une Note officielle adressée par la Sublime-Porte aux ambassadeurs de France et d'Angleterre, représentants des puissances protectrices de la Grèce, sous la date du 9 djemazil-akhir 1270 (9 mars 1854).

Votre Excellence doit être complétement informée des troubles survenus en dernier lieu à Arta et à Agra-

pha, des démonstrations offensantes faites devant l'hôtel de la légation ottomane à Athènes, ainsi que des événements étranges qui éclatent sur tous les points de la Grèce.

Les explications données en réponse aux communications verbales et écrites faites par Nechet-Bey, chargé d'affaires de la Sublime-Porte, à M. Païcos, ministre des affaires étrangères du gouvernement hellénique, aussi bien qu'une partie des propos tenus à la Porte par M. Metaxa, envoyé de Grèce, sont équivoques et tout aussi peu propres à une justification qu'incompatibles avec les devoirs d'une puissance souveraine.

Ainsi, tant le gouvernement hellénique que sa légation à Constantinople prétendent que les événements qui se produisent hors les frontières grecques n'ont aucune espèce de rapport avec la Grèce; que ce sont les récits de ces événements, accompagnés des plaintes des habitants d'Arta, qui ont seuls occasionné la fermentation des esprits à Athènes et sur d'autres points du territoire grec; enfin que la population d'Athènes étant composée aux trois quarts d'émigrés des provinces voisines, les démonstrations inconvenantes qui ont eu lieu n'ont été provoquées que par la conduite des susdits habitants.

Le gouvernement grec et son représentant déclarent en outre que la répression immédiate de ces actes n'étant pas possible, d'après la constitution, ils sont obligés d'agir avec une prudente lenteur; que cependant, à la suite des faits répréhensibles commis envers la légation ottomane, on avait destitué le ministre de la police, ainsi qu'un professeur contre lequel ladite légation avait précédemment porté des plaintes; enfin que les mesures prises pour empêcher de passer du territoire grec sur le territoire ottoman, pouvant n'être pas jugées suffisantes, le gouvernement avait l'intention, dans le cas où la Porte, après avoir étouffé la révolte dans ses limites, forcerait les individus sortis de Grèce à y rentrer, d'user alors aussi de son côté de rigueur envers eux.

Il résulte donc de l'ensemble de ces explications de M. Metaxa que, quoiqu'il ait été chargé de donner des assurances sur les moyens auxquels aura successivement recours son gouvernement pour réprimer les actes répréhensibles dont il s'agit, il ne saurait toutefois donner une promesse formelle à cet égard.

Il est d'abord très-évident que les écrits et mémoires qui ont été répandus ne viennent pas d'Arta, mais qu'ils ont été faits et publiés en Grèce, dans l'unique but d'exciter l'effervescence du peuple. Ainsi voit-on dans ce pays une foule d'écrits du même genre fabriqués dans le même but. Si l'excitation des esprits en Grèce a été provoquée par les événements qui se passent sur les frontières, il est tout aussi clair, d'un autre côté, que ces événements ont été occasionnés par les menées et les instigations provenant de la Grèce.

Or, cela étant ainsi, et les Grivas, Karaïskakis, le général Tsavellas, Tchami Karatassos et d'autres bien connus, au service du gouvernement hellénique, qui ont passé de notre côté des frontières, après avoir feint de donner leur démission, se trouvant en ce moment les armes à la main sur le théâtre de l'insurrection, comment le gouvernement grec peut-il reculer devant la discussion de ces faits?

En admettant qu'une partie ou même toute la population d'Athènes se compose d'émigrés, ils n'en sont pas moins sujets hellènes en ce moment, et dès lors il est difficile de comprendre qu'on puisse les considérer comme étrangers, se plaindre d'eux et se déclarer dans l'impuissance de les punir. La constitution de la Grèce est signalée comme mettant obstacle à ce que le gouvernement remplisse ses devoirs dans les circonstances présentes; mais comment concéder qu'il puisse exciper des articles de la constitution contraires au droit des gens, au point d'autoriser la Grèce à permettre à des individus de franchir ses frontières pour aller exciter à la révolte les sujets d'une puissance limitrophe avec laquelle elle est en paix? Et si c'est par pure faiblesse et impuissance qu'un tel gouvernement laisse le champ libre à des individus aussi dangereux que ceux dont il s'agit, comment peut-on lui donner le nom de gouvernement?

Quant à ce qui a été dit sur l'insuffisance des mesures prises aux frontières de la Grèce, sur l'intention d'user aussi de rigueur envers les individus sortis du territoire grec que le gouvernement ottoman contraindrait à y rentrer, ainsi que sur la possibilité pour le gouvernement hellénique, non de prendre l'engagement formel, mais de donner des assurances qu'il s'efforcerait de faire cesser l'état actuel des choses, il ne faut que réfléchir un moment pour pénétrer les intentions que couvrent ces propos, et qui se résument dans le désir du gouvernement grec de se libérer de l'obligation d'exécuter les mesures de répression que le cas exigeait et de donner ainsi le temps à la révolte d'acquérir une plus grande extension.

Il est étrange que le gouvernement, qui est en mesure de traiter avec sévérité ces individus, lorsqu'ils seront rentrés en Grèce, n'ait rien dit ni rien fait lorsqu'ils l'ont quittée. D'un autre côté, l'ouverture de souscriptions au profit des caisses des *hétairies*, l'armement et l'expédition de troupes, l'envoi par terre et par mer de poudre et de munitions sur les points qu'on avait décidé de faire soulever, et enfin l'élargissement des brigands détenus dans quelques prisons pour les lancer sur les frontières ottomanes, sont des faits de notoriété publique. Bref, dans quel pays aurait-on vu s'accomplir de pareilles choses sans la participation du gouvernement ou sans que l'on ait pu compter sur son insouciance ou sur des dispositions favorables?

Personne ne saurait donc douter que les mouvements insurrectionnels dont se plaint le gouvernement impérial n'aient leur cause originaire dans l'intention qui se manifeste en Grèce, en écrits et en paroles, de profiter de la crise actuelle qui absorbe l'attention de la Sublime-Porte, pour conquérir, sinon tout d'un coup l'empire de Constantinople, du moins pour annexer immédiatement aux États grecs les provinces de Janina et de Tricala. Ainsi la manifestation de semblables idées n'étant nullement convenable de la part d'une puissance amie, le gouvernement impérial, afin de régler en conséquence sa conduite future, a été obligé d'exposer au gouvernement hellénique les légitimes demandes qu'il a jugé nécessaire de lui adresser dans l'intérêt de sa propre sécurité.

La Sublime-Porte tenant à rester, dans chaque affaire, dans les limites de l'équité et de la modération, ne demande point une satisfaction exagérée pour les offenses commises à Athènes envers la légation de S. M. le Sultan. Si le gouvernement hellénique, de même qu'il a destitué le ministre de la police et un professeur, voulait également punir les autres inculpés que le chargé d'affaires ottoman est en mesure d'indiquer nominativement, la Sublime-Porte se contenterait de cette réparation.

Mais cela ne suffit pas de la part de ce gouvernement. Il faudra qu'il mette un terme aux événements déplorables qui s'accomplissent en ce moment tant à l'intérieur qu'à l'extérieur du territoire grec.

1° Il est indispensable que le gouvernement hellénique se prononce ouvertement contre les hétairies et leurs actes;

2° Qu'il s'attache franchement à exercer la plus grande surveillance sur les frontières et à ne plus laisser pénétrer désormais dans les États ottomans des individus dangereux comme ceux dont il a été fait mention ci-dessus;

3° Et qu'il rappelle en Grèce les individus qui sont sortis des frontières des États grecs, en faisant proclamer que ceux qui ne se soumettront pas aux ordres de leur gouvernement se rendront coupables de désobéissance, et seront en conséquence traités avec toute la rigueur des lois existantes pour les délits de cette nature.

Ces mesures rentrant dans le devoir d'une puissance amie, le chargé d'affaires de la Sublime-Porte devra, dans le cas où il n'obtiendrait pas une réponse conforme aux propositions qu'il fera à ce sujet, quitter immédiatement Athènes et se rendre à Constantinople avec tout le personnel de sa légation.

Des instructions dans ce sens lui ont été transmises, et il a été aussi annoncé et signifié ici en détail à M. Metaxa que, dans l'éventualité prévue ci-dessus, il faudra non-seulement que la légation grecque quitte cette capitale, mais que les consuls helléniques partent également des États ottomans, et qu'il soit mis fin aux rapports commerciaux, la rupture des relations diplomatiques ne suffisant pas en présence de la gravité des circonstances.

La Sublime-Porte juge à propos de rendre compte de l'état des choses aux puissances protectrices du royaume hellénique avec lesquelles elle entretient des relations amicales, et, confiante dans les sentiments d'amitié de votre gouvernement, elle nourrit le ferme espoir qu'il désapprouvera l'inconvenante ligne de conduite tenue par la Grèce, et voudra bien aviser aux mesures qui sont devenues nécessaires.

C'est à cet effet que j'adresse, par ordre de S. M. le Sultan, à Votre Excellence, la présente communication, conforme à celle qui est aussi officiellement adressée à votre collègue l'ambassadeur....

Je suis, etc.

Signé : RESCHID.

———

CIRCULAIRE *adressée aux agents russes à l'étranger* (elle a surtout pour but de légitimer l'insurrection des Grecs de l'Épire et d'en exagérer les conséquences).

Saint-Pétersbourg, 2 (14 mars) 1854.

Monsieur,

Le Memorandum joint à ma dépêche du 18 du mois dernier (2 mars) vous a mis à même de communiquer aux gouvernements auprès desquels vous êtes accrédité un exposé aussi fidèle que circonstancié de la cause première de notre différend avec la Turquie, des négociations par lesquelles nous avions cherché à amener la Porte à une plus juste appréciation de nos demandes, et des complications qui en ont surgi par suite de l'intervention passionnée des cabinets de Paris et de Londres, et de l'attitude hostile qu'ils prenaient à notre égard, au moment même où ils s'annonçaient comme médiateurs pacifiques entre nous et le gouvernement ottoman. Les événements ayant acquis aujourd'hui la gravité que nous redoutions pour la tranquillité de l'Europe, nous considérons comme un devoir à remplir envers les cours qui ont jugé jusqu'ici nos actes sans prévention ni partialité, de continuer à leur fournir les données d'après lesquelles elles pourraient juger, avec la même justice, la situation que quelques-unes des grandes puissances de l'Europe voudraient faire à la Russie dans ses rapports à venir avec la Turquie, et les obligations que par là même on impose à l'Empereur.

Il en est une surtout qui touche à la conscience de la Russie entière et de son souverain, celle qui se rapporte à la position des populations chrétiennes soumises à la Turquie, et sur lesquelles le gouvernement et le peuple musulman, surexcités dans leur fanatisme et confiants dans la sympathie et le secours que les puissances chrétiennes leur offrent avec un empressement si injustifiable, se croient autorisés aujourd'hui à exercer les vexations les plus cruelles.

Quelques-unes de ces populations, et notamment celles qui avoisinent la Grèce indépendante, poussées à bout et perdant tout espoir de voir leur sort s'améliorer, ont pris les armes pour secouer un joug devenu intolérable.

Ce soulèvement, bien que prévu et même annoncé depuis longtemps, préoccupe et émeut dans ce moment les esprits et la presse en Europe. Par une contradiction que ceux qui prétendent vouloir sauvegarder contre nous le pouvoir du croissant et les droits du Sultan pourraient seuls nous expliquer, ces mêmes puissances qui nous déclarent la guerre pour le seul motif que nous avons voulu maintenir les immunités religieuses des chrétiens de la Turquie, se disent disposées à obtenir en leur faveur les mêmes droits civils et politiques dont jouissent les musulmans.

Nous ne voulons pas former de sinistres pronostics ; mais ces promesses tardives, et si peu d'accord avec les actes de ceux qui les proclament, n'auront, nous le craignons, d'autre résultat que d'exaspérer davantage les oppresseurs contre les opprimés, de provoquer de sanglantes représailles, et de rendre désormais impossible la soumission de ces populations à la domination turque.

De notre côté, nous n'avons jamais demandé à la Porte en faveur de ses sujets chrétiens que ce qui était juste, praticable et confirmé par les actes des Sultans eux-mêmes ; mais le jour où d'autres que nous viennent soulever dans ces contrées des complications et des calamités qui pèsent de tout leur poids sur nos coreligionnaires et les poussent à une lutte inégale, nous ne saurions certes leur refuser notre intérêt et notre assistance.

Si le soulèvement qu'on nous signale acquérait d'ailleurs une plus grande extension, s'il devenait une guerre à mort et de longue durée comme celle des Grecs en 1821, aucune puissance chrétienne, nous le pensons, ne saurait concourir à replacer ces populations sous le joug ottoman sans froisser sa conscience. L'Empereur, dans ce cas, ne saurait s'y prêter. Durant notre guerre, comme à l'époque où la paix sera possible, leur sort sera l'objet de la sollicitude de l'Empereur. Nous espérons aussi que Dieu ne souffrira pas que, par une injuste animosité contre la Russie, des souverains chrétiens permettent à leurs armées de s'associer à l'œuvre d'extermination que les renégats réunis au camp d'Omer-Pacha méditent sans doute à cette heure contre ceux qui ont pris les armes pour la défense de leurs foyers et de leur Église.

Tel est, Monsieur, le point de vue sous lequel nous avons dû considérer le soulèvement de l'Épire, dont nous regrettons les conséquences possibles, que nous avons la conscience, non-seulement de n'avoir rien fait pour provoquer, mais qu'il n'a pas dépendu de nous de prévenir, malgré tout notre désir.

Vous voudrez bien faire usage des indications que nous venons de vous tracer pour rectifier les bruits mensongers et les insinuations malveillantes que l'on cherchera sans doute à répandre, à cette occasion encore, contre la Russie et ses intentions.

Signé : Nesselrode.

————

LETTRE *écrite par le ministre turc à Athènes au ministre des affaires étrangères de Grèce.*

Légation de la Sublime-Porte en Grèce.

Le soussigné, chargé d'affaires de la Sublime-Porte, a l'honneur de communiquer avec regret à M. A. Païcos, ministre de la maison du Roi et des relations extérieures de S. M. Hellénique, les ordres décisifs qu'il vient de recevoir de la part de son auguste gouvernement, et qui concernent les tentatives condamnables qui se font dans ce moment contre les provinces limitrophes de l'empire ottoman.

Dans son désir de maintenir et de resserrer de plus en plus les relations d'amitié existant entre les deux gouvernements voisins, la Sublime-Porte n'a pas négligé, dès le principe, d'y appeler aussi l'attention du gouvernement hellénique; ses sentiments à cet égard ne se sont jamais trouvés en défaut, et notamment dans les facilités et les autres preuves de bonne volonté qu'elle a accordées au commerce hellénique.

La Sublime-Porte, en conséquence de ses dispositions amicales, croyait avoir le droit de s'attendre à une conduite réciproque et également bienveillante de la part du gouvernement hellénique, ainsi qu'à des mesures tendant à corroborer de plus en plus le maintien de ces bonnes relations. Cependant, à différentes reprises, tandis que les rapports d'amitié continuaient à exister, quelques-uns des habitants du royaume hellénique, même parmi les hommes les plus marquants, faisaient des irruptions armées, tantôt par terre et tantôt par mer, sur le territoire ottoman, pillaient les propriétés des sujets de la Sublime-Porte, et, ne pouvant pas réaliser leurs projets funestes, rentraient en Grèce. Dans ces circonstances, le gouvernement hellénique, au lieu de sévir contre ces coupables, suivant les devoirs que lui imposait sa situation vis-à-vis la Sublime-Porte, les accueillait au contraire avec déférence. La Sublime-Porte, bien que douloureusement affectée de cette conduite, n'a pas discontinué de se comporter loyalement et avec des sentiments d'amitié envers la Grèce; sa modération dans tous ces malheureux événements ne peut être mise en doute.

Cependant, il y a sept ou huit mois que différents Hellènes, amis du désordre, dont plusieurs appartenaient aux classes les plus élevées de la société, ainsi que la presse athénienne, entreprirent, sous les yeux mêmes du gouvernement hellénique, de troubler, par des actes révolutionnaires, le repos des habitants tranquilles et des provinces limitrophes. En même temps, la Sublime-Porte acquit la certitude que des munitions de guerre étaient clandestinement envoyées en Turquie, et que des troupes helléniques et des canons avaient été dirigés plus d'une fois sur les frontières.

La légation impériale d'Athènes, obéissant alors à son désir de maintenir les bons rapports des deux gouvernements, a fait l'observation que ces préparatifs militaires faits sur les frontières, sous des prétextes inadmissibles, encourageaient encore plus les fauteurs de troubles et étaient en opposition aux rapports d'amitié des deux gouvernements. En même temps elle appela d'avance l'attention du gouvernement hellénique sur divers inconvénients qui devaient s'en suivre, et dont les effets, pleins de danger, apporteraient un refroidissement entre les deux gouvernements si le gouvernement hellénique ne se hâtait pas de les prévenir. Sans prendre nullement en considération ces observations et ses avertissements sincères de la légation impériale, le gouvernement hellénique a constamment nié l'exactitude des renseignements donnés par cette légation et, en prétendant qu'il n'y avait rien qui pût donner lieu à des griefs réels, opposait une dénégation complète, encourageant ainsi tous ceux qui avaient conçu des idées de révolte et qui essayaient de les mettre à exécution.

Ces tentatives coupables ont été poussées beaucoup plus loin depuis un mois. Des officiers appartenant aux troupes du royaume hellénique et des fonctionnaires publics ont établi, dans la capitale même, des comités recrutant et armant des soldats, et par des moyens coupables irritent les esprits; rien n'a été oublié pour réunir, de différentes parties de la Grèce, des gens armés sur les frontières qui, pavillon en tête, envahissent les villages d'Arta, d'Agrapha et de Tricala. Dès lors, sans aucunement respecter le droit des gens, sans avoir le moindre égard aux lois adoptées par les nations civilisées, ces gens emploient la violence contre les sujets de la Sublime-Porte, pillent leurs propriétés, et mettent en danger l'existence même des familles.

Toutefois le gouvernement hellénique, tout en voyant ce qui se passe sous ses propres yeux, non-seulement ne s'empresse pas de remplir un devoir de justice en usant des moyens légitimes dont il dispose pour réprimer ces désordres, mais encore a-t-il évité de prendre en considération la conduite de ses propres officiers et de punir ceux qui, ayant ouvert les prisons, ont relâché les criminels, ou qui pourvoient les habitants du royaume d'armes portant baionnettes et de munitions. Et tandis que des sujets hellènes ont troublé les premiers la tranquillité des habitants du pays situé autour d'Arta, et que les neuf dixièmes des chefs militaires et autres hommes armés qui s'y trouvent dans ce moment sont des sujets hellènes, est-il possible que le gouvernement hellénique considère cette affaire comme échappant tout à fait à sa juridiction et appelle ces hommes des insurgés de l'Épire? Un tel langage peut-il être sérieusement adopté?

En rejetant tout le poids des événements malheureux de l'Épire sur ses propres sujets, le gouvernement hellénique cherche à se désister de toute responsabilité ; mais la Sublime-Porte ne saurait admettre un tel raisonnement, dans un moment surtout où une tranquillité parfaite règne dans le royaume, où les lois, respectées par tout le monde, sont en pleine vigueur, et que les fonctionnaires publics remplissent sans entraves leurs attributions. Tel étant l'état intérieur de la Grèce, comment la Sublime-Porte pourrait-elle admettre le système derrière lequel on s'est retranché, et regarder comme responsables les populations de ce pays? Et comment, et suivant quel principe du droit international, un État quelconque pourrait-il s'adresser à un peuple étranger pour lui demander raison des entreprises coupables qu'on lui attribue contre cet État?

La Sublime-Porte laisse à la sagesse du gouvernement hellénique de juger si ce système évasif adopté par ce même gouvernement peut être considéré comme sérieux par elle. La Sublime-Porte ne peut, dans aucun cas, s'adresser aux populations de la Grèce, et elle n'a rien à faire avec la constitution hellénique. Ses griefs ne sauraient donc avoir pour but que le gouvernement de la Grèce, et c'est sur ce gouvernement que la Sublime-Porte a tout le droit de faire poser la responsabilité des événements, tandis qu'elle prendra toutes les mesures contre ceux qui cherchent à s'attaquer à ses droits et à troubler la tranquillité intérieure de ses États. Mais la Sublime-Porte se croit en même temps fondée à demander de la part du gouvernement hellénique :

1° Des assurances positives qu'il invitera les chefs des rebelles, c'est-à-dire le général Tsavellas, le général Grivas, le général Zervas, le général Hadgi Petro, Tc. Karatasso, Cl. Aghéli Contoyanni, Cl. Papacosta, Velco, Strato, Karaïskakis, Cascari, Crosi, Pasdéki et les autres officiers qui ont des grades militaires en Grèce, à revenir dans le royaume dans un délai de dix jours, et qu'il formera une commission pour les juger et punir selon les lois en vigueur. Dans le cas où ces officiers n'obéiraient pas aux ordres de leur gouvernement, celui-ci devra leur communiquer, de la manière la plus solennelle, que leurs traitements seront supprimés et qu'ils seront punis selon le degré de leur culpabilité;

2° De défendre sévèrement tout armement sur ses propres États, ayant pour but les pays limitrophes; de ne pas permettre à des hommes armés de passer la frontière ; d'empêcher tous autres préparatifs militaires et de destituer ceux de ses employés qui excitent ouvertement les passions contre l'État voisin, tels que le D. Costis, Jean Soatzo, D. Mavrocordato, juge, etc., en rendant publiques les causes de leur destitution;

3° De désavouer par ses organes officiels et de déclarer comme dangereux tant à sa politique qu'aux intérêts de ses États ceux qui, devant les yeux de tout le monde, parcourent les rues et frappent à toutes les portes pour demander des secours pécuniaires, et qui font au grand jour des armements, savoir ceux qui sont membres de divers comités ;

4° De faire tout ce qui est permis par les lois du pays pour modérer le langage du journal le *Siècle* et des autres journaux helléniques, qui enflamment les esprits et qui cherchent à troubler la tranquillité des provinces de l'empire ottoman par des mensonges nuisibles à la Grèce elle-même ;

5° De donner l'assurance à la Sublime-Porte que le gouvernement hellénique établira une enquête pour découvrir l'officier qui a ouvert la prison de Chalcis et qui a armé le bras des malfaiteurs.

Dans son désir sincère d'éloigner tout ce qui pourrait refroidir les relations amicales qui existent entre les deux pays, et animée des dispositions les plus bienveillantes à l'égard du gouvernement hellénique, la Sublime-Porte considèrera comme une satisfaction suffisante l'empressement que le gouvernement hellénique mettrait à accepter les propositions sus-indiquées et à leur donner suite.

Mais dans le cas où la réponse du gouvernement hellénique, suivant le système adopté depuis longtemps par lui vis-à-vis des représentations de la légation impériale, ne contiendrait que des prétextes, des justifications et des phrases ambiguës, la Sublime-Porte se trouvera dans la nécessité, sans doute regrettable, d'interrompre ses relations diplomatiques avec le gouvernement hellénique, ainsi que ses rapports commerciaux, et d'avoir recours à des mesures que les circonstances lui dicteraient comme nécessaires.

Le soussigné, chargé d'affaires de la Sublime-Porte, en portant à la connaissance du gouvernement hellénique les instructions qu'il vient de recevoir de la part de son auguste gouvernement, a l'ordre de lui communiquer en même temps que si jusqu'au 21 de ce mois, c'est-à-dire si, jusqu'à mardi prochain, avant le coucher du soleil, le gouvernement hellénique ne lui fait pas parvenir la réponse satisfaisante que la Sublime-Porte a tous les droits de réclamer, il sera obligé de demander ses passe-ports ainsi que ceux des autres membres de la légation impériale.

Le soussigné saisit cette occasion pour réitérer à M. le ministre les assurances de sa haute considération.

Athènes, le 19 mars 1854.

Signé : NECHET.

––––––––––

A M. Païcos, ministre des affaires étrangères de Grèce.

Monsieur le ministre,

Notre collègue de Turquie vient de nous communiquer la nouvelle Note qu'il vous a adressée en date d'hier par l'ordre de son gouvernement. Dans des circonstances aussi graves, nous ne saurions, Monsieur, que vous répéter ce que nous n'avons cessé de vous dire au sujet de la manière de voir bien constatée de nos gouvernements respectifs, concernant les fâcheux événements qui se passent depuis près d'un mois en Grèce, et la grave responsabilité que le gouvernement de S. M. Hellénique assumerait sur lui si, prenant en considération les justes plaintes de la Sublime-Porte, il ne s'empressait pas de mettre un terme à un état de choses qui ne pourrait attirer sur ce pays que des malheurs incalculables.

Agréez, etc.

Signé : B. LEGRAM, baron F. ROUEN, TH. WYSE, W. DE THILE.

Athènes, le 20 mars 1854.

––––––––––

CIRCULAIRE. *Lord Stratford de Redcliffe aux consuls de S. M. Britannique.*

Monsieur,

Il est venu à ma connaissance que les Hellènes qui ont envahi les provinces frontières de la Turquie excitent les sujets grecs du Sultan à la révolte en déclarant que le gouvernement de S. M. Britannique et le gouvernement de France sont prêts à les aider au renversement de l'autorité du Sultan. Je suis aussi informé que de semblables manœuvres sont employées dans le but de faire croire que les ambassades française et anglaise donneront protection à tous les sujets hellènes en Turquie, aussitôt que la Porte, en conséquence de sa rupture diplomatique et commerciale avec la Grèce, signifiera son intention de les expulser des États du Sultan.

Comme des suppositions de cette espèce ont pour but d'encourager de fausses espérances, d'égarer les esprits bien disposés et d'aggraver criminellement les maux inséparables d'un état de guerre, je m'empresse de vous donner l'assurance positive que ces assertions n'ont pas le moindre fondement.

Il faut, en effet, qu'ils soient bien ignorants et bien crédules ceux qui basent un seul moment leurs espérances sur des faussetés aussi incompatibles avec le sens commun qu'avec les faits; mais il en est malheureusement ainsi partout, et davantage peut-être dans un pays où les voies de la publicité ne sont encore qu'imparfaitement ouvertes.

Vous savez aussi bien que moi que l'Angleterre et la France sont entièrement avec le Sultan dans la noble résistance qu'il oppose à une agression violente et injuste. Il s'en suit nécessairement que les deux gouvernements alliés doivent voir avec un sentiment pénible d'indignation et de réprobation un mouvement qui ne tend qu'en faveur de la Russie, sans avoir même le mérite d'être spontané, qui pourrait dans sa marche embarrasser la Porte et ses alliés, et qui n'offre d'autre perspective que le mal à ceux qui exposent leur vie pour une si chimérique illusion.

Il faut avoir pitié des familles innocentes malheureusement enveloppées dans les conséquences d'une politique brutale et sans principes. Mais il ne peut y avoir de notre part aucun rapport avec les meneurs ni aucune dissimulation des sentiments que la conduite d'un parti insensé n'a pas manqué d'inspirer.

J'ai à vous recommander de ne négliger aucune occasion convenable de faire connaître le contenu de cette circulaire à tous ceux qui seraient disposés à se laisser égarer par les mensongères assertions qu'elle dénonce.

Je suis, Monsieur, avec sincérité et considération, votre obéissant et dévoué serviteur.

Signé : STRATFORD DE REDCLIFFE.

LETTRE de M. Paicos à Nechet-Bey

(par extrait).

MINISTÈRE DE LA MAISON DU ROI ET DES AFFAIRES ÉTRANGÈRES.

Athènes, ce 21 mars 1854.

Monsieur,

J'ai l'honneur de répondre à l'office que vous m'avez adressé en date du 19 de ce mois.

Depuis l'institution de la royauté en Grèce, le gouvernement du Roi a toujours témoigné à la Sublime-Porte des sentiments d'une amitié sincère, et a saisi toutes les circonstances de faire preuve de sa disposition à maintenir l'harmonie qui doit exister dans les relations de deux pays voisins. Le gouvernement royal ne s'est point départi de ce système, malgré tous les sujets de plaintes qu'il ne cessait et ne cesse encore de recevoir de la part de la Sublime-Porte et de ses autorités, à cause des difficultés sans nombre que les affaires helléniques rencontrent ordinairement auprès d'elle.

Ces bonnes dispositions, Monsieur, le gouvernement du Roi les conserve toujours, et fera tout ce qui dépend de lui pour prévenir toute mésintelligence. Cette assurance et les antécédents sur lesquels elle est fondée suffisent, je pense, pour convaincre la Sublime-Porte des sentiments qui animent le gouvernement du Roi à son égard.

Permettez-moi maintenant de vous exprimer combien j'ai été surpris de voir que, parmi les propres griefs énumérés dans votre susdit office, vous faites mention d'irruptions faites dans le temps du royaume grec sur le territoire ottoman. J'ai dû avec raison m'étonner de ces allégations, lorsque c'est au gouvernement grec à formuler plutôt des plaintes de cette nature. Le département des affaires étrangères n'a point cessé de dénoncer, mais toujours sans résultat, soit à la légation ottomane à

Athènes, sait à la Sublime-Porte, par la voie de la légation hellénique à Constantinople, des irruptions continuelles sur le territoire hellénique de bandes de brigands provenant des provinces limitrophes de la Turquie, ainsi que la connivence à ces actes criminels de plusieurs employés ottomans. Moi-même, Monsieur, plus d'une fois, et notamment par mon office en date du 30 octobre dernier, qui est resté sans réponse, je vous ai fait part d'un grand nombre de faits de cette nature tout à fait irrécusables.

Vous vous plaignez en outre de quelques renforts de troupes et de canons envoyés il y a huit mois sur la frontière, et vous prétendez que cette mesure du gouvernement hellénique a encouragé les amis du désordre à troubler par des actes révolutionnaires la tranquillité des provinces limitrophes. Rien n'est moins exact et moins vrai que d'attribuer un pareil résultat à cette mesure, tandis que les troupes envoyées alors sur la frontière ont, au contraire, grandement contribué à prévenir des dangers de cette nature et à maintenir fortement la tranquillité des provinces limitrophes des deux pays : et ce n'est qu'après leur éloignement, nécessité par la rigueur de la saison et la nature des localités, que le soulèvement de l'Epire a eu lieu.

Après tout ce que j'ai eu l'honneur de vous exposer dans mes précédentes communications, par rapport à ce qui se passe en Grèce depuis la nouvelle du soulèvement de l'Epire et de la Thessalie, et après tout ce que je vous ai exposé sur la nature et l'étendue de notre ligne frontière, je croirais inutile de vous répéter aujourd'hui les raisons pour lesquelles il n'était pas au pouvoir du gouvernement royal de satisfaire aux demandes que vous lui aviez adressées. Il me suffira de vous faire observer seulement qu'il est peu juste d'accuser le gouvernement d'un pays constitutionnel pour n'avoir pas agi contrairement à la teneur et à l'esprit de la Constitution en vigueur.

Le gouvernement doit respecter la Constitution en vertu de laquelle il existe. Il ne lui est pas permis de rien faire qui soit contraire à son esprit et ses prescriptions, et aucune puissance étrangère ne peut exiger de lui avec rai-

son des choses en opposition à la loi fondamentale.

Après les explications qui précèdent, je viens, Monsieur, vous faire part de la réponse du gouvernement royal relativement aux propositions que vous m'avez fait l'honneur de communiquer au nom de la Sublime-Porte, en m'abstenant de toute observation sur la gravité de quelques expressions dont vous avez jugé convenable de vous servir dans votre Note, et que je laisse entièrement à votre propre appréciation.

La proposition du rappel en Grèce de quelques officiers grecs accourus au secours des insurgés de l'Epire et de la Thessalie n'a plus de raison d'être. Ces officiers, en quittant le royaume grec, ont remis leurs démissions, qui ont été acceptées. Ils ne font par conséquent plus partie de l'armée grecque.

En remplissant ainsi le désir que vous exprimez, il sera aussi avec plaisir tout ce qui est compatible avec les lois du pays pour modérer le langage des journaux helléniques par rapport au soulèvement des provinces limitrophes de la Turquie, sans qu'il puisse répondre de l'efficacité d'une poursuite devant le jury, auquel la presse est soumise en Grèce. D'ailleurs il se doit pas vous échapper, Monsieur, que c'est ce même journal le Siècle, dont vous vous plaignez nommément, qui s'est réuni avec acharnement contre les mesures que le gouvernement hellénique a jugé nécessaire de prendre dans l'intérêt de la tranquillité des provinces limitrophes.

Enfin je puis vous assurer, Monsieur, de la manière la plus positive, qu'ainsi que j'ai eu l'honneur de vous le faire savoir par mon office du 14 février, une enquête sévère fut ordonnée par le ministre de la guerre aussitôt après l'évasion des détenus de Chalcis, afin de découvrir si cette évasion a eu lieu par la connivence de quelque officier, et que le résultat de l'enquête a prouvé d'une manière évidente, non-seulement l'innocence de tous les officiers de la garnison de Chalcis, mais encore les tentatives infructueuses qu'ils ont faites et les dangers auxquels ils se sont exposés pour ramener les soldats égarés à leur devoir.

J'aime à espérer, Monsieur, que vous trouverez dans cette réponse une preuve irrécusable des dispositions amicales du gouvernement de S. M. envers la Sublime-Porte.

Le gouvernement du Roi, ayant toujours à cœur l'harmonie qui doit exister entre les deux pays voisins, ne verra qu'avec regret l'interruption de ses relations amicales avec la Turquie. Pour sa part, il a fait et fera encore tout ce qui dépend de lui pour éviter une complication aussi regrettable, et par conséquent aucune responsabilité ne saurait en aucun cas peser sur lui.

Agréez, Monsieur, les assurances de ma considération la plus distinguée.

Signé: A. PAÏCOS.

NECHET-BEY à *M. Païcos*

(par extrait).

Le soussigné..... sans être autorisé à répéter encore ici les efforts sincères que le gouvernement de la Sublime-Porte a épuisés jusqu'à présent pour le maintien de ses relations avec le gouvernement hellénique, le soussigné se borne à regret à déclarer que, n'ayant malheureusement pas trouvé dans la réponse du cabinet hellénique les assurances requises et des satisfactions compatibles avec la nature des réclamations justes du gouvernement impérial, il ne lui reste d'autre alternative que de quitter Athènes avec toute la légation pour retourner à Constantinople.

En conséquence, le soussigné prie M. le ministre de vouloir bien lui tenir demain, jusqu'à neuf heures avant midi, les passe-ports nécessaires pour lui et pour sa suite, et saisit l'occasion de lui réitérer les assurances de sa haute considération.

Athènes, ce soir, le 21 mars 1854.

Signé: NECHET.

ACCUSÉ *de réception de la précédente.*

MINISTÈRE DE LA MAISON DU ROI ET DES RELATIONS EXTÉRIEURES EN GRÈCE.

Le soussigné, ministre de la maison royale et des relations extérieures de S. M. le Roi de la Grèce, a l'honneur d'accuser réception à Nechet-Bey, chargé d'affaires de la Sublime-Porte ottomane, de la Note qu'il a bien voulu lui adresser en date d'hier 21 et qui cependant ne lui a été remise qu'à minuit.

Le soussigné a vu avec beaucoup de regret le parti pris par M. le chargé d'affaires de la Sublime-Porte de quitter la Grèce avec toute la légation et de demander à cet effet ses passe-ports.

Après avoir tout fait pour éviter une circonstance aussi regrettable, et après avoir donné à M. le chargé d'affaires de la Sublime-Porte toutes les assurances qu'il a crues propres à le faire désister d'une pareille démarche, le soussigné ne peut aujourd'hui qu'obtempérer, quoique avec peine, à la demande qui vient de lui être adressée, en faisant connaître à M. le chargé d'affaires que, suivant son désir, ses passe-ports sont tenus à sa disposition et qu'il peut les faire retirer à l'hôtel du ministère des affaires étrangères.

Le soussigné saisit l'occasion de réitérer à Nechet-Bey les assurances de sa considération très-distinguée.

Athènes, le 22 mars 1854.

Signé: A. PAÏCOS.

NOTE *adressée au ministre des affaires étrangères de Grèce, M. Païcos, par les ministres de France et d'Angleterre, MM. Forth-Rouen et Wyse.*

Athènes, le 20 avril 1854.

Monsieur,

Nous nous sommes abstenus à dessein de faire aucune observation sur la Note que vous avez adressée à Nechet-Bey le 7 mars dernier, et dont copie nous a été transmise, en notre qualité de représentants des deux puissances protectrices, Note dans laquelle vous prétendez que des troupes turques ont passé la frontière et ont envahi, en commettant des actes de violence et sanguinaires, le territoire hellénique, jusqu'à ce qu'une enquête rigoureuse des faits sur lesquels le rapport est fondé nous ait permis de nous prononcer d'une manière définitive au sujet des griefs qui y sont articulés.

Il a été procédé immédiatement à cette enquête par tous les moyens que pouvait fournir une honnête et sévère investigation et en interrogeant les hommes, les lieux et les circonstances. Nous sommes obligés de dire, tant à raison des devoirs que nous avons à remplir envers nos gouvernements respectifs que dans l'intérêt général de la vérité, qu'un grand nombre de preuves d'une évidence incontestable nous a conduits à conclure que l'accusation portée dans votre Note, loin d'avoir aucune consistance, aboutit à un résultat diamétralement opposé et dans son ensemble et dans ses détails, ainsi que le prouvent les faits constatés.

Il ressort de cette enquête qu'aucun corps d'Albanais composé d'environ 500 hommes, ainsi que vous l'affirmez, n'a passé sur le territoire hellénique le 26 février, en poursuivant des paysans chrétiens près d'Arta, ni que le lieutenant-colonel Skilodimos, commandant un bataillon de troupes légères, après une remontrance faite en termes modérés, ait sommé ledit corps de troupes de repasser du territoire grec sur le territoire turc, ni qu'il y eût eu aucune rencontre sur la terre hellénique, ni enfin que le bataillon, suivant votre assertion, se soit élancé avec impétuosité sur les envahisseurs et les ait rejetés au delà de la frontière.

Cette rencontre, dans laquelle vous établissez avec exactitude que cinq soldats et un sergent ont été blessés (le dernier mortellement), ainsi que le cheval du lieutenant-colonel Skilodimos, a eu lieu, aux yeux des témoins grecs aussi bien que turcs, non sur le territoire grec, mais bien à quelques milles de la frontière grecque, sous les murs d'Arta, à quelques centaines de pas de la citadelle, où le lieutenant-colonel Skilodimos avec son bataillon de troupes royales, accourant au secours de Karaiskakis, avec lequel il était en rapport « en temps de paix, » pour me servir de vos propres expressions « et au mépris de toutes les règles du droit des gens, » a poursuivi les troupes ottomanes.

Par qui et pourquoi un pareil renversement des faits a-t-il été ourdi ? Quelles ont été les causes ? quels ont été les auteurs de cette machination ? Nous pensons qu'il n'est pas nécessaire de nous prononcer à cet égard. Mais nous ne pouvons nous empêcher de vous faire remarquer que le premier devoir d'un accusateur est de prendre la peine de s'assurer par lui-même de l'exactitude et de la valeur réelle de ses preuves, et que dans une matière d'une telle gravité et dans une conjoncture aussi critique, l'action de mal comprendre, dans la personne d'un ministre, est à peine moins coupable que l'action de se tromper.

Nous sommes d'autant plus pénétrés de cette conviction qu'on avait le temps suffisant et toute opportunité pour une enquête et une réparation ultérieure, si le gouvernement grec s'y était trouvé disposé. Mais nous savons que, bien que Nechet-Bey continuât à rester ici quelque temps après la réception de votre Note, aucune explication ou réparation ne fut offerte à raison de l'erreur ou de la calomnie dont son gouvernement ou lui avait été l'objet avant son départ.

Comme, en ce qui touche la gravité de l'offense et les demandes de réparation qui sont justifiées à l'égard du gouvernement offensé, vous paraissez vous y montrer très-sensible, lorsque la Grèce est supposée être en question, nous ne pouvons croire que vous soyez assez injuste pour refuser à un autre pays ce que vous réclamez pour le vôtre. Assurément votre Note sur ces deux points est si claire, que l'on ne saurait adopter un autre langage que le vôtre, en se bornant seulement à substituer le mot *Turquie* à celui de *Grèce.*

Quant à nous, comme représentants des deux puissances protectrices, intéressées au maintien de l'indépendance du royaume de Grèce, qui ne saurait avoir de base plus solide que l'observation des traités qui l'ont créé, nous protestons dans les termes les plus formels comme les plus énergiques contre la violation du territoire et de l'empire ottoman mentionnée plus haut, aggravée comme elle l'a été ensuite par la tentative faite au nom des autorités grecques de la transformer en une invasion du territoire grec de la part des troupes ottomanes.

Si nous insistons avec vigueur sur cette protestation, c'est à cause de la manière insoutenable avec laquelle vous avez jugé à propos de traiter, dans une récente occasion, les représentations qui vous ont été adressées, de concert avec mes collègues d'Autriche et de Prusse. Nos divers gouvernements apprendront avec étonnement qu'une Note signée collectivement par les représentants ici des quatre puissances, et destinée à appuyer les justes griefs et demandes relativement à de semblables agressions dénoncées dans la Note de Neshet-Bey, et dont la remise a eu lieu entre vos mains à temps pour être communiquée à la législature, non-seulement n'a pas été présentée aux Chambres, mais que pendant la discussion même dans le Sénat sur cette communication si spécialement appuyée, et dans la réplique à ce qui était plus qu'une interpellation de la part des sénateurs, aucune explication n'a été fournie par vous pour les satisfaire, aucune connaissance n'en a été donnée au public, aucune réponse n'a été transmise à l'un des ministres par lesquels elle avait été signée, et qu'ainsi l'effet légitime et salutaire qui aurait pu être produit dans les conseils et sur l'opinion publique du pays a été prévenu et étouffé.

Signé : TH. WYSE, Baron F. ROUEN.

Note adressée à M. le baron Forth-Rouen, ministre français en Grèce, par M. Psicos, ministre des affaires étrangères.

Athènes, le 22 avril 1854.

Monsieur le baron,

Le nomarque d'Eubée vient d'annoncer au gouvernement que le 17 avril, la frégate à vapeur française *le Gomer*, portant le pavillon de M. le contre-amiral Le Barbier de Tinan, mouilla dans le port de Chalcis, après avoir visité Oréi, Stilida, Limni et quelques autres points du littoral ; que quelques moments après son mouillage, l'agent consulaire de France à Chalcis, qui s'était

rendu à bord, invita chez lui le nomarque, le maire, le commandant de place et le chef de la gendarmerie pour leur faire une communication officielle, et que, sur le refus de ces autorités, M. Thiesse se rendit lui-même chez le nomarque, et lui fit, en présence du maire, la communication suivante :

Il leur dit que le contre-amiral leur faisait savoir qu'il considérait les autorités et les habitants de Chalcis comme responsables de tout départ d'hommes armés se rendant en Épire et en Thessalie ; que dans le cas où des gens armés de cette catégorie tomberaient dans ses mains, il les ferait juger militairement et fusiller comme des brigands de grand chemin ; que les autorités et les habitants ne devraient pas permettre l'embarquement d'armes et de munitions de guerre, car les forces maritimes de la France étaient décidées à couler bas les bâtiments portant de ces objets ainsi que leurs équipages ; que, d'après toutes les probabilités, la Turquie, la France et l'Angleterre déclareraient sous très-peu de jours la guerre à la Grèce ; qu'en conséquence, si quelque sujet français ou anglais venait à être insulté ou offensé, l'amiral ferait brûler la ville ; et, qu'enfin tout cela était porté à la connaissance des habitants et des autorités de Chalcis, une fois pour toutes.

Cette communication faite au nom d'un contre-amiral me paraît tellement grave, que je sens, monsieur le baron, le besoin de vous prier de vouloir bien me faire connaître si en effet M. le contre-amiral Le Barbier du Tinan a autorisé M. l'agent consulaire de France à Chalcis à tenir aux autorités de cette ville un langage si contraire aux principes du droit des gens et aux sentiments d'humanité, ainsi qu'aux principes généraux exposés dans la déclaration que vous m'avez fait l'honneur de me communiquer par votre office du 10 avril.

J'ai l'agréable conviction que M. Thiesse a excédé ou méconnu dans ce cas ses instructions ; mais permettez-moi, monsieur le ministre, de vous faire en même temps observer que M. Thiesse, en acceptant et en remplissant une pareille mission, s'est écarté des bornes des attributions consulaires auxquelles il aurait dû se tenir strictement. Comme

Il n'est point permis aux consuls d'agir en dehors des limites de leurs fonctions, je vous serai bien obligé de vouloir bien attirer sur ce point l'attention de M. Thiesse et des autres agents consulaires de France dans les villes et ports de la Grèce : car les autorités grecques ont reçu l'ordre de ne leur reconnaître, en aucune circonstance, aucun droit excédant leurs attributions consulaires.

Agréez, etc.

Signé : PAÏCOS.

RÉPONSE *de M. Forth-Rouen.*

Athènes, le 23 avril 1854.

Monsieur le ministre,

Je ne connais rien de ce qui fait l'objet de votre lettre du 22 avril. J'en entretiendrai M. l'amiral de Tinan aussitôt que je le verrai, et je vais en écrire à M. Thiesse. Je pense qu'il y a quelque exagération de la part d'autorités dont la conscience n'est pas bien nette. En attendant, permettez-moi, monsieur le ministre, de vous faire observer qu'en cachant soigneusement à la nation la profonde réprobation dont le gouvernement de S. M. I. et ses alliés n'ont cessé de frapper les actes d'agression dont la Turquie, amie et alliée de la Grèce, a été depuis six mois l'objet ; qu'en laissant croire à cette nation que les sympathies de la France continuaient de l'accompagner dans les terribles aventures où on la jetait ; qu'en se taisant sur les Notes collectives qui lui ont été adressées par les représentants des puissances alliées, et qu'en laissant enfin ses amis nier l'existence de ces Notes, le gouvernement de S. M. Hellénique nous a mis dans la cruelle nécessité de prendre les mesures et de tenir un langage propres à tirer de leur erreur les populations abusées.

Il est une responsabilité contre laquelle la loyauté du gouvernement de . M. l'Empereur lui faisait un devoir impérieux de protester énergiquement à l'avance, c'est celle qu'il aurait pu courir si la Grèce, victime des malheurs provoqués par son gouvernement, ait été en droit de lui dire, en lui rappelant *toutes* les preuves de sympa-

thie qu'elle avait reçues de lui, et la confiance qu'elle avait en son constant appui : « Vous ne m'aviez pas prévenue. »

Je vous rappellerai aussi, monsieur le ministre, ce que vous m'avez dit vous-même touchant les dangers que pouvait courir M. Thiesse. Dans une ville d'où les malfaiteurs en prison ont pu tous s'échapper sous la protection de la force armée, peut-on dire que la vie des étrangers soit garantie par les lois du pays ? Ce n'est pas nous, monsieur le ministre, qui avons créé un état de choses si en dehors en effet des habitudes de tout peuple civilisé, et c'est à d'autres qu'à nous à en subir les conséquences.

Agréez, etc.

Signé : baron FORTH-ROUEN.

P. S. J'ai communiqué votre lettre à M. l'amiral baron de Tinan. Il y a en effet une grande exagération dans le rapport des autorités de Chalcis. Le faux et le vrai s'y mêlent assez adroitement. Le commandant en chef de la division du Levant ayant appris à son passage à Chalcis que le vice-consul de France, M. Thiesse, avait été menacé, que des sujets de S. M. Britannique résidant dans l'intérieur étaient sérieusement inquiétés, a tenu en effet un langage très-sévère, mais que tout le monde à sa place aurait tenu.

Des autorités qui ont laissé échapper des prisonniers confiés à leur surveillance, qui n'ont pas su retenir fidèles à leur serment les soldats qu'elles avaient l'honneur de commander, sont-elles donc, monsieur le ministre, bien dignes de confiance ? Vous n'êtes pas non plus sans savoir que beaucoup des malfaiteurs échappés des prisons de Chalcis n'ont pas franchi la frontière, et qu'ils continuent à séjourner en Eubée, où quelques-uns, anciens marins, se seraient déjà livrés à la piraterie ; on soupçonne même que ce sont eux qui ont massacré l'équipage du navire anglais l'*Henriette*, trouvé abandonné, son pont couvert de sang.

Quand il arriverait à de malheureux volontaires ayant pris un fusil, pour ne pas mourir de faim, d'être confondus avec des pirates, sur qui devrait retomber *toute* la responsabilité ? sur ceux qui ont averti du péril, ou sur ceux qui l'ont si imprudemment provoqué ? Je vous le répète, monsieur le ministre, vous supportez les conséquences d'un état de choses qui a été créé par vous, dont nous vous avons montré à l'avance les dangers ; et je vous exprime de nouveau ici, au nom de mon gouvernement, les regrets de la France qu'on se soit si constamment montré sourd à ses conseils, aussi sincères que désintéressés.

Agréez, etc.

Signé : F. ROUEN.

FRANCE.

(On trouvera, soit dans le petit texte, à la Question d'Orient, soit dans le grand texte, *passim*, les documents les plus importants qui, tout en concernant la politique intérieure, se rattachent aux affaires générales.)

Décret impérial appelant à l'activité quatre-vingt mille jeunes soldats.

NAPOLÉON, par la grâce de Dieu et la volonté nationale, Empereur des Français,

A tous présents et à venir, salut :

Vu la loi du 23 avril 1853, qui avait autorisé un appel de 80,000 hommes sur la classe de 1853 pour le recrutement des troupes de terre et de mer ;

Vu la loi du 13 avril 1854, aux termes de laquelle l'appel autorisé par la loi du 23 avril 1853 est porté de 80,000 hommes à 140,000 ;

Vu le décret du 14 avril 1854, qui fixe la clôture des listes du contingent de ladite classe au 29 mai prochain ;

Sur le rapport de notre ministre secrétaire d'État au département de la guerre,

Avons décrété et décrétons ce qui suit :

Art. 1er. Sur les cent quarante mille jeunes soldats formant le contingent de la classe de 1853, quatre-vingt mille sont appelés à l'activité pour les armées de terre et de mer.

Art. 2. L'époque du départ de ces quatre-vingt mille jeunes soldats sera déterminée par notre ministre secrétaire d'État au département de la guerre.

Art. 3. Notre ministre secrétaire d'État au département de la guerre est chargé de l'exécution du présent décret.

Fait au palais des Tuileries, le 1er mai 1854.

Signé : NAPOLÉON.

Par l'Empereur :

Le maréchal de France, ministre secrétaire d'État au département de la guerre,

Signé : VAILLANT.

———

Loi sur le libre écoulement des eaux provenant du drainage.

NAPOLÉON, par la grâce de Dieu et la volonté nationale, Empereur des Français,

A tous présents et à venir, salut :

Avons sanctionné et sanctionnons, promulgué et promulguons ce qui suit :

(Extrait du procès-verbal du Corps législatif.)

Le Corps législatif a adopté le projet de loi dont la teneur suit :

Art. 1er. Tout propriétaire qui veut assainir son fonds par le drainage ou un autre mode d'assèchement, peut, moyennant une juste et préalable indemnité, en conduire les eaux souterrainement ou à ciel ouvert à travers les propriétés qui séparent ce fonds d'un cours d'eau ou de toute autre voie d'écoulement.

Sont exceptés de cette servitude, les maisons, cours, jardins, parcs et enclos attenant aux habitations.

Art. 2. Les propriétaires de fonds voisins ou traversés ont la faculté de se servir des travaux faits en vertu de l'article précédent, pour l'écoulement des eaux de leurs fonds.

Ils supportent dans ce cas, 1° une part proportionnelle dans la valeur des travaux dont ils profitent ; 2° les dépenses résultant des modifications que l'exercice de cette faculté peut rendre nécessaires ; et 3° pour l'avenir, une part contributive dans l'entretien des travaux devenus communs.

Art. 3. Les associations de propriétaires qui veulent, au moyen de travaux d'ensemble, assainir leurs héritages par le drainage ou tout autre mode d'asséchement, jouissent des droits et supportent les obligations qui résultent des articles précédents. Ces associations peuvent, sur leur demande, être constituées, par arrêtés préfectoraux, en syndicats auxquels sont applicables les art. 3 et 4 de la loi du 14 floréal an XI.

Art. 4. Les travaux que voudraient exécuter les associations syndicales, les communes ou les départements, pour faciliter le drainage ou tout autre mode d'asséchement, peuvent être déclarés d'utilité publique par décret rendu en conseil d'État.

Le règlement des indemnités dues pour expropriation est fait conformément aux paragraphes 2 et suivants de l'art. 16 de la loi du 21 mai 1836.

Art. 5. Les contestations auxquelles peuvent donner lieu l'établissement et l'exercice de la servitude, la fixation du parcours des eaux, l'exécution des travaux de drainage ou d'asséchement, les indemnités et les frais d'entretien, sont portées en premier ressort devant le juge de paix du canton, qui, en prononçant, doit concilier les intérêts de l'opération avec le respect dû à la propriété.

S'il y a lieu à expertise, il pourra n'être nommé qu'un seul expert.

Art. 6. La destruction totale ou partielle des conduits d'eau ou fossés éva-cuateurs est punie des peines portées à l'art. 456 du code pénal.

Tout obstacle apporté volontairement au libre écoulement des eaux est puni des peines portées par l'art. 457 du même code.

L'article 463 du code pénal peut être appliqué.

Art. 7. Il n'est aucunement dérogé aux lois qui règlent la police des eaux.

Délibéré en séance publique, à Paris, le 12 mai 1854.

Signé : BILLAULT, *président.*

Les secrétaires, JOACHIM MURAT, ED. DALLOZ, MACDONALD duc de TARENTE, baron ESCHASSÉRIAUX.

(*Extrait du procès-verbal du Sénat.*)

Le Sénat ne s'oppose pas à la promulgation de la loi relative au libre écoulement des eaux provenant du drainage.

Délibéré en séance, au palais du Sénat, le 7 juin 1854.

Signé : TROPLONG, *président.*

Les secrétaires, comte DE LA RIBOISSIÈRE, AD. THIERS, baron T. DE LACROSSE.

Vu et scellé du sceau du Sénat :

Signé : Baron T. DE LACROSSE

Mandons et ordonnons que les présentes, revêtues du sceau de l'État et insérées au *Bulletin des Lois*, soient adressées aux cours, aux tribunaux et aux autorités administratives, pour qu'ils les inscrivent sur leurs registres, les observent et les fassent observer, et notre ministre secrétaire d'État au département de la justice est chargé d'en surveiller la publication.

Fait au palais de Saint-Cloud, le 10 juin 1854.

Signé : NAPOLÉON.

Par l'Empereur :
   Le ministre d'État,
   Signé : ACHILLE FOULD.

Vu et scellé du grand sceau :
   Le garde des sceaux, ministre secrétaire d'État au département de la justice,
   Signé : ABBATUCCI.

Loi *sur la télégraphie privée.*

NAPOLÉON, par la grâce de Dieu et la volonté nationale, Empereur des Français,

A tous présents et à venir, salut:

Avons sanctionné et sanctionnons, promulgué et promulguons ce qui suit :

(Extrait du procès-verbal du Corps législatif.)

Le Corps législatif a adopté le projet de loi dont la teneur suit :

Art. 1er. A dater du 1er juillet 1854, les distances servant de base au calcul des taxes des dépêches télégraphiques privées seront prises à vol d'oiseau, depuis le bureau de départ jusqu'au bureau d'arrivée.

Art. 2. Pour une dépêche de un à vingt-cinq mots, il sera perçu un droit fixe de deux francs, plus douze centimes par myriamètre.

Toutefois, la taxe d'une dépêche de un à vingt-cinq mots, de Paris pour Paris, sera de un franc; celle de Paris pour les localités qui en sont distantes de vingt kilomètres au plus, ou de ces localités pour Paris, sera de un franc cinquante centimes.

Au-dessus de vingt-cinq mots, les taxes précédentes sont augmentées d'un quart pour chaque dizaine de mots ou fraction de dizaine excédant.

Le droit de un franc établi par l'article 9 de la loi du 29 novembre 1850, pour le port des dépêches dans Paris, est réduit à cinquante centimes.

Art. 3. Dans le cas où, pour faciliter le passage par le territoire français de la correspondance télégraphique privée, il paraîtrait nécessaire de réduire la taxe des dépêches transitant d'une frontière à l'autre; le taux de la réduction sera déterminé par un arrêté du ministre de l'intérieur.

Art. 4. Sont maintenues les dispositions des lois des 29 novembre 1850 et 25 mai 1853 qui ne sont pas contraires à la présente loi.

Délibéré en séance publique, à Paris, le 31 mai 1854.

Signé : BILLAULT, *président.*

Les secrétaires, JOACHIM MURAT, ED. DALLOZ, MACDONALD duc DE TARENTE.

(Extrait du procès-verbal du Sénat.)

Le Sénat ne s'oppose pas à la promulgation de la loi sur la télégraphie privée.

Délibéré en séance, au palais du Sénat, le 9 juin 1854.

Signé : TROPLONG, *président.*

Les secrétaires, AM. THAYER, CÉCILLE, baron T. DE LACROSSE.

Vu et scellé du sceau du Sénat :

Signé : Baron T. DE LACROSSE.

Mandons et ordonnons que les présentes, revêtues du sceau de l'État et insérées au *Bulletin des Lois,* soient adressées aux cours, aux tribunaux et aux autorités administratives, pour qu'ils les inscrivent sur leurs registres, les observent et les fassent observer; et notre ministre secrétaire d'État au département de la justice est chargé d'en surveiller la publication.

Fait au palais de Saint-Cloud, le 22 juin 1854.

Signé : NAPOLÉON.

Par l'empereur :

Le ministre d'État,

Signé : ACHILLE FOULD.

Vu et scellé du grand sceau :

Le garde des sceaux, ministre secrétaire d'État au département de la justice,

Signé : ABBATUCCI.

Loi *sur les livrets d'ouvriers.*

Art. 1er. Les ouvriers de l'un et l'autre sexe attachés aux manufactures, fabriques, usines, mines, minières, carrières, chantiers, ateliers et autres établissements industriels, ou travaillant chez eux pour un ou plusieurs patrons, sont tenus de se munir d'un livret.

Art. 2. Les livrets sont délivrés par les maires.

Ils sont délivrés par le préfet de police à Paris et dans le ressort de sa préfecture, par le préfet du Rhône à Lyon et dans les autres communes dans lesquelles il remplit les fonctions qui lui sont attribuées par la loi du 19 juin 1851.

Il n'est perçu pour la délivrance des livrets que le prix de confection. Ce prix ne peut dépasser 25 c.

Art. 3. Les chefs ou directeurs des établissements spécifiés en l'article 1er ne peuvent employer un ouvrier soumis à l'obligation prescrite par cet article, s'il n'est porteur d'un livret en règle.

Art. 4. Si l'ouvrier est attaché à l'établissement, le chef ou directeur doit, au moment où il le reçoit, inscrire sur son livret la date de son entrée.

Il transcrit sur un registre non timbré, qu'il doit tenir à cet effet, les nom et prénoms de l'ouvrier, le nom et le domicile du chef de l'établissement qui l'aura employé précédemment, et le montant des avances dont l'ouvrier serait resté débiteur envers celui-ci.

Il inscrit sur le livret, à la sortie de l'ouvrier, la date de la sortie et l'acquit des engagements.

Il y ajoute, s'il y a lieu, le montant des avances dont l'ouvrier resterait débiteur envers lui, dans les limites fixées par la loi du 14 mai 1851.

Art. 5. Si l'ouvrier travaille habituellement pour plusieurs patrons, chaque patron inscrit sur le livret le jour où il lui confie de l'ouvrage, et transcrit, sur le registre mentionné en l'article précédent, les nom et prénoms de l'ouvrier et son domicile.

Lorsqu'il cesse d'employer l'ouvrier, il inscrit sur le livret l'acquit des engagements, sans aucune autre énonciation.

Art. 6. Le livret, après avoir reçu les mentions prescrites par les deux articles qui précèdent, est remis à l'ouvrier et reste entre ses mains.

Art. 7. Lorsque le chef ou directeur d'établissement ne peut remplir l'obligation déterminée au troisième paragraphe de l'article 4 et au deuxième paragraphe de l'article 5, le maire ou le commissaire de police, après avoir constaté la cause de l'empêchement, inscrit sans frais le congé d'acquit.

Art. 8. Dans tous les cas, il n'est fait sur le livret aucune annotation favorable ou défavorable à l'ouvrier.

Art. 9. Le livret, visé gratuitement par le maire de la commune où travaille l'ouvrier, à Paris et dans le ressort de la préfecture de police par le préfet de police, à Lyon et dans les communes spécifiées dans la loi du 19 juin 1851 par le préfet du Rhône, tient lieu de passe-port à l'intérieur, sous les conditions déterminées par les règlements administratifs.

Art. 10. Des règlements d'administration publique déterminent tout ce qui concerne la forme, la délivrance, la tenue et le renouvellement des livrets.

Ils règlent la forme du registre prescrit par l'article 4 et les indications qu'il doit contenir.

Art. 11. Les contraventions aux articles 1, 3, 4, 5 et 8 de la présente loi sont poursuivies devant le tribunal de simple police, et punies d'une amende de 1 fr. à 15 fr., sans préjudice des dommages-intérêts, s'il y a lieu.

Il peut, de plus, être prononcé, suivant les circonstances, un emprisonnement d'un à cinq jours.

Art. 12. Tout individu coupable d'avoir fabriqué un faux livret ou falsifié un livret originairement véritable, ou fait sciemment usage d'un livret faux ou falsifié, est puni des peines portées en l'article 153 du code pénal.

Art. 13. Tout ouvrier coupable de s'être fait délivrer un livret soit sous un faux nom, soit au moyen de fausses déclarations ou de faux certificats, ou d'avoir fait usage d'un livret qui ne lui appartient pas, est puni d'un emprisonnement de trois mois à un an.

Art. 14. L'art. 463 du code pénal peut être appliqué dans tous les cas prévus par les art. 12 et 13 de la présente loi.

Art. 15. Aucun ouvrier soumis à l'obligation du livret ne sera inscrit sur les listes électorales pour la formation des conseils de prud'hommes s'il n'est pourvu d'un livret.

Art. 16. La présente loi aura son effet à partir du 1er janvier 1855. Il n'est pas dérogé par ses dispositions à l'article 12 du décret du 26 mars 1852, relatif aux sociétés de secours mutuels.

Délibéré, etc.

INTÉRIEUR. — § II. LOIS ET DÉCRETS CONCERNANT DES OBJETS DE FINANCE ET D'ÉCONOMIE POLITIQUE.

LOI *portant fixation du budget géné- ral des dépenses et des recettes de l'exercice* 1855.

NAPOLÉON, par la grâce de Dieu et la volonté nationale, Empereur des Français,

A tous présents et à venir, salut :

Avons sanctionné et sanctionnons, promulgué et promulguons ce qui suit :

(*Extrait du procès-verbal du Corps lé- gislatif.*)

Le Corps législatif a adopté le pro- jet de loi dont la teneur suit :

TITRE PREMIER.

BUDGET GÉNÉRAL.

§ 1er. *Crédits accordés.*

Art. 1er. Des crédits sont ouverts aux ministres, pour les dépenses ordi- naires et extraordinaires de l'exercice 1855, conformément à l'état général A ci-annexé.

Ces crédits s'appliquent :

A la dette publique et aux services généraux des ministères, constituant effectivement les charges de l'Etat pour la somme de . . . 1,084,672,988

Aux dépenses d'or- dre et aux frais inhé- rents à la perception des impôts, pour la somme de 477,357,320

Total général con- forme à l'état A ci-an- nexé. 1,562,030,308

§ 2. — *Impôts autorisés.*

Art. 2. Les contributions foncière, personnelle - mobilière, des portes et fenêtres et des patentes seront perçues, pour 1855, en principal et centimes additionnels, conformément à l'état B ci-annexé et aux dispositions des lois existantes.

Le contingent de chaque départe- ment dans les contributions foncière,

personnelle-mobilière et des portes et fenêtres est fixé, en principal, aux sommes portées dans l'état C annexé à la présente loi.

Art. 3. Lorsqu'en exécution du pa- ragraphe 4 de l'art. 39 de la loi du 18 juillet 1837, il y aura lieu, par le Gouvernement, d'imposer d'office, sur les communes, des centimes addition- nels pour le payement des dépenses obligatoires, le nombre de ces centimes ne pourra excéder le maximum de *dix*, à moins qu'il ne s'agisse de l'acquit de dettes résultant de condamnations judi- ciaires, auquel cas il pourra être élevé jusqu'à *vingt*.

Art. 4. En cas d'insuffisance des revenus ordinaires pour l'établissement des écoles primaires communales, élé- mentaires ou supérieures, les conseils municipaux et les conseils généraux des départements sont autorisés à voter, pour 1855, à titre d'imposition spéciale destinée à l'instruction primaire, des centimes additionnels au principal des quatre contributions directes. Toute- fois, il ne pourra être voté à ce titre plus de 3 centimes par les conseils mu- nicipaux et plus de 2 centimes par les conseils généraux.

Art. 5. En cas d'insuffisance des centimes facultatifs ordinaires pour concourir, par des subventions, aux dépenses des chemins vicinaux de grande communication, et, dans des cas extraordinaires, aux dépenses des autres chemins vicinaux, les conseils généraux sont autorisés à voter, pour 1855, à titre d'imposition spéciale, *cinq centimes* additionnels aux quatre contributions directes.

Art. 6. Continuera d'être faite pour 1855, au profit de l'Etat, des départe- ments, des communes, des établisse- ments publics et des communautés d'ha- bitants dûment autorisées, la percep- tion, conformément aux lois existantes, des divers droits, produits et revenus énoncés à l'état D annexé à la présente loi.

§ 3. — *Évaluations des voies et moyens et résultat général du budget.*

Art. 7. Les voies et moyens du budget de l'exercice 1855 sont évalués à la somme totale de 1,566,012,213 fr., conformément à l'état E ci-annexé, savoir :

Recettes d'ordre dont l'emploi ou la restitution figure au budget des dépenses pour la somme de ... 477,357,320

Recettes applicables aux charges réelles de l'État . . . 1,088,654,893

Total général conforme à l'état E ci-annexé. 1,566,012,213

Art. 8. D'après les fixations établies par la présente loi, le résultat général du budget de 1855 se résume ainsi qu'il suit :

	BUDGET total.	RECETTES et dépenses d'ordre.	CHARGES et ressources de l'État.
	fr.	fr.	fr.
Les dépenses ordinaires et extraordinaires s'élèvent (art. 1er) à	1,562,030,308	477,357,820	1,088,672,988
Les voies et moyens ordinaires et extraordinaires montent (art. 7) à . .	1,566,012,213	477,357,320	1,088,654,893
Excédant de recette.	3,981,905	»	3,981,905

Les dépenses ordinaires s'élevant, d'après l'état A, à la somme de. . . . . 1,483,654,309 fr.

Et les ressources ordinaires montant, suivant l'état E, à. 1,528,448,283

L'excédant de recette sur le service ordinaire est de. . 44,655,979 fr.

Et les dépenses pour travaux extraordinaires, qui sont (voir l'état A précité) de. . . . . . . 78,374,999 fr.

Comparées aux ressources extraordinaires (état E), ci. 37,901,925

présentent un excédant de . . . . 40,474,074 fr. 40,474,074

qui est couvert par les ressources ordinaires du budget.

De sorte que, en définitive, le budget général se solde par un excédant de recette arrêté provisoirement, comme ci-dessus, à la somme de. . . . . 3,981,905 fr.

TITRE II.

SERVICES SPÉCIAUX.

Art. 9. Les services spéciaux rattachés pour ordre au budget de l'État sont fixés, en recette et en dépense, pour l'exercice 1855, à la somme de 25,025,350 fr., conformément à l'état F ci-annexé.

Art. 10. L'affectation aux dépenses du service départemental des ressources spécialement attribuées à ce service par la loi du 10 mai 1838, et comprises dans les voies et moyens généraux de 1855 pour 163,768,820 fr., est réglée par ministère, conformément à l'état G annexé à la présente loi.

Art. 11. L'affectation aux dépenses

du service colonial, comprises dans le budget général de 1855 pour 21,631,280 fr., des ressources spéciales de ce service et des fonds généraux de l'État qui doivent y être appliqués, est réglée conformément à l'état H annexé à la présente loi.

TITRE III.
MOYENS DE SERVICE ET DISPOSITIONS DIVERSES.

Art. 12. Le ministre des finances est autorisé à créer, pour le service de la trésorerie et les négociations avec la banque de France, des bons du trésor portant intérêt, et payables à échéance fixe.

Les bons du trésor en circulation ne pourront excéder 250 millions de francs. Ne sont pas compris dans cette limite les bons délivrés à la caisse d'amortissement, en vertu de la loi du 10 juin 1833, ni les bons déposés en garantie à la banque de France et aux comptoirs d'escompte.

Dans le cas où cette somme serait insuffisante pour les besoins du service, il y sera pourvu au moyen d'émissions supplémentaires qui devront être autorisées par décrets impériaux insérés au *Bulletin des lois* et soumis à la sanction du Corps législatif, à sa plus prochaine session.

Art. 13. L'effectif à entretenir en Algérie, au delà duquel il y aura lieu à l'application du deuxième paragraphe de l'art. 6 de la loi de finances du 11 juin 1842, est fixé, pour l'année 1855, à 64,739 hommes et 14,457 chevaux.

Art. 14. Il est ouvert au ministre de la guerre un crédit de 1,500,000 fr. pour l'inscription au trésor public des pensions militaires à liquider dans le courant de l'année 1855.

Art. 15. A partir du 1er janvier 1855, chaque avertissement délivré aux contribuables pour le recouvrement des quatre contributions directes, en exécution des art. 50 et 51 de la loi du 15 mai 1818, énoncera :

1° La part de contribution revenant à l'État ;

2° La part de contribution revenant au département, à la commune et au fonds de secours, non-valeurs et réimpositions.

Art. 16. Les cotes indûment imposées aux rôles des contributions directes, qui n'auraient pas été comprises dans les états présentés par les percepteurs dans les trois premiers mois de l'exercice, et dont l'irrecouvrabilité serait d'ailleurs dûment constatée, pourront être portées sur les états de cotes irrecouvrables rédigés en fin d'année, et être allouées en décharge par les conseils de préfecture.

Art. 17. La commission municipale de Lyon est autorisée, conformément au vœu émis par elle le 17 janvier 1853, à établir dans chacune des anciennes communes dont la ville se compose, des tarifs spéciaux, combinés de manière à tenir compte à la fois de la valeur locative et du nombre des ouvertures pour la répartition de leur contingent dans la contribution des portes et fenêtres.

Les délibérations prises à ce sujet par la commission municipale ne recevront leur exécution qu'après avoir été approuvées par un décret de l'Empereur, le conseil d'Etat entendu.

Art. 18. Les droits d'octroi sur les vins, cidres, poirés et hydromels ne pourront être supérieurs au double des droits d'entrée déterminés par le tarif annexé au décret du 17 mars 1852 (le décime non compris).

Dans les communes qui, à raison de leur population, ne sont pas soumises à un droit d'entrée sur les boissons, le droit d'octroi ne pourra dépasser le double du droit d'entrée déterminé par le décret du 17 mars 1852 pour les villes d'une population de quatre mille âmes.

Il ne pourra être établi aucune taxe d'octroi supérieure au double du droit d'entrée qu'en vertu d'une loi.

L'article 15 du décret du 17 mars 1852 est abrogé.

Art. 19. Sont prorogées jusqu'au 1er janvier 1865, les dispositions combinées de l'art. 16 de la loi du 17 juin 1840 et de l'art. 1er de celle du 10 juillet 1850.

Toutefois, à partir de 1856, le maximum des allocations de sel, pour le commerce de la troque, sera réduit annuellement d'un dixième.

Art. 20. Les employés et agents des postes assermentés, et tous les agents de l'autorité ayant qualité pour constater les délits et contraventions, pourront, concurremment avec les fonctionnaires dénommés dans l'arrêté du 27 prairial an IX, opérer les saisies et perquisitions et dresser les procès-verbaux autorisés par ledit arrêté.

Art. 21. En cas de condamnation, le tribunal pourra ordonner l'affiche du jugement à un nombre d'exemplaires qui ne pourra excéder cinquante, le tout aux frais du contrevenant.

Art. 22. En cas de récidive, l'amende ne pourra être moindre de 300 fr., ni excéder 3,000 fr.

Il y a récidive, lorsque le contrevenant a subi, dans les trois années qui précèdent, une condamnation pour infraction aux lois concernant le transport des correspondances.

Art. 23. La cession des contrats hypothécaires que les sociétés de crédit foncier de Marseille et de Nevers pourront être autorisées à consentir à la société de crédit foncier de France, à raison des avances qui leur seront faites par celle-ci, sera enregistrée au droit fixe de 2 fr.

Art. 24. L'art. 13 de la loi du 8 décembre 1848 est abrogé.

Les époques auxquelles la cour des comptes devra être saisie des comptes et des pièces justificatives à produire par les comptables du trésor, seront déterminées par un décret impérial rendu sur l'avis du conseil d'État.

TITRE IV.

Dispositions générales.

Art. 25. Toutes contributions directes ou indirectes autres que celles autorisées par la présente loi, à quelque titre et sous quelque dénomination qu'elles se perçoivent, sont formellement interdites, à peine, contre les autorités qui les ordonneraient, contre les employés qui confectionneraient les rôles et tarifs, et ceux qui en feraient le recouvrement, d'être poursuivis comme concussionnaires, sans préjudice de l'action en répétition, pendant trois années, contre tous receveurs, percepteurs ou individus qui auraient fait la perception, et sans que, pour exercer cette action devant les tribunaux, il soit besoin d'une autorisation préalable.

Il n'est pas néanmoins dérogé à l'exécution de l'art. 4 de la loi du 2 août 1829, relatif aux centimes que les conseils généraux sont autorisés à voter pour les opérations cadastrales, non plus qu'aux dispositions des lois du 10 mai 1838 sur les attributions départementales; du 18 juillet 1837, sur l'administration communale; du 21 mai 1836, sur les chemins vicinaux, et du 28 juin 1833, sur l'instruction primaire.

Délibéré en séance publique, à Paris, le 30 mai 1854.

Signé : BILLAULT, *président.*

Les secrétaires : JOACHIM MURAT, ED. DALLOZ, MACDONALD duc de TARENTE.

(*Extrait du procès-verbal du Sénat.*)

Le Sénat ne s'oppose pas à la promulgation de la loi portant fixation du budget général des recettes et des dépenses de l'exercice 1855.

Délibéré en séance, au palais du Sénat, le 10 juin 1854.

Signé : TROPLONG, *président.*

Les secrétaires : F. DE BEAUMONT, CÉCILLE, baron T. DE LACROSSE.

Vu et scellé du sceau du Sénat :

Signé : Baron T. DE LACROSSE.

Mandons et ordonnons que les présentes, revêtues du sceau de l'État et insérées au *Bulletin des lois,* soient adressées aux cours, aux tribunaux et aux autorités administratives, pour qu'ils les inscrivent sur leurs registres, les observent et les fassent observer, et notre ministre secrétaire d'État au département de la justice est chargé d'en surveiller la publication.

Fait au palais de Saint-Cloud, le 22 juin 1854.

Signé : NAPOLÉON.

Par l'Empereur :

Le ministre d'État,

Signé : ACHILLE FOULD.

Vu et scellé du grand sceau :

Le garde des sceaux, ministre secrétaire d'État au département de la justice,

Signé : ABBATUCCI.

DÉCRET impérial portant répartition par chapitres des crédits du budget de l'exercice 1855.

RAPPORT A L'EMPEREUR.

Sire,

La loi de finances du 22 juin 1854 a ouvert les crédits nécessaires pour les dépenses de l'exercice 1855.

Conformément à l'article 12 du sénatus-consulte du 25 décembre 1852, ces crédits législatifs ont été fixés seulement par ministères, et un décret impérial, le conseil d'Etat entendu, doit les répartir par chapitres, d'après les besoins de chaque service.

J'ai l'honneur de soumettre ce projet de répartition à l'approbation de Votre Majesté.

Depuis le vote du budget de 1855 par le Corps législatif, quelques modifications ont été apportées aux services de divers départements ministériels.

D'abord l'article 13 de la loi du 14 juin 1854, sur l'instruction publique, a prescrit que le service des facultés formerait, à partir du 1er janvier 1855, un service spécial rattaché pour ordre au budget général, et subventionné par l'Etat. La conséquence de cette disposition législative a été de constituer, par le décret ci-joint, le budget spécial des établissements d'enseignement supérieur (tableau B). Les dépenses des facultés étaient comprises au budget général de 1855 pour 2,786,636 fr., et leur produit se trouvait évalué, parmi les recettes, à 1,810,156 fr. L'amélioration de 1,375,105 fr., prévue pour ces dernières, a donné lieu d'augmenter les crédits par une allocation supplémentaire de pareille somme, et la subvention de 976,480 fr., que le trésor fournit, a été ajoutée aux voies et moyens du service des facultés. Quant aux crédits du budget général, ils se bornent à cette subvention et sont réduits de la somme de 1,810,156 fr., égale aux produits dont il cesse de profiter.

En outre, les décrets impériaux des 26 juin et 6 juillet derniers, relatifs aux sociétés de crédit foncier, en plaçant ces établissements dans les attributions du ministre des finances et en confiant la direction du crédit foncier de France à un gouverneur nommé par Votre Majesté, ont permis de réduire à la somme de 8,000 fr., nécessaire à l'avance des frais de surveillance des sociétés de Marseille et de Nevers, le crédit compris pour 29,000 fr. dans le chiffre général voté pour le ministère de l'agriculture, du commerce et des travaux publics.

Enfin, le décret impérial du 23 juin 1854 ayant rattaché au ministère d'Etat les services des bâtiments civils, des théâtres non subventionnés de Paris et des départements et de la censure dramatique, qui ressortissaient au ministère de l'intérieur, on a dû, dans le projet de répartition que j'ai l'honneur de soumettre à Votre Majesté, retrancher des crédits accordés par la loi du budget à ce dernier ministère, pour l'ajouter à ceux du ministère d'Etat, la somme de 2,028,800 fr., afférente aux services dont il s'agit.

Par suite des annulations de 1,810,156 fr. et de 21,000 fr. effectuées aux budgets des ministères de l'instruction publique et de l'agriculture, les crédits ouverts par la loi de finances pour 1,562,030,308 fr. sont atténués de 1,831,156 fr. et se trouvent réduits à 1,560,199,152 fr. (1) : c'est seulement cette dernière somme que j'ai l'honneur de proposer à Votre Majesté de répartir en chapitres, suivant les besoins de chaque service.

Je suis avec le plus profond respect,
Sire,
De Votre Majesté
Le très-humble et très-obéissant serviteur,

Le président du conseil d'Etat, chargé de l'intérim du ministère des finances.

Signé : BAROCHE.

NAPOLÉON, par la grâce de Dieu et la volonté nationale, Empereur des Français,

(1) Sur cette somme, 1,082,841,832 fr. seulement forment, en réalité, les charges de l'État. Le surplus, soit 477,357,320 fr., ne figure que pour ordre au budget, suivant la distinction établie par la loi des finances elle-même. Ce surplus représente les frais de perception, les remboursements et non-valeurs, le fonds d'amortissement non employé, les dépenses départementales, etc.

A tous présents et à venir, salut :

Sur le rapport de notre ministre secrétaire d'État au département des finances ;

Vu l'art. 12 du sénatus-consulte du 25 décembre 1852 ;

Vu la loi du 22 juin 1854, portant fixation du budget de l'exercice 1855 ;

Vu l'art. 13 de la loi du 14 juin 1854, sur l'instruction publique, en vertu duquel les établissements d'enseignement supérieur doivent former, à partir du 1er janvier 1855, un service spécial annexé au budget général de l'État ;

Vu le décret du 26 juin 1854, qui place dans les attributions du ministre des finances les sociétés de crédit foncier, qui dépendaient du ministère de l'agriculture, du commerce et des travaux publics ;

Notre conseil d'État entendu,

Avons décrété et décrétons ce qui suit :

Art. 1er. Sur les crédits ouverts aux ministres par l'art. 1er de la loi du 22 juin 1854, pour les dépenses de l'exercice 1855, une somme d'un million huit cent trente et un mille cent cinquante-six francs (1,831,156 fr.) est annulée, savoir :

Un million huit cent dix mille cent cinquante-six francs (1,810,156 fr.) au budget du ministère de l'instruction publique et des cultes ;

Vingt et un mille francs (21,000 f.) au budget du ministère de l'agriculture, du commerce et des travaux publics ;

En conséquence, les crédits ouverts par l'art. 1er de cette loi, et qui montaient à un milliard cinq cent soixante-deux millions trente mille trois cent huit francs (1,562,030,308 fr.), sont réduits à un milliard cinq cent soixante millions cent quatre-vingt-dix-neuf mille cent cinquante-deux francs (1,560,199,152 fr.).

Art. 2. La somme ci-dessus, d'un milliard cinq cent soixante millions cent quatre-vingt-dix-neuf mille cent cinquante-deux francs (1,560,199,152 f.), est répartie par chapitres, conformément à l'état A ci-annexé.

Art. 3. Un crédit supplémentaire d'un million trois cent soixante-quinze mille cent cinq francs (1,375,105 fr.) est ouvert à notre ministre de l'instruction publique et des cultes pour le service spécial de l'enseignement supérieur créé par l'art 13 de la loi du 14 juin 1854. En conséquence, le service spécial des établissements d'enseignement supérieur est fixé, en recette et en dépense, pour l'exercice 1855, à la somme de quatre millions cent soixante et un mille sept cent quarante et un francs (4,161,741 fr.), conformément à l'état B ci-annexé.

Art. 4. Les crédits ouverts, par l'art. 9 de la loi de finances du 22 juin 1854, aux services spéciaux rattachés pour ordre au budget de l'État, qui sont imputables sur les ressources de ces services, et montant à 25,025,350 fr., sont portés, d'après l'article précédent, à la somme de vingt-neuf millions cent quatre-vingt-sept mille quatre-vingt-onze francs (29,187,091 fr.), qui est répartie par chapitres, conformément à l'état B ci-annexé.

Art. 5. L'affectation aux dépenses du service départemental des ressources spécialement attribuées à ce service et montant, pour l'exercice 1855, d'après l'art. 10 de la même loi, à cent trois millions sept cent soixante-huit mille huit cent vingt francs (103,768,820 f.), est réglée, par sections spéciales et par chapitres, conformément à l'état D annexé au présent décret.

Art. 6. L'affectation des ressources du service colonial aux dépenses de ce service, comprises dans le budget de 1855, d'après l'art. 11 de la même loi, pour vingt et un millions six cent trente et un mille deux cent quatre-vingts francs (21,631,280 fr.), est réglée par chapitres, conformément à l'état E ci-annexé.

Art. 7. Notre ministre secrétaire d'État au département des finances, et nos ministres secrétaires d'État des autres départements, sont chargés, chacun en ce qui le concerne, de l'exécution du présent décret, qui sera inséré au *Bulletin des Lois*.

Fait au palais des Tuileries, le 15 décembre 1854.

Signé : NAPOLÉON.

Par l'Empereur :
Le président du conseil d'État, chargé de l'intérim du ministère des finances,
Signé : J. BAROCHE.

Loi *sur la taxe des lettres.*

Napoléon, par la grâce de Dieu et la volonté nationale, Empereur des Français,

À tous présents et à venir, salut :

Avons sanctionné et sanctionnons, promulgué et promulguons ce qui suit :

(*Extrait du procès-verbal du Corps législatif.*)

Le Corps législatif a adopté le projet de loi dont la teneur suit :

Art. 1er. A dater du 1er juillet 1854, la taxe des lettres affranchies, circulant à l'intérieur de bureau à bureau, est réduite à vingt centimes par lettre simple. Les lettres non affranchies sont taxées à trente centimes.

Les lettres dont le poids excédera sept grammes et demi et qui ne pèseront pas plus de quinze grammes seront taxées à quarante centimes si elles sont affranchies, et à soixante centimes si elles ne sont pas affranchies. Les lettres et paquets de papiers d'un poids excédant quinze grammes et n'excédant pas cent grammes sont taxés à quatre-vingts centimes en cas d'affranchissement, et à un franc vingt centimes en cas de non-affranchissement.

Les lettres ou paquets dont le poids dépassera cent grammes seront taxés à quatre-vingts centimes ou un franc vingt centimes par chaque cent grammes ou fraction de cent grammes excédant, selon qu'ils auront été ou qu'ils n'auront pas été affranchis.

Les lettres et paquets de et pour la Corse et l'Algérie sont soumis aux mêmes taxes.

Toute lettre revêtue d'un timbre insuffisant sera considérée comme non affranchie et taxée comme telle, sauf déduction du prix du timbre.

Le ministre des finances est autorisé à émettre les nouveaux timbres-postes nécessaires pour l'affranchissement des correspondances.

Art. 2. Le port des imprimés et journaux, des circulaires ou avis divers, imprimés, lithographiés ou autographiés, sous quelque forme qu'ils aient été expédiés sans affranchissement préalable, sera payé par l'expéditeur au prix du tarif des lettres, lorsque pour une cause quelconque, il n'aura pas été acquitté au point de destination.

En cas de refus de payement, l'acte de poursuite pour le recouvrement dudit port s'opèrera par voie de contrainte décernée par le directeur du bureau expéditeur, visée et déclarée exécutoire par le juge de paix du canton.

Art. 3. A l'avenir, les lettres chargées et les lettres recommandées ne formeront qu'une seule catégorie de lettres, sous le titre de *lettres chargées.*

Il sera perçu pour chaque lettre chargée une taxe fixe de vingt centimes, en sus du port réglé par les tarifs pour la lettre ordinaire.

L'affranchissement sera obligatoire.

Sont maintenues les autres dispositions de la loi du 5 nivôse an V concernant les lettres chargées.

Délibéré en séance publique, à Paris, le 4 mai 1854.

Signé : BILLAULT, *président.*

Signé : JOACHIM MURAT, ED. DALLOZ, baron ES-CHASSÉRIAUX, *secrétaires.*

(*Extrait du procès-verbal du Sénat.*)

Le Sénat ne s'oppose pas à la promulgation de la loi relative à la taxe des lettres.

Délibéré en séance, au palais du Sénat, le 12 mai 1854.

Signé : TROPLONG, *président.*

Signé : comte DE LA RIBOI-SIÈRE, AM. THAYER, baron T. DE LACROSSE, *secrétaires.*

Vu et scellé du sceau du Sénat :

Signé : baron T. DE LACROSSE.

Mandons et ordonnons que les présentes, revêtues du sceau de l'État et insérées au *Bulletin des lois,* soient adressées aux cours, aux tribunaux et aux autorités administratives, pour qu'ils les inscrivent sur leurs registres, les observent et les fassent observer, et notre ministre secrétaire d'État au département de la justice est chargé d'en surveiller la publication.

Fait au palais des Tuileries, le 20 mai 1854.

> *Signé* : NAPOLÉON.
>
> Par l'Empereur :
>
> *Le ministre d'Etat,*
>
> *Signé* : ACHILLE FOULD.

Vu et scellé du grand sceau :

> *Le garde des sceaux, ministre secrétaire d'Etat au département de la justice.*
>
> *Signé* : ABBATUCCI.

RELATIONS EXTÉRIEURES. — TRAITÉS, LOIS ET DÉCRETS RELATIFS A LEUR RATIFICATION ET EXÉCUTION; CONVENTIONS; PAPIERS D'ÉTAT; DÉPÊCHES; DOCUMENTS DIPLOMATIQUES DE TOUTE NATURE CONCERNANT LES RAPPORTS DE LA FRANCE AVEC LES GOUVERNEMENTS ÉTRANGERS (1).

DÉCRET IMPÉRIAL, *portant promulgation du traité conclu, le 10 juillet 1853, entre la France et la Confédération argentine, pour la libre navigation des rivières Parana et Uruguay.*

NAPOLÉON, par la grâce de Dieu et la volonté nationale, Empereur des Français,

A tous présents et à venir, salut :

Sur le rapport de notre ministre secrétaire d'Etat au département des affaires étrangères,

Avons décrété et décrétons ce qui suit :

ART. 1er.

Le traité conclu, le 10 juillet 1853, entre la France et la Confédération argentine, pour la libre navigation des rivières Parana et Uruguay, ayant été approuvé par les deux gouvernements contractants, et les actes de ratification ayant été échangés le 21 septembre 1854, ledit traité, dont la teneur suit, recevra sa pleine et entière exécution.

TRAITÉ.

Sa Majesté l'Empereur des Français et Son Excellence M. le directeur provisoire de la Confédération argentine,

Désirant consolider les liens d'amitié qui existent si heureusement entre leurs Etats et pays respectifs, et persuadés qu'ils ne sauraient atteindre plus sûrement ce résultat qu'en prenant d'un commun accord toutes les mesures propres à faciliter et développer les relations commerciales,

Ont résolu de déterminer par traité les conditions de la libre navigation des rivières Parana et Uruguay, et d'écarter ainsi les obstacles qui ont entravé jusqu'à présent cette navigation.

A cet effet, ils ont nommé pour leurs plénipotentiaires, savoir :

Sa Majesté l'Empereur des Français, M. le chevalier de Saint-Georges, officier de l'ordre impérial de la Légion d'honneur, commandeur de l'ordre impérial du Christ du Brésil, son envoyé extraordinaire et ministre plénipotentiaire, en mission extraordinaire et spéciale près la Confédération argentine ;

Et Son Excellence M. le directeur provisoire de la Confédération argentine, MM. don Salvador-Maria del Carril et don Jose-Benjamin Gorostiaga ;

Lesquels, après avoir échangé leurs pleins pouvoirs et les avoir trouvés en bonne et due forme, sont convenus des articles suivants :

Art. 1er. La Confédération argentine permet, dans l'exercice de ses droits souverains, la libre navigation des rivières Parana et Uruguay, sur toute la partie de leur cours qui lui appartient, aux navires marchands de toutes les nations, en se conformant uniquement aux conditions qu'établit ce traité et aux règlements déjà décrétés ou qui le seraient à l'avenir par l'autorité nationale de la Confédération.

(1) La plupart des documents importants relatifs aux relations de la France avec les puissances étrangères se trouvent au chapitre spécial consacré à la *question d'Orient.* On trouvera au chapitre *Belgique* les conventions littéraire et commerciale conclues avec ce pays ; au chapitre *Etats-Unis*, les documents relatifs à l'affaire Soulé ; au chapitre *Haïti*, la convention relative à l'emprunt de 1825, etc... Nous ne donnons pas le texte de plusieurs traités ou conventions de poste ou d'extradition, la teneur et les formules de ces sortes de pièces étant toujours les mêmes.

Art. 2. En conséquence, lesdits bâtiments seront admis à séjourner, charger et décharger dans les lieux et ports de la Confédération argentine ouverts à cet effet.

Art. 3. Le gouvernement de la Confédération argentine, désirant procurer toute facilité à la navigation intérieure, s'engage à entretenir des marques et des balises indiquant les passes.

Art. 4. Les autorités compétentes de la Confédération établiront un système uniforme pour la perception des droits de douane, de port, de phare, de police et de pilotage, dans tout le cours des eaux qui appartiennent à la Confédération.

Art. 5. Les hautes parties contractantes, reconnaissant que l'île de Martin-Garcia peut, d'après sa position, entraver et empêcher la libre navigation des affluents du Rio de la Plata, conviennent d'employer leur influence pour que la possession de cette île ne soit pas retenue ou conservée par aucun État du Rio de la Plata ou de ses affluents, qui n'aurait pas adhéré au principe de leur libre navigation.

Art. 6. S'il arrivait (ce qu'à Dieu ne plaise!) que la guerre éclatât entre quelques-uns des États, républiques ou provinces du Rio de la Plata ou de ses affluents, la navigation des rivières Parana et Uruguay n'en demeurera pas moins libre pour le pavillon marchand de toutes les nations.

Il ne sera apporté d'exception à ce principe qu'en ce qui concerne le trafic des munitions de guerre, telles que les armes de toute espèce, la poudre de guerre, le plomb et les boulets.

Art. 7. Sa Majesté l'Empereur du Brésil et les gouvernements de Bolivie, du Paraguay et de l'État oriental de l'Uruguay pourront accéder au présent traité, pour le cas où ils seraient disposés à en appliquer les principes aux parties des rivières Parana, Paraguay et Uruguay sur lesquelles ils peuvent respectivement posséder des droits fluviaux.

Art. 8. Le principal objet pour lequel les rivières Parana et Uruguay sont déclarées libres pour le commerce du monde étant de développer les relations mercantiles des contrées riveraines et de favoriser l'immigration, il est convenu qu'aucune faveur ou immunité quelconque ne sera accordée au pavillon ou au commerce d'une autre nation, sans qu'elle soit également étendue au commerce et au pavillon français.

Art. 9. Le présent traité sera ratifié par Sa Majesté l'Empereur des Français dans le délai de quinze mois à partir de sa date, et par Son Excellence monsieur le directeur provisoire, dans celui de deux jours, sous la réserve de le présenter à l'approbation du premier congrès législatif de la Confédération argentine.

Les ratifications devront être échangées au siége du gouvernement de la Confédération argentine dans le délai de dix-huit mois.

En foi de quoi, les plénipotentiaires respectifs ont signé le présent traité et l'ont scellé du sceau de leurs armes.

Fait à San-Jose-de-Flores, le 10 juillet 1853.

(L. S.) *Signé* : Le chevalier de SAINT-GEORGES.

(L. S.) *Signé* : SALVADOR M. DEL CARRIL.

(L. S.) *Signé* : JOAN B. GONSTRACA.

Art. 2.

Notre ministre secrétaire d'État au département des affaires étrangères est chargé de l'exécution du présent décret.

Fait au palais de Saint-Cloud, le 30e jour du mois de novembre 1854.

Signé : NAPOLÉON.

Par l'Empereur :

Le ministre des affaires étrangères,

Signé : DROUYN DE LHUYS.

Vu et scellé du sceau de l'État :

Le garde des sceaux, ministre de la justice,

Signé : ABBATUCCI.

STATISTIQUES

ET

TABLEAUX OFFICIELS

COMPTE RENDU DES OPÉRATIONS DE LA BANQUE DE FRANCE

PENDANT L'ANNÉE 1854,

Fait par M. le comte d'Argout, gouverneur, au nom du Conseil général, dans l'assemblée générale des actionnaires, le 26 janvier 1855.

§ 1er. — *Des nominations.*

Messieurs,

Dans sa réunion de ce jour, l'assemblée générale aura à pourvoir à deux vacances qui ont eu lieu dans le conseil pendant le cours de l'exercice dernier.

1. M. Lebeuf est décédé le 10 novembre 1854. Il nous a été enlevé dans la force de l'âge. Il avait été nommé régent en 1836; il a siégé dix-huit ans parmi nous; il s'est distingué par son activité, par sa vigilance et par une grande connaissance des affaires.

Ce n'est qu'au bout d'une année qu'il devait accomplir sa période quinquennale; c'est aussi pour un an que son successeur doit être nommé.

2. M. le comte de Germiny, veneur général et régent de la banque, a été nommé, le 6 juillet 1854, gouverneur du crédit foncier. Cette honorable nomination nous prive de son utile concours. Il a exercé les fonctions de régent depuis quatre années, à partir de sa première réélection; son successeur, qui ne peut être nommé que pour un an, doit être nécessairement choisi parmi messieurs les censeurs généraux.

M. Paillot, censeur; M. le baron Mallet, M. Lafond et M. Legentil, régents, ont achevé leur temps de service; ils sont, vous le savez, rééligibles.

Les six nominations dont vous avez à vous occuper s'effectueront dans l'ordre qui vient d'être indiqué.

§ 2. — *Masse des opérations de la banque.*

Depuis trois années, les opérations de la banque ont pris une grande extension.

En 1852, leur total a offert la somme de. . . . . 2,541,000,000 fr.

En 1853, le total est monté à. 3,964,000,000

Enfin, en 1854, ce total a été de. 3,888,000,000

1853, comparé à 1852, donne une augmentation de. 1,423,000,000

L'année 1854, comparée à 1853, présente une diminution de. 76,000,000

Malgré cette réduction, les produits de 1854 ont dépassé ceux de 1853.

§ 3. — *Décomposition des principales opérations de la banque.*

1º L'escompte des effets de commerce figure, comme à l'ordinaire, au premier rang.

En 1853, ces escomptes, tant à Paris que dans les succursales, se sont élevés à . . . . . 2,842 millions.

En 1854, ils ont atteint le chiffre de. 2,944

Ils offrent, par conséquent, comparativement à 1853, une augmentation de. 102

Le mouvement mensuel des escomptes a varié, du premier au second semestre, de la somme de. 1,672

à celle de. . . . 1,271

La différence en faveur du premier semestre est de. . 401

Cette différence, quoique considérable, ne l'est pas assez pour rendre complètement raison de la disparité des dividendes.

Le dividende du premier semestre a été de 112 fr., chiffre que jamais la banque n'avait présenté. Le dividende du deuxième semestre a donné 82 fr., chiffre quelquefois atteint, mais rarement dépassé.

Le taux de l'intérêt a été perçu sur le pied de 5 p. 0/0 pendant 112 jours dans le premier semestre de l'année dernière. Là surtout est l'explication de la variation des produits des deux semestres.

2º Du portefeuille. Au 2 novembre dernier le portefeuille montait à. . . . . 260 millions.

Au 28 décembre 1854, il s'élevait à. . 339

L'augmentation a été de. . . . . 79 millions.

Aujourd'hui, 25 janvier, le portefeuille s'élève à 403 millions.

3º Des avances sur rentes. En 1852, année de la conversion des rentes, ces avances se sont élevées à. . . . . 330 millions.

En 1853, elles ont baissé à. . . . 216 millions.

Et enfin, en 1854, elles se sont réduites à 100

Le solde, au 28 décembre 1854, montait à. 30

Aujourd'hui, 25 janvier, elles présentent un total de. . . . 38

4º Les avances sur actions et obligations de chemins de fer se sont élevées, pendant l'exercice 1854, à. . . . 347 millions.

Le solde, au 28 décembre dernier, était descendu à. . . . 66

Le solde est aujourd'hui de. 77

5º Les avances sur les actions des canaux et sur les obligations de la ville de Paris ont baissé de 35 millions à 23 millions.

6º L'escompte des bons du trésor présentés à la banque par le public s'est élevé, dans les deux dernières années, de 5,900,000 à 8,330,000 fr.

7º De l'escompte des bons de la Monnaie et des achats de lingots, De 1853 à 1854, cette nature d'opérations a augmenté de 246 millions à 283 millions.

§ 4. — *Transactions avec le trésor.*

Le 1er juillet 1854, conformément au traité du 3 mars 1852, le trésor a remboursé à la banque une seconde échéance de 5 millions. Sa dette de 75 millions se trouve aujourd'hui réduite à 65 millions.

Le 7 février dernier, la banque a offert à M. le ministre des finances un crédit d'escompte de bons du trésor montant à la somme de 60 millions. M. le ministre n'a usé de cette faculté que jusqu'à concurrence de 30 millions, qu'il a remboursés le 16 juin suivant.

Le 8 novembre, un nouveau crédit de 30 millions a été ouvert au trésor, qui en a profité le même jour.

Enfin, le 7 décembre dernier, un troisième crédit éventuel pour l'escompte de 30 millions de bons du trésor a été voté par le conseil général. Non-seulement le trésor ne s'en est pas prévalu, mais depuis l'expiration de l'exercice dernier, et à la date du 17 janvier courant, en vertu d'une convention précédente, le trésor a remboursé, en la réescomptant, l'avance de 30 millions à lui faite à la date précitée du 8 novembre 1854.

Le compte courant créditeur du trésor, qui s'était abaissé, le 6 novembre 1854, à 24 millions, s'est relevé à 222 millions à la date du 17 janvier courant.

Il présente aujourd'hui le chiffre de 184 millions.

§ 5. — *Des effets au comptant.*

Le service gratuit des effets au comptant continue à s'accroître.

En 1853, il avait été encaissé, en effets de cette nature, 925 millions divisés en 717,000 effets d'une valeur moyenne de 1,290 fr.

En 1854, le nombre de ces mêmes effets s'est élevé à 761,824 : la valeur moyenne a été de 1,315 fr., et la somme encaissée de 1 milliard 2 millions.

§ 6. — *Mouvement général des espèces, des billets et des virements dans la banque centrale.*

Ces mouvements, dans leur généralité, n'ont varié que faiblement d'une année à l'autre.

En 1853, leur
total est monté à.   26,049,000,000 f.
En 1854, ce
total est descendu
à. 25,089,000,000
La diminution
a été de. . . . 960,000,000
Elle porte en entier sur les virements.

Le mouvement des espèces, au contraire, a augmenté de 1,536 millions à 1,791 millions, c'est-à-dire de 225 millions.

Le mouvement des billets s'est accru de 7,488,000,000 à 7,768,000,000, soit de 280 millions.

§ 7. — *Mouvement des comptes courants (le trésor non compris) et des réserves métalliques.*

En 1853, le maximum des comptes
courants créditeurs a
été de. . . . . . 227 millions.
Le minimum de. . 132
Et la moyenne de. 172
En 1854, ces chiffres ont un peu diminué :
Le maximum, à la date du 1er juin,
a été de. . . . 212 millions.
Le minimum, à la
date du 14 décembre,
a été de. . . . 129
Et la moyenne de. 162
En 1854, le maximum des réserves métalliques, tant à Paris que dans les succursales, s'est élevé, à la date du 7 septembre, à la somme de. . . . . 500 millions.
Le minimum s'est rencontré au commencement de l'année et à la date du 16 février ;
il consistait en. . . 276
Au 28 décembre dernier, le chiffre des réserves métalliques était descendu à. . 380
A la date de ce jour, 25 janvier 1855, nos encaisses présentent le chiffre de. . . . 424

Passons maintenant à la décomposition de ces encaisses et à la circulation de l'or et de l'argent.

Au 1er janvier 1854, les encaisses réunis de la banque et des succursales se divisaient ainsi qu'il suit :
Or. . . . 109,000,000 f.
Argent. . . 190,600,000
_____
Total. . 299,600,000

Au 1er janvier 1855, ces mêmes encaisses montaient :
En or, à. . . 180,700,000 f.
En argent, à. 183,300,000
_____
Total. . 364,000,000 f.

On voit, par cette comparaison, que l'encaisse en or a augmenté de

71,700,000 fr., et que l'encaisse en argent a diminué de 7,300,000 fr. (1)

§ 8. — *Des billets à ordre tirés de la banque sur les succursales, et vice versâ.*

Ce mode de transmission de valeurs du centre aux extrémités de la France, et réciproquement, a pris un grand développement. En 1853 et en 1854, ce service a présenté les chiffres de 315 et de 313 millions.

Trois systèmes ont été successivement mis en pratique pour la délivrance de ces billets :

1° De 1836, époque de leur création, jusqu'au 4 mai 1848, les primes ont varié selon les distances à parcourir et la situation des encaisses des succursales ;

2° Du 5 mai 1848, époque de la réunion des banques départementales, jusqu'au 13 juin 1850, la gratuité a été établie à raison des circonstances ;

3° Le 14 juin 1850, le conseil général a reconnu que cette gratuité était aussi onéreuse qu'abusive, et il a créé une prime uniforme de 1 fr. pour 1,000.

Enfin, le 19 de ce mois, le conseil général a jugé convenable de modifier cette combinaison au profit du public : la prime a été réduite à 1/2 p. 1,000 pour les billets à ordre tirés des succursales sur Paris. C'est ainsi que la banque s'efforce en toute occasion de faciliter les transactions commerciales.

§ 9. — *Des effets en souffrance.*

De toutes les valeurs tombées en souffrance à Paris, dans les banques départementales et dans nos succursales dans les premiers temps de la révolution de 1848, il ne restait à recouvrer, à la fin de 1853,
que. . . . . 1,500,000 f.
Il a été perçu en
1854. 285,000
Le solde à récupérer
encore est de. . . . 1,215,000 f.

Quelques liquidations retardées donneront peut-être lieu à de nouveaux recouvrements, mais qui probablement seront d'une faible importance.

D'un autre côté, certaines faillites qui ont eu lieu, tant à Paris que dans plusieurs succursales, au commencement de l'année dernière, nous ont forcé

(1) Il n'est pas sans intérêt d'évaluer le mouvement de l'or expédié des colonies anglaises à l'Angleterre et de l'Angleterre à la France ; mais ce calcul est difficile à établir exactement.

En 1854, l'importation de l'or en Angleterre a été évaluée à 22 millions sterling, soit 550 millions de fr., et les exportations à 24 millions sterling, soit 600 millions de fr. En sorte que chez nos voisins les exportations en or ont surpassé les importations.

La Monnaie de Paris, dans le cours de 1854, a frappé 502 millions en pièces d'or, et 2 millions en pièces d'argent.

L'état dressé par l'administration des douanes accuse une importation en France de 410 millions en or et de 100 millions en argent. Les exportations y figurent pour 32 millions en or et pour 152 millions en argent.

On sait que le chiffre des exportations en or monnayé ne peut être relevé exactement, car il ne peut comprendre les espèces exportées individuellement par les voyageurs. Les exportations ainsi faites en or par des officiers de l'armée d'Orient doivent avoir été considérables.

D'autres exportations d'or figurent probablement sous le titre des exportations en argent, parce qu'il s'exporte quelquefois des lingots d'argent fourrés d'or.

Mais, à quelque chiffre que l'on puisse porter les exportations en or, il paraît impossible qu'elles aient atteint le chiffre des importations.

Il existe, d'ailleurs, beaucoup d'or en France. L'encaisse de la banque présentait en or, à la date du 1er janvier. . . . . fr.
Plus, en dépôt d'or en lingots. . . . .
A quoi il faut ajouter l'encaisse en or de l'hôtel des Monnaies, lequel montait à environ. 34,000,000

Ce n'est pas tout : il faut ajouter encore les pièces d'or conservées dans les mains des habitants des campagnes de certains départements ;

Et enfin les monnaies d'or en circulation à Paris, à Marseille et dans quelques villes de commerce.

On peut conclure de ces divers faits, qu'au rebours de ce qui s'est passé en Angleterre en 1854, les importations de l'or ont excédé en France le montant des exportations.

à passer par profits et pertes une somme de 672,000 fr., sur laquelle il a été recouvré, vers la fin du même exercice, 570,000 fr.

§ 10. — Des succursales.

Les opérations de toutes les succursales réunies non-seulement ont marché en augmentant pendant les dernières années, mais encore elles dépassent dans leur ensemble les opérations de la banque centrale.

Ainsi, en 1852, les opérations des succursales ont offert le chiffre de. 1,306,000,000
En 1853. . . 2,098,000,000
En 1854. . . 2,161,000,000

Tandis que, pendant les mêmes années, les opérations de la banque centrale ne se sont élevées qu'à 1,089,000,000, à 1,790,000,000 et à 1,563,000,000.

Les six succursales dont les opérations ont été les plus considérables sont les suivantes :

Marseille. . . 277,000,000
Lyon. . . . 210,000,000
Bordeaux. . . 179,000,000
Lille. . . . 151,000,000
Valenciennes. . 127,000,000
Besançon. . . 107,000,000

D'un autre côté, quatre succursales n'ont pas couvert leurs frais, savoir :

Amiens, insuffisance . 38,287 fr.
Avignon, » . . 1,375
La Rochelle, » . . 24,084
Et Toulon, » . . 42,466

Total. . . . 107,012 fr.

Ces quatre succursales sont récentes; trois d'entre elles n'ont point encore couvert les frais d'installation. A Avignon, les produits ont été dépassés par les frais de transport d'espèces.

La succursale d'Amiens a commencé à fonctionner le 5 mars dernier, et celle de Toulon le 1er avril suivant. La succursale de Nevers n'est pas encore en activité. Nous avons éprouvé de grandes difficultés pour nous procurer dans cette ville un local convenable.

§ 11. — Des dépenses.

En 1854, les dépenses de la banque centrale et des succursales se sont élevées à 5,007,000 fr.

Le droit de timbre figure pour 310,900 fr. dans l'exercice dernier, et les transports d'espèces pour 508,000 fr.

La création et le développement de nouveaux services, leur complication toujours croissante, l'augmentation inévitable du nombre des employés, les frais d'installation et d'appropriation de plusieurs succursales, justifient ces dépenses qui, d'ailleurs, ont toujours été réglées avec une stricte économie.

La banque doit rendre justice aux chefs de service et aux employés qui composent le personnel de la banque centrale; leur activité soutenue, leur zèle infatigable, la régularité et la célérité de leurs opérations, ont atténué les charges et ont contribué au maintien de l'ordre parfait qui règne dans ce grand établissement. Nous devons le même tribut d'éloges aux directeurs, aux censeurs, aux administrateurs et aux employés de nos succursales.

§ 12. — Des dépôts de titres.

Nous avons à vous rendre compte des progrès de l'institution du dépôt des titres que la banque a créé l'année dernière, à la grande satisfaction du public. La banque, vous le savez, messieurs, prend sous sa garde, moyennant une faible rétribution, toutes les valeurs françaises et étrangères que leurs possesseurs viennent lui confier; elle en détache les coupons, elle en perçoit les semestres et les dividendes, et elle en fait la remise aux titulaires alors que ces dividendes se perçoivent à Paris.

Ce nouveau service a rencontré de nombreuses difficultés d'exécution que la banque est parvenue à surmonter.

La classification des titres, leur diversité, les appels périodiques de fonds entraînent beaucoup de complications; la restitution des titres soulève fréquemment des questions de droit délicates et impose à la banque une pesante responsabilité.

Enfin, la rétribution perçue ne couvre pas les frais. A la clôture du dernier exercice, cette caisse renfermait

447 espèces de valeurs et 336,500 titres.

§ 13. — De l'emprunt.

Le dernier emprunt, dont les produits ont surpassé toutes les espérances, a vivement excité la sollicitude de la banque. Elle s'est empressée de déclarer, comme elle l'avait déjà fait à l'époque de l'emprunt précédent, qu'elle avancerait certains termes de paiement, dans la mesure de ses facultés et selon les règles fixées par l'ordonnance du 15 juin 1834. Elle a cherché pareillement à contribuer au succès en faisant avec facilité des avances sur titres français, en se conformant aux règles de l'ordonnance précitée.

En résultat, la banque, pendant l'année 1854 comme toujours, a fait les plus grands efforts pour rendre au commerce et à l'industrie, au trésor, aux capitalistes comme au public, tous les services qu'il était en son pouvoir de leur rendre.

Soyez certains, messieurs, que la banque persévèrera énergiquement dans la même voie.

———

Rapport de MM. les censeurs, fait par M. Paillot, l'un d'eux.

Messieurs,

Les censeurs doivent vous rendre compte de la surveillance qu'ils ont exercée sur les opérations de la banque pendant l'année qui vient de s'écouler. Ils ont l'honneur de vous déclarer que la régularité a présidé à ces opérations.

Ainsi, messieurs, l'escompte du papier de commerce, principal but de l'institution de la banque, n'a occasionné aucune réclamation.

Les vérifications hebdomadaires ont constamment trouvé les caisses en bon ordre.

Les vérifications trimestrielles de portefeuille ont fourni de nouvelles preuves du bon accueil que fait la banque aux valeurs du petit commerce.

Vous savez, messieurs, que dans le courant de l'année 1853, il a été institué à la banque, dans l'intérêt des propriétaires de titres, une caisse de dépôts pour tous titres, rentes, mandats, bons, actions, obligations de toute espèce, tant français qu'étrangers ; dépôts assujettis à une minime redevance annuelle, mais dont la banque encaisse gratuitement les semestres et dividendes lorsqu'ils sont payables à Paris. Les vérifications de cette caisse ont démontré combien M. le gouverneur avait eu raison de vous dire dans son compte rendu, le 26 janvier dernier, que ce n'était pas une spéculation, que c'était au contraire un service compliqué, difficile et très-onéreux.

Du reste, le chef de ce service paraît s'être bien mis à la hauteur de la mission difficile que M. le gouverneur lui a confiée.

Les règles adoptées pour les avances sur effets publics français, sur actions et obligations de chemins de fer, ont été fidèlement observées.

Les budgets des dépenses de la banque centrale et des succursales ont été approuvés définitivement par le conseil général, après avoir préalablement subi l'examen sérieux des comités.

Les succursales ont été inspectées à différentes époques de l'année : les rapports de M. l'inspecteur témoignent de l'excellent esprit qui anime les administrations de ces établissements.

La création des billets a été, comme de coutume, l'objet de la sollicitude toute particulière du conseil général ; les confections, créations, émissions, annulations et destructions de billets ont été ordonnées par lui, de l'avis du comité des billets et avec l'approbation spéciale des censeurs.

Dans l'année 1854 il a été créé une somme de 137 millions de francs en billets des quatre coupures de 100, de 200, de 500 et de 1,000 fr.

Il a été annulé 367,527 billets, hors de service, s'élevant à 166,714,400 fr.

Les annulations ont été faites avec le concours du comité des billets.

Il a été livré aux flammes 332,175 billets frappés du timbre d'annulation, qui avaient représenté une somme de 134,097,900 fr.

Les brûlements ont été opérés en présence du comité des billets.

Les billets de 5,000 fr. sont peu demandés ; une seule création faite en 1846 de quatre mille billets de cette coupure, pour une somme de 20 millions de francs, ayant été et étant encore plus que suffisante, il n'en a pas été créé d'autres depuis lors.

Dans le cours de ces dernières années, l'imprimerie établie à la banque a pris de grands développements, conséquence du développement des affaires de la banque et des succursales.

Le mouvement des actions de la banque a eu peu d'importance en 1854.

Le nombre des actions transférées en 1852, qui s'était élevé, exceptionnellement il est vrai, à 49,250, est descendu l'année suivante à 30,800. Les transferts n'ont porté l'année dernière que sur 24,800 actions.

Une courte digression sur le nombre des actions de la banque ne paraîtra peut-être pas dénuée d'intérêt.

La loi du 24 germinal an XI, qui accorda à la banque de France, établie dès le 1er ventôse an VIII, le privilège exclusif d'émettre des billets, porta le nombre de ses actions, qui n'était d'abord que de 30,000, à 45,000.

La loi du 22 avril 1806 doubla ce nombre en l'élevant à 90,000.

Des rachats successifs opérés par la banque réduisirent à 67,900 le nombre de ses actions.

La fusion des banques départementales avec la banque de France, arrivée en 1848, vint ajouter à ce dernier nombre 23,350 actions provenant de ces établissements, et dès-lors assimilées aux actions de la banque.

La banque de France compte donc aujourd'hui 91,250 actions prenant part aux dividendes.

Messieurs, le rapport que nous avons eu l'honneur de vous présenter le 26 janvier dernier vous entretenait d'une allocation extraordinaire qui a servi, à la fin du deuxième semestre de 1853, à donner aux employés de tout rang de la banque et de ses succursales une indemnité du dixième de leur traitement, indemnité dont le minimum a été, dans des intentions toutes paternelles, fixé à 200 fr. pour les employés ayant un traitement inférieur à 2,000 fr.

A la fin du premier semestre de 1854, une semblable allocation a été consentie par le conseil général.

Ces deux actes de générosité, à une distance de seulement six mois l'un de l'autre, ont eu le mérite de l'à-propos.

En effet, messieurs, ils ont eu lieu à des époques où des dividendes exceptionnels étaient distribués aux actionnaires.

Ils ont eu lieu alors que, par suite de l'accroissement du travail, les employés de tous grades redoublaient de zèle pour les intérêts de la banque.

Ils ont eu lieu dans des moments où le renchérissement de toutes choses pouvait les rendre nécessaires à des familles intéressantes.

Et nous, messieurs, nous avons été heureux de recueillir, pour vous les transmettre, tous les remercîments qui s'adressaient à vous.

L'assemblée générale a nommé :

Régents pour un an, M. le baron Alphonse de Rothschild, en remplacement de M. Lebeuf, décédé, et M. Guilhem, receveur général du Nord, en remplacement de M. le comte de Germiny, démissionnaire.

Elle a réélu :

Censeur pour trois ans, M. Paillot ; Régents pour cinq ans, MM. le baron Mallet, Lafond et Legentil.

NAVIGATION

Relevé comparatif du mouvement de la navigation de la France avec l'étranger, les colonies et la grande pêche, pendant les années 1854, 1853 et 1852.

Année 1854.	ENTRÉE DES NAVIRES.						SORTIE DES NAVIRES.					
	FRANÇAIS.		ÉTRANGERS.		TOTAL.		FRANÇAIS.		ÉTRANGERS.		TOTAL.	
	Nombre de navires.	Tonnage.	Nombre de navires.	Tonnage.	Nombre de navires.	Tonnage.	Nombre de navires.	Tonnage.	Nombre de navires.	Tonnage.	Nombre de navires.	Tonnage.
Marseille. . .	2,346	408,013	2,288	382,034	4,634	790,047	1,573	302,798	1,678	263,615	3,251	566,413
Le Havre. . .	663	132,561	1,253	398,722	1,916	531,283	392	93,506	790	312,934	1,182	406,440
Bordeaux. . .	796	102,111	414	80,587	1,210	182,698	499	86,340	281	48,723	760	135,063
Nantes. . .	739	82,251	197	29,009	918	111,260	242	48,115	56	6,854	298	54,969
Rouen. . .	313	31,339	368	36,935	681	68,274	155	18,735	186	15,533	341	34,288
Dunkerque. .	341	31,845	675	50,905	886	82,750	152	15,534	331	30,174	483	45,708
Boulogne. .	23	2,466	839	134,572	862	137,038	3	260	656	108,431	659	108,681
Calais. . .	349	37,312	972	116,238	1,321	153,550	367	40,690	838	95,411	1,205	136,101
Cette. . .	378	45,125	298	20,017	876	65,142	323	34,364	229	24,586	552	58,960
Autres ports. .	3,412	259,581	3,892	362,648	7,304	622,229	2,048	157,979	3,024	159,322	5,072	317,301
Total des années { 1854	9,330	1,132,604	11,077	1,611,667	20,407	2,744,271	3,754	798,301	8,049	1,065,603	13,803	1,863,904
1853	9,210	1,065,688	11,569	1,585,011	20,779	2,750,699	3,625	796,350	8,856	1,058,315	15,481	1,854,665
1852	7,991	931,993	10,701	1,506,210	18,692	2,436,203	7,304	823,743	9,102	1,039,663	16,406	1,863,406

SITUATION

des entrepôts à la fin du mois de décembre.

MARCHANDISES.	1854.	1853.	1852.
	(Quintaux métriques.)		
Bois d'acajou.	19,355	12,204	19,563
Cacao.	20,762	18,787	19,918
Café.	89,356	62,203	77,863
Céréales.	29,378	509,072	66,922
Cochenille.	231	458	905
Coton en laine.	109,509	71,949	41,557
Cuivre pur de première fusion. . . .	4,162	11,422	8,603
Étain brut.	1,750	2,023	1,119
Fonte brute.	74,906	63,981	40,671
Graines (de lin.	5,524	36,511	18,149
oléagi- { de sésame.	48,746	54,761	25,173
neuses (autres.	239	703	203
Grais- (bœuf et de mouton (suif brut).	2,582	3,076	1,978
ses de) porc (saindoux).	1,335	530	426
Huile d'olives.	10,795	11,513	16,838
Indigo.	4,348	6,552	4,812
Laines en masse.	26,573	45,681	26,390
Nitrates (de potasse.	1,241	6,997	3,275
(de soude.	3,012	2,751	7,064
Plomb (métal brut).	32,757	80,706	32,684
Poivre.	7,305	13,853	21,937
Sels de marais et sel gemme brut. . .	38,997	31,500	37,101
Saies (écrues (grèges.	1,101	1,110	2,583
((moulinées. . . .	154	88	155
(bourre en masse écrue. . .	1,072	544	116
Sucres (des colonies françaises. . .	134,248	145,839	189,329
(étrangers.	88,800	97,468	53,954
Zinc, première fusion.	406	1,350	2,923

COLONIES. — ALGÉRIE.

DÉCRET impérial réglant la législation domaniale de l'Algérie

RAPPORT A L'EMPEREUR.

Paris, le 2 avril 1854.

Sire,

Je viens proposer à Votre Majesté de régler la législation domaniale de l'Algérie en un point par lequel elle est restée jusqu'ici incomplète.

L'ordonnance du 21 juillet 1846, remplacée aujourd'hui par la loi du 16 juin 1851 sur la constitution de la propriété en Algérie, non plus que cette loi elle-même, n'ont rien statué sur le mode à suivre pour le partage des immeubles possédés par indivis par l'Etat et des particuliers.

Cette situation, éminemment contraire aux intérêts de toutes les parties en présence, a été, dans la métropole, l'objet d'une attention toute particulière, et les lois du 1er floréal an III et du 28 pluviôse an VIII, ainsi que le décret du 12 juin 1813, édictés en vue d'y remédier, contiennent un ensemble de dispositions combinées de façon à ce que l'Etat puisse sortir promptement, au moins quant à la part proportionnelle sur laquelle son droit est reconnu indiscutable, d'une indivision qui, pour la plupart du temps, s'oppose à la mise en produit d'un immeuble.

Préoccupé pendant longtemps en Algérie du soin capital de constater la propriété en elle-même, on avait négligé d'en assurer, par voie administrative, la libre disposition à l'Etat dans les cas d'indivision, et laissé aux tribunaux civils la mission de statuer sur les actions en partage introduites soit par le domaine, soit par ses copropriétaires. Cependant ces actions ne conduisent qu'à travers de longs délais à des licitations ruineuses pour toutes les parties, quelquefois même elles restent sans résultat utile, et presque toujours elles paralysent le Gouvernement dans la distribution des terres aux nombreux demandeurs en concession. La grandeur des inconvénients de ce dernier résultat sera facilement appréciée par Votre Majesté, lorsqu'elle saura que, dans la seule plaine de la Mitidja, une commission, instituée pour la recherche des biens domaniaux, a constaté que 88 propriétés d'une contenance totale de plus de 23,000 hectares sont encore à l'état d'indivision, et que plusieurs d'entre elles comprennent des parts qui se fractionnent par millièmes.

Dans cet état de choses, j'ai pensé, Sire, qu'il importait essentiellement de rendre communes à l'Algérie les règles administratives en vigueur dans la métropole en matière de partage des propriétés indivises entre l'Etat et des particuliers, règles qui, ainsi que je l'ai rappelé tout à l'heure, ont leur base dans la loi du 1er floréal an III, titre V, et ont été sanctionnées de nouveau par le décret rendu en conseil d'Etat le 12 juin 1813, lequel décide que, conformément à ladite loi et à celle du 28 pluviôse an VIII, « les partages des » biens indivis entre l'Etat et les parti- » culiers appartiennent aux préfets, et » que le contentieux qui s'élève, tant » sur le fond que sur la forme des par- » tages, doit être décidé par le conseil » de préfecture et porté, en cas d'ap- » pel, devant le conseil d'État. »

Le projet de décret que je soumets à l'approbation de Votre Majesté a pour but de rendre ce dernier principe applicable à l'Algérie et de déterminer, en même temps, le mode de cette application.

Dans la crainte qu'au premier aperçu les dispositions de ce projet de décret ne paraissent pas toutes également en parfaite harmonie avec la loi précitée du 16 juin 1851, qui a transporté des conseils de préfecture aux tribunaux civils la connaissance des contestations que l'Etat peut avoir à soutenir en matière de propriété avec des tiers, et qui a abrogé l'ordonnance du 21 juillet 1846, notamment quant au mode de justification de la propriété par cessires, je prie Votre Majesté de me permettre d'entrer dans quelques explications.

Le décret n'a en aucune façon pour but d'établir le droit de propriété en lui-même ; son action ne commence qu'au moment où ce droit est reconnu à chacune des parties en présence sur le même immeuble, et où il s'agit d'en régler l'exercice en ce qui concerne le domaine de l'État par rapport à ses copropriétaires. Il est donc évident que lorsque les art. 1er et 3 du projet de décret chargent les préfets d'abord, puis, sur l'appel des parties, les conseils de préfecture, et enfin le conseil d'État, de statuer tant sur le fond que sur la forme des allotissements ou abandonnements et des licitations, ils n'enlèvent rien aux attributions des tribunaux civils, puisqu'il n'est plus question à ce moment de la constatation des droits respectifs de propriété, mais seulement du mode d'exercice de ce droit en ce qui concerne l'État.

Il en est de même des dispositions combinées des art. 5 et 7. Il ne saurait en résulter une nouvelle déchéance du droit de propriété, mais seulement l'impossibilité pour les copropriétaires de l'État de contester la régularité des opérations de partage lorsque, mis en demeure d'y intervenir, ils auront négligé de remplir, dans les délais voulus, les formalités indispensables pour cela. La production des titres qu'on leur demande n'a pour but que d'indiquer la quotité appartenant à chacun d'eux, et non point de soumettre aux vérifications prescrites par l'ordonnance du 21 juillet 1846 ceux de ces titres que la loi du 16 juin 1851 dispense desdites vérifications. Le partage opéré quant au domaine, les anciens copropriétaires de celui-ci restent tous en présence les uns des autres et également en mesure de faire valoir leurs droits respectifs sur la portion restante de l'immeuble qui n'est plus indivis qu'entre eux.

Tel est, Sire, l'esprit du projet de décret que j'ai l'honneur de soumettre à Votre Majesté. Préparé par le conseil du Gouvernement a Alger, mûrement examiné, à deux reprises différentes, par le comité consultatif de l'Algérie institué auprès de mon département, il résout toutes les difficultés que présentait une matière aussi délicate, et c'est avec la confiance qu'il sauvegarde complétement tous les intérêts en présence, que je prie Votre Majesté de vouloir bien le revêtir de sa signature.

Le maréchal de France, ministre secrétaire d'État au département de la guerre,

Signé : VAILLANT.

DÉCRET.

NAPOLÉON, par la grâce de Dieu et la volonté nationale Empereur des Français,

A tous présents et à venir, salut :

Vu les lois du 1er floréal an 3, du 28 pluviôse an 8, le décret du 12 juin 1813 ;

Vu l'ordonnance du 21 juillet 1846 et la loi du 16 juin 1851, relatives à la constitution de la propriété en Algérie ;

Sur le rapport de notre ministre secrétaire d'État au département de la guerre ;

Le comité consultatif de l'Algérie entendu,

Avons décrété et décrétons ce qui suit :

TITRE Ier.

Du partage des biens indivis.

Art. 1er. Il sera procédé par l'autorité administrative au partage, et, s'il y a lieu, à la licitation des biens indivis entre le domaine de l'État et les particuliers en Algérie, conformément aux dispositions du présent décret.

Art. 2. Ceux de ces biens qui seront reconnus n'être pas susceptibles d'être partagés seront vendus en totalité aux enchères publiques, et le produit de la vente sera réparti entre l'État et les autres intéressés.

Art. 3. Toutes contestations, tant sur le fond que sur la forme des partages, des allotissements ou abandonnements et des licitations, seront déférées au conseil de préfecture, sauf appel au conseil d'État.

Art. 4. La fixation de la quotité afférente à l'État, dans la propriété indivise, sera déterminée soit d'après les titres, soit, en cas d'absence ou d'insuffisance de titres, par voie d'enquête administrative.

Art. 5. Les partages, en ce qui con-

cerne la distinction et l'attribution de
la part revenant à l'État et les ventes
sur licitation, seront réputés contradictoires avec le domaine à l'égard de tout
copropriétaire, après l'accomplissement
des formalités prescrites au titre II du
présent décret:

TITRE II.

Du mode de procéder en matière de partage.

Art. 6. La demande en partage ou en
licitation sera introduite devant le préfet, par simple requête, soit par le chef
du service des domaines, soit par l'un
des copropriétaires.

Art. 7. Dans la quinzaine, à dater de
la réception de cette demande, le préfet
fera insérer au *Moniteur algérien*, dans
l'un des journaux du département, et,
s'il s'agit d'indigènes, dans le *Mobacher*,
l'avis qu'il sera procédé, contradictoirement avec le domaine, à la distraction
de la part revenant à l'État dans la
propriété indivise, et qu'il sera fait masse
du surplus pour être attribué aux copropriétaires.

Notification administrative de cet
avis sera faite à chacune des parties intéressées. Dans le cas où celles-ci ne
seraient pas connues, comme dans celui
où leur domicile actuel serait ignoré, la
notification administrative sera faite au
parquet du procureur impérial.

Cette notification contiendra sommation aux intéressés d'avoir à désigner,
dans le délai d'un mois, un expert pour
procéder, avec celui qui sera désigné
par le chef du service des domaines,
aux opérations d'estimation et de formation des lots.

Art. 8. Les copropriétaires de l'État,
quelque soit leur nombre, ne pourront
nommer qu'un seul expert.

Art. 9. Dans le délai de soixante
jours, à dater des publications et notifications prescrites par l'article 7, toute
partie intéressée sera tenue de produire
ses titres et de fournir par écrit ses observations. Le dépôt en sera fait, sur
récépissé, au secrétariat de la préfecture.

Art. 10. A l'expiration du délai prescrit en l'article précédent, le préfet or-
donnera qu'il soit procédé aux opéra-

tions du partage. Il donnera acte aux
parties de la nomination des experts, et
à défaut de nomination, il y procédera
lui-même d'office par le même acte, et
fixera, en outre, le délai dans lequel les
experts devront prêter serment devant
l'autorité qu'il sera désignée.

Art. 11. Faute par lesdits experts,
ou l'un d'eux, de remplir cette formalité
dans le délai prescrit, le préfet pour-
voira d'office à leur remplacement.

Art. 12. Les experts procéderont à
l'estimation des immeubles et à la formation des lots, en raison des droits
respectifs de l'État et des particuliers.
En cas de désaccord, ils nommeront immédiatement un tiers expert; à défaut
de nomination dans la huitaine du désaccord, le choix du tiers expert sera fait
d'office par le préfet. Le tiers expert
devra prêter serment, dans la huitaine,
devant l'autorité désignée en vertu de
l'article 10.

Art. 13. Les experts devront procéder dans le mois, et le tiers expert dans
la quinzaine, qui suivront leur prestation de serment. Ils déposeront leur
rapport au secrétariat de la préfecture.

Art. 14. L'expert ou le tiers expert
qui, après avoir prêté serment, ne remplira pas sa mission, sera remplacé d'office par le préfet.

Il pourra être condamné par le conseil de préfecture aux frais frustra-
toires.

Art. 15. S'il s'élève des difficultés
sur l'exécution de l'arrêté qui sera ordonné de procéder aux opérations du
partage, le préfet renverra les parties
devant le conseil de préfecture, pour
être statué ce que de droit.

Art. 16. Le procès-verbal de l'attribution des lots, soit par la voie du sort,
soit par abandonnement, suivant qu'il
sera été réglé par arrêté du préfet, sera
homologué par arrêté du conseil de préfecture prononçant le partage.

Les arrêtés de partages seront noti-
fiés administrativement aux parties intéressées, à la diligence de l'administration des domaines, dans la même
forme que l'avis prescrit à l'article 7 du
présent décret.

Ils seront transmis au ministre de la
guerre.

Ces arrêtés deviendront définitifs, si
les parties ne se sont pas pourvues en

conseil d'Etat dans le délai de trois mois à partir de la notification.

Art. 17. Les immeubles reconnus non susceptibles de partage seront vendus aux enchères publiques, d'après les formes établies en Algérie pour la vente des biens du domaine.

Art. 18. Ces immeubles seront revendus, dans la même forme, à la folle enchère de l'adjudicataire qui n'effectuerait pas des payements aux échéances fixées.

Art. 19. Le prix de ces adjudications sera versé par les acquéreurs, savoir : pour ce qui se trouvera dû à l'Etat, dans la caisse du receveur des domaines, et pour ce qui sera dû aux copropriétaires, entre leurs mains, sur la déclaration qui leur aura été fournie par le préfet, de la portion qui leur reviendra dans le produit de ces ventes.

Art. 20. Les frais d'expertise et autres, faits pour parvenir à la vente, seront prélevés, sur le prix, comme frais de poursuites privilégiés et payés immédiatement.

Art. 21. Les frais de partage et de traduction de titres, s'il y a lieu, seront supportés par l'Etat et les copartageants, au prorata de leurs droits.

Ces frais seront taxés par le préfet.

Art. 22. Tous actes et pièces relatifs à l'exécution du présent décret seront dispensés de la formalité du timbre et enregistrés gratis.

DISPOSITIONS SPÉCIALES.

Art. 23. A l'égard des partages de biens indivis situés dans les territoires militaires, toutes les attributions qui sont exclusivement du ressort du préfet seront exercées par le commandant de la division.

Les contestations qui s'élèveront seront déférées au conseil de préfecture.

En conséquence, les publications et notifications prescrites par l'article 7, l'arrêté déclaratif du partage mentionné aux articles 10 et 16, la nomination des experts et tiers-experts, dans les cas prévus aux articles 10, 11, 12 et 14, seront faits par le commandant de la division.

Sera également faite, à sa diligence, devant le juge de la situation de l'immeuble, l'enquête administrative prescrite par l'article 4.

Enfin les dépôts de pièces et de rapports indiqués aux articles 9 et 13 seront effectués au secrétariat de la division, et le tout transmis au conseil de préfecture, pour être par lui statué conformément aux articles 15 et 16.

Art. 24. Dans toutes les instances en partage où des indigènes sont intéressés, les notifications administratives exigées par les art. 7 et 16 seront faites par l'intermédiaire du bureau arabe de la situation des biens.

Art. 25. Les tribunaux civils de l'Algérie sont dessaisis des instances sur partage actuellement pendantes devant eux. Il sera statué sur ces instances dans les formes prescrites au présent décret.

Art. 26. Le ministre secrétaire d'Etat au département de la guerre est chargé de l'exécution du présent décret.

Fait au palais des Tuileries, le 2 avril 1854.

Signé : NAPOLÉON.

Par l'Empereur :

Le maréchal de France, ministre secrétaire d'État au département de la guerre,

Signé : VAILLANT.

ÉTRANGER.

SUITE DES DOCUMENTS HISTORIQUES.

BELGIQUE.

DISCOURS *prononcé par S. M. le Roi des Belges à l'ouverture de la session législative, le 7 novembre.*

Messieurs ,

En présence de la guerre qui afflige une partie de l'Europe, la Belgique sent plus vivement que jamais le prix d'une neutralité que fortifient la confiance et les sympathies de toutes les puissances. Toutes les puissances, en effet, continuent à nous donner des marques de leur estime et de leur bon vouloir.

Dans cette position, en quelque sorte privilégiée, la Belgique se livre avec sécurité aux travaux de la paix.

L'instruction publique, à tous les degrés, est l'objet d'une constante sollicitude; mon gouvernement est pénétré de l'importance de ce grand intérêt social; les lois qui le règlent reçoivent une exécution conforme à leur esprit.

Votre attention, Messieurs, sera appelée sur l'organisation du jury d'examen de l'enseignement supérieur.

Nos artistes soutiennent dignement la vieille renommée de l'école belge; l'Exposition de 1854 en a offert une preuve éclatante.

Les lettres et les sciences justifient, par des progrès incontestés, les encouragements que l'État leur assure.

Dans l'ordre matériel, l'industrie et l'agriculture attestent par leurs heureux développements qu'elles sont aussi l'une des forces et des gloires du pays.

En bénissant la Providence de nous avoir accordé le bienfait d'une récolte favorable, je constate avec douleur l'influence que les événements exercent sur le prix de toutes les denrées alimentaires. Mon gouvernement vous proposera les mesures qu'il juge propres à améliorer cette situation, et j'espère que les ressources du travail et la sollicitude des classes aisées parviendront à soulager les souffrances de nos excellentes populations ouvrières.

Notre commerce extérieur suit en général une marche ascendante.

Un traité conclu avec le Mexique mettra désormais notre pavillon à l'abri des surtaxes inscrites dans l'acte de navigation de ce pays; il imprimera un nouvel élan à nos relations avec l'un des principaux débouchés transatlantiques.

Vous aurez aussi à examiner, Messieurs, une convention destinée à garantir la propriété artistique et littéraire entre la Belgique et la Grande-Bretagne et à améliorer, par l'abaissement des tarifs, la position de notre commerce de librairie sur le plus important de ses marchés.

L'organisation judiciaire et l'institution du notariat ont donné lieu à des travaux dont les produits vous seront soumis.

La deuxième partie du nouveau code pénal pourra également faire l'objet de vos délibérations.

L'achèvement des chemins de fer dont l'exécution est confiée à des compagnies aura bientôt complété un ensemble de voies de communication, dout peu de contrées offrent l'exemple.

Les sociétés concessionnaires ont rencontré dans les circonstances des obstacles imprévus ; elles n'en ont point été découragées.

L'augmentation progressive des produits de l'exploitation de nos voies ferrées démontre la prospérité actuelle et présage la prospérité à venir de cette grande entreprise nationale.

Cette augmentation et celle de plusieurs autres branches du revenu public ont dépassé les prévisions, et dispenseront de recourir à un nouvel impôt.

L'emprunt que vous avez autorisé a été conclu. Il a permis à mon gouvernement d'exécuter, sans perte pour le trésor, la loi du 28 décembre 1850, sur la démonétisation des pièces d'or.

Il vous sera rendu un compte spécial de ces deux opérations.

L'armée, pénétrée de ses devoirs, s'y dévoue complètement. De même que la garde civique, elle est digne de votre sollicitude et de la confiance du pays. L'une et l'autre sont unies par une même pensée d'ordre et d'attachement à l'indépendance nationale.

Cette indépendance, Messieurs, s'est raffermie, et nous pouvons envisager l'avenir sans inquiétude. Toutefois, la tâche du pouvoir a d'inévitables difficultés ; il en existe de particulières dans la situation présente. Vous en tiendrez compte, Messieurs, votre patriotisme me l'assure, et c'est avec confiance que je réclame pour mon gouvernement votre concours bienveillant et efficace.

———

ARTICLE *additionnel à la convention littéraire conclue le 22 août 1852 entre la Belgique et la France, signé le 27 février 1854.*

L'échange des ratifications des conventions, l'une littéraire, l'autre commerciale, signées entre la Belgique et la France le 22 août 1852, ayant été, de commun accord, ajourné jusqu'à ce qu'il intervînt un traité de commerce définitif entre les deux pays, et cet événement s'étant réalisé aujourd'hui, les dispositions suivantes ont été arrêtées entre les hautes parties contractantes :

La perception des droits d'auteur pour la représentation ou exécution des œuvres dramatiques ou musicales (art. 3 *in fine*), ne pourra respectivement être réclamée qu'à dater du trente et unième jour après la mise à exécution de la convention littéraire.

Le terme *actuellement,* employé à l'art. 3 de la même convention, s'entendra de la date du présent article additionnel.

La même date est substituée à celle du 22 août 1853, dans le cas prévu par l'art. 14.

Pour les revues ou recueils périodiques réimprimés jusqu'ici en Belgique ou en France (art. 15), les éditeurs belges ou français sont autorisés à publier les livraisons destinées à compléter, jusqu'au 30 juin 1854, les souscriptions de leurs abonnés, ainsi que les collections non vendues existant en magasin, sans indemnité au profit de l'auteur original.

Les délais d'un et de deux ans laissés par l'art. 16 pour la reproduction, à l'aide des clichés, des ouvrages imprimés ou en voie d'impression et pour le tirage des bois, planches gravées et lithographiées, courront à partir de la mise en vigueur de la convention.

Il est entendu que les deux conventions du 22 août 1852 entreront en vigueur à la même date que le traité de commerce signé aujourd'hui entre les hautes parties contractantes, et que le terme de dix années pour lequel elles ont été conclues courra à partir de leur mise à exécution.

Le présent article additionnel aura la même force et valeur que s'il était inséré mot pour mot dans le texte même des conventions du 22 août 1852.

En foi de quoi les plénipotentiaires respectifs l'ont signé et y ont apposé le cachet de leurs armes.

Fait à Bruxelles, en double original, le vingt-septième jour du mois de février de l'an de grâce mil huit cent cinquante-quatre.

Signé : H. DE BROUCKÈRE,
AD. BARROT.

———

NÉERLANDE.

Discours prononcé par S. M. le Roi à l'ouverture des États généraux, le 16 septembre.

Messieurs, je continue à recevoir de toutes les puissances étrangères des témoignages d'amitié. Cette circonstance, considérant la position politique actuelle de l'Europe, est extrêmement satisfaisante pour moi. La neutralité que nous avons adoptée a été rigoureusement maintenue, et, comme nous avons scrupuleusement observé nos obligations vis-à-vis des États étrangers, nous pouvons, de notre côté, voir nos droits respectés.

J'ai toute raison d'être satisfait de l'armée et de la marine. Ces deux services se sont distingués par un grand zèle et la discipline dans l'exécution de leurs devoirs. La résistance à notre autorité que nous avons rencontrée de la part des Chinois dans l'île de Bornéo a (je suis heureux de le dire) été vaincue par la valeur de nos troupes. Je compte que cette victoire pourra produire des résultats durables et avantageux.

La situation générale de nos colonies est satisfaisante, quoique l'état sanitaire de nos possessions des Indes ait laissé beaucoup à désirer. Les dernières nouvelles de ces colonies nous permettent d'espérer que le mal sera dompté par des promptes et efficaces mesures que les autorités ont adoptées.

La moisson de ces colonies promet d'être abondante, et, d'après les bulletins qui nous sont parvenus jusqu'à ce jour de nos diverses provinces, les récoltes, dans notre patrie, promettent d'être généralement favorables. Je me réjouis de la perspective de cette abondance; elle contribuera puissamment à la réduction des prix de toutes les substances alimentaires, ce que je considère comme un fait de la première importance.

Nous continuons d'améliorer l'état de nos fleuves, ainsi que celui de tous les cours d'eau importants.

L'année dernière, les Pays-Bas ont été mis en communication sur deux points avec les chemins de fer des États voisins, et il y a tout lieu d'espérer qu'une troisième jonction se réalisera bientôt. Je donne une attention toute particulière aux développements de ces nouvelles communications, nécessaires au commerce et à l'industrie du pays.

Des mesures actives vont être prises pour l'organisation des lignes télégraphiques dans l'intérieur, ces lignes étant mises en communication avec celles des États étrangers. Nonobstant les obstacles causés par la guerre actuelle à nos relations commerciales, notre navigation et notre organisation maritime demeurent dans un état aussi prospère que le permettent les circonstances défavorables actuelles. La position financière du pays continue d'être satisfaisante. Les résultats des comptes de l'année dernière n'ont pas désappointé notre attente, et les comptes de la présente année promettent d'être également favorables. Après un examen attentif des matières financières, vous pourrez vous convaincre vous-mêmes de ce fait, car une diminution des charges du pays est praticable, d'accord avec une sage politique. La dette nationale devra aussi subir un examen semblable, dans le but d'arriver à sa réduction. Au milieu de la prospérité matérielle que possède, sans aucun doute, notre pays, l'instruction publique, les arts et les sciences ne doivent pas être perdus de vue. Je continuerai à porter toute ma sollicitude sur cette matière : un projet de loi sur l'instruction de premier et deuxième degré vous sera soumis sous peu de temps. La loi relative aux degrés supérieurs d'instruction recevra également de l'amélioration, et, en définitive, vous aurez d'amples occasions de manifester votre zèle et votre intérêt pour les diverses institutions scientifiques de notre pays. Quoique notre position ne soit pas absolument satisfaisante, il y a plusieurs circonstances propres à nous encourager. Reconnaissons avec gratitude les nombreux avantages dont nous jouissons. Il dépend de nous principalement d'en jouir et de la faire durer : pour cela, il faut avant tout avoir confiance les uns dans les autres, et conserver une union qui contribuera au bonheur du pays.

Puisse Dieu tout-puissant nous donner la force et la sagesse nécessaire pour y réussir!

Je déclare que la session des états généraux est ouverte.

CONFÉDÉRATION GERMANIQUE.

PRUSSE.

Loi sur la constitution de la première Chambre.

I. La première Chambre se compose : 1° des princes de notre maison royale, que nous nous réservons d'appeler dans la première Chambre sitôt qu'ils seront arrivés à l'âge de majorité, conformément aux règlements concernant la famille royale ; 2° de membres héréditaires ; 3° de membres nommés à vie.

II. Sont membres héréditaires de la première Chambre : 1° les chefs des maisons princières de Hohenzollern-Hechingen et de Hohenzollern-Sigmaringen ; 2° les chefs des maisons médiatisées de notre territoire, qui forment un Etat particulier, en vertu de l'acte constitutif de la Confédération germanique du 8 juin 1815 ; 3° les autres princes, comtes et seigneurs appelés à la curie des seigneurs par notre ordonnance du 3 février 1847.

Seront, en outre, membres héréditaires de la première Chambre, les personnes auxquelles ce droit sera conféré par nous. Ce droit se transmettra suivant les règles qui seront établies dans l'acte par lequel il sera conféré.

III. Nous nommerons membres à vie : 1° les personnes qui nous seront présentées, conformément aux articles qui suivent ; 2° les titulaires des quatre grandes dignités prussiennes ; 3° les personnes auxquelles nous conférerons ce droit par suite de la confiance particulière que nous leur accordons. Parmi elles nous établissons des syndics de la couronne, auxquels nous soumettrons d'importantes questions de droit, et l'examen et la décision d'affaires juridiques concernant notre maison.

IV. Le droit de présentation appartient : 1° aux fondations appelées à la curie des seigneurs, en vertu de notre ordonnance du 3 février 1847 ; 2° aux collèges des comtes possesseurs de biens de chevalier, à former dans chaque province, et dont chacun aura à présenter un candidat ; 3° aux familles distinguées par leurs grandes propriétés foncières, auxquelles nous accorderons cette faveur ; 4° aux collèges de la possession territoriale ancienne et consolidée ; 5° à chaque université du pays ; 6° aux villes auxquelles nous accorderons plus particulièrement ce droit.

V. Les représentants qui devront être présentés par les fondations seront élus par les membres de celles-ci et dans leur sein ; ceux des universités, par le sénat académique dans les professeurs ordinaires ; ceux des villes, par le corps municipal, ou, à défaut d'une autorité collégiale, par les autres représentants communaux de la ville parmi les membres de la magistrature.

VI. Une ordonnance ultérieure déterminera les règlements de détail relatifs à la formation des collèges de la propriété territoriale consolidée, et l'exercice du droit de présentation.

VII. Le droit de siéger, avec voix délibérative, dans la première Chambre, ne peut appartenir qu'à des sujets prussiens qui se trouvent en possession complète des droits de citoyens prussiens, qui ont leur domicile en Prusse, et qui ne sont pas en activité de service dans un pays étranger non allemand. En outre, on devra être âgé de trente ans, excepté les princes de notre maison.

VIII. Cessent d'être membres de la première Chambre ceux qui, ayant été présentés conformément aux paragraphes 4 à 6, perdent la qualité en vertu de laquelle ils ont été présentés.

IX. Le droit d'être membre de la première Chambre se perd, outre les cas prévus par les paragraphes 12 et 34 du code pénal, lorsque la Chambre, par une décision confirmée par nous, refuse de reconnaître un membre d'un caractère sans tache ou d'une conduite en rapport avec la dignité de la Chambre.

X. Si la Chambre, par suite d'une instruction commencée contre un de ses membres, ou par d'autres motifs particuliers, est d'avis qu'il doit être privé pour un certain temps du droit de siéger, cette mesure devra être approuvée par nous.

XI. Lorsqu'un membre de la première Chambre aura perdu le droit d'en faire partie, nous prendrons une décision relative au choix d'un autre membre de la même famille, dans le cas où le droit aurait été héréditaire.

Dans le cas où un tel membre aurait été présenté, nous ordonnerons une nouvelle présentation.

Signé: FRÉDÉRIC-GUILLAUME.

Contre-signé par les ministres.

DISCOURS *prononcé par Sa Majesté le Roi de Prusse à l'ouverture des Chambres.*

Messieurs de la première et de la seconde Chambre,

L'ouverture de vos séances concorde aujourd'hui avec un événement heureux pour ma maison royale. Mon neveu, le prince Frédéric-Charles, a célébré hier son mariage avec une princesse d'une maison princière allemande, qui est notre amie et proche parente. Vous désirerez comme moi, Messieurs, que la grâce de Dieu bénisse abondamment cette union.

C'est avec satisfaction que je vois réunie autour de mon trône la première Chambre nouvellement formée. Je m'abandonne à l'espoir que ce nouveau corps, qui représente des droits anciens et de grandes positions sociales, sera toujours un ferme appui de mon gouvernement dans les efforts qu'il fait pour la prospérité du pays.

J'ai ordonné la reprise des séances du conseil d'Etat, afin que les projets de loi soient soumis à de sérieux travaux préparatoires. Quelques-uns de ces projets ont été délibérés par le conseil d'Etat, et seront présentés prochainement à votre acceptation. Plusieurs autres projets importants, qui concernent notamment l'organisation des communes rurales et de la police dans les six provinces orientales de la monarchie et les constitutions provinciales dans toute la monarchie, sont encore soumis à l'examen du conseil d'Etat. Sitôt que cet examen sera achevé, ces projets vous seront également présentés.

Messieurs, les pièces qui vous seront soumises vous convaincront que nos finances se trouvent dans un état satisfaisant. Le maintien fidèle des principes de l'ordre et d'une sage économie donne la possibilité de parer aux frais du service ordinaire, augmentés en beaucoup de points, et de réserver les ressources du crédit pour les besoins extraordinaires.

Les affaires présentent dans presque toutes leurs branches une activité croissante. Les recettes des postes et des lignes télégraphiques, ainsi que des chemins de fer de l'Etat et des Compagnies augmentent sans cesse. De grands capitaux sont consacrés de plus en plus à des entreprises industrielles. L'exploitation des mines a pris un essor croissant. Le commerce se trouve dans une situation généralement satisfaisante. De tels phénomènes, qui réjouissent doublement dans un temps où diverses circonstances défavorables exercent une influence fâcheuse sur les transactions, rendent témoignage de la bonne situation économique du pays, et permettent d'espérer avec certitude de nouveaux progrès dans la voie d'un développement prospère.

Dans cette situation, et avec la sollicitude que met mon gouvernement à faire prospérer nos affaires, notamment à augmenter et à améliorer les moyens de communications, j'espère avec certitude que les occasions d'occupations fructueuses ne manqueront pas non plus dans l'avenir. Ceci me tranquillise d'autant plus, que les espérances que l'on formait à l'égard du prix des subsistances, en raison de la récolte généralement bonne de cette année, ne se sont pas réalisées. La cherté persistante des denrées, qui est toujours ressentie très-péniblement, m'a déterminé à laisser subsister la libre entrée des denrées les plus indispensables. J'ai la confiance que, par suite de cette mesure et en évitant d'intervenir dans la liberté des transactions, il n'y aura pas de disette réelle, même l'année prochaine.

Des contrées fertiles ont été éprouvées cruellement cet été par des inondations désastreuses. Je me suis convaincu sur les lieux de l'étendue des dommages et du courage plein de confiance en Dieu avec lequel les habitants, victimes de ce désastre, cherchent à le réparer. Mon gouvernement s'est efforcé de pourvoir immédiatement aux nécessités du moment, et de prévenir les conséquences fâcheuses qui pourraient résulter de ce malheur. En vertu d'une décision patriotique de la Diète provinciale de Silésie, on s'est procuré les ressources nécessaires pour porter des secours durables aux basses terres de l'Oder. En même temps il s'est manifesté dans toute la monarchie et hors de ses limites le zèle le plus actif pour secourir la misère des malheureuses victimes.

Messieurs, à mon grand regret, une lutte sanglante a éclaté entre des membres puissants de la famille des États européens. Notre patrie n'y est pas encore engagée; la paix trouve encore un asile parmi nous J'ai de nouveaux motifs pour espérer que bientôt peut-être on trouvera la base d'une entente qui s'étendra plus loin. Fermement uni à l'Autriche et au reste de l'Allemagne, je crois toujours que ma mission est de soutenir la paix, l'indépendance d'autrui et la modération. Si dans le cours des événements je me voyais obligé de donner une expression plus marquée à cette attitude de la Prusse, mon peuple fidèle saura supporter avec le dévouement dont il a fait preuve les sacrifices inévitables qui en seraient la suite. En vue d'éventualités semblables, des augmentations ont eu lieu dans mon armée; des corps particuliers de troupes ont été renforcés et le matériel de guerre complété; on a en outre ordonné la réalisation de l'emprunt autorisé par les Chambres dans leur dernière session. La Prusse se trouverait ainsi en état d'entrer en lice avec confiance, pour la sauvegarde de ses intérêts et de sa position européenne, lorsque l'exigerait la tournure menaçante des circonstances politiques. On vous rendra un compte détaillé de l'emploi de l'emprunt dont une faible partie seulement a été absorbée jusqu'ici.

Messieurs, au moment où vous prenez en main la tâche qui vous est imposée, j'ose vous donner l'assurance que mon gouvernement cherchera à vous faciliter de toute manière. Mais d'autre part aussi, quoique je reconnaisse complétement le droit des opinions différentes, j'espère que vous soutiendrez mon gouvernement dans toutes les questions où il s'agira de faire valoir vis-à-vis de l'étranger l'accord complet du gouvernement et du pays, et que vous prouverez ainsi d'une façon véritablement prussienne que vous sommes forts par l'union, et d'autant plus forts que

les temps sont plus difficiles. Que Dieu nous donne en cela sa bénédiction!

SAXE.

PROCLAMATION *du nouveau Roi.*

Nous, par la grâce de Dieu, Roi de Saxe, etc , etc., offrons à tous notre salut et notre grâce royale, et faisons savoir ce qui suit :

Suivant le décret et la volonté impénétrable de Dieu, Sa Majesté royale notre bien-aimé frère le tres-haut et très-puissant roi et seigneur Frédéric-Auguste, roi de Saxe, etc., etc., a été rappelée de ce monde, à la grande douleur de sa maison et de tous ses sujets. Par suite de cet événement, nous avons pris le gouvernement du royaume de Saxe, conformément aux lois constitutionnelles de succession en vertu desquelles la couronne nous est échue. Nous attendons donc de nos fidèles Etats, de tous les serviteurs de l'Etat chargés des fonctions publiques, et en général de tous les sujets et habitants de notre royaume, qu'ils nous reconnaissent, volontairement et conformément à leurs devoirs, comme le souverain légitime du pays ; qu'ils nous prêtent une fidélité inébranlable et une obéissance assurée, et qu'ils se conduisent envers nous en tous points comme le doivent des sujets fidèles envers la souveraineté et l'autorité établies par Dieu. En outre, nous les assurons que notre sollicitude paternelle sera constamment dirigée vers le maintien du droit et de la justice, et le développement de la prospérité et du bien du pays. Nous observerons aussi et maintiendrons et protégerons dans toutes ses dispositions la constitution du pays, pendant notre gouvernement.

Afin que le cours régulier de l'administration et de la justice ne soit pas interrompu, nous ordonnons en même temps que les autorités publiques du royaume continuent à remplir les devoirs de leurs fonctions comme par le passé, jusqu'à ce qu'il en ait été disposé autrement. Les actes délivrés en notre nom continueront de porter cette formule : « Nous, par la grâce de Dieu,

Jean, Roi de Saxe. » On se servira des sceaux actuels jusqu'à ce qu'on en ait confectionné de nouveaux. Dans les adresses et les pétitions qui nous seront adressées, on suivra les règles usitées.

Donné dans notre résidence de Dresde, le 10 août 1854.

Signé : JEAN.

Contre-signé :

Dr Ferdinand ZSCHINSKY, Bernard REBENHARST, Jean-Henri-Auguste BEHR, Jean-Paul DE FALKENSTEIN.

———

Discours prononcé par S. M. le Roi à l'ouverture de la session extraordinaire de la Diète, le 10 octobre.

Messieurs les députés,

Je vous vois réunis aujourd'hui autour de moi pour la première fois avec le plus profond sentiment de douleur, après qu'un décret impénétrable de Dieu a enlevé à son pays le meilleur, le plus noble de mes princes, à moi le plus fidèle ami. Mais si, après les espérances d'en haut, quelque chose a pu me consoler et me tranquilliser dans ce moment d'épreuves, c'est le deuil véritable, sincère, qui s'est manifesté dans toutes les classes du peuple, dans toutes les parties du pays ; c'est l'accueil plein de confiance qui m'a été fait, ce sont les preuves d'attachement qui m'ont été données à cette occasion. J'ai donc la ferme intention, que j'ai déjà exprimée une fois, de gouverner dans l'esprit et le sens de mon prédécesseur, de cultiver avec soin et de conserver les institutions qu'il a créées.

Bien que mes relations avec les gouvernements étrangers soient parfaitement amicales, notre regard ne peut cependant se diriger avec sécurité vers l'avenir, troublé par les plus sérieuses complications. Un pays qui est dans la situation où se trouve la Saxe ne saurait assurer de fausse route dans de telles circonstances, s'il cherche la règle de sa conduite dans l'accomplissement rigoureux et consciencieux de ses devoirs comme membre de la Confédération germanique. S'attachant ferme-

ment à ce point de vue, mon gouvernement s'efforcera de faire tout ce qui peut être avantageux au bien et à la dignité de l'Allemagne, ce qui peut amener une solution pacifique des difficultés actuelles. C'est une grande satisfaction pour moi de pouvoir rappeler aujourd'hui la réalisation d'une grande espérance qu'a exprimée le feu Roi, la dernière fois qu'il vous a réunis autour de lui. Il avait se ferme espoir alors, que les dissidences qui divisaient en ce moment les gouvernements allemands sur le terrain de la politique commerciale céderaient à une entente salutaire. Son espérance n'a pas été trompée : il a vu accomplir son désir le plus intime, qui avait pour objet la conservation du Zollverein et son extension ultérieure à toutes les parties de la patrie allemande, et il a vu pour ainsi fondement de l'union des princes et des peuples allemands. Cette union paraît à l'honneur et la prospérité de l'Allemagne ; cette pensée forme ma consolation dans les orages du présent.

Les importants travaux de législation qui ont été le motif principal de la réunion de la présente diète extraordinaire n'ont pu être terminés aussi complètement que cela aurait été souhaité ; néanmoins, le gouvernement et la députation extraordinaire sont parvenus, par à leurs efforts, à en préparer une partie importante pour être mise en délibération, partie qui, formant un tout séparé, promet des améliorations sérieuses, et elle obtient votre assentiment.

L'achèvement de cette grande œuvre dans toutes ses parties serait aussi dans l'avenir le but constant de nos efforts. En outre, il vous sera soumis un certain nombre de propositions devenues nécessaires, en partie par suite de projets antérieurs, en partie par suite de changement de gouvernement et d'autres circonstances pressantes.

Allons, messieurs, avec Dieu, à vos travaux. Mon gouvernement s'efforcera toujours à vous avec franchise et avec la conviction que votre activité légale ne sera dirigée que par le désir de faire le bien du pays. Si vous tendez ainsi au même but de nos forces réunies, la confiance réciproque entre le prince et le peuple, qui serait le plus précieux fruit de la con-

du roi Frédéric-Auguste, se conservera aussi dans l'avenir le plus éloigné.

---

*Discours prononcé par S. M. le Roi de
Saxe pour la clôture de la session de
la Diète extraordinaire, le 30 décembre.*

Messieurs des États,

Une session importante, quoique
courte, prend fin aujourd'hui. Par votre
activité, par votre assiduité dévouée,
par votre application aux affaires du
pays, ainsi que par le noble constant dont
ont fait preuve les deux députations
extraordinaires, vous êtes parvenus à
conduire à heureuse fin des travaux législatifs importants dans le court délai
qui vous était prescrit par la loi constitutionnelle, et à prendre des décisions
conformes à la constitution sur les différents projets de loi qui vous étaient
soumis. Mon consentement est déjà acquis à la plupart des changements que
vous y avez introduits. Quant à ceux
qui sont venus à ma connaissance dans
les derniers jours, je dois me réserver un
plus mûr examen.

J'entretiens néanmoins la confiance
rassurante que les améliorations si vivement souhaitées par le pays dans les
affaires administratives et judiciaires
passeront bientôt dans les faits, si le ciel
nous accorde le repos au dehors.

J'ai vu avec une satisfaction particulière l'empressement que vous avez mis
à vous rendre unanimement à mes vœux
en ce qui regarde la fixation de la liste
civile. J'y trouve une nouvelle preuve
de ce dévouement à ma personne et à
ma maison, dont vos actes ont témoigné
en maintes occasions.

Déposez donc en paix vos pouvoirs
dans les mains de la Diète ordinaire,
qui va s'ouvrir.

La conscience du devoir rempli ac-
compagnera ceux qui quittent l'assemblée des États pour retourner dans leurs
foyers, et, avec la grâce de Dieu, l'esprit
de mon frère défunt veillera sur nous
tous pour le bien de notre chère patrie.

GRAND-DUCHÉ DE BADE.

*Discours prononcé par S. A. R., le
prince régent de Bade, à l'ouverture de la session des États, le
12 janvier 1854.*

Nobles seigneurs et chers amis,

C'est avec une profonde émotion que
je vous salue pour la première fois de
cette place.

Depuis votre dernière réunion, une
grande douleur a rempli notre patrie, la
douleur d'avoir perdu un noble prince,
mon père chéri, d'impérissable mémoire,
qui a été aussi un bon père pour son
peuple, et le peuple bénit avec moi le
souvenir du défunt.

Pénétré d'une humble résignation à
la volonté du Tout-Puissant, et par
suite du douloureux empêchement de
mon frère chéri, j'ai pris en mains le
gouvernement du grand-duché. Tout ce
que j'ai promis à mon avénement, je le
remplirai, et tous mes efforts tendront
à assurer la prospérité de mes pays.

De votre part, nobles seigneurs et
chers amis, j'espère que, vous aussi,
poursuivant le même but, me serez un
appui dans de bons comme dans de mauvais jours.

La situation intérieure du grand-
duché s'est incontestablement améliorée
depuis votre dernière réunion. Je le
dois au bon esprit de mes sujets, instruits par de rudes épreuves; aux
efforts incessants dans l'église, dans
l'école, dans la commune, pour élever le
sentiment moral du peuple; aux changements utiles introduits dans quelques
lois, à la juste et rigoureuse exécution
des autres.

Au milieu d'une situation aussi satisfaisante, je ne puis que d'autant plus
vivement déplorer les différends survenus par suite de la conduite du siége
archiépiscopal de Fribourg, qui a cherché à faire valoir des droits qu'il
réclame. Plus les fausses appréciations
de cette question sont répandues au
dehors du grand-duché, plus je me réjouis de voir l'immense majorité de mon
peuple me témoigner de sa confiance,
dans la juste conviction que la religion
de mes sujets catholiques m'est aussi
sacrée que la mienne.

Soyez persuadés, nobles seigneurs et

chers amis, que je m'efforcerai sans
cesse, tout en sauvegardant la dignité
et les droits de la couronne, d'aplanir
les différends existants au moyen d'une
entente amicale, et d'assurer aux dépo-
sitaires de l'autorité ecclésiastique le
rang et la position propres à lui faire
accomplir sa bienfaisante mission. Le
budget du grand-duché est toujours en
bon ordre. Bien que les événements connus qui, depuis quelques années, portaient préjudice à l'économie intérieure,
et la cherté actuelle des premières
nécessités de la vie, cherté que je déplore profondément, n'aient pas été sans
influence sur les finances de l'Etat, on
s'aperçoit néanmoins de l'accroissement
constant dans les recettes ordinaires.

Par suite du renouvellement du Zollverein et de son extension aux Etats du
Steuerverein, les effets bienfaisants de
l'union douanière nous sont assurés.
Nous devons nous attendre à un nouvel
élan de l'industrie et du commerce, si
heureux pour toutes les classes de mon
peuple, non-seulement par suite du renouvellement et de l'extension du Zollverein, mais encore par suite des rapports
commerciaux très-intimes ouverts, à
ma grande satisfaction, avec l'immense
territoire de l'empire autrichien.

Le développement commercial a exercé une influence favorable sur nos chemins de fer, dont le produit net s'est
encore élevé dans ces dernières années.
En considérant l'extension toujours croissante, et l'importance, tous les jours
plus grande, des chemins de fer, nous
aussi, nous ne devons rien négliger pour
obtenir, dans une proportion croissante,
les avantages de cet important moyen de
communication. De même que la continuation de la voie ferrée qui se poursuit
avec toute l'activité possible vers la
vallée du haut Rhin sera féconde en
avantages incontestables pour le pays,
de même tout nous commande de perfectionner notre chemin de fer, et de le
mettre en harmonie avec ceux du reste
du continent.

Des projets de loi relatifs à ces matières, ainsi qu'au budget, aux traités
de douane et de commerce, quelques
dispositions provisoires prises depuis la
dernière session, et enfin des propositions ayant pour but d'améliorer la
jurisprudence, l'administration inté-

rieure et l'administration des impôts,
seront bientôt soumis à votre délibération et à votre décision.

Mon gouvernement, nobles seigneurs
et chers amis, vous aborderez en toute
circonstance avec franchise et avec confiance. Notre but est commun : il s'agit
du bien de la patrie. Puisse, la grâce du
Tout-Puissant, nous permettre d'atteindre ce but!

DANEMARK.

ORDONNANCE *concernant la Constitution de la monarchie danoise pour
les affaires communes.*

Ermitage, le 26 juillet 1854.

Nous, Frédéric VII, par la grâce de
Dieu, Roi de Danemark, etc., etc., Duc
de Slesvig, Holstein, Stormarn, etc.,
faisons savoir :

Conformément aux vues contenues
dans notre patente du 28 janvier 1851,
nous avons résolu de donner maintenant une Constitution pour les affaires
qui sont communes à toutes les parties
de notre monarchie. Tout en nous ef-
forçant par là de fortifier surtout notre
couronne et de la préserver contre de
nouveaux ébranlements, nous avons
aussi dans cette œuvre pris en considération les rapports particuliers, en
général, des pays soumis à notre sceptre. Nous ne nous proposons pas d'entourer la Constitution que nous allons
donner de clauses spéciales ayant pour
but d'assurer son maintien et de rendre
difficiles les modifications à y apporter.
Convaincu au contraire que la durée
d'une Constitution dépend uniquement
de la force qu'elle peut acquérir par sa
propre valeur, c'est de dessein prémé-
dité que nous avons voulu rendre possible pour nous-même et pour nos successeurs au trône l'introduction dans la présente Constitution des changements que
l'expérience pourrait rendre désirables.

C'est pourquoi nous mandons et ordonnons ce qui suit :

§ 1. — L'ordre de succession dans la
monarchie danoise est celui qui a été
sanctionné par la loi au trône du 31
juillet 1853.

§ 2. — Le Roi doit appartenir à l'E-
glise luthérienne évangélique.

§ 3. — Le Roi est majeur dès qu'il a atteint sa dix-huitième année. Il en est de même des princes de la famille royale.

§ 4. — Le Roi a, sauf les restrictions contenues dans les paragraphes suivants, l'autorité suprême sur les affaires communes de la monarchie, et exerce cette autorité par l'intermédiaire de ses ministres qui, sous la présidence du Roi, et de concert avec le prince héréditaire, lorsqu'il est majeur, et avec celui ou ceux des autres princes de la famille royale auxquels le Roi voudrait accorder un siége au conseil, forment le conseil intime d'Etat.

En cas d'absence du Roi, le prince héréditaire préside le conseil intime d'Etat; s'il est absent, la présidence est dévolue au prince du sang le plus proche, lorsqu'il est déjà membre du conseil; si aucun prince du sang n'est présent, la présidence appartient au premier ministre, suivant le rang.

§ 5. — Les affaires communes sont toutes celles qui n'ont pas été désignées d'une manière expresse comme devant être particulières pour les parties distinctes de la monarchie.

§ 6. — La différence entre les recettes et les dépenses communes à toute la monarchie sera couverte par les recettes particulières de chacune des fractions de l'Etat, de telle sorte que le royaume de Danemark y contribue pour 60 pour 100, le duché de Slesvig pour 17 pour 100, et le duché de Holstein pour 23 pour 100; par contre, pour ce qui concerne la situation financière du duché de Lauenbourg, l'état de choses en vigueur jusqu'ici est maintenu.

§ 7. — Un conseil d'Etat (*Rigsraad*) sera organisé pour les affaires communes. Sa sphère d'activité sera déterminée ultérieurement.

§ 8. — Le conseil d'Etat se compose tout d'abord de membres nommés uniquement par le Roi; plus tard, de membres en partie nommés aussi par le Roi, en partie à l'élection, tous étant, quant à leurs droits et obligations, sur le pied de l'égalité la plus parfaite.

§ 9. — Les membres du conseil intime d'Etat ne pourront être membres du conseil d'Etat.

§ 10. — Le nombre des membres du conseil de l'Etat est fixé à 50, dont 20 seront nommés par le Roi et pris dans le conseil intime d'Etat. Les 30 autres seront élus :

18 par la Diète du royaume de Danemark;

5 par les États provinciaux du duché de Slesvig;

6 par les États provinciaux du duché de Holstein;

1 par les États de la noblesse et les communes du duché de Lauenbourg.

§ 11. — Lorsque la loi fondamentale du royaume de Danemark du 5 juin 1849 aura été restreinte aux affaires particulières du royaume, nous ferons présenter à la Diète danoise, aux États provinciaux du duché de Slesvig, à ceux du duché de Holstein, ainsi qu'aux États de la noblesse et des communes du duché de Lauenbourg, et à chaque assemblée séparément, pour y être discuté d'une manière constitutionnelle, un projet de loi concernant l'élection, par chacune de ces assemblées, des membres du conseil de l'Etat, ainsi que la durée des fonctions des membres ainsi élus.

§ 12. — Les 20 membres du conseil de l'Etat élus par le Roi doivent tous jouir du droit d'indigénat, et sur ce nombre 12 devront être domiciliés dans le royaume de Danemark, 3 dans le duché de Slesvig, 4 dans le duché de Holstein, et 1 dans le duché de Lauenbourg.

Jusqu'à ce que les membres élus par les assemblées représentatives des différentes parties de la monarchie puissent entrer dans le conseil de l'Etat, nous ne nommerons comme membres de ce conseil que des hommes qui sont ou ont été respectivement membres élus des différentes assemblées représentatives anciennes ou actuelles du royaume de Danemark, des Etats provinciaux du duché de Slesvig et de ceux du duché de Holstein, ou des membres des Etats de la noblesse et des communes du duché de Lauenbourg.

§ 13. — Nous nous réservons de fixer la durée des fonctions des membres du conseil de l'Etat nommés par nous à la même époque où sera déterminée la durée des fonctions des membres élus du conseil de l'Etat (§ 11).

§ 14. — Le conseil de l'Etat, composé des membres nommés par nous, entrera de suite en activité.

§ 15. — Les membres du conseil de

l'État jouissent annuellement d'une indemnité fixe de 500 rigsdalers. Aucun membre ne pourra être éloigné contre son gré du conseil de l'État, si ce n'est dans les cas que détermineront plus tard les lois mentionnées au § 11 (conféré avec le § 13).

Tout membre du conseil de l'État prêtera, en entrant pour la première fois en fonctions, serment de fidélité au Roi suivant la formule prescrite par le Roi. Le serment sera renouvelé à chaque avénement au trône.

§ 16. — Le conseil de l'État sera convoqué au moins une fois tous les deux ans, aux époques et pour un espace de temps que le Roi fixera.

§ 17. — Copenhague sera le lieu de la réunion du conseil de l'État, à moins que, par exception, le Roi ne convoque le conseil dans un autre endroit dans la limite des frontières de la monarchie.

§ 18. — Les discussions du conseil de l'État seront dirigées par un président nommé par le Roi pour chaque session du conseil de l'État et parmi ses membres. Le Roi nomme aussi pour la même durée de temps un vice-président chargé de remplir les fonctions du président en cas d'empêchement de celui-ci. Aucune résolution ne peut être prise par le conseil de l'État si la moitié au moins de ses membres ne sont présents.

Les membres du conseil de l'État emploient à leur choix dans le cours de la discussion la langue danoise ou la langue allemande. Le protocole des discussions est rédigé dans les deux langues. Les rapports et les résolutions du conseil de l'État sont toujours formulés en langue danoise seulement.

D'ailleurs la marche des affaires du conseil de l'État sera fixée à l'aide d'un règlement que nous rendrons provisoirement jusqu'à ce qu'il en ait pu être établi un de la manière prescrite au § 22 pour la discussion des lois relatives aux affaires communes en général.

§ 19. — Les discussions du conseil de l'État ne sont pas publiques ; mais ses résolutions et ses rapports seront publiés, tant en danois qu'en allemand. Toutefois le conseil de l'État pourra, dans certains cas, décider qu'ils ne recevront pas de publicité.

§ 20. — Les ministres ou ceux que le Roi désigne à cet effet ont entrée au conseil de l'État, et sont autorisés à prendre part aux discussions.

§ 21. — Aucun impôt commun à toute la monarchie ne peut être établi, modifié ou supprimé ; aucun emprunt pour toute la monarchie ne peut non plus être contracté sans le consentement du conseil de l'État.

§ 22. — Le conseil de l'État a concours consultatif à l'égard des lois relatives aux affaires communes autres que celles mentionnées au § 21. Ces lois devront toujours être soumises à son examen avant d'être promulguées définitivement par le Roi.

§ 23. — De même, le budget d'État embrassant la monarchie entière pour chaque période financière, telle que le Roi la déterminera plus tard, devra être soumis à l'examen du conseil de l'État avant d'être approuvé par le Roi ; il en sera de même du compte correspondant des recettes et des dépenses de l'État avant d'être acquitté par le Roi. Le budget de l'État, approuvé par le Roi, et le compte acquitté des recettes et des dépenses de l'État, seront ensuite publiés par la voie de la presse.

§ 24. — Dans les cas d'urgence complète, le Roi pourra rendre des ordonnances provisoires, qui seront soumises à l'approbation (§ 21) ou à l'examen (§§ 22 et 23) du premier conseil de l'État qui s'assemblera.

§ 25. — Pour ce qui a rapport à la direction du gouvernement, en cas de minorité, de maladie ou d'absence du Roi, nous nous réservons de soumettre un projet de loi spécial à l'examen du conseil de l'État.

§ 26. — Le Roi pourra également inviter le conseil de l'État à faire connaître son opinion sur des affaires communes autres que celles mentionnées aux paragraphes précédents.

§ 27. — Le conseil de l'État est autorisé à adresser au Roi des pétitions et des remontrances (*bønskrivelse, besværinger*).

§ 28. — Des modifications à la présente ordonnance ne pourront être introduites qu'avec le consentement du conseil de l'État.

En attendant que la Constitution du royaume de Danemark, du 5 juin 1849, ait été restreinte aux affaires particulières de ce royaume, les §§ 21, 22 et

23 ci-dessus ne commencèrent à recevoir leur application qu'après discussion du rigsdag danois sur l'affaire commune que mentionnent ces paragraphes.

A quoi tous, et chacun en particulier, devront se conformer en très-humbles sujets.

Donné en notre château de l'Ermitage, le 26 juillet 1854.

Sous notre seing et sceau royal,

Signé : FRÉDÉRIC, roi. (L. S.)

Contre-signé :

FRÉDÉRIC-FERDINAND ORSTED, REVENTLOW-CRIMINIL, C. MOLTKE, TILLISH, C.-F. HANSEN, C.-A. BLUHME, W.-C.-E. SPONNECK, STEEN BILL.

DÉCLARATION DE NEUTRALITÉ.

Les complications politiques, dans le moment actuel, après la déclaration de guerre de la Porte-Ottomane et la possibilité d'une guerre maritime prochaine, ont imposé au gouvernement de S. M. le Roi le devoir de porter son attention sérieuse sur les conséquences qui pourraient en résulter. Il désire sincèrement maintenir la bonne intelligence et les rapports d'amitié qui existent si heureusement entre le Danemark et tous les gouvernements européens ; et comme le Roi de Danemark n'a rien de plus à cœur que de maintenir et de fortifier cet état de choses, Sa Majesté considère comme un devoir de ne pas laisser les puissances alliées et amies dans l'incertitude sur la politique qu'elle veut suivre dans le cas dont il s'agit.

Par suite de l'amitié intime qui existe entre les souverains et les peuples du Danemark et des royaumes unis de Suède et de Norvége, et aussi en considération des principes et des intérêts communs qui existent entre les deux États, S. M. le Roi a cru devoir le premier s'entendre avec son auguste ami, voisin et allié, S. M. le Roi de Suède et de Norvége, sur les mesures qu'il conviendrait de prendre dans ces certaines éventualités pour réaliser une action commune qui, par son identité, serait de nature à faciliter l'application du système adopté.

Cette démarche ayant été accueillie de la manière favorable que l'on était en droit d'attendre, le soussigné, ambassadeur extraordinaire et ministre plénipotentiaire (chargé d'affaires) de S. M. le Roi de Danemark auprès de Sa Majesté, etc , etc., en conformité des résolutions adoptées par les deux souverains, a reçu de son gracieux maître l'ordre de faire connaître au gouvernement de Sa Majesté..... les règles générales que le Roi de Danemark acro devoir adopter pour garantir la sécurité de ses États dans le cas regrettable où des hostilités éclateraient entre les puissances alliées et amies de Sa Majesté.

Le système que S. M. le Roi de Danemark se propose d'observer et d'appliquer sans exception est celui d'une stricte neutralité. Il repose sur la loyauté, l'impartialité et une estime égale pour les droits de toutes les puissances. Les deux puissances étant d'accord, voici les devoirs que cette neutralité imposera au Roi de Danemark et les avantages qu'il en recueillera : 1° s'abstenir, durant la guerre qui pourrait éclater, de toute participation dans l'intérêt de l'une des parties belligérantes au préjudice de l'autre ; 2° admettre dans les ports de la monarchie les vaisseaux de guerre et les navires de commerce des puissances belligérantes. Cependant le port de Christianix pourra être fermé à ces bâtiments ainsi qu'aux bâtiments de transport appartenant aux flottes des puissances belligérantes. Les mesures sanitaires et de police commandées par les circonstances devront naturellement être observées. Les corsaires ne seront pas admis dans les ports danois ni dans les rades ; 3° donner aux vaisseaux belligérants le droit de se procurer dans tous les ports de la monarchie toute espèce de marchandises et d'articles dont ils pourraient avoir besoin, à l'exception toutefois de ceux qui sont considérés comme contrebande de guerre ; 4° fermer les ports de la monarchie à toute prise, excepté dans le cas d'urgence, et défendre dans ces ports la condamnation et la vente des prises ; 5° les rapports commerciaux de S. M. le Roi avec les pays belligérants seront maintenus dans toute leur étendue ; néanmoins les navires marchands seront toujours tenus de se soumettre aux règles généralement obligatoires et reconnues dans le cas d'un blocus déclaré et effectif. Voilà les principes généraux de la neutralité que le Roi de Danemark a cru devoir adopter pour le cas où une guerre éclaterait en Europe. Le Roi se flatte qu'ils seront reconnus conformes au droit international, et que leur application franche et loyale mettra Sa Majesté en état de continuer avec les puissances amies et alliées les rapports qu'elle tient si vivement à conserver dans l'intérêt de ses sujets. Veuillez communiquer la présente Note.

SUÈDE ET NORVÉGE.

DISCOURS *prononcé par S. M. le Roi de Suède et de Norvége, à la clôture de la diète suédoise.* (5 décembre.)

Messieurs,

Vos travaux sont terminés. En vous congédiant, j'éprouve une véritable satisfaction de la manière dont vous avez employé l'espace, au delà d'une année révolue, qui s'est écoulé pendant vos délibérations. La patrie en a recueilli autant d'utilité que de g'oire : sa situation inspire la confiance et l'estime, tant à l'intérieur qu'à l'extérieur.

A la suite d'un mûr examen, j'ai cru devoir vous adresser des projets, tant à l'égard de la manière dont, dans des cas donnés, le gouvernement des royaumes unis devra être constitué, que relativement à la loi sur la presse. Tout en conservant dans la loi fondamentale le principe de la liberté de la presse comme un des droits les plus précieux du peuple suédois, je vous ai proposé d'y insérer les points principaux qui servent à la conserver, mais en renvoyant aux dispositions générales du code civil les règles subsidiaires qui en déterminent l'application. Ces questions, qui ne pourront être résolues qu'à la prochaine assemblée des Etats Généraux, ne sauront manquer d'obtenir de leur part la sérieuse attention et l'appréciation patriotique que leur

importance et les intérêts du pays réclament.

J'ai vu avec satisfaction que vous vous êtes occupés avec sollicitude des améliorations à introduire dans le code criminel. Cette grave question formera l'objet de mon incessante attention.

Par suite des propositions que je vous ai adressées, vous avez rendu des décrets touchant la consolidation du crédit public, relativement à l'introduction d'un port uniforme de lettres à l'intérieur, et par rapport à l'adoption du système décimal pour les monnaies, poids et mesures. Vous avez alloué des sommes considérables pour des buts productifs, et principalement pour la participation de l'Etat aux grandes lignes des chemins de fer; ces résolutions porteront, sans aucun doute, des fruits bienfaisants pour la patrie.

J'ai cru qu'il était de mon devoir de vous communiquer, au commencement de la Diète, un projet tendant à circonscrire la fabrication et la consommation d'une boisson spiritueuse dont les effets désastreux pour la moralité et le bien-être du peuple ont été que trop prouvés par une longue expérience. J'ai appris avec plaisir le zèle sérieux et patriotique que vous avez voué à cette question d'un intérêt général; j'y puiserai un motif puissant pour les mesures qui me restent à adopter, afin d'assurer l'exécution des lois que vous avez votées.

Les principes que vous avez posés à l'égard de la législation constituent un progrès marqué dans un sens plus libéral. La situation favorable du commerce et de l'industrie du pays offre une époque opportune pour les changements a introduire dans ce sens.

Vous avez adopté mes propositions pour simplifier le mode de perception de l'impôt et pour le soulagement des contribuables dans plusieurs branches importantes; malgré de nouvelles allocations, nécessaires à la marche régulière de l'administration, vous avez trouvé le moyen de diminuer l'impôt additionnel de plus du tiers de son ancien chiffre.

Je ne puis que vivement recommander votre accession à la mesure par suite de laquelle les fonds pour le soulagement des souffrances qui pourront dévenir la conséquence d'une disette ont été considérablement augmentés.

La généreuse munificence que vous avez témoignée en faveur des établissements d'éducation et de santé publiques n'a pu échapper à mon attention. En outre des allocations pour les sciences et les beaux-arts, vous avez désigné des sommes importantes pour des édifices publics, pour les hôpitaux et pour l'amélioration du sort de plusieurs classes des employés de l'État.

Les allocations que vous avez votées pour l'armée de terre et de mer prouvent que vous avez justement apprécié les besoins de la patrie à l'égard de ses moyens de défense. En approuvant ma proposition pour la fixation des crédits destinés à être employés pour des cas imprévus, vous m'avez mis à même de prendre les mesures qui pourraient devenir urgentes par suite de circonstances qu'il est impossible de déterminer d'avance. J'apprécie votre confiance, je suis pénétré des obligations qu'elle m'impose.

La Diète maintenant terminée conservera une place marquante dans les fastes de notre histoire. En prononçant sa clôture, je nourris le ferme espoir que ses résultats contribueront au bonheur et à la gloire de la patrie, et je remplis un devoir sacré en vous exprimant ma reconnaissance du bien que vous avez su produire.

Je vous renouvelle, Messieurs, les assurances de toute mon affection et de ma bienveillance royale.

MESSAGE *de S. M. le Roi de Suède et de Norvége, à l'occasion du* 14ᵉ *storthing ordinaire de Norvége, le 8 février* 1854.

Bons messieurs et hommes norvégiens,

Le fidèle peuple norvégien m'a donné les témoignages les plus chers et les moins équivoques d'amour et de dévouement pendant les épreuves de douleur et de joie que la Providence a envoyées dans le cercle de ma famille. C'est le cœur ému que je l'ai vu partager ma douleur profonde à la suite de la perte prématurée d'un fils chéri ; suivre avec anxiété l'issue d'une maladie sérieuse et longue que j'ai éprouvée, et recevoir la nouvelle de la naissance de mes petits-enfants avec d'autant plus de joie et de gratitude que, par ce fait, la succession au trône des royaumes unis devenait assurée.

Nos rapports avec toutes les puissances étrangères portent toujours l'empreinte d'une amitié et d'une estime réciproques. Les complications politiques qui semblent menacer dans ce moment la paix générale de l'Europe ne les ébranleront pas, du moins nous l'espérons. De concert avec le Roi de Danemark, j'ai décidé, dans l'intérêt des royaumes unis, en cas d'accident possible, de garder une position neutre, que nous devons chercher à maintenir avec force et union, nous à qui les querelles suscitées entre les autres puissances sont et doivent rester étrangères. Je suis certain que le peuple norvégien ne reculera devant aucun sacrifice nécessaire pour me mettre en état de garantir et de protéger cette position indépendante, de laquelle dépendent essentiellement nos intérêts les plus chers.

Nous devons avec raison remercier la Providence des progrès de bien-être matériel qui sont tombés en partage à la Norvége, surtout dans cette dernière année, par suite de l'état si florissant du commerce et d'une récolte abondante refusée à d'autres pays. Ce bien-être a été augmenté en tant qu'il a dépendu du gouvernement. Convaincu que l'amélioration des moyens de communication y contribue puissamment, le peuple norvégien, avec un esprit vraiment patriotique, a été au devant de mes projets tendant à ce but. Le chemin de fer, quoique non parfaitement achevé, a, cependant, depuis le commencement du service provisoire, donné des résultats importants et utiles.

Le rapport sur l'état et l'administration du pays nous fera, du reste, connaître ce qui concerne la marche de l'administration, et les progrès du pays pendant les dernières années.

Nos ressources ne nous permettent qu'une progression graduelle dans le développement des diverses institutions auxquelles la position indépendante de la Norvége donne droit. Mes projets de lois au storthing, concernant ce dernier point, sont proportionnés à nos moyens. Je compte fermement sur votre concours en tout ce qu'exigent l'honneur, le succès et l'indépendance du royaume.

Par ce message, je déclare ouvert le quatorzième storthing ordinaire de la Norvége.

Que le ciel bénisse vos travaux et nos efforts pour le bien d'une patrie aimée ! Avec ce souhait, avec toute la grâce et la faveur royales, je demeure bien affectionné au storthing.

Réponse du président du storthing.

Quand nous jetons un coup d'œil en arrière sur les trois années dont le compte rendu est soumis au storthing, nous devons reconnaître avec gratitude, qu'en somme, elles ont été bonnes, et que, sous plusieurs rapports, le pays a fait des progrès remarquables. C'est notre vœu sincère qu'il en soit toujours ainsi et qu'il nous soit donné de continuer, sous le gouvernement d'un Roi chéri, les actes pacifiques par lesquels le peuple pourra atteindre à un bien-être plus grand, et avant tout, à plus d'instruction et de moralité. Mais nous savons que les destinées de l'avenir ne sont pas comprises et peuvent encore moins être déterminées par la raison humaine. Nous sommes donc obligés de nous adresser, dans nos espérances, à une puissance plus élevée que la puissance terrestre, et nous nous réunissons tous dans ce vœu : que Dieu préserve le Roi, la patrie et le royaume frère !

———

Message royal, portant clôture de la session du storthing de Norvége, lu, au nom de Sa Majesté, par le gouverneur général.

Messieurs et loyaux Norvégiens,

Je regrette beaucoup que l'état des affaires politiques ne m'ait permis ni de faire célébrer cette année mon sacre et celui de la Reine, ni de clore en personne le storthing.

L'heureuse position que j'ai réussi à procurer aux royaumes unis, au milieu des complications qui inquiètent maintenant l'Europe, a mis le storthing à même

de pouvoir, par de larges concessions pécuniaires, aller au devant de mes efforts, tendant au développement matériel du pays. Je reconnais les sentiments patriotiques que ces concessions révèlent, mais j'aurais désiré que le storthing eût aussi accordé les sommes que j'ai demandées pour donner au système de défense toute l'extension nécessaire.

Que la divine Providence veuille tenir à présent et à l'avenir sa main protectrice sur la Norvége et sur ses fidèles habitants!

Maintenant que vous avez accompli votre mission, vous allez retourner dans vos foyers pour y reprendre vos occupations habituelles. Je fais des vœux pour votre prospérité, et je vous donne, Messieurs et loyaux Norvégiens, à vous tous et à chacun de vous en particulier, l'assurance de ma grâce et de mon affection royales.

Donné au château de Drottingsholm, le 7 septembre 1854.

Signé : Oscar.
Contre-signé : Due.

———

RUSSIE.

Mise en état de siége *du gouvernement d'Ekaterinoslav et de l'arrondissement de Taganrog.*

Par un ukase du 16 (28) février, Sa Majesté ordonne ce qui suit :

Dans les circonstances actuelles, nous trouvons nécessaire de déclarer en état de siége le gouvernement d'Ekatherinoslav et l'arrondissement de Taganrog, en les soumettant au général de cavalerie Chomoutof, substitut du hetmann de la troupe du Don, et nous l'autorisons, pendant toute la durée de l'état de siége, à jouir des prérogatives accordées aux commandants des corps détachés, en se conformant aux règlements prescrits à ce sujet le 5 décembre 1846.

———

Mise en état de siége *du gouvernement de St-Pétersbourg.*

Sa Majesté, par un ukase du 21 février (5 mars), vient d'ordonner ce qui suit :

Par suite des circonstances actuelles, nous avons jugé nécessaire de déclarer le gouvernement de Saint-Pétersbourg en état de siége et de le soumettre à S. A. I. le grand-duc héritier, commandant en chef des corps de la garde et des grenadiers, en lui donnant les pérogatives accordées au commandant en chef de l'armée, en se conformant aux règles prescrites, à cet égard, dans notre règlement du 5 décembre 1846.

MISE EN ÉTAT DE SIÉGE *des gouvernements d'Esthonie et de Livonie.*

Par un ukase du 21 février (5 mars), Sa Majesté a daigné ordonner ce qui suit :

Nous trouvons nécessaire, dans les circonstances actuelles, de déclarer les gouvernements d'Esthonie et de Livonie en état de siége, en soumettant l'Esthonie au général aide de camp Berg, commandant des troupes disposées dans ce gouvernement, et la Livonie à l'aide de camp général prince d'Italie, comte Souvarof-Kiminsky, gouverneur militaire de Riga, gouverneur général de la Livonie, de l'Esthonie et de la Courlande, en leur accordant, pendant toute la durée de l'état de siége, les pérogatives dont jouissent les commandants des corps détachés, conformément aux règles prescrites par le règlement du 5 décembre 1846.

MISE EN ÉTAT DE SIÉGE *du gouvernement d'Archangel.*

Par un ukase du 21 février (5 mars), Sa Majesté a daigné ordonner ce qui suit :

Nous jugeons nécessaire, dans les circonstances actuelles, de déclarer le gouvernement d'Archangel en état de siége, en le soumettant au vice-amiral Buël, gouverneur militaire d'Archangel, en lui accordant la jouissance des pérogatives accordées aux commandants des corps détachés, en suivant les règles prescrites par les règlements promulgués, à cet égard, le 5 décembre 1846.

MISE EN ÉTAT DE SIÉGE *du royaume de Pologne et des gouvernements de Courlande, de Kovno, Vilna, Grodno, Volhynie et de Podolie.*

Par un ukase du 21 février (5 mars) 1854, Sa Majesté a daigné ordonner ce qui suit :

Dans les circonstances actuelles, nous jugeons nécessaire de déclarer en état de siége le royaume de Pologne et les gouvernements de Courlande, Kovno, Vilna, Grodno, Volhynie et Podolie, en soumettant le royaume de Pologne et les gouvernements mentionnés, ainsi que le gouvernement de Bessarabie et la partie de celui de Cherson située sur la rive droite du Boug, qui ont été déjà déclarés en état de siége par notre ukase du 19 novembre 1853, au général feld-maréchal prince de Varsovie, comte Paskevitch d'Erivan, commandant en chef de l'armée active, en lui accordant les pérogatives désignées pendant l'état de siége, dans notre ukase du 5 décembre 1846.

En même temps nous ordonnons :

1° Que le gouvernement de Podolie, la partie du gouvernement de Cherson, située sur la rive droite du Boug et la province de Bessarabie, se trouvent en même temps sous les ordres du général aide de camp prince Gortchakof, commandant des troupes des 3ᵉ 4ᵉ et 5ᵉ corps d'infanterie, en lui donnant la jouissance des pérogatives accordées aux commandants de corps détachés, par l'ukase du 5 décembre 1846 ;

2° Que le royaume de Pologne et les gouvernements de Courlande, Kovno, Vilna, Grodno, pendant l'absence du feld-maréchal, soient soumis au général aide de camp comte Rudiger, commandant du corps des grenadiers et des 1ᵉʳ et 2ᵉ corps d'infanterie ;

3° Qu'en outre le commandant des troupes disposées en Courlande jouisse, pendant toute la durée de l'état de siége dans ce gouvernement, des pérogatives accordées aux commandants des corps détachés, sous les ordres immédiats du feld-maréchal, et, en son absence, du royaume de Pologne, sous les ordres du comte Rudiger ;

4° Que le général aide de camp baron Osten-Sacken 1ᵉʳ conserve en Bessarabie et dans la partie du gouvernement de Cherson, située sur la rive droite du Boug, les pérogatives accordées aux commandants des corps détachés dont il a été investi par notre ukase du 19 novembre 1853, et soit mis sous les ordres immédiats du command.nt des 3e, 4e et 5e corps d'infanterie.

UKASE relatif aux finances.

Par la grâce de Dieu, Nicolas, Empereur de toutes les Russies, Roi de Pologne, etc., etc ;

Prenant en considération les besoins de notre trésor dans le royaume de Pologne, et voulant aviser aux moyens d'y satisfaire, nous ordonnons, sur la proposition du gouverneur et conformément à l'art. 2 de l'ukase du 9 mars, ce qui suit :

Art. 1er. On mettra en circulation la seconde série des bons du Trésor à 100 roubles d'argent, portant intérêt, pour la somme de 5 millions de roubles argent.

Art. 2. L'émission aura lieu en cas de nécessité, et le conseil d'administration déterminera le jour de l'émission, sur la proposition de la commission du Trésor.

Tsarkoe-Sélo, le 14 mars 1854.

Signé : NICOLAS.

La commission du trésor a fixé le 19 avril pour l'exécution. Ces billets du Trésor portent 4 pour 100 d'intérêts.

LETTRE adressée par S. M. l'empereur Nicolas à l'archevêque schismatique de Cherson et de Crimée, le 7 juillet.

Très-vénérable archevêque Innocent,

Dans ce jour aussi plein de dangers que glorieux pour la ville d'Odessa, jour où les alliés de l'ennemi du Christ qui avaient osé profaner la sainteté du samedi saint ont été repoussés par nos troupes avec l'aide toute-puissante de Dieu ; vous, très-vénérable pasteur, vous avez, avec une âme forte, continué à remplir vos devoirs sacrés sous le feu des canons ennemis, et, édifiant votre troupeau par des paroles de foi et de confiance, vous avez, tant personnellement que par l'entremise du clergé placé sous vos ordres, contribué à encourager les habitants et à maintenir l'ordre et la tranquillité dans la ville. Aussi les prières ferventes adressées au Dieu des armées ont-elles été couronnées par le succès de nos armes. Comme témoignage de notre bienveillance impériale toute particulière, nous avons jugé à propos de vous envoyer ci-joint une croix en diamants que vous porterez sur votre mitre.

En me recommandant à vos prières, je suis votre affectionné.

Signé : NICOLAS.

MANIFESTE et UKASE relatifs à une levée de recrues.

Manifeste impérial.

Nous, Nicolas Ier, etc.,

Reconnaissant nécessaire, dans les circonstances actuelles, de maintenir au complet les troupes de nos armées et de nos flottes, ordonnons :

1° D'effectuer la douzième levée de recrues dans les gouvernements du rayon oriental de l'empire, de dix hommes sur mille âmes ;

2° De commencer cette levée le 27 février, et de la terminer le 27 mars prochain ;

3° Les israélites devront livrer dix recrues sur mille âmes.

Donné à Gatschine, le 13 décembre 1854, de notre règne la trentième année.

Signé : NICOLAS.

Ukase au Sénat dirigeant.

Ayant, par notre Manifeste de ce jour, ordonné la douzième levée de recrues dans le gouvernement du rayon oriental de l'empire, ordonnons :

1° La levée commencera le 27 février, et sera terminée le 27 mars prochain ;

2° Pour l'équipement desdites recrues, il sera exigé des propriétaires 10 roubles 20 copecks (40 fr. 80 c.) pour chaque recrue.

Donné à Gatschine, le 13 décembre.

Signé : NICOLAS.

TURQUIE.

HATTI-SHÉRIF *impérial concernant les reformes.*

Mon digne vizir,

Il est à la connaissance de chacun que la prospérité de notre empire, le bien-être et le bonheur de nos sujets ont toujours été le but de nos vœux les plus ardents, et que c'est pour réaliser ces divers objets qu'a été conçu et promulgué le Tanximat-Haïrié.

Il est bien vrai que les principes de la réforme se sont consolidés ; mais les règlements qui en sont la conséquence se trouvent encore affectés d'incertitude ; il en résulte donc dans toutes les branches du système administratif des défectuosités et des lacunes, et tels sont les principaux obstacles qui empêchent d'atteindre le véritable but. Aussi est-il devenu nécessaire et indispensable de consacrer notre attention la plus sérieuse au moyen de remédier à un tel état de doute et de confusion.

Il faut dire néanmoins que la principale cause de la non-réalisation de toutes les améliorations publiques n'est autre chose que la corruption ; et l'expérience démontre que, malgré les plus grands efforts, aucun règlement utile ne pourra s'appliquer tant qu'un aussi grand mal subsistera. Il est donc urgent d'aviser, par la mise en vigueur d'une loi nouvelle qui ne soit susceptible ni d'exception ni de fausse interprétation, au moyen d'empêcher la continuation d'un état de choses aussi blâmable.

L'application pleine et entière des dispositions des lois par les tribunaux,

La force du gouvernement dans le pays,

Le progrès du bien-être et de la prospérité publique,

La justice dans toutes les affaires,

L'ordre dans les finances,

L'amélioration du sort de toutes les classes de nos sujets ;

Telles sont les importantes questions qui devront être successivement discutées et résolues.

Comme ces divers objets sont tous de la plus haute importance, et que toute décision à l'égard de chacun d'eux exige de mûres réflexions et un minutieux examen, un nouveau conseil composé de cinq ou six membres intègres et experts, devra être constitué pour les discuter et les régler.

Tels sont les points sur lesquels se concentrent nos désirs. La religion, le zèle pour le bien général et le patriotisme exigent que chacun travaille avec ardeur à la solution de questions si utiles à la chose publique.

Il sera donc nécessaire que les ministres et les fonctionnaires, oubliant leur avantage particulier, consacrent tous leurs efforts aux intérêts généraux, intérêts dans lesquels chacun a naturellement sa part.

Qu'il soit donc ainsi sincèrement et fidèlement travaillé, avec toute l'attention et tout le zèle possible, à l'organisation des règlements nécessaires.

Que le Très-Haut récompense dans ce monde comme dans l'autre ceux qui marcheront avec zèle et probité dans la voie que nous traçons, et qu'il punisse ceux qui oseront s'en écarter.

Qu'il en soit ainsi !

———————

FIRMAN *adressé par S. M. I. le Sultan à Mehemed-Pacha, gouverneur général de Salonique et dépendances.*

Mû par les sentiments d'amour que Dieu m'a inspirés pour mes peuples, je ne cesse de porter mes pensées équitables, comme chacun le sait et comme cela a été si souvent prouvé par les firmans que j'ai rendus et fait publier, sur les moyens d'assurer le repos et la prospérité de mon empire.

C'est dans le noble but d'obtenir un résultat aussi précieux qu'ont été établis le tanzimat et tant de lois et de règlements qui s'y rattachent et qui produisent déjà les effets les plus salutaires.

Comme je tiens beaucoup également à ce que les affaires qui sont du ressort des tribunaux soient convenablement réglées partout, afin que mes sujets n'éprouvent non plus, sous ce rapport, aucune espèce de préjudice ou de trouble, un tribunal de commerce et un tribunal de police ont été institués d'abord à Constantinople, et, plus tard, dans quelques pays considérables de mon empire. Cette création ayant produit des avantages de toute sorte, tant pour mes sujets que pour les étrangers, la question de la formation de tribunaux semblables dans les autres parties de mes États, où il serait convenable d'en établir, a été l'objet de mûres délibérations dans une commission spéciale instituée auprès de mon grand conseil de justice, et le rapport présenté par elle sur ce sujet a été lu et examiné par mon conseil privé des ministres.

Considérant que les attributions de ces tribunaux consistent seulement à juger ceux de mes sujets qui se rendent coupables de délits ou de crimes envers des sujets étrangers, ainsi que les sujets étrangers prévenus de vol, d'assassinat ou d'autres crimes ou délits envers des sujets ottomans ; que le véritable but de la formation de ces tribunaux est d'arriver, au moyen d'investigations et de vérifications sérieuses de toute sorte, à mettre en évidence la culpabilité ou l'innocence des personnes soupçonnées ou prévenues, et que le résultat de ces investigations serait de pouvoir punir, suivant la justice et les lois, les individus accusés avec raison, et, par cela même, d'ôter aux coupables les moyens de se soustraire aux peines de la loi, les membres du conseil ont pensé qu'il serait convenable d'adopter les dispositions suivantes :

Il serait établi pour le moment, sur quelques points principaux et considérables de l'empire, outre ceux où il en existe déjà, un conseil, dit conseil de vérification, spécialement chargé d'examiner, comme cela se fait aux conseils du *sablié* et de la police de Constantinople, les procès qui s'élèvent pour des crimes et délits entre les sujets de ma Sublime-Porte, musulmans, chrétiens, et de toute autre catégorie, ou entre des sujets de ma Sublime-Porte et des étrangers.

Comme le but de cette institution est de mettre en évidence la culpabilité des uns et de protéger les autres lorsqu'ils sont innocents, les gouverneurs et toutes autres autorités locales devraient s'attacher, avec le plus grand soin, à agir suivant le règlement adopté, et à ne rien faire qui soit en opposition avec les principes en vigueur.

On s'efforcerait sans cesse de perfectionner peu à peu et d'appliquer convenablement les règlements établis.

Les membres de ces conseils devraient être, comme cela est dit dans un article du règlement, des hommes capables et connus pour leurs sentiments de justice et leur intégrité ; ils seraient pris parmi les membres du grand conseil local et parmi d'autres personnes connues avantageusement. On donnerait aussi à ces conseils un ou deux greffiers, suivant les nécessités locales, et, après les avoir ainsi constitués sur les lieux, on informerait la Sublime-Porte de tout ce qui aurait été fait.

Ces dispositions ayant été soumises à ma sanction impériale, j'ai ordonné qu'elles fussent exécutées de la manière énoncée ci-dessus, et une copie certifiée et scellée du règlement précité vous est envoyée ci-jointe à cet effet. En apprenant donc ce qui a été décidé, vous procéderez avec l'intelligence et la sagacité qui vous distinguent, et comme il est dit plus haut, à la désignation des membres du conseil et à sa constitution, et vous informerez ensuite la Sublime-Porte. Vous devrez vous attacher et donner tous vos soins à ce que les affaires soient examinées et réglées avec justice et impartialité, conformément aux dispositions du règlement adopté, à ce que les délits et crimes commis soient mis en évidence et que l'on ne moleste pas les innocents, et vous veillerez à ce qu'il ne se fasse rien de contraire aux principes établis.

Sachez-le ainsi, etc.

Écrit dans les derniers jours de Djemma-ul-evvel 1270 (derniers jours de février 1854).

HAT-HUMAYOUN et FIRMAN *adressés par S. M. I. le Sultan, au généralissime de l'armée du Danube dans les derniers jours de décembre.*

HAT-HUMAYOUN.

Mon généralissime et zélé muchir, Omer-Pacha,

Ainsi que vous le verrez par un firman impérial ci-joint, de même que les efforts louables que vous avez faits jusqu'ici, méritant les plus grands éloges et l'approbation générale, ont augmenté ma faveur envers vous; de même la conduite fidèle et courageuse des généraux, officiers et soldats de mes armées impériales placées sous vos ordres, conduite qui est un signe du zèle, de la fidélité et de la valeur qui sont innés chez eux, nous a procuré une satisfaction sans bornes, et a reçu notre agrément.

Faites, cette fois-ci encore, tous vos efforts en Crimée, ainsi que le requièrent votre zèle et votre fidélité, et en mettant toute votre confiance en la miséricorde et en l'aide du Seigneur Dieu de l'univers, pour rendre de grands services, pour fortifier doublement notre faveur envers vous, par des soins infinis à vous conduire amicalement avec les généraux, officiers et soldats des deux hautes puissances mes alliées dans la question où le bon droit de mon empire est reconnu de tous, et pour donner de nouvelles preuves de votre valeur innée, de votre attention constante à l'exécution, en tout état de chose, des lois fondamentales militaires, et de vos sentiments sincères envers nous.

FIRMAN.

Au souvenir de mon armée impériale de Roumélie, mon généralissime Omer-Pacha, etc., etc.

Dès que mon haut chiffre impérial te sera parvenu, sache que défendre la puissance et l'indépendance de mon empire, de mes sujets fidèles, et maintenir leur prospérité et leur tranquillité, sont pour moi et pour toute personne sage et intelligente qui aime fidèlement son gouvernement, la chose principale et la plus respectable.

Et de même que les soins louables que, depuis le commencement de la guerre, d'heureuse issue, entreprise dans cette bonne intention, tu as donnés, par l'intelligence dont tu es doué, à la haute administration de l'armée dont tu es chargé, ayant mérité mes éloges et mon approbation, ont accru ma faveur impériale envers toi; de même mes victorieuses troupes impériales qui sont sous tes ordres ayant montré au monde entier une conduite fidèle et toute d'abnégation, qui est le fait du zèle, de la fidélité et de la valeur innés chez elles, et prouvé encore une fois, en face des

amis et des ennemis, qu'ils sont les valeureux descendants de ces braves qui, au temps de nos glorieux ancêtres et à leur service, ont versé leur sang et sacrifié leur vie pour fortifier les bases de l'empire et faire prospérer le pays; prouvé également que la confiance que nous plaçons en eux, sous le rapport des fatigues et des peines de tout genre qu'ils supporteront avec orgueil pour défendre l'indépendance et la gloire de notre empire et de notre patrie, est basée sur la vérité des faits existants; et comme ils ont complètement conquis de nouveau au pays la haute gloire militaire, cette conduite a obtenu notre extrême satisfaction, notre agrément et nos éloges.

Il est constant que dans vos prières nous nous souvenons toujours de la personne intelligente, aussi bien que de tous les généraux, officiers et soldats, grands et petits, de notre armée impériale; que nous ne cessons un seul instant de nous occuper nous-mêmes, en personne, avec bienveillance, de ce qui peut soulager les peines et accroître la félicité et le bien-être de tous; et qu'enfin, partout où mon armée impériale se trouve et partout où elle est envoyée, ma faveur et ma haute attention pour son bien-être seront avec elle.

Voici que maintenant le service de mon empire requiert indispensablement qu'une portion suffisante des troupes de mon armée impériale de Roumélie, se rendant avec toi en Crimée, rejoigne mes troupes victorieuses qui s'y sont rendues précédemment, et les armées des deux hautes puissances alliées sincères et intimes de mon empire, pour combattre l'ennemi.

J'ai les yeux fixés sur vous. Mettez votre confiance en l'aide et en la miséricorde du Seigneur Dieu de l'univers, et ajoutez à vos précédents glorieux en servant dignement la cause de l'honneur de l'empire et de la nation! Mettez un soin infini à vous conduire amicalement et d'accord avec les généraux, les officiers et les soldats des deux hautes puissances susdites, mes alliées, dans la cause où le bon droit de mon empire est reconnu du monde entier. Fortifiez ainsi doublement ma faveur impériale envers vous; donnez de nouvelles preuves de votre valeur innée, de votre respect bien reconnu pour les lois fondamentales militaires, et de votre sincère dévouement à ma majestueuse personne impériale.

C'est pour vous ordonner ce qui précède et pour honorer toi et mes troupes impériales placées sous tes ordres, que mon présent firman tout-puissant a été donné exprès de mon Divan impérial, et orné en tête de mon hat-humayoun gracieux.

Pour vous faire parvenir et déclarer verbalement aussi ma vive satisfaction et ma haute volonté impériale, un des hauts fonctionnaires de mon empire, Mahmoud-Bey, mustéchar du ministère des affaires étrangères (précèdent et suivent les compliments et titres d'usage), a été envoyé vers vous.

À son arrivée, hâte-toi de proclamer et faire entendre ma haute volonté et ma vive satisfaction impériale à tous les généraux, officiers et soldats qui sont sous tes ordres, et fais attention jour et nuit, comme par le passé, à leur bien-être sous tous les rapports.

Sache-le ainsi, crois à mon noble signe.

Donné dans la première décade du mois de rébiul-akkir 1271.

HATTI-SHERIF du sultan Abd-ul-Medjid-Khan.

Mon vizir, gouverneur actuel d'Egypte, Mohamed-Saed-Pacha (suivent les titres), lorsque tu recevras mon décret impérial, sache qu'il a été unanimement décidé que, déduction faite de la somme attribuée au Hedjas, le reste du tribut d'Egypte, montant à 60,000 bourses, qui, au change de 22 piastres et demie par dollar, font 1,333,333 dollars à colonne et un tiers, et devant à l'avenir être calculé à ce taux, sera déposé à la banque d'Angleterre ou à la banque de France tous les semestres, de la manière suivante : moitié de ladite somme, ou 30,000 bourses, sera déposée à la banque d'Angleterre ou à celle de France le 10 avril, nouveau style ; l'autre moitié, montant également à 30,000 bourses, sera déposée auxdites banques le 10 octobre,

nouveau style, de l'année 1855, et ainsi de suite chaque année jusqu'à complète liquidation, comme garantie spéciale de l'intérêt et du capital de la somme empruntée en vertu du contrat daté du 21 août 1854, et sous les conditions y énoncées du baron Goldsmid et de M. John Horsley-Palmer, par l'intermédiaire des honorables négociants Black et Durand, conformément à mon décret impérial.

La répartition de cette somme entre les deux banques sera fixée sur les lieux par les gouvernements alliés et mes ambassadeurs à Londres et à Paris, et on aura soin de faire et continuer les paiements de la même manière, jusqu'à remboursement de ladite somme en intérêt et capital.

Mes ordres impériaux ont donc été publiés pour que les choses soient exécutées de la manière susdite ; et comme ce firman impérial est déposé à la banque d'Angleterre, cet ordre impérial est expédié de ma chancellerie impériale pour l'autoriser à payer lesdites sommes en temps convenable, et il a été envoyé à qui de droit, pour être déposé à ladite banque.

Lorsque tu en seras informé, tu feras, avec le jugement et l'intelligence qui te caractérisent, et de la manière susdite, en temps convenable, le paiement des 60,000 bourses dudit tribut aux banques sus-nommées à Londres et à Paris, conformément à l'ordre ci-dessus. Sache-le donc, et ajoute foi entière à ma signature impériale.

Fait dans la première décade du mois de safer 1271 (troisième décade d'octobre 1854).

Écrit à Constantinople la bien gardée.

Traduit fidèlement à Londres, le 21 novembre 1854.

Signé : J.-W. REDHOUSE.

PRINCIPAUTÉS DANUBIENNES.

VALACHIE.

MESSAGE *adressé par le commissaire ottoman, Derwisch-Pacha, aux membres du conseil administratif de Valachie, à l'occasion du remplacement de M. Argyropoulo, dans ses fonctions de ministre de la justice, par M. Jean Cantacuzène.*

Messieurs,

L'occupation des Russes, en amenant sus les fléaux d'une guerre inique, a renversé arbitrairement l'ordre de choses établi en Valachie, et depuis lors le pays se trouve privé de son administration légale.

Aujourd'hui une telle situation ne pourrait être tolérée sans méconnaître les intentions bienveillantes et les sentiments de paternelle sollicitude de notre gracieux souverain, qui a daigné nous charger spécialement de veiller avant tout au maintien de l'ordre et de la tranquillité publics.

En attendant donc les dispositions ultérieures de S. M. I. pour ce qui concerne le rétablissement d'une administration définitive, suivant les privilèges et immunités du pays, j'ai cru urgent et indispensable de nommer, en commun accord avec S. A. le généralissime de l'armée impériale ottomane, un conseil administratif provisoire composé de vous, Messieurs, ainsi qu'il suit :

Le grand vornik Constantin Cantacuzène, président du conseil et ministre l'intérieur;

Le bano Constantin Cheresco, chef de la milice;

Le grand vornik Jean Philippesco, ministre des finances;

Le logothète Jean Slatineano, ministre du culte;

Le logothète Otételecheano, contrôleur;

Le logothète Jean Philippesco, secrétaire d'État;

Le cloutchar Jean Cantacuzène, ministre de la justice par intérim.

Vous apprécierez, Messieurs, toute importance des devoirs qui vous sont ainsi confiés.

Appelés à gérer provisoirement les affaires administratives de la Principauté, en vous conformant aux lois qui la régissent, vous aurez à unir tous vos efforts, à redoubler de zèle et d'activité pour que rien, dans vos mesures, ne puisse franchir la ligne de justice et d'équité tracée par l'esprit et la lettre des règlements organiques.

Animés des sentiments de dévouement au gouvernement de S. M. I. et d'une affection bien sincère et légitime à votre pays, vous devez veiller à ce qu'une impartialité entière préside sans cesse à tous vos travaux.

En remplissant ainsi votre mission, vous acquerrez, Messieurs, des droits à la reconnaissance du pays. Vous justifierez pleinement toute la confiance que vous méritez, et vous nous confirmerez dans la conviction d'avoir concouru avec S. A. le généralissime de l'armée impériale ottomane à une mesure salutaire au pays, qui, jusqu'à un nouvel ordre de la Sublime-Porte, ne fera point sentir la nécessité d'aucune modification.

En terminant, Messieurs, la communication que j'ai l'honneur de vous faire, je crois devoir vous inviter spécialement à obéir avec empressement et exactitude à tous les ordres que vous seriez dans le cas de recevoir de la part de S. A. le généralissime de l'armée impériale ottomane.

Veuillez, Messieurs, recevoir les nouvelles assurances de ma haute considération.

Le commissaire impérial ottoman,

Signé : DERVISCH.

Bucharest, le 31 août 1854.

———

NOTE *adressée par le lieutenant feld-maréchal comte Coronini, à l'administration provisoire de la principauté de Valachie.*

S. M. l'Empereur d'Autriche s'est engagée, dans un contrat conclu le 14 juin de cette année avec S. M. le Sultan, à rétablir, de concert avec le gouvernement ottoman, dans la Moldavie et dans la Valachie, l'état légal tel qu'il résulte des privilèges qui ont été

accordés par la Sublime-Porte relativement à l'administration de ce pays.

Pour atteindre ce but, la cour d'Autriche, aussi bien que la Porte, ont jugé
nécessaire de rappeler les princes légitimes des pays précités et de remettre
de nouveau entre leurs mains la direction de l'administration.

Conformément aux ordres des deux
hauts gouvernements contractants, le
soussigné, après s'être entendu avec le
général de division Dervisch-Pacha,
commissaire de S. M. le Sultan, a
adressé en commun, avec ce dernier,
une invitation à S. A. le prince Stirbey,
pour l'engager à quitter Vienne et à
revenir occuper son poste à Bucharest.

Le soussigné, en portant cela à la
connaissance du conseil provisoire d'administration, saisit cette occasion pour
l'assurer de sa haute considération.

Bucharest, le 13 septembre 1854.

*Le lieutenant feld-maréchal et
général en chef des troupes
autrichiennes dans la Moldavie et dans la Valachie,*

Signé : CORONINI.

———

PROCLAMATION *du prince Stirbey, à
sa rentrée en Valachie.*

Nous, Barbou D. Stirbey, par la
grâce de Dieu, prince régnant de Valachie,

A tous les habitants de la principauté
de Valachie.

Par notre office du 26 octobre 1853,
nous avons fait connaître au public que
les circonstances du moment nous imposaient le devoir de quitter temporairement la Principauté.

Nos compatriotes seuls comprennent
toute l'étendue du sentiment douloureux
que nous dûmes éprouver en nous séparant d'eux, forcé d'interrompre l'œuvre
réparatrice à laquelle nous consacrions
nos veilles et tandis que le pays se
trouvait dans les circonstances les plus
graves.

Actuellement, par l'assistance divine
et par ordre de la Sublime-Porte, nous
sommes retourné à notre siège princier,
et avons repris les rênes du gouvernement.

Le rétablissement du gouvernement
légal du pays est une nouvelle preuve
de la paternelle sollicitude de S. M. I.
le Sultan.

Notre auguste suzerain, pour garantir
encore plus efficacement la sécurité de
ce pays, a bien voulu s'entendre à cet
effet, par une convention spéciale, avec
son haut allié, ami et voisin, S. M.
l'Empereur d'Autriche, qui s'est engagé
à envoyer dans la Principauté le nombre
de troupes nécessaires. Elles y ont été
accueillies comme amies et alliées de la
Sublime-Porte. Leur présence avec celle
des victorieuses troupes ottomanes est
un nouveau gage de paix et de sécurité
pour le pays.

Valaques, compatriotes bien-aimés !
nous nous connaissons depuis longtemps;
vous savez avec quelle sollicitude nous
parcourions tout le pays, étudiant vos
vœux et vos besoins, et nous attachant à
les satisfaire par tous les moyens possibles; vous savez quels temps difficiles
nous avons traversés, surtout dans les
deux premières années de notre administration, 1849 et 1850; vous savez
nous vous avons toujours porté des sentiments de père ! Vous n'avez pas oublié
le calme et la prospérité dont le pays
jouissait dans les dernières années.

C'est toujours comme un père que
nous revenons parmi vous; nous res-
sentons profondément toutes vos souffrances, nous sommes pénétré de l'étendue et des difficultés de notre tâche.

Soyez certains que nous vouerons tous
nos efforts les plus persévérants au rétablissement du bon ordre et du bien-
être général. Nous n'épargnerons ni
peines ni sacrifices, soyez-en bien convaincus, pour réaliser les hautes et bienfaisantes intentions de notre auguste
suzerain.

A cet effet, nos bras seront ouverts à
tous ceux sans exception qui viendront
nous apporter un concours zélé et sincère.

Plus notre mission est difficile en raison des circonstances actuelles et de la
profondeur des plaies du pays, plus nous
apprécierons le dévouement et le mérite
de chacun, comme d'autre part nous
exercerons une vigilance infatigable pour
réprimer tout désordre et redresser le
moindre écart.

C'est ainsi que nos efforts communs

obtiendront la bénédiction divine, et qu'un heureux avenir s'ouvrira pour notre pays.

Signé : BARBOU D. STIRBEY.

Le ministre des finances,

Signé : J. PHILIPPESCO.

Le 5 octobre 1854.

———

TRADUCTION *d'un office de S. A. S. le prince régnant, adressé au département de l'intérieur, en date du 5 octobre 1854.*

Les marques de contentement et de sympathie avec lesquelles nous a accueilli la population à l'occasion de notre retour dans la capitale, témoignent de sa confiance dans la sollicitude dont elle nous sait animé pour le bien public. Nous y voyons un encouragement et un motif pour redoubler de zèle dans tout ce qui intéresse le bien général, et nous nous empressons d'exprimer en public notre complète satisfaction et notre vive reconnaissance.

Le département de l'intérieur est chargé d'exprimer ces sentiments aux habitants de la capitale.

Signé : B. D. STIRBEY.

Contre-signé : Le secrétaire d'État,

J.-A. PHILIPPESCO.

———

GRÈCE.

Le comte de Clarendon à M. Wyse.

Foreign-Office, 16 fév. 1854.

Monsieur, M. Tricoupi est venu me voir hier pour me faire part des derniers rapports qu'il a reçus sur le mouvement insurrectionnel d'Arta et de ses environs. Il m'a lu quelques extraits des dépêches de M. Païcos, dans lesquels il était reconnu qu'un lieutenant et quelques soldats de la frontière avaient déserté l'armée grecque pour aller se joindre aux insurgés; mais M. Tricoupi m'a assuré que son gouvernement faisait des efforts incessants pour calmer l'agitation ; qu'il comprenait bien qu'il n'avait rien à gagner à encourager la désaffection pour la Porte;

tandis qu'une neutralité absolue pourrait lui valoir la faveur des grandes puissances.

J'ai dit à M. Tricoupi que si son gouvernement ne provoquait pas directement l'insurrection, il ne faisait rien contre elle et ne déclarait pas même que le Roi et son gouvernement la regardaient avec défaveur ; que le journal, organe de la Russie, appelait la population aux armes, annonçait la chute prochaine de l'empire ottoman et le triomphe des Russes sans que les organes du gouvernement le désapprouvassent. Il ne manque pas d'ailleurs, ai-je ajouté, de signes qui justifient l'opinion générale en Grèce que le gouvernement est favorable à l'insurrection, et j'ai prévenu M. Tricoupi que son gouvernement avait à opter maintenant entre la bienveillance des gouvernements d'Angleterre et de France et le blocus d'Athènes, parce que les deux gouvernements s'étant engagés à défendre l'empire ottoman contre l'agression russe, ne supporteraient pas que les sujets grecs du Sultan fussent excités à la révolte par des actes approuvés par le gouvernement grec.

M. Tricoupi sembla fort alarmé de l'idée d'un blocus qui, dit-il, serait fatal au commerce et à la marine marchande de la Grèce et qui serait injuste, a-t-il ajouté, parce que le gouvernement grec s'était rendu impopulaire en se pliant aux vues du gouvernement de S. M., contrairement à l'opinion qui est très-hostile aux Turcs. J'ai répondu que je connaissais l'impopularité du gouvernement, mais qu'elle n'avait pas la cause indiquée par M. Tricoupi, et que si le gouvernement grec voulait éviter un blocus, il devait sans perdre de temps changer de conduite relativement à la grande question en ce moment pendante.

J'ai prié M. Tricoupi de rapporter ce que j'avais dit à M. Païcos ; il me l'a promis. Vous informerez M. Païcos que le gouvernement de la Reine et celui de l'Empereur des Français sont entièrement du même avis sur la marche imprudente que suit le gouvernement grec, et qu'ils concertent ensemble les mesures que cette conduite paraît actuellement devoir rendre nécessaires.

Signé : CLARENDON.

Documents relatifs à l'occupation française.

Armée d'Orient, 4ᵉ division.

ORDRE DU JOUR.

La division est informée que le but de sa mission au Pirée ayant été rempli par le retour du gouvernement grec à des sentiments plus dignes de lui-même envers la France et l'Angleterre, dont il semblait vouloir payer les bienfaits par une coupable ingratitude, elle va continuer sa route pour Gallipoli, après avoir débarqué les troupes nécessaires pour occuper le Pirée, selon les intentions de l'Empereur, et qui resteront à la disposition du ministre plénipotentiaire de France.

Je regrette de me séparer d'une partie des troupes de ma division ; mais c'est une nécessité, et j'emporte au moins comme consolation la certitude que le corps d'occupation continuera dans ce pays les souvenirs qu'y a laissés l'armée française dans la campagne qui a donné à la Grèce la liberté et qui l'a placée au rang des nations de l'Europe.

Soldats du corps d'occupation, recevez nos adieux ; maintenez ici tout le prestige du drapeau français quoi qu'il arrive, et s'il ne vous est pas donné de prendre part à la campagne qui se prépare en Turquie, votre rôle n'en sera pas moins utile à la France.

Conservez surtout une exacte discipline qui vous fera aimer et estimer des populations, comme votre valeur vous en ferait craindre s'il était jamais nécessaire de la déployer.

Au Pirée, le 28 mai 1854.

Le général commandant la 4ᵉ division de l'armée d'Orient,

Signé : FOREY.

Le chef d'état-major,

Signé : LOVERDO.

ORDRE DU JOUR.

Officiers, sous-officiers et soldats,

Appelé par la confiance de Sa Majesté au commandement supérieur du corps expéditionnaire en Grèce, je ne vous renouvellerai aucune des recommandations qui vous ont été faites par M. le général Forey avant son départ. Je me bornerai à vous dire que partout où se présentent des troupes françaises, le désordre doit disparaître. C'est la volonté de l'Empereur, et je le ferai respecter.

Le contre-amiral commandant en chef du corps expéditionnaire,

Signé B. DE TIRAN.

Au Pirée, le 29 mai 1854.

PROCLAMATION aux *Hellènes*.

Hellènes,

Appelés par la confiance de sa majesté le Roi à former une administration, nous sommes vivement pénétrés de la situation critique de notre pays. Des milliers de citoyens ont été privés de leur industrie et de leur commerce ; la navigation est condamnée à l'inaction ; de grands dangers menacent la nation, exposée récemment à encourir le mécontentement des deux grandes puissances maritimes qui ont prodigué tant de bienfaits à notre pays.

Sa majesté le Roi, appréciant dans sa sagesse les dangers de la situation, a promis aux deux puissances une stricte neutralité ; car c'est par cette neutralité, au milieu des événements qui agitent l'Orient, que les dangers peuvent être éloignés, et les avantages perdus, reconquis.

Nous respectons autant que tout autre les nobles sympathies pour le sort de nos frères, auxquels les puissances protectrices ont toujours témoigné une vive sollicitude. L'avenir de la nation grecque repose entre les mains de la divine Providence. Mais c'est par l'application sincère de nos institutions constitutionnelles, par le développement de notre commerce et de notre industrie, et surtout par la bonne foi et la loyauté dans nos rapports internationaux, que nous pouvons mériter la place qui nous est réservée dans le monde.

Ces sentiments sont aussi ceux de notre digne président, dont la présence impatiemment attendue, va leur donner une plus grande force et un plus grand développement.

Nous sommes convaincus que nos concitoyens, appréciant ces vues, inspirés par un patriotisme aussi pur qu'éclairé et discernant ce qui est possible de ce qui ne l'est pas, nous prêteront, par tous les moyens, leur concours si nécessaire pour rétablir le calme qui doit assurer le bien-être public.

Athènes, le 28 mai 1854.

Le président du conseil des ministres par intérim,

Signé : C. CANARIS.

Les ministres,

Signé : R. PALAMIDIS, D. KALERGI, G. PSYLLA, P. ARGYROPOULO, P. CALLEGA.

___

DÉCRET.

Othon, etc.

Considérant qu'à la suite des événements qui ont eu lieu dernièrement dans les provinces frontières de l'empire ottoman, quelques-uns des employés militaires de notre royaume se sont rendus sur le théâtre de l'insurrection, et voulant les affranchir de toutes conséquences fâcheuses, sur la proposition de notre conseil des ministres, nous avons ordonné et ordonnons ce qui suit :

1° Nous accordons une amnistie pleine et entière aux militaires qui ont dépassé le temps de leur congé, ou qui ont arbitrairement quitté leur poste afin d'aller prendre part aux événements qui se sont passés dans les provinces frontières mentionnées plus haut, ainsi qu'aux militaires qui ont reçu leur démission sur leur demande motivée sur l'intention qu'ils avaient d'aller également combattre les insurgés, à condition que dans le délai d'un mois à dater du jour de la publication de cette ordonnance dans le journal du gouvernement, ils se présentent devant l'autorité militaire de notre royaume.

2° Les personnes appartenant à cette dernière catégorie recouvreront en même temps leur grade.

Nos ministres contre-signeront et exécuteront la présente ordonnance, chacun en ce qui le concerne.

Athènes, 30 mai 1854.

Signé : OTHON.

Contre-signé : C. CANARIS, R PALAMIDIS, G. PSYLLA, D. KALERGI, P. ARGYROPOULO, P. CALLEGA.

___

LETTRE *de M. Argyropoulo à M. Forth-Rouen.*

Athènes, le 29 mai 1854.

Monsieur le baron,

Sa majesté le Roi, dans la composition de son nouveau cabinet, a daigné me confier le portefeuille des affaires étrangères de sa maison royale. Je m'empresse, monsieur le baron, de vous faire part de mon installation dans ce département, et de réclamer de votre part cette confiance et cette franchise que je mettrai toujours dans mes relations avec vous et qui facilitent les bons rapports que je m'appliquerai à entretenir avec le gouvernement que vous représentez auprès de sa majesté le Roi.

Agréez, etc.

Signé : ARGYROPOULO.

___

CIRCULAIRE *du ministre de l'intérieur aux préfets du royaume.*

Messieurs, dans le programme du conseil des ministres tenu hier, dont vous devez recevoir un certain nombre d'exemplaires, vous remarquerez la déclaration de notre Roi vénéré, et les principes que son gouvernement a cru devoir s'imposer de suivre dans les circonstances fâcheuses où se trouve la patrie.

Ces principes, Messieurs, l'intérêt bien entendu de la patrie nous les a seul dictés lorsque nous avons envisagé tous les malheurs qui nous menaçaient. Aussi faut-il mettre ces principes en application avec la dernière vigueur et la plus grande bonne foi.

Nous engageons donc MM. les no-marques et les éparques (préfets et sous-préfets) à prendre les mesures les plus énergiques pour le rétablissement de l'ordre, de la tranquillité et de la sûreté de leurs arrondissements respectifs. Vous devez empêcher, sous les peines les plus sévères, tout acte contraire aux lois du royaume et surtout tout enrôlement illégal. Veillez donc activement que rien ne vous échappe et ne tolérez aucun acte illégal de la part de vos administrés.

Nous avons la ferme confiance, Messieurs, que, bien convaincus des véritables intérêts de la patrie, pleins de respect pour les lois établies et persuadés de la grave responsabilité qui pèse sur vous, vous emploierez toute votre intelligence et votre énergie à justifier complétement l'attente du gouvernement de Sa Majesté. Vous voudrez par votre zèle contribuer de tout votre pouvoir à guérir complétement les maux dont la gravité des circonstances menace notre patrie.

Si quelques-uns d'entre vous ne croient pas pouvoir servir les principes du gouvernement actuel, ils sont libres de donner leur démission ; mais s'ils gardent les positions qu'ils occupent aujourd'hui, non-seulement ils doivent obéir avec zèle et exactitude aux instructions et aux ordres du gouvernement, mais encore toute négligence ou toute lenteur dans la répression des faits illégaux les exposerait à la sévérité des lois que la gravité des circonstances nous fait un devoir d'appliquer rigoureusement.

Athènes, 29 mai 1854.

Le ministre de l'intérieur,
Signé : RIGA PALAMIDIS.

———————

CIRCULAIRE *adressée aux préfets par M. Mavrocordato, ministre de l'intérieur par intérim, en leur transmettant le discours du Roi à l'ouverture des chambres.*

Par le courrier d'avant-hier, il vous a été expédié plusieurs exemplaires du discours royal d'ouverture des chambres de la deuxième session de la qua-trième législature, pour que vous lui donniez la plus grande publicité possible.

La sollicitude paternelle qui marque chaque mot du discours royal n'a pas échappé à votre attention, et bien certainement vous vous êtes empressés, ainsi qu'il était de votre devoir, de la mettre en relief aux yeux du pays. Cependant je voudrais attirer et fixer votre attention sur les parties du discours qui, se rattachant le plus intimement à l'administration publique, doivent être l'objet de votre constante sollicitude, ainsi que de vos soins les plus assidus. Les vœux exprimés par le Roi sont des devoirs pour son gouvernement, et des lois pour les autorités administratives de l'Etat.

La position dans laquelle le Roi et son gouvernement se sont placés vis-à-vis des puissances bienfaitrices, pour tout ce qui se rattache à leur lutte gigantesque en Orient, vous trace clairement la règle de la politique intérieure qu'il vous est prescrit de suivre. Neutralité, et surtout neutralité sévère, est le devoir et la consigne du pouvoir ; c'est ce qui est, en même temps, le plus d'accord avec le véritable intérêt de la Grèce, et c'est à quoi doivent tendre tous les efforts du pouvoir et la conduite des citoyens.

Le malheur public qui a frappé la capitale et ses environs, et que le Roi mentionne avant toute autre chose, en gémissant, malheur qui a surtout cherché et pris la plupart de ses victimes dans la classe la plus nécessiteuse et dans les quartiers pauvres et malsains, est un fait très-déplorable, mais en même temps digne d'ouvrir les yeux des autorités administratives et communales sur un de leurs plus impérieux devoirs, qu'elles négligent le plus souvent aussi, à savoir : la salubrité publique.

Les lois, les ordonnances et les actes administratifs et réglementaires n'y ont pas fait défaut assurément, et si tout ce qui se rapporte à cette branche si importante du service public était rigoureusement observé, nul doute que cela aurait suffi pour prévenir les développements et arrêter les progrès de l'épidémie. Mais la nonchalance des autorités administratives d'un côté, et, de l'autre, l'incurie des communes, et surtout l'oubli des règles hygiéniques au moyen desquelles on peut rendre salubre un endroit malsain, sont les inévitables causes des fièvres, des épidémies et d'autres maladies encore, qui, chaque année, moissonnent un grand nombre d'habitants. Il n'y a pas un seul département dans tout le royaume qui ne comprenne des villages ou des bourgs, ou même des villes, dont la position topographique ne soit plus ou moins préjudiciable à la santé publique. Si, à ces causes, résultant du mauvais emplacement, on ajoute les foyers morbifiques qui existent, soit à l'intérieur, soit aux alentours des villes, qui corrompent l'air par leurs exhalaisons méphitiques, il ressort évidemment pour tout le monde que, par ces émanations, se multiplient, et les maladies et les morts. C'est donc sur la salubrité des villes et des villages de votre département que j'appelle, avant toute chose, votre attention. C'est une mission qui, remplie par vous honorablement, vous méritera les éloges du gouvernement et la reconnaissance de vos administrés, et surtout les bénédictions de la classe la plus nombreuse, j'entends la classe ouvrière, qui n'a d'autre ressource que celle de ses bras.

La grande question pour la Grèce est sa civilisation, mais ce grand but n'est atteint que par les efforts constants et simultanés du gouvernement central et des autorités locales, et il faut ajouter par le concours patriotique des bons citoyens à diriger l'activité de la nation vers les occupations utiles et le progrès intellectuel, en rendant les citoyens non-seulement plus riches, mais encore meilleurs.

Les écoles qui s'établissent partout, les dons généreux qui nous parviennent de nos concitoyens, disséminés sur toute la terre, la noble émulation qui anime notre studieuse jeunesse, sont des preuves évidentes que la nation sent profondément le besoin de la régénération. Dans le court espace qui nous sépare du jour de l'indépendance, le développement intellectuel de la nation a été sensible et grand. Mais si l'enseignement, soit dans les instituts publics, soit dans les écoles privées, a porté des fruits appréciables, l'étendue des connaissances, nous ne pouvons pas cependant, Monsieur le préfet, nous vanter que l'autre moitié de l'instruction, à savoir : l'éducation religieuse et morale, ait avancé en donnant le même résultat. Et cependant, c'est cette éducation même qui, dans l'esprit véritable du discours de la Couronne, est la base de l'organisation intérieure et de notre honneur national. Sans elle, l'édifice social ne pose que sur le sable, et s'écroule au premier souffle du vent. Efforcez-vous donc, et par vos exhortations et par vos conseils, en formant et en surveillant de bons instituteurs, qui sont réellement l'âme de ces établissements, de faire que les écoles de votre département, soit publiques, soit privées, ne soient pas seulement des dépôts de connaissances, mais encore des sanctuaires de religion et de morale, dans lesquels, tandis que l'intelligence se développe, le cœur puisse se former, aussi bien que l'âme et les mœurs de la jeunesse.

Tout le secret du progrès de la jeunesse consiste en ce que nos enfants deviennent meilleurs que leurs pères ; et jamais notre patrie ne sentit autant le besoin de trouver dans la génération nouvelle des lumières pures, des vertus solides, un zèle ardent pour le bien public, une constante réprobation contre la corruption, enfin une volonté inflexible contre le mal. En marchant dans cette voie, vous vous rendrez plus facile l'accomplissement de vos autres devoirs, et vous préparerez à la Grèce un avenir heureux et peut-être illustre et grand.

Quant au développement des intérêts matériels, tels que l'agriculture, l'industrie, le commerce, le crédit public et privé, dont parle le discours du Roi, je n'en pourrai jamais dire assez. La matière est si inépuisable, les questions si multiples, que je me réserve de faire de tout ce qui s'y rapporte le sujet d'instructions spéciales. Pour le moment, je me bornerai à vous dire que le grand secret consiste en ce peu de mots si simples : *Encourager le travail*, ou en ces deux autres : *Bien administrer*. Encouragez les cultivateurs, les ouvriers, le commerce, la marine, tout ce qui est productif, pour que les travaux puissent être continués avec le même zèle et la même activité.

Stimulez leur émulation pour qu'ils puissent produire plus et mieux. Soyez surtout les protecteurs des classes ouvrières, si intéressantes ; et, avant tout, protégez la plus nombreuse et la plus exposée, la classe adonnée à la culture du sol, contre tous les abus et toutes les avanies, telles que le passage et le logement des troupes, le recrutement et la perception de l'impôt, enfin contre toute vexation, soit qu'elle vienne des particuliers, soit qu'elle ait lieu de la part d'agents administratifs ou communaux. Vous ne devez pas ignorer que les vexations dont sont molestés les paysans ne sont pas seulement iniques, mais qu'elles sont en même temps le fléau le plus destructeur qui puisse accabler les sociétés, car il a pour résultat de détruire la culture du sol, et réduit un grand nombre de bras à la triste alternative ou d'avoir recours à la mendicité ou de se livrer au métier criminel de voleurs et de brigands.

Je passe maintenant au dernier des vœux paternels du Roi qui ont rapport à l'administration intérieure, j'entends parler du brigandage, qui , depuis quelque temps, a voulu lever sa tête maudite.

Quelques-uns de ces malfaiteurs ont déjà reçu, dans les attaques dont ils ont été l'objet, le juste châtiment de leurs crimes ; sur d'autres s'appesantit la main de la justice ; enfin, les autres sont partout traqués très-activement. C'est contre eux que j'appelle votre surveillance vigilante. C'est de vous que la royauté, le gouvernement, le pays, la société tout entière attendent l'arrestation de ces hommes dangereux ; c'est à vous d'affermir la société et la tranquillité publique. Le gouvernement tient les yeux sur vous ; la fuite et la dispersion, ou la demeure paisible et le séjour des brigands dans les départements, seront considérés par le gouvernement comme la mesure de la capacité des préfets et des sous-préfets. En conséquence, le premier de tous ces devoirs doit être de purger votre département de cette peste, ennemie déclarée de l'ordre public, et dont la présence, en mettant en danger la vie et la fortune des citoyens, rend impossible et inefficace l'ouverture des voies de communication, et détruit la facilité des échanges, ainsi que tout développement des différentes sources du travail, de l'industrie, et de la richesse, tant de l'État que des particuliers. L'intérêt de toutes les classes de citoyens, le progrès intellectuel et matériel du pays, la bonne renommée dont doit jouir auprès des étrangers le nom hellénique, tout enfin, monsieur le préfet, exige impérieusement que tous ces vrais ennemis du bien national et de l'honneur de la patrie, qui, au milieu du mouvement général qui porte la partie paisible du peuple vers la civilisation, veulent vivre en guerre continuelle contre la société, et rendre tributaire forcé de leur paresse et de leurs dérèglements le travail de leurs concitoyens, aient au plus tôt possible disparu du sol hellénique.

Enfin le discours de la couronne annonce que plusieurs projets de lois seront soumis au vote des chambres. La création de lois nouvelles augmente les devoirs du ministère et les vôtres aussi. C'est pourquoi je me hâte de vous demander dès à présent votre concours consciencieux et actif à expédier le plus promptement possible les affaires du service courant, pour que les nouveaux devoirs ne nous trouvent pas en arrière.

Athènes, 6 (18) décembre 1854.

Le ministre provisoire,
Signé : MAVROCORDATO.

PERSE.

DÉCLARATION *de neutralité.*

Depuis le commencement du différend qui s'est élevé entre la Russie et la Porte ottomane, le gouvernement persan avait fait des vœux sincères pour le maintien de la paix. Pour réfuter des bruits sans fondement et pour renouveler ses assurances d'impartialité et de neutralité, la Perse déclare franchement que dans aucun cas et dans aucune circonstance elle ne s'immisce dans la querelle survenue entre la Turquie et la Russie. Bien que ce fût un devoir pour le gouvernement persan de protéger ses frontières par des armements extraordinaires, cependant, eu égard à l'amitié et à la bonne intelgence qui règnent entre les gouvernements voisins et notre gouvernement et les habitants respectifs de ces pays, eu égard aux assurances données récemment par les ambassadeurs des deux gouvernements dans cette capitale, le gouvernement persan a donné de son côté des témoignages éclatants de sa droiture et de sa loyauté envers ces deux gouvernements amis, tant pour réfuter quelques nouvelles erronées publiées par les journaux européens, que pour prouver que, par l'occupation de ses frontières, la Perse n'a nullement l'intention de les franchir, et qu'elle ne s'occupera que de ses propres affaires.

De cette confiance et de cette assurance illimitées que le gouvernement persan conserve à l'égard des puissances amies il résulte clairement qu'il n'a aucun soupçon contre l'un ou l'autre de ces deux gouvernements, et qu'il ne fera aucun acte qui pourrait leur inspirer des doutes ou un sentiment de mécontentement. C'est pourquoi le général Aziz-Khan a reçu l'ordre de se tenir à Tebriz dès qu'il aura inspecté les frontières de Khoï et tout réglé, car le généralissime n'ayant aucun motif de rester à la frontière sans rien faire, il a été décidé qu'après avoir inspecté les frontières il reviendrait d'Azerbeidschan à la cour du Schah le 21 mars prochain.

ITALIE.

ÉTATS DU SAINT-SIÉGE.

Lettres apostoliques de S.S. Pie IX, *touchant la définition dogmatique de l'Immaculée Conception de la Vierge, Mère de Dieu.* (Traduction du latin.)

Pie, évêque, serviteur des serviteurs de Dieu, pour en perpétuer la mémoire.

Le Dieu ineffable dont les voies sont miséricorde et vérité, la volonté toute-puissance, et dont la sagesse atteint d'une extrémité à l'autre avec force et dispose tout avec douceur, ayant prévu de toute éternité la ruine lamentable du genre humain tout entier, par suite de la transgression d'Adam, et, par un mystère caché dans les profondeurs des siècles, ayant décrété d'accomplir en l'incarnation du Verbe l'œuvre première de sa bonté d'une manière plus mystérieuse, afin que l'homme, entraîné dans le mal par les piéges de la malice de Satan, ne pérît pas contrairement au dessein de sa miséricorde, et afin que ce qui devait tomber dans le premier Adam se relevât plus heureusement dans le second, choisit et prépara dès le commencement et avant les siècles, à son fils unique, une mère de laquelle, par son incarnation, il devait naître dans l'heureuse plénitude des temps, et il l'aima par dessus toutes les créatures, à ce point qu'il mit uniquement en elle toutes ses complaisances. Il la combla d'une manière si admirable de l'abondance de tous les dons célestes puisés au trésor de la divinité, que, toujours exempte de toute espèce de tache du péché, toute belle et toute parfaite, elle réunit en elle une plénitude de sainteté et d'innocence telle qu'après Dieu, on ne peut en imaginer une plus grande, et qu'excepté Dieu, personne ne peut en comprendre la grandeur.

Et, en effet, il était de toute convenance qu'elle brillât de l'éclat de la plus parfaite sainteté, et que tout à fait exempte de la tache elle-même du péché originel, elle remportât sur l'antique serpent le plus complet triomphe, cette mère vénérable à laquelle Dieu le père a résolu de donner son fils unique engendré de son sein, égal à lui et qu'il aime comme lui-même, de telle façon qu'il fût naturellement tout ensemble le fils commun de Dieu le père et de la Vierge ; cette mère que le fils lui-même a choisie pour être substantiellement sa mère, et dont le Saint-Esprit a voulu que, par son opération, fût conçu et naquît celui dont il procède lui-même.

Cette innocence originelle de la Vierge, intimement unie à son admirable sainteté et à sa dignité éminente de mère de Dieu, l'Eglise catholique qui, toujours enseignée par le Saint-Esprit, est la colonne et le fondement de la vérité, n'a jamais cessé de l'expliquer, de la développer, de la féconder chaque jour davantage par des raisons sans nombre et par des faits éclatants, comme une doctrine qu'elle avait reçue d'en haut, et qui était contenue dans le dépôt de la révélation céleste. Que cette doctrine fut en vigueur dès les temps les plus anciens, qu'elle fut entée profondément dans le cœur des fidèles, merveilleusement propagée dans le monde catholique par le soin et le zèle des pontifes ; c'est ce que l'Eglise elle-même mit dans un grand jour, lorsqu'elle n'hésita pas à proposer la Conception de la sainte Vierge au culte public et à la vénération des fidèles. Par ce fait éclatant, elle présenta la conception de la sainte Vierge comme une Conception à part, merveilleuse, entièrement distincte de l'origine des autres hommes, et tout à fait sainte et vénérable, car l'Eglise ne célèbre de fêtes que pour les saints. Aussi la vit-on rechercher les propres paroles que les divines Ecritures emploient pour parler de la sagesse incréée et représenter son origine éternelle, et les appliquer, dans les offices ecclésiastiques et la sacrée liturgie, à la formation de cette même Vierge, qui avait été dans les conseils de Dieu, l'objet du même décret que l'incarnation de la sagesse divine.

Toutes ces croyances, toutes ces pratiques, reçues presque partout parmi les fidèles, prouvent déjà quelle solicitude montra pour la doctrine de l'Immaculée Conception de la sainte Vierge l'Eglise romaine, mère et maîtresse de toutes les Eglises. Toutefois les faits éclatants de l'Eglise romaine méritent assurément d'être mentionnés en détail, à raison de la haute dignité et autorité qui doivent lui être incontestablement reconnues, puisqu'elle est le centre de la vérité et de l'unité catholique, l'Eglise où fut seul gardé d'une manière inviolable le dépôt de la tradition, et de laquelle toutes les autres doivent tirer leur foi. C'est pourquoi cette même Eglise romaine n'eut rien de plus à cœur que d'employer les moyens les plus persuasifs pour établir, pour prouver, pour propager, pour défendre le culte et la doctrine de l'Immaculée Conception. Nous en voyons un témoignage évident, manifeste, dans les actes si nombreux et si remarquables des pontifes romains, nos prédécesseurs, auxquels, dans la personne du prince des apôtres, fut confié, par Notre-Seigneur Jésus-Christ lui-même, le soin et le pouvoir souverain de paître les agneaux et les brebis, de confirmer leurs frères dans la foi, et de régir et de gouverner l'Eglise universelle.

En effet nos prédécesseurs se sont fait gloire d'instituer en vertu de leur autorité apostolique la fête de la Conception, et, par un office spécial et une messe propre, qui proclameraient ouvertement sa prérogative de l'exemption de la tache originelle, d'augmenter, de rendre plus éclatant, de développer le culte déjà établi, de l'enrichir soit en accordant des indulgences, soit en permettant aux cités, aux provinces et aux royaumes de choisir pour patronne la mère de Dieu, invoquée sous le titre de sa Conception Immaculée, soit en approuvant les confréries, les congrégations, les instituts religieux érigés en l'honneur de l'Immaculée Conception, soit en louant la piété de ceux qui élèveraient des monastères, des hôpitaux, des autels, des temples sous le titre de cette même Immaculée Conception, ou qui s'engageraient sous la foi du serment à défendre énergiquement la Conception Immaculée de la bienheureuse mère de Dieu.

De plus, ils se sont grandement réjouis de décréter qu'une fête de la Conception serait établie dans toute l'Eglise, du même rite et du même degré que la fête de la Nativité ; que la même fête de la Conception serait célébrée par l'Eglise universelle avec octave et saintement solennisée par tous entre les fêtes qui sont commandées ; et que chaque année, dans notre basilique patriarcale de Libère, il y aurait chapelle pontificale le jour consacré à la Conception de la Vierge ; et désirant faire pénétrer de plus en plus dans le cœur des fidèles cette doctrine de l'Immaculée Conception de la mère de Dieu, et stimuler leur piété à honorer et vénérer la Vierge elle-même conçue sans la tache originelle, ils se sont empressés d'accorder la faculté de proclamer dans les litanies de Lorette et à la préface de la messe la Conception Immaculée de cette même Vierge, en sorte que la loi de la croyance fût établie par la loi même de la prière. Attaché donc à suivre les traces de nos illustres prédécesseurs, non-seulement nous avons approuvé et reçu ce qu'ils ont si pieusement et si sagement établi, mais encore, nous souvenant de l'institution de Sixte IV, nous avons revêtu de notre autorité l'office propre de l'Immaculée Conception, et en avons, avec une très-grande joie, accordé l'usage à toute l'Eglise.

Mais comme les choses qui appartiennent au culte sont unies par un lien intime avec leur objet, et ne peuvent demeurer fixes et stables si cet objet est lui-même incertain et douteux, pour cette raison nos prédécesseurs les pontifes romains, appliqués à développer le culte de la Conception, ont employé tous leurs efforts à expliquer et inculquer et son objet et sa doctrine. En effet, ils ont clairement et manifestement enseigné que le culte s'appliquait à la Conception de la Vierge, et ils ont proscrit comme fausse et absolument contraire à l'esprit de l'Eglise l'opinion de ceux qui soutenaient et affirmaient que ce n'était pas la Conception même, mais la sanctification de la Vierge que l'Eglise honorait. Ils n'ont pas jugé à propos d'être moins sévères envers ceux qui, pour ébranler la doctrine de l'Immaculée Conception de la Vierge, imaginant un intervalle entre un premier et un second instant de la Conception, prétendaient qu'en effet le culte s'appliquait à la Conception, mais non pas dans son premier instant et son premier moment ; car nos prédécesseurs ont pensé qu'ils devaient soutenir et défendre avec tout le zèle possible et la fête de la Conception de la bienheureuse Vierge, et la Conception dans son premier instant, comme étant le véritable objet du culte. De là ces paroles du décret de notre prédécesseur Alexandre VII, par lesquelles il a fait connaître le sentiment de l'Eglise, quand il a dit : « Elle est certainement ancienne la piété des fidèles de Jésus-Christ envers sa bienheureuse mère la Vierge Marie ; cette piété qui croyait que son âme, dès le premier instant de sa création et de son infusion dans le corps, fut, par privilège et par une grâce spéciale de Dieu, en vue des mérites de Jésus-Christ, son fils, rédempteur du genre humain, préservée et gardée pure de la tache du péché originel, et qui célébrait en ce sens, sous un rite solennel, la fête de sa Conception. »

Nos prédécesseurs eurent aussi un soin tout particulier de conserver avec le plus grand zèle, avec les plus grands efforts et dans toute son intégrité la doctrine de l'Immaculée Conception de la mère de Dieu. Car non-seulement ils n'ont jamais souffert que cette doctrine fût censurée ou méprisée par qui que ce fût et d'aucune manière ; ils ont été bien plus loin : ils ont déclaré très-nettement, à plusieurs reprises, que la doctrine que nous professons relativement à l'Immaculée Conception était et devait être crue en parfaite harmonie avec le culte de l'Eglise, qu'elle méritait par son antiquité et sa presque universalité d'être accueillie et soutenue par l'Eglise romaine, en un mot qu'elle était tout à fait digne d'avoir sa place dans la sainte liturgie elle-même et dans les prières solennelles ; ce n'est pas tout : pour que la doctrine de l'Immaculée Conception de la sainte Vierge demeurât intacte et inviolable, ils défendirent très-sévèrement de soutenir, soit en public, soit en particulier, l'opinion contraire à cette doctrine, et on peut dire qu'ils firent à cette opinion des blessures multipliées. Et pour que ces déclarations réitérées et si claires d'ailleurs eussent leur plein effet, ils y ajoutèrent une sanction que nous retrouvons, avec tout ce qui précède, dans ces paroles de notre glorieux prédécesseur Alexandre VII :

« Nous, considérant que la sainte Eglise romaine célèbre solennellement la fête de la Conception Immaculée de Marie toujours Vierge, et qu'elle a composé autrefois en son honneur un office propre et spécial dû aux pieuses et louables inspirations de notre prédécesseur Sixte IV ; et voulant, à l'exemple de nos prédécesseurs les pontifes romains, favoriser cette pieuse dévotion, cette fête et ce culte ainsi réglés, et auxquels depuis leur institution aucun changement n'a été apporté dans l'Eglise romaine ; voulant en outre protéger cette piété et cette manière spéciale d'honorer et de glorifier la très-bienheureuse Vierge Marie, préservée du péché originel par la grâce prévenante du Saint-Esprit, et désirant conserver dans le troupeau de Jésus-Christ l'unité de l'esprit dans le lien de la paix, en apaisant les contentions et les querelles et en éloignant les scandales ; à l'instance et aux prières des évêques sus-nommés et de leurs chapitres, du roi Philippe et de ses royaumes, instances et prières qui nous ont été présentées, nous renouvelons les constitutions et les décrets portés par les papes nos prédécesseurs, et particulièrement par Sixte IV, Paul V et Grégoire XV, en faveur de la doctrine qui soutient que l'âme de la bienheureuse Vierge Marie, dans sa création et dans son union au corps de cette Vierge, a reçu la grâce du Saint-Esprit, et a été préservée du péché originel ; nous déclarons par là favoriser la fête et le culte de la Conception de la Vierge mère de Dieu, tels qu'ils ont été établis, comme nous l'avons dit plus haut, conformément à cette pieuse doctrine.

» Et en outre, s'il s'en trouve qui continuent d'interpréter les constitutions et les décrets ci-dessus, comme si ces actes ôtaient faveur au sentiment en question et à la fête ou au culte dont il est le fondement, ou qui oseraient soulever des disputes sur ce même sentiment, cette fête ou ce culte, soit en le combattant d'une manière directe ou indirecte, ou sous un prétexte quelconque, même d'examiner sa définibilité, de commenter ou d'interpréter l'Ecriture sainte, ou les saints Pères, ou les docteurs, n'importe enfin sous quel autre prétexte et à quelle autre occasion, par écrit ou de vive voix, parler, prêcher, exposer, discuter, en précisant ou affirmant quelque chose contre lui, soit en y opposant des arguments qui seraient laissés sans solution, ou en en traitant d'une manière quelconque que nous ne pouvons imaginer en ce moment ; tous et chacun de ceux-là, outre les peines et censures contenues dans les Constitutions de Sixte IV, auxquelles nous voulons qu'ils soient soumis et nous les soumettons par les présentes, nous voulons qu'ils soient encore, par le même fait et sans autre declaration, privés de la faculté de prêcher, de faire des leçons publiques ou d'enseigner et d'interpréter, et de toute voix active et passive dans des élections quelconques ; de même, sans autre déclaration, qu'ils encourent par le fait même les peines d'inhabilité perpétuelle à prêcher, à faire des leçons publiques, à enseigner et à interpréter ; desquelles ils ne pourront être absous ou exceptés que par nous-même ou par nos successeurs les pontifes romains ; et nous voulons aussi qu'ils soient pareillement soumis aux autres peines qui doivent être infligées

par nous et les mêmes pontifes romains, nos successeurs, comme nous les y soumettons par les présentes, renouvelant les constitutions et les décrets susmentionnés de Paul V et de Grégoire XV.

» Et quant aux livres dans lesquels le sentiment en question, ainsi que la fête ou le culte qui l'a pour fondement, est révoqué en doute, ou dans lesquels on aurait écrit ou on lirait quoi que ce fût, ainsi qu'il est dit plus haut, contre lui, ou qui renferment des propositions, des discours, des traités et des discussions qui le combattent ; s'ils ont été publiés après le decret sus-mentionné de Paul V, ou s'ils doivent être publiés à l'avenir d'une manière quelconque ; nous les défendons sous les peines et les censures contenues dans l'Index des livres prohibés, et nous voulons et ordonnons que, par le fait même et sans nouvelle déclaration, ils soient considérés comme expressément défendus. »

Or, tout le monde sait avec quel zèle cette doctrine de la Conception Immaculée de la Vierge mère de Dieu a été transmise, affirmée et défendue par les plus illustres familles religieuses, et les plus célèbres académies théologiques, et les docteurs les plus considérables dans la science des choses divines. Tout le monde sait également jusqu'à quel point les pontifes préposés aux choses saintes ont montré de sollicitude à professer ouvertement et en public, même dans les assemblées ecclésiastiques, que la très-sainte Vierge Marie, mère de Dieu, par les mérites anticipés du rédempteur Jésus-Christ Notre-Seigneur, n'a jamais été soumise au péché originel, mais a été entièrement préservée de la tache d'origine, et par conséquent rachetée d'une manière plus sublime.

A ceci vient s'ajouter cette considération, de toutes assurément la plus grave, considération vraiment souveraine, que le concile de Trente lui-même, lorsqu'il rendait sur le péché originel son décret dogmatique, par lequel, d'après les témoignages des Ecritures sacrées, des saints Pères et des conciles très-autorisés, il a établi et défini que tous les hommes naissent infectés de la faute originelle, a toutefois déclaré solennellement qu'il n'était pas dans son intention de comprendre dans le décret lui-même, et dans la si grande étendue de sa définition, la bienheureuse Immaculée Vierge Marie, mère de Dieu. En effet, par cette déclaration, les Pères de Trente ont indiqué suffisamment, eu égard aux circonstances des temps et des lieux, que la très-sainte Vierge est affranchie de la tache originelle, et ont ainsi clairement exprimé qu'on ne saurait rien tirer légitimement, soit des lettres divines, soit de la tradition et de l'autorité des saints Pères, qui s'oppose en quelque façon que ce soit à cette éminente prérogative de la Vierge.

Et en réalité que cette doctrine de l'Immaculée Conception de la très-sainte Vierge, développée chaque jour avec plus de puissance et d'éclat par le sentiment le plus profond de l'Eglise, par l'enseignement, par l'étude, par la science et la sagesse, déclarée, confirmée et merveilleusement propagée chez tous les peuples et nations de l'univers catholique, ait toujours subsisté dans cette même Eglise comme reçue des ancêtres et revêtue du caractère de doctrine révélée, c'est ce qu'attestent avec la plus grande force les illustres monuments de l'antiquité de l'Eglise orientale et occidentale. En effet, l'Eglise de Jésus-Christ, vigilante gardienne et vengeresse des dogmes déposés dans son sein, n'y change rien. Elle n'en diminue rien, elle n'y ajoute rien. Mais, lorsque avec sa sagesse et sa fidélité, elle vient à traiter de ces choses, formées de toute antiquité, et que la foi des Pères a cultivées, elle met tous ses soins à les limer, à les polir, de telle sorte que ces dogmes primitifs de la céleste doctrine acquièrent l'évidence, la clarté, la précision, et qu'ils retiennent en même temps leur plénitude, leur intégrité, leur propriété, et ne croissent que dans leur genre, c'est-à-dire dans le même dogme, dans le même sens, dans le même sentiment.

En effet, les Pères et les écrivains ecclésiastiques, instruits par les enseignements célestes, n'ont rien eu de plus cher dans les livres élaborés par eux pour expliquer les Ecritures, venger les dogmes et instruire les fidèles, que de proclamer à l'envi et de prêcher de toutes parts, de la manière la plus variée et la plus admirable la souveraine sainteté de la Vierge, sa dignité, sa pureté intacte de toute souillure du péché, et sa victoire éclatante sur le détestable ennemi du genre humain. C'est pourquoi, rapportant les paroles par lesquelles Dieu a annoncé dès les premiers temps du monde les remèdes préparés par sa clémence pour la rénovation des mortels, et a merveilleusement ainsi relevé l'espoir du genre humain : « J'établirai des inimitiés entre toi et la femme, entre ta race et la sienne, » ils ont enseigné que ce divin oracle montre d'avance ouvertement et clairement le miséricordieux rédempteur du genre humain, savoir le Fils unique de Dieu, Notre-Seigneur Jésus-Christ, désigne sa bienheureuse mère la Vierge Marie, et a indiqué expressément les inimitiés elles-mêmes de l'un et de l'autre contre le démon.

C'est pourquoi, de même que le Christ médiateur entre Dieu et les hommes, ayant pris la nature humaine, a effacé la cédule de condamnation portée contre nous, en l'attachant en vainqueur à la croix, ainsi la très-sainte Vierge, unie à lui par le lien le plus étroit et le plus indissoluble, perpétuant avec lui et par lui ses inimitiés éternelles contre l'antique serpent, a, dans son complet triomphe, écrasé de son pied immaculé la tête de ce dragon venimeux.

C'est ce magnifique, ce singulier triomphe de la Vierge, c'est son innocence, sa pureté, sa sainteté très-excellente, c'est son exemption de toute tache du péché, c'est l'abondance et la grandeur ineffable de grâces, de vertus et de priviléges qui est en elle, que les mêmes Pères ont vu tantôt dans cette arche de Noé, qui, par le dessein de Dieu, est sortie saine et sauve du commun naufrage de l'univers entier ; tantôt dans cette échelle que Jacob vit toucher de la terre au ciel, dont les anges de Dieu montaient et descendaient les degrés, et dont le Seigneur lui-même occupait le sommet ; tantôt dans ce buisson que Moïse vit tout brûlant dans le lieu saint, et qui, au milieu des flammes pétillantes, ne se consumait pas et ne souffrait ni dommage ni diminution, mais verdoyait et fleurissait admirablement ; tantôt dans cette tour inexpugnable en face de l'ennemi, de laquelle pendent mille boucliers et toutes les armures des forts ; tantôt dans ce jardin fermé dont l'accès ne peut être violé, et que nulle fraude et nulle embûche ne peuvent forcer; tantôt dans cette splendide cité de Dieu, dont les fondements sont sur les montagnes saintes; tantôt dans ce très-auguste temple de Dieu, qui, brillant des splendeurs divines, est plein de la gloire du Seigneur; tantôt dans les nombreuses figures du même genre, par lesquelles la haute dignité de la mère de Dieu et son innocence sans souillure, et sa sainteté exempte de toute tache, ont été, selon la tradition des Pères, remarquablement annoncées et prédites.

Pour décrire cette réunion des présents divins et cette intégrité originelle de la Vierge de qui Jésus est né, les mêmes Pères, employant les paroles des Prophètes, ne l'ont point autrement célébrée, cette auguste Vierge, que comme la pure colombe, la sainte Jérusalem, le trône élevé de Dieu, la maison et l'arche de sanctification que l'éternelle sagesse s'est construite; que comme cette reine, qui, environnée de délices et appuyée sur son bien-aimé, est sortie toute parfaite de la bouche du Très-Haut, toute belle et toute chère à Dieu, et à jamais souillée de la moindre tache. Or, ces mêmes Pères et les écrivains ecclésiastiques, réfléchissant dans leur esprit et dans leur cœur que la bienheureuse Vierge, en recevant de l'ange Gabriel l'annonce de la sublime dignité de mère de Dieu, a été, par l'ordre et au nom de Dieu lui-même, appelée pleine de grâces, ont enseigné que cette singulière et solennelle salutation, jusque-là inouïe, signifiait que la mère de Dieu était le siége de toutes les grâces divines, qu'elle était ornée de tous les dons du divin Esprit, bien plus, qu'elle était comme un trésor inépuisable et comme un abîme infini de ces mêmes grâces, tellement que, soustraite à la malédiction, et participant, avec son fils, à la bénédiction perpétuelle, elle a mérité d'entendre Elisabeth, inspirée par l'esprit saint, lui dire : *Vous êtes bénie entre toutes les femmes, et béni est le fruit de vos entrailles.*

De là est venu ce sentiment, non moins excellent qu'unanime des mêmes Pères, que cette Vierge très-glorieuse, pour laquelle celui qui est puissant a fait de grandes choses, a brillé d'une abondance de dons célestes, d'une plénitude de grâces et d'une innocence telle, qu'elle a été comme un miracle ineffable de Dieu; bien plus, comme l'apogée de tous les miracles et la digne mère de Dieu; et, se rapprochant de Dieu, en tant qu'il peut être donné à une nature créée, elle s'est élevée au-dessus de toutes les louanges, tant de celles des hommes que de celles des anges. C'est pourquoi, pour défendre l'innocence et la justice originelle de la Mère de Dieu, non-seulement ils l'ont comparée très-souvent à Ève encore vierge, encore innocente, encore pure et non encore abusée par les embûches mortelles du serpent trompeur, mais encore ils l'ont mise au-dessus, avec une admirable variété de paroles et de sentiments. En effet, Ève, ayant misérablement écouté le serpent, perdit son innocence et devint son esclave, tandis que la très-bienheureuse Vierge, augmentant sans cesse le don original, loin d'ouvrir jamais ses oreilles au serpent, a détruit jusqu'aux fondements sa force et sa puissance par la vertu qu'elle avait divinement reçue.

Aussi n'ont-ils cessé d'appeler la mère de Dieu, soit un lis parmi les épines, soit une terre intacte, vierge, sans tache, sans souillure, toujours bénie et affranchie de toute contagion du péché, dont a été formé le nouvel Adam, ou bien un paradis irréprochable, rempli de lumière et de tous les agréments de l'innocence et de l'immortalité, paradis de délices établi par Dieu lui-même, à l'abri de toutes les embûches du serpent vénéneux, ou bien un bois incorruptible que le ver du péché n'a pu altérer, ou une fontaine toujours limpide et portant le sceau de la vertu de l'Esprit-Saint, ou temple très-divin, ou trésor d'immortalité, ou l'unique et seule fille non de la mort, mais de la vie, germe non de la colère, mais de la grâce, lequel, par une singulière providence, est sorti, sans jamais perdre sa verdure, et en dehors des lois établies et communes, d'une racine corrompue et infectée.

Mais comme si ces images, bien que de la plus grande magnificence, ne disaient point encore assez, ils ont prononcé par propositions spéciales, et sans équivoque, que, lorsqu'il s'agit de péché, il ne pouvait être question de la sainte Vierge Marie, à qui il a été donné une grâce plus grande pour triompher de toutes parts du péché; alors ils ont déclaré que la très-glorieuse Vierge avait été la réparatrice de la faute des premiers parents, une source de vie pour leurs descendants, choisie de toute éternité, préparée par le Très-Haut, prédite par Dieu lorsqu'il dit au serpent : « Je mettrai des inimitiés entre toi et la femme, » et qui, sans nul doute, écrasera la tête venimeuse du même serpent; et c'est pourquoi ils ont affirmé que la même bienheureuse Vierge avait été, par la grâce, exempte de toute tache du péché, à l'abri de toute souillure du corps, de l'âme et de l'esprit, et que, toujours vivant avec Dieu, unie à lui par une éternelle alliance, jamais elle ne s'est trouvée dans les ténèbres, mais constamment dans la lumière, et qu'en conséquence elle a été pour le Christ un tabernacle digne de lui, non pas à cause de la condition de son corps, mais en raison de la grâce originelle.

Joignons-y les expressions si belles dont ils se sont servis en parlant de la Conception de la sainte Vierge, lorsqu'ils ont dit que la nature s'était arrêtée toute tremblante devant elle et n'avait pas osé continuer son œuvre, car il devait arriver que la Vierge mère de Dieu ne fût pas conçue par Anne avant que la grâce eût produit son fruit, car elle devait être ainsi conçue comme la première-née, celle qui devait concevoir le premier-né de toute créature. D'après leur témoignage, la chair de Marie, venue d'Adam, n'a pas contracté les taches d'Adam ; que c'est pour cela que la bienheureuse Vierge Marie a été le tabernacle créé par Dieu lui-même, formé par le Saint-Esprit, ce tabernacle de vraie pourpre que ce nouveau Beseleel a orné et enrichi d'or, et que cette même Vierge est véritablement, et à ce titre doit être célébrée comme celle qui fut le premier et le propre ouvrage de Dieu, qui échappa aux traits enflammés du malin, toute belle dans sa nature, absolument exempte de souillure, et qui brilla aux regards du monde dans sa Conception Immaculée, comme une aurore d'une étincelante pureté, car il ne convenait pas que ce vase d'élection fût

soumis à la corruption commune, parce que, bien différente des autres créatures, Marie n'eut de commun avec Adam que la nature et non la faute. Bien plus, il convenait que le Fils unique, qui a au ciel un Père que les séraphins proclament trois fois saint, eût sur la terre une mère qui eût dans tout son éclat la splendeur de la sainteté. Et cette doctrine fut si fort à cœur aux anciens, que, par une merveilleuse et singulière forme de langage qui eut chez eux comme force de loi, ils appelèrent souvent la mère de Dieu immaculée et absolument immaculée, innocente et très-innocente, sans souillure, créature d'une parfaite et absolue intégrité, sainte et sans la moindre atteinte du péché, toute pure, complétement intacte, le type et le modèle même de la pureté et de l'innocence, plus belle que la beauté, plus gracieuse que la grâce, plus sainte que la sainteté, seule sainte, très-pure d'âme et de corps, surpassant de beaucoup toute intégrité et toute virginité, seule devenue tout entière le domicile de toutes les grâces du Saint-Esprit, et qui, à l'exception de Dieu seul, est supérieure à toute créature, l'emporte en beauté et en sainteté sur les chérubins et les séraphins eux-mêmes et toute l'armée des anges, celle enfin dont toutes les voix du ciel et de la terre ne sauraient proclamer dignement les louanges. Personne n'ignore que ces formes de langage ont passé comme d'elles-mêmes dans les monuments de la sainte liturgie et dans les offices de l'Eglise, qu'elles s'y rencontrent très-fréquemment, et qu'elles y règnent avec majesté, puisque la mère de Dieu y est appelée et invoquée comme une colombe toute belle et sans tache, comme une rose toujours fleurie, comme absolument pure, toujours immaculée, toujours sainte, et qu'elle y est célébrée comme l'innocence qui n'a jamais été blessée, comme la seconde Eve qui a donné le jour à l'Emmanuel.

Il n'est donc pas étonnant que cette doctrine sur la Conception Immaculée de la Vierge mère de Dieu, consignée au jugement des Pères dans les saintes Ecritures, confirmée par l'autorité si imposante de leurs témoignages, contenue dans un si grand nombre d'illustres monuments de la vénérable antiquité, proposés et sanctionnée par le jugement si considérable de l'Eglise, ait été reçue avec tant de religion et d'amour par les pasteurs de cette même Eglise, par les peuples et par les fidèles ; qu'ils se soient fait gloire de la confesser toujours plus clairement ; qu'il n'y ait eu rien de plus doux, de plus cher pour leur ardent amour que d'honorer, de vénérer, d'invoquer la Vierge Marie, mère de Dieu, conçue sans la tache d'origine, et de la proclamer partout comme telle. C'est pourquoi depuis des siècles les princes de l'Eglise, les membres du clergé, les ordres séculiers, les empereurs eux-mêmes et les rois ont pressé avec instance le Siége apostolique de définir comme dogme de foi catholique la Conception Immaculée de la très-sainte mère de Dieu. Ces demandes, de notre temps aussi, ont été souvent renouvelées, surtout auprès de Grégoire XVI, notre prédécesseur, d'heureuse mémoire ; elles nous ont été présentées à nous-même par les évêques, le clergé séculier, les ordres religieux, de grands princes et les peuples fidèles.

C'est pourquoi, dans la joie toute singulière de notre âme, prenant entière connaissance de ces témoignages et les méditant sérieusement, à peine, par un dessein caché de la divine Providence, étions-nous, bien qu'indigne, élevé sur le siége insigne de Pierre, et avions-nous pris en main les rênes de toute l'Eglise, qu'obéissant à la vénération, à la piété, à l'amour que nous avons toujours eu pour la Vierge Marie, mère de Dieu, nous n'avons rien eu plus à cœur que tout ce qui pouvait augmenter l'honneur de la très-heureuse Vierge Marie, et faire briller ses prérogatives d'un plus vif éclat. Mais, voulant apporter en cela une pleine maturité, nous avons établi une Congrégation spéciale de NN. VV. FF. S. R.E., les cardinaux illustres par leur piété, leur sagesse et leur science dans les choses sacrées, nous avons choisi, tant dans le clergé séculier que régulier, les hommes les plus versés dans la science de la théologie, afin qu'ils approfondissent avec grand soin tout ce qui regarde l'Immaculée Conception de la Vierge Marie, et qu'ils nous fissent part de leur propre jugement. Bien que déjà les demandes que nous avions reçues

pour hâter la définition de l'Immaculée Conception de la Vierge Marie, nous eussent fait connaître le sentiment de la plupart des évêques, cependant, le 2 février 1849, des lettres datées de Gaëte furent envoyées par nous à nos vénérables frères, les évêques de tout l'univers catholique, afin que, des prières étant adressées vers Dieu, ils nous fissent savoir par écrit et quelle était la piété et la dévotion de leurs ouailles envers la Conception Immaculée de Marie, et ce qu'eux-mêmes surtout, pasteurs, pensaient et désiraient touchant la définition projetée, afin qu'avec toute la solennité possible, nous pussions porter notre jugement suprême. Nous éprouvâmes une bien grande consolation en recevant les réponses de nos vénérables frères ; car ce fut avec un bonheur, une joie, un enivrement inexprimables, qu'en nous répondant, non-seulement ils proclamèrent de nouveau leur propre piété et celle de leur clergé et de leur troupeau pour la Conception Immaculée de la bienheureuse Vierge Marie, mais encore qu'ils nous demandèrent avec une sorte d'unanimité de définir, par notre autorité et notre jugement suprême, l'Immaculée Conception de cette bienheureuse Vierge.

Et notre joie ne fut pas moins grande lorsque nos vénérables frères, les cardinaux de la sainte Eglise romaine faisant partie de ladite Congrégation, et les théologiens consulteurs choisis par nous, après un examen diligent, nous demandèrent avec un zèle, un empressement égal, cette définition de l'Immaculée Conception de la mère de Dieu.

Ensuite, suivant l'exemple de nos illustres prédécesseurs et désirant agir selon les règles et les formes voulues, nous avons convoqué et tenu un consistoire dans lequel nous avons parlé à nos vénérables frères, les cardinaux de la sainte Eglise romaine, et nous les avons entendus avec une grande consolation intérieure nous exprimer le vœu de nous voir émettre une définition dogmatique touchant la Conception Immaculée de la mère de Dieu.

C'est pourquoi, nous confiant dans le Seigneur et croyant que le moment opportun était venu pour la définition de l'Immaculée Conception de la Vierge Marie, mère de Dieu, définition que mettent merveilleusement en lumière et proclament la parole divine, une vénérable tradition, le sentiment constant de l'Eglise, l'accord unanime des évêques et des fidèles du monde catholique, ainsi que les actes insignes et les constitutions de nos prédécesseurs; après avoir soigneusement examiné toutes choses, et avoir répandu devant Dieu des prières ferventes et assidues, nous avons jugé que nous ne devions plus hésiter à sanctionner et définir par notre suprême jugement l'Immaculée Conception de la Vierge, pour satisfaire ainsi la pieuse impatience du monde catholique et notre propre piété envers la très-sainte Vierge, et en même temps pour honorer en elle de plus en plus son fils unique Notre-Seigneur Jesus-Christ, puisque c'est sur le Fils que retombe la gloire et l'honneur accordés à la mère.

Ainsi, n'ayant jamais cessé d'offrir, dans l'humilité et le jeûne, nos prières particulières et les prières publiques de l'Eglise à Dieu le Père par l'intermédiaire de son Fils, pour qu'il daigne diriger et confirmer notre esprit par la vertu de l'Esprit-Saint, après avoir imploré la protection de toute la cour céleste, invoqué avec gémissements l'assistance de l'esprit consolateur, et sentant qu'il nous inspirait dans ce sens pour l'honneur de la sainte et indivisible Trinité, pour la gloire et la dignité de la Vierge mère de Dieu, pour l'exaltation de la foi catholique et le triomphe de la religion chrétienne, par l'autorité de Notre-Seigneur Jésus-Christ, des saints apôtres Pierre et Paul et la nôtre, nous déclarons, prononçons et définissons que la doctrine qui enseigne que la bienheureuse Vierge Marie fut, dans le premier moment de sa conception, par une grâce et un privilége singulier de Dieu Tout-Puissant, et en vue des mérites de Jesus-Christ, sauveur du genre humain, préservée intacte de toute tache du péché originel, est révélée de Dieu, et que, par conséquent, elle doit être crue fermement et constamment par tous les fidèles.

C'est pourquoi si quelques-uns, ce qu'à ne plaise, ont la présomption d'avoir intérieurement un sentiment autre que ce que nous avons défini, que ceux-là apprennent et sachent bien qu'ils sont condamnés par leur propre jugement, qu'ils ont fait naufrage dans la foi, qu'ils n'appartiennent plus à l'unité de l'Eglise, et que, de plus, par le fait même, ils se soumettent aux peines portées par le droit, s'ils osent manifester leur sentiment intérieur par parole, écrit ou tel autre signe extérieur que ce soit.

Notre bouche est remplie de joie et notre langue d'allégresse; nous rendons et nous rendrons toujours de très-humbles et de très-grandes actions de grâces à Jésus-Christ, Notre-Seigneur, de ce que, par un bienfait insigne, sans mérite de notre part, il nous a accordé d'offrir et de décerner cet honneur, cette gloire et cette louange à sa très-sainte mère.

Or, nous avons la plus ferme espérance, la confiance la plus entière que la bienheureuse Vierge, — elle qui, toute belle et immaculée, a écrasé la tête venimeuse du cruel serpent, et apporté le salut au monde, — elle qui est la louange des prophètes et des apôtres, l'honneur des martyrs, la joie et la couronne de tous les saints, le refuge le plus assuré et le secours le plus fidèle de tous ceux qui sont dans le péril; la médiatrice et l'avocate la plus puissante de l'univers entier auprès de son fils unique; elle qui, honneur et ornement le plus éclatant et rempart le plus solide de l'Eglise, a toujours anéanti toutes les hérésies, a arraché les nations aux calamités les plus grandes et les plus diverses, et nous a délivré nous-mêmes de tant de périls menaçants, — voudra bien procurer, par son très-puissant patronage, que toutes les difficultés étant aplanies, toutes les erreurs vaincues, la sainte mère l'Eglise catholique prospère, florisse de plus en plus chaque jour chez tous les peuples, dans tous les lieux; qu'elle règne d'un océan à l'autre jusqu'aux dernières limites du monde et jouisse d'une paix entière, d'une tranquillité et d'une liberté parfaites; que les coupables obtiennent pardon, les malades guérison, les faibles courage, les affligés consolation, ceux qui sont en danger secours, et que tous ceux qui sont dans l'erreur, dissipant les ténèbres de leur âme, reprennent le sentier de la vérité et de la justice, et qu'il n'y ait plus qu'un troupeau et qu'un pasteur.

Que les paroles que nous prononçons soient entendues de nos très-chers fils de l'Eglise catholique, et qu'avec un zèle de piété, de religion et d'amour toujours plus ardent, ils continuent à honorer, à invoquer, à supplier la bienheureuse Vierge Marie mère de Dieu, conçue sans la tache originelle, et que dans tous leurs périls, angoisses, nécessités, dans toutes leurs incertitudes et leurs craintes, ils aient recours avec une entière confiance à cette très-douce mère de miséricorde et de grâce. Car il n'y a rien à craindre, il n'y a pas à désespérer sous sa conduite, sous ses auspices, sous sa protection, sous son patronage, elle qui, ayant pour nous un cœur de mère, et prenant en main l'affaire de notre salut, étend sa sollicitude sur tout le genre humain, et, établie par le Seigneur reine du ciel et de la terre, et élevée au-dessus de tous les chœurs des anges, de tous les rangs des saints, assise à la droite de Notre-Seigneur Jésus-Christ, est toute-puissante par ses maternelles prières, trouve ce qu'elle cherche, et ne peut demander en vain.

Enfin, pour porter à la connaissance de l'Eglise universelle notre définition de l'Immaculée Conception de la bienheureuse Vierge Marie, nous avons voulu que ces lettres apostoliques données par nous en perpétuassent la mémoire ; ordonnant que les copies manuscrites ou même les exemplaires imprimés qui en seront faits, revêtus de la signature de quelque notaire public et munies du sceau de quelque personne constituée en dignité ecclésiastique, reçoivent de tous la même créance qui serait accordée aux présentes si elles étaient exhibées ou produites.

Que personne n'ait la présomption de porter atteinte à cette page de notre déclaration, décision et définition ; que personne ne soit assez osé et assez téméraire pour s'y opposer et la contredire. Si quelqu'un se rendait coupable d'un tel attentat, qu'il sache qu'il encourra le courroux du Dieu tout-puissant et des bienheureux apôtres Pierre et Paul.

Donné à Rome, près Saint-Pierre, l'an de l'incarnation du Seigneur MDCCCLIV, le 6 des ides de décembre, de notre pontificat l'an neuvième.

Signé : PIE IX, PAPE.

CORRESPONDANCE *échangée au sujet de la mission de monsignor Bedini, nonce de S. S. Pie IX aux États-Unis d'Amérique.*

(Elle se compose : 1° D'une lettre de M. Marcy au Président ; 2° d'une lettre du Pape au même ; 3° d'une lettre du cardinal Antonelli à M. Marcy ; 4° et d'une lettre de M. Lewis Cass à M. Marcy.)

I. LETTRE de M. Marcy.

Le secrétaire d'État auquel a été renvoyée la résolution du Sénat du 23 courant, a l'honneur de soumettre une copie et une traduction d'une lettre en date du 31 mars, signée de M. le cardinal Antonelli, ministre des affaires étrangères de S. S. le Pape. Cette lettre, adressée à ce département, annonce que E. Gaëtano Bedini, nonce apostolique auprès de l'Empereur du Brésil, a reçu instruction de se rendre aux États-Unis dans le but de féliciter le Président au nom de S. S. Cette missive a été transmise, accompagnée d'une dépêche, au chargé d'affaires des États-Unis à ce département. Cette dépêche, qui portait le n° 55 dans les dossiers, datée du 19 mars et reçue le 18 avril, n'a pu se retrouver. Il est donc possible d'en fournir une copie pour moment. On communique encore inclus une copie de la lettre ori de S. S. au Président, remise M. l'archevêque Bedini, et reçue département le 10 juillet, ainsi qu'une dépêche de M. Cass, en date du 7 l'expiré.

II. LETTRE du Saint-Père, datée Vatican, 31 mars 1853.

Illustre et honoré Monsieur, salut

Notre vénérable frère, l'archevêque crédité comme notre envoyé ordinaire apostolique près la cour impériale Brésil, a reçu nos instructions de ter vos régions (les États-Unis). Nous l'avons en même temps et surtout chargé de se présenter en notre nom devant Votre Excellence, et de remettre les présentes entre vos mains, de vous offrir bien des salutations et de vous exprimer, en termes les plus chaleureux, les sentiments que nous éprouvons envers vous, ce dont il témoignera. Nous regardons comme certain que ces démonstrations amicales de notre part vous seront agréables, et surtout nous ne doutons nullement que le vénérable frère déjà nommé, homme éminemment distingué par les solides qualités de l'esprit et du cœur qui le caractérisent, ne soit reçu avec bonté par Votre Excellence.

Comme une mission divine nous confie le soin du troupeau du Seigneur sur toute la terre, nous ne saurions laisser passer cette occasion sans vous conjurer d'étendre votre protection aux catholiques qui habitent vos régions et de les protéger en tout temps de votre pouvoir et de votre autorité. Certain que Votre Excellence accédera volontiers à nos désirs et nous accordera notre demande, nous ne manquerons pas d'offrir nos humbles supplications au Dieu tout-puissant pour qu'il vous accorde, illustre et honoré Monsieur, le don de sa grâce céleste, qu'il vous prodigue toutes sortes de bénédictions, et nous unisse par les liens d'une charité parfaite.

III. LETTRE *de S. E.' le cardinal Antonelli à M. Marcy, datée du même jour que la précédente.*

Excellence, monsignor Gaëtano Bedini, archevêque de Thèbes, nommé par le Saint-Père nonce apostolique à l'empire du Brésil, a reçu instruction de se rendre aux États-Unis, et dans ces circonstances de complimenter l'honorable Président au nom de S. S.

Ce prélat étant doué des plus brillantes qualités du cœur et de l'esprit, méritait bien cette mission distinguée du Saint-Père. Je prie donc Votre Excellence de le recevoir avec cette bonté qui vous caractérise et de lui prêter toute l'aide dont il pourra avoir besoin. Vos bonnes dispositions lui seront surtout nécessaires pour lui faciliter une

gracieuse réception ⸢du Président, auquel il doit présenter une lettre pontificale. J'ose me flatter que vous répondrez à ma requête, en considération surtout de l'objet en vue; et dans cet espoir, j'ai l'honneur, etc.

IV. LETTRE ⸢de M. Cass jeune à M. Marcy, datée du 7 décembre.*

J'ai· l'honneur de vous informer de mon arrivée ici le 3 de ce mois, et que je suis depuis lors entré dans l'exercice de la légation. J'ai eu, le 6, l'honneur d'une entrevue avec le cardinal secrétaire d'État. J'ai été frappé en cette occasion, comme dans les précédentes, du désir évident de ce gouvernement de cultiver des relations amicales avec les États-Unis. Le cardinal a fait allusion au Président dans des termes exprimant sa bienveillance personnelle à son égard. Il m'a donné en même temps l'assurance de son grand respect pour le peuple et le gouvernement des États-Unis. Il a fait mention de la bonne réception faite à monsignor Bedini, nonce du Pape, pendant sa récente mission, et de la satisfaction que le Pape en a ressentie. S. S. est actuellement en retraite, comme on dit techniquement, c'est-à-dire qu'elle observe certains exercices religieux qui excluent en grande partie toute participation aux affaires politiques.

Je suis, etc.

ESPAGNE.

Documents relatifs à la révolution de juillet.

DÉCRET ROYAL.

En considération des motifs qui ont été exposés par le ministre de la guerre par intérim et avec la plus vive satisfaction de mon cœur, je décrète ce qui suit :

Art 1er. Sont et demeurent révoqués les décrets privant de leurs emplois, grades, titres et décorations les généraux don Léopold O'Donnel, comte de Lucena, don Francisco Serrano, don Antonio Ros de Olano, don Jose de la Concha, don Félix-Maria Messina et don Domingo Dulce.

Art. 2. Sont également révoqués les

décrets, ordonnances royales en verts desquels se trouvent exilés sur un point quelconque des dominations espagnoles ou à l'étranger, soit militaire ou citoyen, pour causes politiques, sous l'administration du comte de San-Luis. Les personnes que ces décrets concernent pourront se diriger en toute liberté où bon leur semblera.

Art. 3. C'est ma volonté qu'un voile épais soit jeté sur les actes politiques de la lutte actuelle, ainsi que sur tout ce qui touche à son origine et qui a servi à la préparer.

Art. 4. Ne sont pas compris dans les dispositions de l'article précédent les fautes ou délits des ministres et autorités soumis au jugement des Cortès et des tribunaux compétents. Dans ces cas, l'action de la justice restera ouverte pour qu'elle puisse s'exercer par les moyens légaux.

Art. 5. Elle restera également ouverte pour tous les actes qui n'étant pas politiques sont classés dans les délits communs.

Donné au palais, le 24 juillet 1854.

Signé : de la main de LA REINE.

Le ministre de la guerre par intérim,

Signé : ÉVARISTE SAN-MIGUEL, *président.*

(Suivent les signatures des autres membres de la junte supérieure de salut, armement et défense de la province de Madrid.)

PROCLAMATION DE LA REINE.

Espagnols !

Une série de déplorables erreurs a pu me séparer de vous en introduisant entre le peuple et le trône d'absurdes méfiances. On a calomnié mon cœur en lui supposant des sentiments contraires au bien-être et à la liberté de ceux qui sont mes enfants ; mais aussi, comme la vérité est enfin arrivée aux oreilles de votre Reine, j'espère que l'amour et la confiance renaîtront et se raffermiront dans vos cœurs.

Les sacrifices du peuple espagnol pour soutenir ses libertés et mes droits m'imposent le devoir de ne jamais oublier les principes que j'ai représentés, les seuls que je puisse représenter, les principes de la liberté, sans laquelle il n'y pas de nations dignes de ce nom.

Une nouvelle ère, fondée sur l'union du peuple avec le souverain, fera disparaître jusqu'à l'ombre la plus légère des tristes événements que moi, la première, je désire effacer de vos annales.

Je déplore du plus profond de mon cœur les malheurs qui sont arrivés, et je chercherai à les faire oublier par une incessante sollicitude.

Je me livre avec confiance et sans réserve à la loyauté nationale. Les sentiments des hommes vaillants sont toujours sublimes. Que rien ne trouble à l'avenir le parfait accord que je désire conserver avec mon peuple. Je suis disposée à faire toute espèce de sacrifices pour le bien général du pays, et je désire que celui-ci vienne de nouveau manifester sa volonté par l'organe de ses légitimes représentants, et j'accepte et j'offre dès aujourd'hui toutes les garanties qui assurent ces droits et ceux de mon trône.

L'honneur du trône, Espagnols, est votre honneur ; ma dignité de Reine, de femme et de mère est la propre dignité de la nation, qui fit un jour de mon nom le symbole de la liberté. Je ne crains donc pas de me confier à vous, je ne crains donc pas de mettre en vos mains ma personne et celle de ma fille ; je ne crains pas de placer mon sort sous l'égide de votre loyauté, parce que je crois fermement que je vous fais ainsi l'arbitre de votre propre honneur et du salut de la patrie.

La nomination de l'illustre duc de la Victoire à la présidence du conseil des ministres et mon adhésion complète à ses idées, dirigées vers le bonheur de tous, seront la preuve la plus sûre de l'accomplissement de vos nobles désirs.

Espagnols !

Vous pouvez faire la félicité et la gloire de votre Reine en acceptant celles qu'elle désire pour vous et qu'elle prépare dans le fond de son cœur maternel. La loyauté sans tache de celui qui va diriger mon conseil et l'ardent patriotisme dont il a fait preuve en tant d'occasions mettront ses sentiments en rapport avec les miens.

Donné au palais, le 26 juillet 1854.

Signé : Moi, LA REINE.

Le ministre de la guerre par intérim,

Signé : ÉVARISTE SAN-MIGUEL.

————

JUNTE SUPÉRIEURE DE SALUT, *armement et défense de la province de Madrid.*

Habitants de Madrid et miliciens nationaux !

Les jours de lutte et de sang sont passés et le calme et le repos leur ont succédé. Par votre sage conduite, vous avez démontré aux ennemis de la liberté combien vous êtes dignes de jouir des droits dont on vous a privés pendant si longtemps. Si le progrès des lumières et l'amour de la patrie sont des preuves assurées de la stabilité et du maintien des institutions libérales, personne ne peut les réclamer avec plus de raison que vous. Que ceux qui croient que vous ne les méritez pas se rappellent ce jour glorieux où, livrés aux plus douces espérances, vous avez vu défiler votre milice, ce boulevard inexpugnable de l'ordre et de la liberté ! Qu'ils tremblent à sa vue ceux qui nourrissent encore le moindre espoir de réaction ! Qu'ils ne croient même pas qu'il soit possible que leurs plans ténébreux réussissent !

Vous avez obtenu par vos sacrifices et votre sang que la loi fondamentale dans laquelle doivent être consignés les droits des Espagnols soit recommandée à la sollicitude des Cortès qui, prenant en considération les imperfections et les vices des constitutions antérieures, feront disparaître les prétextes dont pourrait se servir le pouvoir pour vous tyranniser. Que les lois organiques assurent la libre expression de vos suffrages dans les élections ; que les provinces soient administrées par elles-mêmes, qu'elles vivent de leur propre vie, et que cette centralisation, qui les a réduites à un rôle complètement nul, disparaisse à jamais ; que le gouvernement soit responsable de ses actes, et qu'ils disparaissent aussi ces hommes immoraux qui trafiquent de votre fortune et de votre honneur !

Vous avez une milice qui défendra vos foyers et soutiendra vos droits, et vous obtiendrez, en outre, les lois nécessaires pour la libre émission de la pensée et pour la sécurité individuelle.

Ce sont les principes de votre junte, qui, suivant uniquement la voie du progrès indéfini, ne désire ni ne veut que donner toute l'extension possible à vos libertés.

Miliciens nationaux ! l'attitude imposante avec laquelle se sont présentés vos bataillons et vos batteries et celle qu'ont conservée les citoyens aux barricades, sont la plus sûre garantie que la tranquillité ne pourra plus être troublée.

La junte vous remercie, au nom du peuple de Madrid, pour l'empressement avec lequel vous êtes accourus dans les rangs, et pour la valeur que vous avez déployée pour défendre les postes qui vous ont été confiés.

Madrid, 26 juillet 1854.

Signé : ÉVARISTE SAN-MIGUEL, *président.*

(Suivent les signatures des membres de la junte.)

————

La junte suprême d'armement et défense décrète : 1° Est supprimé le conseil royal ; 2° est rétablie en sa force et vigueur la dernière loi de la presse votée par les cortès de 1837 : à cette loi devra se conformer tout imprimé qui sera publié à Madrid ; 3° n'auront droit à la retraite que les ministres qui auront occupé leur position pendant trois années ; 4° sont amnistiés tous ceux qui ont été condamnés pour insulte à la police et à ses agents ; sont également amnistiés les prévenus pour crimes politiques. Il sera sursis aux procès pendants de l'une et de l'autre nature.

Madrid, 27 juillet.

Le président,

Signé : ÉVARISTE SAN-MIGUEL.

————

MINISTÈRE DE LA GUERRE.

Circulaire.

28 juillet.

Sa Majesté a parlé. Ses paroles, prononcées dans des circonstances aussi solennelles, sont l'expression sincère de ses sentiments ; nul n'en saurait douter. Une Reine qui répond si explicitement aux justes clameurs du pays, qui appelle à ses conseils celui qui a donné tant de gloire à la nation et qui est considéré comme l'un des premiers chefs du grand parti libéral, cette Reine ne peut que vouloir le bien de son pays et aspirer à s'identifier avec le peuple espagnol, à la tête duquel elle se trouve. Le décret royal, en date d'hier, jetant un voile sur les derniers événements, ne peut que tendre à composer de nouveau, de toutes les provinces de la nation, une seule et même famille. Ses paroles, je le répète, tendent à dissiper tout doute, à faire cesser tout soupçon, à satisfaire le cœur de ceux qui veulent le bien et la prospérité de la patrie.

Sa Majesté a inauguré une nouvelle ère de véritable liberté, de moralité et de justice ; se grouper tous autour d'un trône qui se manifeste ainsi, c'est un devoir sacré. Tout ce qui tendrait à fomenter la discorde, à provoquer les divisions et à semer les méfiances, serait une grave erreur dont les résultats pourraient être funestes.

Sa Majesté espère que vous inculquerez ces sentiments à vos subordonnés, les excitant de votre voix et de votre exemple, et elle a la confiance de recevoir très-promptement l'hommage d'adhésion de toutes les villes de la monarchie.

Le temps qui me presse et la très-grande gravité des affaires qui m'assiégent ne me permettent pas de vous en dire davantage. Un seul ministère étant organisé dans les circonstances actuelles, Sa Majesté veut que Votre Excellence envoie une copie de nos communications à toutes les autorités civiles de votre commandement militaire, et vous m'accuserez réception de la présente circulaire.

D'ordre de la Reine, je vous mande ceci pour votre gouverne.

Dieu vous garde longues années.
Madrid, 26 juillet 1854.
Signé : SAN-MIGUEL.

———

A monsieur le capitaine général de...

La junte supérieure de salut, armement et défense de la province de Madrid, décrète :

Est levé le bannissement qui avait été imposé au sérénissime infant d'Espagne Henri-Marie de Bourbon.

Madrid, 27 juillet 1854.

Le président,
Signé : ÉVARISTE SAN-MIGUEL.

———

La junte supérieure de salut, armement et défense de la province de Madrid, décrète :

Partout où se trouveront les personnes des ministres ayant fait partie du cabinet présidé par D. Luis Sartorius et Javier de Quinto, ex-gouverneur de Madrid, ils seront arrêtés et mis à la disposition de la junte, pour être soumis au tribunal qui les devra juger.

Madrid, 27 juillet 1854.

Le président,
Signé : ÉVARISTE SAN-MIGUEL.

———

La junte déclare encore, qu'ayant résolu, depuis son installation, de ne conférer ni emploi ni charge publique, elle est dans le cas de déclarer, comme elle déclare, qu'elle n'en a conféré aucun, et qu'elle ne reçoit de demandes d'aucune espèce.

Madrid, 27 juillet 1854.

———

La junte décrète encore :

Est permise la libre introduction et circulation des journaux et ouvrages étrangers, conformément aux traités internationaux qui régissent la matière.

Madrid, 28 juillet 1854.

Le président,
Signé : ÉVARISTE SAN-MIGUEL.

———

DÉPUTATION PROVINCIALE.

Habitants de la province de Madrid,

Votre députation provinciale s'étant installée avec les anciens députés qui avaient mérité votre confiance dans les mémorables années 1842-43, vous adresse la parole pour vous seconder dans la noble entreprise de reconstruire la société dissoute par une série non interrompue d'aberrations et d'apostasies. Si, par générosité, nous les pouvons oublier, nous devons du moins en avoir toujours présent à l'esprit le souvenir, afin de régler notre conduite à l'avenir.

Votre députation va se consacrer à la tâche que nous avons entreprise de défendre et de consolider d'une manière indestructible les libertés et les droits sacrés du peuple qu'il a conquis au prix de son sang et de ses trésors.

Elle s'adresse aux honorables habitants de la province de Madrid qui connaissent leurs députés par leurs actes et par les sacrifices qu'ils ont faits sur les autels de la patrie dans des circonstances difficiles. Elle appelle l'attention des communes de cette province sur des questions qui sont de votre compétence, en vous recommandant l'installation immédiate de tous les *ayuntamientos* constitutionnels de l'année 1843 renversés par la réaction alors qu'elle foula aux pieds les droits conquis par le peuple.

Elle vous recommande aussi la formation de la garde nationale, solide garantie d'ordre et de liberté ; elle vous recommande enfin la confiance la plus illimitée dans le patriotisme de l'illustre duc de la Victoire, au dévouement duquel la Reine a confié les destinées du pays, et sous l'égide duquel nous devons nous grouper, nous tous qui voulons que la Constitution soit une vérité.

Votre députation, fidèle dépositaire de l'ordre et des lois, s'efforcera de remplir son devoir et d'élever bien haut le drapeau de la moralité, et en tâchant que tous ses actes soient frappés au coin de la justice.

Telle est la conduite que se propose de suivre votre députation pendant la courte durée de ses fonctions, jusqu'à ce que vous ayez élu, conformément à la loi, ceux qui auront mérité votre confiance.

Madrid, le 28 juillet.

Signé : Le marquis DE PERALES, *chef politique, président ;* PEDRO BEROQUI, le marquis DE MORANTE, J.-M. MONTALVAN, EZQUIEL-MARTIN ALONSO, JOSÉ-MARIA DE TORRES Y MUNOZ, FRANCISCO HUERTA, MARIANO GARRIDO, PEDRO-ANTONIO DE LA ARENA, VICENTE GONZALEZ DE GONZALEZ.

Par ordre de la députation :

Le secrétaire ad intérim,

Signé : THOMAS-ANTONIO DE ALCOLAD.

PROCLAMATION *adressée aux habitants de Madrid.*

Madrilènes! L'illustre duc de la Victoire vient de parcourir les rues de la capitale, converties comme par enchantement, au moment du danger, en un camp retranché. Vous avez été témoins de l'admiration qu'ont causée au général citoyen ces redoutes improvisées avec lesquelles vous avez prévenu de nouveaux périls, après avoir offert dans le premier moment vos poitrines découvertes à tous les moyens de destruction employés pour soutenir une funeste domination réprouvée depuis si longtemps par le pays entier. La patrie saura récompenser vos généreux efforts ; l'histoire conservera vos noms pour l'éternel souvenir de votre héroïsme, et l'*ayuntamiento* constitutionnel de Madrid vous sera à tout jamais reconnaissant de votre noble conduite.

Ces glorieuses journées étant terminées, vous pouvez retourner tranquilles au sein de vos familles, qu'avec une abnégation exemplaire vous avez abandonnées pour courir à la défense de la liberté; c'est à quoi vos autorités vous invitent, et, suivant l'exemple de S. Exc. le capitaine général, le vertueux et probe don Évariste San-Miguel, qu'après les jours d'épreuve dans lesquels vous vous êtes montrés si dignes de vos pères, vous vous reposeriez de tant de fatigues, pour doter de nouveau, s'il était nécessaire, de jours non moins glorieux la capitale de la monarchie.

Recevez donc les félicitations de l'*ayuntamiento* pour l'heureux succès de vos courageux efforts scellés de votre sang ; et le premier devoir de tout citoyen, qui est le salut de la patrie, étant rempli, l'*ayuntamiento* va s'occuper immédiatement, dans l'intérêt de la salubrité publique, de dégager les rues de la capitale et de les rendre libres à la circulation, afin que l'industrie et le commerce qui, dans ces jours passés, ont dû se sacrifier au salut de l'État, rentrent en même temps dans leur état normal.

Madrid, le 31 juillet 1854.

Le chef politique, président de la députation provinciale,

Signé : Le marquis DE PERALES.

L'alcade constitutionnel,

Signé : IGNACIO DE OLEA.

La junte, profitant de la présence du très-excellent Antonio Ros de Olano, a rendu à l'unanimité, sur la proposition de M. Coelloy Quesada, des actions de grâces à tous les généraux, chefs et militaires qui, le 28 juin, ont arboré le drapeau de la liberté, de la moralité et de la justice, consacrant leur vie à la cause nationale.

D'ordre de la junte est publiée cette résolution.

Madrid, le 31 juillet 1854.

DÉCRET *relatif aux juntes provinciales.*

EXPOSITION A LA REINE.

Madame, le soulèvement national a produit spontanément, dans presque toutes les provinces de la monarchie, des juntes de diverses dénominations, qui l'ont organisé et dirigé. Ces juntes ont gouverné, comme cela était forcé, dans les moments de péril ou de lutte, et en l'absence d'autre gouvernement. Le cabinet actuel ayant été appelé par Votre Majesté, d'autres circonstances se présentent, et il est nécessaire d'adopter les mesures réclamées par l'intérêt national. Les juntes ne peuvent pas continuer de gouverner, mais elles peuvent encore rendre de grands services, tant au pouvoir exécutif qu'à la nation ; qu'elles n'embarrassent ni ne paralysent, madame, l'action du pouvoir, mais qu'elles subsistent à ses côtés, l'éclairent de leurs conseils jusqu'à la réunion des Cortès, qui seront convoquées dans un très-bref délai.

Dans ce but raisonnable et patriotique, et suivant l'exemple de ce qui se fit dans une autre occasion et dans des circonstances analogues, nous avons l'honneur de proposer à Votre Majesté le projet de décret royal ci-après.

Madrid, 1er août 1854.

Madame, aux royaux pieds de Votre Majesté,

Signé :

BALDOMERO ESPARTERO, *président du conseil des ministres ;*

JOAQUIN-FRANCISCO PACHECO, *ministre des affaires étrangères et* ad interim *de grâces et justice ;*

LÉOPOLD O'DONNEL, *ministre de la guerre ;*

JOSÉ-MANUEL COLLADO, *ministre des finances et* ad interim *de l'intérieur ;*

JOSÉ-ALLENDE SALAZAR, *ministre de la marine et* ad interim *du fomento.*

DÉCRET ROYAL.

De l'avis de mon conseil des ministres, je décrète ce qui suit :

Art. 1er. Les juntes provinciales de gouvernement, armement ou salut, qui se sont formées et subsistent dans toutes ou la majeure partie des provinces de la monarchie, continueront d'exister sous le nom ou en qualité de juntes consultatives et auxiliaires du gouvernement central et des autorités provinciales.

Art. 2. Elles seront augmentées d'un membre élu dans chaque district par la junte, s'il y en a, et, à son défaut, par l'*ayuntamiento* du chef-lieu de district.

Art. 3. Dans les provinces où il n'aurait pas été créé de juntes, elles seront formées ainsi : l'*ayuntamiento* de la capitale nommera trois membres, et chacun des chefs-lieux de district de la province en nommera un.

Art. 4. Le gouvernement et les autorités pourront consulter les juntes en tout ce qu'ils jugeront nécessaire, et surtout en ce qui touche la formation des listes électorales pour résoudre les doutes qui s'offriront.

Donné au palais, le 1er août 1854.

Signé : LA REINE.

Le président du conseil des ministres,
Signé : BALDOMERO ESPARTERO.

———

Autre ordonnance.

De l'avis de mon conseil des ministres, je décrète ce qui suit :

Art. 1er. Est rétablie *ad interim* en toute sa force et vigueur, la loi de la presse votée par les Cortès le 17 octobre 1837.

Art. 2. Mon ministre de l'intérieur préparera un projet de loi sur la matière, pour le présenter aux prochaines Cortès aussitôt qu'elles seront assemblées.

Donné au palais, le 1er août 1854.

Signé : LA REINE.

Le ministre ad interim de l'intérieur,
Signé : JOSE-MANUEL COLLADO.

———

Autre ordonnance.

Considérant ce qui m'a été exposé par le ministre des finances ; de l'avis du conseil des ministres, je décrète ce qui suit :

Art. 1er. Sont suspendues les dispositions adoptées par les juntes de gouvernement, armement ou salut, créées par suite des récents événements, qui suppriment ou modifient toute contribution, rente ou droit quelconque constitutif des finances publiques, jusqu'à ce que le gouvernement, usant de ses facultés, ou avec le concours des Cortès, décide ce qui conviendra à ce sujet. L'administration des finances dans toutes les branches continuera de s'exercer en la forme établie par les lois, règle-

ments, instructions et ordonnances royales en vigueur sur la matière.

Art. 2. Les mesures qu'il appartiendra seront adoptées à cette fin que le trésor public soit indemnisé autant que possible des préjudices qu'il aurait soufferts par suite des dispositions des juntes, suivant les altérations faites en chaque province.

Art. 3. Les caisses du trésor public continueront à payer les traites du trésor et autres obligations à sa charge dont la bonification aurait été interrompue pendant les derniers événements.

Art. 4. Le ministre des finances adoptera les autres dispositions tendant à l'exécution du présent décret, et à régulariser et rendre uniforme en toutes ses parties le service de l'administration, perception et versement des rentes publiques.

Donné au palais, le 1er août 1854.

Signé : LA REINE.

Le ministre des finances,
Signé : JOSE-MANUEL COLLADO.

———

DÉCRET *organique des nouvelles Cortès du royaume.*

EXPOSITION A SA MAJESTÉ.

Madame,

Dans les jours critiques qui précédèrent le complet triomphe du glorieux soulèvement national, les populations ont acclamé la convocation des Cortès constituantes comme le meilleur et l'unique remède dans la situation perplexe où elles avaient été réduites. L'histoire contemporaine leur avait indiqué cette voie dans les crises les plus difficiles et les plus périlleuses. Les Cortès constituantes ont sauvé l'indépendance et la dynastie en même temps qu'elles appuyaient les semences de la liberté sur les principes de ce siècle. Les Cortès constituantes sauvèrent, en 1837, la dynastie, soutinrent le trône de Votre Majesté et l'établirent sur les larges bases de la liberté publique et de l'amour des Espagnols. Les Cortès constituantes seront sans doute, en 1854, un nouveau lien entre le trône et le peuple, la liberté et la dynastie, objets qui ne peuvent pas se discuter, points sur lesquels le gouvernement n'admet ni doute ni contestation. Votre Majesté, dans sa haute pénétration, l'a compris en l'annonçant solennellement à toute l'Espagne, et en approuvant le programme qui sert de guide à vos ministres responsables. Ceux-ci manqueraient à leur devoir en ne s'empressant pas de proposer à Votre Majesté la convocation des Cortès constituantes pour assurer une fois pour toutes le gouvernement représentatif avec toutes les conquêtes légitimes. Mais pour faire cet appel, il s'est présenté des questions graves au fond et de solution délicate : le conseil des ministres les a envisagées sous tous leurs aspects, et il propose à Votre Majesté de les résoudre de la manière la plus convenable aux intérêts publics. La première de ces questions est celle de savoir si les Cortès se composeront uniquement du Congrès des députés, ou si le Sénat restera corps colégislatif pour former la nouvelle constitution.

Les ministres sont loin de douter du patriotisme et des hauts services qu'a rendus le Sénat à une époque très-récente : ils reconnaissent, au contraire, que cette institution a bien mérité du pays et qu'on lui doit le principe de la régénération politique complétée par la population et l'armée. Mais ils ne peuvent pas néanmoins oublier les graves conflits que deux corps législatifs, égaux en pouvoirs, pourraient provoquer en rédigeant la constitution. Il est facile de prévoir aujourd'hui ces conflits ; et si on ne les évitait pas en temps utile, ils donneraient lieu à des complications déplorables qui doivent être tranchées à la racine. Aussi le conseil des ministres a-t-il cru devoir proposer à Votre Majesté la convocation uniquement du congrès des députés. De cette manière, il paye un juste tribut de respect à nos précédents historiques, car les Cortès qui rédigèrent les constitutions de 1812 et 1837 n'étaient qu'un seul corps. Il rechercha l'expression véritable et fidèle du sentiment public en suspendant la participation aux fonctions législatives d'une chambre représentant une autre situation et des intérêts spéciaux ; et il faut que seulement Votre Majesté et la population par l'intermédiaire de ses représentants légitimes concourent à rédiger le pacte entre la nation et le trône. La noble confiance que Votre Majesté met dans les mandataires du pays sera appréciée comme il convient par une nation magnanime et généreuse.

Toutefois, le conseil des ministres ne formule pas, quant à présent, son opinion sur la question grave consistant à savoir si ce seront un ou deux corps qui constitueront le pouvoir législatif d'après la nouvelle loi fondamentale. Il se borne à dire que ce qu'il croit nécessaire de conseiller à Votre Majesté relativement aux Cortès constituantes ne diminue en rien sa liberté de proposer ce qu'il jugera opportun quant à l'organisation des Cortès ordinaires. Ce point demeure complétement intact pour la formation de la constitution.

Le système à suivre dans l'élection des députés est encore une autre des graves questions examinées en conseil des ministres. La loi du 18 mars 1846 a produit de funestes résultats. Tous ses défauts ont été démontrés à la pierre de touche de l'expérience. Il ne serait ni politique ni opportun de procéder, selon cette loi, aux nouvelles élections. Le gouvernement de Votre Majesté n'a pas pensé que, dans une affaire aussi capitale, il dût suivre ses propres inspirations : il a cherché parmi les lois électorales faites par les cortès celle qui lui a paru préférable : c'est celle du 20 juillet 1837, qui donne plus d'extension au suffrage ; elle contribue à donner au parlement un caractère politique plus décidé ; elle fera que les grands intérêts généraux ne seront pas étouffés par les vues étroites de localité, de coterie ou de famille.

Mais, en adoptant cette loi, le gouvernement a pensé ne pas devoir rejeter deux réformes utiles consignées dans celle de 1846, à savoir : le mode le plus impartial de composer les listes électorales, et le plus grand nombre de députés. L'importance de cette augmentation est flagrante si l'on considère que l'on convoque des Cortès constituantes qui ne se composeront que du congrès. On obtiendra de cette manière d'y faire figurer toutes les sommités politiques du pays, et d'y représenter tous les intérêts et toutes les opinions.

L'élection des suppléants donnait lieu souvent à ce que ceux qui dans l'intertion des électeurs ne devaient paraître qu'en deuxième ligne, figuraient en première ligne. Aussi le conseil des ministres a-t-il décidé qu'il proposerait de nommer seulement des députés titulaires.

Enfin il est nécessaire d'éviter certains abus malheureusement observés dans les élections; abus qui, à raison de leur publicité et de leur caractère immoral, ont servi d'exemple très-funeste et puissamment contribué à la corruption des mœurs. Le gouvernement, à cette fin, propose le correctif nécessaire.

Par ces motifs, le conseil des ministres a l'honneur de soumettre à l'approbation de Votre Majesté le projet suivant de décret :

Madrid, 11 août 1854.

Madame, aux royaux pieds de Votre Majesté.

Signé :

Duc DE LA VICTOIRE , *président du conseil des ministres* ;

JOAQUIN-FRANCISCO PACHECO, *ministre des affaires étrangères* ;

Comte DE LUCENA (O'DONNEL), *ministre de la guerre* ;

JOSÉ ALONSO, *ministre des grâces et justice* ;

JOSÉ-MANUEL DE COLLADO, *ministre des finances* ;

JOSÉ-ALLENDE SALAZAR, *ministre de la marine* ;

FRANCISCO SANTA-CRUZ, *ministre de l'intérieur* ;

FRANCISCO LUJAN, *ministre du fomento.*

DÉCRET ROYAL.

Attendu les raisons qui m'ont été exposées par mon conseil des ministres, d'accord avec ses conclusions, je décrète ce qui suit :

Art. 1er. Les Cortès du royaume avec le caractère de constituantes, et composées seulement du Congrès (ou de la Chambre) des députés, se réuniront à Madrid le 8 novembre de la présente année.

Art. 2. Il sera élu un député par chaque 35,000 âmes : sur cette base, chaque province nomme le nombre de députés spécifié au tableau annexé au présent décret.

Art. 3. L'élection des députés aura lieu selon le mode et conformément aux dispositions de la loi du 20 juillet 1837, avec les changements et modifications spécifiés aux articles ci-après.

Art. 4. Il ne sera pas nommé de suppléants : on élira seulement des députés titulaires, avec suppression de tout ce qui est ordonné par ladite loi sur la proposition des sénateurs.

Art. 5. Pour procéder à la nomination des présidents et des secrétaires scrutateurs, chaque électeur écrira sur le bulletin ordonné par la loi le nom de la personne qu'il désigne pour être président et les deux autres personnes pour être secrétaires scrutateurs : seront élus pour la première de ces fonctions celui qui réunira le plus grand nombre de voix, et pour les fonctions de secrétaires scrutateurs les quatre ayant obtenu également le plus de voix.

Art. 6. Le vote durera seulement trois jours au lieu de cinq fixés par l'article 28 de la loi précitée.

Art. 7. Tous les électeurs présents au moment du scrutin, tant des voix données pour la composition du bureau que de celles données pour l'élection des députés, ont droit à ce qu'on leur représente, en quelque état que ce soit du scrutin, les bulletins avant d'être annulés.

Art. 8. Du procès-verbal d'élection, qui devra être rédigé conformément à l'art. 32 de la loi, il sera tiré trois copies certifiées et signées par le président et les quatre secrétaires scrutateurs. Une d'elles sera donnée au commissaire qui doit assister au scrutin général, aux termes de l'art. 34 ; les deux autres seront envoyées, par la poste, l'une au ministère de l'intérieur et l'autre au gouverneur de la province, sous plis fermés et cachetés ; sur l'enveloppe sera mise une annotation annonçant le document y contenu, signé par le président, les quatre secrétaires scrutateurs et l'administrateur ou chargé de la poste, qui donnera récépissé des dépêches, ledit récépissé devant demeurer joint à la minute du procès-verb bal. Ces dépêches seront considérées comme certifiées par les bureaux des postes.

Art. 9. Le gouverneur de la province a sous sa responsabilité et conservera les dépêches qu'il aura reçues pour les présenter à la junte du scrutin général ; là elles seront ouvertes ; les copies des procès-verbaux y contenues seront confrontées avec celles présentées par les commissaires, et s'il se trouve quelques différences, elles seront réputées illégitimes et seront renfermées dans le pli cacheté.

Art. 10. Le ministre de l'intérieur fera passer au secrétariat du congrès les plis contenant les copies des procès-verbaux ; ils seront conservés jusqu'à la réunion des cortès, et alors ils seront soumis à la commission de vérification des pouvoirs S'il se présentait quelques différences avec le résultat des procès-verbaux contenus dans les plis fermés et ceux présentés par les députés élus, le congrès statuera.

Donné au palais, le 11 août 1854.

Signé : LA REINE.

Le ministre de l'intérieur,

Contre-signé :

FRANCISCO SANTA-CRUZ.

DÉCRET *instituant une décoration patriotique.*

Ministère de l'intérieur. — Exposition à Sa Majesté.

Madame, la junte supérieure de salut, armement et défense de la province de Madrid, aujourd'hui consultative, témoin des hauts faits de valeur et de patriotisme qui ont immortalisé les mémorables journées de juillet, a décidé la création d'une décoration civique en l'honneur des braves qui dans ces journées ont racheté la patrie en conquérant de nouveau la liberté.

Les ministres de Votre Majesté, qui regardent ces journées comme un couronnement triste mais glorieux de la la révolution inaugurée le 28 juin, croient également que cette décoration honorifique doit être créée comme la plus noble récompense à laquelle aspi-

rent les braves combattants de juillet.

Par ces motifs, le ministre signataire de la présente, d'accord avec le conseil des ministres, a l'honneur de proposer à Votre Majesté le projet de décret ci-après.

Madrid, 14 août 1854.

Signé : FRANCISCO SANTA-CRUZ.

DÉCRET ROYAL.

Art. 1er. Il est créé une décoration patriotique en l'honneur de ceux qui ont combattu pour reconquérir la liberté dans les rues de Madrid les 17, 18 et 19 juillet 1854.

Art. 2. La décoration est une couronne civique avec une bande d'or portant l'inscription suivante en caractères noirs : *Aux défenseurs de la liberté en juillet, la patrie reconnaissante. Madrid,* 1854. Elle sera suspendue à un ruban rouge et vert par partie égale indiquant que le peuple a versé son sang pour conquérir la liberté.

Art. 3. Pour conférer les décorations, le gouvernement, après avoir entendu la junte consultative de Madrid, adoptera les dispositions convenables.

Signé : LA REINE.

MANIFESTE *adressé aux Espagnols par M. le comte de Montemolin.*

Espagnols !

De l'asile étranger dans lequel il a plu à la volonté divine de me placer à l'épreuve de l'infortune, je viens vous faire entendre une voix amie qui vous servira peut-être de guide ou de consolation dans cette longue série de malheurs qui vous poursuivent comme moi. Il est juste que nous respections tous les desseins du Très-Haut, et que, mettant notre confiance dans sa clémence infinie, nous acceptions le mal qu'il nous enverra comme un gage de notre soumission ou comme un châtiment de nos fautes. Mais il est nécessaire aussi qu'en voyant arriver les moments si critiques pour les destinées futures de notre commune patrie, nous accourions tous à son aide, chacun suivant la mesure de ses propres forces et tous résolus à sacrifier tout ce que nous demandera la voix du patriotisme.

Il ne m'échappe pas combien est difficile l'entreprise d'unir des volontés séparées par de longues années de discorde, de concilier des intérêts opposés et entretenus par le feu des passions, et de diriger vers un but profitable l'activité stérile que l'habitude des luttes civiles a produite dans la vie politique et sociale de notre Espagne. Je sais bien qu'il n'est pas possible en un seul jour, ni avec un seul acte, quelque important qu'il soit, de restaurer les forces vraiment vives d'une société aussi ébranlée que la société espagnole, et, quoique l'empirisme des temps actuels soit aussi prodigue de promesses qu'il s'est montré impuissant pour les accomplir, je ne crois pas que la constitution la plus savamment élaborée, ni même le prestige qui habituellement entoure l'avénement des dynasties nouvelles, puissent par leur seule vertu rétablir subitement l'empire de ces principes qui, bien qu'ils soient le premier fondement des sociétés humaines, et comme tels le premier élément de leur conservation et de leur progrès, sont arrivés à être renversés par une suite de violentes révolutions.

Mais je crois savoir, et l'histoire me l'apprend, tout ce que peut et tout ce que vaut une volonté énergique qui, invoquant l'aide de Dieu et son droit légitime, se propose de marcher dans les voies de la justice et de la prudence : de la justice, pour récompenser les actes louables et jusqu'aux intentions droites, réprimant par contre les mauvais instincts, et châtiant les tentatives criminelles ; de la prudence, pour ne pas appliquer avec exagération l'idée sainte du droit, et pour maintenir chacun dans la voie de ses devoirs sans intolérance et sans colère.

A l'époque que nous traversons, il est plus que jamais nécessaire à ceux qui gouvernent les peuples d'éviter le double écueil que présentent cette multitude d'idées déréglées et contradictoires qui, naissant comme elles naissent, avec une liberté presque illimitée, se convertissent, à peine ont-elles paru, en idées envahissantes, aspirant à tout bouleverser, religion, gouvernement,

lois et coutumes sociales. Il arrive d'ordinaire, en effet, que les forces conservatrices de la société, justement alarmées de cette audacieuse invasion d'idées, méconnaissent peut-être les faits qui sont véritablement accomplis, les institutions qui sont véritablement disparues, et alors, par l'idée fausse de maintenir une vie factice à ce qui est vraiment caduc, on donne dans l'écueil de lamentables réactions. Mais il y a aussi dans l'histoire des exemples multipliés de pouvoirs qui, fascinés par le faux éclat de théories nouvelles, ou tombant dans l'erreur de considérer comme variables et caduques des idées et des institutions liées perpétuellement à la vie d'un peuple, et formant l'essence même des sociétés, ont coutume de se frapper à un autre écueil, celui d'initier des réformes mal comprises et d'encourager avec leur coopération ou leur assentiment des changements périlleux.

L'erreur la plus funeste et la plus grave des utopies contemporaines consiste sans doute à croire qu'arbitrairement et capricieusement la constitution intime d'un peuple peut être changée. Quand cette fatale erreur a prévalu, et qu'on a prétendu modeler une société à sa fantaisie, cela a produit la plus triste des conséquences, car en menaçant le prestige et annihilant les forces du passé qu'on tente de détruire, jamais en échange on n'obtient la force et le prestige nécessaires pour rendre fructueux et possible le présent qu'on essaie de mettre à la place du passé.

C'est alors surtout que commence pour les nations cet état chronique de confusion et d'agonie qui fait perdre en même temps leur boussole aux gouvernements et aux peuples. C'est alors, quand les forces de la nation sont énervées, l'esprit des individus abattu, sans amour pour le passé, sans estime du présent, sans foi dans l'avenir, qu'apparaissent ces époques de profonde immoralité et d'anarchie enracinée, permises par Dieu dans les sociétés pour châtier leur folie.

Je ne vous le cacherai pas et je suis certain que vous me croirez : j'ai la triste conviction que notre chère patrie se trouve dans une de ces périodes terribles dont le terme est inconnu aux hommes. Les yeux incessamment tournés vers cette terre digne d'un meilleur sort, et dominé tout à la fois par la crainte et l'espérance qu'il pourrait encore entrer dans les desseins du ciel de me ramener au milieu de vous, j'ai versé beaucoup de larmes de douleur et de tendresse, et, de mon lieu d'exil, je vous ai offert tout ce cœur qui déborde de sentiments chevaleresques (*hidalguía*).

Parcourant avec avidité les pages innombrables consacrées par l'histoire à narrer les prodiges de nos héroïques ancêtres, j'ai senti bien des fois s'ouvrir mon cœur à l'espérance, et j'ai cru qu'il est encore possible de rétablir dans son ancienne intégrité, dans toute son antique splendeur, cette gloire inflétrissable qui vous fit dans d'autres temps un objet d'envie pour le monde.

Oui, je l'ai espéré, je l'espère et je l'espèrerai tant que je vivrai : l'heure des derniers désabusements arrivera ; un terme sera assigné à cette lutte insensée qui vous dévore entre des ambitions déréglées et des intérêts mesquins ; nous en arriverons tous à chercher de bonne foi le bien dans l'épreuve suprême de nos vénérables traditions, sans refuser à un esprit de réforme prudent tout ce que lui demanderont les véritables conquête de la saine science et le cours naturel des temps ; d'une main ferme, on placera entre le passé et l'avenir un mur impénétrable aux rancunes des offensés et aux prétentions illégitimes des ambitieux ; ces bâtardes dénominations employées comme bannières dans un combat fratricide par les partis opposés, disparaîtront ; nous tomberons d'accord enfin sur la manière de concilier des intérêts qui peut-être ne se contrarient que parce qu'ils ne sont pas bien compris. L'instant est proche où alors vous me verrez au milieu de vous, non comme chef d'un parti persécuté par son adversaire, sans chasser devant moi une multitude de vaincus comme un chef implacable de vainqueurs, mais comme père des Espagnols, comme Roi d'Espagne.

J'ai vu dans ma jeunesse couler un sang généreux sur les champs de bataille où je passai mes premières années ; j'ai vu de mes propres yeux la noble constance de ceux qui soutenaient la cause de ma famille, la valeur de ceux qui combattaient contre elle ; là, j'ai appris à estimer la *hidalguía* de tous ; là, j'ai appris à vous admirer. Sera-ce vous donner beaucoup si, en regardant aujourd'hui tous mes compatriotes, lié à eux par le lien mystérieux de la douleur et de l'infortune, et voyant après le poste que m'a assigné la Providence, je viens vous offrir mon nom comme consolation et comme espérance ?

Et qui pourrait le faire avec un meilleur droit que moi ? Le sang de vos rois est celui qui coule dans mes veines ; le nom qu'ils portent est le mien ; des milliers d'entre vous, qui ont levé le drapeau pour moi, accourraient de nouveau si je leur en donnais le signal ; les autres, en échange, n'ont pas de motif pour me haïr ; pour tous ma voix a toujours été une voix de paix et de concorde. Eh bien, donc, je ne veux pas, dans ce moment solennel, faire valoir devant vous ni plus de droits ni plus de titres que votre infortune elle-même et l'immense amour que je vous porte. Je vous embrasse comme ami et comme père, avec l'accent de la vérité et avec la voix de l'histoire.

Je ne veux pas être élevé sur un pavois sanglant ; je ne prétends pas examiner l'ardeur des luttes qui ont déchiré mon cœur d'Espagnol et de chrétien ; je ne veux pas lever vos bras sans gagner vos convictions et conquérir vos cœurs. Que l'amour mystique, la confiance mutuelle soient notre pacte d'alliance. Vous verrez alors comme facilement se résoudront d'elles-mêmes toutes ces questions de l'ordre politique qui maintenant vous agitent si stérilement ; vous verrez spontanément et sans luttes écloront des institutions qui, ayant leur racine dans notre histoire, conformes à nos besoins, d'accord avec nos habitudes, assez fermes pour appuyer et soutenir nos principes constitutifs, assez flexibles pour qu'elles puissent être modifiées sans violence, selon que le réclamera le développement successif de nos forces sociales, contiendront en elles-mêmes, comme éléments primordiaux, un trône à l'abri des tempêtes populaires, et autour des hiérarchies et des classes modératrices qui le sauvent de ses propres égarements, l'éclairent de ses conseils, le guident par ses avis, le défendent avec son bras, enfin une représentation nationale vraie, indépendante et respectable, qui puisse maintenir toujours indissoluble le lien qui n'aurait jamais dû être rompu entre l'Espagne et ses monarques.

Tel est mon désir, telle est ma volonté; je prends Dieu à témoin de ma sincérité envers vous, et je m'assigne devant la justice de son tribunal pour répondre de la droiture de mes intentions et de la loyauté de mes paroles.

Que Dieu châtie le menteur et vienne en aide au cœur courageux!

Discours *prononcé par S. M. la Reine d'Espagne, à l'ouverture de la session des Cortès, le 8 novembre.*

Messieurs les députés

Je viens aujourd'hui, avec plus de plaisir que jamais, ouvrir les Cortès de la nation et me placer au milieu des élus du peuple. Si, le 26 juillet, je reconnus toute la vérité et si je me confiai sans réserve à son patriotisme, il est juste que dans ce moment solennel je m'empresse de le remercier de son admirable conduite et de demander le même dévouement à ceux qui ont employé leurs efforts pour l'affermissement de la nouvelle ère de bien-être et de bonheur qui s'est alors inaugurée pour notre patrie.

Je suis restée fidèle, Messieurs les députés, à ce que j'ai promis à cet égard, devant Dieu et devant les hommes. J'ai respecté, comme je respecterai toujours la liberté et les droits de la nation. J'ai mis tous mes soins et ma volonté dans les développements de ses intérêts et dans la réalisation de ses justes espérances.

En ordonnant et décrétant la loi fondamentale et définitive qui doit consacrer ces droits et garantir ces intérêts, vous, les honorables représentants du pays, la main sur la conscience et les yeux fixés sur l'histoire, vous comblerez l'abîme des luttes et des discordes. Votre résolution sera, je n'en doute point, un arrêt digne de votre noblesse, digne d'être accepté par vos commettants, digne,

enfin, d'être béni et acclamé par la postérité.

Le temps n'aurait pu ni effacer ni faire disparaître ces derniers événements. Mais s'il est vrai que le cœur se serre, que les larmes viennent aux yeux au souvenir des infortunés et des malheureux, puisons-y, Messieurs les députés, un exemple et un enseignement pour la nouvelle vie politique qui vient de s'ouvrir à nous. Peut-être nous sommes-nous tous trompés: désormais efforçons-nous tous de réussir; telle est ma confiance pleine et entière. Que votre patriotisme et vos lumières soient aussi grands et aussi féconds que l'exigent les besoins de notre chère Espagne; et puisque ses destinées ont si souvent étonné l'Europe, faites en sorte qu'elle nous admire encore une fois à la vue du tableau consolant d'une reine qui, sans hésiter, s'est jetée dans les bras de son peuple, et d'un peuple qui, tout en assurant ses libertés, répond à l'appel de sa reine comme le plus brave, le plus noble et le plus chevaleresque de tous les peuples.

Ordonnances *royales portant modifications dans l'administration.*

MINISTÈRE DE LA GUERRE.

Ordonnance royale.

Attendu les raisons que m'a exposées Baldomero Espartero, duc de la Victoire, j'accepte la démission qu'il m'a donnée de la présidence de mon conseil des ministres, demeurant très-satisfaite du zèle, du dévouement et de l'intelligence avec lesquels il a rempli ces fonctions.

Donné au palais, le 28 novembre 1854.

Signé : LA REINE.

Contre-signé : Le ministre de la guerre,
LÉOPOLDO O'DONNELL.

Prenant en considération les mérites, services et hautes qualités du capitaine général de l'armée, Baldomero Espartero, duc de la Victoire, président des

Cortès constituantes, je le nomme président de mon conseil des ministres.

Donné au palais, le 28 novembre 1854.

Signé : LA REINE.

Contre-signé : Le ministre de la guerre,
LÉOPOLDO O'DONNELL.

Prenant en considération les raisons qui m'ont été exposées par Joaquin-Francisco Pacheco, Léopold O'Donnell, Jose-Manuel Collado, Jose Alonso, Jose-Allende Salazar, Francisco Santa-Cruz et Francisco Lujan, ministres des affaires étrangères, de la guerre, des finances, des grâces et justice, de la marine, de l'intérieur et de fomento, j'accepte les démissions qui m'ont été données de leurs ministères respectifs, demeurant très-satisfaite du zèle et du dévouement par eux montrés dans l'exercice de leurs fonctions. ·

Donné au palais, le 29 novembre 1864·

Signé : LA REINE.

Contre-signé :
Le président du conseil des ministres,
BALDOMERO ESPARTERO.

Suivent les ordonnances royales, en date du 29 novembre, contre-signées par le président du conseil des ministres, Balodmero Espartero, ordonnances qui, attendu leurs qualités spéciales, nomment : Claudio-Anton de Luzuriaga, député aux Cortès dans diverses législatures, ministre des affaires étrangères ; le capitaine général de l'armée Léopoldo O'Donnell, comte de Lucena, premier vice-président des Cortès constituantes, ministre de la guerre ; Joaquin Aguierre, député aux Cortès, ministre des grâces et justice ; Jose-Manuel Collado, député aux Cortès, ministre des finances ; le maréchal de camp Jose-Allende Salazar, député aux Cortès, ministre de la marine ; Francisco Santa-Cruz, député aux Cortès, ministre de l'intérieur, et le brigadier de Lujan, député aux Cortès, ministre de fomento.

PORTUGAL.

DISCOURS *prononcé par S. M. le Roi-Régent, à l'ouverture de la session des Cortès, le 2 janvier.*

Nobles pairs du royaume et députés de la nation portugaise,

Il y a peu de temps que j'ai prêté devant vous serment en qualité de régent du royaume ; je reviens au sein de la représentation nationale exercer, pour la première fois, l'acte le plus solennel de l'autorité dont je suis le dépositaire.

La session de 1853 finissait avec l'année, mais elle avait été interrompue par une longue prorogation, pendant laquelle est arrivé un grand malheur national, la mort de la très-vertueuse reine dona Maria II, que nous pleurons tous. Combien ne m'est-il pas pénible, après la perte que j'ai faite, d'être encore obligé de vous la rappeler ! Mais la douleur solennelle de la nation tout entière, qui est un modèle pour la noblesse de ses sentiments d'amour et de fidélité envers ses rois, en dit plus que je ne saurais exprimer.

Les souverains alliés de la couronne de Portugal ont témoigné la douleur la plus profonde à la nouvelle de ce déplorable événement. Sa Majesté Britannique et son royal époux ont dépêché deux envoyés de distinction pour me faire part de leurs sentiments à l'occasion de ce grand malheur.

Le gouvernement continue de recevoir des souverains alliés des assurances d'amitié et de bienveillance.

Les négociations avec le Saint-Siège continuent avec tout espoir d'arriver à un résultat favorable.

L'incident désagréable qui a eu lieu ici avec le ministre du Brésil s'est terminé sans aucun sacrifice de dignité de notre part, par un arrangement entre les deux gouvernements. Un nouvel ambassadeur du Brésil en Portugal a été nommé, et il ne tardera pas à arriver. Pendant la prorogation des chambres, le gouvernement a dirigé son attention vers l'achèvement des voies de communication, objet de ma plus grande sollicitude et condition indispensable de tous les progrès. Dans ce but, il a réussi à contracter deux emprunts, l'un à Porto, l'autre à Paris, qui seront soumis à votre approbation. Cependant les travaux des routes n'ont pas cessé, et ils se continuent avec toute l'activité possible. Sur l'invitation du gouvernement belge, le gouvernement portugais a envoyé un représentant au congrès général de statistique qui s'est réuni à Bruxelles, et auquel l'Angleterre, la France, l'Espagne et d'autres Etats ont pris part, afin d'établir un système uniforme dans cette branche importante de la science administrative. Le résultat des conférences ne peut manquer d'être avantageux aux pays qui y étaient représentés. Le gouvernement a nommé un autre envoyé pour assister aux conférences qui ont eu lieu dans la même ville de Bruxelles, sur l'invitation du gouvernement des Etats-Unis, au sujet d'observations météorologiques relatives au perfectionnement de la navigation.

Autorisé par la législature, le gouvernement a introduit quelques changements dans la division administrative et judiciaire du territoire du royaume et créé de nouveaux ressorts afin d'obtenir une meilleure administration de la justice. Il a aussi ouvert le grand séminaire patriarcal et contribué à l'érection de quelques autres qui auront probablement de bons effets sur l'éducation du clergé, au plus grand avantage de la morale et de la religion.

Dans l'organisation des statuts de cet établissement, on a tenu compte, non-seulement des besoins religieux du royaume, mais de ceux de nos possessions coloniales et des missions pour la propagation de la foi catholique en Afrique et en Asie.

Nobles pairs du royaume et députés de la nation portugaise, grâce à la divine Providence, nous jouissons de la paix intérieure et de la tranquillité publique, qui n'ont éprouvé aucune interruption à la suite du terrible coup éprouvé par la nation le 15 novembre.

La situation du royaume est prospère ; l'agriculture a fait des progrès et en fait visiblement tous les jours. Les récoltes, qui ont manqué dans un grand nombre d'autres pays, n'ont pas été abondantes dans le nôtre, mais ne nous donnent lieu de craindre la famine dans aucune localité. L'exportation des vins du Douro a été favorable aux cultivateurs de vignes, car les prix se sont partout élevés. Mais nous avons à déplorer les progrès de la maladie de la vigne, surtout dans l'île de Madère, où ses ravages ont été déplorables.

Rien qui vaille une mention spéciale n'est arrivé dans nos colonies. Le gouvernement vous soumettra des projets à l'avantage du commerce et de l'industrie aussi bien que pour l'administration et le service ecclésiastique de ces colonies.

Le gouvernement a constaté l'insuffisance de notre marine et vous propose de prendre quelques mesures a ce sujet.

Députés de la nation portugaise, l'état des finances et les progrès du crédit public sont l'objet de la sollicitude incessante du gouvernement. Ses propositions sur cette matière importante vous seront soumises en même temps que l'évaluation des recettes et des dépenses : vous les examinerez avec le soin et la prudence nécessaires.

Nobles pairs du royaume et députés de la nation portugaise, je compte que, par vos efforts, par votre zèle pour le bien-être de la nation, que nous aimons tous, vous soutiendrez le gouvernement pour le maintien de la paix et de la liberté, et que vous adopterez tous les projets qui peuvent avoir pour but un accroissement de la prospérité publique.

La session est ouverte.

GRANDE-BRETAGNE.

Discours *prononcé par S. M. la Reine à la clôture du Parlement* (12 avril).

Milords et Messieurs,

L'état des affaires publiques me permet de vous affranchir d'une longue assiduité au Parlement.

Messieurs de la Chambre des communes ,

Au moment où je viens clore la session, c'est un grand plaisir pour moi de vous témoigner combien j'apprécie le zèle et l'énergie que vous avez montrés en pourvoyant aux moyens de poursuivre vigoureusement la guerre dans laquelle, malgré mes efforts pour l'éviter, nous sommes actuellement engagés. Votre libéralité à octroyer des subsides pour le service public a droit à mes remercîments les plus vifs, et tout en déplorant les nouvelles charges imposées à mon peuple, je reconnais complétement votre sagesse, sacrifiant les considérations de convenance présente, et sachant pourvoir aux exigences immédiates de la guerre, sans augmenter la dette permanente du pays.

Milords et Messieurs,

Dans ma cordiale coopération avec l'Empereur des Français, mes efforts tendront à réprimer efficacement cet esprit ambitieux et agressif de la Russie qui nous a contraints de prendre les armes pour la défense d'un allié, et pour assurer la tranquillité à venir de l'Europe. Vous partagerez mon admiration pour le courage et la persévérance déployés par les troupes du Sultan dans leur défense de Silistrie et dans les différentes opérations militaires sur le Danube.

L'intérêt absorbant des questions ayant trait au progrès de la guerre n'a pas permis de s'occuper de quelques-unes des matières qu'à l'ouverture de la session j'avais recommandées à votre attention; mais je suis heureuse de reconnaître le zèle et la diligence avec lesquels vous avez mis le dernier sceau à diverses mesures importantes, de nature à être très-utiles au public.

Vous n'avez pas seulement adopté un acte pour l'ouverture du commerce du cabotage du royaume uni et pour la suppression des dernières restrictions législatives à l'égard de l'emploi des navires étrangers, mais vous avez encore revisé et consolidé toute la loi fondamentale sur la marine marchande.

L'acte qui établit le contrôle direct de la Chambre des communes sur les frais attachés à la perception des revenus publics donnera un effet plus complet à un principe important de la constitution; il facilitera la simplicité et la régularité dans notre système de comptabilité publique. J'ai vu avec plaisir

que les modifications à l'administration de la justice ont continué d'occuper votre attention, et je compte sur de grands avantages par suite des améliorations que vous avez apportées aux formes de la procédure dans les cours supérieures de droit commun.

Les mesures que vous avez adoptées pour améliorer la direction de l'université d'Oxford et perfectionner sa constitution contribueront puissamment, je l'espère, à augmenter l'utilité et à étendre le renom de cette grande école du savoir.

J'ai donné avec empressement ma sanction à la mesure que vous avez adoptée pour prévenir la corruption électorale et les fraudes dans les élections; j'espère qu'elle servira efficacement à réprimer un mal qui, faute d'être combattu, menacerait d'imprimer une flétrissure à notre système représentatif.

C'est mon vif désir qu'à votre rentrée dans vos comtés respectifs, vous y observiez un esprit d'union et de concorde.

Privés des bienfaits de la paix au dehors, il est plus que jamais nécessaire que nous nous efforcions de confirmer et d'augmenter les avantages de notre situation intérieure; et c'est avec la plus grande satisfaction que je considère le progrès de l'industrie active et la prospérité générale qui règne heureusement dans tous les pays. Profondément sensible à l'existence de ces avantages, je forme l'humble vœu qu'il nous soit permis de continuer à jouir de la faveur du Tout-Puissant; et, sous sa gracieuse protection, puissions-nous être en état d'amener la lutte actuelle à une juste et honorable conclusion.

DISCOURS *prononcé par S. M. la Reine à l'ouverture de la session extraordinaire du Parlement.*

Milords et Messieurs,

Je vous ai convoqués à cette époque insolite de l'année afin de pouvoir, avec votre assistance, adopter des mesures qui me permettent de poursuivre avec la plus grande vigueur et le plus grand effet la grande guerre dans laquelle nous sommes engagés.

Je sais que cette assistance sera donnée avec empressement, car je ne saurais douter que vous ne partagiez ma conviction de la nécessité de n'épargner aucun effort pour augmenter mon armée actuellement engagée en Crimée.

Les efforts qu'elle a faits et les victoires qu'elle a remportées, égales aux plus brillantes qui soient inscrites dans les pages de notre histoire, m'ont remplie d'admiration et de reconnaissance.

La cordiale et utile coopération des braves troupes de mon allié l'Empereur des Français et la gloire acquise en commun ne peuvent manquer de cimenter davantage l'union qui heureusement existe entre les deux nations.

C'est avec satisfaction que je vous annonce que, conjointement, nous avons conclu avec l'Empereur d'Autriche un traité dont j'attends d'importants avantages pour la cause commune.

J'ai également conclu avec les Etats-Unis d'Amérique un traité par lequel ont été équitablement arrangées des questions donnant lieu à de longues et difficiles discussions. Il vous sera donné communication de ces traités.

Quoique la poursuite de cette guerre doive être l'objet de votre attention spéciale, j'espère que d'autres affaires d'un haut intérêt et d'une grande importance pour le bonheur général ne seront pas négligées.

Je suis heureuse de remarquer que la prospérité générale de mes sujets n'est pas interrompue. L'état du revenu me donne une complète satisfaction, et je compte que, par votre sagesse et par votre prudence, vous continuerez à favoriser les progrès de l'agriculture, du commerce et des manufactures.

Messieurs de la Chambre des communes,

Dans le budget qui vous sera présenté, je compte que vous trouverez qu'il a été complètement pourvu aux besoins du service public.

Milords et Messieurs,

Je compte avec confiance sur votre patriotisme et votre esprit public. Je suis certaine que dans la lutte grave où nous sommes engagés, vous montrerez au monde l'exemple d'un peuple uni.

C'est ainsi que nous obtiendrons le respect des autres nations et que nous pourrons espérer, avec la bénédiction de Dieu, mener la guerre à une heureuse conclusion.

Question d'Orient.

SOMMATION ADRESSÉE PAR L'ANGLETERRE A LA RUSSIE.

Memorandum donné par le consul Michele au comte de Nesselrode.

En conformité des instructions qui m'ont été transmises par mon gouvernement sous la date du 27 février dernier, j'ai l'honneur de remettre entre les mains de Votre Excellence une lettre du très-honorable comte de Clarendon, secrétaire d'Etat de Sa Majesté Britannique pour les affaires étrangères. Je suis chargé, en outre, d'informer Votre Excellence que le messager de la Reine qui était porteur de cette communication, et n'est arrivé que d'hier matin à Saint-Pétersbourg, sera prêt à retourner en Angleterre avec la réponse de Votre Excellence dès qu'elle m'aura été envoyée ; mais si, à l'expiration de six jours à compter d'aujourd'hui, Votre Excellence ne m'avait fait transmettre aucune lettre à l'adresse du comte de Clarendon, ou si, avant l'expiration de ce terme, Votre Excellence m'informait que le messager n'a pas besoin de rester à Saint-Pétersbourg, je dois, dans l'un ou l'autre cas, ordonner au messager de la Reine de retourner en Angleterre avec la plus grande promptitude.

Le comte de Clarendon au consul Michele.

Foreign-Office, 27 mars 1854.

Monsieur, j'ai reçu, le 25 du courant, votre lettre qui m'annonce la forme en laquelle vous avez remis au comte de Nesselrode la lettre que j'adressais à Son Excellence, et qui était incluse dans la dépêche que je vous avais expédiée sous la date du 27 février dernier. J'ai l'honneur de vous informer que j'approuve la manière dont vous avez exécuté mes ordres sur ce sujet.

Je suis, etc.

Signé : CLARENDON.

———

CIRCULAIRE *adressée aux agents diplomatiques et consulaires de S. M. Britannique.*

Ministère des affaires étrangères, le 26 février 1854.

Monsieur,

La communication qu'on vous a récemment faite de la correspondance sur les affaires d'Orient, qui a été soumise aux deux chambres du Parlement, vous aura démontré que, selon toutes les prévisions, les hostilités ne tarderont pas à éclater entre la Grande-Bretagne et la France d'une part, et la Russie de l'autre. Il sera également résulté pour vous de cette correspondance que, pendant tout le cours des négociations difficiles et compliquées qui ont précédé l'état de chose actuel, les gouvernements anglais et français ont sincèrement et cordialement agi de concert, afin d'écarter le fléau de la guerre, et qu'ils sont pareillement disposés à agir encore dans le même esprit de sincérité et de cordialité pour préserver l'empire ottoman, dans le cas où l'Empereur de Russie persisterait à ne pas vouloir traiter de la paix à des conditions justes et raisonnables.

Le moment est maintenant arrivé où il est du devoir des deux gouvernements de se préparer à toutes les éventualités de la guerre. Parmi celles-ci, il leur a été impossible de ne pas tenir compte du danger auquel leurs sujets et leur commerce peuvent être exposés en mer par suite des machinations de l'ennemi qui, quoique peu en état de leur occasionner un grand dommage avec ses seules ressources, peut chercher à à se ménager les moyens de nuire dans les pays dont les gouvernements ne prennent point part à la lutte qu'il a provoquée.

Mais par une conséquence nécessaire de l'union et de l'alliance si étroitement établies entre la Grande-Bretagne et la France, il faut que si la guerre survient, elles fassent sentir leur action commune à la Russie dans toutes les parties du monde ; que leurs résolutions, leurs armées et leurs flottes ne s'unissent pas seulement contre elle pour la défense ou l'attaque dans la mer Baltique et dans les eaux et sur le territoire de la Turquie, mais que le même accord règne dans tous les parages, et que, soit qu'il s'agisse de se tenir sur l'offensive ou sur la défensive, les ressources civiles, militaires et navales des empires britannique et français soient consacrées au but commun de protéger leurs sujets et leur commerce contre toute agression de la Russie, et d'enlever à son gouvernement toute faculté de leur porter préjudice.

D'après ces motifs, le gouvernement de S. M. Britannique s'est entendu avec celui de S. M. l'Empereur des Français pour inviter leurs fonctionnaires civils ou maritimes, en pays étrangers, à considérer leurs sujets respectifs comme ayant les mêmes droits à leur sauvegarde, et à agir à cet effet, soit isolément, soit de concert avec leurs collègues, pour soutenir et défendre indifféremment les intérêts anglais ou français. Il peut arriver que, dans une localité donnée, une seule des deux puissances soit représentée, soit par un agent civil, soit par une force navale. En pareil cas, elle devra exercer son influence et son pouvoir en faveur des sujets et des intérêts de l'autre, avec autant de zèle et d'activité que s'il s'agissait des siens propres.

J'ai donc à vous inviter, Monsieur, à conformer votre conduite à ce principe. Vous regarderez comme votre devoir de protéger autant que possible, contre les conséquences des hostilités qui peuvent prochainement éclater entre l'Angleterre et la France réunies, et la Russie, les sujets et les intérêts français comme ceux de vos nationaux. Vous ferez part, sans aucune reserve, aux autorités civiles et navales françaises avec lesquelles vous pourrez entrer en communication, de tous les dangers auxquels se trouveraient exposés les intérêts de l'un ou de l'autre État, ainsi que de toutes les opportunités de nuire à l'ennemi commun qui viendraient à votre connaissance.

Des instructions conçues dans le même sens seront adressées par le gouvernement français à ses fonctionnaires civils ou maritimes en pays, étrangers. Nous entrevoyons comme lui les plus heureux résultats de cette manifestation décisive de l'union intime qui existe entre les deux gouvernements, union dont nous désirons sincèrement voir s'inspirer leurs agents dans toutes les parties du monde, au moment où nous allons entrer en lutte avec la Russie pour un objet d'une importance aussi majeure pour l'Europe que le maintien de l'empire turc.

Je suis, etc.

CIRCULAIRE *adressée aux gouverneurs des colonies de S. M. Britannique.*

Milord,

Je transmets ci-joint à Votre Seigneurie copie d'une circulaire adressée aux agents diplomatiques et consulaires de S M. Britannique en pays étrangers, afin de leur prescrire, ainsi qu'il a été convenu entre les gouvernements de S. M. et de France, et de protéger les sujets et le commerce français.

Des instructions conçues dans le même sens doivent être envoyées aux commandants des forces navales de S. M. dans toutes les parties du monde. Je suis chargé de vous inviter à conformer votre conduite, dans l'exercice de vos fonctions de gouverneur de....., aux instructions précitées, en tant qu'elles seraient applicables à vos attributions. Vous ferez comprendre aux autorités locales placées sous vos ordres qu'elles sont tenues d'étendre une protection semblable aux sujets et au commerce français, et de coopérer, dans ce but, avec les forces navales de S. M., et vous me rendrez compte sans délai des mesures que vous aurez jugé à propos de prendre relativement aux instructions dont il s'agit.

J'ai l'honneur, etc.

CIRCULAIRE *des lords de l'Amirauté.*

Le comte de Clarendon nous ayant informés que les gouvernements de S. M. Britannique et de France se sont entendus pour que leurs agents civils et leurs forces navales dans toutes les parties du monde agissent de concert ou isolément, s'il est nécessaire, afin de protéger les intérêts des sujets et du commmerce des deux nations partout où ils auraient besoin d'assistance contre les machinations hostiles de la Russie ; et Sa Seigneurie nous ayant en outre signifié les ordres de la Reine que des instructions conçues dans le même sens fussent envoyées aux commandants des stations navales de S. M. dans tous les parages, nous vous transmettons ci-joint copie d'une circulaire adressée par le ministre des affaires étrangères aux agents diplomatiques et consulaires de S. M. en pays étrangers. Nous vous invitons en même temps à conformer votre conduite, sous tous les rapports, aux vues et aux intentions du gouvernement de S. M., telles qu'elles se trouvent exprimées dans la lettre de lord Clarendon et dans la circulaire en question.

Nous avons également à vous annoncer que le gouvernement français à adressé de semblables instructions aux forces navales de la France.

Nous vous invitons, de plus, à saisir la première occasion, après avoir reçu le présent avis, de vous mettre en communication, sur le pied le plus amical, avec l'officier commandant les forces navales françaises dans la même station, afin de remplir le plus pleinement possibles les intentions des gouvernements de S. M. Britannique et de France.

Donné sous notre seing, le 24 février 1854.

Signé : J.-S. GRAHAM,
HYDE PARKER.

Par ordre de Leurs Seigneuries :
Signé : W.-A.-B. HAMILTON.

AMÉRIQUE.

ÉTATS-UNIS D'AMÉRIQUE.

Relations avec la Grande-Bretagne.

TRAITÉ *entre S. M. la reine Victoria et les États-Unis d'Amérique, relativement aux pêcheries, au commerce et à la navigation, signé à Washington, le 9 septembre 1854.*

Art. 1er. Il est convenu entre les hautes parties contractantes qu'en outre de la liberté assurée aux pêcheries des États-Unis par les conventions du 20 octobre 1818, de prendre, saler et sécher le poisson sur certaines côtes des colonies anglaises de l'Amérique du Nord y spécifiées, les habitants des États-Unis auront, de concert avec les sujets de Sa Majesté Britannique, la liberté de prendre le poisson de toute espèce, à l'exception des coquillages, sur les côtes et rives de la mer et dans les baies, rades et criques du Canada, New-Brunswick, Novoscotia, île du Prince-Edouard et des diverses îles adjacentes, sans être restreints à aucune distance du rivage, avec permission de débarquer sur les côtes et rivages de ces îles et aussi sur les îles Madelon pour faire sécher leurs filets et saler le poisson, à la condition que, ce faisant, ils n'empiéteront pas sur les droits de propriété privée ni des pêcheurs anglais, dans leur paisible occupation, d'une partie de ladite côte, pour le même objet. Il est entendu que cette liberté ne s'applique qu'à la pêcherie en mer, et que toutes les pêcheries des rivières et bouches de rivières sont réservées exclusivement pour les pêcheurs anglais. Il est entendu qu'afin de préciser ou régler toute discussion qu'aux lieux auxquels s'applique la réserve du droit exclusif des pêcheurs anglais contenue dans cet article et du droit des pêcheurs des États-Unis contenu dans l'article ci-après, chacune des parties contractantes, sur la demande de l'une à l'autre, nommera dans les six mois des commissaires.

Ces commissaires, avant de procéder au travail, feront et signeront une déclaration solennelle qu'ils examineront, et décideront impartialement et avec soin, du mieux qu'ils le jugeront, et conformément à la justice et à l'équité, sans crainte, faveur, ni affection pour leur patrie, les lieux qui doivent être réservés et exclus de la liberté commune de pêcher en vertu des présents articles. Cette déclaration sera consignée dans leur rapport. Les commissaires nommeront une troisième personne à l'effet d'agir en qualité d'arbitre ou surarbitre dans tous les cas où ils pourront différer d'opinion. S'ils ne s'accordent pas sur le choix de ce sur-arbitre, ils nommeront chacun une personne, et le sort décidera laquelle de ces deux personnes sera le sur-arbitre en cas de désaccord entre les commissaires. La personne ainsi désignée comme sur-arbitre, avant de procéder, fera une déclaration dans le même sens, que celle déjà signée par les commissaires, et qui sera également consignée au rapport. En cas de décès, absence ou incapacité de l'un des commissaires ou du sur-arbitre, ou de cessation par l'un d'eux de ses fonctions, une autre personne sera nommée et choisie à l'effet de le remplacer, et cette personne fera une déclaration semblable à la précédente. Ces commissaires procéderont à l'examen des côtes des provinces de l'Amérique du Nord et des États-Unis, comprises dans les dispositions des 1er et 2e articles de ce traité, et ils désigneront les lieux réservés par lesdits articles en dehors du droit commun de pêcherie. La décision des commissaires et de l'arbitre ou du sur-arbitre sera donnée par écrit dans chaque cas et signée respectivement par eux. Les hautes parties contractantes s'engagent à considérer les décisions des commissaires, conjointement du sur-arbitre, comme absolument définitives et concluantes dans chaque cas respectivement décidé par eux ou par lui.

Art. 2. Il est convenu entre les hautes parties contractantes que les sujets anglais auront, de concert avec les citoyens des États-Unis, la liberté de prendre du poisson de toute espèce, à l'exception des coquillages, sur les côtes et rives orientales des États-Unis au nord de la 36e parallèle de la latitude du nord et sur les rives des diverses îles adjacentes, sans être restreints à une distance du rivage, avec permission de débarquer pour faire sécher les filets, etc., omme à l'art. 1er pour les pêcheries méricaines.

Art. 3. Il est convenu que les articles numérés dans la cédule annexée étant es productions des colonies anglaises « des États-Unis, seront adressés dans haque pays respectivement, libres de roits, savoir : grains, farines, animaux le toute espèce, viande fraîche, salée « fumée, etc.

Art. 4. Il est convenu que les citoyens t habitants des États-Unis auront le lroit de de naviguer sur la rivière Saint-.aurent et les canaux du Canada, dont « se sert comme moyen de communiation entre les grands lacs et l'océan llantiquè, avec leurs navires et cha-upes, aussi librement et complètement que les sujets de Sa Majesté Britan-nique, seulement en payant les droits mxquels sont assujettis les sujets de la Reine. Il est entendu, toutefois, que le ouvernement anglais conserve le droit le suspendre ce privilége en en donnant réalablement avis au gouvernement les États-Unis. Il est entendu et con-renu que, si le gouvernement anglais eut ultérieurement exercer ce privilege, le même le gouvernement des États-Unis aura le droit de suspendre, s'il le uge à propos, l'effet de l'art. 3 du pré-ent traité, en ce qui touche la province la Canada, tant que pourra continuer a suspension de la libre navigation du Saint-Laurent ou des canaux. Il est nenu que les sujets anglais auront le lroit de naviguer librement sur le lac Michigan avec leurs navires, bateaux et haloupes, tant que continuera le privi-lége accordé par le présent article aux itoyens américains de naviguer sur le Saint-Laurent, et le gouvernement des Étals-Unis s'engage à presser les gou-rerneurs des États à assurer aux sujets le Sa Majesté Britannique l'usage des livers canaux des États dans des termes l'égalité avec les habitants des États-Unis. Il est convenu qu'aucun droit l'exportation ou autre droit ne sera levé ur le bois de construction de toute spèce coupé sur la partie du territoire mérica'n dans l'État du Maine arrosé ur la rivière Saint-Jean et ses tribu-aires, et flotté sur cette rivière jusqu'à à mer, alors que ce bois sera envoyé de a province de New-Brunswick aux États-Unis.

Art. 5. Le présent traité recevra son exécution aussitôt que les lois requises pour son exécution auront été adoptées par le parlement impérial de l'Angle-terre et par les parlements provinciaux de celles des colonies anglaises de l'A-mérique du Nord qui sont affectées par ce traité d'une part, et par le congrès des États-Unis d'autre part. Après cet assentiment, le traité restera en force pendant dix ans, à partir de la date de l'exécution, et ultérieurement jusqu'à l'expiration de douze mois après que l'une ou l'autre des parties aura avisé l'autre de son intention d'y mettre un terme, chacune des hautes parties con-tractantes étant libre de donner cet avis à l'autre à la fin du terme de dix ans, ou plus tard. Il est entendu que cette stipulation ne doit pas affecter les ré-serves de l'art. 4 du présent traité, au sujet du droit de suspension temporaire des effets des art. 3 et 4.

Art. 6. Il est convenu, en outre, que les dispositions et stipulations des ar-ticles ci-dessus s'étendront à l'île de Terre-Neuve en tant qu'elles seront ap-plicables à cette colonie ; mais si le par-lement impérial, le parlement provincial de Terre-Neuve ou le congrès des États-Unis ne comprennent pas dans leurs lois faites pour l'exécution du traité la colonie de Terre-Neuve, alors et dans ce cas le présent article demeu-rera sans effet ; mais l'omission d'une disposition légale pour y donner effet par l'un des corps législatifs précités ne préjudiciera en aucune manière aux autres articles du traité.

Art. 7. Les ratifications seront échangées dans les six mois ou plus tôt.

Fait triple à Washington, 5 juin 1854.

Signé : ELGIN et KINCARDINE,
W.-L. MARCY.

———

Relations avec la Russie.

CONVENTION *relative aux neutres, signée entre les États-Unis et la Russie.*

Attendu qu'une convention entre les Etats-Unis d'Amérique et S. M. l'Em-pereur de toutes les Russies a été conclue et signée par leurs plénipotiniaires respectifs, à Washington, le 22 juillet dernier, ladite convention conçue en ces termes :

Les Etats-Unis d'Amérique et S. M. l'Empereur de toutes les Russies étant également animés du désir de maintenir et de préserver de toute atteinte les relations de bonne intelligence qui ont toujours subsisté heureusement entre eux et entre les habitants dans leurs Etats respectifs, sont mutuellement convenus de perpétuer par une convention formelle les principes du droit des neutres en mer, qu'ils reconnaissent comme étant la condition indispensable de toute liberté de navigation et de commerce maritime. Par ces motifs, le président des Etats-Unis a conféré pleins pouvoirs à William L. Marcy, secrétaire d'Etat des Etats-Unis. S. M. l'Empereur de toutes les Russies a conféré les mêmes pouvoirs à M. Edouard de Stoeckl, conseiller d'Etat, chevalier des ordres de Sainte-Anne de 1re classe, de Saint-Stanislas de 4e classe et de la Couronne de Fer d'Autriche de 3e classe, son chargé d'affaires près le gouvernement des Etats-Unis d'Amérique ; et lesdits plénipotentiaires, après avoir échangé leurs pleins pouvoirs, trouvés en bonne et due forme, ont conclu et signé les articles de la teneur ci-après :

Art. 1er. Les deux hautes parties contractantes reconnaissent comme permanents et immuables les principes suivants, savoir : 1° les marchandises libres font les navires libres, c'est-à-dire les effets ou les marchandises appartenant à des sujets ou citoyens d'une puissance ou d'un Etat en guerre sont affranchis de capture et de confiscation lorsqu'ils sont trouvés à bord de navires neutres, à l'exception des articles de contrebande de guerre ; 2° la propriété des neutres à bord d'un navire ennemi n'est pas assujettie à la confiscation, à moins qu'elle ne soit contrebande de guerre. On s'engage à appliquer ces principes au commerce et à la navigation de toutes les puissances ou de tous les Etats qui consentiront à les adopter comme permanents et immuables.

Art. 2. Les deux hautes parties contractantes se réservent d'en venir à une entente ultérieure, suivant que les circonstances l'exigeront, en ce qui touche l'application et l'extension à donner, s'il y a lieu, aux principes consignés dans le 1er article ; mais elles déclarent dès à présent qu'elles prendront pour règle les stipulations contenues audit article 1er toutes les fois qu'il sera question de payer des droits de neutralité.

Art. 3. Il est convenu par les hautes parties contractantes que toutes les nations qui consentiront ou pourront consentir à accéder aux règles du premier article de cette convention par une déclaration formelle stipulant qu'elles les observeront, jouiront des droits résultant de cette accession de la même manière qu'auront lieu la jouissance et l'observation par les deux puissances signataires de la présente convention. Elles se communiqueront mutuellement les résultats des mesures qui pourront être prises à ce sujet.

Art. 4. La présente convention sera approuvée et ratifiée par le président des Etats-Unis d'Amérique, de l'avis et de l'agrément du sénat de ces Etats, et par S. M. l'Empereur de toutes les Russies, et les ratifications seront échangées à Washington, dans la période de dix mois à compter de ce jour, ou plus tôt si faire se peut.

En foi de quoi les plénipotentiaires respectifs ont signé la présente convention et y ont apposé le sceau de leurs armes.

Fait à Washington, le 22 juillet, en l'an de grâce 1854.

Signé : W.-L. MARCY,
ÉDOUARD STOECKL.

———

Relations avec la France.

PIÈCES RELATIVES A L'AFFAIRE SOULÉ

M. Mason à M. Marcy.

Légation des États-Unis.
Paris, le 30 octobre 1854.

Monsieur, un incident d'une grave importance est survenu. Dans ma Note 36 je vous communiquais la nouvelle que M. Soulé, ministre des Etats-Unis en Espagne, s'était vu interdire l'entrée de la France, en vertu d'ordres qu'il alléguait avoir reçus du gouvernement de l'Empereur.

Pour avérer, sans délai, les faits de ce procédé extraordinaire et insolite, j'envoyai à Douvres M. Piatt, secrétaire de cette légation, afin qu'il s'en expliquât avec M. Soulé. Il quitta Paris le 25 au soir, et trouvant, à son arrivée à Douvres, que M. Soulé en était reparti, il alla jusqu'à Londres, où il eut une entrevue avec ce ministre. L'ordre qui lui interdisait l'entrée de la France était entièrement ignoré de M. Soulé, et il affirme n'avoir donné, ni par ses actes, ni par ses paroles, ni par ses écrits, l'ombre d'un prétexte à la mesure gratuite qui, en violation de ses droits comme citoyen de la république américaine et de ses priviléges comme ministre accrédité de l'Union, lui a interdit le passage par la France, pour retourner à Madrid.

Au retour de M. Piatt, j'adressai, sans perdre de temps, au ministre des affaires étrangères, sous la date du 27 de ce mois, une Note dont je vous transmets copie. Elle fut envoyée, le 28, au ministère des affaires étrangères et je n'ai pas encore reçu de réponse.

Il est impossible de ne point considérer cet humiliant affront comme profondément injurieux, quand on se rappelle que M. Soulé, agissant d'après vos ordres, a passé tout récemment plus de deux semaines à Paris, sans que, durant ce séjour, ni lui ni moi ayons reçu aucune communication qui pût nous faire comprendre que sa présence fût désagréable au gouvernement français.

Ne voyant aucun motif qui puisse justifier un sentiment hostile envers les États-Unis, je ne puis qu'espérer que le gouvernement français, reconnaissant qu'il a agi sur des renseignements erronés, réparera ce tort grave sans retard.

Si cet espoir est déçu, quelque empressement que j'aie mis, depuis que je représente nos concitoyens auprès de cette cour, à cultiver les plus cordiales relations d'amitié entre les deux pays, je devrai considérer cet incident comme d'une importance si grave, qu'il ne sera pas impossible que je considère de mon devoir de clore ma mission en demandant mes passeports. Je me hâterai de vous faire part de la réponse qui sera faite à ma Note et de la marche des événements qui se rattacheront à cette affaire extraordinaire.

J'ai l'honneur d'être, etc.

Signé : J. Y. MASON.

M. Mason à M. Drouyn de Lhuys.

Légation des États-Unis.
Paris, le 27 octobre 1854.

Monsieur, j'ai été informé que le 24 de ce mois, à son arrivée à Calais, des côtes de l'Angleterre, M. Soulé a reçu, d'un fonctionnaire de la police, avis que le gouvernement impérial avait ordonné de ne pas lui permettre d'entrer en France, et que par suite de cet ordre il a été obligé de retourner en Angleterre, où il se trouve à présent. M. Soulé est citoyen des États-Unis, accrédité en qualité d'envoyé extraordinaire et ministre plénipotentiaire de son pays près la cour d'Espagne. Dans l'exécution des ordres de son gouvernement, il avait visité Paris et Londres et retournait à son poste à Madrid par la route la plus usitée et la plus commode à travers le territoire de la France, lorsqu'il s'est vu arrêté ainsi dans son voyage. Il n'avait reçu aucun avis de la résolution du gouvernement de l'Empereur de lui dénier un privilége accordé par toutes les nations aux citoyens ou aux sujets de puissances amies voyageant sous leur protection, et particulièrement à ceux qui sont revêtus du caractère sacré de ministres publics. En effet, il a été arrêté dans son voyage quelques heures avant que j'eusse reçu sur son compte les avis que vous m'avez fait l'honneur de me donner dans l'après-midi du 24 de ce mois. Si cette mesure a été autorisée par le gouvernement de l'Empereur, elle ne peut qu'être regardée par le gouvernement et le peuple des États-Unis, non-seulement comme un acte personnel tout à fait insolite et humiliant pour le ministre, mais encore comme un affront national d'un très-grave caractère et que des faits établis sur des preuves concluantes pourraient seuls atténuer. Sans attendre d'instructions spéciales à cet égard, je considère comme un devoir impérieux de m'empresser de vous demander pour quels motifs un de mes concitoyens, choisi par mon pays pour le représenter auprès d'une puissance étrangère, a été traité de cette façon, tandis qu'il existe entre la France et les États-Unis des relations d'amitié et de paix chères à ces derniers. Mon gouvernement sera saisi d'une anxiété pénible jusqu'à ce que des renseignements satisfaisants, donnés en réponse à ma demande, puissent lui être communiqués. Je ne puis qu'espérer que Votre Excellence me fournira les explications nécessaires pour faire sortir le ministre de la position dans laquelle il se trouve ainsi placé, et aussi pour me permettre de calmer les sentiments déplaisants que la nouvelle de cet incident éveillera dans les États-Unis.

Je profite de cette occasion, etc.

Signé : J. Y. MASON.

M. Drouyn de Lhuys à M. Mason.

Paris, le 1er novembre 1854.

Monsieur, j'ai reçu la lettre que vous m'avez fait l'honneur de m'écrire, sous la date du 27 du mois dernier, dans laquelle vous me demandez quelques explications sur la détermination prise à l'égard de M. Soulé. Je dois d'abord établir la manière dont les choses se sont passées.

Le ministre de l'intérieur a eu à donner l'ordre de ne pas laisser pénétrer M. Soulé en France sans la connaissance du gouvernement de l'Empereur. Les instructions de M. Billault ont été strictement suivies et exécutées avec la plus grande convenance par le commissaire de police à Calais. Conséquemment, ce fonctionnaire n'a pas été invité à se rembarquer pour l'Angleterre; il l'a laissé parfaitement libre de rester à Calais jusqu'à ce qu'il eût reçu de Paris les ordres qu'il allait demander. C'était une simple question d'attente pour un jour tout au plus; mais, après avoir dit qu'il n'attendait aucun égard de la part du gouvernement français, et que, d'ailleurs, il ne s'en souciait nullement, M. Soulé préféra retourner en Angleterre. Le ministre de l'intérieur transmit néanmoins ses instructions définitives à Calais par le télégra-

phe, et je ne puis faire mieux que de les transcrire ici : « Si M. Soulé se présente pour entrer en France, vous lui donnerez à entendre que le gouvernement de l'Empereur ne l'autorise pas à séjourner ici, mais qu'il ne met aucune opposition à son passage pour retourner en Espagne, et vous lui offrirez de viser son passe-port pour cette destination. » Vous voyez, Monsieur, que le gouvernement de l'Empereur n'a pas cherché, comme vous semblez le croire, à empêcher un envoyé des États-Unis de traverser le territoire français pour se rendre à son poste, et s'acquitter de la mission dont il a été chargé par son gouvernement. Mais, entre ce simple passage et le séjour d'un étranger dont les antécédents (je regrette de le dire), ont éveillé l'attention des autorités chargées de protéger l'ordre public parmi nous, il y a une différence que le ministre de l'intérieur était tenu d'apprécier. Si M. Soulé se rendait directement à Madrid, la route par la France lui était ouverte. Si son intention était de venir à Paris dans le but d'y séjourner, ce privilège ne lui était pas accordé. Il était donc nécessaire de le consulter sur ses intentions, et c'est lui-même qui n'a pas laissé le temps de le faire. Nos lois sont strictes en ce qui concerne les étrangers. Le ministre de l'intérieur en fait rigoureusement exécuter les prescriptions quand la nécessité lui en est démontrée, et même alors il fait usage d'un pouvoir discrétionnaire sur lequel le gouvernement de l'Empereur n'a jamais admis de discussion. La qualité d'étranger chez M. Soulé le soumettait à la mesure dont il a été l'objet; il ne restait qu'à concilier cette mesure avec le caractère public dont il était revêtu.

Vous reconnaîtrez, Monsieur, que c'est là ce que nous avons fait, et que le gouvernement des États-Unis, avec lequel le gouvernement de S. M. l'Empereur, a à cœur de cultiver les relations d'amitié et d'estime, n'a, en aucune manière, été atteint dans la personne d'un de ses représentants.

Le ministre des États-Unis en Espagne est, je le répète, libre de passer par la France. M. Soulé, qui n'a aucune mission à remplir auprès de l'Empereur, et qui, d'après la doctrine sanctionnée par la loi des nations, aurait besoin, vu son origine, d'un consentement spécial pour pouvoir représenter, dans son pays natal, sa patrie d'adoption, M. Soulé, comme simple particulier, rentre sous l'empire de la loi commune qui lui a été appliquée, et ne peut réclamer aucun privilége.

Agréez, etc.

Signé : DROUYN DE LHUYS.

M. Mason à M. Marcy.

Légation des Etats-Unis.
Paris, le 11 novembre 1854.

Monsieur, dans ma dépêche n° 37, je vous informais de l'incident survenu à Calais, par lequel M. Soulé s'était vu arrêter dans son voyage pour retourner en Espagne. Avec cette dépêche, je vous envoyais copie de ma lettre à M. Drouyn de Lhuys, ministre des affaires étrangères, en date du 27 octobre dernier. Le 1er novembre dernier, je reçus de S. Exc. une Note en réponse à la mienne.

J'en envoie ci-joint l'original, gardant une copie pour les archives de la légation.

Jusqu'à la réception de cette Note, j'avais compris que la prohibition faite à M. Soulé d'entrer en France était absolue ; et ainsi l'avait compris M. Soulé lui-même, car, par suite de l'exécution de cette mesure, il avait eu à retourner en Angleterre.

Le 6 de ce mois, j'ai adressé au ministre des affaires étrangères une communication dont je vous transmets copie. Je n'ai pas reçu de réponse et présume qu'elle terminera une correspondance que j'ai cru de mon devoir d'ouvrir, sans attendre des instructions spéciales du Président. Il en résulte, je suis heureux de le dire, qu'aucun empêchement n'existe au passage par la France du ministre américain accrédité près le gouvernement espagnol, pour se rendre à son poste officiel. Ceci est reconnu, sans doute possible, comme un principe de la loi des nations, qui intéresse tous les pays, parce que le déni de ce droit embarrasserait sérieusement le maintien des missions diplomatiques,

dont l'influence, favorable à la paix et aux bonnes relations dans la famille des nations est universellement reconnue.

J'ai communiqué à M. Soulé, à Londres, ma correspondance avec le gouvernement français ; il est arrivé à Paris le 9 au matin, et en est reparti le 11 pour Bordeaux, où il espère trouver la frégate à vapeur des Etats-Unis *San-Jacinto*, sur laquelle il prendra passage pour l'Espagne.

J'ai l'honneur, etc.

Signé : J. Y. MASON.

M. Mason à M. Drouyn de Lhuys.

Légation des Etats-Unis.
Paris, le 6 novembre 1854.

Monsieur, j'ai l'honneur de vous accuser réception de la lettre de Votre Excellence, du 1er novembre, en réponse à la mienne, du 27 octobre. J'ai soigneusement examiné votre récit des circonstances qui ont amené l'incident qui a donné lieu à cette correspondance. Il est manifeste que l'ordre d'après lequel le commissaire de police à Calais a agi, quand il a interdit à M. Soulé l'entrée de la France, ne laissait au ministre américain d'autre alternative que de retourner en Angleterre ou de rester à Calais, sous le coup d'une contrainte virtuelle, jusqu'à ce qu'on pût recevoir de nouveaux ordres du gouvernement de l'Empereur. Je pense que Votre Excellence pensera avec moi qu'il ne pouvait, sans manquer à la dignité de son gouvernement, rester ainsi sur la frontière de France, attendant des ordres qu'il n'avait nulle raison de présumer plus favorables que ceux qui lui avaient refusé l'entrée du territoire français.

Je ne puis donc que regretter profondément que l'ordre télégraphique explicite que Votre Excellence a inséré dans sa lettre n'ait pas précédé l'arrivée de M. Soulé à Calais. Cet ordre, je suis heureux de le voir, écarte tout empêchement au libre passage, à travers le territoire français, du ministre américain accrédité près la cour d'Espagne. Je n'ai point manqué d'observer la déclaration que la résidence de M. Soulé en

France ne sera pas autorisée par le gouvernement de l'Empereur. Comme ses devoirs publics requièrent qu'il demeure en Espagne, il n'a, que je sache, aucune intention de résider ou de séjourner en France. Je m'abstiens donc d'entrer dans aucun examen des raisons alléguées à la détermination de lui refuser ce privilége, ainsi que de la manière dont lui a été notifiée l'intention du gouvernement impérial.

J'ai observé aussi la distinction que Votre Excellence établit entre les individus et les ministres.

Sans entreprendre de rechercher jusqu'à quel point une pareille distinction peut être maintenue, la circonstance demande que je me mette en garde contre un malentendu, en la passant sous silence. Je dois dire que, dans mon opinion, un ministre public passant à travers le territoire d'une nation amie de la cour près laquelle il est accrédité, possède, d'après la loi des nations, des priviléges au sujet desquels j'ai la confiance d'être assez heureux pour ne pas trouver une manière de voir différente de la mienne chez une personne aussi éclairée que Votre Excellence, s'il devient nécessaire de les discuter.

J'éprouve une vive satisfaction à recevoir l'assurance contenue dans la déclaration expresse de Votre Excellence, que le ministre des États-Unis en Espagne est libre de traverser la France pour se rendre à son poste et remplir la mission dont il est chargé par son gouvernement. La reconnaissance de ce droit est tout ce que j'ai à demander au gouvernement de l'Empereur en cette circonstance ; et, en cette occasion comme en toutes autres, je reçois avec plaisir l'assurance que le gouvernement de S. M. I. a à cœur les relations d'amitié et d'estime avec le gouvernement des États-Unis, sentiment que je désire et m'efforce constamment de fortifier.

Je m'empresserai de communiquer cette correspondance à mon gouvernement, et informerai aussi le ministre américain en Espagne, qui est encore à Londres, de la conclusion à laquelle on est arrivé.

Je profite de cette occasion, etc.

Signé: J. Y. Mason.

———

Relations avec l'Espagne.

MESSAGE *adressé au Sénat par le Président.*

Washington, 1er août.

Je m'empresse de répondre, en peu de mots, à la résolution du Sénat, en date de ce jour, par laquelle il invite le Président, à moins que, dans son opinion, ce ne soit contraire à l'intérêt public, à faire savoir au Sénat si, depuis le message adressé le 16 mars dernier à la Chambre des représentants, il est survenu, dans nos relations avec l'Espagne, quelque chose de nouveau et qui, dans son opinion, rende inutile de prendre des mesures provisoires pour parer à toutes éventualités pendant l'intervalle des sessions du congrès, comme le conseillait le message du 16 mars. Voici les réflexions et conseils que contenait le message dont il est question : Lorsque l'on considère la position de l'île de Cuba, voisine de nous et qui touche d'une manière si intime nos rapports commerciaux et politiques, on ne peut espérer qu'une suite d'actes hostiles contraires à nos intérêts commerciaux, et l'adoption d'une politique contraire à l'honneur et à la sécurité des États-Unis, puissent durer longtemps sans amener la guerre. Dans le cas où les mesures prises pour arranger à l'amiable nos difficultés avec l'Espagne viendraient à échouer, je ne manquerai pas de me servir du pouvoir et des moyens que le congrès peut m'accorder pour maintenir nos droits, obtenir satisfaction des injures reçues et venger l'honneur de notre pavillon. Dans l'intérêt de cette éventualité qui, je le désire et je l'espère, ne se réalisera pas, je crois que le congrès ferait bien d'adopter telles résolutions provisoires que les circonstances pourraient exiger. Le congrès a pu croire que l'espoir que j'exprimais alors se réaliserait avant la reprise de ses travaux, et que nos relations avec l'Espagne seraient entrées dans des conditions satisfaisantes, de manière à éloigner les anciens sujets de plainte et à donner, pour l'avenir, de meilleures garanties de tranquillité et de justice ; mais je suis obligé de dire qu'il n'en est rien.

Loin que l'Espagne nous ait accordé

une prompte réparation dans l'affaire du *Black-Warrior*, notre demande n'a servi qu'à provoquer la justification des autorités locales de Cuba et à faire remonter au gouvernement espagnol lui-même la responsabilité de leurs actes. Cependant, des informations sûres et officielles ont appris au gouvernement que, sur le territoire même des États-Unis, des particuliers militairement organisés se préparaient à une descente dans l'île de Cuba, dans le but de soustraire cette colonie à la domination espagnole. Les convenances internationales, la foi des traités, les dispositions formelles de la loi exigeaient également, à ce que je pense, que tout le pouvoir exécutif, dans les limites de la constitution, fût employé à prévenir une violation aussi énorme du droit positif et de la bonne foi sur laquelle sont principalement fondées les relations de peuple à peuple. Conformément à cette conviction, j'ai publié une proclamation pour détourner les citoyens de toute participation à cette entreprise et pour appeler contre elle l'intervention des fonctionnaires publics. Aucune provocation ne peut justifier des entreprises militaires privées contre un pays qui est en paix avec les États-Unis. La constitution réserve au congrès le droit de déclarer la guerre, et l'expérience du passé ne permet pas de douter de la sagesse de cette disposition constitutionnelle, toutes les fois que l'intérêt et l'honneur du pays exigeront que l'on ait recours aux derniers moyens de réparation. Pendant que le pouvoir exécutif négocie et avant que le congrès se soit prononcé, on ne peut permettre à des particuliers d'usurper les fonctions du premier et l'autorité du second de ces pouvoirs. J'ajouterai seulement que, depuis le précédent message, il n'est survenu aucun événement de nature à faire penser que le congrès puisse se dispenser de prendre les mesures qui lui sont conseillées.

Signé : FRANKLIN PIERCE.

Relations avec le Japon.

TRAITÉ *conclu entre les États-Unis d'Amérique et l'empire du Japon, conclu à Kanagawa le trente et unième jour de mars de l'année de Notre-Seigneur Jésus-Christ 1854, et de Kayel, la septième, troisième mois et troisième jour.*

Les États-Unis d'Amérique et l'empire du Japon, désirant établir entre les deux nations une amitié solide, durable et sincère, ont résolu de fixer d'une manière claire et précise, au moyen d'un traité ou convention générale de paix et d'amitié, les règles qui dorénavant seront mutuellement observées par les deux pays.

Dans ce but, le Président des États-Unis a conféré de pleins pouvoirs à son commissaire, Matchew Calbraith Perry, ambassadeur spécial des États-Unis au Japon, et l'auguste souverain du Japon a donné les mêmes pleins pouvoirs à ses commissaires, Hayaski-dai-garka-no-Kani, Ido, prince de Isus ; Sima, Isawa, prince de Mima Saki, et Adono, membre de la commission des revenus. Lesdits commissaires, après avoir échangé leurs pleins pouvoirs, sont convenus des articles suivants :

Art. 1er. Il y aura entre les États-Unis d'Amérique d'une part, et l'empire du Japon d'autre part, entre leurs peuples respectifs, sans exception de personnes ou de lieux, une paix parfaite, permanente et universelle, ainsi qu'une amitié sincère et cordiale.

Art. 2. Le port de Pimoda, dans la principauté d'Iasu, et le port Hakodade, dans la principauté de Matsmai, sont accordés par les Japonais, comme ports d'entrée aux navires américains, et ces navires pourront s'y pourvoir de bois, eau, provisions, charbon et tous autres articles dont ils pourraient avoir besoin, en tant que les Japonais les possèdent. L'époque de l'ouverture du premier de ces ports a été fixée immédiatement après la signature du traité ; le second ne sera ouvert qu'après le même jour de l'année japonaise suivante.

Nota. Les fonctionnaires japonais donneront un tarif du prix des objets qu'ils pourront fournir ; le paiement sera fait en espèces d'or ou d'argent.

Art. 3. Chaque fois que des navires des États-Unis seront jetés à la côte du Japon ou y auront fait naufrage, les navires japonais leur porteront assistance et conduiront les équipages à Simoda ou à Hakodade ; là ils les remettront aux mains de leurs concitoyens désignés pour les recevoir. Tous articles qui auront pu être sauvés par les naufragés seront également rendus ; les dépenses occasionnées pour le sauvetage et l'entretien des Américains ou des Japonais qui pourraient être ainsi jetés sur les côtes de l'une ou de l'autre nation ne seront point remboursées.

Art. 4. Les naufragés et les citoyens des États-Unis seront libres comme en d'autres pays ; ils ne devront subir aucun emprisonnement, mais ils seront soumis à de justes lois.

Art. 5. Les marins naufragés et les autres citoyens des États-Unis résidant temporairement à Simoda ou à Hakodade ne seront pas soumis aux entraves et à l'emprisonnement que les Hollandais et les Chinois ont à subir à Nagasaki ; ils seront libres d'aller à Simoda, partout où il leur plaira, dans un rayon de sept milles japonais, dont le centre est une petite île dans le port de Simoda. Cette île est marquée sur la carte ci-annexée. Ils seront également libres d'aller partout où ils voudront, à Hakodade, dans les limites qui seront fixées après la visite de l'escadre américaine à ce port.

Art. 6. Si d'autres marchandises étaient jugées nécessaires, ou s'il est nécessaire de convenir d'une affaire quelconque, il y aura un examen attentif des deux côtes, de manière à venir à un arrangement.

Art. 7. Il est convenu que les navires américains qui se rendront dans les ports qui leur sont ouverts pourront échanger des espèces d'or et d'argent, ainsi que des marchandises contre des marchandises, en se conformant aux règlements temporaires qui seront établis à cet effet par le gouvernement du Japon. Il est toutefois stipulé que les navires des États-Unis auront le droit d'emporter tels articles qu'ils n'auront pas échangés.

Art. 8. Le bois, l'eau, les provisions, le charbon et les autres marchandises nécessaires ne seront procurés que par l'agence des fonctionnaires japonais commis ad hoc, et ne le seront d'aucune autre manière.

Art. 9. Il est convenu que si, dans l'avenir, le gouvernement du Japon accordait à une ou plusieurs nations des privilèges et des avantages qui ne sont pas garantis ici aux États-Unis et à ses citoyens, ces mêmes privilèges et avantages seront de même accordés aux États-Unis et à ses citoyens, sans contestation ni retard.

Art. 10. Les navires des États-Unis ne pourront se rendre dans d'autres ports du Japon que ceux de Simoda et de Hakodade, à moins d'être en détresse ou d'y être forcés par un gros temps.

Art. 11. Le gouvernement des États-Unis nommera des consuls ou agents à Simoda après l'expiration de dix-huit mois de la date de la signature de ce traité, pourvu que chacun des deux gouvernements trouve cet arrangement nécessaire.

Art. 12. Le présent traité ayant été conclu et dûment signé, il sera obligatoire et fidèlement observé par les États-Unis d'Amérique et le Japon, ainsi que par les citoyens et sujets de chacun des deux puissances. Il devra être ratifié et approuvé par le Président des États-Unis, avec l'avis et le consentement du Sénat, et par l'auguste souverain du Japon. Les traités ratifiés seront échangés dans les dix-huit mois de leur signature, ou plus tôt si faire se peut.

En foi de quoi nous, les plénipotentiaires respectifs des États-Unis d'Amérique et de l'empire du Japon susdits, avons signé et scellé les présentes.

Fait à Kanagawa, le 31° jour de mars de l'année de Notre-Seigneur Jésus-Christ 1854, et de kayeï la 7°, troisième mois et troisième jour.

Signé : M.-G. PERRY.

MEXIQUE.

DÉCRET présidentiel relatif aux insurgés de Guaymas.

Antonio Lopez de Santa-Anna, etc.

Art. 1er. Il sera fait grâce de la peine de mort aux individus du bataillon étranger qui s'est révolté à Guaymas et a livré combat aux troupes nationales ; cette peine sera commuée en dix ans de presidio.

Art. 2. Sont exclus de cette grâce : le comte Gaston Raousset de Boulbon, ceux qui remplissaient les fonctions de chefs et d'officiers dans le bataillon, ceux qui ont excité à la révolte ou qui l'ont conduite. Tous ceux-là subiront la peine de mort, après que leur identité aura été constatée.

Art. 3. Les étrangers établis dans le pays qui ont pris les armes pour se joindre aux rebelles seront jugés conformément à la loi du 1er août de l'année dernière.

Signé : SANTA-ANNA.

BRÉSIL.

DISCOURS *prononcé par S. M. I. à la clôture de la session des Chambres, le 19 septembre.*

Augustes et très-dignes représentants de la nation,

En présidant à la clôture de la présente session législative, je me plais à vous annoncer que toutes les provinces jouissent de la plus grande tranquillité, bienfait que, je l'espère, nous continuerons à mériter de la divine Providence.

Aucune altération n'est survenue dans les bons rapports entre l'empire et les puissances étrangères.

En appréciant l'importance de vos travaux législatifs, je vous remercie des moyens que vous avez mis à la disposition de mon gouvernement pour satisfaire aux nécessités du service public, et de l'attention que vous avez prêtée aux affaires que je vous ai indiquées à l'ouverture de cette session. J'ai la ferme confiance que dans votre prochaine réunion vous donnerez une solution à celles qui seraient encore pendantes.

Mon gouvernement usera convenablement de l'autorisation que vous lui avez concédée pour la réforme de quelques administrations publiques et pour la création ou l'amélioration d'établissements d'instruction.

Augustes et très-dignes représentants de la nation, je compte que la politique que je me suis proposée, appuyée sur les bons sentiments des Brésiliens et fortifiée par la coopération loyale et efficace que vous avez donnée à mon gouvernement, concourra chaque jour davantage à la prospérité de l'empire, en permettant le développement régulier et progressif de nos institutions.

HAITI.

CONVENTION *conclue entre la France et Haïti, le 1er octobre 1854, relative au remboursement de l'emprunt de 1825.*

Art. 1er. La convention conclue à Paris, le 12 février 1848, est nulle et non avenue, depuis le 1er janvier 1854.

Art. 2. Le gouvernement haïtien soldera, par l'entremise de son agent à Paris, le reste des intérêts de 1853, dans le délai de six mois, et la totalité des intérêts de l'année courante avant l'expiration de 1855.

Art. 3. A partir du 1er janvier 1855, il prélèvera annuellement sur l'ensemble de ses ressources, autres que celles affectées au service de l'indemnité par le traité du 15 mai 1847, la somme de 800,000 fr., applicable à l'acquit subséquent des intérêts et à l'amortissement de l'emprunt, dans la forme qui sera indiquée par l'art. 7.

Art. 4. Cette somme sera remise en traites, au consul général de France à Port-au-Prince, par quarts de 200,000 fr., dans la quinzaine qui suivra l'expiration de chaque trimestre.

Art. 5. Ces traites, payables soit à Paris, soit à Londres, devront être souscrites ou passées par M. le ministre des finances d'Haïti, à l'ordre de M. le ministre des finances de France, et leur échéance n'excédera pas quatre-vingt-dix jours de vue.

Art. 6. S'il y avait ultérieurement nécessité absolue ou convenance réciproque à déroger au mode de versement spécifié dans les deux articles qui précèdent, cette dérogation pourrait avoir lieu du consentement des parties contractantes et d'un commun accord, les époques desdits versements restant les mêmes.

Art. 7. La répartition des annuités

aux ayant droit aura lieu dans l'ordre suivant :

1° Payement, semestre par semestre, à raison de 3 p. 0/0 par an, des derniers intérêts échus ;

2° Acquit annuel, et jusqu'à extinction, de six mois des intérêts arriérés de 1844, 1845, 1846, 1847 et 1848, soit pendant dix ans ;

3° Application de l'excédant à l'amortissement d'un nombre correspondant d'actions, par voie de tirage au sort.

Art. 8. Les tirages auront lieu publiquement en France, en présence d'un agent désigné par M. le ministre des affaires étrangères et de l'agent du gouvernement haïtien. Le procès-verbal de cette opération, indiquant les numéros des obligations sorties, sera publié dans le *Moniteur universel* et trois autres des principaux journaux de Paris.

Art. 9. Les actions de l'emprunt non amorties seront, à la diligence du gouvernement haïtien, remplacées par de nouveaux titres avant la répartition d'aucune somme appartenant à l'annuité 1855.

Art. 10. Cette convention sera ratifiée conformément aux constitutions respectives des deux pays, et les ratifications en seront échangées à Paris dans le délai de trois mois, et plus tôt, si faire se peut.

ILES SANDWICH.

DISCOURS *prononcé par le roi des îles Sandwich, à l'ouverture des chambres hawaïennes, à Honolulu, le 8 avril :*

Nobles et représentants de mon peuple,

Vous êtes assemblés en ce jour, conformément à la constitution, pour m'assister de vos conseils relativement aux grands intérêts de mon royaume.

Je suis vraiment reconnaissant de la miséricorde que le Tout-Puissant nous a montrée en faisant cesser cette peste effroyable qui, durant une partie de l'année dernière et de la présente année, a conduit au tombeau tant de milliers de personnes de mon peuple, malgré tous les efforts du gouvernement et des commissaires de salubrité, aidés des travaux zélés et gratuits des médecins et des chirurgiens résidant dans le pays, ainsi que d'autres personnes bienfaisantes.

Les fonds alloués en vue de cette éventualité par la législature de 1853 ayant été trouvés tout à fait insuffisants, il devint indispensable d'ouvrir un crédit supplémentaire, lequel fut réalisé par le crédit et sous la garantie individuelle des membres de mon conseil privé. Cette dépense ayant eu pour objet la conservation de la vie du peuple, je recommande à ses représentants de prendre les mesures les plus promptes afin de dégager ces individus privés de la responsabilité qu'ils ont encourue pour le bien public, et de la faire retomber sur les revenus de mon trésor.

Je vous invite également à voter d'urgence les lois destinées à rendre la vaccine obligatoire dans toutes les îles de mon royaume, et à établir un comité permanent de salubrité, lois qui vous seront prochainement soumises.

J'ai ordonné au *kuhina-nui* de vous faire un rapport sur l'avantage qu'il y aurait à séparer ses hautes fonctions de celles du ministre de l'intérieur.

Un des buts principaux de tout gouvernement est l'administration prompte, impartiale et économique de la justice. J'ai ordonné à mon chancelier et grand juge de vous faire un rapport sur toutes les réformes que lui a suggérées son expérience, et je recommande particulièrement à votre attention ses propositions concernant notre législation actuelle, ainsi que l'amélioration de nos prisons et de leur régime intérieur.

J'ai reçu des gouvernements de tous les États avec lesquels je suis en relation les assurances les plus amicales.

J'ai prescrit à mon ministre des affaires étrangères de vous expliquer pour quels motifs la France n'a pas encore consenti à l'abrogation du traité existant, et comment la décision de l'Empereur, touchant les points que j'avais soumis à Sa Majesté, n'a pas encore été publiée.

Ces délais n'ont pas troublé la parfaite harmonie des relations diplomatiques rétablies par le représentant actuel de la France aussitôt après son retour à ma cour, ni affaibli mon désir d'établir et de maintenir avec ce pays

es rapports destinés à s'étendre à l'a-
enir, sur les bases d'une réciprocité
galement cordiale, profitable et hono-
ıble pour les deux parties.

J'avais présenté à la législature de
851 quelques suggestions tendant à la
ialisation d'un état de choses aussi dé-
irable; je les signale de nouveau à
otre considération, dans l'espoir que
otre sagesse trouvera une combinaison
ıdée sur le principe d'une juste.ré-
iprocité, et conforme à la stricte bonne
ıi nationale, qui puisse amener la
'rance à renoncer à l'ancien traité pour
a conclure un nouveau, tel que j'en ai
lusieurs fois fait la demande depuis le
ıois de mai 1846.

J'ai ratifié le 27 du mois dernier le
aité avec la ville de Brême, signé
ı 7 août 1851.

J'ai ordonné à mon ministre de l'in-
lrieur de vous faire un rapport sur les
ffaires du département confié à ses
oins. Il placera sous vos yeux le compte
ıdu des commissaires de salubrité, et
n plan d'amélioration du port d'Ho-
ılulu. Je recommande d'examiner soi-
neusement ce double travail, ainsi que
exposé constatant la suspension de plu-
ıeurs travaux publics, par suite du
ıanque de fonds.

Je suis heureux de vous informer que
ı revenu de l'État est dans une condi-
on beaucoup plus satisfaisante que ne
onnait à l'espérer l'aspect du pays au
oment du vote des allocations de 1853,
ı qu'il sera en mesure de faire face à
as besoins actuels. Ce résultat sera
is en évidence par le budget que j'ai
rdonné à mon ministre des finances de
ıs soumettre. Je vous recommande
vement soit de voter immédiatement
ı allocations de cette année, soit de
lérréter que le ministre des finances
ıurra légalement faire, à partir du 1ᵉʳ
ı présent mois, tous les payements
lécessaires pour que mon gouvernement
ıtinue efficacement et sans interrup-
on ses fonctions sur le même pied
ı'en 1843. Je vous engage, en outre,
prendre en considération les propo-
tions de mon ministre des finances
ıncernant : 1° un emprunt destiné à
ıbvenir aux frais d'amélioration du
ort; 2° l'ouverture des ports francs;
° la rédaction d'un tarif national ne
ortant aucune atteinte aux engagements

que j'ai contractés vis-à-vis des puissances étrangères ; 4° la fondation d'un
hôtel des monnaies, afin de régulariser
le cours inégal et trop mélangé de notre
circulation monétaire ; enfin 5° la création d'une caisse d'épargne propre à
encourager l'industrie, la frugalité et
la formation des capitaux parmi mes
sujets qui sont pauvres et imprévoyants.

J'ai ordonné à mon ministre de l'instruction publique de soumettre en détail à vos délibérations la question importante de l'éducation de mon peuple,
comme offrant le moyen le plus assuré
de relever la moralité des individus qui
le composent, et de les rendre utiles à
eux-mêmes et à l'État. Il existe parmi
mes sujets indigènes un désir croissant
de voir leurs enfants acquérir la connaissance de la langue anglaise, désir
bien naturel en égard à l'emploi universel de cette langue dans toutes les
transactions. Mon ministre de l'instruction publique vous développera ses idées
sur cette matière, en vous faisant connaître la situation détaillée de nos écoles
en général, les frais d'entretien de ces
établissements ainsi que l'accroissement
des dépenses qu'entraînera l'ouverture
de nouvelles classes pour l'enseignement
de la langue anglaise. Il vous fera aussi
un rapport sur le recensement qu'il a
opéré, non sans beaucoup de peine,
moyennant des déboursés, insignifiants
pour mon trésor.

J'ai prescrit à mon ministre de la
guerre de vous exposer combien il est
devenu urgent de pourvoir amplement
à l'organisation d'une force militaire
permanente. Relativement à ce sujet
important, je vous rappellerai mes vives instances auprès des législatures
de 1847, 1850, 1852 et 1853. Mon
lieutenant général, le prince Libaliho, a
fait avancer jusqu'à un certain point
de cette organisation; mais il rencontre
des difficultés insurmontables, par suite
de l'insuffisance des allocations accordées en 1853. Il vous appartient de
porter remède à des nécessités aussi
pressantes.

D'après les matières recommandées
d'un commun accord à votre examen par
mon *kukina-nui*, par mon grand juge,
par mes ministres et par mon secrétaire
de la guerre, vous reconnaîtrez quelle
est la politique de mon gouvernement.

Chez toute nation, les véritables éléments de la puissance sont la population, la richesse et l'industrie. Je désire que ces éléments se développent parmi mon peuple, et que ses représentants assurent son obéissance en même temps que son bonheur sous mon autorité, en ayant toujours attentivement égard à tout ce qui peut contribuer à sa prospérité physique et morale. Je fais aussi des vœux pour que mon gouvernement, fidèle aux prescriptions de l'article 14 de la constitution, regarde comme sa première règle *le bien public*, but qu'il ne saurait mieux atteindre qu'en rendant une justice égale pour tout le monde, en protégeant la vie, les biens et la liberté des individus, en supprimant les désordres civils, et en écartant les causes qui les créent et les fomentent, en assignant tout emploi, sans partialité, à l'homme le plus capable de le remplir, en tenant le nombre des employés et leurs appointements au taux le plus bas compatible avec le juste accomplissement de leur service, en établissant un système uniforme de comptabilité et en se gardant rigoureusement de toute préférence, faveur ou intérêt personnel dans la vente des terrains publics ou autres propriétés domaniales, dans l'exécution des travaux d'amélioration publique, dans l'achat des approvisionnements destinés à l'usage de l'administration, enfin en toute autre opération, dans laquelle une juste et franche concurrence offre le meilleur moyen de déterminer une valeur.

Puisse le Tout-Puissant éclairer vos esprits et diriger vos cœurs pour le bonheur de mon peuple pendant la session que je déclare maintenant ouverte.

Documents relatifs à la neutralité des îles Sandwich.

PROCLAMATION.

Kamehameha III, roi des îles Hawaïennes.

On fait savoir à qui de droit que nous, Kamehameha III, roi des îles Hawaïennes, proclamons par les présentes notre entière neutralité dans la guerre actuellement existante entre les grandes puissances maritimes de l'Europe ; que notre neutralité doit être respectée par tous les belligérants dans toute l'étendue de notre juridiction, laquelle, conformément aux lois fondamentales de ce pays, s'étend à la distance d'une lieue marine autour de chacune de nos îles, Hawaii, Maui, Kahoolawe, Lanai, Molokai, Oahu, Kauai, et Nûhau, à partir de la laisse de basse mer sur chacune des côtes respectives desdites îles, et comprend tous les canaux passant au milieu et séparant lesdites îles, d'île à île ; que toute capture ou saisie faite dans notre dite juridiction est illégale, et que la protection et l'hospitalité de nos ports, havres et rades seront accordées également à toutes les parties belligérantes tant qu'elles respecteront notre neutralité.

On fait savoir en outre à qui de droit que nous défendons expressément par les présentes, à tous nos sujets ainsi qu'à toute personne demeurant dans notre juridiction, de s'engager directement ou indirectement dans une entreprise quelconque de corsaire contre les navires ou le commerce de l'une ou de l'autre des parties belligérantes, sous peine d'être considérés et punis comme pirates.

Ainsi fait dans notre palais, à Honolulu, ce 16 mai 1854.

Signé : KAMEHAMEHA.
KEONI ANA.

Par le roi et le kuhina-nui :

Signé : R. C. WYLLIE.

Décision prise par le roi en son conseil privé, le 15 juin 1854.

Il a été décidé que, dans les ports de royaume neutre, le privilége d'asile sera étendu également et impartialement aux bâtiments de guerre (*armed national vessels*) de toutes les parties belligérantes et aux prises faites par ces bâtiments ; mais aucune de ces parties belligérantes ne pourra déléguer une autorité à l'effet de juger ces prises, de les déclarer légales, et d'en transférer la propriété dans les limites de la juridiction du roi. Les tribunaux du roi ne pourront non plus exercer aucune juridiction de cette nature, si ce n'est dans les cas où la juridiction neutre et la souveraineté de Sa Majesté pourraient être violées par la capture d'un ou de plusieurs bâtiments dans les limites de cette juridiction.

Par ordre du roi et du conseil privé.

Au palais, 15 juin 1854.

Signé : KAMEHAMEHA.

KEONI ANA.

Par le roi et le kuhina-nui :

Signé : R. C. WYLLIE.

———

Décision prise ce 17 juillet 1854, *par le roi, en son conseil.*

Il est décidé que les mots *Armed national vessels and prizes,* dans l'ordonnance du 15 juin, ne s'appliquent qu'aux navires régulièrement organisés et commissionnés pour le compte du gouvernement, aux prises qu'ils peuvent faire, et que l'ordonnance en question n'accorde le privilége d'*asile* dans les ports de ce royaume ni aux navires armés pour le compte de simples particuliers, ni aux prises qu'ils ont faites, quel que soit le pavillon qu'ils arborent.

En conséquence, il est défendu à tout corsaire, ainsi qu'à toute prise faite par un corsaire, d'entrer dans les ports de ce royaume, à moins que ce ne soit dans des cas de détresse tels que leur exclusion pourrait entraîner perte de la vie des personnes à bord ; et même, dans ces cas, ils ne pourront entrer dans lesdits ports sans une autorisation spéciale de Sa Majesté, qui ne sera accordée que sur la preuve satisfaisante de la réalité du cas de détresse.

Signé : KAMEHAMEHA.

KEONI ANA.

Par le roi et le kuhina-nui :

Signé : R. C. WYLLIE.

APPENDICE

DOCUMENTS HISTORIQUES

PARTIE NON OFFICIELLE

FRANCE

GOUVERNEMENT. ADMINISTRATION PUBLIQUE

(Le signe * veut dire : nommé.)

Napoléon III, Empereur des Français,

Élu le 21 novembre 1852, proclamé le 2 décembre de la même année, avec hérédité dans sa descendance directe, légitime ou adoptive.

CONSEIL DES MINISTRES

SECRÉTAIRES D'ÉTAT

Au 1er janvier 1854.

MM.

Ministre d'État et de la Maison de l'Empereur.	Fould (Achille).
Sceaux et justice.	Abbatucci.
Affaires étrangères.	Drouyn de Lhuys.
Guerre.	Leroy de Saint-Arnaud.
Marine et colonies.	Ducos (Théodore).
Intérieur.	Comte Fialin de Persigny.
Agriculture, commerce et travaux publics. .	Magne.
Instruction publique et cultes.	Fortoul.
Finances.	Bineau.

Au 11 mars.

Ministre de la guerre. . . . .
(En remplacement du maréchal Leroy de Saint-
Arnaud, nommé général en chef de l'armée
d'Orient.)

M. Vaillant, maréchal de France et grand maréchal du palais.

Au 23 juin.

Ministre de l'intérieur. . . . .
(En remplacement de M. de Persigny.)

M. Billault, président du Corps législatif.

Au 22 septembre.

Ministre de l'agriculture, du commerce et des
travaux publics *ad interim*. . . . . . .
(Pendant l'absence de M. Magne.)

M. Achille Fould, ministre d'État et de la maison de l'Empereur.

(L'intérim a fini le 2 octobre.)

Au 18 novembre.

Ministre des finances *ad interim*. . . .
(En l'absence de M. Bineau.)

M. Baroche, président du conseil d'État.

SÉNAT.

Par décret du 4 décembre :

* *Président du Sénat* pour l'année 1855 : M. Troplong, premier président de la Cour de cassation, sénateur.

* *Sénateurs :*

MM. le comte Hector de Béarn, ministre plénipotentiaire ;
Billault, ministre de l'intérieur ;
Le comte Jules de Grossolles Flamareus ;

Le prince Poniatowsky (Joseph-Michel-Xavier-François-Jean) ;
Prévost (Constantin-Antoine), général de division ;
Tourangin, conseiller d'État ;
Vaïsse, conseiller d'État.

CORPS LÉGISLATIF.

Par décret du 12 novembre :

* *Président du Corps législatif :*
M. de Morny, député.

Par décret du 4 décembre :

* *Vice-présidents* pour l'année 1855 : MM. Schneider et Réveil, députés.
* *Questeurs :* MM. le général Vast-Vimeux et Hébert, députés.

CONSEIL D'ÉTAT.

Par décret du 30 mai :

* *Maître des requêtes de première classe*, en remplacement de M. Dabeaux, nommé préfet de l'Aude, M. le baron Charles de Chassiron.

* *Maîtres des requêtes en service extraordinaire :*

MM. Chadenet, préfet de Loir-et-Cher ;

Chamblain, préfet de l'Yonne ;

Chassaigne-Goyon, préfet de la Marne ;

Dabeaux, préfet de l'Aude ;

Gavini, préfet du Lot ;

Loyer, préfet de l'Indre :

anciens maîtres des requêtes au conseil d'État.

* *Maître des requêtes de seconde classe* : M. Leblanc (Ernest), lieutenant de vaisseau.

Par décret du 15 juin :

* *Conseiller* : M. le comte de Chantérac, député au Corps législatif.

Par décret du 7 septembre :

* *Auditeurs de seconde classe* : MM. Dubodan, de Salverte, Walckmär, Chadenet, Perret, de Lesate, de Behr, Alcoock, d'Hauteserve, de Mackau, Tarbé des Sablons, Fabvier, Plichon, de Rivocet, de Crèvecœur, Sauvage.

Par décret du 14 septembre :

* *Conseiller en service ordinaire* : M. le vicomte de la Guéronnière, membre du Corps législatif.

Par décret du 4 décembre :

* *Conseillers en service ordinaire* : MM. le baron Léon de Bussière, maître des requêtes de première classe ;

Le comte de Rougé, membre de l'Institut, un des conservateurs des musées impériaux.

* *Maître des requêtes, de première classe* : M. Richaud.

* *Maître des requêtes de seconde classe* : M. Charles Robert.

* *Auditeur de première classe* : M. Le Roy.

CORPS DIPLOMATIQUE.

DIPLOMATES FRANÇAIS RÉSIDANT PRÈS LES PUISSANCES ÉTRANGÈRES.

Autriche. M. de Bourqueney, envoyé extraordinaire et ministre plénipotentiaire.

Bade (grand-duché de). M. le comte de Marescalchi, envoyé extraordinaire et ministre plénipotentiaire.

Bavière. M. le baron de Méneval, envoyé extraordinaire et ministre plénipotentiaire.

Belgique. M. Ad. Barrot, envoyé extraordinaire et ministre plénipotentiaire.

Confédération Germanique. M. le marquis de Tallenay, envoyé extraordinaire et ministre plénipotentiaire.

Deux-Siciles. M. de La Cour, envoyé extraordinaire et ministre plénipotentiaire, en remplacement de M. de Maupas.

Francfort (ville libre de). M. le marquis de Tallenay, envoyé extraordinaire et ministre plénipotentiaire.

Grèce. M. le baron Forth-Rouen, envoyé extrordinaire et ministre plénipotentiaire.

Mexique. M. le vicomte de Gabriac, envoyé extraordinaire et ministre plénipotentiaire, en remplacement de M. Levasseur.

Nassau (Duché de). M. le marquis de Tallenay, ministre plénipotentiaire.

Prusse. M. le marquis de Moustier, envoyé extraordinaire et ministre plénipotentiaire.

Saxe-Weimar. M. le marquis de Ferrière-le-Vayer, envoyé extraordinaire et ministre plénipotentiaire, en remplacement de M. le baron de Talleyrand.

Saxe-Altenbourg. M. le marquis de

Ferrière-le-Vayer, envoyé extraordinaire et ministre plénipotentiaire, en remplacement de M. Mercier.

Saxe-Meinengen (duché de). M. le marquis de Ferrière-le-Vayer, ministre plénipotentiaire, en remplacement de M. Mercier.

Suède et Norvége. M. Charles-Victor Lobstein, envoyé extraordinaire et ministre plénipotentiaire.

DIPLOMATES ÉTRANGERS RÉSIDANT PRÈS S. M. L'EMPEREUR.

Autriche. M. le baron de Hübner, envoyé extraordinaire et ministre plénipotentiaire.— M. le prince de Schœnburg, chargé d'une mission spéciale.

Bade. M. le baron de Schweizer, envoyé extraordinaire et ministre plénipotentiaire.

Bavière. M. le baron de Wendland, envoyé extraordinaire et ministre plénipotentiaire.

Belgique. M. Firmin Rogier, envoyé extraordinaire et ministre plénipotentiaire.

Bolivie. M. le docteur J.-V. Dorado, chargé d'affaires.

Brésil. M. le chevalier Marques Lisboa, envoyé extraordinaire et ministre plénipotentiaire.

Chili. M. l'amiral don Manuel Blanco Encelada, envoyé extraordinaire et ministre plénipotentiaire.

Costa-Rica. M. Herran, chargé d'affaires.

Deux-Siciles. M. le marquis d'Antonini, envoyé extraordinaire et ministre plénipotentiaire.

Espagne. M. le marquis de Viluma, envoyé extraordinaire et ministre plénipotentiaire. — M. de Olozaga.

États-Sardes. M. le marquis Pis de Villamarina, envoyé extraordinaire et ministre plénipotentiaire.

États-Unis. M. John y Mason, envoyé extraordinaire et ministre plénipotentiaire.

Grande-Bretagne et Irlande. Lord Cowley, ambassadeur extraordinaire et ministre plénipotentiaire.

Grèce. M. Mavrocordato, envoyé extraordinaire et ministre plénipotentiaire. Appelé à la présidence du conseil des ministres en Grèce.

Hesse-Électorale. M. le baron de Dœrnberg, ministre résident.

Mecklenbourg-Schwérin. M. d'Oerthling, ministre résident.

Mexique. M. Mora, chargé d'affaires.

Néerlande. M. de Lightenwelt, envoyé extraordinaire et ministre plénipotentiaire, en remplacement de M. le général baron de Fagel, qui remplissait les mêmes fonctions depuis quarante ans.

Paraguay. M. le brigadier général Francisco Salmo Lopez, envoyé extraordinaire et ministre plénipotentiaire. Sa mission a été terminée cette année.

Parme. M. de Olozaga, envoyé extraordinaire et ministre plénipotentiaire.

Pérou. M. de Rivero, ministre résident; il n'était jusqu'alors que chargé d'affaires.

Portugal. M. le baron de Paiva, envoyé extraordinaire et ministre plénipotentiaire.

Prusse. M. le comte de Hatzfeldt, envoyé extraordinaire et ministre plénipotentiaire. — M. le lieutenant général de Wedell, chargé d'une mission spéciale.

Saint-Siége Apostolique. Mgr Sacconi, archevêque de Nicée, nonce.

Saxe-Royale. M. le baron de Seebach, envoyé extraordinaire et ministre plénipotentiaire. — M. le baron de Kœnneritz, grand chambellan de S. M. le Roi de Saxe et grand maître de S. M. la Reine de Saxe, chargé d'une mission spéciale.

Suède et Norvége. M. le lieutenant général comte Gustave de Loewenhjelm, envoyé extraordinaire et ministre plénipotentiaire.

Toscane. M. le prince Joseph Poniatowski, ministre plénipotentiaire.

Turquie. Vely-ed-din-Riffaat-Pacha, ambassadeur.

Venezuela. M. Lucio Pulido, envoyé extraordinaire et ministre plénipotentiaire. Sa mission a pris fin cette année.

Villes libres d'Allemagne. M. Rum-pff, ministre résident.

Wurtemberg. M. le baron de Waechter, ministre résident.

MAISON DE SA MAJESTÉ L'EMPEREUR.

Par décret du 30 novembre :

* *Écuyer* : M. le comte Auguste d'Ayguesvives.

MAISON DE S. A. I. LE PRINCE JÉROME NAPOLÉON.

* *Aides de camp* : MM. d'Abrantès et Mariani, chefs d'escadrons d'état-major, en remplacement de MM. de Prébois et Ducasse, promus à un grade supérieur.

Officiers d'ordonnance : MM. Boyer de Rebeval, Duperré, Vast-Vimeux, Waldener.

Par suite de ces diverses nominations, la maison de S. A. I. est composée ainsi qu'il suit :

Premier aide de camp : M. le général marquis de Ricard.

Aides de camp : MM. Renault, lieutenant colonel d'état-major ; de Larminat, capitaine de frégate; Mariani, chef d'escadron d'état-major; Mallet de Chaussy, chef d'escadron d'état-major; le duc d'Abrantès, chef d'escadron d'état-major,

Officiers d'ordonnance : MM. Boyer de Rebeval, capitaine au 25e de ligne; Duperré, lieutenant de vaisseau; Vast-Vimeux, capitaine au 12e régiment de chasseurs; Waldener, lieutenant au 41e de ligne.

MAISON DE S. A. I. LA PRINCESSE MATHILDE.

* *Dame pour accompagner* :

Mme la comtesse de Saint-Martault.

PRÉFECTURES.

* *Somme.* M. le comte du Hamel, préfet du Pas-de-Calais, en remplacement de M. de Tanlay.

Pas-de-Calais. M. de Tanlay, préfet de la Somme, en remplacement de M. le comte du Hamel.

Cantal. M. Paillard, sous-préfet de Dunkerque, en remplacement M. Baylin de Montbel, décédé.

Jura. M. Nau de Beauregard, sous-préfet d'Alais, en remplacement de M. de Chambrun, démissionnaire.

Landes. M. Cornuau, sous-préfet de Nantes, secrétaire général de la Loire-Inférieure, en remplacement de M. Franchon, mis en non activité.

Meurthe. M. Lenglé, préfet de la Meuse, en remplacement de M. de Sivry, sénateur.

Meuse. M. Chadenet, préfet de Loir-et-Cher, en remplacement de M. Lenglé.

Loir-et-Cher. M. de Soubeyran, préfet des Pyrénées-Orientales, en remplacement de M. Chadenet.

Pyrénées-Orientales. M. de Lassus Saint-Geniès, sous-préfet de Dieppe, en remplacement de M. de Soubeyran,

Jura. M. Nau de Beauregard.

SOUS-PRÉFECTURES.

* *Dunkerque* (Nord), M. Gérard, sous-préfet de Bayonne, en remplacement de M. Paillard.

Bayonne (Basses — Pyrénées), M. Isoard, sous-préfet de Bazas, en remplacement de M. Gérard.

Alais (Gard), M. Boffinton, sous-préfet de Saintes, en remplacement de M. Nau de Beauregard, appelé à la préfecture du Jura.

Saintes (Charente — Inférieure), M. Gros, sous-préfet de Segré, en remplacement de M. Boffinton.

Beaupreau (Maine-et-Loire), M. de Quirielle, sous-préfet de Neufchâtel, en remplacement de M. Servatius.

Neufchâtel (Seine — Inférieure), M. Esnou de Saint-Céran, sous-préfet de Belfort, en remplacement de M. de Quirielle.

Belfort (Haut-Rhin), M. de Barthélemy, conseiller de préfecture, secrétaire général des Côtes-du-Nord , en remplacement de M. de Saint-Céran.

Bazas (Gironde), M. Meunier, conseiller de préfecture, secrétaire général du Gers, en remplacement de M. Isoard.

Segré (Maine-et-Loire), M. Pellat, conseiller de préfecture, secrétaire général de l'Oise, en remplacement de M. Gros.

Montargis (Loiret), M. Servatius, sous-préfet de Baupreau, en remplacement de M. de Girardot.

Dreux (Eure-et-Loir), M. Dejoux, sous-préfet de Milhau, en remplacement de M. de Saint-Martin, révoqué de ses fonctions.

Commercy (Meuse), M. Chambeau, sous-préfet de Sarrebourg, en remplacement de M. Arthur Boyer, décédé.

Sarrebourg (Meurthe), M. Dausse, sous-préfet de Forcalquier, en remplacement de M. Chambeau.

Forcalquier (Basses-Alpes), M. Picard, sous-préfet du Blanc, en remplacement de M. Dausse.

Le Blanc (Indre), M. de Fonbrune , sous-préfet de Falaise, en remplacement de M. Picard.

Falaise (Calvados), M. Lodin, sous-préfet de Châteaulin, en remplacement de M. de Fonbrune.

Châteaulin (Finistère), M. Thézillat, conseiller de préfecture, secrétaire général de la Haute-Saône, en remplacement de M. Lodin.

Domfront (Orne), M. de Saint-Priest, attaché au cabinet du ministre de l'intérieur, en remplacement de M. Renou, appelé à d'autres fonctions.

Mirande (Gers), M. Montbertrand, sous-préfet de Calvi.

Calvi (Corse), M. Peretti (Jean-Baptiste), membre du conseil général de la Corse, en remplacement de M. Montbertrand.

Dieppe (Seine-Inférieure), M. E. Gérard, chef du cabinet du ministre de l'intérieur , en remplacement de M. Lassus Saint-Geniès.

Béziers (Hérault), M. Lemasson , ancien officier, en remplacement de M. Guillaume de Sauville, mis en disponibilité.

Chatellerault (Vienne), M. de Gouvilliez, ancien officier des guides , en remplacement de M. Cuinat, mis en disponibilité.

Nantua (Ain), M. de Laire, conseiller de préfecture du Nord, en remplacement de M. Olivier, mis en disponibilité.

Arcis-sur-Aube (Aube), M. de Metz, conseiller de préfecture de la Meurthe, en remplacement de M. Méry, mis en disponibilité.

Dinan (Côtes-du-Nord), M. de Bassoncourt , conseiller de préfecture de l'Ardèche, en remplacement de M. Estienne, mis en disponibilité.

MAGISTRATURE.

Haute Cour de Justice.

* Aux fonctions de juge et de juge
suppléant de la chambre des mises en
accusation de la haute cour de justice,
pour l'année judiciaire 1854-55, les
conseillers de la cour de cassation dont
les noms suivent :

Juges. MM. Brière-Valigny, Lega-
gneur, Pascalis, Foucher, d'Oms.

Juges suppléants. MM. Jallon, Ché-
garay.

* Aux fonctions de juge et de juge
suppléant de la chambre de jugement
de la haute cour de justice, pour la
même année, les conseillers de la cour
de cassation dont les noms suivent :

Juges. MM. Pécourt, de Boissieux,
de Glos, Moreau (de la Meurthe), Le-
roux de Bretagne.

Juges suppléants. MM. Mater, Sé-
néca.

Cour de Cassation.

Par décret du 31 octobre :

* *Conseiller :* M. Poultier, président
de chambre à la cour impériale de
Paris, en remplacement de M Jacquinot Godard, admis à la retraite (décret
du 1er mars 1852), et nommé conseiller
honoraire.

Cour des Comptes.

* *Conseiller maître :* M. Martin (Jo-
seph-Auguste), conseiller référendaire
de 1re classe à la cour des comptes, en
remplacement de M. Picard (Pierre-
François), admis, sur sa demande, à
faire valoir ses droits à la retraite, et
nommé conseiller maître honoraire.

* *Conseillers référendaires de 1re
classe :* MM. le comte Bérenger (Jean-
Pierre-Paul-Jules), conseiller référendaire de 2e classe, en remplacement de
M. Martin ;

Abraham Dubois, conseiller référendaire de 2e classe, en remplacement de
M. Delabarre-Duparcq ;

De Vienne (Edme Gaspard), con-

seiller référendaire de 2e classe, en remplacement de M. Trognou, décédé.

* *Conseillers référendaires de 2
classe :* MM. Saulnier (Félix), ancien
sous-préfet, en remplacement de M. le
comte Bérenger ;

Picard (Adolphe), secrétaire en chef
de la première présidence de la cour
des comptes, en remplacement de
M. de Vienne ;

Doyen, employé au ministère des
finances, en remplacement de M. Abraham Dubois.

Cours impériales.

* Présidents de chambre.

Paris. M. le baron Zangiacomi, conseiller à la même cour, en remplacement de M. Poultier.

Pondichéry (Inde). M. Douin de
Rosière, conseiller à ladite cour, en
remplacement de M. Orianne, décédé.

* Avocats généraux.

Premiers : *Besançon.* M. Neveu-
Lemaire, avocat général à la cour impériale de Bourges, en remplacement
de M. Blanc, qui a été nommé procureur général à Colmar.

Montpellier. M. Moisson, premier
avocat général à la cour impériale de
Metz, en remplacement de M. Dufour,
nommé premier avocat général à Bordeaux.

Poitiers. M. Salneuve, avocat général à la même cour, en remplacement
de M. Pontois, démissionnaire pour
raison de santé.

Bourges. M. Malbéné, substitut du
procureur général près la même cour,
en remplacement de M. Neveu-Lemaire,
nommé premier avocat général à Besançon.

Douai. M. Dumon, avocat, ancien
bâtonnier, juge suppléant au tribunal
de première instance de la même ville,
en remplacement de M. Blondel, décédé.

Grenoble. M. de Leffemberg, prosureur impérial près le tribunal de première instance de Moulins, en remplacement de M. Colaud de Lasalcette, décédé.

Poitiers. M. du Puis, procureur impérial près le tribunal de première instance de la même ville, en remplacement de M. Salneuve, nommé premier avocat général.

* *Procureurs généraux.*

Rouen. M. Massot-Reynier, procureur général près la cour de Toulouse, en remplacement de M. Daviel, élevé à a dignité de sénateur, et nommé premier président honoraire.

Toulouse. M. Gastambide, procureur général près la cour d Amiens, en remplacement de M. Massot-Reynier.

Amiens M. Guyho, procureur impérial près le tribunal de Marseille, en emplacement de M. Gastambide.

* *Substituts du procureur général.*

Aix. M. de Gabrielli, substitut du procureur général près le tribunal de première instance de Draguignan, en emplacement de M. Bernard, nommé conseiller.

Nîmes. M Brun de Villeret, procureur impérial près le tribunal d'Alais, en remplacement de M. Privat.

Metz. M. Duhamel, substitut du procureur impérial près le tribunal de première instance de Rouen, en remplacement de M. Beneyton, nommé conseiller.

Orléans. M. Deschamps, procureur impérial près le tribunal de première instance de Pithiviers, en remplacement le M. Loture, nommé conseiller.

Pau. M. Petit, procureur impérial près le tribunal de Bagnères, en remplacement de M. Bordenave d'Abère.

* *Conseillers.*

Paris. M d'Herbelot, vice-président a tribunal de première instance de la Seine, en remplacement de M. Bergossié, admis à faire valoir ses droits à a retraite (décret du 1ᵉʳ mars 1852 et i du 3 juin 1853, art. 18, § 3) et nommé conseiller honoraire.

Paris. M. Bonneville de Marsangy, président du tribunal de Versailles, en remplacement de M. le baron Zangiacomi.

Caen. M. Adeline, président du tribunal d'Alençon, en remplacement de M. Seigneury, admis à la retraite, et nommé conseiller honoraire.

Pau. M. Bordenave d'Abère, substitut du procureur général près la même cour, en remplacement de M. Batbie, décédé.

Rennes. M. Guépin, vice-président du tribunal de la même ville, en remplacement de M. Ropartz, admis à la retraite (décret du 1ᵉʳ mars 1852).

Rennes. M. Vannier, juge d'instruction au tribunal de la même ville, en remplacement de M. Le Gué, admis à la retraite (décret du 1ᵉʳ mars 1852).

Douai M Mastrik, procureur impérial près le tribunal de la même ville, en remplacement de M. Buffin, décédé.

Nîmes. M. Privat, substitut près la même cour, en remplacement de M. Chazot, décédé.

Rouen. M. Morel-Beaulieu, président du tribunal de première instance d'Evreux, en remplacement de M. Dreux, admis à faire valoir ses droits à la retraite (décret du 1ᵉʳ mars 1852), et nommé conseiller honoraire.

Besançon. M. d'Orival, procureur impérial près le tribunal de la même ville, en remplacement de M. Spicrenaël, démissionnaire.

Besançon. M. Paguelle, vice-président au tribunal de Vesoul, en remplacement de M. Pourtier de Chaucenne, admis à la retraite (décret du 1ᵉʳ mars 1852 et loi du 9 juin 1853), et nommé conseiller honoraire.

Besançon. M. Beneyton, substitut près la cour impériale de Metz, en remplacement de M. Vigneron, admis à la retraite (décret du 1ᵉʳ mars 1852 et loi du 9 juin 1853), et nommé conseiller honoraire.

Bordeaux. M. Lacoste (Antoine—Maximin), avocat, en remplacement de M. Gauvry, décédé.

Bordeaux. M. Gellibert, président du tribunal de première instance de Blaye, en remplacement de M. Mimaud, décédé.

Bourges. M. Faguet-Chezeau, vice-président du tribunal de première instance de Châteauroux, en remplacement de M. Trottier, décédé.

Orléans. M. de Loture, substitut du procureur général près la même cour, en remplacement de M. Fougeron, admis sur sa demande à faire valoir ses droits à la retraite (loi du 9 juin 1853, art. 18, § 3), et nommé conseiller honoraire.

Nancy. M. de Comeau, conseiller auditeur à la même cour, en remplacement de M. Jannot de Morey, décédé.

Nîmes. M. Devèze-Biron, conseiller à la cour impériale de Montpellier, en remplacement de M. Privat, décédé.

Montpellier. M. de Robernier, président du tribunal de première instance d'Alais, en remplacement de M. Devèze-Biron, qui est nommé conseiller à Nîmes.

Alger (place créée). M. Truaut, vice-président du tribunal de première instance de la même ville.

Alger (place créée). M. Le Roy, juge au tribunal de première instance de la même ville.

Pondichéry. M. Delpierre, juge suppléant au siége de Pondichéry, en remplacement de M. Hivonnait, qui est nommé procureur impérial à Karikal.

Pondichéry. M. Duffaur de Gavardie, juge impérial au siége de Pondichéry, en remplacement de M. Donin de Rosière, qui est nommé président de la même cour.

———

Tribunaux de 1re instance.

* *Présidents.*

Libourne (Gironde). M. Bordier, procureur impérial près le siége de Cognac, en remplacement de M. Ducasse, admis, sur sa demande, à faire valoir ses droits à la retraite, et nommé président honoraire.

Confolens (Charente). M. Chevallier, président du siége de Sarlat, en remplacement de M. Boreau-Lajanadie, décédé.

Sarlat (Dordogne). M. Martin, juge d'instruction au siége de Cognac, en remplacement de M. Chevallier, qui est nommé président à Confolens.

Clermont (Oise). M. Arbey (Pierre-

François), avocat, ancien membre des assemblées législatives, en remplacement de M. Ledicte Duflos admis, sur sa demande, à faire valoir ses droits à la retraite, et nommé président honoraire.

Versailles (Seine-et-Oise). M. Dubois, président du siége d'Auxerre, en remplacement de M. Bonneville de Marsangy, qui a été nommé conseiller à la cour impériale de Paris.

Auxerre (Yonne). M. Massé, président du siége d'Epernay, en remplacement de M. Dubois, qui est nommé président à Versailles.

Niort (Deux-Sèvres). M. Giraud, bâtonnier de l'ordre des avocats près le même siége, en remplacement de M. Arnauldet, admis, sur sa demande, à la retraite, et nommé président honoraire.

Epernay (Marne). M. Massé, juge à Reims, en remplacement de M. Bidaut, décédé.

Epernay (Marne). M. Bazire, juge d'instruction au siége de Fontainebleau, en remplacement de M. Massé, qui est nommé président à Auxerre.

Alençon (Orne). M. Piquet, ancien bâtonnier de l'ordre des avocats à Mortagne, ancien membre de l'Assemblée législative, en remplacement de M. Adeline.

Angoulême (Charente). M. Vouzellaud, procureur impérial à Périgueux, en remplacement de M. Second, décédé.

Alais (Gard). M. Fabre, président du siége de Rodez, en remplacement de M. de Robernier, qui est nommé conseiller.

Rodez (Aveyron). M. Satil, juge d'instruction au siége de Tours, en remplacement de M. Fabre, qui est nommé président du tribunal d'Alais.

Nogent-sur-Seine (Aube). M. Bourgoin, procureur impérial près le siége de Châteaudun, en remplacement de M. Glandaz, admis, sur sa demande, à faire valoir ses droits à la retraite (loi du 9 juin 1853, art. 18, § 3) et nommé président honoraire.

La Rochelle (Charente-Inférieure). M. Parenteau-Dubeugnon, juge d'instruction au même siége, en remplacement de M. Massion, décédé.

Saverne (Bas-Rhin). M. Hiltenbrand, juge d'instruction au siége de

Colmar, en remplacement de M. Gœcklin, qui a été nommé conseiller.

Coulommiers (Seine–et–Marne). M. Huguier, juge d'instruction à Troyes, en remplacement de M. Reboul de Veyrac.

Montbéliard (Doubs). M. de Moréal, juge d'instruction à Gray, en remplacement de M. Verpy, admis à la retraite.

Louhans (Saône-et-Loire). M. Garnier, juge d'instruction au siége de Châlon-sur-Saône, en remplacement de M. Lerouge, décédé.

Constantine (Algérie). M. Bossu-Picat, juge d'instruction à Alger, en remplacement de M. Labbé de Glatinay, nommé conseiller à Alger.

Blidah (Algérie). M. Tixier de Lachapelle, procureur impérial près le siége de Constantine, en remplacement de M. Deroste, qui est nommé vice-président à Alger.

* *Vice-présidents.*

Seine. M. Picot, juge au même siége, en remplacement de M. d'Herbelot, nommé conseiller.

Seine. M. Puissan, juge au même siége, en remplacement de M. Fleury, décédé.

Marseille (Bouches - du - Rhône). M. Gamel, juge au même siége, en remplacement de M. Mérendol, admis, sur sa demande, à la retraite, et nommé vice-président honoraire.

Châteauroux (Indre). M. Patureau-Mirand, juge d'instruction au même siége, en remplacement de M. Faguet-Chezeau.

Gap (Hautes-Alpes). M. André, juge d'instruction au même siége, en remplacement de M. de Caseneuve, nommé président.

Vesoul (Haute-Saône). M. Maire, procureur impérial près le siége de Baume, en remplacement de M. Paguelle, nommé conseiller.

Alger. M. Deroste, président du siége de Blidah, en remplacement de M. Truaut, nommé conseiller.

* *Procureurs impériaux.*

Mantes (Seine-et-Oise). M. Douet d'Arcq, procureur impérial près le siége de Châteaudun, en remplacement de M. Baret du Coudert, nommé substitut du procureur impérial à Paris.

Châteaudun (Eure-et-Loir). M. de Bouthillier-Chavigny, substitut du procureur impérial près le siége de Reims, en remplacement de M. Douet d'Arcq, nommé procureur impérial à Mantes.

Fontainebleau (Seine-et - Marne). M. Gerbé de Thoré, procureur impérial près le siége de Joigny, en remplacement de M. Try, nommé substitut du procureur impérial à Paris.

Joigny (Yonne). M. Renard, procureur impérial près le siége de Bar-sur-Aube, en remplacement de M. Gerbé de Thoré, qui est nommé procureur impérial à Fontainebleau.

Bar-sur-Aube (Aube). M. Jourdain, substitut du procureur impérial près le siége de Troyes, en remplacement de M. Renard, nommé procureur impérial à Joigny.

Cognac (Charente). M. Boreau-Lajanadie, procureur impérial à Pamiers, en remplacement de M. Bordier, nommé président du tribunal de Libourne.

Pamiers (Ariége). M. Raveaud, substitut à Lesparre, en remplacement de M. Boreau-Lajanadie.

Pithiviers (Loiret). M. Montaud, procureur impérial nommé à Loches, en remplacement de M. Deschamps, qui est nommé substitut du procureur général.

Loches (Indre-et-Loire). M. Chaise-Martin, substitut du procureur impérial près le même siége, en remplacement de M. Montaud, qui est nommé procureur impérial près le tribunal de Pithiviers.

Aix (Bouches-du-Rhône). M. Bernard de Marigny, procureur impérial à Tarascon, en remplacement de M. Marcorelle, admis, sur sa demande, à la retraite. (Loi du 9 juin 1853.)

Tarascon (Bouches - du - Rhône). M. Niepce, procureur impérial à Brignolles, en remplacement de M. Bernard de Marigny.

Brignoles (Var). M. Bonvalot, substitut à Toulon, en remplacement de M. Niepce.

Marseille (Bouches - du - Rhône). M. Martinet, procureur impérial à Orléans, en remplacement de M. Guyho.

Orléans (Loiret). M. Daniel, procureur impérial à Loches, en remplacement de M. Martinet.

Loches (Indre-et-Loire). M. Montaud, procureur impérial à Calvi, en remplacement de M. Daniel.

Calvi (Corse). M. Giordani, substitut à Bastia, en remplacement de M. Montaud.

Schélestadt (Bas-Rhin). M. Klié, procureur impérial à Belfort, en remplacement de M. Brøllman, démissionnaire.

Belfort (Haut-Rhin). M. Wagner, substitut à Colmar, en remplacement de M. Klié.

Alais (Gard). M. Fayet, procureur impérial à Marvejols, en remplacement de M. Brun de Villeret.

Marvejols (Lozère). M. Cauzid, substitut à Privas, en remplacement de M. Fayet.

Périgueux (Dordogne). M. Gasqueton, procureur impérial près le siége de Sarlat, en remplacement de M. Vouzellaud, nommé président.

Sarlat (Dordogne). M. Rourgade, substitut du procureur impérial près le siége de Périgueux, en remplacement de M. Gasqueton, nommé procureur impérial à Périgueux.

Langres (Haute-Marne). M. Roidot, procureur impérial à Louhans, en remplacement de M. Metman.

Louhans (Saône-et-Loire). M. Châales des Etangs, substitut à Dijon, en remplacement de M. Boidot.

Saint-Pons (Hérault). M. Bongrand, substitut du procureur impérial près le siége de Montpellier, en remplacement de M. Rouquayrol, nommé procureur impérial près le tribunal de Lodève.

Chinon (Indre-et-Loire). M. Paulmier, procureur impérial à Gien, en remplacement de M. Podevin, nommé procureur impérial près le tribunal de Tours.

Gien (Loiret). M. Maîtrejean, substitut à Tours, en remplacement de M. Paulmier.

Baume (Doubs). M. Callet, substitut du procureur impérial près le siége de Besançon, en remplacement de M. Maire, nommé vice-président.

Nogent-le-Rotrou (Eure-et-Loir). M. Legendre, procureur impérial à Vendôme, en remplacement de M. Dumont de Sainte-Croix, démissionnaire.

Vendôme (Loir-et-Cher). M. Cheppin, substitut à Tours, en remplacement de M. Legendre.

Reims (Marne). M. Fleury, procureur impérial à Troyes, en remplacement de M. Rohault de Fleury.

Troyes (Aube). M. Loriot de Rouvray, procureur impérial à Corbeil, en remplacement de M. Fleury.

Corbeil (Seine-et-Oise). M. Chevreau-Christiani, procureur impérial à Bar-sur-Seine, en remplacement de M. Loriot de Rouvray.

Bar-sur-Seine (Aube). M. Henriquet, substitut à Auxerre, en remplacement de M. Chevreau-Christiani.

Alby (Tarn). M. Jourdanet, substitut du procureur impérial près le siége de Toulouse, en remplacement de M. Villeneuve, nommé procureur impérial à Toulouse.

Dôle (Jura). M. Poignand, procureur impérial près le siége de Pontarlier, en remplacement de M. Pion, nommé conseiller.

Lodève (Hérault). M. Rouquayrol, procureur impérial près le siége de Saint-Pons, en remplacement de M. Sadde, nommé juge.

Langres (Haute-Marne). M. Roidot, procureur impérial près le siége de Louhans, en remplacement de M. Metman, nommé juge.

Toulouse (Haute-Garonne). M. Villeneuve, procureur impérial près le siége d'Albi, en remplacement de M. Saint-Luc Courborieu, nommé premier avocat général.

Châteaudun (E.-et-Loir). M. Doüet-d'Arcq, substitut du procureur impérial près le siége de Blois, en remplacement de M. Bourgoin, nommé président.

Poitiers (Vienne). M. Renaud, procureur impérial près le siége de Napoléon-Veudée, en remplacement de M. du Puis, nommé avocat général.

Moulins (Allier). M. Payan-Dumoulin, procureur impérial près le siége de Valence, en remplacement de M. de Leffemberg, nommé avocat général.

Castel-Sarrasin (Tarn-et-Garonne). M. Vialas, substitut du procureur impérial près le siége de Montauban, en remplacement de M. Auzies, nommé substitut du procureur impérial près le tribunal de Toulouse.

Bagnères (Hautes-Pyrénées). M.

Adnet, substitut à Mont-de-Marsan, en remplacement de M. Petit.

Constantine (Algérie). M. Harambourre, substitut du procureur impérial près le siége d'Alger, en remplacement de M. Tixier de Lachapelle, nommé président.

Saint-Louis (Sénégal). Place créée, M. Bousquet, premier substitut du procureur général près la cour impériale du Sénégal, place supprimée.

Pondichéry. M. Ribout, procureur impérial près le siége de Karikal, en remplacement de M. Hurtrel, nommé juge impérial à Pondichéry.

Karikal (Inde). M. Hivonnait, conseiller auditeur à la cour de Pondichéry, en remplacement de M. Ribout, nommé procureur impérial.

Substituts du procureur impérial.

Seine. M. Try, procureur impérial près le siége de Fontainebleau, en remplacement de M. Yvert, démissionnaire.

Seine. M. Bondurand, substitut à Versailles, en remplacement de M. Sainte-Beuve.

Versailles (Seine-et-Oise). M. Mathieu-Devienne, substitut a Chartres, en remplacement de M. Bondurand.

Chartres (Eure-et-Loir), M. Merveilleux-Duvignaux, substitut à Rambouillet, en remplacement de M. Mathieu-Devienne.

Rambouillet (Seine-et-Oise). M. Courant, substitut à Bar-sur-Seine, en remplacement de M. Merveilleux-Duvignaux.

Reims (Marne). M. Merveilleux-Duvignaux, substitut du procureur impérial près le siége de Chartres, en remplacement de M. Bouthillier-Chavigny, nommé procureur impérial.

Chartres (Eure-et-Loir). M. Gérin, substitut du procureur impérial près le siége d'Auxerre, en remplacement de M. Merveilleux-Duvignaux, nommé substitut du procureur impérial à Reims.

Auxerre (Yonne). M. Courant, substitut du procureur impérial près le siége de Rambouillet, en remplacement de M. Gérin, nommé substitut du procureur impérial à Chartres.

Rambouillet (Seine-et-Oise). M. Normand, substitut du procureur impérial près le siége de Châteaudun, en remplacement de M. Courant, nommé substitut du procureur impérial à Auxerre.

Châteaudun (Eure-et-Loir). M. Vaney, juge suppléant au siége d'Auxerre, en remplacement de M. Normand, nommé substitut du procureur impérial à Rambouillet.

Montauban (Tarn-et-Garonne). M. Delquié, substitut du procureur impérial près le siége de Muret, en remplacement de M. Vialas, nommé procureur impérial.

Muret (Haute-Garonne). M. Bastié, substitut du procureur impérial près le siége de Castel-Sarrasin, en remplacement de M. Delquié, nommé substitut du procureur impérial près le tribunal de Montauban.

Castel-Sarrasin (Tarn-et-Garonne). M. Cammas (Pierre-Maurice-Charles), avocat, en remplacement de M. Bastié, nommé substitut du procureur impérial près le siége de Muret.

Gex (Ain). M. Guicherd, juge suppléant au siége de Cherbourg, en remplacement de M. Gregori.

Troyes (Aube). M. Benoist, substitut du procureur impérial près le siége de Corbeil, en remplacement de M. Jourdain, nommé procureur impérial.

Corbeil (Seine-et-Oise). M. Angot des Rotours, substitut du procureur impérial près le siége d'Arcis-sur-Aube, en remplacement de M. Benoist, nommé substitut du procureur impérial à Troyes.

Arcis-sur-Aube (Aube). M. Destresse de Lauzac de Laborie, juge suppléant au siége d'Auxerre, en remplacement de M. Angot des Rotours, nommé substitut du procureur impérial à Corbeil.

Montpellier (Hérault). M. Sauvajol, substitut du procureur impérial près le siége de Perpignan, en remplacement de M. Bougrand, nommé procureur impérial.

Perpignan (Pyrénées-Orientales). M. Racamié-Laurens, substitut du procureur impérial près le siége de Castelnaudary, en remplacement de M. Sauvajol, substitut du procureur impérial près le tribunal de Montpellier.

Castelnaudary (Aude). M. Lota, substitut du procureur impérial près le siége de Céret, en remplacement de M. Racanié-Laurens, nommé substitut du procureur impérial près le tribunal de Perpignan.

Châteauroux (Indre). M. Bonesset, substitut du procureur impérial près le siége de Saint-Amand, en remplacement de M. Dubois, nommé juge.

Saint-Amand (Cher). M. Macavoy, substitut du procureur impérial près le siége de Château-Chinon, en remplacement de M. Bonesset, nommé substitut du procureur impérial près le tribunal de Châteauroux.

Château-Chinon (Nièvre). M. Chenon, juge suppléant au siége de Châteauroux, en remplacement de M. Macavoy, nommé substitut du procureur impérial près le tribunal de Saint-Amand.

Belley (Ain). M. Royé - Belliard (Jean-Baptiste-Gustave-Anatole), avocat, en remplacement de M. Ribet, nommé substitut du procureur impérial à Montbrison.

Chambon (Creuse). M. Moncourier-Beauregard, substitut du procureur impérial près le siége d'Yssengeaux, en remplacement de M. Pompei, nommé substitut du procureur impérial à Blois.

Yssengeaux (Haute-Loire). M. Lacoste (François), avocat, en remplacement de M. Moncourier-Beauregard, nommé substitut du procureur impérial à Chambon.

Périgueux (Dordogne). M. de Tholouze, substitut du procureur impérial près le siége de Confolens, en remplacement de M. Bourgade, nommé procureur impérial.

Confolens (Charente). M. Laignel (Alphonse), avocat, en remplacement de M. de Tholouze, nommé substitut du procureur impérial à Périgueux.

Saint-Etienne (Loire). M. Augerd, substitut à Roanne, en remplacement de M. de Prandière, nommé substitut à Lyon.

Roanne (Loire). M. Faye, avocat, en remplacement de M. Augerd.

Langres (Haute-Marne). M. Letissier, substitut à Louhans, en remplacement de M. Larché.

Louhans (Saône-et-Loire). M. Larché, substitut à Langres, en remplacement de M. Letissier.

Lyon (Rhône). M. Chevalier, substitut du procureur impérial près le siége de Vienne, en remplacement de M. Février, nommé avocat général à Nîmes.

Vienne (Isère). M. Lyon, juge suppléant, chargé de l'instruction au siége de Rambouillet, en remplacement de M. Collin, nommé juge à Gap.

Blois (Loir-et-Cher). M. Goirand de la Baume, substitut du procureur impérial près le siége de Digne, en remplacement de M. Donet-d'Arcq, nommé procureur impérial.

Digne (Basses-Alpes). M. Ragon (Auguste), avocat, en remplacement de M. Goirand de la Baume, nommé substitut du procureur impérial près le siége de Blois.

Mont-de-Marsan (Landes). M. Laffargue, substitut à Bayonne, en remplacement de M. Adnet.

Bayonne (Basses-Pyrénées). M. Faure, avocat, en remplacement de M. Laffargue.

Marseille (Bouches-du-Rhône). M. Moreau, substitut à Tours, en remplacement de M. Mougins de Roquefort.

Tours (Indre-et-Loire). M. Goirand de la Baume, substitut à Blois, en remplacement de M. Moreau.

Blois (Loir-et-Cher). M. Pompei, substitut à Chambon, en remplacement de M. Goirand de la Baume.

Toulouse (Haute-Garonne) M. Anzies, procureur impérial près le siége de Castel-Sarrasin, en remplacement de M. Jourdanet, nommé procureur impérial.

Belfort (Haut-Rhin). M. Lacombe (Michel-Pierre-Louis-Amédée), avocat, en remplacement de M. Fournier, nommé juge.

Seine. M. Baret du Coudert, procureur impérial près le siége de Nantes, en remplacement de M. Vial, nommé juge.

Draguignan (Var). M. Guès, juge suppléant, chargé de l'instruction au siége de Marseille, en remplacement de M. de Gabrielli, nommé substitut du procureur général.

Tours (Indre-et-Loire). M. de Vanzelles, substitut à Montargis, en remplacement de M. Maltrejean, nommé procureur impérial.

Montargis (Loiret). M. Ballot, juge suppléant au même siége, en remplacement de M. de Vauzelles.

Colmar (Haut-Rhin). M. Lebert, substitut à Altkirch, en remplacement de M. Wagner.

Altkirch (Haut-Rhin). M. Adam, juge suppléant au même siége, en remplacement de M. Lebert.

Besançon (Doubs). M. Billecard, juge suppléant attaché en qualité de substitut à la chambre temporaire du même siége, en remplacement de M. Callet.

Loches (Indre-et-Loire). M. Juge, juge suppléant au siége de Tours, en remplacement de M. Chaise-Martin, nommé procureur impérial.

Belley (Ain). M. Royé-Belliard, avocat, en remplacement de M. Ribet, nommé substitut à Montbrison.

Chambon (Creuse). M. Moncourier-Beauregard, substitut à Yssengeaux, en remplacement de M. Pompei, nommé substitut à Blois.

Yssengeaux (Haute-Loire). M. Laoste, avocat, en remplacement de M. Moncourier-Beauregard.

Chinon (Indre-et-Loire). M. Gramain, substitut du procureur impérial près le tribunal de première instance de Gien, en remplacement de M. de Rachet, nommé juge à Tours.

Gien (Loiret). M. Guilles-Desbutes (Charles-François-Alphonse), avocat, en remplacement de M. Gramain, nommé substitut à Chinon.

Dijon (Côte-d'Or). M. Simonnet, substitut à Mâcon, en remplacement de M. Châales des Etangs.

Mâcon (Saône-et-Loire). M. Meaure, avocat, en remplacement de M. Simonnet.

Privas (Ardèche). M. Boissier, substitut au Vigan, en remplacement de M. Gauzid.

Le Vigan (Gard). M. Auzias, avocat, en remplacement de M. Boisier.

Dreux (Eure-et-Loir). M. Grouelle, substitut à Bar-sur-Aube, en remplacement de M. Durand, nommé juge à Epernay.

Bar-sur-Aube (Aube). M. Bronville, juge suppléant à Reims, en remplacement de M. Grouvelle.

Toulon (Var). M. Gillet-Roussin, substitut à Brignoles, en remplacement de M. Bonvalot.

Brignoles (Var). M. Flonest, avocat, en remplacement de M. Gillet-Roussin.

Montbrison (Loire). M. Ribet, substitut à Belley, en remplacement de M. Morand de Jouffrey, nommé juge suppléant au tribunal de Lyon.

Lesparre (Gironde). M. Bénard, avocat, en remplacement de M. Raveaud.

Saint-Pierre (Martinique) (place créée). M. Holozet, substitut près le même siège.

Pointe-à-Pitre (Guadeloupe) (place créée). M. Bazot, substitut près le même siège.

Saint-Denis (Réunion) (place créée). M. Mulsant, substitut près le même siège.

Gorée (Sénégal) (place créée). M. de Reboul de Chariot, second substitut du procureur général près la cour impériale du Sénégal, place supprimée.

* Juges.

Seine. M. Rohault de Fleury, procureur impérial à Reims, en remplacement de M. Lagrenée, décédé.

Seine. M. Reboul de Veyrac, président du siége de Coulommiers, en remplacement de M. Puissan.

Seine. M. de Beausire, conseiller président de la cour impériale de la Guadeloupe, en remplacement de M. Hellouin de Cenival-Brisson, démissionnaire.

Reims (Marne). M. Seligman, juge à Chartres, en remplacement de M. Huerne, admis, sur sa demande, à la retraite (loi du 9 juin 1853, art. 5, § 5).

Chartres (Eure-et-Loir). M. Choppin, juge d'instruction à Nogent-sur-Seine, en remplacement de M. Seligman.

Nogent-sur-Seine (Aube). M. Rabaroust, juge suppléant à Mantes, en remplacement de M. Choppin.

Versailles (Seine-et-Oise). M. Carré, juge d'instruction à Chartres, en remplacement de M. Patry, admis à la retraite (décret du 1ᵉʳ mars 1852).

Chartres (Eure-et-Loir). M. Fournier-des-Ormes, avocat, en remplacement de M. Carré, nommé juge au tribunal de Versailles.

Châteauroux (Indre). M. Bauchart, juge au siége de Château-Chinon, en remplacement de M. Patureau-Mirand, nommé vice-président.

Château-Chinon (Nièvre). M. Behaghel (Edmond-Martin-Joseph), avocat, docteur en droit, en remplacement de M. Bauchart, juge au tribunal de Châteauroux.

Gap (Hautes-Alpes). M. Collin, substitut du procureur impérial près le siége de Vienne, en remplacement de M. André, nommé vice-président.

Morlaix (Finistère). M. Bazil, juge d'instruction au siége de Châteaulin, en remplacement de M. Millerot, nommé juge de paix du 1er arrondissement de Nantes.

Châteaulin (Finistère). M. Tardivel, ancien magistrat, en remplacement de M. Bazil, nommé juge au tribunal de Morlaix.

Fontainebleau (Seine-et-Marne). M. Guyard, juge d'instruction au siége de Bar-sur-Seine, en remplacement de M. Bazire, président.

Bar-sur-Seine (Aube). M. Perrin, juge suppléant au siége de Melun, en remplacement de M. Guyard, nommé juge à Fontainebleau.

Châlon-sur-Saône (Saône-et-Loire). M. Metman, procureur impérial près le siége de Langres, en remplacement de de M. Garnier, président à Louhans.

Châteauroux (Indre). M. Dubois, substitut du procureur impérial près le même siége, en remplacement de M. Pinault, admis à faire valoir ses droits à la retraite (décret du 1er mars 1852) et nommé juge honoraire.

La Rochelle (Charente-Inférieure). M. Boutin, juge de paix du canton *est* de la même ville, licencié en droit, en remplacement de M. Parenteau-Dubeugnou, qui est nommé président.

Bar-sur-Aube (Aube). M. Farjas, juge suppléant à Epernay, en remplacement de M. Pouilly, décédé.

Carcassonne (Aude). M. Delugin, ancien magistrat, en remplacement de M. Denisse, admis à la retraite (décret du 1er mars 1852) et nommé juge honoraire.

Périgueux (Dordogne). M. Duchaylard, juge à Sarlat, en remplacement de M. Camouilly, démissionnaire.

Sarlat (Dordogne). M. Domenget, juge suppléant à Bergerac, en remplacement de M. Duchaylard.

Périgueux (Dordogne). M. Daviaud, juge suppléant à Angoulême, en remplacement de M. Bardy-Delisle, admis à la retraite (décret du 1er mars 1852) et nommé juge honoraire.

Montfort (Ille-et-Vilaine). M. Hédouin, juge suppléant à Rennes, en remplacement de M. Cadet de Vaux, démissionnaire.

Colmar (Haut-Rhin). M. Poupardin, juge au siége d'Altkirch, en remplacement de M. Hiltenbrand, nommé président.

Altkirch (Haut-Rhin). M. Fournier, substitut du procureur impérial près le siége de Belfort, en remplacement de M. Poupardin, nommé juge au tribunal de Colmar.

Melun (Seine-et-Marne). M. Voizot, juge suppléant au siége de Versailles, en remplacement de M. Lejouteux, nommé président.

Seine. M. Vial, substitut du procureur impérial près le même siége, en remplacement de M. Becquet, admis, sur sa demande, à faire valoir ses droits à la retraite (loi du 9 juin 1853, art. 5, § 3), et nommé juge honoraire.

Châteaudun (Eure-et-Loir). M. Corteau, substitut à Arcis-sur-Aube, en remplacement de M. Thiéblin, nommé juge au tribunal d'Auxerre.

Épernay (Marne). M. Lancelin, juge suppléant à Fontainebleau, en remplacement de M. Doussot, admis, sur sa demande, à la retraite.

Montpellier (Hérault). M. Sadde, procureur impérial près le siége de Lodève, en remplacement de M. Fabre, admis, sur sa demande, à faire valoir ses droits à la retraite (loi du 9 juin 1853, art. 18, § 3), et nommé juge honoraire.

Tours (Indre-et-Loire). M. de Brachet, substitut du procureur impérial près le tribunal de première instance de Chinon, en remplacement de M. Satil, nommé président à Rodez.

Beaune (Côte-d'Or). M. Noirot, juge d'instruction à Châtillon, en remplacement de M. Dorey, non acceptant.

Mirecourt (Vosges). M. Aubry (Joseph-Edouard), avocat, en remplacement de M. Georges, décédé.

Marseille (Bouches - du - Rhône). M. Mougins de Roquefort, substitut près le même siége, en remplacement de M. Gamel.

Niort (Deux-Sèvres). M. Arnauldet, juge suppléant à Poitiers, en remplacement de M Giraud, admis à la retraite, et nommé juge honoraire.

Alger. M. Borde, juge au siége de Constantine, en remplacement de M.

Le Roy, qui est nommé conseiller.

Alger. M. Patras, juge d'instruction à Blidah, en remplacement de M. Bossu-Picat.

Blidah (Algérie). M. Frégier, juge de paix du canton nord d'Alger, en remplacement de M. Patras.

Pondichéry. M. Hurtrel, procureur impérial près le même siége, en remplacement de M. Duffaur de Gavardie, nommé conseiller.

Mayotte et dépendances. M Hallez, avocat, en remplacement de M. Leblanc, révoqué.

ORDRE DES AVOCATS.

(A l'élection.)

Membres de l'ordre des avocats au conseil d'Etat et à la Cour de cassation :
MM. Marinier, Bosvial et Rendu,

en remplacement de MM. Rigaud, premier syndic; Dupont, deuxième syndic, et Grandjean-Delisle.

CLERGÉ CATHOLIQUE.

Evéque suffragant au diocèse de Paris :

M. l'abbé Sibour, vicaire général et

curé de Saint-Thomas-d'Aquin.

Evéque d'Evreux :

M. de Bonnechose.

ÉGLISES RÉFORMÉES.

Président du conseil central des Églises réformées, en remplacement de M. l'amiral Baudin, décédé :
M. Gautier, sénateur.

Membre du conseil central des Églises réformées :

M. le général d'Autheville, député au Corps législatif.

ARMÉE.

Maréchal de France :

M. le général de division comte Achille Baraguey-d'Hilliers, commandant en chef le corps expéditionnaire de la Baltique (décret impérial du 28 août).

* *Généraux de division.*

MM. les généraux de brigade :

Thiry (François-Augustin), commandant l'artillerie à l'armée d'Orient.

Perrodon (Octave-Claude-Emile), directeur du service des poudres et salpêtres.

Brunet (Jean-André-Louis), commandant une brigade de la division d'occupation à Rome.

Paté (Charles), commandant la subdivision d'Alger.

Duchaussoy (Armand-Guillaume-Félix), commandant une brigade d'infanterie au camp du Nord.

Buisson d'Armandy (Aimé-Prosper-Edouard-Chérubin-Nicéphore), commandant l'artillerie en Algérie.

Bouat, commandant la 2ᵉ brigade de la 2ᵉ division d'infanterie de l'armée d'Orient

De Luzy de Pellissac.

Rolin.

* *Généraux de brigade.*

MM. les colonels :

Caron (Pierre-François), colonel directeur d'artillerie à Alger.

Soumain (Jules-Henri), commandant le 4ᵉ régiment d'infanterie légère à Marseille.

Sol (Edouard-Hippolyte-Pierre), commandant le 22ᵉ régiment d'infanterie légère à l'armée d'Orient.

Gouyon de Saint-Loyal (M.), colonel d'état-major.

De Martimprey (Ange-Auguste), commandant le 43ᵉ régiment de ligne à Toulon.

De Failly (Pierre-Louis-Charles-Achille), commandant le 20ᵉ régiment d'infanterie légère à l'armée d'Orient.

Durieu (Louis-François-Alfred), commandant le 2ᵉ régiment de spahis.

Arcelin (Charles-Elie), inspecteur des manufactures d'armes à Paris.

Migout (Jean-Charles-Baptiste), directeur d'artillerie à Toulouse.

Bourbaki, commandant le 1ᵉʳ régiment de zouaves à l'armée d'Orient.

Eblé, directeur d'artillerie à Metz, appelé dans son nouveau grade au commandement de l'École impériale polytechnique.

Bazaine, commandant le 1ᵉʳ régiment de la légion étrangère en Orient.

Lheureac, colonel au corps d'état-major, chef d'état-major de la 4ᵉ division militaire.

MARINE IMPÉRIALE.

* *Commandants de division navale :*

Antilles. M. le contre-amiral Kernoux (Claude-Charles-Etienne).

Indo-Chine. M. le contre-amiral Guérin (Nicolas-François).

Brésil et Plata. M. le contre-amiral Larocque de Chaufray (Armand-Jules-Casimir).

* *Capitaines de vaisseau.*

MM. les capitaines de frégate :

Poutier (Guillaume-Gustave), commandant le *Chaptal.*

Dispan (François-Julien), commandant le *Lucifer.*

Lescure (Pierre), second du *Montebello,* détaché dans les batteries de la marine à terre au siége de Sévastopol.

Moulac (Vincent-Alfred), ex-commandant du *Souffleur* (escadre de la Baltique).

De Dompierre d'Hornoy (Charles-Marius-Albert), second de la *Ville-de-Paris,* commandant par intérim ce vaisseau. Combat du 17 octobre.

Penhoat (Jérôme-Hyacinthe), second du *Napoléon,* détaché dans les batteries de la marine à terre au siége de Sévastopol.

Méquet (Eugène-Louis-Hugues), second du *Henri IV,* détaché dans les batteries de la marine à terre au siége de Sévastopol.

Rolland de Chabert (Joseph-Polydore-Eugène-Jules), a été promu au grade de capitaine de vaisseau.

' Capitaines de frégate.

MM. les lieutenants de vaisseau :

Le Pord (Eugène-Pierre-Aimé).

Payen (François-Louis-Jules), du *Breslaw.*

Orban (Pierre).

Candeau (Joseph-Jules-Léopold), de la *Forte.* Combat de Petropolovski.

Buor de Villeneuve (Charles-Marie-Elie).

Barthes (Prosper-Marie), du *Tage.*

Dumalle (Louis-Amédée).

De Fontanges de Couzan (Charles-Henri), du *Valmy.* Combat du 17 octobre.

Astié (François-Xavier).

Montjaret-Kerjegu (Jules-Marie-Auguste), du *Duguesclin.*

Rey (Jean-Charles).

Lagé (Jean-Théobald), du *Trident.*

De Tournadre (Aimé-François-Amable).

Tricault (Eugène-Hippolyte-Firmin), de la *Ville-de-Paris,* détaché dans les batteries de la marine à terre au siége de Sévastopol.

D'Alteyrac (Jean-Isidore-Paul-Raoul).

Roussin (Albert-Edmond-Louis), commandant le *Solon.*

Bianchi (Louis-Eugène-Édouard-Fortuné).

Garnault (Henri-Jules-Noël-François), de la *Ville-de-Paris* : blessé. Combat du 17 octobre.

Bigot de la Robillardière (Emmanuel-Gabriel).

Véron (Auguste-Joseph), de l'*Austerlitz.*

Martin (Félix-François).

Lejeune (Laurent-Joseph), du *Jupiter.* Combat du 17 octobre.

Lévêque (Jean-Baptiste-Joseph-Augustin).

Delacoux-Marivault (Henri), du *Valmy,* détaché dans les batteries de la marine à terre au siége de Sévastopol.

Fortin (Hubert-Joseph).

Causse (Antoine-François), commandant le *Vautour.*

Conseil des travaux de la Marine.

* Président :

M. le vice-amiral Romain-Desfossés, en remplacement de M. l'amiral Baudin, décédé.

* Membres titulaires :

M. le vice-amiral Laplade.

MM. les capitaines de frégate de Montaignac, de Chauvance et Dupré.

* Membre adjoint :

M. le capitaine de frégate Bonie.

Bureau des Longitudes.

* Membre :

M. le contre-amiral Deloffre, en remplacement de M. l'amiral baron Roussin, décédé.

UNIVERSITÉ.

Conseil impérial de l'instruction publique pour 1854 (décret du 30 janvier).

* Membres :

MM. Elie de Beaumont, Poinsol, Delangle, membres du Sénat.

M. Baroche, président du conseil d'Etat.

M. Bonjean, président de la section de l'intérieur et de l'instruction publique et des cultes au conseil d'Etat.

M. Denjoy, conseiller d'Etat.

Mgr le cardinal-archevêque de Reims.

Mgr l'archevêque de Paris.

Mgr l'archevêque de Tours.

Mgr l'évêque d'Arras.

Mgr l'évêque de Troyes.

M. le pasteur Juillerat, président de l'Eglise consistoriale de la communion réformée.

M. le pasteur Rodolphe Cuvier, président de l'Eglise consistoriale de la confession d'Augsbourg.

M. Franck, vice-président du Consistoire central israélite.

M. Troplong, premier président de la Cour de cassation.

M. le comte Portalis, premier président honoraire de la même cour.

M. de Royer, procureur général impérial près la Cour de cassation.

MM. le baron Thenard, Saint-Marc Girardin, de Saulcy, le général Morin, Lélut, membres de l'Institut.

MM. Giraud, Ravaisson, Nisard, Dumas, Leverrier, Brongniart, Bérard, inspecteurs généraux de l'enseignement supérieur.

M. Cournot, inspecteur général de l'instruction secondaire.

M. Labrouste, chef de l'institution libre de Sainte-Barbe à Paris.

M. l'abbé Boudinet, directeur de l'institution de Pons (Charente-Inférieure).

COMMISSION DÉPARTEMENTALE ET MUNICIPALE

Chargée d'exercer les fonctions attribuées au Conseil général de la Seine et au Conseil municipal de Paris.

Membres (décret du 4 janvier) :

M. Dumas, sénateur, vice-président du conseil impérial de l'instruction publique, en remplacement de M. Fleury, décédé.

M. de Royer, procureur général près la Cour de cassation, en remplacement de M. Dupérier, démissionnaire.

M Fouché-Lepelletier, député au Corps législatif, en remplacement de M. Riant, démissionnaire.

M. Ledagre, président du tribunal de commerce, en remplacement de M. André, démissionnaire.

NOMINATIONS DIVERSES.

Directeur général de la sûreté publique :

M. Collet-Meygret, directeur de la sûreté générale (décret du 29 août).

Directeur de l'Ecole impériale des Chartes, en remplacement de M. Guérard, décédé :

M. Natalis de Wailly, membre de l'Institut, conservateur au département des manuscrits de la Bibliothèque impériale.

Directeur du haras impérial de Pompadour :

M. Camille Génestal.

Astronomes adjoints à l'Observatoire impérial de Paris :

MM. Faye, de l'Institut ; Babinet, de l'Institut ; Yvon de Villatreaux (décret du 11 février).

* *Administrateur général du théâtre impérial de l'Opéra :*

M. Crosnier, député au Corps législatif (décret du 11 novembre).

* *Administrateur du Conservatoire de musique et de déclamation :*

M. Lassabathie, ancien chef du bureau des théâtres au ministère de l'Intérieur.

ORDRE IMPÉRIAL DE LA LÉGION D'HONNEUR.

* *Grands-croix.*

Par décret du 30 août :

M. le vice-amiral Parseval-Deschênes, commandant en chef l'escadre de la Baltique.

Par décret du 2 mars :

M. le prince de Chimay.

M. le baron de Bourqueney, envoyé extraordinaire et ministre plénipotentiaire de France à Vienne.

* *Grands-officiers.*

Par décret du 9 janvier :

M. Ducos, ministre de la marine et des colonies.

Par décret du 21 octobre, pour leur conduite militaire à la bataille de l'Alma :

MM. Certain Canrobert, général de division, aide de camp de l'Empereur, commandant en chef l'armée d'Orient ; Bosquet, général de division, commandant la 2e division d'infanterie ; Forey, général de division, commandant la 4e division d'infanterie.

Par décret rendu après la prise de Bomarsund :

M. Niel (Adolphe), général de division, membre du comité des fortifications, commandant supérieur du génie du corps expéditionnaire de la Baltique (28 août).

Par décrets individuels :

MM. de Persigny, ministre de l'intérieur.

Morris (Louis-Michel), général de division, commandant la division de cavalerie de l'armée d'Orient ; commandeur du 18 septembre 1844 : 33 ans de services, 19 campagnes.

D'Autemarre d'Ervillé (Charles-François-Xavier), général de brigade, commandant la 1re brigade de la 2e division d'infanterie de l'armée d'Orient ; commandeur du 10 décembre 1851 : 33 ans de services, 20 campagnes.

Montagniès de la Roque (Jean-Baptiste), vice-amiral, préfet maritime de Rochefort.

Jacquinot (Charles-Hector), contre-amiral, major général de la marine à Toulon, ex-commandant en second de l'escadre de la Méditerranée.

Perrot (Benjamin-Pierre), général de division, commandant la 4e division militaire.

Reveux (Pierre-Louis-Philippe), général de division, commandant la 12e division militaire.

Talandier (Marie-Claude-Félix), général de division, commandant la 17e division militaire.

Le marquis de Turgot, ambassadeur de S. M. l'Empereur près la cour de Madrid.

Le général Husson, sénateur.

Le général de division de Coisy.

* *Commandeurs.*

MM. Bougourd de Lamarre (Fabius), général de brigade, commandant une brigade d'infanterie au camp du Nord.

Barbier (Joseph-Odille), général de brigade, membre du comité d'artillerie.

Mayran (Joseph-Décius-Nicolas), général de brigade, commandant la brigade d'expédition au Pirée.

Beauquet (Hippolyte—François-Jo—

soph), colonel, chef d'état-major du 2e corps d'armée du camp du Nord.

Donop (Claude-Frédéric), intendant militaire de la division d'Alger.

De Brunet (Charles-François), colonel, commandant de place de 1re classe à Grenoble.

Tisserand (Émile), colonel de la garde de Paris.

Alais (Amédée), colonel.

Vergé (Charles-Nicolas), colonel.

Dupuis (Théodore), colonel.

Tarbouriech (Pierre-Nazaire), colonel.

Boyer (Pierre-Joseph), colonel.

Bigault de Rochefort (Aimé-Théodore-Marie), colonel.

Guy de la Villette (Charles-Louis), colonel.

Coteau (Joseph-Rodolphe), colonel, directeur à Mézières.

Tripier (Émile-Jules-Gustave), chef d'état-major du génie à l'armée d'Orient.

De Cambis-Alais (Charles-Pierre-Marie), intendant militaire de la 9e division.

Chanfroid (Etienne-Ange), colonel.

Salle (Charles-Alexandre), colonel.

Manuel (Lila), colonel, chef de la 2e légion.

D'Hébrard (Antoine), colonel, chef de la 6e légion.

De Carondelet (Henri-Marie-Alexandre), colonel.

Roubé (Henri-Joseph), colonel.

Lefebvre (Henri-Louis-Nicolas), colonel.

Perigot (Marie-Théodore), colonel.

Revon (Jean), colonel.

Legrand (Gustave), colonel.

Moreau (Hyacinthe-Suzanne), colonel, directeur à Brest.

Elias (Henri), colonel, directeur à Grenoble.

Charvilhat (Jean-Charles-Michel), colonel, directeur à Strasbourg.

Blondel (Lucien-Antoine), colonel, directeur du dépôt de la guerre.

Courtois-Roussel d'Urbal (Charles-François-Adolphe), colonel, chef d'état-major de la 3e division d'infanterie du camp du Nord.

Louis-Devilliers (Frédéric-Henri-Joseph), colonel, major de la place de Paris.

De Loverdo (Georges - Théodore-Thémistocle-Alexandre), colonel, chef d'état-major de la 4e division d'infanterie de l'armée d'Orient.

Raoul (Noël), lieutenant-colonel, major de tranchée devant Sévastopol.

Clavaud (André-Paul), capitaine de vaisseau, chef d'état-major de l'escadre de la Baltique.

Lugeol (Alexis), capitaine de vaisseau, commandant le *Jupiter*.

Larrieu (Guillaume-Lucien-Emile), capitaine de vaisseau, commandant l'*Hercule*.

Warnier de Wailly (Louis-Marie-Aimé-Auguste), capitaine de vaisseau, commandant le *Mogador*.

De Pouques d'Erbingem (Joseph-Eugène), capitaine de vaisseau, commandant le *Vauban*.

Baron Darrieau (Rodolphe-Augustin), capitaine de vaisseau, commandant le *Descartes*.

Fiéron (Jacques-Amédée-Philippe), colonel d'infanterie de marine.

Mestre (Henri-Joseph), commissaire général de la marine, conseiller d'État hors section, directeur des colonies.

Thomas, général de brigade, commandant la 2e brigade de la 3e division d'infanterie, blessé.

Le comte de Monet, général de brigade, commandant la 1re brigade de la 3e division d'infanterie.

D'Aurelles de Paladines, général de brigade, commandant la 2e brigade de la 4e division d'infanterie.

Blanchot, intendant militaire.

De Pecqueult de Lavarande, colonel du 7e de ligne.

Wimpffen, colonel du régiment des tirailleurs algériens.

Forgeot, colonel commandant la réserve d'artillerie.

Cassaignolles (Joseph-Charles-Anthelme), général de brigade, commandant une brigade de la division de cavalerie de l'armée d'Orient.

De Martimprey (Edouard-Charles), général de brigade, chef d'état-major de l'armée d'Orient.

Bisson (Jérôme-Louis), général de brigade, commandant les subdivisions des Basses-Pyrénées et des Landes.

Dupons (Jean-Alexis), colonel, chef d'état-major de la 13e division militaire.

Maussiou de Caudé (Antoine-Marie-Ferdinand), capitaine de vaisseau, commandant le *Trident*.

Grésy (Alcide-Ferdinand), général de brigade.

D'Hugues (Frédéric-Joseph), général de brigade.

Dubern, général de brigade, commandant une brigade de la division de cavalerie de réserve de l'armée de Paris.

Foltz, général de brigade, commandant l'Ecole impériale d'application d'état-major.

Charpentier (François - Emmanuel-Alexandre), colonel d'artillerie de marine en retraite.

Lamy (Jean-Nicolas), colonel d'artillerie en retraite.

Lartigue (Joseph), capitaine de vaisseau en retraite.

Pastey (Pierre-Jean), colonel en retraite.

Anne-Duportal (Ferdinand), capitaine de vaisseau, commandant supérieur de la marine à Kamiesch.

De la Grandière (Pierre-Paul-Marie), capitaine de vaisseau, commandant l'*Eurydice*. Combat de Petropolovski.

Jurien de la Gravière (Jean-Pierre-Edmond), capitaine de vaisseau, chef d'état-major général de l'escadre de l'Océan. Combat du 17 octobre devant Sévastopol.

Hérail (Antoine-Édouard), capitaine de vaisseau, commandant de la *Zénobie*.

Morin, général de brigade, commandant l'artillerie du camp du Nord.

De la Chaise, général de brigade, commandant la 2e brigade de la division de cavalerie du 1er corps d'armée du camp du Nord.

Baret de Rouvray, colonel, chef d'état-major du 3e corps d'armée du camp du Nord.

Le baron Neigre, colonel du 2e de ligne.

Mac-Dermott (Ubald-Louis-Antoine), colonel de cavalerie en retraite.

De Sibert de Cornillon, secrétaire général du ministère de la Justice.

Piou, premier président de la Cour impériale de Toulouse.

Devienne, procureur général près la Cour de Lyon.

Michel Lévy, médecin inspecteur, membre du conseil de santé des armées, directeur médical de l'armée d'Orient.

De Crèvecœur, préfet du département des Bouches-du-Rhône.

De Parieu, président du conseil d'État, ancien ministre.

Rouland, procureur général près la Cour impériale de Paris.

Le capitaine de vaisseau Bouard, gouverneur de la Guyane française.

Devoise, consul général et chargé d'affaires de l'Empereur au Maroc.

Le duc de Bauffremont, sénateur.

Andrey (Abel), directeur de la dette inscrite.

D'Alayrac, colonel, directeur de l'artillerie à Alger.

Le chevalier de Saint-Georges, envoyé extraordinaire et ministre plénipotentiaire près la cour du Brésil.

Le colonel du génie Morin, directeur des fortifications à Mézières.

✳ *Officiers.*

MM. Guesnet (Athanase-Marie-Michel), capitaine de vaisseau, commandant le *Cacique*.

Legras (Désiré-Jean-Auguste), capitaine de vaisseau, commandant le *Gomer*.

Thomeuf (Pierre), ingénieur de la marine de 1re classe.

Vincendon - Dumoulin (Clément-Adrien), ingénieur hydrographe de 1re classe.

Mermoud (Joseph-Alexis), commissaire de marine.

Houssart (Louis-Georges-Joseph-Pierre-Julien), capitaine de frégate, second du *Vauban*.

Faucon (Charles-Louis), capitaine de frégate, second du *Mogador*.

Vannier (Auguste-Etienne-Adrien), capitaine de frégate, second du *Descartes*.

Lefraper (Jean-François-Marie), capitaine de frégate, chef d'état-major de la division navale des Antilles.

De Dompierre d'Hornoy (Charles-Marius-Albert), capitaine de frégate, second de la *Ville-de-Paris*.

Duveyrier (Balthazar-Spérat), capitaine de frégate, commandant le *Phénix*.

Gizolme (Georges-Joseph-Guillaume-Ernest), capitaine de frégate, second de l'*Austerlitz*.

Boileau - Castelnau (Camille-Simon-

Louis), chef d'escadron, employé à l'état-major de la 12e division militaire.

Lapasset (Ferdinand-Auguste), chef d'escadron, commandant supérieur du cercle de Philippeville (Algérie).

Levret (Hippolyte-Louis), lieutenant-colonel, attaché au dépôt de la guerre.

De Vielcastel (Charles-Joseph), sous-intendant militaire de 2e classe à Périgueux.

Falien (Alexandre-Benoni), chef de bataillon, commandant de 2e classe de la place de Blidah.

Blaise (Nicolas-Jean-Henri), major.

Cadic (François-Hippolyte), chef d'escadron.

Vigogne (Louis-Marie-Adolphe), major.

Duvignaud (Pierre), chef d'escadron, commandant la compagnie des Basses-Pyrénées.

Lafontaine (Paul), chef d'escadron, commandant la compagnie de l'Aube.

Lemaire (Eugène-Paul), colonel.

Dumesnil (Alexandre-Claude-Sébastien), colonel.

Bême (François-Marie-Joseph), major.

Longain (Alexandre-Benjamin-Désiré), chef de bataillon.

D'Acher (Joseph-Antoine-Marie-Camille-Marcelin), chef de bataillon.

Anthoine (Charles-Stanislas-Marc), chef de bataillon.

D'Estampes (Auguste-François-Hector), colonel.

Dalmas de Lapérouse (Théobald), colonel.

Leturc (Louis-René), major.

Connin (Jacques-Abel), chef d'escadron.

De Mézange de Saint-André (Camille-Régis-Hippolyte), major.

Lemaître (Auguste-Gabriel-Olivier), chef d'escadron, commandant le dépôt de remonte de Saint-Maixent.

Gaudin (François-Antoine-Aimé), colonel, directeur à Douai.

Dodemon (Louis-Joseph), chef d'escadron, commandant l'artillerie à Cambrai.

Billoin (Jean-Baptiste-Marie-Hippolyte), lieutenant-colonel chef du génie à Arras.

Malcor (Guillaume-Alexandre-Louis-Ernest-Amédée), chef de bataillon, employé à Paris.

Scoutetten (Robert-Henri-Joseph), médecin principal de 1re classe aux hôpitaux de l'armée d'Orient.

Majorel, préfet d'Oran.

Flandin (Jean-Pierre), chef de bureau de 1re classe.

Banchard (Pierre-Euphémy-Ferdinand), chef de bataillon en retraite.

Berthier (François-Paul), ancien chef d'escadron.

Bontat (Jean-Joseph), chef de bataillon en retraite.

Branche (Maurice), major en retraite.

Brict (Hubert-Joachim-Marie), capitaine de vaisseau en retraite.

Chauveau (Nicolas-Joseph), chef de bataillon en retraite.

Du Coster (Jean-Jacques-Marie-François), chef de bataillon en retraite.

Delalun (Luc), capitaine de vaisseau en retraite.

Duges (Charles-Joseph), major en retraite.

Le comte de Durasti (Commerand-Guillaume), ancien page du Roi de Hollande, chef d'escadron en retraite, député au Corps législatif.

Nicod (Antoine-Joseph), chef de bataillon en retraite.

Passelac (Jean-Joseph), maréchal de camp honoraire.

Henry, chef d'escadron, ex-officier d'ordonnance de feu le maréchal Leroy de Saint-Arnaud.

Renson, chef d'escadron d'état-major.

De Séganville, sous-intendant militaire de 2e classe.

Pirenneau, sous-intendant militaire de 2e classe.

Mornet, lieutenant-colonel du 36e de ligne.

De Chabron, chef de bataillon au 50e de ligne.

Compérat, chef de bataillon au 20e léger.

Nicolas-Nicolas, chef du 3e bataillon de chasseurs à pied.

Barois, chef de bataillon au 1er de zouaves.

Adam, chef de bataillon au 2e de zouaves.

Nayral, chef de bataillon au 1er de la légion étrangère.

Martineau-Deschenez, chef de bataillon au régiment de tirailleurs algériens.

D'Anglars, chef de bataillon en mission (hors cadres), à l'état-major général.

Roujoux, lieutenant-colonel, commandant la 1re division de la réserve d'artillerie, blessé.

Bertrand, chef d'escadron au 7e d'artillerie monté, commandant l'artillerie de la 3e division.

Huguenet, chef d'escadron au 11e d'artillerie monté, commandant l'artillerie de la 1re division.

Claudet, capitaine en premier au 13e d'artillerie monté, blessé.

Richer, chef de bataillon d'état-major du génie.

De Saint-Laurent, chef de bataillon d'état-major du génie.

Dumas, chef de bataillon d'état-major du génie, blessé.

Preud'homme de Borre (François-Joseph), capitaine de vaisseau, commandant la *Poursuivante*.

Pironneau (Louis-Augustin), capitaine de vaisseau, commandant l'*Inflexible*.

Baron Didelot (Octave-François-Charles), capitaine de vaisseau, commandant le *Darien*.

André-Fouet (Jules-Amédée), capitaine de frégate, second de l'*Andromaque*.

De Surville (Charles), capitaine de frégate, aide de camp de M. le vice-amiral Parseval-Deschênes.

Avezac-Lavigne (Louis-Joseph-Adolphe), chef de bataillon au 1er régiment d'infanterie de marine.

Doisnel (Frédéric-Joseph-Alexandre), capitaine au 1er régiment d'infanterie de marine.

Le Cauchois-Féraud (Hector-Henri), sous-intendant militaire de 1re classe.

Ducrot (Auguste-Alexandre), colonel du 3e régiment d'infanterie de ligne.

Eudes de Boistertre (Jean-Anatole), chef de bataillon au 3e régiment d'infanterie de ligne.

Degrave (Charles-Adolphe), capitaine 48e régiment d'infanterie de ligne.

Suau (Adolphe-Claude), colonel du 2e régiment d'infanterie légère.

Jourjon (Charles-Louis), lieutenant-colonel du génie.

Lacronique (Jean-Sébastien), médecin-major de 1re classe au 2e léger.

Trochu (Louis-Jules), colonel, aide de camp de S. Exc. le maréchal Leroy de Saint-Arnaud, commandant en chef l'armée d'Orient.

Darquier (Joseph-Isidore), chef d'escadron d'état-major de la 16e division militaire.

Labure (Gustave-Napoléon), chef d'escadron, professeur à l'Ecole impériale d'état-major.

Teinturier (Isidore-Napoléon), sous-intendant militaire de 1re classe, faisant fonction d'intendant de la 2e division, à Rouen.

De Soye (Alexandre), sous-intendant militaire de 1re classe à Avignon.

Ducos (Jean-Augustin-Alexandre), chef de bataillon, commandant la place de 2e classe à Port-Louis.

De Gros, conseiller à la Cour de cassation, 35 ans de services.

Valleton, premier président de la Cour impériale d'Angers, 24 ans de services judiciaires.

Raoul Duval, procureur général près la Cour impériale de Bordeaux, magistrat depuis 1850.

De Marnas, procureur général près la Cour impériale de Dijon, magistrat depuis 1836.

Du Boux, procureur général près la Cour impériale d'Aix, 15 ans de services.

Pouillaude de Carnières, ancien procureur général, directeur des affaires criminelles et des grâces au ministère de la justice.

Lecointe (Victor), capitaine de vaisseau commandant le *Valmy*. Combat du 17 octobre devant Sévastopol.

Martin (Joachim-François-Jules), capitaine de vaisseau, commandant le *Marengo*. Combat du 17 octobre.

Robin du Parc (Philippe-Alexandre), capitaine de vaisseau, commandant le *Jemmapes*.

Fabre la Maurelle (François-Marie-Sosthènes), capitaine de vaisseau, commandant le *Suffren*. Combat du 17 octobre.

Le Rouxeau de Rosencoat (Edouard-Louis), capitaine de frégate, commandant l'*Obligado*. Combat de Pétropolovski.

De Lacombe (Louis-Frédéric), lieutenant de vaisseau de l'*Eurydice*. Combat de Pétropolovski.

Le prince de Beauveau, sénateur.

De Richemont (Paul), député au Corps législatif.

Vicaire, administrateur général des forêts et domaines de la Couronne.

De Massoni, chef d'escadron au corps d'état-major.

De Gaujal, chef d'escadron au corps d'état-major.

Requier, sous-intendant militaire de 1re classe.

Lenoble, colonel du 55e de ligne.

Topin, chef de bataillon au 56e de ligne, 34 ans de services et vingt-huit campagnes, cité pour sa conduite au combat du col de Mouzaïa (Algérie).

Guyot, capitaine au 56e de ligne.

Parat, chef de bataillon au 12e léger, 29 ans de service et quatorze campagnes, une blessure, cité trois fois à l'ordre du jour de l'armée d'Afrique pour sa conduite dans différentes sorties de la garnison de Bougie.

Peydière, chef d'escadron au 1er dragons.

Bruno, colonel du 8e dragons.

Philibert, chef d'escadron au 6e lanciers.

De Clérembault, colonel du 3e chasseurs.

Hun, chef d'escadron au 2e hussards.

Valette de Hermaux, chef d'escadron au 9e régiment d'artillerie.

Vasseur, chef de bataillon, chef du génie à Boulogne, 28 ans de services, trois campagnes, cité à l'ordre du jour de l'armée d'Afrique en 1842.

Mignerot, préfet du département de la Haute-Garonne.

Massy, préfet du département des Hautes-Pyrénées.

Merruau, secrétaire général de la préfecture de la Seine.

Arrighi, maire de Corte (Corse).

Jacquot, major de la 4e subdivision de la garde nationale de la Seine, chef d'escadron d'artillerie en retraite.

Réveil, vice-président du Corps législatif.

Le docteur Emery, président de l'École impériale des beaux-arts.

Monny de Mornay, chef de la division de l'agriculture (au ministère de l'agriculture, du commerce et des travaux publics.

Kulmann, président de la chambre de commerce de Lille. Services importants rendus à la science et à l'industrie.

De Montmartin, ancien officier du génie, administrateur de l'école professionnelle de la Martinière depuis sa fondation.

Marroin, chirurgien principal, chirurgien-major de l'escadre de la Méditerranée.

Beau, chirurgien de 1re classe, chirurgien-major du Montebello.

L'abbé Cresp, aumônier supérieur à l'escadre de la Méditerranée.

Susane, lieutenant-colonel d'artillerie, directeur de l'École centrale de pyrotechnie militaire, en récompense des importants perfectionnements qu'il a introduits dans la confection des projectiles de guerre.

Glandaz, conseiller à la Cour de cassation.

Goirand de la Baume, premier avocat général à la Cour impériale de Paris.

Le comte d'Andlau (Joseph-Antoine), capitaine de cavalerie en retraite.

D'Ornano (Michel-Ange), ancien consul général.

Poujade, agent politique et consul général en Valachie.

Chelius, conseiller intime de S. A. R. le régent de Bade, professeur et directeur de la clinique chirurgicale d'Heidelberg.

Du Barail (François-Charles), chef d'escadron au 1er régiment de spahis, commandant supérieur de Laghouat.

Si-Hamza-Ould-Sidi-bou-Bekir, kalifa des Ouled-Sidi-Cheikh.

Caddour-Ould-Adda-Ould-Atman, agha de Tiaret.

Ahmed-bel-Hadj, caïd de Biskara.

Rougon (Pierre-Simon), capitaine adjudant de place, commandant la citadelle de Bayonne.

Schneider, dit Lux (François-Joseph-Henri), chef de bataillon au 35e régiment d'infanterie de ligne.

Gavard (Jean-Baptiste), chef d'escadron, sous-directeur d'artillerie à Bayonne.

Picard (Pierre-François), conseiller maître honoraire à la Cour des comptes.

Graves (Louis), directeur général des forêts.

De Perthuis (Hippolyte-Hilaire), sous-caissier central du Trésor public.

Du Sommerard (Alexandre-Pierre), sous-directeur à la direction de la comptabilité générale.

Coué, chef de bataillon au 20e régiment d'infanterie de ligne, amputé du bras droit par suite d'une blessure reçue le 20 septembre, à la bataille de l'Alma.

Chaume (Didier), major du 10ᵉ régiment d'infanterie de ligne, chevalier du 20 mai 1837.

Berger (Jean-Cécile), major du 7ᵉ régiment de hussards.

Gauzence (Henri - François - Eloi), chef de bataillon, chef du génie à Pau.

Armand Laity, ancien officier d'ordonnance.

Le comte Eugène Dubois, conseiller d'Etat, directeur général des chemins de fer.

Tostain, ingénieur en chef des ponts et chaussées du département du Calvados.

Reynaud, ingénieur en chef des ponts et chaussées, directeur du service des phares.

Lorieux, ingénieur en chef des mines, chargé de l'arrondissement minéralogique et des carrières de Paris.

De Blanchard, chef d'escadron d'état-major, pour services rendus dans une mission diplomatique.

Blanc de Molines, sous-intendant de 1ʳᵉ classe au quartier général de l'armée d'Orient.

Salleron, médecin principal de 2ᵉ classe, employé à l'armée d'Orient.

Perrier, médecin-major de 1ʳᵉ classe, employé à l'armée d'Orient.

Grellois, médecin-major de 1ʳᵉ classe, employé à l'armée d'Orient.

Eichacker, médecin-major de 1ʳᵉ classe, au 1ᵉʳ régiment de la légion étrangère.

Brun d'Aubignosc, lieutenant-colonel au 28ᵉ régiment d'infanterie de ligne.

Roth, chef d'escadron, major du 3ᵉ régiment d'artillerie.

S. Em. le cardinal Mathieu, archevêque de Besançon.

Collet-Meygret, directeur de la sûreté générale au ministère de l'intérieur, ancien secrétaire général de la préfecture de police et ancien préfet de l'Aube.

Ferré, maire de Tarbes.

Lauvergne, premier médecin en chef de la marine, au port de Toulon.

Bouchitté, recteur de l'académie départementale de Seine-et-Oise.

Henry, recteur de l'académie départementale de Maine-et-Loire.

Allibert, médecin du lycée Saint-Louis et de l'institut des Jeunes-Aveugles.

* *Chevaliers.*

David (Louis - Charles), conseiller référendaire à la Cour des comptes.

Hallez - Claparède (Philippe-Marie-Michel-Joseph-Amédée), inspecteur des finances.

Tifon (Jean—Baptiste—Maximilien-César), receveur général du département de la Charente-Inférieure.

Faure (Dominique-Joseph-Auguste), payeur de département du Nord.

Charleuf (André), directeur des contributions directes du département de la Seine.

Cardonnel (Armand-César-Honoré), directeur des contributions directes du département de la Haute-Garonne.

Amé (Bernard-Athanase-Léon), directeur des douanes et contributions indirectes à Bordeaux.

Hains (Antoine-Nicolas-Eugène), directeur des douanes et des contributions indirectes à Caen.

Préponnier (Charles-Joseph), chef de bureau à la direction générale des douanes et des contributions indirectes.

Scheppers (Louis-Joseph), directeur des contributions indirectes d'Evreux (Eure).

De Brettes (Jean-Louis-Victor), directeur de l'enregistrement et des domaines à Châteauroux (Indre).

Doriguy (Félix), directeur des domaines et chef de l'atelier général du timbre à Paris.

Soubirane (Michel-Louis-Sylvestre), conservateur des forêts à Toulouse.

Le Rouyer-Lafosse (Pierre-Frédéric), conservateur des forêts à Dijon.

Maignen (Jules), directeur comptable des postes du département de la Loire-Inférieure, à Nantes.

Gaume (Louis-Jacques-Adolphe), directeur comptable des postes du département de Seine-et-Oise, à Versailles.

Charron (Marie-Raymond), chef de bureau à la direction des caisses d'amortissement et des dépôts et consignations.

Le marquis d'Espeuilles, sénateur.

De Voize, député au Corps législatif.

Le comte de Bryas, député au Corps législatif.

Le baron Eschassériaux, député au Corps législatif.

Bréhier, maître des requêtes au conseil d'État.

Sapia, chef de division de la division de comptabilité au ministère de la maison de l'Empereur.

Arago (Alfred), inspecteur général des beaux-arts au ministère d'État.

De Soubeyran, chef de bureau au ministère d'État, secrétaire du ministre d'État et de la maison de l'Empereur.

Sacaley, premier attaché au cabinet de l'Empereur.

Regnier, sculpteur sur pâte de porcelaine.

Place, peintre de genre.

Ouvrié (Justin), peintre de paysage.

Desplechin, peintre de décoration.

Reber, membre de l'Institut, compositeur de musique.

Le docteur Aubia Desfougerais.

Mgr Allou, évêque de Meaux.

Mgr Foulquier, évêque de Mende.

Mgr Chalandon, évêque de Belley.

Mgr Ginouilhac, évêque de Grenoble.

L'abbé Caillaud, vicaire général du diocèse de Bourges.

L'abbé Du Bois, vicaire général du diocèse du Mans.

L'abbé Boullay, doyen du chapitre de Tours.

L'abbé Legrand, curé de Saint-Germain-l'Auxerrois (Paris).

L'abbé Delcasy, archiprêtre d'Aurillac.

L'abbé Tourvielle, prêtre de l'ordre de Saint-Basile, directeur du collége libre d'Annonay.

Braunwald, pasteur, président du consistoire de Saint-Thomas, à Strasbourg.

L'abbé Gloriot, aumônier à l'armée d'Orient, en récompense des services qu'il a rendus pendant toute la durée du choléra à Gallipoli.

Baron, consul de Portugal à Bayonne.

Boisserie-Lasserve, médecin du bureau de bienfaisance du 1er arrondissement depuis plus de trente ans, chirurgien-major de la 1re légion de la garde nationale de Paris pendant douze ans.

Hennequin, inspecteur des forêts à Boulogne (Pas-de-Calais),

David Portau, chef de division au ministère de l'intérieur, ancien auditeur au conseil d'État, ancien sous-préfet de Douai, et ancien préfet du Nord.

Armet de Lisle, procureur impérial près le tribunal de première instance de Melun (Seine-et-Marne).

Mac Dougall, officier danois qui a servi dans la marine impériale.

Emile de Bray, enseigne de vaisseau, pour ses campagnes dans les mers polaires, à la recherche de sir John Franklin.

Adolphe Marrast, maire de Mont-de-Marsan.

De Brugières, chef de division à la préfecture de l'Oise.

Blanche (Antoine-Emile), docteur en médecine de la faculté de Paris, ancien interne des hôpitaux, directeur d'un établissement d'aliénés.

Le comte Alfred de Brossard, secrétaire de légation à Bogota.

E. Gérard, chef du cabinet du ministre de l'intérieur, ancien conseiller de préfecture, ancien sous-préfet de Louviers.

ORDRES ÉTRANGERS.

AUTRICHE.

Ordre impérial de Saint-Etienne.

Grand cordon : S. M. I. Napoléon III, empereur des Français.

Ordre de François-Joseph.

Chevalier (la décoration est portée à la boutonnière) : M. Paléologue (Jean), médecin à Smyrne.

Croix en or de mérite civil avec la couronne (la décoration est portée à la boutonnière): M. Camescasse (Jean-Louis-Adolphe), chirurgien de 1re classe de la marine.

BAVIÈRE.

Odre de Saint-Michel.

Chevalier (la décoration est portée à la boutonnière) : M. Malet (Émile), professeur de fortifications à l'école d'artillerie de Douai.

BELGIQUE.

Ordre de Léopold.

Grand cordon : S. M. I. Napoléon III, empereur des Français.

Commandeur (la décoration est portée en sautoir) : M. le comte Nieuwerkerke (Emilieu), directeur général de nos musées, intendant des beaux-arts de notre Maison.

Officier (la décoration est portée à la boutonnière) : M. Charlier (Gabriel-Vincent-Alphonse), colonel du 15e léger.

Chevaliers (la décoration est portée à la boutonnière) : MM. Rainbeaux (Émile), administrateur des mines. — Meyret (Ernest), sous-chef à la préfecture de police. — Fleury (Louis), professeur agrégé à la faculté de médecine, et l'un des médecins de Paris par quartier. — Frappier (Ursun-Jacques), capitaine de gendarmerie. — Petit (Abel-Augustin), ingénieur des ponts et chaussées. — Darcy (Henri-Philibert-Gaspard), inspecteur divisionnaire des ponts et chaussées.

DANEMARK.

Ordre de Dannebrog.

Chevaliers de 3e classe (la décoration est portée à la boutonnière): MM. Trébuchet (Adolphe), chef de bureau à la préfecture de police. — De Vallat (Charles), consul de France à Saint-Pétersbourg. — D'Héliand (Henri-Jean-René), secrétaire archiviste au ministère des affaires étrangères.

DEUX-SICILES.

Ordre constantinien.

Grand-croix (les insignes sont portés en écharpe avec plaque) : M. Thouvenel, ministre plénipotentiaire de 1re classe, directeur des affaires politiques au ministère des affaires étrangères.

Ordre de François Ier.

Commandeurs (la décoration est portée en sautoir) : MM. Romieu (François-Auguste), inspecteur général des bibliothèques de la Couronne. — Carbuccia (Jean-Luc-Sébastien-Bonaventure), général de brigade.

Chevalier (la décoration est portée à la boutonnière) : M. Arnaud (Joseph-Jean-Baptiste), capitaine au long cours.

ESPAGNE.

Ordre de Charles III.

Commandeurs de nombre extraordinaire (les insignes sont portés en sautoir avec plaque sur la poitrine) : MM. de Beaufort d'Hautpoul (Charles-Marie-Napoléon), général de brigade, commandant la subdivision de Mostaganem. — Manuel (Ivan).

Chevaliers (la décoration est portée à la boutonnière) : MM. Dariès, consul de France à Bilbao. — Halloy (Marie-Etienne-Albert), conseiller référendaire à la Cour des comptes. — De Wailly (Barthélemy-Alfred), proviseur du lycée

Napoléon. — Flory (Edmond-Louis-Philippe), consul de France à Civita-Vecchia.

Ordre de Saint-Ferdinand.

1re classe (la décoration est portée à la boutonnière), MM. Sawicki (Félix), capitaine au 1er régiment de la légion étrangère. — Santereau (Marie-Louis-Antoine-Barbe), capitaine d'état-major, aide de camp du maréchal Magnan.

Ordre d'Isabelle la Catholique.

Chevaliers (la décoration est portée à la boutonnière) : MM. le vicomte de Dax-d'Axat (Armand-Jean-Antoine-Louis). — Moutaut (Bernard-Louis-Célestin), ingénieur des ponts et chaussées. — Marchioni (Pierre-Félix), sous-lieutenant au 20e de ligne.

Croix de Marie-Isabelle-Louise.

(La décoration est portée à la boutonnière) : MM. Ancel (Pierre-Louis), marin. — Bourdel (Joseph-Augustin), marin. — Clou (Adrien-Antoine), marin. — Cordier (Jacques-François), marin. — Damman (Charles-Auguste), marin. — Everaer (Joseph-Jean), marin. — Grenet (Auguste-Léon), marin. — Lacoute (Victor-Constant), marin. — Marchal (Jacques-Louis-François), marin. — Pannequin (Jean-François), marin. — Keller (Charles-Henri), marin. — Rogier (Cornil-François), marin. — Spianewyn (André-Henri), marin. — Truck (Martin-Désiré), marin. — Cecceni (Joseph), fusilier au 2e régiment de la légion étrangère. — Daroux (Hippolyte-Henri), ancien sous-officier.

Croix de la marine.

(La décoration est portée à la boutonnière) : MM. Duverger (François-Joseph), greffier du 1er conseil de guerre de la 13e division militaire. — Delpierre (François), marin. — Muret (Gabriel), marin.

ÉTATS ROMAINS.

Ordre du Christ.

Chevalier (la décoration est portée en sautoir avec plaque) : M. le vicomte Renouard de Bussierre (Théodore).

Ordre de Pie.

2e classe (la décoration est portée à la boutonnière) : MM. de Cette (Charles-Paul-Conway), chef d'escadron au 9e hussards. — Bertrand (Jean-Prosper), chef d'escadron d'état-major. — Hess (Laurent-Joseph), chef de bataillon au 21e léger. — Hac (Jean), chef de bataillon au 14e léger. — Redolens (Jean-Joseph), chef de bataillon au 15e léger. — Campagnon (Guillaume), chef de bataillon au 40e de ligne. — Vuillemot (Jean-Joseph), capitaine au 11e dragons. — Jacques (Joseph), capitaine au 11e dragons. — Ravel (Jean-Pierre), capitaine au 7e d'artillerie. — Genet (Louis-François-Marie), capitaine au 11e d'artillerie. — Levisse de Montigy (Charles), capitaine d'état-major, aide de camp du général commandant la 6e division militaire à Strasbourg. — Haillot (Charles-Henri), capitaine d'état-major. — Poujol (Jean-Pierre-Marie), capitaine au 5e escadron du train des équipages. — Pichu (Michel-Henri-Alfred), capitaine au 7e bataillon de chasseurs à pied. — Bernard (Joseph), capitaine au 21e léger. — Laporterie (Louis-Martial), lieutenant de vaisseau. — Flory (Edmond-Louis-Philippe), consul de France à Civita-Vecchia. — Gagnaur (François-Joseph-Frédéric), chef d'escadron d'artillerie, aide de camp du général Lyautey. — Rose (Louis-Antoine), chef de bataillon du génie, aide de camp du général d'Artois. — Frissard (Auguste-François), lieutenant de vaisseau. — Gérard (Louis-Emmanuel-Nicolas), capitaine au 53e de ligne.

Ordre de Saint-Grégoire-le-Grand.

Grands-croix (les insignes sont portés en écharpe) : MM. le baron d'André (Antoine-Joseph-Maurice), sénateur, général de division. — D'Artois (Honoré-Prosper), général de division, membre du comité des fortifications. — Herbillon (Emile), général de division, commandant la division d'infanterie de l'armée de Lyon. — Lyautey (Hubert-Joseph), général de division, inspecteur général d'artillerie. — Peyssard (Anneeseph-Théodore), général de brigade, directeur du personnel au ministère de la guerre. — M. le baron d'André, ministre de France à la Haye.

Commandeurs (la décoration est portée en sautoir) : MM. de Saint-Pol, Jules), colonel du 25e de ligne. — De Malherbe (Dominique-Henri), colonel du 21e léger. — Thuillier (Constant), préfet de la Corse. — Grenier (François), lieutenant-colonel du 40e de ligne. — Saget (Eugène), lieutenant-colonel l'état-major. — Bonfort (Charles-Etienne), officier au service du pacha 'Egypte. — Capriol de Péchassaut Auguste-Gaspard-Camille-Gustave) , lieutenant-colonel au 15e de ligne. — Levret (Hippolyte-Louis), lieutenant-colonel d'état-major, employé au dépôt e la guerre. — Lemaire (Michel-Joseph-Philippe-Désiré), chef de bureau u ministère de la guerre. — Oetty Antoine-Joseph-Edmond) , intendant militaire. — Vincent (Antoine), chef 'escadron au 11e dragons. — Flory Edmond-Louis-Philippe) , consul de France à Civita-Vecchia.

Chevaliers (la décoration est portée la boutonnière) : MM. Le Febvre Maxens - Louis - Laurent). — Roux Edme), lieutenant au 14e d'artillerie. — Nicolle (François), lieutenant au escadron du train des équipages.— Iandin (Joseph-Auguste-Sosthène) , lieutenant au 40e de ligne. — Grand ury (Jean-Baptiste), lieutenant au 0e de ligne. — Roux (Pierre-Marie), médecin.

Chevaliers (la décoration est portée la boutonnière) : MM. Texcier (Jean-Henri), lieutenant au 14e léger.—Maréchal (Auguste-Bertin), sergent-major au 4e léger. — Carrière (Etienne), sergent-major au 25e de ligne. — Teissier Louis), maréchal des logis au 11e dragons. — Vernais (Amant), sergent au 1e léger. — Noly (Jean), sergent au 0e de ligne.— Pallon (Honoré-Elisée), aide-vétérinaire à l'état-major de l'artillerie. — Deteix (Pierre), brigadier e gendarmerie. — De Soultrait (Jacques-Hyacinthe-Georges), membre du conseil général de la Nièvre.— Gleizes Jean-François-Joseph-Félix) , juge à ahors. — Doazan (Paulin-Jules), consul de France à Chypre. — Le baron e Lassus-Saint-Geniès (Marie-Louis-

Césaire), sous-préfet à Dieppe. — De Matharel (Marie-Victor), receveur général des finances du Cher.

Ordre de Saint-Sylvestre.

Chevaliers (la décoration est portée à la boutonnière): MM. Bonfort (Charles-Etienne) , officier au service du pacha d'Egypte. — Simon, organiste du chapitre de Saint-Denis. — Thomaz (Edme-Eugène), statuaire.— Millet (Alexandre-Auguste), médecin.

GRÈCE.

Ordre du Sauveur.

Grand-croix : M. le baron de la Susse (Aaron-Louis-Frédéric) , vice-amiral.

Chevalier, croix en or (la décoration est portée à la boutonnière) : M. de Beaufort d'Hautpeul (Charles-Marie-Napoléon), général de brigade, commandant la division de Mostaganem.

Chevalier (la décoration est portée à la boutonnière): M. Gaudry (Jean-Albert).

NÉERLANDE.

Ordre de la Couronne de chêne.

Commandeurs (la décoration est portée en sautoir): MM. Bonneau (Edmond), chef d'escadron d'état-major, aide de camp du général Korte. — Baneux (Matthieu-Gustave), compositeur de musique. — Mounais (Edouard), commissaire près les théâtres lyriques.

Chevalier de l'Etoile (les insignes sont portés en sautoir avec plaque sur la poitrine): M. Horace Vernet (Emile-Jean), peintre d'histoire, membre de l'Institut.

Ordre du Lion néerlandais.

Chevalier (la décoration est portée à la boutonnière) : M. Durand de Villers (Charles-Eugène), capitaine d'état-major, aide de camp du général commandant la place de Paris.

PORTUGAL.

Ordre de Sainte-Isabelle.

Grand-cordon: S. M. I. Napoléon III, empereur des Français.

Ordre du Christ.

Commandeurs (les insignes sont portés en sautoir avec plaque sur la poitrine) : MM. de Bressolles, général de division, directeur du service de l'artillerie au ministère de la guerre. — Le comte de Rochefort (Jean-Marie-Antoine-Marguerite-Camille), général de brigade, commandant l'école de Saumur.

Chevaliers (la décoration est portée à la boutonnière) : MM. Berthier (Louis-Elysée), sous-chef au cabinet du ministre de l'intérieur. — Villette de Terzé, médecin. — Dumé (Rémy-Victor), docteur en médecine. — Dalboussière (Geoffroy).

Ordre de Notre-Dame-de-la-Conception-de-Villa-Viçosa.

Chevaliers (la décoration est portée à la boutonnière ; MM. Vacquier (Adalbert-François-Charles), capitaine instructeur à l'école de Saumur. — Guérin (Etienne-Joseph-Alexandre), capitaine écuyer à l'école de Saumur. — Delebecq (Pierre-Désiré-Joseph), chef d'escadron au 3e chasseurs. — Morel (Benjamin), ancien député, vice-consul de Portugal, à Dunkerque.

Ordre de la Tour et de l'Epée.

Chevalier (la décoration est portée à la boutonnière) : M. Bonfort (Charles-Etienne), officier au service du pacha d'Egypte.

Ordre de Saint-Benoit-d'Aviz.

Commandeur (la décoration est portée en sautoir sans la plaque): M. Simonet de Maisonneuve (Louis-Alexandre-Amédée), capitaine de vaisseau.

PRUSSE.

Ordre de l'Aigle rouge.

Troisième classe (la décoration est portée à la boutonnière): M. Julien (Aignan-Stanislas), membre de l'Institut, professeur au collège de France.

Quatrième classe (la décoration est portée à la boutonnière) : M. Dubois (Georges-Jean), attaché au ministère des affaires étrangères.

Ordre du Mérite.

Chevalier (la décoration est portée en sautoir) : M. Hittorff (Jacques-Ignace), de l'Institut.

SARDAIGNE ET PIÉMONT.

Ordre des Saints-Maurice et Lazare.

Commandeurs (la décoration est portée en sautoir): MM. le vicomte de Saleau, sénateur. — Peyssard (Anne-Joseph-Théodore), général de brigade, directeur du personnel au ministère de la guerre. — Le comte de Coëtlogon (Charles-Louis-Emmanuel), préfet de l'Ain. — Elie de Beaumont (Jean-Baptiste-Armand), sénateur, membre de l'Académie des sciences. — Théry de Gricourt (Charles-Emmanuel-Raphaël), chambellan de S. M. l'Empereur.

Chevaliers (la décoration est portée à la boutonnière): MM. de Gramont, duc de l'Esparre (Antoine-Léon-Philibert-Auguste), chef d'escadron, officier d'ordonnance du ministre de la guerre. — Le baron de Lajus (Jean-Baptiste-Félix-François), aide des cérémonies de la maison de S. M. l'Empereur. — Bonneau (Edmond), chef d'escadron d'état-major, aide de camp du général Korte. — Ozenne (Jules-Antoine-Saint-Marie), chef de bureau au ministère de l'agriculture, du commerce et des travaux publics. — Petit (Abel-Augustin), ingénieur des ponts et chaussées. — Allut (Paul-Auguste), propriétaire. — Barthes de Marmorières (Antoine-Charles-Ernest), médecin des hôpitaux de Paris. — Mary-Lafon (Jean-Bernard-Marie), homme de lettres. — Du Boer (Jean-César-Maxime-Gustave), procureur général près la Cour impériale d'Aix.

SAXE-COBOURG et GOTHA (G.-duché de).

Ordre d'Ernest.

Chevalier (la décoration est portée à

la boutonnière): M. Rainbeaux (Emile), administrateur des mines.

Ordre de Wasa.

Chevaliers (la décoration est portée à la boutonnière) : MM. Trébuchet Adolphe), chef de bureau à la préfecture de police. — Fontaine (Louis), maire de Boulogne-sur-Mer.

Ordre de l'Étoile polaire.

Chevaliers (la décoration est portée à la boutonnière): MM. le comte Murat Joachim-Joseph-André), député au Corps législatif. — Blanche (Alfred), secrétaire général au ministère d'État.

Ordre de l'Épée.

Chevalier (la décoration est portée à la boutonnière) : M. Bascle de Lagrèze Joseph - Jean - Léon - Félix-Oscar-Parnit), sous-intendant militaire à Philippeville.

TOSCANE.

Ordre de Saint-Étienne.

Chevalier (la décoration est portée

avec plaque sur la poitrine) : M. le comte de Robin de Barbentanne (Louis-Antoine), député au Corps législatif.

TURQUIE.

Ordre du Medjidié.

1re classe (les insignes sont portés en sautoir avec plaque sur la poitrine): MM. Drouyn de Lhuys, ministre secrétaire d'État au département des affaires étrangères. — Le maréchal comte Vaillant, ministre de la guerre.

3e classe (la décoration est portée à la boutonnière): M. Bersolle (Auguste-Jules-Marie) , ancien attaché à l'ambassade de France à Constantinople.

4e classe (la décoration est portée à la boutonnière): MM. Hermant-Lippus (Joseph), attaché à l'ambassade de France à Constantinople. — De Rochegude (Ernest), attaché à l'ambassade de France à Constantinople.

Ordre du Nichâni-Iftikhar.

3e classe (la décoration est portée en sautoir) : M. Rogier (Camille-Adolphe), directeur du bureau de poste français à Beyrouth.

TITRES DE LOIS ET DÉCRETS DIVERS.

Janvier, 2. — Décret impérial qui proclame trente-sept concessions de brevets d'invention.

— 4. — Décret impérial sur l'ouverture d'un crédit supplémentaire au budget spécial de la caisse des invalides de la marine pour l'exercice 1852.

— 5. — Décret impérial qui appelle à l'activité les jeunes soldats disponibles sur la seconde portion du contingent de la classe de 1852.

— 7. — Décret impérial qui autorise la consolidation des bons du Trésor, délivrés à la Caisse d'amortissement, du 1er juillet au 31 décembre 1853.

— 7. — Décret impérial pour l'exécution de celui du 27 décembre 1853,

qui institue une Caisse de service de la boulangerie de Paris.

— 7. — Décret impérial portant que les lignes de télégraphie électrique établies ou à établir en Algérie pourront être mises à la disposition des particuliers, en se conformant aux lois et règlements qui régissent en France la correspondance télégraphique privée.

— 9. — Décret impérial ouvrant, sur l'exercice 1853, un crédit supplémentaire pour les dépenses concernant la réunion des Tuileries au Louvre.

— 11. — Décret impérial autorisant la sortie de pommes de terre et des légumes secs à destination de l'Algérie, et prohibant, jusqu'au 31 juillet 1854, l'exportation des pommes de terre et légumes secs d'Algérie pour l'étranger.

— 11. — Décret impérial ouvrant un crédit supplémentaire destiné au payement de la subvention allouée à la Compagnie du chemin de fer de Lyon à la Méditerranée.

— 12. — Décret impérial fixant le diamètre des pièces d'or de dix francs et prescrivant la fabrication des pièces d'or de cinq francs.

— 16. — Décret impérial portant qu'à partir du 16 février 1854 et jusqu'à la fin du premier trimestre de cette année, la Cour d'assises de la Seine sera divisée en quatre sections, qui auront chacune une session par mois, et qui siégeront, la première en même temps que la troisième, et la deuxième en même temps que la quatrième.

— 16. — Décret impérial autorisant le ministre des finances à porter à 250 millions, pour le service de 1854, la somme des bons du Trésor en circulation, fixée à 150 millions de francs par l'article 14 de la loi des recettes pour l'exercice de 1854.

— 16. — Décret impérial portant que la faculté accordée aux bâtiments étrangers de transporter d'une mer à l'autre, par cabotage, les grains, farines, etc., est étendue aux expéditions en cabotage des mêmes denrées, qui s'effectueront d'un port à l'autre de la même mer.

— 16. — Décret impérial ouvrant, sur l'exercice 1854, un crédit extraordinaire pour secours aux établissements de bienfaisance.

— 16. — Décret impérial portant que les détenteurs actuels du sol, à Pondichéry, qui acquitteront l'impôt réglementaire, seront déclarés propriétaires incommutables des terres qu'ils cultivent.

— 16. — Décret impérial soumettant les sociétés et agences tontinières à la vérification des inspecteurs des finances.

— 16. — Décret impérial augmentant le traitement des évêques de la Martinique, de la Guadeloupe et de la Réunion.

— 17. — Décret impérial ouvrant un crédit extraordinaire au budget de la Légion d'honneur, exercice 1853.

— 18. — Décret impérial ouvrant au budget du ministère d'État, sur l'exer-

cice 1854, un crédit de 50,000 francs, applicable aux dépenses préalables de l'organisation de l'Exposition universelle des beaux-arts.

— 18. — Décret impérial autorisant la caisse de service de la boulangerie à contracter un emprunt.

— 21. — Décret impérial approuvant les modifications aux statuts de la compagnie du chemin de fer de Paris à Strasbourg, telles qu'elles sont contenues dans l'acte passé le 16 janvier 1854 devant MM. Foucher et Ducloux, notaires à Paris.

— 21. — Décret impérial qui ouvre, pour l'exercice 1854, un crédit extraordinaire applicable aux dépenses préalables d'organisation de l'Exposition universelle.

— 25. — Décret impérial relatif à la formation des états et plans des immeubles, ainsi que des inventaires des meubles compris dans la dotation de la Couronne.

— 25. — Décret impérial qui autorise la prise de possession de terrains pour l'établissement du chemin de fer de Paris à Cherbourg.

— 25. — Décret impérial approuvant la délibération en date du 30 décembre 1853, par laquelle la commission municipale de Paris a alloué sur les produits de l'octroi une somme de 2 millions 500,000 fr. pour servir à payer une partie du contingent personnel mobilier de 1854, et a réglé les bases de répartition de la somme à percevoir sur les contribuables au moyen d'un rôle.

— 28. — Décret impérial qui appelle à l'activité les jeunes soldats disponibles sur la seconde portion du contingent de la classe de 1851.

— 29. — Décret impérial qui ouvre, sur l'exercice 1853, un crédit extraordinaire pour les travaux d'agrandissement de l'École impériale d'étatmajor.

— 29. — Décret impérial ouvrant, sur l'exercice 1854, un crédit extraordinaire de 630,000 fr. au ministre de l'intérieur, pour l'exécution des travaux du bâtiment des archives du ministère des affaires étrangères.

Février, 1er. — Décret impérial qui ouvre un second crédit, sur l'exercice 1854, pour subvention aux travaux d'utilité communale, entrepris dans le but d'occuper les classes ouvrières.

— 1er. — Décret impérial qui constitue la Banque de la Guyane française.

— 2. — Décret impérial portant promulgation du traité d'amitié, de commerce et de navigation, conclu, le 5 mars 1853, entre la France et le Paraguay.

— 4. — Décret impérial portant promulgation de la convention conclue entre la France et l'Espagne pour la garantie réciproque de la propriété des œuvres d'esprit et d'art.

— 4. — Décret impérial maintenant et confirmant dans leurs grades respectifs les interprètes titulaires de l'armée d'Algérie dont les noms sont portés au tableau annexé audit décret.

— 4. — Décret impérial relatif au taux de l'intérêt des emprunts que des communes ont été autorisées à contracter.

— 7. — Décret impérial relatif à la pêche du maquereau avec salaison à bord.

— 9. — Décret impérial portant promulgation de la convention conclue entre la France et la principauté de Schwartzbourg-Rudolstadt, pour la garantie réciproque de la propriété des œuvres d'esprit et d'art.

— 11. — Décret impérial qui ouvre, sur l'exercice 1853, un crédit supplémentaire pour les frais de justice criminelle.

— 17. — Décret impérial qui ajoute le bois de cactus à la nomenclature des produits naturels de l'Algérie admis en franchise dans les ports de la métropole.

— 18. — Décret impérial qui ouvre au ministre des finances, sur l'exercice 1853, un crédit extraordinaire pour supplément à la dotation de la Légion d'honneur.

— 18.— Décret impérial qui approuve la convention passée, le 16 février 1854, entre le ministre des finances et la Compagnie des services maritimes des messageries impériales.

— 18. — Décret impérial portant autorisation de la société anonyme formée à Paris sous la dénomination de Compagnie du chemin de fer de Saint-Rambert à Grenoble.

— 20. — Décret impérial qui ouvre un crédit extraordinaire, applicable aux dépenses d'expropriation à faire en 1854, pour compléter le dégagement des abords du Louvre et de la rue de Rivoli.

— 20. — Décret impérial qui ouvre, sur l'exercice 1854, un crédit extraordinaire pour dépenses résultant de l'accroissement de l'effectif de l'armée et de la formation de l'armée d'Orient.

— 21. — Décret impérial qui ouvre au ministre d'État, sur l'exercice 1853, un crédit supplémentaire pour les dépenses des bâtiments.

— 22. — Décret impérial qui appelle à l'activité les jeunes soldats disponibles sur les contingents des classes de 1850 et 1849.

— 24. — Décret impérial portant promulgation de la convention conclue entre la France et la principauté de Schwartzbourg-Sondershausen, pour la garantie réciproque de la propriété des œuvres d'esprit et d'art.

— 24. — Décret impérial qui prohibe la sortie et la réexportation d'entrepôt des armes et munitions de guerre.

— 24. — Décret impérial qui fixe les taxes à percevoir dans les bureaux dépendant de l'administration des postes de France, pour les lettres originaires ou à destination du territoire desservi par l'administration des postes danoises.

— 25. — Décret impérial qui ouvre, sur l'exercice 1854, un crédit extraordinaire pour travaux accessoires de la réunion des Tuileries au Louvre.

— 25. — Décret impérial qui ouvre, sur l'exercice 1854, un nouveau crédit de 2 millions, pour subvention aux travaux d'utilité communale.

Mars, 4. — Décret impérial autorisant l'admission en franchise de droits des cristaux de tartre colorés destinés à être réexportés, après avoir été convertis en crême de tartre ou en acide tartrique cristallisé.

— 4. — Décret impérial portant concession d'un chemin de fer de Carmaus à Albi.

— 4. — Décret impérial fixant les droits d'entrée sur le cachou en masse.

— 10. — Décret impérial portant que des aumôniers seront attachés à l'armée d'Orient ; ils seront nommés par le ministre de la guerre, qui en déterminera le nombre suivant les besoins du service.

Ce décret est précédé des considérants suivants : Considérant que la création de l'aumônerie de la flotte a déjà donné les plus heureux résultats ; considérant que la présence au milieu des troupes, des ministres du culte, est particulièrement indispensable dans une guerre lointaine où elles pourraient se trouver dépourvues de secours spirituels, non-seulement en raison de la différence des cultes, mais encore en raison de la différence des rites ; qu'il est du plus haut intérêt qu'au milieu des épreuves de la guerre nos soldats de l'armée d'Orient ne soient pas privés des encouragements et des consolations de la religion.

— 11. — Loi autorisant le ministre des finances à emprunter une somme de 250 millions.

— 11. — Décret impérial accordant une somme de 2 millions à titre de seconde allocation sur les 10 millions affectés à l'amélioration des logements d'ouvriers dans les grandes villes manufacturières.

— 11. — Décret impérial autorisant l'aliénation par souscription publique, de la somme de rentes 4 1/2 et 3 p. 0/0, nécessaire pour produire un capital de 250 millions.

— 20. — Décret impérial autorisant le ministre des finances à faire au gouvernement ottoman, une avance de 10 millions.

— 22. — Décret impérial ouvrant les ports de Boulogne et de Calais à l'importation des châles de crêpe de Chine unis, d'origine étrangère, destinés à être brodés en France.

— 22. — Décret impérial fixant les frais de fabrication des monnaies d'or.

— 24. — Décret impérial instituant un corps de cavalerie d'élite sous la dénomination d'escadron des cent-gardes, spécialement affecté à la garde de la personne de l'Empereur et au service intérieur des palais impériaux.

— 25. — Décret impérial ouvrant le bureau de douanes de Wallers (Nord), à l'importation et à l'exportation des grains et farines, en remplacement du bureau de Trélon.

— 25.—Décret impérial portant que,

à partir du 1er juin 1854, la restitution du droit d'entrée sur les fontes brutes étrangères employées à la fabrication des machines à feu de 100 chevaux ou plus, dont l'installation à bord des navires destinés à la navigation maritime aura été dûment constatée par les agents des douanes, s'effectuera à raison de 300 kilogrammes de fonte par cheval de force, y compris le déchet de fabrication, et de 4 fr. 50 c. par chaque 100 kilogrammes.

Avril, 6. — Décret impérial pour l'exécution des articles 10 et 13 du traité de commerce et de navigation conclu, le 9 mars 1853, entre la France et le Portugal.

— 6. — Décret impérial qui approuve le règlement général pour l'Exposition universelle des produits de l'agriculture, de l'industrie et des beaux-arts.

— 8. — Loi sur le droit de *propriété* garanti aux veuves et aux enfants des auteurs, des compositeurs et des artistes.

— 8. — Décret impérial qui approuve le tarif du prix auquel les espèces et matières d'or seront payées au change des monnaies.

— 12. — Décret impérial relatif aux droits d'usage dans les forêts de l'État et dans les bois des communes et des établissements publics.

— 13. — Loi qui élève de 80 mille hommes à 140 mille le contingent de la classe de 1853.

— 13. — Décret impérial portant promulgation de la convention conclue, le 22 août 1852, entre la France et la Belgique, pour la garantie réciproque de la propriété des œuvres d'esprit et d'art.

— 13. — Décret impérial portant promulgation de la convention commerciale conclue, le 22 août 1852, entre la France et la Belgique.

— 13. — Décret impérial portant promulgation de l'article additionnel aux conventions conclues, le 22 août 1852, entre la France et la Belgique.

— 13. — Décret impérial portant promulgation du traité de commerce conclu, le 27 février 1854, entre la France et la Belgique.

— 13. — Décret impérial portant ratification et promulgation de la décla-

ation signée, le 12 août 1845, entre la
France et la Belgique, pour la garantie
réciproque de la propriété des œuvres
l'esprit et d'art.

— 16. — Décret impérial qui prohibe la sortie et la réexportation du nitrate de soude.

19. — Décret impérial portant règlement pour l'exécution de la convention littéraire conclue, le 22 août 1852, entre la France et la Belgique.

— 19. — Décret impérial qui approuve la convention passée, le 18 août 1854, pour l'exécution et l'exploitation d'un chemin de fer de la frontière de Belgique à Hautmont.

— 20. — Décret impérial approuvant la convention passée, le 20 avril 1854, entre le ministre de l'agriculture, du commerce et des travaux publics, et la compagnie des chemins de fer de l'Est.

— 20. — Décret impérial approuvant la convention passée, le 20 avril 1854, entre le ministre de l'agriculture, du commerce et des travaux publics, et la compagnie du chemin de fer de Paris à Lyon.

— 21. — Décret impérial portant promulgation de la convention d'alliance conclue, le 10 avril 1854, entre la France et l'Angleterre.

— 22. — Décret impérial portant fixation des droits d'entrée sur les connettes et étoffes à pantalons, à leur importation de Belgique en France.

— 26. — Décret impérial fixant l'époque d'interdiction de la pêche des homards et des langoustes dans le troisième arrondissement maritime.

— 27. — Décret impérial portant promulgation de la convention conclue entre la France et la principauté de Waldeck, pour la garantie réciproque de la propriété des œuvres d'esprit et d'art.

— 29. — Décret impérial portant que les certificats destinés à constater le dépôt légal de livres, gravures, lithographies, compositions musicales, etc., effectué dans les chancelleries diplomatiques et consulaires, en vertu de dispositions spéciales inscrites dans les traités sur la propriété littéraire et artistique, seront soumis à un droit uniforme de 50 c. par certificat.

— 29. — Décret impérial autorisant l'admission temporaire, en franchise de droits, des suifs bruts destinés à être réexportés, après conversion en acide stéarique ou en chandelles.

Mai 1er. — Loi qui modifie l'art. 3 de la loi du 25 mai 1838 sur les justices de paix.

— 1er. — Décret impérial qui appelle à l'activité 80 mille jeunes soldats de la classe de 1855.

— 3. — Loi qui exempte, pendant trente années, de la contribution foncière et de celle des portes et fenêtres les maisons qui seront élevées sur les terrains vendus aux abords du Louvre et des Tuileries.

— 3. — Sénatus-consulte qui règle la Constitution des colonies de la Martinique, de la Guadeloupe et de la Réunion.

— 5. — Décret impérial fixant la cotisation à payer pendant l'exercice 1854, pour le commerce de bois à ouvrer pour l'approvisionnement de Paris.

— 6. — Décret impérial portant que les graisses de toutes sortes, sauf les graisses de poisson, payeront à l'importation les droits établis sur le suif brut.

— 8. — Loi portant règlement définitif du budget de 1851.

— 10. — Décret impérial qui abroge l'art. 3 de l'ordonnance du 8 février 1826, rendue pour l'exécution du traité de navigation conclu, le 26 janvier de la même année, entre la France et l'Angleterre.

— 10. — Décret impérial qui modifie le tarif d'entrée pour les laines brutes.

— 10. — Décret impérial portant que les dispositions exceptionnelles des art. 2 à 7 du décret du 27 avril 1848, sur les hypothèques et l'expropriation forcée aux colonies, demeurent exécutoires à la colonie pendant cinq années.

— 15. — Décret impérial qui approuve des modifications aux statuts de la Compagnie du chemin de fer Grand-Central de la France.

— 16. — Décret impérial qui institue un comité central de patronage pour la propagation et la surveillance des salles d'asile.

— 20. — Loi sur la taxe des lettres.

— 22. — Décret impérial portant promulgation du traité d'alliance conclu entre la France, la Grande-Bretagne et la Turquie.

— 23. — Décret impérial portant promulgation de la convention conclue entre la France et le royaume uni de la Grande-Bretagne et d'Irlande, relativement aux prises.

— 24. — Décret impérial portant fixation des émoluments attribués, en matière civile et commerciale, aux greffiers des tribunaux civils de première instance, et aux greffiers des Cours impériales.

— 27. — Décret impérial relatif aux mandats exécutoires délivrés par les préfets pour frais et honoraires auxquels donnent lieu les travaux d'intérêt public exécutés à la charge des particuliers.

— 30. — Loi sur l'exécution de la peine des travaux forcés.

— 30. — Décret impérial portant promulgation de la convention conclue entre la France et le grand-duché de Bade, pour la garantie réciproque de la propriété des œuvres d'esprit et d'art.

— 31. — Loi portant abolition de la mort civile.

— 31. — Décret impérial établissant en Algérie des entrepôts de tabacs fabriqués dans les manufactures impériales de France.

Juin 1er. — Décret impérial relatif à l'organisation de l'administration des lignes télégraphiques.

— 3. — Décret impérial portant que les dispositions exceptionnelles des art. 2 et 7 du décret du 27 avril 1848, sur les hypothèques et l'expropriation forcée aux colonies, demeurent exécutoires à la Guyane française pendant cinq années.

— 7. — Décret impérial portant approbation d'une convention ayant pour objet l'exécution et l'exploitation d'un chemin de fer de Bessèges à Alais, par Saint-Ambroix (Gard).

— 7, — Décret impérial qui déclare d'utilité publique l'établissement d'un troisième souterrain dans la traverse de la commune des Batignolles, pour le service des chemins de fer aboutissant dans la gare de la rue Saint-Lazare.

— 10. — Décret impérial relatif à la police de la pêche dans les quartiers de l'île de Ré, de Rochefort, de Marennes et de la Teste de Buch.

— 13. — Décret impérial fixant les droits à l'entrée sur le carcasse en racine.

— 14. — Loi sur l'instruction publique.

— 14. — Loi qui modifie l'art. 377 du Code de commerce.

— 17. — Décret impérial portant concession à la ville du Havre de l'établissement et de l'exploitation du dock-entrepôt autorisé par la loi du 5 août 1844.

— 17. — Décret impérial instituant des inspecteurs généraux pour la surveillance de l'exploitation commerciale et le contrôle de la gestion financière des Compagnies de chemins de fer.

— 19. — Décret impérial ouvrant au département de la marine et des colonies un crédit extraordinaire sur l'exercice 1854.

— 19. — Décret impérial portant suppression du droit établi à l'importation du coton en laine des colonies françaises.

— 19. — Décret impérial qui approuve des modifications aux statuts de la Compagnie du chemin de fer de Paris à Lyon.

— 22. — Loi portant fixation du budget général des dépenses et des recettes de l'exercice 1855.

— 22. — Loi sur les livrets d'ouvriers.

— 22. — Loi qui sanctionne le décret du 16 janvier 1854, relatif à une émission supplémentaire de bons du Trésor.

— 22. — Loi ouvrant, sur l'exercice 1854, un crédit extraordinaire pour travaux relatifs aux lignes télégraphiques.

— 22. — Loi portant abolition de la servitude de parcours et du droit de vaine pâture dans le département de la Corse.

— 23. — Décret impérial qui place dans les attributions du ministre d'État les services des bâtiments civils, des théâtres de Paris non subventionnés, des théâtres de département et de la censure dramatique.

— 24. — Décret impérial relatif à la pêche de la chevrette dans le bassin d'Arcachon.

— 24. — Décret impérial qui proroge jusqu'au 31 décembre 1854 le délai fixé par divers décrets des mois d'août, septembre, octobre, décembre 1853 et janvier 1854, concernant les denrées alimentaires.

— 24. — Décret impérial qui proroge jusqu'au 31 décembre 1854 l'exemption des droits de navigation accordée aux chargements de grains et farines, de riz, de pommes de terre et de légumes secs.

— 24. — Décret impérial qui proroge celui du 30 septembre 1853, portant modification au tarif des douanes sur les céréales dans les colonies de la Martinique, de la Guadeloupe, de l'île de la Réunion et du Sénégal.

— 26. — Décret impérial qui supprime le droit établi à l'importation des eaux-de-vie de mélasse (rhums et tafias) des colonies françaises.

— 26. — Décret impérial qui place les sociétés de crédit foncier dans les attributions du ministre des finances.

— 28. — Décret impérial portant promulgation de la convention d'extradition conclue entre la France et la principauté de Lippe.

— 29. — Décret impérial qui ouvre, sur l'exercice 1854, un crédit supplémentaire de 500,000 fr. pour la liquidation du passif de l'Opéra.

Juillet, 1er. — Décret impérial qui ouvre, sur l'exercice 1854, un crédit extraordinaire pour le complément des dépenses relatives à l'accroissement de l'effectif de l'armée, à la division d'occupation en Italie, à l'armée d'Orient et à la formation des camps du Nord et du Midi.

— 1er. — Décret impérial qui autorise l'importation temporaire de l'iode de toute espèce, destiné à être raffiné ou converti en iodure de potassium.

— 1er. — Décret impérial qui fixe le droit d'importation sur les sels de Kreuznatch.

— 4. — Décret impérial portant ratification et promulgation de la déclaration signée entre la France et l'Angleterre, relativement à l'extradition réciproque des matelots déserteurs.

— 4. — Décret impérial portant ratification et promulgation de la déclaration relative à la convention d'extradition du 23 mars 1846 entre la France et la Bavière.

— 4. — Décret impérial ouvrant, sur l'exercice 1854, un crédit extraor-

dinaire pour les frais d'acquisition et de construction d'un nouveau séminaire diocésain à Lyon.

— 5. — Décret impérial ouvrant, sur l'exercice 1854, un crédit extraordinaire destiné à rembourser à la ville de Paris la dépense à la charge de l'État dans les travaux accessoires du Louvre.

— 5. — Décret impérial ouvrant, sur l'exercice 1854, un crédit supplémentaire pour les dépenses concernant la réunion des Tuileries au Louvre.

— 5. — Décret impérial ouvrant, sur l'exercice 1854, un crédit supplémentaire pour compléter, à l'île des Cygnes, l'expropriation des bâtiments et magasins destinés au service du garde-meuble de la Couronne.

— 5. — Décret impérial autorisant la consolidation des bons du Trésor délivrés à la Caisse d'amortissement du 2 janvier au 30 juin 1854, et dont l'ensemble, tant en intérêts qu'en capitaux, s'élève à la somme de 40 millions 338,986 fr. 05 c. Par suite de ce décret, inscription sera faite sur le grand-livre de la dette publique, au nom de la Caisse d'amortissement, en rentes 3 p. 0/0, avec jouissance du 22 juin 1854, de la somme de 1 million 658,901 fr., représentant, au prix de 72 fr. 95 c., cours moyen du 3 p. 0/0 à la Bourse du 22 juin, la somme de 40 millions 338,942 fr. 65 c. Cette somme sera portée en recette dans les écritures de la comptabilité générale au budget de l'exercice 1854.

— 5. — Décret impérial portant règlement pour les tourbières que renferment les arrondissements de Vienne et de la Tour-du-Pin.

— 6. — Décret impérial portant organisation nouvelle du Crédit foncier de France.

— 8. — Décret impérial portant que les dispositions exceptionnelles des art. 2 et 7 du décret du 27 avril 1848 sur les hypothèques et l'expropriation forcée aux colonies, demeurent exécutoires à la Réunion pendant une année.

— 10. — Décret impérial ouvrant le bureau de douanes du pont de Kehl à l'importation et au transit d'un certain nombre de marchandises.

— 15. — Décret impérial ouvrant au ministre des finances, sur l'exercice 1854, un crédit extraordinaire de 309,053 fr. 86 c., applicable au solde du prix des immeubles remis au domaine de l'État en vertu du principe de dévolution.

— 15. — Décret impérial par lequel le crédit ouvert au chapitre VII du budget du ministère de l'intérieur, exercice 1853 (service de l'ancien ministère de la police générale, secours aux étrangers réfugiés en France), est réduit d'une somme de 60,000 fr., et les crédits ouverts au chapitre II (matériel et dépenses diverses des bureaux) et au chapitre IX (dépenses générales du matériel des gardes nationales) sont augmentés d'une pareille somme de 60,000 fr.

— 15. — Décret impérial portant que les pièces d'or de 5 fr., dont le décret du 12 janvier 1854 a ordonné la fabrication, seront frappées à l'avenir en virole cannelée.

— 15. — Décret impérial relatif à l'établissement de voies ferrées desservies par des chevaux, et d'un service d'omnibus sur la voie publique, entre la station de Rueil (chemin de fer de Paris à Saint-Germain-en-Laye) et Port-Marly.

— 15. — Décret impérial portant organisation des officiers et des maîtres de port préposés à la police des ports maritimes de commerce.

— 15. — Décret impérial ouvrant, sur l'exercice 1854, un crédit pour secours aux établissements de bienfaisance.

— 17. — Décret impérial portant approbation de modification aux statuts de la Compagnie du chemin de fer de Rouen au Havre.

— 17. — Décret impérial ouvrant, au ministre d'État, sur l'exercice 1854, un crédit supplémentaire applicable au service des bâtiments.

— 18. — Décret impérial portant institution d'un conseil des prises à Paris.

— 19. — Décret impérial qui étend aux expéditions de l'Algérie à destination de l'étranger les dispositions des décrets des 26 février et 16 avril 1854, qui prohibent l'exportation et la réexportation des armes, munitions et autres objets propres à la guerre.

— 21. — Décret impérial portant augmentation du cadre des officiers de santé militaires.

— 25. — Décret impérial portant que la durée de la société anonyme formée à Paris pour l'administration du Comptoir d'escompte de ladite ville est prorogée pour trente années, à partir du 18 mars 1857. Le 31 décembre 1854, au plus tard, l'État et la ville de Paris seront dégagés de toute garantie dans les opérations du Comptoir. Sont approuvés les nouveaux statuts de ladite société, tels qu'ils sont contenus dans l'acte passé le 21 juillet 1854. La présente autorisation pourra être révoquée, en cas de violation ou de non exécution des statuts, sans préjudice des droits des tiers.

— 29. — Décret impérial portant règlement de la répartition du fonds commun de sept centimes additionnels aux contributions foncière, personnelle et mobilière de 1855, affecté aux dépenses ordinaires des départements pendant cet exercice.

— 29. — Décret impérial ouvrant au budget de la Légion d'honneur un crédit supplémentaire sur l'exercice 1853.

— 31. — Décret impérial relatif à la dotation affectée, par les décrets des 22 janvier et 27 mars 1852, à l'établissement d'une Caisse de retraites en faveur des ecclésiastiques âgés et infirmes.

Août, 2. — Décret impérial portant règlement pour les carrières ouvertes ou à ouvrir dans le département de la Côte-d'Or.

— 4. — Décret impérial portant ratification et promulgation de la déclaration relative à la convention d'extradition du 23 mars 1846, entre la France et la Bavière.

— 5. — Décret impérial portant que les modifications apportées aux statuts de la Compagnie du chemin de fer de Mulhouse à Thann sont approuvées telles qu'elles sont contenues dans l'acte passé le 20 juillet 1854 devant Me Turquet et son collègue, notaires à Paris.

— 5. — Décret impérial ouvrant au ministre d'État, sur l'exercice 1854, un crédit extraordinaire de 8 millions, pour être affecté à l'exécution des dispositions testamentaires de l'empereur Napoléon Ier, et instituant une commission chargée de présider à la répartition de ce crédit.

— 12. — Décret impérial portant approbation de la convention passée, le 9 août 1854, entre le ministre des finances et la Compagnie des services maritimes des messageries impériales.

— 16. — Décret impérial sur la composition du personnel de la musique des régiments de la garde impériale.

— 19. — Décret impérial qui modifie les droits de douane à l'importation et à l'exportation de diverses marchandises.

— 19. — Décret impérial portant organisation de la justice en Algérie.

— 19. — Décret impérial qui tend aux expéditions de l'Algérie à destination de l'étranger les dispositions des décrets des 24 février et 16 avril 1854, qui prohibent l'exportation et la réexportation des armes, munitions et autres objets propres à la guerre.

— 19. — Décret impérial qui approuve la convention passée, le 16 août 1854, entre le ministre de l'agriculture, du commerce et des travaux publics, et la Compagnie des chemins de fer du Midi et du canal latéral à la Garonne.

— 21. — Décret impérial sur le régime des établissements d'enseignement supérieur.

— 22. — Décret impérial sur l'organisation des Académies.

— 24. — Décret impérial qui ouvre au ministre de la guerre un supplément de crédit pour l'inscription au trésor public des pensions militaires à liquider en 1854.

— 29. — Décret impérial portant que les règlements et tarifs de pilotage y annexés sont déclarés exécutoires dans l'étendue du premier arrondissement maritime.

— 30. — Décret impérial qui fixe provisoirement à 25 c. par hectolitre les droits à l'importation sur les vins ordinaires de toutes sortes.

— 31. — Décret impérial qui reporte à l'exercice 1854 une portion du crédit ouvert, sur l'exercice 1853, pour continuer les dépenses résultant de l'exécution de la loi du 3 février 1851, concernant les établissements modèles de bains et lavoirs publics, gratuits ou à prix réduits.

Septembre, 9. — Décret impérial portant promulgation des articles additionnels aux conventions de poste des 3 novembre 1847 et 27 avril 1849, conclues entre la France et la Belgique.

— 17. — Décret impérial sur l'organisation de la police municipale de Paris.

— 21. — Décret impérial qui ouvre un nouveau crédit extraordinaire pour les dépenses relatives à l'accroissement de l'effectif et à l'entretien de l'armée de terre en 1854.

— 22. — Décret impérial relatif à la construction des bâtiments annexes du palais de l'Industrie.

— 23. — Décret impérial pour l'exécution des articles additionnels aux conventions de poste des 3 novembre 1847 et 27 avril 1849, conclues entre la France et la Belgique.

— 22. — Décret impérial relatif à l'importation des eaux-de-vie étrangères.

— 22. — Décret impérial modifiant le règlement du 13 décembre 1845, sur la comptabilité des matières du département de la marine et des colonies.

Octobre, 3. — Décret impérial supprimant le droit établi à la sortie des sangsues.

— 5. — Décret impérial fixant à 25 c. par hectolitre les droits à l'importation des vins de liqueur en futailles, en outres ou en bouteilles.

— 5. — Décret impérial fixant à 50 c. par 100 kilog. les droits à l'importation des viandes salées.

— 7. — Décret impérial portant prorogation du délai fixé par le décret du 24 juin 1854, concernant les diverses mesures relatives aux denrées alimentaires.

— 9. — Décret impérial qui ouvre les bureaux de douane de Roubaix et de Tourcoing à l'importation des machines et mécaniques complètes ou en pièces détachées.

— 14. — Décret impérial ouvrant au ministre des finances, sur l'exercice

1854, au delà des fixations du budget, un crédit supplémentaire de 7 millions 887,000 fr. pour les dépenses du service des tabacs, savoir : matériel, 1 million 439,000 fr.; achats et transports de tabacs, 6 millions 448,000 fr.

— 17. — Décret impérial relatif à la concession du chemin de fer de Montluçon à Moulins, avec embranchement sur Bezenais.

— 17. — Décret impérial portant concession à la Compagnie du chemin de fer du Nord d'un chemin de fer de Noyelles à Saint-Valery.

— 17. — Décret impérial autorisant la société anonyme formée à Lyon sous la dénomination de Société des houillères de Saint-Étienne.

— 21. — Décret impérial ouvrant, sur l'exercice 1854, un crédit extraordinaire pour les dépenses résultant du service de courriers et de correspondances établi, entre Constantinople et Paris, par Bucharest et Kronstadt.

— 25. — Décret impérial ouvrant, sur l'exercice 1854, un crédit supplémentaire de 7 millions, applicable au paiement de partie de la subvention allouée à la Compagnie du chemin de Paris à Caen et à Cherbourg pour la construction de la section de Rosny à Caen. Il sera porté en recette au budget général des voies et moyens pareille somme, représentée par des obligations de la Compagnie du chemin de fer de Paris à Rouen.

— 25. — Décret impérial ouvrant, sur l'exercice 1854, un crédit supplémentaire pour le contrôle et la surveillance des chemins de fer.

— 25. — Décret impérial qui fixe les droits d'entrée sur les feuilles médicinales.

— 26. — Décret impérial qui interdit la distillation des céréales et de toute autre substance farineuse servant à l'alimentation.

— 28. — Décret impérial relatif à la concession d'un chemin de fer d'embranchement destiné à relier l'usine de Bourdon aux voies de la ligne de Clermont à Lempdes (chemin de fer Grand-Central de la France).

— 29. — Décret impérial qui approuve la convention passée, le 28 novembre 1854, entre les ministres de la guerre et des finances, et la Compagnie des services maritimes des messageries impériales.

Novembre, 1er. — Décret impérial qui interdit l'exportation des céréales de l'Algérie (blé et orge), à destination des pays étrangers jusqu'au 31 juillet 1855.

— 1er. — Décret impérial relatif à la boulangerie de Paris et des communes du département de la Seine.

— 1er. — Décret impérial qui ouvre au département de la marine et des colonies un crédit extraordinaire sur l'exercice de 1854.

— 6. — Décret impérial qui modifie les droits de douane à l'importation des écorces de quinquina.

— 7. — Décret impérial qui autorise le ministre des finances à élever à 350 millions la somme des bons du Trésor à émettre pour le service de trésorerie de 1854 et 1855.

— 11. — Décret impérial portant promulgation de la convention d'extradition conclue entre la France et le Portugal.

— 11. — Décret impérial portant promulgation de la convention d'extradition conclue entre la France et l'Électorat de Hesse.

— 11. — Décret impérial portant promulgation de l'article additionnel à la convention conclue, le 4 octobre 1852, entre la France, la Belgique et la Prusse, pour la transmission des dépêches télégraphiques internationales.

— 17. — Décret impérial qui autorise la culture du tabac dans le département de la Gironde.

— 18. — Décret impérial qui accorde aux Compagnies des chemins de fer du Midi et du Nord des facilités pour l'introduction des rails et tôles étrangers.

— 20. — Décret impérial qui ouvre un crédit sur l'exercice 1854, pour le service de l'exposition universelle de 1855.

— 23. — Décret impérial qui ouvre sur l'exercice de 1854, un crédit supplémentaire pour les frais de refonte des monnaies de cuivre.

— 23. — Décret impérial qui ouvre, sur l'exercice de 1854, un nouveau crédit extraordinaire pour les dépenses de l'armée d'Orient.

— 24. — Décret impérial portant

promulgation de la convention d'extradition conclue entre la France et la principauté de Waldeck et Pyrmont.

— 24. — Décret impérial relatif à la concession d'un chemin de fer d'embranchement destiné à relier les mines de Montieux (Loire), au chemin de fer Grand-Central (section du Rhône à la Loire).

— 24. — Décret impérial qui ouvre sur l'exercice 1854, un crédit supplémentaire pour les frais de justice criminelle.

— 25. — Décret impérial ouvrant au ministre d'Etat, sur l'exercice de 1854, un crédit supplémentaire de 124,000 fr., applicable au service du conseil d'État (personnel).

— 25. — Décret impérial qui ouvre sur l'exercice 1854, un nouveau crédit extraordinaire pour les dépenses résultant de l'envoi de deux nouvelles divisions en Orient et de circonstances de guerre urgentes et imprévues.

— 27. — Décret impérial portant répartition, par subdivision de chapitres, du crédit accordé, sur l'exercice de 1855, pour les dépenses du ministère des finances.

— 28. — Décret impérial convoquant le Sénat et le Corps législatif pour le 26 décembre.

— 29. — Décret impérial qui prohibe l'exportation des grains et farines jusqu'au 31 juillet 1855.

— 30. — Décret impérial portant promulgation du traité conclu, le 10 juillet 1853, entre la France et la Confédération Argentine, pour la libre navigation des rivières Parana et Uruguay.

— *Décembre*, 5. — Décret impérial portant promulgation des déclarations signées entre la France et la principauté de Monaco, relativement à des rédactions mutuelles de taxes entre les deux États.

— 5. — Décret impérial portant ratification et promulgation de la déclaration relative à la convention d'extradition du 27 juin 1844, entre la France et le grand-duché de Bade.

— 9. — Décret impérial portant autorisation de la Société anonyme formée à Paris sous la dénomination de Société de l'hôtel et des immeubles de la rue de Rivoli.

— 12. — Décret impérial ouvrant au ministre des finances sur l'exercice 1854, au delà des fixations du budget, un crédit supplémentaire de 7 millions 465,025 fr. 92 c. pour les dépenses ci-après : dette consolidée, rentes 3 p. 0/0, 6 millions 895,120 fr.

Postes, matériel, 69,000 fr.; subventions, 500,905 fr. 92 c.

— 12. — Décret impérial portant qu'il ne sera plus fabriqué de pièces de 40 fr. Indépendamment des pièces d'or de 20 fr., 10 fr., et 5 fr., il en sera fabriqué à l'avenir de la valeur de 100 fr. et de 50 fr. Les pièces auront sur la face l'effigie de l'Empereur avec ces mots : *Napoléon III, Empereur des Français*, et sur le revers les armes impériales avec ces mots : *Empire Français*. La tranche portera en relief les mots : *Dieu protége la France.*

— 14. — Décret impérial ouvrant au budget de la Légion d'honneur, exercice 1854, un crédit supplémentaire par rappel sur l'exercice 1853.

— 15. — Décret impérial portant promulgation de la convention de poste, conclue le 1er septembre 1834, entre la France et les royaumes unis de Suède et de Norvége.

— 15. — Décret impérial relatif à la répartition par chapitres des crédits du budget de l'exercice 1855.

— 20. — Décret impérial portant promulgation de la convention relative au remboursement de l'emprunt de 1825, conclue entre la France et Haïti le 1er octobre 1854.

— 20. — Décret impérial fixant provisoirement les droits à l'importation des graines, huiles, graines oléagineuses, suifs, etc.

— 20. — Décret impérial fixant provisoirement les droits à l'importation des sucres, des raisins secs et des mélasses.

— 23. — Décret impérial ouvrant au ministre de la guerre, au titre de l'exercice 1854, un nouveau crédit extraordinaire de 5 millions 700,000 fr., applicable aux dépenses de baraquement des troupes en Crimée et aux frais de transport des troupes et de matériel pour l'armée d'Orient.

— 23. — Décret impérial ouvrant au ministre des finances, sur l'exercice 1854, au delà des fixations du budget, un crédit supplémentaire de 4 millions

143,552 fr. 64 c., applicables à la dette publique et aux frais de régie, de perception et d'exploitation des impôts.

— 23. — Décret impérial portant promulgation de la convention additionnelle à la convention de poste du 3 avril 1843, conclue entre la France et la Grande-Bretagne, le 12 décembre 1854.

— 24. — Décret impérial relatif à l'exécution de la convention additionnelle de poste, conclue le 12 décembre 1854, entre la France et la Grande-Bretagne.

— 30. — Loi autorisant le ministre des finances à emprunter une somme de cinq cents millions.

— 31. — Décret impérial autorisant l'aliénation, par souscription publique, de la somme de rentes 4 1/2 et 3 p. 0/0, nécessaire pour produire un capital de cinq cents millions.

VARIÉTÉS

PETITE CHRONIQUE. — NÉCROLOGIE.

CHRONIQUE.

JANVIER.

1. *Égypte, Alexandrie.* — Perte du ateau de la ligne de Syrie, l'*Eurotas*, ppartenant à la Compagnie des messageries impériales.

Le paquebot de 160 chevaux l'*Eurotas*, commandé par M. Michel, capitaine au long cours, a échoué, vers six eures du matin, sur la côte, à environ milles au nord du port neuf d'Alexanrie, à une petite distance du lazaret. L'*Eurotas* venait de Jaffa; il avait à on bord une quarantaine de passagers t une riche cargaison. La mer était alme, mais le brouillard très-intense, t c'est à cette dernière circonstance u'il faut attribuer la fausse direction onnée au navire. Dès que la nouvelle de et événement a été apportée à Alexanrie, le gérant du consulat général de France s'est rendu en toute hâte sur es lieux du sinistre, en compagnie de 'agent des paquebots, et le *Louqsor*, arivé de Marseille le 30 décembre, a reçu 'ordre de chauffer et d'aller porter des ecours à l'*Eurotas*. Malheureusement ous les efforts ont été inutiles, et l'on a dû renoncer à le sauver. Tous les passagers ont été transportés au lazaret avec leurs bagages et la valise de la poste, et l'on a procédé au sauvetage des marchandises qui, le 2 janvier au soir, était peu avancé à cause de la

violence du vent. Dans la matinée du 2, l'*Eurotas* était déjà presque submergé, et l'équipage avait dû l'abandonner. Personne heureusement n'a péri.

1. *France, Algérie.* — La civilisation dans le désert : détails curieux extraits d'une lettre du médecin inspecteur, M. Baudens, racontant son voyage à Laghouat dans les derniers jours de 1853.

Me voici arrivé à Laghouat sain et sauf. Je me hâte d'ajouter que je n'ai couru aucun danger, tant est grande la sécurité de la route : 180 lieues environ d'Alger à cette première étape dans le désert saharien.

Alger aux cent minarets, la Métidja au sol plantureux, Blidah aux forêts d'orangers, l'Atlas aux flancs chargés de richesses métallurgiques, Medeah aux coteaux vignobles, tout jusqu'à Boghar, est parfaitement connu. Ce qui l'est le moins, c'est le parcours des 75 lieues de hauts plateaux qui séparent Boghar de Laghouat.

Boghar, appelé le Balcon du Sud, à cause de sa position au pic d'une montagne, est situé à 1,159 mètres au-dessus du niveau de la mer. Là se réfugiait Abd-el-Kader au temps de la guerre sainte, comme l'aigle dans son aire.

D'après l'opinion générale, Boghar

serait le point limitrophe du Tell, ou terres arables, et du désert.

Je m'attendais à rencontrer un vrai désert, un désert sans fin, aux dunes de sable mouvant et marchant au gré des vents, sans végétation, frappé de stérilité, sans eau et aux décevants effets de mirage. Au lieu de contrées désolées, oubliées depuis la création du monde, le voyageur ne rencontre jusqu'à Laghouat, que plaines immenses, à perte de vue, que le mirage ferait prendre pour de vastes lacs, cela est vrai ; mais presque partout couvertes d'une épaisse couche de terre végétale et entrecoupées de rivières qui marquent les stations. Pour produire, ce prétendu désert n'attend que la main de l'homme.

Ces plaines qui se succèdent sans fin, appelées hauts plateaux, sont élevées de 6 à 800 mètres au-dessus du niveau de la mer. A l'horizon se détachent parallèlement à l'Atlas, de l'est à l'ouest, des chaînes de montagnes. Ces ridements diminuent d'élévation à mesure qu'on marche vers le sud, et fixent vivement l'attention des géologues, car ils présentent dans leur ensemble la justification la plus complète des belles théories de M. Élie de Beaumont touchant les soulèvements souterrains.

Une première nuit au bivouac dispose peu au sommeil ; j'attendais avec impatience les émotions d'un lever du soleil dans le désert, et j'écoutais avidement, songeant à la belle musique de Félicien David ; mais, au lieu d'une douce mélodie, d'une harmonie imitative, du cressellement du grillon et du réveil affairé de la gent insecte, se frottant yeux et oreilles en cadence et crescendo, jusqu'au moment où le soleil embrase l'horizon de ses feux, mon oreille n'a été frappée que par le disgracieux cri des chameaux.

M. le gouverneur m'avait adjoint à la commission formée des honorables généraux Camou et Yussuf, et du colonel du génie M. Tripier, pour la recherche des points les plus propices à l'établissement de caravansérails, sur la route de Laghouat ; je me décidai à ne plus chercher d'illusions et je me mis sans réserve à l'œuvre commune.

Ainsi j'ai pu constater que l'état sanitaire dans les hauts plateaux doit être parfait à cause de leur élévation, de l'absence complète d'eau croupissante et de marais. L'eau ne séjourne pas à la surface du sol ; ce dernier, rendu perméable par le sable qu'il contient, fait l'office de filtre pour les eaux pluviales qu'on retrouve limpides et pures à quelques mètres de profondeur, retenues là par une couche argileuse imperméable.

Le savant colonel Tripier est convaincu, d'après ses études spéciales, qu'on pourra faire des norias et à peu de profondeur et à peu près partout, dans ces immenses plaines.

Nous n'avons rencontré de dunes de sable que dans un point très-limité, à mi-chemin, un peu avant de traverser un rocher de sel gemme, qu'on retrouve à l'état de pureté et en cristaux sur les bords d'une petite rivière voisine.

Le pistachier de l'Atlas acquiert dans ces contrées les proportions de nos gros chênes ; mais le roi de la végétation, c'est la plante appelée par les Arabes l'halfa (*lignum spartum*). L'halfa croît par touffes, qui recouvrent, en se touchant, littéralement le sol. C'est une espèce de joncs dont les animaux, et le cheval arabe en particulier, sont très-friands ; elle est pour eux la véritable manne dans le désert. On fabrique, à l'aide de cette précieuse plante, une foule d'objets de sparterie.

En hiver, au printemps, les graminées abondent ; mais en été, le soleil les brûle, et au milieu des touffes d'halfa, on ne trouve plus que des plantes aromatiques, dont l'atmosphère est embaumée ; la chair du mouton et du lièvre leur emprunte un bouquet fort délicat.

Les hauts plateaux sont très-propices à l'éducation de la race ovine ; la laine est d'une douceur et d'une finesse extrêmes ; les femmes indigènes en tissent de belles étoffes, dont le marché européen ne tardera pas à tirer profit.

On sait que, sous l'empereur Claude, un célèbre agronome, le Père Columelle, importa à Cadix la brebis du sud de l'Algérie, et quinze siècles plus tard, le cardinal Ximénès en expédia de nombreux troupeaux dans toute la Péninsule. Les laines d'Espagne leur empruntent la réputation qui, depuis cette époque, les fait tant rechercher.

M. le général Yussuf a bien voulu me communiquer un mémoire manusrit où il démontre péremptoirement, à l'aide de chiffres d'une logique irrécusable, qu'un troupeau de 20,000 têtes de brebis, acheté au prix actuel de 40,000 fr., donnerait au bout de six ans un bénéfice net de 798,482 fr. Ce chiffre ne paraîtra pas exagéré, en songeant que dans ces immenses steppes la nourriture ne coûte rien et que l'Arabe est né pasteur. Il est, comme il le dit, l'homme de la brebis.

Rappelons que les femelles font souvent deux portées par an, une au printemps, l'autre en automne, et que les épizooties sont pour ainsi dire inconnues. La clavée est fort rare, et le tournis n'existe pas en Afrique. Les Arabes prétendent que certaines sources magnésiennes, auxquelles ils conduisent de temps en temps leurs troupeaux, ont la vertu de les préserver de la cachexie aqueuse et de la vivrogne.

De toutes les contrées que nous avons parcourues, la plus intéressante est sans contredit Djelfa, qui n'est plus qu'à vingt-huit lieues de Laghouat. On y arrive par une magnifique vallée, où l'agriculteur trouvera des milliers d'hectares d'excellente terre irrigable, et l'industriel plusieurs chutes d'eau d'une très-grande puissance. Une immense et belle forêt de sapins d'une facile exploitation anime le paysage de Djelfa.

Cette station possède déjà un grand et beau caravansérail, où réside provisoirement le khalifa du cercle des Ouled-Hayls.

Le gibier est extrêmement abondant dans le sud; nous avons fait chaque jour un vrai carnage de lièvres, de perdrix, de gazelles, etc., à coups de fusil.

Les pluies du Tell avaient cessé à mesure que nous cheminions dans le sud; le soleil, redevenu radieux, rendait à tous la gaieté; rien n'attriste comme le mauvais temps. C'est alors que M. le général Yussuf, qui nous ménageait une surprise, fit faire par les cavaliers du goum une chasse au faucon.

Originaire de la Palestine, cette chasse n'a été connue en Europe qu'au retour des croisés; je ne l'avais vue encore qu'en peinture sur les belles toiles de Wouwermans. Rien ne pouvait plus piquer la curiosité qu'un tel spectacle.

Chaque fauconnier porte, perchés sur le turban, l'épaule ou la main, trois à quatre faucons dont la tête et les yeux sont cachés par un petit chaperon de maroquin rouge, pour ménager leur vue et la rendre plus perçante.

Dès qu'un lièvre est dépisté, on retire le chaperon, le faucon s'élance sur l'animal, l'atteint d'un vol rapide, suit tous ses détours, jusque dans les jambes des chasseurs, l'étourdit à coups d'ailes et de griffes; dès qu'il trébuche, il s'implante triomphant sur son dos, et, à coups de bec, il lui crève les yeux et lui dépèce la cervelle dont il paraît très-friand; mais arrive au galop le fauconnier, qui s'empare de la proie sans que l'oiseau chasseur en témoigne la moindre humeur. Enivré de sa victoire et de sang, il recommence bientôt à chasser avec plus d'ardeur encore que la première fois.

L'époque de la chasse est-elle passée, ou bien le fauconnier ne veut-il plus chasser, il rend à l'oiseau sa liberté. Le faucon n'est pas nomade, comme l'Arabe; il possède un domicile fixe dans le trou d'un rocher, connu de son maître qui le reprend à l'aide d'un lacet dès qu'il en a besoin.

De Djelfa, nous sommes allés coucher à Amra, petite oasis où, pour la première fois, nous avons vu des maisons avec étage, bâties à l'aide de mottes de terre cuites au soleil. Les murs, d'une solidité incroyable, presque égale à la pierre, sont d'une réparation facile. Une maison est construite par six maçons en un jour, et ne coûte que la journée des six ouvriers.

La terre contient beaucoup de sable et d'oxide de fer auquel les mottes empruntent leur puissance de cohésion. Le fer est si abondant qu'on le trouve sur le sol sous forme de filons purs, enroulés comme de gros serpents dans la pierre calcaire.

D'Amra nous sommes allés bivouaquer le lendemain au marabout de Sidi-Maklouf, où, sous la protection du saint, et selon le procédé de construction indigène, M. le capitaine du génie Marin a construit un immense caravansérail qui a fait notre admiration et celle des chefs de son arme. L'homme spécial, le savant, avait eu le rare bon sens de dépouiller le vieil homme pour empru-

ter aux indigènes le côté pratique et
économique de leur manière de faire.

Enfin, après huit petites journées de
marche, au détour d'une montagne, qui
n'est plus qu'à 3 kilomètres de Laghouat,
la température s'élève subitement ; on
est en face de l'oasis.

Je ne sache rien de plus pittoresque,
de plus frais, de plus poétique que le
spectacle d'une oasis ; rien ne dispose
plus l'âme à l'indulgence, à la vie con-
templative. Ces milliers de têtes ma-
jestueuses et toujours vertes despalmiers
avec leurs régimes de fruits confits par
le plus grand des artistes, le soleil saharien ; cette végétation luxuriante de
cent mille arbres en liberté, n'ayant
d'autre jardinier que la nature ; ces délicieux et épais bosquets de vignes, de
lianes, où les rayons solaires ne pénè-
trent jamais, sont d'un effet magique,
plein de puissance.

Du milieu de l'oasis, apparaît la ville
bâtie sur le plan incliné de deux énormes rochers entre lesquels coule l'Oued-
Mzi, au centre de la place publique.
Au sommet de ces escarpements, qui
resteront comme des témoins de la valeur des Français, s'élèvent en ce moment des forteresses inexpugnables.

D'après les récits, je m'attendais à
ne trouver qu'une affreuse bourgade ;
j'avais des préventions extrêmes et,
comme toujours, j'ai été surpris de ne
pas trouver plus mal.

Les maisons en mottes de terre,
comme à Aïwa, sont d'une très-grande
solidité. L'hôpital, le casernement,
sont, grâce aux efforts soutenus du
gouverneur général, et à la haute impulsion donnée par M. le ministre de la
guerre, dans un état très-satisfaisant
d'installation.

La population indigène se compose
de 400 hommes, sans parler des femmes
et des enfants. L'oasis, avec ses 240
hectares d'une fertilité prodigieuse,
avec les 2 à 300 hectares de terres cultivables qui l'entourent, pourra fournir,
quand elle donnera tout ce qu'elle peut
produire, de quoi alimenter une population d'au moins 3,000 âmes. La disette n'est donc pas à redouter.

On y fait d'excellent vin de raisins et
de dattes, de l'eau-de-vie de dattes fort
appréciée et d'un goût exquis. Les ressources iront toujours en augmentant.

La création récente d'un jardin d'essai,
sous la direction du gouvernement, ne
tardera pas à en faire découvrir de nouvelles, telles que le café, le riz, la
goyave.

Situé à 650 mètres au-dessus de la
mer, sur la lisière du désert, Laghouat
est dans des conditions de salubrité exceptionnelles. La fièvre intermittente y
est inconnue ; les chaleurs, à peu près
uniformes la nuit comme le jour, n'exposent pas, comme dans le Tell, aux
dangers de brusques variations ; il n'y a
que très-peu de malades.

Les colonnes du sud, commandées
par l'intrépide commandant du Barail,
rentrent à l'instant, après vingt journées
de marche dans le désert ; car au delà
de Laghouat, c'est le vrai désert : il
faut porter l'eau avec soi sur des chameaux. Ces colonnes n'ont pas eu un
seul malade. Elles sont rentrées après
avoir reçu les soumissions des Beni-
Mzab, à soixante lieues plus loin que
Laghouat.

Vous connaissez les livres si instruc-
tifs, si remplis de fins aperçus, de récits émouvants que M. le général de
division Daumas a écrits sur le désert
saharien : je vous ai conduits sur la limite du Sahara ; si vous voulez y pénétrer, prenez pour guide les livres du
savant général ; lisez-les : pour le moment, je n'ai pas l'intention de vous
conduire plus loin.

8. *France, Paris.* — La neuvaine
de sainte Geneviève a été ouverte, suivant l'usage, à Saint-Étienne-du-Mont
et au Panthéon, aujourd'hui consacré
au culte de la patronne de Paris.

Mgr l'archevêque de Paris présidait
aux cérémonies qui ont eu lieu dans la
première de ces églises ; il a conduit la
procession, composée de tout le clergé
parisien, au tombeau de la sainte ; dans
la seconde, c'était M. le vicaire apostolique de Tahiti qui officiait pontificale-
ment. Le panégyrique de sainte Geneviève a été fait à Saint-Étienne par
l'abbé Deguerry, curé de la Madeleine.

Ces deux monuments religieux ont été
décorés extraordinairement par M. Félix
Pignory, architecte de la ville.

A Saint-Étienne, dans les entre-co-
lonnements se déploient des bannières
avec inscriptions relatant les invoca-
tions à la vierge de Nanterre, depuis le

inquième siècle jusqu'à nos jours. Chaque colonne, revêtue des tapisseries des
Gobelins, offre un écusson où l'on voit
à médaille de sainte Geneviève tenue
par deux chérubins aux ailes d'azur;
es motifs, cette multitude de bannières
lottant du chœur à la nef et reliées par
es guirlandes de fleurs, sont autant de
ouvenirs et de symboles.

Au Panthéon, les reliques de la sainte
nt été placées sous le dôme, orné d'un
aldaquin en velours bleu et blanc d'où
endent des draperies de même étoffe.
es étendards des quatre-vingt-six dé-
artements flottent appendus à la grande
orniche qui règne dans tout le pour-
ar intérieur de l'édifice. A l'extérieur,
n oriflamme bleu surmonte le sommet
u fronton, avec cette inscription en
ttres d'or :

« A sainte Geneviève, patronne de
aris et de la France. »

La veille au soir le dôme était illu-
iné.

La foule des visiteurs a été considé-
ble toute la journée au tombeau et
x reliques.

Le 11 janvier, à sept heures du soir,
gr l'archevêque de Paris présidera
a Panthéon une réunion solennelle
ans laquelle le prélat se propose le ré-
ablissement de l'antique Compagnie des
orteurs de la châsse. Avant le salut,
gr l'archevêque recevra les nouveaux
embres de la Compagnie et leur re-
ettra les insignes qu'ils doivent por-
r.

3. *France, Paris.* — Une ordon-
ance de Mgr l'archevêque de Paris
ftablit le service divin dans l'église
le la Sorbonne.

4. *Turquie, Constantinople.* — Duel
atre deux officiers français.

Une bien malheureuse rencontre, qui
coûté la vie à l'un des deux adver-
aires, a eu lieu aujourd'hui entre deux
fficiers français attachés au service
e la Sublime-Porte, MM. Mouginot et
arsaux. Ils se sont battus au fleuret,
errière les murs de l'Ecole Militaire,
t M. Mouginot, atteint dans la poi-
rine, après avoir lui-même blessé au
vont M. Marsaux, s'est affaissé sur
ui-même et a presque immédiatement
xpiré entre les bras des témoins, qui
avaient relevé et le transportaient à
Ecole Militaire.

M. Mouginot, venu depuis huit ans
en Turquie, était capitaine d'état-major et chevalier de la Légion d'honneur.
Dans la force de l'âge, aimé et estimé
comme il l'était de ses chefs, il avait à
remplir une belle carrière où l'accompagnaient les vœux des amis que l'ho-
norabilité de son caractère, ses qualités
de cœur et d'esprit, sa grande instruction lui avaient acquis en si grand nombre.

Professeur d'art militaire à l'Ecole
Militaire, à l'Ecole ottomane Polytechnique, il avait, en quelques années,
formé de nombreux et excellents officiers d'état-major, et sa mort laisse
dans le corps des professeurs de cette
Ecole un vide qui sera difficilement
comblé.

Aussi l'armée ottomane, reconnaissante des services qu'il lui avait rendus, s'est-elle associée aux vifs regrets
qu'a inspirés la mort de M. Mouginot,
en qui l'armée française a perdu l'un
de ses meilleurs et de ses plus dignes
officiers.

Ses obsèques ont eu lieu le lendemain,
à la chapelle de l'ambassade de France.
M. le général Baraguey-d'Hilliers, son
état-major, tout le personnel de l'ambassade et plusieurs officiers y assistaient avec un nombreux concours d'a-
mis plongés dans la douleur.

L'adversaire a reçu immédiatement
son ordre de départ pour la France.

5. *France. Vienne.* — Incendie de
l'hôtel-de-ville et de la bibliothèque.
Le feu a envahi tout à coup la salle de
lecture. On a pu sauver les archives publiques ; mais il restait encore une collection rare de volumes tirés du chapitre de Saint-Maurice. Il y avait des
manuscrits précieux ; c'est là ce qu'on
ne pourra pas remplacer.

Le cartulaire de Saint-André-le-
Bas est une des pertes les plus douloureuses ; il avait été payé 800 fr. ; il n'a
pu être sauvé. Heureusement pourtant
il en existe deux copies, dont une est
très-exacte.

Le manuscrit de Charvet, gravement
endommagé, pourra être rétabli dans
son entier.

Dans les ouvrages modernes, il y en
avait de prix. Le grand ouvrage sur
l'Egypte, que le gouvernement avait
édité splendidement, et qu'il estimait

alors 6,000 fr. l'exemplaire, ne s'achèterait pas aujourd'hui à moins de 8 à 9,000 fr. Le bel ouvrage de Cuvier se vend 1,500 francs, et bien d'autres. Ces éditions avaient été données par l'Etat.

Enfin, pour terminer cette revue nécrologique, on doit payer surtout un légitime tribut de regrets à la perte d'un petit groupe en marbre représentant deux enfants se disputant une colombe. Ce petit groupe charmant avait une énorme valeur ; il avait été l'objet d'une intéressante discussion scientifique ; de savants archéologues prétendaient qu'il offrait l'emblème du bien et du mal, du bon et du mauvais génie. Quel que soit le mérite de ces discussions, sur lesquelles nous n'avons pas à nous prononcer, toujours est-il que c'était le morceau capital de nos antiquités, et qu'il était aussi estimé que la tête de faune qui est un des ornements du Musée du Louvre.

6. *France, Paris.* — Débâcles de la Seine et de la Marne.

Aujourd'hui la débâcle de la Seine a eu lieu sans aucun accident. Tout le cours du fleuve est débarrassé de glaçons depuis Bercy jusqu'à Passy. Quelques parties de glaces tiennent encore en aval du Pont-Neuf et en amont du Pont-des-Arts. De nombreux ouvriers sont occupés à diriger les glaces dans le canal du barrage éclusé de la Monnaie.

Une assez forte crue s'est également manifestée par suite de la fonte des neiges dans l'intérieur de la capitale et sur quelques points des environs de Paris.

Le même jour s'est effectuée la débâcle de la Marne.

6. *Grande—Bretagne , Crediton* (comté de Devon.) — Désordres produits par la cherté des aliments. Cette ville, située à 8 milles environ d'Exeter, a été le théâtre de grands désordres. Le prix élevé du pain et des autres objets de première nécessité y a mécontenté les classes pauvres.

Le pain de 4 livres s'y vend 9 pence (90 c.), et le blé est monté jusqu'à 11 sh. (13 fr. 75 c.) le boisseau sur plusieurs marchés du Devonshire ; la viande se vend de 7 à 8 pence la livre, et tout le reste en proportion.

La veille, on prenait des arrangements pour venir au secours des pauvres qui avaient le plus de titres à l'assistance, mais leur nombre se trouvait extraordinairement augmenté par l'effet du concours des ouvriers du chemin de fer.

A la nuit, 200 hommes, femmes et enfants armés de bâtons et de pierres allèrent attaquer les boutiques des boulangers. Ils demandèrent du pain, qu'on leur refusa, et aussitôt ils lancèrent des pierres dans les devantures, cassèrent les carreaux et se précipitèrent sur le pain. Quelques boulangers avaient fermé leurs boutiques, qui furent enfoncées, et presque tout le pain fut volé.

Les constables de la paroisse intervinrent, mais ils furent impuissants devant le nombre des émeutiers. Un exprès fut envoyé à M. Buller, juge de paix du lieu, qui s'empressa d'accourir et de recevoir le serment de constables spéciaux, et aussitôt l'émeute se dissipa. Deux des principaux émeutiers ont été arrêtés et mis en jugement.

Les habitants craignaient pour le lendemain, jour de marché, le retour de scènes semblables.

Cinquante ouvriers du chemin de fer sont allés sur le marché ; l'un d'eux a pris une livre de beurre et en a donné 1 shilling. La marchande lui ayant fait observer qu'il était à 1 shilling 4 pence la livre, il répondit avec un juron : « C'est bien assez de 1 shilling, et vous n'aurez rien de plus. » Aussitôt les marchands ont emballé leurs marchandises et sont partis. Il n'y a d'ailleurs pas eu d'autre désordre.

9. *France, Paris.* — Lettre adressée par l'Empereur à M. Ducos, ministre de la marine et des colonies :

Palais des Tuileries, le 9 janvier 1584.

« Monsieur le ministre, le rapport que, sur mon ordre, vous m'avez adressé me démontre d'une manière si heureuse les ressources considérables de notre marine, que je me hâte de vous en témoigner toute ma satisfaction, et, pour vous en donner une preuve non équivoque, je vous nomme grand officier de la Légion d'honneur. Je ne saurais assez vous remercier d'avoir, avec un budget si réduit , préparé des ressources qui me permettraient, d'un jour à l'autre, de doubler ou de tripler nos escadres.

» Sur ce, je prie Dieu qu'il vous ait en sa sainte garde.

» *Signé* : NAPOLÉON. »

9. *France, Nîmes.* — Écroulement d'une partie de l'église des Carmes.

Vers cinq heures et demie, après la célébration de l'office, une partie de la voûte de l'église des Carmes s'est écroulée avec un fracas qui a fait craindre un moment la chute générale de l'édifice.

M. le colonel Dubaret, qui se trouvait dans les environs, n'a pas hésité à pénétrer dans le chœur, malgré le danger, pour sauver le Saint-Sacrement. Grâce à ses efforts et aux mesures d'ordre qu'il s'est empressé d'organiser, aucun accident n'est arrivé. L'autel n'avait pas été atteint. Les vases sacrés ont été enlevés et transportés à la Miséricorde.

10. *France, Paris.* — Académie de médecine.

L'académie a procédé à l'élection de deux associés libres.

Ont été nommés : M. Davenne, directeur général de l'assistance publique, en remplacement de M. Benjamin Delessert ; et M. Milne-Edwards, doyen de la Faculté des Sciences, en remplacement de M. Gay-Lussac.

12. *France, Corse.* — Le banditisme, prise et destruction du bandit Castelli.

L'ancienne province de Fiumorbo, aujourd'hui le canton de Prunelli, est une de celles où il a été le plus difficile d'introduire la civilisation. Habitée par une population d'une ardente intelligence, il n'a pas été toujours facile de la soumettre aux règles que la religion et les lois prescrivent.

En 1815, les habitants de cette province ne voulurent pas reconnaître le gouvernement nouvellement établi : la persuasion les vainquit ; mais d'abord ils forcèrent à la retraite tout un corps de troupes commandé par un général de division ayant 5 à 6,000 hommes sous ses ordres.

Si le Fiumorbo a donné à l'armée des officiers distingués et s'il s'est signalé par son patriotisme, il a malheureusement donné aussi des criminels qui ont acquis une triste célébrité. Il n'y a pas longtemps, le relâchement de la justice et de la force armée avait enhardi le crime et augmenté le nombre des malfaiteurs ; mais depuis deux ans, là comme ailleurs, tout a changé.

Si la justice a été moins vigoureuse à Corte, la force armée, habilement dirigée par M. le capitaine Mancini, a bientôt débarrassé le Fiumorbo des principaux contumax qui l'infestaient. L'établissement d'une école de Frères de la doctrine chrétienne, qui réagit heureusement sur les mœurs de la nouvelle génération, l'ouverture de la route occidentale et la prohibition du port d'armes, auront bientôt ramené dans cette intéressante contrée la paix et le bonheur qui partout ailleurs se raffermissent de manière à faire bientôt oublier tous les maux passés.

Mais il restait encore à délivrer le Fiumorbo d'un fameux bandit : c'était Castelli, dit *Catarassino*, assassin redoutable et redouté. Lui aussi est tombé sous les coups de la force armée ; les quelques bandits qui restent encore, quoique plus circonspects, ne tarderont pas à tomber aussi, parce qu'il faut que leur jour arrive.

Le 12 janvier, vers trois heures de l'après-midi, le brigadier Silvi, qui s'était depuis longtemps voué à la poursuite de ce malfaiteur, apprit qu'il était dans une maison à Ania, hameau de la commune de Serra. En ayant informé le lieutenant Poudrilhe, cet officier réunit aussitôt le poste de Pietrapola, franchit avec lui l'Abatesco, non sans beaucoup de difficultés, et se porta en toute hâte par des sentiers escarpés, en se dérobant à la vue des habitants, à la maison d'Ania.

Le bandit s'aperçoit bientôt qu'il est cerné ; désespérant de pouvoir se sauver, il n'hésite pas à vendre cher sa vie. La présence de sa femme et de ses deux enfants ne l'arrête pas ; déjà il commence à faire feu sur les gendarmes. Ceux-ci se hâtent de prendre position, mais ils ne peuvent tirer que contre la porte et la fenêtre. Le gendarme Rossi veut en imposer au criminel par sa contenance ferme et résolue, il reçoit un coup de feu qui lui traverse l'aisselle gauche.

Cependant M. Poudrilhe, après s'être assuré que le bandit ne peut s'évader, le somme de se rendre s'il ne veut être avec sa femme et ses enfants la proie des flammes. A ces menaces, la femme paraît sur le seuil, tenant ses deux enfants sur ses bras ; mais elle en est arrachée, la porte se referme sur elle ; le monstre veut apparemment qu'elle et ses deux innocents enfants subissent le même sort ! Alors des fagots de broussailles sont portés au pied de la maison couverte en chaume.

Le lieutenant, voyant que ses menaces ne produisent aucun effet, se décide à attendre le jour, et envoie prévenir le lieutenant Cuvillier de se rendre sur les lieux avec la brigade de Prunelli et le médecin Casanova. Ce dernier et les gendarmes de Prunelli sont bientôt arrivés à Ania. Les deux officiers se concertent et rendent illusoire toute tentative d'évasion.

Voyant que toutes les exhortations et sommations sont inutiles, on essaie d'intimider le malfaiteur en faisant mettre le feu à quelques fagots. Castelli cria alors qu'il allait se rendre, et jeta son pistolet par la fenêtre ; mais il garda son fusil, sans doute pour mettre à exécution ses menaces « qu'il ferait des victimes ; » il entr'ouvrit la porte, tenant son fusil en joue.

Le brigadier Cappolani, voyant le bandit dans l'attitude de faire feu, lui envoie son coup de fusil qui l'atteint en pleine poitrine. Au même instant le maréchal des logis Achilli et quelques gendarmes s'emparent du criminel, auquel les soins les plus empressés sont prodigués par le médecin et par les militaires.

Transporté à Pietrapola, Castelli y est mort le 15, à neuf heures du matin.

16. *Espagne*, *Finana* (province d'Almeria, en Andalousie). — Violent tremblement de terre.

Entre deux et trois heures du matin, par une obscurité complète et pendant que tout le monde était couché, le sol a été tout à coup ébranlé et bouleversé par une série de violentes secousses très-rapprochées les unes des autres et accompagnées d'un bruit prolongé semblable au plus fort grondement du tonnerre et entremêlé d'innombrables craquements.

Ces tremblements de terre avaient fait crouler la majeure partie de l'Alcazaba (ancien château-fort construit par les Arabes), brisé ou renversé beaucoup de maisons, creusé des abîmes et·formé

des exhaussements dans presque toutes les rues.

L'alcade fit sur-le-champ appeler les détachements de gendarmerie cantonnés dans les villages voisins, lesquels réunis à une multitude de citoyens de Finana, commencèrent immédiatement des travaux de déblaiement afin de rechercher les nombreuses victimes.

Grâce à leurs efforts infatigables, on est parvenu à retirer de dessous les décombres quatre-vingt-quatre personnes, mais toutes, à la seule exception d'une jeune femme qui en avait été quitte pour quelques contusions, se trouvaient horriblement mutilées ou avaient déjà péri. Un très-petit nombre des habitants de Finana ont eu le temps de se sauver et se sont enfuis au loin.

On pourra se faire une idée des effroyables ravages causés à Finana lorsqu'on saura que depuis cinq jours trois cents ouvriers sont employés sans cesse au déblaiement des deux principales rues, sans avoir encore pu en venir à bout.

Le gouverneur général de la province s'est empressé de donner tous les secours qu'il pouvait. Il a adressé par courrier extraordinaire au gouvernement un rapport détaillé sur ce désastreux événement, afin d'appeler sur les victimes la sollicitude de S. M. la Reine.

13. *Autriche*. — Lettre adressée par l'Empereur au feld-maréchal Radetzky, à l'occasion de la mort de sa femme.

« C'est avec un grand regret et avec la plus vive douleur, mon cher feld-maréchal, que j'ai reçu la nouvelle de la cruelle perte que vous venez d'essuyer. Dans ce cas, où la volonté du Tout-Puissant a décidé, je ne puis faire autre chose que de vous exprimer ma plus vive sympathie,

» Cependant si une nouvelle manifestation de la bienveillance et de la plus vive gratitude de votre Empereur peut vous donner quelque consolation dans votre état actuel, recevez l'assurance réitérée que je vous conserve inaltérablement la première, et que ma reconnaissance envers vous ne cessera qu'avec ma vie.

» Comptez toujours sur moi qui vous suis cordialement dévoué.

» *Signé* : FRANÇOIS-JOSEPH. »
Vienne, le 13 janvier 1854.

15. *Allemagne, Anhalt-Dessau.* — Fiançailles de la fille du duc régnant.

Aujourd'hui, ont eu lieu au château de Dessau les fiançailles de madame la princesse Marie-Anne d'Anhalt avec le prince Frédéric-Charles-Nicolas de Prusse, fils unique du prince Charles de Prusse.

Le fiancé est né le 20 mars 1828 ; la fiancée, fille du duc régnant d'Anhalt-Dessau et de sa femme Frédérique, née princesse de Prusse, et morte le 1er janvier 1850, est née le 14 septembre 1837.

15. *France, Avignon.* — L'air comprimé.

Ce jour a vu arriver à Avignon une voiture partie de Marseille quatre heures auparavant et mue par une machine à air comprimé. Cent voyageurs en sont descendus. Le prix des places ne s'élevait pas au-dessus de 5 fr. Cette voiture, construite dans le système des wagons américains, renferme un salon et une buvette ; un couloir en fait le tour et permet les communications entre les divers compartiments.

17. *Norvége, Christiania.* — L'hiver en Norvége.

De mémoire d'homme, il n'est tombé tant de neige à Christiania que depuis une huitaine de jours. Les rues en sont si encombrées que tous les matins, pour se déblayer, on est obligé d'y promener des charrues à neige dont heureusement la municipalité, par une précaution qui n'a été que trop justifiée, avait fait venir une douzaine d'Ecosse, où ces instruments sont indispensables pour se frayer en hiver des chemins à travers les neiges qui remplissent les gorges des montagnes.

18. *Etats du Saint-Siége, Rome.* — Le monument de Grégoire XVI.

On se rappelle que les cardinaux créés par feu le pape Grégoire XVI résolurent de lui ériger à leurs frais un monument dans la basilique de Saint-Pierre, à Rome, et qu'ils en confièrent l'exécution au célèbre sculpteur M. Luigi Amici.

Ce monument vient d'être terminé et a déjà été transporté à Saint-Pierre ; il se compose de la statue colossale en marbre blanc de Grégoire XVI, placée sur un piédestal dont les quatre côtés sont ornés de bas-reliefs.

L'inauguration solennelle de cette statue aura lieu dans le courant du mois de février.

21. *Allemagne, Francfort-sur-le-Mein.* — Les plaisirs de l'hiver sur le Mein.

Plusieurs milliers de jeunes patineurs, tenant chacun un flambeau à la main, y exécutent des processions et les évolutions les plus variées, en chantant des chants nationaux, avec accompagnement de deux nombreux orchestres militaires.

Ces jeux, qui offraient un aspect à la fois imposant et fantastique, avaient attiré de la ville et des environs une foule immense qui stationnait sur les rives du fleuve.

Le lendemain, à midi, il n'y avait pas moins de quinze mille piétons sur le Mein, ainsi que plusieurs centaines d'élégants traîneaux à un cheval ou à deux chevaux, et dans lesquels se trouvaient des dames en riches toilettes. Parmi les promeneurs, il y en avait beaucoup en costumes de fantaisie, et plusieurs quadrilles de chevaliers armés de pied en cap. Des milliers d'arlequins et de pierrots s'élançaient en tous sens avec la rapidité de l'éclair. On avait improvisé sur le Mein des cafés, des estaminets, des boutiques de comestibles et d'autres objets, enfin on croyait se trouver en grande foire.

22. *Espagne, Gijon* (Asturies). — Erection d'un magnifique théâtre, dont la construction a coûté 430,000 réaux (113,000 fr.). Cette salle a été inaugurée par la représentation de *Garcia del Castanas*, tragédie en cinq actes et en vers de don Diego de Herreros.

19. *Danemark, Nakskov* (dans l'île de Laaland). — Exécution de parricides.

La petite ville danoise assiste au rare et terrible spectacle d'une exécution à mort d'une mère et de son fils, la veuve Maren Joergensen et Charles-Frédéric Joergensen, condamnés à la peine capitale pour avoir, de complicité, empoisonné leur mari et leur père respectif, afin de s'emparer d'une somme d'environ 700 rigsbankdalers (1,750 f.) qu'il possédait en espèces.

Ils ont eu la tête tranchée avec la hache, d'abord la mère, puis le fils. Cette double opération a été faite avec promptitude et précision ; en moins de quatre minutes tout était fini.

La foule qui assistait à cet acte d'expiation a gardé un profond silence ; elle a entendu avec recueillement l'allocution pleine d'onction que M. Boisen jugea à propos de lui adresser, et ensuite tout le monde s'est retiré paisiblement.

Depuis le 4 avril 1804, c'est-à-dire depuis près d'un demi-siècle, aucune femme n'avait été exécutée en Danemark. Pendant ce demi-siècle, cinq femmes seulement, y compris la veuve Joergensen, ont été condamnées à la peine capitale ; mais les quatre autres, à cause des circonstances atténuantes qui militaient en leur faveur, avaient obtenu de la clémence royale une commutation de peine.

24. *France, Havre.* — Rapidité d'un clipper. —La navigation à voiles.

La navigation à voiles n'avait pas dit encore son derniermot, et l'on ne peut pas prévoir où s'arrêteront les progrès qu'elle accomplit. A mesure que la navigation à vapeur prend de l'extension et qu'elle s'impose au commerce comme une nécessité pour les transports transatlantiques, la navigation à voiles lutte avec elle de vitesse et sans se désespérer. Aussi, quelles que soient les améliorations et l'économie qui pourront être introduites dans les machines à vapeur, la navigation à voiles non-seulement conservera son importance, mais prendra encore de l'accroissement ; et cet accroissement, c'est à la navigation à vapeur qu'elle le devra, par suite des relations nouvelles établies par les steamers transatlantiques. Ces steamers sont, pour ainsi dire, les courtiers d'affrétement, les recruteurs de marchandises à transporter pour la navigation à voiles. Ils l'ont en outre stimulée à mieux faire ; et qui sait si, sans les steamers, les navires à voiles auraient accompli les prodiges qui commencent à se multiplier dans leurs traversées ?

Voici une preuve nouvelle de la vitalité de la navigation à voiles, et des éminents services qu'elle peut rendre encore à côté de la vapeur :

Le clipper neuf *Red-Jacket* est arrivé le 24 de New-York dans la Mersey, après un voyage de treize jours une heure et vingt-cinq minutes. Il était parti de New-York le 11 de ce mois.

Ses formes sont des plus gracieuses ; en même temps, elles sont combinées pour donner au navire la plus grande capacité possible.

La jauge légale du *Red-Jacket* est de 2,340 tonneaux, mais il peut en porter 3,500 en poids. Sa longueur est de 250 pieds, sa largeur de 45 pieds, sa profondeur de 24 pieds, son élévation à l'avant de 3 pieds. On voit que sa longueur est d'un peu moins de six fois sa largeur.

Le relevé de son livre de lock donne les parcours journaliers suivants :

Le 11, 103 milles ; le 12, 159 milles ; le 13, 265 milles ; le 14, 311 milles ; le 15, 217 milles ; le 16, 106 milles ; le 17, 121 milles ; le 18, 319 milles ; le 19, 413 milles ; le 20, 374 milles ; le 21, 342 milles ; le 22, 380 milles, et le 23, 371 milles.

Cette distance de 413 milles parcourue le 19, est probablement la plus grande vitesse qui ait jamais été atteinte par un navire à voiles dans l'espace de vingt-quatre heures.

Mais voici encore un autre exemple de la vitesse obtenue par la navigation à voiles.

Le navire *Hurricane* est arrivé mercredi dernier, 25, à Portsmouth, venant de Melbourne (Australie), qu'il avait quitté le 3 novembre. Il a donc accompli cette longue traversée dans le court espace de quatre-vingt-un jours. Le *Hurricane* a souvent atteint pendant son voyage 15 nœuds à l'heure.

24. *France, Valence.* — Un rare dévouement ; bienfaisance de S. M. l'Impératrice.

Une pauvre femme avait quitté les habits de son sexe pour être admise dans les chantiers du chemin de fer de Valence, sous le nom de Michel, en qualité d'ouvrier terrassier, afin de se procurer par son travail les moyens de subvenir aux besoins de son mari malade et de ses quatre enfants. La pieuse supercherie de cette femme fut découverte.

L'impératrice Eugénie fut vivement émue au récit du dévouement de la femme Hubschen. Elle fit écrire, le 11 janvier, au préfet de la Drôme, pour avoir des détails sur ce fait.

Le préfet s'empressa, le 14 du même mois, de donner ces renseignements, et le 18, S. M. lui faisait écrire la lettre suivante:

« J'ai donné connaissance à l'Impératrice des renseignements que vous m'avez fait l'honneur de me transmettre relativement à Mme Suzanne Hubschen, et ces intéressants détails ont vivement ému son cœur.

» S. M. n'a pas été moins touchée en voyant toutes les classes de votre population généreuse, bourgeois, ouvriers, militaires, rivaliser d'empressement avec le premier magistrat du département de la Drôme, pour venir en aide à cette noble et pauvre femme.

» Mais partout où il y a un malheur digne d'intérêt, l'Impératrice entend revendiquer son droit à le secourir ; et, en cette circonstance, elle veut donner à Mme Hubschen un témoignage de sa sympathie.

» Je viens donc par son ordre, monsieur le préfet, vous inviter à vouloir bien faire savoir à Mme Hubschen que l'Impératrice prend sous son patronage spécial deux de ses enfants, soit les aînés ou les plus jeunes, soit les deux garçons ou les deux filles, à son choix.

» Ainsi que vous le comprendrez aisément, monsieur le préfet, il n'est point dans la pensée de l'Impératrice de donner à ces enfants, quels que soient ceux que la mère confie à sa tutelle, une éducation trop au-dessus de la condition modeste où ils sont nés, et qui pourrait être plus tard pour eux la source d'amères déceptions. Si ce sont les garçons que Mme Hubschen désigne à sa bienveillance, S. M. veut qu'ils reçoivent l'instruction nécessaire pour faire d'intelligents ouvriers, utiles au pays qui les adopte. Si ce sont les filles, tout son désir est qu'elles puissent devenir un jour de bonnes et honnêtes ouvrières.

» Comme l'Impératrice ne voudrait point éloigner ces enfants de la tendresse et de la direction morale d'une si digne mère, je vous prierai, monsieur le préfet, de mettre tous vos soins à chercher dans la ville de Valence une maison dont la réputation assure la réalisation des intentions bienfaisantes de S. M. »

L'Impératrice faisait en même temps remettre à la femme Hubschen la lettre suivante :

« Madame,

» L'Impératrice a lu avec un intérêt tout particulier le récit de la ruse pieuse que vous avez employée pour soulager votre mari malade, et nourrir vos pauvres enfants.

» Vivement émue de ce récit, S. M. a eu aussitôt la pensée de vous offrir de prendre à sa charge deux de vos enfants, et elle m'a ordonné de m'entendre à cet effet avec M. le préfet de la Drôme.

» L'Impératrice n'ignore pas qu'il est des vertus pour lesquelles les grands de la terre n'ont point de récompense, mais elle désire vous donner, elle aussi, un témoignage des sentiments que votre conduite lui a inspirés ; elle veut que vous sachiez, madame, que sa sympathie personnelle est acquise à l'épouse dévouée et à la courageuse mère de famille.

» Recevez, madame, etc., etc. »

La femme Hubschen ayant désigné, pour être placés sous le patronage de l'Impératrice, sa fille aînée, âgée de quinze ans, et l'aîné de ses garçons, âgé de huit ans, le préfet s'est entendu avec les sœurs de Saint-Vincent-de-Paul pour leur confier la jeune fille, et avec M. Martin, qui tient une école de jeunes garçons, pour y placer le fils que la femme Hubschen avait désigné, et il rendit compte de ces arrangements le 21 janvier. Le 24, S. M. lui a fait écrire la lettre suivante :

« J'ai placé sous les yeux de l'Impératrice la lettre que vous m'avez fait l'honneur de m'écrire le 21 janvier. S. M. a vu avec plaisir, monsieur le préfet, l'empressement que vous avez mis à faire les démarches qui devaient amener la réalisation de ses intentions charitables, et je suis heureux d'avoir à vous en remercier en son nom.

» L'Impératrice sera charmée de savoir la jeune Marguerite Hubschen confiée aux mains des dignes sœurs de Saint-Vincent-de-Paul, auprès desquelles cette enfant se formera à la pratique de tous ses devoirs, et de qui elle continuera à recevoir ces grands exemples de dévouement que lui a déjà donnés sa mère.

» Pour ce qui est du petit Michel Hubschen, l'Impératrice approuve encore qu'il soit placé dans la maison de M. Martin, à condition toutefois que

19

cet honorable instituteur ne perdra point de vue la volonté réfléchie de S. M., qui est de faire de cet enfant non un monsieur, mais un ouvrier, et qu'on le dirigera de manière à pouvoir l'appliquer le plus tôt possible à quelque art manuel. »

24. *Allemagne, Sondershausen.* — Obsèques de S. A. S. la princesse douairière.

L'inhumation de la princesse douairière de Schwarzbourg-Sondershausen, mère du prince régnant, a eu lieu ce matin, mais sans aucune pompe, conformément à la volonté expresse manifestée par S. A. S. dans son testament.

Le cercueil a été porté à bras à la sépulture princière par les artisans et les ouvriers qui avaient travaillé pour la maison de l'auguste défunte. Un grand nombre de pauvres suivaient le modeste convoi.

25. *France, Périgueux.* — Effervescence populaire produite par la cherté des grains.

A la halle aux grains, deux individus, un homme et une femme, étrangers à la ville, accusés d'accaparement par la foule, ont été poursuivis et maltraités. Ils sont parvenus à se réfugier dans une auberge voisine, qui a été aussitôt envahie. Les deux étrangers ont été de nouveau maltraités, et leurs sacs de grains répandus sur la voie publique.

La force armée et la police sont intervenues. Elles ont fait évacuer l'auberge, et la rue a été cernée. La foule, grossie d'un grand nombre de curieux, parmi lesquels les femmes étaient en majorité, a été contenue sur la place du Marché.

Informé de ce qui se passait, M. Estignard, maire, est arrivé sur les lieux.

Cet honorable fonctionnaire s'est mêlé aux groupes, leur adressant de sages conseils et les invitant à avoir confiance dans l'autorité municipale, qui saura protéger les intérêts de ses administrés et veiller constamment pour prévenir les manœuvres de nature à provoquer la hausse des denrées alimentaires.

Les paroles de ce magistrat ont calmé les esprits; la foule s'est dissipée insensiblement.

Une heure après, la place du Mar-

ché et ses abords avaient repris leur aspect accoutumé.

29. *France, Paris.* — Lettre adressée par l'Empereur à M. Achille Fould, ministre d'Etat et de la maison de l'Empereur.

Palais des Tuileries, 29 janvier 1854.

« Monsieur le ministre,

» Je viens de vous nommer grand officier de la Légion d'honneur pour vous exprimer ma satisfaction de la manière dont vous avez dirigé deux importants services, ma liste civile et l'achèvement du Louvre. Grâce à vos soins, l'ordre le plus rigoureux est établi dans ma maison, tous mes comptes sont soldés avec exactitude, et la grande entreprise nationale de l'achèvement du Louvre sera bientôt réalisée.

» J'ai tenu à vous donner cette marque d'estime le jour anniversaire de mon mariage.

» Sur ce, je prie Dieu qu'il vous ait en sa sainte garde.

» *Signé* : NAPOLÉON. »

30. *France, Heuchin.* — Météore curieux.

Le lundi matin, 30 janvier, deux parhélies (apparition de plusieurs soleils) se sont montrés pendant une demi-heure avec un grand éclat, et ont été vus par les habitants d'Heuchin (Nord). Le premier parut peu après le lever du soleil au côté gauche de cet astre; il passa bientôt du blanc clair aux couleurs de l'arc-en-ciel, et vers neuf heures il était dans toute sa splendeur. Celui du côté droit du soleil ne fut visible qu'un peu plus tard, mais il surpassa bientôt celui du côté gauche. On aurait dit que ces deux parhélies cherchaient à lutter de clarté ensemble, car tantôt l'un, tantôt l'autre, jetait la lumière la plus brillante. Un peu avant dix heures, ils disparurent simultanément et rapidement; mais, à la droite du soleil, de petits nuages floconneux se nuancèrent et s'élevèrent au ciel comme des oiseaux de paradis.

31. *Grande-Bretagne, Londres.* — Ouverture du Parlement, détails et incidents de cette cérémonie.

La session du Parlement a été ouverte par S. M. en personne. La Reine, accompagnée de son royal époux, a quitté le palais de Buckingham avec le cérémonial ordinaire à deux heures moins dix minutes, escortée par un détachement de gardes du corps.

Quand le cortége royal a commencé à se mettre en marche, quelques-unes des personnes rassemblées se sont mises à siffler, mais les applaudissements les plus assourdissants, avec les chapeaux qui s'agitaient en l'air, ont sur-le-champ couvert les sifflets. Le cortége s'est avancé dans l'ordre accoutumé ; mais au moment où, sortant de l'hôtel des Horse-Guards, il est entré dans Parliament-street, on a essayé encore de faire entendre des sifflets ; mais comme auparavant la foule immense a réitéré ses acclamations.

La Reine et son mari ont été chaleureusement applaudis. La foule assemblée pour voir le cortége était beaucoup plus nombreuse que d'ordinaire en semblable occasion ; aussi a-t-il fallu un bien plus grand nombre d'agents de police pour faciliter la circulation. Dans la prévision de la difficulté qu'il y aurait à assurer la faculté d'aller et de venir, les commissaires de police ont muni certaines personnes de cartes de passe.

Quelques minutes après deux heures, un coup de canon annonçait l'arrivée du cortége au nouveau palais de Westminster.

Bientôt après, la Reine a fait son entrée dans la Chambre des lords au milieu d'un profond silence et d'une vive émotion. Toutes les personnes présentes s'étaient préalablement levées pour la recevoir. S. M. était précédée des hérauts et des grands officiers de 'État, portant l'épée, la couronne et le cap of maintenance.

S. A. R. le prince Albert ayant conduit S. M. au trône et pris place dans un fauteuil d'apparat, l'huissier de la verge noire a reçu l'ordre de faire venir la Chambre des communes à la barre.

Quelques minutes après, une voix, partie de l'une des galeries extérieures, a annoncé l'approche du speaker et de plusieurs membres de la Chambre basse. Puis le lord-chancelier, à genoux, a présenté à S. M. le discours que la Reine a lu avec ce ton de voix net et harmonieux qui lui est ordinaire.

Aussitôt après, S. M. s'est levée, le cortége est sorti de la Chambre dans le même ordre qu'il y était entré, et la brillante assemblée s'est peu à peu séparée. Le cortége royal est retourné à trois heures cinq minutes au palais de Buckingham, où S. M. et le prince Albert ont été reçus par le lord-chambellan, le vice-chambellan et le grand-maître de la maison royale.

30. *Belgique*, *Bruxelles*. — Arrivée de S. A. I. le prince Napoléon.

S. A. I. a été reçue, en descendant du wagon royal qui l'avait amené à Bruxelles, par S. A. R. le duc de Brabant en uniforme de colonel. Un nombreux état-major et sa maison accompagnaient le prince royal de Belgique. De nombreux détachements des divers corps de l'armée étaient rangés sur les terrains du chemin de fer et ont été passés en revue par les deux princes.

Le corps des échevins, ayant à sa tête M. Charles de Brouckere, bourgmestre de Bruxelles, a également reçu le prince à son arrivée.

M. le bourgmestre a prononcé un discours auquel S. A. I. a répondu par quelques paroles affectueuses.

Cinq voitures de la cour avaient été envoyées à la rencontre de S. A. I. qui est montée avec le duc de Brabant dans une voiture à quatre chevaux. Le colonel Moerkerke et le commandant du bataillon des guides étaient aux portières. De forts détachements de cavalerie précédaient et suivaient le cortége. Les rues qui conduisaient de la station au palais étaient encombrées d'une foule nombreuse.

Conduite par le duc de Brabant dans les appartements qui lui ont été préparés au palais, S. A. I. a immédiatement reçu la visite du Roi qui l'attendait.

31. *Autriche*. — D'après le schematisme le plus récent, la Société de Jésus, en Autriche, se compose en tout, actuellement, de 177 membres, savoir : 85 prêtres, 38 scolastiques et 54 coadjuteurs qui sont répartis dans les trois colléges de Lintz, de Leitmeritz et d'Innsbruck, et dans les deux maisons professes de Baumgartenberg et de Tyrnau. Le P. Athanase Bosizio, avec deux aides et quatre consulteurs, dirige en Autriche la Société, comme provincial, depuis le 8 septembre dernier, à la place du R. P. Petrus Becker, actuellement général de l'ordre.

FÉVRIER.

1er. *États-Unis, Natchez (Missis-sipi)*. — Atroce cruauté des propriétaires d'esclaves. Un nègre avait frappé un blanc; il a été immédiatement arrêté. La justice de l'État était prête à sévir contre le coupable; mais les habitants exaspérés n'ont pas voulu se soumettre aux délais des tribunaux. Une foule s'assemble, s'empare de l'esclave et le traîne à quelque distance dans la campagne. On décide bientôt que, pour faire un grand exemple et frapper les nègres de terreur, il faut brûler vif le coupable.

Pendant tous ces préliminaires, les planteurs des environs accourent sur la scène du drame, suivis de tous leurs domestiques noirs; et lorsque les apprêts de l'exécution commencent, plus de 4,000 esclaves se trouvent rassemblés pour assister au martyre de leur infortuné compagnon. Cependant la victime est enchaînée au pied d'un arbre, et de gros fagots s'amoncèlent autour d'elle. Soit courage héroïque, soit stupidité, le condamné ne laisse apercevoir aucun signe d'émotion. On lui demande alors si avant sa mort il n'a rien à dire, et lui, jetant un regard indifférent sur la foule de nègres, leur conseille de se souvenir de sa fin malheureuse comme d'une terrible leçon; il leur demande aussi de prier pour lui; se tournant ensuite vers un des exécuteurs, il le supplie de lui donner un verre d'eau.

Après avoir bu à longs traits, la victime s'écrie : « Maintenant mettez le » feu, je suis prêt à partir en paix. » La flamme pétille aussitôt dans le bois sec; elle s'élève en tourbillons, s'approche du condamné, l'étreint d'une ceinture de douleur et le dérobe enfin aux regards des spectateurs. Le cruel supplice qu'il endure fait enfin disparaître de son cœur les dernières traces de son stoïcisme. Il se tord dans ses chaînes, pousse d'horribles rugissements, se ramasse, ébranle l'arbre, brise les nœuds qui l'attachent et bondit tout flamboyant hors du cercle infernal. Dès qu'on le voit paraître, courant vers l'assemblée comme une boule de feu, vingt carabines se dirigent contre lui; une détonation se fait entendre, et le supplicié tombe mort, percé de plusieurs balles. Des hommes se jettent à l'instant sur le cadavre à demi consumé, et le repoussent dans le bûcher où les flammes ne tardent pas à le dévorer entièrement.

3. *Russie, Saint-Pétersbourg.* — Réception par le Tsar de la députation de la paix : parmi ses membres, on distinguait MM. Pease et Joseph Sturge. L'audience a duré près d'une demiheure. L'Empereur de Russie a reçu la députation très-gracieusement. Il a dit aux députés qu'il était très-charmé de l'objet de leur visite et des motifs qui les avaient engagés à entreprendre un aussi long voyage. L'Empereur leur a donné l'occasion d'expliquer leurs vœux, et il leur a, lui-même, longuement exposé ce qu'il pensait de l'état actuel des choses; il a dit qu'il ne les laisserait pas partir sans les avoir présentés à à l'Impératrice. Celle-ci étant entrée dans le salon, le Tsar lui a fait part du but de la visite de la députation, et elle les a reçus très-gracieusement; l'Empereur leur a serré cordialement la main. En quittant le palais, ils étaient émerveillés de la réception faite à trois humbles et simples hommes de paix. M. Joseph Sturge, qui faisait partie de la députation, mande que le Tsar a écouté avec autant d'attention que de courtoisie la lecture de l'adresse que les corporations pacifiques dont ils sont les représentants, les avaient chargés de lui soumettre. D'après le ton et la manière de l'Empereur de Russie, la députation pense qu'il n'a pas été insensible à cet appel, et cependant la députation n'a pas la confiance que sa démonstration aura pour effet d'arrêter les préparatifs de guerre qu'elle a vus se faire autour d'elle. L'intention des députés était de rester aussi peu de temps que possible à Saint-Pétersbourg. Leur présence dans la capitale produisait une grande sensation.

4. *États-Unis, Nouvelle-Orléans.* — Un terrible incendie a détruit six vapeurs, et trente-sept personnes, dont trente-deux nègres et cinq blancs, ont péri dans les flammes. La cargaison du vapeur *Natchez*, qui consistait en 2,000 balles de coton, a été complètement consumée. Les six bâtiments étaient évalués à 300,000 dollars; la plupart avaient été assurés. La perte

totale est estimée de 700,000 à 1 million de dollars.

Le bateau à vapeur le *Sultana* qui avait à son bord Mme Sontag, a failli être la proie des flammes. Heureusement le feu a été éteint avant qu'il eût pu faire de grands ravages.

4. *Espagne, Murcie.* — Terrible incendie qui dévore la cathédrale. Il dure six heures entières, et il ne reste de cette magnifique église, un des plus beaux édifices religieux de l'Espagne, que les murs et les tours, c'est-à-dire seulement ce qui est en pierre. La perte causée par ce sinistre est évaluée à 12 millions de réaux (3 millions 700,000 fr.). Les boiseries sculptées du chœur avaient coûté à elles seules 86,000 piastres (451,000 fr.), et les deux orgues avaient coûté le double de cette somme, et cela à une époque où l'argent avait une valeur bien plus grande qu'aujourd'hui. Dès que le feu se manifesta, l'évêque, tout le clergé, les autorités civiles et militaires, la gendarmerie et la garnison sont accourues, se sont précipitées parmi les flammes et ont sauvé, au péril de leur vie, les nombreux objets de prix qui se trouvaient dans la sacristie, ainsi que les antiques archives, qui renferment de précieux manuscrits arabes et autres, dont plusieurs remontent jusqu'au neuvième siècle de notre ère.

Aux détails que l'on vient de lire, les journaux espagnols ajoutent une circonstance qui paraîtrait incroyable, c'est qu'à Murcie, disent ces feuilles, il n'existe pas une seule pompe à incendie, et encore moins un corps de pompiers; de sorte qu'il n'y avait aucun moyen pour combattre l'embrasement qui dévorait la cathédrale, et cependant Murcie est une ville assez grande : elle compte, d'après le dernier recensement, 36,000 habitants!

8. *France, Barèges.* — Un terrible incendie détruit les bains et une partie de cette petite ville.

8. *Bavière, Munich.* — Le Roi déclare admissibles à la cour tous les membres de l'Ordre de Maximilien, que S. M. a institué récemment pour récompenser les hommes distingués dans les sciences, les lettres et les beaux-arts.

Le chapitre du même Ordre nomme, à l'unanimité, pour son président, l'illustre chimiste M. le baron Liebig, professeur à l'Université de Munich.

9. *Espagne, Madrid.* — Première représentation, au théâtre *del Principe*, de la comédie de M. Ponsard, l'*Honneur et l'Argent*, traduite en espagnol par M. de la Rosa Gonzalez.

Cette pièce a obtenu un succès éclatant. Après le troisième acte, la salle a retenti de tonnerres d'applaudissements, et à la fin du spectacle, le public a appelé à grands cris l'auteur. Comme les spectateurs persistaient dans cette demande, le directeur du théâtre parut sur la scène et dit que M. Ponsard ne pouvait pas se présenter, parce qu'il n'était pas à Madrid, mais qu'il apprendrait l'accueil flatteur qui a été fait à son ouvrage par le public de Madrid. A ces paroles ont succédé d'unanimes applaudissements.

9. *États du Saint-Siége, Rome.* — Anniversaire de la proclamation de la république romaine. Il a été jeté un assez grand nombre de papiers où l'on lisait des *evviva la republica!* sur les perrons de quelques églises et sous les porches de plusieurs palais. Le soir on a eu à regretter un assassinat sur une des places centrales de la ville ; cependant on s'accordait à regarder ce meurtre comme totalement étranger à la politique. Du reste, on ne remarquait aucun mouvement insolite dans la population, et, sauf quelques patrouilles de police, les rues étaient tranquilles et fréquentées comme à l'ordinaire.

10. *Autriche, Vienne.* — Première représentation au *Burgtheater* (théâtre du Château), de *Paquerette*, ballet-pantomime en trois actes, de MM. Théophile Gautier et Saint-Léon.

10. *Italie.* — Ouverture de la correspondance télégraphique entre le Piémont et la Lombardie, Venise, Trieste, et tous les autres pays qui font partie de la ligne austro-germanique.

10. *Suisse.* — Température extraordinairement douce sur le Grand-Saint-Bernard. Le thermomètre de l'hospice marque, ce jour, 24 degrés centigrades. Quelques jours avant, le vent avait si bien balayé le peu de neige tombée jusqu'alors, qu'un Anglais faisait l'ascension du Chenalettax, cône qui domine les vallées du Saint-Bernard et de Ferrex, avec autant de facilité et en

aussi peu de temps que dans la belle saison.

11. *France, Paris.* — L'Académie des beaux-arts a procédé à l'élection d'un membre de la section d'architecture, en remplacement de M. Achille le Clère.

Il y avait 37 votants ; majorité, 19. M. de Gisors a obtenu 19 voix ; M. Duban, 15 ; M. de Joly, 2 ; M. Gilles, 1.

En conséquence, M. de Gisors a été nommé.

11. *Espagne, Novelda* (province d'Alicante). — Deux fortes secousses de tremblement de terre se font sentir dans cette ville, ainsi qu'à Elche, à Orihuela et sur plusieurs autres points de la province.

12. — *États-Sardes, Turin.* — Aujourd'hui ont recommencé les expériences sur le métier électrique de M. Bonnelli. Les députés et les industriels admiraient les effets d'une application si étonnante, si ingénieuse et si simple qui, sans doute, fera une révolution dans l'art de tisser des étoffes à desseins, et supprimera les cartons à la Jacquart. M. Bonnelli s'est longtemps entretenu avec M. Sella Gregorio, un des fabricants de tissus de laine de Turin. On assure que le métier Bonnelli figurera à l'exposition de Gênes, où cette application merveilleuse obtiendra l'approbation des savants et des personnes de l'art. On construit un métier plus grand, tel que ceux que l'on emploie au tissage des étoffes à dessins de soie et de laine, avec tous ses accessoires, d'après les derniers et les meilleurs modèles. M. Bonnelli le portera à Lyon.

12. *Deux-Siciles.* — Violent tremblement de terre à Cosenza. Beaucoup de maisons se sont écroulées. Quelques personnes ont perdu la vie.

12. *Néerlande, La Haye.* — Le Roi ordonne qu'il sera établi à Utrecht un Institut central de météorologie, chargé : 1° de faire des observations météorologiques sur divers points du royaume et des possessions néerlandaises dans les autres parties du monde, ainsi qu'à bord des navires de la marine marchande de Hollande pendant leurs voyages lointains ; 2° de recueillir et de publier périodiquement les résultats de ces observations et ceux des obser-

vations météorologiques qui se feraient dans les pays étrangers.

S. M. a encore ordonné de construire immédiatement à Utrecht un observatoire destiné à l'usage spécial de l'Institut central de météorologie.

13. *France, Paris.* — L'Académie des Sciences morales et politiques élit à l'unanimité, pour correspondant dans la section de philosophie, M. Christian Bartholmèss, l'auteur de *Jordano Bruno*, de *Huet*, de l'*Histoire philosophique de l'Académie de Prusse*, etc.

13. *États du Saint-Siège, Rome.* — Décret de la congrégation de l'Index qui prohibe les ouvrages suivants : *Encyclopédie moderne*, dictionnaire abrégé des sciences, des lettres, des arts, de l'industrie, de l'agriculture et du commerce, nouvelle édition, entièrement refondue et augmentée de près du double, publiée par MM. Firmin Didot frères, sous la direction de M. Léon Rénier ; *Monitum contra innovationes et exagerationes in Ecclesia catholica Germaniæ*, auctore Josepho Burcardo ; *Essais theologiques*, par Frédéric Denison et Maurice (ouvrage déjà condamné) ; *Du principe modérateur de la morale publique, et de la santé publique*, par le docteur Angelo Pelliccia.

15. *France, Lorient.* — Lancement du vaisseau de 90 canons le *Donawerth*.

15. *Belgique, Bruxelles.* — Première représentation, sur le théâtre du Vaudeville, de *la Jeunesse de Louis XIV*, assez mauvaise comédie de M. Alexandre Dumas, dont la censure avait empêché la représentation à Paris. C'était une bonne fortune pour le théâtre du Vaudeville de pouvoir ainsi offrir au public une véritable primeur ; aussi la foule était-elle grande : le succès n'a pas été un seul instant contesté.

15. *Prusse, Berlin.* — Saisie du journal la *Nouvelle Gazette de Prusse*, pour avoir reproduit un article hostile au gouvernement français qu'elle avait publié il y a trois semaines. On sait que ce journal est l'organe de l'extrême droite et qu'il défend les intérêts de la Russie dans les circonstances actuelles.

18. *France, Paris.* — Grand bal costumé aux Tuileries. Six cents per-

sodnes avaient eu l'honneur d'y être invitées.

L'Empereur et l'Impératrice, accompagnés de S. A. I. et R. Mme la grande-duchesse de Bade et de S. A. I. Mme la princesse Mathilde, sont entrés dans la salle des Maréchaux à dix heures.

L'Impératrice portait un costume grec d'une grande élégance, resplendissant de pierreries, l'Empereur était en uniforme.

Divers quadrilles organisés d'avance ont fait successivement leur entrée dans la salle et ont ouvert le bal à dix heures et demie. Le souper à eu lieu à une heure dans la salle du spectacle, qui avait été disposée de la manière la plus heureuse.

Cette fête magnifique, qui empruntait à la variété, au bon goût et à la richesse des costumes un éclat particulier, s'est prolongée jusqu'à trois heures et demie.

20. *France, Paris.* — L'Académie des sciences avait à remplacer dans la section de botanique M. Auguste de Saint-Hilaire, mort récemment. Les candidats avaient été présentés dans l'ordre suivant :

1° M. Moquin-Tandon, professeur à la Faculté de médecine de Paris ;

2° *Ex æquo* et par ordre alphabétique, MM. Duchartre et Payer.

On comptait 50 votants ; majorité, 26. M. Moquin-Tandon a obtenu 35 voix ; M. Duchartre, 6 ; M. Payer, 5 ; il y a eu 3 billets blancs.

25. *Grande-Bretagne, Plymouth.* — Revue du 93e highlanders, prêt à partir pour la Crimée, par le général sir Harry Smith. Le général fait former le carré et adresse au régiment l'allocution suivante :

« Montagnards,

» Lundi, vous vous embarquerez pour aller combattre les ennemis de votre pays. Des soldats n'ont pas à se préoccuper de la cause d'un conflit, leur devoir est de se battre ; mais, dans la circonstance actuelle, vous avez à défendre la plus noble cause ; vous êtes forts et vous allez protéger les faibles.

» Vous aurez à votre tête lord Raglan, qui a combattu à côté du duc de Wellington, et qui saura vous conduire à la gloire, aussi bien que vous saurez l'y suivre.

» Il est surtout un point que je tiens à vous recommander, c'est d'être bons camarades pour nos braves alliés les Français. Je dis braves, et avec connaissance de cause, car nous les avons eus jadis pour adversaires ; maintenant, vous allez combattre à leurs côtés ; et mieux vaut les avoir pour auxiliaires que tous les autres soldats du monde ; car ils ne vous abandonneront jamais !

» Votre conduite, sous mon commandement, montagnards, a été en qu'est celle de tout régiment britannique ; jamais je n'en ai connu qui bronchât au feu ; vous ne broncherez pas non plus ; j'en suis certain.

» J'ai encore une recommandation à vous faire : Nous autres soldats, nous sommes bien pourvus de tout par notre pays ; mais les malheureux habitants des contrées où l'on fait la guerre sont toujours dans un état de détresse ; que pas un d'entre vous ne lève le bras contre les gens du pays, protégez au contraire les faibles contre les forts. »

28. *France, Rochefort.* — Lancement du vaisseau de 1er rang le *Louis XIV*, de 120 canons.

MARS.

1. *France, Paris.* — Un arrêté ministériel, signé F. de Persigny, suspend pour deux mois le journal l'*Assemblée nationale*, en raison de la polémique anti-nationale de cette feuille dans la question d'Orient.

4. *France, Paris.* — M. Leverrier a annoncé à l'Académie des sciences la découverte faite d'une nouvelle petite planète, par M. Hind, de Londres, et qui a donné à cette dernière le nom d'*Amphitrite*. M. Elie de Beaumont, secrétaire perpétuel de l'Académie, a fait observer que le 3 mars, avant l'arrivée à Paris de la lettre de M. Hind, M. Chacornac, de Marseille, nommé récemment à l'Observatoire de Paris, avait inauguré sa bienvenue par l'observation de cette même planète.

Dans la même séance, on a pareillement annoncé que M. Luther, de Bonn, déjà connu par la découverte de deux planètes, en avait trouvé une troisième, qu'il n'a pas encore nommée, et qui paraît distincte de la précédente. Avec ces deux nouvelles planètes, le nombre en est maintenant de vingt-neuf.

5. *France, Paris.* — Réunion dans les salons de M. le baron du Havelt, du comité de l'Œuvre des pèlerinages en Terre-Sainte. La séance était présidée par S. E. le cardinal de Bonald, archevêque de Lyon, assisté de M. l'abbé de la Bouillerie, vicaire général de Paris.

5. *Suède, Warberg.* — Une grande partie de la ville est détruite par un terrible incendie.

8. *France, Alger.* — Les muftis et les cadis d'Alger avec leurs assesseurs, les ulémas en général et les notables musulmans de cette ville se sont réunis à la grande mosquée des Malékis pour s'entendre sur une manifestation dont tous sentaient l'opportunité dans l'état actuel des affaires d'Orient. On a décidé, d'un commun accord, qu'un drapeau serait offert par les musulmans d'Alger aux tirailleurs indigènes qui vont faire partie de l'expédition de Constantinople. Ce drapeau sera en soie rouge et verte, ayant ainsi à la fois la couleur de l'ancien étendard algérien et celle du prophète des Arabes. L'inscription suivante y sera brodée en or : « Ce drapeau est donné aux musulmans vivant à Alger sous la domination française au régiment de tirailleurs qui va combattre pour la cause du sultan Abdul-Medjid, que Dieu protége ! »

11. *Suède, Isenkopping.* — Incendie qui dévore la plus grande partie de la ville.

14. *Espagne, Manille.* — Un terrible incendie, qui a dévoré la majeure partie du faubourg de Tondo, a fourni aux officiers et à l'équipage de la corvette à vapeur de l'État *le Colbert*, qui se trouve dans ce port, l'occasion de déployer ce courage intelligent qui a concilié à notre marine, sur tous les points du globe, les sympathies des peuples. Plusieurs établissements importants n'ont dû leur salut qu'à leurs efforts, et le *Bulletin officiel des Philippines* a rendu justice à la belle conduite de nos marins.

16. *États Sardes, Turin.* — Nouvelle comète découverte par M. Brorsen. Elle est visible à Turin, à l'œil nu, de sept à huit heures du soir. La queue est

très-brillante ; elle a la largeur de 2 degrés environ à la partie la plus intense. Le corps de la comète a une déclinaison peu différente de celle de la principale étoile de la constellation du Taureau.

18. *Autriche, Maros-Vasarhely* (Transylvanie). — Triple exécution à mort pour crimes politiques. On a pendu sur la grande place trois hommes qui le même jour avaient été condamnés à mort par la Cour martiale pour délit politique : c'étaient Jean Tœrœgg, âgé de 47 ans, professeur de théologie protestante ; Charles Horveth, âgé de 25 ans, propriétaire de domaines ; et Michel Galfi, avocat, ancien juge de canton. Ils furent déclarés coupables : 1° d'avoir, en 1851, participé à un complot ourdi par Mack et Ruicecaka, émissaires de Kossuth, et qui avait pour objet de faire naître une insurrection ; 2° d'avoir été en relation avec le comité central révolutionnaire qui était établi à Pesth ; 3° d'avoir hébergé des agents de Kossuth ; 4° d'avoir travaillé à la division en districts de la Hongrie, opération qui avait pour objet de faciliter la révolte générale.

19. *France, vaisseau la Ville-de-Paris.* — Inauguration solennelle, en présence de détachements de tous les équipages de la flotte de la mer Noire, d'un tableau représentant la sainte Vierge, envoyé au vice-amiral Hamelin, par S. M. l'Empereur. Une partie des états-majors et un détachement de marins de chaque bâtiment se sont rendus à bord de la *Ville-de-Paris*. Avant la messe, M. Creps, aumônier du vaisseau-amiral, assisté des aumôniers de l'escadre, en habit de chœur, a procédé à la bénédiction du tableau. Après les prières d'usage, M. Creps, dans une allocution touchante, a recommandé à la dévotion des équipages l'image de la Mère de Dieu.

23. *Suède, Oerebro.* — La plus belle et la plus opulente partie de la ville est détruite par un incendie. Le feu s'est manifesté pendant la nuit dans un grand magasin rempli de laines de la rue de Storbroen, et les flammes, poussées par une tempête du nord-est qui soufflait depuis la veille, se sont propagées de proche en proche avec une rapidité telle que le lendemain matin toute la longue rue de Storbroen, et toutes les

innombrables rues qui se trouvent entre celle-ci et la rue des Reepslagergaaden, qui suit une direction parallèle à la première, n'étaient plus qu'une vaste mer de feu.

Les pompiers ont fait preuve d'un courage prodigieux : onze d'entre eux ont péri ; mais tous leurs efforts ont échoué. L'incendie n'a cessé qu'après s'être étendu de tous les côtés jusqu'à des points où il n'a plus trouvé d'aliments. Trois édifices ont été miraculeusement préservés, quoiqu'ils se trouvassent en quelque sorte au centre de l'embrasement, savoir l'Hôtel de Ville, le presbytère et l'hôtel de Pamsker, ce qu'il faut attribuer à l'extrême épaisseur de leurs murs.

L'incendie a continué ses ravages pendant cinquante et une heures, et il n'est pas encore entièrement éteint, car en bien des endroits le feu couve encore sous les cendres.

Par suite de ce terrible sinistre, environ 1,300 personnes, c'est-à-dire le tiers des habitants d'Oerebro, se trouvent sans abri. Le dommage est très-considérable ; la moindre partie des propriétés brûlées était assurée.

29. *France, Lorient.* — Lancement du vaisseau de 100 canons le *Duguay-Trouin.*

30. *France, Cherbourg.* — Lancement du vaisseau de 90 canons le *Tilsitt.*

31. *Danemark, Copenhague.* — L'Académie royale des beaux-arts de Copenhague, créée le 31 mars 1754, par Frédéric V, a célébré le centième anniversaire de sa fondation. Le Roi, la famille royale, tous les ministres et hauts dignitaires de l'Etat étaient présents à cette solennité, à laquelle assistaient aussi le corps diplomatique et un grand nombre d'autres personnages distingués, nationaux et étrangers. M. le professeur Lund a adressé au Roi un discours auquel Sa Majesté a répondu, et ensuite le secrétaire de l'Académie, M. le conseiller d'Etat Thiele, a lu le compte rendu des travaux de l'Académie pendant l'année dernière.

Le Roi a distribué lui-même aux élèves les prix que le sénat académique leur avait décernés, et qui consistaient en médailles d'or, d'argent et de bronze de diverses grandeurs. La

solennité s'est terminée par l'exécution d'une cantate écrite pour la circonstance par M. Rodenberg, et mise en musique par M. de Glaeser, maître de chapelle du théâtre royal.

AVRIL.

3. *Allemagne, Gotha.* — Première représentation de *Santa-Chiara,* grand opéra nouveau en cinq actes, dont la musique est due à S. A. S. le prince Ernest de Saxe-Cobourg Gotha.

Cet ouvrage, qui a été vivement applaudi, sera prochainement exécuté à Berlin Parmi les étrangers venus exprès à Gotha pour assister à la représentation, on remarquait M. de Hulsen, directeur, et M. Dorn, l'un des chefs d'orchestre du théâtre royal du Grand-Opéra de Berlin.

3. *France, Senlis.* — L'arrêté suivant est adressé au maire de Verberie par le sous-préfet de Senlis :

« Monsieur le maire,

» Il existe dans votre commune une » secte dite des *baptistes,* qui n'est » pas reconnue par l'État.

» Le ministre de ce prétendu culte » n'a donc pas le droit de l'exercer » publiquement ni de prêcher sa doc- » trine, soit dans le cimetière, soit » dans tout autre lieu public.

» En cas de mort d'un dissident, et » sur le refus du curé, c'est à vous » qu'il appartient de procéder à l'inhu- » mation et d'y présider.

» Recevez, monsieur le maire, etc.

» *Signé :* MOUNIER. »

Voici quelques détails sur les baptistes dont le culte, s'il faut s'en rapporter à cet arrêté, ne peut pas s'exercer publiquement en France. Ils diffèrent surtout des autres protestants en ce qu'ils ne baptisent que les adultes suffisamment instruits des doctrines chrétiennes et qui déclarent y adhérer personnellement. Leur établissement en Angleterre date des commencements de la Réformation ; ils sont nombreux dans ce pays, et ils comptent dans leurs rangs des personnes distinguées et influentes. Aux États-Unis, trois millions et demi de citoyens se rattachent à leurs églises. Ils existent sous le nom de *mennonites* en Hollande, en Allemagne et en Russie. En France, il y a aussi des baptistes dans un assez grand nombre de communes des départements du nord ; ils sont fort attachés à leur religion, et ils ont des pasteurs qui jouissent depuis longtemps de leur confiance.

7. *Norvége, Skeen* (province d'Ackershuns). — Un incendie a dévoré quatre-vingt-cinq maisons et plusieurs magasins de Skeen, les cinq ponts en bois sur la rivière du même nom qui se trouvaient à l'intérieur de cette ville, et un trois-mâts en construction au chantier de M. Bolleruss, et qui était tout prêt à être lancé.

Parmi les marchandises qui ont été consumées par le feu se trouvaient mille tonneaux de grains. Ces marchandises valaient à elles seules 80,000 écus de spécies (400,000 fr.).

8. *France, Boulogne.* — Inauguration des embellissements du bois de Boulogne près Paris, en présence de LL. MM. l'Empereur et l'Impératrice. L'eau de la Seine a été introduite dans la rivière qui commence au rond-point Mortemart, et dont les terrassements viennent d'être terminés.

Les ouvriers avaient orné de banderoles et de drapeaux le rocher d'où l'eau devait jaillir, et disposé des écussons où on lisait : *Les ouvriers à l'Empereur et à l'Impératrice.* Le buste de S. M. l'Impératrice était placé sur un piédestal au sommet du rocher.

La garde nationale de Boulogne s'était empressée de se rendre à cette solennité.

A trois heures, Leurs Majestés sont arrivées, saluées par les plus vives acclamations des ouvriers et d'une foule nombreuse. Elles ont pris place avec S. A. I. et R. madame la grande-duchesse de Bade sous une tente préparée pour les recevoir.

Au signal donné par le préfet de la Seine, l'eau s'est élevée, a couvert le rocher et est descendue en larges nappes dans la rivière.

Leurs Majestés sont remontées en voiture au milieu des cris répétés de *vive l'Empereur ! vive l'Impératrice !*

C'est la pompe à feu de Chaillot qui alimente les rivières du bois de Boulogne. Un conduit souterrain de 40 cen-timètres, qui traverse le château de la Muette et une partie du bois, amène les eaux au rocher. Les autres travaux se poursuivent avec une grande activité et ne tarderont pas à être achevés.

12. *Suède, Holmbo.* — Un incendie a détruit en moins de trois heures la jolie et industrieuse ville de Holmbo, située dans la province d'Upland, en Suède. Holmbo était bâtie entièrement en bois, comme le sont la plupart des petites villes de l'intérieur de la Suède et de la Norvége.

15. *États-Unis :* — Épouvantable naufrage, près de New-Jersey; dans un endroit nommé Long-Beach. Le navire si malheureusement perdu est le *Powhatan*, capitaine Meyers, de Baltimore, allant du Havre à New-York, avec deux cents émigrants à bord. Le *Powhatan* a été jeté à la côte pendant la nuit du samedi 15 avril, à moitié chemin entre la passe de Barnegat et celle d'Eyf-Harbour.

15. *Grande-Bretagne, Woolwich.* — Lancement du vaisseau de ligne à hélice, le *Royal-Albert*, de 131 canons. Il est baptisé en présence de la Reine et du prince son époux. C'est le plus grand vaisseau qui ait été construit à Woolwich.

16. *Amérique, San-Salvador.* — Tremblement de terre qui détruit la ville. C'est dans la nuit du 16 qu'arriva ce désastre. Déjà, dans la nuit du jeudi saint, quelques convulsions du sol, précédées d'un bruit semblable au sourd roulement de l'artillerie sur le pavé des rues ou au grondement d'un tonnerre lointain, avaient donné l'éveil à la population. Néanmoins, comme ces phénomènes n'ont eu aucune suite immédiate, les craintes se sont bientôt calmées, et l'on n'a plus songé qu'à célébrer le plus joyeusement possible les fêtes de Pâques.

Le dimanche, vers neuf heures du soir, une terrible secousse, que n'avait annoncée aucun bruit préliminaire, a fait rentrer de nouvelles alarmes. Les familles sont sorties à la hâte de leurs maisons pour aller s'établir, soit dans leurs jardins, soit dans les places publiques. Pendant les deux heures qui ont suivi, la terre n'a pas un seul instant cessé de trembler; et à chaque nouvelle commotion on pouvait entendre les cris déchirants ; les sanglots ; les prières ardentes de 300,000 personnes agenouillées en plein air et priant Dieu de leur épargner la terrible affliction dont il les menaçait.

Enfin, à onze heures moins dix minutes, le sol a tremblé avec violence, se soulevant, s'abaissant, se balançant comme un monstrueux animal dans la fièvre d'agonie. Cet accès n'a duré que dix secondes, et il a suffi pour faire écrouler les maisons et les églises les plus solidement bâties de la ville. Dans le nuage impénétrable de poussière dont San-Salvador s'est trouvé enveloppé, c'était une effroyable chose que d'entendre les murs s'abattre avec fracas, les victimes hurler de douleur et la population entière demandant dans sa terreur un secours impossible ; les membres d'une même famille s'appelant mutuellement, tandis que bien des fois ils étaient à côté l'un de l'autre sans pouvoir s'apercevoir.

Il ne restait presque plus rien à renverser, et néanmoins, les secousses se prolongeaient toujours ; aussi quoique les habitants sentissent un horrible besoin de se désaltérer, personne n'osait s'aventurer au milieu des ruines qui cachaient les fontaines publiques et les puits des jardins pour aller chercher quelques précieuses gouttes d'eau. A ce mortel nuage de poussière se mêlaient de suffocantes émanations sulfureuses, annonçant à la population anéantie, une prochaine éruption du volcan.

Aussitôt le premier danger passé, le gouvernement a pris d'actives mesures pour secourir les malheureuses victimes et rassurer la population. On ne tarda pas à s'apercevoir que le nombre des morts n'était pas aussi considérable qu'on l'avait d'abord supposé. Ce chiffre s'élève à peine à cent et celui des blessés à cinquante. Parmi ces derniers se trouvent l'évêque, l'ex-président Duenas, une fille du président et la femme du secrétaire de la législature.

Les secousses n'ont pas encore cessé, et, dans la crainte de voir la surface entière de la ville s'enfouir subitement ou se couvrir de la lave du volcan, les habitants s'éloignent de ce malheureux coin de terre, emportant avec eux leurs dieux lares, les doux souvenirs de leur enfance et quelques animaux domesti-

ques, seule richesse qui ait été laissée au plus grand nombre.

Trente-six heures après cette catastrophe, le président Jose-Maria San-Martin publiait une proclamation datée des ruines de San-Salvador, dans laquelle il faisait un chaleureux appel à la générosité des habitants des départements. Momentanément, la capitale a été transférée à Gojutepeque, petite ville située à quelque distance du théâtre du désastre, et une commission a été immédiatement nommée pour choisir l'emplacement d'une nouvelle capitale à l'abri de pareils bouleversements et mieux située sous le rapport militaire, sanitaire et commercial.

17. *France, Paris.* — L'Académie des sciences s'est réunie pour procéder à la nomination d'un membre associé étranger, en remplacement de M. Léopold de Buç, géologue célèbre.

La liste des candidats formée par la commission nommée à cet effet, portait en première ligne le nom de M. Dirichlet, géomètre à Berlin. Venaient ensuite, et par ordre alphabétique, les noms de MM. Airy, astronome à Greenwich ; Ehrenberg, naturaliste à Berlin; Herschel, astronome à Londres; Liebig, chimiste à Munich ; Melloni, physicien à Naples ; Jean Müller, à Berlin ; Marchisson, à Londres ; Owen, à Londres ; Plana, à Turin ; Struve, à Palkova.

Au premier tour de scrutin, M. Dirichlet a été élu membre associé étranger, par 41 voix sur 51 votants.

L'Académie s'est ensuite occupée de nommer un vice-président en remplacement de M. Roux. Au troisième tour de scrutin, M. Regnault a obtenu 28 voix ; 24 ont été données à M. Isidore Geoffroy-Saint-Hilaire. En conséquence, M. Regnault a été nommé vice-président.

23. *Etats du Saint-Siége, Rome.* — Célébration, par la société pontificale d'archéologie, de l'anniversaire de la fondation de Rome par un banquet pour lequel le prince de Viano avait ouvert aux convives les portes de sa villa. Le cardinal Alfieri; M. Visconti, secrétaire perpétuel, puis en réponse à des toasts en l'honneur du Roi de Bavière, membre de la Société des Arts français et de l'Institut de France, M. de Spauf, M. Schnetz, M. Ampère ont pris suc-

cessivement la parole. On a lu des vers italiens, grecs et même hébreux. Avant le repas on avait écouté avec intérêt un discours de M. Giovanni Torlonia sur les rapports de Rome avec la civilisation universelle, dans lequel étaient indiquées rapidement les principales phases de l'action que la ville éternelle a exercée sur le monde, et les causes dominantes de cette action.

26. *États-Unis ; New-York.* — Épouvantable incendie. Le feu s'est déclaré, vers huit heures du soir, dans la maison no. 231, Broadway. Le foyer primitif de l'incendie se trouvant dans les étages supérieurs, un nombre considérable de pompiers s'étaient précipités au premier et au second, tant pour sauver des marchandises que pour diriger plus efficacement les tuyaux des pompes. Malheureusement le magasin du rez-de-chaussée se prolongeait en arrière sur la cour, et, pour lui laisser tout le développement de cette profondeur, le mur qui formait le fond des autres étages de la maison se trouvait en quelque sorte suspendu en l'air, avec une arche en fer pour base unique.

L'intensité de la chaleur ayant jeté cette arche hors de la perpendiculaire, le mur qu'elle soutenait s'écroula tout à coup en dedans. Le choc et le poids de ces débris, aggravés encore par une lourde caisse de sûreté qui se trouvait au second, firent céder les planchers ; l'intérieur du bâtiment tout entier fut ainsi précipité en une masse confuse et brûlante jusque dans le basement, qui entraîna et ensevelit tout ce qu'elle rencontra sur son passage.

Quelques pompiers furent assez heureux pour échapper à cette foudroyante avalanche ; deux d'entre eux s'élancèrent du second étage, sans se faire d'autre mal que de légères contusions. Mais le plus grand nombre fut emporté, écrasé dans le tourbillon de briques et de charpentes.

Un immense cri d'horreur répondit de la rue aux cris de douleur et de désespoir qui s'échappaient de l'intérieur. Les pompiers demeurés sains et saufs s'élancèrent au secours de leurs camarades avec ce courage aveugle qui est devenu pour eux une habitude ; mais ces généreux efforts n'ont guère

fait qu'augmenter le nombre des blessés, dont la liste s'élève à près de trente.

Le 28, on avait déjà découvert quatorze cadavres dans les ruines fumantes.

États du Saint-Siège. — La semaine sainte à Rome. Les cérémonies de cette semaine avaient attiré un nombre d'étrangers supérieur à celui des années précédentes. Tout s'est passé avec le plus grand ordre et sans qu'on ait eu à déplorer le moindre accident. Le pape a présidé, soit dans la chapelle Sixtine, soit dans la basilique Vaticane, à toutes les fonctions sacrées, dont l'illumination de la coupole de Saint-Pierre et le feu d'artifice (*girandola*), lancé sur le mont Pincio, ont splendidement couronné la fin. L'armée française d'occupation a voulu avoir, elle aussi, sa solennité. Le mardi de Pâques, le bruit se répandit qu'il allait y avoir petite guerre dans la plaine d'Acqua-Cetosa. La foule s'y porta aussitôt. Rien de plus beau que ces prairies traversées par le Tibre, encadrées par les montagnes de l'Étrurie et de la Sabine, et au centre desquelles se dresse, dans son isolement, le Soronte chanté par Homère. C'est dans cette plaine que se livra la bataille de Constantin contre Maxence. Nos troupes y ont répété les manœuvres stratégiques de la bataille d'Isly. Des milliers de spectateurs qui couronnaient le champ d'opérations ont applaudi à l'entrain et à la précision des mouvements. Le prince de Saxe et S. A. le prince Lucien Bonaparte assistaient à cette fête militaire.

MAI.

2. *France, Paris.* — L'Académie des Sciences a procédé à la nomination d'un académicien libre, pour remplir la place vacante par suite de la mort de M. Hericart de Thury.

La commission chargée de former une liste de candidats, portait en première ligne M. de Verneuil ; en seconde ligne, *ex œquo*, MM. Antoine Passy, Vallée, Walferdin.

Il y a eu deux tours de scrutin. Au premier tour il y avait 60 votants ; majorité, 31. M. de Verneuil a obtenu

26 voix, M. Walferdin, 24; M. Passy, 9, et M. Vallée, 1.

Au second tour, il y avait 62 votants, majorité, 32. M. de Verneuil a obtenu 40 suffrages, M. Walferdin, 19, et M. Passy, 3. M. de Verneuil ayant obtenu la majorité, a été proclamé académicien libre.

2. *France, Paris.* — Séance publique annuelle de la Société de l'histoire de France. M. de Barante, son président, dans son discours d'ouverture, s'est attaché à faire sentir la perte immense que les études historiques ont faite dans la personne de M. Guérard, qui faisait partie du conseil d'administration de cette Société.

Le secrétaire général, M. J. Desnoyers, a jeté un coup d'œil rapide sur les travaux de la Société pendant l'année qui vient de s'écouler.

Puis M. Lenormant a donné au docte auditoire l'agréable nouvelle de la prochaine publication des Mémoires de Mathieu Molé, retrouvés par M. Champollion.

La séance s'est terminée par une savante lecture de M. L. Leclerc, dans laquelle il a revendiqué pour la France l'origine d'un certain nombre de poëmes traduits dans toutes les langues et malheureusement plus connus et mieux appréciés à l'étranger que dans notre pays.

Après l'apppobation des comptes, l'assemblée a procédé à la réélection des membres de son conseil. Elle a réélu les membres sortant, MM. Duchesne, Guizot, Hase, Lenormant, Naudet, Pasquier, Taillandier, Peulet, Thierry, A. Vitet, et elle a élu pour compléter le nombre voulu par son règlement, M. le comte de Montalembert, M. le docteur de Bouis et M. L. Delisle.

3. *France, Paris.* — Le feu grégeois retrouvé. Les promeneurs du Palais-Royal ont été mis tout à coup en émoi en voyant le bassin du jardin ouvert de flammes auxquelles l'eau ne paraissait en rien ôter de leur activité. L'*Union* raconte ainsi cette expérience, pour laquelle on avait choisi un moment où la pluie tombait avec une certaine abondance, pour mieux constater sans doute que l'eau ne pouvait rien sur ce feu grégeois :

Un ballon de verre, contenant un certain liquide, a été lancé dans le bassin, dit cette feuille, puis brisé à l'aide d'une perche. Aussitôt le liquide qu'elle renfermait s'est enflammé en se répandant dans l'eau, et a continué de brûler, avec une flamme intense et une épaisse fumée, pendant cinquante-six secondes. On eût dit que le bassin était en feu.

Cet étrange résultat est dû aux recherches entreprises depuis quelque temps par M. Niepce de Saint-Victor, commandant du Louvre; M. le général Picot, commandant du Palais-Royal, et M. Fontaine.

Par le mélange de divers produits chimiques, ces messieurs sont arrivés à composer un liquide peu coûteux et qui prend feu spontanément au contact de l'eau.

3. *France, Paris.* — La Société littéraire et historique polonaise a tenu une séance. Cette séance est publique et a lieu tous les ans en commémoration de la Constitution polonaise de 1791 et de la fondation de cette Société. Le prince Adam Czartoryski, ainsi que d'habitude, y a prononcé un discours.

7. *États du Saint-Siége, Rome.* — Béatification solennelle de Germaine Cousin, née à la fin du XVIIe siècle, à Pibrac, village peu éloigné de Toulouse. A cette cérémonie religieuse ont assisté S. Exc. M. le comte de Rayneval, ambassadeur de France près le Saint-Siége, S. Exc. le général Montréal, commandant l'armée d'occupation, tout l'état-major et un très-grand nombre de Français arrivés exprès de France et surtout du diocèse de Toulouse.

13. *France, Rochefort.* — Lancement du vaisseau à hélice, de 100 canons, l'*Ulm*.

18. *France, Paris.* — L'Académie française a procédé au remplacement des deux membres qu'elle a perdus cette année, M. Tissot et M. Jay.

Le scrutin a été d'abord ouvert sur la place laissée vacante par M. Tissot. Il y avait 32 votants, majorité 17. Au premier tour de scrutin, Mgr Dupanloup, évêque d'Orléans, a obtenu 19 voix; M. Émile Augier, 7 voix, et M. Legouvé, 6 voix.

En conséquence, Mgr l'évêque d'Orléans a été proclamé membre de l'Académie française.

L'Académie a procédé ensuite au remplacement de M. Jay avec le même nombre de votants. Au premier tour de scrutin, M. Silvestre de Sacy a obtenu 21 voix, M. de Marcellus, 8 voix; M. Augier, 3 voix, et M. Legouvé, 2 voix.

En conséquence, M. de Sacy a été proclamé membre de l'Académie française.

Le fauteuil de M. Tissot, auquel succède aujourd'hui Mgr Félix Dupanloup, avait été occupé :

En 1635, par J. Sirmond ; en 1649, par J. de Montreuil ; en 1651, par F. Tallemant ; en 1693, par de la Loubère ; en 1720, par Cl. Sellier ; en 1761, par du Coetlosquet ; en 1784, par de Montesquiou-Fezensac ; en 1799, par A.-V. Arnault ; en 1816, par le duc de Richelieu ; en 1822, par B.-J. Dacier auquel M. Tissot avait succédé en 1833.

M. Jay, aujourd'hui remplacé par M. Silvestre de Sacy, avait eu pour prédécesseurs :

En 1634, Beautru de Séran ; en 1665, J. Testu ; en 1706, le marquis de Saint-Aulaire ; en 1743, Mairan ; en 1771, François Arnault ; en 1795, Target ; en 1806, le cardinal Maury ; en 1816, l'abbé de Montesquiou, auquel M. Jay avait succédé en 1832.

20. *France, Paris.* — L'Académie des sciences, sur le rapport de la section de philosophie, a porté son jugement sur les mémoires adressés pour concourir au sujet du prix concernant les principaux systèmes de Théodicée moderne, question proposée pour 1853, et dont l'examen avait été remis en 1854.

Le prix est décerné au mémoire enregistré sous le no 6, et dont l'auteur est M. Emile Saisset, professeur agrégé à la faculté des lettres, maître de conférences à l'École normale.

Une mention honorable a été accordée au mémoire enregistré sous le no 3 du concours, et portant pour épigraphe ; *Philosophiæ studium multis hodie invisum est et inspectum, propterea quod nec utilitatem ejus noverunt nec voluptatem animo unquam sunt experti.* (J. Claubergii, *De cognitione Dei et nostri*, I, 1.)

20. *Pologne, Varsovie.* — Décou-

verte à la bibliothèque royale d'une collection du premier journal politique qui ait été publié dans cette ville. Ce journal, qui est en langue polonaise, a commencé à paraître le 20 mai 1661, et il porte le titre suivant : *Mercure polonais ordinaire, comprenant l'histoire du monde entier pour l'instruction générale.* Il fut fondé par Jean-Alexandre Gorczyn, docteur en droit, qui pendant longtemps en a été le rédacteur en chef.

21. *France, Paris.* — Séance annuelle et générale, à l'Hôtel de Ville, de la Société protectrice des animaux.

M. Richelot, secrétaire général, a présenté le compte-rendu des travaux de la Société.

Un membre de la Société, correspondant de la Société de Londres, a donné un aperçu des efforts faits par elle pour répondre à la sollicitude bienveillante de la Société de France.

M. de Valmer, vice-président, en rappelant les noms honorables qui chaque jour se rallient à cette Société qui commence sa huitième année d'existence, a donné lecture d'une lettre de S. A. R. le prince Adalbert de Saxe qui encourage le zèle de la Société protectrice dont l'exemple vient d'être suivi en Allemagne, et exprime l'espoir fondé par le prince de voir cette œuvre d'humanité s'étendre jusque dans les régions le plus éloignées. A cette lettre étaient jointes deux médailles d'or pour deux membres de la Société ayant rendu le plus de services dans le cours de cette année.

La séance s'est terminée par la distribution des récompenses, consistant en médailles d'or, d'argent et de bronze, et en mentions honorables.

22. *Espagne.* — Ouverture de la section de Tembleque à Alcazar, du chemin de fer de Madrid à Almanza. Le trajet, qui est de vingt-huit lieues, a été parcouru en trois heures.

27. *Belgique, Laeken.* — Pose de la première pierre de l'église qui doit être érigée à la mémoire de feu la Reine des Belges.

Le roi Léopold a voulu lui-même présider à cette cérémonie, qui a eu lieu avec beaucoup de solennité.

31. *Suède, Gefle.* — L'intolérance

en Suède. Les rues de cette petite ville sont pleines d'étrangers venus pour subir dans la prison de la province de Gefle un emprisonnement plus ou moins long, avec des jours intermédiaires pendant lesquels ils ne recevront d'autres aliments que du pain sec et de l'eau froide. Ce sont des membres de la fameuse et nombreuse secte dite des Liseurs qui, pour avoir publiquement abjuré le culte dominant (le luthéranisme), ont été condamnés à la peine que nous venons de citer.

Ils sont pressés de faire leur temps de prison pendant la saison actuelle, afin d'éviter la détention durant les froids de l'hiver, où elle serait doublement pénible à cause du régime du pain et de l'eau ; mais ils ont bien de la peine à se faire recevoir dans la prison provinciale, parce que cet établissement, bien que vaste, est déjà rempli de leurs coreligionnaires, et que pour un qui en sort il y en a vingt autres qui aspirent à y entrer.

JUIN.

8. *France, Paris.* — Les Petites-Sœurs des pauvres de la rue des Postes sont entrées dans leur nouvelle maison de la rue de Beauvais ; leur humble mobilier a été porté par les équipages du train de l'artillerie. Sur la demande de M. Lemercier, le commandant a mis avec une parfaite bienveillance une trentaine d'hommes à la disposition des Petites-Sœurs. Ces braves soldats se sont acquittés de leur mission avec une charité toute chrétienne et toute française ; c'était chose touchante de les voir porter dans leurs bras, jusqu'aux voitures, les vieillards infirmes et les entourer de tous les soins. Ils ont replacé les meubles, remonté les lits dans la nouvelle maison, s'associant, par ces actes de respectueux dévouement, à l'admiration qu'inspirent ces sœurs dont la vie entière est consacrée aux œuvres les plus pénibles de la charité chrétienne.

9. *Grande-Bretagne, Sydenham.* — La Reine procède à l'ouverture du Palais de cristal de Sydenham. Dès le matin les abords de cet édifice, à une grande distance, étaient remplis de

spectateurs comme un dimanche ou un jour de fête. Les portes du palais ont été ouvertes à onze heures, et on s'est précipité dans l'enceinte pour admirer cet édifice immense, construit sur des proportions plus vastes que le Palais de l'Exposition universelle, et sur un modèle à peu près identique, par M. Paxton. Le Palais de cristal est destiné à servir de bazar universel à toutes les connaissances et à tous les produits de l'activité humaine.

11. *Prusse.* —Vingt-cinquième anniversaire du mariage du prince de Prusse. Le prince, à cette occasion, a reçu, dans son château de Babelsberg, les fonctionnaires publics Il y a eu ensuite réunion de famille à Potsdam. Le soir, la ville de Berlin a été illuminée. Aujourd'hui le prince a reçu quatre-vingt-dix députations venues de tous les points de la monarchie, et qui lui ont apporté, pour la plupart, de riches présents. À huit heures du soir, Son Altesse Royale, accompagnée de la princesse de Prusse, s'est rendue à la fête donnée en son honneur à Berlin. Près de 3,000 personnes s'y trouvaient réunies.

20. *Suède, Stockholm.* — Inauguration du monument que les membres de l'Académie royale de musique et les dilettanti de Stockholm viennent de faire ériger à la mémoire du feu duc d'Upland, deuxième fils du Roi, et dont la patrie déplore la récente perte. Ce monument, situé au centre du beau parc de Josephineholm, près de notre capitale, consiste en un temple gothique en fer à jour, orné de tous les côtés des armoiries de la province d'Upland, et au milieu duquel s'élève une colonne en granit rouge supportant le buste colossal en marbre du défunt prince. La colonne porte l'inscription suivante, en style lapidaire et en caractères d'or : « A François-Gustave-Oscar, prince héréditaire de Suède et de Norvége, compositeur de musique distingué, protecteur des beaux-arts, l'Académie royale de musique et les amateurs de l'art musical de Stockholm. »

La solennité a commencé par l'exécution de divers fragments du *Stabat mater* de Rossini, puis un chœur de deux cents hommes a chanté un hymne écrit pour la circonstance par M. Wiskand et adapté à des mélodies du feu duc d'Upland ; ensuite M. le comte de Rosen, président de l'Académie royale de musique, a prononcé un discours où il a fait ressortir les nombreux et grands encouragements que le prince Gustave-Oscar avait prodigués aux beaux-arts en général et à la musique en particulier.

Plusieurs marches écrites par le duc d'Upland et jouées par les corps de musique réunis de la garnison de Stockholm ont terminé la cérémonie, qui avait attiré une foule de plus de 20,000 personnes.

24. *France, Lille*. — Jubilé séculaire de Notre-Dame-de-la-Treille, grande fête religieuse qui dure neuf jours et se termine par une procession générale.

24. *France, Paris*. — Pose de la première pierre de la nouvelle église de Belleville par M. le préfet de la Seine, et bénie par Mgr l'archevêque. Le soir, Belleville tout entier était illuminé.

25. *Prusse, Breslau*. — M. Grasselius Barth, imprimeur de cette ville, a célébré le trois cent cinquantième anniversaire de la publication du plus ancien ouvrage qui existe encore de ceux qui ont été exécutés dans cette imprimerie, dont la création remonte au delà de 1504, et qui est la plus ancienne imprimerie d'Allemagne et à coup sûr de l'Europe entière. Les ateliers de M. Barth ont été créés par un de ses ancêtres, et ont passé de père en fils jusqu'au propriétaire actuel. L'ouvrage dont nous venons de parler est en langue allemande, et il est intitulé : *Légende de Sainte-Edvige*, et il porte la date du 25 juin 1504.

A cette occasion, M. Barth a donné à tous les employés de son vaste établissement un grand banquet, auquel assistaient tous les membres de la municipalité, tous les propriétaires et protes des autres imprimeries de Breslau et plusieurs des notabilités dans les sciences, les lettres et les arts.

A ce repas était assis à la droite de M. Barth le doyen des compositeurs de son imprimerie, M. Ferdinand Fleischer, qui, de son côté, célébrait le même jour le cinquantième anniversaire de son entrée dans cet établissement. Le matin, les ouvriers de l'imprimerie avaient entouré de guirlandes de fleurs la casse de M. Fleischer, et ses collègues lui ont offert un vase d'argent avec une inscription analogue à la circonstance.

Dans la soirée, toutes les maisons de la rue où se trouve l'établissement de M. Barth avaient été spontanément illuminées par des séries de bougies placées à l'intérieur des croisées de tous les étages.

JUILLET.

3. *Piémont*. — Inauguration du chemin de fer d'Alexandrie à Novare.

4. *États du Saint-Siége, Bologne*. — Légère secousse de tremblement de terre.

13. *France, Paris*. — L'Académie des inscriptions et belles-lettres a procédé au remplacement de M. Séguier de Saint-Brisson, membre libre, décédé. C'est M. de Cherrier, auteur de l'*Histoire de la lutte des papes et des empereurs*, qui a été élu.

Après deux scrutins, les votes se sont ainsi répartis : M. de Cherrier, 23 ; M. Texier, 10 ; M. Saint-René Taillandier, 3.

19. *France, Paris*. — L'Académie impériale de médecine a procédé à l'élection d'un membre dans la section d'anatomie pathologique. M. Barth, placé le premier sur la liste de présentation, a réuni la presque unanimité des suffrages ; il a obtenu 65 voix sur 73 votants.

20. *France, Toulon*. — Lancement du vaisseau à hélice de 100 canons, *le Navarin*.

22. *France, Paris*. — L'Académie des inscriptions et belles-lettres a décerné le prix Gobert à M. Charles Weiss, pour son *Histoire des réfugiés protestants de France*. Le second prix a été décerné à M. Francisque Michel, professeur à la Faculté des lettres de Bordeaux, pour son *Histoire de la fabrication des étoffes de soie, d'or et d'argent au moyen âge*.

22. *États du Saint-Siége, Rome*. — Exécution de Toussaint Constantini, condamné à mort par le suprême tribunal de la Sacra-Consulta, le 17 mai, comme coupable d'assassinat sur la personne du comte Rossi.

AOUT.

1. *États-Unis, Californie.* — Scène de mœurs américaines. M. Soulé, éditeur du *Chronicle* de San-Francisco, publie dans son journal un article où il critique peut-être avec trop de violence les enfants Bateman qu'on se rappelle avoir vu jouer à New-York sur la scène de Broadway. Le père des deux petits prodiges s'arme d'un pistolet, va à la rencontre de l'écrivain, le trouve dans une foule, et fait aussitôt feu sur lui, sans s'inquiéter du chemin que pourra prendre la balle. L'affaire est portée devant le juge Baker, et voici la sentence de ce Salomon californien :

« Il ne faut pas qu'une personne qui
» a des raisons bonnes ou mauvaises
» de chercher querelle à un individu
» aille le trouver dans ce but au mi-
» lieu d'une foule encombrée de monde,
« et c'est à cause de cette infraction
» que nous condamnons l'accusé à
» 300 dollars d'amende. Mais au moins
» qu'on n'aille pas s'y méprendre, nous
» condamnons le défendeur à l'amende
» pour avoir commencé dans la rue
» une querelle qui, dans l'état de la
» société californienne, devait forcé-
» ment se terminer par l'usage des
» armes et mettre ainsi en danger la
» vie de personnes innocentes. »

Qu'on ne s'y trompe donc pas : le juge Baker en serait bien fâché. S'il condamne M. Bateman à une amende de 300 dollars, ce n'est pas pour punir sa tentative de meurtre, c'est simplement pour l'imprudence qu'il a eue de faire feu au milieu de la foule. Si, au lieu de se laisser ainsi emporter, M. Bateman avait attendu M. Soulé dans un coin isolé, ou était allé le trouver dans son bureau, le juge n'aurait eu sans doute que des éloges à lui donner.

2. *Russie, Saint-Pétersbourg.* — La famille impériale a failli éprouver un grand malheur. Le grand-duc Constantin, chef actuel du ministère de la marine, s'était rendu en mer, non loin de Cronstadt, pour essayer un canot à voile nouvellement construit. Outre S. A. I., il se trouvait sur le canot trois officiers, aides de camp du grand-duc, et un sous-officier. Heureusement un canot à rames bien monté suivait à quelque distance.

Un coup de vent imprévu coucha subitement sur le côté le canot du grand-duc dont la voile était probablement trop grande, et ce canot commença immédiatement à se remplir d'eau et à s'enfoncer. Appréciant le danger, le grand-duc, qui est bon nageur, se jeta à la mer en criant au canot à rames de s'approcher rapidement. Il parvint ainsi à échapper à la mort, ainsi que trois de ses compagnons.

Le quatrième, le jeune Galitzin, aide de camp du grand-duc, s'était malheureusement cramponné au canot qui s'enfonçait, et il n'a pas été possible de le sauver. Cet événement a profondément affecté la famille impériale et surtout le grand-duc Constantin. Il aimait beaucoup l'aide de camp qui a péri et qui était un jeune homme de beaucoup d'espérance, fils du secrétaire d'État prince Galitzin.

20. *États Sardes, Gênes.* — Pose d'un câble électrique unissant la Spezzia à la Corse.

A six heures du soir, le vapeur *Persian*, portant le câble télégraphique, a quitté Gênes en compagnie de la frégate sarde *Constituzione*, ayant à bord S. A. R. le prince de Carignan, les ministres de la guerre et des travaux publics, les ambassadeurs de France et d'Angleterre, et d'autres personnages de distinction. Les navires sont arrivés au cap Bianco, à l'est du golfe de Spezzia, le lendemain matin à quatre heures. Ils y ont trouvé les steamers de la marine royale sarde *Malfatano* et *Tripoli*. L'ingénieur, M. Brett, commença alors à laisser glisser dans la mer le câble électrique, et le rattacha à Santa-Croce, sur la rive droite du torrent de Magra qui sépare la Toscane du Piémont. Ainsi a été accomplie la première partie d'une entreprise qui marquera dans l'histoire du Piémont.

21. *Pologne, Varsovie.* — Le gouvernement russe révoque toutes les autorisations qu'il avait accordées aux Russes et aux Polonais de concourir à l'Exposition universelle qui aura lieu à Paris en 1855. En même temps, il leur défend de rien acheter ni directement ni indirectement à cette Exposition.

26. *Danemark, Flensbourg.* — Inauguration du chemin de fer de Ton-

niagea, qui relie la mer du Nord avec la Baltique

Aujourd'hui les habitants ont été agréablement surpris en voyant arriver directement par cette voie le premier convoi de Tonningen, dans lequel se trouvait, entre autres voyageurs de distinction, M. Peto, ingénieur civil anglais, qui a construit le chemin de fer. En signe de réjouissance, on a tiré des salves d'artillerie; les cloches de toutes les églises ont été mises en branle et ont sonné pendant deux heures. Le soir, les maisons des principaux commerçants et industriels de Flensbourg étaient illuminées.

28. *France, Bordeaux.* — Ouverture du Congrès homœopathique.

SEPTEMBRE.

2. *France, Paris.* — Le 62° anniversaire funèbre du massacre des 203 membres du clergé, dont 1 archevêque, 2 évêques et 200 prêtres, massacrés le 2 septembre 1792 dans la chapelle des Carmes, à Paris, a été célébré par les R. P. dominicains en leur église de la rue de Vaugirard.

4. *France, Boulogne.* — Visite de S. M. le Roi de Portugal à S. M. l'Empereur des Français. Accompagné de son frère, le duc d'Oporto, et de LL. Exc. le maréchal duc de Terceira, grand écuyer, et du baron de Paiva, ministre de Portugal, le Roi de Portugal entre dans la ville au bruit du canon, passe avec l'Empereur une revue au camp d'Honvault et quitte la ville après avoir dîné avec l'Empereur.

5. *France, Boulogne.* — Visite de S. A. R. le prince Albert à S. M. l'Empereur des Français.

Le prince est arrivé sur un yacht pavoisé aux couleurs d'Angleterre et de France et suivi de deux autres yachts également pavoisés. Le prince était accompagné du duc de Newcastle, ministre de la guerre; de lord Seaton, ancien gouverneur des îles Ioniennes et du Canada; de sir Charles Wetbewell, chef d'état-major général de l'armée britannique; du général Gray, du fils de lord de Ross, du fils du colonel Duplat.

L'Empereur, par une courtoisie toute spéciale, était allé à la rencontre de

Son Altesse Royale. Son Exc. l'ambassadeur d'Angleterre, LL. Exc. le ministre de la guerre et des affaires étrangères étaient dans la voiture de Sa Majesté; et dans celles qui suivaient, le général Rollin avec les officiers de la Maison impériale.

Un détachement des cent-gardes précédait et suivait Sa Majesté; les grenadiers de la garde impériale et les troupes de ligne formaient la haie, depuis l'hôtel Brighton jusqu'à la place.

Le sous-préfet de Boulogne, le maire et le conseil municipal s'étaient rendus aussi au lieu de débarquement.

Le prince Albert s'est empressé de descendre de son yacht et de s'avancer auprès de l'Empereur, qui lui a serré affectueusement la main. Le temps était magnifique, la foule immense, l'enthousiasme général. Pendant tout le trajet, la musique militaire a exécuté l'air national anglais : *God save the Queen.*

12. *Prusse, Berlin.* — M. Bruhns découvre à l'Observatoire une nouvelle comète télescopique.

OCTOBRE.

1°°. *Espagne.* — La crainte du choléra a fait prendre sur divers points de l'Espagne des mesures de précaution assez étranges. Ainsi, par exemple, dans la ville de Quintanar (Asturies), on ne laisse entrer personne s'il n'est muni d'une carte de santé en règle. Il est même arrivé que les habitants ont ajusté des fusils et des pistolets chargés à balle contre les individus non pourvus d'une telle pièce qui se présentaient aux portes de la ville, et cela afin de les forcer à s'éloigner promptement.

Autour de Belmonte (Nouvelle-Castille), existe un cordon sanitaire composé de jeunes gens de cette ville, et lorsque dernièrement le commandant de Belmonte se mit en devoir de dépasser ce cordon, il y eut presque une révolte pour l'en empêcher.

12. *États du Saint-Siége, Albano.* — Après cinq années de travaux non interrompus, on vient de terminer, dans les montagnes d'Albano, une construction qui, pour la grandeur et la solidité, surpasse tout autre ouvrage d'architecture moderne dans les États de l'Église. C'est un pont de cinq arcades superpo-

sées, chacune de la hauteur d'une maison, pour établir une communication directe au-dessus de la profonde vallée qui se trouve entre Albano et Aricia sur la route de Naples. Le Saint-Père a béni cette nouvelle voie. Plusieurs milliers de personnes, venues des diverses parties de la montagne, ont assisté, dans leurs costumes pittoresques, à cette imposante cérémonie

15. *Russie, Saint-Pétersbourg.* — Rescrit adressé par S. M. l'Impératrice à la veuve de l'aide de camp général vice-amiral Kornilof I⁰ʳ :

« Élisabeth Vassilievna, il a plu au Tout-Puissant de vous infliger un immense malheur ; vous avez perdu votre digne époux, l'aide de camp Kornilof, tombé en héros à la défense de Sévastopol. Mais vous n'êtes pas seule à pleurer sa mort glorieuse : votre douleur est partagée par S. M. l'Empereur, par la patrie, par la flotte entière de la mer Noire, qui s'enorgueillissait à juste titre de le posséder, et dans les annales de laquelle son nom sera conservé à jamais. Puissiez-vous trouver dans cette consolante certitude et dans la soumission chrétienne à la volonté de Dieu, le seul allégement qu'admette votre douleur.

» Prenant de mon côté la part la plus sincère à votre affliction, et désirant en votre personne honorer les services du défunt, je vous ai, du consentement de S. M. l'Empereur, admise au nombre des dames de l'Ordre de Sainte-Catherine de la 2ᵉ classe, dont je vous transmets ci-joint les insignes, en demeurant à jamais votre affectionnée.

» *Signé*: ALEXANDRA. »

18. *Prusse, Berlin.* — Inauguration du monument élevé aux soldats prussiens morts en 1848 et 1849. La famille royale a assisté à cette cérémonie, de même que des députations de tous les corps de l'armée.

26. *Danemark, Flensbourg* (duché de Slesvig). — Le Roi et la comtesse de Danner, son épouse morganatique, sont arrivés avec leur suite à Flensbourg. Une foule compacte attendait S. M. sur le port et l'a saluée avec d'unanimes acclamations.

Toute la ville avait un air de fête. Dans la soirée, il y a eu une illumination générale, et les corporations des arts et métiers ont fait en l'honneur du Roi une promenade aux flambeaux, avec bannières et musique.

28. *France, Paris.* — Les professeurs de l'École spéciale des Beaux-Arts, dans une séance générale, ont pourvu à la place vacante par la mort de M. Grillon, dans la commission d'architecture.

Au premier tour de scrutin, M. Charles Lelong, architecte des Archives, a été élu membre de ladite commission.

DÉCEMBRE.

10. *États du Saint-Siége, Rome.* — Consécration de l'église Saint-Paul, faite par le pape avec la plus grande pompe, au milieu de cent quatre-vingt-seize cardinaux et évêques, et en présence d'un concours innombrable de gens de la campagne accourus de tous côtés des environs de Rome. Sa Sainteté a accordé, à cette occasion, un bref d'indulgences. Le soir, Rome a été brillamment illuminée.

20. *France, Nantes.* — Condamnation par jugement du tribunal de 1ʳᵉ instance de huit fabricants de salaisons pour délit de coalition. Les nommés Cornillier, Dupont et Quénet acquiescent ; Lévesque, Canaud, Bardon, Rondenet et Martin interjettent appel. Le ministère public forme appel a minima.

29. *Sardaigne, Port-Maurice.* — Violent tremblement de terre. Il a été annoncé par deux secousses légères ; quelques minutes après, un bruit effrayant, sortant des entrailles de la terre, a porté la terreur dans la population. La secousse, désordonnée dans ses mouvements, n'a duré que huit secondes.

NÉCROLOGIE.

Le signe || veut dire mort.

Abbas-Pacha, vice-roi d'Égyte. — *Ancelot*, de l'Académie française, || à Paris. — *Antonini*, général, || à Turin. Il fut l'un des combattants de Vicence dans la dernière guerre. — *Aoust* (le marquis d'), || à Cuincy. Il comptait dans sa famille le conventionnel du même nom et le général d'Aoust, qui commanda en chef l'armée des Pyrénées, et qui périt sur l'échafaud, était l'oncle du maréchal de Saint-Arnaud. — *Ariel* (Édouard), sous-commissaire de la marine à Pondichéry, et secrétaire archiviste. Il s'était livré avec succès à l'étude de la lingéristique et particulièrement à celle du tamoul. — *Armand*, ancien député, ancien maire de Saint-Ouen, || le 21 juillet.
Bavière (Thérèse - Charlotte-Louise-Frédérique-Amélie, reine de), || du choléra, à Munich, âgée de 62 ans. — *Beauvoir* (Benyon de), ancien membre du Parlement anglais, || dans le Berkshire, laissant l'énorme fortune de 7 millions 500,000 livres sterling (182 millions et demi de francs). — *Beer* (madame Amélie), mère de l'illustre compositeur Meyerbeer. — *Bellàsmi* (Giovanni), né à Crémone, célèbre graveur en pierres dures, auteur des agrafes en camée du manteau impérial du couronnement de Napoléon Ier. — *Berthault* (mademoiselle), actrice et chanteuse distinguée. — *Bertin* (Armand), directeur du *Journal des Débats*. — *Billardet*, ancien député, ancien maire d'Autun, à Chevannes (Saône-et-Loire), dans sa quatre-vingt-deuxième année. — *Blanchard*, consul de France à Port-Louis de Maurice, || du choléra le 17 juin. — *Blondeau*, ancien doyen et professeur de droit romain de la Faculté de Paris. — *Blondel*, avocat général près la cour de Douai, || à Mons. — *Bonnemason*, président honoraire du tribunal de Pau, || dans cette ville. — *Bousquet* (George), grand prix de Rome, auteur de la partition de *Tabarin*, jouée au Théâtre-Lyrique. — *Bouvet* (Pierre de), comte de Louvigny, chevalier de Saint-Louis et de la Légion d'honneur, ancien officier au régiment du Roi et ancien député du département de la Sarthe, en son château de Louvigny (Sarthe), le 28 janvier, dans sa quatre-vingt-unième année. — *Boyé*, sous-préfet de Commercy, || du choléra, des suites de son dévouement près des malades de Saint-Mihiel. — *Brigote* (le baron de), ancien député du Nord et ancien pair de France, || à Enghien. — *Brunet* (Claude), le dernier des Bénédictins de la célèbre abbaye de Cluny, || à Saint-Christophe, dans le canton de Semur-en-Brionnais, où il était né en 1766.
Camus (de), général. — *Carémccis*, général. — *Champ-Renou* (Jules Pelles du), sous-préfet à Ruffec. — *Chauvot*, conservateur des forêts, || à Nantes. — Choiseul-Daillecourt (de), de l'Académie des inscriptions et belles-lettres, || à Paris. — *Clarus* (le docteur Jean-Chrétien-Auguste), pendant trente-neuf années, professeur de médecine à l'Université de Leipsick, || à l'âge de quatre-vingts ans. Clarus passait pour être le plus habile professeur de clinique d'Allemagne. On lui est redevable d'importants travaux sur l'anatomie, sur la pathologie, sur l'aliénation mentale et sur la médecine légale. C'est Clarus qui le premier a fait connaître en Allemagne les ouvrages du célèbre Bichat. — *Cockburn* (lord), qui jouissait depuis vingt ans d'une grande influence dans les cercles politiques et littéraires d'Édimbourg. — *Cor*, premier secrétaire interprète de l'Empereur, commandeur de l'ordre de la Légion d'honneur, professeur de langue turque au collège de France, à Paris. — *Cordellier-Delanoue*, homme de lettres.
Dargère (Isidore), ancien avoué près le tribunal civil de la Seine et ancien chef de bataillon de la garde nationale de Paris. — *Danjan* (Jules), avocat. — *Dorlodot des Essarts*, général, || à Esbonne. — *Ducaurroy* (Antoine), orientaliste distingué, || à Eu, âgé de soixante-dix-neuf ans. — *Duchalais* (Adolphe), premier employé au cabinet des médailles, || à Mer, après une longue et

douloureuse maladie. M. Duchalais était à peine âgé de trente-neuf ans. Il était membre de la société des Antiquaires de France, et avait remporté en 1846, à l'Académie des inscriptions et belles-lettres, le prix de numismatique, fondé par M. Allier de Hauteroche. — *Duchesne*, ancien député, avocat à la cour de Grenoble. — *Duquesne* (contre-amiral). — *Duval-le-Camus*, peintre de genre, maire de Saint-Cloud.

Eichhorn (Charles-Frédéric), une des lumières de la science du droit en Allemagne, || à Cologne (Prusse), à l'âge de soixante-douze ans. Eichhorn était fils de feu le célèbre théologien Jean Godefroi Eichhorn, et il était né à Iéna le 20 novembre 1781. Il a successivement occupé · les chaires de droit allemand des Universités de Francfort-sur-l'Oder, de Berlin et de Gœttingue. C'est lui qui le premier a recherché et réduit en système les bases historiques du droit des divers Etats d'Allemagne, œuvre à laquelle il a consacré toute sa longue carrière. On lui doit une série d'importants ouvrages sur cette matière, au nombre desquels figure au premier rang celui intitulé : *Histoire des États et du droit d'Allemagne*, en quatre volumes, qui est déjà à sa huitième édition. Eichhorn a aussi publié, conjointement avec l'illustre Savigny et avec M. Goeschen, un journal de la science du droit historique, qui a plus de vingt ans d'existence. — *Eissner*, ancien directeur du Conservatoire royal de musique à Varsovie, || près de cette ville, à l'âge de quatre-vingt-quatre ans. Eissner était né en 1770, à Grottkau, dans la Silésie prussienne ; il étudia d'abord la médecine, mais sa vocation pour la musique était si prononcée qu'il se voua entièrement à cet art. De 1792 à 1798, il remplit les fonctions de directeur de musique du théâtre de Lemberg (Gallicie d'Autriche), et il écrivit pour cette scène deux opéras polonais. En 1821, il devint professeur des beaux-arts à l'Université de Varsovie, et plus tard le gouvernement lui confia la direction du Conservatoire de musique de cette capitale, charge qu'il a exercée avec une grande distinction jusqu'en 1849. On doit à M. Eissner une centaine de grandes compositions musicales, pour la plupart d'église, et plusieurs écrits sur la théorie et l'histoire de la musique.—*Espagne* (l'infant Ferdinand d'), frère du Roi et cousin de la Reine.— *Esparda* (de l'), consul général de France à Gênes, || à Gênes de son dévouement pendant le choléra.

Fabre (Edouard-Raymond), ancien maire de Montréal. Né dans cette ville le 15 septembre 1799, M. Fabre, à peine âgé de quatorze ans, fut placé dans une maison de commerce qu'il ne quitta que pour venir en France, où il entra comme commis libraire chez M. Martin Bossange père. De retour dans sa patrie, il dirigea avec habileté une immense librairie fondée par Hector Bossange, qui devint plus tard son beau-père. Les heures de loisir dont pouvait disposer cet honorable citoyen étaient consacrées à la politique. Dès 1837, sa maison devint le rendez-vous des chefs du parti libéral auquel il appartenait, et pour lequel il fonda le journal le *Pays*, aujourd'hui le premier organe libéral des deux Canadas. Maire de Montréal, il sut, en moins d'un an, diminuer la dette municipale de près de 100,000 dollars et maintenir la tranquillité publique au milieu des crises les plus violentes. — *Fadatte de St-Georges* (le comte de), || à son château de Lirey (Aube), dans sa soixante-seizième année. — *Fermon* (de), ancien député, ancien conseiller d'Etat, || à Paris. — *Fernel* (le baron de), chef d'escadron d'état-major en retraite, || à Paris. — *Ferres*, ancien membre des finances d'Espagne, || à Valence le 30 juin, âgé de soixante-dix-huit ans.— *Fischer*, conseiller d'Etat, savant botaniste russe, || à Saint-Pétersbourg, âgé de soixante-treize ans. Il avait fondé et organisé le Jardin des Plantes de la capitale de la Russie. — *Fogelberg*, sculpteur suédois distingué, || à Trieste, âgé de cinquante-sept ans ; élève de Canova et de Thorvaldsen.—*Foucault* (vicomte de), ancien colonel de la gendarmerie de Paris sous la Restauration, || près de Chinon (Indre-et-Loire). — *Fourmentin*, représentant du Pas-de-Calais à l'Assemblée constituante de 1848, || à Hesdin, le 9 août. — *Fournery*, ancien commissaire du gouvernement provisoire dans la Drôme et préfet du même département sous l'administration du général Cavaignac, || près de Viviers. — Fossé, doyen des curés de Paris, ancien docteur de Sorbonne, chanoine honoraire de Notre-Dame de Paris, commandeur de l'ordre papal de Saint-Grégoire-le-Grand, chevalier de la Légion d'honneur. — Frissard, inspecteur général des ponts et chaussées.

Gartland (Mgr), premier évêque de Savannah, dans la province ecclésiastique de Baltimore, en Amérique. — Giffard, capitaine du vaisseau à vapeur anglais le *Tiger*, || à Odessa le premier juin. — Gouvernet, maître de forges, ancien député, membre du conseil général des Vosges. — Grattan (James), || à Tirnahinch. Il était fils du célèbre Grattan (Henri) et avait représenté plusieurs fois au Parlement le comté de Wicklow. — Guérard, conservateur des manuscrits à la Bibliothèque impériale, président de l'École des chartes, membre de l'Académie des inscriptions et belles-lettres. — Guynemer (A.), directeur à Paris de la Société de la Vieille-Montagne.

Haillot, général, commandant l'artillerie à Toulouse, || le 17 octobre. — Haller (Charles de), publiciste dont les écrits eurent, il y a vingt-cinq ans, un grand retentissement. Appartenant à une famille patricienne du canton de Berne, dont le nom a été illustré au dix-huitième siècle par un savant éminent, de Haller occupa dans sa patrie plusieurs charges publiques, puis se convertit au catholicisme, devint secrétaire intime de l'archiduc Charles d'Autriche, et fut de 1828 à 1830 attaché au département des affaires étrangères en France. Son ouvrage le plus connu est la *Restauration de la science politique*, qui, publié en allemand, en français, en italien et en anglais, valut à l'auteur les faveurs du pape et de plusieurs souverains. De Haller est mort à Soleure le 20 mai. — Homberg (Théodore), l'un des cinq missionnaires suédois en Chine, — à Hong-Kong le 13 mai, âgé de trente-cinq ans, le seul sinologue distingué que la Suède ait encore produit. — Handjéri (le prince Alexandre), ex-hospodar de Moldavie, ||, le 3 juin dans la quatre-vingt-quinzième année de son âge, à Moscou, où il s'était retiré à l'époque de la révolution grecque, en 1821. Il savait à fond la langue fran-

çaise et il la parlait couramment, ce qui l'avait encouragé à charmer ses loisirs par la rédaction d'un *Dictionnaire français-turc* qui a été publié à Moscou en 1848, et qui se compose de trois volumes in-4°. Cet ouvrage, qui a obtenu un succès mérité en Turquie et dans toute l'Europe, est la traduction littérale du *Dictionnaire de l'Académie Française*, entreprise difficile et qui exigeait non-seulement des connaissances spéciales, mais encore un travail long et patient. — Haussez (baron d'), ministre de la marine sous Charles X, lors de l'expédition d'Alger, || à son château de Saint-Saëns. — Haywood (James), professeur de chimie au collège Wesleyen de Sheffield (Grande-Bretagne, || brûlé par l'acide sulfurique en préparant les expériences de son cours. — His, ancien député de l'Orne, || âgé de soixante-douze ans. — Houssard (l'abbé), premier économe de la communauté de Paris des prêtres de Saint-Sulpice, sulpicien depuis près de quarante ans. — Huc (le baron), membre du conseil général de l'Hérault et député au Corps législatif, || à Montpellier le 25 juillet. — Hyde-Parcker, capitaine anglais, || dans une affaire contre les Russes sur le Danube.

Jay (Antoine), de l'Académie française, ancien député, l'un des fondateurs et rédacteurs du *Constitutionnel* sous la Restauration; || à sa campagne de Chabreville, près de Guîtres (Gironde), dans sa quatre-vingt-quatrième année. — Jollivet, ancien représentant de la Dordogne, || le 25 avril à Noutron. — Joyant (Jules), peintre français distingué. — Joyeuse (Edouard Villaret de), lieutenant de vaisseau, || âgé de vingt-cinq ans dans les Antilles; il a laissé de remarquables travaux sur le Liban.

Hattendiegkt (Huyssen, baron de), ministre d'État de S. M. le Roi de Néerlande, || à Paris; le 12 mai, âgé de soixante-onze ans. — Kemble (Charles), célèbre acteur anglais. || âgé de soixante-dix-neuf ans, digne frère de John Kemble et de mistress Siddons. Il a joué plus d'un demi-siècle avec un succès remarquable, n'ayant pour rivaux que Kean et Macready. Covent-Garden fut administré d'une manière admirable par Charles Kemble. — Heroubies (Charles

Sinchan de), l'un des fondateurs de l'*Hermine*, et collaborateur de l'*Espérance du Peuple*, || à Nantes. — *Kornilof I*er, amiral russe, tué dans Sévastopol. — *Kownecki* (Hippolyte), savant historien, polonais, || en Prusse, âgé de quatre-vingt-treize ans. Dans sa jeunesse, il avait été secrétaire du prince Joseph Poniatovski, neveu de Stanislas II, et ensuite bibliothécaire des comtes Potocki. Il est auteur d'un très-grand nombre d'ouvrages, et en outre il a publié plusieurs chroniques provinciales de la Pologne jusqu'alors inédites. Il a laissé d'importants manuscrits.

Laforest d'Armaillé, général de brigade en retraite. — *Lagrenée*, artiste et manufacturier distingué, || à Paris. — *Lallemand*, médecin distingué de Montpellier. — *Lamennais* (François-Robert de). — *Lametes* (le comte, Théodore de), général de brigade, officier de la Légion d'honneur, membre de plusieurs autres Ordres et doyen des généraux de France, || dans sa quatre-vingt-dix-neuvième année, au château de Busagny, près Pontoise. — *Lanurien* (Le R. P.), supérieur du séminaire français de Rome, || du choléra. — *La Pasture* (de), ancien capitaine de frégate, ancien député de l'Eure, || à Vernon, âgé de quatre-vingt-un ans. — *La Salette* (Léonce de), avocat général à la Cour impériale de Grenoble, || âgé de trente-huit ans. — *Las Cases* (Emmanuel, comte de), accompagna son père à Sainte-Hélène, sénateur, || à Paris. — *Lassagne*, ancien sous-secrétaire du roi Louis-Philippe. — *Lasteyras*, ancien représentant du Puy-de-Dôme, à l'Assemblée législative, || à Thiers, le 7 février. — *Laurent* (Pierre), chanteur au Théâtre-Lyrique. — *Lebeuf* (Louis), sénateur, régent de la Banque de France, manufacturier distingué, || âgé de soixante-deux ans. — *Lebrun* (madame), duchesse de Plaisance, || près d'Athènes, âgée de soixante-dix ans. Elle était fille du marquis de Barbé-Marbois, déporté à Sinamary en 1797, ancien sénateur, ancien garde des sceaux et ancien premier président de la Cour des comptes. Son mari, M. Lebrun, aide de camp de Desaix à Marengo, puis général de division, était fils du prince Lebrun, duc de Plaisance, un des trois consuls au 18 brumaire et ancien archi-trésorier de

l'Empire, traducteur élégant d'Homère et du Tasse. — *Le Brun*, colonel du 17e de ligne, || à Saint-Cloud, âgé de cinquante-deux ans. — *Leroy de Saint-Arnaud*, maréchal de France. — *Letur*, aéronaute, français, || des suites d'une ascension dans Cremone-Gardens, à Londres. — *Lévis* (madame la duchesse de), née d'Auhusson, la Feuillade, || à Paris. — *Lippe* (Frédéric de), prince, oncle du prince régnant. — *Lippe* (Frédéric de), prince, frère du prince régnant. — *Londonderry* (le marquis de), || à Holderness-House. — *Longobardi* (Raphaël), ministre de la justice du Roi de Naples, || du choléra. Il était né à Castellamare, en 1784. Entré dans la magistrature sous le règne de Ferdinand Ier et plus tard dans le ministère public, il remplissait les fonctions de procureur général près la Cour criminelle d'Avellino, lorsque l'administration réclama l'emploi de ses talents pour le poste d'intendant de la province de Calabre intérieure. La même année, 1827, il fut nommé à la préfecture de police de Naples qu'il dirigea à la satisfaction de tous jusqu'en 1831, époque où il reprit position dans les rangs de la magistrature. Les circonstances difficiles de 1848 firent de nouveau jeter les yeux sur lui, il fut appelé au ministère de l'intérieur, d'où il passa le 7 août 1849 à celui de grâce et justice. Longobardi n'était pas seulement un juriste habile et un prudent administrateur. La culture littéraire de son esprit lui avait ouvert plusieurs académies et sociétés savantes dans le royaume de Naples et à l'étranger. — *Lourmel* (de), général. — *Luppé* (le comte de), membre des dernières Assemblées constituante et législative.

Mai (Angelo), cardinal, || le 9 septembre à Albano. Le cardinal Mai était né le 7 mars 1782, dans le diocèse de Bergame, et se trouvait par conséquent dans sa soixante-douzième année. Réservé in petto dans le consistoire de mai 1837, par Grégoire XVI, il fut proclamé l'année suivante, le 12 février. On sait que le cardinal Mai dut le chapeau à la haute position qu'il avait su se créer dans le monde savant par sa curieuse découverte des palimpsestes. Son élévation au cardinalat n'interrompit point ses travaux. Il venait de succéder au cardinal Lambruschini dans la charge de bibliothécaire de la Vaticane. — *Mankès* (comte), général de division au service de la France, || à Naples, du choléra. — *Marbot* (le baron de), général de division, ancien pair de France, ancien aide de camp du duc d'Orléans, || à Paris. — *Marcel*, officier de la Légion d'honneur, membre de l'Institut d'Egypte, ancien directeur de l'imprimerie impériale, né à Paris en 1776. On lui doit d'importants ouvrages appréciés par les orientalistes. — *Mathias*, conseiller honoraire à la Cour impériale de Paris; il a fait, aux termes de son testament olographe en date du 13 mai 1851, un legs de 200 fr. de rente au collège de Châlon-sur-Saône. Par le même testament, M. Mathias a légué sa bibliothèque et 200 fr. de rente à l'Ordre des avocats du barreau châlonnais.— *Maurel* (Jules), homme de lettres. — *Maussion de Condé*, ancien conseiller au Parlement de Paris, || à Blois, âgé de quatre-vingt-sept ans. — *Mauvais* (Victor), membre de l'Institut et du bureau des longitudes, chevalier de la Légion d'honneur, || à Paris, à l'âge de quarante-cinq ans. — *Méchin*, ancien sous-préfet de Saint-Denis, fils de l'ancien préfet du Nord. — *Metternich* (la princesse Mélanie de), troisième femme du prince de Metternich, || à Vienne, le 3 mars, âgée de quarante-neuf ans. De son union avec le prince de Metternich, contractée le 30 janvier 1831, la princesse Mélanie de Metternich laisse trois enfants, dont le dernier n'est âgé que de dix-sept ans. Le prince de Metternich, né le 15 mai 1773, est dans sa quatre-vingt-unième année. — *Molroguier* (le baron), directeur des contributions indirectes de la Somme, || à Amiens. — *Monbel* (Baylin de), préfet du Cantal. — *Montgommery* (James), poëte populaire anglais, || âgé de quatre-vingt-quatre ans. Il avait été pendant longtemps rédacteur en chef des journaux politiques *Sheffield Register* et *Sheffield Iris*. Dans sa jeunesse, il subit un long emprisonnement auquel il fut condamné pour avoir publié un poëme où il célébrait la prise de la Bastille. Montgommery jouissait d'une pension du gouvernement de 150 liv. st. (3,750 fr.). Ses œuvres complètes ont été publiées à Londres en 1852. —

Montigny (le comte de), || à Paris. Attaché par l'Empereur au roi Murat, le général de Montigny occupa ensuite les fonctions de gouverneur de la Calabre, des Abruzzes et de la Basilicate. En 1815, le général comte de Montigny, qui n'avait que trente-sept ans, rentra dans la vie privée et ne voulut plus en sortir. — *Montmerqué* (Ochsner de), auteur de plusieurs ouvrages allemands et français. — *Morges* (le comte de), || à Roanne. Né en 1766, il est mort le 2 décembre, âgé de quatre-vingt-huit ans. Sa famille, originaire du Dauphiné, remonte au XIIIᵉ siècle; héritier de la fortune et des vertus de ses ancêtres, il consacra sa vie tout entière au bien-être de ses concitoyens.— *Mosquera* (don Antonio Neira de), auteur de plusieurs ouvrages remplis de savantes et curieuses recherches sur les traditions religieuses, historiques et littéraires, et sur les monuments de l'ancien royaume de Galice. M. de Mosquera n'était âgé que de trente-quatre ans. Il était très-versé dans les langues et littératures anciennes des provinces du nord de l'Espagne, et il a laissé d'importants matériaux pour les futurs historiens de ces contrées. — *Moussaye* (le marquis de la), ancien pair de France, || à Paris. — *Muller* (Jean-Peter), peintre danois, || à Copenhague, âgé de soixante-quinze ans. Il avait été, pendant plus de quarante ans, professeur de paysage à l'Académie royale des beaux-arts de Copenhague. On lui doit de nombreux ouvrages qui lui ont acquis une grande réputation en Danemark et en Allemagne, et en tête desquels figure une collection de vues des contrées les plus pittoresques de Suède et de Norvége.

Nacquart, président de l'Académie de Médecine, || âgé de soixante-dix ans. — *Ney* (madame la maréchale), duchesse d'Elchingen, princesse de la Moskova, || le 2 juillet. — *Ney*, duc d'Elchingen, || à Gallipoli. — *Nésel* (Théodat), auteur dramatique, ancien directeur du théâtre du Panthéon. — *Nonne* (Charles-Laurent), docteur en théologie et en philosophie, et conseiller consistorial, || à Hildeburghausen (duché de Saxe-Meningen), âgé de quatre-vingt-huit ans. Il avait créé en 1818 le journal hebdomadaire intitulé *Dorfzeitung* (gazette des villages), ayant exclusivement pour objet de propager des connaissances utiles. Jusqu'à sa mort, c'est-à-dire pendant dix-huit années consécutives, M. Nonne a rédigé presque seul cette feuille qui a toujours été de la plus haute utilité pour les classes populaires, notamment dans les campagnes.

Orianne, président de la Cour impériale de Pondichéry.

Paget (lord Henry-William), premier marquis d'Anglesay. — *Paixhans*, général de division, ancien député de la Moselle, illustré par ses inventions terribles dans l'arme de l'artillerie, ‖ à Jouy-aux-Arches, âgé de soixante-douze ans. — *Palagonia* (le prince de), ‖ à Palerme. Sa vie entière fut vouée à l'exercice de la charité. Les sommes qu'il consacrait à la bienfaisance sont incalculables ; on pourra s'en faire une idée, si l'on pense que le prince nourrissait chaque jour trois cents pauvres, sans compter une foule de familles honorables auxquelles il épargnait ainsi la honte de mendier. Sa fin a été digne de sa vie, par l'humilité de ses obsèques qu'il avait réglées d'avance. Il a été porté au couvent de Baida sur les épaules des pauvres ; une simple aube de franciscain couvrait sa dépouille mortelle. — *Páris* (Armand), élève distingué de l'Ecole secondaire de Médecine de Dijon, ‖ victime du choléra. — *Parme* (Ferdinand-Charles III, duc de). — *Pettersohn* (Pierre-Jean-Willis), premier danseur du théâtre royal de Stockholm, numismate distingué. — *Pierrard* (dit *le Trembleur*), ‖ à Saint-Marcelin (Isère). Ce vieillard, âgé de quatre-vingt-dix ans, perruquier de son état et jadis tambour au service de la République, commandait, comme tambour-maître, les tambours auxquels Santerre ordonna le roulement qui coupa la parole au roi Louis XVI sur l'échafaud. On l'appelait le Trembleur, parce que toutes les fois qu'il parlait de ce funeste événement, il éprouvait un tressaillement si fort, que sa tête se balançait sur ses épaules. Une de ses filles, morte dans un couvent, avait pris le voile en 1805 ; un de ses fils était mort au siège de Toulon. — *Pozac*, colonel, ‖ à Tours. — *Prechtl* (Jean-Joseph), ‖ à Vienne, ancien directeur de l'Ecole impériale Polytechnique de Vienne, établissement qui en 1815 fut créé sur sa proposition, qu'il organisa et à la tête duquel il est resté pendant trente-sept années.

Raeb (Antoine-Simon), savant astronome, professeur à l'Université d'Utrecht. — *Raffron de Val* (le baron), ‖ à Saint-Malo, général d'artillerie en retraite, commandeur de la Légion d'honneur, chevalier de Saint-Louis, chevalier de la Couronne-de-Fer, ancien premier officier d'ordonnance de l'empereur Napoléon Ier. — *Raoul-Rochette*, archéologue distingué. — *Reibell*, conseiller à la Cour impériale de Colmar, frère du général commandant la 6e division militaire. — *Reuss* (le prince Henri LXII, souverain de), ‖ au château de Schleitz. Il était né le 31 mai 1785, et avait succédé à son père le 17 avril 1818. Après l'abdication de son corégent Henri LXXII, le 1er octobre 1848, il prit le gouvernement des trois Principautés de la branche cadette de Reuss. Le prince n'a pas laissé d'héritiers directs, et la souveraineté passe à son frère Henri LXVII. — *Rével* (le chevalier Adrien de), ancien ministre plénipotentiaire et envoyé extraordinaire du Piémont à Vienne. — *Rossad* (l'abbé), grand-vicaire du diocèse de Verdun, ‖ du choléra, des suites de son dévouement à soigner les malades. — *Rotalier* (comte de), maréchal de camp en retraite, chevalier de Saint-Louis, commandeur de la Légion d'honneur. — *Roux*, médecin distingué, ‖ à Paris. — *Rudolstadt* (la princesse Auguste de Schwarzbourg), femme du prince régnant, née princesse d'Anhalt-Dessaut.

Saineric (de), colonel en retraite, commandeur de la Légion d'honneur, chevalier de Saint-Louis, ‖ âgé de soixante-huit ans. — *Sainte-Marie* (le colonel de), du 22e régiment de ligne. — *Salzmann*, ‖ le 24 avril à Soleure, premier évêque de Bâle depuis la conclusion du Concordat de 1828 qui détermina la nouvelle circonscription territoriale de cet antique évêché. Ce prélat était né à Lucerne le 25 avril 1780; il venait donc d'accomplir sa soixante-quatorzième année. — *Saxe* (Frédéric-Auguste II de), ‖ des suites d'une chute de voiture. — *Schmitz*, capitaine du génie français, atteint par un boulet le 6 octobre, sous les murs de Sévastopol. — *Serres*, acteur aimé du public français; il créa, à la porte Saint-Martin, le rôle de Bertrand de l'*Auberge des Adrets*. — *Seurre* (Onésime), ancien professeur au collège Bourbon, lauréat de l'Académie des *Jeux Floraux* de Toulouse. — *Sandershausen* (la princesse douairière de Schwaarzbourg), mère du prince régent. — *Sontag* (Henriette), cantatrice éminente, née à Coblentz en 1805, femme du comte Rossi. — *Souvestre* (Emile), auteur de plusieurs romans et pièces de théâtre. — *Soyer*, fondeur. On lui doit la colonne de Juillet, la statue équestre du duc d'Orléans et beaucoup d'autres ouvrages, || à Paris. — *Spauer* (le comte de), || à Florence. Il avait, en qualité de diplomate, représenté la Bavière auprès de plusieurs cours en Italie. Ce fut M. de Spauer et sa femme qui, en 1848, lorsque les insurgés menaçaient la vie du Souverain-Pontife, procurèrent à S. S les moyens de quitter Rome et de passer dans le royaume de Naples. — *Stoffel* (le baron), colonel en retraite. — *Sturel-Paigné* (madame Octavie), jeune artiste dont le public avait particulièrement goûté les ouvrages au Salon de 1853. Née à Metz et élève de M. Maréchal père, cette jeune dame se distinguait surtout par la manière pleine de verve et d'éclat avec laquelle elle imitait les fleurs.

Thibaudeau (le comte), sénateur, || à Paris. — *Tissot*, membre de l'Académie française, né le 10 mai 1768.

Vander-Burch (Jacques-Hippolyte), peintre de paysage, || à Paris âgé de cinquante-huit ans. Ses œuvres ont été remarquées, dans leur temps, aux diverses Expositions, et lui ont valu sept médailles d'or. Cet artiste est un de ceux qui ont fait faire le plus de progrès au genre moderne de l'aquarelle. Il était frère de M. Emile Vander-Burch, homme de lettres, auteur du *Gamin de Paris*. — *Van Troyen*, vicaire général du diocèse d'Arras. — *Vérestchaka*, lieutenant-colonel russe, tué à l'affaire de Routchouk. — *Verny*, pasteur de l'Eglise de la Confession d'Augsbourg de Paris, || subitement en chaire à l'église de Saint-Thomas, à Strasbourg, vers la fin d'un sermon qu'il avait prononcé pour l'ouverture du consistoire supérieur dans cette ville. — *Via Manuel* (le comte de), grand d'Espagne, assassiné par un cocher sur la route de Bayonne. — *Villeneuve* (Louis), jeune aspirant de marine à bord du *Henri IV*, || le 7 décembre des suites de son dévouement pendant le sauvetage du 14 novembre à Eupatoria. — *Viremaître*, directeur de l'ancien journal le *Corsaire*. — *Vivien*, ancien ministre du roi Louis-Philippe, ancien conseiller d'Etat, préfet de police en 1831, sous M. Casimir Périer, ministre de la justice en 1840, sous M. Thiers, ministre des travaux publics en 1848, sous M. Cavaignac, député de 1833 à 1849, membre de l'Académie des sciences morales et politiques.

Wallich, célèbre botaniste danois, né à Copenhague en 1787, || à Londres âgé de soixante-sept ans. — *Was* (la princesse Louise de), fille de la grande-duchesse douairière Stéphanie de Bade et mère de la princesse Carola, femme du prince Albert de Saxe. — *Wegener* (Charles - Ernest), grand-chancelier de Prusse, || à Koenigsberg, âgé de soixante-dix-huit ans.

TABLE DES MATIÈRES

LA QUESTION D'ORIENT.

CHAPITRE I.

DERNIÈRES NÉGOCIATIONS.

CHAPITRE II.

LA LUTTE SUR LE DANUBE.

CHAPITRE IX.

L'EXPÉDITION EN CRIMÉE.

CHAPITRE X.

TRAITÉ DU 2 DÉCEMBRE.

HISTOIRE DE FRANCE.

CHAPITRE I.

POLITIQUE, ADMINISTRATION, LÉGIS-LATION.

CHAPITRE II.

ASSISTANCE, MORALISATION, RÉPRESSION.

CHAPITRE III.

MATIÈRES ÉCONOMIQUES.

HISTOIRE ÉTRANGÈRE.

CHAPITRE I.

BELGIQUE.

Difficultés léguées à l'administration de Brouckère par le cabinet précédent : conclusion des différends commerciaux avec la France, la convention littéraire et artistique, les apôtres de la contrefaçon, assimilations singulières faites par M. Orts, réponse de M. Haerne ; considérations politiques au sujet du traité ; vote, les intérêts personnels et les principes; signification du traité au point de vue de l'industrie linière. — Question de l'enseignement religieux dans les établissements d'instruction secondaire ; refus de concours des évêques depuis la loi de 1850, conclusion d'un arrangement particulier relatif à l'Athénée d'Anvers et renfermant des bases satisfaisantes pour un arrangement général, vote de la convention d'Anvers. — Agitation pour une réforme électorale, catholicisme des campagnes, liberalisme des villes, proposition faite de créer des districts ruraux, ajournement. — Echec du ministère dans la question de l'extension territoriale de Bruxelles. — Questions économiques, code forestier, brevets d'invention, budgets pour 1854-1855. — Elections nouvelles, agitation, vivacité de la lutte entre les deux grands partis, abstention du ministère, échec des libéraux, offre de démission faite par le ministère de Brouckère, elle n'est pas acceptée; nouveau bureau de la Chambre des représentants pour la session de 1854-1855. — Neutralité de la Belgique, visite du prince Napoléon Jérôme, mariage de S. A. R. le duc de Brabant, fiançailles du Roi de Portugal avec la princesse Charlotte. — Résultats généraux du commerce extérieur en 1853. — L'armée belge. — Congrès international de

CHAPITRE II.

NÉERLANDE.

Question religieuse : agitation factice, les partis, protestations contre ou pour le rétablissement de la hiérarchie catholique, historique de la question, loi de surveillance des cultes, adoption, concessions réciproques, mission de M. de Lightenvelt. — Situation financière : budget de 1854. — Remaniement ministériel, session ordinaire, loi sur l'assistance publique, question de la surveillance de l'État, vote de la loi. — Elections nouvelles, composition des partis, échec du parti anti-révolutionnaire. — Ouverture de la session de 1854-1855, discours royal, questions à l'étude. — Situation économique, remaniement du tarif des douanes dans le sens libéral ; travaux publics, lignes de fer internationales, asséchement du lac de Harlem, projets nouveaux ; l'agriculture et l'émigration. — Colonies : réforme du système monétaire, convention avec la Société de commerce, fixation du boni colonial ; nouvelle organisation du système colonial, émancipation à terme des esclaves, la liberté de la presse aux colonies; situation particulière de Java, le système colonial néerlandais.

CHAPITRE III.

CONFÉDÉRATION GERMANIQUE.

CONFÉDÉRATION GERMANIQUE. — La confédération germanique dans la question d'Orient, jalousies intérieures, luttes d'influence, neutralisation de forces et impuissance définitive; quel rôle eût pu jouer l'Allemagne ; coalition des Etats secondaires; parallélisme des positions au point de vue économique, situations diverses créées par l'union douanière; émigration allemande, ses causes et ses effets ; les chemins de fer allemands.

AUTRICHE. — Rôle de l'Empire dans

————

APPENDICE

DOCUMENTS HISTORIQUES.

PARTIE OFFICIELLE.

PARTIE NON OFFICIELLE.

FRANCE.

VARIETES.

Lightning Source UK Ltd.
Milton Keynes UK
UKHW010329120219
337137UK00004B/304/P